北京大學《儒藏》編纂與研究中心 編

U0404028

《儒藏》精華編選刊

春秋集傳大全（上）

〔明〕胡廣等 奉敕撰

吴長庚 蘇敏
管正平 曹義昆 校點
周茶仙 龍飛

北京大學出版社
PEKING UNIVERSITY PRESS

圖書在版編目(CIP)數據

春秋集傳大全：上中下 /（明）胡廣等奉敕撰；北京大學《儒藏》編纂與研究中心編. —北京：北京大學出版社，2024.3
（《儒藏》精華編選刊）
ISBN 978-7-301-34979-3

Ⅰ. ①春… Ⅱ. ①胡…②北… Ⅲ. ①《春秋》—注釋 Ⅳ. ①K225.04

中國國家版本館CIP數據核字（2024）第072039號

書　　名	春秋集傳大全 CHUNQIU JIZHUAN DAQUAN
著作責任者	〔明〕胡廣等　奉敕撰 吴長庚　蘇敏　管正平　曹義昆　周荼仙　龍飛　校點 北京大學《儒藏》編纂與研究中心　編
策劃統籌	馬辛民
責任編輯	周　粟
標準書號	ISBN 978-7-301-34979-3
出版發行	北京大學出版社
地　　址	北京市海淀區成府路205號　100871
網　　址	http://www.pup.cn　新浪微博：@北京大學出版社
電子郵箱	編輯部 dj@pup.cn　總編室 zpup@pup.cn
電　　話	郵購部 010-62752015　發行部 010-62750672 編輯部 010-62756449
印 刷 者	三河市北燕印裝有限公司
經 銷 者	新華書店 650毫米×980毫米　16開本　113.5印張　1300千字 2024年3月第1版　2024年3月第1次印刷
定　　價	460.00元（上中下）

未經許可，不得以任何方式複製或抄襲本書之部分或全部內容。
版權所有，侵權必究
舉報電話：010-62752024　電子郵箱：fd@pup.cn
圖書如有印裝質量問題，請與出版部聯繫，電話：010-62756370

目録

上册

校點説明……一
春秋集傳大全凡例……一
春秋序論……一二
胡氏傳序……一二
綱領……一六
總論……一八
春秋二十國年表……三五
諸國興廢説……七一
春秋列國東坡圖説……七八
春秋集傳大全卷之一……一
隱公一……一
春秋集傳大全卷之二……五〇
隱公二……五〇
春秋集傳大全卷之三……一〇五
隱公三……一〇五
春秋集傳大全卷之四……一五二
桓公一……一五二
春秋集傳大全卷之五……一九八
桓公二……一九八
春秋集傳大全卷之六……二三九
桓公三……二三九
春秋集傳大全卷之七……二八七
莊公一……二八七
春秋集傳大全卷之八……三三三
莊公二……三三三
春秋集傳大全卷之九……三七九

莊公三……三七九
春秋集傳大全卷之十……四一九
莊公四……四一九
春秋集傳大全卷之十一……四七一
閔公……四七一

中册

春秋集傳大全卷之十二……四九九
僖公一……四九九
春秋集傳大全卷之十三……五五四
僖公二……五五四
春秋集傳大全卷之十四……六〇四
僖公三……六〇四
春秋集傳大全卷之十五……六五三
僖公四……六五三
春秋集傳大全卷之十六……六九九
僖公五……六九九
春秋集傳大全卷之十七……七三五
文公一……七三五
春秋集傳大全卷之十八……七九八
文公二……七九八
春秋集傳大全卷之十九……八六二
宣公一……八六二
春秋集傳大全卷之二十……九〇五
宣公二……九〇五
春秋集傳大全卷之二十一……九四六
宣公三……九四六
春秋集傳大全卷之二十二……九九三
成公一……九九三
春秋集傳大全卷之二十三……一〇三五
成公二……一〇三五
春秋集傳大全卷之二十四……一〇七二

成公三 …… 一〇七二

下册

春秋集傳大全卷之二十五 …… 一一二七
襄公一 …… 一一二七
春秋集傳大全卷之二十六 …… 一一七二
襄公二 …… 一一七二
春秋集傳大全卷之二十七 …… 一二二〇
襄公三 …… 一二二〇
春秋集傳大全卷之二十八 …… 一二七六
襄公四 …… 一二七六
春秋集傳大全卷之二十九 …… 一三二六
昭公一 …… 一三二六
春秋集傳大全卷之三十 …… 一三八一
昭公二 …… 一三八一
春秋集傳大全卷之三十一 …… 一四三八
昭公三 …… 一四三八
春秋集傳大全卷之三十二 …… 一四七九
昭公四 …… 一四七九
春秋集傳大全卷之三十三 …… 一五一六
昭公五 …… 一五一六
春秋集傳大全卷之三十四 …… 一五五五
定公一 …… 一五五五
春秋集傳大全卷之三十五 …… 一五九七
定公二 …… 一五九七
春秋集傳大全卷之三十六 …… 一六四八
哀公一 …… 一六四八
春秋集傳大全卷之三十七 …… 一六八七
哀公二 …… 一六八七

校點説明

《春秋集傳大全》三十七卷，明永樂時胡廣、楊榮等奉敕編撰。

胡廣（一三七〇—一四一八），字光大，號晃菴，江西吉安府吉水縣人。建文二年（一四〇〇）舉進士第一，授翰林院修撰，賜名靖。成祖即位，廣偕解縉迎附，擢侍講，改侍讀，復名廣，遷右春坊右庶子。永樂五年（一四〇七）進翰林學士兼左春坊大學士，從帝北征。十二年再隨帝北征，軍中爲皇長孫講經史。十一月，奉敕與楊榮（一三七二—一四四〇）、金幼孜（一三六八—一四三二）等編《五經大全》，《春秋集傳大全》即其一。至十三年九月成編。十四年進文淵閣大學士，奉政大夫。以純謹見幸，爲政頗能識大體，甚得時人稱譽。十六年五月卒，追贈禮部尚書，謚文穆。所著有《晃菴集》、《扈從集》、《胡文穆公集》等。

《春秋集傳大全》列纂修官四十二人，編修工作中，胡廣、楊榮、金幼孜等隨帝北征，應無多參與。《春秋集傳大全》不及一年成書，主要在於它依據元人汪克寬之《春秋胡氏傳附録纂疏》，明末清初士人、四庫館臣均認爲其抄襲汪著，詬病頗多。平心而論，《春秋集傳大全》以《春秋胡氏傳附録纂疏》爲基础而有所增删（見今人林慶彰、陳恒嵩相關研究成果），勢所難免。

《春秋》文簡辭約，歷來號爲難治。漢代治《春秋》者有五家，公羊、穀梁、左氏三家最顯，均有注解，且爲專門之學。唐人爲《春秋》作疏，分别以《春秋左氏經傳集解》、《春秋公羊傳解詁》、《春秋穀梁傳集解》爲據。中唐以後，學風丕變。啖助、趙匡、陸淳遞相捨傳求經，雜糅三傳以説經，遂開宋、元、明三代《春秋》學之風。宋代理學興起，《春秋》學呈新面貌。胡安國、張洽分别師從程頤弟子楊時與朱子，其《春秋》學著作與程朱其他經注並行，至元而並列於學官，爲科舉考試之準式。明修《五經大全》，意在尊程朱理學，故以程朱一系之經説爲主。元儒汪克寬《春秋胡氏傳附録纂疏》與《春秋集傳大全》編纂宗旨相近，纂修者遂取以爲資。《春秋集傳大全》全書經文大字單行，其後三傳雙行小字，接着是《春秋胡氏傳》大字單行。其他各家經説則在《胡傳》之中，抑《胡傳》之後，或明《胡傳》説之來源，或釋《胡傳》之不足，或補《胡傳》之未備，或駁《胡傳》之未是，或於《胡傳》之外另立新説，成羽翼《胡傳》之勢。所收以宋、元兩代爲主，而程朱經説亦居其中，且次在《胡傳》之後，以小字雙行出之。此亦爲《五經大全》之體例。可以説，《春秋集傳大全》是以《胡傳》爲主而博采宋、元諸家經説而成的宋、元《春秋》學集大成的著作，成爲明代科舉考試的教科書，在明代經學發展史上具有重要的價值與意義。也由於其專尊《胡傳》，元代一度與《胡傳》並行的張洽《春秋集傳》遂罕人研習。

《春秋集傳大全》有明永樂十三年内府刻本，後多有翻刻，如嘉靖九年（一五三〇）安正堂刻本、嘉靖九年安正堂刻十一年劉仕中印本、隆慶三年（一五六九）鄭氏宗文書堂刻本、萬曆三十三年（一六〇五）書林余氏刻《五經》本等等，均不及永樂十三年原刻本。清乾隆修《四庫全書》，對《春秋集傳大全》中涉及滿先祖不當之説或「夷狄」類文字均予删改。本次整理，以明永樂十三年内府刻本《春秋集傳大全》三十七卷本爲底本，以影印清乾隆文淵閣《四庫全書》本爲校本（簡稱四庫本）。考慮到《春秋集傳大全》與汪克寬《春秋胡氏傳附録纂疏》的傳承關係，也把元刻本《春秋胡氏傳附録纂疏》列爲參校本（簡稱《纂疏》）。《春秋》經文及三傳則校以清嘉慶二十年（一八一五）南昌府學阮元初刻《十三經注疏》本三傳注疏。

校點者　吴長庚　蘇　敏　管正平
　　　　曹義昆　周茶仙　龍　飛

春秋集傳大全凡例

一、紀年依汪克寬《纂疏》例，註甲子於各年行上，分註周紀年始終於年上，齊、晉諸國於年下。

一、經文以胡氏爲據，而詳註各傳異同、增損於下。

一、諸傳以胡氏爲主，大字録於經後。而《左氏》、《公羊》、《穀梁》三傳雖有異同，難輒去取。今載其全文，同先儒表著事變始終之要，分註經下。

一、程子、朱子説并三傳註疏有發明經意者，繼三傳後。諸儒之説與胡傳合而有相補益者，附註胡傳下。文異旨同者去之。其或意義雖殊而例理可通，則別附于後。

一、周及列國易世嗣位，齊、晉、秦、楚大夫爲政，有繫乎王伯夷夏之輕重者，依林堯叟例，備列于十二公之首，以便觀覽。

一、胡傳引用本經，内前後事證不復重見，止云見某傳某公某年。其諸經子史者，並註本末於傳下。

一、凡引先儒之説，但順經意編次，不以時之先後爲序。

一、《左傳》或先經始事，或後經終義，或經不載而傳載者，皆依次序先後附録各年之内。其獲麟後無係於聖經，不録。

一、諸傳與經意不侔者，引啖氏、趙氏、劉氏、汪氏、李氏諸説，附斷於後，仍加圈以别之。

一、經内地名，杜氏、張氏、汪氏各有註釋，然時代沿革不同，今依李廉《會通》例，有關經義者存之，餘不録。

一、先儒格言，别爲總論，類次冠于經端，庶使學者易知要領。

一、年表及列國圖説並依胡傳存於卷首，以備考訂。

一、引用先儒姓氏：

左氏

公羊氏

穀梁氏

董子仲舒　漢廣川

劉氏向

賈氏逵

服氏虔

鄭氏玄　康成

徐氏邈

江氏熙

何氏休　邵公　任城

許氏慎　叔重

杜氏預　元凱　晉

范氏甯　武子　順陽

郭氏象

孔氏穎達　唐

楊氏士勛

徐氏彥

啖氏助　叔佐

趙氏匡　伯循

陸氏淳

陳氏岳

李氏瑾

何氏濟川

齊氏

劉氏炫

盧氏仝　玉川

王氏

安定胡氏瑗　翼之　海陵

孫氏復　明復　泰山

劉氏敞　原父　公是　清江

高郵孫氏覺　莘老

程子頤　正叔　伊川　河南

張子載　子厚　横渠　大梁

邵子雍　堯夫　康節　河南

襄陵許氏翰

常山劉氏絢　質夫

東坡蘇氏軾　子瞻
蘇氏轍　子由　潁濱　眉山
胡氏安國　康侯　文定公
尹氏焞　彦明　和靖
龜山楊氏時　中立
朱子熹　元晦　晦庵　新安
沙隨程氏迥　可久
蜀孫氏抃
吴郡朱氏長文
黎氏錞
劉氏本
任氏公輔
鄭氏樵　漁仲　夾漈
高氏閌　抑崇　息齋　四明
陳氏傅良　君舉　止齋　永嘉

陵陽李氏

呂氏本中　居仁

東萊呂氏祖謙　伯恭

王氏葆　彦光

南軒張氏栻　敬夫　廣漢

薛氏季宣　士龍　永嘉

張氏洽　元德　主一　清江

林氏堯叟　唐翁　梅溪

勉齋黄氏榦　直卿　三山

九峰蔡氏沈　仲默

信齋楊氏復　秦溪

項氏安世　平甫　江陵

永嘉呂氏大圭　樸鄉

輔氏廣　漢卿　潛庵

五峰胡氏宏　仁仲　文定公子　建安

茅堂胡氏寧　和仲　宏之弟

丹陽洪氏興祖　慶善

象山陸氏九淵　子静

吴興沈氏棐　文伯

蜀杜氏諤

孫氏炎

李氏堯俞

宋氏

石氏

吴郡李氏琪　竹湖

家氏鉉翁　則堂

可堂吴氏仲迂　可翁　番陽

新安羅氏願　端良　存齋

臨川吴氏澂　幼清　草廬

鼎峰趙氏良鈞

新安俞氏皐　心遠
番陽萬氏孝恭
番陽馬氏端臨　貴與　竹村
資中黄氏澤　楚望
雙峰饒氏魯　問與　廣信
建安葉氏采
魯齋許氏衡　平仲
師氏
汪氏克寬　德輔　新安
廬陵李氏廉　行簡

一、今奉勑纂脩

翰林院學士兼左春坊大學士奉政大夫　臣胡　廣
奉政大夫右春坊右庶子兼翰林院侍講　臣楊　榮
奉直大夫右春坊右諭德兼翰林院侍講　臣金幼孜
翰林院脩撰承務郎　臣蕭時中

翰林院脩撰承務郎　臣陳　循
翰林院編脩文林郎　臣周　述
翰林院編脩文林郎　臣陳　全
翰林院編脩文林郎　臣林　誌
翰林院編脩承事郎　臣李　貞
翰林院編脩承事郎　臣陳景著
翰林院檢討從仕郎　臣余學夔
翰林院檢討從仕郎　臣劉永清
翰林院檢討從仕郎　臣黃壽生
翰林院檢討從仕郎　臣陳　用
翰林院檢討從仕郎　臣陳　璲
翰林院五經博士迪功郎　臣王　進
翰林院典籍脩職佐郎　臣黃約仲
翰林院庶吉士　臣涂　順
奉議大夫禮部郎中　臣王　羽

奉議大夫兵部郎中　臣童　謨

奉訓大夫禮部員外郎　臣吴　福

奉直大夫北京行部員外郎　臣吴嘉静

承直郎禮部主事　臣黄　裳

承德郎刑部主事　臣段　民

承直郎刑部主事　臣洪　順

承直郎刑部主事　臣沈　升

承德郎刑部主事　臣章　敞

承德郎刑部主事　臣楊　勉

承德郎刑部主事　臣周　忱

承德郎刑部主事　臣吾　紳

文林郎廣東道監察御史　臣陳道潛

承事郎大理寺評事　臣王　選

文林郎太常寺博士　臣黄　福

脩職郎太醫院御醫　臣趙友同

迪功佐郎北京國子監博士 臣王復原
泉州府儒學教授 臣曾　振
常州府儒學教授 臣廖思敬
蘄州儒學學正 臣傅　舟
濟陽縣儒學教諭 臣杜　觀
善化縣儒學教諭 臣顔敬守
常州府儒學訓導 臣彭于斐
鎮江府儒學訓導 臣留季安

春秋序論

胡氏傳序

古者列國各有史官掌記時事。汪氏曰：「晉董狐、齊大史、楚倚相之類。」朱子曰：「薛士龍謂：『魯隱初僭史。』殊不知《周官》所謂『外史合四方之志』，便是四方諸侯皆有史。諸侯若無史，外史何所稽考而爲史？如古人生子，則閭史書之。且二十五家爲閭，閭尚有史，況一國乎！」**《春秋》，魯史爾。**杜氏曰：「《春秋》者，魯史記之名也。史之所記，必表年以首事。年有四時，故錯舉以爲所記之名也。」**仲尼就加筆削，乃史外傳心之要典也。**啖氏曰：「雖因舊史，酌以聖心。」汪氏曰：「文定傳心之說，發先儒所未發。朱子謂：『心者，人之神明，所以具衆理而宰萬物。』《春秋》一經，於禮文則或因或革，於事實則或予或奪，皆出乎聖心之權制。讀是經者，可以窮理，可以斷事，豈非傳心之要典也哉？不然，則《春秋》不過一國之史，而夫人皆可爲《春秋》矣。」**而孟氏發明宗旨，目爲天子之事者，周道衰微，乾綱解紐，亂臣賊子接迹當世，人欲肆而天理滅矣。仲尼，天理之所在，不以爲己任而誰可？五典弗惇，己所當敘；五禮弗庸，己所當秩；五服弗章，己所當命；五刑弗用，己所當討。故曰：「文王既沒，文不在茲乎？ 天之將喪斯文也，後死者不得與於斯文也。 天之未喪斯文也，匡人其如予何？」聖人以天自處，斯文之興喪在己，而由人乎哉？ 故曰：「我欲載之空言，不如見諸行事之深切著明也。」空言獨能載其理，行事然後見其用。 是故假魯史以寓王法，撥亂世反之正，敘先後之倫，而典自此可惇；汪氏曰：「《春秋》書王正月，書天王，書公即位，書公在之類，所以敘君臣之倫。 書王世子子同生，書列國世子之類，所以敘父子之倫。 書王后、王姬、魯夫人、魯女之類，所以敘夫婦之倫。 書弟佞夫、弟叔肸、弟年、兄縶之類，所以敘兄弟之倫。 書列國邦交，紀諸侯大夫屢盟之失信，所以敘朋友之倫。」秩上下之分，而禮自此可庸。 汪氏曰：「上下之分，尊卑貴賤，等級隆殺也。《春秋》書郊、禘、雩、社之類，所以明吉禮之分。 書崩、薨、卒、葬、含、賵、襚、賻，所以明凶禮之分。 書朝、聘、會、盟、遇、至，所以明賓禮之分。 書侵、伐、戰、克、蒐狩、城築、軍賦之類，所以明軍禮之分。 書納幣、逆送、媵致之類，所以明嘉禮之分。」有德者必褒，而善自此可勸；汪氏曰：「如字子突、嘉季子之類。」有罪者必貶，而惡自此可懲。 汪氏曰：「如名宰咺、削翬氏之類。」其志存乎經世，其功配於抑洪水、膺戎狄、放龍蛇、驅虎豹，其大要則皆天子之事也。 故曰：「知我者，其惟《春秋》乎？ 罪我者，其惟《春秋》乎？」知孔子者，謂此書遏人欲於橫流，存天理於既滅，爲後世慮至深遠也。 罪孔子者，謂無其位而託二百四十二年南面之權，使亂臣賊子禁其欲而不得肆則戚矣。 是故《春秋》見諸行事，非空言比也。 公好惡，則發乎《詩》之情。 胡氏曰：「以《詩》考之，《將仲子》言

『大叔失道而公弗制』，《叔于田》言『多才、好勇、不義而得衆』，疑若罪在段也。及至《春秋》書曰『鄭伯克段于鄢』，然後知莊公志殺其弟，無親親之道，其罪乃不可掩矣。《清人》之序言『高克好利而不顧其君』，其詩言『左旋右抽，中軍作好』，疑若罪在克也。及至《春秋》書曰『鄭棄其師』，然後知文公之不君，二三執政之不臣，危國亡師之本，責乃有所歸矣。觀文姜孫于齊，則《河廣》之詩可讀，恩義之輕重可權矣。觀戎伐凡伯于楚丘以歸，則《式微》、《旄丘》之篇可信，衛爲戎狄所滅之由可考矣。凡此類，皆所謂『發乎《詩》之情』者也。」**酌古今，則貫乎《書》之事。**胡氏曰：「唐、虞禪，夏后、殷、周繼，此古書所紀帝王之大節也。《春秋》兼帝王之道，賢可與，則以天下爲公，而不必於繼世之禮。故季札來聘，不稱公子，貶辭國之非也。子可與，則以天下爲家，而不必於禪國之義。故文姜始入，即書于策，明立嫡之重也。凡此類皆所謂『貫乎《書》之事』者也。」**興常典，則體乎《禮》之經。**胡氏曰：「莫尊於君，非人臣之可召。書『天王狩于河陽』，以嚴君臣之分。莫重於世子，非三公冢宰之可班。書『會王世子于首止』，以示儲副之崇。莫正於嫡夫人，非衆妾之可僭。書歸賵，書考宫，皆稱仲子，以著嫡妾之别。莫親於冢嗣，非孽孽之可匹。書『晉人納捷菑于邾，弗克納』，以明長幼之序。凡此類，皆所謂『興常典，以體乎《禮》之經』者也。」**本忠恕，則導乎《樂》之和。**胡氏曰：「紀兵則以救人爲善，書戰則以受伐者爲主。齊桓退師禮楚，則書『盟于召陵』，以序其績。晉悼納斥候禁侵掠，則書『會于蕭魚』以美其信。凡此類，皆所謂『本忠恕，則導乎《樂》之和』者也。」**著權制，則盡乎《易》之變。**胡氏曰：「建子，周人之正朔。而書『春王正月』以行夏之時。司盟、玉府，《周官》之司屬，而悉惡會盟以善胥命之正。大道爲公，外户不閉也。而書『滅下陽』、『城虎牢』，戒王公設險之不可忽，君先臣從，人道之大倫也。書『晉人執虞公』、『齊侯取鄆』、『昭公圍成』，以明社稷之無常奉。凡此類，皆所謂『著權制，以盡乎《易》之變』者也。」百王之法度，萬世之準繩，皆在此書。故君子以謂「五經之有《春秋》，猶法律之有斷例也」。學是經者，信窮理之要矣。不學是經，而處大事，決大疑，能不惑者鮮矣。自先聖門人以文學名科，如游、夏尚不能贊一辭，蓋立義之精如此。去聖既遠，欲因遺經窺測聖人之用，豈易能乎？然世有先後，人心之所同然一爾。苟得其所同然者，雖越宇宙，若見聖人親炙之也，而《春秋》之權度在我矣。汪氏曰：「權然後知輕重，度然後知長短。二百四十餘年之事紛錯乎前，惟在吾心之權度，有以處其是非當否。且善惡之顯然者，人人知之。其間嫌疑近似，及意之始萌，幾之未著者，苟非灼見聖人之心，則亦安能讀聖人之經而測聖人之用哉？文定此語，非真見夫子之心，不能及此。」近世推隆王氏新説，按爲國是，獨於《春秋》，貢舉不以取士，庠序不以設官，《宋鑑》：「熙寧四年，中書定科舉法，舉人各占治《詩》、《書》、《易》、《周禮》、《禮記》一經。六年，馬敦禮乞立《春秋》學官，不許。上謂安石曰：『卿嘗以《春秋》自魯史亡，其義不可考，故未置學官。敦禮好學不倦，第未知此意耳。』」經筵不以進讀，斷國論者無所折衷，天下不知所適。人欲日長，天理日消，其効使夷狄亂華，莫之遏也。噫！至此極矣！仲尼親手筆削撥亂反正之書，亦可以行矣。天縱聖學，崇信是經，乃於斯時，奉承詔旨，輒不自揆，謹述所聞爲之説以獻。雖微辭奧義，或未貫通，然尊君父，討亂賊，闢邪説，正人心，用夏變夷，大法略具，庶幾聖王

經世之志，小有補云。汪氏曰：「文定作傳，當宋高宗南渡之初。是時徽宗、欽宗及二后被虜於金國，遭戮辱不可勝紀。而高宗信任秦檜之姦，偷安江左一隅，忘君父大讎，不敢興兵致討，反與之議和講好，下拜稱藩。既無外攘之計，又乏内脩之備。君臣父子，上下内外，大義之不明，莫此爲甚。是以此傳專以尊君父、討亂賊爲要旨，而《春秋》之大法，實以斯爲重也。是書以紹興六年投進，高宗覽之曰：『安國明於《春秋》之學，比諸儒所得尤邃。』越二年文定卒，賜詔曰：『安國所進《春秋解義》，著一王之大法。朕朝夕省覽以考治道，方欲擢用，遽聞淪亡，可撥賜銀帛三百兩匹，令湖南監司應副葬事，賜田十頃以給其孤。』竊謂高宗既知嘉獎文定所著《春秋傳》，而不能少用其言，進君子，退小人，討賊復讎，以雪君父母兄之耻。得非説而不繹，從而不改者歟。」

綱　領

胡氏曰：「學《春秋》者必知綱領，然後衆目有條而不紊。自孟軻氏而下，發明綱領者凡七家。今載七家精要之詞于卷首，智者即詞以觀義，則思過半矣。」○孟軻氏曰：「《春秋》，天子之事也。昔者禹抑洪水而天下平，周公膺戎狄、驅猛獸而百姓寧，孔子成《春秋》而亂臣賊子懼。」又曰：「王者之迹熄而《詩》亡，《詩》亡然後《春秋》作。晉之《乘》，楚之《檮杌》，魯之《春秋》，一也。其事則齊桓、晉文，其文則史，其義則丘竊取之矣。」又曰：「《春秋》無義戰。彼善於此，則有之矣。征者，上伐下也，敵國不相征也。」○莊周曰：「《春秋》經世，先王之志也，聖人議而不辨。」又曰：「《春秋》以道名分。」○漢董仲舒記夫子之言曰：「我欲載之空言，不如見之於行事之深切著明也。」誦其師説曰：「撥亂世反之正，莫近《春秋》。」其自言曰：「有國者不可以不知《春秋》，前有讒而不見，後有賊而不知。爲人臣者不可以不知《春秋》，守經事而不知其宜，遭變事而不知其權。爲人君父而不通《春秋》之義者，必蒙首惡之名。爲人臣子而不通《春秋》之義者，必陷簒弑之罪。故《春秋》，禮義之大宗也。」○隋王通曰：「《春秋》之於王道，是輕重之權衡，曲直之繩墨也。舍則無所取衷矣。」又曰：「《春秋》其以天道終乎？故止於獲麟。」○宋西都邵雍曰：「《春秋》，孔子之刑書也，功過不相掩。五伯者，功之首、罪之魁也。先定五伯之功過而學《春秋》，則大意立矣。春秋之間，有功者未有大於四國者也，有過者亦未有大於四國者也。不先治四國之功過，則事無統理，不得聖人之心矣。」○横渠張載曰：「《春秋》之書，在古無有，乃仲尼所自作，惟孟子爲能知之，非理明義精，殆未可學。先儒未及此而治之，故其説多鑿。」○河南程頤曰：「五經載道之文，《春秋》聖人之用。五經之有《春秋》，猶法律之有斷例也。」又曰：「五經如藥方，《春秋》猶用藥治病。聖人之用，全在此書。」又曰：「《春秋》一句即一事，是非便見於此，乃窮理之要。學者只觀《春秋》，亦可以盡道矣。」又曰：「《春秋》傳爲按，經爲斷。」又曰：「《春秋》之文，一一意在示人。如土功之事，無大小莫不書之，其意止欲人君重民力也。」又曰：「《春秋》之法極謹嚴，中國而用夷禮則夷之。韓子之言，深得其旨。」

總論

周子曰：「《春秋》正王道，明大法也。孔子爲後世王者而脩也。亂臣賊子誅死者於前，所以懼生者於後也。」

程子曰：「天之生民，必有出類之才，起而君長之，治之而爭奪息，道之而生養遂，教之而倫理明。然後人道立，天道成，地道平。二帝而上，聖賢世出，隨時有作，順乎風氣之宜，不先天以開人，必因時而立政。❶暨乎三王迭興，子丑寅之建正，忠質文之更尚，人道備矣，天道周矣。聖人既不復作，有天下者雖欲倣古之迹，亦私意妄爲而已。事之謬，秦至以建亥爲正，道之悖，漢專以智力持世，豈復知先王之道也？夫子當周之末，以聖人之不復作也，順天應時之治不復有也，於是作《春秋》，爲百王不易之大法。所謂『考諸三王而不謬，建諸天地而不悖，質諸鬼神而無疑，百世以俟聖人而不惑』者矣。先儒之論，曰『游、夏不能

---

❶「必」，四庫本作「各」。

贊一辭』，辭不待贊也，言不能與於斯耳。斯道也，惟顔子嘗聞之矣。『行夏之時，乘殷之輅，服周之冕，樂則韶舞』，此其準的也。後世以史視《春秋》，謂褒善貶惡而已，至於經世之大法則不知也。《春秋》大義數十，炳如日星，乃易見也。惟其微辭奥義、時措從宜者，爲難知也。或抑或縱，或予或奪，或進或退，或微或顯，而得乎義理之安，文質之中，寬猛之宜，是非之公，乃制事之權衡，揆道之模範也。夫觀百物，然後識化工之神。聚衆材，然後知作室之用。於一事一義而欲窺聖人之用，非上智不能也。故學《春秋》者，必優游涵泳，默識心通，然後能造其微。後王知《春秋》之義，則雖非禹、湯，尚可以法三代之治。自秦而下，其學不傳。予悼夫聖人之志不得明於後世也，故作傳以明之，俾後之人通其文而求其義，得其意而法其用，則三代可復也。」○「上古之時，自伏羲、堯、舜，歷夏、商以至于周，或文或質，因襲損益，其變既極，其法既詳，於是孔子參酌其宜，以爲百王法度之中制，此其所以《春秋》作也。孫明復主以無王而作，亦非是。但顔淵問爲邦，聖人對之以『行夏之時，乘殷之輅，服周之冕，樂則韶舞』，則是大抵聖人以道之不得用，故考古驗今，參取百王之中制，斷之以義也。」○「《春秋》有重疊言者，如征伐盟會之類。蓋欲成書，勢須如此，不可事事各求異義。但一字有異，或上下文異，則義須别。」○「《春秋》之書，百王不易之法。三王已後，相因既備。周道衰而聖人慮後世聖人不作，大道遂墜，故作此一書。此義門人皆不得聞，惟顔子得聞。嘗語以四代禮樂是也。此書乃文質之中，寬猛之宜，是非之公也。」○「春秋之時，諸侯不稟命天王，擅相侵伐，聖人直書其事，而常責夫被侵伐者。蓋兵加於己，則引咎自責，或辨諭之以禮，又不得免焉，則固其封疆，上告之天王，下訴之方伯，近赴於鄰國，必有所直矣。苟不勝其忿而與之戰，則以與之戰者爲主，責己絶亂之道也。」○「禮一失則爲夷狄，再失則爲禽獸。聖人初恐人入於禽獸也，故於《春秋》之法極謹嚴。中國而用夷狄禮，則便夷狄之。韓愈言『《春秋》謹嚴』，深得其旨。」○「《春秋》謹華夷之辨。」○「《春秋》經不通求之傳，傳不通求之經。」○「《春秋》已前既已立例，到近後來書得全别。一般事便書得别有意思，若依前例觀之，殊失之也。」

胡氏曰：「《春秋》，聖人傾否之書。」○「《春秋》爲誅亂臣賊子而作，其法尤嚴於亂賊之黨。」○「通於《春秋》，然後能權天下之事。」○「《春秋》之法，治姦惡者不以存歿，必施其身，所以懲惡。獎忠義者及其子孫，遠而不泯，所以勸善。」○明類例曰：「《春秋》之文，有事同則詞同者，後人因謂之例。然有事同而詞異，則其例變矣。是故正例非聖人莫能立，變例非聖人莫能裁。正例，天地之常經。變例，古今之通誼。惟窮理精義，於例中見法，例外通類者，斯得之矣。」○謹始例曰：「人君嗣立，逾年必改元，此重事也。當國大臣必以其事告于廟，秉筆史官必以其事書于策。緣始終之義，一年不二君，故不改於柩前定位之初。緣民臣之心，不可曠年無君，故不待於三年畢喪之後。逾年春正月，乃謹始之時，得理之中者也，於是改元著新君即位之始宜矣。即位而謹始，本不可以不正，爲子受之父，爲諸侯受之王，此大本也。咸無焉則不書即位，隱、莊、閔、僖四公是也。聖人恐此義未明，又於衛侯晉發之。書曰『衛人立晉』，以見內無所承，上不請命者，雖國人欲立之，其立之非也。在春秋時，諸侯皆不請王命矣。然承國於先君者則得書即位，以別於內復無所承者，文、成、襄、昭、哀五公是也。聖人恐此義未明，又於齊孺子荼發之。荼幼固不當立，然既有先君景公之命矣。陳乞雖流涕欲立長君，其如景公之命何？以乞君荼，不死先君之命也。命雖不敢死，以別於內，復無所承者可也。然亂倫失正，則天王所當治。聖人恐此義未明，又於衛侯朔發之。朔殺伋、壽，受其父宣公之命，嘗有國矣。然四國納之則貶，王人拒之則褒，於以見雖有父命，而亂倫失正者，王法所宜絶也。由此推之，王命重矣。雖重天王之命，若非制命以義，亦將壅而不行。故魯武公以括與戲見宣王，王欲立戲，仲山甫不可，王卒立之。魯人殺戲，立括之子，諸侯由是不睦。聖人以此義非盡倫者不能斷也，又特於首止之盟發之。夫以王世子而出會諸侯，以列國諸侯而上與王世子會，此例之變也，而《春秋》許之。鄭伯奉承王命，不與是盟，此禮之常也，而《春秋》逃之。所以然者，王將以愛易儲貳，桓公糾合諸侯，仗正道以翼世子，使國本不摇，而天下之爲父子者定，所謂『一匡天下，民到于今受其賜』者也。至是變而之正，以大義爲主，而崇高之勢不與焉，然後即位，謹始之義終矣，萬世之大倫正矣。故曰：『《春秋》之法大居正，非聖人莫能脩之。』謂此類爾。」

龜山楊氏曰：「《春秋》正是聖人處置事處。他經言其理，此明其用。理既明，則其用不難知也。」○「《春秋》昭如日星，但說者斷以己意，故有異同之論。若義理已明，《春秋》不難知也。」

五峰胡氏曰：「天理人欲，莫明辨於《春秋》。聖人教人消人欲、復天理，莫深於《春秋》。」

延平李氏曰：「《春秋》一事，各是發明一例。如觀山水，徙步而形勢不同，不可拘以一法。然所以難言者，蓋以常人之心推測聖人，未到聖人洒然處，豈能無失耶？」

朱子曰：「《春秋》以形而下者，説上那形而上者去。」○「《春秋》皆亂世之事，聖人一切裁之以天理。」○「周衰，王者之賞罰不行於天下。諸侯强凌弱，衆暴寡，是非善惡由是不明，人欲肆而天理滅矣。夫子因魯史而脩《春秋》，代王者之賞罰，是是而非非，善善而惡惡，誅姦諛於既死，發潛德之幽光，是故《春秋》成而亂臣賊子懼。」○「人道《春秋》難曉，據某理會來，無難曉處。只是據他有這箇事在，據他載得恁地。但自看今年有甚麽事，明年有甚麽事，禮樂征伐不知是自天子出？自諸侯出？自大夫出？只是恁地。而今却要去一字半字上理會褒貶，却要去求聖人之意，你如何知得他肚裏事！」○「《春秋》大旨，其可見者：誅亂臣，討賊子，内中國，外夷狄，貴王賤伯而已。未必字字有義也。想孔子當時只要備二三百年之事，故取史文寫在這裏，何嘗云某事用某法？某事用某例邪？且如書會盟侵伐，大意不過見諸侯擅興自肆耳。書郊禘，大意不過見魯僭禮耳。至如三卜四卜，牛傷牛死，是失禮之中又失禮也。如『不郊，猶三望』，是不必望而猶望也。如書『仲遂卒，猶繹』，是不必繹而猶繹也。如此等義，却自分明。」○「《春秋》只是直載當時之事，要見當時治亂興衰，非是於一字上定褒貶。初間王政不行，天下都無統屬。及五伯出來扶持，方有統屬，『禮樂征伐自諸侯出』。到後來五伯又衰，政自大夫出。到孔子時，皇帝王伯之道掃地，故孔子作《春秋》，據他事實寫在那裏，教人見得當時事是如此，安知用舊史與不用舊史？今硬説那箇字是孔子文，那箇字是舊史文，如何驗得？更聖人所書，好惡自易見。如葵丘之會，召陵之師，踐土之盟，自是好，本末自是别。及後來五伯既衰，溴梁之盟，大夫亦出與諸侯之會，這箇自是差異不好。今要去一字兩字上討意思，甚至以日月、爵氏、名字上皆寓褒貶。如『王人子突救衛』，自是衛當救，當時是有箇子突，孔子因存他名字。今諸公解，却道王人本不書字，緣其救衛，故書字。孟子説：『臣弑其君者有之，子弑其父者有之。孔子懼，作《春秋》。』説得極是了。又曰：『春秋無義戰，彼善於此，則有之矣。』此等皆看得地步闊。聖人之意只是如此，不解恁地細碎。」○「春秋初時，天王尚略有戰伐之屬，到後來都無了。只是諸侯抗衡，諸侯纔不奈何，又被大夫出來做，大夫纔不奈何，又被陪臣出來做。」○「《春秋》是聖人據魯史以書其事，使人自觀之，以爲鑒戒爾。其事則齊桓、晉文有足稱，其義則誅亂臣賊子。若欲推求一字之間，以爲聖人褒善貶惡，專在於是，切恐不是聖人之意。如書即位者，是魯君行即位之禮。繼故不書即位者，是不行即位之禮。若桓公之書即位，則是桓公自正其即位之禮耳。其他崩、薨、卒、葬，亦無意義。」○「《春秋》大概自成、襄以前，舊史不全，有舛逸，故所記各有不同。若昭、哀以後，皆聖人親見其事，故記得其實，不至於有遺處。如何却説聖人予其爵，削其爵，賞其功，罰其罪？是甚説話！」○問：「孟子説『《春秋》，天子之事』，如何？」曰：「只是被孔子寫取在此，人見者自有所畏懼耳。若要説孔子去褒貶他，去其爵，與其爵，賞其功，罰其罪，豈不是謬也！其爵之有無，與人之有功有罪，孔子也予奪他不得。」○或人論《春秋》，以爲多有變例，所以前後所書之法多有不同。曰：「此烏可信？聖人作《春秋》，正欲褒善貶惡，示萬世不易之法。今乃忽用此説以誅人，未幾又用此説以賞人，使天下後世皆求之而莫識其意，是乃後世弄法舞文之吏之所爲也。曾謂大中至正之道而如此乎！」○「《春秋》傳例多不可信。聖人記事，安有許多義例？如書伐國，惡諸侯之擅興。書山崩、地震、螽蝗之類，知災異有所自致也。」

○問：「《春秋傳》序引夫子答顔子爲邦之語，爲顔子嘗聞《春秋》大法，何也？」曰：「此不是孔子將《春秋》大法向顔子説。蓋三代制作極備矣，孔子更不可復作，故告以四代禮樂，只是集百王不易之大法。其作《春秋》，善者則取之，惡者則誅之，意亦只是如此，故伊川引以爲據耳。」○「四代之禮樂，此是經世之大法也。《春秋》之書，亦經世之大法也。然四代之禮樂是以善者爲法。《春秋》是以不善者爲戒。」○問：「孔子有取乎五伯？豈非時措從宜？」曰：「是。」又曰：「觀其予五伯，其中便有一箇奪底意思。」又曰：「《春秋》明王法而不廢五伯之功。」

東萊吕氏曰：「孟軻氏有言：『世衰道微，邪説暴行有作。孔子懼，作《春秋》。』説之邪也，天下所同聞也。行之暴也，天下所同見也。同聞同見，而懼者獨孔子焉。是何也？手足風痺，雖加笞箠，頑然而不知痛。無疾之人，一毫傷其膚，固已嚬蹙慘怛，中心達於面目矣。人皆風痺而孔子獨無疾，宜舉世不懼而孔子獨懼也。《春秋》既成而亂臣賊子懼，向者不懼而今者懼，果安從生哉？亦猶風痺之人，倉、佗、和、緩療以鍼石，氣血流注，復知疾痛痾癢之所在，是知非自外至也。」

茅堂胡氏曰：「經文化工，隨事立義，其變無窮。若概以例觀，則畫筆擬化工，不相干涉矣。能以心通，觸類而長，取證於本例之外，則無所書而不爲例也。」

雙峰饒氏曰：「《春秋》雖因魯史而脩之，然實却是作。蓋賞罰天子之事，時王不能正其賞罰，故《春秋》爲之襃善貶惡，以誅亂賊，是以匹夫而代天子行賞罰也。此事前古所無，孔子始創爲之。」

建安葉氏曰：「《春秋》大義，如尊君而卑臣，貴仁義而賤詐力，内中國而外夷狄之類，其義雖大，非難見也。其難見者，蓋在於微辭奥義，各適乎時措之宜者，非深明乎時中，未易窺也。或有功而抑，或有罪而宥，或功未就而與，或罪未著而奪，或尊而退之，或卑而進之，或婉其辭，或章其實，要皆得乎義理之安而各當其則，文質之中而不華不俚，寬猛之宜而無過不及，是非之公而無有作好作惡。」

丹陽洪氏曰：「《春秋》本無例，學者因行事之迹以爲例，猶天本無度，治曆者即周天之數以爲度。然獨求於例，則其失拘而淺；獨求於義，則其失迂而鑿。」

可堂吴氏曰：「《春秋》爲討賊而作也。始也，聖人懼亂賊；終也，亂賊懼聖人。然則《春秋》之義無他，亦求之兩懼之間而已矣。」

新安汪氏曰：「天者，理之所出，唯聖人則稟夫天理之全。故天敘有典，唯聖人能敘之；天秩有禮，唯聖人能秩之；天命有德，唯聖人能命之；天討有罪，唯聖人能討之。孔子雖不得位，然假《春秋》以寓王法，實行天子之事也。」〇「《春秋》紀事，大而天地日星、人倫邦國，小而宮室器幣、草木禽蟲，凡天下萬物之理無不具焉。能通是經，則理無不窮矣。故揚子曰：『説理者莫辨乎《春秋》。』」

胡氏曰：「傳《春秋》者三家，《左氏》敘事見本末，《公羊》、《穀梁》辭辨而義精。學經以傳爲按，則當閱《左氏》。玩辭以義爲主，則當習《公》、《穀》。如惠公元妃繼室及仲子之歸于魯，即隱公兄弟嫡庶之辨、攝讓之實，可按而知也。當閱《左氏》，謂此類也。若夫來賵仲子以爲『豫凶事』，則誣矣；王正月之爲大一統，『及我欲之，暨不得已也』。當習公羊氏，謂此類也。若夫母以子貴，媵妾許稱夫人，則亂矣；段，弟也，弗謂弟，公子也，弗謂公子，賤段而甚鄭伯之處心積慮，成於殺也。當習穀梁氏，謂此類也。若夫曲生條例，以大夫日卒爲正，則鑿矣。萬物紛錯懸諸天，衆言淆亂折諸聖，要在反求於心，斷之以理，精擇而慎取之，則美玉之與武砆，必有能辨之者。自晉杜預、范甯，唐啖助、趙匡，此數子者用力甚勤。時有所取，雖造宮墻之側，幾得其門而入，要皆未見宗廟之美、百官之富者也，故不預七家之列。七家所造固自有淺深，獨程氏嘗爲之傳，然其説甚略，於意則引而不發，欲使後學慎思明辨，自得於耳目見聞之外者也。故今所傳，事按《左氏》，義採《公羊》、《穀梁》之精者，大綱本《孟子》，而微辭多以程氏之説爲證云。」以下論諸傳。

元城劉氏曰：「《公》、《穀》皆解正《春秋》。《春秋》所無者，《公》、《穀》未嘗言之，故漢儒推本，以爲真孔子之意，然二家亦自矛盾，則亦非孔子之意矣。若《左傳》，則《春秋》所有者或不解，《春秋》所無者或自爲傳。故先儒以謂《左氏》或先經以起事，或後經以終義，或依經以辨理，或錯經以合異，然其説亦有時牽合。要之，讀《左氏》者，當經自爲經，傳自爲傳，不可合而爲一也，然後通矣。」

朱子曰：「《春秋》之書，且據《左氏》。當時天下大亂，聖人且據實而書之。其是非得失，付諸後世公論，蓋有言外之意。若必於一字一辭之間求褒貶所在，竊恐不然。齊桓、晉文所以有功於王室者，蓋當時楚最强大，時復加兵於鄭。鄭則在王畿之内，又伐陸渾之戎，觀兵周疆，其勢與六國不同。蓋六國勢均力敵，不敢先動。楚在春秋時，他國皆不及其强，向非桓、文有以遏之，則周室爲其所并矣。又諸侯不朝聘於周，而周反下聘於列國，是甚道理。」〇「左氏説得《春秋》事，有七八分。」〇「《左傳》、《國語》，惟是周室一種士大夫説得道理，大故細密。這便是文、武、周、召在王國立學校，教得人恁地。惟是周室人會恁地説。且如《烝民》詩大故説得好，『人受天地之中以生』之類，大故説得細密。」〇「《左傳》『君子曰』，最無意思。因舉『芟夷蘊崇之』一段，是關上文甚事？左氏是一箇審利害之幾，善避就底人，所以其書有貶死節等事。其間議論有極不是處，如『周、鄭交質』之類，是何議論！其曰：『宋宣公可謂知人矣，立穆公，其子饗之，命以義夫！』只知有利害，不知有義理。此段不如《公羊》説『君子大居正』，却是儒者議論。」○「孔子作《春秋》，當時亦須與門人講論，所以《公》、《穀》、《左氏》得一箇源流，只是漸漸訛舛。當初若是全無傳授，如何鑿空撰得？」○問：「《左傳》如何？」曰：「《左傳》一部載許多事，未知是與不是。但道理亦是如此。今且把來參考。」問：「《公》、《穀》如何？」曰：「據他説亦是有那道理，但恐聖人當初無此等意。如孫明復、趙、啖、陸淳、胡文定，皆説得好，道理皆是如此。但後世因《春秋》去考時，當如此區處。若論聖人當初作《春秋》時，其意不解有許多説話。擇之説：『文定説得理太多，盡堆在裏面。』他是恁地，不是如此底，亦押從這理上來。」○問三傳優劣。曰：「左氏曾見國史，考事頗精，只是不知大義，專去小處理會，往往不曾講學。《公》、《穀》考事甚踈，然義理却精。二人乃是經生，傳得許多説話，往往都不曾見國史。」○「《左傳》是後來人做，爲見陳氏有齊，所以言『八世之後，莫之與京』。見三家分晉，所以言『公侯子孫，必復其始』。以三傳言之，《左氏》是史學，《公》、《穀》是經學。史學者記得事却詳，於道理上便差；經學者於義理上有功，然記事多悮。」○「《左氏》有一箇大病，是他好以成敗論人，遇他做得來好時，便説他好；做得來不好時，便説他不是，都不折之以理之是非，這是他大病。敘事時，《左氏》却多是，《公》、《穀》却都是胡撰。他去聖人遠了，只是想象胡説。」○問：「《公》、《穀》傳，大概皆同？」曰：「所以林黄中説，只是一人，只是看他文字，疑若非一手者。」或曰：「疑當時皆有所傳授，其後門人弟子始筆之於書爾。」曰：「想得皆是齊、魯間儒，其所著之書，恐有所傳授，但皆雜以己意，所以多差舛。其有合道理者，疑是聖人之舊。」〇「《公》、《穀》二傳所以異者，類多人名地名而非大義之所繫。」〇「程子所謂『《春秋》大義數十，炳如日星』者，如『成宋亂』、『宋災故』之類，乃是聖人直著誅貶，自是分明。如胡氏謂書『晉侯』爲以常情待晉襄，書『秦人』爲以王事責秦穆處，却恐未必如此。須是己之心果與聖人之心神交心契，始可斷他所書之旨。不然，則未易言也。程子所謂『微辭隱義，時措從宜者爲難知』耳。」〇「或有解《春秋》者，專以日月爲褒貶。書時月則以爲貶，書日則以爲褒，穿鑿得全無義理。若胡文定公所解，乃是以義理穿鑿，故可觀。」〇「安國《春秋》明天理，正人心，扶三綱，敘九法，體用該貫，有剛大正直之氣。」〇問：「胡《春秋》如何？」曰：「胡《春秋》大義正，但《春秋》自難理會。」〇「胡《春秋》傳有牽强處，然議論有開合精神，亦有過當處。」〇問：「胡文定據《孟子》『《春秋》天子之事』一句作骨。如此則是聖人有意誅賞。」曰：「文定是如此說，道理也是恁地。但聖人只是書放那裏，使後世因此去考見道理，如何便爲是，如何便爲不是。若說道聖人當時之意，說他當如此，我便書這一字以褒之，他當如彼，我便書那一字以貶之，則恐聖人不解恁地。」〇「二程未出時，便有胡安定、孫泰山、石徂徠，觀其推明治道，直是凜凜然可畏。《春秋》本是嚴底文字。聖人此書之作，遏人欲於橫流，遂以二百四十二年行事寓其褒貶。恰如大辟罪人，事在欵司，極是嚴緊，一字不敢胡亂下。使聖人作經，有今人巧曲意思，聖人亦不解作得。」○「某平生不敢説《春秋》，若説時，只是將胡文定説扶持説去。畢竟去聖人千百年後，如何知聖人之心？」○問：「於《春秋》未有説，何也？」曰：「《春秋》是當時實事，孔子書之。後世諸儒學未至而各立己意。正横渠所謂『非理明義精而治之，故其説多鑿』是也。惟伊川程子以爲『經世之大法』，得其旨矣。然其間極有無定當，難處置處，今不若且存取胡氏本子與後世看，縱未能盡得之，然不中不遠矣。」

茅堂胡氏曰：「《左氏》釋經雖簡而博通諸史，敘事尤詳，能令百代之下頗見本末，其有功於《春秋》爲多。《公》、《穀》釋經，其義皆密。如衛州吁以稱人爲『討賊之辭』也，『公薨不地，故也。不書葬，賊不討，以罪下也』，若此之類，深得聖人誅亂臣、討賊子之意，考其源流必有端緒，非曲説所能及也。啖、趙謂：『三傳所記，本皆不謬。義則口傳，未形竹帛。』後代學者妄加損益，轉相傳授，浸失本真，故事多迂誕，理或舛駁，其言信矣。然則學者於三傳，忽然而不習，❶則無以知經，習焉而不察，擇焉而不精，則《春秋》之弘意大旨、簡易明白者汨於僻説，愈晦而不顯矣。」

❶「然」，四庫本作「焉」。

程子曰：「學《春秋》亦善，一句是一事，是非便見於此，此亦窮理之要。然他經豈不可以窮理？但他經論其義，《春秋》因其行事，是非較著，故窮理爲要。嘗語學者，且先讀《論語》、《孟子》，更讀一經，然後看《春秋》。先識得箇義理，方可看《春秋》。《春秋》以何爲準？無如《中庸》。欲知《中庸》，無如權，須是時而爲中。若以手足胼胝，閉户不出，二者之間取中便不是中。若當手足胼胝，則於此爲中；當閉户不出，則於此爲中。權之爲言，秤錘之義也。何物爲權？義也。然也只是説得到義，義以上更難説，在人自看如何。」以下讀《春秋》之法。○或問：「《左傳》可信否？」曰：「不可全信，信其可信者耳。某看《春秋》，有兩句法云：以傳考經之事迹，以經別傳之真僞。」又問：「《公》、《穀》如何？」曰：「又次於《左氏》。」問：「左氏即是丘明否？」曰：「《傳》中無丘明字，不可考。」

延平李氏曰：「《春秋》且將諸家熟看，以胡文定解爲準，玩味久必自有會心處，卒看不得也。伊川先生云：『《春秋》大義數十，炳如日星，所易見也。唯微辭奧旨，時措從宜者，所難知爾。』更須詳考其事，又玩味所書抑揚予奪之處，看如何？積道理多，庶漸見之。」

問讀《春秋》之法。朱子曰：「只是據經所書之事迹，而準折以先王之道，某是某非，某人是底猶有未是處，不是底又有彼善於此處，自將道理折衷，便見只是聖人言語細密，要人仔細斟量考索耳。」○「看《春秋》固當以例類相通，然亦先須隨事觀理，反覆涵泳，令胸次開闊，義理通貫，方有意味。」○「看《春秋》，且須看得一部《左傳》首尾意思通貫，方能略見聖人筆削，與當時事之大意。」○問讀《左傳》法。曰：「也只是平心看那事理、事情、事勢。春秋十二公，時各不同。如隱、桓之時，王室新東遷，號令不行，天下都星散無主。莊、僖之時，桓、文迭伯，政自諸侯出，天下始有統一。宣公之時，楚莊王盛强，夷狄主盟中國，諸侯服齊者亦皆朝楚，服晉者亦皆朝楚。及成公之世，❶悼公出來整頓一番，楚始退去。繼而吴、越又强，入來争伯。定、哀之時，政皆自大夫出，魯有三家，晉有六卿，齊有田氏，宋有華、向，被他肆意做，終春秋之世，更没奈何。」○問：「《左氏傳》合如何看？」曰：「且看他記載事迹處。至如説道理，全不似《公》、《穀》。要之，左氏是箇曉了識利害底人，趨炎附勢。如載劉子『天地之中』一段，此是極精粹底。至説『能者養之以福，不能者敗以取禍』，便只説向禍福去了。大率《左傳》只道得禍福利害底説話，於義理上全然理會不得。」又問：「所載之事實否？」曰：「也未必一一實。」問：「如載卜妻敬仲與季氏生之類是如何？」曰：「看此等處，便見得是季氏專魯、田氏篡齊以後之書。」又問：「此還是當時特地撰出此等言語否？」曰：「有此理。其間做得成者，如斬蛇之事；做不成者，如丹書狐鳴之事。看此等書

❶「成」，原作「襄」，今據《西京清麓叢書》本南宋朱熹《朱子語類》改。

機關熟了，少間都壞了心術。」○問：「今欲看《春秋》，且將胡文定説爲正，如何？」曰：「便是他，亦有太過處。蘇子由教人只讀《左傳》，只是他《春秋》亦自分曉。且如『公與夫人如齊』，畢竟是理會甚事，自可見。又如季氏逐昭公，畢竟因甚如此。今理會得一箇義理後，將他事來處置，合於義理者爲是，不合於義理者爲非。亦有喚做是而未盡善者，亦有謂之不是而彼善於此者。且如讀《史記》，便見得秦之所以亡，漢之所以興，及至後來劉、項事。又知劉之所以得，項之所以失，不難判斷。只是《春秋》却精細，也都不説破，教後人自將義理去折衷。」

臨川吴氏曰：「子朱子云：『析之有以極其精而不亂，然後合之有以盡其大而無餘。』噫！讀《春秋》者，其亦可以是求之矣。《春秋》化工也，化工隨物而賦形；《春秋》山嶽也，山嶽徙步而異狀。持一概之説，專一曲之見，惡足與論聖人作經之旨哉！」

春秋二十國年表

	己未		
周	平王四十九年。平王自四十九年入春秋。	五十年	五十一年
魯	隱公元年。名息姑，惠公長庶子。	二年	三年
蔡	自宣公二十八年入春秋。名考父，戴公子。		
曹	自桓公三十五年入春秋。穆公之子終生。		
衛	自桓公十三年入春秋。莊公太子。		
滕	至魯隱七年見滕侯卒。		
晉	自鄂侯二年入春秋。孝侯子郄都于鄂，曰鄂侯。		
鄭	自莊公寤生入春秋。武公之子。		
齊	自僖公祿父九年入春秋。莊公子。		
秦	至穆公始見於春秋。僖十五年。		
楚	自武王十九年入春秋。名熊通，蚡冒弟。		
宋	自穆公八年入春秋。宣公弟。		八月卒，宣公子殤公立。
杞	自成公十二年入春秋。		
陳	自桓公二十三年入春秋。文公長子鮑。		
吴	自大伯十九世至壽夢入春秋。成六年。		
邾	儀父克，後爲子。		
莒	至魯文公十八年見庶其。		
薛	魯隱公十一年見其來朝。莊三十一年見卒。其後至昭三十一年見獻❶公卒。		
許	至魯隱十一年見莊公及許叔立。至桓十五年入許，即穆公新臣。		
小邾	至魯僖七年見來朝。		

❶「獻」，原作「敝」，今據四庫本改。

甲子

桓王元年。平王太子洩父之子。	二年	三年	四年	五年
四年	五年	六年	七年	八年
				六月卒，桓侯封人立，宣公子。
二月，❶弑，宣公晉立，桓公弟。				
			二月卒。❷	
		哀侯光立，鄂侯子。曲沃武公弥立，莊伯子。		

❶「二月」，四庫本作「冬州吁」。

❷「二月卒」，四庫本無此三字。

六年	九年																		
七年	十年																		
八年	十一年				來朝。												來朝。		
九年	桓公元年。名允，惠公子。																		
十年	二年										正月弑穆公，子莊公馮立。								
十一年	三年					晉小子侯立，哀侯弟。晉哀侯弟緡立。													
十二年	四年																		

甲戌

十三年	十四年	十五年	十六年	十七年	十八年
五年	六年	七年	八年	九年	十年
					正月卒，曹莊公射姑立，桓公子。
					正月卒，昭公忽立，奔衛，厲公突立。❶
正月卒，弟厲公佗殺太子免而自立。	秋殺。弟躍立，亦爲厲公。				

❶「正月卒」至「突立」十三字，據阮刻本《春秋左傳正義》應在桓王十九年。

甲申❶

十九年 十一年	二十年 十二年	二十一年 十三年	二十二年 十四年	二十三年 十五年
	十二月卒，衛惠公朔立。			
				五月出奔蔡，昭公歸。
			十二❷月卒，子襄公諸兒立。	
	八月卒，太子免，三弟：長曰躍，中曰林，少曰杵臼，林立，爲莊公。			
				入許。

❶「申」，原作「子」，今據四庫本改。

❷「二」，原作「一」，今據四庫本改。

莊王元年。桓王太子。	二年	三年	四年	五年	六年	七年
十六年	十七年	十八年	莊公元年。名同，桓公子。	二年	三年	四年
	六月卒，哀侯獻奔立，桓侯子。					
十一月出奔齊。						
	昭公弑，立子亹。	齊殺亹，子儀立。				
						三月卒，子文王熊貲立。
				十二月卒，子閔公捷立。		
			十月卒，宣公杵臼立。			

		甲午						
八年	九年	十年	十一年	十二年	十三年	十四年	十五年	僖王元年。莊王子。
五年	六年	七年	八年	九年	十年	十一年	十二年	十三年
齊立惠公，黔牟奔周，惠公復入。								
			十一月弒。	桓公小白立，襄公弟。				
							八月弒，弟桓公御説立。	
郳黎來來朝。								

二年	三年	四年	五年	甲辰 惠王元年。僖王孫。	二年	三年
十四年	十五年	十六年	十七年	十八年	十九年	二十年
					卒。	蔡穆侯肸立，哀侯子。
		同盟于幽。				
		曲沃武公滅晉侯昭。	武公卒，子獻公詭諸立。			
納厲公，殺子儀。						
					六月卒，子堵敖熊囏立。	
		十二月卒，邾子瑣立。				
		盟于幽。				

甲寅						
十年	九年	八年	七年	六年	五年	四年
二十七年	二十六年	二十五年	二十四年	二十三年	二十二年	二十一年
				十一月卒，僖公夷立，莊公子。		
		五月卒，衛懿公赤立，惠公子。				
						五月卒，文公捷立，厲公子。
					弑，弟成王惲立。	

十一年	十二年	十三年	十四年	十五年	十六年	十七年
二十八年	二十九年	三十年	三十一年	三十二年	閔公元年。名開，莊公子。	二年
				卒，昭公班立。		
						狄滅衛，戴公申立，黔牟弟。衛文公燬立，戴公弟。
四月卒，文公籧篨立。						
			四月，薛伯卒。			

十八年	十九年	甲子 二十年	二十一年	二十二年	二十三年	二十四年	二十五年
僖公元年，名申，閔公庶兄。	二年	三年	四年	五年	六年	七年	八年
						七月，曹共公卒，襄公立，昭公子。	
				晉執虞公，媵秦穆姬。❶			
			夏，僖公卒，業立。				
						來朝。	

❶「晉執虞公媵秦穆姬」，四庫本置同年晉國處。

				甲戌			
襄王元年。惠王太子鄭。	二年	三年	四年	五年	六年	七年	八年
九年	十年	十一年	十二年	十三年	十四年	十五年	十六年
					冬卒，蔡莊公甲午立，穆侯子。		
卒，立奚齊、卓子，弑，惠公夷吾立。						秦獲晉侯歸。	
正月卒，太子襄公茲父立。							
			十二月卒，子穆公款立。				

九年	十年	十一年	十二年	十三年	十四年	甲申 十五年	十六年
十七年	十八年	十九年	二十年	二十一年	二十二年	二十三年	二十四年
						卒，❶懷公子圉立。	殺懷公，文公重耳立，獻公子。
十二月卒，子無虧立。	無虧殺孝公昭，立桓公子。						
						五月卒，子成公王臣立。	
						十一月卒，弟桓公姑容立。	

❶「卒」上，四庫本有「五月」二字。據阮刻本《春秋左傳正義》爲九月。

十七年	十八年	十九年	二十年	二十一年	二十二年	二十三年
二十五年	二十六年	二十七年	二十八年	二十九年	三十年	三十一年
四月卒，成公鄭立，文公子。			出奔楚，復歸衛，晉人執衛侯，衛立公子瑕。		衛侯歸于衛。	
		六月卒，弟昭公潘立。				
		來朝。				
			六月卒，子共公朔立。			

二十四年	二十五年（甲午）	二十六年	二十七年	二十八年	二十九年	三十年	三十一年
三十二年	三十三年	文公元年。興，僖公子。	二年	三年	四年	五年	六年
十二月卒，襄公驩立，文公子。							八月卒，靈公夷皐立，襄公子。
四月卒，穆公蘭立，文公子。							
							夏卒，康公罃立，穆公子。
						十月卒，昭公錫我立。	

三十二年	三十三年	頃王元年。襄王子。	甲辰 二年	三年	四年	五年	六年
七年	八年	九年	十年	十一年	十二年	十三年	十四年
		八月卒，曹文公壽立，共公子。					
					昭公來朝。		
							五月，卒，子舍立，弒，立懿公商人，即昭公弟。
						卒，子莊王旅立。	
					來朝。		
						五月，卒，子靈公平國立。	
						五月，卒，子定公貜且立。	

					甲寅
匡王元年。頃王子。	二年	三年	四年	五年	六年
十五年	十六年	十七年	十八年	宣公元年。倭，文公子。	二年
卒，文公申立，莊公子。					
					九月弒，成公黑臀立，襄公弟。
			五月弒，兄惠公元立。		
			三月卒，共公稻立，康公子。		
	十二月弒，弟文公鮑立。				
			十月紀公庶其弒，子季佗立。❶		

❶「十月」至「季佗立」十一字，原置於周定王四年，今據四庫本移正。

定王元年。匡王之弟。	二年	三年	四年	五年	六年	七年
三年	四年	五年	六年	七年	八年	九年
						十月卒，穆公邀立，成公子。
						八月卒，文公立。
						九月卒，景公獳立，成公子。
十月卒，靈公夷立。	弑，襄公堅立，靈公庶弟。					
	正月卒，桓公立，共公子。					
			十月，紀公庶其弑，子季佗立。			

八年	九年	甲子 十年	十一年	十二年	十三年	十四年	十五年	十六年
十年	十一年	十二年	十三年	十四年	十五年	十六年	十七年	十八年
							正月卒，景侯固立。	
				五月卒，宣公盧立，文公子。				
四月卒，頃公無野立，惠公子。								
								七月卒，子共王審立。
五月弒，成公午立，靈公子。								
							正月卒，靈公甯立。	

甲戌

十七年	十八年	十九年	二十年	二十一年	簡王元年。定王子。	二年	三年
成公元年。黑肱，宣公子。	二年	三年	四年	五年	六年	七年	八年
	八月，定公卒，臧立，穆公子。						
			三月，悼公卒，費立。		六月，成公卒，睔立，悼公弟。		
	八月，子共公卒，固立。						
						吳壽夢立，見伐郯。	

四年	五年	六年	七年	八年	九年（甲申）
九年	十年	十一年	十二年	十三年	十四年
				五月卒，成公負芻立，宣公弟。	
					十月卒，獻公衎立，定公子。
	五月卒，厲公州蒲立，景公太子。				
十月卒，靈公環立，頃公子。					
					莒子朱卒，一名渠丘公，黎比公密州立，又名買朱鉏。

十年	十一年	十二年	十三年	十四年	靈王元年。簡王子。	二年
十五年	十六年	十七年	十八年	襄公元年。午，成公子。	二年	三年
	四月卒，成公原江。					
			正月弒，悼公周立，景公子。			
					六月卒，僖公髡頑立，成公子。	
		十二月卒，宣公桱立。	來朝。			
遷于葉。						

三年	四年	五年（甲午）	六年	七年	八年	九年	十年
四年	五年	六年	七年	八年	九年	十年	十一年
			十二月，卒，簡公嘉立，成公子。				
		三月，卒，子孝公勾立。					
三月❶，卒，子哀公溺立。							
			穆公來朝。				

❶「三」，原作「二」，今據四庫本改。

十一年	十二年	十三年	十四年	十五年（甲辰）
十二年	十三年	十四年	十五年	十六年
		出奔齊，殤公剽立，定公弟。		
			十一月卒，平公彪立，悼公子。	
	九月卒，子康王昭立。			
九月卒，諸樊立，壽夢長子，諸樊一曰遏。				
				晉執宣公，悼公華立。
				晉執黎比公。

十六年	十七年	十八年	十九年	二十年	二十一年	二十二年	二十三年
十七年	十八年	十九年	二十年	二十一年	二十二年	二十三年	二十四年
	十月，曹武公卒，子成公滕立。						
		七月，莊公光卒，子靈公立。					
						三月，文公卒，弟益姑立。	

二十四年	甲寅 二十五年	二十六年	二十七年	景王元年。靈王子。	二年
二十五年	二十六年	二十七年	二十八年	二十九年	三十年
					四月，弒。
	二月，弒，衎歸。			五月，卒，襄公惡立，獻公子。	
五月，弒，景公杵臼立，莊公異母弟。					
		二月，卒，子郟敖麇立。			
十二月卒，吳餘祭立。餘祭一名戴，諸樊弟。				五月，卒，夷昧立，餘祭弟，一曰餘昧。	
	八月，卒，悼公買立。				

子甲

三年	四年	五年	六年	七年	八年（子甲）	九年
三十一年	昭公元年。稠，襄公子。	二年	三年	四年	五年	六年
			正月卒，悼公寧立。			
					七月卒，哀公立，景公子。	
	十一月卒，靈王虔立，康王弟。					
						正月卒，弟平公郁釐立。
	六月卒，莊公穿立。					
十一月弑，子展輿立。	太子著丘公去疾立。					
			穆公來朝。			

十年	十一年	十二年	十三年	十四年	十五年
七年	八年	九年	十年	十一年	十二年
				楚殺蔡靈公，滅蔡。	
八月卒，靈公元立，襄公子。					
			七月卒，昭公夷立，平公子。		
					三月卒，定公寧立，簡公子。
			十二月卒，子元公佐立。		
	四月卒，楚滅陳。				

十六年	十七年	甲戌 十八年	十九年	二十年
十三年	十四年	十五年	十六年	十七年
蔡侯盧立，隱太子，是爲平公。				
	三月卒，平公須立，武公子。			
			八月卒，晉頃公去疾立，昭公子。	
四月卒，平王居立，即弃疾，靈王弟。				
楚平王封陳，哀公太子、偃師子惠公吳立。				
		正月卒，吳僚立，夷昧子。		
	八月卒，庚輿立。❶			
				穆公來朝。

❶「庚輿」，原作「展與宴」，今據四庫本改。

二十一年	二十二年	二十三年	二十四年	二十五年	敬王元年。猛之弟。	二年
十八年	十九年	二十年	二十一年	二十二年	二十三年	二十四年
		十一月卒，太子朱立。	平公弟悼公東國立。		六月卒，昭公申立，悼公弟。	
三月卒，悼公午立，平公子。						
						八月卒，子悼公成立。
					來奔，復納郊公。	
遷于白羽。	五月卒，斯立。					

甲申

	三年	四年	五年	六年	七年	八年
	二十五年	二十六年	二十七年	二十八年	二十九年	三十年
1						
2			十月，卒聲公野，立悼公弟。			
3						
4				七月，卒頃公結立。		
5						六月，卒定公午，立頃公子。
6						
7						
8						
9		九月，卒昭王軫，立平王子。				
10	十一月，卒子景公頭曼立。					
11						
12						
13			四月，弒闔廬立，一名光，諸樊子。			
14						
15						
16						
17						
18						

九年	十年	十一年	十二年	十三年（甲午）	十四年
三十一年	三十二年	定公元年，宋昭公弟。	二年	三年	四年
	聲公弒，隱公通立，平公弟。				隱公弒，靖公露立，聲公弟。
					五月卒，子隱公乞立，七月弒，弟僖公遇立。
					二月卒，❶子懷公柳立。
				二月卒，隱公益立。	
四月，獻公穀卒，子襄公定立。					

❶「二」，原作「三」，今據四庫本改。

十五年	十六年	十七年	十八年	十九年	二十年	二十一年	二十二年
五年	六年	七年	八年	九年	十年	十一年	十二年
			三月卒，伯陽立，靖公子。				
				四月卒，聲公勝立，獻公子。			
				秋卒，惠公立，哀公太子之子。			
			七月卒，子閔公越立。				
							春卒，比立。
	鄭滅許，以斯歸，元公成立。						

二十三年（甲辰）	二十四年	二十五年	二十六年	二十七年	二十八年	二十九年
十三年	十四年	十五年	哀公元年。蔣，定公子。	二年	三年	四年
						二月弑，❶成侯立，昭侯子。
				四月卒，出公輒立，惠公太子蒯聵子。		
						八月卒，隱公虞母立。
	卒，子夫差立。					
弑，惠公夷立，一名寅。						

❶「二」，原作「一」，今據四庫本改。

三十年	三十一年	三十二年	三十三年（甲寅）	三十四年	三十五年
五年	六年	七年	八年	九年	十年
九月卒，安孺子荼立。弑，悼公陽生立，景公子。					三月卒，簡公壬立，悼公子。
	七月卒，子惠王章立。				
			十二月卒，子閔公維立。		
		魯執邾子益。	歸邾。		來奔。

三十六年	十一年																		
三十七年	十二年																		
三十八年	十三年																		
三十九年	十四年																		

諸國興廢説

周　周，黄帝之苗裔，姬姓，后稷之後也。后稷封於邰。及夏之衰，后稷之子不窋失其官，竄於西戎。至太王爲狄所逼，去邠居岐。文王受命，武王克商而王有天下。幽王爲犬戎所殺，平王遷都王城，今河南縣是也。平王四十九年，魯隱公之元年也。敬王又遷成周，今洛陽是也。敬王三十九年，獲麟之歲也。四十四年敬王崩。

魯　姬姓，侯爵，出自周文王第四子周文公旦。佐文、武、成王，有大勳勞於天下，成王命爲太宰，食邑扶風雍縣東北之周城，號宰。周公留相天子，主自陝以東諸侯，乃封其長子伯禽於曲阜，地方七百里，分以寶玉大弓而俾侯于魯，以輔周室。伯禽父爲魯公子考公酋，❶考公六世孫曰惠公弗皇。❷惠公生隱公息姑。隱公之元年，當平王四十有九年，而《春秋》始作。其後二百四十有二年是哀公蔣之十四年，西狩獲麟。而下九君二百三十三年，而頃公

❶「子」，原脱，今據四庫本補。
❷「六」，原作「九」，今據四庫本改。

讎爲楚考烈王所滅，遷爲家人。

齊　姜姓，侯爵，出自炎帝，裔孫伯夷，爲四岳，佐禹平水土有功，賜姓曰姜，氏曰吕，謂之吕侯，其國在南陽宛縣之西。商末，太公吕望起漁釣，爲周文、武師，號師尚父，佐文、武定天下，以功封營丘爲齊侯，得征五侯九伯。其後桓公小白能相管仲，爲五霸長，天下賴之。自僖公禄父之九年，魯隱公立。至簡公四年，西狩獲麟。其後三君，一百單二年，康公卒，吕氏絶其祀。田氏卒有齊國。

晉　姬姓，侯爵，出自周武王少子唐叔虞，成王母弟也。初，邑姜方娠，有吉夢。及生子，有文在其手曰「虞」，字子干。成王滅唐，剪桐葉爲圭，與叔虞戲曰：「以此封若。」大臣史佚等以天子無戲言，請擇日而成之，遂封叔虞於唐。居古大夏實沈之虚，參之分野，謂之「大原」，亦曰「晉陽」。在河汾之東北，地方百里，而都於翼，平陽絳邑縣東翼城是也。唐叔子爕父爲晉侯。其數世孫文公重耳，霸諸侯，其子孫爲中國盟主者百五十餘年，姬姓唯晉爲霸主，王室賴之。自鄂侯二年，魯隱公即位，《春秋》作。至定公午三十一年，西狩獲麟。又六世，其臣韓、魏、趙氏三分晉地，遷其君爲家人。

衛　姬姓，侯爵，出自周武王同母少弟封，爲成王大司寇，食采於康，謂之康叔。成王誅武庚、滅三監，❶中分其地，以其半立康叔封爲衛伯。分以大路、綪茷、旃旌、大吕之樂，命以《康誥》而封於商虚，其地汲郡朝歌縣是也。其數世孫桓公完之十三年，魯隱公即位，《春秋》作。出公十二年，西狩獲麟。後十一世聲公之子成侯速復降爵爲侯。速孫嗣君更貶號曰君，而止有濮陽之地。後六世，而秦二世廢其君爲庶人。

鄭　姬姓，伯爵，出自周厲王少子友，宣王母弟也。宣王二十二年封友於鄭，在滎陽宛陵西南，密邇王畿，秦京兆、漢華陰之鄭縣是也。幽王之難，友寄帑於虢、鄶之間，因取二國地，前華後河而食溱洧，在濟西、洛東、河南、潁北四水間，謂之新鄭。友卒，謚桓公。友相幽王，其子武公掘突，孫莊公寤生，皆相平王，爲司徒者三世。莊公二十二年，魯隱公即位，《春秋》作。聲公二十年，西狩獲麟。後一百四年韓哀侯滅其國。

宋　子姓，公爵，周二王後，出自商王帝乙之長庶子啓，食采於微，謂之微子。紂爲不道，微子抱祭器以奔周。武王誅紂，立其子武庚。武庚以三監畔，成王誅之，中分其地，封微子爲宋公，以奉湯祀。禮樂車服悉如商舊，作賓王家。其地應天府睢陽是也。其後數世孫穆公和之七年，魯隱公立。景公三十六年，西狩獲麟。後六世，二百七年而齊、魏、楚共滅其國。

❶「庚」，原作「唐」，今據四庫本改。

杞 姒姓，伯爵，周二王後。武王克商，求夏禹苗裔，得東樓公，封杞以奉禹祀，其地今開封府雍丘是也。東樓公四傳而至武公。武公十一年，魯隱公立。後嘗遷都緣陵，又遷淳于。淳于蓋古之州國。至閔公維之六年，西狩獲麟。後三十二年而國滅於楚。

陳 嬀姓，侯爵，周三恪之國，出自帝舜之後，封於有虞。虞幕裔孫閼父爲周武王陶正，能利器用，王賴之，以元女大姬下嫁其子滿而封諸陳，使奉虞帝祀，其地在太皞之墟，今陳縣是也。滿謚胡公，生申公犀。犀而下傳國十世，至桓公鮑。鮑二十三年，魯隱公立。閔公二十一年，西狩獲麟。後三年，楚惠王使公孫朝滅陳。

吴 姬姓，子爵，出自周太王長子太伯，與其弟仲雍避少弟季歷賢而有聖子，去之荆蠻，號曰勾吴。端委以治周禮，荆蠻義之，歸者千餘家，爲吴太伯。太伯卒，仲雍嗣立，斷髮文身，羸以爲飾，遂不通中華。後十七世，當春秋魯成公六年，其後闔廬之子夫差，以强暴霸中國。夫差十五年春秋終。後八年爲越勾踐所滅。

楚 芈姓，子爵，出自顓帝孫重黎，爲高辛氏火正，能光融天下，命曰祝融。其弟吴回嗣爲祝融。生陸終，生六子，皆剖析而産。最少者季連，季連之苗裔鬻熊爲周文、武師。成王時，舉文王、武王勤勞之後嗣，得鬻熊曾孫熊繹，封於荆蠻，胙以子男之田，其地居丹陽，南郡枝江縣是也。其後都郢，更名曰楚。至五世而熊通自立爲楚武王。武王十九年，魯隱公立。惠王章八年，西狩獲麟。其後六國與秦號七雄，而楚最盛。惠王而下，有簡、聲、悼、肅、宣、威、懷、頃襄、考烈、幽、哀、負芻十二王，而後秦滅之。

許 姜姓，男爵，出自堯四岳伯夷之後。周武王封其苗裔文叔於許，以續大岳之嗣，地在潁川許昌縣，今許州是也。春秋時國小而近鄭，鄭再滅之，以爲俘邑。後附楚，楚遷之于城父。又遷之于白羽，又遷之于葉。元公子結之元年，西狩獲麟。

秦 嬴姓，伯爵，出自顓帝裔孫女脩，子大業。生大費，與禹平水土，佐舜調馴鳥獸，賜姓嬴，是爲柏翳。柏翳十九世非子爲周孝王主馬汧、渭間，馬大蕃息，孝王分爲附庸而邑之秦，使續氏嬴，號曰秦嬴，天水隴西縣秦亭是也。其後文公四十四年，魯隱公立。至悼公十年，西狩獲麟。後九世，孝公用商鞅，以耕戰霸秦。其子惠文君自號爲王。至始皇并天下，自立爲皇帝，至二世而亡。

蔡 姬姓，侯爵，出自周文王子叔度。武王克商，封於蔡，其地蔡州上蔡縣是也。自叔度至蔡伯荒，荒八世孫考父立爲宣侯。宣侯二十八年，魯隱公立。成侯十年，西狩獲麟。後三十四年而楚滅之。

曹 姬姓，伯爵，出自文王子叔振鐸，武王克商封之，其地濟陰定陶縣是也。叔振鐸生太伯脾，脾後九世，桓公終生即位。終生三十五年，魯隱公立。至哀公八年，曹伯陽爲宋所滅。

北燕　姬姓，伯爵，出自周同姓功臣曰君奭。佐文、武定天下，有大功，爲周太保，食邑於召，謂之召康公。相成王，主自陝以西諸侯，封其子爲北燕伯，其地幽州薊縣是也。召公九世至燕惠侯六世孫穆侯之七年，魯隱即位。獻公十二年，西狩獲麟。後六世易王立，傳王號者六世。至燕王喜坐太子丹事，爲秦所破滅。

莒　嬴姓，子爵，出自少昊之後。武王封兹輿期於莒，城陽莒縣是也。莒夷君，無謚而有號。自兹輿期十一世，而兹丕始見於《春秋》。共公庚輿而下，微不復見。後四世而楚滅之。

紀　姜姓，侯爵，出自東莞劇縣。春秋時，嘗娶魯女，又女爲王后。魯莊公之三年，齊侵之，紀季以酅入于齊。四年紀侯大去其國。

邾　曹姓，子爵，出自陸終第五子晏安之後。武王克商，封其苗裔曹挾于邾，爲附庸，今魯國鄒縣是也。魯隱公之元年，邾儀父克會盟于蔑。其後數從齊侯小白尊周，進爵爲子。克後九世，桓公革之二十九年，西狩獲麟。邾近魯而小，後爲楚所并。

小邾　曹姓，子爵，出自邾挾之後。夷父顔有功於周，周封其子友於郳，爲附庸。春秋時，郳黎來始朝魯，其地在東海昌慮縣東北郳城是也。齊小白霸，郳君附從，進爵爲子，始列諸侯，謂之小邾子。

虞　姬姓，公爵，出自太王子仲雍。生季簡，季簡生叔達，叔達生周章、虞仲。及武王克商，求太伯仲雍之後，得周章已爲吴君，别封其弟虞仲於周之北故夏墟，在河東太陽縣。自虞仲列爲諸侯。十二世有虞公者，貪而無謀，晉獻公用荀息計，賂以璧馬而取其國。

虢 姬姓，公爵，出自王季子虢仲，文王弟也。仲與虢叔爲王卿士，勳在王室，藏於盟府。而文王友愛二弟，謂之二虢。武王克商，封仲於弘農陜縣東南之虢城。周室東遷，虢公忌父、虢公林父猶爲天子之相。魯僖公五年，晉獻公假道於虞以伐虢，滅之，地入于晉。

滕 姬姓，侯爵，文王子叔繡之後也。至宣公十七世，乃見《春秋》。後六世，齊滅之。

薛 任姓，侯爵，黄帝之後。奚仲封于薛。至獻侯始來朝魯，與諸侯盟會。

春秋列國東坡圖説

《傳》稱「武王克商，光有天下，兄弟之國者十有五人，姬姓之國者四十人」，爵五品而土三等，公侯百里，伯七十里，子男五十里，不滿爲附庸，蓋千八百國。周室既衰，轉相吞滅，數百年間，列國耗盡。春秋之世，見於經傳者總一百二十四國，魯、晉、楚、齊、秦、吴、越、宋、衛、鄭、陳、蔡、邾、曹、許、莒、杞、滕、薛、小邾、息、隨、虞、北燕、紀、巴、鄧、郕、徐、鄫、芮、胡、南燕、州、梁、荀、賈、凡、祭、宿、郰、原、夔、舒鳩、滑、郯、黄、羅、邢、魏、霍、郜、鄋瞞、向、偪陽、韓、舒庸、焦、楊、夷、申、密、耿、麇、萊、弦、頓、沈、穀、譚、舒、邧、白狄、賴、肥、鼓、戎蠻、唐、潞、江、鄖、權、道、烜、貳、軫、絞、蓼、六、遂、崇、戴、冀、温、厲、項、英氏、介、巢、盧、根牟、無終、郝、姒、蓐、狄、房、鮮虞、陸渾、桐、鄀、於餘丘、須句、顓臾、任、葛、蕭、牟、鄟、極、鄣。蠻夷戎狄不在其間。若夫二百四十二年之中，朝會盟聘，圍伐滅入，孔子筆之於經，丘明、公、穀發明於傳，至今猶想見其處。今掇取其尤著者附次於後。舊圖引《晉・地理志》云「見於經傳者百七十國」，以夏、商時諸侯斟尋、過、戈、豕韋之類，並列其間，蓋前史誤，今以《左傳》、《漢書》、《春秋纂例》參定之。

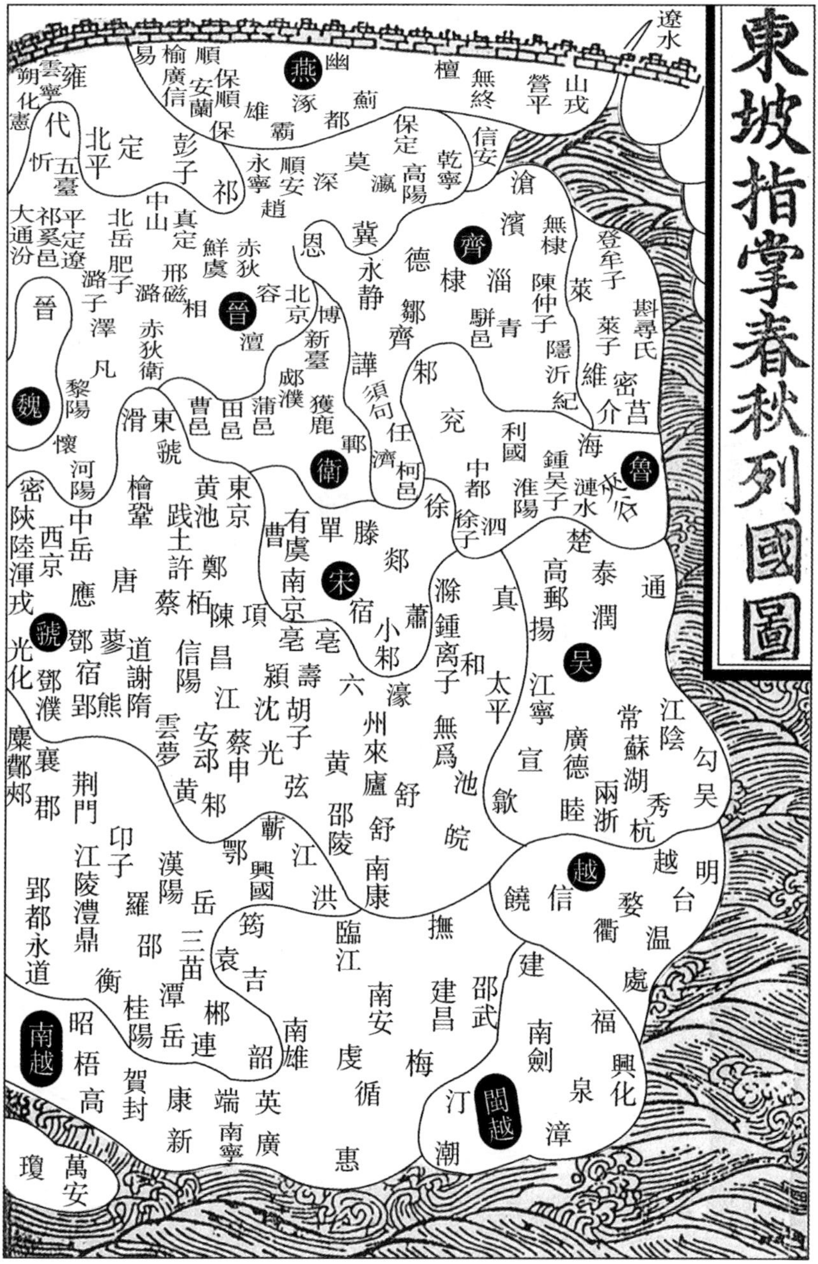
東坡指掌春秋列國圖
燕
代
晉
魏
齊
衛
魯
宋
虢
吴
越
南越
閩越

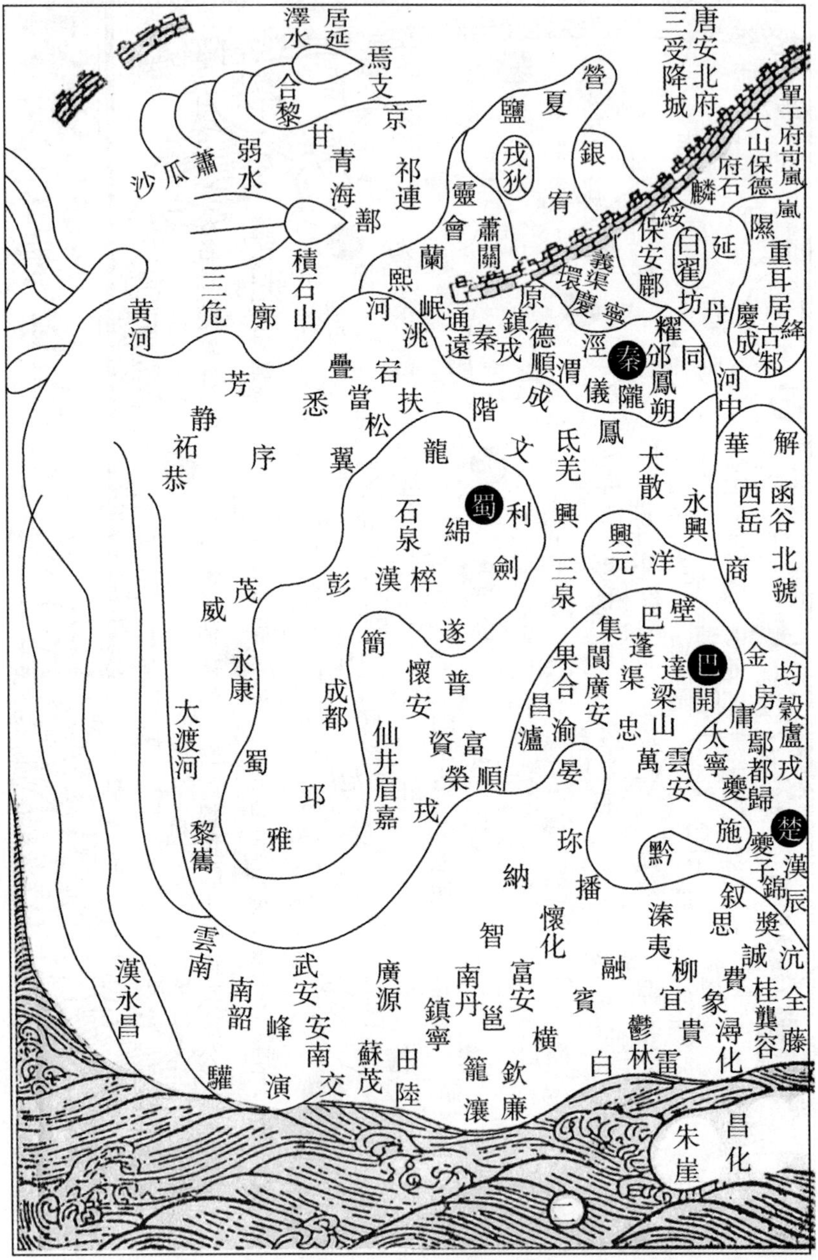
居延
澤水
焉支
合黎
京
甘
青海
祁連
鄯
弱水
蕭
瓜
沙
積石山
三危
廓
黃河
唐安北府
三受降城
營
夏
鹽
戎狄
銀
宥
靈
會
蕭關
蘭
熙
河
岷
洮
通遠
秦
鎮戎
原
德順
渭
涇
義渠
環慶
寧
保安
鄜
綏
白翟
延
坊
丹
耀
邠
同
鳳翔
隴
儀
秦
單于府
大山保德
府石
麟
嵐
隰
重耳居
絳
古
慶成
河中
華
解
西岳
函谷
北虢
商
疊
宕
當
扶
悉
松
階
成
文
氐羌
鳳
大散
芳
靜
祏
恭
序
翼
龍
蜀
石泉
綿
利
劍
興
永興
興元
洋
三泉
茂
威
彭
漢
梓
遂
簡
懷安
普
成都
永康
大渡河
蜀
邛
雅
仙井
眉
嘉
資
富
榮
順
戎
集
閬
廣安
果
合
昌
瀘
渝
巴
蓬
渠
壁
達
巴
開
梁山
忠
萬
雲安
金
房
均
穀
盧
戎
庸
鄾
都
歸
太寧
夔
施
楚
夔子
漢
辰
錦
黔
珍
播
納
晏
黎
巂
雲南
漢永昌
南詔
武安
峰
安南
交
滇
驩
廣源
蘇茂
田
陸
智
南丹
鎮寧
富安
邕
籠
欽
廉
瀼
橫
賓
融
懷化
溱
夷
柳
宜
鬱
林
貴
雷
白
敘
思
獎
誠
費
象
桂
潯
化
沅
全
藤
龔
容
朱崖
昌化

春秋集傳大全卷之一

隱　公

一公名息姑，姬姓，侯爵。自周公子伯禽始受封。傳世二十三而至隱公，攝主國事，在位十一年。謚法：不尸其位曰隱。《左傳》：「惠公元妃孟子。孟子卒，繼室以聲子，生隱公。宋武公生仲子，仲子生而有文在其手，曰『爲魯夫人』，故仲子歸于我。生桓公而惠公薨，是以隱公立而奉之。」程子曰：「夫子之道既不行於天下，於是因《魯春秋》立百王之大法。平王東遷，在位五十一年，卒不能興復先王之業，王道絶矣。《孟子》曰：『王者之迹熄而《詩》亡，《詩》亡然後《春秋》作。』適當隱公之初，故始於隱公。」

《孟子》曰：「王者之迹熄而《詩》亡，朱子曰：「謂平王東遷，而政教號令不及於天下也。」**《詩》亡然後《春秋》作。」今按《邶》、《鄘》而下，多春秋時詩也。**汪氏曰：「《詩》小序：《邶風·擊鼓》『怨州吁』，《雄雉》、《匏有苦葉》、《新臺》、《二子乘舟》、《鶉之奔奔》、《衛風·氓》皆宣公時詩。《鄘·定之方中》、《蝃蝀》、《相鼠》、《干旄》、《載馳》、《木瓜》皆文公時詩。《鄭風·將仲子》以下皆莊公以後詩。《齊風·南山》以下皆襄公時詩。《唐·無衣》、《有杕之杜》，晉武公時詩。《葛生》、《采苓》，獻公時詩。《秦·黄鳥》以下皆穆公以後詩。《陳風·墓門》、《防有鵲巢》乃陳佗及宣公時詩。《株林》、《澤陂》，靈公時詩。《曹風·蜉蝣》，昭公時詩。《候人》、《下泉》，共公時詩。」而謂「《詩》亡然後《春秋》作」，何也？自《黍離》降爲國風，天下無復扶又反。有雅，而王者之《詩》亡矣。《春秋》作於隱公，適當雅亡之後。又按《小雅·正月》刺幽王詩也，而曰「赫赫宗周，褒姒威胡悦反。之」。《史記》：「幽王娶於申，生太子宜臼。後嬖褒姒，生伯服。褒姒不好笑，幽王爲舉烽火，諸侯悉至而無寇，褒姒大笑。又黜申后，廢宜臼。申侯怒，與犬戎攻王。王舉烽火徵兵，不至，遂殺王驪山下，虜褒姒而去。諸侯乃即申侯立太子宜臼，是爲平王。」逮魯孝公之末，幽王已爲犬戎所斃。惠公初年，周既東矣。《春秋》不作於孝公、惠公者，東遷之始，流風遺俗猶有存者。鄭武公入爲司徒，善於其職，則猶用賢也。汪氏曰：「據《詩·鄭·緇衣》小序。」晉侯捍王于艱，錫之秬鬯，則猶有誥命也。王曰「其歸視爾師」，則諸侯猶來朝直遥反，後凡朝廷、朝聘並同。也。《書·文侯之命》：「汝多脩，扞我于艱。」又曰：「父義和，其歸視爾師，寧爾邦。用賚爾秬鬯一卣。」義和之薨謚爲文侯，則列國猶有請也。汪氏曰：「春秋五等諸侯，死而加謚，臣子皆稱公。惟請謚於王，則從其本爵，如蔡桓侯之類。」及平王在位日久，不能自强於政治，棄其九族，《葛藟》力軌反。有「終遠去聲。兄弟」之刺；汪氏曰：「《詩·葛藟》小序：『王族刺平王也。周室道衰，棄其九族焉。』三章皆言『終遠兄弟』。」不撫其民，周人有「束薪蒲楚」之譏。《詩·揚之水》小序：「刺平王也，不撫其民而遠屯戍於母家，周人怨思焉。」一章曰：「揚之水，不流束薪。彼其之子，不與我戍申。」二章曰：「揚之水，不流束楚。彼其之子，不與我戍甫。」三章曰：「揚之水，不流束蒲。彼其之子，不與我戍許。」朱子《傳》：「申侯與犬戎弑幽王，王法必誅不赦之賊，而平王與臣庶不共戴天之讎也。今平王知有母而不知有父，知其立己爲有德，而不知其弑父爲可怨。至使復讎討賊之師，反爲報施酬恩之舉，則其忘親逆理而得罪於天已甚矣。況先王之制，諸侯有故，則方伯、連率以諸侯之師討之，王室有故，則方伯、連率以諸侯之師救之。天子鄉遂之民，供貢賦、衛王室而已。今平王不能行威令於天下，無以保其母家，乃勞天子之民，遠爲諸侯戍守。故周人之屯戍者，以非其職而怨思焉，則其衰懦微弱而得罪於民，又可見矣。嗚呼！《詩》亡然後《春秋》作，其不以此也哉。」**至其晚年，失道滋甚，乃以天王之尊，下賵諸侯之妾，於是三綱淪，九法斁，人望絶矣。**汪氏曰：「天子之尊，下賵列國寵妾，則君不能爲臣綱。妃妾既紊，則夫不能爲妻綱。嫡庶不辨，則父不能爲子綱矣。」又曰：「惠公以妾爲妻，而平王反加恩寵，是不知彝倫攸序，而九疇治天下之大法皆敗壞矣。」永嘉吕氏曰：「使平王有興衰撥亂之志，則澗洛之周，尚可望其爲豐鎬之周。今至於四十九年而不克自立，則亦無可望矣。」**夫婦，人倫之本；朝廷，風化之原。平王子母，適冢正后，親遭褒姒之難，廢黜播遷而宗國顛覆，亦可省矣。又不是懲，而賵人寵妾，是拔本塞原，自滅之也。《春秋》於此，蓋有不得已焉耳。託始乎隱，不亦深切著明也哉！**范氏曰：「平王東遷，周室微弱，天下蕩蕩，王道盡矣。孔子列《黍離》於國風，所以明其不能復雅，於時則接乎隱公。故因兹託始而脩《春秋》，明黜陟，著勸戒，成天下之事業，定天下之邪正，信不易之宏軌，百王之通典也。」孫氏曰：「《春秋》之始於隱公者非他，以平王之所終也。平既不王，東遷之後，周室微弱，諸侯强大，朝覲不脩，貢賦不舉，號令無所束，賞罰無所加，壞法易紀，變禮亂樂，弑君戕父，攘國竊號，在在有之，征伐四出，蕩然不禁，天下之正，中國之事皆諸侯分裂之。平王庸暗，歷孝踰惠，莫能中興，播蕩陵夷，逮隱而死，雅、誥不復作，天下無復有王矣。故《詩》至《黍離》而降，《書》至《文侯之命》而絶。《春秋》乃作，自隱公始也。」○汪氏曰：「文定言『《春秋》始於平王』，遠宗孟氏，近本程子，其説爲有據依。而諸儒正大之論，悉與之合。或者乃以《春秋》不始於平王而始於桓王，且謂繻葛之敗，《春秋》所以始。若是，則《春秋》當始於桓公而不始於隱公矣。」

周文、武開基，始都豐鎬。幽、厲板蕩，平王東遷洛陽，盡舉故都而棄之，秦所謂東周也。於是王室微弱，至平王四十九年而入春秋。魯隱公三年，平王崩，桓王立。

鄭姬姓，伯爵。自桓公始受封，周厲王之子、宣王之弟也。傳世武公、莊公。莊公元年封弟段于京，二十二年克段于鄢，入春秋。

齊姜姓，侯爵。自太公相武王定殷，受封于齊，受命專征侯伯。傳世十三至僖公九年入春秋。

宋子姓，公爵。周武王定殷邦，封微子啓于宋以奉殷祀。傳世十四至穆公七年入春秋。魯隱公三年穆公卒，弟殤公與夷立。

晉姬姓，侯爵。自唐叔始受封，傳世十一而至昭侯。昭侯封文侯之弟成師于曲沃，晉始亂，分爲二，以翼、曲沃别之。

翼昭侯之後，傳孝侯、鄂侯。鄂侯二年入春秋。隱公五年曲沃伐翼，翼侯奔隨。王命虢公立鄂侯之子光于翼，是爲哀侯。隱六年晉逆晉侯于隨，納諸鄂，謂之鄂侯。

曲沃成師之後，傳曲沃莊伯。曲沃莊伯之十一年十一月，魯隱公之元年正月也，蓋用夏正建寅之月爲歲首，不惟改元又改曆矣。隱公七年曲沃莊伯卒，子稱代立，是爲曲沃武公。

衛姬姓，侯爵。自康叔始受封，傳世十三至桓公十三年入春秋。魯隱公四年，衛州吁弑桓公自立。冬，殺州吁，宣公晉立。

蔡姬姓，侯爵。蔡叔之子蔡仲率德改行，成王復封于蔡。傳世十三至宣公二十八年入春秋。魯隱公八年宣公卒，子桓侯封人立。

曹姬姓，伯爵。自曹叔振鐸始受封，傳世十二至桓公終生三十五年入春秋。

滕姬姓，侯爵。至魯隱公七年見滕侯卒，其後稱子，蓋爲時王所黜。

陳嬀姓，侯爵。舜之後，自胡公始受封。傳世十二至桓公二十三年入春秋。

杞姒姓，侯爵。夏禹之後，自東樓公始受封。傳五世至武公十二年入春秋。魯莊公二十七年書杞伯來朝，蓋爲時王所黜。其後又稱子，餘詳見僖公元年。

薛任姓，侯爵。至魯隱公十一年見來朝。莊公三十一年書薛伯卒，蓋爲時王所黜。其後至昭公三十一年見葬薛獻公。

莒己姓，子爵。至魯文公十八年見庶其。

邾曹姓，附庸國。自儀父入春秋。後爲子，至魯莊公十六年書邾子克卒。

許姜姓，太岳之後。至魯隱公十一年見許莊公及許叔。魯桓公十五年許叔入于許。即魯僖公四年，許男新臣卒，葬許穆公也。

小邾曹姓，顓頊之後。魯莊公五年書郳黎來來朝，蓋附庸而未爵命。其後數從齊桓公，尊王室，王命爲諸侯。至魯僖公七年始書小邾子。

楚羋姓，子爵。自熊繹始受封。八世至熊渠立其長子康爲句亶王，中子紅爲鄂王，少子執疵爲越章王，此僭王之始也。又八世至熊儀是爲若敖，又二世至熊眴是爲蚡冒，又一世熊通是謂楚武王。武王十九年入春秋。

秦嬴姓，伯爵。顓帝之後也。殷有蜚廉。周有造父。周孝王使非子畜馬蕃息，分土爲附庸，邑之秦。六世至襄公，將兵救周，送平王東遷有功，封爲諸侯。襄公卒，文公立。文公四十四年是爲隱公元年。又六世至穆公任好十五年，魯僖公十五年始見《春秋》。

吴姬姓，子爵。自太伯作吴，五世至周章，而武王克殷，因封之吴。又十四世至壽夢而吴始益大稱王。魯成公七年始見《春秋》。

越其先禹之苗裔，少康之庶子也。封於會稽，以奉禹祀。後二十餘世至於允常，魯昭公五年偕楚伐吴，始見於《春秋》。允常與闔廬戰而相怨伐。定公十四年允常卒，子句踐立，是爲越王。是年吴伐越，越敗之于檇李。

己未周平王四十九年。**元年**齊僖公祿父九年。晉鄂侯郄二年。曲沃莊伯鮮十一年。衛桓公完十三年。蔡宣公考父二十八年。鄭莊公寤生二十二年。曹桓公終生三十五年。陳桓公鮑二十三年。杞武公二十九年。宋穆公和七年。秦文公四十四年。楚武王熊通十九年。○《公羊傳》：「元年者何？君之始年也。」**即位之一年必稱元年者，明人君之用也。大哉乾元！萬物資始，天之用也。至哉坤元！萬物資生，地之用也。**朱子曰：「元，大也，始也。乾元，天德之大始，故萬物之生皆資之以爲始也。始者，氣之始。生者，形之始。萬物資乾以始而有氣，資坤以生而有形。」**成位乎其中則與天地參，故體元者，人君之職，而調元者，宰相之事。**胡氏曰：「人君先正其心，知行仁政，然後能體元矣。人臣知格君心之非，則一正君而國定，此調元之效也。」**元即仁也。仁，人心也。**朱子曰：「元者，仁也。仁，人心也。固有此理，然不知仁如何却喚做元？如程子曰：『天下之理，原其所自，未有不善。』《易傳》曰：『成而後有敗，敗非先成者也。得而後有失，非得何以有失也？』便説得有根源。」**《春秋》深明其用，當自貴者始，故治**平聲。**國先正其心，以正朝廷與百官，而遠近莫不壹於正矣。**董子曰：「《春秋》謂一爲元之意。一者，萬物之所從始也。元者，辭之所謂大也。謂一爲元者，視大始而欲正本也。《春秋》深探其本而反自貴者始，故爲人君者，正心以正朝廷，正朝廷以正百官，正百官以正萬民，正萬民以正四方。四方正，遠近莫不一於正。而亡有邪氣奸其間者，是以陰陽調而風雨時，群生和而萬民殖，五穀熟而草木茂，諸福之物莫不畢至，而王道終矣。」**《春秋》立文兼述作，按《舜典》紀元日，《商訓》稱元祀。此經書元年，所謂祖二帝，明三王，述而不作者也。**五峰胡氏曰：「首年之義，恐不可泥於一説。諸侯奉天子正朔，便是一統之義。有事於天子之國，必用天子之年。其國史紀政，必自用其年，不可亂也。聖人於元上見義，若諸侯無元，則亦不成爲君矣。如元、亨、利、貞，乾坤四德，在他卦亦有之，不可謂乾、坤方得有，他卦不有也。此可以釋惟王者改元之説矣。」**正次王，王次春，乃立法創制，裁自聖心，無所述於人者，非史策之舊文矣。**汪氏曰：「前此虞、夏、商、周之書，書時不繫月，書月不冠時，惟《春秋》書『春王正月』。」

春，王正月。《左傳》：「春，王周正月。不書即位，攝也。」《公羊傳》：「春者何？歲之始也。王者孰謂？謂文王也。曷爲先言王而後言正月？王正月也。何言乎王正月？大一統也。公何以不言即位？成公意也。何成乎公之意？公將平國而反之桓。曷爲反之桓？桓幼而貴，隱長而卑。其爲尊卑也微，國人莫知。隱長又賢，諸大夫扳隱而立之。隱於是焉而辭立，則未知桓之將必得立也。且如桓立，則恐諸大夫之不能相幼君也。故凡隱之立，爲桓立也。隱長又賢，何以不宜立？立適以長不以賢，立子以貴不以長。桓何以貴？母貴也。母貴則子何以貴？子以母貴，母以子貴。」《穀梁傳》：「雖無事，必舉正月，謹始也。公何以不言即位？成公志也。焉成之？言君之不取爲公也。君之不取爲公何也？將以讓桓也。讓桓正乎？曰不正。《春秋》成人之美，不成人之惡。隱不正而成之，何也？將以惡桓也。其惡桓何也？隱將讓而桓弑之，則桓惡矣。桓弑而隱讓，則隱善矣。善則其不正焉，何也？《春秋》貴義而不貴惠，信道而不信邪。孝子揚父之美，不揚父之惡。先君之欲與桓，非正也，邪也。雖然，既勝其邪心以與隱矣，已探先君之邪志而遂以與桓，則是成父之惡也。兄弟，天倫也。爲子受之父，爲諸侯受之君。已廢天倫而忘君父以行小惠，曰小道也。若隱者，可謂輕千乘之國，蹈道則未也。」程子曰：「春，天時。正月，王正。書『春王正月』，示人君當上奉天時，下承王正云爾。董仲舒所謂『道之大原出於天，求端於天』是也。堯之大政，所先者『欽若昊天』，兹可見矣。王者所行，必本於天以正天下，而下之奉王政者，乃所以事天也。明此義，則知王與天同大而人道立矣。周正月，非春也，假天時以立義爾。平王之時，王道絶矣。《春秋》假周以正王法。故書曰『春王正月』，然後是非褒貶二百四十二年之事，皆天理也。隱不書即位，明大法於始也。諸侯之立，必由王命。隱公自立，故不書即位，不與其爲君也。法既立矣，諸公或書或不書，義各不同。既不受命於天子，以先君之命而繼世者，則正其始，文、成、襄、昭、哀是也。繼世既非王命，又非先君之命，不書即位，不正其始也，莊、閔、僖是也。桓、宣、定之書即位，桓弑君而立，宣受弑賊之立，定爲逐君者所立，皆無王無君，何命之受？故書其自即位也。定之比宣，則又有間矣。」或問：「《春秋》書王，如何？」曰：「聖人以王道作經，故書王。」問：「杜預以謂周王，如何？」曰：「聖人假周王以見意。」又問：「漢儒以謂王加正月上，是正朔出於天子，如何？」曰：「此乃自然之理，不書春王正月，將如何書？此漢儒之惑也。」杜氏曰：「不言一年一月，欲人君體元以居正也。」何氏曰：「元者，氣之始。春者，四時之始。王者，受命之始。正月者，政教之始。即位者，一國之始。《春秋》以元之始正天之端，以天之端正王之政，以王之政正諸侯之即位，以諸侯之即位正竟内之治。諸侯不上奉王之政，則不得即位，故先言正月而後言即位。政不由王出，則不得爲政，故先言王而後言正月。王者不承天以制號令，則無法，故先言春而後言王。夫不深正其元，則不能成其化，故先言元而後言春。五者，天人之大本也。」朱子曰：「《春秋》正朔事，比以《書》考之，皆著月不著時，疑古史記事例只如此。至孔子作《春秋》，然後以天時加王月，以明上奉天時，下正王朔之義。而加春於建子之月，則行夏時之意亦在其中。」又曰：「劉質夫以春字爲夫子所加，但魯史本謂之《春秋》，則似元有此字。」

按《左氏》曰「王周正月」，周人以建子爲歲首，汪氏曰：「《詩·豳風》『一之日』、『二之日』皆以子月起數，『十月蟋蟀』下繼以『曰爲改歲』。《唐風》『蟋蟀在堂』乃九月之候，而曰『歲聿云莫』，是以子月爲歲首。《周禮》凡言正月指子月，歲終指丑月，正歲指寅月。州長正月屬民讀法，正歲讀法如初，言初，則正月居先可知矣。若以寅爲正月，不當又有正歲也。《左傳》僖五年『正月，日南至』，《禮記》正月日至，皆以子月爲正。」**則冬十有一月是也。前乎周者以丑爲正，其書始即位，曰「惟元祀十有二月」，則知月不易也。**茅堂胡氏曰：「按《商書》『惟元祀十有二月，伊尹奉嗣王祇見厥祖』，此即位而朝廟也。『惟三祀十有二月朔，伊尹奉嗣王歸于亳』，此自桐而復辟也。其在歲首明矣。而曰『十二月』，是商人雖以建丑爲正，而不改夏之月也。」**後乎周者以亥爲正，其書始建國，曰「元年冬十月」，則知時不易也，**茅堂胡氏曰：「按《史記》：秦始皇三十一年十二月改臘，曰『嘉平』。漢初承秦未改正朔，每歲之首必書某年冬十月。是秦、漢雖以建亥爲正，而不改夏之月也。」**建子非春亦明矣。乃以夏時冠周月，何哉？聖人語**去聲。**顔回以爲邦，則曰「行夏之時」。作《春秋》以經世，則曰**

「春王正月」，此見諸行事之驗也。或曰：非天子不議禮。仲尼有聖德，無其位，而改正朔，可乎？曰：有是言也。不曰「《春秋》，天子之事」乎？以夏時冠月，垂法後世。以周正紀事，朱子曰：「周正之説，《孟子》所謂七、八月乃今之五、六月，所謂十一月、十二月乃今之九月、十月，是周人固已改月矣。但天時不可改，故《書》云『秋，大熟，未穫』，此即止是今時之秋。蓋非酉、戌之月，則未有以見夫歲之大熟而未穫也。以此考之，今《春秋》月數乃魯史之舊文，而四時之序則孔子之微意。伊川所謂『假天時以立義』者，正謂此也。若謂周人初不改月，則未有明據，故文定只以商、秦二事爲證。以彼之博洽精勤，所取猶止於此，則無他可考必矣。今乃欲以十月隕霜之異證之，恐未足以爲不改月之驗也。蓋隕霜在今之十月則不足怪，在周之十月則爲異矣，又何必史書八月，然後爲異哉？況魯史不傳，無以必知其然，不若只以《孟子》、《尚書》爲據之明且審也。」又曰：「文定《春秋》説夫子以夏時冠月，以周正紀事。謂如『公即位』，依舊是十一月，只是孔子改正作『春正月』。某便不敢信。據今《周禮》有正月，有正歲，則周實是元改作『春正月』。夫子所謂『行夏之時』，只是爲他不順，欲改從建寅。如《孟子》説『七八月之間旱』，這斷然是五六月；『十一月徒杠成，十二月輿梁成』，這分明是九月、十月。若真是十一月、十二月時，寒自過了，何用更造橋梁？古人只是寒時造橋度人，若暖時，又只是教人自從水裏過。」廬陵李氏曰：「按《前漢·律曆志》，周師初發以殷十一月戊子（亥月）。後三日得周正辛卯朔（子月）。明日壬辰，至戊午（二十八日）渡孟津。明日己未冬至（正月二十九日）。庚申二月朔（丑月）。四日癸亥至牧野。此與《武成》、《泰誓》日月時皆合，亦足以見周自武王滅商之日，即改月，而史就書爲春也。」

可堂吴氏曰：「夏承唐、虞，皆以寅月爲歲首，而謂之正月。始春終冬，四時具爲一年。商革夏命，以丑月爲歲首，仍謂之十二月而未嘗改月。周革殷命，以子月爲歲首，不特改月而又改時，以齊其年。《泰誓》云：『惟十有三年春，大會孟津。』《武成》云：『惟一月壬辰，旁死魄。戊午，師逾孟津。』春即一月，一月即子月也。《春秋》所書之春即夏之仲冬，正月即夏之十一月也。」汪氏曰：「文定以謂魯史本書十一月，孔子改作春正月。朱子云：『某不敢信。』竊疑魯史名以《春秋》，則似元書曰『春正月』，是周曆已改子丑月爲春也。《禮記》稱『季夏六月，以禘禮祀周公』，又引孟獻子言『七月日至，可以有事於祖』，而曰『七月之禘，獻子爲之』，據此，則是以建巳之月爲季夏矣。《前漢書·律曆志》：『武王伐紂之歲，周正月辛卯朔，合辰在斗前一度。戊午度孟津。明日己未冬至。』是歲大寒中，在周二月己丑晦。《外傳》伶州鳩言武王伐殷之日歲在鶉火，月在天駟，日在析木之津，辰在斗柄，星在天黿。以唐曆遡而上之，日月星宿無一不合，則《泰誓》之春，即《武成》之一月明矣。《後漢·陳寵傳》謂周以子月爲春，商以丑月爲春，蓋因周曆以建子爲春，而遂言商亦改時也。孔氏《正義》以爲月改春自移，春非王所改，似亦臆度之辭。近世之論，有主建寅而未改月者，考之《春秋》所書災異及日食交限則不合。又有謂周雖改月數而不改夏時，《春秋》四時之序皆魯曆所更。然夫子之時，猶存告朔之餼羊，則魯實承周之正朔，未嘗改曆。後世所稱魯曆，又謂之春秋曆，特因《春秋》而逆推之耳。或又謂周以子月爲歲首，而《春秋》以寅月爲正月，每年截子丑月事移在前一年，如此則真事與月差兩月矣。先儒以此爲千百年不決之論，姑記此以俟來哲。」**示無其位，不敢自專也，其旨微矣。加王於正者，《公羊》言大一統也。**何氏曰：「統者，總繫之辭。王者受命改制，布政施教於天下，自公侯至於庶人，自山川至于草木昆蟲，莫不一繫於正月。」宋氏曰：「周室雖衰，天命未改，普天率土，一草一木，皆周也。《春秋》之作，率天下以尊周室，正月繫王，示周家天命未改。」孫氏曰：「欲治其末者，必端其本。嚴其終者，必正其始。元年書王，所以端本也。正月，所以正始也。其本既端，其始既正，然後以大中之法從而誅賞之。」東萊吕氏曰：「堯授舜，正月上日受終于文祖。舜授禹，正月朔旦受命于神宗。《書》載舜、禹受命之始，正月之外，未嘗復加一辭也。《春秋》樂道堯、舜之道，而以王冠正月，其書法與典謨不類，是獨何與？天下皆知有帝，故虞之正月不冠以帝。天下皆知有王，故夏之正月不冠以王。大綱已舉，大法已明，苟復加一辭則爲贅矣。春秋之時，人欲肆，天理滅，泯泯棼棼，胥亂昏惑，夫子不得已而標王之一字，出諸正月之上。然後天下知自隱至哀，二百四十二年之間，予奪褒貶，無非王道之流行。自歲首至歲窮，三百六旬之間，視聽食息，無非王道之發見。向若夫子不筆之於經，則人雖終日不離王道之内，習不察，行不著，亦不知王之爲王矣。嗚呼！夫子雖欲如《書》之無言，豈可得哉？」廬陵李氏曰：「無事書『春王正月』者二十四，自隱元年始。書『夏四月』者十有一，自桓九年始。書『秋七月』者十七，自隱六年始。書『冬十月』者十一，自桓元年始。莊二十二年書『夏五月』，蓋本有事而闕之也。」**國君逾年改元，必行告廟之禮。國史主記時政，必書即位之事，而隱公闕焉，是仲尼削之也。**茅堂胡氏曰：「即位，大事也，國史必書之。隱、莊、閔、僖四公不書即位，此聖人削而不書，正父子君臣之大倫也。」東萊吕氏曰：「夫子因魯史而作《春秋》，昔無今有者，皆夫子所筆。昔有今無者，皆《春秋》所削也。夫子之筆始於書王，夫子之削始於不書即位，始筆始削，蓋有大義存焉。説者論隱公之不書即位，或以爲攝，或以爲遜，或以爲不舉踐阼之禮，或以爲不明嫡庶之分。信如是，則《春秋》所辨者，特魯國之是非，隱公之得失耳。嗚呼！《春秋》，萬世之書也。一魯國之是非，一隱公之得失，豈大義之所存哉？雖使隱公果非攝，果非遜，果行踐阼之禮，果正嫡庶之分，《春秋》亦將不書即位焉，是何也？治綱者目在所後，治源者流非所先。子受命於父，臣受命於君，諸侯受命於天子，此天地之常經，《春秋》之宏綱大原也。自周失政，諸侯私其土，專其封，父終子襲，莫知受命於天子。故《春秋》首奪隱公之即位，使萬世之爲子、爲臣、爲諸侯者，咸知身非己有，爵非己有，國非己有，三綱得存，五品得敘，皆夫子一削之力也。彼魯國隱公之故，特萬目之一目，衆流之一流耳。豈足以盡《春秋》之大義哉？或曰：《春秋》十二公之即位，皆非受命於天子者，盍皆削之可也，何爲有書有不書？曰：夫子首削隱公之即位，端本正始，大義既已明矣。十二公雖均不受命於天子，然罪有輕重，情有淺深，錙銖不辨，則非子思所謂『文理密察，足以有別』者也，故曰『致廣大而盡精微』。」**古者諸侯繼世襲封，則内必有所承。爵位土田受之天子，則上必有所稟。內不承國於先君，**汪氏曰：「惠公之存也，未立爲世子，將没，又無遺命。」**上不稟命於天子，**汪氏曰：「惠公之薨，未嘗遣使告於京師。隱公喪畢，又未嘗朝於天子。」**諸大夫扳**普顔反。**己以立而遂立焉，是與争亂造端，而簒弑所由起也。《春秋》首絀**與黜同。**隱公以明大法，父子君臣之倫正矣。**茅堂胡氏曰：「誓於天子，然後爲世子。命於天王，然後爲諸侯。不受命而立者，大司馬之所治也。文、成、襄、昭、哀五公之書即位，特别於隱、莊、閔、僖之内外並無所承者爾，非《春秋》與其不稟命於王而得即位也。潁氏云：『魯十二公，國史盡書即位。仲尼脩之，乃有所不書。』其説是也。明王在上，天下諸侯無不敬君父之命而立者。假若有之，大司馬必施九伐之法矣。唐自中葉以後，藩鎮有不請命自立者，遇憲宗、裴度，則皆討平之。況先王之世邪？」張氏曰：「諸侯之有國，必受天子與先君之命，則其有是國而治民也，其身正而可以正國人矣。苟或不然，守天子之土而無天王之命，守宗廟之典籍而不出於先君之傳付，是二者一或闕焉，君子有所不居。今隱公兩皆無之。《春秋》假魯史以立法，而先君之罪有難顯言者，故不書即位，謹嚴以示貶。」龜山楊氏曰：「天子崩，嗣子爲君，則朝諸侯，布命於明堂，此即位之禮也。《康王之誥》是已。天子有天下，諸侯有一國，小大雖殊，其所以承宗廟之重則同耳。以天子之事考之，則諸侯繼世爲君者，其亦若此歟。故《春秋》於諸公所以書即位也。然隱、莊、閔、僖不書即位，何也？《穀梁》曰：『繼弑君不書即位，正也。繼弑君而行即位，是與聞乎弑也。』此説是已。蓋寢苫枕干，終身不仕，而耻讎之不復者，臣子之事也。況先君不以其道終，而嗣子遽可以行即位乎？此不書即位，所以爲正也。然隱非繼弑君而亦不書，何也？以三傳考之，皆謂有讓桓之志，則不書即位者，蓋所以成公志也。古者君薨而世子生，則百官總己以聽冢宰。隱之不敢爲公也，盍亦有冢宰之事乎？奚必踐南面而稱公也。不知出此，而徒謂有讓桓之志，則其貽禍也不亦宜乎！夫禮，諸侯一娶而九女，元妃卒，則次妃攝行内事而已，未聞有再娶之禮也。用是言之，則仲子非夫人，桓公非嫡子，隱何爲而不敢爲公也？然則寫氏之禍，隱實爲之也。隱之不即位，其失遠矣。故《春秋》著之，其有旨哉。」〇勉齋黄氏曰：「隱、桓之事，《公羊》、《左氏》以隱爲是，《穀梁》以隱爲非。《左氏》以隱之讓爲賢君。讓固美德，不義之讓與讓而自立皆不得爲賢。《公羊》又創爲立子以貴之說以實之。惠公既有元妃矣，則其他皆不得爲嫡，仲子何貴之有？故《公羊》、《左氏》之説皆未得爲當。惟《穀梁》之説，以爲《春秋》『貴義不貴惠，信道不信邪』，乃爲正論。但謂惠公能勝其邪心而與隱，則恐未必然。既以手文而立仲子爲夫人矣，又豈肯立隱以爲世子乎？此乃惠公殁，諸大夫扳隱而立之，非惠公意也。非惠公意，則當如夷、齊之事乃爲得其正也。若隱者，蓋義利交戰於胸中而不能自決，貪實利而慕虚名，是以不免於弒也。」劉氏曰：「《公羊》言『王者孰謂？謂文王也』，非也。《春秋》者，王政之本，故假王以正萬事，置之春、正月之間，明天子受命於天，諸侯受命於君也。」廬陵李氏曰：「《公羊》所謂『諸大夫扳隱而立之』之説則是，而『母以子貴，子以母貴』之説非。《穀梁》責隱公『探先君之邪志以與桓』則是，然又不知隱公之立亦非父命也。」

三月，公及邾儀父盟于蔑。 父音甫，凡人名、地名放此。蔑，莫結反。凡書邾，《公》並作「邾婁」。蔑，《公》、《穀》並作「眛」。此私盟之始。《左傳》：「邾子克也。未王命，故不書爵。曰『儀父』，貴之也。公攝位而欲求好於邾，故爲蔑之盟。」《公羊傳》：「及者何？與也。會、及、暨，皆與也。曷爲或言會，或言及，或言暨？會，猶最也。及，猶汲汲也。暨，猶暨暨也。及，我欲之。暨，不得已也。儀父者何？邾婁之君也。何以名？字也。曷爲稱字？襃之也。曷爲襃之？爲其與公盟也。與公盟者衆矣，曷爲獨襃乎此？因其可襃而襃之。此其爲可襃奈何？漸進也。眛者何？地期也。」《穀梁傳》：「及者何？内爲志焉爾。儀，字也。父猶傅也，男子之美稱也。其不言邾子何也？邾之上古微，未爵命於周也。不日，其盟渝也。眛，地名也。」程子曰：「盟誓以結信，出於人情，先王所不禁也。後世屢盟而不信，則罪也。諸侯交相盟誓，亂世之事也。凡盟，内爲主稱『及』，外爲主稱『會』。在魯地，雖外爲主，亦稱『及』，彼來而及之也。兩國以上則稱『會』，彼盟而往會之也。邾，附庸國。邾子克，字儀父。附庸之君稱字，同王臣也。夷狄則稱名，降中國也。」

魯侯爵而其君稱公，此臣子之詞。何氏曰：「魯稱公者，臣子心所欲尊號其君父。公者，五等之爵最尊。」張氏曰：「夫子，魯人也。書他國諸侯侵伐盟會，則從其本爵。而魯獨書公，蓋父母之邦，先祖之所逮事，從臣子所稱之爵，所以崇敬也。」**《春秋》從周之文而不革者也。**汪氏曰：「《聘禮》、《大射儀》、《燕禮》，五等諸侯皆稱公，而《公食大夫禮》又以名篇，則謂君爲公，周之制也。」茅堂胡氏曰：「凡稱公者，有定名有虚位。天子三公稱公，王者之後稱公，此定名也。魯侯稱公，其子稱公子，其孫稱公孫，諸伯、子、男亦皆稱公，此虚位也。定名辨等列之實，虚位達臣下之情。定名禮之質，虚位禮之文。問：『宋本公爵，自餘僭稱公者，皆貶從本爵。而魯獨不降稱，何也？貶其僭稱，當也。其死則又降而稱卒，從大夫之禮，惟魯仍稱薨，至於其間有書葬者則又稱公，何也？』曰：『《春秋》，魯史也。仲尼於魯事有君臣之義，故内外異辭。邦君之薨，雖齊、晉大國皆書卒，以其不命於天王而私自立，正其名也。及其既葬，雖邾、薛小邦皆稱公，以其不請於天王而私自謚，著其僭也。魯侯皆稱公，卒事而繫謚亦稱公者，乃臣子之敬詞。《春秋》從周之文而不革者也。然特稱「葬我君」以别之，其書法亦謹矣。據此内辭，則周公追王之禮雖古無有，而《春秋》蓋取之也。據此外辭，則仲尼不使門人爲臣，是謂以身爲度，而曾子易簀必以正終者，乃傳《春秋》之法矣。』」**我所欲曰「及」。**張氏曰：「凡會盟侵伐，内爲主書及，外爲主書會，所以别首

從而謹善惡之首也。夫繼好息民，固有國之當然。而殺牲要神，則非爲人上者相與講信脩睦之道，故書『公及』以譏之。」**邾者，魯之附庸。儀父，其君之字也。**孫氏曰：「附庸之君，未得列於諸侯，故書字以別之。」汪氏曰：「黎氏以儀父爲名，且謂字必取於名，儀父無取於克。然周有王子克，楚有鬭克，皆以子儀爲字，則儀父爲字可知。」**何以稱字？中國之附庸也。**汪氏曰：「邾儀父、蕭叔皆稱字。」**王朝大夫例稱字，列國之命大夫例稱字，諸侯之兄弟例稱字，**汪氏曰：「王朝大夫：南季、仍叔、家父、榮叔之類。列國大夫：魯單伯、陳女叔、鄭祭仲。諸侯之兄弟：公弟叔肸、許叔、蔡叔、蔡季、紀季之類是也。」**中國之附庸例稱字，其常也。聖人按是非定褒貶，則有例當稱字，或黜而書名；**汪氏曰：「秦鍼、宋辰之類。」**例當稱人，或進而書字，**汪氏曰：「王人子突之類。」**其變也。常者道之正，變者道之中。**茅堂胡氏曰：「《春秋》王朝公卿與外諸侯則稱爵。王朝大夫與諸侯大夫之命于天子者，及中國之附庸、諸侯之兄弟則稱字。上士、中士與諸侯自命之大夫，及夷狄之附庸，諸侯兄弟以屬通者則稱名。下士與小國之大夫則稱人。」胡氏曰：「《春秋》大夫非三命爲正卿者，姓氏不登於史册。」**《春秋》大義公天下，以講信脩睦爲事，而刑牲歃血、要質**與劗同。**鬼神，**孔氏曰：「盟者，殺牲歃血，告誓於神。若有背違，令神加殃如此牲也。先鑿地爲方坎，殺牲于坎上，割牲左耳盛以珠槃，又取血盛以玉敦，用血爲盟，書成，乃歃血讀書。」鄭氏曰：「盟辭書于策，讀其書以告神，坎其牲，加書於上而埋之。」**則非所貴也。故盟有弗獲已者**汪氏曰：「諸侯相仇怨，不得已而爲盟以釋之。」**而汲汲欲**

焉，汪氏曰：「書及則非不得已而盟，實隱公欲之，有汲汲之意。」惡烏故反。**隱公之私也。**朱子曰：「如蔑之書，而私盟之罪自見。」高氏曰：「隱自謂爲桓而立，内慮國人之不己悦，外懼屬國之不己從，而邾以附庸未通和好，故與邾首結私盟。夫盟者，嘉禮也，非在喪者所可行也。」東萊呂氏曰：「此《春秋》見於行事之始也。義不勝而私交焉，信不足而盟詛焉，是固《春秋》之所貶。然聖人之意，非可以兩端蔽之也。隱公即位，于今三月，國人卬首望維新之政，意者必將創業垂統以大正於魯，顧乃汲汲然結好於附庸之邾，其本既隳，其志既狹，其示人者既不廣矣。隱公豈以初政先務，無若盟邾之急邪？則王命廢壅，竊位專土而不能討也。嫡妾混殽，基禍産亂而不能辨也。國柄下移，擅興專決而不能收也。一國大綱，三者實繫，釋此不圖，而邾婁疥癬之是憂，首尾倒置，規撫衰削，遠近安得不解體？姦雄安得不窺伺哉？鍾巫之難，未必不兆於盟蔑之日也。此聖人所以警後世人君正始之大義也。伊尹有言曰：『今王嗣厥德，罔不在初，立愛惟親，立敬惟長，始於家邦，終于四海。』隱公其亦未見此論邪。」**或言褒其首與公盟而書字，失之矣。**劉氏曰：「凡記會盟，於王法所不得爲者皆貶也。若以初入春秋，結信於魯，故得貴之。則桓十七年盟趡又何爲乎？」永嘉呂氏曰：「《穀梁》云『不日，其盟渝也』，謂七年伐邾也。然則所書日盟者，皆不渝乎？」家氏曰：「春秋之盟有二，有公天下而爲之盟者，有私一國而爲之盟者。齊桓、晉文，合諸侯奬王室，是雖衰世之事，聖人猶或與之，爲其近於公也。若春秋初年，諸侯自相爲盟，各爲其私討，則《春秋》之所惡，于蔑以後，于葴以前，皆盟之私者。甚而黨篡朋凶，怙惡濟虐，復要鬼神以爲之盟誓，是謂天地神明而可以邪辭干也。此盟之尤無忌憚者也。『公及邾儀父盟于蔑』，譏也。不惟譏盟，譏其始即位而爲此盟也。國君繼世之初，上而尊天子，下而交鄰國，撫百姓，豈無他事？而隱公即位未幾，惟此爲先務，《春秋》之書之，示非所宜先也。凡諸侯自相爲盟，各去其國者，兩相下之義也。迨桓、文之興，其權力足以號召諸侯，亦不敢盟于國都，而必以其地者，懼其擬於王耳。」汪氏曰：「書盟一百九，于蔑爲《春秋》之始，句繹爲《春秋》之終。隱公屈禮而求好，三桓取地而要言，皆魯人汲汲，非邾之意也。後七年隱公興伐邾之師，哀公有入邾之役，盟豈足信哉？」廬陵李氏曰：「魯、邾之盟五，蔑、趡猶出於公，浸祥、拔、句繹皆出於大夫，此世變也。」

附録《左傳》：「夏，四月，費伯帥師城郎。不書，非公命也。」

夏，五月，鄭伯克段于鄢。鄢音偃。《左傳》：「初，鄭武公娶于申，曰武姜，生莊公及共叔段。莊公寤生，驚姜氏，故名曰『寤生』，遂惡之。愛共叔段，欲立之，亟請於武公，公弗許。及莊公即位，爲之請制。公曰：『制，巖邑也，虢叔死焉。佗邑唯命。』請京，使居之，謂之京城大叔。祭仲曰：『都，城過百雉，國之害也。先王之制：大都，不過參國之一；中，五之一；小，九之一。今京不度，非制也，君將不堪。』公曰：『姜氏欲之，焉辟害？』對曰：『姜氏何厭之有？不如早爲之所，無使滋蔓！蔓，難圖也。蔓草猶不可除，況君之寵弟乎？』公曰：『多行不義必自斃，子姑待之。』既而大叔命西鄙、北鄙貳於己。公子呂曰：『國不堪貳，君將若之何？欲與大叔，臣請事之。若弗與，則請除之，無生民心。』公曰：『無庸，將自及。』大叔又收貳以爲己邑，至于廩延。子封曰：『可矣，厚將得衆。』公曰：『不義，不暱。厚將崩。』大叔完、聚，繕甲兵，具卒乘，將襲鄭。夫人將啓之。公聞其期，曰：『可矣。』命子封帥車二百乘以伐京。京叛大叔段。段入于鄢。公伐諸鄢。五月辛丑，大叔出奔共。書曰：『鄭伯克段于鄢。』段不弟，故不言弟；如二君，故曰克；稱鄭伯，譏失教也。謂之鄭志。不言出奔，難之也。遂寘姜氏于城潁，而誓之曰：『不及黄泉，無相見也！』既而悔之。潁考叔爲潁谷封人，聞之，有獻於公。公賜之食。食舍肉。公問之，對曰：『小人有母，皆嘗小人之食矣。未嘗君之羹，請以遺之。』公曰：『爾有母遺，繄我獨無！』潁考叔曰：『敢問何謂也？』公語之故，且告之悔。對曰：『君何患焉？若闕地及泉，隧而相見，其誰曰不然？』公從之。公入而賦：『大隧之中，其樂也融融。』姜出而賦：『大隧之外，其樂也洩洩。』遂爲母子如初。君子曰：『潁考叔，純孝也，愛其母，施及莊公。《詩》曰「孝子不匱，永錫爾類」，其是之謂乎！』」《公羊傳》：「克之者何？殺之也。殺之，則曷爲謂之克？大鄭伯之惡也。曷爲大鄭伯之惡？母欲立之，己殺之，如勿與而已矣。段者何？鄭伯之弟也。何以不稱弟？當國也。其地何？當國也。齊人殺無知，何以不地？在内也。在内，雖當國不地也。不當國，雖在外亦不地也。」《穀梁傳》：「克者何？能也。何能也？能殺也。何以不言殺？見段之有徒衆也。段，鄭伯弟也。何以知其爲弟也？殺世子、母弟目君。以其目君，知其爲弟也。段，弟也，而弗謂弟；公子也，而弗謂公子，貶之也。段失子弟之道矣，賤段而甚鄭伯也。何甚乎鄭伯？甚鄭伯之處心積慮成於殺也。于鄢，遠也，猶曰取之其母之懷中而殺之云爾，甚之也。然則爲鄭伯者宜奈何？緩追逸賊，親親之道也。」程子曰：「書曰：『鄭伯克段于鄢。』鄭伯失爲君之道，無兄弟之義，故稱鄭伯而不言弟。克，勝也。言勝，見段之强，使之强，所以致其惡也。不書奔，義不繫於奔也。」

用兵，大事也，必君臣合謀而後動，則當稱國；命公子吕爲主帥，則當稱將；出車二百乘，

則當稱師。三者咸無稱焉而專目鄭伯，是罪之在伯也。陸氏曰：「凡君討其臣但稱國。鄭伯養成其惡，故特稱鄭伯。」陳氏曰：「譏不在其臣子也。」張氏曰：「《春秋》於諸侯之國事則稱國，言君與大臣共圖之也；於其君之父子兄弟出入誅殺之事則稱君，著其君之志也。」勉齋黄氏曰：「鄭莊公無孝友之誠心，又不明於予奪之大義，故勉强以徇其母，而處心積慮以殺其弟也。使有孝友之誠心，而又明於予奪之大義，則必能委曲順承而區處得宜，如舜之於象也。」**猶以爲未足。又書曰：「克段于鄢。」克者，力勝之詞。**陳氏曰：「克之爲言勝也。以千乘之國勝其弟云爾。」廬陵李氏曰：「此書克，與弗克納，二克字正相對。故《穀梁》以此爲大鄭伯之惡，彼爲大其弗克納。」**不稱弟，路人也。**陳氏曰：「先君之子稱公子，有謂稱弟，若簒若争國也而後但名之，如衛州吁、陳佗之類。」廬陵李氏曰：「《春秋》殺世子母弟直稱君者，甚之也。與晉侯殺世子申生，宋公殺世子痤，天王殺其弟佞夫同例。但彼則直惡其君。今段亦凶逆，故上書鄭伯，下去其弟，以交譏之。」東萊吕氏曰：「兄弟，天倫也。管、蔡之誅，周公之不幸也。史序其事曰『乃致辟管叔于商』一語而三致意焉。辟之爲言法也，王法之所當加也。周公以王法討叛臣。周公不幸適尸其責，本非兄弟之相戕者也。而其詞猶始以乃而繼以致，重之惜之，憂之難之，徘徊猶豫不忍之意，惻然見于言外，此固天理人情之極也。鄭伯養成叔段之惡，納之於誅，芟鋤翦伐，略無一豪顧惜。《春秋》因其情而書之曰『鄭伯克段于鄢』。得儁則謂之克，勝敵則謂之克，此何事而言克乎？鄭伯泯滅民彝，視其弟如戎狄寇讎，勦除蕩覆，不遺餘力，此《春秋》所以因其情而命之以克也。謂之克則不可言弟，謂之弟則不可言克。蓋克非可用於弟，而弟亦非可克之人，二者固不得而並也。」**于鄢，操之爲已**

蹙矣。夫音扶，後凡語端、語已之辭並同。君親無將，段將以弟簒兄，以臣伐君，必誅之罪也。而莊公特不勝音升。其母焉爾，曷爲縱釋叔段，移於莊公，舉法若是失輕重哉？曰：姜氏當武公存之時常欲立段矣。及公既没，姜以國君嫡母主乎内，段以寵弟多才居乎外，國人又悦而歸之。汪氏曰：「據《詩》小序：『叔多才而好勇，不義而得衆也。』又曰：『叔處于京，繕甲治兵，以出于田，國人悦而歸之。』今按《詩序》先儒多所不取，而文定引之者，蓋斷章取義，借其辭以明己意耳。後放此。」恐其終將軋己爲後患也，軋，乙黠反。汪氏曰：「勢相傾也。」故授之大邑而不爲之所，縱使失道以至於亂，然後以叛逆討之，則國人不敢從，姜氏不敢主，而大叔屬籍當絶，不可復居父母之邦。此鄭伯之志也。王政以善養人，推其所爲，使百姓興於仁而不偷也，況以惡養天倫，使陷於罪，因以翦之乎？張氏曰：「仁人之於弟，不藏怒宿怨。其或不中不才，亦必正之以義，使不格姦；厚之以恩，使不離富貴。今莊公之於叔段，無念鞠子哀之心，而懷其母偏愛欲奪己位之恨，授之大都，而不爲之所，縱使失道以至於亂。方其居京收邑之時，可制而不制，如鷙鳥將擊，而匿形於未發之先，稔其惡以待其成。及其逆迹已露，然後以寇讎之法討之，以力勝爲事，必誅爲期。至於伐京、伐鄢之日，雖段之死於兵，有所不恤矣。經不言弟段，固罪其不弟。然莊公非特以段之不才棄之，乃其心實欲養其惡，待其寇賊，無復天倫之念，故書曰『克段于鄢』，然後莊公忮忍之心施於同氣者，舉形於筆削之間矣。」《春秋》推見至隱，首誅其意以正人心，示天下爲公，不可以私亂也，垂訓之義大矣。啖氏曰：「不言段奔，乃夫子譏其志在於殺。若言奔，則鄭伯但有逐弟之惡，無殺弟之罪也。」○趙氏曰：「《公》、《穀》以『克』爲殺，《春秋》前後未有以『克』爲殺者。」番陽萬氏曰：「殺則不言克，克則未嘗殺。」汪氏曰：「莊公曰『寡人有弟，不能和協，使糊其口於四方』，則未殺明矣。」廬陵李氏曰：「責鄭伯之説，諸家皆同。但《左氏》、《穀梁》與程子、胡氏，能原其志而誅之。《公羊》但責其親殺，已非經旨，況令其勿與而使執政殺之，此可待於真有罪者，而非可用於養惡之鄭莊也。」

秋，七月，天王使宰咺來歸惠公仲子之賵。咺，吁阮反。賵，撫鳳反。此王室下交諸侯之始。《左傳》：「緩，且子氏未薨，故名。天子七月而葬，同軌畢至；諸侯五月，同盟至；大夫三月，同位至；士踰月，外姻至。贈死不及尸，弔生不及哀，豫凶事，非禮也。」《公羊傳》：「宰者何？官也。咺者何？名也。曷爲以官氏？宰，士也。惠公者何？隱之考也。仲子者何？桓之母也。何以不稱夫人？桓未君也。賵者何？喪事有賵。賵者，蓋以馬，以乘馬束帛。車馬曰賵，貨財曰賻，衣被曰襚。桓未君，則諸侯曷爲來賵之？隱爲桓立，故以桓母之喪告于諸侯。然則何言爾？成公意也。其言來何？不及事也。其言惠公、仲子何？兼之。兼之，非禮也。何以不言及仲子？仲子微也。」《穀梁傳》：「母以子氏，仲子者何？惠公之母，孝公之妾也。禮，賵人之母則可，賵人之妾則不可。君子以其可辭受之。其志不及事也。賵者何也？乘馬曰賵，衣衾曰襚，貝玉曰含，錢財曰賻。」程子曰：「王者奉若天道，故稱天王，其命曰天命，其討曰天討。盡此道者，王道也。後世以智力把持天下者，霸道也。《春秋》因王命以正王法，稱天王以奉天命，夫婦，人倫之本，最當先正。春秋之時，嫡妾僭亂，聖人猶謹其名分。男女之配，終身不變者也，故無再娶之禮。大夫而下，内無主則家道不立，故不得已有再娶之禮。天子諸侯，内職具備，后夫人已可以攝治，無再娶之禮。《春秋》之始，尚有疑焉，故仲子羽數特異，僖公而後，無復辨矣。《春秋》因其竊號而書之，以志僭亂。仲子繫惠公而言，故正其名，不曰夫人，曰『惠公仲子』，謂惠公之仲子，妾稱也。以夫人禮賵人之妾，不天亂倫之甚也。然《春秋》之始，天王之義未見，故不可去天而名咺，以見其不王。王臣雖微不名，況於宰乎？」

上古，應時稱號，故其名三變。汪氏曰：「謂皇、帝、王。」**《春秋》以天自處創制立名，繫王於天，爲萬世法，其義備矣。**啖氏曰：「稱天王，義無二尊。」臨川吴氏曰：「《禮》云：『臣之所天者，君也。』周王爲衆侯國之君，侯國以王爲天也。」**冢宰稱宰。**汪氏曰：「説《公羊》者以宰爲士，或引小宰、宰夫爲證，然《周官》三百六十，他官未嘗見經，何獨於小宰而書之乎？或以宰爲氏，引宰予爲證。然宰周公、宰渠伯糾，豈可亦以爲氏乎？唯劉氏《意林》謂《春秋》於大夫莫書其官，至冢宰則書之。此見任之最重。宰者專稱，非中士所當冒，最得經意。且《左傳》僖九年稱『宰孔』，使經不書『宰周公』而書其名，則論者亦疑爲士與氏矣。」**咺者，名也。王朝公卿書官，大夫書字，上士、中士書名，下士書人。**汪氏曰：「王朝公卿，唯宰咺止書『宰』。自餘有封邑者，皆以爵係封邑，蓋天子公卿書官，有封邑係爵。故桓四年傳曰：王朝公卿書爵，大夫如南季仍叔，上士、中士如劉夏、石尚，下士如會洮，稱王人是也。子突救衛褒稱字，王子虎盟翟泉貶稱人。」**咺位六卿之長而名之何也？仲子，惠公之妾爾。以天王之尊，下賵諸侯之妾，是加冠於屨，人道之大經拂矣。**趙氏曰：「天子而賵妾母，是啓僭也。」汪氏曰：「在禮，君不撫僕妾，以其賤也。外臣之妾，而天王賵之，何以示法則於天下乎？」**天王，紀法之宗也。六卿，紀法之守也。議紀法而脩諸朝廷之上，則與聞其謀。頒紀法而行諸邦國之間，則專掌其事。**《周禮・太宰》：「建邦六典，以佐王治邦國。」**而承命以賵諸侯之妾，是壞**音怪。**法亂紀，自王朝始也。《春秋》重嫡妾之分，故特貶而書名，以見**音現。**宰之非宰也。**茅堂胡氏曰：「冢宰，同體之臣，建典禮，操賞刑，至公不黨，以共天位，代天工，❶治天職也。宰咺黜而書名者，來賵仲子，悖典禮也。宰糾黜而書名者，來聘桓公，紊賞刑也。施於公卿者如此，訓後世人臣不可失天職也。」陳氏曰：「有賵妾母者矣，必宰自爲，使而後貶，貶其甚者也。」家氏曰：「《春秋》之義，君有過先責其宰，名咺，所以責也。責宰，所以責王也。使而非宰，則其責在王矣。」張氏曰：「惠公以去年薨，仲子卒之年月不可知，或亦去年也。天子於諸侯有賵禮，所以褒有功德而厚其終也。諸侯無再娶之禮。惠公牽於私愛，寵庶妾而立爲夫人，正犯以妾爲妻之戒，瀆亂夫婦之綱，乃天討之所當加。九伐之法所謂『犯令陵政』，蓋此類也。平王不能正惠公之罪，反厚其送終之禮，遣冢宰而來賵，冢宰不能以紀法詔王，乃奉命以賵上僭之妾。仲尼以《春秋》之初，方書天王以立法，於是貶冢宰於上士、中士之例，深罪其以百揆之尊，瘝官失職，❷一至於此，貶其臣則君可知矣。凡《春秋》之書，以尊者而貶從卑者之例，必有大罪極惡

---

❶「工」，四庫本及《纂疏》作「王」。

❷「瘝」，原作「癏」，今據四庫本及《纂疏》改。

而後加焉，不可以常事觀也。」高氏曰：「隱自以爲桓立，故以桓母之喪告于天王，又受天王之賵，陷天王于非禮，罪可知矣。」東萊呂氏曰：「夫婦，人之始也。死喪，人之終也。人道始終之際莫嚴焉，故夫婦之典，實天所敘，而凶禮則五禮之一也。❶昔皋陶爲舜陳謨，典禮之後，必繼以『同寅協恭和衷哉』者，蓋天降生民，主之天子，輔之大臣，凡以爲此。而天子大臣同心協志，兢兢代天者，亦專以爲此也。平王居舜之位，乃使宰咺賵諸侯之妾。宰咺居皋陶之位，乃奉天命而賵諸侯之寵妾。舜、皋陶所治之天職，至平王、宰咺而盡廢矣。陵嫡妾之分，則天敘之典廢焉。濫賵賻之恩，則天秩之禮廢焉。夫婦之典廢，是人道不得而始也。死喪之禮廢，是人道不得而終也。終始俱失，天下豈復有人道乎？此孔子所爲懼，《春秋》所爲作也。其書曰『天王使宰咺來歸惠公仲子之賵』，其意蓋謂以天王上宰之尊而下賵諸侯之寵妾，胡然而天也，胡然而王也，又胡然而宰也。不待去天貶秩，而居此位者，固已汗顔泚顙而無措足之地矣。其爲萬世君臣之戒，深矣哉！」**或曰：僖公之母成風，亦莊公妾也。其卒也，王使榮叔歸含**戶暗反。**且賵。其葬也，王使召伯來會葬。下賵諸侯之妾而名其宰，榮、召何以書字而不名也？於前賵仲子則名冢宰，於後葬成風王不稱天，其法嚴矣。**汪氏曰：「前後互貶，君臣同罪。」○啖氏曰：「《左氏》曰：『豫凶事。』夫仲子而在，天子寧有歸其賵乎？不辨菽麥者猶不當爾。」胡氏曰：「仲子猶生存而來賵，周德雖衰，不應至此極。」劉氏曰：「《公羊》云：『言來，不及事也。』榮叔含賵實不及事，何

❶「一」，原作「二」，今據四庫本改。

以不言來乎？」汪氏曰：「《穀梁》以仲子爲惠公之母，蓋泥於文九年書『僖公成風』故爾。」廬陵李氏曰：「《春秋》有惠公仲子、僖公成風，《左氏》及《公羊》皆以爲兼賵。獨程氏發明惠公寵愛仲子、僖公尊崇成風之説，而以爲惠公之仲子、僖公之成風。於是胡氏因之，其義最精。至《穀梁》又以仲子爲惠公之母，孝公之妾，則大失矣。」

附録《左傳》：「八月，紀人伐夷。夷不告，故不書。有蜚。不爲災，亦不書。」

九月，及宋人盟于宿。此參盟之端。《左傳》：「惠公之季年，敗宋師于黄。公立而求成焉。九月，及宋人盟于宿，始通也。」《公羊傳》：「孰及之？內之微者也。」《穀梁傳》：「及者何？內卑者也。宋人，外卑者也。卑者之盟不日。宿，邑名也。」程子曰：「魯志也。稱『及』稱『人』，皆非卿也。」高氏曰：「桓，宋出也。隱公懼宋，故與宋合。」廬陵李氏曰：「魯、宋之交始此，而離於六年之輸平。」

內稱「及」，孫氏曰：「不可言魯人。」**外稱「人」，皆微者。其地以國，宿亦與**音預。**焉。**杜氏曰：「客主無名，皆微者也。凡盟以國地者，國主亦與焉。」廬陵李氏曰：「地以國者，宿、鄧、曹、齊、邢、宋之盟。而僖二十七年之盟宋，則宋方受圍，必不能供地主之禮，亦以宋地者，不嫌也。且不書宋，則無以見其會圍宋諸侯之罪也。若《穀》以『宿』爲邑名，又非矣。」**微者盟會不志于《春秋》。**汪氏曰：「據公子豫及邾人、鄭人盟于翼，經不書。」**此其志者，有宿國之君也。**陳氏曰：「魯、宋合也，參盟之端見矣。憂參盟，故録其所從始。」廬陵李氏曰：「《禮記》曰：『離坐離立，毋往參焉。』故《春秋》以二人盟爲離盟，三人盟爲參盟。」**凡書盟者惡之。**茅堂胡氏曰：「盟非《春秋》所善。然高子知權以定魯，貫澤服江、黄以致楚，召陵脩禮義以服楚，首止尊世子以定大倫，葵丘發五命以備天子之禁，皆美其事也，非善其盟也。」或曰：「《周官》有司盟掌盟載之法，詛側慮反。祝之又反。作其詞，玉府共音恭。其器，戎右役其事，大史藏其約。」於妙反。《周禮·司盟》：「凡邦國有疑會同，則掌其盟約之載及其禮儀，北面詔明神。」注：「載，盟辭也。爲辭而載之於策。」《詛祝》：「作盟詛之載辭，以敘國之信用，以質邦國之劑信。」《玉府》：「若合諸侯，則共珠槃、玉敦。」注：「合諸侯必割牛耳，取其血歃之以盟。珠槃以盛牛耳，尸盟者執之。玉敦，歃血玉器。」《戎右》：「會同，充革車，盟則以玉敦辟盟，❶遂役之。贊牛耳、桃茢。」《太史》：「凡邦國都鄙及萬民之有要劑者藏焉。」蘇公亦曰：「出此三物，以詛爾斯。」《詩·何人斯》：「蘇公刺暴公也。」注：「三物，犬、豕、雞，刺其血以詛盟也。」夫盟以結信，出於人情，先王猶不禁也。而謂凡書盟者惡之，可乎？曰：盟以結信，非先王所欲而不禁，逮德下衰，欲禁之而不克也。張氏曰：「司盟之設，聖人蓋爲諸侯之仇怨不釋者設爾。殆衰世之意，聖人立法，常關盛衰，故不得已而建此官以待之也。屢盟之長亂，自幽、厲以來，惡之矣。」春秋之時，會而歃血，其載果掌於司盟，猶不以爲善也。又況私相要誓，慢鬼神，犯刑政，以成傾危之習哉！今魯既及儀父、宋人盟矣，尋自叛之，汪氏曰：「尋，俄也。七年伐邾，十年伐宋。」信安在乎？故知

❶「盟則」，原倒文，今據四庫本及阮刻本《周禮注疏》乙正。

凡書盟者，惡之也。趙氏曰：「盟者，刑牲而徵嚴於神明者也。王綱壞，則諸侯恣而仇黨行，故干戈以敵仇，盟誓以固黨，天下行之，遂爲常焉。若王政舉，則諸侯莫敢相害，盟何爲焉？賢君立，則信著而義達，盟可息焉。觀《春秋》之盟，有以見王政不行，而天下無賢侯也。」問：胡氏傳《春秋》盟誓處以爲皆惡之，楊龜山亦嘗議之矣。自今觀之，豈不可因其言盟之能守與否而褒貶之乎？今民泯泯棼棼，罔中于信，以覆詛盟之時，而遽責以未施信而民信之事，恐非化俗以漸之意。朱子曰：「不然，盟詛畢竟非君子之所爲，故曰『君子屢盟，亂是用長』。將欲變之，非去盟崇信，俗不可得而善也。」○汪氏曰：「內及盟而不書君大夫者有九，文定於此盟以爲內之微者。及蘇子盟女栗無傳，高傒、晉處父及晉荀庚等之來聘而盟，皆以爲公與之盟而諱之。據《穀梁》『卑者之盟不日』，則女栗不日，亦內之卑者。據趙氏云『凡盟不目內，皆指公以示恥』，則于宿亦是公及盟。切疑宿之盟，外稱人而內止書及，則內亦微者也。苟謂諱公，則浮來及莒人何以不諱乎？女栗之盟，盟天子之大夫，不書內卿，則是公同歃，安敢以微者涖之乎？苟謂微者盟不日，則僖十九年盟齊、二十九年盟翟泉，皆稱人，皆不書日，未必皆微者也。況鄢陵、皋鼬皆所見之世，公與諸侯盟，何以皆不日乎？」

附録《左傳》：「冬，十月庚申，改葬惠公。公弗臨，故不書。惠公之薨也，有宋師，大子少，葬故有闕，是以改葬。衛侯來會葬，不見公，亦不書。」○「鄭共叔之亂，公孫滑出奔衛。衛人爲之伐鄭，取廩延。鄭人以王師、虢師伐衛南鄙。請師於邾，邾子使私於公子豫。豫請往，公弗許，遂行，及邾人、鄭人盟于翼。不書，非公命也。新作南門，不書，亦非公命也。」

冬，十有二月，祭伯來。 祭，側界反。此王臣私交之始。《左傳》：「非王命也。」《公羊傳》：「祭伯者何？天子之大夫也。何以不稱使？奔也。奔則曷爲不言奔？王者無外，言奔，則有外之辭也。」《穀梁傳》：「來者，來朝也。其弗謂朝何也？寰內諸侯非有天子之命，不得出會諸侯。不正其外交，故弗與朝也。聘，弓鍭矢不出竟場，束脩之肉不行竟中，有至尊者不貳之也。」程子曰：「祭伯，畿內諸侯，爲王卿士，來朝魯。不言朝，不與其朝也。當時諸侯不脩朝覲之禮，失人臣之義，王所當治也。祭伯爲王臣，不能輔王正典刑，而反與之交，又來朝之，故不與其朝，以明其罪。先儒有王臣無外交之説，甚非也。若天下有道，諸侯順軌，豈有內外之限？其相交好，乃常禮也。然委官守而遠相朝，無是道也。《周禮》所謂世相朝，謂鄰國耳。」

按《左氏》曰：「非王命也。」祭伯畿內諸侯，爲王卿士， 汪氏曰：「祭，畿內邑；伯，爵。天子之卿，稱邑爵。」**來朝于魯而直書曰「來」，不與其朝也。** 劉氏曰：「有不可朝而不與朝，祭伯來是也。有不能朝而不與朝，介葛盧是也。」汪氏曰：「王臣出使侯國，必有其事。但書來，不言爲何事？比之夷狄與亡國之君，所以深貶之。」張氏曰：「書祭伯來，所以見周室法度至此蕩然，故特去其朝以存內外之防也。」東萊吕氏曰：「凡《春秋》書來，其義有三：內女書來，例也；中國書來，貶也；戎狄書來，略也。祭伯以畿內諸侯而書來，意者以私交而貶之乎。祭伯爲周卿士，親見王綱頹廢，不能佐天子而一正之，乃下比外交於列國，宜聖人深貶之也。昔召伯亦嘗爲王卿士矣，《黍苗》之詩曰：『芃芃黍苗，陰雨膏之。悠悠南行，召伯勞之。』召伯一行，而四國被其澤，至與上天之膏雨分功，其盛乃如此。祭伯一出，而《春秋》賤之。使與介葛盧、白狄比，抑何衰耶？召伯，伯也。祭伯，亦伯也。班爵同而榮辱異，作經者豈有憎愛於其間哉？咸其自取之耳。」**人臣義無私交，大夫非君命不越竟。**音境。《禮記·郊特牲》：「爲人臣者無外交，不敢貳君也。」《檀弓》：「古之大夫，束脩之問不出竟。」**所以然者，杜朋黨之原，爲後世事君而有貳心者之明戒也。惟此義不行，然後有藉外權，如繆**音穆。**留之語韓宣惠者；**《史記·韓世家》：「宣惠王兩用公仲、公叔。繆留曰：『多力者，内樹黨。寡力者，藉外權。』」**交私議論，如莊助之結淮南者；**《前漢書·嚴助傳》：「武帝令助諭南越，助還，又諭淮南王，與之相結而還。後淮南王來朝，厚賂遺助，交私論議。及淮南反，事與助相連。張湯曰：『腹心之臣，而外與諸侯交私。』助竟棄市。」**倚强藩爲援以脅制朝廷，如唐盧攜之於高駢，**《唐書·盧攜傳》：「攜初爲相，嘗薦高駢。駢將屢破黄巢，復以攜爲相，攜奏以駢爲諸道行營都統。攜病風不能行，外倚駢，寵遇甚厚。巢將度淮，表求天平節度。攜素厚高駢，屬以立功，乃固不可巢請。及巢入潼關，攜仰藥死。」**崔胤之於宣武，**《唐書·崔胤傳》：「朱全忠爲宣武節度使，時王室不競，南北司各植黨結藩鎮，内相陵脅。胤屢爲相，素厚全忠，委心結之，有急則密求援。全忠表言胤有功，不宜處外，故復相而貶陸扆。胤恃全忠專權自恣，天子動静皆稟之，刑賞係其愛憎，中外畏之。全忠謀脅帝遷洛，懼胤異議，密表胤專國亂權，胤罷死。」**昭緯之於邠、岐者矣。**《通鑑》：「王行瑜斬朱玫，授邠寧節度。李茂貞平李昌符，以爲鳳翔節度。楊復恭、楊守亮反，行瑜等請發兵討之。既破賊，恃功驕横，上表不遜。朝廷以杜讓能爲太尉，出兵討行瑜、茂貞。時崔昭緯爲相，陰結邠、岐爲之耳目，讓能朝發一言，二鎮夕必知之。行瑜等合兵拒官軍，乃貶讓能，與二鎮約和，李克用討行瑜，昭緯貶死。」**經於内臣朝聘告赴，皆貶而不與，正其本也。豈有誣上行私，自植其黨之患哉？** 問：「王之卿士，固不應朝諸侯矣。然當時諸侯朝魯，聖人盡書其朝者，與其朝耶？又於蕭叔特書朝公，杞伯姬來朝其子，何也？」茅堂胡氏曰：「聖人作《春秋》，其筆端隨事造化，變動不居，難以一例言也。畿内諸侯與畿外諸侯自有等差，聖人既於祭伯來朝，直書曰來，不與其朝，以明王臣無外交之義矣。外諸侯本有朝聘之禮，聖人盡書其朝，隨事觀之，其義不一。蕭叔獨書朝公者，以穀非其所也。杞伯姬來朝其子，婦人而以其子來，聖人大意戒婦人不可與國事也。」○啖氏曰：「《公羊》曰：『不稱使，奔也。』按例周大夫無不言奔之義。」廬陵李氏曰：「《春秋》有祭伯，又有祭公、祭叔。杜氏於祭公則曰：『諸侯爲天子三公者。』徐邈注《穀梁》，又以祭叔爲祭公來聘，則意以祭叔爲祭之大夫。范氏既以叔爲寰内諸侯，而有以叔爲名。《公羊》疏遂以公爲爵，伯爲字，而以爲一人。兩無所據，豈非伯者本爵，公者此時入爲三公，而叔者祭之大夫乎？姑存于此，以俟續考。」

公子益師卒。 《左傳》：「衆父卒，公不與小斂，故不書日。」《公羊傳》：「何以不日？遠也。所見異辭，所聞異辭，所傳聞異辭。」《穀梁傳》：「大夫日卒，正也；不日卒，惡也。」程子曰：「諸侯之卿，必受命於天子，當時不復請命，故諸侯之卿，皆不書官，不與其爲卿也。稱公子，以公子故使爲卿也。惟宋王者後，得命官，故獨宋卿書官。卿者，佐君以治國，其卒，國之大事，故書於此，見君臣之義矣。或日，或不日，因舊史也。古之史，記事簡略，日月或不備。《春秋》因舊史，有可損而不能益也。」

凡公子、公孫登名於史册，貴戚之卿也，不書官者，故侍講程頤以謂不與其以公子故而自

爲卿也。古者諸侯大夫皆命於天子，茅堂胡氏曰：「大國三卿，命於天子；次國三卿，二卿命於天子，小國三卿，一卿命於天子，此禮之常也。東周以來，列國之卿多不請而自命，故皆削其官，所以正王法也。」張氏曰：「東遷以來，王命不行，諸侯不以天子之命爲重，故三命再命之制不復請於王。而其强大者，亦不守列國三卿之制，如晉至於命六卿，魯至鞌之戰，亦有四卿。間雖有請於王，如士會以黻冕命將中軍，亦非復先王之制矣。此《春秋》所以於列國之大夫，自宋統承先王，得自命官者，或有司馬、司城之書，而此外一切削之也。」**卿卒必書，此《春秋》貴大臣之意。**安定胡氏曰：「益師，字衆父，衆仲其後也。君之卿佐，是謂股肱。故問其疾，弔其喪，賵其葬，必厚其送終之恩，此《春秋》書大夫卒之旨也。」趙氏曰：「不書葬，降於君也。」朱子曰：「內大夫卒而略外大夫，是別內外之辭。」**其不日，《公羊》以爲遠，然公子彄遠矣，而書日，則非遠也。**汪氏曰：「叔孫得臣亦近而不書日。」❶**《穀梁》以爲惡，然公子牙、季孫意如惡矣，**汪氏曰：「牙弑子般，意如逐昭公。」**而書日，則非惡也。**汪氏曰：「公孫敖、仲遂亦惡而書日。」**左氏以爲公不與小斂，然公孫敖卒于外而公在內，叔孫舍卒于內而公在外，不與小斂明矣。而書日，左氏之説亦非也。**汪氏曰：「公孫嬰齊卒于貍脤，叔詣卒而公在乾侯，皆不與小斂，亦書日。」**其見恩數之有厚薄歟。**問：「杜注《春秋》不以日月爲例，惟卿佐之喪獨

❶「亦」，《纂疏》作「卒」。

託日以見義。書日不書日，示薄厚也。《春秋》書大夫卒三十，惟益師、無駭、俠、得臣不書日。若謂三人在隱公之世，恩禮疎薄，故不書日，則得臣嘗與仲遂同如齊，歸而子赤見弑。何氏謂得臣知遂逆謀，蔽賊而不言，則得臣乃仲遂之黨也。仲遂有寵於宣公，則得臣卒於宣五年，不應見薄矣。婼、叔倪皆欲納昭公不克，昭公在外，意如在内，又安得厚之乎？且自公子彄、公子牙以後，無有不日者，獨四人不日。伊川先生謂：『《春秋》因舊史，有可損而不能益。』恐此義爲正。」茅堂胡氏曰：「魯史記本國卿佐之卒宜詳，而有不日者，以公子彄事猶久遠而書日，疑其見恩禮之有厚薄也，得臣不能爲有無，故略而不書。若意如之加厚於二卿，一則喜其卒，二則欲掩其逐君之罪爾。」汪氏曰：「或日或不日，文定謂恩數厚薄，似據《左傳》公子彄葬之加一等，故云爾。然文公而上，一百一十四年，書日百有七十。宣公而下，一百二十八年，書日二百二十。年數略同而日數近倍，則程子謂因舊史，理或然也。内大夫見經者四十有七，卒者三十一，不書卒十有六。慶父、歸父、僑如、臧紇、公子慭出奔，公子買、公子偃刺，何忌、州仇、叔還卒於獲麟之後。餘六人，文定以翬弑隱公，彭生不發襄仲之謀，貶不書卒。柔、溺、結之不卒，非正大夫，故正其分。啖氏以單伯淫叔姬，黜其卿位，且引孫濟百歲更娶爲證。今考無駭、俠與柔、溺書法無異，結書族未必非大夫，單伯書字無貶詞，似未嘗黜。況莊元年逆王姬，至文十五年至自齊，八十餘年，必非一人。或父子同稱，如晉欒書、欒黶同稱欒伯也。竊疑大夫或卒或不卒，亦因史舊文耳。」東萊吕氏曰：「具萬理於一言者，聖人之筆爲然。益師之卒，載於魯史者，不過史氏凡例之常耳。聖筆一書，懲勸交舉，見王命之重焉，見天職之公焉，見君臣之義焉，見死生之際焉。史氏之法，未有朝不坐、宴不與而志其卒於簡牘者。益師以卒書，必魯之大夫也。《春秋》没其爵，蓋以命不出於天子，雖有爵猶無爵也，於此可以見王命之重矣。内大夫之卒，益師首以公子書，所以譏魯之用人，不以賢而以親，視天職爲私職，故特書公子以著其罪，於此可以見天職之公矣。大者天地，其次君臣，民之秉彝，不可泯滅，手足虧折，腹心慘傷，隱然疾痛非自外至。故《春秋》於大夫之卒，必重之、嚴之、謹書之而不敢遺，於此可以見君臣之義矣。卒者，人之終也。得正而斃乎？其不得正而斃乎？全而歸之乎？其不全而歸之乎？一觀聖筆森嚴肅厲，形神俱竦，於此可以見死生之際矣。引而伸之，觸類而長之，蓋有不可勝窮者，學者不是之求，方且尺較寸量，耗心於日月瑣碎之例，是獨何哉？」朱子曰：「《春秋》一發首不書即位，即君臣之事也。書仲子嫡庶之分，即夫婦之事也。書及邾盟，朋友之事也。書鄭伯克段，即兄弟之事也。一開首人倫便盡在。」

庚申平王五十年。二年齊僖十。晉鄂三。衛桓十四。蔡宣二十九。鄭莊二十三。曹桓三十六。陳桓二十四。杞武三十。宋穆八。秦文四十五。楚武二十。春，范氏曰：「凡年首，月承於時，時承於年，文體相接。《春秋》因書王以配之，所以見王者上奉時承天，而下統正萬國之義。然《春秋》記事有例時者，若事在時例，則時而不月，月繼事末，則月而不書王。書王必皆上承春，而下屬於月。文表年始，事莫之先，所以致恭而不黷也，他皆放此。惟桓有月無王，以見不奉王法爾。」公會戎于潛。此書「會」之始，亦會夷狄之始。《左傳》：「脩惠公之好也。戎請盟，公辭。」《穀梁傳》：「會者，外爲主焉爾。知者慮，義者行，仁者守，有此三者，然後可以出會。會戎，危公也。」程子曰：「周室既衰，蠻夷猾夏，有散居中國者，方伯大國明大義而攘斥之，義也；其餘列國慎固封守可也，若與之和好，以免侵暴，非所謂『夷狄是膺』，所以容其亂華也，故《春秋》

華夷之辨尤謹。居其地而親中國、與盟會者，則與之。公之會戎，非義也。」杜氏曰：「潛，魯地。」

戎狄舉號，外之也。啖氏曰：「凡戎狄不書爵號，君臣同詞。」劉氏曰：「戎者，戎之君也。不以君稱之，外之也。王者内京師而外諸夏，内諸夏而外夷狄，正朔不加，禮樂不及，朝聘不與。四夷雖大皆曰子，有故也。然後著其名爵，外之也。」**天無所不覆，地無所不載，天子與天地參者也。《春秋》天子之事，何獨外戎狄乎？曰：中國之有戎狄，猶君子之有小人。内君子外小人爲泰，内小人外君子爲否。**《易》泰卦，内乾純陽，外坤純陰，陽爲君子，陰爲小人。否卦，内坤外乾。**《春秋》聖人傾否之書，内中國而外四夷，使之各安其所也。無不覆載者，王德之體；内中國而外四夷者，王道之用。**汪氏曰：「聖人之道，理一而分殊。若孟子言『仁者無不愛』，又曰『於物也，愛之而弗仁。於民也，仁之而弗親』，與此意同。」**是故以諸夏而親戎狄，致金繒之奉，首顧居下，其策不可施也。**《前漢書·賈誼傳》：「天子，天下之首。蠻夷，天下之足。匈奴侮嫚侵掠，至不敬也，而漢歲致金絮采繒以奉之。夷狄徵令是主上之操也，天子供貢是臣下之禮也。足反居上，首顧居下。」**以戎狄而朝諸夏，位侯王之上，亂常失序，其禮不可行也。**《前漢書·宣帝紀》：匈奴呼韓邪單于來朝，詔有司議其儀。蕭望之以爲單于非正朔所加，故稱敵國，宜待以不臣之禮，位在諸侯王上。荀悦曰：「《春秋》之義，王者無外，欲一于天下也。戎狄道里遼遠，故正朔不及，禮教不加，非敵國之謂也。望之之議，僭度失序以亂天常，非禮也。」**以羌胡而居塞内，無出入之防，非我族類，其心必異，萌猾夏之**

階，其禍不可長也。《晉書·江統傳·徙戎論》曰：「漢馬援討叛羌，徙其餘種於關中。武帝徙武都氏於秦川。夫關中帝王所居，未聞夷狄宜居此土。非我族類，其心必異。而居封域之中，故能爲禍滋蔓，宜徙還塞外，使戎晉不雜，並得其所。縱有猾夏之心，所害不廣矣。」**爲此説者，其知内外之旨，而明於馭戎之道。**茅堂胡氏曰：「賈誼謂『首顧居下』，荀悦謂『亂常失序』，江統謂『非我族類』，皆明於馭戎狄者。後世如漢以南單于欵五原塞，賜姓爲藩臣，其後劉淵、劉聰大爲中國患。如石勒、慕容氏、苻堅、姚萇，乃是鮮卑、羯、氐、羌之居塞内者，浸淫不制，遂迭起亂華。至如唐以安禄山守范陽，以范陽叛，至於明皇幸蜀，肅宗即位，史思明繼起，用兵不休，唐室之禍不解，直至於亡。聖人謹華夷之辨，其旨遠矣。」**正朔所不加也，奚會同之有？書會戎，譏之也。**何氏曰：「書會者，惡其虚内務，恃外好也。」孫氏曰：「諸侯非有天子之事，不得出會諸侯，況會戎哉？」張氏曰：「惠公與之有好，既失之矣。隱公復不能明内外之辨，登戎夷於堂陛。書會戎，所以譏其降諸侯之尊，失中國之重，不修政事以攘夷狄，以啓猾夏之階。觀夾谷之會，所謂『裔不謀夏，夷不亂華』之言，則知書會戎之旨矣。」龜山楊氏曰：「戎狄之道，徑情而直行，非可以禮信結也。與之會盟，失之矣。蓋中國微，然後戎狄始與諸侯抗，與之會盟，非得已也。至是而王綱可知已。」東萊吕氏曰：「禹服周畿，要荒蠻夷，邈然處於侯甸采衛之外。當是時，華戎之辨，固不待聖人而後明也。王道既衰，氈毳異類始錯居中國，疆土相入，蹄踵相交，室廬相望，習熟見聞，寖不知有華戎之辨矣。魯號爲禮義之邦，尚招戎狄入内地，屈其君之重而與之會，則其他蚩蚩者，習而不察，固其所也。《春秋》懼天下遂忘華戎之辨，故書『公會戎于潛』以警之，使人知壇壝之上，此爲公而彼爲戎，還人心於既迷，遏夷狄於方熾，涇渭華戎於一言之間，此《春秋》之功，所以與天地並歟。」家氏曰：「國君即位之次年，不聞朝京請命受服，兄弟甥舅之國亦未得交相見，而以會戎爲首務，尤《春秋》所譏也。」陳氏曰：「會戎于潛，《春秋》之始。會吴黄池，《春秋》之終。此《春秋》之所以始終也。」廬陵李氏曰：「《春秋》書公會四十有六，皆諸侯之會也，獨會吴與會戎異詞。趙子曰『凡戎狄不書爵號而君臣同詞』是也。」

夏，五月，莒人入向。向，舒亮反。此入國之始。《左傳》：「莒子娶于向，向姜不安莒而歸。夏，莒人入向，以姜氏還。」《公羊傳》：「入者何？得而不居也。」《穀梁傳》：「入者，内弗受也。向，我邑也。」程子曰：「天下有道，禮樂征伐自天子出。春秋之時，諸侯擅相侵伐，興兵以侵伐人，其罪著矣。《春秋》直書其事，而責常在被侵伐者。蓋彼加兵於己，則當引咎或自辨，諭之以禮義，不得免焉，則固其封疆，告于天子方伯，若忿而與之戰，則以與戰者爲主，處己絶亂之道也。書莒人，微者也。凡將尊師衆曰某帥師，將尊師少曰某伐某，將卑師衆曰某師，將卑師少曰某人，不知衆寡將帥名氏亦曰某人。書入，入其國也。侵人之境且以爲暴，況入人之國乎？」臨川吴氏曰：「向，姜姓小國，炎帝之後。」**無駭帥師入極。**駭，《穀》作「侅」，後同。帥，朔律反，後放此。此大夫專兵之始。《左傳》：「司空無駭入極，費庈父勝之。」《公羊傳》：「無駭者何？展無駭也。何以不氏？貶。曷爲貶？疾始滅也。始滅，昉於此乎？前此矣。前此，則曷爲始乎此？託始焉爾。曷爲託始焉爾？《春秋》之始也。此滅也，其言入何？内大惡，諱也。」《穀梁傳》：「入者，内弗受也。極，國也。苟焉以入人爲志者，人亦入之矣。不稱氏者，滅同姓，貶也。」程子曰：「古者卿皆受命于天子，春秋之時，諸侯自命。已賜族者則書族，不書族者未賜也。賜族者，皆命之世爲卿也。」杜氏曰：「極，附庸小國。賈逵云『戎邑』。」

《左氏》曰「莒子娶于向，向姜不安莒而歸，莒人入向，以姜氏還」，此所謂按也。《春秋》書曰「莒人入向」，此所謂斷也。程子曰：「傳爲按，經爲斷。」**以事言之，入者造**七到反。**其國都。**汪氏曰：「以兵破其城郭，蹂踐朝市謂之入。」**以義言之，入者逆而不順。莒稱人，小國也。**孫氏曰：「《春秋》小國卿大夫皆略稱人。」陳氏曰：「入，君、大夫將皆稱人。君將書君自楚莊入陳始。大夫將書大夫自郤缺入蔡始。惟內大夫則書之。」廬陵李氏曰：「書人例有四，合一國民庶而稱人，則衆詞也。興兵討伐而稱人，則寡詞也。以卑者名爵不貴而稱人，則微詞也。以貴者黜去名爵而稱人，則貶詞也。《春秋》有一字而通諸例者，此也。」又曰：「《春秋》用兵書入，《左氏》、《公羊》、胡氏義相通。其我入祊不入此例。書入二十七，內入六，外入二十一。」**無駭不氏，未賜族也。**張氏曰：「無駭、挾，皆內大夫之未賜族者。《左氏》稱『司空無駭』，經不書官，夫子削之也。」東萊呂氏曰：「內大夫之不書氏，其已賜族者，去之，所以示義也。其未賜族者，書之，所以紀實也。無駭之不氏，意者未賜族而紀其實乎？何以知之？以其卒而知之。內大夫之生而不氏者，筆削之際固各有義。至於卒而不書氏者，獨隱公之初無駭與挾而已，苟以卒而去氏爲貶邪。則是通春秋十二公之時，自二人之外，舉無可貶者也。牙之謀亂，遂之殺嫡，意如之逐君，猶皆不去其族。無駭與挾，初非有三人之罪，何爲恕彼而貶此邪？是知二人之卒不書族者，蓋因其未賜族而紀其實也。以無駭之卒而推無駭之生，則不書其氏者，實無氏之可書耳。帥師入極，無王陵弱，其罪已著，豈待闕其氏然後爲貶哉？聖筆之貶，稱物平施，有因罪而無加罪，人之一字，既足以盡無駭之責，聖人必不復求有少加之也。學者當深觀《春秋》，以察天理人欲之辨。」**其書帥師，用大衆也。**臨川吴氏曰：「師者，兵衆之稱。《周禮》：『萬二千五百人爲軍，二千五百人爲師，五百人爲旅。』軍、師、旅三名，師在其中，故舉中以該上下，而總名其軍旅之衆曰師，非以二千五百人而言也。」**非王命而入人國邑，逞其私意，見諸侯之不臣也。**孫氏曰：「隱、桓之際，國無大小，用師皆專行。」**擅興而征討不加焉，見天王之不君也。**張氏曰：「當時征伐不自天子出，陵弱暴寡，紛然無制，莒、魯擅興師徒，入人國邑，皆王法所當誅。」**據事直書，義自見矣。**杜氏曰：「直書其事，具文見意。」汪氏曰：「直書而義自見，乃聖人作經之大旨，故曰『文則史。義則竊取之』，蓋聖人筆削魯史之舊文，取其義以爲後世法，直書其事而褒貶瞭然矣。《春秋》之初，大夫猶稱名而不氏，僖公以後大率書氏，見世卿之盛也。經書帥師者百有三十，僖公以前書帥師者僅九，皆内大夫。文、宣以後外大夫多書帥師，定、哀之間尤數數書之，大夫之强又可見矣。又按《穀梁》以向爲我邑，然不書伐我，則非我邑也。據後書公伐莒取向，則向爲小國，而莒滅之耳。二傳以爲滅極，然滅鄣、滅邿書取，而極不書取，則非滅也。」○趙氏曰：「《公》、《穀》皆云『無駭不氏』，貶滅同姓之國。若實滅同姓，則當直書滅極以示譏，且無駭卒亦不氏，何關滅同姓哉？」廬陵李氏曰：「無駭不書氏，杜氏、胡氏、陳氏皆以爲未賜族。《公羊》則以爲疾始滅。《穀梁》則以爲貶滅同姓。以《左氏》隱八年賜氏之説考之，則《公》、《穀》爲無據矣。」劉氏曰：「《穀梁》云：『入者，内弗受也。』有入人之國而可以受之者乎？所言者，歸入之例也。」

秋，八月庚辰，公及戎盟于唐。此盟戎狄之始。《左傳》：「戎請盟。秋，盟于唐，復脩戎好也。」程子曰：「戎猾夏而與之盟，非義也。」杜氏曰：「唐，魯地。」

按《費音秘。誓》稱「淮夷、徐戎」，此蓋徐州之戎，久居中國，在魯之東郊者也。汪氏曰：「《費誓》篇首言『徂茲淮夷、徐戎並興』，篇終獨言『征徐戎』，則夷、戎並爲患而戎尤甚也。漢孔氏云：『此戎蓋帝王所羈縻，居九州之内。』」韓愈氏言《春秋》謹嚴，君子以爲深得其旨。所謂謹嚴者，何謹乎？莫謹於華夷之辨矣。中國而夷狄則狄之，汪氏曰：「文十年狄秦，成三年狄鄭，昭十二年狄晉。」夷狄猾夏則膺之，《詩・閟宮》：「戎狄是膺。」膺，擊也。此《春秋》之旨也。而與戎歃血以約盟，非義矣。汪氏曰：「事合宜之謂義，先君征戎，而已乃與之歃盟，可謂宜乎！」是故成於日者，必以事繫音繼。日。蘇氏曰：「事成於日者日，成於月者月，成於時者時。故崩、薨、卒、葬，日食、山崩，地震、火災，郊、雩、烝、嘗，盟、戰、滅、入、弑、殺之類，皆以日成。朝聘、會同、侵伐、圍救之類，皆以月成。城築、蒐狩之類，皆以時成。」而前此盟于蔑則不日，盟于宿則不日，後此盟于密則不日，盟于石門則不日，獨盟于唐而書日者，謹之也。汪氏曰：「隱公昉與戎盟，故謹而日之。後此桓公二年及戎盟不書日。」後世乃有結戎狄以許婚而配偶非其類，如西漢之於匈奴；汪氏曰：「《前漢書》：高帝八年，取家人子名公主妻單于。惠帝三年、文帝六年、景帝五年，皆以公主嫁單于。」約戎狄以求援而華夏被其毒，如肅宗之於回紇；《通鑑》至德元載：「安禄山陷長安。上欲借兵於外夷以張軍勢，遣使回紇以請兵。乾元初，上以寧國公主下嫁。是後回紇數背約舉兵向塞，殺掠甚衆。」信

戎狄以與盟而臣主蒙其耻，如德宗之於尚結贊；《通鑑》：「貞元三年，吐蕃尚結贊屢遣使求和。且請脩盟而歸侵地，馬燧信其言，爲之請於朝。渾瑊爲會盟使使，將二萬餘人赴盟所。將盟，吐蕃伏精騎數萬於壇西，瑊等皆不知。虜伐鼓三聲，大譟而至。唐將卒皆東走，虜縱兵追擊，或殺或擒之。」**雖悔於終，亦將奚及。《春秋》謹唐之盟，垂戒遠矣。**張氏曰：「中國諸侯與戎相詛，尤不可之大者。蓋盟者刑牲以相示，謂神之殛背約者，當如此牲。同類爲之，尚以長亂，戎狄豺狼而與之詛，一有間隙，惟利是視，則求小疵而責大信，必肆其豺狼之暴，爲中國之大禍。故《春秋》於唐之盟，不特謹其日，又特書及戎盟，深罪隱公之失道而容其亂華也。」高氏曰：「書及者，聖人深責中國，而不罪夷狄也。不罪夷狄者，乃所以外之也。」家氏曰：「魯望國之君，諸夏所視儀而聽倡者也。春而會戎，秋而盟戎，既爲特會，又爲特盟。《春秋》一歲再書，所以貶也。書公及戎盟，是之謂非所當及而及，此《春秋》書魯事之凡也。及戎之及，又與及儀父、莒人之及異矣。此一『及』字，要當隨事而觀，以求《春秋》之意。」

九月，紀履緰來逆女。冬，十月，伯姬歸于紀。緰音須。履緰，《左》作「裂繻」。《左傳》：「卿爲君逆也。」《公羊傳》：「紀履緰者何？紀大夫也。何以不稱使？婚禮不稱主人。然則曷稱？稱諸父兄師友。宋公使公孫壽來納幣，則其稱主人何？辭窮也。辭窮者何？無母也。然則紀有母乎？曰：有。有則何以不稱母？母不通也。外逆女不書，此何以書？譏。何譏爾？譏始不親迎也。始不親迎，昉於此乎？前此矣。前此，則曷爲始乎此？託始焉爾。曷爲託始焉爾？《春秋》之始也。女曷爲或稱女，或稱婦，或稱夫人？女在其國稱女，在塗稱婦，入國稱夫人。伯姬者何？内女也。其言歸何？婦人謂嫁曰歸。」《穀梁傳》：「逆女，親者也。使大夫，非正也。以國氏者，爲其來交接於我，故君子進之也。禮：婦人謂嫁曰歸，反曰來歸，從人者也。婦人在家制於父，既嫁制於夫，夫死從長子，婦人不專行，必有從也。伯姬歸于紀，此其如專行之辭，何也？曰：非專行也，吾伯姬歸于紀，故志之也。其不言使，何也？逆之道微，無足道焉爾。」程子曰：「非命卿皆書名，以君命來逆夫人也。在魯，故稱女。内女嫁爲諸侯夫人，則書逆，書歸，明重事也。來逆非卿，則書歸而已，見其禮之薄也。先儒皆謂諸侯當親迎。親迎者，迎於其所館，故有親御授綏之禮，豈有委宗廟社稷，遠適他國以逆婦者乎？非惟諸侯，卿大夫而下皆然。《詩》稱文王親迎于渭，未嘗出疆也。送之者雖公子公孫，非卿則不書。」又曰：「逆夫人，是國之重事。使卿逆亦無妨，先儒説親逆甚可笑。且如秦君娶於楚，豈可越國親迎邪？所謂親迎者，迎於館耳。文王迎於渭，亦不是出疆遠迎，周國自在渭傍。先儒以此遂泥於親迎之説，直至天子須親迎，況文王親迎之時，乃爲公子，未爲君也。」

按穀梁子：「逆女，親者也。使大夫，非正也。」魯哀公問：「冕而親迎，不已重乎？」孔子對曰：「合二姓之好，以爲宗廟社稷主，君何謂已重乎？」「文定厥祥，親迎于渭，造舟爲梁，不顯其光」，則世子而親迎也。汪氏曰：「《詩》言『文王初載』。《書·無逸》：『文王享國五十年。』注：四十七即位。《大戴禮》：『文王十三歲生伯邑考，十五歲生武王。』則其娶太姒，乃爲世子時也。」韓侯娶妻，「蹶父之子，韓侯迎止于蹶之里」，則諸侯而親迎也。有夫婦然後有父子，有父子然後有君臣。夫婦，人倫之本也。逆女必親，使大夫非正也。入春秋之始，名宰咺歸賵以譏亂法，書「履緰逆女」以志變常，汪氏曰：「諸侯親迎，乃常禮爾。使大夫逆，則變常矣。

故特志其始。」王氏曰：「伯姬之歸紀，始也。見逆於裂繻，終也。見葬於齊侯，實事之非常，故志之以見婚姻之道闕。」**衆妾之分定矣，大昏之禮嚴矣。**張氏曰：「劉夏、祭公及凡諸逆女皆不書使，蓋雖天子諸侯，亦不自主昏，所以養廉遠恥也。」茅堂胡氏曰：「内女出嫁多不書，常事故也。書者，皆記禮之失。伯姬歸于紀，爲不親迎而使履綸逆，又爲叔姬待年而書也。不書則必疑以叔姬爲夫人。伯姬歸于杞，爲莊公過愛其女，後二年即會于洮，故書耳。伯姬歸于宋，爲致女三國來媵之過，又見其賢而書之也。」汪氏曰：「《春秋》一經，魯女嫁爲諸侯夫人者七，爲大夫内子者四。唯紀伯姬使履綸逆，莒慶、齊高固自逆。宋蕩伯姬爲子逆，他皆不書逆者。或逆之者微，或親迎得禮而不書也。」○劉氏曰：「歸於諸侯則尊同，尊同則志。《穀梁》云『履綸以國氏，爲其來接於我，故進之』。且履綸國氏，何異鄭詹而曰進之乎？」廬陵李氏曰：「譏不親迎，《穀梁》、胡氏説同。獨陳氏曰：『内女爲夫人，凡入見於經，未有來逆者，書逆紀伯姬，吾女遭人倫之變者也。紀侯失國，齊人葬之，魯問不及焉，故詳之也。』此説亦有見。」又曰：「内女爲夫人皆書歸，不書歸者，必有故也。齊子叔姬不書歸，郯伯姬不書歸，杞叔姬不書歸，皆遭出也。蕩伯姬不書歸，非君夫人也。」

紀子伯、莒子盟于密。伯，《左》作「帛」。此外相盟之始。《左傳》：「魯故也。」《公羊傳》：「紀子伯者何？無聞焉爾。」《穀梁傳》：「或曰，紀子伯、莒子而與之盟。或曰，年同爵同，故紀子以伯先也。」程子曰：「闕文也。當云『紀侯某伯、莒子盟于密』。《左氏》附會作帛，杜預以爲裂繻之字。《春秋》無大夫在諸侯上者，《公羊》、《穀梁》皆作『伯』。」杜氏曰：「密，莒邑。」

凡闕文，有斷以大義削之而非闕者，有本據舊史因之而不能益者，亦有先儒傳授承誤而不敢增者。如隱不書即位，桓不書王；賵葬成風，王不書天；吴、楚之君卒，不書葬之類，皆斷以大義削之而非闕也。汪氏曰：「桓公四年、七年無秋冬，隱公、閔公薨不地，君弑賊不討不書葬之類，皆斷以大義而削之也。」「甲戌己丑，夏五，紀子伯、莒子盟于密」之類，或曰本據舊史，因之而不能益者也。或曰先儒傳授承誤，而不敢增者也。汪氏曰：「莊二十二年夏五月不係事，二十四年郭公不書事，僖二十八年壬申不係月，文十四年叔彭生，昭十年十有二月不書冬，三十一年黑肱不係邾，定六年仲孫忌，十四年無冬，皆闕文也。」闕疑而慎言其餘可矣，必曲爲之説，則鑿矣。孫氏曰：「紀本侯爵，此稱子伯，闕文也。」臨川吴氏曰：「子伯二字，或是侯字之誤。」○啖氏曰：「《穀梁》云『紀子伯、莒子而與之盟』，此闕文耳。云伯之，穿鑿甚矣。《左氏》云『魯故也』，以子帛爲履緰字，故附會耳。」劉氏曰：「子帛不當稱字，若比之内大夫當曰紀子帛及莒子盟，不當去『及』也。」廬陵李氏曰：「紀子伯之説，程子以爲當云『紀子某伯、莒子盟于密』，而胡氏因之。然紀本非子爵，則程説亦未至，恐子上猶有闕字也。」

十有二月乙卯，夫人子氏薨。《公羊傳》：「夫人子氏者何？隱公之母也。何以不書葬？成公意也。何成乎公之意？子將不終爲君，故母亦不終爲夫人也。」《穀梁傳》：「夫人薨，不地。夫人者，隱之妻也。卒而不書葬，夫人之義，從君者也。」范氏曰：「夫人無出竟之事，薨有常處。」程子曰：「隱公夫人也。薨，上墜之聲。諸侯國内稱之，小君同。婦人從夫者也，公在，故不書葬，於此見夫婦之義矣。」

按穀梁子曰：「夫人子氏者，隱之妻也。卒而不書葬，夫人之義，從君者也。」張氏曰：「書内之夫人卒葬異於外，尊尊也。子氏不書葬，婦人從君，故君存則葬禮未備，待君薨而合祔也。宋朝皇后先崩，必俟合葬於山陵，蓋古之遺制歟。」**邦君之妻，國人稱之曰「小君」，卒則書薨，以明齊也；先卒則不書葬，以明順也。有夫婦然後有父子，有父子然後有君臣。夫婦，人倫之本也。入《春秋》之始，於子氏書薨不書葬，明示大倫。苟知其義，則夫夫婦婦而家道正矣。**陳氏曰：「隱、桓之母俱不得爲夫人，則嫡庶之義明。隱妻得爲夫人，則君臣之分定。」〇汪氏曰：「《左傳》以子氏爲仲子，謂元年歸賵豫凶事。安有其人未死而歸賵？雖五尺童子固知其不可也。杜預謂隱讓桓爲太子，成其母喪，以赴于諸侯，審如此，則考宫當加謚號矣。《公羊》又以爲隱之母。然孟子既爲夫人，則聲子、仲子均非正嫡，聲子安可僭小君之號？成風、敬嬴所以稱夫人，以僖、宣二公越禮以尊其妾母。隱公若果尊其母爲夫人，則當葬以小君之禮而書於經矣。今考魯夫人見經者八，文姜、哀姜、聲姜、穆姜、齊姜，書薨書葬，子氏以隱公在不書葬，出姜歸齊亦不書薨，孟子以同姓諱而略之。妾母見經者六：仲子之卒在《春秋》之前，成風、敬嬴、定姒、齊歸，皆書薨書葬，稱夫人，稱小君，與正嫡無異。仲子不稱夫人，不稱小君，猶未至如中葉以後失禮之甚也。唯定十五年姒氏卒，以哀公未即位，故不成小君之禮爾。」

鄭人伐衛。此諸侯專征伐之始。《左傳》：「討公孫滑之亂也。」程子曰：「聲其罪曰伐。衛服，故不戰。衛服，可免矣。鄭之擅興戎，王法所不容也。」

按《左氏》：「鄭共叔之亂，公孫滑出奔衛，衛人爲之伐鄭，取廩延。至是鄭人伐衛，討滑之亂也。」汪氏曰：「滑，共叔子。鄭莊志於殺段，又欲絶其後嗣而夷之。去年鄭人以王師、虢師伐衛南鄙，又請師於邾，邾爲之請於魯，用師不已。今再伐衛，窮兵黷武，遷怒復怨，不貶絶而罪自見矣。」朱子曰：「書伐國，惡諸侯之擅興。」陸氏曰：「成公以前侵伐書人者，遠事難詳，不必皆微者也。」陳氏曰：「大夫將則書大夫，自晉陽處父始。」**凡兵，聲罪致討曰伐，**汪氏曰：「此言討滑之亂，則聲其納滑之罪。如齊桓伐楚，則聲其不貢包茅之罪。」**潛師掠境曰侵，**汪氏曰：「掠者，劫奪財物。」《左傳》：「鄭伯侵陳，大獲。宋向戌侵鄭，大獲。」趙氏曰：「凡書侵伐，不書勝敗，殺掠而還也。詳見莊十五年。」**兩兵相接曰戰，**汪氏曰：「戰，鬬也。《左傳》『皆陳曰戰』。」**環其城邑曰圍，**環，于善反。汪氏曰：「環也。」《孟子》：「環而攻之。」**造其國都曰入，**造，七到反。汪氏曰：「造，至也。凡書入，或入其國都而不居，如宋、衛入鄭，齊、鄭入郕之類；或入其國都而遂滅其宗廟社稷，如秦入滑、宋入曹之類。」**徙其朝市曰遷，毁其宗廟社稷曰滅，詭道而勝之曰敗，**汪氏曰：「兩兵未陳，以詐取勝。」**悉虜而俘之曰取，輕行而掩之曰襲，**趙氏曰：「掩其不備曰襲。」**已去而躡之曰追，聚兵而守之曰戍，以弱假强而能左右之曰以，皆誌其事實以明輕重。内兵書敗曰戰，**汪氏曰：「僖公二十二年戰于升陘，我師敗績。獲公胄，懸諸魚門。諱不書敗。唯莊九年戰于乾時，書我師敗績。以與讎戰，雖敗不諱也。」**書滅曰取，**汪氏曰：「成公滅鄟、襄公滅邿、昭公滅鄫，皆諱滅而書取。唯僖公滅項，乃公在會而季孫滅之，故直書不諱。」

特婉其辭，爲君隱也。征伐，天子之大權。今鄭無王命，雖有言可執，亦王法所禁，況於脩怨乎？不書戰者，程氏以爲衛已服也。衛服則可免矣，此義施於伐而不書戰，皆可通矣。汪氏曰：「凡伐而不言戰，皆受伐之國自服而不待戰也，故受伐者可免於罪。」〇廬陵李氏曰：「《左氏》曰：『有鐘鼓曰伐，無曰侵。』《春秋》書齊侵蔡、晉侵楚，皆用六師，若無鐘鼓，何以行乎？《左氏》非也。《公羊》曰『觕曰侵，精曰伐』，是以深者爲精，淺者爲觕。按前後有侵師至破其國，伐師乃不深入者多矣。《公羊》亦非也。《穀梁》又以『苞人民、毆牛馬曰侵，斬樹木、壞宮室曰伐』。按齊桓伐楚，不戰而服，初無斬木壞宮之舉，《穀梁》亦非也。」

春秋集傳大全卷之二

隱　公　二

辛酉平王五十一年崩。**三年**齊僖十一。晉鄂四。衛桓十五。蔡宣三十。鄭莊二十四。曹桓三十七。陳桓二十五。杞武三十一。宋穆九，卒。秦文四十六。楚武二十一。**春，王二月。**程子曰：「月，王月也。事在二月，則書王二月；在三月，則書王三月；無事，則書時，書首月。蓋有事則道在事，無事則存天時，正王朔，天時備則歲功成，王道存則人理立，《春秋》之大義也。」臨川吴氏曰：「每歲春之下書月必加王字，以見此月數乃時王之所改定。」汪氏曰：「《春秋》書王正月者九十三，書王二月者二十三，書王三月者十九，皆於歲首係王。著周王之正朔，以明大一統之義。或歲首所書事，舊史止書時，或例當書時，則二月、三月皆不書王。如隱八年書遇垂，三月歸祊；襄十五年書春向戌聘，二月盟；文九年書春毛伯求金，二月得臣如京，三月夫人至之類是也。何休乃謂『二月，殷之正月；三月，夏之正月。王者存二王之後，使統其正朔』，其説謬甚。當周之世而存夏殷之正朔，豈所謂大一統邪？天無二日，民無二王之義安在邪？」**己巳，日有食之。**《公羊傳》：「何以書？記異也。日食，則曷爲或日，或不日？或言朔，或不言朔？曰：某月某日朔，日有食之者，食正朔也。其或日，或不日，或失之前，或失之後。失之前者，朔在前也。失之後者，朔在後也。」《穀梁傳》：「言日不言朔，食晦日也。其日有食之，何也？吐者外壤，食者内壤，闕然不見其壤，有食之者也。有，内辭也；或，外辭也。有食之者，内於日也。其不言食之者，何也？知其不可知，知也。」程子曰：「日食有定數，聖人必書者，蓋欲人君因此恐懼脩省。如治世而有此變，則不能爲災，亂世則爲災矣。人氣血盛，雖遇寒暑邪穢不能爲害，其氣血衰，則爲害必矣。」又曰：「日有食之，有食之者也，更不推求，何者也？太陽，君也，而被侵食，君道所忌，然有常度，災而非異也。星辰陵歷亦然。」何氏曰：「不言月食之者，其形不可得而覩也。」

經書日食三十六，去之千有餘歲，而精曆算者所能考也，其行有常度矣。然每食必書，示後世治曆明時之法也。朱子曰：「曆法：周天三百六十五度四分度之一，左旋於地，一晝一夜，則其行一周而又過一度。日月皆右行於天，一晝一夜，則日行一度，月行十三度十九分度之七。故日一歲而一周天，月二十七日有奇而一周天，又二日半逐及於日而與之會。一歲凡十二會。方會，則月光都盡而爲晦。已會，則月光復蘇而爲朔。晦朔而日月之合，東西同度，南北同道，則月揜日而日爲之食，是皆有常度矣。然王者脩德行政，用賢去姦，能使陽盛足以勝陰。陰衰不能侵陽，則日月之行雖或當食，而月常避日，故其遲速高下必有參差而不正相合者，所以當食而不食也。若國無政，則當食必食。雖曰行有常度，而實爲非常之變矣。故《春秋》日食必書。」杜氏曰：「日月動物，雖行度有大量，不能不小有盈縮，故有雖交會而不食者，或有頻交而食者。」家氏曰：「日月行天，各自有道。雖云朔相遇而道有表裏，若月光在裏，依限而食者多；若月光在表，雖依限而食者少。自漢以來，曆家每以百七十有三日爲一交會，未有頻月交會者。而襄二十一年九月、十月，二十四年七月、八月，頻月頻食。漢高祖即位之三年十月、十一月頻食。以後至今千有餘年未有頻月頻食者，故知天度有時而變其常，兹所以爲異也。」張氏曰：「於曆應食而《春秋》不書者尚多，則日食必在交限，其入限者不必盡食。若過至未分，月或變行以避之，或五星潛在日下禦侮以救之，或涉交數淺，或在陽曆，陽盛陰微則不食；或德之休明而有小眚焉，則天爲之隱，雖交而不食。此四者，德之所生也。則災之所生，乃德之不脩也，明矣。」**有常度，則災而非異矣。然每食必書，示後世遇災而懼之意也。**龜山楊氏曰：「日之盈虧，有數存焉，此巧歷者所知也。何與於人事？而先王爲之恐懼脩省者，謹天戒而已。蓋於其常也，賓餞出納，敬致其至，所以若天道、秩民事尤重於此，則其有變也，可不爲之警戒乎？故《春秋》日食必書之，所以重其變也。然或言朔，或言日，或不言朔日，或朔日並書之，史失之詳略異也。」**日者，衆陽之宗，人君之表，而有食之，災咎象也。克謹天戒，則雖有其象而無其應，弗克畏天，災咎之來必矣。凡經所書者，或妾婦乘其夫，**何氏曰：「桓十七年日食，有夫人譖公，使齊侯誘而殺之之應。莊十八年日食，有夫人如莒，淫泆不制之應。三十年日食，有夫人淫亂通于二叔，殺二嗣子之應。」**或臣子背君父，**汪氏曰：「是年日食，有衛州吁弒君，公子翬專兵權之應。桓三年日食既，有鄭拒王師之應。莊二十五年、二十六年日食，有慶父、叔牙專權淫恣，將謀篡弒之應。僖五年日食，有晉里克弒二君之應。文元年日食，有楚世子商臣弒君之應。十五年日食，有宋弒杵臼、齊弒商人、宣公弒赤、莒弒庶其之應。成十七年日食，有晉弒州蒲之應。

襄十四年日食，有衛孫甯逐君之應。二十四年日食既，有齊崔杼、衛甯喜弑君之應。二十七年日食，有閽弑吴子、蔡般弑父、莒人弑君之應。昭七年日食，有楚弑君虔之應。十五年、十七年日食，有意如專恣、許弑君買之應。二十一年、二十二年日食，有子朝篡奪、周分爲二、天下兩主之應。二十四年日食，有意如逐君、吴弑僚之應。定十二年日食，有薛弑君比，晉荀寅、士吉射叛之應。十五年日食，有盜弑蔡侯、齊陳乞弑君之應。」**或政權在臣下，**汪氏曰：「宣十七年日食，有四國大夫敗齊于鞌，君道微，臣道强之應。襄十五年日食，有溴梁之盟，信在大夫之應。二十一年、二十三年再日食，有溴梁來，臣恣日甚，凡大盟會征伐，皆大夫爲之。二慶專陳，晉欒盈叛逆之應。昭三十一年日食，有昭公客死，晉大夫專執人于京師之應。定五年日食，有陪臣强横、魯失國寶、宋大夫叛之應。」**或夷狄侵中國，**汪氏曰：「桓三年日食既，有楚滅穀、鄧，上僭稱王之應。莊十八年日食，有戎犯中國之應。三十年日食，有狄滅衛之應。僖五年日食，有狄伐晉、滅温之應。十二年日食，有楚滅黄、狄侵衛之應。十五年日食，有秦獲晉侯、楚執宋公，中國微弱之應。文元年日食，有楚滅江、六，狄比侵中國之應。宣八年、十年日食，有楚莊圍宋，析骸易子、伐鄭勝晉，鄭伯肉袒，晉大敗于邲之應。成十六年日食，有楚滅舒庸之應。襄二十三年日食，有楚滅舒鳩之應。昭七年日食，有楚滅陳之應。二十四年日食，有吴滅巢、滅徐之應。」**皆陽微陰盛之證也。是故《十月之交》，詩人以刺；日有食之，《春秋》必書，以戒人君不可忽天象也。**茅堂胡氏曰：「《春秋》正人主心術之大法也，故不書祥瑞，而災異則書。譬諸疾疢，天時之戾氣也，知其可畏而加慎焉，則免夫掊擊之患矣。肆行陵犯，無所忌憚，適足以速殺其身矣。君子見物之有失常者，必恐懼脩省而不敢忽。況日者，衆陽之宗，至尊之象乎。日有食之，《春秋》所以存而弗削也。然災與異不同。日有食之，常度也。故程氏以爲災，而先儒以爲異。《春秋》日食三十六，精曆算者得之幾盡，其有常度審矣，謂之異非也。雖有常度，則數不可免。然或食於朔，或食於夜，或食於前，或食於後，或當食而有陰雲之祥，此則人爲所感之不同者也。故《春秋》或書日，或書朔，或書日不書朔，或書朔不書日，或日朔皆不書，或書日有食之既者，於以見雖常度不可免，而人爲所感之不同如此，則其應亦隨之，不可專歸之數，而無恐懼脩省以答天災矣。又況地震、山崩、水旱、蟲螟、物怪之變，本非有常度者乎？隱公九年『大震電』，繼以『大雨雪』，而有鍾巫之難。晉惠公時，河上沙鹿崩，而有韓之獲。宋襄公時『五石隕』、『六鷁退飛』，而有盂之執。成公十六年『雨，木冰』，❶是秋君拘而季孫有苕丘之舍。昭公二十五年『鸜鵒來巢』，未幾昭孫于齊，公子宋得國。其應如影響，不可誣也。」

三月庚戌，天王崩。《左傳》：「三月壬戌，平王崩。赴以庚戌，故書之。」《公羊傳》：「何以不書葬？天子記崩不記葬，必其時也。諸侯記卒記葬，有天子存，不得必其時也。曷爲或言崩，或言薨？天子曰崩，諸侯曰薨，大夫曰卒，士曰不禄。」《穀梁傳》：「高曰崩，厚曰崩，尊曰崩。天子之崩，以尊也。其崩之，何也？以其在民上，故崩之。其不名，何也？大上，故不名也。」程子曰：「崩者，上墜之形。四海之内，皆當奔赴，魯君不往，惡極罪大，不可勝誅，不書而自見也。」

❶「木」，原作「宋」，今據四庫本改。

崩者，上墜之形。春秋歷十有二王，汪氏曰：「春秋歷十有四王，悼王立未踰年，敬王崩在春秋後，故止曰十二王。」**桓、襄、匡、簡、景，志崩志葬者，赴告及，魯往會之也。**汪氏曰：「叔孫得臣葬襄王，叔鞅葬景王。桓、匡、簡之葬非卿會，不書其人，亦見禮意之厚薄。」**平、惠、定、靈，志崩不志葬者，赴告雖及，魯不會也。**趙氏曰：「不會則不書，志不臣也，記是以著非也。」**莊、僖、頃，崩葬皆不志者，王室不告，魯亦不往也。**趙氏曰：「王室不告，魯不赴也。哀王室之無人，著諸侯之不臣也。」**諸侯爲天王服斬衰，**音崔。《儀禮》：「諸侯爲天子斬衰。」《傳》曰：「天子至尊也。」**禮當以所聞先後而奔喪。今平王崩，周人來訃，而隱公不往，是無君也，其罪應誅，不書而自見矣。**張氏曰：「天子崩不書名，至尊異於諸侯也。《喪服》：斬衰裳，苴絰杖，絞帶，冠繩纓，菅屨。三年，諸侯爲天子之禮也。天王之喪，同軌畢至，爲臣子者以所聞先後奔喪，禮也。隱公聞喪而不奔，春秋以來，送終之禮薄矣，聖經詳志，以見罪惡之淺深。今此平王之崩，但書來訃而魯人不往，且志武氏子之求賻，則隱公之蔑視五十一年天下之共主，闕其弔葬，無復臣子哀戚之情，邈然不以動其心，而自同於禽獸夷狄，惡極罪大，不可勝誅，不待貶絶而自見矣。」龜山楊氏曰：「王崩，國之大事，故書之。不書葬，魯不會葬故也。新王即位不書，魯不朝也。蓋以書考之，則王既尸天子，二伯各帥諸侯入應門左右，禮也。魯之不朝，則諸侯之不臣可知矣。」汪氏曰：「秦昭襄王薨，韓桓惠王衰絰入弔祠，春秋諸侯之事天子，不若戰國之君事大國之禮也。」**或曰：萬國至衆也，封疆至重也，天王之喪，不得越境以奔，而修服於**

國，卿供弔送之禮，訖葬卒哭而除喪，禮乎？按《周書·康王之誥》：太保率西方諸侯入應門左，畢公率東方諸侯入應門右，再拜趍出，王反喪服。此奔成王之喪者，安得以爲修服於國而可乎？汪氏曰：「或謂《康王之誥》所稱諸侯指畿内諸侯而言。今考《書》文曰『敢執壤奠』，則各執壤地所出之物以爲奠贄，而非常禮執贄之謂也。曰『庶邦侯、甸、男、衛』，則爲五服諸侯，而非王臣食采於畿内者也。是時成王始崩，同軌諸侯雖不能盡至，蓋召公、畢公但率諸侯之已至者以受顧命耳。」故周人有喪，魯人有喪，周人往弔，謂使人可也；魯人不往，謂當親之者，而不可使人代也。諸侯歲時，或朝覲於京師，汪氏曰：「成十三年三月，公如京師，七月，公至。莊二十二年，公如齊，二十三年春，公至。文三年，公如晉，四年春，公至。十三年冬，公如晉，十四年正月，公至。成十年七月，公如晉，葬景公，十一年三月，公至。襄四年冬，公如晉，五年春，公至。十二年冬，公如晉，十三年春，公至。二十八年十一月，公如楚，二十九年葬楚康王，五月，公至。昭十五年冬，公如晉，十六年夏，公至。又按此傳當有『或交好於大國』一句，恐誤漏也。」或會同於方嶽，汪氏曰：「僖十六年冬，會淮，十七年九月，公至。宣七年冬，會黑壤，八年春，公至。成五年十二月，同盟蟲牢，六年正月，公至。襄二十一年冬，會商任，二十二年正月，公至。」或從兵革征討之事，汪氏曰：「莊五年冬，會伐衛，六年秋，公至。僖二十八年冬，會圍許，二十九年春，公至。襄十八年十月，會圍齊，十九年正月，公至。」越境踰時，不以爲難，何獨難於奔喪而薄君臣始終存殁之義哉？大非先王之禮，失《春秋》之義矣。茅堂胡氏曰：「崩、薨、卒，大變也，不可以爲常。或崩或不崩，或地或不地，或卒或不卒，或葬或不葬，或赴而往，或赴而不往，或往而書，或往而不書，於以見誅亂臣賊子，撥亂世反之正之意，其義大矣。如隱三年書天王崩，王臣求賻之事，即見公不奔喪、不會葬之罪。他皆放此而觀之，可也。」王氏曰：「天王崩，不名不地，非略之。天下皆王土，故不地以示無外；四海皆王臣，故不名以示獨尊。」〇劉氏曰：「王崩實赴以庚戌，則聖人雖欲遷正亦不可得。且於春秋何以見平王非庚戌崩乎？《左氏》之説非也。《公羊》云『記崩不記葬，必其時也』，非也。凡書者，皆爲我有往者耳。其名氏著者，命卿也；不著者，微者也。」

夏，四月辛卯，尹氏卒。 尹，《左》作「君」。《左傳》：「夏，君氏卒。聲子也。不赴於諸侯，不反哭於寢，不祔於姑，故不曰薨。不稱夫人，故不言葬，不書姓。爲公故，曰君氏。」《公羊傳》：「尹氏者何？天子之大夫也。其稱尹氏何？貶。曷爲貶？譏世卿。世卿，非禮也。外大夫不卒，此何以卒？天王崩，諸侯之主也。」《穀梁傳》：「尹氏者何也？天子之大夫也。外大夫不卒，此何以卒之也？於天子之崩爲魯主，故隱而卒之。」程子曰：「尹氏，王之世卿。古者使以德，爵以功，世禄而不世官，是以俊傑在位，庶績咸熙。及周之衰，士皆世官，政由是敗。尹氏世爲王官，故於其卒書曰尹氏，見其世繼也。」

尹氏，天子大夫，世執朝權，爲周階亂，家父所刺「秉國之均」、「不平謂何」者，是也。 汪氏曰：「《詩・節南山》朱子《傳》：『尹氏蓋吉甫之後。《春秋》書尹氏卒，《公羊》以爲譏世卿者，即此也。』今按：《詩・常武》『王謂尹氏』，指吉甫也。家父云『尹氏大師』，又云『赫赫師尹』，則尹氏當幽王時爲三公矣。此書『尹氏卒』，則來訃于魯也。五年傳稱王使尹氏助曲沃伐晉，僖二十八年王命尹氏策命晉侯爲侯伯，文十四年王使尹氏訟周公于晉，成十六年、十七年尹武公會諸侯伐鄭，昭二十三年尹氏立王子朝，二十六年以子朝奔楚，乃尹文公圉而傳稱尹辛、尹固皆其族也。《詩》刺尹氏『不弔昊天，亂靡有定』。傳紀尹言多等殺天王之弟佞夫。《春秋》譏尹氏輔子朝簒逆，則尹氏始終秉權爲亂。」**因其告喪，與立子朝，以朝奔楚，皆以氏書者，志世卿非禮，爲後鑒也。**汪氏曰：「宣王時，吉甫已稱氏。《春秋》惟尹武公兩伐鄭書子，其餘經傳所紀悉曰尹氏。疑若漢大將軍霍氏，專權秉政，特寵異之而不名也。《春秋》因其稱氏而筆之於經，使後人考之，見其累世稱氏，擅權爲害，則爲鑒可知矣。」**或曰：世卿非禮，《裳裳者華》何以作乎？**《詩·裳裳者華》小序：「古之仕者世禄。小人在位，則讒諂並進，棄賢者之類，絶功臣之世焉。」**曰：功臣之世世其禄，世卿之官嗣其位。禄以報功也，故其世可延。位以尊賢也，故其官當擇。官不擇人，世授之柄，黨與既衆，威福下移，大姦根據而莫除，人主孤立而無助，國不亡幸爾。《春秋》於周書尹氏、武氏、仍叔之子，於魯書季友、仲遂，皆志其非禮也。公羊子此説必有所受矣。**薛氏曰：「先王之制，内諸侯，禄也；外諸侯，嗣也。有世禄而無世官。尹氏則世官矣，前王賜之不名，所以尊其德也。世卿之不名也，隳先王之禮，而非尊賢之道也。王臣不卒，尹氏之卒，因其交魯之赴，而志周之過，且紀王官之世也。」張氏曰：「平王繼幽、厲之後，不能擇畀忠賢以脩其政，而因用致亂之族，使之深根固柢而不可拔。故《春秋》即其告終，變例書氏，以見平王不能中興周室之由。而尹氏數百年相繼禍敗，所以著世卿不擇賢之弊，爲後世之深戒也。」臨川吴氏曰：

「天子之公卿大夫士，其生也不外交於諸侯，故其死也亦不赴告。二百四十二年間，惟劉卷、王子虎以嘗同會盟而來赴，尹氏以王崩爲諸侯之主而來赴，皆非禮也。故書以示譏。」○啖氏曰：「《左傳》云『君氏卒，聲子也。不書姓，爲公故，曰君氏』。按例無有改字以爲義者，豈有改其本姓乎？如此時隱公之母實卒，不行夫人禮，亦當如定十五年姒氏卒，書姓也。」劉氏曰：「昭公娶吴，故諱其姓，謂之孟子。今聲子非魯同姓，諱姓非義也。特書君氏，又不足明其爲君母，若曰君母氏乃可矣。」龜山楊氏曰：「《左氏春秋》書君氏卒。君氏乃惠公繼室聲子也。而《公羊春秋》則書曰尹氏，傳云大夫也。然聲子而書君氏，是何義理？須當以尹氏爲正。」

附録《左傳》：「鄭武公、莊公爲平王卿士。王貳於虢。鄭伯怨王。王曰：『無之。』故周、鄭交質，王子狐爲質於鄭，鄭公子忽爲質於周。王崩，周人將畀虢公政。四月，鄭祭足帥師取温之麥。秋，又取成周之禾。周、鄭交惡。君子曰：『信不由中，質無益也。明恕而行，要之以禮，雖無有質，誰能間之？苟有明信，澗溪沼沚之毛，蘋蘩薀藻之菜，筐筥錡釜之器，潢汙行潦之水，可薦於鬼神，可羞於王公，而況君子結二國之信，行之以禮，又焉用質？《風》有《采蘩》、《采蘋》，《雅》有《行葦》、《泂酌》，昭忠信也。』」

秋，武氏子來求賻。賻音附。此來求之始。《左傳》：「王未葬也。」《公羊傳》：「武氏子者何？天子之大夫也。其稱武氏子何？譏。何譏爾？父卒，子未命也。何以不稱使？當喪未君也。武氏子來求賻，何以書？譏。何譏爾？喪事無求。求賻，非禮也。蓋通于下。」《穀梁傳》：「武氏子者，何也？天子之大夫也。天子之大夫，其稱武氏子，何也？未畢喪，孤未爵，未爵使之，非正也。其不言使，何也？無君也。歸死者曰賵，歸生者曰賻。曰歸之者，正也；求之者，非正也。周雖不求，魯不可以不歸。魯雖不歸，周不可以求之。求之爲言，得不得未可知之辭也。交譏之。」程子曰：「武氏，王之卿士，稱武氏，見其世官。天王崩，諸侯不供其喪，故武氏遣其子徵求於四國。書之以見天子之失道，諸侯不臣之甚也。」

武氏，天子之大夫。家氏曰：「武氏子，仍叔子銜命而出，必皆有位於朝。今乃以某氏子書。《公》、《穀》於仍叔之子，曰『父老，子代從政』，世其禄位者也；於武氏子，乃曰『父卒子未命』，蓋以仍叔爲尚存之人，武氏爲已卒之大夫。諦觀經旨，皆父在而子世其官者也。不然，王朝公卿大夫莫非世官世禄之家，何獨於此二子而書法異乎？曰：某氏子云者，有父在焉故也。」臨川吴氏曰：「稱氏義與尹氏同。子者，父老而以子攝行卿之事。」汪氏曰：「隱五年，王使尹氏、武氏助曲沃伐晉，則武氏之子亦命爲卿，而尹、武皆爲世卿可見矣。《春秋》書武氏之子，則嫌武氏之子自來求賻，仍叔子不加之字，又不見其父在。」**何以不稱使？當喪未君，非王命也。**汪氏曰：「文九年，毛伯求金，以王居喪亦不稱使。」王氏《箋義》曰：「王在喪而使大夫求賻，罪在冢宰。」**嗣子定位於初喪，其曰未君，何也？古者君薨諒陰，百官總己以聽於冢宰三年。**漢孔氏曰：「諒，信也。陰，默也。信默而不言也。」**夫百官總己以聽，則是攝行軍國之事也。以非王命而不稱使，《春秋》之旨微矣。於以謹天下之通喪，**汪氏曰：「位有貴賤，而生於父母無以異者，故三年之喪，自天子達於庶人。當喪不稱王使，以見天子居喪不發命令，則三年之喪，無貴賤之殊矣。」**而嚴君臣之名分也。**汪氏曰：「稱王使則同於至尊，稱冢宰使則疑於無王，故特不稱使。」**夫賻以貨財，則生者所須索也。君取於臣不言求，而曰求賻、求**

車、求金，皆著天王之失道也。上失其道，則下不臣矣。杜氏曰：「魯不共王喪，致令有求，經直文以示不敬。」龜山楊氏曰：「邦有大事而魯不賻，雖問罪可也。德不足以致之，反求焉，則天子微，魯之跋扈不臣可知矣。」張氏曰：「惠公之薨，宰咺歸賵，而平王之喪，隱公不奔，罪不勝誅。爲政於王室者，不能輔王以舉政刑，而遣使下求於列國，《春秋》直書，以見其隳體失政，取輕天下，文、武之澤斬然矣。入隱公三年間，經書周室止四事耳，而人亡政息，王道之不復興，蓋已具見，此《春秋》所以爲簡明也。」高郵孫氏曰：「《春秋》之法，爲上者無求。求之，失上也。失上者卑之。卑之者，正其上不與有求也。爲下者無見求。見求，失下也。失下者誅之。誅之者，正其下不與見求也。曰賻、曰金，因喪而有求者也。車，無事而有求者也。喪事有贈無求，而天子有求於下，以是爲亟也。車服上所以賜下，而天子有求於下，以是爲失制矣。」

八月庚辰，宋公和卒。《左傳》：「宋穆公疾，召大司馬孔父而屬殤公焉，曰：『先君舍與夷而立寡人，寡人弗敢忘。若以大夫之靈，得保首領以没，先君若問與夷，其將何辭以對？請子奉之，以主社稷。寡人雖死，亦無悔焉。』對曰：『群臣願奉馮也。』公曰：『不可。先君以寡人爲賢，使主社稷。若棄德不讓，是廢先君之舉也，豈曰能賢？光昭先君之令德，可不務乎？吾子其無廢先君之功！』使公子馮出居於鄭。八月庚辰，宋穆公卒，殤公即位。君子曰：『宋宣公可謂知人矣。立穆公，其子饗之，命以義夫！《商頌》曰「殷受命咸宜，百禄是荷」，其是之謂乎！』」《穀梁傳》：「諸侯日卒，正也。」程子曰：「吉凶慶弔，講信修睦，鄰國之常禮，人情所當然。諸侯之卒，與國之大故，來告則書。」

外諸侯卒，國史承告而後書，聖人皆存而弗削。曷爲弗削？《春秋》，天子之事也。古者諸侯之邦交，間問殷聘而世相朝。《周禮・大行人》：「凡諸侯之邦交，歲相問也，殷相聘也，世相朝也。」蓋王事相從，則有和好之情，及告終易代，則有弔恤之禮，是諸侯所以睦鄰國也。周制：王哭諸侯，則大宗伯爲上相，息亮反。司服爲王制緦麻，宰夫掌邦之弔事戒令，與其幣器財用，《周禮・大宗伯》：「朝覲會同，則爲上相，王哭諸侯亦如之。」《司服》：「王爲諸侯緦衰。」《宰夫》：「凡邦之弔事，掌其戒令，與幣器財用凡所共者。凡諸侯大夫之喪，使其旅帥有司而治之。」是王者所以懷諸侯也。凡諸侯卒，皆存弗削，而交鄰國待諸侯之義見矣。卒而或日或不日者何？謹則書日，慢則書時，其大致然也。劉氏曰：「君薨赴以日月，禮之常也。臣子少慢則赴不具日月，大慢則都不赴。」汪氏曰：「赴告以日，史書其日，則經弗削，以見列國臣子之謹終。赴告略，史不書日，則經無自而書日，以見臣子之慢先君，而忽其死生之大變也。」卒而或名或不名者何？會盟，則名於載書；聘問，則名於簡牘。趙氏曰：「諸侯同盟，名於載書；朝會，名於要約；聘告，名於簡牘，故於卒赴可知而紀也。《左氏》云：『同盟則赴以名。』豈有臣子當創巨痛深之日，乃忍稱君之名？《禮》篇所録云『寡君不禄』而已。蓋曾同盟知其名，故於死時書之，以紀易代。」陸氏曰：「載書者，載盟誓之辭於策，具摽同盟諸侯之名以告神，而每國執一也。簡牘者，使使來聘及有言命之事，皆有簡書也。」未嘗會盟、聘問而無所證者，雖使至告喪，其名亦不可得而知矣。凡此類，因舊史而不革

者也。茅堂胡氏曰：「天子崩而不名，諸侯薨而名，所以別於天子也。諸侯不生名，大夫生而名，所以別於諸侯也。大夫書名氏，微者名氏不登於史册，所以別於大夫也。此《春秋》正名分之法也。」家氏曰：「臣子赴君父以名，夏、殷以前或然。周人諱名，其赴必不以名。《春秋》卒諸侯以名，示諸侯之卒不得與天子等耳。王一而已，可不名。諸侯衆也，烏得不名。其不名者，史失之。或夷狄之君不以名通，非例也。」汪氏曰：「晉獻公、惠公未嘗同會盟、通聘問，而卒書名。宿男同盟，滕子、杞子來朝，而卒不書名。是皆據史舊文也。」**諸侯曰薨，大夫曰卒，五等邦君何以書卒？夫子作《春秋》，則有革而不因者。周室東遷，諸侯放恣，專享其國，而上不請命，聖人奉天討以正王法，則有貶黜之刑矣。因其告喪，特書曰卒，不與其爲諸侯也。故曰：「知我者，其惟《春秋》乎！罪我者，其惟《春秋》乎！」**茅堂胡氏曰：「《禮》：『天子曰崩，諸侯曰薨，大夫曰卒，士曰不禄。』宋公，諸侯也，何以書卒？或曰：『聖人略外以別內。』夫葬皆稱公，曾不略外以別內，何也？奚獨至於卒而別之乎？或曰：『史官在國承赴，爲時君，惡其薨名，書曰卒。』夫惡其薨名而改書卒，猶非良史也。《春秋》以道名分，經世之書，天子之事，聖人之筆削也。天時王正，猶刊舊史而正之，君名直書而不諱，豈有避時君嫌惡之名，而變亂名實以書之乎？然則云何？不受命，不與其爲諸侯也。其在生者，或在喪而出會，或墨縗而即戎，或以吉禮從征伐之役，皆因此以著諸侯失禮不臣之狀，撥亂之意廣矣。」蜀杜氏曰：「春秋諸侯專恣，不可不黜而降之。於魯獨稱薨者，非私魯也。若於魯一概而書之，則後世無以見正禮之稱也。」○劉氏曰：「《穀梁》云『日卒，正也』。今正者日，篡者亦日。曹伯使其世子射姑來朝，則曹伯之嫡也。射姑卒有月無日，何邪？《左氏》云『凡同盟赴以名』，非也。王巡狩四岳，則四方諸侯，各隨其方伯州牧朝于天子，死則相哀，患則相恤，朝聘通焉，赴告及焉。苟異方殊州，生不共事，患不共憂，則朝聘不相通，赴告不相及。言『同盟則赴以名』，非也。同盟則相赴，是也。」廬陵李氏曰：「宋、鄭之争始於此。故四年宋殤會三國伐鄭，爲公子馮之在鄭也。五年邾、鄭伐宋，其冬宋圍長葛。六年取長葛。八年盟瓦屋而不能成。十年于防，中丘之師，鄭又挾齊、魯以報宋。雖鄭莊之姦雄，然亦宋殤公忌馮之一念啓之也。卒至與夷見弑，然後已焉。故《公羊》曰：『君子大居正。宋之禍，宣公爲之。』然《公羊》不責殤公之忌克，而反責宣公之推讓，非矣。」

冬，十有二月，齊侯、鄭伯盟于石門。此外諸侯特相盟之始。《左傳》：「冬，齊、鄭盟于石門，尋盧之盟也。庚戌，鄭伯之車僨于濟。」程子曰：「天下無王，諸侯不守信義，數相盟誓，所以長亂也，故外諸侯盟，來告者則書之。」張氏曰：「石門，齊地。」

外盟會，常事也，何以書？在春秋之亂世，常事也。於聖人之王法，則非常也。有虞氏未施信於民而民信，夏后氏未施敬於民而民敬，殷人作誓而民始畔，周人作會而民始疑。汪氏曰：「《檀弓》注：『會謂盟也。盟、誓所以結衆以信，其後外恃衆而信不由中，則民畔疑之。』今按《虞書》紀禹征苗誓師之辭，哀七年稱禹會諸侯于塗山，則誓非始於殷，會非始於周矣。周豐之對哀公，蓋以誓之而畔，會之而疑，始於殷、周耳。」**子曰：「大道之行，與三代之英，丘未之逮也，而有志焉。」**汪氏曰：「《禮運》注：『大道，謂五帝時也。英，謂英異，謂夏、殷、周英異之主。』今按夫子謂五帝三代盛時雖未及見，而猶有志於行五帝三王之道。」**諸侯會盟，來告則書而弗削者，其諸以是爲非常典，而有志於天下爲公之世乎？故凡書盟者，惡之也。**陳氏曰：「齊、鄭合也，外特相盟不書，必關於天下之故而後書。莒、紀無足道也。齊、鄭合，天下始多故矣。天下之無王，鄭爲之也。天下之無伯，齊爲之也。是故書齊、鄭盟石門，以志諸侯之合；書齊、鄭盟于鹹，以志諸侯之散，是《春秋》之終始也。《春秋》於隱、桓、莊之際，唯鄭多特筆；於襄、昭、定、哀之際，唯齊多特筆焉。」張氏曰：「隱公十一年之間，盟而不食言者，唯此石門之盟，二君終身未嘗相伐。蓋齊方盛强，而鄭莊姦猾，鄭仇專在於宋，故鄭莊恃齊以敵之。雖齊間與宋盟好，而左右離間，必使惟己之從，是以石門之盟雖不寒，而宋與許、紀諸國交受入伐。《春秋》詳書于策，使人考其本末，而知鄭莊多詐，齊僖不義而强，與二國相與之固，列國並被其禍也。」臨川吴氏曰：「盟非盛世事也，不得已而有，蓋爲衰世之亂邦罷民設。春秋時，王政不行，諸侯放恣，欲以戰伐而敵仇，則不得不以盟會而固黨，會不足恃而重之以盟，人不自信而要之於神，故凡書盟者，《春秋》所惡也。齊、鄭盟石門，繼以宋、齊、衛瓦屋之盟，諸侯之黨合而無王，近以胚胎齊伯之糾合矣。齊、鄭盟鹹，繼以齊、衛、鄭沙、曲濮之盟，諸侯之黨散而無伯，遠已醞釀秦雄之并吞矣。閱世變者傷之。」汪氏曰：「《左傳》尋盧之盟，則春秋之前，齊、鄭已有盟。陳氏以石門之盟爲諸侯之合，特據《春秋》所書以立義耳。元年盟蔑已特相盟，然僅與附庸同歃，非關於天下之故，惟石門乃肇伯之端，故特言之。」廬陵李氏曰：「齊、鄭之交始此。當是時，鄭莊以小人之雄，因是春交質之故，有志於叛王而合諸侯，始欲挾公子馮以謀宋。而宋、魯之黨方固，無間而入，因齊僖有小伯之志，於是黨齊以仇宋矣。此石門爲東諸侯合黨之始，而實齊伯之權輿也。《左氏》於是年首序周、鄭交惡之事，亦爲有見于此，王伯消長之機，不在兹乎。」

癸未，葬宋穆公。穆，《公》、《穀》作「繆」，後同。《公羊傳》：「葬者曷爲或日或不日？不及時而日，渴葬也。不及時而不日，慢葬也。過時而日，隱之也。過時而不日，謂之不能葬也。當時而不日，正也。當時而日，危不得葬也。此當時，何危爾？宣公謂繆公曰：『以吾愛與夷，則不若愛女。以爲社稷宗廟主，則與夷不若女，盍終爲君矣。』宣公死，繆公立。繆公逐其二子莊公馮與左師勃。曰：『爾爲吾子，生毋相見，死毋相哭。』與夷復曰：『先君之所爲不與臣國，而納國乎君者，以君可以爲社稷宗廟主也。今君逐君之二子，而將致國乎與夷，此非先君之意也。且使子而可逐，則先君其逐臣矣。』繆公曰：『先君之不爾逐，可知矣。吾立乎此，攝也。』終致國乎與夷。莊公馮弑與夷。故君子大居正。宋之禍，宣公爲之也。」《穀梁傳》：「日葬，故也，危不得葬也。」程子曰：「諸侯告喪，魯往會葬，則書。春秋之時，皆不請而私謚，稱私謚，所以罪其臣子。」

外諸侯葬，其事則因魯會而書，徐邈曰：「凡書葬，皆據我而言葬彼，所以不稱宋葬穆公，而言葬宋穆公。」**其義則聖人或存或削。曷爲或存或削？《春秋》，天子之事也。傳稱諸侯五月而葬，同盟至。同盟，謂同方嶽之盟者，其生講會同之好，其沒有葬送之禮，是諸侯所以睦鄰國也。按周制有職喪掌諸侯之喪禮，涖其禁令，序其事。**《周禮·職喪》：「掌諸侯之喪及卿大夫士凡有爵者之喪，以國之喪禮涖其禁令，序其事。」**凡諸侯及諸臣葬於墓者，則冢人授之兆，**

爲之蹕，而均其禁。汪氏曰：「兆，域也。蹕，禁人不令入。禁，所爲塋限也。」是王者所以懷諸侯也。外諸侯葬，或存或削，而交鄰國待諸侯之義見矣。葬而或日或不日者何？備則書日，略則書時，其大致然也。卒而或葬或不葬者何？有怠於禮而不葬者，有弱其君而不葬者，有討其賊而不葬者，有諱其辱而不葬者，有治其罪而不葬者，有避其號而不葬者。宋殤、齊昭告亂書弑矣，而經不書葬，是討其賊而不葬者也。汪氏曰：「如衛桓公、齊襄公，賊既討則書葬。按舊史必皆書葬，如魯翬弑隱公，立桓公而討寪氏，有死者，羽父既自匿其弑君之迹，安得不葬隱公？晉欒書、中行偃弑厲公，葬之于翼東門之外。齊崔杼弑莊公，葬諸士孫之里。魯與齊姻親，而晉則盟主也，必往會葬。舊史本皆書葬，而《春秋》削之，所以責其臣子之不能討賊也。或謂君弑國亂，禮不備，故不書葬。然昭八年楚滅陳，陳嬖人袁克葬哀公，豈能備禮而《春秋》書之邪？」晉主夏盟，在景公時，告喪書日矣，而經不書葬，是諱其辱而不葬者也。汪氏曰：「成十年公如晉，晉人止公使送葬，諸侯莫在，魯人辱之，故不書，諱之也。」魯、宋盟會未嘗不同，而三世不葬，是治其罪而不葬者也。茅堂胡氏曰：「宋桓公、襄公、成公，三世不書葬者，治其罪也。」吳、楚之君書卒者十，亦有親送於西門之外者矣，事見《左傳》襄公二十八年、二十九年。而經不書葬，是避其號而不葬者也。杜氏曰：「吳、楚之葬僭而不典，故絶而不書。」怠於禮而不往，弱其君而不會，汪氏曰：「滕、郳犁朝魯，而滕七君書卒，三世不書葬。郳亦七君書卒，五世不葬。莒、宿書卒皆不葬，是皆怠於弔送，欺其微弱，非惟不使卿往，亦不使微者往會。」茅堂胡氏曰：「葬非爲死者而葬之也，亦所以䘏生者而助其所不及也。」**無其事闕其文，魯史之舊也。討其賊而不葬，諱其辱而不葬，治其罪而不葬，避其號而不葬，聖人所削，《春秋》之法也。故曰：「知我者，其惟《春秋》乎？罪我者，其惟《春秋》乎？」**張氏曰：「宋，公爵也，其稱公，與齊、衛異矣。穆，謚也，諸侯合請謚於王。然春秋自蔡桓侯之外，皆不請於王而私自謚者也。」家氏曰：「賤不誄貴，少不誄長。天子崩，誄於郊，諸侯薨，誄於王。春秋諸侯臣子之謚其君者，不請於王而私爲之謚，《春秋》不削，著臣子之罪。」汪氏曰：「暴秦以謚法爲子議父、臣議君而除之。《春秋》譏私謚者，非謂其臣子議君父也，特以不請於王而罪之耳。後世諸侯王、宰相、百官死而加謚，必請於太常，其得《春秋》之旨歟。」又曰：「經書諸侯卒者一百二十有四，而書葬者八十有六，其間弒而書葬者七，卒而書葬七十有九耳。」○汪氏曰：「此葬宋穆公合五月之節而書日。穆公非弒，其國無亂，雖使公子馮出居于鄭，馮已去，則無謀亂者矣，不可謂危不得葬。蔡桓侯三月而葬書日，蔡季賢而請謚，不可謂渴葬。齊惠公三月而葬，魯君奔喪，卿往送葬，齊國無難；晉悼公三月而葬，晉伯方盛，平公嗣業，諸卿和睦，不可謂慢葬，而皆不日。衛穆公六月而葬，宋文公七月而葬，並書日，二國皆無亂，而傳謂宋文公始厚葬，不可謂痛之。衛桓公十五月而葬，陳靈公二十有一月而葬，皆不日，非不能葬，蓋二君被弒，故待討賊而後葬也。今考或日或時，蓋由魯會葬之禮備。國史詳而書日，經亦書之。魯會葬之禮略，國史止書時，經亦略之。若夫葬之遲速，則據文考事而義自見。若國無亂而葬速葬緩，皆以著臣子之失禮。國有亂而葬不以其時，則以著人君不能防微杜漸於其始，俾身没弗藏，而繼世者不得循送終之節，且責臣子，及天下諸侯方伯連率之緩於討賊也。故劉氏曰：『《公羊》之説非也。』」

【附録】《左傳》：「衛莊公娶于齊東宫得臣之妹，曰莊姜，美而無子，衛人所爲賦《碩人》也。又娶于陳，曰厲嬀，生孝伯，早死。其娣戴嬀，生桓公，莊姜以爲己子。公子州吁，嬖人之子也，有寵而好兵，公弗禁，莊姜惡之。石碏諫曰：『臣聞愛子教之以義方，弗納於邪。驕、奢、淫、泆，所自邪也。四者之來，寵禄過也。將立州吁，乃定之矣。若猶未也，階之爲禍。夫寵而不驕，驕而能降，降而不憾，憾而能眕者，鮮矣。且夫賤妨貴，少陵長，遠間親，新間舊，小加大，淫破義，所謂六逆也。君義，臣行，父慈，子孝，兄愛，弟敬，所謂六順也。去順效逆，所以速禍也。君人者，將禍是務去，而速之，無乃不可乎？』弗聽。其子厚與州吁游，禁之，不可。桓公立，乃老。」

【壬戌】桓王元年。**四年**齊僖十二。晉鄂五。衛桓十六弑。蔡宣三十一。鄭莊二十五。曹桓三十八。陳桓二十六。杞武三十二。宋殤公與夷元年。秦文四十七。楚武二十二。**春，王二月，莒人伐杞，取牟婁。**此伐國取邑之始。《公羊傳》：「牟婁者何？杞之邑也。外取邑不書，此何以書？疾始取邑也。」《穀梁傳》：「傳曰，言伐言取，所惡也。諸侯相伐取地於是始，故謹而志之也。」程子曰：「諸侯土地有所受之，伐其罪，而奪取其土，惡又甚焉，王法所當誅也。」杜氏曰：「杞國本都陳留雍丘縣。桓六年，淳于公亡國，杞始并之，遷都淳于。僖十四年，遷緣陵。襄二十九年，晉人城淳于，杞又遷都。牟婁，杞邑，城陽諸縣東北有婁鄉。」張氏曰：「杞，夏后氏之後，周之三恪。」

取者，收奪之名。牟婁，杞邑也。啖氏曰：「凡先言伐國，下言取邑者，明其國之邑也。如取郜、取防，上言敗宋師，則宋邑可知。」聲罪伐人而强奪其土，故特書曰「取」以著其惡。或曰：「諸侯土地，上受之天王，下傳之先祖，所以守宗廟之典籍也。聖王不作，諸侯放恣，强者多兼數圻，弱者日以侵削。當是時，有取其故地者，夫豈不可？然僖公嘗取濟西田矣，成公嘗取汶陽田矣，亦書曰『取』，何也？苟不請於天王以正疆理，而擅兵爭奪，雖取本邑，與奪人之有者無以異。陸氏曰：「不能申明直辭請於王以正疆理，但專以兵爭奪，不得正道，故悉同辭言之。」《春秋》之義，不以亂易亂，故亦書曰『取』，正其本之意也。」上二年莒人擅興入向，而天討不加焉，至是伐國取邑，其暴益肆矣。張氏曰：「征伐，天子之權。土地，諸侯所受之封。莒人擅興兵以伐人，又取其地，明伐不以罪，志在貪利，故書伐、書取，見王法所當誅也。」薛氏曰：「諸侯曰天子之守臣，地非其有也，或取之，或失之，皆罪也。」陳氏曰：「春秋之初，猶以取邑爲重，故外取邑，自隱以前則書之。桓十四年，宋以諸侯伐鄭，取牛首而後皆不書。」高氏曰：「牟婁切鄰於魯，魯無卹鄰救急之義。至昭五年，莒牟夷以牟婁叛而來奔，魯遂受之，其惡可知矣。」汪氏曰：「《春秋》書外伐國者一百二十有八，惟此書伐、書取，餘書圍邑者三，書伐戰者一，書伐救者一。蓋中葉以後，爭地爭城，殺人盈野，諸侯城邑，今日奪之於此，明日并之於彼，得失無常，不足悉書。故傳言取地而經不書取者甚多，蓋以擅興殘民爲重，而土地之攘奪不暇論矣。是知此年伐杞取牟婁，乃一經特筆，聖人實深致意焉。」○廬陵李氏曰：「取字例。胡氏曰：『悉虜而俘之曰取。』取師于雍丘、于嵒是也。『取者，得非其有之稱』，取郜鼎之類是也。『取者，收奪之名』，取牟婁、長葛之類是也。此三例亦略相通矣。《左氏》以取爲易，又曰『不用師徒』，則宋取長葛，連兵經年，何易之有？故趙子曰：『凡力得之曰取。』」

戊申，衛州吁弒其君完。完，音丸。州，《穀》作「祝」，後同。此書「弒」之始。《左傳》：「衛州吁弒桓公而立。」《公羊傳》：「曷爲以國氏？當國也。」《穀梁傳》：「大夫弒其君，以國氏者，嫌也，弒而代之也。」程子曰：「自古篡弒多公族，蓋自謂先君子孫可以爲君，國人亦以爲然而奉之。《春秋》於此，明大義以示萬世，故春秋之初，弒君者多不稱公子公孫，蓋身爲大惡，自絶於先君矣，豈復得爲先君子孫也？古者公族刑死則無服，况弒君乎？大義既明於初矣，其後弒立者，則皆以屬稱，或見其以親而寵之太過，任之太重，以至於亂；或見其天屬之親而反爲寇讎，立義各不同也。《春秋》大率所書事同則辭同，後人因謂之例，然有事同而辭異者，蓋各有義，非可以例拘也。」

此衛公子州吁也。而削其屬籍特以國氏者，罪莊公不待之以公子之道，使預聞政事，主兵權而當國也。茅堂胡氏曰：「《春秋》絶州吁屬籍，著宗室公族之有寵者，不可與政當國主兵之意。督、萬、無知亦公族大夫，而絶其屬籍，義與此同。或曰：必若此言，《春秋》之法非通法矣。周公、康叔，非懿親與政乎？曰：尊賢然後能親親。急親賢爲堯、舜之道，則親之賢者必先得於踈之賢者，不偏於寵愛其親屬，而無尊賢之等也。經書季子來歸不稱公子，兼親賢之道，其法可謂通矣。」**以公子之道待州吁，教以義方，弗納於邪，不以賤妨貴，少陵長，則桓公之位定矣。亂何由作？州吁有寵好兵，而公弗禁。**石碏**子忍反。**言極諫而公弗從。是不待以公子之道，使預聞政事，主兵權而當國也。《春秋》之旨，在於端本清源。**汪氏曰：「本正則末不偏，源清則流不濁。」**以**

《衛》詩《緑衣》諸篇考之，所謂「前有讒而不見，後有賊而不知」者，莊公是也。汪氏曰：「按《詩》朱子傳：《緑衣》乃莊姜賢而失位，刺莊公惑於嬖妾。《燕燕》乃莊公妾、桓公母戴嬀大歸于陳，莊姜送之而作。《日月》乃莊姜不見答於莊公，故呼日月而訴之。《終風》乃莊公暴慢無常，莊姜正静自守，故忤其意而傷己之詩。」張氏曰：「衛國之禍，始於莊公之寵州吁，縱其好兵而不之禁。公存之時，妾上僭，夫人失位，見於《衛》詩，則亂根之萌久矣。殖之滋長，終不能圖，以致簒弑成於桓公既立之後。《春秋》據事直書，亦將使讀者原禍敗之所從起，而嚴履霜之戒也。夫君臣、父子、夫婦之分一失其正，則亂之所從生。衛莊溺愛而使内寵僭嫡，嬖子害正，石碏之諫足以悟矣。愎而弗圖，辯之弗早，貽禍後嗣，可謂慘矣。」**其不稱公子而以國氏，著後世爲人君父者之戒爾。故傳有之曰：「爲人君父而不通《春秋》之義者，必蒙首惡之名。」**董子語，見《太史公自序》。陳氏曰：「隱、桓、莊之《春秋》，凡弑君之賊皆名之。」汪氏曰：「州吁不稱公子。程子謂州吁『身爲大惡，自絶於先君』，故不得爲先君子孫。文定謂『莊公不待以公子之道』，使致大惡，故以國氏。今按二義，蓋互相發。州吁弑桓公而自立，罪兼簒弑，與閻職、邴歜之徒，懷忿挾怨而輕動於大惡者，又霄壤不侔。《春秋》首絶其族屬，書名以弑，及其誅戮，亦止書名。舊史必皆稱公子，聖人削之，以示天討之刑也。通諸一經弑君者二十有五：稱世子弑者三，楚商臣、蔡般、許止；公族而削其屬與氏者四，衛州吁、齊無知、宋督、宋萬；稱公子者三，齊商人、鄭歸生、楚比；大夫而稱氏稱名者六，晉里克、趙盾、陳夏徵舒、齊崔杼、陳乞、衛甯喜；稱人者三，稱國者四，稱閽稱盜者各一。夫世子有父之親，有君之尊，位其所固有，國其所宜君，而至推刃於君父，窮凶極惡，不待貶絶而自見。然考其所由致之故，則爲之君父者，必失其道以及於此，則首惡之名，寧不爲天下萬世之大戒乎！公族而不書其屬與氏者，兩致其貶，或有以公子書者，程子所謂『見其以天屬之親，而反爲寇讎；而其君寵之太過，任之太重，以至於亂』，其罪亦不可揜矣。其稱人以弑者，謂多行無道，肆於民上，爲國人之所欲弑，故稱國稱人，以明君雖無道，通國之人皆欲弑之，而三綱人道之大倫，君臣之義不可廢也。特蔽賊於國人，則操刃爲大惡者可末減爾。稱國以弑不書其人，則著當國執政大臣之罪，而其所以爲當國大臣之所弑，則必有由矣。稱閽以弑而不稱君，則見閽寺之賤，不得君其君，而狎近刑人，至於不克保身者，君之過也。稱盜則匹夫之微，視如路人，又非閽人之比，故并不書弑。夫弑逆之賊，固無所容於天地之間，歷千萬世而其罪不赦，然其君之不早辯以陷於大惡，豈非古今之龜鑑哉？」○劉氏曰：「《穀梁》謂：『以國氏者，嫌也，弑而代之也。』督、萬豈可云弑而代之？公子商人，豈非弑而代之乎？」

夏，公及宋公遇于清。此書「遇」之始。《左傳》：「公與宋公爲會，將尋宿之盟。未及期，衛人來告亂。夏，公及宋公遇于清。」《公羊傳》：「遇者何？不期也。一君出，一君要之也。」《穀梁傳》：「及者，内爲志焉爾。遇者，志相得也。」程子曰：「諸侯相見而不行朝會之禮，如道路之相遇，故書曰『遇』，非《周禮》『冬見曰遇』之遇也。」杜氏曰：「清，衛邑，濟北東阿縣有清亭。」

遇者，草次之期。杜氏曰：「遇者，二國各簡其禮，若道路相逢遇也。」朱子曰：「言草草不成禮也。」**古有遇禮，不期而會，以明造次亦有恭肅之心。《春秋》書遇，私爲之約，自比於不期而遇者，直欲簡其禮爾。**趙氏曰：「簡禮而會曰遇。」啖氏曰：「遇禮，忽有邂逅相遇，簡略而行，故與會禮不同。時雖非相遇，而從簡易以遇禮相見。」茅堂胡氏曰：「古者諸侯或因朝覲，或從王命，無期約而適值於途，必有兩君相見之儀，近者爲主，遠者爲賓，稱先君以相接，所以崇禮讓、絶慢易也，故謂之遇。周衰，諸侯放恣，出入無期度，私爲邂逅之約，有如適值於途者，亦謂之遇，非矣。」**簡略慢易，無國君之禮，則莫適**丁歷反。**主矣。故志内之遇者四而皆書及，**汪氏曰：「此年遇清，莊二十三年遇穀，二十年遇魯濟，僖十四年遇防。」**若曰以此及彼然也。志外之遇者三而皆以爵，**汪氏曰：「八年宋、衛遇垂，莊四年齊、陳、鄭遇垂，三十二年宋、齊遇梁丘。」**若曰以尊及卑然也。其意以爲莫適主者，異於古之不期而會矣。故凡書遇者，皆惡其無人君相見之禮也。**高氏曰：「國君之出，必有卿大夫車徒之從，旌旗之識，使人儼然望而畏之。豈苟然哉！各逞私欲，奔走道途之間，若匹夫然，非先王之法也。」張氏曰：「《春秋》因事而書，以譏其非王事而出境，無國君之禮。」襄陵許氏曰：「隱、莊之間，凡六書遇，自閔以後，有會無遇。」汪氏曰：「遇者，偶也。偶然相會，素無期約，如伊尹遇汝鳩、汝方，孟子遇宋牼于石丘是也。《公》、《穀》釋名義皆謂不期爲遇。《左氏》此年傳與《戴記》之説，則以未及期爲遇。《左氏》遇垂、梁丘之傳，則皆云先爲之約。大抵不期而會者，古禮也。未及期或私爲之約而以簡禮相會者，春秋諸侯之禮也。觀昭公孫齊，而《公羊》記其以遇禮相見，則知非不期之遇矣。然桓十年公會衛侯于桃丘弗遇，則又期而不至者也。古者諸侯因王事不期而遇，倉卒之間且有禮義。春秋之時，非王事而出，預有期約以相會聚，乃行古者不期之禮，是自欺耳。怠惰慢易，馴致於期而不至，則欺詐尤甚矣。世變愈下，風俗之偷，良可歎夫！」○啖氏曰：「《穀梁》云『遇者，志相得也』，爲桓十年傳云『不遇者，志不相得』，遂云爾。《公羊》又云『一君出，一君要之』，假如實然，忽以會禮相見，豈得書遇哉？」劉氏曰：「《穀梁》云：『及者，内爲志焉爾。遇者，志相得也。』若内爲志，又志相得，非不期也。」

宋公、陳侯、蔡人、衛人伐鄭。此諸侯會伐之始，亦東諸侯分黨之始。《左傳》：「宋殤公之即位也，公子馮出奔鄭，鄭人欲納之。及衛州吁立，將修先君之怨於鄭，而求寵於諸侯，以和其民。使告於宋曰：『君若伐鄭，以除君害。君爲主，敝邑以賦與陳、蔡從，則衛國之願也。』宋人許之。於是陳、蔡方睦于衛，故宋公、陳侯、蔡人、衛人伐鄭，圍其東門，五日而還。公問於衆仲曰：『衛州吁其成乎？』對曰：『臣聞以德和民，不聞以亂。以亂，猶治絲而棼之也。夫州吁，阻兵而安忍。阻兵，無衆；安忍，無親。衆叛親離，難以濟矣。夫兵，猶火也；弗戢，將自焚也。夫州吁弑其君而虐用其民，於是乎不務令德，而欲以亂成，必不免矣。』」程子曰：「宋以公子馮在鄭，故與諸侯伐之也。摟諸侯以伐鄭，固爲罪矣；而衛弑其君，天下所當誅也，乃與修好而同伐人，其惡甚矣。」張氏曰：「陳在陳州宛丘縣，蔡在蔡州上蔡縣。」

《春秋》之法誅首惡。興是役者，首謀在衛，而以宋主兵，何也？前書州吁弑君，其罪已極，至是阻兵修怨，勿論可也。而鄰境諸侯，聞衛之有大變也，可但已乎？陳恒弑簡公，孔子沐浴而朝，告於哀公請討之。公曰：「告夫三子者。」子曰：「以吾從大夫之後，不敢不告也。」之三子告，不可。子曰：「以吾從大夫之後，不敢不告也。」事見《左傳》哀公十四年。朱子曰：「臣弑其君，人倫之大變，天理所不容，人人得而誅之，況鄰國乎？故夫子雖已告老，而猶請哀公討之。」可堂吴氏曰：「孔子作《春秋》以討亂賊，是年《春秋》已絕筆，而猶請討陳恒。作《春秋》者莫如孔子，用《春秋》者亦莫如孔子。」**然則鄰有弑逆，聲罪赴討，雖先發而後聞可矣。** 茅堂胡氏曰：「晉益州刺史皇甫晏爲牙將張宏所殺，廣漢主簿李毅言於太守王濬，宜即赴討，濬欲先請。毅止之曰：『賊爲惡尤大，當不拘常制，何請之有？』即發兵追宏，而晉朝不以擅興罪濬，是得《春秋》之旨矣。」**宋殤不恤衛有弑君之難，欲定州吁而從其邪説，是肆人欲，滅天理，非人之所爲也。故以宋公爲首，諸國爲從。** 才用反。茅堂胡氏曰：「《春秋》有誅亂臣賊子之法，凡數十條，如伐鄭以宋公爲首惡，書衛人弑州吁之類。學者知此義，則能守死節，當弑父與君之際而不從。亂臣賊子見其義，則懼及其身而不敢肆。」**示誅亂臣，討賊子，必先治其黨與之法也。此義行，爲惡者孤矣，故曰「《春秋》成而亂臣賊子懼」。** 張氏曰：「宋自殤公立，公子馮出居鄭之後，馮以穆公不立己爲恨，謀反取其國，鄭莊又從而佐之，於是宋、鄭爲仇。及是衛州吁欲定其位，告宋求伐鄭以除子馮之害，故宋率陳、蔡以同伐鄭。夫宋殤受國於穆公，而馮有争位之心，正當修德和民，外好鄰國，則其位自定，而馮無所伺其隙矣。況州吁逆賊，内懷見討之懼，而欲納交，殤公苟名其爲賊，告于王而討之，則一舉而君臣父子之倫定。今乃怵於邪説，合陳、蔡以助逆賊，使宋國之人不復知君臣順逆之正理，自是日從事於兵，而弑逆之事卒及其身，皆殤公不能早辯於此役也。」汪氏曰：「《邶風·擊鼓》詩序云：『衛州吁用兵暴亂，使公孫文仲將而平陳與宋。』經書衛人於蔡人之下，所以誅文仲黨惡而忘不共戴天之讎也。朱子謂小序譏州吁『勇而無禮，極爲淺陋』。今考魯衆仲不目其元凶大憝，而但云『阻兵安忍』，蓋君臣之義不明於天下久矣，《春秋》其得不作乎？」

秋，翬帥師。翬，許歸反。此大夫會伐之始。《左傳》：「秋，諸侯復伐鄭。宋公使來乞師，公辭之。羽父請以師會之，公弗許。固請而行。故書曰『翬帥師』，疾之也。」《公羊傳》：「翬者何？公子翬也。何以不稱公子？貶。曷爲貶？與弑公也。其與弑公奈何？公子翬諂乎隱公，謂隱公曰：『百姓安子，諸侯説子，盍終爲君矣。』隱曰：『吾？否！吾使脩塗裘，吾將老焉。』公子翬恐若其言聞乎桓，於是謂桓曰：『吾爲子口隱矣。隱曰「吾不反也」。』桓曰：『然則奈何？』曰：『請作難，弑隱公。』於鍾巫之祭焉，弑隱公也。」《穀梁傳》：「翬者何也？公子翬也。其不稱公子何也？貶之也。何爲貶之也？與于弑公，故貶也。」程子曰：「翬不稱公子，弑逆之人，積其强惡，非一朝一夕，辯之宜早，故去其公子。隱公不能辯，是以及禍。」

按《左氏》：「諸侯謀伐鄭。宋公使來乞師，公辭之。羽父請以師會之，公弗許。固請而行。」薛氏曰：「師興而後翬會之。」汪氏曰：「元年鄭伐衛，請師於邾。邾子私於公子豫，豫請往，弗許，遂行。然豫之專行不見貶者，伐衛之事不見於經故爾。」**《易》曰：「履霜，堅冰至。履霜，陰始凝也。馴致其道，至堅冰也。」臣弑其君，子弑其父，非一朝一夕之故，其所由來者漸矣，由辯之不早辯也。**程子曰：「天下之事，未有不由積而成其大。至於弑逆之禍，皆因積累而至，非朝夕所能成也。明者則知漸不可長，小積成大，辯之於早，故天下之惡無由而成。」汪氏曰：「聖人作《易》，常以陽爲君子，陰爲小人。《大易》言陰陽，昉見於乾坤初爻，故《坤》之初六，其象爲履霜。蓋霜者，陰氣之始凝，陰盛則水凍而爲冰，極盛而爲堅冰。陽主生，陰主殺，故弑君者，不善之積自微至著，亦猶微陰漸積而至於極盛也。」**宋人來乞師而公辭之，羽父請以師會而公弗許，其辭而弗許，義也。翬以不義强**

其君，固請而行，無君之心兆矣。夫公子公孫，升爲貴戚之卿者，其植根膠固，難御於異姓之卿，況翬已使主兵而方命乎？蔡氏曰：「方命者，逆命而不行也。」王氏曰：「圓則行，方則止。」隱公不能辯之於早，罷其兵權，猶使之帥師也，是以及鍾巫之禍。《春秋》於此去其公子，以謹履霜之戒。陳氏曰：「會伐未有言帥師者，文三年叔孫得臣，成八年叔孫僑如，皆不言帥師。此特言帥師，翬弑隱者也。諸侯專征，而後千乘之國有弑其君者矣。大夫專將，而後百乘之家有弑其君者矣。」永嘉吕氏曰：「書帥師，則翬專兵可知。故單伯會伐宋不言帥師。」家氏曰：「不稱公子，去族之誅也。桓之弑，翬爲首惡，故當隱世去其族，以正其弑君之罪。及桓世而仍其公子之號，明其與桓同惡也。此《春秋》誅討亂賊，始見於魯事者也。」杜氏曰：「外大夫貶皆稱人，内大夫貶皆去族。」〇汪氏曰：「翬不稱公子，劉氏謂《左傳》以翬、溺爲貶，無駭未賜族。如傳無説，則翬、溺可以無駭言之，無駭可以翬、溺言之。或謂翬本再命大夫，其後桓公立，進爲二命始書氏。今考公子非氏，若臧孫、仲孫乃氏也。若曰未賜族，則公子不當賜族。諸侯之子稱公子，公子之子稱公孫，公孫之子乃以王父字爲氏。桓三年稱公子翬，則翬未賜族明矣。傳稱去氏，蓋以不稱公子同於去族耳。若曰翬非命卿，據經則兩帥師會伐，據傳無駭卒而請謚與族，滕、薛争長而公使請於薛侯，苟非命卿，未必至若是親暱用事也。曰未賜族非命卿，義不可通。況無駭爲司空，則亦爲命卿矣，特未賜族，故止書名。惟先公之子而不書公子，乃爲貶爾。」廬陵李氏曰：「《春秋》書内大夫會伐者八。翬、溺皆貶辭。單伯、得臣、歸父、僑如、叔豹、叔老之無貶者，伯令也。獨貶翬之説，《公》、《穀》以爲翬有弑隱之罪，故終隱之篇貶之。然翬未弑而先貶，恐無此理，故胡氏從《左傳》會伐未有言帥師，而翬兩言帥師，蓋大夫專將，而後百乘之家有弑君者矣。」

會宋公、陳侯、蔡人、衛人伐鄭。《左傳》：「諸侯之師敗鄭徒兵，取其禾而還。」程子曰：「宋虐用其民，衛當誅之賊，而與之同伐人，其罪大矣。二國構怨，而他國與之同伐，其罪均也。再序四國，重言其罪。《左氏》以爲再伐，妄也。」

《春秋》立義至精，詞極簡嚴而不贅也。若曰「翬帥師會伐鄭」，豈不白乎？再序四國，何其詞費不憚煩也。言之重，詞之複，其中必有大美惡焉。四國合黨，翬復會師同伐無罪之邦，欲定弑君之賊，惡之極也。言之不足而再言，聖人之情見矣。天地造物，化工運其神。《春秋》討賊，聖筆寫其意，再序四國，而誅討亂臣之法嚴矣。永嘉吕氏曰：「州吁弑君之賊，未能定其位，而求寵於諸侯，使宋公如夫子沐浴之意，率諸侯以討罪人，可也。今也徇逆賊之謀，脩一己之怨，合四國以伐鄭，四國之兵方合，而翬又帥師會之，亂臣賊子之勢益張，故書『翬帥師』而再序四國，聖人之筆嚴矣。」陳氏曰：「《春秋》之達例三，有同號者焉，有同辭者焉，有同文者焉。號不足以盡意，而後見於辭。辭不足以盡意，而後見於文。以同文爲猶未也，而至於變文，則特書也。於是公子初弑君，衛人爲之變，不踰年能討之，衛猶有臣子也。而五國之君大夫伐鄭以定州吁弑君，天下之大惡也。五國之君大夫有人心焉，不若是甚矣。書曰：『宋公、陳侯、蔡人、衛人伐鄭。秋，翬帥師會宋公、陳侯、蔡人、衛人伐鄭。』書之，復書之，《春秋》纔一再見焉，特書之法嚴矣。」張氏曰：「再書四國者，乃重言以見其罪惡之不可勝誅。既敘之，又重敘之，所以反覆痛宋殤失計，陳、蔡無人，黨亂賊以虐無辜，視臣弑其君之大變，夷狄禽獸所不爲者而以爲可親，魯翬又從而翼之，遂使中國之人，視爲常事，未幾魯、宋淪胥繼亂。學者於此，當知聖人傷世變、扶天理之深旨。」汪氏曰：「《春秋》一經，書辭重複者有五。僖五年會盟首止，九年會盟葵丘，美也。此年伐鄭，襄二十七年會盟于宋，昭十三年會盟平丘，惡也。」

九月，衛人殺州吁于濮。濮音卜。《左傳》：「州吁未能和其民，厚問定君於石子。石子曰：『王覲爲可。』曰：『何以得覲？』曰：『陳桓公方有寵於王。陳、衛方睦，若朝陳使請，必可得也。』厚從州吁如陳。石碏使告于陳曰：『衛國褊小，老夫耄矣，無能爲也。此二人者，實弒寡君，敢即圖之！』陳人執之，而請涖于衛。九月，衛人使右宰醜涖殺州吁于濮，石碏使其宰獳羊肩涖殺石厚于陳。君子曰：『石碏，純臣也。惡州吁而厚與焉。大義滅親，其是之謂乎！』」《公羊傳》：「其稱人何？討賊之辭也。」《穀梁傳》：「稱人以殺，殺有罪也。祝吁之挈，失嫌也。其月，謹之也。于濮者，譏失賊也。」程子曰：「稱『衛人』，衆辭也，舉國殺之也。」杜氏曰：「濮，陳地水名。」張氏曰：「在曹、衛之間。」

伐鄭稱人，責詞也。殺州吁稱人，衆詞也。茅堂胡氏曰：「陸淳云『經中一字偏施於諸例而義不同者，惟人字爾』，此說是也。或衆而稱人，或美而稱人，或諱而稱人，或貶而稱人，或賤而稱人。」**知然者，伐鄭之役，公孫文仲爲主將而變文稱人，則是指國人聽州吁號令，從文仲而南行者也，故曰「責詞」。其殺州吁，則石碏**七略反。**謀之而使右宰醜涖也，變文稱人，則是人皆有欲討賊之心，亦夫人之所得討也，**《禮記·檀弓》：「臣弒君，凡在官者殺無赦。子弒父，凡在宮者殺無赦。」注：「言諸臣子孫無尊卑皆得殺之，其罪無赦。」朱子曰：「《春秋》之法，亂臣賊子，人人得而誅之，不必士師也。」**故曰「衆詞」。公羊子曰：「稱人者何？討賊之詞也。」**何氏曰：「明國中人人得討之，所以廣忠孝之路。書者，善之也。」范氏曰：「有弑君之罪者，則舉國之人皆欲殺之。」趙氏曰：「凡作亂自立爲君，而國人殺之者，皆稱人以殺，言衆所共棄，不君之也。」廬陵李氏曰：「《春秋》討賊書人例六，州吁、無知、陳佗、徵舒、欒盈、良霄是也。欒盈、良霄，雖非弑君而皆叛逆之臣，故書法同。晉里克弑君，而惠公殺之不以其罪，故不予以討賊。楚比弑君，而棄疾殺之亦非正，故不成其爲賊。商人弑君，而齊人殺之，不得例於討賊。蔡般弑父，而楚子殺之，亦不得例於討賊者。罪齊、蔡國人不以爲賊而君之也。」**其義是矣。于濮者，憫衛國之人，著諸侯之罪也。**范氏曰：「譏其不即討，乃令至濮。」**衛人失賊而曰「著諸侯之罪」，何也？夫州吁二月弑君而不能即討者，緣四國連兵欲定其位，故久然後能殺之于濮耳，非諸侯之罪而何？夫以討賊許衆人，而以失賊罪鄰國，與賊者寡矣，故曰：「《春秋》成而亂臣賊子懼。」**高氏曰：「稱國、稱人、稱地，所以廣忠臣孝子之義，使人人皆得殺之，而無間於尊卑。又使亂臣賊子雖竊發於一時，而天地之大，四海之廣，欲逃無所也。」陳氏曰：「討賊，天下之大義也。苟能討，雖微者得書，異邦人得書，夷狄得書。苟不能討，雖以文十七年四國之大夫伐宋，不書其大夫。疑於討也而非討，則雖以襄二十五年，十二國之君伐齊，不書伐矣。」家氏曰：「不書衛石碏殺州吁者，討賊者，公法也，衆望之所同也。書石碏，則是一人之私討，而不見其從衆望討有罪矣。故惟書衛人，言衛國猶有人能以討賊爲事也。」汪氏曰：「宋萬之弑，宋人求賊于陳；慶父之弑，魯人求賊于莒，皆責賂而後與。今此陳人能執州吁而不匿賊取賂，亦賢於後此陳、莒之爲矣。然陳乃衛桓之母家，而陳侯亦親率兵會伐鄭欲定其位，則今日之善，不足以贖前日之過，故經不書陳人執州吁，而止著衛人之殺之也。杜預且謂：『州吁未列於會，故不稱君。』據成十六年傳『寡君若有罪，則君列諸會』而云然也。夫篡弒之賊，歷千萬世而其罪不赦。石碏謂『王覲爲可』，實以元惡大憝，王法所必誅而不可見王耳，孰謂列於諸侯之會而可以貸其罪乎？君臣之義不明已久。春秋之時，習爲邪説，貪賂黨惡，肆無忌憚。是以桓弑隱，則棄許田而與鄭盟越。宣弑赤，則獻濟西而結齊會平州。傳紀其事，而不知經意誅貶之所在。越千百年，杜預反引之以釋經，天理泯滅，壹至此極，噫可嘆哉！又見莊公九年注。」

冬，十有二月，衛人立晉。《左傳》：「衛人逆公子晉于邢。冬，十二月，宣公即位。書曰『衛人立晉』，衆也。」《公羊傳》：「晉者何？公子晉也。立者何？立者不宜立也。其稱人何？衆立之之辭也。然則孰立之？石碏立之。石碏立之，則其稱人何？衆之所欲立也。衆雖欲立之，其立之非也。」《穀梁傳》：「衛人者，衆辭也。立者，不宜立者也。晉之名，惡也，其稱人以立之，何也？得衆也。得衆，則是賢也。賢則其曰不宜立，何也？《春秋》之義，諸侯與正而不與賢也。」程子曰：「書衛人立晉，衛人立之也。諸侯之立，必受命于天子，當時雖不請命於天子，猶受命於先君。衛人以晉公子也，可以立，故立之，《春秋》所不與也。雖先君子孫，不由天子、先君之命，不可立也，故去其公子。」

人，衆辭。汪氏曰：「殺州吁，衆辭，乃王法所當討，而衛人皆欲討之，故書人以善之。立晉，衆辭，乃無天王之命，而衛人以私意欲立而擅立之，故書人以罪之。美惡不嫌同辭。」**立者，不宜立也。**何氏曰：「諸侯立不言『立』，此獨言『立』，明不宜立之辭。」范氏曰：「嗣子有常位，故不言立。立、納、入，皆非正也。」**晉雖諸侯之子，內不承國於先君，上不稟命於天子，衆謂宜立而遂自立焉，可乎？故《春秋》於衛人特書曰立，**汪氏曰：「昭二十三年，尹氏立王子朝，以庶孽奪正，亦書曰立。」沙隨程氏曰：「衛人立晉，一國之公也。尹氏立朝，一族之私也。」廬陵李氏曰：「晉與子朝皆不宜立。晉爲國人所與，子朝獨爲尹氏所與，故書法異。朝書王子而晉不書公子者，朝之罪已顯。晉之得衆疑於當立，故特去公子以見之也。」臨川吴氏曰：「立者，非前傳後承之正。所立雖是，亦非正禮也。」**所以著擅置其君之罪；於晉絶其公子，所以明專有其國之非。以此垂法，而父子君臣之義明矣，未有爲子而不受之父也，未有爲諸侯而不受之王也。**高氏曰：「晉乃桓公之弟，莊公之子，於次當立，又國人之所同欲，而謂之不宜立，何也？彼曰：『我君之子也，國我之國，我宜立。』國人亦曰：『彼吾君之子也，國乃其國，彼當立。』是諸侯之子，不必命於天子，特以公子之親，衆人宜之而自立也。如此，則千乘之國皆可擅置其君，而邦君之子皆可專有其國矣。」高郵孫氏曰：「晉以國人衆立，宜有得立之禮，聖人特於疑似之間，而明不當立之義。」陳氏曰：「争國不稱公子，晉曷爲以争國之辭書之？衛之臣子，可以討賊，不可以置君。州吁爲僇而晉受之，上無天子，下無君父，是亦争國而已矣。繼故未有書立者，賊不討，君不葬，譏不在立也。是故宋殤之弒也，馮立；閔之弒也，御説立；晉靈之弒也，黑臀立；厲之弒也，周立，皆不書。必若衛人賊討君葬而後書立。」廬陵李氏曰：「謝氏云：『王命，天下之大本也。立雖正，非王命則在所治。受立雖順，非王命則在所黜。』」張氏曰：「凡繼亂而立者，必有懲艾革弊之政，憤悱圖治之思，而後可以保國而圖終。宣公遭大亂而得位，既葬踰時，首擅興兵以脩怨爲事，則知其無安國固本之志矣。」

家氏曰：「衛人以晉爲賢而立之，而晉也志得而驕，晚焉獸行，《新臺》之刺作焉。是以《春秋》於其始立，而去其公子，以見衛亂之所從始。」○陸氏曰：「《穀梁》曰：『晉之名，惡也。』按晉是其名，有何惡乎？」

癸亥桓王二年。**五年**齊僖十三。晉鄂六，奔。衛宣公晉元年。蔡宣三十二。鄭莊二十六。曹桓三十九。陳桓二十七。杞武三十三。宋殤二。秦文四十八。楚武二十三。**春，公觀魚于棠。**觀，《左》作「矢」。

《左傳》：「公將如棠觀魚者。臧僖伯諫曰：『凡物不足以講大事，其材不足以備器用，則君不舉焉。君，將納民於軌、物者也。故講事以度軌量謂之軌，取材以章物采謂之物。不軌不物，謂之亂政。亂政亟行，所以敗也。故春蒐、夏苗、秋獮、冬狩，皆於農隙以講事也。三年而治兵，入而振旅。歸而飲至，以數軍實。昭文章，明貴賤，辨等列，順少長，習威儀也。鳥獸之肉不登於俎，皮革、齒牙、骨角、毛羽不登於器，則公不射，古之制也。若夫山林川澤之實，器用之資，皂隸之事，官司之守，非君所及也。』公曰：『吾將略地焉。』遂往，陳魚而觀之。僖伯稱疾不從。書曰『公矢魚于棠』，非禮也，且言遠地也。」《公羊傳》：「何以書？譏。何譏爾？遠也。公曷爲遠而觀魚？登來之也。百金之魚，公張之。登來之者何？美大之之辭也。棠者何？濟上之邑也。」《穀梁傳》：「傳曰：常事曰視，非常曰觀。禮：尊不親小事，卑不尸大功。魚，卑者之事也。公觀之，非正也。」程子曰：「諸侯非王事民事不遠出，遠出觀魚，非道也。」杜氏曰：「高平方與縣北有武唐亭，魯侯觀魚臺。」張氏曰：「在單州魚臺縣。」

齊景公問於晏子：「吾欲觀於轉附、朝舞，遵海而南，放上聲。**於琅琊，吾何修而可以比於先王觀也？」對曰：「天子適諸侯曰巡狩，巡所守也。諸侯朝於天子曰述職，述所職也。**

無非事者，春省耕而補不足，秋省斂而助不給。」朱子曰：「巡所守，巡行諸侯所守之土也；述所職，陳其所受之職也，皆無有無事而空行者。而又春秋循行郊野，察民之所不足而補助之，不敢無事慢遊，以病其民也。」**是故諸侯非王事則不出，非民事則不出。**汪氏曰：「朝于京師于方嶽，王事也。春省耕，秋省斂，民事也。」孫氏曰：「天子諸侯無非事者，動必有爲也。隱公怠棄國政，觀魚于棠，可謂非事者矣。」**今隱公慢棄國政，遠事逸遊，僖伯之忠言不見納亦已矣，又從而爲之辭，是縱欲而不能自克之以禮也，能無鍾巫之及乎？特書觀魚，譏之也。**張氏曰：「昔益戒舜曰：『儆戒無虞，罔失法度。罔遊于佚，罔淫于樂。』周公告成王曰：『毋淫于觀，于逸，于遊，于田。』又曰：『無逸曰：「今日耽樂。」乃非民攸訓，非天攸若。』蓋兢兢業業，非禮勿動，然後足以正國而治人。一或惟耽樂之從，則將以逸豫而滅厥德。隱公忽僖伯之匡諫，而遠從事於遊觀，非所以爲君國子民之道。《春秋》特書，所以示人君當循禮遵法，以隱公爲戒也。」臨川吴氏曰：「古者天子季冬之月，命漁師始漁，先薦寢廟。隱公蓋非爲宗廟嘗魚而往，棠乃遠地，漁師取魚而公往觀之，特爲遊觀之樂爾。」汪氏曰：「《月令》：季冬，乃周之二月。經書春觀魚，則是周正月，未當嘗魚之時，況僖伯之言曰：『鳥獸之肉，不登於俎，則君不射。』又曰：『山林川澤之實，非君所及。』則隱公決非爲嘗魚而往明矣。苟隱公果爲嘗魚薦廟，則爲常事得禮而不書矣。且天王之喪未畢，而驅馳於遠境，肆意逸遊，其罪何所逃哉？」

附録《左傳》：「曲沃莊伯以鄭人、邢人伐翼，王使尹氏、武氏助之，翼侯奔隨。」

夏，四月，葬衛桓公。《左傳》：「衛亂是以緩。」《穀梁傳》：「月葬，故也。」程子曰：「稱桓公，見國人私諡也。魯往會，故書。送終，大事也，必就正寢，不歿於婦人之手。曾子易簀而歿，豈苟然乎？死而加之不正之謚，知忠孝者肯爲乎？」

衛亂是以緩。汪氏曰：「桓公被弑，八月而後討賊，十五月而後克葬。」魯往會，故書。汪氏曰：「非魯人往會，則魯史無由紀其葬。」聖人存而弗削者，弑逆之賊討矣。汪氏曰：「弑逆，人道之大變。送終，臣子之大事。君弑而臣子能討其賊，則送終之責始盡。」謚者，行之迹，范氏曰：「謚者，行之迹，所以表德。周公制謚法，大行受大名，小行受小名，所以勸善而懲惡。」所以紀實德、垂勸戒也。名之曰幽、厲，雖孝子慈孫，百世不能改。失位而見弑，何以爲桓？謚法：辟土服遠曰桓。列爵惟五，皆王命也。衛本侯爵，何以稱公？見臣子不請於王而私自謚爾。汪氏曰：「先王之制：諸侯初立，喪畢則以士服，見天子而賜之命；及其歿，則臣子請於王而賜之謚。今衛桓公謚不當其行，號不同其爵，《春秋》據事直書，而罪自見矣。」程氏曰：「正終，大事也，必於正寢，而不歿於婦人之手。《禮記・喪大記》：「君、夫人卒於路寢。男子不死於婦人之手，婦人不死於男子之手。」豈苟然乎？死而加之不正之謚，知忠孝者不忍爲也。」《春秋》於邦君薨，正以王法而書卒，至於葬，則從其私謚而稱公。或革或因，前以貶不臣順之諸侯，後以罪不忠孝之臣子，辭顯而義微，皆所以遏人欲、存天理、大居正也。張氏曰：「春秋之時，爲臣子者，皆無以正君父之終。程子之言，深足以發明一經書葬之旨。桓公名完而謚桓，蓋古不諱嫌名也。」〇汪氏曰：「《穀梁》云

『月葬，故也』，非也。後此蔡宣、曹桓、鄭莊皆非弑，何以月葬乎？」

附録《左傳》：「四月，鄭人侵衛牧，以報東門之役。衛人以燕師伐鄭。鄭祭足、原繁、洩駕以三軍軍其前，使曼伯與子元潛軍軍其後。燕人畏鄭三軍，而不虞制人。六月，鄭二公子以制人敗燕師于北制。君子曰：『不備不虞，不可以師。』」〇「曲沃叛王。秋，王命虢公伐曲沃，而立哀侯于翼。」

秋，衛師入郕。郕音成，《公》作「盛」。《左傳》：「衛之亂也，郕人侵衛，故衛師入郕。」《公羊傳》：「曷爲或言率師，或不言率師？將尊師衆稱某率師，將尊師少稱將，將卑師衆稱師，將卑師少稱人。君將不言率師，書其重者也。」《穀梁傳》：「入者，内弗受也。郕，國也。將卑師衆曰師。」程子曰：「衛、晉乘亂得立，不思安國保民之道，以尊王爲先，居喪爲重，乃興戎偹怨，入人之國，書其失道也。」

稱師者，紀其用衆而立義不同。有矜其盛而稱師者，如齊師、宋師、曹師城邢之類是也。汪氏曰：「僖元年，諸侯救邢，邢遷夷儀，諸侯城之。經皆書師者，美桓公救患之功，故録其兵衆之盛也。」**有著其暴而稱師者，楚滅陳、蔡，公子棄疾主兵，而曰楚師之類是也。**汪氏曰：「昭八年，楚公子棄疾帥師奉孫吴圍陳，十月壬午，滅陳。十一年，楚公子棄疾帥師圍蔡，十一月，楚子滅蔡。經皆書楚師，所以著荆楚擅興大衆，以滅中夏諸侯之國，誅其暴横馮陵之甚也。」**有惡其無名不義而稱師者，次于郎以俟陳、蔡，及齊圍郕之類是也。**汪氏曰：「莊八年，師及齊師圍郕，郕降于齊師。仲慶父請伐齊師，公曰：『不可。』則同圍郕者，公也。經書師次而不言公次，書師及而不言公及，書師還而不言公至者，所以責莊公無名黷武，非義勤民，諱不書公以貶之也。」**衛宣繼州吁暴亂之後，不施德政，**

固本恤民，而毒衆臨戎，入人之國，失君道矣。書「衛師入郕」，著其暴也。家氏曰：「衛宣繼亂而立，不能懲艾革弊，以息民保國爲事，而輕動大衆以入人國，書以貶之耳。此入郕，入而弗有也。十年，齊、鄭又入郕，故知此入之弗有，非其力之可以取而不取，蓋懼强國來討，故雖入之，而不敢遂有之耳。」廬陵李氏曰：「郕之事，書於經者四。考其始末，一入於衛，再入於齊、鄭，既而降於齊，又七十一年而奔魯，《春秋》不復書矣。夫以文昭之懿，受甸伯之爵，而迫脅於諸侯如此。《春秋》抑强扶弱之書，安得不重感乎？齊、鄭猶可也。衛、郕，兄弟之國而若是，甚矣。」臨川吴氏曰：「衛與郕皆文王之子所封，郕乘亂侵衛已非禮，衛又報復而入其國。莒入向，魯入極且不可，況以師而入兄弟之國乎？」茅堂胡氏曰：「凡用兵，將尊師衆稱某帥。師者，言將與師輕重敵也。將尊師少稱將者，其重在將也。將卑師衆稱師者，其重在師也。君將不言帥師者，則以君爲重，此屬辭爲例之體也。然立例爲法，其義深矣。主將三軍之命，不可不謹擇也。大衆有邦之本，不可輕用也。民之戴君，其尊之如父母，君之視民，其親之如子弟，子弟之不先父母審矣，此立例爲法之意也。」○廬陵李氏曰：「帥師例。胡氏取《公羊》之説，而又發書師之三例，然後《春秋》之義明甚。何氏『功惡有大小』之説，疏者曰：『將尊師衆而有功小，將卑師少而有功大，將卑師少而無功爲惡小，將尊師衆而無功爲惡大。蔡、衛、陳從王伐鄭，稱人而行義，是其功大。公孫敖救徐，稱率師而無功，是其惡大。』雖亦可取，然不可以遍通於諸例也。」

九月，考仲子之宫。《公羊傳》：「考宫者何？考猶入室也，始祭仲子也。桓未君，則曷爲祭仲子？隱爲桓立，故爲桓祭其母也。然則何言爾？成公意也。」《穀梁傳》：「考者何也？考者成之也，成之爲夫人也。

禮：庶子爲君，爲其母築宮，使公子主其祭也。於子祭，於孫止。仲子者，惠公之母，隱孫而脩之，非隱也。」程子曰：「諸侯無再娶，仲子不得爲夫人。春秋之初，尚以爲疑，故别宮以祀之。考，始成而祀也，書以見非禮。」問：「考仲子之宮非與？」曰：「聖人之意，又在下句，見其『初獻六羽』也。言初獻，則見前此八佾。」

考者，始成而祀也。杜氏曰：「成宮，安其主而祭之。」服虔曰：「宮廟初成，祭之名爲考。」**其稱仲子者，惠公欲以愛妾爲夫人，隱公欲以庶弟爲嫡子。聖人以爲諸侯不再娶，於禮無二適。**音嫡。**孟子入惠公之廟，仲子無祭享之所，爲**去聲。**别立宮以祀之，非禮也。**杜氏曰：「諸侯無二嫡。惠公欲以仲子爲夫人，隱公成父之志，爲别立宮也。」家氏曰：「隱欲讓國於桓，故爲其母立廟。仲子之卒已久，至是始立廟者，隱欲以是見其讓國之志耳。夫禮，必庶子爲君而後其母築宮。其祭也，又以公子主之，君不親祭，尊宗廟也。今桓未爲君，而隱爲之築宮以祭其母，此召亂之道也。宮廟有定制，循其制之常不書，非制之禮於是乎書。若曰公子允之母，非魯君所宜爲之立廟也。」廬陵李氏曰：「妾廟例。陳氏曰：『古者妾祔於妾祖姑，無妾祖姑則易牲而祔於女君。别廟，非禮也。』《穀梁》曰『禮：庶子爲君，爲其母築宮，使公子主其祭。於子祭，於孫止』，何休曰『禮：妾廟，子死則廢』，《喪服小記》曰『慈母與妾母不世祭』是也。然則妾廟子死尚不祭，矧子未君之時而爲之立廟乎？」**故因其來賵而正名之曰「仲子之賵」，因其考宮而正名之曰「仲子之宮」，而夫人衆妾之分定矣，**汪氏曰：「不稱謚，不稱夫人，不稱小君，則其爲妾明矣。」**隱公攝讓之實辯矣，**汪氏曰：「桓母非夫人，則隱、桓皆庶子。隱長當立，非攝也。隱欲與桓，乃讓之也。」**桓公篡弑之罪昭矣。**汪氏曰：「隱將讓桓，而桓聽翬之譖以弑隱公，非篡而何？」**存則以氏繫姓，以姓繫號，没則以謚繫號，以姓繫謚者，夫人也。**汪氏曰：「據文姜至自齊、如齊及薨，皆稱夫人姜氏。葬稱小君文姜。」**存不稱號，没不稱謚，單舉姓字者，妾也。**汪氏曰：「諸侯妾母，祇當以氏繫字。魯自成風而後妾母皆稱夫人，稱小君，稱謚。惟定姒以哀未成君，不稱夫人及小君，然亦襲成風、敬嬴、齊歸之例而稱謚矣。夫人且不當別有謚，而況妾乎？」**凡宫廟，非志災失禮則不書。**啖氏曰：「凡祭祀，常事不書，失禮及非常乃書。」汪氏曰：「《穀梁》云：『庶母築宫而君終則廢。』《禮》曰『妾母不世祭』，乃庶子爲君之禮也。《戴記》稱『妾祔於妾祖姑』，乃公子之爲大夫士者之禮也。若庶子未爲君而祭其妾母，則固無其禮也。《禮》稱『女君死，則妾爲女君之黨服。攝女君，則不爲先女君之黨服』，所以防嫡妾之亂也。孟子卒，則聲子攝小君矣。仲子，先君之妾耳，安可爲之立宫乎？隱公立宫以祭庶弟之母，遂啓後世追尊妾母，皆援《春秋》『考宫』之義，聖人特書以著失禮之始。厥後成風、敬嬴、定姒、齊歸，皆以妾母祔廟而不書矣。凡經書宫廟：若西宫、新宫、桓宫、僖宫，則以災而書，作新宫合禮則不書。世室屋壞則書，新作世室合禮亦不書。丹桓宫楹，刻桓宫桷，過侈非禮則書。武宫、煬宫，親盡不當立則書。取郜鼎納于太廟；禘于太廟，用致夫人；大事于太廟，躋僖公；有事于太廟，仲遂卒，猶繹，非禮皆書。凡易世立先君之廟，得禮皆不書。」〇劉氏曰：「《穀梁》曰：『考者成之也，成之爲夫人。』非也。若成之爲夫人，經當曰『考夫人子氏之宫』，今但曰『仲子』，非夫人明矣。」廬陵李氏曰：「書宫例，武、煬言立。此不言立者，何氏以爲武、煬非禮，故特書立，此不言立者得變禮，其説非是。蓋因考宫而書，則别立之罪自見矣。」

初獻六羽。《左傳》：「九月，考仲子之宮，將萬焉。公問羽數於衆仲，對曰：『天子用八，諸侯用六，大夫四，士二。夫舞，所以節八音而行八風，故自八以下。』公從之。於是初獻六羽，始用六佾也。」《公羊傳》：「初者何？始也。六羽者何？舞也。初獻六羽，何以書？譏。何譏爾？譏始僭諸公也。六羽之爲僭奈何？天子八佾，諸公六，諸侯四。諸公者何？諸侯者何？天子三公稱公，王者之後稱公，其餘大國稱侯，小國稱伯、子、男。天子三公者何？天子之相也。天子之相，則何以三？自陝而東者，周公主之，自陝而西者，召公主之，一相處乎內。始僭諸公，昉於此乎？前此矣。前此則曷爲始乎此？僭諸公猶可言也，僭天子不可言也。」《穀梁傳》：「初，始也。穀梁子曰：『舞《夏》，天子八佾，諸公六佾，諸侯四佾。初獻六羽，始僭樂矣。』《尸子》曰：『舞《夏》，自天子至諸侯皆用八佾。初獻六羽，始厲樂矣。』」程子曰：「成王賜魯用天子禮樂祀周公，後世遂群廟皆用。仲子别宫，故不敢同群廟而用六羽也。書『初獻』，見前此用八之僭也。仲尼以魯之郊禘爲周公之道衰，用天子之禮樂祀周公，成王之過也。」

初獻六羽者，始用六佾也。不謂之「佾」而曰「羽」者：佾，干、羽之總稱也，羽以象文德，干以象武功。婦人無武事，則獨奏文樂，故謂之「羽」而不曰「佾」也。范氏曰：「佾之言列，八人爲列。羽，翟雉之羽，舞者所執，人執一羽。不言六佾，言佾則干在其中。」杜氏曰：「每佾人數，如其佾數。」汪氏曰：「武舞執干。干，楯也，所以扞難。文舞執羽，翟羽有文也。《書》言『舞干羽于兩階』，蓋二者並用。孔氏曰：『羽，翳也。』《山海經》：『五采之鳥名翳。』蓋或翟或翳，惟取其文耳。佾者，舞列之名，則干、羽皆在其中。但言羽，則舞干不與矣。《春官・樂師》：『有羽舞，有干舞。』《籥師》：『祭祀則鼓羽籥之舞。』《司干》：『祭祀，舞者既陳，則授舞器。』然則祭祀，或文舞、武舞並用，或止用文舞而不用武舞也。」**初者，事之始。**邵子曰：「初者，褒之也，以其舊僭八佾也。」汪氏曰：「《洪範》初一曰『五行』。《易》卦第一爻曰『初』。善者復其初，惡者變其初，作事者必慎其初。故初者，肇事之端，不可不審也。」**魯僭天子之禮樂舊矣，是成王過賜而伯禽受之非也，用於大廟以祀周公已爲非禮，其後群公皆僭用焉。**杜氏曰：「魯唯周公廟得用八，而他公遂因仍僭而用之。」汪氏曰：「《祭統》：『成王追念周公所以勳勞者，而欲尊魯，故賜以重祭。八佾以舞《大夏》，此天子之樂也。』《明堂位》：『成王以周公爲有勳勞於天下，命魯公世世祀周公，以天子之禮樂。』《史》：『成王命魯有天子禮樂者，以褒周公之德也。』今按劉氏《意林》謂：『魯惠公之世，禮壞樂崩，請于周，天子命史角往，自是魯始用天子禮樂。』夫齊桓、晉文輔翼襄王，其功甚大，不過召伯賜命、尹氏授策而已耳。晉文請隧，則曰王章也。未有代德而有二王，亦叔父之所惡也。豈以魯惠無功於王，而遽以天子之禮樂賜之邪？以爲惠公自僭，則當時諸侯强盛，惟吴、楚無知，僭稱王號，桓、文威行天下，幾於改物，然終身不敢用天子之禮，孰謂惠公而敢僭之邪？若曰惠公請于周，平王亦未必從之也。程子、朱子皆信《戴記》遷史之説，其必有所見矣。」**仲子以別宮，故不敢同群廟而降用六羽，書初獻者，明前此用八之僭也。**王氏曰：「言『初獻六羽』，善其復正。」張氏曰：「獻者，不宜獻也。書初，以見八佾用於群公之廟。書獻，以見六羽不當用於仲子之宫。一言而盡魯僭禮之本末，非聖人莫能修，謂此類也。」沙隨程氏曰：「獻六羽，是以妾僭夫人也。」**諸侯僭於上，大夫僭於下，故其末流，季氏八佾舞於庭而三家者以雍徹，上下無復辯矣。**汪氏曰：「諸侯之大夫而僭天子之禮，豈復有上下之辯？」朱子曰：「使魯不曾用天子之禮樂，則三家雖欲僭，無此樣子，亦無緣見此等禮樂而用之。」**聖人因事而書，所以正天下之大典。**汪氏曰：「魯僭天子禮樂，《春秋》因事書之以著其罪。諸侯六佾而魯僭八佾，隱公以仲子別立宮，當下於群公之廟，疑於羽數，乃從衆仲而改用六羽。蓋隱公之心，若曰先公之廟可循舊用天子所賜之禮，仲子別宮祇當用諸侯之禮，而不知先君之妾，不可與君同，安可用諸侯之禮乎？聖人書曰『初獻』，一以嘉隱公復王制之舊，一以著其崇寵妾之過也。孔子之時，季氏舞八佾，則知隱公惟用六羽於仲子之宮，而群公仍僭八佾。厥後成風、敬嬴、定姒、齊歸，皆以妾母用小君之禮，則隱公爲仲子立宮而獻六羽，有以啓之也。聖人書此，固爲隱公喜而亦深有遺憾云。《公》、《穀》皆云『天子八佾，諸公六佾，諸侯四佾』。然樂舞之數，自上而下，降殺以兩，諸侯既降於諸公，則諸伯當降於諸侯，而用二佾矣。子、男復何所用乎？況《禮經》所記：『廟制堂制，衮旒席數，五等諸侯皆同，豈以舞佾而獨異其制乎？』《尸子》又謂：『天子諸侯皆用八佾，初獻六羽，始厲樂矣。』夫春秋諸侯僭侈，循習爲常，魯於郊禘門觀皆不貶損，何獨羽數而貶損乎？且妾廟降於諸侯，乃其常也。《春秋》亦不書矣。」廬陵李氏曰：「書初例二：初獻六羽，復正之初也；初税畝，變古之初也。」

邾人、鄭人伐宋。《左傳》：「宋人取邾田。邾人告于鄭曰：『請君釋憾於宋，敝邑爲道。』鄭人以王師會之，伐宋，入其郛，以報東門之役。宋人使來告命。公聞其入郛也，將救之，問於使者曰：『師何及？』對曰：『未及國。』公怒，乃止，辭使者曰：『君命寡人同恤社稷之難，今問諸使者，曰「師未及國」，非寡人之所敢知也。』」程子曰：「先邾人，爲主也。」

按《左氏》：「宋人取郜田，郜人告于鄭曰：『請君釋憾於宋，敝邑爲道。』」則主兵者，郜也，故雖附庸小國而序乎鄭之上。家氏曰：「郜序鄭上，著其爲兵首，所以貶也。或曰宋實啓釁而郜應之，郜其無罪乎？曰郜見侵於宋，當告之天王，請之方伯，聲其罪而治之，不當間鄭、宋之隙，而偕鄭以伐宋。因彼之憾，復己之私，《春秋》所不與也。是故郜爲首，鄭次之，鄭以伯爵之國而序乎郜之下，亦所以貶也。」**凡班序上下，以國之小大，從禮之常也。**茅堂胡氏曰：「諸侯序列以爵之尊卑，則名正。」**而盟會征伐以主者先，因事之變也。**汪氏曰：「會盟，則先主會；征伐，則先主兵。」**然則衛州吁告於宋以伐鄭，事與此同，而聖人以宋爲主者何？此《春秋》撥亂之大法也。凡誅亂臣討賊子，必深絶其黨。**茅堂胡氏曰：「兵者，國之大事也，《春秋》之所重。故雖將卑師少亦書于策，而曲直之辭，具文可見。」汪氏曰：「《左傳》云：『鄭人以王師會之，伐宋，入其郛。』而經序郜爲首，不書王臣。蓋鄭莊是時爲王卿士，故擅興天子鄉遂之兵，非王室遺將，故不書也。」

螟。音冥。螽災始此。《公羊傳》：「螟，何以書？記災也。」《穀梁傳》：「螟，蟲災也。甚則月，不甚則時。」程子曰：「書螟，書螽，皆爲災也。國之大事，故書。」

蟲食苗心曰「螟」，食葉曰「螣」，音特。**食節曰「賊」，食根曰「蟊」。**莫侯反。**國以民爲本，民以食爲天。《詩》「**去上聲。**螟螣」，害稼也。《春秋》書螟，記災也。**薛氏曰：「異，天之變也。災，人之害也。賢君睹災變而恐懼脩省，消災變之道也。」朱子曰：「書山崩、地震、螽、螟之類，知災異有所自致也。」**聖人以是爲國之大事也，故書。**家氏曰：「宇宙之内，一事之違其常，一物不得其所，日星示異，水、旱、螽、螟告災，皆人君責也。故《春秋》變見於上必書，災及於民亦必書，示人君職分之當謹耳。哀十二年，冬，螽。注者歸過於司曆之失閏，此諛臣所以蔽災而託於聖人之言，豈《春秋》書水、旱、螽、螟之旨哉？」汪氏曰：「《春秋》書蟲災者十四。書螟者三，而在隱公之世者二，在莊公之世者一。書螽者十，而桓、僖、文、襄四公之世各一，宣公之世者三，哀公之世者三。書蝝生者一，亦在宣公之世。蓋宣公以弑兄得國，而又改法稅畝，重困農民，故螽、蝝、水、旱、飢饉之災，比歲相仍，猶不知恐懼脩省以消天變，聖人備書爲後鑒也。」**而近世王安石乃稱爲人牧者，不必論奏災傷之事，亦獨何哉？甚矣！其不講於聖人之經，以欺當年而誤天下與來世也。**《宋鑑》：「神宗熙寧五年，御史張商英言：『刑部立法，應蝗蝻爲害，須俟其撲除盡静，方許以聞。則陛下欲於此時恐懼脩省，以上答天戒而下恤民隱，亦晚矣。』王安石曰：『條貫已令轉運司申奏，安撫司有何限合經制事，却須要管勾奏災傷狀作甚？』上笑。」

冬，十有二月辛巳，公子彄卒。彄，苦侯反。《左傳》：「臧僖伯卒。公曰：『叔父有憾於寡人，寡人不敢忘。葬之加一等。』」《穀梁傳》：「隱不爵命大夫，其曰公子彄，何也？先君之大夫也。」

按《左氏》：「臧僖伯卒。僖，謚。伯，字。汪氏曰：「僖伯以先公子必未賜族，蓋《左氏》追稱氏，如陳桓未卒，而稱陳桓公有寵於王。」高氏曰：「其子臧孫達嗣，是爲哀伯，自是終春秋，臧氏世預魯國之政。」**公曰：『叔父有憾於寡人，寡人不敢忘。葬之加一等。』」**杜氏曰：「葬者臣子之事，非公家所及，

故不書葬。」以《公羊》三世考之，則所傳聞之世也。何氏曰：「所見之世，謂昭、定、哀，己與父時事也。所聞之世，謂文、宣、成、襄，王父時事也。所傳聞之世，謂隱、桓、莊、閔、僖，高祖、曾祖時事也。」**而書日，見恩禮之厚明矣。公將如棠觀魚者，僖伯諫而不聽，則稱疾不從，可謂忠臣矣，葬之加一等，夫是之謂稱。**去聲。汪氏曰：「宜也，謂得賞賢旌直之權衡。」**然隱公不敢忘其忠而不能聽其言，與郭公善**去聲。**善而不能用，至於亡國，一也，其及宜矣。**永嘉呂氏曰：「《穀梁》云『隱不爵命大夫』，蓋謂隱攝而非君也。然其生也稱公，其殁也稱薨，魯之臣子皆以君待之矣，非攝也。豈有不爵命大夫乎？彼見無駭之不稱公子，求其説而不得，故云爾。」

宋人伐鄭，圍長葛。此書圍之始。《左傳》：「以報入郛之役也。」《公羊傳》：「邑不言圍，此其言圍何？彊也。」《穀梁傳》：「伐國不言圍邑。此其言圍，何也？久之也。伐不踰時，戰不逐奔，誅不填服。苞人民、歐牛馬曰侵。斬樹木、壞宫室曰伐。」程子曰：「伐國而圍邑，肆其暴也。」

圍者，環其城邑，絶其往來之使，禁其樵采之途，城守不下，至於經年而不解，汪氏曰：「明年冬，書取長葛，既不稱侵伐，又不繫鄭，故知圍經年也。」**誅亂臣、討賊子可也。長葛，鄭邑，何罪乎？書圍於此，而書取於後，宋人之惡彰矣。**高氏曰：「圍人城邑者，其兵必衆。而稱人者，貶之也。」張氏曰：「宋殤以邾、鄭伐己之故，報怨於鄭，聲其罪而圍其邑，踰年乃取，著其暴虐阻兵之甚也。」臨川吴氏曰：「前書莒人伐杞取牟婁，一加兵即取其邑，取之易也。宋雖加兵於鄭之邑而取之難，故圍之經年乃能取。」陳氏曰：「伐國不言圍邑，自僖以前則書之。僖十八年，邢、狄伐衛，圍菟圃，不書。至二十三年，書齊侯伐宋，圍緡；二十六年，書楚人伐宋，圍緡之後，皆不書矣。春秋之初，猶以圍邑爲重也。」蜀杜氏曰：「《春秋》書圍四十四，伐國而言圍者九，此爲之首。書伐、書圍、書取，惡之也。」廬陵李氏曰：「伐國圍邑四而有二例：伐鄭，圍長葛；伐宋，圍緡，皆著其暴也。齊侯伐鄭，圍新城，則又以著其無貪地之心，辭同而義異矣。或曰外伐之圍邑僅四，魯一國而被伐圍邑亦四，何也？趙子曰：『内事詳，故悉書。外事不告，則不書矣。』」

甲子桓王三年。**六年**齊僖十四。晉哀侯光元年。衛宣二。蔡宣三十三。鄭莊二十七。曹桓四十。陳桓二十八。杞武三十四。宋殤三。秦文四十九。楚武二十四。**春，鄭人來輸平。**輸，《左》作「渝」。《左傳》：「更成也。」《公羊傳》：「輸平者何？輸平，猶墮成也。何言乎墮成？敗其成也。曰：吾成敗矣。吾與鄭人末有成也。吾與鄭人，則曷爲末有成？狐壤之戰，隱公獲焉。然則何以不言戰？諱獲也。」《穀梁傳》：「輸者，墮也。平之爲言，以道成也。來輸平者，不果成也。」程子曰：「魯與鄭舊脩好，既而迫於宋、衛，遂與之同伐鄭，故鄭來絶交。渝平，變其平也。匹夫且不肯失信於人，爲國君而負約，可羞之甚也。」

輸者，納也。平者，成也。沙隨程氏曰：「輸，如《吕刑》『輸而孚』之輸，我無欲平之意，而鄭輸其平於我。」臨川吴氏曰：「來者，彼來求我，非我往求彼也。輸，謂輸寫其情。平，謂兩國昔有忿怨，如地之不平，今悉剗削而使之平也。輸平，猶曰納欵也。上年魯嘗同宋、衛伐鄭，今鄭釋其怨而求和於魯，故曰『來輸平』。」杜氏曰：「和而不盟曰平。」**鄭人曷爲納成於魯？以利相結，解怨釋仇，離宋、魯之黨**

也。公之未立，與鄭人戰于狐壤，止焉。汪氏曰：「内諱獲，故言止。」元年及宋盟于宿，四年遇于清，其秋會師伐鄭，即宋、魯爲黨，與鄭有舊怨明矣。孫氏曰：「鄭來輸誠於我，平四年翬會諸侯伐鄭之怨也。」五年，鄭人伐宋，入其郛。宋來告命，魯欲救之，使者失辭，公怒而止。其冬，宋人伐鄭圍長葛，鄭伯知其適有用間可乘之隙也，是以來納成耳。然則善之乎？曰：「平者，解怨釋仇，固所善也。輸平者，以利相結，則貶矣。高氏曰：「曰『來輸』，必有挾也。」汪氏曰：「經書平者凡六，惟此言輸平。輸之爲言，必有貨賂行乎其間，而非虚言求平矣。平乃鄭志而非魯志，苟不以利啗魯，則魯必不從也。」曷爲知其相結之以利也？後此鄭伯使宛來歸祊，而魯入其地。會鄭人伐宋，得郜及防，而魯又取其二邑。是知輸平者以利相結，乃貶之也。諸侯脩睦以蕃王室所主者，義爾。苟爲以利，使爲人臣者懷利以事其君，爲人子者懷利以事其父，爲人弟者懷利以事其兄。諸侯必曰：『何以利吾國？』大夫必曰：『何以利吾家？』士庶人必曰：『何以利吾身？』上下交征利，不至於簒弑奪攘則不厭矣。故特稱輸平，以明有國者，必正其義，不謀其利，杜亡國敗家之本也。」太史公曰：「利，誠亂之始也。夫子罕言利，常防其源也。」張氏曰：「鄭莊之納平，爲合黨敵宋計，是以不憚屈己請和於魯，繼以納祊而未即求許。所以爲敗宋入許之權輿，魯隱亦入其術中而不悟也。」永嘉吕氏曰：「言來輸，則有自屈損之意。鄭豈誠敬魯哉？亦豈誠畏魯哉？亦豈誠欲與魯釋其舊憾而爲玉帛之好哉？特以宋、魯方合，而幸其有可離之隙，於是屈損以求成耳。」陳氏曰：「春秋之初，魯、宋、衛、陳、蔡爲一黨，齊、鄭爲一黨。今鄭先來與魯平，就合齊、魯之交，自此以後，魯合於齊、鄭，而離宋、魯之交矣。平不書，必關於天下之故而後書。明年，宋、陳及鄭平；宣七年，鄭及晉平；文十六年，及齊平；襄二十年，及莒平；哀八年，及齊平；皆不書。書鄭輸平以志諸侯之合，書及鄭平以志諸侯之散，是《春秋》之所終始也。」○劉氏曰：「《公羊》謂『敗吾成』，《穀梁》謂『不果成』，皆非也。平者，兩國約不相背云爾。四年伐鄭，平絶可知。安有鄭人又來請絶前平乎？《左氏》作『渝平』，蓋字誤。」朱子曰：「『鄭人來渝平』。渝，變也。蓋魯先與宋好，鄭人却來渝平，謂變渝舊盟，以從新好也。《公》、《穀》作『輸平』。胡文定謂以物而求平也，恐不然。但言『輸』，則渝之義自在其中。如秦《詛楚文》云：『變輸盟刺。』若字義則是如此，其文意則只是『渝』字。」廬陵李氏曰：「輸平，三傳不同。《公羊》以爲此即言狐壤之戰，諱敗獲而書輸平，已爲無據。《穀梁》以爲魯舊與鄭平，至此而絶，又與後日歸祊會鄭之事不合。要之皆非的論。胡氏『魯與鄭有舊怨』之説本杜氏，『納成』之説本臨江劉氏。蓋鄭莊之納成，非有講信脩睦之心，而深爲合黨敵宋之計，是以不憚屈己求和於魯；魯亦溺於利欲之私，陷其術中而不悟，是以盟宿、遇清之好，一變而爲取郜、取防之仇矣。」又曰：「平例五。胡氏曰：『輸平者，惡鄭之以利相結也。』宋、楚平皆書人者，惡華元、子反之擅也。暨齊平者，惡魯之附夷狄而得平也。及齊及鄭平者，惡魯之侵犯大國而急於平也。此説固然。然春秋之平而不書者多矣，何獨書此？要必兼陳氏之説方備，外平莒及郯，不過平怨之平爾。」

附録《左傳》：「翼九宗五正頃父之子嘉父逆晉侯于隨，納諸鄂，晉人謂之鄂侯。」

夏，五月辛酉，公會齊侯盟于艾。艾，五蓋反。此齊、魯交好之始。《左傳》：「夏，盟于艾，始平于齊也。」杜氏曰：「春秋前，魯與齊不平，今棄惡結好。」臨川吴氏曰：「前此魯未嘗與齊交，因鄭輸平之後，而公始與齊盟，蓋皆鄭莊之謀也。」陳氏曰：「春秋之初，宋、魯、衛、陳、蔡，一黨也；齊、鄭，一黨也。於是鄭始平魯，鄭方交惡於王，而亟平齊、魯，將以合諸侯焉爾。」廬陵李氏曰：「齊，大師之後，受地于王，方百里者五，東方之國莫大焉。自師尚父十二世至釐公，已稱東州之小伯。然是時，宋亦以先代之後，爵居上公，方與魯爲好，未可間也。故假鄭以求魯，魯一溺於輸平之利，再徇於于艾之歃，三誘於祊田之歸，四惑於不王之告，而魯與齊、鄭之交固矣。他日齊伯之成，謂不始此，故陳氏之説不爲無見。」又曰：「書公會齊侯盟者四。艾，齊僖小伯之初也。柯與扈，齊桓圖伯之初也。于黄，齊景争伯之初也。《春秋》皆書會，明齊志也。柯獨不書日，信齊桓也。」汪氏曰：「宋殤既合五國之師伐鄭，又出師圍邑，經年而取之，鄭之怨宋深矣。去年與郲伐宋，未足以釋其怨，故特平齊、魯，以爲他日伐宋之謀。魯與齊盟，而曰鄭莊合齊、魯者，以三年齊、鄭盟石門，知齊、鄭合黨故也。盟不書及而書會，則非魯志而齊欲爲盟也。書盟于艾，著齊僖小伯之始。書盟于黄，著齊景争伯之終。前乎于艾，雖盟石門，然未與魯平，則黨與未盛也。後乎于黄，雖次垂葭，會牽，會洮，次蘧蒢，伐晉，伐宋，而無盟矣。凡書盟，皆《春秋》所惡。比事以觀，而世變可知也。」

附録《左傳》：「五月庚申，鄭伯侵陳，大獲。往歲，鄭伯請成于陳，陳侯不許。五父諫曰：『親仁善鄰，國之寶也。君其許鄭。』陳侯曰：『宋、衛實難，鄭何能爲？』遂不許。君子曰：『善不可失，惡不可長，其陳桓公之謂乎！長惡不悛，從自及也。雖欲救之，其將能乎！《商書》曰：「惡之易也，如火之燎于原，不可嚮邇，其猶可撲滅？」周任有言曰：「爲國家者，見惡，如農夫之務去草焉，芟夷蘊崇之，絶其本根，勿使能殖，則善者信矣。」』」

秋，七月。《公羊傳》：「此無事，何以書？《春秋》雖無事，首時過則書。首時過，則何以書？《春秋》編年，四時具，然後爲年。」程子曰：「無事書首月天時，王月備而後成歲也。」

四時具而後成歲，四德備而後爲乾，故《易》曰：「乾：元、亨、利、貞。」一德不備，則乾道熄矣。四時具而後成歲，故《春秋》雖無事，首時過則書，一時不具，則歲功虧矣。何氏曰：「歷一時無事則書其始月，春以正月爲始，夏以四月爲始，秋以七月爲始，冬以十月爲始，明王者當奉順四時之正也。有事不月者，人道正，則天道正矣。」孔氏曰：「年有四時，交錯互舉，以爲史記之名，言春足以兼夏，言秋足以見冬。」**既書時，又書月者，時，天時也；月，王月也。書時又書月，見天人之理合也。《易》不云乎：「君子行此四德者，故曰：『乾：元、亨、利、貞。』」**汪氏曰：「乾，健也，天之德也。天以至健，故能運四德於四時。君子以至健，故能體四德於一身。聖人以至健，故能行四德於兩儀之間，以參天地而贊化育。元者，物之始，於時爲春，其在人則爲仁，其發則惻隱之情，而得天地生物之心以爲心者也。《月令》：『天子賞公、卿、大夫於朝。命相布德和令，行慶施惠，下及兆民。』是體乾之元。亨者，物之通，於時爲夏，其在人則爲禮，其發則辭讓之情，而所以品節乎親親、仁民、愛物之等差者也。《月令》：『天子賞封諸侯，慶賜遂行，無不欣悦。命大尉贊桀俊，遂賢良。行爵出禄，必當其位。』是體乾之亨。利者，物之遂，於時爲秋，其在人則爲義，其發則羞惡之情，而所以斷制事物各得其宜者也。《月令》：『天子命將帥選士厲兵，以征不義。詰誅暴慢，以明好惡。命有司脩法制，戮有罪，嚴斷刑。』是體乾之利。貞者，物之成，於時爲冬，其在人則爲智，其發則是非之情，而所以分别事理以宰萬物者也。《月令》：『天子察阿黨，使罪無有揜蔽。功有不當，必行其罪，以窮其情。固封疆，備邊境。命將講武。飭死事。』是體乾之貞。《春秋》於每年備四時，明人君當奉若天道，體乾之四德；首時必書月，明人君當謹守王度，奉天子之正朔，與其法制禁令。王者承天，而禮樂征伐行於天下；諸侯奉王，而德刑賞罰施於國中，其理一也。」**若夫上下異致，天人殊觀，聖學不傳，而《春秋》之義隱矣。**汪氏曰：「聖人致中和而天地位，萬物育。自聖人以下，不能體乾之四德，毫釐有差，則天壤易位，一物不得其所，而天變應之。宋神宗時，王安石言『水旱常數，堯、湯所不免』，王珪言『天象既如此，必至於用兵，亦天數也』。此皆人臣不能諫人君儆省以答天戒，蓋不通《春秋》之義，而以爲天人異致故也。」

冬，宋人取長葛。《左傳》作「秋」。《公羊傳》：「外取邑不書，此何以書？久也。」《穀梁傳》：「外取邑不志，此其志何？久之也。」程子曰：「宋人之圍長葛，歲且周矣，其虐民無道之甚，而天子弗治，方伯弗征，鄭視其民之危困，而弗能保有赴訴，卒喪其邑，皆罪也。宋之强取，不可勝誅矣。」何氏曰：「不繫鄭舉伐者，因上伐圍取也。」

宋人恃强圍邑，久役大衆，取非所有，其罪著矣。汪氏曰：「彼此皆列國，而伐之以圍其邑，是恃强也。圍之期年，是久役也。環而攻之，是用大衆也。鄭邑，而己取之，是取非所有也，直書而罪自見。」

在王朝不能施九伐之威。《周禮·大司馬》：「以九伐之法正邦國，馮弱犯寡則眚之，賊賢害民則伐之，暴内陵外則壇之，野荒民散則削之，負固不服則侵之，賊殺其親則正之，放弑其君則殘之，犯令陵政則杜之，外内亂、鳥獸行則滅之。」**在列國不能脩連帥之職。**《禮記・王制》：「千里之外設方伯。五國以爲屬，屬有長。十國以爲連，連有帥。三十國以爲卒，卒有正。二百一十國以爲州，州有伯。」**鄭人土地，天子所命，先祖所受，不能保有而失之，是上無天王，下無方伯，而鄭亦無君也。宋人强取，以王法言，不可勝誅；以天理言，不善之積著矣。初穆公屬**章欲反。**國於與夷，使其子馮出居於鄭。殤公既立，忌馮而伐鄭，不亦逆天理乎！《春秋》序宋主兵，以殤公之罪重也。明年，鄭人伐宋，序邾爲首，以鄭伯之罪輕也。至是宋又舉兵伐鄭而圍其邑，肆行暴虐，不善之積已著而不可解矣。其見弑於亂臣，豈一朝一夕之故哉？凡此類皆直書于策，按其行事，而善惡之應**去聲。**可考，而知天理之不誣者也。**張氏曰：「宋自去年圍長葛，經年不解，志在必取。鄭莊不求保其土地人民，反交結於魯，爲後日報復之計，而委長葛於宋。宋殤雖若得志，而後日終受鄭莊報復，蹙國喪師以及其身。」汪氏曰：「或云文定言『善惡之應』，與佛氏所謂『果報』者相似，非也。《易・文言》於《坤》之初六曰：『積善之家，必有餘慶。積不善之家，必有餘殃。』於《噬嗑》之上九曰：『善不積，不足以成名；惡不積，不足以滅身。小人以小善爲無益而弗爲也，以小惡爲無傷而不去也，故惡積而不可揜，罪大而不可解。』曾子曰：『出乎爾？反乎爾，天道好還，無毫髮爽。』此乃福善禍淫必然之理也。若果報之説，謂今世爲人，後世爲異物，負怨於陽明之界而取償於幽陰之府，豈有是理也哉？」〇劉氏曰：「《左氏》作秋取長葛，杜氏云『冬告』，非也。史之記事雖據赴告，至其月日猶依先後次序，假令以二月出師，逾時來告，猶言二月也，豈據告時紀之於夏乎？《左氏》雜采當時諸國史策，有用夏正者，有用周正者，故經云『冬』，傳云『秋』也。」

附録《左傳》：「冬，京師來告饑，公爲之請糴于宋、衛、齊、鄭，禮也。」〇「鄭伯如周，始朝桓王也。王不禮焉。周桓公言於王曰：『我周之東遷，晉、鄭焉依。善鄭以勸來者，猶懼不蔇，況不禮焉？鄭不來矣。』」

春秋集傳大全卷之三

隱公　三

乙丑桓王四年。**七年**齊僖十五。晉哀二。曲沃武公稱元年。衛宣三。蔡宣三十四。鄭莊二十八。曹桓四十一。陳桓二十九。杞武三十五。宋殤四。秦文五十。楚武二十五。**春，王三月，叔姬歸于紀。**

《穀梁傳》：「其不言逆，何也？逆之道微，無足道焉爾。」程子曰：「伯姬爲紀侯夫人，叔姬其娣也，待年於家，今始歸。娣歸不書，憫其無終也。」

叔姬，伯姬之娣，非夫人也，則何以書？古者諸侯一娶九女，見《公羊傳》莊公十九年。**必格之同時者，所以定名分、窒亂源也。**汪氏曰：「同時而行，則妃妾之名不紊。其生子也，嫡庶之分已定，亂何由作？」**今叔姬待年於宗國，不與嫡俱行，則非禮之常，所以書也。**汪氏曰：「《春秋》常事不書，非禮之常而書之者，必有美惡存焉。」孫氏曰：「媵書者，爲莊十二年歸于酅起。」**眉山蘇轍以謂：「書叔姬，賢之也。**蘇轍，字子由，有《集傳》十二卷。**若賢不得書，必貴而後書，則是以位而蔑德也。小國無大夫，**茅堂胡氏曰：「小國大夫稱人。」**至於接我則書，**汪氏曰：「二年，書『紀履緰來逆女』。莊二十七年，書『莒慶來逆叔姬』。」是位不可以廢事也。位不可以廢事，而獨可以廢賢乎？」如叔姬不歸宗國而歸于酅，以全婦道，賢可知矣。賢而得書，亦《春秋》之法也。何氏曰：「婦人八歲備數，十五從嫡，二十承事君子。媵賤書者，終有賢行，能處隱約，全竟婦道，故重録之。」高氏曰：「娣亦書歸，猶堯之二女降于潙汭，皆曰嬪。」張氏曰：「媵不書，此特書者，以其終不忘紀之五廟。雖紀侯卒而歸于酅以奉宗祀，歿其身而後已。聖人以其賢可以厲婦行，將有其末，必録其本，是以變例而特書之。」汪氏曰：「賈逵謂：『隱公厚於先君之女，故盛禮而歸之，如歸嫡之禮。』又云：『紀貴叔姬，故書以刺之。』聖人豈逆計其他日之賢而書之哉？今考《春秋》諸侯寵嬖妾媵，蓋多不足煩聖筆之録。苟隱公厚先公之女，必不以爲媵矣。夫子作經以垂勸戒，則以爲嘉其賢者。義或近之，安可以史官一時之例，而議《春秋》萬世之法乎？子朱子作《通鑑綱目》，書唐太宗以武氏爲才人，所以起僞周之亂；書玄宗册壽王妃楊氏，所以起馬嵬之奔。納才人，册諸王妃，法不當書，而朱子書之，亦《春秋》之意也。」

滕侯卒。《左傳》：「不書名，未同盟也。凡諸侯同盟，於是稱名，故薨則赴以名，告終稱嗣也，以繼好息民，謂之禮經。」《公羊傳》：「何以不名？微國也。微國則其稱侯何？不嫌也。《春秋》貴賤不嫌同號，美惡不嫌同辭。」《穀梁傳》：「滕侯無名，少曰世子，長曰君，狄道也。其不正者名也。」程子曰：「不名，史闕文也。」

滕侯書卒，何以不葬？怠於禮、弱其君而不葬者，滕侯、宿男之類是已。古者邦交有常制，不以國之强弱而有謹慢也，不以情之踈密而有厚薄也。汪氏曰：「國小而慢之，是弱其君；情踈而薄之，是怠於禮。」**春秋之時，則異於是。晉，北國也；楚，南邦也。地非同盟而親往俟

其葬。汪氏曰：「成十年，公如晉，葬景公。襄二十八年，公如楚，葬康王。地非同盟，謂非同方岳之盟。」**滕，鄰境也；宿，同盟也。訃告雖及而魯不之恤，豈非以其壤地褊小乎？怠於禮而不往，弱其君而不會，無其事而闕其文，此魯史之舊也，聖人無加損焉，存其卒，闕其葬，義自見矣。**茅堂胡氏曰：「人之所以爲人，中國所以異於夷狄，以其有人道也。無人道何以爲人？如滕於魯，以近則鄰國也，以親則同姓也，又覲東后，則同至於方岳之下，卒而不葬，强凌弱爾。」**卒自外録，不卒，非外也。葬自内録，不葬，非内也。**汪氏曰：「責魯不會。」○趙氏曰：「《左氏》云『同盟薨則赴以名』，於理未安。豈有臣子當創巨痛深之日，乃忍稱君之名？禮篇所録亦云『寡君不禄』而已。諸侯卒，不同盟者凡五十二人，惟九人不名。」啖氏曰：「其不名，《公羊》謂『微國也』，《穀梁》謂『狄道也』。按附庸及真夷狄皆有名。況滕國，文王之子孫，雖至微弱，豈無名乎？」

夏，城中丘。此書土功之始。《左傳》：「書，不時也。」《公羊傳》：「中丘者何？内之邑也。城中丘，何以書？以重書也。」《穀梁傳》：「城爲保民爲之也。民衆城小則益城，益城無極。凡城之志，皆譏也。」程子曰：「《春秋》，凡用民必書。然有用民力之大而不書者，爲教之意深矣。僖公脩泮宫，復閟宫，非不用民力也，然而不書，二者復古興廢之大事，爲國之先務，如是而用民，乃所當用也。人君知此義，則知爲政之先後輕重矣。」杜氏曰：「中丘，在琅邪臨沂縣東北。」

程氏曰：「爲民立君，所以養之也。養民之道，在愛其力。民力足則生養遂，教化行，風俗

美，故爲政以民力爲重也。《春秋》，凡用民必書。其所興作不時害義，固爲罪矣。汪氏曰：「莊二十九年『新延廐』，三十一年『築臺于郎』，三十二年『城小穀』，僖二十年『新作南門』，文七年『城郚』，哀五年『城毗』，六年『城邾瑕』，皆以春。此『城中丘』，九年『城郎』，桓五年『城祝丘』，莊三十一年『築臺于薛』，襄七年『城費』，十五年『城成郛』，定十二年『墮郈、墮費』，十三年『築蛇淵囿』，哀三年『城啓陽』，四年『城西郛』，皆以夏。莊元年『築王姬舘』，三十一年『築臺于秦』，文十六年『毁泉臺』，成十八年『築鹿囿』，皆以秋。是不時也。夫不能内修德政以爲保民之本，而勞民於守國之末。如桓公懼齊、鄭襲紀而城祝丘，莊公懼齊桓討納糾之罪而浚洙，文公既取須句備邾而城郚，患莒人之外偪而城諸鄆，宣公欲叛晉而城鄆，襄公聽南遺之姦謀，假事難而城費，因齊靈之叛晉屢來侵伐，而比年城成郛、城西郛，城武城，定公從伯令侵鄭，懼而城中城，復叛晉黨范氏而城莒父及霄，哀公亦黨范氏而比年城啓陽、城西郛、城毗、城邾瑕，皆非義也。況於築臺囿以爲游觀之樂，新延廐以示牧養之奢，作門觀以僭天子之制，毁泉臺以彰先祖之惡，築舘以主讎人之婚，而忘通喪之禮。其罪又可勝誅乎？至於會晉悼城虎牢以偪鄭，會晉平城杞而私其母家，亦非義也。」**雖時且義，亦書，**汪氏曰：「桓十六年『城向』，莊二十九年『城諸防』，文十二年『城諸鄆』，宣八年『城平陽』，成四年『城鄆』，九年『城中城』，襄十三年『城防』，十九年『城西郛』、『城武城』，定六年『城中城』，十四年『城莒父及霄』，十五年『城漆』，皆以冬修城得農隙之時。定公墮郈、費以弱私家，僖公會齊桓存三亡國以興滅繼絶，仲孫蔑會晉定城成周以蕃王室，皆合於義而亦書之。」**見勞民爲重事也。人君而知此義，則知慎重於用民力矣。凡書城者，完舊也；書築者，創始也。**

城中丘，使民不以時，非人君之心也。」張氏曰：「隱公無敵國外患之警，盛夏興役，事無故之工築，妨農害民，《春秋》深譏之。」臨川吴氏曰：「君之資於民者，資其力也。民之報其君者，報以力也。故無事則資其力而用之於農，以足食生財；有事則資其力而用之於兵，以敵愾禦侮。非農非兵而勞民之力，必以其時以其禮，而不敢妄興，不得已而役之，亦必節其力而不盡也。《春秋》凡力役必書，重民力也。或問《穀梁》云『凡城之志皆譏』，啖子云『凡城國之急務，但問時與不時，不應一切是譏』，《易》曰『設險以守其國』，《禮》曰『城池以爲固』，則《春秋》書城，果何意也？」茅堂胡氏曰：「穀梁子之意爲春秋時言之也。城不可無，而未爲國之急。《易》所謂『設險』，非止於築城。《禮》所謂『城池』，亦固國之一事爾。《春秋》凡城必書，或志其非時，或志其非制，或志其非所，得其時制，又當其所而亦書，重民力也。文王以民力爲臺爲沼，或與民同其利，或與民同其樂，則不可以已矣。」王氏曰：「《詩·采薇》曰：『天子命我，城彼朔方。』《烝民》曰：『王命仲山甫，城彼東方。』夫玁狁之難甚亟，而城築之役，乃須天子之命。齊遷臨菑而仲山甫以上卿臨之，是知諸侯國邑，高卑廣狹，皆有王度。春秋之城築，俱不稟王命，故悉書以譏之，不止爲不時，重民力而已也。」汪氏曰：「内城二十三：春城四，夏城七，冬城十二。《左傳》於此年，并城郎、祝丘，及新延廄，新作南門，築鹿囿，皆曰『不時』。凡城於冬者，皆曰『書時』。或曰周之冬十月、十一月，乃夏之秋；周之春正月、二月，乃夏之冬。而《左氏》於城向、諸防、諸鄆、平陽、中城，城防，郎囿，皆曰『書時』。延廄，南門，亦曰『不時』，何哉？今考《左傳》言『龍見而戒事』，則夏之九月而周之十一月也。『水昏正而栽』，則周之十二月，正當役民之時也。『日至而畢』，則夏之十一月而周之正月也。謂『日至而畢』，則周之春，不宜興土功矣。經於他事書春夏秋冬，而繼書次月，則凡書時皆指四時之首月。如成十七年書『冬，會伐鄭』，『十一月，公至』，『十二月，日食』是也。若城、築、蒐、狩之事，乃以時成，通歷三月，事畢而言之，非獨指首月也。詳考經文，則可見矣。」

齊侯使其弟年來聘。此列國來聘之始。《左傳》：「齊侯使夷仲年來聘，結艾之盟也。」《公羊傳》：「其稱弟何？母弟稱弟，母兄稱兄。」《穀梁傳》：「諸侯之尊弟兄不得以屬通。其弟云者，以其來接於我，舉其貴者也。」程子曰：「凡不稱公子而稱弟者，或責其失兄弟之義，或罪其以弟之愛而寵任之過。《左氏》、《公羊傳》皆曰年，齊僖公之母弟。先儒母弟之説，蓋緣禮文有立嫡子同母弟之説。其曰同母弟，蓋謂嫡耳，非以同母爲加親也。若以同母爲加親，是不知人理，近於禽道也。天下不明斯義也久矣。僖公愛年，其子尚禮秩如嫡，卒致簒弑之禍。書弟，見其以弟之愛而寵任之過也。」杜氏曰：「凡聘，皆使卿執玉帛以相存問。」

兄弟，先公之子，不稱公子，貶也。書盟、書帥師而稱兄弟者，罪其有寵愛之私。書出奔、書歸而稱兄弟者，責其薄友恭之義。考於事而《春秋》之情可見矣。年者，齊僖公母弟也。程氏謂：「先儒説母弟者，蓋緣禮有立嫡子同母弟之文。其曰同母，蓋爲嫡耳，非以爲加親也。此義不明久矣。」僖公私於同母，寵愛異於他弟，施及其子，猶與適等，而襄公絀之，遂成簒弑之禍。劉氏曰：「齊侯非不愛其弟也，迷於其義，故以愛爲害矣。」**故聖人於年來聘，特變文書弟以示貶焉。鄭語來盟，黑背帥師，皆罪其私也。《書》云：「于弟弗念天顯，乃弗克恭厥兄。兄亦不念鞠子哀，大不友于弟。天惟與我民彝大泯亂。」**《書·康誥》蔡氏傳：「天顯猶天明，尊卑顯然之序也。弟不念尊卑之序而不能敬其兄，兄亦不念父母鞠養之勞而大不友其弟，是兄弟相賊也。則天之與我民彝，必大泯滅而紊亂矣。」**陳光奔楚而稱弟，不念鞠子哀矣。盜殺衛縶而稱兄，其亦不念天顯矣。秦鍼、宋辰，皆責其薄也。仁人於兄弟，絶偏繫之私，篤友恭之義，人倫正而天理存，其《春秋》以訓天下與來世之意也。**張氏曰：「親親之道，尊其位，重其禄，非賢則不及以政。齊僖愛其弟，聘魯致女，交政鄰國，一一使之，愛之之過，遂致亂嫡庶之辨，以啓無知簒弒之禍。聖人以其過於溺愛之私，而失親親之義，故特書其弟以貶之，而著後日之禍，始於僖公之不早辨也。」汪氏曰：「夫子作經，雖不逆計其後日之事，然於其寵愛之過，特書弟以貶焉。使後世之讀是經者，考無知簒弒之所由始，則亦知戒矣。《春秋》書弟者十一，惟公弟叔肸書字，蓋賢之也。諸侯之弟，貶則書名，不貶則書字。故許叔、蔡叔、蔡季、紀季，皆賢而稱字。且不言弟，胡氏傳例在莊三年。」廬陵李氏曰：「《春秋》書弟十四，書兄一。齊年、鄭語、衛黑背，皆罪其私。陳光、秦鍼、宋辰、衛縶，皆罪其薄。衛鱄、佞夫，皆可入陳兄之例。陳招，先稱公子而後稱弟，亦以陳侯有寵愛之私而致之也。獨叔肸稱弟，賢之也，蓋以其善處兄弟之變者也。《公羊》、《左氏》同母之説，程子力辨之。而陸氏亦曰：『聖人之教，雖及兄弟之子，猶引而進之，安有異母即見踈外乎？』餘見叔肸下。」啖氏曰：「使使致問曰『聘』，主人受之於廟，以重禮也。」孫氏曰：「大國聘而不朝，小國朝而不聘，凡書皆惡之。」張氏曰：「聘者，諸侯遣大夫通好與國，見於《儀禮》之篇詳矣。然古者諸侯間於天子之事，則有邦交殷聘之禮。自隱公即位以來，未嘗朝聘於天子，以魯推之，則諸侯蓋可知矣。齊僖因艾之盟，遽遣使于魯以結好，忘君臣之大義，植同列之私黨。故觀年之聘，則凡《春秋》書聘，可以例推矣。」汪氏曰：「經書諸侯聘三十一：齊聘者五，始於弟年而終於慶封，晉聘者十有一，宋、衛聘者各四，陳、鄭、秦、吴聘者各一，楚聘者三。魯以秉禮之國，受同列之朝聘，而尊王之禮寥寥罕見，故悉書以示譏焉。」廬陵李氏曰：「《春秋》齊之聘魯五：年之再來，齊僖糾合之時也；歸父之來，晉襄未定之時也；國佐之來，齊頃有志於叛晉也；慶封之來，齊景初立而有志於争伯也，皆出於私情矣。然春秋之初，齊尤加禮於魯，至桓既伯，僖七年公子友如齊之後，魯使之聘齊者二十二，而齊桓僅三至焉，亦可以觀世道矣。」

秋，公伐邾。此伐邾之始。《左傳》：「秋，宋及鄭平。七月庚申，盟于宿。公伐邾，爲宋討也。」程子曰：「擅興甲兵，爲人而伐人，非義之甚也。」

奉詞致討曰伐。汪氏曰：「傳例曰：『聲罪致討曰伐。』此云奉詞者，執言以聲其罪，其義一也。不稱帥師者，君行師從，故君將不言帥師。」**按《左氏》：「公伐邾，爲宋討也。」**杜氏曰：「公拒宋而與鄭平，今鄭復與宋盟，故懼而伐邾，欲以求宋。」**宋人先取邾田，故邾人入其郛，魯與儀父則元年盟于昧矣。邾人何罪可聲，特託爲辭説以伐之爾。經之書伐，非主兵者皆有言可執，見伐者皆有罪可討也。傳曰：「欲加之罪，何患無詞？」魯爲宋討，非義甚矣，而稱伐邾，所謂「欲加之罪」者也，而不知渝昧之盟，不待貶而自見矣。**張氏曰：「夫和，大所以恤小。既平宋、鄭，則邾、宋之眦睚亦可和矣。親此而虐彼，苟欲悦宋而忘蔑之盟。子曰：『小人比而不周。』此足以見書爲宋討邾之旨矣。」汪氏曰：「《春秋》一經，魯君大夫與邾特盟者五，與諸侯及大夫同會者十九，與諸侯及大夫會盟者十。邾子來朝者六，來會者一。大夫如邾者一，公伐邾者六，大夫伐邾者七，微者伐邾者一，及他國伐邾者一，大夫圍邾者一，及邾戰者一，公敗邾師者一，邾人伐我者三。元年盟蔑，乃與邾交好之始。哀二年盟句繹，乃與邾交好之終。此年伐邾，乃與邾交兵之始。哀七年入邾，以邾子來，乃與邾交兵之終。邾之事魯不爲不敬，而魯之虐邾愈甚，比事以觀，而罪自著矣。」

冬，天王使凡伯來聘。 此王聘之始。程子曰：「《周禮》：時聘以結諸侯之好。諸侯不脩臣職而聘之，非王體也。」杜氏曰：「凡伯，周卿士。凡，國；伯，爵。汲郡共縣東南有凡城。」汪氏曰：「凡伯，周公之胤。《詩·板》與《瞻卬》，皆其所賦，蓋世爲王臣。」**戎伐凡伯于楚丘以歸。** 此戎患之始。《左傳》：「初，戎朝于周，發幣于公卿，凡伯弗賓。冬，王使凡伯來聘。還，戎伐之于楚丘以歸。」《公羊傳》：「凡伯者何？天子之大夫也。此聘也，其言伐之何？執之也。執之則其言伐之何？大之也。曷爲大之？不與夷狄之執中國也。其地何？大之也。」《穀梁傳》：「凡伯者，何也？天子之大夫也。國而曰伐，此一人而曰伐，何也？大天子之命也。戎者，衛也。戎衛者，爲其伐天子之使，貶而戎之也。楚丘，衛之邑也。以歸，猶愈乎執也。」程子曰：「楚丘，衛地。伐，見其以衆。天子之使，道由於衛，而戎得以衆伐之，衛不能衛，其罪可知。言『以歸』，則非執，❶凡伯有失節之罪。」杜氏曰：「楚丘，在濟陰城武縣西南。」

國而曰伐，此一人而曰伐，見其以徒衆也。 薛氏曰：「言伐，以兵劫之也。」董子曰：「執天子之使，

❶「執」，原脱，今據四庫本北宋程頤《程氏經説》補。

與伐國同罪。」楚丘，衛地。以歸，易詞也。「于楚丘」者，罪衛不救王臣之患。蜀杜氏曰：「凡伯過衛，衛不當使及於難，況又不救乎？」以歸者，罪凡伯失節，不能死於位也。張氏曰：「以者，言能左右之。而爲之以者，亦聽其左右。故凡言以歸者，多責其降服而事讎也。」周之秩官，敵國賓至，關尹以告，候人爲導，司徒具徒，司寇詰姦，佃人積薪，火師監燎。《周禮·司關》：「凡四方之賓客敂關，則爲之告。」注：「賓客，謂朝聘者。」《候人》：「若有方治，則帥而致于朝。及歸，送之於境。」《小司徒》：「小賓客，令野脩道委積。」注：「小賓客，諸侯之使臣。」《小司寇》：「大賓客，前王而辟。」注：「辟除姦人。」《甸師》：「率其徒，以薪蒸役内外饔之事。」其貴國之賓至，則以班加一等益虔，至於王吏，則皆官正涖事。汪氏曰：「天子之使過諸侯，當候在疆埸，膳宰致飧，司里授舘，猶懼不敬。」今凡伯承王命以爲過賓於衛，而戎得伐之以歸，是蔑先王之官而無君父也。故《旄丘》録於《國風》，見衛不能脩方伯之職也。《詩·旄丘》小序：「責衛伯也。狄人迫逐黎侯，黎侯寓於衛。衛不能脩方伯連帥之職。」戎伐凡伯于楚丘以歸，見衛不救王臣之患也。爲狄所滅，則有由矣。家氏曰：「天子之使，戎得以邀而伐之，天子不命之討，方伯連帥復不能爲王敵愾。《春秋》書之，以見周室微弱，夷狄慢上，諸侯無王也。」汪氏曰：「裔戎朝于天子，王臣雖不以禮貌加之，不過失象胥之職，特小過耳。今王臣銜天子之命，聘於望國，過衛而戎報私怨，以兵衆劫之。彼獨不念天子之命乎？苟不念天子之命，如勿朝而已矣。戎不足責，衛人坐視王臣之俘於戎而不能救患，尊君之義安在哉？此書戎伐，非以其執詞而與之，著其率兵徒之衆，凌虐王人，是横行中國，不特無天子，而亦無諸夏矣。經之書伐，本非與其討罪，何況戎乎？後此定王之世，單襄公聘楚而假道于陳，則微弱益甚，與滕、莒小國無以異矣。」廬陵李氏曰：「《春秋》書王聘魯七，始於此，而終於宣十年。凡伯、南季、仍子、家父，皆不過大夫，猶可也。宰周公以三公之重，王季子以介弟之尊而下聘，禮益瀆矣。隱、僖之得聘，猶可也。以宰糾而聘桓，以季子而聘宣，寵篡弒矣。」○啖氏曰：「《公羊》曰：『其曰伐，大之也。不與夷狄之執中國也。』其書戎狄侵伐滅入，豈皆是之乎？《穀梁》曰：『戎者，衛也。』若實衛伐改曰戎，是爲衛掩惡，何以懲勸乎？」

附録《左傳》：「陳及鄭平。十二月，陳五父如鄭涖盟。壬申，及鄭伯盟，歃如忘。洩伯曰：『五父必不免，不賴盟矣。』鄭良佐如陳涖盟。辛巳，及陳侯盟，亦知陳之將亂也。」○「鄭公子忽在王所，故陳侯請妻之。鄭伯許之，乃成昏。」

丙寅桓王五年。**八年**齊僖十六。晉哀三。蔡宣三十五，卒。衛宣四。鄭莊二十九。曹桓四十二。陳桓三十。杞武三十六。宋殤五。秦寧公元年。楚武二十六。**春，宋公、衛侯遇于垂。**《左傳》：「齊侯將平宋、衛，有會期。宋公以幣請於衛，請先相見，衛侯許之，故遇于犬丘。」《穀梁傳》：「不期而會曰遇。遇者，志相得也。」程子曰：「宋忌鄭之深，故與鄭卒不成好。無諸侯相見之禮，故書曰遇。」杜氏曰：「垂，衛地，犬丘也。」張氏曰：「垂近魯地，私交以植黨，無諸侯相見之禮，《春秋》之所惡也。」高氏曰：「殤公嘗從州吁之請，伐鄭以圖馮矣。州吁誅，宣公立，馮不可不終圖，而未知宣公之從否，故宋、衛遇垂以謀鄭。十年入鄭，蓋垂之謀也。謀人之國，不以禮見，而陽若相遇，《春秋》因實書之而貶寓焉。」陳氏曰：「宋、衛之遇，將以爲參盟也。遇例見四年。」廬陵李氏曰：「垂之遇，《左氏》以爲宋、衛有怨於鄭，而齊欲平之，蓋鄭之怨衛因公孫滑，宋之怨鄭因公子馮。其説似有據，然考之於經，後此瓦屋，止三國參盟而不及鄭；十年，入鄭伐戴之師，又二國爲黨以仇鄭；則宋、衛此謀，蓋有志於從齊黨而無意於釋鄭憾也。齊僖亦不過假此以求諸侯耳，豈真有平怨之本心歟？」○**三月，鄭伯使宛來歸祊。**祊，必彭反，《公》、《穀》作「邴」。《左傳》：「鄭伯請釋泰山之祀而祀周公，以泰山之祊易許田。三月，鄭伯使宛來歸祊，不祀泰山也。」《公羊傳》：「宛者何？鄭之微者也。邴者何？鄭湯沐之邑也。天子有事于泰山，諸侯皆從泰山之下。諸侯皆有湯沐之邑焉。」《穀梁傳》：「名宛，所以貶鄭伯，惡與地也。」程子曰：「魯有朝宿之邑，在王畿之内，曰許。鄭有朝宿之邑，近於魯，曰祊。時王政不脩，天子不巡守，魯亦不朝，故欲以祊易許田，各取其近者，故使宛來歸祊，始以祊歸魯。未言易也，❶朝宿之邑，先祖受之於先王，豈可相易也？鄭來歸而魯受之，其罪均也。」杜氏曰：「宛，鄭大夫，未賜族。祊，鄭祀泰山之邑，在琅琊費縣東南。」陳氏曰：「曷爲謂之來歸？五年鄭伯始朝，王不禮焉。鄭有志於叛王而合諸侯，渝平、歸祊，皆遜詞也。糾合之道也。」廬陵李氏曰：「祊、許之易，其謀始於輪平之時，然不過借以固魯之好，而未敢及許也。至是歸祊，以祀周公爲辭者，蓋隱然致易許之請，而隱公猶未許其易也。鄭莊委分地以合黨而不吝，所謂『將欲取之，必固與之』者也。隱公不察其深謀詭計，而溺於一祊之入，故于防、中丘之會，不能不徇之而敗宋入許，陷於大惡而不悟。使隱公不死，尚不能久有許，況桓

❶「未」，四庫本北宋程頤《程氏經説》作「來」。

公不義之立，鄭伯適投其間，而前日之謀盡行矣。《春秋》所書不越數端，而鄭之姦情備見。先儒謂『鄭莊，小人之雄』，信哉。」又曰：「來歸例，除晅來歸賵，及内女來歸外，書來歸者五。鄭祊、衛俘之來，以利而來也。鄆、讙、石尚之來，以禮而來也。要之皆自外至，而非勉强之文，其善惡則不同矣。季子來歸，著國人之喜也。」**庚寅，我入祊。**《公羊傳》：「其言入何？難也。其日何？難也。其言我何？言我者，非獨我也，齊亦欲之。」《穀梁傳》：「入者，内弗受也。日入，惡入者也。邴者，鄭伯所受命於天子，而祭泰山之邑也。」程子曰：「入者，内弗受也，義不可而强入之也。」

鄭伯欲以泰山之祊易許田。前此來輸平者，以言請之矣，汪氏曰：「六年輸平，傳不言請歸祊。然經書平例六，他皆不言輸，故知輸平，請歸祊也。」高氏曰：「前年來輸平，然口輸而實不至。」薛氏曰：「與我則曷謂之歸？前年賂我矣。」**未入地也。至是來歸祊者，其地既輸矣，未易許也。周制「六年，五服一朝」，故於天子之郊有朝宿之地。又「六年，王乃時巡。諸侯各朝于方嶽」，故於泰山之旁有湯沐之邑。**何氏曰：「巡守祭天，當沐浴潔齊以致其敬，故曰湯沐邑，所以尊待諸侯而共其費，取足舍止供稾穀而已。」**諸侯於王畿之内，方嶽之下，皆有是乎。成王以周公有大勳勞，故特賜之許田爲朝宿之地。如皆有焉，盡天子之郊不足爲其地矣。宣王以鄭伯母弟懿親，故特賜之祊田爲湯沐之邑。如皆有焉，盡泰山之旁不足爲其邑矣。**杜氏曰：「成王營王城，有遷都之志，故賜周公許田，以爲魯國朝宿之邑，後世因而立周公别廟焉。鄭桓公，宣王之母弟，封鄭，有助祭泰山湯沐之邑在祊。」范氏曰：「諸侯有大功盛德於王室者，京師有朝宿之邑，泰山有沐浴之邑。魯，周公之後；鄭，宣王母弟，若此有賜邑，其餘則否。許慎曰：『若令諸侯京師皆有朝宿之邑，周有千八百諸侯，盡京師之地，不足以容。』」汪氏曰：「《王制》謂：『方伯爲朝天子，皆有湯沐之邑於天子之縣内，視元士。』則方伯之外，他諸侯無可知。然定四年，祝鮀言衛『取有閻之土，以共王職。取相土之東都，以會王之東蒐』，則衛亦有朝宿湯沐之邑矣。」廬陵李氏曰：「湯沐之邑，何氏以爲『四井爲邑，邑方二里，東方二州四百二十國，凡爲邑廣四十里，袤四十二里，取足舍止共稾穀』，是則諸國皆有矣。范氏以爲『諸侯有大功德於王室者，京師有朝宿之邑，泰山有湯沐之邑』，所以供祭祀也，其餘則否。胡氏從范説爲是。」**祊近於魯，許鄰於鄭，各以其近者相易，何以不可乎？用是見鄭有無君之心，而謂天王不復**扶又反。**能巡狩矣，**杜氏曰：「鄭以天子不能復巡狩，故欲以祊易許田，各從本國所近之宜。欲爲魯祀周公，遜辭以有求也。」范氏曰：「王室微弱，無復方嶽之會。諸侯驕慢，亦廢朝覲之事。」**用是見鄭有無親之心，而敢與人以先祖所受之邑矣。其言我入祊者，祊非我有也。入者，不順之詞，義不可而强入之也。**趙氏曰：「入祊之義，與歸入之入同。言不當入，與用兵之入不同。邑者，先祖所受命於天子，而以與人，其罪著矣。」陳氏曰：「入未有言我者。言我，交譏之辭也。」張氏曰：「此因鄭之歸我，使吏治其地政而主有之也，既不以力得，則當如齊人歸我濟西田，不必書入祊可也。書入者，逆詞，義不當受而據有之也。東遷以來，諸侯不朝王，天子無復巡狩，遂各以其所近之邑相易。此謀始於鄭伯輸平之時，先以祊歸魯，以固魯之好而未敢及許，其辭則以爲釋泰山之祀而祀周公，所以免魯人不共先祖之罪而猶未易許田也。鄭莊不憚委先祖所受王邑於人，所謂『將欲取之，必固與之』，卒使魯隱間齊於宋，以成敗宋入許之計，又終得許田於魯，見鄭莊爲小人之雄，罪之不可勝誅也。」永嘉吕氏曰：「郕、讙、龜陰不言入，蓋郕、讙、龜陰，我故物也。此言入，則非我故物也。《左氏》言以祊易許，經文未見以祊易許之事。是時鄭結魯，非魯結鄭。前年來輸平，則約之以言。今年來歸祊，則啗之以利。雖然其歸祊也，固已覬覦許田矣。特以方求結於魯，故姑緩之。既而桓公篡立，於是要其許田，始取償於魯，《左氏》以其事比言而謂之易也。」高氏曰：「鄭始於結魯以拒敵，故歸祊以市魯。魯桓篡君以求援，故賂田以償鄭。其地雖若相易，而事不相涉也。郕、讙、龜陰，本我之邑，歸則有之矣。此特書入者，以其非我之有，不當入也。孟子謂：『子噲不得與人燕，子之不得受燕於子噲。』鄭之歸，魯之入，其罪均也。」汪氏曰：「郕、讙、龜陰書來歸，此亦書來歸，蓋鄭莊貪魯人之易許而歸祊，齊景服聖人之德化而歸郕、讙、龜陰，雖其義利不侔，而皆出於中心之誠，非勉强使之歸也，故皆書曰來歸，美惡不嫌同辭。然此年書入以示其不順，則非郕、讙、龜陰之比矣。」○啖氏曰：「《公羊》云：『齊亦欲之。』按書我者，言魯入爾，何關齊事乎？」

附録《左傳》：「夏，虢公忌父始作卿士于周。」○「四月甲辰，鄭公子忽如陳逆婦嬀。辛亥，以嬀氏歸。甲寅，入于鄭。陳鍼子送女，先配而後祖。鍼子曰：『是不爲夫婦，誣其祖矣，非禮也，何以能育？』」

夏，六月己亥，蔡侯考父卒。《穀梁傳》：「諸侯日卒，正也。」**辛亥，宿男卒。**《穀梁傳》：「宿，微國也。未能同盟，故男卒也。」

天王崩，告于諸侯，則不名。諸侯薨以名赴，而自別於大上，禮也。范氏曰：「名所以相別，居人之大，在民之上，故無所名。」家氏曰：「王一而已，可不名。諸侯衆也，烏得不名？」趙氏曰：「諸侯卒名之，著易代，且降於天子也。」**古者死而不謚，不以名爲諱，周人以謚易名，於是乎有諱禮。**汪氏曰：「書稱堯、舜、禹皆不諱名，至商湯始不稱名。大戊、武丁稱中宗、高宗，則不特周始諱名，但至周而文始備耳。」**故君薨赴於他國，則曰「寡君不禄，敢告執事」。春秋之時，遵用此禮，凡赴者皆不以名矣。經書其終，雖五霸强國齊桓、晉文之盛，莫不以名者，是仲尼筆之也。**汪氏曰：「諸侯卒書名，不惟別尊卑之等，亦所以紀遠近、辨同異。」**赴不以名而書其名者，與魯通也。已通而不名者，舊史失之爾。**汪氏曰：「宿男元年同盟，杞與魯結昏，而成公卒不書名；滕同伐秦，而成十六年滕子卒不名，皆史失之。」**未通而名者，有所證矣。**汪氏曰：「如此年蔡宣公及晉獻公、惠公之類。」**故傳此義者，記於禮篇曰「諸侯不生名」。夫生則不名，死則名之，別於大上，示君臣尊卑之等，蓋禮之中也。諸侯薨赴不以名，而仲尼革之必以名書，變周制矣。《春秋》，魯史，聖人修之也，而孟子謂之作，以此類也。**

秋，七月庚午，宋公、齊侯、衛侯盟于瓦屋。此參盟之始。《左傳》：「齊人卒平宋、衛于鄭。秋，會于温，盟于瓦屋，以釋東門之役，禮也。」《穀梁傳》：「外盟不日，此其日，何也？諸侯之參盟於是始，故謹而日之也。誥誓不及五帝，盟詛不及三王，交質子不及二伯。」

程氏曰：「宋爲主盟，與鄭絶也。」杜氏曰：「齊侯尊宋，使主會。」汪氏曰：「此後齊、鄭伐宋，入郕，入許，則宋雖欲絶鄭，而齊終不肯與鄭絶也。」張氏曰：「春秋之初，皆離會之盟，至此則三君共要質于神以示明信。然宋殤，王者之後；齊僖，東方大國；衛亦北州大國也，正可因此爲講信修睦之事，成鳩民息肩之圖。而明年會防之後，伐宋取邑，視今日盟誓之言不復顧忌。比諸小人，平時指天日爲誓，他日臨小利害，不一引手救，反擠之又下石者，正相似也。烏乎！《春秋》於瓦屋之盟，列數三君，而又書日以謹之，所以傷世變之甚也。」廬陵李氏曰：「瓦屋之盟，《左氏》以爲『齊卒平宋、衛于鄭』，而鄭不與，何也？蓋宋、衛忿鄭之謀未息故也。大抵列國之忿爭，皆以强弱爲進退。齊最强，宋、衛次之，鄭則小國也。傳曰：『宋、衛實難，鄭何能爲？』則宋、衛之所畏者，在齊而不在鄭矣。故瓦屋之盟，宋、衛雖屈於齊，而終不與鄭平也。程子曰：『與鄭絶也。』其説精矣。然鄭莊固挾齊以自强，齊僖亦資鄭以糾合，故瓦屋雖以王爵尊宋，而明年宋公不王之罪又發於鄭人，是齊僖陽尊宋、衛，而陰固鄭黨，宋、衛不悟，而僖、襄之小伯，桓公之創伯，皆原於此矣。」**大道隱而家天下，然後有誥誓；忠信薄而人心疑，然後有詛盟；盟詛煩而約**於妙反。**劑亂，然後有交質**音置。**子。至是傾危之俗成，民不立矣。《春秋》革薄從忠於參盟書日，謹其始也。**陳氏曰：「諸侯初參盟也。有參盟，然後有主盟矣。春秋之初，宋、魯、衛、陳、蔡，一黨也；齊、鄭，一黨也。鄭有志於叛王而合諸侯，於是乎輸平於魯。齊亦爲艾之盟以平魯，爲瓦屋之盟以平宋、衛。東諸侯之交盛矣。」高氏曰：「諸侯自相盟，王法所不容。況京師近地，而三國敢盟于此，故詳日以謹之。」**周官設司盟，掌盟載之法。凡邦國有疑，則請盟於會同，**

聽命於天子，亦聖人待衰世之意爾。德又下衰，諸侯放恣，其屢盟也不待會同，其私約也不繇天子，口血未乾而渝盟者有矣。汪氏曰：「此盟齊背宋。元年盟蔑、盟宿，魯皆渝盟。」**其末至於交質子，猶有不信者焉。**汪氏曰：「隱三年，王子狐爲質於鄭，鄭公子忽爲質於周。四月，鄭祭足取溫之麥。秋，取成周之禾。周、鄭交惡。昭二十年，宋華、向取大子欒與母弟辰、公子地以爲質，公亦取華、向之子以爲質。冬，公殺華、向之質而攻之。」**《春秋》謹參盟，善胥命，美蕭魚之會，以信待人而不疑也，**汪氏曰：「參盟者，齊盟之端，胥命于蒲，會于蕭魚，春秋之不盟者也。」**蓋有志於天下爲公之世。凡此類，亦變周制矣。**家氏曰：「春秋初年，有兩國相盟者：魯盟邾、盟宋，紀、莒之密，齊、鄭之石門。惟兩國爲盟也。今而參盟，宋爲首，責在宋也。春秋初年，有兩國自相攻伐者：莒入向，無駭入極，鄭伐衛，莒伐杞。惟兩國自相伐也。四年，宋、陳、蔡、衛合兵以伐鄭，於是始有四國之伐。宋爲首，亦責在宋也。《春秋》於參盟會伐，皆以宋爲首，正無王之戮也。」永嘉吕氏曰：「瓦屋，周地也。三國會于此，既不入覲于王，而刑牲歃血，私相要結於畿甸之近竟，其蔑視王室之罪，可勝誅哉！是盟也，關於世道升降之機，尤不細也。」王氏曰：「自入春秋書盟者七，前此皆兩國交盟，猶之可也。今宋、齊、衛參盟，則合黨之心熾矣。故臯鼬之盟，會者凡十八國，而王朝之元老如劉文公亦與焉，此參盟之積也。前此會盟各於其境，今之瓦屋乃在周地，無王之迹彰矣。故秋泉之盟，七國入王城，而王卿如王子虎者亦與焉，此瓦屋之積也。」

八月，葬蔡宣公。《公羊傳》：「卒何以名而葬不名？卒從正，而葬從主人。卒何以日而葬不日？卒赴，而葬不告。」《穀梁傳》：「月葬，故也。」程子曰：「速也。諸侯五月而葬，不及期，簡也。」〇趙氏曰：「《公羊》云：『卒名葬不名，卒從正，葬從主人。』按葬時舉謚，不須重言名，史體當然，不要立義。」

附録《左傳》：「八月丙戌，鄭伯以齊人朝王，禮也。」

九月辛卯，公及莒人盟于浮來。浮，《公》、《穀》作「包」。此好莒之始，亦魯君特會外大夫之始。《左傳》：「以成紀好也。」《公羊傳》：「公曷爲與微者盟？稱人，則從不疑也。」《穀梁傳》：「可言公及人，不可言公及大夫。」程子曰：「鄰國之交，講信修睦可也，安用盟爲？公屈己與臣盟，義非安也。」杜氏曰：「浮來，紀邑。」張氏曰：「浮來，莒地。」

莒，小國。人，微者。而公與之盟，故特言及，以譏失禮，且明非大夫之罪也。趙氏曰：「莒，小國，若不書公，則嫌乎非公也。凡經書公及大夫，皆譏公屈禮而與之盟。其書外大夫名，則是罪外大夫，及處父盟是也。」陸氏曰：「非大夫敢盟公，公自欲與之盟爾。特書公，所以譏公之失禮，且明非大夫之罪也。」**《易》曰：「謙尊而光，卑而不可踰。」**朱子曰：「人能謙，則居尊者其德愈光，居卑者人亦不能過。」**隱公可謂謙矣，何以譏之爲失禮？曰：「謙：亨。君子以裒多益寡，稱**尺證反。**物平施。」**始豉反。程子曰：「謙有亨之道，損過益不及以施於事，稱物之宜以均其施與，使得其平也。」**屈千乘之尊，下與小國之大夫盟，豈稱物平施之謂乎？太卑而可踰，非謙德矣。**高氏曰：「莒雖小國，入向伐杞，其力猶能及他人，故公結此盟以求援。」張氏曰：「傳稱『以成紀好』。隱公於小國不憚屈己而不明大義，故猶汲汲於盟詛，以國君之貴下比小國之大夫，降班失列而不自知。特書公及，以著非莒人之敢敵諸侯，公蓋自失人君之體也。」家氏曰：「凡公與强國之大夫爲盟，不書公及，諱强國之以無道加於公也。與小國之大夫爲盟，則不諱公，以公自欲與之爲盟，非彼小國之大夫要公必欲爲此盟也。齊高傒、晉處父，强國之大夫也。莒人，小國之大夫也。魯、莒自春秋以來，有未平之怨，前此紀人爲之平之，今隱公欲降心以消二國之患，而及其臣爲盟，以望國之君，而盟小國之臣，謙而不中於禮者也。」○劉氏曰：「《公羊》謂實莒子『稱人，則從不疑也』。夫公及小國君盟何不可，而反隨微者卑稱乎？《穀梁》曰：『可言公及人，不可言公及大夫。』莒人即莒大夫，微故稱人耳。若可言人，及晉處父盟，何不曰及晉人乎？」

螟。程子曰：「爲災也。民以食爲命，故有災必書。」高氏曰：「書螟者三，隱二，莊一。螽十有一，桓一，餘皆僖公之後。螟食苗心，螽無所不食，其爲災也，螟輕而螽重。春秋之初，災之輕者亦書之，及其久也，輕者不勝書，書其重者耳。不然，豈莊公之後，二百年皆無螟耶？」

附録《左傳》：「冬，齊侯使來告成三國。公使衆仲對曰：『君釋三國之圖以鳩其民，君之惠也。寡君聞命矣，敢不承受君之明德。』」

冬，十有二月，無駭卒。駭，《穀》作「侅」。《左傳》：「羽父請謚與族。公問族於衆仲。衆仲對曰：『天子建德，因生以賜姓，胙之土而命之氏。諸侯以字爲謚，因以爲族。官有世功，則有官族。邑亦如之。』公命以字爲展氏。」《公羊傳》：「此展無駭也，何以不氏？疾始滅也，故終其身不氏。」《穀梁傳》：「無侅之名，未有聞焉。或曰，隱不爵大夫也。或説曰，故貶之也。」程子曰：「未賜族，書名而已。」杜氏曰：「公孫之子以王父字爲氏，公子展之孫，故爲展氏。卒而後賜氏，故不書氏。」無駭書名，未賜族也。諸侯之子爲大夫，則稱公子。其孫也而爲大夫，則稱公孫。公孫之子與異姓之臣，未賜族而身爲大夫，則稱名，無駭、俠之類是也。已賜族而使之世爲大夫，則稱族，如仲孫、叔孫、季孫之類是也。古者置卿，必求賢德，不以世官。春秋之初，猶爲近古，故無駭與俠皆書名耳。其後官人以世，無不賜之族，或以字，或以謚，或以官，或以邑，汪氏曰：「字，魯三桓、鄭七穆之類。謚，宋戴氏、衛齊氏之類。官，如晉士氏、中行氏之類。邑，如晉韓氏、魏氏之類。」而先王之禮亡矣。至於三家專魯，六卿分晉，諸侯失國出奔者相繼，職此由也。按禮：「天子寰音縣。內諸侯，世其禄而不嗣。」然則諸侯所置大夫，嗣其位而不易，豈禮也哉？《禮記·王制》：「天子之縣內諸侯，禄也。外諸侯，嗣也。」又曰：「諸侯之大夫不世爵禄。」觀《春秋》所書，而是非之迹著矣，治亂之效明矣。張氏曰：「《春秋》無駭、俠之卒，與季友、仲遂之卒，實因卿大夫之告終以謹世變。所以著無駭、俠之未賜族不爲薄，而季友、仲遂之恩實過於厚。過厚若隆於恩，而先王之禮，毫釐之過，則生亂啓釁，常必由之。學者不可以不考也。」○汪氏曰：「《穀梁》謂『隱不爵命大夫』。然傳稱『司空無駭』，而又帥師出境，則爲大夫明矣。特未賜族耳。」

丁卯桓王六年。**九年**齊僖十七。晉哀四。衛宣五。蔡桓侯封人元年。鄭莊三十。曹桓四十三。陳桓三十一。杞武三十七。宋殤六。秦寧二。楚武二十七。**春，天王使南季來聘。**《穀梁傳》：「南，氏姓也。

季，字也。聘，問也。聘諸侯，非正也。」程子曰：「《周禮·大行人》：『時聘以結諸侯之好。』王法之行，時加聘問，以懷撫諸侯，乃常禮也。春秋之時，諸侯不脩臣職，朝覲之禮廢絶，王法所當治也。不能正典刑，而反聘之，又不見答，失道甚矣。」

按《周禮·行人》：王者待諸侯，有時聘以結好，間問以諭志。《周禮》注：「時聘者，亦無常期。間問者，間歲一問諸侯，謂存省之屬。」**而穀梁子何以獨言「聘諸侯，非正也」？**廬陵李氏曰：「《周禮》：『天子時聘以結諸侯之好，殷頫以除邦國之慝，間問以諭諸侯之志，歸脤以交諸侯之福，賀慶以贊諸侯之喜，致禬以補諸侯之災。』故《穀梁》非正之説，范甯以爲未詳。而趙子亦曰：『王政行也，天子使使聘諸侯，所以洽恩惠、考政典也。』然胡氏獨取《穀梁》者，蓋《周禮》乃古者王室親諸侯之常典，而穀梁氏則深究夫春秋王聘之失，不可非也。」**古者諸侯於天子，比年一小聘，三年一大聘，五年一朝。**《禮記·王制》注：「比年，每歲也。小聘使大夫，大聘使卿。」《周禮》：「邦畿外五百里侯服，歲一見。又五百里甸服，二歲一見。又五百里男服，三歲一見。又五百里采服，四歲一見。又五百里衛服，五歲一見。又五百里要服，六歲一見。」**天子於諸侯不可以若是恝，**苦八反。**故亦有聘問之禮焉。隱公即位九年于此，而史策不書遣使如周，則是未嘗聘也；亦不書公如京師，則是未嘗朝也。一不朝則貶其爵，再不朝則削其地，如隱公者，貶爵削地可也。刑則不舉，遣使聘焉，其斯以爲不正乎？**孫氏曰：「桓王不能興衰振治，統制四海，以復文、武之業，反同列國之君使使來聘，桓王之爲天子可知也。」朱子曰：「諸侯不朝于周，而周反下聘于列國，是甚道理？」**經書公如京師者一，**成公十三年。**朝于王所者二，**僖二十八年。**卿大夫如京師者五，**僖三十年公子遂，文元年叔孫得臣，八年公孫敖，宣九年仲孫蔑，襄二十四年叔孫豹。又文九年叔孫得臣，昭二十二年叔鞅，會葬故不數。然敖亦弔喪不至，蓋據經文如京師，無弔喪之文，故併及之。**舉魯一國，則天下諸侯怠慢不臣可知矣。書天王來聘者七，**七年凡伯，此年南季，桓四年宰渠伯糾，五年仍叔之子，八年家父，僖三十年宰周公，宣十年王季子。**錫命者三，**莊元年榮叔，文元年毛伯，成八年召伯。**歸脤者一，**定十四年石尚。**賵葬者四，**元年宰咺，文元年叔服，五年榮叔、召伯。**則問於他邦，及齊、晉、秦、楚之大國又可知矣。王之不王如此，征伐安得不自諸侯出乎？諸侯之不臣如此，政事安得不自大夫出乎？君臣上下之分易矣。陪臣執國命，夷狄制諸夏矣，其原皆自天王失威福之柄也。《春秋》於此，蓋有不得已焉爾矣。**高氏曰：「前年凡伯來聘而戎輒伐之，諸侯莫有救王臣之難者。天王不問，復使南季來聘，又不見答，失道甚矣。」張氏曰：「隱公十年之間，宰咺、凡伯、南季，三至魯庭，以魯爲周公之胄而欲親之也。公不明尊王之義，而朝聘之禮不行於王室。《春秋》詳王使之來魯，讀者自知隱公之罪矣。」汪氏曰：「隱公之立，既不禀命於周，宰咺、祭伯接踵魯庭，而不類見於平王。武氏子來求賻，又不奔喪會葬。及桓公即位，又不入覲，而奄然受王臣之兩聘，接滕、薛之旅朝，終其世不遣一介行李造于京師。荀曰『攝而不君』，則若何比歲出會諸侯耶？《春秋》録王臣之聘，惟隱、桓之世最數。隱不克終，桓負大惡，不善之積，蓋有由矣。」

三月癸酉，大雨震電。《公羊傳》：「何以書？記異也。何異爾？不時也。」《穀梁傳》：「震，雷也。電，霆也。」**庚辰，大雨雪。**雨，于付反。《左傳》：「三月癸酉，大雨霖以震，書始也。庚辰，大雨雪，亦如之。書時失也。凡雨，自三日以往爲霖，平地尺爲大雪。」《公羊傳》：「何以書？記異也。何異爾？俶甚也。」《穀梁傳》：「志疏數也。八日之間，再有大變，陰陽錯行，故謹而日之也。雨月，志正也。」程子曰：「陰陽運動，有常而無忒，凡失其度，皆人爲感之也。故《春秋》災異必書。漢儒傳其說而不達其理，故所言多妄。三月大雨震電，不時，災也。大雨雪，非常爲大，亦災也。」

震電者，陽精之發。雨雪者，陰氣之凝。周三月，夏之正月也。雷未可以出，電未可以見，而大震電，此陽失節也。汪氏曰：「或謂《春秋》用夏正，故建辰之月雨雪爲異。苟實建辰之月，則震電不必書矣。」高氏曰：「大雨震電者，大雨而又震電也。」**雷已出，電已見，則雪不當復降，而大雨雪，此陰氣縱也。**何氏曰：「雷電，陽氣也。有聲曰雷，無聲曰電。周之三月，雨當冰雪雜下，雷當聞於地中，電未可見，而大雨震電，此陽氣大失其節。日者，一日之中也。凡災異，一日者日，歷日者月，歷月者時，歷時者變文爲異。平地七尺雪者，盛陰之氣大怒也。」**天陰陽運動，有常而無忒，凡失其度，人爲感之也。今陽失節而陰氣縱，公子翬之讒兆矣，鍾巫之難萌矣。《春秋》災異必書，雖不言其事應，而事應具存，惟明於天人相感之際，響應之理，則見聖人所書之意矣。**

高氏曰：「凡稱大者，皆非常之詞。夫天反時爲災，人反德爲亂。隱公以讓國爲名，乃從事兵争，此反德也。利將反爲害，親將反爲賊，天之見戒深矣，而弗儆弗戒以及於難。」○劉氏曰：「《左傳》云『大雨霖以震』，經無霖字，傳無電字，傳誤耳。又云：『雨三日以往爲霖，平地尺爲大雪。』是二百四十二年之中，三日雨，平地尺雪，各一而已，且非可怪者也。」

挾卒。挾，《公》、《穀》作「俠」。《公羊傳》：「俠者何？吾大夫之未命者也。」《穀梁傳》：「俠者，所俠也。弗大夫者，隱不爵大夫也。隱之不爵大夫，何也？不成爲君也。」杜氏曰：「挾，魯大夫，未賜族。」王氏曰：「凡爵未至大夫，謂之微者，不列於《春秋》，苟列則大夫矣。」○**夏，城郎。**《左傳》：「書，不時也。」杜氏曰：「郎，魯邑。」

城者，禦暴保民之所。而城有制，役有時，大都不過三國之一，邑無百雉之城，制也。《禮記·坊記》：「制國不過千乘，都城不過百雉，家富不過百乘。」**魯嘗城費、城郈，其後復墮焉，**汪氏曰：「襄七年城費，定十二年墮郈、墮費。今按城郈不見於經，然經書墮郈，則郈城不度可知。」**則越禮而非制矣。凡土功，龍見而戒事，火見而致用，水昏正而栽，**才代反，又音再。**日至而畢，時也。**汪氏曰：「龍見，謂今九月，周十一月。龍星角、亢晨見東方，三務始畢，戒民以土功事。火見，謂大火，心星，次角、亢。見者，致築作之物。水昏正，謂今十月，定星昏而中，於是樹板幹而興作。日至，日南至，微陽始動，故土功息。」**隱公城中丘、城郎，而皆以夏，則妨農務而非時矣。城不踰制，役不違時。又當分財用，平板榦，稱畚築，程土物，議遠邇，略基址，揣厚薄，仞溝洫，具餱糧，度**

有司，量功命日，不愆于素，林氏曰：「財用，築作具也。分之使均。榦，楨也。立榦而後施板以築而平之。畚，盛土器。築，實土器。稱量其輕重。取土用物，作爲程限。議遠察邇，均其勞役。城基址足，行其廣狹。度高曰揣，度深曰仞。具，備也。糇，乾食也。量度監主之有司。計工約日，不過素所慮之期也。」**然後爲之可也。況失其時制，妄興大作，無愛養斯民之意者，其罪之輕重見矣。**襄陵許氏曰：「七年城中丘而後伐邾，今城郎而後伐宋，于時動衆，恃城保國，亦已末矣。」高氏曰：「魯自受祊之後，將爲鄭伐宋，又恐他國之議其後者，故城郎以備之。」汪氏曰：「城者，所以禦暴而保民。今既城郎，宜可以禦暴矣。後此桓十年齊、衛、鄭來戰于郎，莊十年齊師、宋師次于郎，不能禦暴，反以召亂，是知禦暴禁亂，不在乎城郭之固。苟能力於爲善，自强於政，能治其國家，則誰敢侮之哉？公之元年，費伯已帥師而城郎。九年之間，再興土功。他日莊公築臺於郎，文公毁郎臺，昭公築郎囿，魯之諸君，其勞民於郎，亦已甚矣。」廬陵李氏曰：「郎，魯近邑，在高平方與縣東南。隱再城之。而桓之世，三國來戰于此。莊之世，陳、蔡之侯亦次于此。齊、宋以兵窺魯，又宿師于此，則郎豈非魯之要地乎？厥後築臺、築囿，又皆在此。始也，猶有警懼之心；終也，遂爲游觀之地矣。」

秋，七月。《穀梁傳》：「無事焉，何以書？不遺時也。」○**冬，公會齊侯于防。**防，《公》作「邴」。《左傳》：「宋公不王。鄭伯爲王左卿士，以王命討之。伐宋。宋以入郛之役怨公，不告命。公怒，絶宋使。秋，鄭人以王命來告伐宋。冬，公會齊侯于防，謀伐宋也。」《穀梁傳》：「會者，外爲主焉爾。」杜氏曰：「防，魯地。」高氏曰：「防，宋地。明年魯遂取之。」

《周官・行人》曰：「時會以發四方之禁。」《周禮・秋官・大行人》注：「時會，即時見也，無常期。諸侯有不順服者，王將有征討之事，則既朝，王命爲壇於國外，合諸侯而發禁命事焉。禁，謂九伐之法。」此謂非時而合諸侯，以禁止天下之不義也。列國何爲有此名？凡書會皆譏也，謂非王事相會聚爾。趙氏曰：「凡相見于外曰會。」臨川吴氏曰：「諸侯相見於野曰會。或各國君相見，或君臣相見，或各國臣自相見，或講好，或謀事，皆謂之會。」永嘉吕氏曰：「凡書會，皆非正也。彼善於此，惡有重輕，則各存乎其事焉。」汪氏曰：「《曲禮》『諸侯相見於隙地曰會』，乃預謀間地，剋期而往朝于天子耳。《春秋》書會九十二，皆非以王事而相會也。公會者四十九，夫人會者四，大夫會者二十三，外會者十三，外會公者三。通諸一經言之，則會戎于潛爲《春秋》之始，會吴黄池爲《春秋》之終。自中國諸侯相會而言，則此會防爲《春秋》之始，哀十二年會衛侯、宋皇瑗于鄖，爲《春秋》之終。始則從齊而合黨以基中國之伯，終則畏吴而私謀以兆戰國之争，曾何有於講信修睦之心哉？故曰：『凡書會，皆譏也。』惟襄十一年會于蕭魚，晉悼公以不戰而屈楚推至誠以待鄭，禮囚，禁暴，偃兵息民，故書會、伐而又書會，爲一經之特筆，可謂彼善於此者矣。」《左傳》稱「宋公不王，鄭伯以王命討之。使來告命。會于防，謀伐宋也」。于中丘爲師期也，亦謂之非王事，可乎？曰「以王命討宋」，而聽征討之禁于王都，雖召陵之舉，不及是矣。汪氏曰：「齊桓召陵之師，雖非王命，然仗義討楚，責以王祭不供，乃春秋用兵之最善者。」始則私相會爲謀於防，中則私相盟爲師期於鄧，終則乘敗人而深爲利以取二邑歸諸己。奉王命討不庭者，果如是乎？經之書會、書伐而不異其文以此。趙氏曰：「是時王室已微弱，豈有諸侯禀命爲之討罪乎？若實奉王命而討不庭，明年伐宋必異其文，不應依常例書伐。」張氏曰：「魯隱自六年受輸平，八年入祊，志於昵鄭而仇宋，故外爲平宋之形。鄭復以不王之罪加於宋，則興兵有名，而其義可以招齊。此會防之謀，所以爲明年伐宋之地也。左氏見其名而不察其實，故録之如此，殊不知鄭莊特假此以誑齊、魯耳。觀繻葛之役，則宋殤之不王，豈至如鄭莊之甚乎？」高氏曰：「此齊背瓦屋之盟，與公連謀，爲鄭伐宋也。隱公得利則合，鄭既歸祊，與齊、鄭併力。齊之强大，可以爲助，可以伐人，故諸侯争與之盟。宋既與之謀鄭，而魯、鄭又與之謀宋也。」家氏曰：「魯與宋未嘗有怨，齊於宋又爲同盟。今魯啗於歸祊之利，齊背瓦屋之盟，將連兵以伐宋，内揣有愧，故相與假王命以興師。《春秋》書會于防，誅始謀也。霸者挾天子以令諸侯，寔昉於此。」廬陵李氏曰：「經書公特會齊侯八，防、嬴、讙、艾、濼、城濮、平州、夾谷是也。」

附録《左傳》：「北戎侵鄭，鄭伯禦之，患戎師，曰：『彼徒我車，懼其侵軼我也。』公子突曰：『使勇無剛者，嘗寇而速去之。君爲三覆以待之。戎輕而不整，貪而無親；勝不相讓，敗不相救。先者見獲，必務進；進而遇覆，必速奔。後者不救，則無繼矣。乃可以逞。』從之。戎人之前遇覆者，奔，祝聃逐之，衷戎師，前後擊之，盡殪。戎師大奔。十一月甲寅，❶鄭人大敗戎師。」

戊辰桓王七年。**十年**齊僖十八。晋哀五。衛宣六。蔡桓二。鄭莊三十一。曹桓四十四。陳桓三十二。

---

❶「一」，原作「二」，今據阮刻本《春秋左傳正義》改。

杞武三十八。宋殤七。秦寧三。楚武二十八。**春，王二月，公會齊侯、鄭伯于中丘。**《左傳》：「春，王正月，公會齊侯、鄭伯于中丘。癸丑，盟于鄧，爲師期。」陳氏曰：「東遷之後，諸侯專征，小者修怨，大者定篡弑，猶未衡行於天下也。鄭伯爲王左卿士，無王命而私會齊、魯，齊、魯亦無王命而私會於鄭，而後諸侯之師始衡行天下。」汪氏曰：「防之會，魯始與齊謀伐宋之舉。至中丘之會，復偕鄭合謀而決出師之期。經備録之，著伐宋之兵所由合也，此乃直書而義自見。」**夏，翬帥師會齊人、鄭人伐宋。**《左傳》：「夏五月，羽父先會齊侯、鄭伯伐宋。」《公羊傳》：「此公子翬也，何以不稱公子？貶。曷爲貶？隱之罪人也，故終隱之篇貶也。」程子曰：「三國先遣將致伐。齊、鄭稱人，非卿也。翬不稱公子，與四年同。」

翬不氏，先期也。始而會宋以伐鄭，固請而行。今而會鄭以伐宋，先期而往，不待鍾巫之變，知其有無君之心矣。夫亂臣賊子積其强惡，非一朝一夕之故，及權勢已成，威行中外，雖欲制之，其將能乎？故去其公子，以戒兵柄下移，制之於未亂也。家氏曰：「翬去族不稱公子，誅也。終隱之篇皆去其族，隱之賊也。至桓而書族，以明其與桓同惡也。書法明甚，或者乃以爲與無駭、挾同例，其可得而例觀乎？」陳氏曰：「會稱君，伐稱人，略之也。」高氏曰：「齊侯、鄭伯貶稱人者。齊渝瓦屋之盟，鄭乃造兵之首，《春秋》深惡之。公元年及宋盟宿，四年又遇于清，和好非一日矣。今一旦以兵加之，始爲宋謀鄭，既得鄭利。今爲鄭謀宋，又欲得宋利也。唯知貪利，不復顧義也。」王氏曰：「人齊、鄭，則公之惡亦可見矣。」

六月壬戌，公敗宋師于菅。敗，必邁反。菅，古顔反。《左傳》：「六月戊申，公會齊侯、鄭伯于老桃。壬戌，敗宋師于菅。」《穀梁傳》：「內不言戰，舉其大者也。」程子曰：「不言戰而言敗，敗者爲主，彼與戰而此敗之也。」孫氏曰：「公與翬傾衆悉力共疾于宋，又浹辰而取二邑，故君臣並録以惡之。」杜氏曰：「菅，宋地。」

辛未，取郜。辛巳，取防。郜，古報反。《左傳》：「庚午，鄭師入郜。辛未，歸于我。庚辰，鄭師入防。辛巳，歸于我。君子謂『鄭莊公於是乎可謂正矣，以王命討不庭，不貪其土，以勞王爵，正之體也』。」《公羊傳》：「取邑不日，此何以日？一月而再取也。何言乎一月而再取？甚之也。內大惡諱，此其言甚之何？《春秋》録內而略外，於外大惡書，小惡不書；於內大惡諱，小惡書。」《穀梁傳》：「取邑不日，此其日，何也？不正其乘敗人而深爲利，取二邑，故謹而日之也。」程子曰：「取二邑而有之，盜也。」

內大惡其辭婉，小惡直書而不隱。夫諸侯分邑，非其有而取之，盜也。曷不隱乎？於取之中，猶有重焉者。若成公取鄟、襄公取邿、昭公取鄫，皆覆人之邦而絶其嗣，亦書曰「取」，所謂「猶有重焉者」此也。故取郜、取防，直書而不隱也。何氏曰：「內取邑常書。」陳氏曰：「蔽罪於魯也。《春秋》嚴義利之辨，苟以爲利，書吾取而已。是故郜、防書取，譏不在鄭也。濟西書取，汶陽書取，邾田書取，譏不在晉也。必若鄭伯欲易許田，然後可以言來歸焉爾。」**其不言戰而言敗，敗之者爲主，彼與戰而此敗之也，皆陳曰戰，詐戰曰敗。**杜氏曰：「設權譎變詐以勝敵，彼不得成列，成列而不得用，故以獨敗爲文。」家氏曰：「魯於宋本無纖芥之隙，徒以歸祊之故，爲鄭所役。翬既帥師會二國，公復自出奇兵以襲人之虛，而取其二邑。一月再取，《春秋》書日，所以著其暴，辭婉而義見者也。」〇劉氏曰：「《左氏》云：『鄭師入郜、入防，以歸于我。』經但言公敗宋師取郜、防，不言鄭伯。《春秋》豈縱漏鄭伯取邑之罪，反移之其君耶？ 又云『鄭莊公可謂正矣，不貪其土，以勞王爵』，亦非也。鄭苟以王命討宋，得其土地，當歸之王，何得專而裂之耶？」

秋，宋人、衛人入鄭。 程子曰：「鄭勞民以務外，而不知守其國，故二國入之。」高氏曰：「宋又連衛以報鄭，鄭幸菅之敗而不備，故師還及郊，宋、衛已乘其虚而入之矣。《春秋》無義戰，未有奇譎輕疾如宋、衛之入鄭者。」**宋人、蔡人、衛人伐戴，鄭伯伐取之。** 戴，《公》、《穀》作「載」。《左傳》：「秋，七月庚寅，鄭師入郊，猶在郊。宋人、衛人入鄭，蔡人從之伐戴。八月壬戌，鄭伯圍戴。癸亥，克之，取三師焉。宋、衛既入鄭，而以伐戴召蔡人，蔡人怒，故不和而敗。」《公羊傳》：「其言伐取之何？ 易也。其易奈何？ 因其力也。因誰之力？ 因宋人、蔡人、衛人之力也。」《穀梁傳》：「不正其因人之力而易取之，故主其事也。」程子曰：「戴，鄭所與也，故三國伐之。鄭、戴合攻，盡取三國之衆，其殘民也甚矣。」

稱伐、稱取，兼之也。 薛氏曰：「伐取者何？ 言擊而虜之也。」高氏曰：「宋既連兵入鄭，又乘勝召蔡人伐戴。戴，鄭所與之微國，伐之所以報鄭也。鄭又伺三國之便，伐而取之。盡得三師之輜重焉，是宋、衛雖入鄭，不能爲鄭之弱也。」臨川吴氏曰：「取，猶哀九年『宋皇瑗取鄭師于雍丘』，哀十三年『鄭罕達取宋師于嵒』之類，謂敗其兵而悉俘其衆也。」**或疑鄭人兵力不能取戴，兼三國之師，非矣。什圍伍攻，正也。以寡覆衆，奇也。莊公蓋嘗克叔段，敗王師，困州吁而入許，能以奇勝可知矣，故駐師於郊，多方以誤之也。四國已鬭，起乘其弊，一舉而兼取之，卞莊子之術也。** 莊子，魯卞邑大夫。《史記·陳軫傳》：「莊子欲刺虎，館豎子止之，曰：『兩虎方且食牛，食甘必鬭，鬭則大者傷，小者死，從傷而刺之，一舉必有雙虎之名。』莊子然之。有頃，二虎果鬬，莊子從傷者刺之，果有雙虎之功。」**然則可乎？孟子曰：「善戰者服上刑。」稱伐取者，其以鄭莊公殘民之甚當此刑矣。**家氏曰：「鄭自克段以來，汰於用武，伐衛，伐宋，入許，敗王師，皆極其兵力所至。今也用奇，一舉而取三國之師，其不曰善戰可乎？書鄭伯者，目其人也。善戰者服上刑，奚爵之有哉？」汪氏曰：「《公》、《穀》皆謂鄭因三國之力而取戴。然鄭方與宋鬬，未可資其力以取戴。宋、衛方入鄭，而連蔡以伐鄭之與國，必不肯資鄭之力而使之取戴也。」○盧陵李氏曰：「程子以爲『鄭、戴合攻，盡取三國之衆』，此説爲當。胡氏以爲一舉而兼四國，恐過。」

附録《左傳》：「九月戊寅，鄭伯入宋。」

冬，十月壬午，齊人、鄭人入郕。郕，《公》作「盛」。《左傳》：「蔡人、衛人、郕人不會王命。冬，齊人、鄭人入郕，討違王命也。」《穀梁傳》：「入者，内弗受也。日入，惡入者也。郕，國也。」程子曰：「討不會伐宋也。」

《左氏傳》云：「宋公不王，鄭伯以王命致討。而郕人不會，齊、鄭入郕，討違王命也。」程氏謂：「宋本以公子馮在鄭，故二國交惡。《春秋》不見其爲王討也。王臣不行，王師不出，矯假以逞私忿耳。」汪氏曰：「後世矯天子之詔，假人君之命，而興兵以報私讎快私忿者，代代有之。甚至如唐之宦寺藩鎮，劫帝遠出，肆無忌憚，夫亦《春秋》之法不行故耳。」盧陵李氏曰：「鄭莊假王命之事，自隱之元年，以王師、虢師伐衛，則猶爲卿士也。至三年，有交質之惡，周人畀虢公政矣。六年，鄭始朝周而不見禮。八年夏，虢公忌父始作卿士于周，而鄭又以齊朝王。九年然後有宋公不王之師。而傳曰『鄭伯爲王左卿士』，豈非兩朝之後，周復用之？而鄭所以周旋王室，不過爲矯假報復之私，初非有夾輔之誠也。十一年之入許，傳又曰『君謂許不共』，亦假飾之詞也。卒之敗宋，入郕，入許，納馮之後，志得意滿，而有繻葛之戰矣。故諸傳惟程氏得之，《左氏》得其事而不究其情，是爲鄭伯之所欺也。」**此説據經爲合，若討違王命，則不書入矣。入者，不順之詞也。苟以爲難詞，則齊、鄭大國，於討郕何難哉？** 高氏曰：「戴，鄭所與也，而三國伐之。郕，衛所與也，而齊、鄭入之，是效尤也。故謹而日而又人之。」薛氏曰：「於此郕再入矣，諸侯專兵，而小國無以措手足。」臨川吴氏曰：「蓋自五年衛入郕之後，郕遂服屬於衛，故爲衛之與。」汪氏曰：「入春秋之始，兵争俶擾，未有若是年之尤甚者也。夏而三國伐宋，秋而宋、衛入鄭，又偕蔡伐戴，鄭莊又圍戴，取三國之師，猶以爲未足，且偕齊入郕。一伐一入，迭勝迭負，彼此交侵其黨與，戰國之殺人盈城，暴骨如莽，兆於此矣。此《春秋》之所以作也，此《春秋》之所以始於隱公也。」

己巳 桓王八年。**十有一年** 干寶曰：「十盈則更始以奇，從盈數，故曰有。」○齊僖十九。晉哀六。衛宣七。蔡桓三。鄭莊三十二。曹桓四十五。陳桓三十三。杞武三十九。宋殤八。秦寧四。楚武二十九。**春，滕侯、薛侯來朝。** 此諸侯朝魯之始，亦旅見之始。《左傳》：「春，滕侯、薛侯來朝，争長。薛侯曰：『我先封。』滕侯曰：『我，周之卜正也。薛，庶姓也。我不可以後之。』公使羽父請於薛侯曰：『君與滕君辱在寡人，周諺有之曰：「山有木，工則度之；賓有禮，主則擇之。」周之宗盟，異姓爲後。寡人若朝于薛，不敢與諸任齒。君若辱貺寡人，則願以滕君爲請。』薛侯許之，乃長滕侯。」《公羊傳》：「其言朝何？諸侯來曰朝，大夫來曰聘。其兼言之何？微國也。」《穀梁傳》：「天子無事，諸侯相朝，正也。考禮脩德，所以尊天子也。諸侯來朝，時，正也。犆言，同時也。累數，皆至也。」程子曰：「諸侯雖有相朝之禮，而當時諸侯，於天子未嘗朝覲，獨相率以朝魯，得爲禮乎？」杜氏曰：「薛，奚仲之後，夏所封國，在魯國薛縣。」

諸侯朝於諸侯，禮乎？孔子曰：「邦君爲兩君之好，有反坫。」丁念反。格庵趙氏曰：「諸侯與鄰國君相見，主君獻賓，賓飲畢，反虛爵於坫上。賓於坫取爵，洗爵，酌，以酢主人。主人飲畢，亦反爵於坫上。」《周禮·司儀》：「凡諸公相爲賓，三辭，三揖。諸侯、諸伯、諸子、諸男之相爲賓，也如諸公之儀。」注：「謂相朝也。」啖氏曰：「人君相見曰朝。朝，朝也，以朝時相見也。」**《周禮·行人》：「凡諸侯之邦交，殷相聘，世相朝也。」**趙氏曰：「朝諸侯必有婚姻之好，疆埸之理，故王者不絕其交焉。」汪氏曰：「《大戴記·朝事》篇亦載諸侯相朝之禮。然亦間於天子之事而講之，且謂之相，則有往復之禮，非若春秋諸侯以小弱朝强大也。」**然謂之殷，則得中而不過；謂之世，則終諸侯之世而一相朝，其爲禮亦節矣。周衰，典禮大壞，諸侯放恣，無禮義之交，惟强弱之視。以魯事觀焉，或來朝而不報其禮，**汪氏曰：「滕朝者四，杞、邾朝者各七，曹、小邾朝者各五，郯朝者二，薛、紀、穀、鄧、郳、郜、蕭叔之朝各一，魯皆未嘗報聘。」**或屢往而不納以歸，**汪氏曰：「昭公七如晉，見止者一，至河乃復者五。定公亦嘗如晉，至河而復。」**無合於中聘、世朝之制矣。且列國於天子，述所職者，蓋闕**

如也。永嘉吕氏曰：「魯之所如者，齊也，晉也。其甚者，則朝遠夷之君，而齊、晉未嘗朝魯也。魯之所受朝者，滕也，郳也，薛也，杞也，曹也。否則夷狄之附庸，而滕、郳、薛、杞、曹，未嘗一受魯之朝也。蓋齊、晉盛也，楚則所畏也。滕、郳、薛、杞，則土地狹隘，而不能與魯伉也。僖公立三十三年，朝王所者再，而如齊者三。成公立十有八年，如京師者一，而如晉者四，他無有朝王所，如京師者矣。」**而自相朝聘，可乎？凡大國來聘，小國來朝，一切書而不削，皆所以示譏。**汪氏曰：「經書齊聘者五，晉聘十一，宋、衛聘者各四，楚聘者三，陳、鄭、吴、秦各一。」**滕、薛二君不特言者，又譏旅見也。**《禮記・曾子問》：「諸侯旅見天子。」注：「旅，衆也。」范氏曰：「總言之者，同時具至。」**非天子不旅見諸侯，偃然受之而不辭，亦以見隱公之志荒矣。**劉氏曰：「兼言之，譏旅見也。非天子不旅見諸侯，諸侯相旅見，非禮也。晉侯使荀庚來聘，衛侯使孫良夫來聘，魯尚不敢同日而參盟。豈有南面之君來朝，而令同日並見乎？隱公之志已驕，一旦朝兩國之君，不能識其非禮也，而受之，非獨驕也，志荒矣，死不亦宜乎？」張氏曰：「凡諸侯朝各書之。若穀、鄧偕至，而朝禮不同日也。累數之，若郳、牟、葛及今滕、薛同日行禮。同日行禮，惟天子可受之，諸侯不當然也。今隱公於天子未嘗朝覲，而滕、薛相率以朝，又不特見而使同日旅見，非禮甚矣。」高氏曰：「同受天子土地，是同列也。乃班見於魯，豈有同列來朝而班見者乎？異姓爲後，謂朝天子時耳。」薛氏曰：「滕、薛旅見，賓主皆有罪。」汪氏曰：「齊侯、鄭伯如紀，亦兼言之，豈旅見于紀乎？蓋書二君來朝，則是並行朝禮。書二君如紀，不過同往紀國，非並行朝禮也。然僖二十八年，兩朝王所，皆諸侯並朝；襄二十八年，公如楚，亦諸侯同往，經皆不書他諸侯者。《春秋》主魯，書魯以見其餘耳。」「或問：諸侯來朝，王臣及大夫來聘，皆志之，何也？茅堂胡氏曰：諸侯之邦交，歲問，中聘，世朝，此常事也。《春秋》書或聘，或不聘，或朝，或不朝，或過厚而數，或過薄而疏，無有合於中聘、世朝之禮，則不可以爲常事矣。故悉書于策，以見天王、方伯、諸侯治亂、强弱、安危、是非、邪正之迹，爲後世鑒。」○永嘉吕氏曰：「《王制》：『天子無事，與諸侯相見曰朝，考禮、正刑、一德，以尊天子。』《穀梁》謂『天子無事，諸侯相朝』，誤矣。」

夏，公會鄭伯于時來。《公》、《穀》「夏」字下有「五月」字。時來，《公》作「祁黎」，《左》文作「郲」。《左傳》：「夏，公會鄭伯于郲，謀伐許也。鄭伯將伐許。五月甲辰，授兵于大宫。公孫閼與潁考叔争車，潁考叔挾輈以走，子都拔棘以逐之。及大逵，弗及，子都怒。」杜氏曰：「時來，鄭地。」臨川吴氏曰：「鄭莊以小利餌魯隱，既與之伐宋，爲鄭報怨矣。又將與之同伐許，爲鄭益地，許與鄭接壤，鄭之所利，齊、魯無與焉者也。鄭伯以計鈎致齊、魯之君，而借其兵力，吞併小國以利益於己。甚哉！鄭之不仁，而齊、魯之不智也。」高郵孫氏曰：「隱之出十二皆不致，隱志讓乎桓，不欲當正君之禮，聖人本其意而略之也。」**秋，七月壬午，公及齊侯、鄭伯入許。**《左傳》：「秋，七月，公會齊侯、鄭伯伐許。庚辰，傅于許。潁考叔取鄭伯之旗蝥弧以先登，子都自下射之，顛。瑕叔盈又以蝥弧登，周麾而呼曰：『君登矣！』鄭師畢登。壬午，遂入許。許莊公奔衛。齊侯以許讓公。公曰：『君謂許不共，故從君討之。許既伏其罪矣，雖君有命，寡人弗敢與聞。』乃與鄭人。鄭伯使許大夫百里奉許叔以居許東偏，曰：『天禍許國，鬼神實不逞于許君，而假手于我寡人，寡人唯是一二父兄不能共億，其敢以許自爲功乎？寡人有弟，不能和協，而使餬其口於四方，其況能久有許乎？

吾子其奉許叔以撫柔此民也，吾將使獲也佐吾子。若寡人得沒于地，天其以禮悔禍于許，❶無寧茲許公復奉其社稷，唯我鄭國之有請謁焉，如舊昏媾，其能降以相從也。無滋他族實偪處此，以與我鄭國爭此土也。吾子孫其覆亡之不暇，而況能禋祀許乎？寡人之使吾子處此，不唯許國之爲，亦聊以固吾圉也。』乃使公孫獲處許西偏，曰：『凡而器用財賄，無寘於許。我死，乃亟去之！吾先君新邑於此，王室而既卑矣，周之子孫日失其序。夫許，大岳之胤也。天而既厭周德矣，吾其能與許爭乎？』君子謂：『鄭莊公於是乎有禮。禮，經國家，定社稷，序民人，利後嗣者也。許，無刑而伐之，服而舍之，度德而處之，量力而行之。相時而動，無累後人，可謂知禮矣。』鄭伯使卒出豭，行出犬、雞，以詛射潁考叔者。君子謂『鄭莊公失政刑矣。政以治民，刑以正邪。既無德政，又無威刑，是以及邪。邪而詛之，將何益矣』！」程子曰：「書及，内爲主也。非内爲主，則先書會伐，後書入也。」杜氏曰：「許，潁川許昌縣。」

書會，則伐許者本鄭志也。臨川吴氏曰：「欲得許地者，鄭之本謀。遂破許國者，鄭之專功。特以借齊、魯兵力以同伐，齊以國大爵尊爲主兵，既入許，鄭莊陽不有其功而讓於齊，齊侯以克許非己功而不敢受，乃以讓魯。魯又以克許非己功而不敢受，乃以與鄭。鄭即受之而不辭，竟得遂其貪土地之志。書入不書滅者，許君既奔他國，鄭雖專有其地，而使許君之弟奉其宗廟，不絶其祀也。入者，亡國之善辭，何善也？以爲猶愈於取其土地，而并絶其宗祀者爾。」**書及，則入許者公所欲也。**高氏曰：「魯既爲鄭敗

❶「其以」，原倒文，今據阮刻本《春秋左傳正義》乙正。

宋師，今又爲鄭入許，蓋由歸祊之故也。」王氏曰：「前之伐宋，鄭助魯以取二邑。今之入許，魯助鄭以奄鄰壤。稱及，志公之所欲也。」蜀杜氏曰：「書公及者，目公主之也。書公而齊、鄭稱人，則後世必以公及微者，故目其爵，所以鈞其譏之之義，譏在書入而不在稱爵也。」廬陵李氏曰：「《春秋》一事，始書會而後書事，惟此年及桓元年垂、越之會盟，皆所以著内外之志也。桓十二年，會武父，至伐宋則書及，例與此同。桓十六年，會曹，夏伐鄭，則仍書會，非獨魯之所欲矣，此可以見書法之謹也。」又曰：「許，姜姓，大岳之裔，在潁昌長社，與鄭爲鄰。鄭莊併吞之志久矣，特以三國共伐，難於專利，故外假存許之義，内結許人之心，而又使公孫獲以鈐制許叔，則許固鄭之内臣矣。未幾莊公薨，許叔因鄭亂以入許，於是鄭、許釁復啓。然齊桓既伯，許七從於會盟，三從於征伐，許之事齊尚謹，齊之救許亦至，則雖有楚人之圍，鄭人之侵，無能爲也。及晉伯以後，許專心事楚，無復中國之顧，故晉文圍以諸侯，晉襄伐以三國，悼有荀罃之伐，平有荀偃之侵，以區區之鄭，一歲而再用兵於許，《春秋》雖狄鄭，而許亦不能以自存矣。故成十五年以後，一遷于葉，再遷于夷，又遷于白羽，又遷于容城，越二年而滅於鄭游速之手，是則今日之入許，乃後日滅許之開端也。然首謀在鄭，書公以及，毋乃《春秋》惡黨惡之誅歟。」隱公即位十有一年，天王遣使來聘者再，而未嘗朝于京師，罪一也。平王崩，不奔喪，會葬，至使武氏子來求賻，罪二也。禮樂征伐自天子出，而擅興兵甲，爲宋而伐邾，爲鄭而伐宋，罪三也。山川土田，各有封守，上受之天王，下傳之先祖，而取郜及防，入祊易許，罪四也。今又入人之國而逐其君，罪五也。凡此五不韙者，人臣之大惡，而隱公兼有之。然則不善之殃，豈特始於惠，成於桓，而隱之積亦不可得而揜矣。使隱公者爲國以禮而自强於善，豈有鍾巫之難乎！是故《春秋》所載，以人事言，則是非善惡之迹設施於前，而成敗吉凶之效見於後，以天道言，則感應之理明矣，不可不察也。劉氏曰：「公之不得其終，以德薄而多大功，慮淺而數得意也。備其四境，禍反在内，可不哀歟。孔子曰：『人無遠慮，必有近憂。不在顓臾，而在蕭墻之内也。』」陳氏曰：「許莊公奔不書，非其罪也。凡奔，非其罪不書。故許男奔衛不書，須句子來奔不書。」○趙氏曰：「諸侯無王命入人之國，罪已大矣。又使大夫守之，不容誅矣。而《左氏》以爲有禮，是長亂階也。」

附録《左傳》：「王取鄔、劉、蔿、邘之田于鄭，而與鄭人蘇忿生之田：温、原、絺、樊、隰郕、攢茅、向、盟、州、陘、隤、懷。君子是以知桓王之失鄭也。恕而行之，德之則也，禮之經也。己弗能有，而以與人。人之不至，不亦宜乎？」○「鄭、息有違言。息侯伐鄭，鄭伯與戰于竟，息師大敗而還。君子是以知息之將亡也：不度德，不量力，不親親，不徵辭，不察有罪。犯五不韙，而以伐人，其喪師也，不亦宜乎？」○「冬，十月，鄭伯以虢師伐宋。壬戌，大敗宋師，以報其入鄭也。宋不告命，故不書。凡諸侯有命告則書，不然則否。師出臧否亦如之。雖及滅國，滅不告敗，勝不告克，不書于策。」

冬，十有一月壬辰，公薨。《左傳》：「羽父請殺桓公，將以求大宰。公曰：『爲其少故也，吾將授之矣。使營菟裘，吾將老焉。』羽父懼，反譖公于桓公而請弑之。公之爲公子也，與鄭人戰于狐壤，止焉。鄭人囚諸尹氏。賂尹氏，而禱於其主鍾巫。遂與尹氏歸，而立其主。十一月，公祭鍾巫，齊于社圃，館于寪氏。壬辰，羽父使賊弑公于寪氏，立桓公，而討寪氏，有死者。不書葬，不成喪也。」《公羊傳》：「何以不書葬？隱之也。何隱爾？弑也。弑則何以不書葬？《春秋》君弑，賊不討，不書葬，以爲無臣子也。子沈子曰：『君弑，臣不討賊，非臣也。子不復讎，非子也。葬，生者之事也。《春秋》君弑，賊不討，不書葬，以爲不繫乎臣子也。』公薨何以不地？不忍言也。隱何以無正月？隱將讓乎桓，故不有其正月也。」《穀梁傳》：「公薨不地，故也。隱之，不忍地也。其不言葬，何也？君弑，賊不討，不書葬，以罪下也。隱十年無正，隱不自正也。元年有正，所以立隱也。」程子曰：「人君終于路寢，見卿大夫而終，乃正終也。薨于燕寢，不正其終也。薨不書地，弑也。賊不討，則不書葬，無臣子也。」朱子曰：「凡魯君被弑，則書薨而以不地著之。蓋臣子隱諱之義，聖人之微意也。」

致隱讓國，立不以正，惠公之罪也。茅堂胡氏曰：「立嗣必適，無適則長，其所從來遠矣，所以定名分，窒亂原也。隱、桓之母皆妾耳。桓幼而隱長，何得而徇愛憎之私，亂長幼之序，屬意於非所當立者，而使長嗣不敢安其位乎？故曰：『致隱讓國，惠公之罪也。』晉平公寵少姜，爲制夫人之服，及諸侯往弔，則固辭曰『非伉儷也』。由此知春秋時，邦君之元妃卒，寵妾終不敢正以爲夫人，而指其子爲嫡也，審矣。」

致桓弑君，幾不早斷，隱公之失也。既有讒人交亂其間，憂虞之象著矣，而曰「使營菟裘，吾將老焉」，是猶豫留時，辨之弗早辨也。東萊吕氏曰：「當授即授，何謂將授？當營即營，何謂將營？進退可否，決之在我，又安有所謂將耶？」茅堂胡氏曰：「決者，智之君；需者，事之賊。故曰：『致桓弑君，隱公之失也。』」汪氏曰：「羽父進讒之際，乃吉凶禍福之幾，投幾之頃，間不容髮。隱而果讓桓，則宜亟召桓而授之位。若不讓桓，則宜急殺翬以杜讒佞，不容斯須少緩。今乃當危疑臲卼之時，而有趑趄狐疑之意，使翬得以覘其跡而動於惡。彼翬之凶逆，見利而不顧其君，殺桓之言不納，則弒隱之謀進矣。」**其及也宜。隱公見弒，魯史舊文必以實書。**茅堂胡氏曰：「書羽父使賊弒公于寪氏，魯史本文也。」**其曰「公薨」者，仲尼親筆也。古者史官以直爲職，而不諱國惡。**茅堂胡氏曰：「晉董狐、齊太史，皆直書弒君。君子樂道人善，惡稱其惡，況君父乎？仲尼作《春秋》，然後於魯公書薨不書弒，示臣子於君父，當隱諱其惡而不忍道者。」**仲尼筆削舊史，斷自聖心，於魯君見弒，削而不書者。蓋國史一官之守，《春秋》萬世之法，其用固不同矣。**劉氏曰：「魯史，一官之守；而《春秋》，天下之法、聖人之志。此其所以不同也。」**不書弒，示臣子於君父，有隱避其惡之禮；**茅堂胡氏曰：「《春秋》魯事多諱，如公薨不地，出奔稱孫，滅國曰取，易地言假之類，非没其實，使後世無考證也，但微婉其辭，不直書爾。是故内失地則不書，師敗績則不書，親送葬則不書，朝而不見納則不書。」**不書地，示臣子於君父，有不没其實之忠；**張氏曰：「書君薨，必詳其地以示正終。不地者，不暇辨其正不正，而有不忍言者，蓋弒也。」何氏曰：「若書曰公薨于寪氏，桓、翬之罪非徒不討，後世無由識之矣。」汪氏曰：「或以不地爲缺文，而謂隱公非弒，是惑於《明堂位》『魯君臣未嘗相弒』之言爾。記禮者不通《春秋》不地之義，遂謂魯未嘗弒君也。」**不書葬，示臣子於君父，有討賊復讎之義；**啖氏曰：「凡公葬皆書，唯隱、閔不書。言賊不討，如不葬然也。」張氏曰：「不書葬者，君弒，臣子當戮力討賊，以復君父之讎，故賊未討則不敢葬。其不知討賊而遂葬者，《春秋》絀其葬，以見臣子之不忠孝，而忘君父之讎也。」**非聖人莫能修，謂此類也。夫賊不討，讎不復，而不書葬，則服不除，寢苫枕戈，**《禮記·檀弓》：「子夏問曰：『居父母之讎，如之何？』子曰：『寢苫枕干，弗與共天下也。』」**無時而終事也，以此法討賊至嚴矣，故曰「《春秋》成而亂臣賊子懼」。**陳氏曰：「《春秋》之法，内外恒異辭。遇弒，君父之大哀也，則吾何忍言之？故書薨。薨，十二公所同也。不地不葬，隱、閔所獨也。然則雖諱，而亂臣賊子之獄具矣。」高氏曰：「君終不於正寢而於他處，則著其不正終，所以危之也。至於不書地，則知其爲弒矣。君見弒而忍言焉，是無臣子之心，故書薨而不地，所以深罪當時在朝之臣，而顯誅一時預弒之賊也。賊未討不書葬，見爲人臣子者縱賊不問，又使之得立爲君，皆甘心北面事之，是與乎弒也！一時臣子皆與乎弒，則葬之者誰歟？雖葬猶不葬也。夫諸侯無二嫡，桓不得爲嫡子，立庶以長，隱之立爲得正，使隱公以長自處，請命天子，正位君魯，以奉周公之祀，誰曰不然？乃探先君之邪志，自謂爲桓而立，竊讓國之名，冀桓之信己，桓日冀其歸政，而隱偃然欲終其身，遂致見弒，蓋由隱公不知大義以至此耳。然則有國者，不可以不知《春秋》。」陸氏曰：「《穀梁》謂十年無正，譏隱合居其位而不正，以貽其禍也。」高氏曰：「不自正者，非隱當時不自有之，乃聖人罪其當正而不正也。王之正月而公不自正，何也？天子頒曆於諸侯，諸侯告朔于廟而後布政，公欲讓桓，若政不自己出者也。」王氏曰：「隱十年無正，書春而無月者六，非皆事不必月，而月所不能該也，所以正隱也。隱元年有正月，二年以後無正月。定元年無正月，二年以後有正月。隱不有其位，欲授國於桓以召亂；定得國於季孫意如，故或正其始而不正其終，或不正其始而終正之，各因其事以見法焉。」廬陵李氏曰：「隱公立十一年，自六年以前黨於宋，自六年以後黨於齊、鄭。原其即位，雖以次當立，然本非惠公之命，而出於諸大夫之扳己。故元年盟儀父，其秋盟宋，二年盟戎，四年遇清，《春秋》皆書及，蓋隱欲結諸國以自安也。雖然自安，而大夫之專，迭見於無駭、翬帥師之時矣。輸平以後，隱漸得志，故伐邾而忘蔑之信，伐宋而棄宿之盟，入祊、入許，無所不至，而有寪氏之禍。使隱公初立，上請王命，則長幼之義自明，君臣之分自定，又何必屈己於諸侯，委權於大夫，以成後日之變哉？杜氏以爲『讓國之賢君』，吾未之見也。」〇劉氏曰：「《左氏》云『不書葬，不成喪也』，非也。桓潛謀弑君，欲人不知，故歸罪於寪氏，豈更令其喪禮不成，以自發露耶？」

右隱公十有一年，書于經者其事七十有六。以爲經世之典，撥亂反正之書，百王不易之大法，丹陽洪氏曰：「三代各立一王之法，其末皆有弊。《春秋》，經世之大法，通萬世而無弊。」其詳可得聞乎。謂一爲「元」，則知祖述憲章，以體元爲人主之職。謂周正爲「春」，則知立制度，改正朔，以夏正爲可行之時。謂正月爲「王正」，則知天下之定于一也。隱公不書即位，則知父子君臣之大倫不可廢也。與邾儀父、宋人盟而皆書曰「及」，則知以忠信誠慤爲先，而盟誓不足貴也。大叔出奔共，而書曰「鄭伯克段」，則知以親愛爲主，而恩義之輕重不可偏也。來賵仲子而冢宰書名，則知夫婦人倫之本，而嫡妾之名分不可亂也。祭伯朝魯直書曰「來」，則知人臣義無私交，而朋黨之原不可長也。公子益師書卒，則知《春秋》貴大臣，而恩禮之哀榮不可恝也。元者何？仁是也。仁者何？心是也。建立萬法，酬酢萬事，帥馭萬夫，統理萬國，皆此心之用也。堯、舜、禹以天下相授，堯所以命舜，舜亦以命禹，首曰「人心惟危，道心惟微」。周公稱乃考「文王惟克厥宅心，乃克立兹常事」，故一心定而萬物服矣。春之爲夏正，何也？夫斗指寅然後謂之春，建巳然後謂之夏，故《易》曰「兑，正秋也」，以兑爲正秋，則坎爲正冬必矣。今以冬爲春，則四時易其位。《春秋》正名之書，豈其若是哉？故程氏謂：「周正月，非春也，假天時以立義耳。」商人以建丑革夏正，而不能行之於周。周人以建子革商正，而不能行之於秦。秦人以建亥爲正，固不可行矣。汪氏曰：「商與秦未嘗改丑、亥爲正月。但以丑、亥爲歲首，論者不以詞害意可也。」自漢氏改用夏時，經歷千載，以至于今卒不能易，謂爲百王不易之大法，指此一事可知矣。仲尼豈以欺後世哉？王正月之定于一，何也？天無二日，土無二王，家無二主，尊無二上，道無二致，政無二門，故議常經者，黜百家，尊孔氏；諸不在六藝之科者，勿使並進，此道術之歸于一也。《前漢書·董仲舒傳》：「《春秋》大一統者，天地之常經，古今之通誼也。今師異道，人異論，百家殊言，指意不同，是以上亡以持一統，法制數變，下不知所守。臣以爲諸不在六藝之科、孔子之術者，皆絶其道，勿使並進。邪僻之説滅息，然後統紀可一，法度可明，民知所從矣。」言致理者，欲令政事皆出中書，《唐書·李德裕傳》：

「致理之要，在於辨群臣之邪正，慎擇賢才以爲宰相，有姦罔者立黜去之，常令政事皆出中書，則天下何憂不理哉？」而變禮樂，革制度，則流放竄殛之刑隨其後，《禮記·王制》：「變禮易樂者爲不從，不從者君流。革制度衣服者爲畔，畔者君討。」此國政之歸于一也。茅堂胡氏曰：「典禮賞刑四者，《春秋》之綱領。其命自天，其斷在人主，其法出於朝廷，百司遵守於内而不敢違，牧守將帥奉承於外而不敢變，此王正月之定于一也。」若乃闢私門，廢公道，各以便宜行事，是人自爲政，繆於《春秋》大一統之義矣。《前漢書·王吉傳》：「《春秋》所以大一統者，六合同風，九州共貫也。今俗吏一切權譎自任，是以百里不同風，千里不同俗，户異政，人殊服，詐僞萌生，刑罰無極。」盟于昧而書及，公所欲也。盟于宿而書及，公立而求成焉。非若小國之於大國，不得已而要盟者。汪氏曰：「如紀侯盟黄，鄫子會盟于邾之類。」後七年，爲宋而伐邾，昧之盟，其刑牲歃血，果何爲也？後十年，爲鄭而伐宋，宿之盟，要質鬼神，又安在乎？比事以觀，而盟不足貴亦審矣。世衰道隱，民彝汨亂，若宋殤之於馮也，衛侯鄭之於叔武、瑕也，皆爲利争，不勝計也。事見《左傳》隱公三年，僖公二十八年、三十年。而莊公獨以順母爲辭，養成段惡。夫中也養不中，才也養不才，故人樂有賢父兄也。仁人之於兄弟不藏怒焉，不宿怨焉，親愛之而已矣。象憂亦憂，象喜亦喜，恩掩義也。使吏治其國，而象不得有爲，義勝恩也。汪氏曰：「齊僖公於夷仲年，不能以義斷恩，卒有無知之禍。宋景公於母弟辰、公子地，不能以恩掩義，卒致入蕭之叛。」恩義並立而中持衡焉。段雖凶逆，焉攸亂，此《春秋》責莊公之意也。太宰建邦六典，以佐王治邦國者也，而承命以賵諸侯之妾。不知其不可，是爲不智；知其不可而不言，是爲不忠。不忠不智之人，而可以居百僚之長乎？故貶而書名，賤之也。或曰安知咺之不言，如其不用何？言而不用，則辭其位而不居，禮也。今奉命而來，則知其阿諛順旨，無體國愛君之義矣。其貶而書名，非宰也。夫危而不持，顛而不扶，則將焉用彼相。若以其嘗爲冢宰，不論功罪，而曲以禮貌加之，非《春秋》責相之意矣。君子有更相汲引，交好以爲公；《唐書·李德裕傳》：「孔子與顔回、子貢更相稱譽，不爲朋黨。禹、稷與皋陶轉相汲引，不爲比周。」小人有互相朋黨，比周以爲私，其迹雖同而情異，不可不察也。祭伯朝魯，安知其爲私而不與乎？隱公之立，未嘗請命，王法所當治也。祭伯爲王卿士，不能詔王以正典刑，而遠來朝之，其爲阿私審矣。故尹氏來訃不稱爵，祭叔來聘不言使，皆以明人臣之義，杜朋黨之原耳。大夫書卒，見君臣之義也；不書葬，明尊卑之等也。或日或不日，著禮貌之差也。名而不書氏者，身自爲卿而非世也。其稱公子，以貴戚故使爲卿也。不書官者，不請於王而自命也，其有將兵而會戰，奉使而出疆，名姓已登於史册。如公子翬者而不書卒，何也？迷國誤朝，躬行弑逆，則有天討之刑矣。公子遂之罪亦同，而書卒，何也？因事之變以明卿卒不繹之禮，而義不繫於遂也。季孫意如無事之變而書卒，獨何歟？《春秋》有變例，定、哀多微辭。太史公曰：「孔子著《春秋》，隱、桓之間則彰，定、哀之際則微。」季氏逐昭公，殺務人即公爲，昭公太子。而立宋。若有漢高帝之公，《前漢書·季布傳》：「丁公爲項羽將，窘帝彭城西。帝急，顧曰：『兩賢豈相戹哉？』丁公乃還。及項王滅，丁公謁見。帝斬之以徇，曰：『使後爲人臣無效丁公。』」不賞私勞，則三家退聽，公室張矣。定公幸於禍而忘其讎，誘於利而忘其辱，以意如爲大夫而不討先君之賊也，天理滅矣。是故比事以觀，其異同可見。觸類而長，其指意無窮。以一年之事考之，則二百四十二年之行事皆可見矣。以爲經世之典，撥亂反正之書，百王不易之大法，豈不信夫！

春秋集傳大全卷之四

桓　公

一公名軌，《史記》名允，惠公之子，隱公之弟。母仲子，夫人文姜。在位十有八年。謚法：辟土服遠曰桓。

周魯桓公十五年，桓王崩，子莊王立。

鄭魯桓公十一年，莊公卒，子昭公忽立。是年忽奔衛，厲公突立。桓十五年，厲公奔蔡，昭公歸鄭。秋，鄭伯突入于櫟。桓十七年，昭公弑，立子亹。桓十八年，齊殺亹，鄭祭仲立子儀。

齊魯桓公十四年，僖公卒，子襄公諸兒立。

宋魯桓公二年，殤公弑，莊公馮立。

晉魯桓公二年，哀侯侵陘庭，陘庭與曲沃武公謀。桓三年，曲沃伐翼，獲哀侯，晉人立其子小子侯。桓七年，曲沃武公殺小子侯。桓八年，曲沃滅翼。冬，王命虢仲立晉哀侯之弟緡于晉。

衛魯桓公十二年，宣公卒，惠公朔立。桓十六年，惠公奔齊，公子黔牟立。

蔡魯桓公十七年，桓侯卒，子哀侯獻舞立。

曹魯桓公十年，曹桓公卒，莊公射姑立。

滕詳見隱公元年。

陳魯桓公五年，陳桓公卒，陳佗殺太子免而自立。桓六年，蔡人殺陳佗，厲公躍立。桓十二年，厲公卒，莊公林立。

杞詳見隱公元年。

薛詳見隱公元年。

莒詳見隱公元年。

郳詳見隱公元年。

許魯桓公十五年，許叔入于許。

小郳詳見隱公元年。

楚魯桓公六年，伐隨，使隨請周尊楚號，周室不聽，還報楚。桓公八年，熊通怒，自立爲楚武王，與隨人盟而去。詳見莊公四年傳注。

秦詳見隱公元年。

吴詳見隱公元年。

越詳見隱公元年。

庚午桓王九年。**元年**齊僖二十年。晉哀七年。衛宣八年。蔡桓四年。鄭莊三十三年。曹桓四十六年。陳桓三十四年。杞武四十年。宋殤九年。秦寧五年。楚武三十年。

元年，即位之始年也，自是累數雖久而不易，此前古人君記事之例，《春秋》祖述爲編年法，及漢文帝惑方士之言，改後元年，始亂古制。夫在位十有六載矣，復稱元年可乎？《前漢書·郊祀志》：「文帝十六年，趙人新垣平言：『闕下有寶玉氣。』來日詐令人持玉盃獻之，刻曰『人主延壽』。又言：『候日再中。』居頃之，日卻復中，詔更以十七年爲元年。」汪氏曰：「按《史記·秦紀》，惠文君『十四年，更爲元年』。《索隱》云『魏惠王三十六年改稱一年』，則改元不自漢文始矣。」**孝武又因事别建年號。**汪氏曰：「孝武即位，改元建元，年號昉見於此。」劉氏攽曰：「《封禪書》稱『後三年，有司言元宜以天瑞命，不宜一二數推』。所謂『後三年』，蓋元狩六年至元鼎三年也。元鼎四年方得寶鼎，無緣先三年而稱之。以此言之，自元鼎以前之元，皆有司追命，故元封改元始有詔書。」汪氏曰：「元光因長星見，元狩因獲白麟，元封因封禪，太初因改曆，天漢因祈雨，各因事而改也。」**歷代因之，或五六年，或四三年，或一歲再更，使記注繁蕪，莫之勝載。夫歷世無窮而美名有盡，豈記久明遠可行之法也？必欲傳久，當以《春秋》編年爲正。**

春，王正月，公即位。《公羊傳》：「繼弑君，不言即位，此其言即位何？如其意也。」《穀梁傳》：「桓無王，其曰王，何也？謹始也。其曰無王，何也？桓弟弑兄，臣弑君，天子不能定，諸侯不能救，百姓不能去，以爲無王之道，遂可以至焉爾。元年有王，所以治桓也。繼故不言即位，正也。繼故不言即位之爲正，何也？曰先君不以其道終，則子弟不忍即位也。繼故而言即位，則是與聞乎弑也。繼故而言即位，是爲與聞乎弑，何也？曰先君不以其道終，己正即位之道而即位，是無恩於先君也。」程子曰：「桓公弑君而立，不天無王之極也，而書『春，王正月，公即位』，以天道王法正其罪也。桓、宣與聞乎弑，然聖人如其意而書即位，與僖、文等同辭，則其惡自見，乃所以深責之也。」

桓公與聞乎？故而書即位，著其弑立之罪，深絶之也。高氏曰：「隱公被弑，經但書薨而賊不見主名，嗣君實與其故而無以爲別，則後之觀者，安知賊之爲誰乎？故著其篡立之罪，特書其自即位者，以不弑自居也。」高郵孫氏曰：「繼弑書即位，是例之變也。」**美惡不嫌同辭，或問桓非惠公之適子乎？適子當立而未能自立，是故隱公攝焉，以俟其長而授之位，久攝而不歸，疑其遂有之也，是以至於見弑，而惡亦有所分矣。《春秋》曷爲深絶桓也？**劉氏曰：「傳謂隱公攝，是非其位而據之，則桓之弑隱，《春秋》不宜深絶之。今以其深絶之，知隱乃讓也，非攝也。」**曰古者諸侯不再娶，於禮無二適。惠公元妃既卒，繼室以聲子，則是攝行内主之事矣。**啖氏曰：「諸侯一娶九女，元妃卒，則次妃攝行内事，無再娶之文。」茅堂胡氏曰：「夫人亡，則次妃攝治内事，重男女之配也。」**仲子安得爲夫人？母非夫人，則桓乃隱之庶弟，安得爲適子謂當立乎？桓不當立，則國乃隱公之國，其欲授桓，乃實讓之，非攝也。**歐陽氏曰：「隱公之稱號無異於正君，會盟征伐，賞刑祭祀，皆出於己。舉魯之人皆聽命於己，其不爲正君者幾何？」攝、讓異乎？曰「非其有而居之者，攝也」，故周公即政而謂之攝。《詩・狼跋》小序：「周公攝政。」「推己所有以與人者，讓也」，故堯、舜禪授而謂之讓。《書・堯典》小序：「讓于虞舜。」惠無適嗣，隱公繼室之子，於次居長，禮當嗣世，其欲授桓，所謂「推己所有以與人者」也，豈曰攝之云乎？以其實讓而桓乃弑之，《春秋》所以惡桓，深絶之也。然則《公羊》所謂「桓幼而貴，隱長而卑。子以母貴」者，其説非歟？趙氏曰：「妾母不得爲夫人，桓何以得貴？若然，是禮可得而越，分可得而踰也。若母得以子貴，即成風之賵葬不應有譏，而《公羊》經外妄生此文，遂令漢朝引以爲證，首亂大法，良可惜哉！」曰此徇惠公失禮而爲之詞，非《春秋》法也。仲子有寵，惠公欲以爲夫人。母愛者子抱，惠公欲以桓爲適嗣，禮之所不得爲也。或問：「桓公非受命於惠公乎？」家氏曰：「否。惠公暮年，溺於私愛，或有立桓之意，而未見於事，故惠卒而隱遂立。《左氏》謂『生桓公而惠公薨，是以隱公立而奉之』。奉之者，隱也，非惠公嘗有治命也。《穀梁》謂『既勝其邪心以與隱』者，事之實也。隱欲讓桓，所謂『成父之惡也』，使惠公確有立桓之志，則隱將有蒲屈之難，國可得乎？」禮不得爲，而惠公縱其邪心而爲之，隱公又探其邪志而成之，《公羊》又肆爲邪説而傳之，漢朝又引爲邪議而用之，《前漢書・哀帝紀》：「詔曰：『《春秋》之義「母以子貴」，尊定陶傅太后及丁姬並爲帝太后。』」《後漢書・光武紀》：「廢皇后郭氏，立貴人陰氏爲皇后。越二年，立東海王陽爲皇太子，廢太子彊爲東海王。

詔曰：『《春秋》之義「立子以貴」。』」**夫婦之大倫亂矣。《春秋》明著桓罪，深加貶絶，備書終始討罪之義，以示王法，正人倫，存天理，訓後世不可以邪汨之也。**張氏曰：「桓公弑君而立，在九伐之法，當伏賊殺其親之罪。今書公，見周王之無政刑。書即位，見魯之臣子忘不共戴天之讎，而推戴弑君之賊弁冕南面，立乎其位。故桓公之編，其書法大率異於群公，此聖人脩理三綱，敕正民彝之大指也。」家氏曰：「桓以臣弑君，以弟簒兄，罪大惡極。而魯之先君也，夫子脩《春秋》，雖以誅討亂賊爲事，而於魯之先君，不容直正其罪，故特立法以垂示萬世。書王、書正、書即位，皆所以討也。三年以後不書王，著桓無王，與王不能以王法正天下也。誅魯也，亦責王也。或者以不書王爲簡編之脱誤。《春秋》無深意，不亦鹵乎！」○廬陵李氏曰：「即位例已見隱元年。獨陳氏曰：『古者君薨既殯，嗣子即位於柩前，雖踰年恒稱子，必類見，然後列於諸侯。東遷之諸侯，既踰年而即位，改元，覲天子，非周制也。自隱至文六君，惟桓、文書即位，亦惟桓、文書錫命，是不特類見之禮廢，雖請命亦廢矣。成公以後皆書即位而無錫命。王室區區所以感諷諸侯之意亦不復講矣。』雖與諸傳説不合，然亦有見。」

三月，公會鄭伯于垂。《穀梁傳》：「會者，外爲主焉爾。」杜氏曰：「垂，衛地。」高氏曰：「鄭伯知公之簒逆不自安，特爲好會，將以求賂焉，度魯急於會諸侯，必從所欲故也。夫鄭莊與隱公同盟和好，今見其賊不能討，反有所邀求欲以定其位，是誠何心哉？」廬陵李氏曰：「魯與鄭特相會盟者，惟桓公之編有四，會垂、盟越、盟武父、會曹是也。鄭莊之結魯桓，與魯桓之交鄭突，皆黨簒弑之賊爾。」**鄭伯以璧假許田。**《左傳》：「公即位，修好于鄭。鄭人請復祀周公，卒易祊田，公許之。三月，鄭伯以璧假許田，爲周公祊故也。」《公羊傳》：「其言以璧假之何？易之也。易之則其言假之何？爲恭也。曷爲爲恭？有天子存，則諸侯不得專地也。許田者何？魯朝宿之邑也。諸侯時朝乎天子，天子之郊，諸侯皆有朝宿之邑焉。此魯朝宿之邑也，則曷爲謂之許田？諱取周田也。諱取周田，則曷爲謂之許田？繫之許也。曷爲繫之許？近許也。此邑也，其稱田何？田多邑少稱田，邑多田少稱邑。」《穀梁傳》：「假不言以，言以，非假也。非假而曰假，諱易地也。禮：天子在上，諸侯不得以地相與也。無田則無許可知矣。不言許，不與許也。許田者，魯朝宿之邑也。邴者，鄭伯之所受命而祭泰山之邑也。用見魯之不朝於周，而鄭之不祭泰山也。」程子曰：「隱公八年，鄭伯使宛來歸祊，蓋欲易許田，魯受祊而未與許。及桓弒立，故爲會以求之，復加以璧。朝宿之邑，先祖受之於先王，豈可相易也？故諱之曰假。諱國惡，禮也。」

許田所以易祊也，鄭既歸祊矣，又加璧者，祊薄於許故也。蘇氏曰：「許田所以易祊，以祊爲未足而益之以璧耳。」魯，山東之國，與祊爲鄰，鄭，畿内之邦，許田近地也，以此易彼，各利於國，而聖人乃以爲惡而隱之，獨何歟？曰：利者，人欲之私，放於利，必至奪攘而後厭。義者，天理之公，正其義，則推之天下國家而可行。《春秋》惡易許田，孟子極陳利國之害，皆拔本塞源，杜篡弒之漸也。湯沐之邑，朝宿之地，先王所錫，先祖所受，私相貿易而莫之顧，是有無君之心而廢朝覲之禮矣，是有無親之心而棄先祖之地矣，故聖人以是爲國惡而隱之也。其不曰以璧易田而謂之假者，夫易則已矣，言假則有歸道焉。何氏曰：「使若暫假借之辭。」杜氏曰：「隱其實。不言易祊，稱璧假。若進璧以假田，非久易也。」又以見許人改過

遷善自新之意，非止隱國惡而已也，其垂訓之義大矣。資中黃氏曰：「歸祊後復書我入祊，重取地。假許後不書以許歸鄭，重失地，爲内諱也。」陳氏曰：「取許田則曷爲謂之『以璧假』？鄭伯之詞也。公羊氏曰：『爲恭也。』春秋之初，諸侯爲惡必有詞以自文。夫子傷周之弊曰利而巧，文而不慚，於《春秋》著其事，所以見王化衰，風俗日趨於變，且以發明鄭莊之欺也。」張氏曰：「公篡立而懼諸侯之討己，欲外結好以自固。因鄭伯嘗歸祊以易許田而未遂，乃求好於鄭，鄭亦欲乘此機遂求許田，故與桓公會于垂。篡弒之人，人人所同惡。而鄭莊首與爲會，故書公會鄭伯，言出於鄭志，所以深罪鄭伯也。桓公受璧以棄朝宿之邑，故諱。易言假，内以諱爲貶，蓋大惡然後諱也。」家氏曰：「書鄭伯以璧假田，著鄭莊乘魯有惡，要許田然後與之盟也。」○劉氏曰：「《公羊》謂『繫之許也』，非也。《詩》云：『居常與許，復周公之宇。』然則周公受封，本有許邑，非《春秋》故繫之許也。且地邑各自有名，據實而書，豈敢擅易哉？」

夏，四月丁未，公及鄭伯盟于越。《左傳》：「結祊成也。盟曰：『渝盟，無享國。』」《穀梁傳》：「及者，内爲志焉爾。越，盟地之名也。」程子曰：「桓公欲結鄭好以自安，故既與許田，又爲盟也。弒君之人，凡民罔不懟，而鄭與之盟以定之，其罪大矣。」

垂之會，鄭爲主也，故稱會。越之盟，魯志也，故稱及。鄭人欲得許田以自廣，是以爲垂之會。桓公欲結鄭好以自安，是以爲越之盟。王氏《箋義》曰：「上書會，所以惡鄭。此書及，所以惡魯。」張氏曰：「交貶之以見其惡。」高氏曰：「會垂之時，固欲結鄭援以自安。以垂會未可保其必信也，故又盟越而位乃定焉。鄭既得許田，始與公爲此盟也。」**夫弒逆之人，凡民罔弗憝，**汪氏曰：「《康誥》：『凡民自得罪，殺越人于貨，罔不憝。』今按《書》本謂殺人而取貨財者，凡民無不怨惡。况弑逆之賊，覆載所不容，安得不人人惡之哉！」即孟子所謂不待教命，人得而誅之者也。汪氏曰：「孟子本謂不待教戒而誅戮之。此借引之，謂不必待上之人教命而可即誅之也。」而鄭與之盟以定其位，是肆人欲，滅天理，變中國爲夷狄，化人類爲禽獸。聖人所爲懼，《春秋》所以作，無俟於貶絶而惡自見矣。王氏曰：「垂、越皆衛地，其地於衛爲近，於魯爲遠。譏桓公簒立遠會鄭莊，以求王朝卿士之援也。」家氏曰：「衛州吁之弑其君，魯隱、宋殤爲之出師會伐鄭以定其位。今魯隱見弑於其弟，鄭莊逼弑賊取其田而與之盟。宋殤見弑於其臣，魯桓率三國受弑賊之賂而成其亂。出爾反爾，後先一轍。又其後魯桓斃於齊襄，其子事讎終身不敢報。鄭莊雖僅克自全，而嗣子忽終殞於賊臣之手，國大亂幾亡。黨賊爲利者，亦知所懲矣。」

秋，大水。書水災之始。《左傳》：「凡平原出水爲大水。」《公羊傳》：「何以書？記災也。」《穀梁傳》：「高下有水災曰大水。」程子曰：「君德修則和氣應而雨暘若，桓行逆德而致陰沴，乃其宜也。」

大水者，陰逆而與怨氣并之所致也。高郵孫氏曰：「大者，非常之辭。水非常而爲災，或害民禾稼，敗民廬舍，爲災則書也。」桓行逆德而致陰沴，音戾。宜矣。或問堯之時，豈有致之者而曰「洚水警予」，何也？汪氏曰：「《大禹謨》作『儆予』。」今按警，戒也，非堯、舜致水而曰儆予者，見聖人憂民之切，不敢以爲非己之責而自寬也。」曰堯之水，非有以致之。開闢已來，水之行未得其所歸，故堯有憂焉，使禹治之，然後人得平土而居爾。《孟子》：「當堯之時，天下猶未平，洪水横流，汎濫於天下。」《集注》：「洪荒之世，生民之害多矣。聖人迭興，漸次除治，至堯時，尚未盡平也。」若曰洪水者，積雨之所成，時暘而熄矣，奚待乎九年十有三載之治也！《書・堯典》：「命鯀治水，九載，績用弗成。」《禹貢》作「十有三載」。《史記》：「禹治水，居外十三年，過家門不敢入。」山谷之所洩歟，自禹功既施，疏鑿決排以至于今，而其流不減，何也？是知天非爲堯有洪水之災，至禹而後水由地中行爾。後世有人爲不善，感動天變，召水溢之災者，必引堯爲解，誤矣。《宋鑑》：「神宗熙寧六年，上以久旱，憂見容色。王安石曰：『水旱常事，堯、湯所不免。』」汪氏曰：「書時不書月，則水之汎溢爲害，蓋歷時而未平也。經書内大水者八：後此十三年書夏，此年、莊七年、二十五年、宣十年、成五年皆書秋，莊十一年宋大水亦書秋，惟莊二十四年紀於『八月，姜氏入』之後，襄二十四年紀於『七月，日食』之後。書月者，未至歷時之久，然非非常爲災，則不志也。」孫氏曰：「水不潤下也，聖王在上，五事脩而彝倫敘，則休徵應之。聖王不作，五事廢而彝倫攸斁，則咎徵應之。春秋之世多災異，聖王不作故也。然自隱迄哀，悉書之不可勝書，惟内災則詳而録之，外災或志或不志，則天下之災異從可見矣。」

冬，十月。《穀梁傳》：「無事焉，何以書？不遺時也。《春秋》編年，四時具而後爲年。」

附録《左傳》：「冬，鄭伯拜盟。」○「宋華父督見孔父之妻于路，目逆而送之，曰：『美而豔。』」

辛未 桓王十年。**二年** 齊僖二十一。晉哀八。衛宣九。蔡桓五。鄭莊三十四。曹桓四十七。陳桓三十五。杞武四十一。宋殤十，弑。秦寧六。楚武三十一。**春，王正月戊申，宋督弑其君與夷，**《穀梁傳》：「桓無王，其曰王，何也？正與夷之卒也。」

桓無王，而元年書春王正月，以天道王法正桓公之罪也。桓無王，而二年書春王正月，以天道王法正宋督之罪也。程子曰：「弑逆者不以王法正之，天理滅矣。督雖無王，而天理未嘗亡也。」其説是矣。穀梁子以二年書王，「正與夷之卒」，其義一爾，以爲諸侯之卒，天子所隱痛，故書王以正之，誤矣。茅堂胡氏曰：「桓無王而元年書王，所以治桓弑隱公而自立也。桓無王而二年書王，所以治桓會于稷以成宋亂也。自是而後不書王者，見天王之不王，故桓亦不之王也。十年復書王者，天道人事十年一變，而篡弑之惡則不可滌，故復書王者，所以治桓罪，垂世法也。十八年桓已死矣，復書王者，明弑君之罪，雖其身已没而王法不得赦也。」家氏曰：「春秋初年，聖人猶望天王以討賊之事，故元年書王，所以正魯桓之罪。二年書王，以魯賊未討而宋亂又作，于稷之會特書成宋亂，篡弑之賊與預會之諸侯咸在所討。或曰周自東遷，已不能號召方國。今《春秋》以討賊責之，其如諸侯之不稟命者何？曰五年桓王伐鄭，以師從者猶有蔡、衛、陳，使是時桓王能以誅討二篡，號召天下，名正言順，諸侯大國必皆來會，允、馮、督、翬，可坐而翦也。惟其無志於此，王綱日壞，凶彙日繁，曲沃以支宗篡晉，陳佗以庶孽干嫡，鄭突挾强臣之援而逼逐其君兄，衛朔挾五國之助而拒違王命，無知弑襄，渠彌弑昭，傅瑕弑子儀，宋萬弑捷，文姜弑桓，慶父弑般及閔，綱常掃地，君父岌岌乎不能以自保，《春秋》所爲作，爲是故爾。」〇孫氏曰：「《穀梁》以二年書王爲『正與夷之卒』，則莊、閔、僖、文、宣、襄、定、哀之二年書王，正何人之卒也？」汪氏曰：「許止、楚比、陳夏徵舒、齊崔杼、陳乞之弑，皆不書王以正其罪。豈以督之弑在正月，不可書曰春正月宋督弑其君，而其他弑逆不在春正月者，不拘書王之例歟？」

及其大夫孔父。《左傳》：「宋督攻孔氏，殺孔父而取其妻。公怒，督懼，遂弑殤公。君子以督爲有無君之心，然後動於惡，故先書弑其君。」《公羊傳》：「及者何？累也。弑君多矣，舍此無累者乎？曰：有。仇牧、荀息皆累也。舍仇牧、荀息無累者乎？曰：有。有則此何以書？賢也。何賢乎孔父？孔父可謂義形於色矣。其義形於色奈何？督將弑殤公，孔父生而存，則殤公不可得而弑也，故於是先攻孔父之家。殤公知孔父死，己必死，趨而救之，皆死焉。孔父正色而立於朝，則人莫敢過而致難於其君者，孔父可謂義形於色矣。」《穀梁傳》：「孔父先死，其曰及，何也？書尊及卑，《春秋》之義也。孔父之先死，何也？督欲弑君，而恐不立，於是乎先殺孔父。孔父閑也。何以知其先殺孔父也？曰，子既死，父不忍稱其名；臣既死，君不忍稱其名，以是知君之累之也。孔，氏；父，字謚也。或曰，其不稱名，蓋爲祖諱也。孔子故宋也。」程子曰：「人臣死君難，書及以著其節。父，名也。稱大夫，不失其官也。」

按《左氏》：「宋殤公立，十年十一戰，民不堪命。」孔父爲司馬，無能改於其德，非所謂格君心之非者，然君弑死於其難，處命不渝，亦可以無愧矣。父者，名也。著其節而書及，趙氏曰：「忠義見殺，與君而死，故言及以連之，美其能死節也。」陳氏曰：「牧、息書及，以尊及卑也。督先殺孔父而後弑君，斯及則并也。《左氏》得之。」**不失其官而書大夫，**李氏曰：「與夷是督之君，言弑其君可也？孔父非督之大夫，而曰其大夫者，與君俱死，據君爲文也。」**是《春秋》之所賢也。賢而名之，何也？故侍讀劉敞**敞，字原父，號公是先生，清江人，宋治平中爲侍讀，著《春秋傳》一十五卷、《權衡》十七卷、《意林》二卷。**以謂「既名其君於上，則不得字其臣於下，此君前臣名，禮之大節也」。**孫氏曰：「孔父字者，天子命大夫也。如祭仲、單伯、女叔之類。」齊氏曰：「人名不當獨稱曰父，若考父、林父、行父是也。《公》、《穀》以父爲字近之。」**督將弑殤公，孔父生而存，則不可得而弑，於是乎先攻孔父而後及其君。**張氏曰：「穆公舍馮而立與夷，使馮出居鄭。與夷既立，宋、鄭屢相侵伐。華督蓋馮之黨也，將弑與夷而憚孔父，故先攻孔父，殤公怒，則弑之，遂召馮而立。書與夷之弑而後及孔父，明孔父之死爲君故。」**能爲有無，亦庶幾焉。凡亂臣賊子畜無君之心者，必先翦其所忌而後動於惡；不能翦其所忌，則有終其身而不敢動也。華督欲弑君而憚孔父，劉安欲叛漢而憚汲直，曹操欲禪位而憚孔融，**《前漢書·汲黯傳》：「淮南王謀反，憚黯，曰：『黯好直諫，守節死義。至説弘等，如發蒙耳。』」《後漢書·孔融傳》：「融見操雄詐漸著，頻書争之，多侮慢之辭。操以融名重天下，外相容忍，而潛忌之。又嘗奏宜準古王畿之制，千里寰内，不以封建諸侯。操疑其所論建漸廣，益憚之。郗慮承操風旨，令路粹枉奏融不軌，書奏棄市。范曄論曰：『山有猛獸，藜藿爲之不採。是以孔父正色，不容弑虐之謀。文舉之高志直情，足以動義概而忤雄心。』」**此數君子者，義形於色，皆足以衛宗社而忤邪心，姦臣之所以憚也。不有君子，其能國乎？《春秋》賢孔父，示後世人主崇**

獎節義之臣，乃天下之大閑，有國之急務也。茅堂胡氏曰：「聖人取三大夫，蓋君已弑，力不能討，止有死耳。❶常人之情，於此轉易者多，故聖人取其死節也。如宋萬弑閔公，殺太宰督，督嘗弑君矣，雖有大節不可贖也。襄仲弑子赤，惠伯被殺亦不書者，非君命可以無死故也。晏子曰：『人有君而弑之，吾焉得死之，而焉得亡之者？』齊莊不爲社稷死，晏子非其私昵之臣也。」陳氏曰：「死節，人臣之極致也。《春秋》貴死節，雖衛甯喜殺太子角、楚比殺太子祿皆不書，必大臣也，然後書，大臣誼與其君存亡者也。雖大臣也，苟不能與其君存亡，則亦不書，是故晉欒書、中行偃先殺胥童而後弑君不言及。死節，人臣之極致，《春秋》重以與人也。」永嘉呂氏曰：「孔父乃穆公所屬殤公者也，荀息乃獻公之屬其子者也。孔父、荀息存，則殤公、卓子與之俱存。孔父、荀息亡，則殤公、卓子與之俱亡。殤公、卓子已弑，而孔父、荀息尚存，則督克不得而全矣。仇牧雖非屬受於先君，然聞君弑，趍而至，遇于門，手劍而叱之。是仇牧生而存，則萬不可以生；仇牧死，然後萬得以奔陳耳。非能與君存亡，何以如此？」汪氏曰：「或謂孔父，大夫，不當蒙弑文。夫苟書曰『宋督弑其君與夷，遂殺其大夫孔父』，則不見孔父爲君而死，而大臣扞君之節不著矣。故特書及以褒其死君難，此聖筆之精意也。朱子《綱目》書宋太子邵弑其君義隆，及其左衛率袁淑等，蓋切取《春秋》之義也。不然，袁淑乃宋邵東宮小臣，又何以不言殺乎？」〇啖氏曰：「《左氏》云：『華督見孔父之妻于路，遂弑殤公。』按古者大夫皆乘車，其妻固當乘車，不可在路而見其貌。蓋以舊言『孔父

❶「止」上，四庫本有「至此」二字。

義形於色』，而作傳者以爲女色之色，遂妄爲此說耳。」趙氏曰：「《穀梁》云：『臣既死，君不忍稱其名。』按孔父之事，自是史册載之，非殤公自書也，何關君不忍乎？又曰：『蓋爲祖諱。』按《春秋》魯史，非孔子家傳，安得諱乎？」

滕子來朝。程子曰：「滕本侯爵，後服屬于楚，故降稱子，夷狄之也。首朝桓公之罪自見矣。」

隱公末年，滕稱侯爵。距此三歲爾，乃降而稱子者，先儒謂「爲時王所黜」也。使時王能黜諸侯，《春秋》豈復作乎？朱子曰：「是時時王已不能行黜陟之典，就使能黜陟諸侯，當時亦不止一滕之可黜。」家氏曰：「王綱已頹，陟者有之，未聞其能黜也。」汪氏曰：「蜀之盟，齊在鄭下。范氏亦謂『時王所黜』。然齊、鄭之爵未有所改，烏見其時王黜之乎？」**又有言其在喪者，**趙氏曰：「滕，侯爵，自齊桓霸後，與杞、薛皆降號以從會位，此時未有霸者，故知在喪也。」朱子曰：「前不見滕侯卒，乃不通之論。」**終春秋之世不復稱侯，無説矣。然則云何？《春秋》爲誅亂臣討賊子而作，其法尤嚴於亂賊之黨，使人人知亂臣賊子之爲大惡而莫之與，則無以立於世；無以立於世，則莫敢勸於爲惡，而篡弑之禍止矣。今桓公弟弑兄，臣弑君，天下之大惡，凡民罔弗憝也。己不能討，又先鄰國而朝之，是反天理，肆人欲，與夷狄無異，而《春秋》之所深惡也，故降而稱子，以正其罪。四夷雖大皆曰子，其降而稱子，狄之也。**《禮記·曲禮》：「東夷、北狄、西戎、南蠻，雖大曰『子』。」高氏曰：「滕侯始與隱公同好。今隱爲桓所弑，反率先朝之，此不仁不義之甚，故《春秋》以夷狄待之。」或曰：非天子不制度，不議禮，不考文。仲尼豈以匹夫專進退諸侯，亂名實哉？劉氏曰：「仲尼作《春秋》，雖以文褒貶，猶不擅進退諸侯。蓋不以匹夫侵天子之事，豈若是專之以亂名實哉？」則將應之曰，仲尼固不以匹夫專進退諸侯，亂名實矣。不曰《春秋》天子之事乎？知我罪我者，其惟《春秋》乎！茅堂胡氏曰：「滕本侯爵，降而稱子者，首朝桓公黜之也。然則居周之世，食周之禄，擅易其爵，豈所謂『非天子不議禮』者乎？曰《春秋》，固天子之事也。」世衰道微，暴行交作。仲尼有聖德無其位，不得如黄帝、舜、禹、周公之伐蚩尤，誅四凶，戮防風，殺管、蔡，《史記·本紀》：「蚩尤爲暴，黄帝徵師諸侯，與蚩尤戰于涿鹿之野，遂擒殺蚩尤。」《左傳》文十八年：「舜臣堯，流四凶族，投諸四裔，以禦魑魅。」《家語·王言解》：「禹致群臣於會稽，防風氏後至，禹戮之。」《書·蔡仲之命》：「周公位冢宰，正百工，群叔流言，乃致辟管叔于商，囚蔡叔于郭鄰。」行天子之法於當年也。故假魯史用五刑，奉天討誅亂賊，垂天子之法於後世。其事雖殊，其理一耳！何疑於不敢專進退諸侯，以爲亂名實哉？夫奉天討，舉王法，以黜諸侯之滅天理、廢人倫者，此名實所由定也。故曰：「《春秋》成而亂臣賊子懼。」張氏曰：「《春秋》於諸侯之爵，不輕貶絶，惟有用夷變夏、崇奬逆賊、瀆亂三綱之罪者，則黜之。故吴、楚僭稱王，杞、莒用夷，則黜號降爵，而尤於亂臣賊子，嚴其黨惡之法。此滕之始朝桓公，所以特黜而從後日之稱子也。」○沙隨程氏曰：「春秋時小國事大國，其朝聘貢賦之多寡，隨其爵之崇卑。滕子之事魯，以侯禮見，則所供者多；以子禮見，則所供者少。滕國土小，不足以附諸侯之大國，故甘心自降爲子。子孫一向微弱，故終春秋之世常稱子，聖人因其實而書之耳。故鄭子産嘗争承貢賦之次，曰：『昔天子班貢，輕重以列。鄭伯，男也，而使從公侯之貢，懼弗給也，敢以爲請。』即其事也。」孫氏曰：「杞，公爵也。滕、薛，皆侯也。入《春秋》杞或稱侯，或稱伯，或稱子，皆降也。滕或稱侯，或稱子。稱侯，正也；稱子，降也。薛或稱侯，或稱伯。稱侯，正也；稱伯，降也。此蓋聖王不作，朝會不常，彼三國者，力既不足，禮多不備，或以侯禮而朝，或以伯、子而會，孔子從而録之，以見其亂也。滕子朝弑逆之人，其罪可知。」延平李氏曰：「滕子來朝，考之《春秋》，夫子凡所書諸侯來朝皆不與其朝也。胡文定謂春秋之時，諸侯之朝皆無有合於先王之時世朝之禮者，故書，皆譏之也。滕本稱侯，桓二年來朝稱子者，以討亂賊之黨貶，於諸家之説義爲精。然自此終《春秋》之世不復稱侯，豈以祖世有罪而并貶其子孫乎？《春秋》與人改過遷善，又善善長，惡惡短，不應如此，是可疑也。竊以謂從胡氏之説，於理爲長。觀夫子所書討亂之法甚嚴，滕不以桓之不義而朝之，只在於合黨締交，此夷狄也。既已貶矣，後世子孫碌碌無聞，無以自見於時。又壤地褊小，本一子、男之國。宋之盟，《左傳》有宋人請滕欲以爲私屬，則不自强而碌碌於時者久矣。自貶之後，夫子再書，各沿一義而發，遽又以侯稱之，無乃紛紛然殽亂，《春秋》之旨不明而失其指乎！蓋聖人之心，必有其善，然後進之。若無所因，是私意也，豈聖人之心哉？若如此看，似於後世之疑不礙，道理爲通。」朱子曰：「杞國最小，《春秋》所書，初稱侯，已而稱伯，已而稱子，蓋其朝覲貢賦之屬，率以子、男之禮從事。聖人因其實而書之，非貶之也。滕國亦小，初書侯，已而書子，解者以爲桓公弑君之賊，不合朝之，故貶稱子。然自此以後一向書子，使聖人實惡其黨惡，則當止貶其一身。其子孫何罪，一例貶之，豈所謂『惡惡止其身』邪！春秋之世，朝覲往來，其禮極繁。大國務吞并，猶可以辦。小國侵削之餘，何從而辦之？其自降爲子，而一切從省，亦何足怪？若謂聖人貶之，則當時大國滅典禮，叛君父，務吞并者，常書公、書侯不貶，而此獨責備於不能自存之小國。何聖人畏强凌弱，尊大抑小，不公之甚！程沙隨説《春秋》，見得此意，却頗有理。」汪氏曰：「滕、杞、薛之君，或卒而不赴，或赴而不名不葬，則其國之削弱而自貶損，或有是理。戰國之時，衛初貶號曰侯，又貶號曰君，即降爵之例。」廬陵李氏曰：「滕稱子，張氏之説亦善發明胡氏者。然《春秋》善善長，惡惡短，先王罰弗及嗣，安有一人之罪，而世世子孫受貶黜乎？趙子以滕子此朝爲在喪，而後日齊桓伯後方與杞、薛皆降號以從會。此亦爲有見者，而在喪之説鑿矣。故沙隨程可久以爲春秋時大國强暴，每責賦於小國，小國不堪，多自降爵以從殺禮，引子産争承以爲證，蓋亦用趙子意，朱子極取之。然考之於經，諸侯降爵，惟滕、薛、杞。滕初稱侯，自桓二年始書子。薛初稱侯，至莊三十一年始書伯，以爲自降可也。杞初稱侯，至莊二十七年稱伯，而僖二十三年卒稱子，文十二年稱伯，而襄二十九年來盟又稱子，其升降不一者，比前説又不通矣。且二邾皆自附庸升而爲子，傳者以爲數從齊桓，爲之請于天子，命爲諸侯。由是觀之，則又似時王黜陟之説亦可行，姑記所聞，以俟知者。」

三月，公會齊侯、陳侯、鄭伯于稷，以成宋亂。《左傳》：「會于稷，以成宋亂，爲賂故，立華氏也。宋殤公立，十年十一戰，民不堪命。孔父嘉爲司馬，督爲太宰，故因民之不堪命，先宣言曰：『司馬則然。』已殺孔父而弑殤公，召莊公于鄭而立之，以親鄭。以郜大鼎賂公，齊、陳、鄭皆有賂，故遂相宋公。」《公羊傳》：「内大惡諱，此其目言之何？遠也。所見異辭，所聞異辭，所傳聞異辭。隱亦遠矣，曷爲爲隱諱？隱賢而桓賤也。」《穀梁傳》：「以者，内爲志焉爾。公爲志乎成是亂也。此成矣，取不成事之辭而加之焉。於内之惡，而君子無遺焉爾。」程子曰：「宋弑其君，而四國共成定之，天下之大惡也。」杜氏曰：「稷，宋地。」

按《左氏》：「爲賂故，立華氏也。」杜氏曰：「督，戴公孫，未死而賜族。」邾定公時，有弑父者。公瞿紀具反。然失席曰：「是寡人之罪也。嘗學斷斯獄矣。臣弑君，凡在官者，殺無赦。子弑父，凡在宫者，殺無赦。殺其人，壞其室，洿音烏。其宫而豬焉，蓋君踰月而後舉爵。」《禮記·檀弓》疏：「臣之弑君，凡在官之人，無問貴賤，皆得殺此弑君之人，無得縱赦之。子之弑父，凡在宫者，無問尊卑，皆得殺此弑父之人，無得縱赦之。」華督，弑君之賊，凡民罔不憝也。而桓與諸侯會而受賂，以立華氏使相宋公，甚矣。故特書其所爲而曰「成宋亂」。徐邈曰：「宋雖已亂，若諸侯討之，則有撥亂之功；不討，則受成亂之責。」趙氏曰：「言宋之惡逆自此成，以病内也。」安定胡氏曰：「成，就也。讀如三年有成之成。」夫臣爲君隱，子爲父隱，禮也。此其目言之何？桓惡極矣，臣子欲盡隱之，而不可以欺後世。其曰「成宋亂」而不書立華氏，猶爲有隱乎爾？孫氏曰：「弑君之賊，諸侯皆得討之。桓弑隱，亦懼諸侯討己，故翻然與督比周，同惡相濟以成其亂。」陳氏曰：「會未有言其所爲者，其曰『成宋亂』，弑君之禍接迹于天下，於是焉始也。向也合五國之君大夫以定州吁，而州吁訖於討。今也合四國之君以立華督，督遂相宋莊。弑君之禍接迹於天下，四君爲之也。《春秋》之褒貶至於變文，嚴矣。向也五國之君大夫書之，復書之，終《春秋》僅一再見焉，以變文爲猶未也，而直言其所爲，舍此無復見者矣。雖然有孔父焉，則東遷之初，國猶有臣子也。」張氏曰：「會未有言其所爲者，蓋事關世變特書以著之也。宋，先代之後，統承先王修其禮物。今有華督弑君之亂，若四國之君，有奉天討誅亂臣之舉，則宋亂不得成矣。魯桓弑隱，方以類合。三國黨惡，謀以賄行，相與定馮、立督，然後其亂始成。遂使反易天常者，得以肆其志於天下，此聖人所深懼，而《春秋》所爲作也。」家氏曰：「魯桓負弑君之大惡，王誅不加，乃復因宋之有亂，同惡相濟以爲此會，故魯桓之罪視三國爲重。夫宋之亂已成，而《春秋》書『會于稷，以成宋亂』者，蓋督雖弑君，而馮之位未定也。今三國爲此會，將以謀宋而徼利，而馮之位始定，督之罪始得無討。故成宋亂者，三國也；所以使三國之成此亂者，魯也。」

《春秋》列會，未有言其所爲者，獨此與襄公末年會于澶淵，各書其事者。桓弑隱，督弑殤，般弑景，皆天下大惡，聖人所爲懼，《春秋》所以作也。一則受宋賂而立華氏，一則謀宋災而不能討，故特書其事以示貶焉。永嘉吕氏曰：「不書『以成宋亂』，則稷之會疑於謀討督。不書『宋災故』，則澶淵之會疑於謀討蔡。直書其所爲，而後是非善惡之實著矣。」然澶淵之會既不書魯卿，又貶諸國之大夫而稱人，此則書公，又序諸侯之爵，何也？澶淵之會，欲謀宋災而不討弑君之賊，雖書曰「宋災故」，而未能表其誅責之意也，必深諱魯卿而重貶諸國之大夫，然後足以啓問者，見是非也。稷之會，前有宋督弑君，後有取宋鼎之事，書曰「成宋亂」，則其責已明，不必諱公與貶諸侯之爵次，然後見其罪矣。朱子曰：「《春秋》大義數十，如『成宋亂』、『宋災故』之類，乃是聖人直著誅貶，自是分明。」「或問盟會，或言其事者，其義云何？」茅堂胡氏曰：「會未有指言其所事。會而指言其事，特書之也，『成宋亂』、『宋災故』是也。盟未有指言其所事。盟而指言其事，特書之也，『釋宋公』是也。皆《春秋》大義，宜深思之。侵、伐則多不言其所事者。」汪氏曰：「于稷、澶淵之會，縱臣子之弑君父；薄之盟，縱荊蠻之淩中國，皆關於君臣夷夏之大變，故特言其事，以貶在會之諸侯及大夫也。杜氏云：『成，平也。』然齊桓會于北杏以平宋亂而經不書，則此非平亂明矣。」廬陵李氏曰：「《春秋》會言其事者，惟此與澶淵；盟言其所爲者，惟盟薄釋宋公，皆特筆也。君臣夷夏之大變也。」又曰：「謝氏云：『去其亂之謂平，遂其事之謂成。』」○趙氏曰：「《公羊》云：『内大惡諱，其目言之何？遠也。』按逆祀僖公，昭公出孫，皆書之。若以年遠不諱，則桓公爲齊所殺，何不明書乎？可諱則諱，可譏則譏，不以遠近爲異也。」

夏，四月，取郜大鼎于宋。戊申，納于大廟。《左傳》：「非禮也。臧哀伯諫曰：『君人者，將昭德塞違，以臨照百官，猶懼或失之，故昭令德以示子孫。是以清廟茅屋，大路越席，大羹不致，粢食不鑿，昭其儉也。衮、冕、黻、珽，帶、裳、幅、舄，衡、紞、紘、綖，昭其度也。藻、率、鞞、鞛，鞶、厲、游、纓，昭其數也。火、龍、黼、黻，昭其文也。五色比象，昭其物也。鍚、鸞、和、鈴，昭其聲也。三辰旂旗，昭其明也。夫德，儉而有度，登降有數，文、物以紀之，聲、明以發之，以臨照百官。百官於是乎戒懼，而不敢易紀律。今滅德立違，而寘其賂器於大廟，以明示百官。百官象之，其又何誅焉？國家之敗，由官邪也。官之失德，寵賂章也。郜鼎在廟，章孰甚焉？武王克商，遷九鼎于雒邑，義士猶或非之，而況將昭違亂之賂器於太廟，其若之何？』公不聽。周内史聞之，曰：『臧孫達其有後於魯乎！君違，不忘諫之以德。』」《公羊傳》：「此取之宋，其謂之郜鼎何？器從名，地從主人。器何以從名？地何以從主人？器之與人，非有即爾。宋始以不義取之，故謂之郜鼎。至乎地之與人，則不然，俄而可以爲其有矣。然則爲取，可以爲其有乎？曰：否。何者？若楚王之妻媦，無時焉可也。戊申，納于太廟。何以書？譏。何譏爾？遂亂受賂，納于大廟，非禮也。」《穀梁傳》：「桓内弑其君，外成人之亂，受賂而退，以事其祖，非禮也。其道以周公爲弗受也。郜鼎者，郜之所爲也。曰宋，取之宋也，以是爲討之鼎也。孔子曰：『名從主人，物從中國。』故曰郜大鼎也。」程子曰：「四國既成宋亂，而宋以鼎賂魯。齊、陳、鄭皆有賂，魯以爲功而受之，故書取。以成亂之賂器，置于周公之廟，周公其享之乎？故書納。納者，弗受而强致之也。」

取者，得非其有之稱。陳氏曰：「宋以郜鼎賂公，其書取何？蔽罪於魯也。《春秋》嚴義利之辨，苟以爲利，一以取書之？故郜鼎賂魯，濟西田賂齊，書取而已矣。」高氏曰：「不曰『宋人來歸』而曰『取于宋』，專罪公也。」**納者，不受而强致之謂。**汪氏曰：「不謂之獻而曰納，謂不當納，若先祖之弗受也。」**弑逆之賊不得致討，而受其賂器，寘于大廟，以明示百官，是教之習爲夷狄禽獸之行也。公子牙、慶父、仲遂、意如之惡，又何誅焉？聖人爲此懼而作《春秋》，故直載其事，謹書其日，垂訓後世，使知寵賂之行，保邪廢正，能敗人之國家也，亦或知戒矣。**蜀杜氏曰：「桓以弑逆而受弑逆之賂，不可也。況受而納之廟乎？桓公以爲無周公則可。若以爲有周公而納之，則庸暗之不若爾。」家氏曰：「前書『成宋亂』，兼責四國也。此書『取郜鼎，納于大廟』，專責魯也。魯取鼎于宋，而《春秋》目之曰郜鼎，言宋始以不義取之，故正其名而係其器於郜。今魯復以不義取之，故原其器之所從來而係之於宋。魯桓身弒其君，大惡未討，乃成人之亂，取賂而退，復陳其賂於大廟。大廟者，祖宗神靈所宅，周公典章法制於是乎在。郜之鼎，宋之賂，胡爲乎至哉？聖人秉筆誅姦，曰『成宋亂』，曰『取郜鼎』，曰『納于大廟』，所以明刑書，示後世，皆特筆也。」廬陵李氏曰：「《春秋》致賂例，宋以郜鼎賂公而書取在魯，魯以濟西賂齊而書取在齊，蔽罪於魯、齊也。齊致衛寶而書來歸，結正諸侯之罪，不獨在魯也。」劉氏曰：「宋鼎書郜，齊俘書衛，彭城書宋，取非所有，據非所安，雖歷百世猶存其故名。」汪氏曰：「胤之舞衣、兑之戈、和之弓、垂之竹矢，先王以之傳世。夏后氏之璜、封父之繁弱、密須之鼓、闕鞏之甲，諸侯所受於先王，此之謂重器，所以昭先祖之德而藏之大廟者也。宋之郜鼎，蓋若甲父之鼎、莒之方鼎、吴壽夢之鼎之類耳。況乃亂賊之賂，而何以納于大廟爲哉？蓋不待再貶而惡已見矣。又按《公》、《穀》皆云『周公稱大廟』，而《左傳》既稱『周公之廟』，又稱『周廟謂之宗廟』，杜預以爲文王廟。夫《王制》諸侯之廟，『二昭二穆，與太祖之廟而五』。鄭氏云『太祖，始封之君』，如齊之太公、衛之康叔是也。成王封伯禽於魯以奉周公，故周公爲魯之始祖，而祀之於大廟。伯禽爲始封之君，而祀之於世室也。大者，大而無上之名，豈以大廟之上，又有文王廟乎？《春秋》四書大廟，未嘗書宗廟也。《郊特牲》云『諸侯不得祖天子』，豈以文王之廟而可立之於魯乎？《禮》稱『以禘禮祀周公於大廟』，蓋由魯有禘禮，祭文王爲所自出之帝，故遂謂魯有文王廟。若《魯頌》稱姜嫄，而説禮者亦云魯有姜嫄廟耳。」

秋，七月，杞侯來朝。《公》、《穀》作「紀侯」。《左傳》：「杞侯來朝，不敬。杞侯歸，乃謀伐之。」《穀梁傳》：

「朝時，此其月，何也？　桓内弑其君，外成人之亂，於是爲齊侯、陳侯、鄭伯計數日以賂。己即是事而朝之，惡之，故謹而月之也。」程子曰：「凡杞稱侯者，皆當爲紀。　杞爵非侯，文誤也。　及『紀侯大去其國』之後，杞不復稱侯矣。」

《公》、《穀》、程氏皆以杞爲紀。　桓弟弑兄，臣弑君，天下之大惡，王與諸侯不奉天討，反行朝聘之禮，則皆有貶焉，所以存天理、正人倫也。　紀侯來朝，何獨無貶乎？　當是時，齊欲滅紀，紀侯求魯爲之主，非爲桓立而朝之也。臨川吴氏曰：「齊謀并紀而鄭助之。　紀國小弱，爲齊、鄭所謀，度不能自存，以魯與齊、鄭睦，故來朝魯，將求芘焉。」〇劉氏曰：「《左傳》云：『杞侯不敬，歸，乃謀伐之。　九月，入杞。』竊謂春秋雖亂世，兵革之事亦慎用之，來朝有少不敬，未宜便入其國也。《左傳》誤紀爲杞，遂生『不敬』之説。《穀梁》謂『桓内弑其君，外成人之亂而朝之，惡之，故謹而月之』，非也。　六年冬，紀侯來朝，桓惡不差減，而紀侯過而不改，其責宜深，深則宜日，反書時，何哉？」汪氏曰：「成七年，曹伯朝；六年、十八年、定十五年，邾子朝，皆書月。　不可以書月爲貶，或以紀侯不貶，從滕子之同同，然穀、鄧、郳、牟、葛不從同同之例。　蓋聖人閔紀之小弱，傷其無所赴愬，而求援於姻國，故原情以恕其罪也。何休、范甯以紀爲進爵，則未知隱二年紀子之爲闕文耳。」

蔡侯、鄭伯會于鄧。《左傳》：「始懼楚也。」《公羊傳》：「離不言會，此其言會何？　蓋鄧與會爾。」

按《左氏》曰：「始懼楚也。」其地以國，鄧亦與焉。　楚自西周已爲中國之患，宣王蓋嘗命將南征矣。汪氏曰：「《詩・采芑》『宣王南征也』，『蠢爾蠻荆，大邦爲讎，顯允方叔，蠻荆來威』。　今按《商頌》稱『撻彼殷武，奮伐荆楚，罙入其阻』。《易》稱『高宗伐鬼方，三年克之』，則楚在殷武丁時，已負險以叛，而致中國之討矣。然《史記》謂楚自熊繹事周文王，始受子男之封。豈武丁用兵深入其國，盡平其地，至周而復封之歟？」**及周東遷，僭號稱王，**汪氏曰：「史：周夷王時，王室微，熊渠甚得江漢間民和，遂立爲王，立其長子康爲句亶王，中子紅爲鄂王，少子執疵爲越章王。厲王暴虐，畏其伐，復去王號。至熊通伐隨，令請王室尊爲王，王室不聽，乃怒，自立爲武王。今按此言東遷始僭號，指武王而言也。」**憑陵江漢，此三國者，地與之鄰，是以懼也。其後卒滅鄧，虜蔡侯，而鄭以王室懿親，爲之服役，終春秋之世，聖人蓋傷之也。夫天下莫大於理，莫强於信義，循天理，惇信義，以自守其國家。荆楚雖大何懼焉？**張氏曰：「小國間於大國而自立之道，《孟子》告滕文公之三章詳矣。徒懼而不能自强於爲善，所以不振也。」**不知本此，事醜德齊，莫能相尚，則以地之大小、力之强弱分勝負矣。觀《春秋》會盟離合之迹，而夷夏盛衰之由可考也。觀《春秋》進退與奪抑揚之旨，則知安中夏待四夷之道矣。**家氏曰：「鄧侯者，熊貲之舅，而首滅之，不謂之夷可乎？是會也，《春秋》著夷狄亂華之始，故書。」汪氏曰：「于鄧，乃外諸侯相會之始，而實楚患之萌蘖。北杏，乃外諸侯列會之始，而實霸者之濫觴，其關於天下之故不小矣。三國同會以懼楚，鄧首被滅，蔡則逼於侵凌，桓文而後服屬於楚。同於鄙邑，熊虔滅之，熊麇封之，僅存一綫之緒。至春秋之終，遂不得已而遷州來以求芘於吳。鄭則數遭侵伐，疲於奔命，曾無寧日。滎陽、成皋之地，殆爲争戰之墟，幾不能國，肉袒請命，願爲囚俘。觀諸後日之變，則會鄧之舉，豈非中國陵夷之端乎？」廬陵李氏曰：「楚自熊繹始受封。六世至熊渠，立其子康爲句亶王，紅爲鄂王，執疵爲越章王，此僭王之始。又八世至熊儀，是爲若敖。又二世至熊眴，是爲蚡冒。又一世至熊通，是爲武王。武王十九年入《春秋》，侵隨於桓之六年，合諸侯於桓之八年，圍鄾、敗鄧於桓之九年，盟貳、軫，敗鄖師蒲騷於桓之十一年，伐絞、伐羅，楚已大於江漢之間矣。莊公四年，文王熊貲立，莊六年而伐申，莊十年而執蔡侯，莊十六年而滅鄧，於是楚勢益張，他日争霸之權輿始此。」○劉氏曰：「《公羊》云『離不言會，而言會者，蓋鄧與會也』，非也。二國相會，不可言蔡侯、鄭伯及于鄧，且實行會禮，非會而何？據齊侯、鄭伯如紀爲比例，彼自妄説爾。」

九月，入杞。《左傳》：「討不敬也。」《穀梁傳》：「我入之也。」杜氏曰：「不稱主帥，微者也。」程子曰：「將卑師少，外則稱人，内則止云入某伐某。」陳氏曰：「内恒言大夫帥師，但曰入杞何？唯桓師非君將，皆不言大夫。桓師非君將則曷爲皆不言大夫？桓以大夫弑隱而後立，故桓師非君將則其大夫專也。」高氏曰：「桓弑君，莫入莫伐，乃反入杞伐邾，是使天下共蒙其耻也。」○汪氏曰：「或以爲蔡、鄭入杞，然滅偪陽、滅賴皆稱遂，此不稱遂，則入者，魯也。《左傳》謂討其來朝之不敬，蓋因僖二十七年『春，杞子來朝』，『秋，公子遂帥師入杞』，而傳會其説耳。」○**公及戎盟于唐。**《左傳》：「修舊好也。」臨川吴氏曰：「隱公因戎之請盟，至再而後與盟。今戎不請盟，而桓及之盟，蓋與及鄭盟越之意同，以己之負大惡而結好以自固，無間於夷夏也。」**冬，公至自唐。**此書「至」之始。《左傳》：「告于廟也。凡公行，告于宗廟；反行，飲至、舍爵、策勳焉，禮也。特相會，往來稱地，讓事也。自參以上，則往稱地，來稱會，成事也。」《穀梁傳》：「桓無會，而其致，何也？遠之也。」程子曰：「君出而書至者有三：告廟也，過時也，危之也。桓公弒立，嘗與鄭、齊、陳會矣，皆同爲不義；及遠與戎盟，故危之而書『至』。戎若不如三國之黨惡，則討之矣，居夷浮海之意也。中國既不知義，夷狄或能知也。」

凡爲人子者，出必告，反必面，事亡如事存，故君行必告廟，反必奠而後入，禮也。《禮記·曾子問》：「諸侯相見，必告于禰，命祝史告于五廟。反必親告于祖禰，乃命祝史告至于前所告者。」**出必告行，反必告至，常事爾，何以書？**茅堂胡氏曰：「公如不書至者，常事也。書至者，或危，或久，或爲不義，或策勳而書。」**或誌其去國踰時之久也，**汪氏曰：「莊五年冬會伐衛，六年秋公至。僖四年正月會侵蔡，八月公至；六年夏會伐鄭，冬公至；十五年三月會牡丘，九月公至；十六年十二月會淮，十七年九月公至；二十八年五月會踐土，二十九年春公至。成十年七月如晉，十一年三月公至；十三年三月如京師，七月公至。襄二十八年十一月如楚，二十九年五月公至。昭五年春如晉，七月公至；七年三月如楚，九月公至；十五年冬如晉，十六年夏公至。定四年三月會召陵，七月公至。」**或録其會盟侵伐之危也，**汪氏曰：「宣公會黑壤，成公會沙隨，昭公會平丘，皆見責於晉。僖公會伐鄭，遂圍許，會侵蔡，遂伐楚，成、襄之會伐鄭、伐秦、伐齊，定之會侵楚，哀之會吴伐齊，皆大戰伐之事，無不可危。定之圍成，雖曰以君伐臣，而强邑未可遽服。觀之昭公伐季氏，其危可知。若宣之朝齊，以簒弒求援，惟恐獲戾；襄之朝楚，幾不得反，莫非可危者矣。」**或著其黨惡附姦之罪也。**汪氏曰：「桓公納鄭突，莊公納衛朔，皆書至伐。襄公釋崔杼不討而盟重丘，書至會。」**桓公弒君而立，嘗列於中國諸侯之會，而不書至，**

同惡也。今遠與戎盟而書至者，危之也。范氏曰：「危其遠會戎狄，喜其得反。」何氏曰：「凡致者，臣子喜其君父脱危而至。桓與戎盟，雖信猶可危也。」**程氏所謂「居夷浮海之意」是矣。語不云乎，「夷狄之有君，不如諸夏之亡」也！**張氏曰：「《春秋》主魯，何乃欲戎之討魯君乎？蓋聖人初未嘗以主魯而廢拯救三綱之心也。程子之傳精矣。」家氏曰：「陳夏徵舒、蔡般之弑其君，中國無能討之者，夷狄則討之。今魯桓弑君，天王微弱，中國諸侯皆預於亂，無有能討賊者矣。桓會戎于唐，戎若有人，猶將討之。今而得歸，倖也，故特爲之致。」啖氏曰：「凡公行總一百七十有六，書至者八十有二，不書至者九十有四。《左傳》謂告廟則書于策。夫子隨其所至以示功過，且志其去國遠邇遲速也。其有一出而涉兩事者，或致前事，或致後事，擇其重者志之也。又有不致本事者，本事非功也。」孫氏曰：「春秋亂世，諸侯出入無度。至者，危之也。」陳氏曰：「凡至，危之也。隱行不至，桓至盟戎而已，莊之適齊皆致之。桓、文有諸侯之事，苟不得意則書至，如牡丘、于淮、圍許，迄于斷道，而後不至者鮮矣。成之瑣澤，襄之鄬，之戲之役，僅不至焉爾。昭、定之世，無不至者。哀或不至，至會吴伐齊，至黄池之會，皆危之也。是故夫人不至，至出姜；大夫不至，至季孫意如、叔孫婼。臨川吴氏曰：「歸而告廟，常事爾，《春秋》何爲書之？《穀梁傳》曰『書至，危之也』，似得經意。糾合諸侯自齊桓始，幽、檉、首止、甯母、洮、葵丘、鹹，八大會魯君皆與，並不書至。《穀梁》謂『桓會不致，安之也』，得經意矣。末年牡丘、淮二會書至，范甯注曰『桓會不至，齊桓德衰，故危而致之』，得傳意矣。淮之會，僖公爲齊所止，聲姜出會始得釋，則知書至，危之也。伐楚、伐鄭二役書至者，兵凶戰危，不比衣裳之會，故至也。齊桓既歿，僖公朝齊非所宜朝，故致也。

由是推之，桓、莊、文、宣、成、襄、昭、定、哀之行，其書至，大率危之也。危之若何？或事之難，或動之非，或地之遠，或時之久，皆是危道，幸其禮成事畢而得至，故書也。《穀梁》於襄公朝楚之傳曰：『至自楚，喜之也。殆其往，而喜其反也。』魯夫人惟文九年出姜如齊歸寧爲得禮，故特書其至。其餘夫人之行，皆非美事，故不書至。然則出姜之至，亦危之乎？婦人無外事，禮合歸寧，不得已而出，亦以得還至國爲喜也。未至以前，詎敢以爲安乎？彼非禮而行者，固不足道，又奚恤其危哉！魯大夫之書至者三，皆爲齊、晉所執，幸得解脱，故書其至。以此見經之書至，非美事也。」汪氏曰：「《湯誥》稱『王歸自克夏，至于亳』，《武成》稱『王來自商，至于豐』，則君行書至舊矣。然告廟而書至者，常禮也。不告廟而書至者，《春秋》之變也。昭公失國居于鄆，書至者五，豈以播越在外，復能遣其臣告于祖禰乎？此聖人之微意，雖曰危之，亦以著臣子不忘君之義也。或曰《春秋》美蕭魚之會，而定公會夾谷，孔子相，齊人章章來歸侵疆，其書至，豈亦危之乎？竊謂晉悼九合諸侯，三駕伐鄭，非惟諸侯罷於奔命，而悼公之勤勞亦甚矣。其書至者，蓋危中國之戰争，而幸其休息爾。若夫夾谷，則齊人懷詐諼之謀，將有萊兵之劫，使不得吾聖人秉禮義以却之，魯其危哉！」○廬陵李氏曰：「至例，啖氏、陳氏二家説皆有得處。但陳氏以桓、文不得意書至，則召陵盟楚，豈不得意？啖子以本事非功，故不致本事，則同心圍齊，何得非功？亦有不通者，故獨胡氏説爲長。而胡氏於致前事、致後事之説又略焉，則又當參以《公》、《穀》也。」又曰：「《春秋》書公至自地六，唐、穀、乾侯、瓦、夾谷、黄是也。」

附録《左傳》：「初，晉穆侯之夫人姜氏以條之役生太子，命之曰仇。其弟以千畝之戰生，命之曰成師。

師服曰：『異哉，君之名子也！夫名以制義，義以出禮，禮以體政，政以正民，是以政成而民聽，易則生亂。嘉耦曰妃，怨耦曰仇，古之命也。今君命太子曰仇，弟曰成師，始兆亂矣。兄其替乎！』惠之二十四年，晉始亂，故封桓叔于曲沃。靖侯之孫欒賓傅之。師服曰：『吾聞國家之立也，本大而末小，是以能固。故天子建國，諸侯立家，卿置側室，大夫有貳宗，士有隸子弟，庶人、工、商各有分親，皆有等衰。是以民服事其上，而下無覬覦。今晉，甸侯也，而建國，本既弱矣，其能久乎？』惠之三十年，晉潘父弑昭侯而納桓叔，不克。晉人立孝侯。惠之四十五年，曲沃莊伯伐翼，弑孝侯。翼人立其弟鄂侯。鄂侯生哀侯。哀侯侵陘庭之田。陘庭南鄙啓曲沃伐翼。」

壬申桓王十一年。**三年**齊僖二十二。晉哀九。衛宣十。蔡桓六。鄭莊三十五。曹桓四十八。陳桓三十六。杞武四十二。宋莊公馮元年。秦寧七。楚武三十二。**春，正月。**程子曰：「桓公弑君而立，元年書王，以王法正其罪也。二年，宋督弑其君，以王法正其罪也。三年不書王，見桓之無王也。」何氏曰：「無王者，見桓公無王而行也。二年有王者，見始也。十年有王者，數之終也。十八年有王者，桓公之終也。明終始有王，桓公無之爾。不就元年見始者，未無王也。」

桓公三年而後經不書王，有以爲周不班曆者。劉氏曰：「杜注『不書王者，時王不頒曆』，非也。十七年十月朔，日食，傳云『不書日，官失之也』，謂日官推曆不得其正，非謂不班曆也。何爲其年亦不書王乎？若謂官失之，即不班曆矣。莊十八年春，王三月，日食亦不書朔，亦當不書王而反書王，是知不書王者不爲曆也。」資中黄氏曰：「班曆則告朔。今無王之年有朔日，又有正月，則非王不班曆也。」**昭公末**

年，王室有子朝之亂，豈暇班曆？而經皆書王，非不班曆明矣。又有以爲此闕文也，安得一公之内，凡十四年皆不書王，其非闕文亦明矣。汪氏曰：「缺文則不成文義，如『紀子伯』、『甲戌』、『己丑』、『夏五』、『郭公』之類。若桓不書王，四年、七年無秋冬，皆聖人削之也。通諸二百四十二年，惟桓公之篇，十四年不書王。又豈紀録者他無脱漏，而獨脱王字乎？皆當從程子爲正。」然則云何？桓公弑君而立，至于今三年，而諸侯之喪事畢矣，是入見受命於天子之時也。高氏曰：「桓無王者，桓篡其兄，外託於繼世而立，是以免諸侯之討。至其喪終，宜以士禮見天子而受命，又不能爾，尚當因使者而請命以臨其民。今桓公一不受命，遂終其身，則享國雖久，徒屬雖衆，盜賊之未誅耳。」王氏曰：「諸侯除喪，以士服見天子，天子賜之爵命而歸治其國。桓公服除猶不朝王請命，則無王之迹彰矣。」而王朝之司馬，不施殘執之刑；《周禮·大司馬》：「九伐之法，賊殺其親則正之，放弑其君則殘之。」注：「正之者，執而治其罪。殘，殺也。」鄰國之大夫，不聞有沐浴之請。魯之臣子，義不戴天，反面事讎，曾莫之耻。使亂臣賊子肆其凶逆，無所忌憚，人之大倫滅矣。故自是而後不書王者，見桓公無王，趙氏曰：「王者，人倫之所繫。桓無王，惡桓之滅人倫也，故去其王字以見其罪。」與天王之失政而不王也。家氏曰：「或云周衰，天王失政，不王不自桓王始矣。以是責王，無乃非所可責乎？曰王室微弱，不能誅討亂賊，《春秋》望之而未責也。元年、二年猶書王，望之也。今喪事既終，逆桓未能入見天子，而明年宰糾銜命下聘，自是再三聘，當誅而奬，王綱盡壞，天下不復知有王矣。」**桓公無王而行，歸罪於天子可乎？ 齊景公問政，子曰：「君君臣臣，父父子子。」君不君則臣不臣，父不父則子不子。** 張氏曰：「《春秋》書王，所以統諸侯，正天下也。 桓公弑君自立，故三年以後不書王，若正朔不自王出也。」汪氏曰：「或云宣亦篡立而不誅其無王，何哉？ 竊攷經之所書，於桓世再削秋冬，王之冢宰來聘則書名，諸侯來朝必加貶，而宣世書法全異。 豈以春秋初年，猶以討賊之事，望之天子、方伯、諸侯，及中葉而弑逆者相踵，討賊者無復可望，故變例而從同同歟？ 程子曰『春秋時，前已立例，到後來書得全别』，謂此類爾。」○廬陵李氏曰：「桓公惟元年、二年、十年、十八年有王。 趙氏以爲後人誤加，其説已非。 而注《穀梁》者，見二年書王，以爲正與夷之卒，遂附會以爲十年書王，正終生之卒，是又不知正弑逆之義矣。 注《公羊》者於十年、十八年書王得之，而元年書王，以爲桓公此時未敢無王，至三年始著其無王之罪，是又穿鑿之甚也。 故胡氏獨取程子。」又曰：「范氏例：『《春秋》上下無王者，凡一百有八。 桓無王，見不奉王法；餘公無王者，爲不書正月，不得書王也。』宣亦篡位而不去者，罪之輕重異也。」

附録《左傳》：「春，曲沃武公伐翼，次于陘庭。 韓萬御戎，梁弘爲右。 逐翼侯于汾隰，驂絓而止，夜獲之，及欒共叔。」

公會齊侯于嬴。《左傳》：「會于嬴，成昏于齊也。」杜氏曰：「公不由媒介，自與齊侯會而成昏，非禮也。」家氏曰：「桓以篡弑得國，懼方伯之有討，而乞昏於齊以爲此會。 夫婚姻之有媒妁，所以别嫌明微，重大昏之始。 今魯桓親爲此會，以締好於强齊，匪媒而昏，合不以正也；越境而會，會不以正也；使其私人往逆，逆不以正也；爲齊侯而親迎，迎不以正也。是以《春秋》於嬴之會謹而書之，以見禍敗之所從始，求道弑君之討，而終殞於齊，天也，非人所能爲也。其後莊公躬納幣於齊，以盛飾而尸女，恣爲淫行，無復羞惡，造端實始此。父之行，子之效，以致敗倫亂國，歷數傳而未已，可不謹哉！」○**夏，齊侯、衛侯胥命于蒲。**《左傳》：「不盟也。」《公羊傳》：「胥命者何？相命也。何言乎相命？近正也。此其爲近正奈何？古者不盟，結言而退。」《穀梁傳》：「胥之爲言，猶相也。相命而信諭，謹言而退，以是爲近古也。是必一人先，其以相言之，何也？不以齊侯命衛侯也。」程子曰：「二國爲會，約言相命而不爲盟詛，近於理也，故善之。」杜氏曰：「蒲，衛地，在陳留長垣縣西南。」

《公羊》曰：「胥命者，相命也。相命近正也。古者不盟，結言而退。」何氏曰：「盟不歃血，但以命相誓。善其不盟近正，似於古而不相背，故書以撥亂。」范氏曰：「申約，言以相達，不歃血而誓盟。」**人愛其情，私相疑貳，以成傾危之俗，其所由來漸矣。**汪氏曰：「有虞之時，已有征苗之誓。至周而有司盟之官。幽王時，大夫作詩云：『君子屢盟，亂是用長。』則盟詛之瀆，不待《春秋》而後見矣。」**有能相命而信諭，豈不獨爲近正乎？故特起胥命之文於此有取焉。**汪氏曰：「當時已有是名，但夫子作經，特筆書之，書之所以取之也。」**聖人以信易食，答子貢之問。**《論語》：「子曰：『去食。自古皆有死，民無信不立。』」《集註》：「民無食必死。然死者，人之所必不免。無信，則雖生而無以自立。」**君子以信易生，重桓王之失。**《詩・兔爰》小序：「桓王失信，諸侯背叛，君子不樂其生焉。」**信去，則民不立矣。故荀卿言「《春秋》善胥命」。**《荀子・大略篇》：「《春秋》善胥命，而《詩》非屢盟，其心一也。」茅堂胡氏曰：「信者，國家之大寶，胥命不盟，一節可取。」劉氏曰：「古者方伯州牧，命於天子。諸侯自相命，非正也。齊，太公之後，東州之侯；衛，康叔之後，北州之侯，以事相命也。」高氏曰：「胥命者，相推爲牧伯也。春秋之變，始於齊、衛胥命，而終於吴、晉争盟。自争盟觀胥命，所謂彼善於此也，故《春秋》善胥命。問胥命，齊、衛勢敵，故齊僖自以爲小伯，而黎人亦責衛以方伯之事。當時王不能命伯，而欲自爲伯，故彼此相命以成其僭，及其久也，則力之能爲者專之矣。戰國諸侯，齊、魏會于濁澤以相王，其後秦人致帝于齊，約共稱帝，此其明證也。」朱子曰：「説亦有理。」汪氏曰：「朱子意與程子傳稍異，姑兩存之。竊考莊二十一年，鄭、虢胥命于弭，同謀納王，不可云相命以伯。況齊、衛胥命之後，不聞有會盟侵伐之事，僅能一戰于郎，一盟惡曹，皆以鄭忽之故，則非相推爲伯矣。蓋胥命者，相結以言而不盟，而相結之善惡，則存乎其事耳！」

六月，公會杞侯于郕。杞，《公》作「紀」。郕，《公》作「盛」。《左傳》：「杞求成也。」程子曰：「自桓公簒立，無歲不與諸侯盟會，結外援以自固也。」高氏曰：「紀侯懼齊，欲親魯，郕亦然。」張氏曰：「紀與魯親，而求援於魯以抗齊、鄭，故桓公因其來朝與之會也。」〇汪氏曰：「程子云『杞稱侯皆當爲紀』，《左傳》云『杞求成』，豈因入杞而傳會其説歟？」〇**秋，七月壬辰朔，日有食之，既。**《公羊傳》：「既者何？盡也。」《穀梁傳》：「言日言朔，食正朔也。既者，盡也，有繼之辭也。」程子曰：「既，盡也。食盡，爲異大也。」

《穀梁》曰：「既，盡也。」杜氏曰：「曆家云日月交會，月掩日，故日食。食既者，正相當而相掩也。」范氏曰：「盡而復生謂之既。」**言日言朔，食正朔也。**凡二十六：此年，莊二十五、二十六、三十，僖五，文十五，成十六、十七，襄十四、二十、二十一再、二十三、二十四再、二十七，昭七、十五、十七、二十一、二十二、二十四、三十一，定五、十二、十五。言朔不言日，食既朔也。桓十七，朔之明日也。言日不言朔，食晦日也。凡七：隱三，僖十二，文元，宣八、十、十七，襄十五。不言日不言朔，夜食也。凡二：莊十八，僖十五。何以知其夜食？曰：「王者朝日。」《前漢書·賈誼傳》：「三代之禮，春朝朝日。」王者朝日，則何以知其夜食乎？日始出而有虧傷之處，未之復也，則知其食於夜矣。范氏曰：「王制：天子玄冕朝日於東門之外，故日始出而有虧傷之處，是以知其夜食。」日者，衆陽之宗，人君之象，而有食之既，則其爲變大矣。家氏曰：「陰盛于陽，太陽爲之失光晝晦，爲異大矣。」先儒以爲荆楚僭號，鄭拒王師之應。汪氏曰：「日食三十六，食既者三：此年而後荆楚僭王，鄭敗王師，射王中肩；宣八年而後楚莊圍宋，析骸易子，伐鄭，鄭伯肉袒，晉大敗于邲，屈服荆楚；襄二十四年而後齊崔杼、衛甯喜弒君。吳、楚横行中國，皆臣子僭逆，夷狄暴横之應。變既大，則其應亦僭矣。」

公子翬如齊逆女。《左傳》：「修先君之好，故曰『公子』。」《穀梁傳》：「逆女，親者也。使大夫，非正也。」程子曰：「翬於隱世，不稱公子，隱之賊也；於桓世，稱公子，桓之黨也。」

娶妻必親迎，禮之正也。若夫邦君，以爵則有尊卑，以國則有小大，以道途則有遠邇，或迎之於其國，或迎之於境上，或迎之於所舘，禮之節也。紀侯於魯，以小大言，則親之者也，而使履緰來；魯侯於齊，以遠邇言，則親之者也，而使公子翬往，啖氏曰：「以公子，尤不可也。」薛氏曰：「逆女而使同姓之卿，非所以厚別也。」**是不重大昏之禮，失其節矣，故書。**王氏曰：「書公子翬逆女而公不親迎，與寵任賊臣之罪，皆著矣。」陳氏曰：「翬何以得稱公子如他大夫？翬弑隱而相桓，臣子無討焉，則固書翬如他大夫也。桓立而相翬，是德翬也。德翬，則是桓弑隱，桓罪著矣。」家氏曰：「翬者，桓所與共爲篡弑之人，爲桓謀所以定其位者，乞婚於齊，今而逆女，豈無他人而使翬逆焉？使之重自結也。《春秋》於隱世去翬族，以正其弑君之罪；於桓世復稱公子，明其與桓共爲逆也。若曰翬者國之大賊，而桓之私人也，所謂不誅之誅也。」汪氏曰：「翬爲桓弑隱，復爲桓逆女以結齊好；遂爲宣弑赤，復爲宣納賂逆婦以結齊援，皆不待貶絶而罪惡見者也。」○劉氏曰：「《春秋》非脩先君之好而稱公子者多矣，《左氏》之説非也。」廬陵李氏曰：「逆女例，諸侯親迎，常事不書。魯之逆者五，惟莊逆哀姜，以仇女爲譏，其餘若翬逆文姜、公子遂逆穆姜、叔孫僑如逆齊姜，皆卿爲君逆也。出姜不書逆者，蓋公也，譏禮成於齊，故不斥公也。《春秋》以非常書之，《左氏》以卿逆爲合禮，誤矣。」

九月，齊侯送姜氏于讙。《左傳》：「齊侯送姜氏，非禮也。凡公女，嫁于敵國，姊妹則上卿送之，公子則下卿送之。❶於大國，雖公子亦上卿送之。於天子則諸卿皆行，公不自送。於小國，則上大夫送之。」《公羊傳》：「何以書？譏。何譏爾？諸侯越竟送女，非禮也。此入國矣，何以不稱夫人？自我言齊，父母之於子，雖爲鄰國夫人，猶曰吾姜氏。」《穀梁傳》：「禮：送女，父不下堂，母不出祭門，諸母兄弟不出闕門。父戒

---

❶「公」上，阮刻本《春秋左傳正義》有「以禮於先君」五字。

之曰：『謹慎從爾舅之言。』母戒之曰：『謹慎從爾姑之言。』諸母般申之曰：『謹慎從爾父母之言。』送女踰竟，非禮也。」杜氏曰：「讙，魯地。」**公會齊侯于讙。**《穀梁傳》：「無譏乎？曰，爲禮也。齊侯來也，公之逆而會之可也。」程子曰：「齊侯出疆送女，公遠會之，皆非義矣。」**夫人姜氏至自齊。**《公羊傳》：「翬何以不致？得見乎公矣。」《穀梁傳》：「其不言翬之以來，何也？公親受之於齊侯也。子貢曰：『冕而親迎，不已重乎？』孔子曰：『合二姓之好，以繼萬世之後，何謂已重乎？』」程子曰：「告于廟也。」

古者昏禮必親迎，則授受明。《禮記·昏義》：「昏禮親迎，主人筵几於廟，而拜迎于門外。壻執鴈入，揖讓升堂，再拜奠鴈，蓋親受之於父母也。降出。御婦車，而壻授綏。」**後世親迎之禮廢，於是有父母兄弟越境而送其女者。**《列女傳》：「齊孝公夫人孟姬，華氏長女也。齊國稱其貞，孝公聞之，修禮親迎于華氏之室。父母送之不下堂，母醮之房中，父戒之東階之上，諸母戒之兩階之間，姑姊妹戒之門內，可謂能行禮矣。」**以公子翬往逆，則既輕矣。**蜀杜氏曰：「魯逆，失之輕；而齊送之，失之過，其貶固鈞者也。翬不奪公子，齊侯稱爵，斥言其人以見不正。」**爲齊侯來，乃逆而會之于讙，是公之行，其重在齊侯而不在姜氏，豈禮也哉？**薛氏曰：「齊侯送女于外，公以會禮接之，非親迎，且兩失之也。夫婦，大倫也，不正之於其始，桓之夫婦，是不爲夫婦矣。」張氏曰：「齊僖愛其女之過，至於越境而送之，遂使魯桓之出，不爲親迎，而爲齊侯在讙，特往會之。僖之送、桓之會，皆非也，《春秋》謹而書之，所以重大昏而正人倫之始也。」家氏曰：「或謂公會齊侯于讙，不曰古親迎之遺意乎？曰：翬之往逆，公固無親迎之意。及聞齊侯親送姜氏，乃遽往會于讙，則公之出，爲齊侯而出，非爲親迎而出，於禮則似是，而用禮之意則非也。」蜀杜氏曰：「再言讙者，所以甚之也。」**不言以至者，既得見乎公也！** 孫氏曰：「此齊侯送姜氏，公受之于讙也。受之于讙，不以讙至者，不與公受于讙也。故書至自齊，以正其義。」薛氏曰：「書至，不與公俱至也。桓公夫婦之道終始乎不正也。」**不能防閑，於是乎在，敝笱之刺兆矣。**《詩・齊風・敝笱》小序：「刺文姜也。齊人惡魯桓公微弱，不能防閑文姜，使至淫亂。」**禮者，所以別嫌明微，制治于未亂，不可不謹也。娶夫人，國之大事，故詳。** 臨川吴氏曰：「昏禮之大節有三：納幣，一也；親迎，二也；夫人至，三也，得禮則皆不書。魯桓會嬴書，譏不由媒介而自求昏于齊也。逆女書，譏不親迎而使公子翬也。送姜氏書，譏齊侯親送也。會讙書，譏不親迎而親會齊侯也。夫人至不書翬以，譏魯桓初使翬逆，而中自受姜氏于讙也。」汪氏曰：「文定此年傳謂娶夫人國之大事。莊二十四年傳謂婚姻常事不書。蓋婚姻合禮而不志者，書法之常也。故僖公之娶夫人、納幣、逆女、夫人至，皆不書也。桓公之娶文姜不合於禮，故以爲大事而悉志之者，所以垂戒而書法之變也。昭公之娶同姓，則又以國惡而隱之也。聖人作經，如化工生物，洪纖高下，因物賦形，安可執一而論之哉？」

冬，齊侯使其弟年來聘。《左傳》：「冬，齊仲年來聘，致夫人也。」程子曰：「稱弟義，見隱七年。」杜氏曰：「女出嫁，又使大夫隨加聘問。在魯而出，則曰致女；在他國而來，則總曰聘。」臨川吴氏曰：「齊僖親送女至魯竟，歸未幾，又使貴介弟致之，見其愛女之至，情之私，非禮之正也。」高氏曰：「隱七年，弟年嘗聘。今桓篡隱而結昏，復使來聘。齊侯於魯，視篡弑易君，恬不爲意，如市道之交驩爾。」**○有年。**《公羊傳》：「有年何以書？以喜書也。大有年何以書？亦以喜書也。此其曰有年何？僅有年也。彼其曰大有年何？大豐年也。僅有年亦足以當喜乎？恃有年也。」《穀梁傳》：「五穀皆熟爲有年也。」程子曰：「書有年，紀異也。人事順於下，則天氣和於上。桓弑君而立，逆天理，亂人倫，天地之氣爲之謬戾，水旱凶災，乃其宜也。今乃有年，故書其異。宣公爲弑君者所立，其惡有間，故大有年則書之。」楊士勛曰：「凡書有年於冬下，五穀畢入，計用豐足，然後書之。」

舊史災異與慶祥並記，故有年、大有年得見於經。若舊史不記，聖人亦不能附益之也。然十二公多歷年所，有務農重穀，閔雨而書雨者，《詩·魯頌·駉》小序：「僖公儉以足用，寬以愛民，務農重穀。」《穀梁傳》：「僖三年，閔雨者，有志乎民也。」**豈無豐年而不見於經，是仲尼於他公皆削之矣。**番陽萬氏曰：「諸公之不書有年，不勝其書也。」高郵孫氏曰：「《春秋》二百四十二年，而書有年、大有年各一而已。桓、宣大惡，何道而有年乎？」**獨桓有年，宣大有年，則存而不削者，緣此二公獲罪於天，宜得水旱凶災之譴。今乃有年，則是反常也，故以爲異特存耳。**高氏曰：「凡人力之所不能及者，必推之天。以天理之有常，不若人事之錯亂也。今反常理，故書其異。」**然則天道亦僭乎？桓、宣享國十有八年，獨此二年書有年，他年之歉可知也，而天理不差信矣。**張氏曰：「桓公行惡，其所感召，如元年大水，五年旱、雩、螽，八年十月雨雪，十三年大水，十四年無冰、御廪災等事。十八年間，獨今年五穀僅熟，故以爲異，特書于策，著桓公之罪，憫魯國之民也。」**此一事也，**

在不修《春秋》則爲慶祥，君子修之則爲變異，是聖人因魯史舊文，能立興王之新法也。故史文如畫筆，經文如化工，嘗以是觀，非聖人莫能修之審矣。有年、大有年，自先儒説經者，多列於慶瑞之門，至程氏發明奧旨，然後以爲記異，此得於言意之表者也。賈逵曰：「桓惡而有年豐，異之也。言有，非其所宜有。」薛氏曰：「災異之書，正也。有年之書，幸也。政之足以得災，而天與之年，亦變也。」茅堂胡氏曰：「孫明復云：『桓十八年，惟此一年有收，以著桓世之多凶殣也。』伊川曰：『記異也。』異，反同者也。大常爲同，小變爲異。每歲凶殣，此有年則爲異矣。」○汪氏曰：「《公羊》云『以喜書』，故説者以爲慶祥。苟以爲慶祥，則不獨書于桓、宣矣。」廬陵李氏曰：「有年、大有年，三傳皆以爲祥。而趙子亦列於慶瑞門，與獲麟同例。其説曰：『符祥者，天地所以答人，是以志之。凡豐年皆告于宗廟，勤民而敬先也。其不書者，不告廟也。』此説亦未達《春秋》不書祥瑞之意。」

附録《左傳》：「芮伯萬之母芮姜惡芮伯之多寵人也，故逐之，出居于魏。」

癸酉桓王十二年。**四年**齊僖二十三。晉小子侯元年。衛宣十一。蔡桓七。鄭莊三十六。曹桓四十九。陳桓三十七。杞武四十三。宋莊二。秦寧八。楚武三十三。**春，正月，公狩于郎。**此蒐狩之始。《左傳》：「書時，禮也。」《公羊傳》：「狩者何？田狩也。春曰苗，秋曰蒐，冬曰狩。常事不書，此何以書？譏。何譏爾？遠也。諸侯曷爲必田狩？一曰乾豆，二曰賓客，三曰充君之庖。」《穀梁傳》：「四時之田，皆爲宗廟之事也。春曰田，夏曰苗，秋曰蒐，冬曰狩。四時之田用三焉，唯其所先得，一爲乾豆，二爲賓客，三爲充君之庖。」程子曰：「公出動衆皆當書。于郎，遠也。」杜氏曰：「周之春，夏之冬也。田狩從夏時，郎非國内之狩也，故書地。」

何以書？譏遠也。何氏曰：「諸侯田狩不過郊。」張氏曰：「狩用夏時，仲冬，周正月，乃其時也。然國之蒐狩，自有常處，皆擇山林翳密之地，因田獵而從禽。魯之大野，乃常狩之地，故西狩不書地。觀此則譏遠之説信然矣。」永嘉吕氏曰：「此狩于郎，與觀魚于棠之類，皆譏遠地也。」**戎、祀，國之大事。狩所以講大事也。用民以訓軍旅，所以示之武而威天下；取物以祭宗廟，所以示之孝而順天下。**高郵孫氏曰：「天子諸侯無事則歲田焉。田者用民以訓軍旅者也，取物以祭宗廟者也。然而用民不以制，則民傷乎農；取物不以禮，則物害乎性。四時之田，不傷農，不害物，以示天下之孝與武也。」**故中春，教振旅，遂以蒐；中夏，教茇舍，遂以苗；中秋，教治兵，遂以獮；中冬，教大閲，遂以狩。**《周禮·大司馬》注：「凡師出曰治兵，入曰振旅，皆習戰也。茇舍，草止之也。軍有草止之法。大閲，簡軍實。蒐，索擇取不孕者。苗，爲苗除害。獮，殺也。狩，言守取之，無所擇也。」**然不時則傷農，不地則害物。**啖氏曰：「蒐、狩，常事不書，非時及越禮則書。」**田狩之地，如鄭有原圃，秦有具囿，皆常所也。違其常所，犯害民物，而百姓苦之，則將聞車馬之音，見羽旄之美，舉疾首蹙頞而相告，可不謹乎！以非其地而必書，是《春秋》謹於微之意也。每謹於微，然後王德全矣。**高氏曰：「桓始昏于齊，而有年奉之。凡侈心生於中，則逸德見于外。郎，魯疆場也。遠狩于疆場，危之也。公有篡弒之惡，人得而討之，魯不是念，而遠狩於是，知其安於弒逆，恬不懷懼也。先王之田，安不忘危，治不忘亂。春秋之時，習於田獵謂之賢，閑於馳逐謂之好。非因田狩以講兵，又或非其地，或非其時，此聖人不得不詳著以垂戒焉。」汪氏曰：「人君恤民，宜無所不至。故田狩雖不違時，而不於常所，亦《春秋》所譏。蓋田狩，周有常制，而淫於遊田，乃聖人之所戒也。賈山諫文帝，謂：『秦始皇以千八國之民自養。馳騁弋獵之娱，天下弗能供也，人與之爲怨，家與之爲讎。猶且東巡狩，刻石著功，自以爲過堯、舜。身居滅絶之中而不自知也。』流弊之禍，可勝言哉！此書公狩於郎，後此昭九年築郎囿，蓋即其地，垣而囿之矣。然魯有郎囿，又有鹿囿，蛇淵囿，而蒐于紅，大蒐于此蒲、昌間，又不即囿以蒐田，而馳騖於稼穡場圃之中，豈非犯害民物，不恤國本而若是乎？」廬陵李氏曰：「《春秋》書狩四：于郎，譏遠；于禚，譏親讎；河陽本非狩，特以避召王之名；西狩本常事，特以志非常之瑞，各有義耳。」〇劉氏曰：「《公羊》謂『春曰苗，秋曰蒐，冬曰狩』，非也。《周禮》『春蒐，夏苗，秋獮，冬狩』，得其正矣。何休以謂春秋制，《王制》承謬，亦復闕夏。鄭康成乃云『夏時制度避其號』，不亦妄乎？説《穀梁》者曰『春而曰狩』，蓋用冬狩之禮。夫周之正月，夏之十一月，云狩是也。《穀梁》自顛倒之耳。」廬陵李氏曰：「四時之田，見於《周禮》、《爾雅》，而《左氏》記臧僖伯之言亦同，獨《公》、《穀》所言皆不合。《穀》疏曰：『《左氏》之文，是周公制禮之名。二傳之文，或《春秋》取異代之法，或當時天子諸侯别法。經典散亡，無以取正。』觀此，則胡氏取《周禮》之説是矣。」

夏，天王使宰渠伯糾來聘。《左傳》：「夏，周宰渠伯糾來聘。父在，故名。」《公羊傳》：「宰渠伯糾者何？

天子之大夫也。其稱宰渠伯糾何？下大夫也。」程子曰：「桓公弒其君而立，天子不能治，天下莫能討，而王使其宰聘之，示加尊寵，天理滅矣，人道亡矣。書天王，言當奉天也，而其爲如此。名糾，尊卑貴賤之義亡也。人理既滅，天運乖矣；陰陽失序，歲功不能成矣，故不具四時。」

宰，冢宰也；渠，氏；伯，爵；糾，其名也。王朝公卿書爵，汪氏曰：「三公稱公，如周公、祭公之類。六卿書爵，如祭伯、凡伯、毛伯、召伯、單子、劉子。」大夫書字，上士、中士書名，下士書人，例也。糾位六卿之長，降從中士之例而書名，貶也。陸氏曰：「天子六卿，爲冢宰者皆加宰字，兼爲三公則曰公。渠伯書名，貶之也。」陳氏曰：「周大夫不名，名宰渠伯，聘桓也。王臣未有書官者，於是特書宰，有聘桓者矣。必宰自爲使而後貶，貶其甚者也。」高郵孫氏曰：「《春秋》之志王臣者三十，其處可責可善之地者有二焉。宰渠伯糾之志名，王人子突之志字，其義也。」於糾何貶乎？在周制《大司馬》九伐之法，諸侯而有「賊殺其親則正之，放弒其君則殘之」。《周禮》注：「正之者，執而治其罪。《王霸記》曰：『正，殺之也。』殘，殺也。『殘滅其爲惡。』」桓公之行當此二者，舍曰不討，而又聘焉，失天職矣。操刑賞之柄以馭下者，王也。論刑賞之法以詔王者，宰也。以經邦國，則有治典；以安邦國，則有教典；以平邦國，則有政典；以詰邦國，則有刑典。治教政刑而謂之典，明此天下之大常也。大宰所掌而獨謂之建。汪氏曰：「《周禮》：『大宰之職，掌建邦之六典。』今按此不言禮典、事典，舉其重者也。」以此典，大宰之所定也，乃爲亂首，承命以聘弒君之

賊乎？故特貶而書名，以見宰之非宰也。汪氏曰：「有冢宰之貴而不足以居其位，失其所以貴矣。《王制》：『大夫廢其事，終身不仕，死以士禮葬之。』《春秋》天子之事，名宰以正王法。」劉氏曰：「《春秋》於大夫莫書其官，至冢宰獨書之，以此見任之最重者也。宰天下者莫名，至糾獨名之，以此見責之最備也。周公作《周禮》，冢宰之職，固賞善誅惡，進賢退不肖。今銜命下聘弑逆之人，故書名貶之。」**聘于弑君之賊而名其宰，則桓公没，王使榮叔來賜命矣。榮叔何以書字而不名也？始而來聘，冢宰書名以見貶；終而追錫，王不稱天以示譏，其義備矣。**汪氏曰：「桓以不義得國，始則天王以冢宰聘之，終則天王使大夫追命之，終始施非常之恩。故《春秋》於終始致非常之貶，冢宰稱名，王不稱天，貶莫重於此矣。前後各貶，互文見義。」**夫咺賵仲子，糾聘桓公，其事皆三綱之所繫也。**汪氏曰：「明仲子之爲妾，所以正夫婦之綱。明桓公之爲篡，所以正君臣之綱。苟不知仲子之爲妾，則不知桓公之爲篡矣。」家氏曰：「或謂隱元年之責咺，《春秋》欲起天王之義，故於王無責。今復責糾而不及王，何也？曰《春秋》之義，君有過，先責其宰。咺與糾，居大臣之位，既不能正諫，又將命以出，重有責也。乃若錫命王不稱天，以榮叔非宰，故不與咺、糾同責。」**然咺獨書官，糾兼稱爵何也？如咺者，豈初得政猶未受封，而糾則或以諸侯入相，**汪氏曰：「如衛武公。」**或既相而已封者乎？**汪氏曰：「如周公、召公。」**漢初命相，必擇列侯爲之；**汪氏曰：「惠帝以平陽侯曹參代酇侯蕭何爲相國，繼又以安國侯王陵、曲逆侯陳平爲左右丞相。文帝以絳侯周勃與陳平爲左右丞相。」**後用公孫，因相而**

得封。汪氏曰：「武帝元朔五年以公孫弘爲丞相，封平津侯，丞相封侯自弘始。厥後石慶爲丞相，封牧丘侯，公孫賀爲丞相，封葛繹侯。」**蓋欲倣古重其任也，任之重，則責益深矣。嫡妾之分，君臣之義，天下之大倫，無所輕重。糾以既封，故兼稱爵，見《春秋》責相之意也。**張氏曰：「天子之冢宰，不能詔王以八柄馭群臣，乃親奉命來聘魯桓，是寵篡弑以瀆三綱，故貶而名之也。《春秋》奉天道以正王法，故君天下者，必敕典庸禮，命德討罪，以當天心，然後輔相裁成之職盡，而天地以位，萬物以育，二百四十二年，必具天時王月，以見天之所以成一歲之運，由人之賞罰政刑成位乎其中，則天地之功全也。今魯桓有弑君之罪，王不能討，而反使冢宰聘之，王者之職虧缺，人類將變爲禽獸，故闕秋冬於冢宰聘桓之後，以見天地之失其收藏，萬物之失其生遂，由王誅之不加於魯桓而寵秩之也。」何氏曰：「去二時者，桓公無王而行，天子不能誅，反下聘之，故爲貶見其罪。」高氏曰：「桓弑君以立，天王不討，反以冢宰聘之，天理亡矣。桓自是益無顧忌，在《洪範》爲狂爲豫，莫之酉貞，此有春夏而無秋冬之時，蓋天理既滅，而歲功不成也，故不具秋冬。」茅堂胡氏曰：「好生者舜而誅四凶，克寬者湯而誅葛伯，懷保小民者文王而侵阮共，姦惡之不可縱尚矣。《大司馬》九伐之法，正者，正其罪惡；殘者，殘其形體。桓公當此二法而刑不加焉，則是不奉天討而縱有罪，可乎？特去秋冬二時，明天王之無刑政也。天子者，受天命以正享國，必承天意以正行事；必彰有德，象春夏以正賞；必討有罪，法秋冬以正刑。是謂能若天道，合《春秋》大居正之法。」〇劉氏曰：「《左氏》曰『父在，故名』，非也。武氏子求賻，言世武氏也，仍叔之子來聘，言幼弱也，褒貶不既明矣乎。若糾擅攝父位，自取冢宰者，其貶猶應甚彼，不得但以父在名之而已，捨大責小，非

《春秋》也。《公羊》謂『下大夫也』，繫官氏名且字，亦非也。理不可書名而又書字，仲尼之筆，一何繁且迂哉！」趙氏曰：「若其代父攝行卿事，當依仍叔之子爲文，何得加名？故知爲貶。」

附録《左傳》：「秋，秦師侵芮，敗焉，小之也。」〇「冬，王師、秦師圍魏，執芮伯以歸。」

春秋集傳大全卷之五

桓公 二

甲戌桓王十三年。**五年**齊僖二十四。晉小子二。衛宣十二。蔡桓八。鄭莊三十七。曹桓五十。陳桓三十八，卒。杞武四十四。宋莊三。秦寧九。楚武三十四。**春，正月甲戌、己丑，陳侯鮑卒。**《左傳》：「再赴也。於是陳亂，文公子佗殺大子免而代之。公疾病而亂作，國人分散，故再赴。」《公羊傳》：「曷爲以二日卒之？怴也。甲戌之日亡，己丑之日死而得，君子疑焉，故以二日卒之也。」《穀梁傳》：「鮑卒，何爲以二日卒之？《春秋》之義，信以傳信，疑以傳疑。陳侯以甲戌之日出，己丑之日得，不知死之日，故舉二日以包也。」○趙氏曰：「《左氏》云『再赴』，豈有正當禍亂之時，而暇競使人赴告哉？假令實再赴，夫子亦當詳定其實日，何乃總載之乎？且傳云『公疾而難作』，此文亦據陳國史而記之，驗此則經文『甲戌』下當記陳佗作亂之事，全簡脱之耳。」啖氏曰：「《公》、《穀》皆云：『甲戌之日出而亡，己丑之日死而得。』按人君雖狂而去，亦當有臣子從之。豈有人君走出，臣下不追逐昧其死日乎？」廬陵李氏曰：「三傳不究闕文之義，《公羊》則曰『君子疑焉』，《穀梁》則曰『舉二日以包之』，《左氏》則以爲『再赴』，其謬戾甚矣。」○**夏，齊侯、鄭伯**

如紀。《左傳》：「齊侯、鄭伯朝于紀，欲以襲之，紀人知之。」《公羊傳》：「外相如不書，此何以書？離不言會也。」程子曰：「齊爲諸侯，而欲爲賊於鄰國，不道之甚。鄭伯助之，其罪均矣。」

按《左氏》：「齊、鄭朝紀，欲以襲之，紀人知之。」夫如者，朝詞也。趙氏曰：「如者，朝聘之名。外相如皆譏。」薛氏曰：「無相朝之志也，假相朝之禮也。」家氏曰：「書爵，目其人而貶之也。」尊不朝乎卑，大不朝乎小。紀之爲紀，微乎微者也。齊在東州，尊則方伯，鄭亦大國也，並驅而朝紀，乃懷詐諼之謀，欲以襲之，而不虞紀人之覺也，其志憯矣！臨川吴氏曰：「如紀者，朝于紀也。凡國君來朝魯則稱朝，往朝他國則稱如，内外辭也。諸侯相朝雖有其禮，然春秋之時，小役大，弱役强，强大之國必不往朝小弱之國。雖敵體之國，亦不相朝。惟小弱必須往朝于强大，蓋畏之也。齊、鄭以强大而朝於紀之弱小，蓋借朝之名以往紀，而實欲以兵襲取其國。紀素知齊、鄭之圖己，故覺其謀，而齊、鄭之詐不得以行也。」此外相如爾，何以書？紀人主魯，故來告其事，魯史承告，故備書于策。杜氏曰：「齊欲滅紀，紀人懼而來告，故書。」夫子修經，存而不削者，以小國恃大國之安靖己，而乃包藏禍心以圖之，亦異於興滅國、繼絶世之義矣。故存而弗削，以著齊人滅紀之罪，明紀侯去國之由。劉敞《意林》所謂「聖人誅意之効」，是也。劉氏曰：「《春秋》惡其懷不義之心，雖卒不能害，而疾之與襲侵人之國無異，聖人誅意之効也，故兵莫憯於志，鏌鋣爲下。」茅堂胡氏曰：「兵莫憯於志。鄭伯克段，齊侯如紀，其憯甚於鏌鋣。人君明此義，可以正其志；人臣明此義，可以格君心之非，使之不遠而復也。」張氏曰：「《春秋》惡其懷盜賊之心，而行朝事之禮，書之。若實朝于紀然，所以抑强暴、惡譎詐也。」臨川吴氏曰：「許近於鄭，紀近於齊。鄭欲得許，與齊同謀之，而卒得許。齊欲得紀，與鄭同謀之，而卒得紀。」汪氏曰：「外相如，惟齊、鄭如紀，與州公如曹。《春秋》惡齊、鄭之不能恤小國而假朝禮以濟陵人之謀，惡州公不能保其國而假朝禮以爲依人之具，皆非真能行朝禮者也。夫不能保小寡而思啓疆以利己，不能自强於爲善而依人以求托其身，皆《春秋》之所不予也。比事以觀，考齊人滅紀之本末，及州寔之來魯，而聖人之意見矣。」廬陵李氏曰：「春秋之初，齊僖、鄭莊，皆小人之雄，合謀同心，以吞噬小國爲事。自隱三年石門之盟至桓十一年惡曹之盟，二十年間二國爲一。伐宋取郜、防，入郕，入許，立督。今又相與謀紀，自二君如紀之後，紀百計求援。六年會于郕，其冬來朝，謀於魯也深矣。九年季姜歸京師，托於周也至矣。十一年鄭莊卒後，齊、鄭之黨方散。故十三年紀侯得魯、鄭而僥倖於一勝，然怨愈搆矣。十四年齊僖卒，襄公立。十七年于黄之盟，魯欲平二國也，而襄公方襲小伯之勢，豈顧一盟而棄僖公之業哉？故莊元年而遷郱、鄑、郚矣。三年而紀季以酅入齊矣。齊勢方盛，鄭乃棄紀而爲垂之遇矣。故自齊、鄭如紀，蓋十有七年而紀卒去國，齊可罪也，鄭莊之惡，可勝嘆哉！」〇劉氏曰：「《公羊》以謂『離不言會』，故言如也，非也。《春秋》之記盟會者，所以刺譏諸侯，非善群聚而惡離會也。離會何爲不可書，而改會爲如以亂名實哉？」

天王使仍叔之子來聘。仍，《穀》作「任」。《左傳》：「仍叔之子，弱也。」《公羊傳》：「仍叔之子者何？天子之大夫也。其稱仍叔之子何？譏。何譏爾？譏父老，子代從政也。」《穀梁傳》：「任叔之子者，録父以使子也。故微其君臣，而著其父子，不正父在子代仕之辭也。」程子曰：「古之授任，稱其才德，故仕無世官。周衰，官人以世，故卿大夫之子代其父任事。仍叔受命來聘，而使其子代行也。」

「仍叔之子」云者，何氏曰：「言氏，起父在。加之者，起子。」汪氏曰：「《詩·雲漢》序云『仍叔美宣王』，則仍叔世大夫可知。」譏世官，非公選也。帝王不以私愛害公選，故仕者世禄而不世官，任之不以其賢也，使之不以其能也。卿大夫子弟，以父兄故而見使，汪氏曰：「《公》、《穀》皆云『父老子代從政』，程子則云『父受命而使子代行』。今按非有天子之命，則亦不敢使子代聘也。」則非公選，而政由是敗矣。上世有自耕野釣渭，擢居輔相，而人莫不以爲宜。伊陟象賢，復相太戊，《書》小序：「伊陟相太戊。」注：「伊陟，伊尹子。」《微子之命》：「崇德象賢。」蔡傳：「謂其後嗣子孫，有象先聖王之賢者。」丁公世美，入掌兵權，《書·顧命》：「齊侯吕伋，以二干戈、虎賁百人，逆子釗。」注：「伋，太公子丁公也。」不以世故疑之也。崇伯殛死，禹作司空，《國語》：「鯀爲崇伯。」《史記》：「鯀治水九年，而功用不成。舜巡狩，視鯀之治水無狀，乃殛之於羽山以死，於是舉禹，使續鯀之業。」《舜典》：「伯禹作司空。」蔡叔既囚，仲爲卿士，《書·蔡仲之命》：「周公位冢宰。群叔流言，囚蔡叔于郭鄰。蔡仲克庸祗德，周公以爲卿士。」亦不以其父故廢之也，惟其公而已矣。及周之衰，小人得政，視朝廷官爵爲己私，援引親黨，分據要途，施及童稚；賢者退處於蓽門，老身而不用，公道不行，然後夷狄侵凌，國家傾覆，雖有智者不能善其後矣。《春秋》書武氏「仍叔之子」云者，**戒後世人主徇大臣私意，而用其子弟之弱者居公選之地，以敗亂其國家，欲其深省之也。**范氏曰：「君闇劣於上，臣苟進於下，蓋參譏之。」家氏曰：「大臣耽寵固位，惟恐失之，欲及其尚存而見子孫之貴。書仍叔之子，譏其以父及子也。去年宰糾聘，名之，所以貶也。今仍叔子聘不名，亦所以貶也。貴者以名爲貶，少且賤者以不名爲貶。桓負大惡，王不能討，以一聘爲未足，復再聘焉。故《春秋》於貴者則名之，於賤者則微之，以深致其意。」高氏曰：「桓王失信，諸侯皆叛，欲謀婚而諸侯莫從。桓以簒立，懼諸侯討己，欲自結於王，故因紀之故而爲王謀焉，故桓王三遣使來聘也。《春秋》書之，見桓公以紀之婚姻結好于王以掩大惡。其曰『使仍叔之子』者，見王綱不舉，以大夫之子參預國事，不稱氏者，世權不重於尹武也。」汪氏曰：「漢以曹操子丕爲五官中郎將，丞相副；魏以司馬昭子炎爲中撫軍，副相國，而遂移國祚；宋用王安石、蔡京父子，而遂致國亡，是皆徇大臣私意，而用其子弟之禍也。可不懼哉！」

葬陳桓公。臨川吴氏曰：「不書月，史失之，蓋陳佗簒立而葬之也。」○**城祝丘。**杜氏曰：「齊、鄭將襲紀故。」陸氏曰：「譏不時。」高氏曰：「據文姜享齊侯于祝丘，則祝丘，齊、魯兩境上邑。齊將襲紀，公欲助紀而畏齊，故非時城此以備之。」王氏曰：「祝丘，魯地。」○**秋，蔡人、衛人、陳人從王伐鄭。**《左傳》：「王奪鄭伯政，鄭伯不朝。秋，王以諸侯伐鄭，鄭伯禦之。王爲中軍，虢公林父將右軍，蔡人、衛人屬焉，周公黑肩將左軍，陳人屬焉。鄭子元請爲左拒，以當蔡人、衛人，爲右拒，以當陳人，曰：『陳亂，民莫有鬭心。若先犯之，必奔。王卒顧之，必亂。蔡、衛不枝，固將先奔。既而萃於王卒，可以集事。』從之。曼伯爲右拒，祭仲足爲左拒，原繁、高渠彌以中軍奉公，爲魚麗之陳。先偏後伍，伍承彌縫。戰于繻葛。命二拒曰：『旝動而鼓！』蔡、衛、陳皆奔，王卒亂，鄭師合以攻之，王卒大敗。祝聃射王中肩，王亦能軍。祝聃請從之。公曰：『君子不欲多上人，況敢陵天子乎？苟自救也，社稷無隕，多矣。』夜，鄭伯使祭足勞王，且問左右。」《公羊傳》：「其言從王伐鄭何？從王正也。」《穀梁傳》：「舉從者之辭也。其舉從者之辭，何也？爲天王諱伐鄭也。鄭，同姓之國也，在乎冀州，於是不服，爲天子病矣。」程子曰：「王師於諸侯不書敗，諸侯不可敵王也；於夷狄不書戰，夷狄不能抗王也，此理也。其敵其抗，王道之失也。」

按《左氏》：「王奪鄭伯政，鄭伯不朝。王以諸侯伐鄭，鄭伯禦之。戰于繻葛。王卒大敗。」《春秋》書王必稱天者，所章則天命也，所用則天討也。王奪鄭伯政，而怒其不朝，以諸侯伐焉，非天討也，故不稱天。 茅堂胡氏曰：「天子討而不伐。桓王伐鄭，非天子事，故不言討。」又曰：「錫桓、伐鄭、賵葬成風，皆三綱所由滅也，故書王而已。此亦不王矣，不書則無自而見，故去天以示貶。其書王，則存名號耳。」番陽萬氏曰：「桓王伐鄭非天討，莊王錫桓公命，襄王賵葬成風，非天命，故皆不書天。」**或曰：鄭伯不朝，惡得爲無罪；曰：桓公弒君而自立，宋督弒君而得政，天下大惡，人理所不容也，則遣使來聘而莫之討。鄭伯不朝，貶其爵可也，何爲憤怒自將以攻之也？** 薛氏曰：「九伐之法，無親征諸侯之制，王親戎事，危道也。其不書王師何？王爲重也。」**移此師以加宋、魯，誰曰非天討乎？** 張氏曰：「自入春秋以來，王室未嘗興兵伐諸侯。今一旦天子帥元戎啓行，而諸侯從之。若天討加於宋督、魯桓，則所謂仁不以勇，義不以力，而真足以大服天下之心矣。今桓王以小忿奪鄭伯之政，又帥諸侯伐之，而巨姦大惡反易天常之亂臣賊子乃屢聘焉，其失天下共主之義，非小過也。遂致鄭伯敢爲抗拒，祝聃逆節加於王身，而王靈至此竭矣。」**《春秋》天子之事，述天理而時措之也，既譏天王以端本矣。三國以兵會伐，則言從王者，又以明君臣之義也。君行而臣從，正也。**啖氏曰：「不言會及，臣從君之辭也。」孫氏曰：「不言以蔡人、衛人、陳人伐鄭者，不使天子首兵也。桓王親伐下國，惡之大者，曷爲不使首兵？天子無敵，非鄭可得抗也，故曰『蔡人、衛人、陳人從王伐鄭』以尊之。」陸氏曰：「陳佗殺太子而立，王不能討，又許其以師從，王之失政亦可知也。」**戰于繻葛而不書戰，王卒大敗而不書敗者，又以存天下之防也。**陳氏曰：「嘗戰矣而不言戰，嘗敗績矣而不言敗績，諱之也。其曰『蔡人、衛人、陳人從王伐鄭』，尊王也。《春秋》之法，有天子在，則其諸侯稱人。王自將討鄭，討鄭而克，是仲康之師也，《春秋》可以無作。而戰焉，王卒大敗，是故伐鄭不服，而後王命不行於天下。」安定胡氏曰：「不書王師敗績于鄭，王者無敵於天下。書戰則王者可敵，書敗則諸侯得禦，故言伐而不言敗。茅戎書敗者，夷狄非有禮義，王者不畜也。王師，非王親兵致討，故敗而書之。」**三綱軍政之本，聖人寓軍政於《春秋》，而書法若此，皆裁自聖心，非國史所能與也。**蜀杜氏曰：「苗民弗服，舜命禹徂征之，蓋用兵之事，天子不親爲之，以其至尊不可屈也。鄭雖不朝，桓王以三國之兵伐鄭，失正也。」永嘉呂氏曰：「王伐鄭而從之者僅三國，何哉？蔡、衛、陳之仇鄭久矣。隱二年鄭伐衛，四年宋、陳、蔡、衛伐鄭，十年宋、衛入鄭，又與蔡人伐戴，而鄭復伐取三國之師。桓二年陳與鄭雖會于稷，蔡與鄭雖會于鄧，未有成也，衛之隙未解也。王討有加於鄭，而三國從之，托公義以濟私忿耳。」汪氏曰：「傳稱『王以諸侯伐鄭』，而經書三國從王，實變文以著君臣之大分。然成十三年傳云『公及諸侯遂從劉康公、成肅公會伐秦』，而經不書諸侯從劉子、成子者，王臣非至尊之比，猶尹子、單子之伐鄭，止以列會爲文也。襄十四年傳云『諸侯之大夫從晉侯伐秦』，而經不書大夫從晉侯者，諸侯非王命不當擅興列國之師，蓋齊桓、晉文之侵伐，止以列會爲文也。文定謂『桓王伐鄭非天討』，乃端本澄源之意。董子所謂『正心以正朝廷，正朝廷以正四方，而遠近莫不壹於正』，非謂鄭莊爲無罪也。特以諸侯之罪有甚於鄭莊者，桓王舍其大而問其細，徇其私意而不出於公理，是以不得爲天討，而鄭亦不服耳。或者乃謂祭足帥師取畿甸之麥禾，是稱兵以犯王略。王之伐之，有不容已者，抑不知王貳於虢，祭足取麥與禾，乃隱之三年。越三年而鄭伯朝王，桓王不禮焉，是取麥禾之罪固當問，然不當待其朝而不禮也。又二年，桓王遂以虢公忌父爲卿士，是時鄭公子忽在王所，鄭伯以齊人朝王。又三年而鄭伯以虢師伐宋，非惟鄭未叛王，亦未怨虢之深也。及王取鄔、劉、蔿、邘之田于鄭，而與鄭人蘇忿生之田，於是鄭始怨王，至是王復絶之，而鄭莊遂不朝。跡其所由，鄭莊雖小人之雄，苟桓王處之有其道，則不至此也。取麥與禾之罪，當其時則不之討。今之不朝，毋乃己德猶有所缺，而不忍一朝之忿，屈萬乘之尊，以犯積怨之强臣，寧不自取辱耶。《春秋》深明其用自貴者始，王不稱天以正其本。三國書從，以明人臣從君之義。戰敗不書，以存人君無敵之體。書三國從王伐鄭，以人臣而致天子之親伐，則鄭之罪亦不可掩矣。從王伐鄭，爲一經之特筆，輕重之權衡，君臣之名分，莫不畢見，豈不深切著明矣哉！」廬陵李氏曰：「《春秋》王師之出有二，伐鄭、救衛是也。陳氏云：『王師不書。書伐鄭，伐鄭不服而後王命不行於天下。書救衛，救衛無功而後王命不行於天下。』此說固是。然《春秋》明道不計功，故伐鄭不書以，而救衛書子突，又不可一概論也。」○劉氏曰：「《穀梁》謂『舉從者之辭，爲天王諱伐鄭也』，非也。直言從王伐鄭，文順事明，又妄云『舉從者之辭』，何哉？且安見諱伐鄭之義哉。」

大雩。此書雩之始。《左傳》：「書不時也。凡祀，啓蟄而郊，龍見而雩，始殺而嘗，閉蟄而烝。過則書。」《公羊傳》：「大雩者何？旱祭也。然則何以不言旱？言雩，則旱見。言旱，則雩不見。何以書？記災也。」程子曰：「成王尊周公，故賜魯重祭，得郊禘大雩。大雩，雩于上帝，用盛樂也。諸侯，雩于境内之山川耳。成王之賜，魯公之受，皆失道也，故夫子曰：『魯之郊禘非禮也，周公其衰矣。』大雩，歲之常祀，不能皆書也，故因其非時則書之。遇旱災，則非時而雩，書之所以見其非禮，且志旱也。郊禘亦因事而書。」

「大雩者，雩于上帝，用盛樂也。」《禮記·月令》：「仲夏之月，命有司爲民祈祀山川百源。大雩帝，用盛樂。」注：「雩，吁嗟求雨之祭也。雩帝，爲壇於南郊之旁，雩五方上帝，配以先帝。自鞀鞞至柷敔皆作，曰盛樂，他雩用歌舞而已。正雩在四月，爲五月不雨修雩，故記之於五月也。」程子曰：「古者一年之間，祭天甚多。春則因播種而祈穀，夏則恐旱暵而大雩。」張氏曰：「建巳之月，常祀不書。至非常祀之月，或遇旱暵，則因旱而舉。《春秋》書之，以見災異。」臨川吴氏曰：「魯之雩祀僭王禮，特書曰『大雩』，以表其爲天子祀上帝之雩，而非諸侯祭山川之雩也。《左氏》謂：『龍見而雩，過則書。』龍見者，孟夏建巳之月。經無書六月雩者，蓋得禮則不書。七月、八月、九月則皆過時，故書。書冬，則建酉之月，穀已成熟，尤爲非時也。魯有舞雩壇，蓋祀帝于壇，如郊焉而用盛樂，歌舞於壇上，故名其壇爲舞雩，而日亦如郊之用辛也。」**諸侯，雩于境内之山川爾。」**汪氏曰：「山川百源，能興雲雨者也。《月令》注『諸侯雩上公』。」**魯諸侯而郊禘大雩，欲悉書於策，則有不勝書，故雩祭則因旱以書而特謂之大，**孫氏曰：「謂之大者，惡其僭用天子之雩也。不謂之大，則魯僭天子之惡無以見矣。」家氏曰：「郊禘亦僭而不書大，郊禘一而已矣。若雩，則天子與諸侯爲禮各異，故書大以斥其僭。」**郊禘亦因事以書而義自見，**汪氏曰：「書郊，則或以瀆卜，或以牛災，或以過時；書禘，則或以紊喪制，或以尊妾母，皆失禮之中又失禮者也。」**此皆國史所不能與，君子以謂性命之文是也。**邵子曰：「人言《春秋》非性命之書，非也。《春秋》皆因事而褒貶，聖人何容心哉？無我故也，由性命而發言也。」**諸侯不得祭天地，大夫不得祭山川，士庶人不敢以他人祖禰祭於己之寢，禮也。**《禮記·曲禮》：「天子祭天地，祭四方，祭山川，祭五祀，歲徧。諸侯方祀，祭山川，祭五祀，歲徧。大夫祭五祀，歲徧。士祭其先。」《王制》：「諸侯祭名山大川之在其地者。」**故季氏旅於泰山，子曰：「嗚呼！曾謂泰山不如林放乎？」**朱子曰：「天子祭天地，諸侯祭國内山川，只緣是他屬我，故祭得他。若不屬我，氣便不與之交感，如何祭得。」程允夫問：「孔子謂『八佾舞於庭』，至季氏旅泰山五章，皆聖人救天理於將滅，故其哀痛與《春秋》同意。」曰：「是。」汪氏曰：「魯諸侯而祭天地及境外山川，猶季氏以大夫而祭泰山也。」**明乎《春秋》所書郊禘大雩之義，則知聖人治國如指掌之説矣。**朱子曰：「天地陰陽晝夜鬼神，只是一理。若明祭祀鬼神之理，則治天下之理，豈有外乎此？」汪氏曰：「禮也者，天理之節文也。故郊禘大雩，惟天子得用之，而諸侯不得用之者，蓋天理之當然也。天下國家，萬物萬事，莫不各有當然之則，幽明一理，顯微無間。苟知聖人所書郊禘大雩之義，則其他事物之理，又何所難知哉？」○劉氏曰：「《左傳》『書不時也』，非也。龍見而雩，常事耳。遇旱而雩，非常也，非常當書。書爲旱發，非爲過時發也。」汪氏曰：「經書雩二十一。《左氏》於此年云『書不時』。襄五年、八年、二十八年，昭三年、六年、十六年、二十四年，皆曰『旱也』。昭二十五年再雩，則曰『旱甚』。餘年無傳。首言不時，而後皆言旱，其意以互文見義，皆以旱而皆不時也。然《春秋》書雩，實以旱書，而併著其僭耳。」廬陵李氏曰：「經書雩二十一。止書秋者七：此年及成三，襄五、十六，昭八，定七、十二是也。書八月者四：僖十一，襄二十八，昭三、二十四是也。書七月者二：昭二、十五是也。書九月者七：僖十三，襄八、十七，昭六、十六，定元、七是也。書冬者一，成七年是也。蓋《左氏》但知龍見而雩爲正，故以爲不時，而不知因旱而雩，乃記災也。《公羊》以大雩爲大旱，趙子以稱大爲偏雩，舊説又以爲大者，禮物有加也，是皆不知大雩之爲僭矣。《穀梁》例曰：『雩月，正也。時，不正也。』其説以爲必待時窮人力盡而請之，此又豈君人之心哉？《穀梁》又以爲請乎應上公，是又不知諸侯雩於山川之義也。一年而二雩者，昭二十五、定七年也，皆旱甚而無格天之誠也。」

螽。《公》作「蝝」。《公羊傳》：「蝝何以書？記災也。」《穀梁傳》：「螽，蟲災也。甚則月，不甚則時。」杜氏曰：「蚣蝑之屬，爲災故書。」劉氏曰：「上書雩，螽之爲物，常因旱而生。」程子曰：「螽，蝗也。既旱又蝗，饑不在書也。」朱子曰：「螽，蝗屬，長而青，長角、長股，一生九十九子。」汪氏曰：「《春秋》書螽者十，桓、僖、文、襄之世各一見，惟宣、哀之世各三見。」何氏曰：「煩擾之應。」劉歆曰：「貪虐取民則螽。」○**冬，州公如曹。**

《左傳》：「淳于公如曹，度其國危，遂不復。」《公羊傳》：「外相如不書，此何以書？過我也。」《穀梁傳》：「外相如不書，此其書，何也？過我也。」程子曰：「州公嘗爲王三公，故稱公。不能保其國，去如曹，遂不復。」

按《左氏》：「淳于公如曹，度其國危，遂不復。」張氏曰：「州稱公，與祭公同，則州必畿内之地，河内州縣也。《左氏》乃云『淳于公』，杜注：『城陽淳于縣，州國所都。』《昭元年》傳云『城淳于』，或云因州公不反國，爲杞所并，遂以淳于爲都，未詳孰是。」**天子三公稱公，**汪氏曰：「如周公、召公之類。」**王者之後稱公。**汪氏曰：「如宋公之類。」**州公，諸侯而稱公者。昔畢高以父師而保釐東土，**《書·畢命》：「命畢公保釐東郊。王若曰：『嗚呼，父師！』」注：「畢公，名高。」**衛武以列國而入相于周，**《詩·淇奧》小序：「美武公之德也。有文章，以禮自防，故能入相于周。」**蓋與後世出入均勞之意同。**《通鑑》：「唐玄宗開元二年，定内外官，使出入常均，永爲恒式。」**此其所以稱公也。外相如不書，此何以書？將有其末，故先録其本。**臨川吴氏曰：「此人君之失國者，與紀侯大去其國同。但州公之去國有所如，紀侯之去國無所如爾。凡國君如他國，皆朝也。蓋其國危亡，將寄託於曹，假朝禮以行，實則奔也。」

乙亥 桓王十四年。**六年** 齊僖二十五。晉小子三。衛宣十三。蔡桓九。鄭莊三十八。曹桓五十一。陳厲公躍元年。杞武四十五。宋莊四。秦寧十。楚武三十五。**春，正月，寔來。**《左傳》：「自曹來朝。書曰『寔來』，不復其國也。」《公羊傳》：「寔來者何？猶曰是人來也。孰謂？謂州公也。曷爲謂之寔來？慢之也。曷爲慢之？化我也。」《穀梁傳》：「寔來者，是來也。何謂是來？謂州公也。其謂之寔來，何也？以其畫我，故簡言之也。諸侯不以過相朝也。」程子曰：「五年冬如曹，尚爲君也，故以諸侯書之。今不能反國，則匹夫也，故名之。來，來魯也。忽稱鄭忽，明其正也。寔不稱州，亡其國也。」

按《左氏》：「自曹來朝。書曰『寔來』，不復其國也。」杜氏曰：「不言州公，承上五年冬經『如曹』。間無異事，省文，從可知。言奔，則來行朝禮；言朝，則遂留不去，故言『寔來』。」陳氏曰：「但曰州公來，則疑於祭伯，故書曰『州公如曹』。『春，正月，寔來』，是『不復其國』之辭也。」寔者，州公名也。《春秋》之法，諸侯不生名，失地滅同姓則名。正名經世之本，名正而天下定矣。或曰：諸侯失國而後託於諸侯，孟子以爲禮也。陳氏曰：「古者諸侯去其國，太宰取群廟之主以從，而托於諸侯曰寓公。《禮記・郊特牲》：『諸侯不臣寓公。』」今州公來朝，將以諸侯之禮接之乎？則《春秋》乃書其名。將以匹夫之賤畜之乎？孟子乃以託國爲禮，將何處而可？曰：世衰道微，諸侯放恣，强陵弱，衆暴寡，天子不能正，方伯不能治。其有壤地褊小，迫乎大國之間而失國，是不幸焉，非其罪也，則以諸侯之禮接之可也。若譚子在莒，弦子在黃，温子在衛，雖失國出奔，而《春秋》不名，義可見矣。若夫不能脩道以正其國，或棄賢保佞，或驕奢淫縱，或用兵暴亂，自底滅亡，如蔡獻舞、郳益、曹陽、州寔之徒，汪氏曰：「許斯、胡豹、頓牂、沈嘉、潞嬰兒，皆書名。」皆其自取焉耳，則待之以初，乃禮之過也。觀《春秋》名與不名，則

知所以處寓公之禮，與强爲善、自暴棄者之勸戒矣。家氏曰：「夫以外諸侯入備王室之大臣，外侮侵陵，不能自存，當請于王，思所以爲圖存之計，勢窮理極，死之可也。今奔曹適魯，去其封守，託身於諸侯之國，《春秋》書公，書如曹，書寔來，皆所以責州公也。」○劉氏曰：「《公羊》云『謂之寔來，慢之也』，非也。君子躬自厚而薄責於人，人雖無禮，我可不爲禮乎？」

附録《左傳》：「楚武王侵隨，使薳章求成焉，軍於瑕以待之。隨人使少師董成。鬭伯比言於楚子曰：『吾不得志於漢東也，我則使然。我張吾三軍而被吾甲兵，以武臨之，彼則懼而協以謀我，故難間也。漢東之國，隨爲大。隨張，必棄小國。小國離，楚之利也。少師侈，請羸師以張之。』熊率且比曰：『季梁在，何益？』鬭伯比曰：『以爲後圖，少師得其君。』王毁軍而納少師。少師歸，請追楚師，隨侯將許之。季梁止之，曰：『天方授楚。楚之羸，其誘我也。君何急焉？臣聞小之能敵大也，小道大淫。所謂道，忠於民而信於神也。上思利民，忠也；祝史正辭，信也。今民餒而君逞欲，祝史矯舉以祭，臣不知其可也。』公曰：『吾牲牷肥腯，粢盛豐備，何則不信？』對曰：『夫民，神之主也，是以聖王先成民而後致力於神。故奉牲以告，曰「博碩肥腯」，謂民力之普存也，謂其畜之碩大蕃滋也，謂其不疾瘯蠡也，謂其備腯咸有也。奉盛以告曰「絜粢豐盛」，謂其三時不害，而民和年豐也。奉酒醴以告曰「嘉栗旨酒」，謂其上下皆有嘉德，而無違心也。所謂馨香，無讒慝也。故務其三時，脩其五教，親其九族，以致其禋祀，於是乎民和而神降之福，故動則有成。今民各有心，而鬼神乏主，君雖獨豐，其何福之有？君姑脩政而親兄弟之國，庶免於難。』隨侯懼而脩政，楚不敢伐。」

夏，四月，公會紀侯于郕。郕，《公》、《左》作「成」。《左傳》：「會于成，紀來諮謀齊難也。」杜氏曰：「齊欲滅紀，故來謀之。成，魯地。」孫氏曰：「此與二年書來朝、三年會郕同旨。」家氏曰：「前年齊、鄭以盜竊之兵襲紀而弗遂，因是啓釁，且將大加兵於其國。紀睦於魯，越境而謀，公往會之。義之不容已者，《春秋》無譏也。至冬而復來，則不能無譏矣。」高氏曰：「以紀之微而捍齊之强者十有七年，亦紀侯憂畏諮謀之功也歟。」

附録《左傳》：「北戎伐齊，齊侯使乞師于鄭。鄭太子忽帥師救齊。六月，大敗戎師，獲其二帥大良、少良，甲首三百，以獻於齊。於是諸侯之大夫戍齊，齊人饋之餼，使魯爲其班，後鄭。鄭忽以其有功也，怒，故有郎之師。公之未昏於齊也，齊侯欲以文姜妻鄭太子忽。太子忽辭，人問其故，太子曰：『人各有耦，齊大，非吾耦也。《詩》云：「自求多福。」在我而已，大國何爲？』君子曰：『善自爲謀。』及其敗戎師也，齊侯又請妻之，固辭。人問其故，太子曰：『無事於齊，吾猶不敢。今以君命奔齊之急，而受室以歸，是以師昏也。民其謂我何？』遂辭諸鄭伯。」

秋，八月壬午，大閱。《左傳》：「簡車馬也。」《公羊傳》：「大閱者何？簡車徒也。何以書？蓋以罕書也。」《穀梁傳》：「大閱者何？閱兵車也。脩教明諭，國道也。平而脩戎事，非正也。其日，以爲崇武，故謹而日之。蓋以觀婦人也。」程子曰：「爲國之道，武備不可廢，必於農隙講肄，保民守國之道也。無事而爲之，妄動也。有警而爲之，則教之不素，豈所以保其國乎？盛夏大閱，妨民害人，失政之甚。其不言公，蓋懼鄭畏齊，爲國講武，非公之私欲也。」

大閱，簡車馬也。周制：大司馬中冬大閱，教衆庶修戰法。獨詳於三時者，《周禮・大司馬》：「中春，教振旅，司馬以旗致民，平列陳，如戰之陳。辨鼓鐸鐲鐃之用，以教坐作進退疾徐疏數之節。中夏，教茇舍。中秋，教治兵。皆如振旅。中冬，教大閱：前期，群吏戒衆庶修戰法。虞人萊所田之野，爲表，百步則一，爲三表，又五十步爲一表。田之日，司馬建旗于後表之中，群吏以旗物鼓鐸鐲鐃，各帥其民而致。質明弊旗，誅後至者。乃陳車徒如戰之陳，皆坐。群吏聽誓于陳前，斬牲以左右徇陳，曰：『不用命者斬之。』中軍以鼙令鼓，鼓人皆三鼓，司馬振鐸，群吏作旗，車徒皆作；鼓行，鳴鐲，車徒皆行，及表乃止；三鼓，摝鐸，群吏弊旗，車徒皆坐；又三鼓，振鐸，作旗，車徒皆作。鼓進，鳴鐲，車驟徒趍，及表乃止，坐作如初。乃鼓，車馳徒走，及表乃止。鼓戒三闋，車三發，徒三刺。乃鼓退，鳴鐃且卻，及表乃止，坐作如初。」**爲農隙故也。書八月，不時矣。**汪氏曰：「夏之仲冬，乃建子之月。周之八月，乃建未之月。盛夏煩暑，三農耘耔之時，而驅南畝之民，以簡車蒐徒爲事，有人心者，豈爲是哉？」**以鼓，則王執路鼓，諸侯執賁鼓；以旗，則王載太常，諸侯載旂；以殺，則王下大綏，諸侯下小綏，其禮固亦不同也。書大閱，非禮矣。**孫氏曰：「大雩、大閱、大蒐之類，皆譏其僭天子。夫子脩《春秋》，不斥言，故因事而見意。」**先王寓軍政於四時之田，訓民禦暴，其備豫也。懼鄭忽，畏齊人，不因田狩而閱兵車，**范氏曰：「禮因四時田獵以習用戎事。存不忘亡，安不忘危之道。今不因田獵，無事而修之。」杜氏曰：「鄭忽訴齊，魯人懼之，故以非時簡車馬。」**厲農失政甚矣！何以保其國乎？**

《春秋》非特以不時非禮書也，乃天未陰雨，徹彼桑土，綢繆牖户之意。何氏曰：「孔子曰：『以不教民戰，是謂棄之。』故比年簡徒謂之蒐，三年簡車謂之大閲，五年大簡車徒謂之大蒐，存不忘亡，安不忘危。」臨川吴氏曰：「先王之時，兵弭不用，然不忘武備，四時之田，皆於農隙以習武事。三時所教，其法皆略。惟仲冬教大閲，其坐作進退擊刺，真如戰陣，乃天子之禮，非諸侯之所得行。爲其僭禮，故因失時而書之，以著其僭。」王氏曰：「僭制妨民，故聖人謹而日之。古者外事用剛日，内事用柔日。兵戎外事，故大閲以壬午，治兵以甲午，猶吉日美宣王田而曰『吉日維戊』、『吉日庚午』也。」〇陸氏曰：「《公羊》『蓋以罕書也』，按以其非常故書爾，非爲少也。《穀梁》『蓋以觀婦人也』，按經無異文，傳自穿鑿。」劉氏曰：「所謂罕者，謂自入春秋，今始一閲耶；抑謂桓公，今始一閲也。文之不通，難以强合。」

蔡人殺陳佗。《公羊傳》：「陳佗者何？陳君也。陳君則曷爲謂之陳佗？絶也。曷爲絶之？賤也。其賤奈何？外淫也。惡乎淫？淫于蔡，蔡人殺之。」《穀梁傳》：「陳佗者，陳君也。其曰陳佗，何也？匹夫行，故匹夫稱之也。其匹夫行奈何？陳侯喜獵，淫獵于蔡，與蔡人争禽。蔡人不知其是陳君也，而殺之。何以知其是陳君也？兩下相殺，不道。其不地於蔡也。」程子曰：「佗弑太子免而竊位，不能有其國，故書曰『陳佗』。佗，天下之大惡，人皆得而誅之。蔡侯殺之，實以私也，而書蔡人，同於討賊之例，見討賊者衆人之公也。」

佗弑大子而代其位。朱子曰：「佗之弑君不見於經，亦是魯史無之耳。」**至是踰年，不成之爲君者，以賊討也。**啖氏曰：「佗踰年之君，不曰陳侯，以賊誅也。」**書蔡人以善蔡，書陳佗以善陳。善**

蔡者，以蔡人知佗之爲賊。張氏曰：「春秋之初，先王之澤未泯，人心正理猶存，故蔡人因人心之不君佗而殺之。」**善陳者，以陳國不以佗爲君。**汪氏曰：「《詩・墓門》：『刺陳佗也。』其詩曰『夫也不良，國人知之』，則陳人不以佗爲君可知。」**知其爲賊，故稱人。稱人，討賊之詞也。**陸氏曰：「臣弑君，凡在官者殺無赦。蔡雖他國，以義殺之，亦變之正也，故書曰『蔡人』。」**不以爲君，故稱名。稱名，當討之賊也。**臨川吴氏曰：「陳不能討而蔡能討之，故以討賊之義歸之蔡。篡弑之賊，人人得而殺之也。陳佗篡立，既葬桓公，君陳亦已逾年矣。然篡賊非可稱君，故名而不爵。凡篡賊而稱君者，見本國之臣子，與鄰國之君臣，皆不能討，而成之爲君也。苟有一人能明討賊之義而殺之，則《春秋》以討賊之義歸之矣。衛人殺州吁，齊人殺無知，蔡人殺陳佗是也。」家氏曰：「前此陳人爲衛討州吁，今蔡人爲陳殺佗，此鄰國之二討，《春秋》所深與也。治鄰賊者有褒，則黨鄰賊者在所誅矣。」**魯桓弑君而鄭伯與之盟，宋督弑君而四國納其賂，則不知其爲賊矣。齊商人弑君者，及其見殺而稱位；蔡般弑父者，及其見殺則稱爵，是齊、蔡國人皆以爲君矣。聖人於此，抑揚與奪，遏人欲於横流，存天理於既滅，見諸行事，可謂深切著明矣。篡弑之賊，外則異國皆欲致討而不赦，内則國人不以爲君而莫之與，誰敢勸於爲惡，故曰：「孔子成《春秋》而亂臣賊子懼。」**可堂吴氏曰：「王政不綱，天子不能討賊，而聖人明《春秋》之義以討之。謂非天子之事而何耶？其討之也奈何？曰如殺賊書『人』是也。噫！討賊，天子事也，聖人不唯自任，而又寄之人人，僭耶！不得已耶！故曰：

『知我罪我，其唯《春秋》乎？』」汪氏曰：「弒君而見殺者十有二，惟四人以討賊書。州吁、無知，衛人、齊人能自討賊；陳佗、夏徵舒，待蔡人、楚人討之，臣子之不能討，其罪著矣。晉惠因里克弒君而得國，衛獻因甯喜弒君而復國，利其所爲，使復爲大夫，既又忌而殺之，非討賊也，故以國殺大夫爲文。楚棄疾誘比以爲君之利，而俾當大惡之名，既而殺之，意在代其位，非討賊也，故以公子相殺爲文。陳人雖殺宋萬，然與賊爲黨，待宋人之賂而後殺之，齊慶封誘崔杼而致之死，皆非天討，故不以討賊書也。宋督死於南宮萬，書之則爲扞君難，故不見於經。齊商人、蔡般既爲國人所君，曠歲歷年，假手於盜賊蠻夷而討之，《春秋》雖欲奪其爵位，同之於賊，有不可得矣。」○趙氏曰：「佗弒太子之賊，《公》、《穀》不達此意，妄云『淫于蔡』、『淫獵于蔡』，不近人情。」廬陵李氏曰：「討賊例已見州吁下。《公羊》、《穀梁》之說，皆傳聞之謬耳。獨程子曰：蔡人雖以私殺之，而《春秋》與以討賊者，廣爲義之塗也。此善發明聖經矣。」

九月丁卯，子同生。《左傳》：「以太子生之禮舉之：接以太牢，卜士負之，士妻食之，公與文姜、宗婦命之。公問名於申繻。對曰：『名有五，有信，有義，有象，有假，有類。以名生爲信，以德命爲義，以類命爲象，取於物爲假，取於父爲類。不以國，不以官，不以山川，不以隱疾，不以畜牲，不以器幣。周人以諱事神，名，終將諱之。故以國則廢名，以官則廢職，以山川則廢主，以畜牲則廢祀，以器幣則廢禮。晉以僖侯廢司徒，宋以武公廢司空，先君獻、武廢二山，是以大物不可以命。』公曰：『是其生也，與吾同物。命之曰同。』」《公羊傳》：「子同生者孰謂？謂莊公也。何言乎子同生？喜有正也。未有言喜有正者，此其言喜有正何？久無正也。子公羊子曰：『其諸以病桓與？』」《穀梁傳》：「疑，故志之。時曰，同乎人也。」程子曰：

「書子同生，聖人所以正大本而防僭亂也。子同者，桓之嫡長子也，於其始生即書之，其位固已定矣。嫡冢之生，國之大事，故書。」

嫡冢始生，即書于策，與子之法也。啖氏曰：「君嫡子生，以太子生之禮接之，則史書之。」趙氏曰：「禮備於嫡，是重宗廟，記其是以著其非也。」蜀杜氏曰：「書同生，正魯國之傳嗣而遏篡逆也。」張氏曰：「蓋嫡夫人之長子，備用太子之禮，故史書於策。《春秋》於此，明與子之法在於正始明分，則私愛之所不能行，孽孽之所不能干，所以定國本、息亂源也。」**唐、虞禪，夏后、殷、周繼。《春秋》兼帝王之道，賢可禪，則以天下爲公，而不拘於世及之禮；子可繼，則以天下爲家，而不必於讓國之義，**《禮記·禮運》：「大道之行，天下爲公，選賢與能。大道既隱，天下爲家，大人世及以爲禮。」**萬世之通道也。與賢者貴於得人，與子者定於立嫡，傳子以嫡，天下之達禮也。故有君薨而世子未生之禮，**《禮記》：「曾子問：『君薨而世子生，如之何？』孔子曰：『卿、大夫從攝主，北面於西階南。大祝裨冕，執束帛，升自西階，盡等，不升堂，命毋哭。祝聲三，告曰：「某之子生，敢告。」大宰命祝史，以名徧告于五祀山川。』」**植遺腹、朝委裘而天下不亂者，**《前漢書·賈誼傳》孟康注：「委裘若容衣，天子幼未坐朝，事先帝裘衣也。」**以名分素明而民志定也。經書子同生，所以明與子之法，正國家之本，防後世配嫡奪正之事，垂訓之義大矣。**茅堂胡氏曰：「適冢生，大事也，《春秋》書此以正國本。晉獻公殺申生，立奚齊，而國亂數世。漢高祖定惠帝，黜趙王，而延祚四百，傳世三十一，其效可見矣。問出姜之子不書其生，何也？曰記子同生，明與子之法也。《春秋》兼帝王之道，或以天下爲公而與賢，或以世及爲禮而與子。與賢，貴於得人，故季札辭國，仲尼不取。與子，定於立嫡，故文姜始入，《春秋》書之。按《左氏》所載，即太子之禮也，載于史策，名分一定，則自始生至于受誓爲世子，其物采等衰固殊絶矣，配適奪正之事無所從起，此《春秋》與子之法也。文公不知此義，故子赤見殺，出姜歸齊，其生不見于經，蓋仲尼削之耳。鄭忽、衛蒯聵出奔，宋痤、晉申生見殺，王猛兄弟之以于劉、單，皆其君父不知此義，是以蒙首惡之名，不亦悲乎！」**此世子也，其不曰世子，何也？**杜氏曰：「不稱太子者，書始生也。」**天下無生而貴者，誓於天子，然後爲世子。**《周禮·典命》：「諸侯之世子誓於天子。」○劉氏曰：「《公羊》以謂感隱、桓之禍，故以喜書，不亦淺近乎？《穀梁》曰：『疑，故志之。』若聖人疑之，誰復不疑之乎？《齊詩》云：『展我甥兮。』展者，信也。詩人信魯莊公爲齊侯之甥，何有仲尼反疑其先君爲齊侯之子乎？」朱子曰：「桓公三年夫人姜氏至自齊，六年子同生。十八年桓公乃與夫人如齊，則莊公誠非齊侯之子矣。」永嘉呂氏曰：「二百四十二年，惟此書子同生，説者求其説而不得。或謂惠無嫡子，遂啓篡弑，故以喜書；或謂莊、文、成、襄皆嫡嗣，此獨書以正周公之後，決後世之疑；或謂爲莊公如齊納幣張本，要之皆不然。國之主器，莫重於嫡嗣，嫡嗣不正，則禍亂生焉。故古者嫡子生，必以禮舉之，所以正國本係人望，而絶庶孽覬覦之心也。若其受制於文姜，必齊女而後娶，以至於失時越禮，則亦可以因是而考之矣。」

冬，紀侯來朝。《左傳》：「請王命以求成于齊。公告不能。」程子曰：「紀畏齊而來朝以求助也。不能上訴於天子，近赴於賢侯，和輯其民，效死以守，而欲求援於魯桓，是豈爲國之道哉？其不能保有，終至於大去其國，宜也。」

按《左氏》：「會于郕，咨謀齊難也。冬來朝，請王命以求成于齊也。公告不能。」杜氏曰：「紀微弱，不能自通於天子，欲因公以請王命，公無寵於王，故告不能。」**孟子曰：「觀近臣以其所爲主，觀遠臣以其所主。」**朱子曰：「君子、小人各從其類，故觀其所爲主與其所主者，而其人可知。」**主者，成敗之機，榮辱之本也。昭公棄晉主齊，至於客死；**事見《左傳》昭公二十五年、二十八年、三十二年。**鄭伯逃齊主楚，終以乞盟，**事見《左傳》僖公五年、八年。**觀其所主而榮辱成敗見矣。魯桓者，弑君之賊，人人之所同惡，夫人得而討之也，而主之以求援，其能國乎？然則何以免於貶？志不在於朝桓也。**蜀杜氏曰：「桓之簒，王法所不容，諸侯不能討而朝之聘之，《春秋》不與，是義不可以朝桓矣。今紀之來，復存其正爵，以其懼於齊難，與其所親謀之，故恕之也。」沙隨程氏曰：「溺人近死，何暇論援者之賢否乎？」汪氏曰：「桓公簒立，得罪於君父兄，惴惴焉不能自保，而結大國以自安。即位之始年，求盟於鄭。三年求昏於齊。未幾次班後鄭，而取怨於齊，則非時大閱以備不虞，是其憂愉信縮，固係於齊人頻笑之頃，又安足與謀紀難哉！《易》曰：『比之非人，不亦傷乎？』紀侯之謂矣。然《春秋》所以恕紀侯而不之貶者，如人遇强禦於國門之外，苟有過者，亟執其裾而愬之，不暇問其人之善惡也。夫紀以蕞爾之國，介居大國之間，欲上告於天子則不能，欲下告於方伯連率，則無非齊之與國。其所以僕僕朝魯會魯，亦曰紀之與魯。暨魯之與齊，皆比鄰婚姻之國，或可資其助耳。聖人其以是而恕之乎？比事以觀，紀不能自强於政治，苟焉依人以圖存；魯桓不能憂人之憂，急人之急，坐受朝禮而莫之或恤；齊以强大，肆意於吞噬小弱，其罪皆不待貶而自見矣。」

丙子桓王十五年。**七年**齊僖二十六。晉小子四。衛宣十四。蔡桓十。鄭莊三十九。曹桓五十二。陳厲二。杞武四十六。宋莊五。秦寧十一。楚武三十六。**春，二月己亥，焚咸丘。**《公羊傳》：「焚之者何？樵之也。樵之者何？以火攻也。何言乎以火攻？疾始以火攻也。咸丘者何？邾婁之邑也。曷爲不繫乎邾婁？國之也。曷爲國之？君存焉爾。」《穀梁傳》：「其不言邾咸丘，何也？疾其以火攻也。」程子曰：「古者昆蟲蟄而後火田，去莽翳以逐禽獸，非竭山林而焚之也。咸丘，地名。焚咸丘，如盡焚其地，見其廣之甚也。」杜氏曰：「焚，火田也。咸丘，魯地。高平鉅野縣南有咸亭。」高氏曰：「咸丘，乃魯地近齊者，故孟子以咸丘蒙爲齊東野人。」

咸丘，地名也。《易》稱「王用三驅」。程子曰：「如天子不合圍，合其三面，前開一路，使之可去，不忍盡物，好生之仁也。」**在禮：「天子不合圍，諸侯不掩群。」**《禮記·王制》：「田不以禮，曰暴天物。昆蟲未蟄，不以火田。」**夫子釣而不綱，弋不射宿，**朱子曰：「盡物取之，出其不意，聖人不爲也。」**皆愛物之意也。推此心以及物，至於鳥獸若、草木裕，無淫獵之過矣。**劉氏曰：「焚咸丘，淫獵之過也。古者誅不逐奔，追不越防。」**書焚咸丘，所謂焚林而田也。**李氏瑾曰：「火田，直焚一叢一聚，豈容焚一澤也？譏盡物，故書之。」臨川吴氏曰：「周之二月，夏之十二月，昆蟲未出，固可用火。此不當田狩之月而火田，又咸丘非狩地，故譏。」○劉氏曰：「《公羊》以謂咸丘者，邾婁之邑，其君在焉，故不繫國。焚之者，樵之也，以火攻也。按《公羊》，凡内取邑不繫國，悉歸之邾婁，若誠火攻人君，應書曰『伐咸丘，焚之』。今但曰『焚咸丘』，而無兵戈之意，安知不以火田乎？」

夏，穀伯綏來朝，鄧侯吾離來朝。《左傳》：「穀伯、鄧侯來朝。名，賤之也。」《公羊傳》：「皆何以名？失地之君也。其稱侯朝何？貴者無後，待之以初也。」《穀梁傳》：「其名，何也？失國也。失國則其以朝言之，何也？嘗以諸侯與之接矣。雖失國，弗損吾異日也。」程子曰：「臣而弑君，天理滅矣，宜天下之所不容也，而天子累聘之，諸侯相繼而朝之，逆亂天道，歲功不能成，故不書秋冬，與四年同。或曰：然則十五年邾人、牟人、葛人來朝，何以書秋冬？曰：四年與此，明其義矣。三國之朝，别立義也。」杜氏曰：「穀國在南鄉筑陽縣北。」張氏曰：「穀在襄陽府穀城縣，鄧在鄧州，皆去魯絶遠。」范氏曰：「别言朝，同時來不俱至。」

《春秋》之法，諸侯不生名，穀伯、鄧侯何以名？桓，天下之大惡也，執之者無禁，殺之者無罪。穀伯、鄧侯越國踰境，相繼而來朝，即大惡之黨也，故特貶而書名，與失地、滅同姓者比焉。經於朝桓者，或貶爵，或書名，或稱人，以深絶其黨，撥亂之法嚴矣。誅止其身而黨之者無罪，則人之類不相賊殺爲禽獸也幾希。服虔曰：「穀、鄧密邇於楚，不親仁善鄰以自固，遠朝弑君之賊，故賤而名之。」孫氏曰：「桓，大惡之人，諸侯皆得殺之，二君反交臂而來朝，故生名之。」陳氏曰：「古者鄰國世相朝。魯在泰山之下，穀、鄧在方城之外，兩君之好不相及也。而亟朝桓，有朝桓者矣，必若穀、鄧而後名，名其甚者也。」張氏曰：「桓，弑逆之人，而穀、鄧遠來朝之，故特名二國之君，與反面事讎，滅同姓以孤本根之罪無以異。是年不書秋冬，以諸侯相繼朝桓，逆亂天道，歲功不能成，故不具四時。」四時具，然後成歲，故雖無事必書首時。今此獨於秋冬闕焉，何也？立天之道，曰「陰陽」。陽居春夏，以養育爲事，所以生物也，王者繼天而爲之子則有賞。陰居秋冬，以肅殺爲事，所以成物也，王者繼天而爲之子則有刑，《禮記·月令》：「孟春之月，天子賞公、卿、大夫於朝。命相布德和令，行慶施惠，下及兆民。慶賜遂行，毋有不當。孟夏之月，天子行賞，封諸侯，慶賜遂行，無不欣説。孟秋之月，天子命將帥選士厲兵，詰誅暴慢，以明好惡。命有司修法制，繕囹圄，禁止姦，慎罪邪，務搏執，戮有罪，嚴斷刑。孟冬之月，是察阿黨，則罪無有掩蔽。功有不當，必行其罪，以窮其情。」賞以勸善，非私與也，故五服五章謂之天命。刑以懲惡，非私怒也，故五刑五用謂之天討。古者賞以春夏，刑以秋冬，象天道也。周子曰：「天以陽生萬物，以陰成萬物。生，仁也；成，義也。故聖人在上，以仁育萬物，以義正萬民。」桓弟弑兄，臣弑君，而天討不加焉，是陽而無陰，歲功不能成矣，故特去秋冬二時，以志當世之失刑也。獨於四年、七年闕焉，何也？按周制大司馬：「諸侯而有賊殺其親則正之，放弑其君則殘之。」桓弑隱公而立，故大司馬九伐之法雖未之舉，猶有望也。及使冢宰下聘，恩禮加焉，則天下之望絶矣。故四年宰糾書名，而去秋冬二時，以見天王之不復能用刑也。陳恒弑其君，孔子請討之，以從大夫之後，不敢不告也。桓弑隱公而立，雖方伯連帥，環視而未之恤，猶有望也。及穀、鄧二國自遠來朝，則天下諸侯莫有可望者矣。故七年穀伯、鄧侯各書其名，而去秋冬

二時，以見諸侯之不復能脩其職也。然則見之行事，不亦深切著明矣乎，故曰：「《春秋》成而亂臣賊子懼。」問：「桓四年、七年，因天王使宰渠伯糾來聘，穀伯、鄧侯來朝，故不書秋冬。然則二年滕子來朝，紀侯來朝，五年天王使仍叔之子來聘，以至六年、九年、十五年皆有諸侯來朝，何以書秋冬？」茅堂胡氏曰：「桓弑君而立，滕侯首朝，貶爵爲子，比諸夷狄矣。天王，刑罰所自出也，既不能討，又以其立而聘之，故不書秋冬。弑君之賊，人人所得討，豈天下之大，諸侯之衆，莫有能舉義者乎？及穀、鄧無故相率自遠來朝，然後知天下諸侯莫有可望，人欲横流莫有禁之者矣，故不書秋冬。若紀侯來朝，自爲謀其國事爾，非爲桓立也。天王使仍叔之子來聘，失刑之義已立於前矣，此又别有義也。大抵聖人筆端造化，神明莫測，豈拘定一義而已！」○趙氏曰：「《左傳》云穀伯、鄧侯『名，賤之也』，此説不明，故不取。《公》、《穀》並云失國之君，假令實奔魯而公待以朝禮，即當書云穀伯、鄧侯來奔，某日朝公，不應越例書名而没其來奔也。」陳氏曰：「失地之君不曰『來朝』。苟有出者，如衛侯朔奔齊、譚子奔莒是也。苟有來者，如郕伯來奔、州公寔來是也。」汪氏曰：「或以無秋冬爲史闕文。然昭公十年無冬有月而闕時，定公十四年無冬有事而闕時月，此可以言闕文也。豈有二年秋冬無事而兩時並不書首月乎？況《公羊傳》桓十七年闕夏，然猶書五月；莊二十六年闕春，然猶書事於年下；惟成十年闕冬不書事，而《左氏》、《穀梁》皆書冬十月。苟曰桓公四年、七年非聖人所削，不容三傳皆闕，蓋三傳傳授各異，而經文皆削秋冬，必有深意。程子之説，疑得聖人之旨。」

附録《左傳》：「夏，盟、向求成于鄭，既而背之。秋，鄭人、齊人、衛人伐盟、向。王遷盟、向之民于郟。」

〇「冬，曲沃伯誘晉小子侯，殺之。」

丁丑桓王十六年。**八年**齊僖二十七。晉侯緡元年。衛宣十五。蔡桓十一。鄭莊四十。曹桓五十三。陳厲三。杞武四十七。宋莊六。秦寧十二。楚武三十七。**春，正月己卯，烝。**《公羊傳》：「烝者何？冬祭也。春曰祠，夏曰礿，秋曰嘗，冬曰烝。常事不書，此何以書？譏。何譏爾？譏亟也。亟則黷，黷則不敬。君子之祭也，敬而不黷。疏則怠，怠則忘。士不及兹四者，則冬不裘，夏不葛。」《穀梁傳》：「烝，冬事也。春興之，志不時也。」程子曰：「冬烝，非過也。書之，以見五月又烝，爲非禮之甚也。」

按《周官·大司馬》：烝以中冬。何氏曰：「烝，衆也，氣盛貌。冬萬事畢成，所薦衆多，芬芳備具，故曰烝。」**今魯烝以春正月，其不同，何也？《周書》有周月以紀政，而其言曰：「夏數得天，百王所同。」其在商、周，革命改正，示不相沿。至于敬授民時，巡狩烝享猶自夏焉。**汪氏曰：「文定據《逸周書》維十一月既南至，❶日短極，謂周以子月爲歲首，不改月數。竊考《逸周書》文體全似《吕令》，其言多與古書殊異，或後人假託之書，況六經惟《詩》以寅月起數，乃民俗歌謡之詞，故隨舊俗稱之。《書》云王在新邑，烝祭歲在十二月，則用亥月。孟冬烝祭，亦未爲非禮。」**然則司馬中冬教大閱，獻禽以享烝，所謂自夏而魯之烝祭在正月，見《春秋》用周正紀魯事也。**趙氏曰：「四時之祭皆用夏時，從物宜也。周雖以建子爲正，至於祭祀則用夏時本月。凡四時之祭，皆用孟月。若有故及日

❶「十一」，《四部叢刊》影印繆氏藝風堂藏明刊本《汲冢周書》作「一」。

不吉，即用仲月。此正月烝，則夏之仲冬也。」**而穀梁子乃曰：「烝，冬事也。春興之，志不時也。」是以閉蟄而烝爲是，**杜氏曰：「建亥之月，昆蟲閉户，烝祭宗廟。」**與周制異矣。《春秋》非以不時志也，爲再烝見瀆書也。**杜氏曰：「此夏之仲冬，非爲過而書者，爲下五月復烝見瀆也。」啖氏曰：「此書以彰下文耳，非譏也。」趙氏曰：「《周禮》記四時祭名云：春祠、夏礿、秋嘗、冬烝。《詩》云：『礿祠烝嘗，于公先王。』而《春秋》無礿祠者，蓋《春秋》中再書烝，一書嘗，兩書禘，皆爲失禮。及有變故乃書耳，於祠礿二祭無他故，所以不書也。」汪氏曰：「四時常祀，惟桓公之經書烝、書嘗，蓋再烝之瀆與未易災之餘而嘗之慢，皆失禮之大者。況冬烝而以夏五月行之，酉月嘗而以未月行之，或太過，或不及，皆失時之甚者，故筆之於經以示貶焉。或者謂桓有大惡，不可以祀先君，故聖人因其失禮而特書以重其惡，其言失之鑿矣。閔、僖之禘，文公之大祫，亦可謂有大惡而不可以祀先君乎？」〇趙氏曰：「《穀梁》曰：『烝，冬事也。春興之，志不時也。』按正月之烝，不失時也。《公羊》曰：『譏亟也。』經爲五月又烝，故書此以明一歲再烝。若不書，即似春有故不烝，夏乃烝耳。」劉氏曰：「猶將書壬午猶繹，不得不先書有事于大廟也。」盧陵李氏曰：「《周禮》紀四時祭名云『春祠、夏礿、秋嘗、冬烝』，《公羊》亦同。《詩》云『礿祠烝嘗』，此取協韻耳，非有異也。《王制》曰：『春礿、夏禘、秋嘗、冬烝。』《郊特牲》曰：『春禘而秋嘗。』《祭義》與《郊特牲》同，《祭統》與《王制》同。吴氏草廬曰：『《王制》篇内礿皆當讀爲祠，禘皆當讀爲礿。』此説是也。趙氏曰：『禘非時祭之名也。』《禮記》諸篇皆漢儒約《春秋》爲之，見《春秋》有禘于莊公，遂以爲時祭；見《春秋》惟兩書禘，一春一夏，遂有春禘、夏禘之説；又見《春秋》止有烝、嘗、禘三祭，遂爲諸侯缺一祭之説，皆不可信。而鄭玄注《祭統》以爲夏、殷禮，誤矣。」杜氏曰：「家父，天子大夫。家，氏；父，字。」

天王使家父來聘。程子曰：「桓公弑立，未嘗朝覲，天王不討而屢使聘之，失道之甚也。」

下聘弑逆之人而不加貶，何也？既名冢宰於前，其餘無責焉，乃同則書重之義，以此見《春秋》任宰相之專而責之備也。虞史以人主大臣爲一體，《春秋》以天王宰相爲一心。以爲一體，故帝庸作歌則曰：「股肱喜哉！元首起哉！百工熙哉！」皋陶賡歌則曰：「元首明哉！股肱良哉！庶事康哉！」汪氏曰：「舜先言臣而後言君，皋陶先言君而後言臣，可見其君臣交相尊榮，而互相責勉之意。」**而垂、益九官之徒不與也。以爲一心，故歸賵仲子，會葬成風，則宰咺書名於前，而王不稱天於後；來聘桓公，錫桓公命，則宰糾書名以正其始，王不稱天以正其終，而榮叔、家父之徒不與也。故人主之職在論相而已矣。**《荀子·王霸篇》：「若夫論一相以兼率之，使臣下百吏莫不宿道鄉方而務，是人主之職也。」汪氏曰：「家父乃周之世臣，《詩》紀家父刺幽王之昏亂與尹氏之不平，而不憚激怒於君相，蓋竭忠於王室者也。桓公之經，兩書家父，亦家氏之子若孫耳。一則聘所不當聘，一則求所不當求，皆徇於王命，而依阿苟且以從於非義。其視《節南山》之誦，能無愧乎？比事以觀，不待貶絶而惡自見矣。」

附録《左傳》：「春，滅翼。」○「隨少師有寵。楚鬭伯比曰：『可矣。讎有釁，不可失也。』」

夏，五月丁丑，烝。《公羊傳》：「何以書？譏亟也。」《穀梁傳》：「烝，冬事也。春夏興之，黷祀也，志不敬也。」程子曰：「正月既烝矣，而非時復烝者，必以前烝爲不備也，其黷亂甚矣。」

《春秋》之文，有一句而包數義者，有再書而一貶者。「戎伐凡伯于楚丘以歸」之類，一句而包數義。「春，正月己卯，烝」，「夏，五月丁丑，烝」，再書而一貶。臨川吴氏曰：「建子之月已烝矣，建辰之月又再烝焉，於春季而行冬祭，非其時，非其禮也。」宋氏曰：「武氏子來求賻，一責天王求賻，二責魯之不共，一貶而起二事。此兩書烝，一事而一貶。」汪氏曰：「僖二年、三年書冬不雨，春不雨，夏不雨，屢書而一褒，義與此同。」

附録《左傳》：「夏，楚子合諸侯于沈鹿。黄、隨不會。使薳章讓黄。楚子伐隨。軍于漢、淮之間。季梁請下之：『弗許而後戰，所以怒我而怠寇也。』少師謂隨侯曰：『必速戰！不然，將失楚師。』隨侯禦之。望楚師。季梁曰：『楚人上左，君必左，無與王遇。且攻其右，右無良焉，必敗。偏敗，衆乃攜矣。』少師曰：『不當王，非敵也。』弗從。戰于速杞，隨師敗績。隨侯逸。鬬丹獲其戎車，與其戎右少師。秋，隨及楚平，楚子將不許。鬬伯比曰：『天去其疾矣，隨未可克也。』乃盟而還。」

秋，伐邾。陳氏曰：「但曰伐邾何？桓師非君將皆不言大夫。」孫氏曰：「桓大惡，諸侯宜討之，而獲安其位，反以兵伐人之國，故直稱伐邾。」高氏曰：「紀也、滕也、鄧也、穀也、郕也、杞也，或朝或會，邾不修舊好，故伐之。其曰伐，必有辭焉，邾不能奉辭以討桓，宜乎其反見伐也。」〇**冬，十月，雨雪。**《公羊傳》：「何以書？記異也。何異爾？不時也。」杜氏曰：「今八月，書時失。」程子曰：「建酉之月，未霜而雪，書異也。」王氏曰：「陰陽方中而寒氣先至，此積陰侵陽之象。」

附録《左傳》：「冬，王命虢仲立晉哀侯之弟緡于晉。」

祭公來，遂逆王后于紀。 書「遂」始此。《左傳》：「禮也。」《公羊傳》：「祭公者何？天子之三公也。何以不稱使？婚禮不稱主人。遂者何？生事也。大夫無遂事，此其言遂何？成使乎我也。其成使乎我奈何？使我爲媒，可則因用是往逆矣。女在其國稱女，此其稱王后何？王者無外，其辭成矣。」《穀梁》曰：「其不言使焉，何也？不正其以宗廟之大事即謀於我，故弗與使也。遂，繼事之辭也。其曰遂逆王后，故略之也。或曰：天子無外，王命之則成矣。」程子曰：「此祭公受命逆后，却因過魯，遂行朝會之禮，聖人深罪之，故先書其來。使若以朝魯爲主，而逆后爲遂也。問：或説逆王后，亦使魯爲主如何？曰：『築王姬之館』、『單伯送王姬』之類，皆是魯爲主。蓋只是王姬下嫁，則同姓諸侯爲主，如逆王后，無使諸侯爲主之理。」

劉敞曰：「祭公，王之三公也。曷爲不稱使？不與王之使祭公也。師傅之官，坐而論道，其任重矣。今其來魯，乃命魯侯以婚姻之事者也。若是則大夫可矣，何必三公？任之重，使之輕，故祭公緣此義，得專命不報，遂行如紀，而王以輕使爲失，祭公以遂行爲罪矣。」此説是也。爲之節者，宜使卿往逆，公監之，則於禮得矣。 劉氏曰：「爲之節者，王當使大夫命魯侯，曰：『予一人不能獨任天地宗廟之事。未有内主，予一人將卜于紀姜氏，委諸伯父，伯父其以予敬若先王之禮。』魯侯稽首對曰：『天子有命，敢有弗恭。』使者以是言也，復于王。魯使大夫請於紀侯，曰：『天子使某來命我寡君，曰「予一人不能獨任天地宗廟之事。未有内主，予一人將卜于紀姜氏」，使某也以告。』主人宜固辭，固辭不獲命。主人曰：『某也固辭不獲命，敢不敬從。』先守某公之遺女若而人，夫婦所生若而人，然後天子命以其吉，使上大夫用王后之禮逆以歸也。此豈人臣之所當遂於竟外哉？」**使祭公命魯主婚姻之事，則曰不可。卿往而公監之，何以可乎？命魯輕矣，卿往公監之重矣。官師從單靖公逆王后于齊，**杜氏曰：「官師，劉夏非卿。」《禮記》：「官師，中士、下士。」**劉夏非卿而書，靖公合禮則不書，故先儒以爲使卿逆，公監之，禮也。**茅堂胡氏曰：「或曰：天子必親迎，信乎？大上無敵於天下，雖諸父昆弟莫不臣，適四方，諸侯莫敢有其室。若屈萬乘之尊而遠行親迎之禮，即何無敵於天下之有？或曰：王后所與共事天地宗廟，繼萬世之重者，其禮當如之何？使同姓諸侯主其辭命，卿往逆，公監之。父母之國，諸卿皆送至於京師，舍而止，然後天子親迎以入。其納王后之禮乎！」趙氏曰：「遂逆者，譏不躬白於王。」孫氏曰：「桓王娶后于紀，命魯主之，故祭公來謀逆后之期。既謀之，則當復命天子。天子命之逆則逆之，不可專也。祭公不復命于王，專逆后于紀，故曰遂。」臨川吳氏曰：「士昏禮納徵之後，行請期之禮，歸期有定日而後親迎，重昏禮也。天子之尊，雖與士禮不同，然亦必先知女歸之期，而後可往逆也。魯媒紀女爲王后，蓋已先報可於王矣。雖已報可而未知紀國歸女之日，王遽遣祭公往逆，祭公不知其期，故過魯問期而後往紀。往紀逆后者，王命也。過魯問期者，非王命也。故《春秋》書法如此！魯爲媒而不報歸女之期于王，魯之慢也；王未知后之歸期而遽然遣使往逆，王之輕也；祭公無王命而私過魯問期，祭公之卑也。參譏之。《公羊》以爲祭公此來，方是使魯爲媒，若可則就往逆。果如此，則輕遽尤甚，疑不然也。」張氏曰：「天子雖無親迎之禮，然祭公謀於魯，則當復命於王，然後遣於宗廟，以明逆后之重。今使魯爲媒，而用是往逆，輕褻王配如此，何以示正始之義哉？故書若祭公之私行而以逆后爲遂事，以深譏之。」陳氏曰：「書遂始於此。凡遂，譏也，莫甚於逆后。后妃母儀天下，而以遂專之，罪祭公，且罪魯也。」宋氏曰：「萬乘之君，使弒逆之人主婚行禮，可乎？」○汪氏曰：「僖三十年傳云：大夫出疆有以二事出者，有以一事出而專繼事者，其書皆曰『遂』。祭公自魯逆王后，所謂以二事出者也。由是論之，祭公蓋受王命謀昏於魯，并逆后於紀爾。逆后，大事也，安有無王命而敢專之哉？但天子婚禮，當使大夫謀昏於同姓之諸侯，待其復命，然後使上卿往逆，而公監之。故王遣三公謀昏，則以輕使爲失；祭公不復命於王而即如紀逆后，則以遂行爲罪，而交責之也。按遂有二義：《穀梁》所謂繼事，是以二事出者也；《公羊》所謂生事，是以一事出而專繼事者也。《春秋》書遂一十九：若公子遂如京師，遂如晉，亦以二事出者也；公子結媵陳人，遂及齊、宋盟，季孫宿救台，遂入鄆，皆專繼事者也；若成公以伐秦出而因如京師，乃書自京師遂會伐秦，則聖人尊君抑臣之意，使若繼事以會伐爾。考其事而是非得失瞭然矣。」趙氏曰：「《左傳》曰：『禮也。』若合禮則常事不書。言來、言遂，足明譏矣。《穀梁》曰：『其不言使，不正其以宗廟之大事即謀於我。』若實譏天王，言使不更昭著乎？今不言使，即罪全歸祭公。」廬陵李氏曰：「逆后例二：此年及襄十五年劉夏也。王者之尊，海内莫敵，天子無自逆之禮，趙子説是。然孔子對哀公冕而親迎，爲天地宗廟社稷之主，又似天子之禮，曰『魯有郊天祀地之禮，故云爾』，非必謂天子也。又曰：遂例十九，《穀梁》皆曰『繼事之詞』，然亦有發傳者，亦有不發傳者。疏曰：『此是例之首，故發「繼事之詞」。僖二十八年諸侯遂圍許，中間有事，恐不相繼，故發傳以明之。

曹伯襄遂會圍許，恐被釋而「遂」，與常例異者，重發之。僖四年遂伐楚，恐華夷異，故重發之。宣元年楚子、鄭人侵陳，遂侵宋，恐尊卑異，故亦發之。宣十八年歸父奔齊，嫌出奔不得同於繼事，故發之。襄十二年季孫宿遂入鄆，嫌不受命，與常例不同，故發之。餘不發者，並可知故，省文也。』」

戊寅桓王十七年。**九年**齊僖二十八。晉緡二。衛宣十六。蔡桓十二。鄭莊四十一。曹桓五十四。陳厲四。杞靖公元年。宋莊七。秦出子元。楚武三十八。**春，紀季姜歸于京師。**《左傳》：「凡諸侯之女行，唯王后書。」《公羊傳》：「紀季姜歸于京師。其辭成矣，則其稱紀季姜何？自我言紀。父母之於子，雖爲天王后，猶曰吾季姜。京師者何？天子之居也。京者何？大也。師者何？衆也。天子之居，必以衆大之辭言之。」《穀梁傳》：「爲之中者，歸之也。」程子曰：「書王國之事，不可用無王之月，故書時而已。或曰：借如正月日食，則如何書之？曰：書春日食，則其義尤明也。王后之歸，天下當有其禮，諸侯莫至，是不能母天下也。故書紀女歸而已。」杜氏曰：「季姜，桓王后。季，字；姜，紀姓。」

往逆則稱王后，既歸何以書季姜？自逆者而言，則當尊崇其匹，内主六宮之政，使妃妾不得以上僭，故從天王所命而稱王后，示天下之母儀也。張氏曰：「季姜在國稱王后者，王命之則成，所以別於列國，用見王命之重，而存母儀天下之體於始也。」**自歸者而言，則當樛屈逮下，**《詩·樛木》小序：「后妃逮下也。言能逮下，而無嫉妒之心焉。」注：「木下曲曰樛。言后妃之心，如木之下曲也。」**使夫人嬪婦，皆得進御於君，**《周禮·九嬪》注：「凡群妃御見之法：九嬪以下，九九而御於王所。卑者宜先，尊者宜後。女御八十一人當九夕，世婦二十七人當三夕，九嬪九人當一夕，三夫人當一夕，后當一夕，十五日而徧。」**而無嫉妒之心，故從父母所子**杜氏曰：「書字，伸父母之尊。」**而稱季姜，化天下以婦道也。其詞之抑揚上下，進退先後，各有所當而不相悖，**劉氏曰：「逆也，稱王后。歸也，稱季姜。此言禮之上下取予，進退先後，各有所宜而不相悖也。公卿謀之，諸侯主之，龜筮諏之，天子命之，是王后矣。然而未見宗廟也，未覯君子也，未覿群臣也，則不敢居其位，其詞順以聽，此正始之道，王化之本也。」臨川吴氏曰：「逆稱王后，主王朝而言也。歸稱季姜，主紀而言也。」陳氏曰：「諸侯逆稱女，至稱夫人，尊夫人也。天子逆稱后，歸稱季姜，尊王也。」**皆正始之道，王化之基，《春秋》之所謹也。京師者，衆大之稱。**董氏曰：「所謂京師者起於此，後世因以所都爲京師也。」高氏曰：「古者后夫人必娶嫡女，故天子求后於諸侯，諸侯對曰：『夫婦所生若而人。若姑姊妹，則曰先君之遺女若而人。』於諸侯則曰不腆先君之嫡，是以伯姬婦紀，則叔姬爲媵。今曰季姜，則非嫡矣，不可以母天下，故《春秋》嚴其名。」陳氏曰：「后歸不書，此何以書？詳紀事也。后妃母儀天下，以爲天地社稷宗廟之主，俄而宗國亡焉，是不可以不詳也。」茅堂胡氏曰：「王后歸京師，過我則書，來告則書。」永嘉吕氏曰：「經書逆王后者二，惟紀季姜書歸于京師，而劉夏之逆不書歸。蓋祭公之逆，以魯爲之主，故書歸。劉夏之逆，以其過魯而魯不爲之主，則不書歸矣。」〇孫氏曰：「《左傳》云：『諸侯之女行，唯王后書。』則劉夏逆王后，而不書齊姜歸于京師，何哉？」廬陵李氏曰：「逆后例，三傳皆同，獨陳氏以爲『詳紀事也』。故嘗疑六年冬紀侯方托魯請王命以求成于齊，而公告不能。今幸王有命魯求昏之事，故魯亟爲紀謀，亦不待請王命，而遂令祭公逆之，所以托紀也，而紀卒不免。《春秋》詳紀事，紀亦可哀也矣。」

夏，四月。○秋，七月。

附録《左傳》：「巴子使韓服告于楚，❶請與鄧爲好。楚子使道朔將巴客以聘于鄧，鄧南鄙鄾人攻而奪之幣，殺道朔及巴行人。楚子使薳章讓於鄧，鄧人弗受。夏，楚使鬬廉帥師及巴師圍鄾。鄧養甥、聃甥帥師救鄾，三逐巴師，不克。鬬廉衡陳其師於巴師之中，以戰，而北。鄧人逐之，背巴師，而夾攻之。鄧師大敗，鄾人宵潰。」○「秋，虢仲、芮伯、梁伯、荀侯、賈伯伐曲沃。」

冬，曹伯使其世子射姑來朝。射音亦。《左傳》：「冬，曹太子來朝。賓之以上卿，禮也。享曹太子。初獻，樂奏而歎。施父曰：『曹太子其有憂乎？非歎所也。』」《公羊傳》：「諸侯來曰朝，此世子也，其言朝何？《春秋》有譏父老子代從政者，則未知其在齊與？曹與？」《穀梁傳》：「朝不言使，言使非正也。使世子伉諸侯之禮而來朝，曹伯失政矣。諸侯相見曰朝。以待人父之道待人之子，以内爲失正矣。内失正，曹伯失正，世子可以已矣。則是放命也。《尸子》曰：『夫已，多乎道。』」程子曰：「曹伯有疾，不能親行，故使其世子來朝。春秋之時，君疾而使世子出，取危亂之道也。」

按《周官·典命》：「凡諸侯之嫡子誓於天子而攝其君，則下其君之禮一等；未誓，則以皮帛繼子男。」《周禮》注：「誓猶命也。言誓者，明天子既命以爲之嗣，樹子不易也。《春秋》曹伯使其世子來朝，行國君之禮是也。公之子如侯伯而執圭，侯伯之子如子男而執璧，子男之子與未誓者，皆次小國

---

❶「巴」，原作「已」，今據四庫本改。

之君，執皮帛而朝會焉，其賓之皆以上卿之禮。」蜀杜氏曰：「此諸侯朝會于天子之時，所行之禮，鄭康成以此爲注，蓋未明《春秋》之義。」世子固有出會朝聘之儀矣。然攝其君繼子男者，謂諸侯朝於天子，有時而不敢後，故老疾者使世子攝己事以見天子，急述職也。楊士勛曰：「世子攝其君，謂會同急趨王命。今曹伯有疾，雖闕朝魯，未是急事。」薛氏曰：「攝事而朝京師，禮也。朝于諸侯，非禮也。」諸侯間於王事則相朝，其禮本無時。杜氏曰：「王事間缺則修私好。」曹伯既有疾，何急於朝桓而使世子攝哉？臨川吳氏曰：「大朝覲、大會同，諸侯皆往。而己獨有疾，則不得已而命世子攝行。今曹之朝魯，非甚急之務，不可缺之禮也。」大位，姦之窺也。危病，邪之伺也。世子，君之貳也。君疾而儲副出，啓窺伺之心，危道也。當享而射姑歎，踰月而終生卒，其有疾明矣。而使世子來，終生之過也。世子將欲已乎，則方命矣。曰：孝子盡道以事其親者也，不盡道而苟焉以從命爲孝，又焉得爲孝？故《尸子》曰：尸子，名佼，晉人。「夫已，多乎道。」范氏曰：「已，止也。止曹伯使朝之命，則曹伯不陷不義之愆，世子無苟從之咎，魯無失正之譏。三者正，則合道多矣。」張氏曰：「《春秋》於桓，方以誅亂賊之事望諸侯。今曹伯之使世子，世子從父之命，揆之於義，無一可者，《春秋》所以直書而深貶之。蓋經有從同同之例，射姑之朝，當以滕子、穀綏、鄧吾離之例推之，而知父子之悖人倫，且忘國家之大計也。」汪氏曰：「滕、穀、鄧、郲、牟、葛之朝桓皆貶，而射姑不貶者，蓋世子不當攝君朝諸侯，没其名則罪不著，此程子所謂『別立義也』。經書世子朝會者十有二：

曹射姑來朝，鄫巫如晉，宋成同盟戚，齊光盟雞澤，會戚，會柤，救陳，四伐鄭，宋佐會申是也。夫世子奉冢祀社稷之粢盛，以朝夕視君膳，君行則守，有守則從，而代君行朝禮於諸侯，及與諸侯會盟救伐，皆非世子之所宜也。宋成序侯伯之下，大夫之上；宋佐序子男之下，淮夷之上，庶幾不失位矣。齊光漸進而序於薛伯、杞伯之上，則其僭已極。鄫巫亞於魯大夫，則屈辱尤甚焉。比事考之，而義自見。」

己卯桓王十八年。**十年**齊僖二十九。晉緡三。衛宣十七。蔡桓十三。鄭莊四十二。曹桓五十五，卒。陳厲五。杞靖二。宋莊八。秦出子二。楚武三十九。**春，王正月。**

桓無王，今復書王，何也？十者，盈數也。天道十年則亦周矣，人事十年則亦變矣，故《易》稱守貞者，十年而必反；《易·屯》六二：「女子貞不字，十年乃字。」《象》曰：「十年乃字，反常也。」**傳論遠惡者，十年而必棄。**見《左傳》昭公四年。**桓公至是，其數已盈，宜見誅於天人矣。十年書王，紀常理也。**何氏曰：「十年有王者，數之終也。」劉氏曰：「桓公簒立，天子莫討，諸侯莫非也，故於其甚極，詭而書王。若謂桓公曰：君之不能事天子，若是其甚矣，如又不改，將不可救矣。君如改諸，則此其時矣。」**有習於穀梁子而不得其傳者，見二年書王，以爲正與夷之卒。此年書王，而曹伯適薨，遂附益之以爲正終生之卒，誤矣。**啖氏曰：「三傳本皆不謬，後人不曉，而以濫説附益其中。」**果正諸侯之卒，不緣簒弒者。**范氏曰：「與夷見弒，恐正卒不明，故復明之。」**陳侯鮑在五年之正月，曷不書王以正其卒乎？**趙氏曰：「十一年鄭伯卒，十二年衛侯晉卒，何不正之乎？」

庚申，曹伯終生卒。《左傳》：「春，曹桓公卒。」《穀梁傳》：「桓無王，其曰王，何也？正終生之卒也。」**夏五月，葬曹桓公。**

附録《左傳》：「虢仲譖其大夫詹父於王。詹父有辭，以王師伐虢。夏，虢公出奔虞。」

秋，公會衛侯于桃丘，弗遇。《公羊傳》：「會者何？期辭也。其言弗遇何？公不見要也。」《穀梁傳》：「弗遇者，志不相得也。弗，内辭也。」

弗者，遷詞，惡失信也。衛初約魯會于桃丘，至是中變而從齊、鄭，杜氏曰：「衛侯與公爲會期，中背公，更與齊、鄭，故公獨往而不相遇也。」**於是乎有郎之師，其戰于郎直書曰「來」，盟于惡曹俱奪其爵，則桃丘之弗遇也，蓋惡衛侯之失信矣。桃丘，衛地。**張氏曰：「下書三國來戰，衛亦與焉，則背信在衛，直不告魯，誤桓公至桃丘耳。」汪氏曰：「此年會桃丘，弗遇；成十六年會沙隨，不見公；昭十三年同盟平丘，公不與盟，皆非魯之罪，故聖人皆直書不諱。惟文十六年季孫行父會齊侯于陽穀，齊侯弗及盟。魯不當以大夫會諸侯，然齊侯責賂，卒與仲遂盟郪丘，則罪之在齊又可見矣。」〇趙氏曰：「《穀梁》曰：『不遇者，志不相得。』按經意直譏其無信爾，豈論其相得不相得乎？」劉氏曰：「《公羊》以謂『公不見要也』，非也。《公羊》本解遇爲一君出，一君要之，故謂此爲公要衛侯。推其文而不可爲説，其曰遇者相遇云爾，何用紛紛乎？」廬陵李氏曰：「經書『弗』例四：此年弗遇，罪衛也；文十六年，齊侯弗及盟，罪季孫也，然皆爲内諱耻也。追齊至酅，弗及，有畏也，胡氏皆以爲遷詞。晉人納捷菑，弗克納，則亦還善之義矣。」

附録《左傳》：「秋，秦人納芮伯萬于芮。」○「初，虞叔有玉，虞公求旃，弗獻。既而悔之，曰：『周諺有之曰：「匹夫無罪，懷璧其罪。」吾焉用此，其以賈害也？』乃獻之。又求其寶劍。叔曰：『是無厭也。無厭，將及我。』遂伐虞公。故虞公出奔共池。」❶

冬，十有二月丙午，齊侯、衛侯、鄭伯來戰于郎。《左傳》：「齊、衛、鄭來戰于郎，我有辭也。初，北戎病齊，諸侯救之，鄭公子忽有功焉。齊人餼諸侯，使魯次之。魯以周班後鄭。鄭人怒，請師於齊。齊人以衛師助之，故不稱侵伐。先書齊、衛，王爵也。」《公羊傳》：「郎者何？吾近邑也。吾近邑，則其言來戰于郎何？近也。惡乎近？近乎圍也。此偏戰也。何以不言師敗績？内不言戰，言戰乃敗矣。」《穀梁傳》：「來戰者，前定之戰也。内不言戰，言戰則敗也。不言其人，以吾敗也。不言及者，爲内諱也。」程子曰：「《左氏》載其事曰『我有辭也』，我則有禮。彼悖道縱慾而以興戎，故特曰『來戰』，以三國爲主，甚其惡也。」

《春秋》加兵于魯衆矣，未有書來戰者，此獨不稱侵伐而以來戰爲文，何也？常山劉氏曰：「《春秋》之中，諸侯加兵于魯者不爲少矣，而未有書來戰者。此不言侵伐而以來戰爲文，則彼曲我直，其義坦然。」**兵凶器，戰危事，聖人之所重也。誅暴禁亂，敵加於己，蓋有不得已而應之者矣；未有悖道縱欲，得已不已，而先之者也。**劉氏曰：「戰者，仁人之所惡也，有不得已而應者矣，未嘗

❶「池」，原作「也」，今據四庫本改。

有得已而先之者也。」**魯桓弑立，天下大惡，人人之所得討也。鄭伯則首盟于越以定其位，齊侯則繼會于稷以濟其姦。曾不能脩方伯之職，駐師境上，聲罪致討，伸天下之大義也。今特以私忿小怨，親帥其師，**汪氏曰：「三國稱爵，所謂目其人而責之也。」**戰于魯境，尚爲知類也哉，此《春秋》之所必誅而不以聽也，故以三國爲主，而書來戰于郎。**趙氏曰：「不書及，罪專於外也。」劉氏曰：「來戰者，外爲志乎戰也。」李氏瑾曰：「《春秋》善魯，不使三國伐之。若三國自來戰也。」高氏曰：「地以魯，則魯與戰可知。」張氏曰：「《春秋》以主客之辭，辨用兵之曲直，殘民之重輕，其罪魯而書公及諸侯戰者多矣。若今年郎之戰，直以三國來戰言之，蓋魯桓有大罪極惡，三國既不能奉天討而與之會盟，今反徇私欲，争小故，以無辭而伐有辭，則罪在三國，不容不反常例以明之。故今年之書，其文異，其辭嚴，專罪三國，特書其來戰，以示外有罪則爲主之例。此聖經之特筆也。」**鄭人主兵而首齊，猶衛州吁主兵而先宋。**汪氏曰：「州吁非宋殤則不能舉伐鄭之師，鄭人非齊僖則不能舉戰魯之師，故雖主兵在衛、鄭，而《春秋》必序宋、齊爲首也。」廬陵李氏曰：「内兵書戰六：此年戰郎、十二年戰宋、十七年戰奚者，諱魯也；莊九年特書敗績者，惡魯也；桓十三年、成二年書戰、書敗績者，此會外兵例，非魯事也。」○趙氏曰：「《穀梁》云『來戰者，前定之戰也』，非也。言來者，責三國不當來爾。」劉氏曰：「《公羊》以謂稱『來戰者，近乎圍也』，非也。近乎圍，豈實圍哉？《春秋》惡戰耳，不分别遠近也。」

春秋集傳大全卷之六

桓公 三

庚辰桓王十九年。**十有一年**齊僖三十。晉緡四。衛宣十八。蔡桓十四。鄭莊四十三，卒。曹莊公射姑元年。陳厲六。杞靖三。宋莊九。秦出子三。楚武四十。**春，正月，齊人、衛人、鄭人盟于惡曹。**《左傳》：「齊、衛、鄭、宋盟于惡曹。」杜氏曰：「宋不書，經闕。」

盟會皆君臣之禮，故微者之盟會不志於《春秋》。凡《春秋》所志，必有君與貴大夫居其間者也。汪氏曰：「鹿上之盟，三國皆書人。齊之盟、清丘同盟，四國皆書人。翟泉之盟，七國皆書人。蜀之盟，十有一國皆書人。澶淵之會，十有二國皆書人。未必皆微者，苟皆微者，則不書于經矣。」**惡曹之盟，即三國之君矣，既不以道興師爲郎之戰，又結怨固黨爲惡曹之盟，故前書其爵而以來戰著罪，後書此盟而以奪爵示貶。**陳氏曰：「此郎之諸侯也，曷爲戰稱君？盟稱人？凡一役而再見者但人之，略之也。鄭敗王師，齊滅后之母家，衛方抗子突以自立，其無王甚矣。自有參盟，莫甚於惡曹，故略之也。」汪氏曰：「前書齊人伐山戎，後書齊侯來獻戎捷，則知伐戎者，齊侯也。上書會楚公子嬰齊于蜀，下書及楚人盟于蜀，則知盟蜀者，楚公子嬰齊也。十二月書齊侯、衛侯、鄭伯戰郎，正月書齊人、衛人、鄭人盟惡曹，以比事之法求之，則三國之貶稱人可知也。」

附録《左傳》：「楚屈瑕將盟貳、軫。鄖人軍於蒲騷，將與隨、絞、州、蓼伐楚師。莫敖患之。鬬廉曰：『鄖人軍其郊，必不誡。且日虞四邑之至也。君次於郊郢，以禦四邑，我以鋭師宵加於鄖。鄖有虞心而恃其城，莫有鬬志。若敗鄖師，四邑必離。』莫敖曰：『盍請濟師於王？』對曰：『師克在和，不在衆。商、周之不敵，君之所聞也。成軍以出，又何濟焉？』莫敖曰：『卜之。』對曰：『卜以決疑。不疑，何卜？』遂敗鄖師于蒲騷，卒盟而還。」〇「鄭昭公之敗北戎也，齊人將妻之，昭公辭。祭仲曰：『必取之！君多内寵，子無大援，將不立。三公子皆君也。』弗從。」

夏，五月癸未，鄭伯寤生卒。《左傳》：「夏，鄭莊公卒。初，祭封人仲足有寵於莊公，莊公使爲卿。爲公娶鄧曼，生昭公。故祭仲立之。」

鄭莊公志殺其弟，使餬其口於四方，自以爲保國之計得也。然身没未幾，而世嫡出奔，庶孽奪正，公子五爭，兵革不息。孔氏曰：「是年忽奔衛，突歸于鄭，一爭也。十五年突出奔蔡，忽復歸，二爭也。十七年忽弑，子亹立，三爭也。十八年齊人殺亹，立子儀，四爭也。莊十四年傅瑕殺子儀，納厲公，五爭也。」**忽、儀、亹、突之際，其禍憯矣。亂之初生也，起於一念之不善，後世則而象之，至於兄弟相殘，國内大亂，民人思保其室家而不得，不亦酷乎？有國者所以必循天理，而不可以私欲滅之也。莊公之事，可以爲永鑒矣。**高氏曰：「昭公不終于位，五世兵革不息。自入春秋，考莊公之心慮，知其積非，必有餘殃矣。」陳氏曰：「春秋之初，罪莫甚於鄭莊，宋、魯、齊、衛次之。而父子兄弟之禍，亦莫甚於此五國者，是可爲不臣者之戒矣。」

秋，七月，葬鄭莊公。高氏曰：「鄭忽既立，不待五月而葬其父，是生亂階。」**九月，宋人執鄭祭仲。**此書「執」之始。《左傳》：「宋雍氏女於鄭莊公，曰雍姞，生厲公。雍氏宗有寵於宋莊公，故誘祭仲而執之，曰：『不立突，將死。』亦執厲公而求賂焉。祭仲與宋人盟，以厲公歸而立之。」《公羊傳》：「祭仲者何？鄭相也。何以不名？賢也。何賢乎祭仲？以爲知權也。其爲知權奈何？古者鄭國處於留，先鄭伯有善于鄶公者，通乎夫人，以取其國而遷鄭焉，而野留。莊公死已葬，祭仲將往省于留，塗出于宋，宋人執之。謂之曰：『爲我出忽而立突。』祭仲不從其言，則君必死，國必亡。從其言，則君可以生易死，國可以存易亡。少遼緩之，則突可故出，而忽可故反，是不可得則病，然後有鄭國。古人之有權者，祭仲之權是也。權者何？權者反於經，然後有善者也。權之所設，舍死亡無所設。行權有道：自貶損以行權，不害人以行權。殺人以自生，亡人以自存，君子不爲也。」《穀梁傳》：「宋人者，宋公也。其曰人，何也？貶之也。」

祭仲，鄭相也，見執於宋，使出其君而立不正，罪較然矣。何以不名？命大夫也。命大夫而稱字，非賢之也。乃尊王命、貴正卿，大祭仲之罪以深責之也。茅堂胡氏曰：「祭仲以命大夫而稱字，深責之也。或以仲爲名者，誤矣。按《鄭詩》刺莊公不聽祭仲之諫，而其詞曰『將仲子兮』，又曰『仲可懷也』。爲此詩者，豈斥其國相之名乎？是知仲之爲字無疑矣。」陳氏曰：「祭仲以命大夫專廢置君，曷爲從其恒稱而不名？《春秋》之褒貶，名號不足以盡意，則見於辭。書曰『宋人執鄭祭仲』。突歸于鄭。鄭忽出奔衛』，其爲辭也詳矣。」其意若曰：以天子命大夫爲諸侯相而執其政柄，事權重矣。固將下庇其身，而上使其君保安富尊榮之位也。今乃至於見執，廢絀其君，而立其非所立者，不亦甚乎。任之重者責之深，祭仲無所逃其罪矣。《春秋》美惡不嫌同辭。突之書名，則本非有國，由祭仲立之也。若忽則以世嫡之正，至於見逐，不能立乎其位，貴賤之分亡矣。凡此類抑揚其詞皆仲尼親筆，非國史所能與，而先儒或以從赴告而書者，殊誤矣。杜氏曰：「突不稱公子，從告。昭公不稱爵，鄭人賤之，以名赴。」或曰孔父賢而書名，則曰禮之大節也。今此則名其君於下，而字其臣於上，何以異乎？曰《春秋》者，輕重之權衡也。變而不失其正之謂權，常而不過於中之謂正。宋殤、孔父道其常，祭仲、昭公語其變，惟可與權者其知之矣。孫氏曰：「宋人，宋公也。執人權臣，廢嫡立庶以亂于鄭，故奪其爵。」張氏曰：「死難，臣道也。祭仲爲鄭正卿，貪生畏死，背先君之命而立庶孽，故穀梁子曰『惡祭仲也』。」○啖氏曰：「《公羊》以廢君爲賢，不可爲訓。」劉氏曰：「《公羊》以祭仲知權。若果知權，宜效死勿聽，使宋人知雖殺祭仲，猶不得鄭。宋誠能以力殺鄭忽，則不待執仲而刼之，如力不能而夸爲大言，何故聽之？又不能是，則若强許焉，還至其國而背之，執突而殺之，可也。黜君以行權，亂臣賊子孰不能爲此者乎？」高氏曰：「仲就執而突歸，忽出，則是仲納突而逐忽矣。《詩》刺祭仲謂之權臣，而《公羊》因以爲可與權，豈不異哉？」廬陵李氏曰：「經書他國執他國大夫九：祭仲、鄭詹、陳濤塗、衛甯喜、宋仲幾，皆稱人以執，不稱行人；鄭良宵、衛石買、宋樂祁、衛北宫結，皆稱人以執，稱行人，事各不同。執而殺者二：齊慶封、陳于徵師也。執内大夫四：齊執單伯，晉執行父、意如、婼也。《穀梁》稱人以執大夫，執有罪也，此例不通。啖子曰：『凡稱行人而執，以其事執也。不稱行人而執，以己執也。《公羊》曰：「稱人以執，非伯討也。」』此説是。又曰『祭仲』，《左氏》稱祭仲足，而以仲爲名，《穀梁》同之。胡氏、陳氏以爲命大夫，則仲爲字矣。二説既不合。而《公羊》則曰：『何以不名？賢也。何賢乎祭仲？以爲知權也。』注者又以爲『祭仲知國重君輕。君子以存國，除逐君之罪』，於是漢儒反經合道之失，出此矣。故范氏以爲害義傷教不可從，要之胡氏説是。蓋經書命大夫有三：魯有單伯，鄭有祭仲，陳有女叔，皆無所書而不尊之，貴王命也，其是非則見乎事矣。故陸氏《例》曰：『諸國大夫，王賜之畿内邑爲號令歸國者，皆書族書字，同於王大夫，敬之也。』得之矣。」

突歸于鄭。《左傳》：「厲公立。」《公羊傳》：「突何以名？挈乎祭仲也。其言歸何？順祭仲也。」《穀梁傳》：「曰突，賤之也。曰歸，易辭也。祭仲易其事，權在祭仲也。死君難，臣道也。今立惡而黜正，惡祭仲也。」程子曰：「突不稱公子，不可以有國也。」

突不稱公子，絶之也。小白入于齊，則曰齊小白。突歸于鄭，何以不稱鄭突乎？以小白繫之齊者，明桓公之宜有齊也。不以突繫之鄭者，正厲公不當立也。突不當立，何以書歸于鄭乎？《春秋》書歸有二義：一易詞也，一順詞也。汪氏曰：「易詞：此年突歸，莊二十四年赤歸曹，僖二十八年、三十年衛鄭歸，成十六年曹伯歸，昭十三年楚比歸是也。順辭：僖二十八年曹伯歸，襄二十六年衛侯歸，昭十三年蔡侯廬、陳侯吳歸，哀八年邾子益歸是也。」**其書入亦有二義：一難詞也，一逆詞也。** 汪氏曰：「難詞：桓十五年許叔，莊九年齊小白，襄二十五年衛侯，昭元年莒去疾，二十二年王猛入王城，二十六年天王入成周是也。逆詞：桓十五年鄭伯突，莊六年衛侯朔，哀六年齊陽生是也。」**突以庶奪正，固爲不順矣。然内則權臣許之立，外則大國爲之援，而世子忽之才不能以自固也，則其歸無難。故穀梁子曰：「歸，易詞也。」** 高郵孫氏曰：「歸，易辭也。以歸爲善，則鄭突、楚比果善乎？以入爲惡，則許叔稱字果惡乎？」劉氏曰：「突内因强臣之力，赤外援戎狄之衆，以奪其嫡而禍其宗，皆有不仁之心，姦桀之材。《春秋》所惡也，專治突則祭仲不明，專治赤則戎不見，故挈其上而易其下，其罪一施之，所以絶禍本、禁首惡也。」陳氏曰：「小白、陽生稱齊，去疾、展輿稱莒，皆爭國也。突弗係之鄭，赤弗係之曹，則簒辭也。或問祭足立厲公，尹氏立子朝，經書各不同，何也？」茅堂胡氏曰：「祭仲書字，見任事之重。尹氏書世，見得政之久。王與侯，其子各不同矣。」○劉氏曰：「《公羊》曰『其言歸何？順祭仲也』，非也。若仲之爲者，《春秋》之亂臣也，如何順之乎？」汪氏曰：「《公羊》謂『歸者，出入無惡。入者，出入惡。復歸者，出惡，歸無惡。復入者，出無惡，入有惡』。然突歸鄭，赤歸曹，不可謂無惡。許叔入許，天王入成周，不可謂出入惡。鄭忽、曹襄出無惡，魚石、欒盈出入有惡，則其説不可通矣。難、易、逆、順之説爲是。」廬陵李氏曰：「經以簒而書歸者二：此年突，莊二十四年赤。執而歸者二：僖三十年衛侯鄭，成十六年曹伯也。失國得封而書歸者二：昭十三年蔡侯廬、陳侯吳也。書歸例，惟《穀梁》得之。」

鄭忽出奔衛。此書「奔」之始。《左傳》：「昭公奔衛。」《公羊傳》：「忽何以名？《春秋》伯、子、男一也，辭無所貶。」《穀梁傳》：「鄭忽者，世子忽也。其名，失國也。」

忽以國氏，正也。出奔而名，不能君也。張氏曰：「忽不能有其位，而制於權臣。其立、其奔，皆不由己。是以不爵也。」趙氏曰：「鄭忽、曹羈未踰年出奔，但書名不書爵，不能嗣先君也。莒展雖踰年不書爵，其罪大也。」考於《詩·有女同車》，刺「無大國之助」也，《山有扶蘇》「所美非美然」也，《蘀兮》「君弱臣强，不唱而和也」，《狡童》「不能與賢臣圖事，權臣擅命也」。夫以《狡童》目其君，聖人猶録其詩，所以見忽之失國，亦其自取，非獨仲之罪矣。或曰：詩人刺忽之不昏于齊，至於見逐，欲固其位者，必待大國之援乎？曰：此獨爲鄭忽言也。如忽之爲人，苟無大援，則不能立爾。劉氏曰：「使忽近君子，遠小人，與賢者圖事，則固良子矣。宋雖無道，奚憚？祭仲雖强，奚恤？」陳氏曰：「鄭忽身爲冢嗣，而廢立自權臣，不可以言子矣。故書奔昉於此，州公如曹，紀侯大去其國，未可以言奔，必若忽而後可以言奔爾。」若夫志士仁人，卓然有以自立者，進退之權在我矣。鄭自五霸之後，益以侵削，他日子産相焉，馳詞執禮以當晉、楚，至於壞諸侯之館垣，見《左傳》襄公三十一年。却逆女之公子于野，見《左傳》昭公元年。皆變其常度。以晉、楚之强，卒莫能屈，亦待大國之助乎？然則仲見脅、忽出奔，咸其自取焉爾。《春秋》書法如此，欲人自强於爲善也。汪氏曰：「春秋之初，惟鄭國最强，與齊爲黨，假王命以伐宋，詐戰而取三師，入郕、入許，戰勝攻取。雖以天子之尊，率諸侯之兵造于城下，亦棄甲曳兵，不敢與敵。而桓王且親集矢於其肩，奈何其没未久，而世嫡之重，爲鄰國之所逐矣。亦由齊桓之霸，號令天下，幾於改物，而柩方在殯，四鄰謀動其國家也。忽之昏庸狂愎，勢孤援寡，才不足以君國，權不足以馭臣，威不足以攝鄰，曾何足深責哉？」廬陵李氏曰：「春秋初年，斁天下之彝倫者，自鄭莊始。殺弟誓母，敗王師，自以爲保國之計得也，然身没未幾，國内大亂，可以爲永鑒矣。突篡位四年而出奔，昭公以桓十五年入國，其秋突因櫟人殺檀伯而入櫟，據强都以窺鄭。諸侯會于袲，又會于曹以納之而弗克，然突固分國以居矣。十七年高渠彌弑昭公，而立公子亹。十八年齊人殺子亹，祭仲逆子儀于陳而立之。莊十四年突自櫟侵鄭，傅瑕殺子儀及其二子，而納焉。於是鄭國之禍稍息，而楚兵迭至矣，鄭莊之姦雄，亦果何益哉？」〇陸氏曰：「《公羊》謂：『忽何以名？《春秋》伯、子、男一也，辭無所貶。』按前後例，伯、子、男皆殊稱，非一也。又鄭，伯爵也。若稱子，何關爵乎？」

柔會宋公、陳侯、蔡叔盟于折。《公羊》、《穀梁傳》：「柔者何？吾大夫之未命者也。」杜氏曰：「柔，魯大夫未賜族。」胡氏曰：「蔡叔，諸侯之兄弟稱字。」張氏曰：「自去年魯與齊、衛、鄭爲仇，至今年桓公欲合黨以敵之，於是結宋與陳、蔡，要言歃血。初無忠信誠慤相與之心，又以大夫盟宋公、陳侯，故不足恃以久，而桓公又與宋公屢會求以補前之失，堅宋之合也。」陳氏曰：「柔者何？以大夫會諸侯盟於是始也，故貶之。至公子結不貶矣。」永嘉吕氏曰：「以大夫與諸侯盟，此不待貶絶而自見者也。故内大夫帥師自無駭始，内大夫與諸侯盟自柔始。自無駭率師，而後有翬，有公子慶父、公子友、公孫兹、公孫敖、公子遂、公孫歸父之帥師，甚則季孫行父、臧孫許、叔孫僑如、公孫嬰齊四卿並帥師矣。自柔會盟，而後有公子結、公孫敖、季孫行父、公子遂、臧孫許、仲孫蔑、仲孫貜、仲孫何忌之及諸侯盟，甚則叔孫州仇、仲孫何忌二卿及邾子盟句繹矣。」家氏曰：「以大夫盟諸侯，强國行之則爲伉，弱國行之則爲僭。末流之弊，大夫因是而外交强國以脅制其君，此其權輿也。」汪氏曰：「翬始帥師會伐鄭，不稱公子。今柔始會諸侯盟，以《穀梁》溺會伐衛例之，亦安知非貶也。禮樂征伐自大夫出，豈非世變之大者乎？」廬陵李氏曰：「經書内大夫盟外諸侯九，始於此。」

公會宋公于夫鍾。鍾，《公》作「童」。杜氏曰：「夫鍾，郕地。」**冬，十有二月，公會宋公于闞。**杜氏曰：「闞，魯地。」

臣與宋公盟于折，君與宋公會于夫鍾、于闞、于虛、于龜，皆存而不削，何其詞費也？曰：盟者，《春秋》所惡，而屢盟以長亂。會者，諸侯所不得，而數會以厚疑。聖人皆存而不削，於以見屢盟而卒叛，數會而卒離，其事可謂著明矣。是故《春秋》之志，在於天下爲公，講信脩睦，不以會盟爲可恃也。家氏曰：「二年之間，兩盟四會，惟宋之故。《春秋》一經書盟會，未有若是頻數者也。」高氏曰：「公委宗社人民而六出與宋會，蓋憾鄭忽而欲定突，是以不憚屈辱，力爲鄭請，宋亦數與公會，皆非爲國爲民，其罪均耳。」

辛巳 桓王二十年。**十有二年** 齊僖三十一。晉緡五。衛宣十九，卒。蔡桓十五。鄭厲公突元年。曹莊二。陳厲七，卒。杞靖四。宋莊十。秦出子四。楚武四十一。**春，正月。○夏，六月壬寅，公會杞侯、莒子，盟于曲池。**杞，《公》、《穀》作「紀」。曲池，《公》作「毆蛇」。《左傳》：「平杞、莒也。」杜氏曰：「曲池，魯地。」程子曰：「杞侯皆當作紀。隱二年，紀、莒盟于密，是時紀謀齊難，故魯桓與之盟莒以援之耳。」臨川吴氏曰：「紀爲齊難，危急甚矣。魯桓切切爲紀謀，故屢會焉。而大國無與同心者，此會也，僅能與小弱之莒偕，其不能爲助而無救於紀之亡也，蓋可知矣。」○**秋，七月丁亥，公會宋公、燕人，盟于穀丘。**杜氏曰：「燕人，南燕大夫。穀丘，宋地。」張氏曰：「南燕，姞姓國。」臨川吴氏曰：「《左氏》以爲魯欲平宋、鄭。然此盟必是魯、宋、燕三國别有他事相要約，非爲鄭賂之事盟也，因是盟與宋公相見，而爲鄭致請焉耳。」○**八月壬辰，陳侯躍卒。**杜氏曰：「不書葬，魯不會。」○**公會宋公于虚。**去魚反，《公》作「郯」。○**冬，十有一月，公會宋公于龜。**《左傳》：「公欲平宋、鄭。秋，公及宋公盟于句瀆之丘。宋成未可知也，故又會于虚。冬，又會于龜。」杜氏曰：「虚、龜，皆宋地。」張氏曰：「宋納突于鄭，求賂而後使之入。及突入國之後，不能償其責言，遂成釁隙。桓公欲平宋之急，屈己往來宋地，與之爲會。不知人之心不親，非屢盟數會之所能回也，故《春秋》詳書以譏之。」高氏曰：「用見宋益踈公，而公强從之不已，祇自辱也。」汪氏曰：「桓公屢至宋地，强宋公之從而不已，固爲屈辱。然二盟四會，皆以會宋爲詞，則是宋公有志於會盟矣。蓋宋之所以會魯者，將以求賂於鄭；而魯之所以會宋者，將以爲鄭免其賂，是以卒不能降心以相從也。魯桓憾忽于郎之戰，幸鄭莊之卒，欲求好於厲公而以恩結之。厲公篡忽，特欲反忽之所爲，而求善於魯以爲之援耳。」**丙戌，公會鄭伯，盟于武父。**《左傳》：「宋公辭平，故與鄭伯盟于武父。」杜氏曰：「武父，鄭地。」張氏曰：「公自龜還，遽會鄭伯而謀伐之。與人交之道，忠信誠慤本乎中，則有不期合而合者。非有是心，則其相與也不過以利合，而一旦争小利，則相視忽如仇敵然。桓公之見棄於宋而盟鄭，其離合正如是。《春秋》詳書之，以見王政之不行，諸侯放恣。魯桓、宋莊、鄭厲，皆以篡國而立，交政盟會，紛紛離合，惟利是視，煩盟瀆信，祇以長亂，王法之所必誅也。」襄陵許氏曰：「王迹既熄，霸統未興，諸侯自擅，無所禀命。觀隱十年，見兵革之亂也。桓十一年、十二年，見盟會之亂也。霸統興而諸侯有所一，無復此亂矣。是以君子不得已而與桓、文。」永嘉呂氏曰：「突篡而書爵者，其大臣君之，其國人君之，諸侯亦與之會盟。《春秋》從而君之，從其實也。」

○丙戌，衛侯晉卒。《穀梁傳》：「再稱日，決日義也。」陳氏曰：「再書日，曰衛晉之卒也。」**○十有二月，及鄭師伐宋。丁未，戰于宋。**《左傳》：「遂帥師而伐宋，戰焉，宋無信也。君子曰：『苟信不繼，盟無益也。《詩》云「君子屢盟，亂是用長」，無信也。』」《公羊傳》：「戰不言伐，此其言伐何？辟嫌也。惡乎嫌？嫌與鄭人戰也。此偏戰也，何以不言師敗績？內不言戰，言戰乃敗也。」《穀梁傳》：「非與所與伐戰也。不言與鄭戰，耻不和也。於伐與戰，敗也。內諱敗，舉其可道者也。」

既書伐宋，又書戰于宋者，責賂於鄭而無厭，屢盟於魯而無信者，宋也。二國聲其罪以致討，故書曰「伐」。夫宋人之罪，則固可伐矣。然取其賂以立督者，魯桓也。資其力以篡國者，鄭突也。王氏曰：「桓弑隱，馮弑殤，突篡忽，桓受賂於宋，宋責賂於鄭，斯惡同而罪均者也。」**無諸己，然後可以非諸人。《春秋》之義，用賢治不肖，不以亂易亂也。故又書曰「戰于宋」。來戰者罪在彼，戰于郎是也。往戰者罪在內，戰于宋是也。**孫氏曰：「此公及鄭伯伐宋也。不言公，諱之也。地以宋，則宋與戰可知。不與公及鄭伯伐宋，故以魯、鄭自戰爲文。」高氏曰：「內沒公而稱及，鄭不爵而稱師，鈞其罪也。」陳氏曰：「前稱公，後稱及，前稱鄭伯，後稱師，略之也。於是欲平宋、鄭，朞歲之間，會于折、于夫鍾、于闞、于穀丘、于虚、于龜，而宋辭平，遂舍宋而會鄭師以伐宋戰焉。戰不言伐，有不與戰則言伐，如僖十八年宋、曹、衛、邾伐齊，而宋及齊戰是也。未始有不與戰者而亦言伐，則甚伐者也。曰『戰于宋』，薄宋之罪也。」張氏曰：「兵法曰『争恨小故，不忍憤怒，謂之憤兵，兵憤者敗』，魯桓、鄭突此役是也。」臨川吴氏曰：「宋莊貪得鄭賂之多，而不許魯桓之請。鄭突遂忘宋立己之恩，與魯結黨爲伐戰之舉。魯桓棄屢會屢盟之好，乃與舊怨之鄭，興兵以仇舊好之宋。交道之翻覆不常，在匹夫猶不可，況國君乎？」汪氏曰：「桓平宋、鄭不從而至於伐戰，宣平郯、莒不肯而至於伐取，皆不能反己而求其本也。」廬陵李氏曰：「宋莊之得國，鄭有力焉。今鄭突之得國，以宋之力也。宋莊、鄭突，氣類相同，其交宜固矣。然宋莊之立，華督之相，于稷之成以魯、齊、陳、鄭之皆有賂故也。今責賂于鄭，是以己之前日望鄭也。《春秋》書郜鼎之取，以見宋、魯、鄭之交以賂合；書武父之戰，以見宋、魯、鄭之黨以賂離。吁，嚴矣哉！」〇啖氏曰：「《穀梁》曰：『不言與鄭戰，耻不和也。』不知省文之義，故云耳。按此後魯常與鄭和。《公羊傳》義是也。」劉氏曰：「《公羊》云『内不言戰，言戰乃敗矣』，非也。若曰『内不言敗，言戰則敗矣』，可也。」

附録《左傳》：「楚伐絞，軍其南門。莫敖屈瑕曰：『絞小而輕，輕則寡謀，請無扞采樵者以誘之。』從之。絞人獲三十人。明日，絞人争出，驅楚役徒於山中。楚人坐其北門，而覆諸山下。大敗之，爲城下之盟而還。伐絞之役，楚師分涉於彭。羅人欲伐之，使伯嘉諜之，三巡數之。」

壬午桓王二十一年。**十有三年**齊僖三十二。晉緡六。衛惠公朔元年。蔡桓十六。鄭厲二。曹莊三。陳

莊公林元年。杞靖五。宋莊十一。秦出子五。楚武四十二。**春，**

附録《左傳》：「楚屈瑕伐羅，鬬伯比送之。還，謂其御曰：『莫敖必敗，舉趾高，心不固矣。』遂見楚子，曰：『必濟師。』楚子辭焉。入告夫人鄧曼，鄧曼曰：『大夫其非衆之謂，其謂君撫小民以信，訓諸司以德，而威莫敖以刑也。莫敖狃於蒲騷之役，將自用也，必小羅。君若不鎮撫，其不設備乎？夫固謂君訓衆而好鎮撫之，召諸司而勸之以令德，見莫敖而告諸天之不假易也。不然，夫豈不知楚師之盡行也？』楚子使賴人追之，不及。莫敖使徇于師曰：『諫者有刑！』及鄢，亂次以濟，遂無次。且不設備。及羅，羅與盧戎兩軍之，大敗之。莫敖縊于荒谷。群帥囚於冶父以聽刑。楚子曰：『孤之罪也！』皆免之。」

二月，公會紀侯、鄭伯。己巳，及齊侯、宋公、衛侯、燕人戰。齊師、宋師、衛師、燕師敗績。

《左傳》：「宋多責賂於鄭，鄭不堪命，故以紀、魯及齊與宋、衛、燕戰。不書所戰，後也。鄭人來請脩好。」《公羊傳》：「曷爲後日？恃外也。其恃外奈何？得紀侯、鄭伯，然後能爲日也。内不言戰，此其言戰何？從外也。曷爲從外？恃外，故從外也。何以不地？近也。惡乎近？近乎圍。郎亦近矣，郎何以地？郎猶可以地也。」《穀梁傳》：「其言及者，由内及之也。其曰戰者，由外言之也。戰稱人，敗稱師，重衆也。其不地，於紀也。」杜氏曰：「師徒撓敗，若沮岸崩山，喪其功績。」

《左氏》以爲鄭與宋戰，《公羊》以爲宋與魯戰，《穀梁》以爲紀與齊戰。趙匡考據經文，内兵則以紀爲主而先於鄭，外兵則以齊爲主而先於宋，獨取《穀梁》之説。趙氏曰：「據經文，内兵以紀爲主，外兵以齊爲主。若實爲宋、鄭戰，何得主齊、紀乎？蓋齊以三國之師伐紀，欲滅之，公與鄭救之而勝也。不然，紀懼滅之不暇，豈敢主兵而助鄭乎？」蓋齊、紀者，世讎也。齊人合三國以攻紀，魯、鄭援紀而與戰。臨川吴氏曰：「昔鄭莊助齊謀紀者也。魯桓數數爲鄭會宋，繼又同鄭伐宋。鄭厲德魯，故助魯救紀而反其父之所爲。」戰而不地，於紀也。不然，紀懼滅亡不暇，何敢將兵越國助魯、鄭以增怨乎？齊爲無道，恃强陵弱，此以紀爲主，何也？彼爲無道，加兵於己，必有引咎責躬之事，禮儀辨喻之文，猶不得免焉，則亦固其封疆，效死以守，上訴諸天子，下告諸方伯連率與鄰國之諸侯，其必有伸之者矣。不如是而憤然與戰，豈已亂之道乎？力同度德，動則相時，小國讎大國而幸勝焉，禍之始也。息伐鄭而亡，事見《左傳》隱公十一年。鄭勝蔡而懼，事見《左傳》襄公十八年。蔡大敗楚而滅。事見《左傳》定公四年，哀公元年。今紀人不度德，不量力，不徵詞，輕與齊戰，而爲之援者，弑君之賊，簒國之人也，不能保其國，自此戰始矣。《春秋》以紀爲主，省德相時、自治之意也。永嘉吕氏曰：「紀以垂亡之國，而獲戰勝之功，此可喜也。齊以大國之威，而蓄必報之憾，甚可懼也。桓公之所以爲紀謀者，既無以爲保紀之道，而徒挾鄭以戰，幸而勝齊。彼將謂可固紀矣，而不知所以促紀之亡者，在此役也。迨夫紀懼亡之不給，然後爲黄之盟，求以安紀，亦晚矣。」○趙氏曰：「《左氏》云：『宋責賂於鄭。』且責賂小事，止當二國自不和，無容諸侯爲戰也。《公羊》云：『曷爲後日？恃外也。得紀侯、鄭伯，然後能爲日也。』按先會而後日，成會而後戰也，恃外有何義乎？又曰：『何以不地？近也。』蓋不地者，有紀都也，無他義。」劉氏曰：「《左傳》所載，不書所戰，後也。若宋、鄭相怨爲此戰，鄭當序紀上，宋當序齊上，何故反顛倒乎？公雖不及其會期，而及其戰期，自當舉戰地，何故反没戰地乎？《公羊》云『近，故不地』，則郎之戰非爲近也，而曰『郎猶可以地』，不亦誣乎？」廬陵李氏曰：「經書内外之戰二十三，書敗績十五。書戰例，《左氏》曰：『皆陳曰戰。』胡氏曰：『兩兵相接曰戰。』書及例，胡氏曰：『戰而言及，主乎是戰者也。』趙子曰：『戰而書及，以主及客也，以華及夷也。戰不言及，交爲主也。』書敗績例，《左氏》曰：『大崩曰敗績。』何氏曰：『績，功也。』諸説皆通。」

三月，葬衛宣公。

葬自内録也。既與衛人戰，曷爲葬宣公？怨不棄義，怒不廢禮，臨川吴氏曰：「二月己巳之戰，齊、紀爲敵怨，衛助齊滅紀，魯爲紀禦齊，魯、衛非敵怨也，故不廢會葬之禮。」**是知古人以葬爲重也。禮：喪在殯，孤無外事。衛宣未葬，朔乃即戎，已爲失禮；又不稱子，是以吉服從金革之事，其爲惡大矣。**杜氏曰：「宣公未葬，惠公稱侯以接鄰國，非禮也。」陳氏曰：「凡君在喪恒稱子，衛宣未葬而稱衛侯，不以居喪之禮出也。」張氏曰：「朔與兄伋、壽争國者，志於立乎其位，忘哀戚之心，故未葬稱爵。」**凡此類，據事直書，年月具存而惡自見也。**趙氏曰：「凡諸侯在喪而有境外之事，以喪行者稱子，以吉行者稱爵，志惡之淺深也。」汪氏曰：「《春秋》在喪而出預會盟征伐，及遣使鄰國者有十：此年衛惠會戰紀，僖九年宋襄會葵丘，二十五年衛成會洮，二十八年陳共會温，三十三年晉襄敗秦于殽，宣十年齊頃使國佐聘，成三年宋共、衛定伐鄭，四年鄭悼伐許，定四年陳懷會召陵侵楚是也。然宋襄、衛成、陳共懷皆稱子，則見其未易吉服，其罪猶可末減。此年衛惠稱爵會戰，則以吉服從戎，其罪益甚矣。然戰紀非朔主兵，故直書而惡自見。晉襄敗秦，則忘親，背惠，墨縗絰而以詐取勝，視朔尤甚，故不稱爵而以微者紀之。宋共、衛定，未葬而已越葬期；齊頃、鄭悼，雖已葬而未踰年，但直書而罪惡著矣。」

夏，大水。張氏曰：「陰盛之災。」王氏曰：「經書水災者九，而桓居其二，莊居其三。是大水之災，二公居三之二矣。豈桓公積惡不悛，莊公釋讎不復，怨氣蘊結，有以致之歟？」○**秋，七月。**○**冬，十月。**

癸未 桓王二十二年。**十有四年** 齊僖三十三，卒。晉緡七。衛惠二。蔡桓十七。鄭厲三。曹莊四。陳莊二。杞靖六。宋莊十二。秦出子六。楚武四十三。**春，正月，公會鄭伯于曹。**《左傳》：「春，會于曹。曹人致餼，禮也。」杜氏曰：「以曹地，曹與會。」臨川吴氏曰：「前年魯、鄭同救紀而敗齊、衛之師，蓋虞齊、衛之報怨也，故爲會以謀之。曹素與魯協，故魯會鄭於其地。」王氏曰：「公於鄭突，比之至矣。十二年屢會以平宋、鄭而不克，則爲武父之盟，爲宋之伐。十三年偕紀侯之戰。今又會于曹，同惡相濟明矣。」○**無冰。**

《公羊傳》：「何以書？記異也。」《穀梁傳》：「時燠也。」

按《豳風·七月》，周公陳王業之詩也。其詞曰：「二之日鑿冰沖沖，三之日納于凌陰。四之日其蚤，獻羔祭韭。」朱子曰：「鑿冰，取冰於山也。沖沖，鑿冰之意。納，藏也。藏冰，所以備暑也。凌陰，冰室也。蚤，蚤朝也。獻羔祭韭而後啓之。《月令·仲春》『獻羔開冰，先薦寢廟』，是也。」**周官凌人之職，頒冰於夏，其藏之也，固陰沍寒，於是乎取；其出之也，賓、食、喪、祭，於是乎用。**

藏之周，用之徧，亦理陰陽天地之一事也。今在仲冬之月燠而無冰，何氏曰：「周之正月，夏之十一月，法當堅冰。無冰者，温也。」張氏曰：「陰不能成物之災。」高氏曰：「凡不宜無曰無。」**則政治縱弛不明之所致也，**劉向曰：「豫，恒燠若，此政事舒緩，紀綱縱弛，善惡不明，賞罰不行之象。周失之舒，秦失之急，故周衰無寒歲，秦滅無燠年。」**故書于策。夫《春秋》所載，皆經邦大訓，而書法若此，其察於四時寒暑之變詳矣。**茅堂胡氏曰：「《春秋》極謹天變，如無冰、李梅實、六鷁退飛、無麥苗、鸜鵒來巢之類。以今觀之，其事若甚小，然《春秋》一一書之，則不可謂小事矣。」永嘉吕氏曰：「古者藏冰發冰，所以節陽氣之盛也。夫陽氣在天地間，譬猶火之著於物也，故常有以解之。十二月陽氣藴伏，錮而未發，其盛在下，則納冰於地中。至二月四陽作，蟄蟲起，陽始用事，則亦始啓冰而廟薦之。及四月陽氣畢達，陰氣將絶，則冰於是大發。食肉之禄，老病喪浴，冰無不及，是以四時無愆陽伏陰，凄風苦雨，故夫藏冰發冰者，燮調之一事也。《春秋》之書無冰，不獨志常燠之異，而亦以見備暑之無其備也。或謂開冰而書無冰，豈有建寅之月遽開冰乎？《春秋》所書螽蝝、李梅實、隕霜之類，皆據目前之災異而志之，豈必待開冰而後書無乎？或者又援『大無麥禾』之例，謂歲終會計而後書大無麥禾，猶開冰而後書無冰也。不知大無麥禾與書大有年爲一類，謂歲終會計而後知也。開冰之事，亦可與會於歲終者比乎？」汪氏曰：「此年正月書無冰，成元年二月書無冰，襄二十八年書春無冰，則知因陽盛氣燠而隨時以紀之。苟以發冰而知無冰，則當常以二月而不在正月矣。若曰或藏冰無冰而書無，或發冰無冰而書無，抑何紀事之錯亂乎？」

夏五。《公羊傳》：「『夏五』者何？無聞焉爾。」《穀梁傳》：「孔子曰：『聽遠音者，聞其疾而不聞其舒。望遠者，察其貌而不察其形。』立乎定、哀，以指隱、桓，隱、桓之日遠矣，夏五，傳疑也。」杜氏曰：「不書月，闕文。」

「夏五」，傳疑也。疑而不益，見聖人之慎也。故其自言曰：「吾猶及史之闕文也。」括蒼趙氏曰：「史闕文，傳記不備，不敢參以己意，如『夏五』、『郭公』之類也。」其語人，曰：「多聞闕疑，慎言其餘，則寡尤。」朱子曰：「疑而不闕，則流於繆妄。」而世或以私意改易古書者有矣，盍亦視此爲鑒可也。然則《春秋》何以謂之作？曰：其義則斷自聖心，或筆或削，明聖人之大用。其事則因舊史，有可損而不能益也。東坡蘇氏曰：「宋咸以私意改《周易》、五經數十去處，多見其不知量也。」

鄭伯使其弟語來盟。語，《穀》作「禦」。《左傳》：「鄭子人來尋盟，且脩曹之會。」《穀梁傳》：「諸侯之尊，弟兄不得以屬通。其弟云者，以其來我，舉其貴者也。來盟，前定也。不日，前定之盟不日。」程子曰：「使來盟，盟前定矣，與高子不同。」

來盟稱使，則前定之盟也。臨川吴氏曰：「正月，魯、鄭二君會曹而未盟，故鄭伯使弟語來魯與公盟也。」其不稱使，如楚屈完、齊高子，則權在二子，盟不盟特未定也。諸侯之弟兄例以字通，而書名者，罪其有寵愛之私，非友于之義也。高氏曰：「將命者，大夫之事，不可使弟。語爲子人氏，實違君命，其寵任之，蓋有自來矣。來盟于我，彼欲之之辭也。涖盟于彼，我欲之之辭也。鄭、魯同惡而屢盟，可惡之甚也。」蘇氏曰：「凡外大夫來盟於魯，内大夫涖盟於他國，皆盟其君也。」汪氏曰：「《春秋》書來盟者六：鄭語、衛孫良夫，皆前定之盟也；高子、屈完、宋華孫，皆未定之盟也；杞子則君自來，其盟亦非前定者也。大夫因聘而盟，則先書聘而後書及盟。非聘而特來結盟，則但書來盟，然皆所以著大夫之敵君也。」廬陵李氏曰：「來盟例五：鄭語、衛良夫稱使者，前定之盟也。謂已有約言，未足效信而釋疑，復遣使固結之也。楚屈完、齊高子不稱使者，權在二子，謂齊、楚二君遣使之時，未嘗有命令盟也。宋華孫不稱使者，華孫權臣，專行不受君命也。屈完非來魯亦書來者，内桓師也。」

秋，八月壬申，御廩災。《公羊傳》：「御廩者何？粢盛委之所藏也。御廩災，何以書？記災也。」

門觀災而新作則書。御廩，粢盛之所藏，杜氏曰：「御廩，公所親耕以奉粢盛之倉。」臨川吴氏曰：「君之在車，與御者最相親近，故君所親近之人謂之御，御史、御妻之類是也。君所親用之物亦謂之御，後世所謂御食、御書、御藥之類，及此御廩是也。御廩者，以貯人君躬耕籍田之米，專供宗廟之粢盛而不敢他用者。」高氏曰：「御廩災，此將不得奉其宗廟之祥也。君躬耕，夫人獻穜稑，以供粢盛。而災焉，咎在君、夫人矣，宗廟鬼神之怒兆見於此。」**其新必矣，何以不書？營宮室以宗廟爲先，**《禮記·曲禮》：「君子將營宮室，宗廟爲先，廄庫爲次，居室爲後。」**重本也。御廩災而新則不書，常事也。**汪氏曰：「據世室、新宮、亳社，皆不書新作。」**以爲常事而不書，垂教之意深矣。知其説者，然後知有國之急務，爲政之後先，雖勤於工築而民不怨勞，**汪氏曰：「如文王以民力築靈臺，而民歡樂之之類。」**與妄興土木，困民力以自奉者異矣。** 汪氏曰：「妄興土木，如秦皇、漢武之類。今按宮廟志災者六：御廩、西宮、新宮、亳社，譏不能戒謹而致災也。雉門兩觀、桓宮、僖宮，譏其非禮而宜災也。」

乙亥，嘗。《左傳》：「書，不害也。」《公羊傳》：「常事不書，此何以書？譏。何譏爾？譏嘗也。曰：猶嘗乎？御廩災，不如勿嘗而已矣。」《穀梁傳》：「御廩之災不志。此其志，何也？以爲唯未易災之餘而嘗可也，志不敬也。天子親耕，以共粢盛。王后親蠶，以共祭服。國非無良農工女也，以爲人之所盡事其祖禰，不若以己所自親者也。何用見其未易災之餘而嘗也？曰：甸粟而内之三宮，三宮米而藏之御廩。夫嘗，必有兼甸之事焉。壬申，御廩災，乙亥，嘗，以爲未易災之餘而嘗也。」

嘗祭，時事之常，則何以書？志不時與不敬也。《春秋》紀事用周月，而以八月嘗，則不時也。 杜氏曰：「先其時，亦過也。」**御廩災于壬申，而嘗以乙亥，是不改卜而供未易災之餘，則不敬也。** 范氏曰：「用火災之餘以祭宗廟，乃不敬之大者也。」**禮以時爲大，施於事則不時；禮以敬爲本，發於心則不敬，故書。** 孫氏曰：「嘗，秋祭也。周八月，夏六月也。不時而嘗，與以災之餘而嘗，不恭甚矣。」張氏曰：「有御廩災之變，以先格王正厥事之誠心，必遇災而懼，未可遽有事于祖考。況周之八月，未當時祭，何以汲汲以四日之間，遽舉嘗祭乎？特書以責其苟簡蔑裂，奉宗廟之不誠且不敬也。」王氏曰：「秋嘗以物成而薦新爲義。夏之六月，物未西成，未可嘗也。《周官》：時享前期十日，帥執事而卜日誓戒。今壬申、乙亥，相距四日，不卜不戒，非獨不警天變，而褻慢其祖亦甚矣。聖人明書二日，豈無意乎？」〇趙氏曰：「《穀梁》云：『御廩之災不志。』按此乃大故，何得不志？《左氏》曰：『書，不害也。』按八月嘗，非時也。又以災之餘而祭，譏不敬也，非爲不害而書。《公羊》曰：『不如勿嘗而已。』按有災當警懼脩飭而改卜，何得便闕先君之祀乎？又曰，《祭統》云『成王追念周公，賜之重祭，郊、社、禘、嘗是也』。按郊、禘，天子之禮，社與嘗諸侯所自有，撰禮者見《春秋》書嘗、社以爲郊、禘同，遂妄言耳。又曰，《王制》云『礿則不禘，禘則不嘗，嘗則不烝，烝則不礿』。此爲見《春秋》經前後祭祀，唯有烝、嘗、禘三種，所以云爾。」汪氏曰：「郊、禘，諸侯之所不當祭，故孔子云『魯之郊禘，非禮也』。嘗、社，諸侯之常祭，故《春秋》一書嘗，譏以災餘之米供粢盛。四書社，皆以日食、大水、鼓用牲之非禮而志之。不書祭社，以爲常事也。漢儒因《中庸》以郊、社、禘、嘗並言，又見《春秋》書郊、社、禘、嘗，故傅會以爲皆僭禮。然《春秋》書烝、書嘗，豈以嘗獨爲重祭，而烝非重祭乎？嘗而謂之大，《春秋》何以不書大乎？趙氏辨之當矣。」

冬，十有二月丁巳，齊侯禄父卒。○宋人以齊人、蔡人、衛人、陳人伐鄭。《公》「蔡人」在「衛人」下。《左傳》：「宋人以諸侯伐鄭，報宋之戰也。焚渠門，人，及大逵。伐東郊，取牛首。以大宫之椽歸爲盧門之椽。」《公羊傳》：「以者何？行其意也。」《穀梁傳》：「以者，不以者也。民者，君之本也。使人以其死，非正也。」

師而曰以者，能左右之以行己意也。杜氏曰：「謂進退在己。」何氏曰：「以己從人曰行。言四國行宋意也。四國本不起兵，當分别之，故加以也。」茅堂胡氏曰：「齊桓、晉文戰勝天下，威服諸侯，固能左右諸國之師，非以弱假强，故不言以。」**宋怨鄭突之背己，故以四國伐鄭。魯怨齊人之侵己，故以**

楚師伐齊。事見僖公二十六年。**蔡怨囊瓦之拘己，故以吴子伐楚。**事見定公四年。**蔡弱於吴，魯弱於楚，宋與蔡、衛、陳敵而弱於齊，**趙氏曰：「凡不用我師而用彼師曰以。言用齊、蔡等國兵而不自交鋒也。」永嘉吕氏曰：「以者非其本意，而爲人所以之稱。四國本無意於伐鄭而宋以之也。楚本無意於伐齊而魯以之也。吴子本無意於戰楚，而戰楚者蔡侯以之也。《春秋》書擅征伐皆惡之，而況以人之兵伐人之國哉？」**乃用其師以行己意，故特書曰「以」。列國之兵有制，皆統乎天子，而敢私用之，與私爲之用以伐人國，大亂之道也。**薛氏曰：「四國不守王法而甘爲宋用，其罪同也。」**故穀梁子曰：「以者，不以者也。」**范氏曰：「本非所得制，今得以之也。」陳氏曰：「伐未有言以者，其言以何？用諸侯之師於是始也。東遷之後，諸侯雖會伐，非一國之志也，則會者序爵而已矣；雖主兵也，而小國序大國之上，亦非一國之志也，以一國而用諸侯之師於是始。上無天子，下無方伯，有以一國而用諸侯之師，此伯之所由興也。伯者之令行於天下，自是無書以者矣。書以者，必中國用夷狄者也。」張氏曰：「鄭突賴宋之力，得入簒國，歸而背其賂，宋人因此與爲仇讎。魯桓平之，宋人不從，鄭遂與魯伐宋爲丁未之戰。宋以突入用其寵而背之，且至見伐，積其憤怒，乞師於齊、蔡、陳、衛。蓋師雖四國之賦，而左右死生，惟宋人之爲聽。比於平日諸侯各帥其師以伐人者不同，故書以。夫宋不反其黨庶孽徇貨賂之失，而擅用列國之兵以泄其私忿，四國輕以兵假人而使之逞志，其罪皆不可勝誅也。」劉氏曰：「書宋人以齊人，則足以知宋人者，宋公也。書晉人及姜戎，則足以知晉人者，晉侯也。宋公殘人之國而毁其宗廟，晉侯背父之殯而覆人之師，其罪一也。」王氏曰：「宋公以私忿而用四國之兵，四國合黨而惟宋公之用，諸侯之兵聽命於一國，昉於此，故五國之君皆貶人之。」王氏《箋義》曰：「入人之國，毀人之祖廟，不道之甚，故皆惡而貶之。入而書伐，鄭亦有罪致其伐耳。」永嘉呂氏曰：「齊方有喪而會伐，惡之甚者矣。」○汪氏曰：「或謂言以者，用彼師伐戰而已，不交鋒，蓋泥於《左傳》紀柏舉事，皆吴、楚自戰故云爾，蓋蔡師微弱，故不詳録也。夫苟不自交鋒，則非能左右之之謂矣。況傳稱宋以太宫椽歸爲盧門之椽，經書魯取穀，則非不交鋒之驗也。」廬陵李氏曰：「兵事書以例三，《穀梁》於此年及公以楚師下，皆曰『以者，不以者也』。而注者又引雍氏曰『兵者不祥之器，不得已而用之。安有驅民死地，以共假借之役乎』，此説是矣。獨於蔡侯之以吴子，則曰『以蔡侯之以之，舉其貴者』，則又變不以之例，蓋其所以以者雖同，而事則異。觀此伐鄭皆書人，取穀特書至，則貶之無疑。而蔡侯以吴特進而書爵，則無譏矣。此《春秋》所以不可一概論也。趙氏以爲宋但用齊、蔡等兵而不自交鋒，歷引《左氏》柏舉之戰，吴、楚自戰而蔡不交鋒以證之，亦有理。陳氏之説，於世變亦有情，要之諸傳説皆通，可參用。」

甲申桓王二十三年，崩。**十有五年**齊襄公諸兒元年。晉緡八。衛惠三。蔡桓十八。鄭厲四。曹莊五。陳莊三。杞靖七。宋莊十三。秦武公元年。楚武四十四。**春，二月，天王使家父來求車。**《左傳》：「非禮也。諸侯不貢車服，天子不私求財。」《公羊傳》：「何以書？譏。何譏爾？王者無求。求車，非禮也。」《穀梁傳》：「古者諸侯時獻于天子，以其國之所有，故有辭讓而無徵求。求車，非禮也。求金，甚矣。」

遣使需索之謂求。王畿千里，租税所入足以充費，不至於有求。四方諸侯各有職貢，不至於來求。何氏曰：「王者畿内千里，租税足以共費。四方各以其職來貢，足以尊榮。當以至廉無爲，率先天下，不當求。求則諸侯貪，大夫鄙，士庶盜竊。」**以喪事而求貨財已爲不可，況車服乎？經於求賻、求車、求金，皆書曰「求」，垂後戒也。**汪氏曰：「賻因喪事而求，且諸侯所當歸也。車則非諸侯之所當歸矣，然猶服御之物也。金則直爲貪利爾，世愈降而失愈甚。頃王之周，又非桓王之周矣。」**夫上有好者，下必有甚焉者矣。王者有求，下觀而化，諸侯必將有求以利其國，大夫必將有求以利其家，士庶人必將有求以利其身，皇皇焉唯恐不足，未至於篡弑奪攘則不厭矣。古之君人者，必昭儉德以臨照百官，尊卑登降，各有度數，示等威，明貴賤。民志既定之後，皆安其分而無求，兵刑寢矣。及侈心一動，莫爲防制，必至於亢不衷，官失德，廉耻道喪，寵賂日章，淪於危亡而後止也。觀《春秋》所書，則見王室衰亂之由，而知興衰撥亂之說矣。**張氏曰：「古者諸侯有功，則車服以庸，蓋王之五路，自同姓以下，其用之皆有等差，非諸侯所得而私爲。況可以天子之尊，而下求於列國乎？天子畿內，租税所入，足以待諸侯。諸侯九貢，亦無有以車供王室之用者。上越禮以求之，下違法以供之，則示貪風於天下，開賄道於邦國。其失自上，非小故也，故特書示譏。家父爲大夫而無所正救，奉使侯國，自取辱命之罪見矣。」臨川吴氏曰：「車，重器也，天子可以之錫下，諸侯不可以之貢上也。使當貢之物，諸侯不供而天子乏用，猶不當遣使以私求。況諸侯不當貢之物，而可求乎哉？」家氏曰：「求之爲言，下之人有求於上也，不足者求之有餘者也。上之於下，不以求言也。今以萬乘之尊，而徵需猥及於不禀命之諸侯，始之求賻，猶曰諸侯不賻，天子求之，以愧之也。繼而求車，繼而求金，非所當求而求，見成周號令不行於當時，而遂辭以有求，非特責王，深責諸侯之無王也。」高氏曰：「桓無王，豈獨桓受其貶？天王之惡亦大矣。弑逆不誅，又數聘之，又命大夫有求，不王甚矣。」

三月乙未，天王崩。趙氏曰：「此後莊王、僖王不書崩，見王室不告，魯之不赴，著諸侯之不臣也。」〇**夏，四月己巳，葬齊僖公。**王氏曰：「桓負大惡，王非唯不討，而八年之間，三遣使來聘，恩禮厚矣。今王崩來赴，魯無奔喪會葬之事，齊僖之存，干戈歲尋，卒則會葬如禮。比事以觀，不貶而惡自見。」〇**五月，鄭伯突出奔蔡。**《左傳》：「祭仲專，鄭伯患之，使其壻雍糾殺之。將享諸郊，雍姬知之，謂其母曰：『父與夫孰親？』其母曰：『人盡夫也，父一而已，胡可比也？』遂告祭仲曰：『雍氏舍其室而將享子於郊，吾惑之，以告。』祭仲殺雍糾，尸諸周氏之汪，公載以出，曰：『謀及婦人，宜其死也。』夏，厲公出奔蔡。」《公羊傳》：「突何以名？奪正也。」《穀梁傳》：「譏奪正也。」程子曰：「避祭仲而出，非國人出之也。」

按《左氏》：「祭仲專，鄭伯患之，使其壻雍糾殺之。雍姬知之，以告仲。仲殺雍糾，公出奔蔡。」是祭仲逐之也，没而不書，其義何也？陸淳曰：「逐君之臣，其罪易知也。君而見逐，其惡甚矣。聖人之教，在乎端本清源，故凡諸侯之奔，皆不書所逐之臣，而以自奔爲名，所以警乎人君。」其説是也。杜氏曰：「諸侯奔亡，皆迫逐而苟免，非自出也。經以自奔爲文，責其不能自固。或曰：臣出其君而其罪不彰，無乃掩姦乎？」啖氏曰：「出君之罪，史氏知之也。《春秋》舉王綱，正君則，而治道興矣。」陳氏曰：「《春秋》之法，苟其道足以失國，雖有權臣，亦以自致之文書之。是故鄭祭仲殺雍糾而突出，衛孫林父殺子嶠、子伯、子皮而衎出，燕大夫殺外嬖而欵出，書奔而已矣。」**夫君實有國，而出於臣，乃其自取焉耳。本正而天下之事理矣。**張氏曰：「聖人之大寶曰位，蓋天子至尊，而諸侯次之。聖賢貴於得位，以其足以恢弘斯道，潤澤斯民，是以謂之寶。其次中才之主，苟能制節謹度，用賢愛民，自足以守其社稷。何至位南面之尊，秉一國之權，而爲臣民之所逐哉？故凡爲國君而失位出奔，皆以自出書之，所以罪其自失也。書爵不名者，罪輕惡淺，其位爲未絶。突以庶孽奪嫡，初與權臣比而篡位，又與其親戚謀殺之，爲反覆盜賊之計以自取亡，書名，絶之也。」高氏曰：「前年蔡從宋伐鄭，突曷爲奔蔡？曰：宋人以蔡伐鄭而蔡聽命焉。蔡之於突實無憾。」汪氏曰：「《春秋》書君出奔者十有二：鄭突、衛朔、燕欵、蔡朱、莒庚輿、❶邾益皆書名。啖氏所謂『君奔例書名，言其失地，非復諸侯也』。鄭忽、曹羈、莒展輿不稱爵者，忽、羈未成君，展輿雖踰年而以弑立，不可稱爵也。衛、鄭不名，則以叔武攝而位未絶也。衛衎位已絶而不名者，著衎之立以正，非突、朔之比，而剽之篡實逆，非如忽、黔牟可以兩君言之也。郲朱儒不名，小國紀録簡略耳。」

鄭世子忽復歸于鄭。《左傳》：「六月乙亥，昭公入。」《公羊傳》：「其稱世子何？復正也。曷爲或言歸，或言復歸？復歸者，出惡，歸無惡；復入者，出無惡，入有惡。入者，出入惡；歸者，出入無惡。」《穀梁傳》：

❶「庚」，據下文當作「展」。

「反正也。」程子曰：「稱世子，本當立者，不能保其位，故不爵。鄭人謂之狡童，又曰狂童恣行，其不肖可知。」

忽嘗嗣位君其國，歸而獨稱世子，杜氏曰：「忽嘗居君位，故今還以復其位之例爲文。稱世子者，父卒而不能自君，鄭人亦不君之。」劉氏曰：「忽之出，無鄭者也，而又不得稱子，則忽之可以君國者無幾矣。《春秋》別嫌疑，明是非，以謂忽雖不能君國，嘗爲君之世子矣。世子者必命於天子者也，若偏庶因亂得逐而奪之，則天下之姦臣縱矣。故正其名予之繼世，深惡亂臣賊子之意也。」薛氏曰：「突書鄭伯，已成君也。忽書世子，明突之不當得立也。」項氏曰：「突雖不正，而國人君之。忽雖正嫡，而國人不以爲君也。」陳氏曰：「稱世子以正忽之反正，以反突之不正。」**則亡其君位明矣。其稱復歸者，謂既絶而復歸也。**陸氏曰：「復歸之正者，莫過於鄭忽。」高氏曰：「不曰復歸，則無以知其嘗有國。復歸者，又異於常之歸。復入者，又難於常之入也。」**然諸侯失國出奔，歸而稱復則可；**汪氏曰：「復者，還反其舊之謂。國本其所有，不幸失國而去，今得復其國而歸也。故鄭忽、曹襄、衛鄭、衛衎，皆稱復歸。衛鄭之再歸，與曹負芻之歸，不稱復者。衛鄭戕本枝而不悛，負芻簒冢嫡而幸免，其復皆非義也。」**大夫失位出奔，歸而稱復則不可。古者諸侯世國，大夫不世官。**劉氏曰：「復歸有君臣之異，以其世也，故可言復。可言復而不言復者，奪其國之意也，以其不世也，故不可言復。不可言復而言復者，效其竊取位之意也。」**或曰復，厭詞也。**張氏曰：「忽自十一年五月莊公卒而立，至九月奔衛，五年于外，乃得復歸。不從衛侯朔、衎之例稱爵，乃稱世子者，忽之所以得歸者，以其嘗爲世子也；所以不稱鄭伯者，以其不能君也。」汪氏曰：「前先書突歸而繼書忽奔者，以忽之出由突之入也；此先書突奔而繼書忽歸者，明忽之歸由突之出也，忽與突之强弱見矣。突之歸不係國，而忽稱世子，嫡庶之名分辨矣。」廬陵李氏曰：「忽自此年歸，至十七年見弒，並不書鄭伯者，此忽終不能君之驗也。」又曰：「諸侯失國復歸者四：鄭忽、衛侯鄭、曹伯襄、衛侯衎也。大夫失位稱復歸者，衛元咺也。」○劉氏曰：「《公羊》謂：『復歸者，出惡，歸無惡。』如忽之奔，蓋有不得已，亦何惡乎？又曰：『歸者，出入無惡。』突之簒國，何故出入無惡乎？」

許叔入于許。《穀梁傳》：「許叔，許之貴者也，莫宜乎許叔。其曰入，何也？其歸之道，非所以歸也。」

許，太岳之裔。杜氏曰：「太岳，神農之後，堯四岳也。」**先王建國，迫於齊、鄭，不得奉其社稷，**汪氏曰：「隱十一年魯及齊、鄭入許，許莊公奔衛。鄭悉有許之土地，而使許莊公之弟許叔居許東偏，以奉其祭祀。是年鄭亂，許叔度鄭之力不能與己争，故自入其國而君之也。」**未聞可滅之罪也，則當伸大義以直詞上告諸天王，下赴諸方伯，求復其國，糞除宗廟，**汪氏曰：「糞，掃也，亦作拚。《聘禮》：既拚以俟。」**孰能與之争？今乃因亂竊入，則非復國之義，故書入于許。**范氏曰：「許國之貴莫過許叔。叔之宜立，又無與二，而進無王命，退非父授，故不書歸。」**入云者，難詞也。**劉氏曰：「稱入何？難也。何難焉？鄭亂而後入也。」陸氏曰：「本無位則稱入。」陳氏曰：「許叔稱字，以是爲宜入也。是故未有書字者，雖公子也，弗謂公子。此其曰許叔，所以别有罪也。」高氏曰：「叔無罪書名，則入簒者無辨。」家氏曰：「許叔之入，入之善者也。衛朔之入，鄭突之入，入之惡者也。」廬陵李氏曰：「諸侯入國例七：許叔宜入國而不得其道，故書字、書入。齊小白、陽生、莒去疾，可以有國而無君父之命，故雖以國氏，不書公子而書入。鄭突、衛朔，亂倫失正，已失國而又復，《春秋》以其逆也，故書爵、書名、書入。獨衛獻入夷儀，《春秋》俟其改過也，故書爵、書入而不名。胡氏於許叔、小白、去疾，皆曰難詞，則陽生、衛獻亦可入此例；於衛朔曰逆詞，則鄭突亦可入此例。《公羊》注以爲『許叔本小國，春秋前失爵，在字例。入者，出入皆惡，明當誅』，是蓋不知入許之本末，而妄爲此説也。《左氏》歸入例亦多不合。此條《穀梁》得之。張氏曰：『諸侯進以正，乃可以正邦國。因亂竊入，己之不正，無以正乎人。故書入，以見義有所不受也。』」

公會齊侯于艾。艾，《公》作「鄗」，《穀》作「蒿」。《左傳》：「謀定許也。」張氏曰：「入許之役，鄭莊以壤地相接，欲兼并之，故糾合齊、魯之力而同伐。既入之後，齊、魯讓而不受，乃與鄭人。今鄭不能有，齊、魯又爲之謀以定許叔之位，此許之所以復存也。」高氏曰：「魯嘗與齊絶。襄新立，復通好。自是與文姜爲鳥獸之行，而彭生之禍兆於此矣。故以齊侯爲主。」廬陵李氏曰：「許之失國，本鄭莊欲滅而并之，故糾合齊、魯以爲入許之役。然又以三國共利，難於獨專滅國之罪，齊、魯既遜而不受，則鄭不得不假許叔奉祀，以倡存許之説，其實許地已入於鄭矣。今許叔乘鄭亂以入，而齊、魯會艾以定之，蓋鄭莊方强，則二國挾鄭以爲利；鄭莊既卒，則二國定許以爲名。會艾之謀，豈非自解其入許之非己意乎？然《春秋》於入許書及，則已推見至隱，雖今日之得，不足掩其前日之失矣。」〇**邾人、牟人、葛人來朝。**《公羊傳》：「皆何以稱人？夷狄之也。」杜氏曰：「牟國在泰山牟縣，葛國在梁國寧陵縣東北。」

《公羊》曰：「皆何以稱人？夷狄之也。」何氏曰：「桓行惡，而三人俱朝事之。三人爲衆，衆足責，故夷狄之。」孫氏曰：「皆微國之君，賤其相與朝弑逆之人，貶之也。」朱子曰：「朝非微者之禮。」**其狄之何？天王崩不奔喪，而相率朝弑君之賊也。**董子曰：「爲天王崩而相朝，故貶。」劉氏曰：「滕、薛之旅見也，與邾、牟、葛爲異。滕、薛之貶輕，而邾、牟、葛之貶重，何也？天王崩，魯與三國未嘗奔問弔贈，脩臣子之職，而方沛然以朝禮自處，其義上僭，是所以責之重也。」陳氏曰：「朝未有書人者。旅見非邦交之舊，自參以上甚矣。凡朝不勝譏，莫甚於自參以上，故貶人之。」張氏曰：「朝桓多矣，《春秋》獨於滕貶子，穀、鄧名之，邾、牟、葛人之。蓋滕子先諸國而朝，穀、鄧自遠而至，邾、牟、葛以諸侯之貴，旅見於惡人之朝，以事天子之禮事亂臣賊子，故特貶三者以示法，其餘從同同。」蜀杜氏曰：「聖人不與諸侯之朝桓，獨來則損其爵，二國則貶而名，三國則人而賤之，蓋三國班見，所以人之也。杜元凱以爲附庸世子，安有三國同時遣世子耶？」劉氏曰：「世子不當稱君朝。凡書世子朝皆貶也，不應沒其名。」

秋，九月，鄭伯突入于櫟。《左傳》：「鄭伯因櫟人殺檀伯，而遂居櫟。」《公羊傳》：「櫟者何？鄭之邑。曷爲不言入于鄭？末言爾。曷爲末言爾？祭仲亡矣。然則曷爲不言忽之出奔？言忽爲君之微也。祭仲存則存矣，祭仲亡則亡矣。」程子曰：「突，非正也，忽既恣行，故國人君之，諸侯助之。書爵，所以戒居正者，已不能保則人取之矣。書入，以見義不容也。」杜氏曰：「櫟，鄭別都，在河南陽翟縣。」

經於厲公復國削而不書，獨書入於櫟，何也？高氏曰：「前曰歸，恃宋與仲。今曰入，宋怒而仲不納，亦見其義不容也。」**夫制邑之死虢君、共城之叛太叔，皆莊公所親戒也。今又城櫟而寘子元焉，使昭公不立，何謀國之誤也。衛有蒲、戚而出獻公，**杜氏曰：「蒲，甯殖邑。戚，孫林父邑。」事見《左傳》襄公十四年。**楚有陳、蔡不羹而叛棄疾，末大必折，有國之害也。**事見《左傳》昭公十一年。**故夫子行乎季孫，曰：「古者家不藏甲，邑無百雉之城。」遂墮三都以張公室。於厲公復國削而不書者，若曰既入于櫟，則其國已復矣。**薛氏曰：「櫟者，鄭之大都也。入於櫟，言將逼鄭也。鄭忽反矣，突因櫟以有鄭，忽浸微而不見矣。《春秋》因忽浸微而不見，以著大都之害，閔忽之無臣子而不足以有立也。」張氏曰：「書櫟所以見大都耦國，既入于此，則鄭國之命已制於突，與入其國都無以異，特書入于櫟，而略其入國者，所以謹亂之所由生也。按《傳》十七年，高渠彌弒昭公，立子亹；十八年，齊人殺亹，祭仲逆鄭子于陳而立之；莊十四年，傅瑕殺鄭子及其二子，而納厲公。《春秋》止書鄭伯突入于櫟，而忽、亹、儀之事皆不書者，以見忽、亹、儀之爲君末矣，而不足紀也。」廬陵李氏曰：「《春秋》謹强都之害，書突入櫟而不書其入鄭，書晉滅下陽而不書其滅虢，責鄭之失虎牢，予魯之墮郈、費，皆此意也。」**於以明居重馭輕，强榦弱枝，以身使臂之義，爲天下與來世之鑒也，爲國者可不謹於禮乎！《春秋》此義，皆小康之事，衰世之意也。**木訥趙氏曰：「諸侯再入不至於國，惟鄭突入櫟，衛侯入夷儀而已。鄭突名而衛衎不名，衎書復歸于衛而突不書歸于鄭，此正與不正之辨也。衛衎之出，國固其國也。林父逐之而立剽，不正也。突之出，位固非其位，乃簒也。突入櫟，將迫兄而出之，謀再簒也。衎自夷儀入，《春秋》書之，以明衎之當有衛也；突入鄭不書，明突不當有鄭也。」家氏曰：「鄭有君而突自外竊入，亦書鄭伯，此因舊史之已書而存之以示戒。魯桓與突，同惡相濟，出師輔簒，至於再三，故魯史崇突而卑忽，以鄭伯書，《春秋》因之以示戒。程子所謂以戒居正之不能保也。」

冬，十有一月，公會宋公、衛侯、陳侯于袲，伐鄭。「宋公」上，《公》有「齊侯」。袲，昌氏反，《公》作「侈」。《左傳》：「會于袲。謀伐鄭，將納厲公也。弗克而還。」《穀梁傳》：「地而後伐，疑辭也，非其疑也。」杜氏曰：「袲，宋地。」

《左氏》曰：「將納厲公也。弗克而還。」永嘉吕氏曰：「或疑宋既責賂於突而伐鄭，不當又納突，遂謂伐突救忽。然魯桓方與突伐宋，亦不當會宋伐突。忽奔于衛，而袲之會則衛與焉。突奔蔡，而曹之會蔡與焉。謂衛不應伐忽以納突，則蔡亦不應伐突以救忽。春秋諸侯之離合不常，可勝辨哉！但據經『伐鄭』二字，則突在櫟，忽在鄭，爲伐忽明矣。」**《穀梁》曰：「地而後伐，疑辭，非其疑也。」昭公與突之是非邪正亦明矣。**薛氏曰：「春秋亂世，以不正討正，以不義伐義者衆，故非所當納者奪之名，所以别白黑。」**然昭公雖正，其才不足以君一國之人，復歸于鄭，日以微弱。厲公雖篡，其智足以結四鄰之援，既入于櫟，日以盛强。諸侯不顧是非而計其强弱，始疑於輔正，終變而與邪。《穀梁》所謂「非其疑」者，非其疑於爲義而果於爲不義，相與連兵動衆，納篡國之公子也。**張氏曰：「魯桓、宋莊、衛朔，皆以不正得國。其爲突謀，乃水流濕、火就燥，獨陳侯疑之爾，然寡不勝衆，所以疑而遂合也。」王氏曰：「突之未出也，宋欲有所責，故嘗伐之。突而既出也，宋懼無所得，故求納之。始宋不和而公以鄭伐宋，及突已奔而公與宋伐鄭，向者相戾之深，今也相用之固，豈無自而然哉？蓋以正繼正禮之常，諸侯無所求；以亂易亂國之釁，諸侯有所責。故利其亂，幸其危，貪其賄，黨其邪。自突入櫟，公與宋公三會諸侯而再伐鄭，無他，賄故也。」**故詳書其會地，而後言伐，以譏之也。**

杜氏曰：「先行會禮而後伐。」王氏曰：「四國會于宋之袤，則宋主兵矣。宋莊與突，始恩中讎。今又主兵納之，是得爲以常德立武者乎？」陳氏曰：「會伐、會盟、會救、會侵，皆前定之辭也。未前定則書會于某而後伐，會于某而後盟，會于某而後救，會于某而後侵，若棐林、重丘、牡丘、召陵是也。前定，同欲也。未前定，繼事也。」汪氏曰：「此于袤伐鄭，《穀梁》以爲『非其疑』。棐林伐鄭，《穀梁》以爲『著其美』。蓋于袤所以納以孽奪正之人，而棐林所以討從楚侵宋之罪，故不同爾。此書公會三國之君脩會禮于袤，然後伐鄭，見其先疑而後決也。宣元年書四國之君會晉師于棐林，伐鄭，見諸侯皆從晉師以討有罪也。文相似而實不同也。召陵侵楚，雖非疑辭，然傳稱『劉文公合諸侯于召陵，謀伐楚』，則是不協而謀之矣。經書『會于召陵，侵楚』，譏之也。若夫襄五年，會城棣，救陳，不書會；十八年，會魯濟，同伐齊，不書會；二十五年，會夷儀，伐齊，不書伐齊。蓋救陳圍齊，美其有恤患討罪之實，故皆不書會；夷儀受賂而縱大惡，是以不書伐也。」○廬陵李氏曰：「《穀梁》地而後侵伐例三：此年于袤伐鄭，及宣元年棐林伐鄭，定四年召陵侵楚是也。棐林，傳曰『地而後伐鄭，疑詞也。此其地何？則著其美也』，蓋以爲欲美趙盾之功，故詳録其會地。召陵，傳曰：『志疑也。』疏曰：『一會之中，十九國，衆力之强，足以服楚，不敢深入，淺侵郊竟，則責諸侯之疑，居然可曉。』觀此説，則是三役者，其疑同而得失異矣。陳氏、張氏亦善發明《穀梁》者。獨《公羊》以爲善録義兵。觀下文書至以貶公，則恐不如《左氏》之得事情也。」

乙酉 莊王元年。**十有六年** 齊襄二。晉緡九。衛惠四。蔡桓十九。鄭厲五，昭公忽元年。曹莊六。陳莊四。杞靖八。宋莊十四。秦武二。楚武四十五。春，正月，公會宋公、蔡侯、衛侯于曹。《左傳》：「謀伐鄭也。」孫氏曰：「未能納突，故復會。」張氏曰：「於此又邀蔡，黨益張矣。」夏，四月，公會宋公、衛侯、陳侯、蔡侯伐鄭。程子曰：「突善結諸侯，故皆爲之致力，屢伐鄭也。」

春正月，會于曹，蔡先於衛。夏四月，伐鄭，衛先於蔡。《王制》諸侯之爵次，其後先固有序矣。《禮記·王制》：「王者之制祿爵：公、侯、伯、子、男，凡五等。」在《周官·大司馬》：「設儀辨位以等邦國。」《周禮》注：「等，猶等差也。辨，別也，別尊卑之位。」《大宗伯》：「以九儀之命，正邦國之位。」猶天建地設，不可亂也。及春秋時，禮制既亡，伯者以意之向背爲升降，諸國以勢之强弱相上下。茅堂胡氏曰：「諸侯朝會序列，以爵之尊卑則名正，以國之大小則實亂。」蔡嘗先衛，今序陳下者，先儒以爲後至也。以至之先後易其序，是以利率人而不要諸禮也。豈所以定民志乎？後世有以醲賞誘人之趨事赴功，汪氏曰：「如商鞅立三丈之木於國都南門，募民能徙置北門者與五十金之類。」以重罰沮人之奉公守正，汪氏曰：「如趙高持鹿獻二世，曰：『馬也。』二世笑曰：『丞相誤耶。』問左右，或默或言。❶高陰中諸言鹿者以法之類。」意亦如此。天亂之所由生

❶「言」下，據百衲本《史記·秦始皇本紀》當有「馬」字。

也，❶則儀位以爲階。《春秋》防微杜漸，尤嚴於名分，考其所書，意自見矣。家氏曰：「自去冬迄今夏，三書會宋，再書伐鄭，不間以他事，誅宋、魯之輔篡而干正也。」高氏曰：「春與曹謀而曹人不從，今又與陳同伐，蓋突善結諸侯故也。宋初伐突，期於服突而已，不期忽之歸也。突奔而忽歸，則不利於宋，故宋又連年伐忽而納突。鄭之亂，宋實爲之，故以宋首惡也。」張氏曰：「自鄭突入國之後，即比魯而仇宋。及其出奔，乃能使魯與宋，自冬及夏悉力伐鄭，所謂善結也。衛朔與母搆兄，姦惡之雄，因同惡之合，陵蔡而居其上。王政不行，霸者未作，小人恃强衆、陵寡弱如此。及桓、文之興而後少抑焉。」汪氏曰：「蔡、衛皆姬姓侯爵，而或先或後者，率以私意爲進退也。故此年會曹先衛，伐鄭先蔡；而盟踐土、會宋、會召陵侵楚，蔡又先衛；會虢，衛又先蔡，紛更不一。故會鄄、盟幽、侵蔡、會首止、圍新城、會鹹、盟牡丘、會淮、盟新城、會棐林、盟蜀，襄五年會戚、會鄬，則陳先於衛。從王伐鄭，宋以四國伐鄭會于袲，此年伐鄭、會宋、會虢、會召陵，則衛先於陳。此年伐鄭，伐衛納朔、次郎、會北杏、盟齊、會盂、圍宋、盟翟泉、會虢，則以陳先蔡。從王伐鄭，宋以四國伐鄭、會溫，襄二十四年伐鄭、會宋、會申、再伐吴、會召陵、敗雞父，則又以蔡先陳。是皆先後之無常，無非霸者以意之向背爲升降也。又其甚者，許以男而先曹伯，淮之會則又先邢侯，莒、邾以子而先薛伯、杞伯矣，齊桓以侯而先宋公，則曰主盟也。晉霸而後，會盟亦以侯而先宋公，則亦曰主盟也。然自晉伯之後，齊亦以侯而先宋公矣。齊世子光盟雞澤至會柤，皆序小邾子之下。

❶「天」，《纂疏》作「大」，是。

世子未誓，以皮帛繼子男，似也。然伐鄭戍虎牢之役，則序滕子、薛伯、杞伯之上；亳城北蕭魚之役，則序莒、邾之上。夫以世子誓於天子而攝其君，則下其君之禮一等，亦宜序薛伯、杞伯之下。況齊光未誓於天子乎？據傳於戍虎牢之役，謂齊太子光先至於師，故長於滕。亳北之役，謂齊太子光、宋向戌先至於鄭，門于東門，則亦以至之先後易其序耳。嗟夫！春秋之時，王政不綱，典禮廢壞，諸侯放恣，惟力是視，不復以爵之貴賤計崇卑，而專以國之强弱相上下矣。是故隱公之時，滕、薛朝魯而争長，此猶皆侯爵也。桓公之時，魯以周班後鄭，而鄭有郎之戰，則已不計爵次矣。馴至春秋季世，宋虢之會，楚以蠻夷而争晉先歃。春秋之終，吴且争長於黄池而主會矣。雖然《春秋》於諸侯爵次之紊亂，從主會者之所爲而不革者，所以彰其失也。宋虢先晉，黄池以兩伯言之，所以抑其强也。宋虢、黄池，待貶絶以見罪惡。其餘從主會者之所爲，不貶絶以見罪惡。」

秋，七月，公至自伐鄭。 此致伐之始。《左傳》：「以飲至之禮也。」《穀梁傳》：「桓無會，其致何也？危之也。」程子曰：「不惟告廟，又以見勤勞於鄭突也。」

伐鄭則致，罪之也。曷爲罪之？以納突也。諸侯失國，諸侯納之，正也。伐鄭以納突，非正也。故書至，以罪桓之上無王法，恣爲不義而莫之禁也。 范氏曰：「桓公再助篡伐正，危殆之甚，喜得全歸，故志之。」高郵孫氏曰：「重其兩伐正而納篡，故危之也。」臨川吴氏曰：「公至常事，書者，皆譏也。」家氏曰：「自去年十一月會伐，師未及息。今年正月又會，四月又伐。歷三時之久乃歸，暴師一年，爲是逆理悖常之事，桓之惡亦稔矣。」

冬，城向。向，失亮反。《左傳》：「書，時也。」啖氏曰：「下有十一月，則此乃十月也。縱是同月，亦今之九月，農功未畢，不可興役。」汪氏曰：「凡書城，未有繫月者，蓋城築之事，非可月成也。然周之十月、十一月，皆農收之時，蓋戒事於此，而以春正月畢工，則無妨農之病矣。」〇**十有一月，衛侯朔出奔齊。**《左傳》：「初，衛宣公烝於夷姜，生急子，屬諸右公子。爲之娶於齊，而美，公取之。生壽及朔，屬壽於左公子。夷姜縊。宣姜與公子朔構急子。公使諸齊。使盜待諸莘，將殺之。壽子告之，使行。不可，曰：『棄父之命，惡用子矣！有無父之國則可也。』及行，飲以酒。壽子載其旌以先，盜殺之。急子至，曰：『我之求也，此何罪？請殺我乎！』又殺之。二公子故怨惠公。十一月，左公子洩、右公子職立公子黔牟。惠公奔齊。」《公羊傳》：「衛侯朔何以名？絶。曷爲絶之？得罪於天子也。其得罪於天子奈何？見使守衛朔，而不能使衛小衆。越在岱陰齊，屬負兹舍，不即罪爾。」《穀梁傳》：「朔之名，惡也，天子召而不往也。」陳氏曰：「衛人立黔牟而後奔，則其但書奔何？以爲自失國也。《春秋》之法，苟其道足以失國，雖有篡公子，亦以自致之文書之也。故蔡人立東國而朱出，郕人立君而朱儒出，皆書奔而已矣。」張氏曰：「朔立已五年，二公子逐之，必因其淩蔑天子，周室欲討，而後得以行其志，所以莊六年王人子突救衛。《公羊》之説，必有所傳矣。」汪氏曰：「《公》、《穀》皆云衛朔獲罪於天子。今考《左傳》，衛朔之復入，放黔牟于周，則黔牟之立，天子與有力焉。不然二公子怨朔，奚待五年而逐之哉。」廬陵李氏曰：「朔得罪天子之説，《公》、《穀》皆以爲天子召而不往。詳《公羊》之意，謂使守衛國之宗廟告朔，而天子召之，發小衆，不能使行。朔走在岱陰齊地，託疾而止，不就罪也。漢禮：諸侯有疾，自稱負兹。舍，止也。張氏發明之是矣。但《公羊》文意迂晦不明，有類傳聞之詞，未審然否。」

丙戌莊王二年。**十有七年**齊襄三。晉緡十。衛惠五，黔牟元年。蔡桓二十，卒。鄭厲六，昭二。曹莊七。陳莊五。杞靖九。宋莊十五。秦武三。楚武四十六。**春，正月丙辰，公會齊侯、紀侯盟于黃。**《左傳》：「平齊、紀，且謀衛故也。」杜氏曰：「黃，齊地。」張氏曰：「公十三年會紀敗齊以益其怨。今乃盟之，豈足以釋憾？又欲納朔，一動而二失也。」王氏曰：「黃，紀地，後屬齊。」汪氏曰：「紀，魯之姻國，而衛朔在齊，故齊欲納朔而魯欲平紀也。然二年之後，齊遽遷紀三邑，六年之後，魯卒會齊納朔，則非紀之削弱，盟不足恃，而齊、魯之强弱亦具見矣。」○**二月丙午，公會邾儀父盟于趡。**會，《公》、《穀》作「及」。趡，翠軌反。《左傳》：「尋蔑之盟也。」杜氏曰：「趡，魯地。」臨川吴氏曰：「隱元年及邾盟蔑，七年而隱公渝盟伐邾，桓公八年又伐邾，魯、邾不通好十有餘年。至桓十五年，邾同牟、葛朝魯。既朝之後，二國欲尋蔑盟，而平其再伐之怨，故邾來魯地受盟，而公與之盟也。」高氏曰：「趡，我地，彼來而我及之也，與蔑之盟同。邾來爲此盟，豈非諸侯有謀邾者，欲求魯之援耶？」汪氏曰：「下書伐邾，則趡盟不待貶而惡自見矣。隱、桓皆盟邾，而背盟皆以宋故。以國君之重，而其心無所適主，尚足貴乎？」○**夏，五月丙午，及齊師戰于奚。**《公》闕「夏」字。奚，《穀》作「郎」。齊魯交兵之始。《左傳》：「疆事也。於是齊人侵魯疆，疆吏來告。公曰：『疆埸之事，慎守其一，而備其不虞，姑盡所備焉。事至而戰，又何謁焉？』」《穀梁傳》：「内諱敗，舉其可道者也。不言其人，以吾敗也。不言及之者，爲内諱也。」杜氏曰：「奚，魯地。」臨川吴氏曰：「此齊師來侵魯境，而魯與之戰也。盟黄未幾而齊來侵境，平紀之信，豈可恃乎？」王氏《箋義》曰：「不言及者主名。疆吏得公命與戰，微者，故不書。」高氏曰：「不書敗，蓋魯敗也。」汪氏曰：「或謂此公戰，諱不言公。竊考明年公會齊侯于濼，則齊、魯之怨未深，其非公與戰明矣。故知戰奚乃内之微者，而戰宋、戰乾時、戰升陘，則公及而諱之也。亦猶盟宿乃内之微者，而盟幽、盟齊、盟翟泉、盟處父，則諱公也。筆削之旨，當連上下文并前後事跡觀之，執一例則拘矣。」廬陵李氏曰：「及戰例三，此年奚，莊九年乾時，僖二十二年升陘是也。❶乾時、升陘諱公。此戰，《穀梁》亦以爲諱公，《左氏》以爲公不親臨，胡氏無傳，未知孰是。」○**六月丁丑，蔡侯封人卒。**《左傳》：「蔡桓侯卒。」○**秋，八月，蔡季自陳歸于蔡。**《左傳》：「蔡人召蔡季于陳。秋，蔡季自陳歸于蔡，蔡人嘉之也。」《穀梁傳》：「蔡季，蔡之貴者也。自陳，陳有奉焉爾。」

季，字也。啖氏曰：「蔡侯之弟歸而合義，故字之。」汪氏曰：「諸侯之兄弟例稱字，蔡叔、許叔、蔡季、紀季是也。許叔懼於鄭，紀季迫於齊，故以難而書入。此則蔡人召之，順且易，故曰『歸』。然皆無罪，是以稱字。蔡叔以國君之弟出會盟無譏貶，故亦稱字。衛叔武則以攝君，故不稱字而曰『衛子』。」**歸，順詞。**高郵孫氏曰：「是可歸而歸也，則歸者善也。」**蔡季之去，以道而去者也；其歸，以禮而歸者也。公子不去國，季何以去？權也。既歸何以不有國？獻舞立矣。**何氏曰：「蔡侯封人無子，季次當立。封人欲立獻舞而疾季，季辟之陳。封人卒，反歸奔喪無怨心，故賢而字之。」**若季者，劉敞**

---

❶「二十二」，原作「二十三」，今據阮刻本《春秋左傳正義》改。

所謂「智足以與權而不亂，力足以得國而不居，遠而不携，邇而不迫者也，是以見貴於《春秋》」。劉氏曰：「蔡季之去其國，與秦伯之弟鍼無異。鍼以富懼誅，季以賢見疑，俱不得安其身，而季爲顯矣。」永嘉吕氏曰：「突歸于鄭則名之，赤歸于曹則名之，以其争國也。蔡季歸于蔡則不名，以其非争國也，言其終不爲君也。」張氏曰：「返國於危疑之際，考之書法，惟蔡季爲善，以其潔身而去，一無争心，念念宗國，聞召即歸，能遠禍於未然，不悻悻以爲高，其去就合宜，故《春秋》貴之。」家氏曰：「蔡季之歸，與閔元年季子來歸義同，皆字而書歸，褒也。獻舞，失國之君；蔡季，讓國之賢。《春秋》於二人之賢否，具見書法。而説《左氏》者乃謂季、獻舞爲一人，愚竊惑焉。」廬陵李氏曰：「《春秋》兄弟之歸者，惟蔡季與季子，或稱字，或稱子，美之也，非若陳黄、楚比之書名者比矣。書大夫之字某而歸者七，季之自陳，非若元咺、孫林父、公孟彄之假力於晉、齊者比矣。」又曰：「兄弟之取貴於《春秋》者，惟許叔之復，蔡季之歸，紀季之去，叔肸之不仕，與夫季子之來歸而已，皆書字以貴之。衛鱄雖合於《春秋》，而不得同於書字之例者，主於書弟以罪衛侯，而鱄亦無可美也。」

癸巳，葬蔡桓侯。

啖助曰：「蔡桓何以稱侯？蓋蔡季之賢，知請謚也。」《周禮·職喪》：「掌諸侯之喪。凡其喪祭，詔其號。」注：「號謂謚。」啖氏曰：「五等諸侯，本國臣子皆稱之曰公。葬既不請王命，因而私謚爲公，從而書之，以見非禮。唯蔡桓稱侯，蓋蔡季告王請謚，王之策書則云『謚曰某侯』，故特書之，明得禮也。」陸氏曰：「按《左傳》、《史記》、《世本》，蔡之諸君皆謚爲侯。經皆稱公者，以其私謚與僭同也。惟桓侯請謚，王之策書則云『謚曰某侯』，諸史國史因而紀之，故《春秋》特書之。」高氏曰：「《春秋》因褒見貶，舉一是則衆非可知。」人亦多愛其君者，莫能愛君以禮，而季能行之，此賢者所以異於衆人也。劉氏曰：「諸侯莫有能正死生之禮者。桓侯之賢又未有聞於《春秋》，則桓侯非賢，而蔡季請之可知矣。」或曰：葬未有不稱公者，其稱侯，傳失之耳。臣子之於君，極其尊而稱之禮也。其説誤矣。孔子疾，子路使門人爲臣，子曰：「無臣而爲有臣，吾誰欺？欺天乎。」朱子曰：「子路之意，實尊聖人，而不知所以尊也。」曾子疾革而易簀，曰：「吾得正而斃焉，斯已矣。」《禮記·檀弓》：「曾子寢疾，病。樂正子春坐於牀下，曾元、曾申坐於足，童子隅坐而執燭。童子曰：『華而睆，大夫之簀與？』子春曰：『止！』曾子聞之，瞿然曰：『呼。』曰：『華而睆，大夫之簀與？』曾子曰：『然，斯季孫之賜也，我未之能易也。元，起易簀。』曾元曰：『夫子之病革，不可以變，幸而至於旦，請敬易之。』曾子曰：『爾之愛我也不如彼。君子之愛人也以德，細人之愛人也以姑息。吾何求哉？吾得正而斃焉，斯已矣。』舉扶而易之，反席未安而没。」故終而必安於正，人子不以非所得而加之於父，是爲孝；人臣不以非所得而加之於君，是爲忠。極其尊而稱之，不正之大者而可以爲禮哉？《論語》：「生事之以禮，死葬之以禮，祭之以禮。」朱子註：「人之欲孝其親，心雖無窮，而分則有限，得爲而不爲，與不得爲而爲之，均爲不孝。所謂以禮者，爲其所得爲者而已矣。」或曰：魯君生而稱公，亦非禮乎？曰：生而稱公爲虛位，禮之文也。没而繫謚爲定名，禮之實也。《春秋》諸侯，雖伯、子、男

葬皆稱公，志其失禮之實爲後世戒，欲其以正終也，其垂訓之義大矣。陸氏曰：「侯、伯、子、男之國，稱其君曰『公』，臣子之辭也。謚不得云公者。謚，王所賜也。」劉氏曰：「稱其本爵者，誅之於天子者也。」汪氏曰：「近世仕於時者，其親友僕隸皆以其未得官爵爲稱謂。暨其死也，銘旌墓誌止稱所得官爵。此所謂『生而稱者爲虛位，没而稱者爲定名也』。」

及宋人、衛人伐邾。《左傳》：「宋志也。」杜氏曰：「邾、宋争疆，魯從宋志，背趡之盟。」襄陵許氏曰：「正月與齊爲黄之盟，而五月戰焉。二月與邾爲趡之盟，而八月伐之。」張氏曰：「桓公春與齊、邾盟，既而戰奚伐邾，並見于一年之中。反顧前日刑牲詔神，棄如敝屣，瀆信而不仁甚矣。」王氏曰：「隱元年盟蔑，七年伐邾，《春秋》已罪其失信。今春與邾盟，秋又及宋、衛稱兵，無信尤甚矣。況桓非隱之比乎？」○**冬，十月朔，日有食之。**《左傳》：「不書日，官失之也。天子有日官，諸侯有日御。日官居卿以厎日，禮也。日御不失日，以授百官于朝。」《穀梁傳》：「言朔不言日，食既朔也。」高氏曰：「無王十有五年而日再食，蓋若始而終也。」○趙氏曰：「《左氏》云『不書日，官失之』，非也。史官豈不知朔及每日甲子乎，何待日官、日御哉？」

附録《左傳》：「初，鄭伯將以高渠彌爲卿，昭公惡之，固諫，不聽。昭公立，懼其殺己也。辛卯，弒昭公而立公子亹。君子謂『昭公知所惡矣』。公子達曰：『高伯其爲戮乎！復惡已甚矣。』」

丁亥莊王三年。**十有八年**齊襄四。晉緡十一。衛惠六，黔牟二。蔡哀侯獻舞元年。鄭厲七，子亹元年。曹莊八。陳莊六。杞靖十。宋莊十六。秦武四。楚武四十七。**春，王正月。**

是年桓公已終，復書王者。春秋之時，諸侯放恣，弒君篡國者，已列於會則不復致討。故

魯宣殺惡及視以取國，賂齊請會，而傳曰：「會于平州，以定公位。」曹伯負芻殺太子自立，見執於晉，而曹人請之，曰：「若爲有罪，則君列諸會矣。」孔子爲此懼，作《春秋》，於十八年復書王者，明弒君之賊，雖身已没而王法不得赦也。范氏曰：「此年書王，以王法終治桓之事。」**又據桓十五年天王崩，至是新君嗣立，三年之喪畢矣，明弒君之賊雖在前朝，而古今之惡一也。然則篡弒者不容於天地之間，身無存没，時無古今，皆得討而不赦，聖人之法嚴矣。已列於會則不致討可乎？故曰：「《春秋》成而亂臣賊子懼。」**高郵孫氏曰：「正月有王，桓公之終也。弒君之賊，無可赦之理。不見誅於一時，當見誅於歲月。不見誅於其生，當見誅於其死。不見誅於終身，當見誅於萬世。」王氏曰：「桓公立十八年，傳嗣易世非不久也。王朝之討不加，三遣使下聘而追錫之命，豈惟桓無王而周亦不能自王矣。故聖人始終以王法治之。」汪氏曰：「此年正月書王，誅桓公之終身無王也。明年錫命王不稱天，譏天王之卒於不王也。弒君之賊，身無存没，時無古今，皆得討而不赦。故漢之王莽弒平帝、魏之司馬昭弒高貴鄉公、唐之韋后弒中宗之類，前史皆隱其迹，而朱子於《通鑑綱目》必正其大惡之名，使其罪暴白於萬世，豈非竊取《春秋》之義歟？」

公會齊侯于濼。濼，盧篤反，又音洛。杜氏曰：「濼，水名，在濟南歷城縣西北，入濟。」**公與夫人姜氏遂如齊。**《公》無「與」字。《左傳》：「公將有行，遂與姜氏如齊。申繻曰：『女有家，男有室，無相瀆也，謂之有禮。易此，必敗。』公會齊侯于濼，遂及文姜如齊。」《公羊傳》：「公何以不言及夫人？夫人外也。夫人外者何？內辭也。其實夫人外公也。」《穀梁傳》：「濼之會，不言及夫人，何也？以夫人之伉，弗稱數也。」程子曰：「人雖不能無欲，然當有以制之。無以制之而惟欲之從，則人道廢而入於禽獸矣。」

與者，許可之詞。曰「與」者，罪在公也。范氏曰：「實驕伉而不制，故不言及。」陸氏曰：「婦人，從夫者也。何夫人之伉？公失爲夫之道也。」劉氏曰：「不言及而言與，猶匹夫匹婦之相與云爾。」**按《齊詩》「惡魯桓微弱，不能防閑文姜，使至淫亂，爲二國患」，而其詞曰「敝笱在梁，其魚唯唯。齊子歸止，其從如水」，言公於齊姜委曲順從，若水從地，無所不可。**汪氏曰：「笱，取魚器。齊人以敝笱不能制大魚，比桓公不能防閑文姜也。」**故爲亂者文姜，而《春秋》罪桓公，治其本也。《易》曰：「夫夫、婦婦而家道正。」夫不夫則婦不婦矣。**永嘉呂氏曰：「古人制禮，尺寸不敢踰，毫釐不敢越者。夫豈强拂人之情性，而以繁文末節爲尚哉？經國家定禍亂而杜未然也。《泉水》，載衛女思歸而不可得。《載馳》，許穆夫人欲歸唁其兄而義不可。夫人之適其國，父母在則有歸寧，既終則大夫行聘問而已。古人之制禮也嚴矣，違此者未有不敗。公之與夫人如齊，是夫而不能夫也。夫者，以知帥人者也，知不足以帥人，而可謂之夫乎？」**乾者，夫道也，以乘御爲才。坤者，婦道也，以順承爲事。《易》著於乾坤述其理，《春秋》施於桓公見其用。**孫氏曰：「濼之會，夫人在是也。不言公及夫人會，夫人之行甚矣，不可言及也。不可言及，公弗能制也。」王氏曰：「言遂如齊，見夫人由濼而往也。」薛氏曰：「不言及而言與何？公不能制乎內而遂與之如齊，曰『與』，伉也。齊侯，虎狼也，實有烏獸之行。齊、魯之間非一日也，以禮相見，猶不保其無變，況親與爲非禮，而又私狎之也。」張氏曰：「濼之會不言夫人者，夫人不與行會禮也。如齊不言及而言與者，夫人伉也。以見夫不夫，婦不婦，進退制於夫人也。凡事之異於常者，禍之所從起。觀公與夫人如齊之書，則見其違男女之常經，而禍亂之所從生。聖人謹禮於微，慮患於早之意，不可不察也。」臨川吴氏曰：「此行，公往會齊侯爾，夫人欲同往，公不能制。濼會禮畢，夫人又欲從齊侯至齊，夫婦既同出，公不可獨反國，故遂與之同如齊也。」汪氏曰：「與之爲言，乃黨與匹敵之義而不相屬之辭也。故以尊及卑曰『及』，以此及彼曰『及』，皆及者爲主。僖公及夫人姜氏會齊侯于陽穀，以公及夫人，夫人不敢專行也。傳稱『王奪子禽、祝跪與詹父田』，又曰『陳公子完與顓孫奔齊』，曰『與』，則匹敵而無彼此尊卑之別也。桓公與夫人姜氏如齊，若曰夫人專行而公從之也。《易》曰：『夫子制義，從婦凶也。』桓公不能制義而從文姜以往，其咎可知矣。《春秋》以一字爲褒貶，豈不信哉？」○趙氏曰：「《公羊》云：『不言及夫人，夫人外公也。』按聖人設教，不應如此煩碎，《公羊》之説非也。」王氏曰：「《公羊經》脱『與』字，故辭費耳。」

夏，四月丙子，公薨于齊。丁酉，公之喪至自齊。《左傳》：「公及文姜如齊。齊侯通焉，公謫之。以告。夏，四月丙子，享公。使公子彭生乘公，公薨于車。魯人告于齊，曰：『寡君畏君之威，不敢寧居，來脩舊好。禮成而不反，無所歸咎，惡於諸侯。請以彭生除之。』齊人殺彭生。」《穀梁傳》：「其地，於外也。薨稱公，舉上也。」

魯公弑而薨者，則以不地見其弑。今書桓公薨于齊，豈不没其實乎？前書公與夫人姜

氏如齊，後書夫人孫于齊，去其姓氏，而莊公不書即位，則其實亦明矣。趙氏曰：「在外薨，不以有故無故，皆當書其地。」朱子曰：「孔子直書，義在其中。云『公會齊侯于某』、『公與夫人姜氏如齊』、『公薨于齊』、『公之喪至自齊』、『夫人孫于齊』，此等顯然在目，雖無傳亦可曉。」張氏曰：「《春秋》書魯君見弒之例有二，在内則不書地以存其實，在外則不容不書其地，而以上下文之特異者見之。此先書公與夫人姜氏如齊，而明年書夫人孫于齊，則桓公之不得其死昭然矣。」石氏曰：「其以喪致，痛之也。」蜀杜氏曰：「仁者，爲國之本，三綱五常所由出也。禮者，人倫之本，君臣上下所由正也。隱將授桓而弒之，非仁也；適鄰國而以夫人行，非禮也。始以不仁而立，終以非禮而亡，《春秋》以爲甚惡也。或問桓公弒逆，凡魯國之人皆宜與之絶，齊人惡之宜矣，《春秋》何以諱之，曰『公薨于齊』，又曰『葬我君桓公哉』？此與名之曰幽、厲，雖孝子慈孫百世不能改，孟子斷桀、紂爲匹夫之意異矣。」茅堂胡氏曰：「《春秋》於隱不書葬，於桓不書王，諸侯來朝而黜其爵，冢宰來聘而書其名，若此類，治桓之罪嚴矣。豈特與名爲幽、厲，指爲匹夫比乎？齊人以私殺桓，非以賊討之也。其曰『葬我君桓公』，又以見天王、方伯、魯臣子之罪矣。非聖人誰能脩之。」高氏曰：「桓弒立，不免見殺於人，天理亦不僭矣。《春秋》不以討賊書者，齊襄殺之，非討弒隱之罪，不以賊討，所以絶無已之亂也。濼之會不書夫人出，以遂如齊見之；喪至不書夫人入，以孫于齊見之；不與其出，不與其入，聖人之意微矣。」廬陵李氏曰：「桓公在位十有八年，首亂兄弟之倫而天理隳，終瀆夫婦之倫而人理喪。魯國亂臣賊子之禍接蹟於史册，實始於此，故《春秋》一書再書又屢書以貶之。不書王者十四年，去秋冬者二年，貶宰糾之聘，誅滕子、穀、鄧、郉、牟、葛之朝，紀大水、雨雪、無冰、日食之災，志有年之異，其意亦備矣，其憂亦深矣。然其爲人，往往亦不義而得衆，故即位之一年，棄許田以結鄭，而有垂、越之成。二年，因宋賂以立督，而有于稷之會。三年，假姻好以協齊而有嬴之會、讙之會、弟年之來矣。及其得志，天王屢聘，遠國屢朝，於是宋之戰、紀之戰、伐邾、納突，無所不至，自以爲莫己害矣，孰知禍之起於帷薄哉？此蓋天理之應也。胡氏曰：『隱公之讎在內，在內者討于是。《春秋》於桓公書葬，其亦隱然以爲足以快魯國臣子之心哉？』彼三傳之説，亦何足以知之？」

秋，七月。

附録《左傳》：「秋，齊侯師于首止。子亹會之，高渠彌相。七月戊戌，齊人殺子亹而轘高渠彌，祭仲逆鄭子于陳而立之。是行也，祭仲知之，故稱疾不往。人曰：『祭仲以知免。』仲曰：『信也。』」「周公欲弑莊王而立王子克。辛伯告王，遂與王殺周公黑肩。王子克奔燕。初，子儀有寵於桓王，桓王屬諸周公。辛伯諫曰：『並后，匹嫡，兩政，耦國，亂之本也。』周公弗從，故及。」

冬，十有二月己丑，葬我君桓公。《公羊傳》：「賊未討，何以書葬？讎在外也。讎在外，則何以書葬？君子辭也。」《穀梁傳》：「葬我君，接上下也。君弑，賊不討，不書葬，此其言葬，何也？不責踰國而討于是也。桓公葬而後舉謚，謚所以成德也，於卒事乎加之矣。知者慮，義者行，仁者守。有此三者備，然後可以會矣。」趙氏曰：「葬稱我君而後舉謚，臣子之敬辭也。不然，則恐涉他國之君，而近於不敬矣。」

《公羊》曰：「賊未討，何以書葬？讎在外也。」穀梁子曰：「讎在外者，不責踰國而討于是也。」范氏曰：「時齊强大，非臣子所能討。」陸氏曰：「賊在異國，故可葬。」陳氏曰：「見殺於他邦，雖讎不

復，書葬。」夫桓公之讎在齊，則外也。隱公之讎在魯，則內也。在外者，不責其踰國，固有任之者矣；在內者，討于是，此《春秋》之法也。故十八年書王而桓公書葬，惟可與權者其知之矣。茅堂胡氏曰：「桓公薨于齊，賊未討而書葬，何也？桓公，弑君之賊，其討宜也。然齊人自以其私憤殺之，非討其弑君之罪。又聖人於魯事有君臣之義，難以明著其罪也。但書其葬，而桓之罪顯矣。如蔡般，弑君父之賊也，楚虔誘討，兩皆書名，亦此意也。」家氏曰：「桓，篡國之賊，魯臣子不能爲隱復讎。今死於鄰國，受斃黜妻，自其身而言，固爲不幸；自天討而言，與州吁之死于陳，陳佗之死于蔡，殆無以異。《春秋》誅姜氏，葬桓公，明桓之死與隱異也。」汪氏曰：「《春秋》君弑而書葬者有九：衛桓、齊襄、陳靈，則賊已討者也。鄭僖、齊悼，則經不書弑者也。蔡景之葬，徧刺天下之諸侯也。許悼之葬，不使止爲弑父也。蔡靈讎在外，而亦弑逆之賊，與魯桓同。楚虔之殞於比，亦猶齊諸兒之殞於無知也。蔡昭讎在內，賊已討，而賊微不書。且以蔡昭背楚誑吳，應受斃於盜賊也。聖人之書法，如化工之生物，其筆削無不適於天理之當然也。或者乃謂桓公之葬，魯人但以殺彭生爲賊已討。夫賊不討而不葬，孔子削之也，非謂魯人不葬也。苟謂臣子葬之即書于經，則晉欒書葬厲公于翼東門之外，齊崔杼葬莊公于士孫之里，何以不書葬耶？」

春秋集傳大全卷之七

莊　公

一公名同，桓公之子，母文姜，夫人哀姜。年十四歲即位，在位三十二年。謚法：「勝敵克亂曰莊。」

周魯莊公十二年，莊王崩，子僖王立。莊十七年，僖王崩，孫惠王立。

鄭魯莊公十四年，鄭傅瑕殺子儀而納厲公。莊二十一年，厲公卒，子文公立。

齊魯莊公八年，襄公弑莊。九年，齊桓公小白入于齊。是年，齊管仲爲政。

宋魯莊公二年，宋莊公卒，子閔公捷立。莊十二年，閔公弑，弟桓公御説立。

晉翼晉侯緡之二十七年，魯莊公之十六年也，曲沃武公伐晉，滅之。〇曲沃武公二十三年，魯莊公十六年，滅晉侯緡。周僖王命曲沃伯以一軍爲晉侯，始更號曰晉。魯莊公十七年，武公卒，子獻公佹諸立。

衛魯莊公六年，齊納惠公，放黔牟于周。莊二十五年，惠公卒，子懿公赤立。

蔡魯莊公十年，楚敗蔡師，執哀侯以歸。莊十九年，哀侯卒于楚。蔡人立其子肸爲繆侯。

曹魯莊公二十三年，曹莊公卒，子僖公夷立。魯莊公三十二年，僖公卒，子昭公班立。

滕詳見隱公元年。

陳魯莊公元年十月，莊公林卒，子宣公杵臼立。

杞詳見隱公元年及僖公元年。

薛魯莊公三十一年，薛伯卒。

郳魯莊公十六年，郳子克卒，即儀父也，郳子瑣立。莊公二十八年，郳子瑣卒，文公蘧篨立。

許許叔入許五年，即僖公四年，許穆公新臣也。

小郳魯莊公五年，郳黎來來朝，詳見隱公元年。

楚魯莊四年，武王卒，子文王熊貲立。莊十九年，文王卒，子堵敖熊囏立。莊二十二年，熊惲弒兄堵敖代立，是爲楚成王。《史記》以莊十八年爲堵敖元年。堵敖立五年遇弒。楚成立十六年，齊桓公以兵侵楚，至陘。○莊公三十年，楚子文爲令尹。

秦詳見隱公元年。

吳詳見隱公元年。

越詳見隱公元年。

戊子莊王四年。**元年**齊襄五年。晉緡十二年。衛惠七年，黔牟三年。蔡哀二年。鄭厲八年，子儀元年。曹莊九年。陳莊七年，卒。杞靖十一年。宋莊十七年。秦武五年。楚武四十八年。**春，王正月。**《左傳》：「不稱即位，文姜出故也。」《公羊傳》：「公何以不言即位？《春秋》君弒，子不言即位。君弒則子何以不言即位？隱之也。孰隱？隱子也。」《穀梁傳》：「繼弒君不言即位，正也。繼弒君不言即位之爲正，何也？曰：先君不以其道終，則子不忍即位也。」

不書即位，内無所承，上不請命也。或曰：莊公嫡長，其爲儲副明矣，雖内無所承、上不請命，獨不可以享國而書即位乎？曰：諸侯之嫡子必誓於王，莊雖嫡長而未誓，安得爲國儲君副，稱世子也？夫爲世子必誓於王，爲諸侯可以内無所承，上不請命，擅有其國，即諸侯之位耶？《春秋》絀而不書，父子君臣之大倫正矣。或問：子同生，以太子生之禮舉之，是内有所承矣。不書即位，何也？茅堂胡氏曰：「同雖冢嫡，然未嘗命于天子，桓公又薨于他國，不及有付託之命也。其内無所承明矣。」高氏曰：「公上不受於天子，而父以弒逆得位，又不以其道終，無所受之。故不書即位，不正其始也。」廬陵李氏曰：「經不書即位者，隱、莊、閔、僖四公。隱公之立，特以非出惠公之意，與莊、閔、僖之繼弒者不同。《春秋》既託始於隱，以明大法矣。而莊公之事，又與閔、僖不同，蓋閔、僖之立，猶念念討賊。故慶父、叔牙卒不得志於魯。今桓公見戕於齊，固不及有立子之命，況繼承之初，創鉅痛深，異於他公，不但當請命於王即位，而父仇未討，亦當告於天王，以國事委冢宰，而專以討賊爲事。今泰然居之，曾不以父之無辜見殺於鄰國爲念，則非人子矣。其不書即位，僅比於桓公特書者異耳。然以人子之心，處莊公之時，又知莊公之無志，非可與隱、閔、僖比也。」○啖氏曰：「《左氏》謂：『不稱即位，文姜出故也。』且三月文姜方孫，何妨正月即位乎？」劉氏曰：「原《左傳》此意，當爲文姜未有至文，故云耳。不知夫人行不以正者，至皆不書也。且莊公不忍即位，文姜感之而還，則莊公已忘文姜之弑其父矣，何以文姜又孫于齊乎？」王氏曰：「莊、閔、僖不書即位，《公》、《穀》以爲繼，故不忍行即位之禮。然莊公主王姬，閔公盟落姑，僖公會檉，皆在即位之年，非不忍也。」

三月，夫人孫于齊。《左傳》：「不稱姜氏，絶不爲親，禮也。」《公羊傳》：「孫者何？孫猶孫也。内諱奔謂之孫。夫人固在齊矣，其言孫于齊何？念母也。正月以存君，念母以首事。夫人何以不稱姜氏？貶。曷爲貶？與弑公也。其與弑公奈何？夫人譖公於齊侯，公曰：『同非吾子，齊侯之子也。』齊侯怒，與之飲酒，於其出焉，使公子彭生送之，於其乘焉，搚幹而殺之。念母者，所善也。則曷爲於其念母焉貶？不與念母也。」《穀梁傳》：「孫之爲言，猶孫也。諱奔也。接練時録母之變，始人之也。不言氏姓，貶之也。人之於天也，以道受命，於人也，以言受命。不若於道者，天絶之也。不若於言者，人絶之也。臣子大受命。」

夫人，文姜也。桓公之弑，姜氏與焉，爲魯臣子者，義不共戴天矣。嗣君，夫人所出也，恩如之何？徇私情則害天下之大義，舉王法則傷母子之至恩，此國論之難斷者也。經書「夫人孫于齊」，而恩義之輕重審矣。劉氏曰：「母子至親而不得不絶者，義也。《春秋》爲人之不明於義而私其親，有不忍也，故示之以絶之之文。」**梁人有繼母殺其父者，而其子殺之，有司欲當以大逆。孔季彦曰：「文姜與弑魯桓，《春秋》去其姜氏，傳謂：『絶不爲親，禮也。』夫絶不爲親，即凡人耳，方諸古義，宜以非司寇而擅殺當之，不得以逆論也。」人以爲允。**《連叢子》：「梁人娶後妻，後妻殺夫，其子又殺之。季彦過梁，梁相曰：『此子當以大逆。論禮，繼母如母，是殺母也。』季彦曰：『言如母則與親母不等，欲以義督之也。昔文姜與弑魯桓，《春秋》去其姜氏，傳曰：「不稱姜氏，絶不爲親，禮也。」絶不爲親，則凡人耳，且夫手殺重於知情，知情猶不得爲親，則此下手之時，母名絶矣。方之古義，是子宜以非司寇而擅殺當之，不得爲殺母而論以大逆也。』梁相從之。」**故通於《春秋》，然後能權於天下之事矣。孫者，順讓之辭。使若不爲人子所逐，以全恩也。**杜氏曰：「夫人，莊公母，魯人責之，故出奔。内諱奔謂之孫，猶孫讓而去。」臨川吴氏曰：「魯人以桓公之弑實由夫人，衆怒群誚，夫人内慚不安，故出奔齊。」**哀姜去而弗返，文姜即歸于魯，例以孫書，何也？與聞弑桓之罪已極，有如去而弗返，深絶之也。**范氏曰：「文姜有殺夫之罪重，故去姜氏；哀姜有殺子之罪輕，故貶曰夫人氏之喪。此輕重之差。」**然則恩輕而義重矣。《河廣》之詩，其詞何取？而聖人録于《國風》者，明宋襄公之重本，亦此義也。**朱子曰：「衛宣姜女爲宋桓公夫人，生襄公而出歸於衛。襄公即位，夫人思之，而義不可往。蓋嗣君承父之重，與祖爲體。母出，與廟絶，不可以私反。故作此詩，言誰謂宋國遠乎？但一跂足而望，則可以見矣。明非宋遠而不可至，乃義不可往耳。爲襄公者，將若之何？生則致其孝，没則盡其禮而已。」**其垂訓遠矣。**問：文姜與弑，書曰「夫人孫于齊」，何以不曰「姜氏孫于齊」乎？茅堂胡氏曰：「絶於外則去姓，絶於内則去氏，内外俱絶則姓氏皆去。曰『夫人孫于齊』，則知其爲文姜矣。若曰『姜氏』，安知其非姪娣乎？」張氏曰：「文姜之罪，上通乎天。爲魯臣子者，原先君見弑之由，固難以嗣君夫人所出，而以恩掩義，故斷以大義而去姜氏以絶之。所以尊社稷而重本也。古之聖人，爲禮有等衰，制服有輕重。三綱之設，以夫爲妻綱；五服之條，父在，爲母期。

皆所以明天倫之正，而使人知本，以自别於禽獸也。」永嘉吕氏曰：「書夫人孫于齊，則夫婦母子之義絶矣。夫婦、母子之義絶，則凡人耳。文姜之會齊侯，其薨，其葬，皆書夫人。聖人之書此也，毋乃溷於名實乎？曰：桓公雖見弑，而莊公之於母也，一以夫人之禮事之。彼且以爲夫人也，我可以不謂之夫人乎？聖人書法，亦紀實而已矣。」李氏曰：「下如齊復書姜氏者，於一貶罪惡自見矣。」汪氏曰：「文姜與弑桓公，哀姜與弑二君，皆罪大惡極，不可復居魯國，故皆書孫。雖不曰奔，使若自知愧耻而去然。亦可見其無所容，則其絶之也至矣。哀姜去而不返，齊人討而殺之，得討賊之義矣。文姜復歸於魯，而或會或享，如齊如莒，一書再書而又再書，《春秋》非與其歸魯也，所以深惡魯之臣子，無憤疾之心，而不能仗大義以誅之也。先儒謂唐武后廢中宗而移其宗廟，張柬之等當廢爲庶人而賜之死。引《春秋》絶文姜之義以爲斷，可謂得聖人之意矣。《春秋》於文姜，不曰姜氏而書夫人。《綱目》於武后，不曰太后而稱武氏。蓋稱姜氏，則疑於妾媵而其罪不彰；稱太后，則猶爲天下之母而非庶人矣。況聖人筆削父母國之史，而朱子筆削前代之史，師其意而不襲其文，豈非得傳心之要典也乎！」啖氏曰：「《公羊》云：『夫人固在齊矣，其言孫于齊，念母也。』豈有先在齊而今書孫乎？蓋見無夫人至文故云耳。不知夫人隨喪而歸矣。《穀梁》曰：『接練時録母之變，始人之也。』亦言夫人先在齊，至練時始録之，亦非也。」廬陵李氏曰：「三傳文姜之孫，《左》注則以爲文姜既歸而復出奔，《公》、《穀》則以爲文姜本未歸，但因練祭時感夫人不與祭，故録之，二説已不同。然稱姜氏，《左》注以爲文姜宜與齊絶，《公》、《穀》以爲魯臣子宜絶文姜，二説又不同。然考之《左氏》本文，『絶不爲親』，安知非謂魯之臣子當絶文姜而不以爲親乎？但其文意不明，致杜氏誤釋耳。故胡氏引孔季彦之言，而左氏之傳始明。要之，此條《公》、《穀》皆通，而《穀梁》尤精。」

夏，單伯逆王姬。單音善，後同。逆，《左》作「送」。《公羊傳》：「單伯者何？吾大夫之命乎天子者也。何以不稱使？天子召而使之也。逆之者何？使我主之也。曷爲使我主之？天子嫁女乎諸侯，必使諸侯同姓者主之。諸侯嫁女于大夫，必使大夫同姓者主之。」《穀梁傳》：「單伯者何？吾大夫之命乎天子者也。命大夫，故不名也。其不言如，何也？其義不可受於京師也。其義不可受於京師，何也？曰：躬君弑於齊，使之主婚姻，與齊爲禮，其義固不可受也。」杜氏曰：「王姬不稱字，以王爲尊，且別於内女也。」

單伯者，吾之命大夫也。范氏曰：「單，姓；伯，字。禮，諸侯歲貢士於天子，天子命之使還其國爲大夫者，不名。」陸氏曰：「諸國大夫，王賜之圻内邑爲號，令歸國，如單伯、祭仲是也。」**逆王姬，使我爲之主也。**杜氏曰：「天子嫁女於諸侯，使同姓諸侯主之，不親婚，尊卑不敵。」何氏曰：「不自爲主者，行婚姻之禮，則傷君臣之義；行君臣之禮，則廢婚姻之好。故必使同姓敵體者主之。」臨川吴氏曰：「王將嫁女于齊，命魯主之，故魯遣單伯往逆王姬于周。俾先至於魯，而後往歸于齊也。」**其不言如者，穀梁子以爲「義不可受於京師也，躬君弑于齊，使之主婚姻，與齊爲禮，其義固不可受也」。**范氏曰：「魯桓見殺於齊，若天子命爲主，則非禮大矣。《春秋》爲尊者諱，故不可受之於京師。」**此明忘親釋怨，則無以立人之道矣。**張氏曰：「常事不書，而此特書之，斬衰而主婚，固已非禮，況齊乃不可同天之讎，奈何與之主婚？於此見魯之君臣無復讎之心，而國之三綱絶矣。」孫氏曰：「天子命莊公主讎婚，而公不辭，故交譏之。」高氏曰：「王姬下嫁，禮雖不傳，而以義推之，諸侯固當躬至京師，天子置館，命同姓之尊者行賓主之禮，然後逆歸本國。此亦男下女之義也。今齊既不朝王，又不親迎，而魯之單伯反往逆之，莊王不以魯之先君戕於齊，命之主昏，魯有大喪，不因而辭之，陷王於不義。故不書如京師，而直書逆王姬。猶曰魯自逆耳。」王申子曰：「禮，天子使其大夫監於方伯之國，國三人。魯大夫有單伯、費伯、夷伯。是魯有監國三大夫也。」〇張氏曰：「《左傳》作『送王姬』。考之《春秋》之例，非也。況築館在秋，如單伯果以天子大夫送王姬，必俟館成之後方至魯，豈得預書之？當從《公》、《穀》作『逆』。」啖氏曰：「《公羊》云：『何以不稱使？天子召而使之也。』按魯自使逆，天子何事召之？不言使，省文爾。」劉氏曰：「《左傳》以單伯爲周大夫。按十四年經『單伯會齊侯、宋公、衛侯、鄭伯于鄄』，稱單伯會諸侯，則爲魯人明也。猶曰『叔孫豹會晉趙武、楚屈建』矣。若單伯爲周大夫，應書『單伯、齊侯會于鄄』，不得屬會于單伯也。」汪氏曰：「左氏惑於成、襄、昭之經書單子，故云耳。然周有祭伯、祭叔，豈可以鄭祭仲亦周大夫乎？」

秋，築王姬之館于外。《左傳》：「爲外，禮也。」《公羊傳》：「何以書？譏。何譏爾？築之，禮也。于外，非禮也。于外何以非禮？築于外非禮也。其築之何以禮？主王姬者必爲之改築。主王姬者則何爲必爲之改築？於路寢則不可，小寢則嫌，群公子之舍則以卑矣。其道必爲之改築者也。」《穀梁傳》：「築，禮也。于外，非禮也。築之爲禮何也？主王姬者必自公門出。於廟則已尊，於寢則已卑。爲之築，節矣。築之外，變之正也。築之外變之爲正，何也？仇讎之人，非所以接婚姻也。衰麻，非所以接弁冕也。其不言齊侯之來逆，何也？不使齊侯得與吾爲禮也。」

魯於王室爲懿親，其主王姬亦舊矣，館於國中，必有常處。孫氏曰：「魯主王姬不一，王姬之館，國中當有常處。」今特築之於外者，穀梁子以爲：「仇讎之人，非所以接昏姻也。衰麻，非所以接弁冕也。」知其不可，故特築之于外也。臨川吴氏曰：「時公在梁闇，❶慮齊侯親逆，若以嘉服見，則於心不安；又不敢辭主昏之事，故特築館于外，以爲王姬之舍，而俟齊侯之迎。因其變常而書之以譏也。」築之於外，得變之正乎？曰：不正。有三年之喪，天王於義不當使之主；有不戴天之讎，《禮記·曲禮》：「父之讎，不與共戴天。」莊公於義不可爲之主。築之於外之爲宜，不若辭而弗主之爲正也。是以君子貴端本焉。或曰：天王有命，固不可辭。使單伯逆于京師，上得尊周之義；爲之築館于外，下未失居喪之禮。奚爲不可？曰：以常禮言之，可也。今莊公有父之讎，方居苫塊，此禮之大變也。杜氏曰：「喪制未闋，故異其禮，是常禮之變也。然不知父讎未復而與之主婚，實禮之大變，不可以常禮言之也。」而爲之主婚，是廢人倫、滅天理矣。《春秋》於此事，一書再書又再書者，汪氏曰：「一書逆王姬，再書築館，又再書歸齊是也。」其義以復讎爲重，示天下後世臣子不可忘君親之意。故雖築館于外，不以爲得禮而特書

❶「梁」，四庫本作「諒」。

之也。高郵孫氏曰：「桓公見殺於齊，仇讎未復，天王遽使魯主王姬之婚，莊公當辭，期於得請而後已。是時非無同姓之諸侯，蓋莊公未之辭耳。辭之不固，與不辭同。知主婚之非而築館於外，孰與辭之不築也？」陳氏曰：「齊襄弑魯桓，天子不能正，而使魯主王姬以嫁齊，則魯豈無辭乎！」高氏曰：「夏逆而秋築館，又見前逆之爲太早計矣。」汪氏曰：「莊公是時畏齊之强，不以殺父爲讎，方欲結齊好以爲安。故自主王姬之後，今年會伐衛，明年同狩，又明年復會伐衛，其讎齊之意略無幾微見於舉動，則非畏王命而不敢辭主婚之事，實乃畏齊而不肯辭也。比事以觀，而莊公忘讎之罪不可揜矣。」○趙氏曰：「《左氏》云：『于外，禮也。』與讎主婚，縱在城外，豈爲禮乎！」廬陵李氏曰：「《公羊》以築于外爲非禮，是知魯主王姬之常事，而不知今日之齊乃讎也。《左氏》、《穀梁》以築于外爲合禮，是知齊之爲讎，而不知讎終不可與交，則雖于外而亦非也。」又曰：「《春秋》書築館一，築臺三，築囿三，築邑一，皆創始之文也。」

冬，十月乙亥，陳侯林卒。《穀梁傳》：「諸侯日卒，正也。」高氏曰：「莊公與桓王同時，王名林而公亦名林，君臣同名也。」○**王使榮叔來錫桓公命。**此書錫命之始。《公羊傳》：「錫者何？賜也。命者何？加我服也。其言桓公何？追命也。」《穀梁傳》：「禮有受命，無來錫命。錫命，非正也。生服之，死行之，禮也。生不服，死追錫之，不正甚矣。」杜氏曰：「榮，氏。叔，字。」

啖助曰：「不稱天王，寵篡弑以瀆三綱也。」何氏曰：「禮有九錫：一車馬，二衣服，三樂則，四朱户，五納陛，六虎賁，七弓矢，八鈇鉞，九秬鬯，皆所以勸善。死當加善謚，不當加錫。桓行實惡而追錫之，尤悖天道，故不稱天王。」陳氏曰：「桓篡立周人不以爲罪，宰渠、伯糾來，仍叔、家父又來，終桓之身，不能正而追錫命。貶必於其重者，莫重於追錫命，故於是焉貶也。」茅堂胡氏曰：「王使聘桓者三，死又追命，大惡不討，而恩禮加焉，誰不勸於爲惡？《春秋》弑君三十六，豈無自而然哉！」**《春秋》書王必稱天，所履者天位也，所行者天道也，所賞者天命也，所刑者天討也。今桓公弑君篡國，而王不能誅，反追命之，**孫氏曰：「桓，弑逆之人，莊王生不能討，死又追錫之，莊王之爲天子可知也。」**無天甚矣！**陸氏曰：「言不能法天也。」**桓無王，王無天，其失非小惡也。與葬成風引爲夫人，使妾並嫡無以異，故其文一施之。**劉氏曰：「王者之義，必純法天。天道，予善奪惡而無私者也。今桓公篡君取國，終不受命，而王不能誅，反追命之，此無天法甚矣，其失非小過小惡也。與葬成風引之爲夫人，使妾並后無以異，故其文一施之。《春秋》所譏於王多矣，獨至於錫桓公命、賵葬成風，以無天責之者，王者之位，至貴也，至重也，至大也。今臣弑君、妾僭嫡，而王尊禮之，則王義廢、人倫滅矣。不可以不深貶。」**范甯乃以出居于鄭、來聘、求車三事爲證，而謂非義之所存，誤矣。**范氏曰：「天王出居于鄭，不可最大矣。使仍叔之子來聘，使家父來求車，皆不可也。三者皆言天王，明非義之所存。舊史有詳略。」高氏曰：「禮，諸侯嗣位，三年喪畢，以士服朝天子，天子錫之黼冕圭璧，然後歸以臨其民，謂之受命。桓篡弑，未嘗入朝受命，王命魯主昏，故追錫桓公以寵之。魯桓已葬矣，因其私謚而錫之，尤爲非禮。」張氏曰：「莊公主王姬之婚，故王寵嘉其父。桓公已終，而遣使賜之策命，若昭七年王使成簡公追命衛侯之比也。桓弑隱，在王法，有賊殺其親之罪，乃司馬九伐之所宜加。王不能討，又以惡爲善，示以褒嘉，故特去天而止書王也。」茅堂胡氏曰：「《春秋》以理制名，而權之以義。由理制名道其體，此正例也，以義權名致其用，此變例也。王而必稱天者，爲天子，受天命，若天道也。能敦五典、庸五禮，則可稱天王；能命有德，討有罪，則可稱天王。典、禮、賞、罰，《春秋》之綱領，四者備，天子之能事畢矣。崇諸侯妾母，賵含成風而會葬，則典禮悖矣，故貶不稱天；寵簒弑以瀆三綱，而錫桓公命，則非命有德矣，故貶不稱天；釋魯桓、宋督之惡而不問，怒鄭不朝，身臨行陣，則非討有罪矣，故貶不稱天。施於天子者，深切著明如此。訓後世人君不可逆天道也。」陳氏曰：「《春秋》之初，亟書王人，書來求，猶有治不脩貢之事焉；書來錫命，猶治不禀命之事焉。君子蓋有感於此，而非徒以爲譏也。」汪氏曰：「襄十四年，靈王將昏於齊，使劉定公賜齊侯命。則此年錫桓公命，亦因命魯主王姬之昏，而追錫其先君耳。經、傳言錫命者八，考之周制，王命諸侯，則大宗伯儐，司几筵設王位黼扆，而後内史作策命之。未聞遣使就其國而錫命也。蔡仲之命，命之踐諸侯之位也；旅巢命，因巢伯來朝而命之也；文侯之命，以其有功而錫之命也。春秋之時，天子不能以正禮制諸侯，故皆遣使就其國而賜之命。如僖十一年賜晉侯命，文元年毛伯錫命，則因始即位而錫之。莊二十七年使召伯賜齊侯命，成八年召伯賜命，乃即位之久而後命之。此年錫桓公命，昭七年追命衛侯，又皆既卒而追錫之。惟僖二十八年晉文獻俘朝王，而王命尹氏、王子虎、内史叔興父策命晉侯，則爲晉侯受命，而王之下勞，其失尊又甚於遣使矣。然文、成雖不朝王，毛伯、召伯無貶，直書而義見。此年追命簒弑之人，其惡尤大，故王不稱天，以示非常之貶也。」〇廬陵李氏曰：「錫命例三：莊王錫桓公，寵簒弑也，故不書天王以深責之。文元年襄王錫文公，成八年簡王錫成公，二公不朝，又無敵愾之功，遣使錫命之，非正也。然比之桓公則有間矣，故仍書天，亦以見王室之失禮也。」又曰：「王不書天者，錫桓公及賵葬成風也。范甯以爲仍叔來聘、家父求車，其失不減於賵葬成風；天王出居，其罪尤大於錫桓公，而皆書天，則此三者非義所存，舊史有詳略，夫子因而弗革耳。胡氏以爲桓公以臣弑君、成風以妾並嫡，其事皆三綱所係，故其文一施之。主何休、趙子。」又曰：「錫命，《公羊》注取《禮緯》説，禮有九錫：一車馬以代其步，二衣服以表其德，三樂則以化其民，四朱户以明其别，五納陛以安其體，六虎賁以備非常，七弓矢使得專征，八鈇鉞使得專伐，九秬鬯使之祭祀，皆所以勸善扶不能。言命不言服者，重命不重財物。《周禮·典命》：『百里不過九命，七十里不過七命，五十里不過五命。』《穀梁》注亦引九錫文，而疏曰：『九錫與《周禮》九命異。』何休既引九錫，又引九命，其意以九錫即九命也。今按《大宗伯》『以九儀之命正邦國之位，一命受職，再命受服，三命受位，四命受器，五命受則，六命賜官，七命賜國，八命作牧，九命作伯』，則與九錫不同矣。舊解九錫之名，輿馬、大輅、戎輅各一，玄馬二也。衣服，玄衮也。樂則，軒縣也。朱户，所居之室朱其户也。納陛，從中階而升也。虎賁，三百人也。弓矢，彤玈之弓矢也。鈇鉞，大柯斧賜之專殺也。秬鬯，秬鬯之酒，盛以圭瓚之中以祭祀也。胡氏於文元年傳曰：『黻冕圭璧，因其終喪入見而賜之。車馬衮黻，因其歲時來朝而錫之。彤弓玈矢，因其敵愾獻功而錫之。』然參之諸書，平王命晉文侯以秬鬯、弓矢、虎賁；宰孔賜齊侯受命，賞服大輅、龍旗、九旒、渠門、赤旂；襄王命晉文，亦以大輅之服、戎輅之服、彤弓、鏚鉞、秬鬯、虎賁而已。則古者策命之典，亦不過如此。何休、范甯本得之，但其所引出《禮緯》及《白虎通》，則漢儒以漢法附會增益之也。胡氏取《禮》及《詩》爲證，而分爲三事，蓋詩人之詞，不過言其大概，其實有功亦可以賜車馬、黻冕也。王命士會以黻冕是矣。又考之《左傳》文元年毛伯錫命注曰：『諸侯即位，天子賜以命圭。』莊二十七年惠王使召伯廖賜齊侯命，不言所命，杜氏直謂命爲侯伯。襄十四年靈王使劉定公賜齊侯命，曰：『昔伯舅大公，右我先王，股肱周室，師保萬民，世胙大師，以表東海。王室之不壞，繄伯舅是賴。今余命女環，茲率舅氏之典，纂乃祖考，無忝乃舊，敬之哉，無廢朕命！』昭七年衛告喪請命，景王使成簡公如衛弔，且追命襄公，曰：『叔父陟恪，在我先王之左右，以佐事上帝。余敢忘高圉亞圉！』而命晉文之辭，亦有策書。以此觀之，則錫命有命辭，有命物矣。又或止有命辭而無命物，亦未可知也。有命辭有命物者，如後世以璽書褒賞功臣，增秩賜金是也。止有命辭者，如後世賜手詔褒美是也。要之，三傳之説皆可通。」又曰：「韋昭《國語》錫晉文命下注云：『命服也，諸侯七命，冕服七章。』賜晉惠公命下又曰：『賜瑞。』其説又不同。見文元年。」又曰：「策命晉侯爲侯伯下，杜注曰：『九命作伯。』是既加以九命之伯，又加以九錫之賜，則何氏兼引九錫、九命，亦自有見。」

王姬歸于齊。《公羊傳》：「何以書？我主之也。」《穀梁傳》：「爲之中者，歸之也。」

魯主王姬之嫁舊矣，在他公時，常事不書，此獨書者，以歸于齊故也。逆于京師，築館于外，而不書歸于齊，則無以見其罪之在也。書歸于齊，而後忘親釋怨之罪著矣。《春秋》復讎之義明矣。趙氏曰：「凡外女歸，皆以非常乃書。兩書王姬歸，皆非常。譏與讎爲婚主也。」陳氏曰：「王姬不書，唯莊公之篇再書之。曷爲再書？以莊公之於齊不可與相爲禮也。魯有主王姬者矣，莫悖於與齊昏，是故特譏之。《春秋》之書外女，未有詳於此者也。書逆女、書築王姬之館、書歸、書卒，皆以病莊公也。」高氏曰：「姬不書伯季，尊王姬也。」張氏曰：「王姬來而不書至，別於魯夫人也。」臨川吴氏曰：「書歸于齊，魯既主昏，則同於内女也。」廬陵李氏曰：「書王姬歸齊二，此年及十一年也。此歸襄公，十一年歸桓公。」

齊師遷紀郱、鄑、郚。 郱，蒲丁反。鄑，子斯反。郚音吾。此書「遷」之始。《公羊傳》：「遷之者何？取之也。取之則曷爲不言取之也？爲襄公諱也。外取邑不書，此何以書？大之也。何大爾？自是始滅也。」《穀梁傳》：「紀，國也。郱、鄑、郚，國也。或曰：遷紀于郱、鄑、郚。」杜氏曰：「齊欲滅紀，故徙其三邑之民而取其地。」

郱、鄑、郚者，紀三邑也。邑不言遷，遷不言師。其以師遷之者，見紀民猶足與守，而齊人强暴，用大衆以迫之爲己屬也。凡書遷者，自是而滅矣。《春秋》興滅國、繼絶世，則遷國邑者，不再貶而罪已見矣。 汪氏曰：「不再貶，謂直書其事，不必更加貶黜。即《公羊》所謂不貶絶以見罪惡者也。」薛氏曰：「黄之盟纔二年也，今又遷紀三邑，强暴之無忌憚甚矣。」沙隨程氏曰：「土地人民盡有之曰取，逐其人有其地曰遷。」永嘉吕氏曰：「諸侯之國，皆受之於天子，其封域有定分，人民有定居，强者不可以力并，詐者不可以誕取。紀之土地人民，受之於天子，齊烏得而遷之哉！紀之滅始於此。聖人所以書師而深疾之也。」廬陵李氏曰：「經書遷人國邑三：齊師遷郱、鄑、郚，十年宋人遷宿，閔二年齊人遷陽，是也。宿與陽皆國，而郱、鄑、郚爲紀邑。遷宿、遷陽皆書人，而遷郱、鄑、郚書師。此《春秋》特筆，著齊之罪也。」〇啖氏曰：「《公羊》云：『曷爲不言取？爲襄公諱也。』按取人邑非善事，若爲之諱，是掩惡也。《穀梁》云：『紀，國也。郱、鄑、郚，國也。或曰：遷紀于郱、鄑、郚。』按下有紀侯大去其國，明此時未遷，故知是紀之三邑。」劉氏曰：「齊一師必不能並遷兩國，取郚、取防，猶分別言之，況兩國乎？」

己丑莊王五年。**二年**齊襄六。晉緡十三。衛惠八，黔牟四。蔡哀三。鄭厲九，子儀二。曹莊十。陳宣公杵臼元年。杞靖十二。宋莊十八，卒。秦武六。楚武四十九。**春，王二月，葬陳莊公。〇夏，公子慶父帥師伐於餘丘。**《公羊傳》：「於餘丘者何？邾婁之邑也。曷爲不繫乎邾婁？國之也。曷爲國之？君存焉耳。」《穀梁傳》：「國而曰伐。於餘丘，邾之邑也。其曰伐，何也？公子貴矣，師重矣，而敵人之邑，公子病矣。病公子，所以譏乎公也？其一曰：『君在而重之也。』」杜氏曰：「莊公時年十五，則慶父莊公庶兄。」

按二傳，於餘丘，邾邑也。臨川吴氏曰：「於，發語辭，猶曰於越。」**國而曰伐，此邑爾。其曰伐，何也？誌慶父之得兵權也。**高氏曰：「大其事，若一國然。」**莊公幼年即位，首以慶父主兵，卒致子般之禍。於餘丘，法不當書，聖人特書，以誌亂之所由，爲後戒也。魯在《春秋》中見弑者三君，其賊未有不得魯國之兵權者。公子翬再爲主將，專會諸侯，不出隱公之命；**見《左傳》隱公四年、十年。**仲遂擅兵兩世，入杞、伐邾、會師救鄭。**見《左傳》僖公二十七年、三十三年、文公九年。**三軍服其威令之日久矣，故翬弑隱公，而寪**音委。**氏不能明其罪；**見《左傳》隱公十一年。**慶父弑子般，而成季不能遏其惡，**見《左傳》莊公三十二年。**公子遂殺惡及視，而叔仲惠伯不能免其死。**見《左傳》文公十八年。**夫豈一朝一夕之故哉！《春秋》所書，爲戒遠**

矣！張氏曰：「莊公之立，寢苫枕戈，莫先於率一國以同仇於不義之齊，捨是而命將帥師，先有事於無罪之小國，兵興無名，而慶父以尊屬主兵，使之得政以制一國之權，軍政之本既失，而權移於下，以成異日子般閔公之禍。故詳書以譏之。」蜀杜氏曰：「此大夫之事，而出公子之文者，蓋聖人病其不能復齊之讎，目之以示義，猶曰爲公之子，而不知君父之讎也。」廬陵李氏曰：「一經書魯大夫帥師伐國者九，伐邾七，伐莒一，獨於餘丘以邑而書伐，亦《春秋》特筆。欲以啓問者，察事情也。」〇沙隨程氏曰：「書伐，國也。《公》、《穀》以爲邾邑，蓋邾附庸。」王氏曰：「於餘丘，小國，蓋其後屬邾。」啖氏曰：「前後未有邑言伐者。」汪氏曰：「無駭入極，杜注：『附庸小國。』而賈逵以爲戎邑，宣九年取根牟，杜注：『東夷國。』《公羊》言：『邾婁邑。』然經書邑必係國，如取鄟、取邿、取鄫，即小國也。切以爲極、於餘丘、根牟，皆小國耳。慶父帥師，不害其爲得兵權，伐國伐邑，不必詳辯。」

秋，七月，齊王姬卒。《公羊傳》：「外夫人不卒。此何以卒？録焉爾。曷爲録焉爾？我主之也。」《穀梁傳》：「爲之主者，卒之也。」

内女嫁爲諸侯妻則書卒。王姬何以書？比内女，爲之服也。故《檀弓》曰：「齊告《禮記》作「穀」。**王姬之喪，魯莊公爲之大功。」或曰：「由魯嫁，故爲之服姊妹之服。」**孔氏曰：「周女命魯爲主，比之魯女，故爲之服出嫁姊妹之服。」范氏曰：「主其嫁，則有兄弟之恩，死則服之。」臨川吴氏曰：「《禮經》本無爲王姬服之禮，莊公因齊之告喪，特爲之服，以媚齊也。」**夫服，稱情而爲之節者也。莊公於齊王姬厚矣。如不共戴天之念何？此所謂不能三年之喪，而緦小功之察也。特**

「卒」王姬以著其罪。薛氏曰：「主昏之爲服，自莊公始也。其以説齊乎？」沙隨程氏曰：「禮於舅之妻無服，外祖父母纔小功耳。今以世讎而厚其喪，非禮也。不然，外夫人卒不書。」張氏曰：「莊公舍不共戴天之讎，而主齊夫人之昏，知有齊而不知有父，其罪可謂大矣。故自逆王姬至此，特書屢書，辭繁而不殺，以正其澳汩大倫、誣滅天理之罪。所謂婉而成章也。」汪氏曰：「《周禮》『爲王后齊衰』，解之者曰：諸侯爲之不杖期，固未聞主昏王女而爲之服也。《春秋》二百四十二年，王后崩不見於經，則當時諸侯，於王后之喪禮略矣。而顧爲王姬之服，其重在齊而不在周也。或者以爲尊王命，過矣。」

冬，十有二月，夫人姜氏會齊侯于禚。禚，諸若反。《公》作「郜」。《左傳》：「書姦也。」《穀梁傳》：「婦人既嫁不踰竟，踰竟，非正也。婦人不言會，言會，非正也。饗，甚矣！」杜氏曰：「禚，齊地。會，非夫人之事。顯然書之，比年出會，其義皆同。夫人行不以禮，故還皆不書。」

婦人無外事，永嘉吕氏曰：「父母在則歸寧，《葛覃》稱『歸寧父母』是也。殁則使卿寧，楚子庚聘於秦，爲夫人寧是也。」送迎不出門，見兄弟不踰閾；在家從父，既嫁從夫，夫死從子。今會齊侯于禚，是莊公不能防閑其母，失子道也。故趙匡曰：「姜氏、齊侯之惡著矣，亦所以病公也。」曰：子可以制母乎？夫死從子，通乎其下，況於國君？君者，人神之主，風教之本也。不能正家，如正國何？若莊公者，哀痛以思父，誠敬以事母，威刑以督下，車馬僕從莫不俟命。夫人徒往乎？夫人之往也，則公威命之不行，哀戚之不至爾。資中黄氏曰：「天下後世，爲人子而使母至於是，罪之大者也。」高氏曰：「夫人稱姓氏者，貶不再也。」張氏曰：「《春秋》，孔子之刑書也。觀《春秋》書法如此，則以孔子而當周公之任，正文姜之罪，必不免於管、蔡之誅矣。」家氏曰：「姜氏身負弒君未討之誅，甫除喪而往會其兄；齊襄方有王姬伉儷之戚，未踰時而出淫其妹，此天下之大惡，覆載之所不容。聖人爲是，故於《春秋》聯書之，比而誅之也。」汪氏曰：「春秋之末，公父文伯之母闖門而與康子言，皆不踰閾，祭悼子，康子與焉，胙不受，徹俎不宴。仲尼聞之，以爲別於男女之禮。夫季世俗薄，而敬姜獨能守禮而不違，《春秋》備書文姜之行，雖國惡不容諱。其善善惡惡之心，亦猶美敬姜之意乎？」○趙氏曰：「《穀梁》云『婦人既嫁不踰竟』，若然，則父母存，豈得絶其歸寧乎？又未嫁之女，孀居之婦，豈得踰竟乎？」

乙酉，宋公馮卒。馮，皮冰反。高氏曰：「觀宋莊忮求敗類，則穆公之不以國與子，有以知之矣。」

庚寅莊王六年。**三年**齊襄七。晉緡十四。衛惠九，黔牟五。蔡哀四。鄭厲十，子儀三。曹莊十一。陳宣二。杞靖十三。宋閔公捷元年。秦武七。楚武五十。**春，王正月，溺會齊師伐衛。**《左傳》：「疾之也。」《公羊傳》：「溺者何？吾大夫之未命者也。」《穀梁傳》：「溺者，何也？公子溺也。其不稱公子，何也？惡其會仇讎而伐同姓，故貶而名之也。」

穀梁子曰：「此公子溺也，其不稱公子，何也？惡其會仇讎伐同姓，故貶而名之也。」陳氏曰：「隱、桓、莊之世，吾大夫會伐，恒名之，自公孫茲不貶矣。」范氏曰：「齊受天子罪人，爲之興師，而魯與同，故貶。」**有父之讎而釋怨，其罪大矣，況與合黨興師，伐人國乎！**高氏曰：「衛朔奔齊，齊欲納之，然天王已絶朔，而立公子黔牟爲衛侯。魯輒興兵會仇讎之人，抗天子之命，納不義之君，其罪大矣。」薛氏曰：「大讎不報，而又與之出師，捨其田而芸人之田，莊公之謂矣。溺不書帥師，所將之兵少也。」家氏曰：「或謂衛朔在齊，此會齊納朔，非成父志乎？夫納朔者，父惡也。不能復父之讎，而成父之惡，滋不孝也。」資中黄氏曰：「溺貶而去族，非未賜氏之比。」蜀杜氏曰：「慶父專兵，不待貶而惡自見。溺去族，明其惡甚於慶父。」〇盧陵李氏曰：「考之三傳，《左氏》則曰衛朔出奔，二公子立黔牟；何休據《世本》、《史記》，以爲衛朔背叛出奔，天子新立公子留；范氏則以爲齊受天子罪人，爲之興師，而魯同之。然則黔牟與留，雖未知孰是，而此時衛朔在齊，齊欲納之明矣。齊黨罪人，固不足責，而莊公新立，寢苫枕戈，莫先於率國人以同仇，舍是不顧，而二年伐於餘丘，三年伐衛，又且同齊師以往，此何心哉！《左氏》疾之之説，固得之，惜乎注者之無見也。餘見翬帥師下。」

夏，四月，葬宋莊公。《穀梁傳》：「月葬，故也。」〇**五月，葬桓王。**《左傳》：「緩也。」《公羊傳》：「此未有言崩者，何以書葬？蓋改葬也。」《穀梁傳》：「傳曰：『改葬也。』改葬之禮緦，舉下，緬也。或曰：郤尸以求諸侯。天子志崩不志葬，必其時也。何必焉？舉天下而葬一人，其義不疑也。志葬，故也，危不得葬也。曰：近不失崩。不志崩，失天下也。獨陰不生，獨陽不生，獨天不生，三合然後生，故曰母之子也可，天之子也可。尊者取尊稱焉，卑者取卑稱焉。其曰王者，民之所歸往也。」

《左氏》曰：「緩也。」杜氏曰：「以桓十五年崩，七年乃葬。」**天子七月而葬，同軌畢至；諸侯五月，同盟至；大夫三月，同位至；士踰月，外姻至。王崩至是蓋七年矣，先儒或言天子不**

志葬，又以爲不言葬者常也。劉氏曰：「公親會之不書葬，常事也。不親會之則書葬，非常也。」**夫事孰有大於葬天子者，而可以不志乎？死生終始之際，人道之大變，豈以是爲常事而不書也？**高氏曰：「平王崩，求賻於諸侯，然後克葬。桓崩七年乃克葬者，蓋承諸侯背叛，王師傷敗之後，力益不足矣。夫以天下而葬一人，安可緩也？聖人書之，以著天下臣子之罪。若曰改葬，則聖人明書之矣。莊王以後，王室益弱，無有以緩葬書者，而有速葬者，抑以禮滋略歟！」薛氏曰：「七年而葬，閔王室之無臣子也。」沙隨程氏曰：「周人東遷之初，尚有志於歸葬。已而侵削益甚，故於此始葬。」張氏曰：「魯遣微者往會，故不書公如，又不書卿大夫往，而止記桓王之葬也。同軌畢至之禮既不復行，於是諸侯惡其害己而去其籍，先王之喪禮僅傳於後世，惟士喪、既夕、士虞耳。可勝惜哉！」陳氏曰：「會葬不書其人，慢也。文公使公子遂葬晉侯，叔孫得臣葬襄王，是均周、晉也。昭公使叔弓葬宋公、滕侯，叔鞅葬景王，是均周、宋、滕也。均猶可也。晉景公卒，成公弔喪而定王不葬，楚康王卒，襄公送葬而靈王不葬，不臣於周而詘於晉、楚，《春秋》諱之。是故《春秋》不徒志葬也。」廬陵李氏曰：「《春秋》十三王，志葬者桓、莊、匡、簡、景而已。諸侯之不臣可知也。」又曰：「桓王以隱公三年立，其年則有周、鄭交惡之事，而祭足取溫之麥、成周之禾矣。隱五年，曲沃莊伯伐翼，以支戕宗而王又使尹氏、武氏助之。六年，鄭伯朝周，而王又不禮焉。八年，虢公忌父始作卿士於周。九年，鄭人假王命以討宋。十一年，王又取鄔、劉、蔿、邘之田于鄭。君子是以知桓王之失鄭矣。故桓五年有繻葛之敗，七年而齊、鄭、衛伐盟向，王遷盟向之民於郟，雖畿內之地亦不能保矣。十年又爲詹父伐虢，是又助臣伐君，何以示其下？故自納后、聘魯外，皆無見於經、傳者。十五年而崩，在位二十五年。子莊王立，越七年始葬。考之傳文，惟桓十八年傳曰：周公欲弒莊王，而立王子克。辛伯告王，遂與王殺周公黑肩，王子克奔燕。繇此觀之，豈非王室有子儀、黑肩之亂乎？此王室事不經見，附於此。」○劉氏曰：「《公》、《穀》以爲改葬，非也。若誠改葬，應如改卜之類而書改矣。世衰禮廢，何事不有？豈能必桓王前已葬哉？」

秋，紀季以酅入于齊。酅，户圭反。《左傳》：「紀於是乎始判。」《公羊傳》：「紀季者何？紀侯之弟也。何以不名？賢也。何賢乎紀季？服罪也。其服罪奈何？魯子曰：『請後五廟，以存姑姊妹。』」《穀梁傳》：「酅，紀之邑也。入于齊者，以酅事齊也。入者，内弗受也。」杜氏曰：「齊欲滅紀，故季以邑入齊爲附庸。先祀不廢，故書字貴之。酅，紀邑，在齊國東安平縣。」

大夫不得用地，公子不當去國。盜地以下敵，棄君以避患，非人臣也。故《春秋》之義，私逃者必書奔，有罪者必加貶。汪氏曰：「私逃，若邾庶其、莒牟夷；有罪，若陳侯弟招是也。」**今季不書奔，則非竊地也。不書名，則非貶也。諸侯兄弟貶則書名，宋辰、秦鍼**其廉反。**之類是也。不貶則書字，蔡季、許叔之類是也。紀季所以不書奔者，有紀侯之命矣。**陸氏曰：「紀季以君之邑入于他國，不書曰叛，以有兄之命也。」趙子曰：「諸侯兄弟以國連字者，蔡叔、許叔、紀季、蔡季，皆國而字之。言與君一體也。」**所以不書名者，天下無道，强衆相陵，天子不能正，方伯不能伐，屈己事齊，請後五廟，其亦不得已而爲之者，非其罪也，所以無貶乎？**劉氏曰：「紀季見齊之必將滅己，故請先下齊以退敵兵，以安君存國之故。析地事讎，援存亡繼絶之義，使宗廟血食，後嗣復見，叔姬歸酅是也。可謂明於權矣。」**入云者，難詞也。**范氏曰：「紀國微弱，齊將吞并，紀季深覩存亡之機，大懼社稷之傾，故超然遐舉，以酅事齊，庶胤嗣不泯，宗廟永存。《春秋》賢之，故褒之以字。齊受人之邑而滅人之國，故於義不可受也。」陳氏曰：「紀侯在而季以酅入齊，若以邑叛，其稱字，紀侯意也。齊襄自桓始年挾鄭以圖紀，黄之會，魯爲之求成，不得免焉。遷郱、鄑、郚，紀之不絶也如綫。季以酅入齊，紀於是乎始判，是分國以與之也。齊人所欲者，吾土地，苟可以免紀者，無不爲也。是紀侯意也。是故稱字。不稱字，則疑於宋魚石、邾庶其。」張氏曰：「王政不行，伯者未作，强大吞并，無故肆行，小國不能校，巽詞下敵以存宗祀，以先王之建國而聽命於强暴。《春秋》所以於季無譏焉，書入以志其難，蓋閔之也。」高氏曰：「紀侯自度滅亡，歸季姜于京師而天王終不能正，求援於魯而鄰國卒莫能救，與其殘民絶祀，孰若使季以酅爲附庸以事齊，庶宗祀之不滅也。此從權紓禍，不得已之甚。概以王法，則擅以天子封邑入于齊，齊納人之封邑，均有罪，故書『以』書『入』以示義。析地以去國，降志以事仇，非季之心也，以宗國爲寄矣。聖人恕季而重罪齊侯也。」廬陵李氏曰：「《春秋》書以地出奔者，邾庶其、莒牟婁、邾黑肱是也。書名書地，而竊邑叛君之罪著矣。書大夫入於某者，宋魚石、晉欒盈是也。書地書復入，而據邑叛君之罪見矣。今季不書奔不書名，所以别於二例也。不書弟，明非紀侯之薄也。書入，所以罪齊而閔季也。《春秋》所以如此書者，原季之情，免季之罪，不使與其他公子去國者比耳。故紀季之事，謂之不貶則可，謂之知權亦可。如以賢而褒之則恐未可與微子適周例論也。」餘見蔡季下。○趙氏曰：「《公羊》云：『何以不名？賢也。』此乃紀侯之命，且不得已而然，何足爲賢哉！」劉氏曰：「《穀梁》云：『入者，内弗受也。』非也，此自往入之入，而非歸入之入。若可受者，遂云歸于齊乎？」

冬，公次于滑。 滑，《公》、《穀》作「郎」。《左傳》：「將會鄭伯謀紀故也。鄭伯辭以難。凡師，一宿爲舍，再宿爲信，過信爲次。」《公羊傳》：「其言次于郎何？刺欲救紀而後不能也。」《穀梁傳》：「次，止也，有畏也。欲救紀而不能也。」杜氏曰：「滑，鄭地，在陳留襄邑縣西北。」

穀梁子曰：「次，止也，有畏也。欲救紀而不能也。」 臨川吴氏曰：「紀將亡矣，以昏姻之故，告急于魯，魯莊不能自已，故出次于滑，將會鄭伯爲紀謀，而祈哀乞憐於齊。鄭伯知齊之滅紀不可止也，故辭而不會。」張氏曰：「公欲閔紀之難，而度其力終不能救，故次師於滑，將以鄭之不會而辭于紀耳，非實有救紀之心也。彼於父之仇，尚忘之而不圖，豈真有心於存紀哉！故書次。見出師無名以深譏之。」**《春秋》紀兵，伐而書次，以次爲善；救而書次，以次爲譏。次于滑，譏之也。** 高氏曰：「但書次，若無故而自出者焉。」薛氏曰：「書次，不能爲輕重也。」**魯紀有婚姻之好，當恤其患；於齊有父之讎，不共戴天，苟能救紀抑齊，一舉而兩善并矣。** 蜀杜氏曰：「莊公惕然出師，儻必行之，則復仇救弱之義兩存。」**見義不爲而有畏也，《春秋》之所惡，故書公次于滑以譏之也。或言夫子意在刺無王命。若譏其怯懦，則當褒其勇者，《春秋》乃鼓亂之書，爲此言者誤矣。《易》於《謙》之六五則曰：「利用侵伐。」** 程子曰：「五以君位之尊，而執謙順以接於下，衆所歸也。然君道不可專尚謙，亦須威武相守，然後能服天下。故『利用侵伐』。」**《師》之六四則曰：「左次無咎。」** 程子曰：「四以柔居陰，非能進而克捷者也。知不能進而退，故『左次無咎』，見可而進，知難而退，師之常也。可進而退，乃爲咎也。」**進退勇怯，顧義如何耳，豈可專以勇爲鼓亂而不與乎！**汪氏曰：「《春秋》書兵次者十有三：次于渭，次于成，次而欲救也。師次于郎，齊、宋次于郎，齊、衛次五氏，垂葭、蘧蒢，楚、蔡次厥貉，次而欲伐也。悉以無名紀之，皆所以示譏也。今考次滑之後，紀侯去國，即及齊狩禚，次成之後，齊人降鄣，即及齊遇魯濟。不能救紀與鄣，而無憤恨之心，則是莊公佯爲救患之虚聲，而實無志於救紀、鄣也。師次郎而卒有圍郕之役，齊、宋次郎而隨有乘丘之敗，齊、衛三次，楚、蔡次厥貉，而終有伐晉、伐麇之舉，是其所以次者，非有悔過班師之謀，乃稔惡伺便之階也。救者不書其救，譏其實不能救。伐者遂書伐，圍者遂書圍，戰者遂書敗，譏其不克悔過以遷善也。若夫齊桓伐楚次陘，晉悼伐鄭次鄫，則不忍殘民，其次爲善。如次聶北救邢，次匡救徐，救晉次雍榆，雖曰緩於救患，然比於欲救不能者，亦有間矣。」廬陵李氏曰：「《春秋》書公次，惟莊公與昭公耳。二公皆無志之君也，以爲莊之不競，無異於昭之失國也。莊之編書次者三，此年次滑書公，八年次郎書師，三十年次成不書公書師，甚矣，莊之不競於齊也！君父死焉不能討，謀紀而齊滅紀，及齊圍郕而郕降於齊，救鄣而鄣卒不免，師出何名哉？此救而不書救者，不以救予公也。書救則疑於聶北、雍榆矣。」餘見八年。

辛卯 莊王七年。**四年**齊襄八。晉緡十五。衛惠十，黔牟六。蔡哀五。鄭厲十一，子儀四。曹莊十二。陳宣三。杞靖十四。宋閔二。秦武八。楚武五十一。**春，王二月，夫人姜氏享齊侯于祝丘。**享，《公》、《穀》作「饗」。《穀梁傳》：「饗，甚矣。饗齊侯，所以病齊侯也。」杜氏曰：「祝丘，魯地。」

享者，兩君之禮，杜氏曰：「享，食也。兩君相見之禮，非夫人所用。」**所以訓恭儉也。兩君相見，享于廟中，禮也。**汪氏曰：「《周禮·大行人》：廟中將幣三享。今按天子享諸侯于廟中，則諸侯相享，亦當於廟中。」**犧象不出門，嘉樂不野合。非兩君相見，又去其國而享諸侯，甚矣！**高氏曰：「禮，姑姊妹已嫁而反，兄弟不與同席而坐。況用兩君相見之禮乎！蓋爲名而已矣。」吕氏曰：「前此嘗會矣，而未之享也，今享矣，又復如齊師矣，人之爲不善，一縱之後，如水方至，莫知所極。」臨川吴氏曰：「古者飲食之禮有三：享、食、燕也。燕禮最輕，蓋主於飲酒而食物不盛；食禮次之，食物甚盛而不飲酒；享禮最重，飲酒如燕禮之多，食物如食禮之備。雖君大夫亦無行享食燕之禮于野者，況婦人乎？然此不足責也。」家氏曰：「夫人前去其氏，今稱姓氏者，去氏以誅其逆，加氏所以著其淫。齊襄出而姜往會，禽獸之無别也。《春秋》書孫則去其族，書會、書享揭其氏姓，蓋示之有别，亦所以討其亂倫之罪。」張氏曰：「假先王之禮，爲禽獸之行，大亂之道也。漢人有云：淫亂之漸，其變爲篡。文姜之行，瀆亂周公之禮，魯人習之三十餘年，卒至子般、閔公荐弑而後止。聖人作《易》，以閑有家爲《家人》之始，垂訓遠矣。」汪氏曰：「《周官》、《儀禮》有天子諸侯大夫饗、燕之禮，而《春秋》於晉侯享齊侯，宋公享晉侯，楚子享公，小邾子、郯子來朝公與之宴，公享宰周公、范宣子，享晉公卿于蒲圃，甯俞、華耦來公與之宴，皆不書于策，雖鄭伯享王、王享晉侯，亦不書也。而書夫人享齊侯，則以其非禮也。」

三月，紀伯姬卒。《穀梁傳》：「外夫人不卒。此其言卒，何也？吾女也。適諸侯則尊同，以吾爲之變，卒之也。」范氏曰：「禮，諸侯絶旁朞，姑姊妹女子子嫁於國君者，尊與己同，則變不服之例，爲之服大功。」孫氏曰：「伯姬，隱二年紀裂繻所逆者。內女嫁國君則服大功，常事也。此卒者，爲下紀侯去國，齊葬伯姬起。」汪氏曰：「內女爲諸侯夫人者七，惟紀伯姬、宋伯姬，志卒志葬，蓋閔紀之亡，褒共姬之賢，而詳其本末也。鄫季姬、紀叔姬止書卒，志其常也。郯伯姬、齊子叔姬不書卒，被出不復其國，非尊同之比也。杞伯姬不書卒，蓋不赴也。非夫人者七，僖九年伯姬卒，文十二年子叔姬卒，許嫁稱字，比於尊同者也。莒慶叔姬、宋蕩伯姬及婦、齊高固子叔姬，則嫁大夫而不卒也。若夫紀叔姬非夫人而書卒書葬，則以其賢而特録之，乃《春秋》之變例也。」

附録《左傳》：「四年春，王正月，❶楚武王荆尸，授師孑焉，❷以伐隨。將齊，入告夫人鄧曼，曰：『余心蕩。』鄧曼歎曰：『王禄盡矣。盈而蕩，天之道也。先君其知之矣，故臨武事，將發大命而蕩王心焉。若師徒無虧，王薨於行，國之福也。』王遂行，卒於樠木之下。令尹鬭祁、莫敖屈重除道梁溠，❸營軍臨隨。隨人懼，行成。莫敖以王命入盟隨侯，且請爲會於漢汭而還，濟漢而後發喪。」

夏，齊侯、陳侯、鄭伯遇于垂。 張氏曰：「三國遇垂，謀取紀也。」

蘇轍曰：「鄭伯，子儀也。桓十五年，書突出奔蔡，忽歸于鄭。是年九月，突入於櫟。十七

❶「正」，原作「三」，今據阮刻本《春秋左傳正義》改。
❷「孑」，原作「子」，今據阮刻本《春秋左傳正義》改。
❸「祁」，原作「析」，今據阮刻本《春秋左傳正義》改。

年，高渠彌弑忽，立子亹。十八年，齊襄公殺子亹，鄭人立子儀。莊十四年，突使傅瑕弑子儀而入。則遇于垂者，子儀也。然則鄭有二君，可乎？《春秋》有一國而二君者，鄭突與儀，衛衎與剽是也。突、衎始終爲君。子儀君鄭十有四年，剽君衛十有一年，皆能君者也，故《春秋》因其實而君之。然則孰與？曰：皆不與也。突之入以篡，衎之出以惡，儀、剽雖國人所立，而突、衎在焉，非所以爲安也。故四人者，《春秋》莫適與也，皆不没其實耳。君子不幸而處此，如子臧、季札可也。不如是，則亂不止。」爲此説者善矣，然而鄭伯實厲公也，非子儀也。茅堂胡氏曰：「蘇子由以鄭伯爲子儀，謂《春秋》有一國二君。其説辯，其理通，善發《春秋》之意。然而鄭伯實厲公，終始能君，故不没其實，非與之也。惟不没其實，故出奔、入櫟、會垂，皆書其爵。惟非與之也，故歸鄭、奔蔡、入櫟，皆書其名。《春秋》於世子忽猶不書爵，況子儀之微者乎？」高氏曰：「或以此鄭伯爲子儀，非也。忽世子，出奔猶不得稱子，其復歸猶不得稱爵。子儀乘間得立，其爲君微矣，豈敢輕去國都而與諸侯會乎？故知此鄭伯，即突也。高渠彌弑忽立子亹，齊人殺子亹立子儀，《春秋》皆没而不書，以突爲鄭伯故也。齊恐陳、鄭救紀，故求結二國懽心，先遇于垂，使紀失其援也。」襄陵許氏曰：「齊與陳、鄭遇垂，蓋謀取紀，是以紀侯見難而去也。」汪氏曰：「不期而會曰遇。春秋諸侯私爲之約，乃用不期而會之禮。書之，所以譏之也。況以三國之君相會，亦比於不期而遇，其爲簡慢詭譎益可見矣。」

紀侯大去其國。《左傳》：「紀侯不能下齊，以與紀季。夏，紀侯大去其國，違齊難也。」《公羊傳》：「大去者何？滅也。孰滅之？齊滅之。曷爲不言齊滅之？爲襄公諱也。《春秋》爲賢者諱，何賢乎襄公？復讎也。何讎爾？遠祖也。哀公亨乎周，紀侯譖之。以襄公之爲於此焉者，事祖禰之心盡矣。盡者何？襄公將復讎乎紀，卜之曰：『師喪分焉，寡人死之，不爲不吉也。』遠祖者，幾世乎？九世矣。九世猶可以復讎乎？雖百世可也。家亦可乎？曰：不可。國何以可？國、君一體也。先君之恥，猶今君之恥也。今君之恥，猶先君之恥也。國、君何以爲一體？國君以國爲體，諸侯世，故國、君爲一體也。今紀無罪，此非怒與？曰：非也。古者有明天子，則紀侯必誅，必無紀者。紀侯之不誅，至今有紀者，猶無明天子也。古者諸侯必有會聚之事，相朝聘之道，號辭必稱先君以相接。然則齊、紀無説焉，不可以並立乎天下。故將去紀侯者，不得不去紀也。有明天子，則襄公得爲若行乎？曰：不得也。不得，則襄公曷爲爲之？上無天子，下無方伯，緣恩疾者可也。」《穀梁傳》：「大去者，不遺一人之辭也。言民之從者，四年而後畢也。紀侯賢而齊侯滅之。不言滅而曰大去其國者，不使小人加乎君子。」程子曰：「大，名。責在紀也，非齊之罪也。齊侯、鄭伯遇于垂，方謀伐之，紀侯遂去其國。齊師未加而已去，故非齊之罪也。」

凡大閲、大雩、大蒐而謂之大者，譏其僭也。大無者，志倉廩之竭也。大去者，土地人民、儀章器物悉委置之而不顧也。汪氏曰：「大去者，如荀偃云大還，婦人見絶於夫家爲大歸。蓋凡可欲之物，盡棄不顧，往而不返也。」**或曰：以争國爲小而不爲，以去國爲大而爲之者也。夫守天子之土疆，承先祖之祭祀，義莫重焉。委而去之，無貶歟？曰：有國家者，以義言之，世守也，非身之所能爲，則當效死而勿去；以道言之，不以其所以養人者害人，亦可去而不**

守。於斯二者，顧所擇如何爾。然則擬諸太王去邠之事，其可以無愧矣。曰：太王去邠，從之者如歸市，紀侯去國，日以微滅。則何太王之可擬哉！劉氏曰：「太王之事狄也，事之以珠玉、犬馬、皮幣，猶不止，然後去。紀季以酅入齊，亦紀侯之所以事齊矣，猶不止，然後去。是以紀季無譏於前，紀侯見賢於後也。」故聖人與其不争而去，而不與其去而不存。與其不争而去，是以異於失地之君而不名；不與其去而不存，是故書叔姬歸酅，而不録紀侯之卒。明其爲君之末矣。問：「紀侯大去其國。杜氏以爲不反之辭，《穀梁》以爲不遺一人之辭。若謂其賢，則未聞其能如大王邑于岐山之下；若謂其力不勝而許之去者，則乖孟子效死不去之義；若謂紀季能附庸於齊，祭祀不絶，可免紀侯之罪者，則鄫世子巫係於叔孫豹而不特序諸侯，吴人、鄫人會戚而鄫降在吴下。以此觀之，不能自强者，聖人之所不取也。然則紀侯若何而可？大者，果其名歟？」茅堂胡氏曰：「伊川先生以大者紀侯之名，罪其不能死社稷也。吾恐紀侯以争國爲小而不爲，以去國爲大而爲之也。紀侯爲齊所逼，雖其夫人在殯而不顧，必不以儀章器物自隨，欲假諸侯之禮以爲重也。其賢於争地以戰、殺人盈野者遠矣。故不去其爵、不書其名，而曰大去其國。大云者，猶曰大無麥禾之類。有去國之名，而無去國之道。故聖人詳録叔姬，而不志紀侯之卒。堯、舜禪讓，湯、武征誅，義皆在此。學者默識心通則可耳。」問：「紀侯不能保其社稷，出亡而不復，何賢之有？書紀侯去其國足矣，加大字，似非聖人立言之法。或以大爲紀侯之名，書所以罪之，又無可據。」曰：「大去者，土地人民、儀章器物，悉棄之而不顧也。使其弟以邑入齊，請後五廟，已則委國而去，免民於死，故不書名，非賢之也。以其不争而去，與敗北出奔者異耳。先儒有以太王之事擬之者，過矣。去邠邑于岐下，從之者如歸市，而紀侯若是班乎？」永嘉呂氏曰：「不以養人者害人，委而去之，可以爲仁；鑿池築城，與民守之，效死勿去，可以爲義。今紀侯未見其有强爲善之實，又不能效死而弗去，方之太王養人之言，則不類，比之孟子世守之説則有愧。聖人之書大去其國，非罪之也，亦非許之也，直傷之而已矣。」王氏曰：「紀侯去國不守，則是奔也，失地不返，❶則宜名也。不書其奔而曰大去，不書其名而曰紀侯者，所以罪齊而閔紀也。」陳氏曰：「諸侯去國恒書奔。❷其不言奔，不以奔罪加紀侯也。其不罪紀侯何？罪齊也。遷郱、鄑、郚，紀季以酅入齊，猶不得免焉，則有去而已矣。失國如紀侯，庶幾有辭焉！故不以奔罪紀侯也。然則何以罪齊？書曰紀侯大去其國，未知紀之自亡歟？人之亡之歟？曰齊侯葬紀伯姬，則齊亡之也。」張氏曰：「自桓之五年書齊、鄭如紀，以至莊元年、三年，凡關紀之存亡者，一一備書。紀侯圖存不獲，困强暴之陵迫，委宗廟於其弟而去之，故特書大去而不曰出奔，所以責强暴、閔小弱，而寓興滅繼絶之志於言意之表也。」〇啖氏曰：「《穀梁》云：『大去者，不遺一人之辭。言民之從者四年而後畢也。』若然，舉國而行，何名去國？文義相反矣。」趙氏曰：「《公羊》曰爲齊侯諱滅，凡不絶其祀，例不書滅，無他義。」劉氏曰：「《公羊》以謂爲襄公諱，非也。且烹哀公者，王也，非紀侯也。紀侯有罪，罪在譖人，不在烹人，奈何絶紀以爲賢哉！」廬陵李氏曰：「大去之説，

❶「地」，原作「死」，今據《纂疏》改。

❷「恒」，原作「桓」，今據四庫本及《纂疏》改。

《左氏》、《穀梁》略同，惟《公羊》以爲紀侯之祖，譖齊哀公於周懿王而烹之，故《春秋》大齊之復讎。何氏注曰：齊侯謂死爲吉者，復讎以死敗爲榮也。此語甚善。但以論魯莊之復讎則可，以論齊襄之復讎則不可。蓋敵惠敵怨，不在後嗣，故胡氏以爲傳者借此以深罪魯莊之不能復讎耳。」

六月乙丑，齊侯葬紀伯姬。《公羊傳》：「外夫人不書葬。此何以書？隱之也。何隱爾？其國亡矣。徒葬於齊爾。此復讎也，曷爲葬之？滅其可滅，葬其可葬。此其爲可葬奈何？復讎者，非將殺之，逐之也。以爲雖遇紀侯之殯，亦將葬之也。」《穀梁傳》：「外夫人不書葬。此其書葬何也？吾女也。失國，故隱而葬之。」

葬紀伯姬，不稱齊人而目其君者，見齊襄迫逐紀侯，使之去國，雖其夫人在殯而不及葬，然後襄公之罪著矣。問：滅國者必顯著其惡，齊襄滅紀不書，何也？茅堂胡氏曰：「上書齊師遷紀郱、鄑、郚，又書紀季以酅入于齊，又書齊侯、鄭伯遇于垂；下書齊侯葬紀伯姬，滅紀之罪著矣。」**或曰：葬之，禮也。而以爲著其罪，何也？弑魯君、滅其婚姻之國而葬其女，是猶加刃於人以手撫之也，而可以爲禮乎？斥言齊侯，賤之也。**汪氏曰：「書曰齊人，則疑齊之微者往紀會葬。揭齊侯之爵，則知齊襄躬造紀之國都，迫逐其君，而徒葬其夫人以示恩也。」**或曰：惡其詐也，如紀似禮，存季似義，葬伯姬似仁，惡似而非者，惡莠恐其亂苗也。**啖氏曰：「內女之葬不書。書者，皆非常也。」陸氏曰：「葬者臣子之禮，非由鄰國也。齊侯并人之國而禮葬其妻，是謂豺狼之行，而爲婦人之仁也。」高氏曰：「魯實伯姬父母之國，既不能救其國之亡，則當往恤其喪，乃畏不敢前，反使齊侯假以爲名，聖人以此罪魯，文見乎此而起義在彼也。」陳氏曰：「内女不葬，必有故也而後書葬。紀伯姬在殯，齊取其國而葬伯姬，於是特書葬，不以往會也。苟宜書葬，雖不往會，書之。陳哀公在殯，楚師滅陳，輿嬖袁克葬之，書曰葬陳哀公。苟不宜書，雖往會不書。楚葬康王，襄公及陳侯、鄭伯、許男送葬，至於西門之外，不書也。達例未足以觀《春秋》。」廬陵李氏曰：「《春秋》内女書葬者三人，此與紀叔姬、宋共姬，皆閔之也。」劉氏曰：「《公羊》以襄公爲賢，非也。」

秋，七月。○冬，公及齊人狩于禚。禚，《公》、《穀》作「郜」。《公羊傳》：「公曷爲與微者狩？齊侯也。齊侯則其稱人何？諱與讎狩也。前此者有事矣，後此者有事矣，則曷爲獨於此焉譏？於讎者將壹譏而已。故擇其重者而譏焉，莫重乎其與讎狩也。於讎者則曷爲將壹譏而已？讎者無時，焉可與通，通則爲大譏，不可勝譏，故將壹譏而已，其餘從同同。」《穀梁傳》：「齊人者，齊侯也。其曰人，何也？卑公之敵，所以卑公也。何爲卑公也？不復讎而怨不釋，刺釋怨也。」

穀梁子曰：「齊人者，齊侯也。其曰人，何也？卑公之敵，所以卑公也。何爲卑公？不復讎而怨不釋，刺釋怨也。」薛氏曰：「齊侯書人，隱辭也。不忍公之與讎會獵也。謂之齊人，似不詳也。齊人何以知其爲齊之君？曰：會獵遊田之事也。遊田微者，則君何爲與之會？會之，非微者也。」

父母之讎不共戴天，兄弟之讎不與同國，九族之讎不同鄉黨，朋友之讎不同市朝。《周禮·調人》：「凡和難，父之讎辟諸海外，兄弟之讎辟諸千里之外，從父兄弟之讎不可同國。君之讎視父，師長之讎視兄弟，主友之讎視從父兄弟。」今莊公與齊侯不與共戴天，則無時焉可通也。而與之狩，是忘親釋怨，非人子矣。夫狩者，馳騁田獵，其爲樂，下主乎己，一爲乾豆，其事上主乎宗廟。何氏曰：「狩者，上所以共承宗廟，下所以教習兵行義。一者，第一殺也。自左膘射之達於右髃，中心死疾鮮潔，故乾而豆之，中薦於宗廟。」以爲有人心者，宜於此焉變矣。故齊侯稱人，而魯公書及，以著其罪。王氏曰：「公及之狩，志在公也。」高氏曰：「齊人，齊侯貶人也。齊侯自元年以來，見經者數矣，前欲著其宣淫而無忌憚，不可云齊人，因與公狩，始得一貶也。狩以奉祭祀，與人共之且不可，況其親之讎乎！不没公而書及，以深罪之。」臨川吴氏曰：「於本國而非狩地且譏，況越境而與讎人狩於彼國之地乎！禚，即二年姜氏與齊侯所會之地也。莊公於是乎無羞惡之心矣。」汪氏曰：「《公羊》記柯之盟，將會，公謂曹子曰：『寡人之生，則不若死矣！』自傷與齊爲讎，不能復也。然則禚之狩，盍亦興念及此，以爲行止之可否耶！」

壬辰莊王八年。五年齊襄九。晉緡十六。衛惠十一，黔牟七。蔡哀六。鄭厲十二，子儀五。曹莊十三。陳宣四。杞靖十五。宋閔三。秦武九。楚文王熊貲元年。春，王正月。○夏，夫人姜氏如齊師。

《穀梁傳》：「師而曰如，衆也。婦人既嫁不踰竟，踰竟，非禮也。」

師者，衆多之地。按《齊詩·載驅》，刺襄公無禮義，盛其車服，疾驅於通道大都，與文姜淫之詩也。其三章曰：「汶水湯湯，失章反。行人彭彭。必亡反。魯道有蕩，齊子翱翔。」彭

彭者，多貌也。朱子曰：「魯道，適魯之道也。蕩，平易也。齊子，謂文姜。彭彭，多貌，言行人之多，以見其無恥也。」**其四章曰：「汶水滔滔，行人儦儦。**表驕反。**魯道有蕩，齊子遊遨。」儦儦者，衆貌也。**朱子曰：「儦儦，衆貌。遊遨，猶翱翔，言無忌憚羞愧之意。」**曰會，曰享，猶爲之名也。至是如齊師，羞惡之心亡矣。夫人之行不可復制矣。《春秋》書此，以戒後世謹禮於微，慮患於早之意也。**孫氏曰：「直曰如齊師，不爲會禮也。」高氏曰：「不言地者，師之次止無常也。」王氏曰：「齊侯數出會淫，以其無名，乃興師而出，託以侵伐之事，文姜於是會之。前此會禚、享祝丘，皆歷日而返，故書月。至此歷月而返，故止書時。」汪氏曰：「《載驅》詩云：『載驅薄薄，簟茀朱鞹。四驪濟濟，垂轡瀰瀰。』言齊襄車馬之盛。然《敝笱》詩云：『齊子歸止，其從如雲，如雨如水。』則文姜從者之衆多，又可知矣。詩人詠歎其多且盛，而譏刺之意不可掩矣。」

秋，郳黎來來朝。郳，《公》作「倪」。黎，《左》作「犂」。《左傳》：「名，未王命也。」《公羊傳》：「倪者何？小邾婁也。小邾婁則曷爲謂之倪？未能以其名通也。黎來者何？名也。其名何？微國也。」《穀梁傳》：「郳，國也。黎來，微國之君未爵命者也。」杜氏曰：「附庸國，其後數從齊桓以尊周室，王命以爲小邾子。」

郳，國也。黎來，名也。國何以名？夷狄之附庸也。中國附庸例書字，邾儀父、蕭叔是也。夷狄附庸例書名，郳黎來、介葛盧是也。能修朝禮，故特書曰朝。其後王命以爲小

郲子，蓋於此已能自進於禮矣。高氏曰：「子服景伯云：『蠻夷郲莒。』則郳又其陋者也，而能自進於禮，當時齊、魯、宋、衛，以列國爲天下望，而日以敗亂，入於夷狄，蓋有愧於黎來矣。故書黎來之朝，相形於中以示譏焉。」張氏曰：「按宋仲幾云：『滕、薛、郳，吾役也。』則郳蓋宋之附庸，非夷狄也。而不得與郲儀父同稱字者，臨江劉氏以爲未成國謂之郳，其或然歟？」王氏曰：「郳，郲之別，而以名見者，《春秋繁露》曰：『附庸字者方三十里，名者方二十里。』郳國小，故與介同稱。郳猶有禮，介又不可以語此，故介止言來，而郳則兼曰朝。」廬陵李氏曰：「郳以僖七年書小郲子，其來朝五：此年及僖七、襄七、昭三、昭十七年也。其後服役於宋，故宋仲幾曰：『滕、薛、郳，吾役也。』其不得與儀父書字例者，未能同於中國也。其不與介葛盧書來例者，已能進於禮也。」

冬，公會齊人、宋人、陳人、蔡人伐衛。《左傳》：「冬，伐衛，納惠公也。」《公羊傳》：「此伐衛何？納朔也。曷爲不言納衛侯朔？辟王也。」《穀梁傳》：「是齊侯、宋公也，其曰人，何也？人諸侯，所以人公也。其人公，何也？逆天王之命也。」程子曰：「諸國稱人，違抗王命也。貶諸侯，則魯在其中矣。」

穀梁子曰：「是齊侯、宋公也，其曰人，何也？人諸侯，所以人公也。其人公，何也？逆王命也。」王氏曰：「不言公，則若内之微者，亦不足以見四國稱人之爲君也。」汪氏曰：「成二年蜀之盟，人諸侯之大夫，亦所以人公也。文九年救鄭，人趙盾、華孔，亦所以人公子遂也。」**桓公十六年，衛侯朔出奔齊，經書其名者，以王命絶之也。又黨有罪以納之，故貶而稱人。**臨川吴氏曰：「三年齊師會魯伐衛以納朔而不克納，故今又會四國之兵以納之也。」陳氏曰：「不言納者，以朔入爲重也。入不言納，是故伐鄭納突，伐衛納朔，書入而已矣。」汪氏曰：「傳稱伐衛逆王命，《公》、《穀》皆云朔得罪於天子，其事雖不可考，然下書王人救衛，而左氏云：『朔之入也，放黔牟於周。』則爲逆王命無疑矣。」○趙氏曰：「《公羊》云：『不言納朔，避王也。』據諸侯之心實不避王，而經文爲之隱避，是黨罪人也。若以爲王諱，則王室亂猶不諱，豈諱此哉！」盧陵李氏曰：「公會伐書人，陳氏以莊二十六年伐徐例通之，而曰：『凡會伐，有諸侯在焉，則其大夫稱人。有諸侯在而大夫不稱人，自齊國佐始。』恐難從。」

癸巳莊王九年。**六年**齊襄十。晉緡十七。衛惠十二，黔牟八。蔡哀七。鄭厲十三，子儀六。曹莊十四。陳宣五。杞靖十六。宋閔四。秦武十。楚文二。**春，王正月，**正月，《公》、《穀》作「三月」。**王人子突救衛。**書「救」始此。《左傳》：「六年春，王人救衛。」《公羊傳》：「王人者何？微者也。子突者何？貴也。貴則其稱人何？繫諸人也。曷爲繫諸人？王人耳。」《穀梁傳》：「王人，卑者也。稱名，貴之也。善救衛也。救者善，則伐者不正矣。」程子曰：「王人微者，例不書字。子突救衛而字之，善之也。善子突，則善王命也。」

王人，微者，杜氏曰：「王人，王之微官也。雖官卑而見授以大事，故稱人而又稱字。」**子突，其字也。以下士之微，超從大夫之例而書字者，褒救衛也。**徐乾曰：「當直稱王人而已，今以其奉天子之命救衛而拒諸侯，故貴之。」**朔陷其兄使至於死，罪固大矣，然其父所立，諸侯莫得而治也。王治其舊惡而廢之，可也。又藉諸侯之力，抗王命以入國，是故四國之君貶而稱人，王人之微嘉而書字。**孫氏曰：「王人微者而稱字，尊王命也。尊王命，所以重諸侯之惡也。」劉氏曰：「古者字有曰伯、仲、叔、季者，有曰某父者，有曰子某者，惟其所稱而稱之。子突討則不能服，救則不能定，《春秋》曷爲貴之？曰：天下無道賤奪貴，少陵長，天子不能禁者，凡以紀綱失而賞罰不明也。幸而發憤，赫然以誅衛爲事，而諸侯成同類、黨同行，沮逆天子之命，前雖貶之稱人，未足以效王所爲之是也。故復託正於子突，子突正則王正矣。」張氏曰：「救衛者，奉天王之命以存黔牟而拒朔也。朔搆兄簒國，天討之所當加，而子突能奉王命以救之。《春秋》一經，王旅之出而合司馬九伐之法者，惟此一事。所以雖微者帥師，而書字以褒之也。」家氏曰：「諸侯有國，雖受之於父，而其父若祖，實受之於王。故諸侯世子之立，必晢於王。或無嫡嗣，以庶子爲嗣，亦必王命之而後得繼承於其國。朔以麀聚之孼，譖殺其兄而簒居其位，旋爲國人所逐。二傳謂朔實得罪於王以奔。黔牟之立，嘗請命于王，而王許之立矣。今五國悖義亂常，王所與則伐之，王所黜則輔之，卒敗王師，而納朔於衛，放黔牟於周，是之謂逆。明王在上，五國之君皆當誅也。《春秋》人五國而尊王人，所以明君臣之分，而正五國無王之戮，而衛朔之罪，亦無所逃於斧鉞之下矣。」**或曰：子突，王之子弟也，用兵大事，而委諸子弟，使無成功，故書人以譏之。**何氏曰：「王遣貴子突卒不能救，遂爲天下笑。故爲王諱，使若遣微者。」**必若此言，是《春秋》以成敗論事，而不計理也。使諸侯苟顧逆順之理，子突雖微，自足以申王命矣。彼既肆行莫之顧也，雖天子親臨，將有請從如祝聃者，**事見《左傳》桓公五年。**況其下乎？子突不勝五國，使之得入也，其亦不幸焉爾矣。幸不幸，命也。守義循理者，法也。君子行法以俟命，**朱子曰：「法者，天理之當然。君子行之，而吉凶禍福有所不計。」**故其褒貶如此。**汪氏曰：「《春秋》書救二十有三。此年子突救衛，乃王室之救患而討不正也，一經之最善者也。二十八年救鄭，閔元年、僖元年救邢，六年救許，十五年救徐，宣元年救陳，九年救鄭，成六年、七年救鄭，襄五年救陳，皆所以著伯主之救中國而攘夷狄也。楚人救衛，楚公子貞救鄭，則罪中國伯主之凌暴，而蠻夷反能救之也。師救齊，鄭駟弘救曹，則傷中國無伯，而鄰國能相救也。叔孫豹救晉，則傷伯國之見伐，而救在望國也。狄救齊，吴救陳，則傷中國之不能救，而救在夷狄也。文九年救鄭書人，則譏其不及楚師也。衛孔達救陳書人，則譏其背盟也。遂救許，則美其救患之亟也。次聶北，次匡，則譏其救患之怠也。次雍榆與救成至遇，則譏其救患之怯也。伐楚以救江，譏其救患之非道。救台遂入鄆，譏其專權而遷怒也。」啖氏曰：「救者，救其患難，凡救患，皆爲美也。考其書法之不同，則輕重之權衡見矣。王人子突救衛爲書救之始，吴救陳爲《春秋》之終，世變又可知矣。」〇廬陵李氏曰：「《公羊》以子突爲王之子弟，若王子瑕之類，則恐非也。通經書王人三。胡氏曰：『王朝下士書人。』故救衛之王人，與盟洮之王人，皆下士也。但救衛爲義事，則特書字；盟洮不過奉命而出，則但序公侯之上以尊王命耳。至於翟泉之王人，《左氏》以爲王子虎，則本非下士，但《春秋》貶之而同於下士之例。此變文也。」又曰：「通經書救二十三，始於王之救衛，終於吴之救陳。胡氏例曰：『凡書救者皆善。救者善則伐者不善矣。』而陳氏曰：『救不書，必救而無功也，然後書。自救衛無功，而後王命益不行於天下。』此説亦是。但胡氏得聖人恤患之大義，陳氏得聖人憂世之微情，皆可通。」

夏，六月，衛侯朔入于衛。《左傳》：「夏，衛侯入，放公子黔牟于周。放甯跪于秦，殺左公子洩、右公子職，乃即位。君子以二公子之立黔牟爲不度矣。夫能固位者，必度於本末而後立衷焉。不知其本，不謀；知本之不枝，弗强。《詩》云：『本枝百世。』」《公羊傳》：「衛侯朔何以名？絶。曷爲絶之？犯命也。其言入何？簒辭也。」《穀梁傳》：「其不言伐衛納朔，何也？不逆天王之命也。入者，内弗受也。何用弗受也？爲以王命絶之也。朔之名，惡也。朔入逆，則出順矣。朔出入名，以王命絶之也。」程子曰：「朔搆其兄而使至於死，其罪大矣。然父立之，諸侯莫得而治也。王治其舊惡而廢之，宜也。故書名書入。」**秋，公至自伐衛。**《公羊傳》：「曷爲或言致會，或言致伐？得意致會，不得意致伐。衛侯朔入於衛，何以致伐？不敢勝天子也。」《穀梁傳》：「惡事不致，此其致，何也？不致，則無用見公之惡事之成也。」

入有二義，一難詞也，一逆詞也。朔藉諸侯之力，連五國之師，距王官之微者，以復歸于衛，其勢宜無難矣。而書入者，逆王命也。或問：五國助朔伐衛，王人子突救之，是王已絶朔矣，何以復書衛侯朔入乎？茅堂胡氏曰：「書爵以見其父與五國之罪矣，下書其名，王法已著。」劉氏曰：「朔故嘗有國矣，入而不言復者，不與復之意也。爲諸侯受之君，君所不命而自取之，雖有鄰國之助，大亂之道也。爲此乃非所以復也。」陳氏曰：「歸君未有不言復者，衛侯鄭、曹伯襄、衛侯衎皆稱復歸。不言復者，未得國也。故鄭伯入櫟、衛侯入夷儀，不言復，非未得國而不言復。如蔡侯廬、陳侯吴，則非奔君也。朔，奔君也，其不言復何？朔害伋、壽而後立，衛人爲之賦《二子乘舟》。孔子取焉，則其罪宜廢。又拒天子之師，故入而不言復也。」**《春秋》大義，在於天下爲公，選賢與能，而不拘大人世及之禮。雖以正取國，未之貴也，況殺其兄，又逆王命乎？故衛朔書名、書入以著其惡，王人書字、**

書救以著其善。外則諸侯書人，内則莊公書至，而《春秋》之情見矣。張氏曰：「名之又書人，與鄭伯突同篡逆之罪。書至，蓋公至自唐之意。王誅若行，齊、魯、宋、衛皆當誅，故書至以危之也。」家氏曰：「出而至，必告于廟，禮也。今公之是行，輔朔之篡而納之于衛，又敗王師以歸，一舉而二罪從之，將何辭以告？書至自伐衛，不與其至也。」臨川吴氏曰：「莊之出十有九，其致者五，譏也。不致者十有四，常事不書。」汪氏曰：「去年冬伐衛，今年秋始至，師出經年，黷武以抗王師，考其時而惡自著。」○劉氏曰：「《公羊》云：『得意致會，不得意致伐。』詭亂不經，非凡例之體。《左氏》云：『君子以二公子之立黔牟爲不度。』非也。王人救衛，《春秋》貴之，則是黔牟王所欲立也。篡王所立，朔則有罪。今朔不見貶，而黔牟蒙惡，豈《春秋》意哉！」廬陵李氏曰：「《春秋》書奔君復國皆稱復歸。鄭世子忽、衛侯鄭、衛侯衎，皆與其復也。衎初入夷儀不稱歸，未得國也。獨衛侯朔之入衛，與鄭伯突入櫟同文，故《公羊》曰：❶『篡辭也。』然《春秋》於諸侯，繼世有父命，則得書即位。齊景公逐陽生而立孺子荼，與衛宣之殺伋、壽而立朔，一也。陳乞之迎陽生，與洩立黔牟，一也。《春秋》以陳乞君荼，而陽生書入，説者謂荼有父命，則朔獨無父命乎？由是觀之，則雖有父命而亂倫失正，又當以君命爲重矣。胡氏謹始例説好。」

螟。○冬，齊人來歸衛俘。俘，《公》、《穀》作「寶」。《左傳》：「齊人來歸衛寶，文姜請之也。」《公羊傳》：「此衛寶也，則齊人曷爲來歸之？衛人歸之也。衛人歸之，則其稱齊人何？讓乎我也。其讓乎我奈何？

---

❶「公羊」，原作「穀梁」，今據阮刻本《春秋公羊傳注疏》改。

齊侯曰：『此非寡人之力，魯侯之力也。』」《穀梁傳》：「以齊首之，分惡於齊也。使之如下齊而來我然，惡戰則殺矣。」

俘者，二《傳》以爲寶。按《商書》稱遂伐三朡，祖叢反。**「俘厥寶玉」。則俘者，正文也，寶者，釋辭也。**《説文》：「俘，軍所獲也。」孔氏曰：「俘，取也。」王氏曰：「俘者，虜其軍實也。寶者，所得重器也。俘當即獻之，齊人歷秋冬而後歸，知其必寶器也。」**言齊歸衛寶，則知四國皆受朔之賂矣。**汪氏曰：「朔入而後歸俘，則知非得於黔牟者，而取之於朔矣。」**《春秋》特書此事，結正諸侯之罪也。夫以弟弑兄，臣弑君，篡居其位，上逆天王之命，人理所不容矣。彼諸侯者，豈其弗察而援之甚力，則未有以驗其喪心失志、迷惑之端也。及書齊人歸寶，然後知其有欲貨之心，而後動於惡也。世衰道微，暴行交作，徇于貨寶，賄賂公行，使君臣、父子、兄弟終去仁義，懷利以相與，不至於篡弑奪攘則不厭也。《春秋》書此，結正諸侯之罪，垂戒明矣。**茅堂胡氏曰：「歸衛寶，小事也，《春秋》何以存而不削？古之君人者，以賤貨貴德爲先也。」孫氏曰：「此衛寶也，其言齊人歸之者，齊本主兵伐衛，故衛寶先入於齊。」高氏曰：「朔之奔，齊侯容之。其入也，齊侯連諸侯納之。故以寶賂齊，而齊以分於三國焉，故主齊言之。而曰來歸衛寶，則同黨之罪各有所歸，而齊爲首惡。」家氏曰：「桓、莊二公，皆黨篡逆以要厚賂，宋之鼎，衛之寶，其事之尤著者也。」廬陵李氏曰：「《春秋》嚴賄賂之禍。魯、齊、陳、鄭之立督也，以郜鼎也；魯、齊、宋、陳、蔡之納朔也，以衛寶也；晉平公以十一國會夷儀而與崔杼成也，以宗器樂器也。是三役者，皆定篡弑也。《春秋》於郜鼎書取，蔽罪於魯也；於衛俘書來歸，首惡於齊也；重丘之盟書同，以同情罪伯主及諸侯，則不必書所賂矣。」○啖氏曰：「《公羊》云：『是衛人歸之，稱齊人者，讓於我也。』按例無有改其事實而爲義者，何煩曲說。」

附録《左傳》：「楚文王伐申，過鄧。鄧祁侯曰：『吾甥也。』止而享之。騅甥、聃甥、養甥請殺楚子，鄧侯弗許。三甥曰：『亡鄧國者，必此人也。若不早圖，後君噬齊。其及圖之乎？圖之，此爲時矣。』鄧侯曰：『人將不食吾餘。』對曰：『若不從三臣，抑社稷實不血食，而君焉取餘？』弗從。還年，楚子伐鄧。十六年，楚復伐鄧，滅之。」

甲午莊王十年。**七年**齊襄十一。晋緡十八。衛惠十三。蔡哀八。鄭厲十四，子儀七。曹莊十五。陳宣六。杞靖十七。宋閔五。秦武十一。楚文三。**春，夫人姜氏會齊侯于防。**《左傳》：「文姜會齊侯于防，齊志也。」《穀梁傳》：「婦人不會，會非正也。」杜氏曰：「防，魯地。文姜數與齊侯會，至齊地，則姦發夫人；至魯地，則齊侯之志。」○**夏，四月辛卯，夜，恒星不見。夜中，星隕如雨。**辛卯夜，《穀》夜作「昔」。見音現。隕，于閔反，《公》作「霣」，凡霣字後同。《左傳》：「恒星不見，夜明也。星隕如雨，與雨偕也。」《公羊傳》：「恒星者何？列星也。列星不見，則何以知夜之中？星反也。如雨者何？如雨者，非雨也。非雨則曷爲謂之如雨？不脩《春秋》曰：『雨星不及地尺而復。』君子修之曰：『星霣如雨。』何以書？記異也。」《穀梁傳》：「恒星者，經星也。日入至於星出謂之昔。不見者，可以見也。夜中星隕如雨。其隕也如雨，是夜中與？《春秋》著以傳著，疑以傳疑。中之幾也，而曰夜中者，著焉爾。何用見其中也？失變而録其時，則夜中矣。其不曰恒星之隕，何也？我知恒星之不見，而不知其隕也；我見其隕而接於地者，則是雨説也。著於上，見於下，謂之雨；著於下，不見於上，謂之隕。豈雨説哉？」杜氏曰：「辛卯，四月五日，月光尚微，蓋時無雲，日光不以昏没，恒星不見。而云夜中者，以水漏知之。」

恒星者，列星也。如雨者，言衆也。啖氏曰：「星隕如雨，謂奔流者衆，如雨之多。李陵云：『謀臣如雨。』皆言多爾。」孫氏曰：「恒星，星之常見者。常見而不見，此異之大者也。隕，墜也。如雨，言隕墜者衆也。」臨川吴氏曰：「恒星，謂有名之經星。星，謂無名之衆星。夜無日光，則暗而星見。晝有日光，則明而星不見。恒星不見者，夜明如晝故也。大星之常見者不見，則小星之無名者亦無也。隕，謂自天而隕，没於半空而不至地。如雨，言衆多不可爲數也。」**人事感於下，則天變動於上。前此者五國連衡旅拒王命，後此者齊桓、晉文更霸中國，政歸盟主，而王室遂虚，其爲法度廢絶，威信凌遲之象著矣。**何氏曰：「列星，天之常宿，分守度。周之四月，夏之二月。昏，參伐、狼注之宿當見。參伐主斬艾立義，狼注主持衡平也。皆滅者，法度廢絶、威信凌遲之象。」**漢成帝永始中亦有星隕之異，而五侯擅權，賊莽居攝，**《前漢書》：「永始二年二月，星隕如雨，長二丈，繹繹未至地滅。元延元年四月，有流星東南行，四面如雨。河平二年，封王譚爲平阿侯，商爲成都侯，立爲紅陽侯，根爲曲陽侯，逢時爲高平侯，五人同日封，故世謂之五侯。劉向言五侯驕奢僭盛，並作威福，擊斷自恣，尚書、九卿、州牧、郡守皆出其門。平帝元始五年，安漢公王莽弑帝，太皇太后詔莽居攝踐阼。」**漢之宗支，掃蕩幾盡。天之示人顯矣。《春秋》謹於天象至矣。**朱氏曰：「日見於晝，星明於夜，天道常理。今夜有日光，常星不見，此陰不陰，陽不陽，君不君，臣不臣之應也。」張氏曰：「蓋王運將終，而伯統方作之祥。自此堯、舜、禹、湯、文、武之紀綱法度，掃滅殆盡矣。」汪氏曰：「經星没而不見，乃天地常經泯滅之象。衆星奔流，乃諸侯放恣，互相凌駕之證也。是時王綱廢弛，列國争衡，故天變應之。經書星變者四：此年星變，以王人不能勝五國之兵，而王命益不行於天下也；文十四年星孛，以桓、文迹熄，而宋、齊、晉之君皆有禍亂也；昭十七年星孛，以王朝庶孽奪正，而兵刃交於王都之内也；哀十三年星孛，以强吴争伯，而中國諸侯皆爲之服役也。凡此皆變之大者，而王霸衰亂之兆也。」廬陵李氏曰：「經書星隕、隕石、隕霜於隕字有先後之異者，蓋星在天有象，先見星而後見其隕，石與霜皆隕而後見也。」○劉氏曰：「《左氏》云：『與雨偕也。』非也。《穀梁》以如猶而言星隕且雨，亦非也。《春秋》記星隕爲異耳，夜中而雨，何足記乎？又曰：『著於上見於下謂之雨。』以言雨螽可也，以言雨雪，則何著於上之有？又曰：『著於下不見於上謂之隕。』以言隕石可也。以言星隕，則何不見於上之有？《公羊》説不修《春秋》曰雨星不及地尺而復，若實尺而復，無爲不書也。」

秋，大水。無麥、苗。《左傳》：「秋，無麥、苗，不害嘉穀也。」《公羊傳》：「無苗，則曷爲先言無麥而後言無苗？一災不書，待無麥然後書無苗。何以書？記災也。」《穀梁傳》：「高下有水災曰大水。無麥、苗。麥、苗同時也。」杜氏曰：「周之秋，今五月。平地出水，漂熟麥及五稼之苗。」何氏曰：「苗者，禾也。生曰苗，秀曰禾。」

書大水，畏天災也。無麥、苗，重民命也。畏天災、重民命，見王者之心矣。忽天災而不懼，輕民命而不圖，國之亡無日矣。《春秋》所以謹之也。張氏曰：「書大水，爲異非常也。蓋文姜宣淫，陰盛不制之所感也。周之秋，今五月，麥熟苗將秀，因水漂盡，故麥與苗俱無，民食乏絶，有國之大事，故書。」蜀杜氏曰：「《洪範》八政，食爲之先。一穀不登，《禮》謂之歉。莊公不德，屢致災異，此年大水，麥、苗見害，聖人録之以示憂民之教，俾後世人君，以重民命爲心也。」○劉氏曰：「《左氏》云：『不害嘉穀也。』無麥、苗矣，猶謂不害嘉穀，妄也，聖人爲記災而書耳。言不害於嘉穀，何益於教乎？《公羊》云：『曷爲先言麥而後言苗？一災不書，待無麥然後書無苗。』非也。若一災不書，豈愛民之謂乎？審如待無麥乃書無苗，則何不曰無苗、麥乎？」

冬，夫人姜氏會齊侯于穀。《穀梁傳》：「婦人不會，會非正也。」杜氏曰：「穀，齊地，濟北穀城縣。」

防，魯地也；穀，齊地也。初會于禚，次享于祝丘，又次如齊師，又一歲而再會焉，其爲惡益遠矣。明年無知弑諸兒，其禍淫之明驗也。張氏曰：「文姜元年以罪孫于齊，後復宣淫，自二年至今，詳書于策。《敝笱》、《載驅》録於《齊風》，論其時世，與衛之《鶉之奔奔》、《墻有茨》諸篇，皆一時之事。魯、衛，先王之後，婦行放逸，同播其惡於萬民。夫子曰：『魯、衛之政，兄弟也。』蓋不特周公、康叔之盛，而其世衰俗薄，末政之陵夷亦相似也。其後慶父亂魯，齊幾取之，與衛滅同時。聖人以魯事詳於《春秋》，而《齊詩》及魯事者不删。夫二《南》之風，后妃不待閑而德足以化天下。後世閑有家之道廢，而亡國敗家之禍同一軌轍。《詩》、《春秋》之旨，蓋相表裏也。」汪氏曰：「《齊詩·南山》、《載驅》刺襄公，而皆曰『魯道有蕩』，不一言之，深責魯莊不能防閑其母，《猗嗟》稱魯莊威儀技藝之美，無所不至，若曰獨少此耳。聖人於《春秋》，一則曰夫人姜氏會齊侯，二則曰夫人姜氏會齊侯，雖國惡有不容諱，其垂戒豈不遠哉！」

春秋集傳大全卷之八

莊　公　二

乙未莊王十一年。八年齊襄十二，弒。晉緡十九。衛惠十四。蔡哀九。鄭厲十五，子儀八。曹莊十六。陳宣七。杞靖十八。宋閔六。秦武十二。楚文四。**春，王正月，師次于郎，以俟陳人、蔡人。**《公羊傳》："次不言俟，此其言俟何？託不得已也。"《穀梁傳》："次，止也。俟，待也。"

用大衆曰師。次，止也。伐而次者，有整兵慎戰之意，其次，善之也，遂伐楚，次于陘是也。救而次者，有緩師畏敵之意，其次，譏之也，次于匡、于聶北、于雍榆是也。汪氏曰："聶北、于匡，緩師而怠於救患；雍榆，畏敵而怯於救患。"**俟而次者，有無名妄動之意，次于郎以俟陳人、蔡人是也。**趙氏曰："師駐曰次，惡興師也。無寇而次，是欲自爲寇也。"陸氏曰："非奉王伯之命以討罪救亂，則不當興之。惡其興師無名，故書次。"張氏曰："不由王命，妄興師衆，久次于外，無名而動，期會莫應，故書師次，又書俟以深責之。"**何俟乎陳、蔡？或曰：陳、蔡將過我，俟而邀之也。**范氏曰："時陳、蔡欲伐魯，故出師以待之。"**或曰：魯將與陳、蔡有事於鄰國，而陳、蔡不至，故次**

于郎以待之也。杜氏曰：「期共伐郕，陳、蔡不至，故駐師于郎以待之。」**若是，皆非義矣。其曰次，曰以俟者，深貶之也。**陳氏曰：「此吾君將也，何以稱師？莊之會齊皆譏也，莫甚於及圍郕，是故一貶之。師行不言次，必久而無功也而後言次，吾師嘗久外矣。而莊公特書次，以莊之不競於齊也。俟陳、蔡不至，及齊圍郕，郕降于齊師。以正月治兵，及秋而還，斯可以言次矣。」汪氏曰：「十二公惟莊公書次者三，昭公書次者三。莊公忘親釋怨，欲救紀與鄣而不能，俟陳、蔡不至而遂及齊圍郕；昭公失國而祈哀乞憐於齊、晉，卒至客死。皆惡之大者，故書以示戒。是以他公之次，皆不書。」○廬陵李氏曰：「《春秋》書內外之次十二，胡氏分三例：伐而次，善之也；救而次，貶之也；次而俟，無名之師也。莊三年公次滑，三十年師次成，皆可入救而次之例。襄元年仲孫蔑會四國次鄫，可入伐而次之例。莊十年齊、宋次郎，可入無名之例。又有次而伐者，亦貶之。楚、蔡次厥貉，齊、衛次五氏、垂葭、蘧蒢也。胡氏例明矣。獨次而救，救而次，亦當有分別，而胡氏未及之。則啖子說可取也。」見聶北下。

甲午，治兵。治，《公》作「祠」。《左傳》：「治兵于廟，禮也。」《公羊傳》：「祠兵者何？出曰祠兵，入曰振旅，其禮一也，皆習戰也。何言乎祠兵？爲久也。曷爲爲久？吾將以甲午之日，然後祠兵於是。」《穀梁傳》：「出曰治兵，習戰也。入曰振旅，習戰也。治兵而陳、蔡不至矣。兵事以嚴終，故曰善陳者不戰，此之謂也。善爲國者不師，善師者不陳，善陳者不戰，善戰者不死，善死者不亡。」

此治兵于郎也，俟而不至，暴步木反。**師露衆，役久不用，則有失伍離次、逃亡潰散之虞，故復申明軍法以整齊之。其志非善之也，譏黷武也。**孫氏曰：「先書師次于郎以俟陳人、蔡人，後言甲午治兵，惡內不知戰也。」張氏曰：「久次于外而所俟者不至，衆心不一，故申明約束以訓齊其衆。而不知出不以律，已失治兵之本矣，雖欲治之，其將能乎？ 書曰治兵，治者，不治者也。」汪氏曰：「《周禮・大司馬》：因秋獮治兵以教戰。《公》、《穀》皆言出而治兵，故楚將用師於中國，則子文治兵於睽，子玉治兵於蔿，子庚治兵於汾。今莊公不以仲秋田狩而教戰，又不治兵於出兵之時，而治兵於次郎之後，皆非禮也。蓋莊公之治兵，非預備不虞之意，實久役不得已而治之爾。大閱治兵，皆一經之特筆，而桓公有所畏而大閱非其時，莊公有所俟而治兵非其地，故皆特書以示貶。不然，常事不書。」〇劉氏曰：「《左氏》云『治兵于廟，禮也』，非也。以春治兵非其時，何以爲禮乎？ 廟中非治兵之地，若師之出，先謀於廟，是則可爾。於是焉習號令鐘鼓，丁寧旌旗，不乃太瀆乎？《穀梁》意謂《春秋》多之，亦非也。先出兵而後治，治又非其常地，故記其非常爾。《春秋》非教戰之書，豈貴其善戰而不戰也？」廬陵李氏曰：「《周禮》：中春教振旅，遂以蒐；中夏教茇舍，遂以苗；中秋教治兵，遂以獮；中冬教大閱，遂以狩。然《春秋》有書治兵大閱者，其只講武而不及於獮狩乎？ 有書蒐、書狩者，其兼及於振旅、大閱乎？《穀梁》治兵之義甚善，但注者以爲予莊公能以嚴終，則失之矣。」

夏，師及齊師圍郕，郕降于齊師。 郕，《公》作「成」。降，户江反。《左傳》：「仲慶父請伐齊師，公曰：『不可。我實不德，齊師何罪？ 罪我之由。《夏書》曰：「皐陶邁種德，德，乃降。」姑務脩德以待時乎！』」《公羊傳》：「成者何？ 盛也。盛則曷爲謂之成？ 諱滅同姓也。曷爲不言降吾師？ 辟之也。」《穀梁傳》：「其曰降于齊師何？ 不使齊師加威於郕也。」

書及齊師者，親仇讎也。圍郕者，伐同姓也。郕降于齊師者，見伐國無義而不能服也。於是莊公之惡著矣。張氏曰：「書及，内之志也。魯與郕皆文王之昭，蓋同姓兄弟之當親者。莊公忘親而志於取郕，始俟陳、蔡而陳、蔡不來，然後要齊以圍之，所以郕不服魯而降于齊。《春秋》直書以見其從讎而貪利，資人以虐小。二國同役而不同心，敵遂得以間之。魯師之出，大無功也，故略公而書師，以著其輕用民力之罪。」臨川吴氏曰：「説者謂魯欲取郕而結陳、蔡同伐，陳、蔡不至，乃藉力於齊。按魯弱於齊，齊豈肯爲魯役？魯亦何敢役之哉？蓋齊欲圍郕而徵兵於魯與陳、蔡爾。郕畏齊而不畏魯，故齊、魯同圍而郕獨降齊也。」廬陵李氏曰：「《春秋》書圍國二十五，始於此而終於宋人之圍曹。」〇劉氏曰：「《公羊》以謂：『成者盛也，諱滅同姓也，不言降吾師，辟之也。』非也。實共圍盛，改謂之成；實滅其國，改謂之降；實降于魯，又獨言齊。皆非聖人之文也。聖人諱國惡，如改白爲黑，亦不可傳世矣。《穀梁》云：『不使齊師加威於郕。』故使若齊無武功而郕自降，審如此，《春秋》爲縱失齊師之惡也。」

秋，師還。還音旋，後同。《左傳》：「秋，師還。君子是以善魯莊公。」《公羊傳》：「還者何？善辭也。此滅同姓，何善爾？病之也。曰：『師病矣。』曷爲病之？非師之罪也。」《穀梁傳》：「還者，事未畢也，遯也。」

書師還，譏役久也。按《左氏》，仲慶父請伐齊師，莊公不可，是國君上將親與圍郕之役也。然其次、其及、其還，皆不稱公者，重衆也。王氏《箋義》曰：「公圍郕而始末稱師者，刺之也。」《春秋》正例，君將不稱帥師，則以君爲重。今此不稱公，又以爲重衆，何也？輕舉大衆，❶妄動久役，俟陳、蔡而陳、蔡不至，圍郕而郕不服，歷三時而後還，則無名黷武，非義害人，未有如此之甚也。至是師爲重矣，義繫於師，故不書公，以著勞民毒衆之罪，爲後戒也。《春秋》王道輕重之權衡，此類是矣。孫氏曰：「《春秋》用師多矣，未有言師還，惡其與强讎伐同姓，師踰時方還。」薛氏曰：「師還何？幸之也。何幸乎師之還？公欲取郕而力不足，藉力於齊而齊取之，以夏降郕，及秋而反，公謀擊齊而遂不果，故遲遲也。莊公忘國之大耻，滅同姓，親讎敵，暴師之久，書之，危辭也。」陳氏曰：「書次、書俟、書治兵、書還，皆特筆也。内書師，莫詳於此也。」張氏曰：「《春秋》書魯用師，未有如是之詳者，蓋莊公此年之師，尤爲非義：無故次郎，可謂無名；甲午治兵，可謂黷武；圍郕而郕降齊，可謂無功；歷三時而師還，可謂害民。夫逆天道、親仇讎、圍同姓、勦民力，與國不信，伐國不服，故聖人備書之，以見其惡。」汪氏曰：「莊公之伐衛納朔，與僖公之侵蔡伐鄭圍新城，成公之如京師伐秦，定公之會召陵侵楚，皆歷三時而始返，皆不書師還，考其時而久役黷武之罪自見。獨此年無名興戎，師出無功，《春秋》没公不書，以深貶之。苟不書師還，則不見其久役大衆之惡，故備書始末，結正莊公之罪也。況諸公之出師，皆逼於伯者之令，惟莊公一役，貪利務得，至於久煩民而不顧，訹於衛寶之賂，而幾有降郕之隙，所謂於惡之中又有惡焉者，莊之謂矣。」○趙氏曰：「《左氏》云：『君子是以善魯莊公。』勞師會讎，何善之有？且齊强魯弱，自當不敢争也。」劉氏曰：「《公羊》曰：『善辭也。』又曰：『病之

❶「輕」，原作「斬」，今據四庫本及《纂疏》改。

也。』然則理實貶之，何言善之乎？《穀梁》曰：『還者，事未畢也，遯也。』云欲避滅同姓之國，示不卒事，非也。郕雖降齊，國實未滅，向云不使齊師加威于郕，獨齊師耳，豈可謂魯滅同姓哉？」廬陵李氏曰：「《春秋》書還例四：歸父還自晉，公還自晉，士匄侵齊聞喪乃還，皆善詞也；獨此年師還，則異乎是矣。故胡氏皆不從三傳之說。」

冬，十有一月癸未，齊無知

無知曷爲不稱公孫而以國氏？罪僖公也。弑君者無知，於僖公何罪乎？不以公孫之道待無知，使恃寵而當國也。按無知者，夷仲年之子。年者，僖公母弟也。私其同母異於他弟，施及其子，衣服禮秩如嫡，此亂本也。故於年之來聘，特以弟書，於無知之弑，不稱公孫，著其有寵而當國也。垂戒之義明矣。古者親親與尊賢並行而不相悖，故堯親九族，必先明俊德而後九族睦；周封同姓，必庸康叔、蔡仲而後王室强。徒知寵愛親屬，而不急於尊賢，使爲儀表，以明親親之道，必有簒弑之禍矣。陳氏曰：「弑君者連稱、管至父，而專罪無知者，君弑而無知受之，則賊不在二子矣。」張氏曰：「不書氏，與翬、州吁同，例舉於此，後皆稱氏，從同同也。」〇汪氏曰：「文定謂州吁不氏，責衛莊不待以公子之道；無知不氏，責齊僖不待以公孫之道，斯亦一義。然督、萬亦以國氏，蓋隱、桓、莊之《春秋》，凡賊皆名之。大義既明於初，其後皆以氏稱。張氏之言，乃程子之意也。」

弑其君諸兒。《左傳》：「齊侯使連稱、管至父戍葵丘，瓜時而往，曰：『及瓜而代。』期戍，公問不至。請代，弗許。故謀作亂。僖公之母弟曰夷仲年，生公孫無知，有寵於僖公，衣服禮秩如適。襄公絀之，二人因之以作亂。連稱有從妹在公宮，無寵。使間公，曰：『捷，吾以女爲夫人。』冬十二月，齊侯游于姑棼，遂田于貝丘。見大豕，從者曰：『公子彭生也。』公怒，曰：『彭生敢見！』射之，豕人立而啼。公懼，隊于車，傷足，喪屨。反，誅屨於徒人費，弗得；鞭之，見血。走出，遇賊于門，劫而束之。費曰：『我奚御哉？』袒而示之背，信之。費請先入，伏公而出鬭，死于門中。石之紛如死于階下。遂入，殺孟陽于牀，曰：『非君也，不類。』見公之足于户下，遂弑之，而立無知。初，襄公立無常。鮑叔牙曰：『君使民慢，亂將作矣！』奉公子小白出奔莒。亂作，管夷吾、召忽奉公子糾來奔。初，公孫無知虐于雍廩。」《穀梁傳》：「大夫弑其君以國氏者，嫌也，弑而代之也。」

按《左氏》，齊侯游于姑棼，遂田于貝丘，徒人費遇賊于門，先入伏公，出而鬭死，石之紛如死于階下。是能死節者也。《春秋》重死節之臣，而法有特書。汪氏曰：「據孔父、仇牧、荀息，皆特書。」**其不見于經，何也？如費等所謂便嬖私暱之臣，逢君之惡，田獵畢弋而不修民事，使百姓苦之者也，**《國語·齊語》：「桓公曰：『吾先君襄公，築臺以爲高位，田狩畢弋，不聽國政。』」注：「畢，掩雉兔之網。弋，繳射也。」**與大臣孔父、仇牧，義形於色，不畏强禦，以身死其職，則異矣。當是時，管仲、隰朋、鮑叔，皆沉於下寮，不見庸也；而徒人費、石之紛如，乃得居左右。襄公之所疎遠、親信者如此。故以齊國之强大，一也。桓公用之，則九合諸侯，不以兵車，由親賢人、遠小人，所以興也。襄公用之，不能保其身，死于户下，由親小**

人、遠賢人，所以亡也。此二人雖死于難，與自經於溝瀆而莫之知者，猶不逮焉，乃致亂之臣，死不償責，又何取乎！ 汪氏曰：「徒人費、石之紛如、孟陽死於襄公之弒，賈舉、州綽、邴師、公孫敖、封具鐸父、襄伊、僂堙、祝佗父、申蒯死於莊公之弒，皆不得以死節書。蓋近暱嬖幸之臣，從君於昏而任其禍，未可以死節許之也。」張氏曰：「齊襄之見弒，以禍本言之，則無知之亂嫡，積漸於僖公之時。而襄公之惡積不可揜：如抗王伐衛，殺魯桓公，色荒禽荒，暱比小人，以至禍發蕭墻，身殲賊手。考其即位至今，所書齊事，無非亡國、戕身之媒，所謂積不善之餘殃也。」廬陵李氏曰：「齊自僖公九年入《春秋》，以賜履之舊，得十二之强，石門瓦屋之盟，已駸駸乎有糾合之漸。然迹其平生，始於資鄭，繼而求魯，繼而平宋、衛，及其勢盛黨合，於是伐宋、入許、立督，無所不至。至惡曹之盟，裒然爲三國之長矣。自是以來，無非謀許之日。至桓十四年而襄公立，定許叔而托繼絶之禮，誅高渠彌以假討罪之義。即位之初，猶有可言，至於魯桓之弒，天理滅絶。莊元年而遷郱、鄑、郚矣，三年而伐衛矣，四年而滅紀矣，五年而合五國以納朔矣，六年而郕又降矣。雖禍淫之驗，卒賊其身，然東州小伯，規模略定，餘威振乎殊俗久矣。桓公襲三世積累之餘，九合之盛，夫豈無其故哉！」○劉氏曰：「《穀梁》曰：『以國氏者，弒而代之。』非也。宋萬豈亦弒而代之乎？公子商人豈非弒而代之乎？」

丙申 莊王十二年。**九年** 齊桓公小白元年。晉緡二十。衛惠十五。蔡哀十。鄭厲十六，子儀九。曹莊十七。陳宣八。杞靖十九。宋閔七。秦武十三。楚文五。**春，齊人殺無知。**《左傳》：「九年春，雍廩殺無知。」《穀梁傳》：「無知之挈，失嫌也。稱人以殺大夫，殺有罪也。」

殺無知者，雍廩也。而曰齊人者，討賊之辭也。弒君之賊，人人之所惡，夫人之所得討，故稱人。人者，衆辭也。可堂吴氏曰：「聖人以討賊寄之人人，亂臣賊子無容足之地矣。」**無知不稱君，已不能君，齊人亦莫之君也。**陳氏曰：「州吁之弒，衛人爲之變，不踰年卒討之。無知之弒，齊人亦爲之變，踰年卒討之，故無知不成君而雍廩得書人，國猶有臣子也。春秋之初，王道猶未墜，人心猶止於禮義也。《齊詩》爲襄公作者六，以齊襄不道，詩人屢致意焉。冀幸一悟，而長惡不已。至於遇弒，然猶不忘討賊之義也。」家氏曰：「齊商人、楚虔曠歲歷年，然後假手他人以迄天討。既爲臣民所君，雖欲用州吁、無知之例，名之曰賊，以匹夫討，有不可得矣。」汪氏曰：「《春秋》之例，稱人以殺而但名之，則討有罪也；稱人以殺而不去其官，則非討賊也。經書殺弒賊者十：州吁、無知、陳佗、夏徵舒、晉里克、衛甯喜、齊商人、楚虔、公子比、蔡般是也。州吁、無知，國人能自討賊；陳佗、徵舒，待蔡人、楚人討之，無臣子矣，然皆以討賊書之也。晉惠因里克弒君而得國，衛獻因甯喜弒君而復國，利其所爲，使復爲大夫，既又忌而殺之，非討賊也，故以國殺大夫爲文。楚棄疾誘比以爲君之利，而俾當弒君之名，既而殺之，意在代其位，亦非討賊也，故以兩下相殺爲文。齊商人、楚虔、蔡般，則國人君之，諸侯會之，不知其爲賊矣，故《春秋》亦不得用討賊之例也。」〇劉氏曰：「無知弒君以代其位，不可復氏公子。上有齊人，下有無知，明無知者齊人之賊，亦不煩再氏國。又無知非大夫，而以殺大夫例解之，《穀梁》之説非也。」

公及齊大夫盟于蔇。蔇，其器反。《公》、《穀》作「暨」。《左傳》：「齊無君也。」《公羊傳》：「公曷爲與大夫盟？齊無君也。然則何以不名？爲其諱與大夫盟也。使若衆然。」《穀梁傳》：「公不及大夫。大夫不名，無君也。盟，納子糾也。不日，其盟渝也。當齊無君，制在公矣。當可納而不納，故惡內也。」杜氏曰：「蔇，魯地，琅琊繒縣北有蔇亭。」

及者，內爲志。 高氏曰：「此盟蓋公意。」**大夫不名者，義繫於齊，而不繫於大夫之名氏也。** 張氏曰：「大夫，齊之太宰。稱大夫，以其任一國之事而表異之，故不名。」杜氏曰：「來者非一人，故不名。」范氏曰：「《春秋》之義，內大夫可以會外諸侯，公不可以盟外大夫，所以明尊卑、定內外也。今齊國無君，要當有任其盟者，故不得不以權通。禮：君前臣名，齊無君，故大夫不名。」**曰公及齊大夫盟者，譏公之釋父怨、親仇讎也。** 趙氏曰：「納讎人之子，損禮而盟大夫，故盟書公及，言大夫，以明非大夫之罪也。所以異於高傒及處父也。」**或曰：以德報怨，寬身之仁，何以譏之也？曰：德有輕重，怨有深淺。怨莫甚於父母之仇，而德莫重乎安定其國家，而圖其後嗣也。** 劉氏曰：「仲尼正天下之義，明德怨之處，以謂德不可以報怨。設若詭其理，則去正遠矣。故怨莫甚乎父母之仇，而德莫重乎君國子民，豈可相貿易哉！」**有父之讎而不知怨，乃欲以重德報之也，則人倫廢、天理滅矣。然則如之何？以直報怨，以德報德。** 朱子曰：「以直報怨者，不以私害公，不以曲勝直，當報則報，不當報則止，一觀夫理之當然。聖人之心，終不使人忘怨而沒其報復之名者，亦以見夫君父之讎有不得不報者，而伸夫忠臣孝子之心也。若於其所怨而反報之以德，誠若忠且厚矣，而於君父之讎，亦將有時而忘之，豈不悖天理之甚也哉！或曰：君父之讎，亦有當報不當報之別乎？曰：《周禮》有之：『殺人而義者，令勿讎。』此不當報者也。《春秋傳》曰：『父不受誅，子復讎可也。』此當報者也。當報而報，不當報而止，是即所謂直也。」汪氏曰：「莊公素無報讎之念，自以爲出於齊，倚齊爲援，故於襄之死，要齊大夫至於魯地，而謀立糾以爲君，爲植黨市恩之計。初非以德報怨，實欲以德報德也。使莊公幡然悔悟，思其父之所以没，因無知之亂，伸大義而伐之，斲其棺而暴其罪，謀於齊衆，擇僖公之賢子而立之，豈不爲桓公之孝子，而爲《春秋》之賢君也哉！聖人於高傒、處父、荀庚、孫良夫、郤犨、孫林父向戌之盟，皆不書公及，獨於齊大夫盟蔇書曰公及者，蓋深疾其懵於理而又傷其不能勇於事也。」○啖氏曰：「《穀梁》曰：『無君，制在公矣。當可納而不納，故惡内也。』按讎人之子本不當納，有何惡乎？下伐齊納糾，義同。」廬陵李氏曰：「《春秋》於蔇之盟書齊大夫，扈之盟書晉大夫，其詞雖同，然齊無君而書大夫，非貶詞，又書公及，則大夫無抗公之嫌，而罪公之及齊明矣；晉靈初即位，而趙盾書大夫，則趙盾之專可知，其書公會，雖譏公之後至，然乃所以見趙盾之强，諸侯爲此盟也。大夫不名，疑杜氏説是。」又曰：「子糾，三傳皆以爲當納，趙子、程子、胡氏以爲不當納。所以然者，杜氏以子糾、小白並齊僖之子，而糾長，故當立；《穀梁》曰：『齊無知弒襄公，公子糾、公子小白出亡。』似若以爲襄公子矣，而終以糾爲兄，故亦以爲當立；獨程子用《史記》證之，而定以糾爲襄公子，於是魯納讎之罪明，定以糾爲小白弟，於是糾不當立之義著，然後糾不書子、小白之繫齊、管仲之不死、魯之忘親釋怨，皆得其説矣。」

夏，公伐齊，納糾。《左》作「納子糾」。《公羊傳》：「納者何？入辭也。其言伐之何？伐而言納者，猶不能納也。糾者何？公子糾也。何以不稱公子？君前臣名也。」《穀梁傳》：「當可納而不納，齊變而後伐，故乾時之戰不諱敗，惡内也。」高氏曰：「齊不受糾，而公尚以蔇之盟彊欲納之，書伐齊納糾，罪公也。」**齊小**

白入于齊。《左傳》：「公伐齊，納子糾。桓公自莒先入。」《公羊傳》：「曷爲以國氏？當國也。其言入何？篡辭也。」《穀梁傳》：「大夫出奔，反，以好曰歸，以惡曰入。齊公孫無知弒襄公，公子糾、公子小白不能存，出亡。齊人殺無知而迎公子糾於魯。公子小白不讓公子糾，先入，又殺之於魯，故曰齊小白入于齊，惡之也。」程子曰：「桓公、子糾，襄公之二子也，桓公兄而子糾弟。襄公死，則桓公當立。《春秋》書桓公則曰齊小白，言當有齊國也；於子糾則止曰糾，不言齊，以不當有齊也。不言子，非君之嗣子也。《公》、《穀》并注四家皆書納糾，《左傳》獨言子糾，誤也。然書齊人取子糾殺之者，齊大夫嘗與魯盟于蔇，既納糾以爲君，又殺之，故書子，是二罪也。」又曰：「糾與小白皆公子非當立，而小白長，則當立也。今糾爭立，故皆不言子。及殺之，然後言子糾，蓋謂既已立之矣，故須以未踰年君稱之。以此挍之，則管仲之去糾事小白，皆非正，去就輕也。非如建成既爲太子而秦王奪之，魏徵去建成而事秦王，不義之大也。」

《左氏》書子糾，二傳曰「伐齊納糾」，君子以《公》、《穀》爲正。納者，不受而强致之稱。永嘉吕氏曰：「凡書納，皆内不受而强致之。公伐齊納糾，欲納之而實未能納也，故納而得入則書其國。楚人納頓子于頓，楚子納公孫寧、儀行父于陳是也。雖至其國而未得入，則書弗克納，晉人納捷菑于邾是也。未得國而入于邑，則書邑，齊高偃納北燕伯于陽、晉趙鞅納世子蒯聵于戚是也。莊公納子糾也，以國則小白已君，以邑則糾未能入，故但書納，以見其不能納也。」陳氏曰：「襄公吾讎也，而納其亡公子以爲德，是納不宜納也。」**入者，難詞。**汪氏曰：「有當入而言入者，難詞也。有不當入而言入者，逆詞也。許叔之入，小白之入，當入者也；鄭突之入，衛朔之入，不當入者也。齊陽生入于齊，與此書法雖同，然下書陳乞弑荼，則知陽生之入所以簒荼矣。讀經當合上下文觀之。」**糾不書子者，明糾不當立也。以小白繫齊者，明小白宜有齊也。**臨川吴氏曰：「襄公諸兒、公子糾、公子小白，皆齊僖公之子。襄公遭弑而無嗣，則糾與小白皆可君齊。齊人初欲迎糾，既而當國者知糾之不如小白，故拒糾而召小白，先入于國而奉以爲君。小白之立，蓋齊國公議爲社稷計也。則小白乃齊國之所共戴，而糾特魯君之所私納，故曰齊小白，言其當爲齊君也。入者，難辭。雖齊大夫之所欲立，然有魯兵見伐，奉糾爭國，故小白亦藉莒兵護送而後得入齊，非如歸之易也。」**所以然者，襄公見殺，糾與小白皆以庶子出奔，而糾弟也，又未嘗爲世子。按史稱周公誅管、蔡以安周，齊桓殺其弟以反國，**《前漢書·淮南厲王傳》：「王驕恣不法，上令薄將軍昭與厲王書，諫數之。」**是糾幼而小白長，其有齊宜矣。宜則何以不稱公子？內無所承，上不稟命，故以王法絶之也。桓公於王法雖可絶，視子糾則當立，故管仲相桓爲徙義，而聖人稱之曰：「微管仲，吾其被髮左衽矣。」召忽死於子糾爲傷勇，比諸匹夫匹婦之諒，自經於溝瀆而莫之知也。**朱子曰：「程子以薄昭之言，證桓公之爲兄，而荀卿嘗謂桓公殺兄以爭國，其言固出於薄昭之前，未可以此證其必然。但以《公》、《穀》、《春秋》所書之文爲據，參以夫子答子路、子貢之言斷之，蓋聖人之於人，功罪不相掩。今但稱管仲之功而不言其罪，則可見不死子糾之難無害於義，而桓公、子糾之長少，亦從以明矣。」汪氏曰：「杜氏注：『小白，僖公庶子。子糾，小白庶兄。』《公羊》謂小白稱入爲簒辭，《穀梁》謂小白不讓子糾，《太史公序》小白次子糾，皆以子糾爲兄，小白爲弟，且謂皆僖公子。韓宣子亦謂齊桓衞姬之子，有寵於僖。而程子謂襄公子，似據《左傳》公子小白、公子糾，蒙襄公立而言，今考小白與糾其爲僖公或襄公之子，則不可考。然以經考之，忽繫鄭而突不繫鄭，羈繫曹而赤不繫曹，則嫡庶之辨也；捷菑不繫邾而書弗克納，則長幼之辨也。今小白繫齊，則鄭忽、曹羈之例也；糾不稱子而稱納，則捷菑之例也。是則小白當立，而糾不當立明矣。以經別傳之眞僞，則《公》、《穀》、杜氏不可信也。況夫子盛稱管仲之功，而不責其忘君事讎，別其長幼是非，豈不灼然可見哉！魯莊忘讎而納其公子，奉少奪長，興師以助不正，卒至於敗。書公伐，書納，而罪惡著矣。」茅堂胡氏曰：「莊公爲齊納子糾，既絕父子君臣之倫矣。魯國臣子則而象之，故子般、閔公皆不得其死，而魯不絕如綫。仲尼爲此懼，一書再書，屢書特書，而每書必加貶絕以著其釋怨忘讎之罪也。」廬陵李氏曰：「《春秋》書納七，皆不當納也。糾不書公子，與捷菑同。公之伐戰，與晉之弗克納異。糾、捷菑以庶孽書納，蒯聵以世子亦書納，蒯聵無親之罪大也。蒯聵得書世子，而糾、捷菑不書公子者，書世子以著靈公之失也。楚之納頓子，納公孫寧、儀行父，齊之納北燕伯，皆内弗受之詞也。納郜鼎同此義。」又曰：「公子入國而繫國者，齊小白、莒去疾、齊陽生，皆宜有國者也。」○劉氏曰：「《公羊》云：『納者，入辭也。』非也。納者，納辭耳。得入不得入，未可知也。非入辭也。又云：『糾不稱公子，君前臣名。』亦非也。糾失國在魯，本非魯臣，何故責以君前臣名乎？」

秋，七月丁酉，葬齊襄公。杜氏曰：「九月乃葬，亂故。」張氏曰：「無知已誅，可以葬矣。」○**八月庚申，及齊師戰于乾時，我師敗績。**乾音干。《左傳》：「師及齊師戰于乾時，我師敗績。公喪戎路，傳乘而歸。秦子、梁子以公旗辟于下道，是以皆止。」《公羊傳》：「内不言敗，此其言敗何？伐敗也。曷爲伐敗？復讎也。此復讎乎大國，曷爲使微者？公也。公則曷爲不言公？不與公復讎也。曷爲不與公復讎？復讎者在下也。」程子曰：「及其師，非卿也，公戰，諱敗。凡言敗績，大敗也。小小勝負，不書。」杜氏曰：「乾時，齊地。時水在樂安界岐流，旱則竭涸，故曰乾時。」

内不言敗，此其言敗者，爲與讎戰，雖敗亦榮也。何氏曰：「復讎以死敗爲榮。」劉氏曰：「以謂生而辱，不如死而榮也。」按《左氏》，戰于乾時，公喪戎路，傳乘而歸，則敗績者公也。能與讎戰，雖敗亦榮，何以不言公？貶之也。公本忘親釋怨，欲納讎人之子，謀定其國家，不爲復讎與之戰也。是故没公以見貶。若以復讎舉事，則此戰爲義戰，當書公，冠于敗績之上。與沙隨之不得見、平丘之不與盟爲比，以示榮矣。汪氏曰：「沙隨、平丘皆非魯罪，故不諱恥。」見成公十六年、昭公十三年。惟不以復讎戰也，是故諱公以重貶其忘親釋怨之罪。其義深切著明矣。汪氏曰：「書齊師、書我師，則非師少矣。上文書公及齊大夫盟，公伐齊，則此戰乃公及之戰，不待考傳而知之也。然不書公而以微者之辭及戰者，所以著公志在於納糾，而不在於敵讎也。經書内戰者三，書敗外師者八，言敗者勝彼，言戰者爲彼所勝也。内諱敗，言戰乃敗矣。故奚、升陘，皆不言敗績。升陘諱公不書，爲公諱敗也。獨此書敗績，爲與讎戰，故雖敗績猶不以爲辱耳。抑揚詳略之際，皆聖人之微意也。」

九月，齊人取子糾，殺之。《左傳》：「鮑叔帥師來言曰：『子糾，親也，請君討之。管、召，讎也，請受而甘心焉。』乃殺子糾于生竇，召忽死之。管仲請囚，鮑叔受之，及堂阜而脱之，歸而以告曰：『管夷吾治於高傒，使相可也。』公從之。」《公羊傳》：「其取之何？內辭也，脅我，使我殺之也。其稱子糾何？貴也。其貴奈何？宜爲君者也。」《穀梁傳》：「外不言取，言取，病內也。取，易辭也，猶曰取其子糾而殺之云爾。十室之邑，可以逃難；百室之邑，可以隱死。以千乘之魯而不能存子糾，以公爲病矣。」

取者，不義之詞。《説文》：「取，捕取也。」謂義不可而强取之也。前書納糾不稱子者，明不當立也。此書殺糾復稱子者，明不當殺也。雙峰饒氏曰：「《春秋》於糾上一無子字，一有子字，始以納之爲非，故去子以明其不當納，終以殺之爲非。故又稱子以明其不當殺。」或奪或予，於義各安。《春秋》精意也。仁人之於兄弟，不藏怒焉，不宿怨焉，親愛之而已。糾雖争立，越在他國，置而勿問可也；必請于魯殺之，然後快于心，其不仁亦甚矣。後世以傳讓爲名，而取國者必殺其主，以爲一人心、防後患，意與此同。流毒豈不遠哉！汪氏曰：「按《通鑑》，宋高祖劉裕受晉禪，殺晉恭帝；齊太祖蕭道成受宋禪，殺宋順帝，盡滅其族；梁武帝蕭衍受齊禪，殺齊和帝；陳武帝霸先受梁禪，殺梁敬帝；隋文帝楊堅受周禪，殺周静帝；後梁高祖朱晃受唐禪，殺唐昭宣帝。」故《孟子》曰：「五伯，三王之罪人也。仲尼之徒，無道桓、文之事者。」高氏曰：「桓公殺子糾，書齊人者，并其國人罪之也。書曰取殺之，重之也。」張氏曰：「糾者，齊桓之兄弟也。以其不當争而争立則爲罪，以其骨肉之至親則不可殺。爲齊桓者，當列其罪以告魯人，且明示親親之義而全其生，則恩義兩得矣。夫殺兄弟當目君，而稱齊人者，廢立之際，殺生予奪寄於當國大臣之手，毫釐之差，霄壤之謬。今齊大夫始以糾爲先君之子而盟欲立之，始謀不審，已爲罪矣；及桓公得國，又不體其君天倫之恩，從議親之辟，以赦其罪，而必殺之，廢興生死，輕率甚矣。故加子於糾，又書齊人，書取，書殺，以責其舉國君臣忘親失義之罪也。蓋天倫之重，苟未至如管叔之得罪宗廟先君與天下之民，則必當以親親而全其生。此聖人以至公之心示後世，異於私天下爲己有，欲絶亂本禍根，而推刃於先君之遺體者矣。」臨川吴氏曰：「齊立小白，魯亦立糾以與小白争國，小白立而魯師還，則糾乃一亡公子寄寓於魯者爾，何罪而齊欲殺之乎？今齊有君而魯又立糾，是齊有二君矣，勢固不兩立也。魯兵戰敗，力不敵齊，故齊聲子糾争國之罪，偪魯殺之，魯不能芘，遂殺之于生竇。殺之者雖魯從齊令也，是猶齊人取之於魯，魯以畀齊而殺之焉爾。所以著子糾之死，皆魯之罪也。」汪氏曰：「王者之道，自脩身、正家以及於爲國。桓公殺子糾、晉文殺懷公以取國，夫子糾、懷公，論長幼之序雖不當立，而桓、文之殺亦非也。以是得國而霸諸侯，其本固已不正矣。此仲尼之門，五尺童子所以羞稱五霸也。殺懷公之事不見於經，非削之也，舊史不存耳。」〇廬陵李氏曰：「子糾書法與子般、子野同，故《公》、《穀》皆以爲貴而當立。殊不知前不書子，責子糾以天倫之義，此復書子，責桓公以天倫之恩也。」趙氏曰：「《左氏》謂魯殺子糾，按《論語》云：『桓公殺公子糾。』則知齊自殺之，非魯殺也。若實魯殺，當云齊人使我殺子糾，不應云取。」劉氏曰：「《穀梁》曰：『言取，病内也。』非也。言取，病齊耳，内何病乎？」

冬，浚洙。洙音殊。《公羊傳》：「洙者何？水也。浚之者何？深之也。曷爲深之？畏齊也。曷爲畏齊？辭殺子糾也。」《穀梁傳》：「浚洙者，深洙也，著力不足也。」

固國以保民爲本。輕用民力，妄興大作，邦本一摇，雖有長江巨川限帶封域，洞庭彭蠡河漢之險，猶不足憑，而況洙乎！書浚洙，見勞民於守國之末務而不知本，爲後戒也。張氏曰：「洙水在魯北，齊伐魯之道也。魯雖殺子糾，猶有畏齊之心，故浚而深之，以備齊師之至。書此以見其不能明政刑、結人心，使大國畏之，而重勞民力，務以深險自守，不知困民於無益。古人『徹彼桑土，綢繆牖户』之意，不如是之陋也。」王氏曰：「隨有季梁，楚不敢伐；鄭有子産，晉不能屈。不有君子，其能國乎？莊納子糾而不知義，洙水近在城北而勞民末務，特兒戲耳。」汪氏曰：「城郭溝池，有國者之所不可廢。然有當守而不可不守者，有不必徒恃於守者，《春秋》書滅下陽、書城虎牢，責虢、鄭之不能守也。書浚洙、書内築城邑者二十有四，所以責魯之徒恃於守，而重困民力也。」

丁酉莊王十三年。**十年**齊桓二。晉緡二十一。衛惠十六。蔡哀十一。鄭厲十七，子儀十。曹莊十八。陳宣九。杞靖二十。宋閔八。秦武十四。楚文六。**春，王正月，公敗齊師于長勺。**勺，上酌反。《左傳》：「齊師伐我。公將戰，曹劌請見。其鄉人曰：『肉食者謀之，又何間焉？』劌曰：『肉食者鄙，未能遠謀。』乃入見。問何以戰。公曰：『衣食所安，弗敢專也，必以分人。』對曰：『小惠未徧，民弗從也。』公曰：『犧牲玉帛，弗敢加也，必以信。』對曰：『小信未孚，神弗福也。』公曰：『小大之獄，雖不能察，必以情。』對曰：『忠之屬也，可以一戰，戰則請從。』公與之乘。戰于長勺。公將鼓之，劌曰：『未可。』齊人三鼓，劌曰：『可矣。』齊師敗績。公將馳之，劌曰：『未可。』下視其轍，登軾而望之，曰：『可矣。』遂逐齊師。既克，公問其故。對曰：『夫戰，勇氣也。一鼓作氣，再而衰，三而竭。彼竭我盈，故克之。夫大國，難測也，懼有伏焉。吾視其轍亂，望其旗靡，故逐之。』」《穀梁傳》：「不日，疑戰也。疑戰而曰敗，勝内也。」杜氏曰：「長勺，魯地。」

齊師伐魯，經不書伐，意責魯也。詐戰曰敗，范氏曰：「不尅日而戰，以詐相襲。」**敗之者爲主。**啖氏曰：「凡魯勝，則曰敗某師。」**或曰：長勺，魯地，而齊師至此，所謂敵加於己，不得已而後應者也，疑若無罪焉，何以見責乎？善爲國者不師，善師者不陣，善陣者不戰，故行使則有文告之詞，而疆埸則有守禦之備。至於善陣，德已衰矣，而況兵刃相接，又以詐謀取勝乎？故書魯爲主以責之。皆已亂之道、寡怨之方、王者之事也。**張氏曰：「書敗而不書戰，惡詐戰也。用民力以戰争，古有司馬車戰之法：定日刻期，兩陳相向以決勝負，雖敗而奔，亦無多殺之禍。若詐戰而出其不意，或舉衆而覆之，則不仁之甚者也。莊公政刑不修，制軍無法，齊師之來，以詐謀而僥倖一勝，《春秋》深譏之。」汪氏曰：「《春秋》書外敗者八，非夷狄之敗中國，則中國之敗夷狄。夫夷狄之於中國，不足責矣，中國之於夷狄，不可以常法制之，而以詐勝之，猶之可也；至於中國之於中國，而以詐取勝，則其罪深矣。經書内敗夷狄者一，敗中國者七，而莊公居其三。何莊公習於詐勝若是耶？或謂莊公與仇國爲敵，聖人幸其勝而志之也。嗟夫！使莊公於即位之初，悉索敝賦以問罪於齊，❶而有再戰

❶「初悉」，原作「矣今」，今據四庫本及《纂疏》改。

再勝之功，則爲善矣，今乃挾不能納糾之憤，❶而逞其狙詐，何有於敵讎？苟以爲敵讎，則侵宋、再敗宋師，非敵讎也。」○劉氏曰：「按《左氏》：『齊師伐我，公將鼓之，曹劌曰：「未可。」齊人三鼓，劌曰：「可矣。」齊師敗績。』杜氏注：『齊人雖成列，魯以權譎稽之，列成而不得用，故以未陳爲文。』非也。傳本設皆陳曰戰，未陳曰敗之例者，見正不正也。此既皆陳矣，是正也。要是，傳所載者，當時雜記妄出，曹劌及戰事，不足爲據。」

二月，公侵宋。此書「侵」之始。《公羊傳》：「曷爲或言侵，或言伐？觕者曰侵，精者曰伐。戰不言伐，圍不言戰，入不言圍，滅不言入，書其重者也。」《穀梁傳》：「侵時，此其月，何也？乃深其怨於齊，又退侵宋以衆其敵；惡之，故謹而月之。」王氏曰：「宋閔以莊二年即位，二君未嘗有隙，何爲而侵宋耶？以詐敗齊，乘勝侵宋，皆召兵之道，非保國之謀也。」張氏曰：「莊公以僥倖得志於齊，遂舉無名之師以掠宋境，此所以致郎之師也。」蜀杜氏曰：「《周官》九伐之法，負固不服則侵之，此蓋天子命諸侯使侵之，非列國可得而專。春秋之世侵伐戰圍者甚衆，必詳録之，以示譏也。」○汪氏曰：「趙氏纂例駁三傳侵伐之説，而謂稱罪致討曰伐，無名行師曰侵，然齊桓侵蔡、劉文公侵楚，豈可謂無名行師乎？文定改之曰：『潛師掠境曰侵。』其義當矣。詳見十五年。」○**三月，宋人遷宿。**此遷國之始。《公羊傳》：「遷之者何？不通也，以地還之也。子沈子曰：『不通者，蓋因而臣之也。』」《穀梁傳》：「遷，亡辭也。其不地，宿不復見也。遷者，猶未失其國家以

---

❶「矣今」，原作「初悉」，今據四庫本及《纂疏》改。

往者也。」

其曰遷宿者，宿非欲遷，爲宋人之所遷也。 杜氏曰：「宋强遷之而取其地，故文異於邢遷。」趙氏曰：「徙而臣之曰遷某。」陸氏曰：「移入封内以爲附庸也。」**懷土，常物之大情。遷國，重事也。雖違害就利，去危即安，猶或恐沈于衆，不肯率從。**《書·盤庚》注：「自祖乙都耿，圮于河水，盤庚欲遷于殷，而大家世族安土重遷，胥動以浮言，恐動之以禍患，沈陷之於罪惡，乃話民之弗率。」**而況迫於横逆，非其所欲，棄久宅之田里，刈新徙之蓬藋，道途之勤，營築之勞，起怨謗，傷和氣，豈不惻然有隱乎？ 肆行莫之顧也，其不仁亦甚矣！ 凡書遷，不再貶而惡已見矣。** 高氏曰：「宿，介於宋、魯之間，屬於宋而親魯，宋人以爲貳於魯而遷之。」王氏曰：「驅而屬之爲附庸，自是宿不復見，則亦亡矣。 宋閔所爲如此，閱三載而見弑於賊臣，豈不曰天道好還哉！」或問：「聖人惡人遷國，序《書》何以取盤庚？」茅堂胡氏曰：「有不利焉，意欲自遷，則何惡矣！ 或介乎大國，或迫於戎狄，爲人之所遷者，《春秋》閔之。」襄陵許氏曰：「遷之使未失其國家以往，其義猶有所難，則是王澤之未竭也。僖、文以後，有滅國，無遷國矣。」汪氏曰：「書遷國邑者三，書自遷者七：宋遷宿，齊遷紀郱、鄑、郚，遷陽，皆强遷之而取其地者也；邢遷夷儀，衛遷帝丘，許遷葉、夷、白羽、容城，蔡遷州來，皆以自遷爲文者也；然惟邢、衛乃迫於狄而自遷，蔡、許爲吴、楚所遷，亦書自遷者，蓋雖爲强暴所遷，然遷而不滅，則曰某國遷于某，遷而遂滅，則曰某人遷某國也。 邢遷如歸，齊桓得興滅繼絶之義。《春秋》二百餘年之最善者，後莫有繼之者矣。」○趙氏曰：「《公羊》云：『以地還之也。』據此，乃將己地繞之，非遷彼之義。」廬陵李氏曰：

「三傳，《左氏》、《穀梁》同，《公羊》『因而臣之』之説亦是。而『不通』之詞，迂僻無義，故不取。《穀梁》『未失其國家以往』，本言自遷者，注説得之。而許氏因其説又曰：『遷之使未失其國以往，其義猶有所難，則是王澤之未竭也。僖、文以後，有滅國、無遷國矣。』以此通之，遷紀、遷陽、降鄣等，皆可。」

夏，六月，齊師、宋師次于郎。公敗宋師于乘丘。乘，繩證反。《左傳》：「齊師、宋師次于郎。公子偃曰：『宋師不整，可敗也。宋敗，齊必還，請擊之。』公弗許。自雩門竊出，蒙皐比而先犯之。公從之，大敗宋師于乘丘。齊師乃還。」《公羊傳》：「其言次于郎何？伐也。伐則其言次何？齊與伐而不與戰，故言伐也。我能敗之，故言次也。」《穀梁傳》：「次，止也，畏我也。不日，疑戰也。疑戰而曰敗，勝内也。」杜氏曰：「乘丘，魯地。」

齊、宋輕舉大衆，深入他境，肆其報復之心，誠有罪也。魯人若能不用詐謀，奉其辭令，二國去矣。偷得一時之捷，而積四鄰之忿，此小人之道，故次者不以其事，勝者不以其理，交譏之。汪氏曰：「大衆，據二國稱師。他境，據郎、乘丘皆魯地。報復，齊報長勺，宋報公侵。不以其事，據不書伐；不以其理，據不書戰，而止書敗是也。」劉氏曰：「齊、宋輕用其衆，揚兵整旅，以侵人之國，❶而不名所伐，欲窺利乘便，快其攻取之意。使魯人恫疑憂恐，出奇計詐謀以自救，覆滅其軍，百姓父子無辜陷没，此人君貪利輕用其衆之罪也。魯人誠能不用詐謀，推忠信，奉辭令，以止齊、宋之師，齊、宋

❶「侵」，原作「徑」，今據四庫本改。

去矣，其所以弭患止亂、安國便民，不益堅且久耶！偷得一時之勝，而忘長世之慮，此小人釁於勇、嗇於禍之咎。故次者不以義，勝者不以道，交譏之也。」襄陵許氏曰：「齊桓始入，未撫其民而輕用之，是以再不得志於魯。晉文之入，五年而後用其民，蓋監此也。」陳氏曰：「其言次何？以桓公之圖伯而未集也。外師未有書次者。桓公所甚汲汲者，魯也，苟不得魯，不可以合諸侯。宿師于郎，將以詘魯爾；而北杏之會不至，鄄會不至，則猶未得志於魯也。於是書次，用見桓之未得志於諸侯也。是故書齊、宋次郎，以志齊伯之難；書楚、蔡次厥貉，以志楚伯之難。於此焉可以知人心矣。不苟於從齊，是人心猶有周也；不苟於從楚，是人心猶有晉也。有王者作，天下歸往之矣。『齊一變至於魯，魯一變至於道』。孔子所以有志於魯也。」汪氏曰：「齊、宋書師，著兵力之强也。書次，見其師出之無名也。魯書公、書敗，見其以千乘之君，而勝人不以其道也。《記》稱戰于乘丘，馬驚敗績，公隊，佐車授綏，則雖能勝宋，魯亦殆矣。此《春秋》所以目公而譏之也歟！」○趙氏曰：「《公羊》云：『齊與伐而不與戰，故言伐也。』按經文實未伐而敗，故不言伐爾。又曰：『我能敗之，故言次。』若然，則但書敗，義不明乎？何假言次？」廬陵李氏曰：「齊之忿魯，始於子糾之納；宋之忿魯，始於公之侵。而其實則齊桓挾宋以圖伯也。故胡氏發明於次敗之旨，而陳氏深察於齊、宋之心，二説兼用乃備。」

秋，九月，荆敗蔡師于莘。以蔡侯獻舞歸。 莘，所巾反。舞，《穀》作「武」。此荆猾夏之始。《左傳》：「蔡哀侯娶于陳，息侯亦娶焉。息嬀將歸，過蔡。蔡侯曰：『吾姨也。』止而見之，弗賓。息侯聞之，怒，使謂楚文王曰：『伐我，吾求救於蔡，而伐之。』楚子從之。秋九月，楚敗蔡師于莘，以蔡侯獻舞歸。」《公羊傳》：

「荆者何？州名也。州不若國，國不若氏，氏不若人，人不若名，名不若字，字不若子。蔡侯獻舞何以名？絶。曷爲絶之？獲也。曷爲不言其獲？不與夷狄之獲中國也。」《穀梁傳》：「荆者，楚也。何爲謂之荆？狄之也。何爲狄之？聖人立必後至，天子弱必先叛，故曰荆，狄之也。蔡侯何以名也？絶之也。何爲絶之？獲也。中國不言敗，此其言敗，何也？中國不言敗，蔡侯其見獲乎，其言敗何也？釋蔡侯之獲也。以歸，猶愈乎執也。」張氏曰：「荆，楚故號。周成王封熊繹于丹陽。」

蔡侯何以名？絶之也。凡書敗、書滅、書入，而以其君歸，皆名者，爲其服爲臣虜，故絶之也。劉氏曰：「以歸，蓋就虜而不耻者。」薛氏曰：「以蔡侯獻舞歸何？執之而不反也。其不言執，不與蠻夷之執中國也。不言獲，不忍諸侯之爲蠻夷獲也。」臨川吴氏曰：「蔡侯爲荆所獲而以之歸，留於楚九年，至莊十九年卒。」**若蔡獻舞，潞嬰兒、沈嘉、許斯、頓牂、胡豹、曹陽、郲益之類是矣。**汪氏曰：「宣十五晉滅潞，以潞子嬰兒歸。定四蔡滅沈，以沈子嘉歸，定六鄭滅許，以許男斯歸。定十四楚、陳滅頓，以頓子牂歸。定十五楚滅胡，以胡子豹歸。哀八宋入曹，❶以曹伯陽歸。哀七入郲，以郲子益來。」**國君死社稷，正也。逃之雖罪，猶有耻焉。虜甚矣。楚人滅夔，以夔子歸，獨不名者，夔子以無罪見討，雖國滅身爲臣虜，其義直，其辭初不服也，**汪氏曰：「夔子不祀祝融與鬻熊，楚人讓之。對曰：『我先王熊摯有疾，鬼神弗赦而自竄于夔，吾是以失楚，又何祀焉！』」**是以獨假之爵而**

❶「八」，原作「入」，今據四庫本及《纂疏》改。

不名也。《春秋》之法，諸侯不生名，失地則生而名之，比於賤者，欲使有國之君，戰戰兢兢，長守富貴，無危溢之行也。

劉氏曰：「楚，祝融之後。其上世有元德顯功，通於周室，與中國冠帶之君無異。僭稱王，故夷狄之。」張氏曰：「夷狄之，故不稱師與人，略之也。名獻舞而書以歸，責其不死位，生降夷狄也。諸侯不生名，名之則位已絶矣。王政不行，夷狄侵陵中國，楚自此得志中夏者二百餘年，而周之子孫日以陵夷，皆其有以自取之也。」高氏曰：「王室衰微，不能自救，齊桓始入，威令不行，是以荆人强暴，敢肆毒於中國也。」臨川吴氏曰：「荆爲中國患，宣王時已伐之。入春秋猾夏彌甚，其事不聞於魯，故不書。蔡與齊、魯、宋、衛、陳、鄭皆中國之望，蔡首受禍，此經書荆蠻猾夏之始。」陳氏曰：「荆敗蔡師于莘，是猾夏之始也。吴敗頓、胡、沈、蔡、陳、許之師于雞父，則諸夏之不亡者寡矣。故書荆自此始。而《春秋》以吴終焉。自會于鄧，諸侯懼楚矣。而敗鄧不書，敗隨不書，敗鄖不書，雖滅申、滅鄧、滅息亦不書也，敗蔡師以獻舞歸，於是始書之。《春秋》之法，滅國之君言以歸，徒敗焉耳。而言以歸，則是蔡服楚也，是夷夏之大變也。」廬陵李氏曰：「楚文王，立於莊之四年。方是時，承武王之烈，内有鄧曼爲之母，外有令尹鬭祁、莫敖、屈重等爲之臣，爲會漢汭而隨人不能乘其喪，鄧不血食而三甥無以謀其暴，於是楚勢不可遏矣。莊之十年，其王伯夷夏消長之一大會乎！齊桓方謀魯以圖伯於東，而荆亦執蔡以争强於南，魯、蔡皆文、昭之親，而所遇如此，《春秋》豈無意乎！其不知者以爲伯事成而中夏盛，其知者則以爲王道消而夷狄長也。故執君之禍，滅國之禍，皆始於此年。天下無王齊爲之，天下無中國楚爲之也。」又曰：「楚書荆，始此年。書荆人，始莊二十三年。書楚人，始僖元年。書楚大夫姓名，始僖四年。書楚子，始僖二十一年。」汪氏曰：「《史記》：周文王封祝融之苗裔熊繹於楚蠻，以子男之田。夷王之時，王室微，熊渠甚得江漢間民和，熊渠立爲王。厲王暴虐，熊渠畏其伐，去王號。十一世至熊通伐隨，令請王室尊爲王，王不聽，乃自立爲武王。子文王始强，陵江漢間小國，敗蔡即此時也。《公》、《穀》皆謂書荆以州舉。杜預謂荆其本號，後改爲楚。今考《檀弓》謂『夫子將之荆』，《晉語》叔向謂『荆敗我』，則荆或是楚故號。然《商頌》稱『荆楚』，則荆改號楚已久。或者如郳改號小邾，而仍稱郳申，稱滕、薛、郳。蓋《春秋》略之，故舉其故號耳。嘗考近楚之國，自申、息諸國既亡，惟陳、蔡爲密邇，故二國屢受侵伐，且見滅而僅存。蔡之君自獻舞已降，死于楚者三焉。《春秋》之書楚患，始之以荆敗蔡，而終之以楚公子申伐陳，聖人蓋傷之也。」

冬，十月，齊師滅譚。譚子奔莒。此滅國之始。《左傳》：「齊侯之出也，過譚，譚不禮焉。及其入也，諸侯皆賀，譚又不至。冬，齊師滅譚，譚無禮也。譚子奔莒，同盟故也。」《公羊傳》：「何以不言出？國已滅矣，無所出也。」

滅而書奔，責不死位也。范氏曰：「譚子國滅不名，蓋無罪也。凡書奔，責不死社稷。」不書出，國亡無所出也。國滅身奔而不能守其富貴，何以書爵乎？已無取滅之罪，爲横逆所加而力不能勝，至於出奔，則亦不幸焉爾矣，其義蓋未絶也。按《左氏》：「齊侯之出也，過譚，譚不禮焉。及其入也，諸侯皆賀，譚又不至。」責其失事大之禮可矣，坐此見滅，可乎！張氏曰：「齊桓方有志爲政於天下，非特不能興滅繼絶，而以私憾覆滅小國，其罪大矣。」齊師滅譚，譚子奔莒；楚人滅弦，弦子奔黄；狄滅温，温子奔衛。三國所以皆存其爵，不比於失地之君而名

之也。孫氏曰：「奔莒不名者，譚本無惡也。」**然則吴滅徐，徐子章羽奔楚，何以獨名？按《左氏》：「吴伐徐，徐子斷其髮，携其夫人以逆吴子。」既已屈服而後奔，豈有興復之志乎？獨書名，所以絶之也。**家氏曰：「國滅而奔者，義不事仇，志存興復，猶爲《春秋》所予。若甘於事仇，不以爲耻，或爲所執以歸，則《春秋》之所賤惡者也。以此示萬世，猶有國亡不能死，甘於爲禪、爲皓、爲愍懷、爲叔寶者，吁可歎哉！」**《春秋》之義，雖在於抑强扶弱，又責弱者之不自强於爲善也。故其書法如此。**茅堂胡氏曰：「管仲相桓公伯諸侯，只是詭遇，如譚有恨便滅之，鄣可取便降之。若學聖人，則行一不義、殺一不辜而得天下，不爲也。」王氏曰：「此管仲攻瑕之計也。」薛氏曰：「五伯，桓公爲盛。威陵諸侯以圖霸功，首滅天子之建侯以肆威耳。儒者之不道也，宜哉！」陳氏曰：「書滅始於此。紀侯大去，宋人遷宿，未可以言滅，必若齊桓而後可以言滅矣。然則滅國自齊桓乎？前此矣。曷爲以首滅罪齊？微桓公，則滅國之禍不接迹於天下。春秋滅國三十六，五伯爲之也。」汪氏曰：「齊桓圖霸之初，滅譚、滅遂、降鄣、遷陽，專以威力陵暴小弱，以恐懼天下之諸侯，其後雖能存三亡國，而功不足以掩過矣。或者乃引《仲虺之誥》，謂兼弱攻昧，取亂侮亡，成湯仗義以正天下，聖人予齊桓示威於楚，是以書師。夫以五伯，三王之罪人，乃以其虐小之事爲惡惡之比，不亦惑乎！《春秋》書荆敗蔡師于莘，以蔡侯獻舞歸；齊師滅譚，譚子奔莒。則齊桓亦熊貲之爲耳，不待貶絶而惡自見矣。」○廬陵李氏曰：「《春秋》書滅三十六。啖子曰：『凡滅國直書滅者，罪來滅者甚於見滅者，言力屈而死也，如蕭、邢之類，則遂、黄、頓、江、六、庸、舒蓼、甲氏、留吁、舒庸、萊、舒鳩、賴、蔡、州來、巢不書君奔，當入此例。凡書滅又書其君奔者，則兩罪之，且責其不死社稷也，如譚、弦、温、徐之類是也。凡書滅又書以歸，又書名者，既責其不死，又無興復之志，如潞嬰兒、沈嘉、許斯、頓牂、胡豹之類也。其書滅鄫，非滅而書滅；下陽不當書滅而書滅，則又變例也。以偪陽子歸不書，陸渾子奔楚不書，免其罪也。胡髡、沈盈，一戰而身國俱亡也。楚滅陳不書所奔，陳無君也。夔子不名，無罪也。徐子書名，已屈節也。』已上胡氏皆用啖子之説，故詳録之。《左氏》曰：『用大師曰滅。』《公羊》曰：『滅者亡國之善辭，上下之同力也。』皆可通。《外傳》曰：『軍譚遂而不有也，言以地分諸侯。』蓋誇大桓公之詞耳。」

戊戌莊王十四年。**十有一年**齊桓三。晉緡二十二。衛惠十七。蔡哀十二。鄭厲十八，子儀十一。曹莊十九。陳宣十。紀靖二十一。宋閔九。秦武十五。楚文七。**春，王正月。○夏，五月戊寅，公敗宋師于鄑。**鄑，子斯反。《左傳》：「夏，宋爲乘丘之役故，侵我。公禦之。宋師未陳而薄之，敗諸鄑。凡師，敵未陳曰敗某師，皆陳曰戰，大崩曰敗績，得儁曰克，覆而敗之曰取某師，京師敗曰王師敗績于某。」《穀梁傳》：「内事不言戰，舉其大者。其日，成敗之也。宋萬之獲也。」杜氏曰：「鄑，魯地。」張氏曰：「宋師再至再敗，兵禍旋及其君。魯雖再勝，國亦困於兵矣。」王氏曰：「宋既敗而不知懲，魯既勝而不知止，其黷武甚矣。書日者，所以謹之也。」汪氏曰：「傳言侵我，經不書侵，與長勺義同。」廬陵李氏曰：「魯敗宋三，惟此書日，《穀梁》説亦有理。」**秋，宋大水。**《左傳》：「秋，宋大水。公使弔焉，曰：『天作淫雨，害於粢盛，若之何不弔？』對曰：『孤實不敬，天降之災，又以爲君憂，拜命之辱。』臧文仲曰：『宋其興乎！禹、湯罪己，其興也悖焉；桀、紂罪人，其亡也忽焉。且列國有凶，稱孤，禮也。言懼而名禮，其庶乎！』既而聞之，曰：『公子御説之辭也。』臧孫達曰：『是宜爲君，有恤民之心。』」《公羊傳》：「何以書？記災也。外災不書，此何以書？及我也。」《穀梁傳》：「外災不書，此何以書？王者之後也。高下有水災曰大水。」

凡外災，告則書。杜氏曰：「公使弔之，故書。」**所謂災者，害及民物，如水火兵戎之寇是也。諸侯於四鄰，有恤病救急之義，則告爲得禮，而不可以不弔。**張氏曰：「比歲交兵，怨不廢禮，蓋古意之猶存而未泯者也。」**故四國同災，許人不弔，君子以是知許之先亡也。**見《左傳》昭公十八年。**凡志災，見《春秋》有謹天戒、恤民隱之心，王者之事也。**劉氏曰：「異者，天所以譴人君使脩德也，故異至則内自省而已耳，非所待於外也。不當告，告爲失禮，失禮則書。災者，害之及民物者也。諸侯於四鄰，固有恤病救急之義，❶是所待於外也，不可不弔，弔爲得禮，得禮則書。《公羊》云：『外災不書，及我也。』按《春秋》内其國而外諸夏，若水災及魯，自可記魯災，無爲詳宋而略我也。《穀梁》云：『外災不書，此何以書？王者之後也。』非也。杞亦王者之後，未嘗記其災，何歟？」廬陵李氏曰：「外災告則書，弔則書，《左氏》注是，《公》、《穀》非。」

冬，王姬歸于齊。《左傳》：「冬，齊侯來逆共姬。」《公羊傳》：「何以書？過我也。」《穀梁傳》：「其志，過我也。」

按周制，王姬嫁於諸侯，車服不繫其夫，下王后一等，《詩·何彼襛矣》傳：「周王之女，姬姓，故

❶「固」，原作「國」，今據四庫本及《纂疏》改。

曰王姬。王姬雖嫁於諸侯，然其車服制度，與他國之夫人不同。甚言其貴盛之極。」鄭氏曰：「下王后一等，謂車乘厭翟，勒面繢總，服則褕翟。」禮亦隆矣。《春秋》之義，尊君抑臣，其書王姬下嫁，曷爲與列國之女同辭而不異乎？曰：陽倡而陰和，夫先而婦從，《儀禮·士昏禮》：「賓出婦從，婿乘其車先。」天理也。述天理，訓後世，則雖以王姬之貴，其當執婦道，與公侯大夫士庶人之女，何以異哉！故舜爲匹夫，妻帝二女，而其書曰「嬪毘賓反。于虞」。《書·堯典》注：「嬪，婦也，使行婦道於虞氏。」西周王姬嫁於齊侯，亦執婦道，成肅雍之德，其詩曰：「曷不肅雍？王姬之車。」《詩》朱子傳：「肅，敬也。雍，和也。言此何不肅肅而敬，雍雍而和乎？乃王姬之車也。蓋王姬貴盛如此，而不敢挾貴以驕其夫家，故見其車者，知其能敬且和，以執婦道也。」自秦而後，尤欲尊君抑臣爲治，而不得其道，至謂列侯尚公主，《初學記》：「周末以天子嫁女於諸侯，使諸侯同姓者主之，始謂之公主。秦因之。漢制帝女爲公主，姊妹爲長公主，諸王女爲翁主。」使男事女，夫屈於婦，逆陰陽之位。故王陽條奏世務，指此爲失。《前漢書·王吉傳》：「吉字子陽，上疏言漢家列侯尚公主，諸侯則國人承翁主，使男事女，夫屈於婦，逆陰陽之位，故多女亂。宣帝以其言迂闊，不甚寵異。」而長樂王回亦以其弊，至父母不敢畜許六反。其子，舅姑不敢畜其婦。汪氏曰：「宋王回，字深父，福州長樂人。舉進士不仕，隱居著述。」原其意，雖欲尊君抑臣爲治，而使人倫悖於上，風俗壞於下，又豈所以爲治也？其流至此，然後知《春秋》書王姬、侯女同詞而不異，

垂訓之義大矣。高氏曰：「公不可主齊昏，故重而重見之。」王氏曰：「主襄公之昏，其罪大，故書之詳；主桓公之昏，其罪小，故書之略。」張氏曰：「王姬，即齊侯之夫人王姬是也。魯於齊爲讎，然已易世，故齊侯之來逆不書，止書王姬之歸而已。王女下嫁，無異於諸侯之女適人者，蓋夫婦之道，乃三綱之所繫，不可不早正，故因其始嫁而一之於諸侯女歸之辭焉。若曰往之女家，必敬必戒，常禮不可紊也。」汪氏曰：「後世公主出嫁，無王姬執婦道之風，莫不庸奴其夫，雖尚主者極有才名，而勢屈於崇貴，吞悲茹氣，無所逃訴。故晉人有無事取官府之説。至六朝，其失尤甚，江斆尚臨海公主，《讓婚表》有云：『制勒甚於僕隸。』則其敝可知矣。《春秋》書王姬之歸，與《詩》相表裏，實萬世之法也。」〇陸氏曰：「《公》、《穀》皆云：『志其過我也。』按書其歸，爲魯主婚爾。《穀梁》他處即云：『爲之中者歸之。』與此自相反矣。」

附録《左傳》：「乘丘之役，公以金僕姑射南宫長萬，公右歂孫生搏之。宋人請之。宋公靳之，曰：『始，吾敬子，今子魯囚也，吾弗敬子矣。』病之。」

己亥莊王十五年，崩。**十有二年**齊桓四。晉緡二十三。衛惠十八。蔡哀十三。鄭厲十九，子儀十二。曹莊二十。陳宣十一。杞靖二十二。宋閔十，弑。秦武十六。楚文八。**春，王三月，紀叔姬歸于酅。**《公羊傳》：「其言歸于酅何？隱之也。何隱爾？其國亡矣，徒歸于叔爾也。」《穀梁傳》：「國而曰歸，此邑也，其曰歸，何也？吾女也，失國，喜得其所，故言歸焉爾。」啖氏曰：「非嫁而歸，故加紀字。」何氏曰：「酅，不繫齊者。時齊聽後五廟，故國之。」

莊公四年，紀侯去國，叔姬至此始歸于酅者，紀侯方卒，故叔姬至此然後歸爾。歸者，順

祠，以宗廟在酅，歸奉其祀也。汪氏曰：「叔姬，雖伯姬之娣，然諸侯夫人既卒，則次妃攝治内事，故叔姬雖媵妾，當奉紀之祭祀。」**魯爲宗國，婦人有來歸之義。紀既亡矣，不歸于魯，**家氏曰：「夫死無子，而終於父母家者，非正也。終於夫家，正也。」**所謂全節守義，不以亡故而虧婦道者也。**杜氏曰：「叔姬全守節義，以終婦道，故繫之紀，賢之也。」**魯人高其節義，恩禮有加焉，**汪氏曰：「當時必有饋問弔葬之禮，故史策録之。」**是故其歸于酅，其卒其葬，史册悉書。夫子修經存而弗削，使與衛之共姜同垂不朽，**《詩·鄘·柏舟》小序：「共姜自誓也。衛世子共伯蚤死，其妻守義。父母欲奪而嫁之，誓而弗許。」**爲後世勸，若夏侯令女、曹爽之弟婦也，寡居守志，父母欲奪而嫁之，誓而弗許，而曰：「曹氏全盛之時尚欲保終，況今衰亡，何忍棄之！」**《三國志·魏·曹爽傳》注：「夏侯文寧女名令女，妻爽弟文叔。文叔蚤死，家欲嫁之，以刀截兩耳。居止常依爽。爽誅，曹氏盡死。文寧以曹氏無遺類，冀其意沮，使人風之。令女以刀斷鼻。或曰：『夫家夷滅已盡，守此欲誰爲哉？』令女曰：『仁者不以盛衰改節，義者不以存亡易心。曹氏全盛之時，尚欲保終，況今衰亡，何忍棄之？禽獸之行，吾豈爲乎！』」**聞者爲之感動。其聞叔姬之風而興起者乎！**劉氏曰：「紀侯之歿不書，叔姬何以得書？《春秋》因叔姬之行，以明紀季之以酅入齊，非利之也，凡欲存國耳。試使紀季見宗國之危，析地以求利，此邾庶其、莒牟夷何異？《春秋》當絶之矣。」張氏曰：「叔姬，伯姬之娣，隱七年歸于紀者。伯姬既死，叔姬實攝内事。而能不以國之存亡貳其事君子之心，不以身之榮悴變其奉宗廟之志，故必歸于酅以終其身。《易》曰：『眇能視，利幽人之貞。』於叔姬見之矣。《春秋》可不録其本末，以示婦道之正乎！」陳氏曰：「紀亡矣，曷爲謂之紀叔姬？存紀也。國滅而復見者，善辭也。是故紀亡書紀叔姬，陳亡書陳災。」○劉氏曰：「邑何故不得言歸乎？酅者，紀之別也。紀者，叔姬之家也。人歸其家，可不曰歸乎？以謂喜得其所，乃言歸何哉？《穀梁》之説非也。」家氏曰：「《公羊》謂『歸于酅者，歸于其叔』，叔其可歸乎？蓋紀之宗廟在焉，義當歸也。」汪氏曰：「或謂叔姬歸于叔，非其所歸，亂也。夫叔姬歸于酅，酅乃紀五廟之所在，叔姬之歸以奉祭祀，而非歸于紀季也。夏侯令女之依爽，與叔姬正同，豈可亦責之依其伯乎？《春秋》書内女，惟紀叔姬、宋伯姬録本末甚詳，非賢而得若是乎！」

夏，四月。○秋，八月甲午，宋萬弒其君捷及其大夫仇牧。 捷，《公》作「接」。《左傳》：「宋萬弒閔公于蒙澤。遇仇牧于門，批而殺之。遇大宰督于東宮之西，又殺之。立子游。群公子奔蕭。公子御説奔亳，南宮牛、猛獲帥師圍亳。」《公羊傳》：「及者何？累也。弒君多矣，舍此無累者乎？孔父、荀息皆累也。舍孔父、荀息無累者乎？曰：有。有則此何以書？賢也。何賢乎仇牧？仇牧可謂不畏彊禦矣。其不畏彊禦奈何？萬嘗與莊公戰，獲乎莊公。莊公歸，散舍諸宮中，數月，然後歸之。歸反，爲大夫於宋。與閔公博，婦人皆在側。萬曰：『甚矣，魯侯之淑，魯侯之美也！天下諸侯宜爲君者，唯魯侯爾！』閔公矜此婦人，妒其言，顧曰：『此虜也！爾虜焉故，魯侯之美惡乎至？』萬怒，搏閔公，絶其脰。仇牧聞君弒，趨而至，遇之于門，手劍而叱之。萬臂摋仇牧，碎其首，齒著乎門闔。仇牧可謂不畏彊禦矣。」《穀梁傳》：「宋萬，宋之卑者也。卑者以國氏，及其大夫仇牧，以尊及卑也。仇牧，閑也。」

君弑而大夫死於其難，《春秋》書之者，其所取也。大夫死於弑君之難而有不書者，故知孔父、牧、息皆所取也。夫仇牧可謂不畏彊禦矣，然徒殺其身，不能執賊，無益於事也，亦足取乎？食焉不避其難，義也。徒殺其身，不能執賊，亦足爲求利焉而逃其難者之訓矣。何名爲無益哉！夫審事物之重輕者，權也；權重輕而處之得其宜者，義也。大宰督亦死於閔公之難，削而不書者，身有罪也。汪氏曰：「桓二年，督弑殤公。」惠伯死於子惡之難，亦削而不書者，非君命也。事見《左傳》文公十八年。茅堂胡氏曰：「董卓召皇甫嵩往見，執而亡漢，與惠伯同，死不得其所也。使知《春秋》之義，則不往可也。」召忽死於子糾之難，孔子比於匹夫匹婦之諒，自經於溝瀆而莫之知者，所事不正也。崔杼弑君，晏平仲曰：「人有君而人弑之，吾焉得死之，而焉得亡之？」君子不以是罪晏子者，齊莊公不爲社稷死，而晏子非其私昵之臣也。事見《左傳》襄公二十五年。若仇牧、荀息立乎人之本朝，執國之政，而君見弑不以其私也，雖欲勿死，焉得而勿死？聖人書而弗削，以爲求利焉而逃其難者之勸也。范氏曰：「仇牧扞衛其君，故見殺。臣既死，君不忍稱其名，今仇牧書名，則知宋君先弑。」惟此義不行，然後有視棄其君，猶土梗弁髦，《莊子·田子方》篇：「真土梗耳。」注：「土梗，土人也。遇雨則壞。」杜氏曰：「童子垂髦始冠，三加成禮，而棄其始冠。」曾莫之省，而三綱絶矣。汪氏曰：「《春秋》褒死節之臣，所以爲千萬世事君者之勸。後世《春秋》之義不行，是以亂賊篡弑，而將相大臣皆黨惡朋凶，恬不之恥。如漢王舜等之事王莽，魏王沈、王業之事司馬昭，晉傅亮、謝晦等之事劉裕，宋褚淵、王儉之事蕭道成，唐張文蔚、楊涉等之事朱温，甚至如馮道歷事五代，皆任公師之貴，不以爲辱而反以爲榮。比明皇之象，昭宗之猿而有愧矣。豈非所謂棄其君如土梗弁髦而莫之省乎！」王氏曰：「據《左氏》，宋公相靳之後，萬病其言而肆惡。古者賢君待其臣以禮，出入起居，罔有不欽，則戲謔之談、意外之憂何由至哉！閔公反此，所以及禍也。」臨川吴氏曰：「《公羊》言：莊公獲萬，舍諸宫中，數月，然後歸之，反爲大夫於宋。萬有力無德，戰敗免罪已幸矣，又以之爲大夫，宋閔用人如此，其遭弑，自取之也。」○盧陵李氏曰：「孔父、仇牧、荀息、胡氏皆以爲名，獨《公》、《穀》、啖子以孔父爲書字，疑《公》、《穀》先君死之説亦通。蓋考傳皆合也。」

冬，十月，宋萬出奔陳。《左傳》：「冬十月，蕭叔大心及戴、武、宣、穆、莊之族以曹師伐之。殺南宫牛于師，殺子游于宋，立桓公。猛獲奔衛。南宫萬奔陳，以乘車輦其母，一日而至。宋人請猛獲于衛。衛人欲勿與，石祁子曰：『不可！天下之惡一也，惡於宋而保於我，保之何補？得一夫而失一國，與惡而棄好，非謀也。』衛人歸之。亦請南宫萬于陳，以賂。陳人使婦人飲之酒，而以犀革裹之。比及宋，手足皆見。宋人皆醢之。」

按《左氏》，宋萬弑閔公于蒙澤，奔陳，范氏曰：「宋久不討賊，致令得奔。」孫氏曰：「萬八月弑君，十月方出奔，是宋之臣子緩於討賊。」**宋人請萬于陳以賂，陳人使婦人飲之酒，而以犀革裹之，宋人醢萬。然則賊已討矣，曷爲不書陳人殺萬，而葬閔公乎？**汪氏曰：「據州吁、無知已殺，則衛桓、齊襄皆書葬。」**夫天下之惡一也，陳人不以萬爲賊而納之，又受宋人之賂而使婦人飲之酒，是與賊爲黨，非政刑也。特書萬出奔陳，而閔公不葬，以著陳人與賊爲黨之罪，而不能正天討。其法嚴矣。故曰：「《春秋》成而亂臣賊子懼。」**陳氏曰：「向也合四國之君，而後華督免於討，今萬得奔陳，自是無討賊者矣。」張氏曰：「陳容其奔，罪已大矣。受賂而後歸之，與所謂殺其人、汙其宮而瀦焉之意，何其異哉！」臨川吴氏曰：「陳人當如昔年之執州吁者以執萬，今乃受其奔，是爲逆賊之逋逃主也。宋臣雖能逐賊而立君，然賊既逸去，後始得而誅之，視石碏討州吁之義，則有愧矣。故不言宋人殺萬。」汪氏曰：「《春秋》書逆賊出奔，一以責國人之失賊，一以責鄰國之不當受也。陳人既受賊，及貪賄而後以狙詐戮之，則非天討矣。慶父弑閔公，奔莒，莒人亦受賂而後歸之，及境而縊，事與此同，蓋亦不能正天討，故閔公亦不書葬也。里克、甯喜皆已殺，而卓、剽不葬，蓋晉、衛討亂臣不以其罪，而又不以君禮葬卓、剽也。蔡般未討而蔡景書葬，乃變例而責諸侯之不能討賊也。考經之上下文，與經之前後事，而其義見矣。屬辭比事，《春秋》教也，此之謂也。」廬陵李氏曰：「經書外大夫出奔三十五，始於宋萬。」

庚子僖王元年。**十有三年**齊桓五。晉緡一十四。衛惠十九。蔡哀十四。鄭厲二十，子儀十三。曹莊二十一。陳宣十二。杞靖二十三，卒。宋桓公御説元年。秦武十七。楚文九。**春，齊侯、宋人、陳人、蔡人、邾人會于北杏。**齊侯，《穀》作「齊人」。《左傳》：「春，會于北杏，以平宋亂。遂人不至。」《穀梁傳》：「是齊侯、宋公也，其曰人，何也？始疑之。何疑焉？桓非受命之伯也，將以事授之者也。曰：『可矣乎？未乎？』舉人，衆之辭也。」杜氏曰：「北杏，齊地。」

桓何以及四國之微者會？是宋公、邾子也。汪氏曰：「桓率諸侯以平宋亂，宋公決不以微者會，邾小國，尤不敢以微者會公侯。」**然則何以稱人？春秋之世，以諸侯而主天下會盟之政，自北杏始。其後宋襄、晉文、楚莊、秦穆交主夏盟，跡此而爲之者也。桓非受命之伯，**孫氏曰：「周禮九命作伯，得專征諸侯。若五伯者，皆非命伯。召伯賜齊侯命，尹氏策命晉侯，《春秋》皆不録之，故孟子曰：『三王之罪人。』」**諸侯自相推戴以爲盟主，是無君矣，故四國稱人以誅始亂，正王法也。**楊氏曰：「春秋之世，以諸侯而主天下會盟之政，由北杏之會始。以大夫而主天下會盟之政，由文七年扈之盟始。以諸侯主天下之政，諸侯之無王也。諸侯無天子之命，而自相推戴桓公爲盟主，聖人苟不貶於其始，則後世迹此而亂。故獨書齊侯，而宋、陳、蔡、邾之君皆稱人，則無王命而推齊侯爲伯之罪著矣。厥後宋襄、晉文、楚莊交争天下之盟主而王道絶者，襲桓之故也。」永嘉吕氏曰：「方伯圖之未興也，列國諸侯更相吞噬，間有若鄭莊、齊僖之流，雖能雄長於一時，而終未能執伯主之柄。天下紛紛莫之統一，然心猶知有周也。及伯圖既興，則翕然唯伯主之爲聽，下以號令諸侯，上以脅制天子，一時氣勢聲焰赫奕，中國賴以少事，自是王命浸微矣。是故有北杏之會，則有幽之盟，有幽之盟，而後有葵丘之盟，則宰周公在會矣。然猶未也，至温之會，則天王實狩焉。比事以觀，而善惡自見矣。」**齊侯稱爵，其與之乎？上無天子，下無方伯，有能會諸侯安中國，而免民於左衽，則雖與之可也。誅諸侯者，正也。與桓公者，權也。**陳氏曰：「《春秋》非主兵，皆序爵也。於是序齊於宋之上而獨爵齊，將予齊以伯也。晉文之簡曰晉侯，齊師、宋師、秦師皆始伯之辭也。自是，無特相會者矣。」高氏曰：「齊桓始謀合，諸侯皆人之，而獨舉齊爵，抑揚之辭也。自此執鄭詹，伐山戎，執轅濤塗，二十餘年不予齊桓以爵。」**或曰：桓公始平宋亂，遂得諸侯，故四國稱人，言衆與之也。**杜氏曰：「宋有弒君之亂，齊桓欲脩伯業，故會于北杏以平之。」家氏曰：「齊桓創伯以平宋亂，《春秋》與之。齊侯書爵，褒之也。諸侯書人，著衆望之所同屬也。周衰，王綱陵夷，諸侯恣擅，齊桓能以尊王室，正諸夏，攘夷狄爲事，故《春秋》予之也。」張氏曰：「東遷以來，王政不行，亂賊得志，强暴肆行，天下思得賢伯之興久矣。齊桓一會而宋、陳、蔡、邾並來受命，可見天下歸之，幾如水之就下。然桓公苟能於宋萬初弒君之時，舉兵討之，則不勞告諭而天下翕然宗齊矣。」臨川吴氏曰：「是時管仲爲政四年矣，教齊桓糾合諸侯以圖伯，而始爲此會也。按上年宋有弑君之亂，蕭叔大心僅能率五族殄亂賊，立桓公御説，平宋亂者，定御説之位也。以平宋亂，會諸侯，其名正矣。然列國僅有陳、蔡，小國僅有邾，併宋四國而已，若魯若衛，最近於齊而皆不會，是齊桓之信未能孚於諸侯也。」〇廬陵李氏曰：「《春秋》始伯之書有三：北杏獨書齊侯，曹南獨書宋公，城濮獨書晉侯是也。然胡氏止於北杏發予齊侯之説，陳氏兼及城濮，至於曹南，二家皆不予之。蓋以鹿上復人宋，則非始伯之詞矣。然則曹南予宋亦可。」又曰：「此爲齊桓伯事之始。桓公自莒及齊，得管仲於鮑叔而任之，首懲襄公田獵畢弋之戒，於是管仲得以盡行其術。制國以爲二十一鄉，工商之鄉六，士鄉十五，與國、高各帥五鄉焉。作内政而寄軍令，興鹽筴以盡海王之利，春蒐秋狩，有士三萬人以方行天下。而又以三選擇賢：始於鄉長之推，繼於官長之選，復親自貲相。於是民皆勉於爲善。相地而衰征山澤，各致其時，於是民各安其居。正封疆，重聘幣，號召天下之遊士，以犀甲贖罪，擇其淫亂者而先征之。反棠潛於魯，使爲南伐之主；反臺原漆里於衛，使爲西伐之主；反柴夫吠狗於燕，使爲北伐之主。故齊國之境，南至餉陰，西至濟北，北至于河，東至于紀酅。有革車八百乘，即位數年，東南多亂者，萊、莒、徐夷、吴、越，一戰帥服三十一國。是雖伯者之事，然規模次第亦有自矣。《左氏》於桓公事多略，故具于此。内政之法，十五鄉出三萬人，五家爲軌，軌有長，十軌爲里，里有司，四里爲連，連有長，十連爲鄉，鄉有良人，五鄉一帥，故萬人爲一軍，帥帥之。比之周制萬二千五百人爲軍者，誠簡便矣，故曰桓文節制之師。」

夏，六月，齊人滅遂。《左傳》：「夏，齊人滅遂而戍之。」《穀梁傳》：「遂，國也。其不日，微國也。」杜氏曰：「遂國在濟北蛇丘縣東北。」

滅國之與見滅，罪孰爲重？取國而書滅，奪人土地，使不得有其民人，毁人宗廟，使不得奉其祭祀，非至不仁者，莫之忍爲。見滅而書滅，亡國之善詞。上下之同力也。其亦不幸焉爾。語有之曰：「興滅國，繼絶世，天下之民歸心焉。」南軒張氏曰：「興滅國，不欲忘其先之功德也。繼絶世，不忍墜人之宗祀也。」今乃滅人之國而絶其世，罪莫重矣。齊人滅遂，其稱人，微者爾。凡書滅者，不待再貶而惡已見。家氏曰：「遂人不會北杏，固爲有罪，然未至於可滅也。伯者假公義以濟私欲，滅譚矣，又滅遂，不過爲拓土開疆之計。《春秋》於三年之間，聯書二滅，以著齊桓之罪，功過不相掩也。」高氏曰：「齊桓未見救中國之功，而示威小國以滅之以脅大國，聖人深責之。」

秋，七月。○冬，公會齊侯盟于柯。《左傳》：「冬，盟于柯，始及齊平也。」《公羊傳》：「何以不日？易也。其易奈何？桓之盟不日，其會不致，信之也。其不日何以始乎此？莊公將會乎桓，曹子進曰：『君之意何如？』莊公曰：『寡人之生則不若死矣。』曹子曰：『然則君請當其君，臣請當其臣。』莊公曰：『諾。』於是會乎桓。莊公升壇，曹子手劍而從之。管子進曰：『君何求乎？』曹子曰：『城壞壓竟，君不圖與？』管子曰：『然則君將何求？』曹子曰：『願請汶陽之田。』管子顧曰：『君許諾。』桓公曰：『諾。』曹子請盟，桓公下與之盟。已盟，曹子摽劍而去之。要盟可犯，而桓公不欺。曹子可讎，而桓公不怨。桓公之信著乎天下，自柯之盟始焉。」《穀梁傳》：「曹劌之盟也，信齊侯也。桓盟雖内與，不日，信也。」杜氏曰：「柯，齊之阿邑。」

始及齊平也，孫氏曰：「公不及北杏之會，桓公既滅遂，懼其見討，故盟于此。」王氏曰：「柯，齊地，而言公會，則此會本齊侯之意也。」**世讎而平可乎？於傳有之，敵惠敵怨，不在後嗣。魯於襄公有不共戴天之讎，當其身，則釋怨不復，而主王姬，狩于禚，會伐衛，同圍郕，納子糾，故聖人詳加譏貶以著其忘親之罪。今易世矣，而桓公始合諸侯，安中國，攘夷狄尊天王，乃欲脩怨怒鄰而危其宗社，可謂孝乎？故長勺之役，專以責魯。而柯之盟，公與齊侯皆書其爵，則以爲釋怨而平可也。**張氏曰：「魯莊自齊桓入國，屢與之戰，雖一再勝，而齊方脩軍政以圖伯，魯有見伐之虞。至此始及齊平。《公》、《穀》所載曹子之事，齊桓捐小利以收魯，容或有之，皆霸術也。但《公羊》言之過其實耳。」**或稱齊襄公復九世之讎而《春秋》賢之，信乎？以仲尼所書柯之盟，其辭無貶，則復九世之讎而《春秋》賢之者妄矣。其諸傳者借襄公事以深罪魯莊，當其身**

而釋怨耶。問：莊公與齊桓會盟，《春秋》不譏。朱子曰：「凡事貴謀始。莊公親見襄公殺其父，既不能復讎，反與之燕會，又爲之主婚，豈特不能復而已！既親與讎人如此，到桓公時，又自隔一重了，如何更責他去報？見讎在面前不曾報得，更欲報之於其子若孫，非惟事有所不可，也自做得没氣勢。又況齊桓公率諸侯尊周室，以義而舉，莊公雖欲不赴其盟會，豈可得哉？事又當權箇時勢義理輕重。若桓公無事，自來召諸侯，莊公不赴可也。今桓公名爲尊王室，若莊公不赴，非是叛齊，乃叛周也。《春秋》只是據事如此寫在，如何見他譏與不譏？」又問：「使莊公當初自能舉兵殺了襄公，還可更赴桓公之會否？」曰：「他若是能殺襄公，他却自會做霸主，不用去隨桓公。若是如此，便是這事結絶了。」汪氏曰：「《公羊》稱齊襄復九世之讎，則失之過。莊公當其身釋怨不復，則失之不及。今考桓公至定公纔八世，而夫子相定公會齊侯于夾谷，安得謂九世猶可復讎乎？《春秋》於禚之狩人齊侯以貶公，於溺會伐衛貶不書公子，於圍郕諱不書公，屢加貶絶。則復讎之責至矣。故柯之盟不復致貶，誠以齊桓倡伯，尊王安夏，顧不可以區區不能報之寡弱，召其危辱，以獲戾於先君也。聖人輕重之權衡，豈不深切著明也哉！」○趙氏曰：「按桓公未嘗侵魯地，及盟後未嘗歸魯田，莊公與齊襄猶歡好不絶，不應至桓公却生讎怨。《公羊》之説非也。」廬陵李氏曰：「曹子之説，趙子不取，胡氏亦未及之。然考之當時，桓公脩伯，非得魯則不足爲重，故捐小利以收魯，容或有之，魯亦知齊欲以信求諸侯，故因盟以求地。而《公羊》遂誇大之耳。蓋魯自長勺、乘丘之勝，國勢稍振，齊不敢以待譚、遂之術待魯，而多方以求之，屈己於歸田之請，遷延於姻好之成，示威於三國之伐，耀武於戎捷之獻，而魯自是不敢有從違之心矣。九合之盛，亦原於此。故《公羊》之説不可謂無。」

附録《左傳》：「宋人背北杏之會。」

辛丑僖王二年。**十有四年**齊桓六。晉緡二十五。衛惠二十。蔡哀十五。鄭厲二十一，子儀十四，弑。曹莊二十二。陳宣十三。杞共公元年。宋桓二。秦武十八。楚文十。**春，齊人、陳人、曹人伐宋。**程子曰：「《春秋》之法，將尊師衆曰某帥師，將卑師衆曰某師，將卑師少曰某人，將尊師少曰某伐某。齊自管仲爲政，莊十一年而後未嘗興大衆也，其賦於諸侯亦寡矣。終管仲之身四十年，息養天下厚矣。惟救邢稱師，譏其次也。至於秦、晉，使之不競而已，不强致也。是以其功卑而易成。」

宋人背北杏之會，臨川吴氏曰：「北杏之會，齊侯本以定宋君之位，而宋即背之，蓋假仁義非誠心，故人心不孚也。」**諸侯伐宋。**杜氏曰：「經書人，傳言諸侯者，總衆國之稱。」張氏曰：「陳、曹皆宋之鄰，不動遠國，簡便之規模也。」**其稱人者，將卑師少也。齊自管仲得政，滅譚之後，二十年間未嘗遣大夫爲主將，亦未嘗動大衆出侵伐。**汪氏曰：「十三年滅遂，十五年伐郳，十六年伐鄭，十九年伐我，二十年伐戎，二十六年伐徐，二十八年伐衛救鄭，三十年降鄣，閔元年救邢，二年遷陽，僖四年伐陳、侵陳，七年伐鄭，十七年伐英氏，皆稱人。惟次聶北、城邢、伐厲書師，救徐書大夫，其餘侵蔡、伐楚、伐鄭、圍新城、伐北戎皆書爵，則君自行耳。伐山戎書人，獨非將卑師少者，以遇魯濟獻捷書齊侯故也。」**蓋以制用兵而賦於民薄矣，故能南摧强楚，西抑秦、晉，天下莫能與之争也。或以爲貶齊稱人，**

誤矣。問：桓公南征北伐，不聞勞民而兵食足者何策？茅堂胡氏曰：「以《春秋》考之，管仲相桓公數十年，未嘗動大衆出征伐，亦未嘗命大夫爲將帥，此足食足兵之本也。」廬陵李氏曰：「經列國書人而伐者，齊伯之編有三，此年伐宋，十五年伐郳，十六年伐鄭，皆連三國而稱人，將卑師少之文也；晉伯之編有三，文二年伐秦，十七年伐宋，宣十年伐鄭，皆連四國而稱人，貶之之文也；餘若宣元年二國伐鄭，僖三十三年三國伐許，宣二年四國侵鄭稱人，皆在貶例。」

夏，單伯會伐宋。《左傳》：「春，諸侯伐宋，齊請師于周。夏，單伯會之，取成于宋而還。」《公羊傳》：「其言會伐宋何？後會也。」《穀梁傳》：「會，事之成也。」

隱公四年諸侯伐鄭，翬帥師會伐，則再舉宋、陳、蔡、衛四國之名；今諸侯伐宋，而單伯會伐，不復再舉三國之名，何也？宋人背北杏之會，合諸侯而伐之者，齊桓公也。會伐者無貶焉，故其辭平。主謀伐鄭，而欲求寵於諸侯以定其位者，州吁也，會之者黨逆賊矣，故其詞繁而不殺，疾之也。再舉而列書者，甚疾四國之詞也。言之不足，故再言之，而聖人之情見矣。臨川吴氏曰：「伐宋之役，齊止用近宋之陳、曹，而不煩遠兵。然魯方從伯，故齊雖不徵於魯，而魯自遣單伯以兵往會也。」高氏曰：「非既約而後期，與袁僑如會同。」張氏曰：「魯自盟柯，已平于齊，而未從其役，故因齊討宋，命上卿帥師往會，示從伯之意。齊桓方興，理勢當從，固異於翬會宋殤，黨亂賊，伐無罪矣。故書會伐而不再敘諸國也。」○劉氏曰：「《公羊》云：『後會也。』按伐宋之時，魯本不預謀，後聞乃遣大夫往會耳，非後期也。《穀梁》云：『會，事之成也。』與《公羊》相似。」汪氏曰：「《左氏》

云：『齊請師于周。』單伯會之，故治《左氏》者皆以單伯爲周大夫。今考成十六年、十七年尹子、單子三會伐鄭，不書會伐，又況定四年傳云：『劉文公合諸侯伐楚。』而經仍書『公會劉子諸侯侵楚』，今既稱單伯會伐，則單伯爲魯大夫明矣。」廬陵李氏曰：「《左氏》以爲王臣，其辨已見逆王姬下，然内大夫會伐者八，獨翬會四國伐鄭與單伯會伐宋，皆先列諸國之伐然後稱會，蓋後會之文也。」

附録《左傳》：「鄭厲公自櫟侵鄭，及大陵，獲傅瑕。傅瑕曰：『苟舍我，吾請納君。』與之盟而赦之。六月甲子，傅瑕殺鄭子及其二子，而納厲公。初，内蛇與外蛇鬭於鄭南門中，内蛇死。六年而厲公入。公聞之，問於申繻曰：『猶有妖乎？』對曰：『人之所忌，其氣燄以取之。妖由人興也。人無釁焉，妖不自作。人棄常則妖興，故有妖。』厲公入，遂殺傅瑕。使謂原繁曰：『傅瑕貳，周有常刑，既伏其罪矣。納我而無貳心者，吾皆許之，上大夫之事，吾願與伯父圖之。且寡人出，伯父無裏言，入，又不念寡人，寡人憾焉。』對曰：『先君桓公，命我先人典司宗祏，社稷有主而外其心，其何貳如之？苟主社稷，國内之民，其誰不爲臣？臣無二心，天之制也。子儀在位十四年矣，而謀召君者，庸非貳乎？莊公之子猶有八人，若皆以官爵行賂勸貳而可以濟事，君其若之何？臣聞命矣。』乃縊而死。」

秋，七月，荆入蔡。《左傳》：「蔡哀侯爲莘故，繩息嬀以語楚子。楚子如息，以食入享，遂滅息。以息嬀歸，生堵敖及成王焉。未言。楚子問之，對曰：『吾一婦人而事二夫，縱弗能死，其又奚言？』楚子以蔡侯滅息，遂伐蔡。秋七月，楚入蔡。君子曰：『《商書》所謂「惡之易也，如火之燎于原，不可鄉邇，其猶可撲滅」者，其如蔡哀侯乎？』」《穀梁傳》：「荆者，楚也。其曰荆，何也？州舉之也。州不如國，國不如名，名不如字。」張氏曰：「息之亡，蔡之入，皆哀侯致之。蔡自會鄧懼楚之後，非但不爲桑土牖户之謀，而以婦人之故，再召楚師，始則身虜，繼以國破。楚熊貲興兵以悦婦人，是時齊桓伯業未成，遂致其横行淮漢，浸及中國也。」王氏曰：「荆虜獻舞歸，今又入蔡，四鄰不能救，方伯不復問，小國附盟主，果何恃乎？書以病齊桓也。」臨川吴氏曰：「齊雖圖霸，力未能以怗荆。十年荆方敗蔡而虜其君，今又破蔡而入其國，《春秋》屢書，病中國之不競也。」吕氏曰：「入春秋以來，蔡嘗從王伐鄭，則脩勤王之職也。會于鄧，盟于折，會于曹，則猶交諸侯之玉帛也。伐鄭，伐戴，伐衛，則猶同諸侯兵車之會也。自敗莘以來，五年再被荆師，哀侯蒙塵不返，而蔡之臣子甘爲楚向。齊桓倡伯，僅一從北杏之會，❶自是折而從楚。會伐會盟，皆不與矣。是故召陵加師，僅足以得楚人之屈服，而不能革蔡人從楚之心。齊桓既没，楚成抗衡，盟齊，會盂，圍宋，則蔡莫不偕至。至于晉文城濮之戰，楚既大創，蔡始改圖，晉之三會，黽勉周旋。晉文既没，而中國之盟會，蔡復不與，厥貉之次，遂挾楚穆爲窺宋之謀，郤缺、欒書伐之侵之而不從也。晉悼復伯，列國悚然聽命，而蔡安於楚之宇下。鄭人侵蔡，獲司馬燮而楚復爲蔡仇鄭，終悼公之世，亦不能得蔡也。厥後再從楚伐鄭，宋、虢之會，公孫歸生實序于列國大夫之上。楚虔會申及再伐吴，蔡靈皆從之。是中國諸侯折而從楚者，莫如蔡之先其堅於事楚者，莫如蔡之甚也。般之殺，有之用廬之封，蔡之存亡廢興，皆宅命於楚。蔡朱東國之廢置，又制於楚之讒臣矣。蔡昭受拘三年，不勝其辱，質愛子以請晉，而召陵之役，晉人求貨而辭蔡，諸侯侵楚無功，而楚人圍蔡

❶「北」，原作「比」，今據四庫本及《纂疏》改。

益暴，柏舉之戰，假手于吳以釋憾，而楚昭報復，使疆于江汝之間，蔡之傾覆是懼，謀徙州來，哭墓而遷，君臣相殘，以及公孫翩之禍。迄春秋之後，終爲楚所并。弃同即異之謬，其害豈淺淺哉！」廬陵李氏曰：「蔡爲周室宗盟之長，邇於楚而常受楚禍。中國之力有不及焉，故自北杏之後，齊之盟會，蔡不復與矣。蔡之始録于經，則會鄧以懼楚，終録于經則遷州來以避楚。楚之始見于經曰敗蔡，終録于經曰圍蔡。齊、晉之伯其極盛則侵蔡以伐楚，其極衰則會召陵以救蔡而不能。終於柏舉之戰，吳操中國之權，又以蔡故焉。原一蔡之始終，而中國消長之形，荆楚强弱之端，皆可見矣。」〇**冬，單伯會齊侯、宋公、衛侯、鄭伯于鄄。**單音善。鄄音絹。《左傳》：「冬，會于鄄，宋服故也。」《穀梁傳》：「復，同會也。」杜氏曰：「鄄，衛地，東郡鄄城。」張氏曰：「宋公親會。魯卿始與，爲衣裳之會。而齊伯略定矣。」薛氏曰：「齊之先乎諸侯，長之也。」高氏曰：「諸侯伐宋，踰時不解，至是宋公始服，而爲此會。」臨川吳氏曰：「春，齊、陳、曹三國伐宋，其夏魯單伯方往會伐，時宋已成，而三國還師。單伯不及至宋境，故冬而單伯復會齊、宋之君以結成。而衛、鄭之君亦來會也。此衣裳之會之一，齊霸略定矣。若陳、蔡、曹、邾已歸齊者，不復與會，蓋齊之霸政務簡便，不欲煩諸侯也。」〇劉氏曰：「《左氏》見周有單子，遂誤以單伯亦爲周大夫。凡王人出會諸侯，無不序公侯之上者，宰周公、劉子之類是也。杜氏爲之飾説，欲證單伯必爲周人，非解經之體。」廬陵李氏曰：「經書内大夫會外諸侯者六，惟單伯于鄄，季孫宿于邢丘，會伯主及列國，其餘若公孫敖會晉侯，公孫歸父會楚子，季孫行父、公孫歸父之會齊侯，皆特相會也。大夫會諸侯，抗尊出位，《左氏》例以爲内大夫可會外公侯，非也。雖齊桓初伯，得魯爲重，不以單伯爲嫌；魯人顧望未專從齊，不以單伯爲卑。然他日開權臣之專，未必不始於此。」

春秋集傳大全卷之九

莊公　三

壬寅僖王三年。**十有五年**齊桓七。晉緡二十六。衛惠二十一。蔡哀十六。鄭厲二十二。曹莊二十三。陳宣十四。杞共二。宋桓三。秦武十九。楚文十一。**春，齊侯、宋公、陳侯、衛侯、鄭伯會于鄄。**《左傳》：「春，復會焉，齊始霸也。」《穀梁傳》：「復同會也。」張氏曰：「傳謂『始霸』。指諸侯始定而言。然魯未信服，是後宋人猶或主兵，衛、鄭未免復叛。蓋齊霸駸駸而定，諸侯之心猶未一也。」劉氏曰：「伯則主諸侯，諸侯莫先焉。此年伐郳，宋序齊上，明年伐鄭，宋亦序齊上，齊之未主諸侯明矣。十六年九國盟幽之時，齊自此始爲諸侯主矣。」襄陵許氏曰：「十三年、十四年會，至是又會，三合諸侯而不盟以示重慎，是以盟則衆信，莫敢渝也。」杜氏曰：「陳國小，每盟會皆在衛下。齊桓始霸，楚亦始强，陳介於二大國而爲三恪，故齊桓自此年進之以在衛上。遂終於春秋。」汪氏曰：「是後惟召陵侵楚陳序衛下，蓋陳在喪稱子故也。」○**夏，夫人姜氏如齊。**《穀梁傳》：「婦人既嫁不踰境，踰境，非禮也。」襄陵許氏曰：「鄄之再會魯尚未從，桓公未能比近無以示遠，務求合於魯，是以受文姜以昭親親，而齊、魯之交卒合。然而禮坊一失，夫人復啓越境之恣，遂成如莒之姦。」張氏曰：「文姜不如齊八年矣，至此復如齊。桓公欲求魯好以定伯業，而不之拒也。文姜播惡於襄公之世，桓公絶之，義也。以欲求魯之故，而不鑑覆車之轍，豈未聞行一不義雖得天下不爲之法乎！《春秋》特書以累桓也。」〇**秋，宋人、齊人、邾人伐郳。**郳，《公》作「兒」。《左傳》：「諸侯爲宋伐郳。」

伯者之先諸侯，專征也。非伯者而先諸侯，主兵也。杜氏曰：「宋主兵，故序齊上。班序上下以國大小爲次，征伐則主兵爲先，《春秋》之常也。」張氏曰：「小邾，宋之附庸，不服宋，桓公爲宋伐之。齊桓霸體未全正，此役爲宋而興，宋序齊上。亦猶伐宋之師，邾人爲道，而序鄭之上也。」**此齊桓之師何以序宋下？猶未成乎伯也。二十七年同盟于幽，天下與之，然後成乎伯矣。**劉氏曰：「當是時，桓未成乎伯。未成乎伯而伐人，猶諸侯之相伐也。諸侯之相伐，則必推主兵者上之，是以宋先序。」蜀杜氏曰：「齊桓内不能率諸侯以朝天子，外不能攘夷狄以救中國，爲宋討一附庸以求其服從，斯德之小乎！」汪氏曰：「石氏謂郳有二，郳黎來，乃小邾國，三國伐郳，乃宋之附庸。今考伐郳而後，經不書郳，惟書小邾，城成周之役，經書小邾人，而宋仲幾曰：『郳，吾役也。』昭二十年傳稱郳申，杜氏云：『小邾，穆公子。』必有所據。則郳爲小邾明矣。」

鄭人侵宋。《左傳》：「鄭人間之而侵宋。」張氏曰：「間諸侯伐郳而侵宋，不誠服齊，以背二鄄之會。鄭之反覆於齊、楚之間，蓋始於此。故書侵以惡之。」

**侵伐之義，三傳不同。《左氏》曰：「有鐘鼓曰伐，無鐘鼓曰侵。」先儒或非其說，以爲聲罪

致討曰伐，無名行師曰侵。陸氏曰：「凡師，稱罪致討曰伐，無名行師曰侵。據《左氏》之説，則齊侯侵蔡、晉侯侵楚之類，皆用大師而總數國，若無鍾鼓何以行師？又狄師亦有稱伐者，豈是能有鍾鼓乎？則《左氏》之例非矣。《公羊》云：『觕者曰侵，精者曰伐。』以謂深者爲精，淺者爲觕。前後有侵師至破其國，伐師不深者殊多，則《公羊》之例又非矣。《穀梁》云：『苞人民、毆牛馬曰侵，斬樹木、壞宫室曰伐。』齊桓伐楚不戰而服，無壞宫室、伐樹木之事，又豈二百四十二年行師，悉皆如此暴亂乎？則知《穀梁》亦非也。」**未有以易之者也。然考諸五經，皆稱侵伐。在《易・謙》之六五曰：「利用侵伐，征不服也。」《書》之《泰誓》曰：「我武惟揚，侵于之疆。」《詩》之《皇矣》曰：「依其在京，侵自阮疆。」《周官・大司馬》以九伐之法正邦國，而曰：「賊賢害民則伐之，負固不服則侵之。」**鄭氏曰：「伐者，兵入其境；侵者，兵加其境而已。」**而以爲無名行師可乎？**汪氏曰：「陸淳謂不言罪名但行殺掠，非謂師出無名。然語辭未明，有以啓後人之疑也。」**然則或曰侵，或曰伐，何也？聲罪致討曰伐，潛師掠境曰侵。聲罪者，鳴鍾擊鼓，整衆而行，兵法所謂正也；潛師者，銜枚卧鼓，出人不意，兵法所謂奇也。**《國語》：「伐備鍾鼓，聲其罪也。襲侵無聲，爲蹔事也。」汪氏曰：「侵伐二字，必皆當時行師之名，故雖夷狄亦書伐，而霸者之兵亦書侵，其義之是非，係乎其事之得失，不以是爲褒貶也。然有當書伐而書侵，當書侵而書伐者，《春秋》之變例也。」廬陵李氏曰：「按《左氏》，鄭厲公以去年自櫟侵鄭，傳瑕殺子儀而納之，厲公殺傅瑕及原繁，原繁曰：『子儀在位十四年矣，而謀召君者，庸非貳乎？莊公之子猶有八人，若皆以官爵行賂勸貳而可以濟事，君其若之何？』由此觀之，則忽、亹、儀雖死，而莊公之子尚多也，齊桓若能明大義告諸侯，聲厲公篡奪之罪而廢之，豈不爲伯業之光哉！不此之顧，首列于二鄄之會，及其反覆，三國伐之，又以宋故爲詞，亦何足以服之矣。宜乎于幽既成，而旋有鄭詹之執也。」

冬，十月。

癸卯僖王四年。**十有六年**齊桓八。晉緡二十七，滅。武公稱三十八年。衛惠二十二。蔡哀十七。鄭厲二十三。曹莊二十四。陳宣十五。杞共三。宋桓四。秦武二十。楚文十二。**春，王正月。○夏，宋人、齊人、衛人伐鄭。**南北争鄭於是始。《左傳》：「諸侯伐鄭，宋故也。」孫氏曰：「鄭背鄄之兩會，侵宋，故齊桓帥諸侯伐之。齊序宋下，與伐郳同。」張氏曰：「伐鄭不止，爲宋而已。蓋鄭不服，則諸侯之心未一也。」襄陵許氏曰：「中國諸侯宋爲大，既爲之服郳，又爲之報鄭，宋蓋自是與齊爲一。宋親而中國諸侯定矣。」家氏曰：「鄭突以庶篡嫡，昭得返國，突復據櫟以逼之，昭以弑死，突之爲也。齊桓始伯，當聲突舊惡，請于王以正其罪，宣示遠近以警群聽。今爲宋而伐鄭，非名也。」汪氏曰：「此伐鄭與二十六年伐徐，皆以齊序宋下，齊未成乎伯，而宋猶主兵也。」**○秋，荆伐鄭。**《左傳》：「鄭伯自櫟入，緩告于楚。秋，楚伐鄭及櫟。爲不禮故也。」師氏曰：「自桓公之立，而荆爲中國患矣。十年敗蔡師，十四年又入蔡，今復伐鄭，而桓公不能討，聖人詳書之，以累桓也。」王氏曰：「齊方圖伯，楚亦浸强，北侵不已。陳、蔡、鄭、許適當其衝，鄭之要害尤在所先。中國得鄭則可以拒楚，楚得鄭則可以窺中國，故鄭者齊、楚必争之地也。自是鄭被兵於中國者三十有九，於楚者二十。《春秋》備書，以見夷夏之盛衰焉。」張氏曰：「齊伯未定，楚威浸及中國。自桓二年鄭已懼楚，至此三十餘年而後受兵，楚之威不輕用如此。至是始爲中國患矣。」廬陵李氏曰：「鄭桓公始寄帑於虢鄶，得十邑而國之，前莘後渭，左洛右濟，❶主芣騩而食溱洧，實春秋要領之國，而南北之樞紐也。故楚禍及鄭始此，而終春秋爲伯主之輕重焉。」又曰：「經書荆伐鄭二，始此年。楚人伐鄭四，始僖元年。書楚子伐鄭五，始宣四年。書大夫伐鄭四，始成六年。楚會諸侯伐鄭二，始襄二十四年。」

附録《左傳》：「鄭伯治與於雍糾之亂者，九月，殺公子閼，刖强鉏。公父定叔出奔衛。三年而復之，曰：『不可使共叔無後於鄭。』使以十月入，曰：『良月也，就盈數焉。』君子謂：『强鉏不能衛其足。』」

冬，十有二月，會齊侯、宋公、陳侯、衛侯、鄭伯、許男、滑伯、滕子同盟于幽。《公》作「公會」。「許男」下《公》、《穀》有「曹伯」。《左傳》：「冬，同盟于幽，鄭成也。」《公羊傳》：「同盟者何？同欲也。」《穀梁傳》：「同者有同也，同尊周也。不言公，外内寮一，疑之也。」杜氏曰：「言同盟，服異也。滑國都費，河南緱氏縣。幽，宋地。」薛氏曰：「許男何以先乎曹、滑？大也。非禮班之序也。桓公倡伯而亂周班之序，非長諸侯之道也。」

會者，公也。不書公，諱也。陳氏岳曰：「凡空書會某侯，是公自會也。諸侯皆序，非微者明矣。」**其諱公，何也？程氏曰：「齊桓始霸，仗義以盟，而魯首叛盟，故諱不稱公。」惡失信也。**汪氏

❶「渭左洛右濟」，四庫本明姜寶《春秋事義全考》作「河左濟右洛」，當是。

曰：「據十七年受鄭詹。」其曰同盟，何也？程氏曰：「上無明王，下無方伯，列國交争，桓公始霸，天下與之，故書同盟。」志同欲也。陳氏曰：「諸侯初主盟也，自是無特相盟者矣。盟未有言同者，於是言同盟，以齊桓之初主盟也。夫主盟者，舉天下而聽於一邦也。王者不作，舉天下而聽於一邦，古未之有也，於其始書也曰同盟。同，衆辭也，猶未與以專主是盟也。再盟于幽之後，天下知有齊桓而已矣。内不言公，諱之也。」臨川吴氏曰：「齊自北杏以後屢合諸侯，有會無盟者，諸侯之心未一也。至此而鄭服，始合九國之君而爲此盟。此桓公糾合諸侯，一匡天下之始，自入春秋以來所未嘗有之事也。然猶未敢專主盟之權，故曰同盟。至僖二年盟貫，齊始爲盟主，而自此以後不復書同矣。」何氏曰：「同心，欲盟也。同心爲善，善必成；同心爲惡，惡必成。故重而言同盟也。」汪氏曰：「同盟之義，論者不同，然皆不出於《公羊》之説。杜預言服異，蓋以《左氏》於幽之盟，一則曰鄭成，一則曰陳、鄭服，於新城曰從於楚者服，於蟲牢、于戲曰鄭服也，於馬陵曰且莒服故也，於雞澤曰晉爲鄭服故合諸侯，於重丘、平丘曰齊成，曰齊服也。推是論之，則清丘、斷道之討貳，于蒲以諸侯之貳皆所以服異，于戚則鄭伯聽成而鄭已服，柯陵、亳北伐鄭而同盟，則鄭服可知，虚朾則悼公初立而諸侯新服也，是則因服異而言同盟也。《穀梁》於二幽之盟皆曰同尊周，於新城、斷道、雞澤、平丘皆曰同外楚。楊士勛疏謂莊之世，楚國未强，齊桓初霸，直取同尊周而已。魯文之時，楚人强盛而中國畏之。新城書同，傳云外楚，則清丘亦是外楚。傳省文也。舉斷道以包上下，則蟲牢、馬陵、蒲之與戚、柯陵、虚朾之類，亦是省文。雞澤復發傳者，楚人轉盛，中國外之彌甚，則戲盟、亳城、重丘亦其意也。平丘又重發外楚之文，是後中國微弱，不復能外楚矣。是則謂晉伯十有四盟皆爲外楚，新城發傳著其始，平丘發傳著其終。斷道、雞澤舉上下以包其餘也。文定以諸侯同欲而書同，又以惡其反覆而書同。二幽、新城、清丘、斷道皆云同欲。馬陵云同病楚。柯陵、雞澤、平丘云同懼楚。皆同欲也。以例推之，于戚同欲討曹，虛朾同欲救宋也。于蒲之盟罪其失信而尋盟，亳北之盟惡其既同而又叛，皆惡其反覆而書同者也。以例推之，于戲亦既同而又叛也，惟蟲牢惡其皆不臣，重丘惡其受賂而不討賊，即何休所謂同心爲惡，惡必成者也。《穀梁》云尊周外楚，即所謂同心爲善，善必成者也。惡其反覆而書同，謂其既同而復異也。杜預言服異，謂其昔異而今同也。愚故謂論者不同，皆不出於《公羊》同欲之説也。唐孔氏云載辭稱同，啖、趙謂盟辭同而無彼此之異。蓋惟其同欲，是以載書同辭也。薛氏又謂同力乎中國，亦同心之意也。若夫劉原父引殷見曰同，謂設方明如方岳之盟，故書同。然襄九年楚公子罷戎與鄭人同盟于中分，昭十九年郲人、郳人、徐人會宋公同盟于蟲，豈亦能設方明而用殷同之禮乎？新城、虛朾皆大夫與盟，清丘則四國之大夫，當時大夫雖僭，然未必能備天子之禮也。季姬及鄫子遇于防，安得用天子冬見曰遇之禮乎？止齋陳氏、臨川吴氏皆謂同者衆辭，列國相與盟而莫適爲主。然前此瓦屋惡曹，後此鄟陵、臯鼬，皆莫適爲主而不書同。齊桓、晉悼皆伯者之盛，不可謂其不專主盟也。或者又謂，霸業未盛，霸業既衰，則書同盟。然齊桓幽之再盟，不可謂霸業未盛，牡丘霸業已衰，而不言同。晉悼之盛始終書同盟。而祝柯、澶淵，晉霸已衰，皆不書同。則霸業之盛衰，固不係於書同盟與不書同盟也。」**自古皆有死，民無信不立。故聖人以信易食，答子貢之問；君子以信易生，重桓王之失。《春秋》之諱公與是盟也，豈不以信之重於生與食乎？先儒或以爲不書公**

者，諱與讎盟，誤矣。范氏曰：「諸侯同共推桓，而魯與齊讎，公可事齊不？會不書公，以著疑焉。」**果以桓爲讎而諱與盟者，曷不於柯之盟諱之也？**汪氏曰：「霸者合諸侯而同盟，外示同欲，而出於中心之誠者蓋寡。先儒謂惡其反覆而書同，蓋書同盟而反覆之惡自著。故于幽爲同盟之始，而魯則失信於齊桓；平丘爲同盟之終，而晉則辭魯昭使不與盟。是皆反覆之易見者也。説者皆疑鄭詹逃來在明年，不當先諱公而貶之。夫《春秋》爲國諱惡，苟不書鄭詹之來，則失事實，書詹來而盟幽不諱公，則又彰莊公之失信，故没公不書，使若微者同歃，則莊公之罪不甚顯，而所以譏之者至矣。況聖人筆削一經，屬辭比事以寓賞罰，必詳上下文及前後事，而後識其指歸，安可謂不當先諱公乎？公子翬未弑隱公而去其族，齊無知未弑襄公而弟年書名，紀叔姬全節守義以妾媵而特書歸于紀，季子賢而不書出奔，皆所以詳本末而垂法戒，非可以常例而議之也。朱子於《綱目》書魏荀攸，書司空梁文惠公狄仁傑，漢末爲魏而言魏，仁傑未贈司空而稱司空，亦先事而致褒貶，豈非取法《春秋》之遺意乎！」○趙氏曰：「《穀梁》云：『不言公，外内寮一，疑之也。』按莊公與齊襄往來，未嘗有阻，豈於桓公更有疑哉！此直夫子定貶責之旨，何關内外寮也？」廬陵李氏曰：「經書同盟十六：齊桓伯二，此年幽，二十七年盟幽是也。晉靈伯一，文十四年新城是也。景伯五，宣十二年清丘，十七年斷道，成五年蟲牢，七年馬陵，九年蒲是也。晉厲伯二，成十五年戚，十七年柯陵是也。晉悼伯四，成十八年虚朾，襄三年雞澤，九年戲，十一年亳城北是也。平、昭各一，襄二十五重丘，昭十三平丘是也。胡氏有二例，有諸侯同欲而稱同者，有惡其反覆而稱同者，除于蒲、亳城北惡其反覆外，其餘皆可入同欲之例矣。《穀梁》有二例，曰同尊周也，同外楚也，除二幽爲尊周外，其餘皆可入外楚之例矣。但不可以同欲爲皆美。故二幽、馬陵、于戚、雞澤雖可褒，而清丘、斷道、蟲牢亦書同；新城、虚朾、于戲雖無貶，而重丘、平丘亦書同。此《公羊》所謂同心爲善善必成，同心爲惡惡必成者也。要之，三説皆有通處，當參考爲是。劉氏以同盟爲殷同之盟。同盟之禮見於覲禮，爲壇祀方明，方伯臨之。桓非受命之伯，假同盟之禮，率諸侯以尊天子，蓋自是始伯也。張氏因其説曰，古者方岳有同盟，以示其考禮尊德以事天子之意。桓公至是以諸侯既授以事而霸業定，因舉是禮約束諸侯尊周，以掩其無王之事。自此欲制諸侯而脅從之者皆書同，而善惡則各繫其事焉。劉氏説胡氏雖不取，然亦是一説也。但施之清丘大夫之盟，有不合耳。餘見新城及亳北下。」又曰：「《左氏》經文會不言公者三，此年幽，及僖十九年齊，二十九年翟泉也。杜氏以幽與齊皆微者，獨翟泉爲諱公。《穀梁》以此會爲去公以著疑，于齊爲内之卑者，翟泉又有公字。《公羊》於三會皆有公字。三家之異如此。啖、趙、胡氏、陳氏皆從《左氏》經文。趙子以此會爲諱與讎盟，于齊、翟泉皆諱公與大夫盟，則三會皆公與也。胡氏以此會諱公失信，于齊爲諱與楚盟，翟泉爲諱與王子盟，則三會亦皆公與也。陳氏以爲齊初主盟不言公，楚初與盟不言公，晉大夫初會盟不言公，則三會亦皆公與也。要之，胡氏與陳氏二説皆可通。《穀梁》疑之之説，據其本旨，則公本與盟，但以諸侯皆疑，故去公以見之。而説者以魯疑而不會，則又郢書而燕説矣。」

郳子克卒。《穀梁傳》：「其曰子，進之也。」范氏曰：「附齊而尊王室，王命進其爵。」杜氏曰：「克，儀父名。稱子者，蓋齊桓請王命以爲諸侯。」高氏曰：「不能五十里爲附庸，若有功，加地滿五十里，則列爲子、男。郳本附庸，齊桓始霸，從其征伐，有功王室，以是請王命而爵之爲子。聖人因其卒而著之。」陳氏曰：「向也曰儀父，今曰邾子，已賜之爵也。春秋之初，諸侯猶禀於天子。是年，王使虢公，命曲沃伯爲晉侯，詩人爲之賦《無衣》。則諸侯猶有黜陟也。」

附録《左傳》：「王使虢公，命曲沃伯以一軍爲晉侯。」○「初，晉武公伐夷，執夷詭諸，蔿國請而免之。既而弗報，故子國作亂。謂晉人曰：『與我伐夷而取其地。』遂以晉師伐夷，殺夷詭諸。周公忌父出奔虢。惠王立，而復之。」

甲辰僖王五年，崩。**十有七年**齊桓九。晉武三十九，卒。衛惠二十三。蔡哀十八。鄭厲二十四。曹莊二十五。陳宣十六。杞共四。宋桓五。秦德公元年。楚文十三。**春，齊人執鄭詹。**詹，《公》作「瞻」，下同。《左傳》：「鄭不朝也。」《公羊傳》：「鄭瞻者何？鄭之微者也。此鄭之微者，何言乎齊人執之？書甚佞也。」《穀梁傳》：「人者，衆辭也。以人執，與之辭也。鄭詹，鄭之卑者。卑者不志，此其志何也？以其逃來，志之也。逃來則何志焉？將有其末，不得不録其本也。鄭詹，鄭之佞人也。」

書「齊人執詹」，惡齊之詞也。劉氏曰：「執詹書人，責齊之詞也。不稱行人，非使。」**鄭既侵宋，又不朝齊，詹爲執政，蓋用事之臣也。**孔氏曰：「傳曰：鄭有叔詹、堵叔、師叔，先言詹，是詹最貴也。齊以不朝責鄭，鄭令詹詣齊謝罪，齊人執之。」**其見執，宜矣。而以惡齊何也？以責人之心責己，則盡道。以愛己之心愛人，則盡仁。**黄氏曰：「即人之身，而得治己之道。治己之道，初不難見，觀其責於人者而已。即己之身，而得待人之道。待人之道，不必遠求，觀其施於己者而已。」**此《春**

秋》待齊之意也。襄陵許氏曰：「宋大鄭小，齊桓蓋德宋而威鄭。文王之興，大邦畏其力，小邦懷其德。而桓反之，是以爲伯道也。至於宋襄執鄫之虐，則桓不爲矣。」張氏曰：「詹不氏，與柔、溺同。桓執鄭詹，討鄭不朝之罪，當書齊侯，而稱人，以非伯討貶也。諸侯不服，不能修德以來之，而執其大夫，則小國之從齊，皆出於力不贍，而非有心悦誠服之意，爲可見矣。」○趙氏曰：「《公》、《穀》皆云：詹，鄭之微者，書甚佞也。言微者不當書，特爲佞書。諸見執者，豈無罪乎？何獨特書此佞。《穀梁》又云：以其逃來志之。若執猶不書，奔何足書乎。若爲來魯，但言自齊逃來，足知見執，何必先書之？」劉氏曰：「《春秋》未有微者而得書於經。」《穀梁》曰：「人者衆辭，以人執，與之辭也，非也。宋人執鄭祭仲，邾人執鄫子，亦可謂與之乎？」廬陵李氏曰：「鄭詹説，《左氏》是。《公》、《穀》皆以詹爲佞人，此無據之言。杜氏以稱人爲賤之，《穀梁》又以稱人爲與齊，皆非。」

夏，齊人殲于遂。殲，子廉反，《公》作「瀸」。《左傳》：「夏遂因氏、頜氏、工婁氏、須遂氏饗齊戍，醉而殺之。齊人殲焉。」《公羊傳》：「瀸者何？瀸，積也。衆殺戍者也。」《穀梁傳》：「殲者，盡也。然則何爲不言遂人盡齊人也？無遂之辭也。無遂則何爲言遂？其猶存遂也。存遂奈何？曰：齊人滅遂，使人戍之。遂之因氏飲戍者酒而殺之。齊人殲焉。此謂狎敵也。」

殲，盡也。啖氏曰：「殲者自滅之義。」**齊滅遂，使人戍之。遂之餘民飲戍者酒而殺之。齊人殲焉。**杜氏曰：「齊人戍遂，遂人討而盡殺之，故以自盡爲文。」何氏曰：「稱人，衆辭。」臨川吴氏曰：「齊桓伯事方興，而以彊大吞小弱，滅遂而慮遂之遺民不服，故遣齊之民戍守其地。以無罪滅遂，固已失遂人

之心矣，而齊之戍者或又陵蔑其舊民，故遂人憤怒而盡殺之。」《春秋》書此者，見齊人滅遂，恃强陵弱，非伐罪弔民之師。遂人書滅，乃亡國之善辭，上下之同力也。夫以亡國餘民，能殲强齊之戍，則申胥一身可以存楚。事見《左傳》定公四年。**楚雖三户，可以亡秦，**《史記·范增傳》：「楚南公曰：『楚雖三户，亡秦必楚。』卒之滅秦者皆楚人也。」韋昭曰：「三户，楚三大姓：昭、屈、景也。」杜氏曰：「丹陽縣北三户亭。」服虔曰：「三户，漳水津也。」**固有是理。足爲强而不義之戒，而弱者亦可省身而自立矣。**劉氏曰：「齊滅人之國，而又戍之，以自取死亡。故令其文如齊人自死于遂也。」陸氏曰：「不曰遂人殺之，齊自取也。」張氏曰：「絶滅社稷以及其君，慮其民之思舊主，而以兵力强制之，不知彼心不服，吾力稍怠，必有出於意料之外者。不言遂人殲齊戍，而書其自殲，所以伸遂人復讎之志，而著桓公不仁，以至於自殲其衆也。」襄陵許氏曰：「齊師滅譚，譚子奔莒，著其君不詘也。齊人滅遂，齊人殲于遂，著其民不歸也。《孟子》謂伯者以力服人，非心服也，力不贍也。《荀子》謂桓公詐邾襲莒，并國三十五。則所滅蓋不盡書，書滅譚滅遂，上下一見之也。」汪氏曰：「《穀梁》謂無遂而存遂，乃《春秋》存亡繼絶之意。亦猶紀已滅而書紀叔姬卒，葬紀叔姬，存紀也。陳已滅而書葬陳哀公，書陳災，存陳也。」〇趙氏曰：「《穀梁》曰『此謂狎敵也』，此説乃譏其不善用兵，恐非教迹。」

秋，鄭詹自齊逃來。《公羊傳》：「何以書？書甚佞也。曰：佞人來矣，佞人來矣。」《穀梁傳》：「逃義曰逃。」

穀梁子曰：「逃義曰逃。」范氏曰：「執得其罪，故曰義也。今而逃之，是逃義也。」陸氏曰：「凡言逃者，皆謂義當留而竊去也。」**逃者匹夫之事。** 杜氏曰：「詹不能伏節守死以解國患，而遁逃苟免，書逃以賤之？言與匹夫逃竄無異。」**詹之見執，若其有罪，雖死可也。儻曰無罪，苟見免焉，請從惠於會，使諸侯聞之，則不辱君命矣。不能以理自明也，而反效匹夫之行，遁逃苟免，越在他國，不亦賤乎！** 常山劉氏曰：「詹爲正卿，不能自辨以理，取直而歸，反如匹夫之逃，越在他國，斯可賤也。」**特書曰「逃」，以著其幸免而不知命之罪也。** 劉氏曰：「書逃，責詹之辭也。詹自以爲有罪邪，雖死之可矣。自以爲無罪邪，尚何逃之有？詹恐其見殺，因逃而苟免，則是不知命也。」永嘉吕氏曰：「觀逃之一字，則詹之有罪無罪皆可知矣。」**齊桓始霸，同盟于幽。而魯首叛盟，受其逋逃，虧信義矣。書「自齊逃來」，又以罪魯也。** 陳氏曰：「外逃不書，齊高固、高厚逃歸皆不書，逃來則書之。逃來譏與之接也。」張氏曰：「執列國大夫踰歷三時，不令其服罪而去，防閑弛慢，國因亡逸，齊之罪也。竊身逃竄，同於苟免之匹夫，無大夫之行，失節辱國，詹之罪也。爲逋逃主，以取伐於伯主，魯之罪也。」汪氏曰：「《左傳》僖七年稱鄭有叔詹爲政，則詹雖逃奔魯，蓋不久而歸鄭矣。」王氏曰：「《春秋》書逃有三：鄭伯、陳侯言逃歸，是爲君而不知義者也。鄭詹逃來，是爲臣而不知義者也。」廬陵李氏曰：「書逃三：此年及僖五年鄭伯逃歸不盟。襄七年陳侯逃歸也。君臣同詞，皆匹夫之事也。然宣十七年高固逃歸不書，襄十六年高厚逃歸不書，則《春秋》不以逃義罪二子也。」

冬，多麋。《公羊傳》：「何以書？記異也。」

麋，汪氏曰：「澤獸，鹿之大者。」**魯所有也。多則爲異。**何氏曰：「言多者，以多爲異也。」京房曰：「廢正作淫，爲火不明，則國多麋。」山陰陸氏曰：「陰盛所感，惡氣之應。」**以其又害稼也，故書。此亦禹放龍蛇，周公遠犀象之意也。害稼則及人矣。**高郵孫氏曰：「以有爲災則書有，有𧌒是也。以無爲異則書無，無冰是也。麋者常有之物，惟其多則書之。」高氏曰：「聖人於災之中各爲之辨，麋書多者，以多爲災也。蜚𧌒書有者，以有爲災，不繫多少也。麋則常少，以多爲災，不繫於有也。螟螽之書，不以其有，不以其多，但爲災則書之。」

乙巳惠王元年。**十有八年**齊桓十。晉獻公佹諸元年。衛惠二十四。蔡哀十九。鄭厲二十五。曹莊二十六。陳宣十七。杞共五。宋桓六。秦德二。楚文十四。**春，王三月，日有食之。**《穀梁傳》：「不言日，不言朔，夜食也。何以知其夜食也？曰：王者朝日，故雖爲天子必有尊也。貴爲諸侯必有長也。故天子朝日，諸侯朝朔。」范氏曰：「天子玄冕而朝日於東門之外，故始出而有虧傷之處。是以知其夜食也。」家氏曰：「夜食云者，必在丑寅之間。故晨興而猶見。」

附録《左傳》：「春，虢公、晉侯朝王。王饗醴，命之宥，皆賜玉五瑴、馬三匹，非禮也。王命諸侯，名位不同，禮亦異數。不以禮假人。」○「虢公、晉侯、鄭伯使原莊公逆王后于陳，陳嬀歸于京師，實惠后。」

夏，公追戎于濟西。《左傳》：「不言其來，諱之也。」《公羊傳》：「此未有言伐者。其言追何？大其爲中國追也。此未有伐中國者，則其言爲中國追何？大其未至而豫禦之也。其言于濟西何？大之也。」《穀梁傳》：「其不言戎之伐我，何也？以公之追之，不使戎邇於我也。于濟西者，大之也。何大焉？爲公之追之也。」杜氏曰：「濟西，濟水之西。」

此未有言侵伐者，而書追戎，是不覺其來，已去而追之也。杜氏曰：「戎來侵魯，魯人不知，去，乃追之。」孫氏曰：「齊人侵我西鄙，公追齊師至酅。先言侵而後言追。此不言侵伐，明不覺其來，已去而追之也。書者，譏内無戎備。」**爲國無武備，啓戎心而不知警，危道也。**啖氏曰：「去社稷遠追戎，危公。」**《春秋》之意，其必未雨而徹桑土，閒暇而明政刑。**劉氏曰：「公追戎于濟西，此無愛民之意，而有不仁之心。任詐謀而尚奇功，勝固不足多也，況又不勝乎！凡君之於其民也，猶父母之於子，子陷水火，父母不避焦溺而救之，豈坐視之，待其然且没而施巧變哉！」高氏曰：「敵勝而去則不可追，追者敵之敗者也。敵緩而去則不必追，追者敵之奔者也。先王之法，從緩不及，逐奔不遠。逐奔不遠則難誘，從緩不及則難陷。故敵知畏而遁，斯止矣，弗追也。」臨川吴氏曰：「戎即隱、桓與之盟者。戎入魯境，魯將禦之，而戎遄退。故魯莊以兵遠追之。」汪氏曰：「《春秋》書追者二：追戎濟西，譏其在境而不能預備也。追齊師至酅，譏其出境而弗敢及之也。夫既不克預脩戎備，遏於未來。至於戎至境内，又不克隨時應變，命將出師，以勝非類之敵。及其已退，乃輕千乘之貴，躡其後而逐之，何足取哉！」〇啖氏曰：「《左氏》云：『不言其來，諱之也。』據書追，明不覺其來，已去而追爾。直書事實，有何諱乎！」劉氏曰：「《公羊》以謂『大其未至而預禦之』，非也。若未至而禦，何得謂之追乎？《穀梁》云『其不言戎之伐我，何也？以公之追之，不使戎邇於我也』，非也。戎若不來，公則無追。若不言伐，不使戎邇於我，則言伐者皆使其邇於我乎？又曰『于濟西，大之也』，亦非也。但云公追戎，未知追之於何所耶。理所必書，何大之之有？」

秋，有蜮。蜮，又作「蜮」，音或。《左傳》：「爲災也。」《公羊傳》：「何以書？記異也。」《穀梁傳》：「一有一亡曰有。蜮，射人者也。」

蜮，魯所無也。故以「有」書。夫以含沙射人，其爲物至微矣。杜氏曰：「蜮，短狐也。含沙射人。《本草》謂之射工。」孔氏曰：「《洪範傳》云：蜮如鼈，三足，生於南越。南越婦人多淫，故其地多蜮。淫女惑亂之所生也。陸璣《詩疏》云：『一名射景，在淮水中。人在岸上，景見水中，投人景則殺之。或謂含沙射人，入皮肌，其瘡如疥。』偏身濩濩或或，故爲災。」魯人察之，以聞于朝，魯史異之，以書于策，何也？山陰陸佃曰：佃字農師，宋建中靖國時人。著《春秋後傳》二十卷。「蜮，陰物也。麋，亦陰物也。是時莊公上不能防閑其母，下不能正其身，陽淑消而陰慝長矣。此惡氣之應。」其説是也。張氏曰：「《漢書·五行志》劉向、董仲舒已有是説。蓋麋者，迷也。蜮者，惑也。是時文姜爲亂於閨門之内，其遺毒餘患，至哀姜卒再成篡弑之禍。物類之感，天之示人顯矣。」然則簫韶作而鳳凰來儀，《春秋》成而麟出於野，何足怪乎？汪氏曰：「麋、蜮乃物異之惡者也，鳳、麟乃物異之美者也。」《春秋》書物象之應，欲人主之慎所感也。世衰道微，邪説作，正論消，小人長，善類退，天變動於上，地變動於下，禽獸將食人而不知懼也，亦昧於仲尼之意矣。汪氏曰：「《春秋》書螟螽蝝生，志蟲之害稼者也。書多麋、有蜮、有蜚、有鸜鵒來巢，志物之爲異者也。蟲之害稼，苟有蓄積以賑飢民，則不爲災。物之異常，苟能脩德以消天變，則不爲異。人爲不善以致天變，又不知警省而改過遷善，以消悔怒，則禍患之來弗能救矣。或謂蜚字，以古隸較之作蟦，即蠈也，食苗葉者。竊疑《春秋》書螽、螟皆不言『有』，此書『有蜚』，則爲異而非蠈矣。」廬陵李氏曰：「記異書有三，此年有蜚，莊二十九年有蜚，昭二十五年有鸜鵒來巢，《公羊》疏曰：『此不言來者，亂氣所生，非自外來也。』」

冬，十月。

附録《左傳》：「初，楚武王克權，使鬬緡尹之，以叛，圍而殺之，遷權於那處，使閻敖尹之。及文王即位，與巴人伐申，而驚其師。巴人叛楚而伐那處，取之，遂門于楚。閻敖游涌而逸，楚子殺之，其族爲亂。冬，巴人因之以伐楚。」

丙午惠王二年。**十有九年**齊桓十一。晉獻二。衛惠二十五。蔡哀二十。鄭厲二十六。曹莊二十七。陳宣十八。杞共六。宋桓七。秦宣公元年。楚文十五，卒。**春，王正月。**

附録《左傳》：「春，楚子禦之，大敗於津。還，鬻拳弗納，遂伐黄，敗黄師于踖陵。還及湫，有疾，夏六月庚申卒。鬻拳葬諸夕室，亦自殺也，而葬於絰皇。初，鬻拳强諫楚子，楚子弗從，臨之以兵，懼而從之。鬻拳曰：『吾懼君以兵，罪莫大焉。』遂自刖也。楚人以爲大閽，謂之太伯，使其後掌之。君子曰：『鬻拳可謂愛君矣。諫以自納於刑，刑猶不忘納君於善。』」

夏，四月。○秋，公子結媵陳人之婦于鄄。遂及齊侯、宋公盟。《公羊傳》：「媵者何？諸侯娶一國，則二國往媵之。以姪娣從。姪者何？兄之子也。娣者何？弟也。諸侯壹聘九女。諸侯不再娶。媵不書，此何以書？爲其有遂事書。大夫無遂事，此其言遂何？《聘禮》：大夫受命不受辭。出竟有可以安社稷、利國家者，則專之可也。」《穀梁傳》：「媵，淺事也，不志。此其志何也？辟要盟也。何以見其辟要盟也？媵，禮之輕者也。盟，國之重也。以輕事遂乎國重，無說。其曰『陳人之婦』，略之也。其不日數踰，惡之也。」程子曰：「鄄之巨室嫁女於陳人，結以其庶女媵之，因與齊、宋盟。挈之以往，結好大國，所以安國息民，乃以私事之小，取怒大國，故深罪之，書其爲媵而往盟爲遂事。」

媵，淺事。啖氏曰：「媵，卑者之事也。常事不書，爲遂事起本。」**陳人，微者，公子往焉。是以所重臨乎禮之輕者也。齊侯，伯主；宋公，王者之後；盟，國之大事也，大夫輒與焉。是以所輕當乎禮之重者也。**薛氏曰：「正卿送媵，禮之過也。遂盟，非其事也。」家氏曰：「媵女事之常，而盟者國之重事。況於盟伯主，可以遂事往乎！」**禮者不失己，亦不失人。失己與人，寇之招也。是故結書公子，而曰「媵陳人之婦」，譏其重以失己也。齊、宋書爵而曰「遂」，譏其輕以失人也。**趙氏曰：「大夫特盟公侯，非禮也。」**遂者，專事之詞。**何氏曰：「生，猶造也，專事之辭。」孔氏曰：「遂，擅成事也。」《聘禮》：**「大夫受命不受辭。出境有可以安社稷、利國家，則專之可也。」**杜氏曰：「結，魯大夫。出竟有可以安社稷、利國家者，則專之可也。結在鄄，聞齊、宋有會，權事之宜，去其本職，遂與二君爲盟。故備書之，本非魯公意，而又失媵陳之好，故冬各來伐。」**謂本有此命，得以便宜從事，特不受專對之辭爾。**汪氏曰：「既曰受命，則不可專命矣。但曰不受辭，則不過權其事宜，而專制應對之辭而已。」**若違命行私，雖有利國家、安社稷之功，使者當以矯制請罪，有司當以擅命論刑。何者？終不可以一時之利，亂萬世之法，是《春秋》之旨也。**孫氏曰：「結，矯命專盟，故曰遂以惡之。」蜀杜氏曰：「諸侯專相爲盟，猶曰不可。況以大夫不奉君命而專之乎！故明書以示譏。」呂氏曰：「使結既盟而齊、宋不來伐，猶當以擅命之罪加之，況無益而有害乎！」○劉氏曰：「《公羊》以爲『陳人者陳侯也』，非也。云『子結以妾媵歸陳侯之婦』，則文理不成，又無故貶損陳侯，使從人稱，非正名之義。《穀梁》曰『辟要盟也』，亦非也。魯誠欲自託於大國，豈敢以媵婦之名，而遣使以取戾於伯主哉！使者銜媵婦之命，而遂要大國之盟，是乃要盟矣。何謂辟要盟乎？」汪氏曰：「前漢馮奉世矯發兵擊破莎車，議封奉世。蕭望之曰：『矯制發兵，雖有功效，不可爲後法。』陳湯矯制發兵，與甘延壽襲斬郅支單于。軍還論功，匡衡等以延壽、湯擅興師矯制，幸得不誅，不宜復加爵上。先儒謂奉世、延壽、湯矯制以成功，望之、衡以爲不可封者，《春秋》譏遂事之法也。今考朱子《綱目》，凡此類悉以矯制書之。豈非取法《春秋》，譏公子結之遺意乎！然考之傳注，説《穀梁》者以爲公子結之媵與盟皆出君命。《左傳》注疏則謂魯使公子結往媵，而盟非魯公意。臨江張氏、臨川吴氏又以盟出君命，而媵乃結之私事。據文定傳，則二事皆非君命。竊考經文不書『如陳送媵』，而書『媵陳人之婦』，則非奉君命而媵陳之微者矣。微事不見於經，書者譏其因事與齊、宋盟耳。若齊、宋之盟出於公命，當如公孫茲如牟因聘而娶。經但書聘而不書娶，此亦但書盟而不書媵矣。」廬陵李氏曰：「魯大夫書遂始於此。僖三十年公子遂遂如晉。襄公十二年季孫宿遂入鄆。大夫之專國有漸，然盟聘而專，猶可也。兵事而專，甚矣。然胡氏釋遂字，又有專事、兩事、生事之殊。要之皆不宜遂也。《公羊》以爲善，《穀梁》以爲魯實使之，此非經旨。」

夫人姜氏如莒。《穀梁傳》：「婦人既嫁不踰竟，踰竟非正也。」杜氏曰：「非父母國而往，書姦。」張氏曰：「爲國君之母，非父母國而出入縱恣，此行比於《詩》之所刺，謂『魯道有蕩，齊子豈弟』者，抑又甚矣。莊公既無復防閑之意，而執國政者無人，抑又可知。安得不成淫風，而致篡弑之禍也。」臨川吴氏曰：「夫人自齊襄弑後，八年不出，因十五年又一至齊。蓋假托國事以愚其昏懦之子。莊公不能制，故於今如莒也。父母殁不得歸寧，雖兄弟之國且不可往，況往他國乎！」

附録《左傳》：「初，王姚嬖於莊王，生子頽。子頽有寵，蔿國爲之師。及惠王即位，取蔿國之圃以爲囿。邊伯之宫近於王宫，王取之。王奪子禽、祝跪與詹父田，而收膳夫之秩。故蔿國、邊伯、石速、詹父、子禽、祝跪作亂，因蘇氏。」○「秋，五大夫奉子頽以伐王，不克，出奔温。蘇子奉子頽以奔衛。衛師、燕師伐周。冬，立子頽。」

冬，齊人、宋人、陳人伐我西鄙。此見伐之始。《穀梁傳》：「其曰鄙，遠之也。其遠之何也？不以難邇我國也。」程子曰：「齊桓始霸，責魯不恭其事，故來伐也。」何氏曰：「鄙者，邊垂之辭。」

奉詞曰伐。其稱人，將卑師少也。結方與二國盟，則其來伐我，何也？齊桓始霸，責魯不恭，所謂失己與人以招寇也。臨川吴氏曰：「魯之臣送己女爲媵，而遂與伯主大國盟，不恭也。是以聲其罪而伐之。陳亦以結媵其國人之婦，而輕慢伯主，故與齊、宋同興問罪之師。結不知禮，而爲私爲公，兩失歡好。禮之不可不謹也如是。」**或以結能爲魯設免難之策，爲齊、宋晝講好之計，身在**

境外而權其國家，爲《春秋》予之，故稱公子，非矣。啖氏曰：「結必非命卿，嘉其能與齊、宋盟以安社稷，故特書公子。」劉氏曰：「王者之制，諸侯不得擅相伐，而有親親、友賢、善鄰之義。此結所以得爲魯設免難之策，爲齊、宋晝講好之計，俱合於道，其功甚美。而身固在境外也，與專命君側者異指。是乃《春秋》與結也。」家氏曰：「是歲周有子頹之亂。衛師、燕師稱兵伐周，立子頹。天子播遷于外，桓公不能討，乃以三國伐魯。是《春秋》所責也。」汪氏曰：「或謂齊討鄭詹之納。夫詹之來已二年，苟爲鄭詹而討，則不在斯時興兵矣。」〇廬陵李氏曰：「經書『齊伐我』十四，始於此。『莒伐我』三，『邾伐我』三，『吴伐我』一，皆書『鄙』。《穀梁》説是也。惟哀公之編『吴伐我齊國』，書『伐我』，不書『鄙』者，胡氏各有説。又曰：齊之伐魯，雖由公子結之不共。然魯自受鄭詹而背盟幽之信，已得罪於齊矣。齊、宋伐魯之謀，恐《公羊》亦得之。但公子結又重齊之忿耳。」

丁未惠王三年。二十年齊桓十二。晉獻三。衛惠二十六。蔡穆侯肸元年。鄭厲二十七。曹莊二十八。陳宣十九。杞共七。宋桓八。秦宣二。楚堵敖熊囏元年。春，王二月，夫人姜氏如莒。《穀梁傳》：「婦人既嫁不踰境，踰境非正也。」

十有五年，夫人姜氏如齊。至是再如莒。范氏曰：「夫人比年如莒，過而不改，無禮尤甚。」而《春秋》書者，禮義天下之大防也。其禁亂之所由生，猶坊止水之所自來也。《禮記·經解》疏：「禮，禁亂之所從生。亂生之處則豫禁之，若深宮固門閽寺守之，諸侯夫人父母没不得歸寧之類。坊謂堤坊，又作防，古字通用。」衛女嫁於諸侯，父母終，思歸寧而不得，故《泉水》賦。許穆夫人閔衛之亡，思歸唁其兄而阻於義，故《載馳》作。聖人録於國風，以訓後世。朱子曰：「衛有婦人之詩，自共姜至宋襄公之母六人焉，皆止乎禮義而不敢過也。夫以衛之政教淫僻，風俗傷敗，然而女子乃有知禮而畏義如此者，則以先王之化猶有存焉者故也。」使知男女之別，自遠於禽獸也。今夫人如齊，以寧其父母，而父母已終，以寧其兄弟，又義不得。杜氏曰：「夫人父母在，則禮有歸寧。没，則使卿寧。」宗國猶爾，而況如莒乎！婦人從人者也。夫死從子，而莊公失子之道，不能防閑其母，禁亂之所由生。故初會于禚，次享于祝丘，又次如齊師，又次會于防，于穀，又次如齊，又再如莒。此以舊坊爲無所用而廢之者也，《禮記·經解》：「以舊坊爲無所用而壞之者，必有水敗。以舊禮爲無所用而去之者，必有亂患。」是以至此極。觀《春秋》所書之法，則知防閑之道矣。臨川吴氏曰：「比年書夫人往他國以姦，而魯莊若罔聞知。昔年猶可諉曰年未長也，今年既長矣而如此，其不子也甚矣。」張氏曰：「《春秋》詳書，蓋與《詩》之變風相應，當是時一反《關雎》、《麟趾》之化，而中國之俗於是大亂。夫一國之事，係一人之本，此聖人所以詳書文姜之行歟！」高氏曰：「《春秋》迹其淫亂，不可勝書，故於將薨復三見之。要其由惡以終，爲萬世婦人之戒。」汪氏曰：「文姜以桓三年至自齊，至是蓋年六十矣。淫姣之行，老而彌甚。比歲如莒，備書不削，雖國惡，不容諱也。唐武后年且八十，多選美少年爲奉宸内供奉，醜惡無耻，不可勝紀。朱子《綱目》於武曌將殂之際。屢書周以張易之爲奉宸令，周賜張昌宗爵鄴國公，其亦《春秋》志姜氏如莒之遺旨歟！」

附録《左傳》：「春，鄭伯和王室，不克，執燕仲父。夏，鄭伯遂以王歸。王處於櫟。秋，王及鄭伯入于鄔，遂入成周，取其寶器而還。冬，王子頹享五大夫樂及徧舞。鄭伯聞之，見虢叔曰：『寡人聞之，哀樂失時，殃咎必至。今王子頹歌舞不倦，樂禍也。夫司寇行戮，君爲之不舉。而況敢樂禍乎！奸王之位，禍孰大焉。臨禍忘憂，憂必及之。盍納王乎？』虢公曰：『寡人之願也。』」

夏，齊大災。《公羊傳》：「大災者何？大瘠也。大瘠者何？痢也。何以書記災也？外災不書，此何以書？及我也？」《穀梁傳》：「其志以甚也。」杜氏曰：「來告故書，天火曰災。」張氏曰：「齊人來告而魯往弔之也。」○啖氏曰：「《公羊》云『大災者何？大瘠也』，若以大災爲大瘠，新宮災亦是新宮瘠乎？災，天火也。大之者，其災大也。」○**秋，七月。**○**冬，齊人伐戎。**戎，《穀》作「我」。張氏曰：「齊桓於是舉攘戎狄之兵，戎在徐州之域，最近齊、魯，故先治之。」家氏曰：「周有子頹之亂，齊桓爲盟主，若罔聞知。鄭伯、虢公胥命于弭，以兵討亂，殺子頹，王入于王城。齊不能預也。去年伐魯，今年伐戎，大率逐利以自私，於王室何有？」○汪氏曰：「《穀梁傳》作『伐我』，蓋誤也。經書外伐我十有九，皆書四鄙。惟哀八年吴兵至城下，十一年齊師伐我，戰于郊。兩書『伐我』。此言齊人，則將卑師少，安能深入乎？當從二傳作『伐戎』。」

戊申惠王四年。**二十有一年**齊桓十三。晉獻四。衛惠二十七。蔡穆二。鄭厲二十八，卒。曹莊二十九。陳宣二十。杞共八。宋桓九。秦宣三。楚堵敖二。**春，王正月。**○**夏，五月辛酉，鄭伯突卒。**《左傳》：「二十一年春，胥命于弭。夏，同伐王城。鄭伯將王自圉門入。虢叔自北門入。殺王子頹及五大夫。鄭伯享王于闕西辟，樂備。王與之武公之略，自虎牢以東。原伯曰：『鄭伯效尤，其亦將有咎。』五月，鄭厲公卒。」

杜預稱莊公四年，鄭伯遇於垂者，乃子儀也。汪氏曰：「十四年杜氏注鄭子。莊四年稱伯會諸侯。」**而以爲厲公者，按《春秋》突歸于鄭之後，其出奔蔡，入于櫟，皆以名書，猶繫於爵。雖簒而實君，雖君而實簒，不没其實也。忽雖世子，其出奔猶不得稱子，其復歸猶不得稱伯，以其實不能君也。而況子儀，雖乘間得立，其爲君微矣，豈敢輕去國都，與諸侯會于外乎？故知遇於垂者乃厲公也。其始終書爵，不没其實也。亦可以爲居正而不能保者之戒矣。**高氏曰：「高渠彌弑昭公，立子亹。齊人殺亹，祭仲立子儀。《春秋》皆没而不書，以突爲鄭伯故也。」永嘉吕氏曰：「入于櫟書鄭伯，卒書鄭伯，始終書爵，明其能君，故著其實耳。」張氏曰：「突，莊公之孽子。莊公既没，奪忽之位。中間雖爲祭仲所逐，旋入于櫟，卒取鄭國。故不復著忽、亹、儀之在位，以其不能君也。論者以爲突始終能君。夫簒弑竊國之人，而《春秋》終始君之，且復記其卒于位，所以著小人肆志，亂賊得終，王法不行，而世之所由亂也。」

秋，七月戊戌，夫人姜氏薨。《穀梁傳》：「婦人弗目也。」范氏曰：「婦人無外事，居有常所，故不書地。」張氏曰：「文姜之行惡矣，而卒以國君之母寵榮終身，一用小君之禮，此魯之禍所以未艾，必至於莊公之終，兩君弑，哀姜、慶父誅，而後魯亂始息也。」

附録《左傳》：「王巡虢守，虢公爲王宮于玤，王與之酒泉。鄭伯之享王也，王以后之鞶鑑予之。虢公請器，王予之爵。鄭伯由是始惡於王。冬，王歸自虢。」

冬，十有二月，葬鄭厲公。杜氏曰：「八月乃葬，緩。」王氏曰：「據《左氏》鄭伯有納惠王之功，勳在王室。然不免謚爲『厲』者，其始以賂而篡立，中以虐而出奔。周室雖衰，公議尚在。臣子私謚，不敢妄加美名，古意猶可考也。」

己酉惠王五年。**二十有二年**齊桓十四。晉獻五。衛惠二十八。蔡穆三。鄭文公捷元年。曹莊三十。陳宣二十一。杞惠公元年。宋桓十。秦宣四。楚堵敖三。**春，王正月，肆大眚。**所景反，《公》作「省」。《公羊傳》：「肆者何？跌也。大省者何？災省也。肆大省何以書？譏。何譏爾？譏始忌省也。」《穀梁傳》：「肆，失也。眚，災也。災紀也，失故也。爲嫌天子之葬也。」程子曰：「大眚而肆之，其失可知。凡赦何嘗及得善人？諸葛亮在蜀，十年不赦，審此爾。」

肆眚者，蕩滌瑕垢之稱也。杜氏曰：「赦有罪也。放赦罪人，蕩滌衆故，以新其心。有時而用之，非制所常。故書。」**《舜典》曰：「眚災肆赦。」**蔡氏曰：「眚，謂過誤。災，謂不幸。肆，縱也。若人如此而入於刑，則不待流宥金贖而直赦之。」**《易》於《解》卦曰：「君子以赦過宥罪。」**程子曰：「赦，釋之。宥，寬之。過失則赦之，可也。罪惡而赦之，非義也。故寬之而已。」**《呂刑》曰：「五刑之疑有赦，五罰之疑有赦。」**蔡氏曰：「刑疑有赦，則質于罰而聽其贖。罰疑有赦，則質于過而宥免之也。」**《周官·司刺》掌赦宥之法，壹宥曰不識，再宥曰過失，三宥曰遺忘。**音妄。鄭氏曰：「不識，謂愚民無所識，則宥之。識，審也。不審，若今仇讎當報，甲見乙，誠以爲甲而殺之者。過失，若舉刃欲斫伐而軼中人者。今律，過失殺人，不坐死。遺忘，若間帷薄，忘有在焉，而以兵矢投射之。」**壹赦曰幼弱，再赦曰老耄，三赦曰惷愚。**鄭氏曰：「惷愚，生而癡騃童昏者。幼弱、老耄，若今律：年未滿八歲、八十以上，非手殺人，他皆不坐。」**未聞肆大眚也。大眚皆肆，則廢天討，虧國典。縱有罪，虐無辜，惡人幸以免矣。**茅堂胡氏曰：「罪在五刑，上天所討。大眚皆肆，《春秋》譏之。」孫氏曰：「肆大眚，非正也。亂法異常者也。」臨川吴氏曰：「眚固可赦而不言大。聖人雖至仁，然赦人之罪亦必有所劑量於其間，不一概也。書肆大眚，則罪之大而不當赦者亦赦之。譏其惠姦佚罰也。」**後世有姑息爲政，數行恩宥。惠奸軌，賊良民，而其弊益滋，蓋流於此。故諸葛孔明曰：「治世以大德，不以小惠。」其爲政於蜀，軍旅數興，而赦不妄下。**汪氏曰：「《通鑑》：『初丞相亮時，有言公惜赦者。亮答曰：治世以大德，不以小惠。亮卒後，延熙九年大赦，❶孟光責費禕曰：赦者偏枯之物，非明世所宜有。』」**蜀人久而歌思，猶周人之思召公也。**《三國志·蜀·諸葛亮傳贊》曰：「至梁益之民，咨述亮者，言猶在耳。雖甘棠之詠召公，鄭人之歌子產，無以遠譬也。」**斯得《春秋》之旨矣。肆眚而曰大眚，譏失刑也。**張氏曰：「宥過無大，刑故無小。此堯、舜三代之法不可偏廢者。後世兩失之偏，慘刻者不復察其情，舉過失而盡刑誅之，及姑息之過如莊公者，反取大罪極惡，而例之於眚災以從肆赦之例。怙終得志，良善痡

❶「延」，原作「廷」，今據四庫本改。

瘂。書曰『肆大眚』，以其務小惠而失大德也。」○啖氏曰：「肆者，放也。眚者，過也。如今之赦爾。《公羊》云忌眚，有何義乎？」趙氏曰：「《穀梁》云：『爲嫌天子不許之葬。』按當時天子微弱，魯肯畏之乎？若實有畏王之心，則自赦以除母罪，豈爲得禮！且魯莊未嘗有怨齊之心，葬母肯有所忌。赦自赦，葬自葬爾。」

癸丑，葬我小君文姜。《公羊傳》：「文姜者何？莊公之母也。」《穀梁傳》：「小君，非君也。其曰君，何也？以其爲公配，可以言小君也。」何氏曰：「文者，謚也。夫人以姓配謚。」

文姜之行甚矣，而用小君之禮，其無譏乎？以書夫人孫于齊，不稱姜氏。及書「哀姜薨于夷，齊人以歸」考之，則譏小君典禮當謹之於始，而後可正也。文姜已歸爲國君母，臣子致送終之禮，雖欲貶之，不可得矣。陸氏曰：「母有罪，子不可得而貶。葬，生者之事也，臣子之禮，其可虧乎。婦當從夫謚，後代訛謬無別，有謚非正也。夫人稱小君，言位比君而小耳。」高氏曰：「婦人無爵，何謚之有？先王之制，但取夫之謚，冠於姓之上，以明所屬。《詩》所謂莊姜、宣姜、共姜。經所謂宋共姬是也。豈有不係其夫，而別自爲謚者哉！夫人姜氏，弑逆淫亂之人。得罪於宗廟，國人之所不容。今也云亡，雖以子母之故不忍棄絶，則葬之足矣。又別爲之謚曰文，而不復係於桓公。自是魯國從而效尤，凡夫人之死，皆爲之別立謚，後世因循不改，大失《春秋》之旨矣。」沙隨程氏曰：「婦人之謚從夫。文姜別作謚，以其得罪於先公也。其後或妾母僭稱夫人，或雖正嫡亦不能從夫謚者，著禮之變也。」臨川吴氏曰：「夫人之尊與君同，故薨葬一如君禮。」

陳人殺其公子御寇。御音禦。《公》、《穀》作禦。此書專殺之始。《左傳》：「春，陳人殺其太子御寇。陳公子完與顓孫奔齊。顓孫自齊來奔，齊侯使敬仲爲卿。辭曰：『羈旅之臣，幸若獲宥及於寬政，赦其不閒於教訓，而免於罪戾，弛於負擔，君之惠也，所獲多矣。敢辱高位，以速官謗，請以死告。《詩》云：「翹翹車乘，招我以弓。豈不欲往，畏我友朋。」』使爲工正。飲桓公酒，樂，公曰：『以火繼之。』辭曰：『臣卜其晝，未卜其夜。不敢。』君子曰：『酒以成禮，不繼以淫義也。以君成禮，弗納於淫，仁也。』初，懿氏卜妻敬仲，其妻占之曰：『吉，是謂鳳凰于飛，和鳴鏘鏘。有嬀之後，將育于姜。五世其昌，並于正卿。八世之後，莫之與京。』陳厲公，蔡出也。故蔡人殺五父而立之。生敬仲，其少也。周史有以《周易》見陳侯者，陳侯使筮之，遇觀☷☴之否☰☷，曰：『是謂觀國之光，利用賓于王。此其代陳有國乎？不在此，其在異國，非此其身，在其子孫，光遠而自他有耀者也。坤，土也。巽，風也。乾，天也。風爲天於土上，山也。有山之材而照之以天光，於是乎居土上，故曰觀國之光，利用賓于王。庭實旅百，奉之以玉帛。天地之美具焉，故曰利用賓于王。猶有觀焉，故曰其在後乎！風行而著於土，故曰其在異國乎！若在異國，必姜姓也。姜，大嶽之後也。山嶽則配天，物莫能兩大，陳衰，此其昌乎！』及陳之初亡也，陳桓子始大於齊。其後亡也，成子得政。」《穀梁傳》：「言公子而不言大夫，公子未命爲大夫也。其曰公子何也？公子之重視大夫，命以執公子。」范氏曰：「禦寇，宣公之子。」

公子之重視大夫。劉氏曰：「以爲大夫，則非大夫也。以爲世子，則非世子也。然而書者，知其爲君之嫡也。君之嫡雖未爲世子，未可稱世子，而已有可以爲世子之端矣。故不可不重也。」**殺而或稱君，**

或稱國，或稱人，何也？稱君者，獨出於其君之意，而大夫國人有不與焉，如晉侯殺其世子申生之類是也。稱國者，國君大夫與聞其事，而不請於天子，如鄭殺其大夫申侯之類是也。汪氏曰：「稱公子者一，莒意恢。稱大夫稱名氏者三十四：鄭申侯、公子嘉、公子黑，晉丕鄭父、陽處父、先穀、趙同、趙括、郤錡、郤犨、郤至、胥童，齊國佐、高厚，宋山，衛元咺、公子瑕、孔達，蔡公子燮、公子駟、公孫姓、公孫霍，陳洩冶、慶虎、慶寅，楚得臣、宜申、公子側、公子申、公子壬夫、公子追舒、屈申、成熊、郤宛。不稱名，宋、曹各一。」**稱人者有二義，其一國亂無政，衆人擅殺，而不出於其君，則稱人。如陳人殺其公子御寇之類是也。**汪氏曰：「稱公子者一，陳御寇。稱大夫稱名氏者四，晉先都、士穀、箕鄭父，陳公子過，宋大夫。不稱名者一，不稱名而稱官者一。」**其一弑君之賊，人人所得討；背叛之臣，國人之所同惡，則稱人。如衛人殺州吁，鄭人殺良霄之類是也。**陳氏曰：「苟殺有罪則稱人。稱人者，討辭也。非殺有罪也而亦稱人，猶曰衆人殺之焉耳。」汪氏曰：「殺弑君之賊而不以其罪，則亦稱國。以殺而不去其官，如晉里克、衛甯喜是也。」**考於傳之所載，以觀經之所斷，則罪之輕重見矣。**孫氏曰：「《春秋》之義，非天子不得專殺。是故二百四十二年無天王殺大夫文。書諸侯殺大夫者四十七。古者諸侯之大夫皆命于天子，❶諸侯不得專命也。大夫有罪則請于天子，諸侯不得

❶「于」，原作「子」，今據四庫本改。

專殺也。大夫猶不得專殺，況世子母弟乎！春秋之世，國無大小，其卿大夫士皆專命之，有罪無罪，皆專殺之，無王甚矣！陳人殺其公子御寇，譏專殺也。稱君稱國稱人，雖有輕重，其專殺之罪則一也。」永嘉呂氏曰：「殺之或稱公子，或稱大夫，或稱大夫公子。稱公子者，公子而非大夫也。稱大夫者，大夫而非公子也。稱大夫公子者，公子而爲大夫也。又有以官舉者，以官之重而著之也。觀聖人所書，而褒貶寓乎其中矣。」張氏曰：「不稱世子，未誓於天子也。未誓則稱公子，重王命也。禦寇乃君之適嗣，爲一國之儲貳，而衆人得以殺之，則其所以自處，必有失其道者矣。故劉氏譏禦寇之爲人子，足以殺其身。而《春秋》略殺者之罪也。」〇劉氏曰：「《左氏》稱殺其太子，杜云陳人惡其殺太子之名故以國討公子告，非也。苟殺其太子而赴以公子，則仲尼安得不改而正之邪？」

夏，五月。 孫氏曰：「《春秋》未有以五月首時者，此蓋下文有脱事爾。」臨川吴氏曰：「書時之首月，而四訛爲五也。」家氏曰：「何休云：『譏莊公娶讎女，不可奉先祖四時祭祀，猶五月不宜首時。』此穿鑿之説也。」〇

秋，七月丙申，及齊高傒盟于防。 傒音奚。《公羊傳》：「齊高傒者何？貴大夫也。曷爲就吾微者而盟？公也。公則曷爲不言公？諱與大夫盟也。」《穀梁傳》：「不言公高傒，伉也。」程子曰：「高傒上卿。魯無使微者與盟之理，蓋諱公盟，始與仇爲昏，惡之大也。」廬陵李氏曰：「按《穀梁》注曰『微者盟不日』，故及宋盟宿，及蘇子盟女栗。不書日者，微者之盟也。及高傒、處父、荀庚、良夫、郤犨、孫林父、向戌皆書日者，實公盟而諱之也。此説是矣。公出國都而盟，惟高傒、向戌。蓋公不敢坐盟之，此正與晉悼出長樗盟公相似。然晉悼與公敵體，則出而盟公可以爲謙。魯公屈體而從大夫，卑弱甚矣。」**冬，公如齊納幣。**《公羊

傳》：「納幣不書，此何以書？譏。何譏爾？親納幣，非禮也。」《穀梁傳》：「納幣，大夫之事也。《禮》有納采，有問名，有納徵，有告期，四者備而後娶禮也。公之親納幣，非禮也，故譏之。」程子曰：「齊疑昏議，故公自行納幣。後二年方逆，齊難之也。」杜氏曰：「公母喪未再朞而圖昏，二傳不見所譏，《左氏》又無傳，失禮明矣。」❶范氏曰：「喪婚，不待貶絕而罪惡見。」

微者名姓不登於史册。高傒，齊之貴大夫也，曷爲就吾之微者盟？蓋公也。其不言公，諱與高傒盟也。趙氏曰：「凡盟不日内皆指公也。❷明書高傒，見其伉敵之罪也。」高氏曰：「高傒不去族，異乎晉之處父也。」家氏曰：「及處父盟，彼時公身在晉，晉君不與公盟，使其臣盟公，故《春秋》深責晉人之無禮，去處父族以示貶。此則齊、魯均責焉耳，蓋諱之中有權度存焉。」汪氏曰：「防盟出公意，故高傒不去氏。」**來議結昏，娶仇人女，大惡也。**張氏曰：「敵大夫以自卑，輕君體以自弱，去國都而汲汲於小信，與及向戎盟于劉，一也。而此復以婚姻而結盟，不顧禰廟不共戴天之仇，而議娶齊女，比事以觀，此爲惡之大者也。」家氏曰：「或謂魯與齊既爲會盟，《春秋》無責，通婚不亦可乎？夫主夏盟者，齊桓也。請昏而納幣者，齊襄之女也。盟仇人之弟，猶曰爲其伯也。諸侯皆在，不得不與於盟。娶妻豈無他族，必仇女而後娶，其何以奉粢盛入先君之廟乎？」**娶者其爲吉，下主乎己，上主乎宗廟，以爲有**

❶「矣」，原作「故」，今據四庫本改。
❷「曰」，原作「目」，今據四庫本改。

人之心者，宜於此焉變矣。公親如齊納幣，則不待貶也。臨川吴氏曰：「莊公受制於母，年長而不得娶。母既死急於娶，故於喪制中，屈己與齊大夫盟而求昏焉。齊之許未堅，而公自如齊納幣。納幣，非公所當自行也。」吕氏曰：「莊公失禮者三，娶仇女，一也。喪未畢，二也。親往納幣，三也。」啖氏曰：「納幣常事不書，凡書者皆譏也。」蜀杜氏曰：「《春秋》内適外曰『如』，苟書其事，蓋非常也。動涉非禮，明書之以示貶。」趙氏曰：「昏禮有六：一納采，二問名，三納吉，四納徵，納徵即納幣也。五請期，六親迎，親迎即逆女也。《春秋》獨書其二，以納幣方契成，逆女爲事終，舉重之義也。」廬陵李氏曰：「書納幣三：文二年公子遂，譏喪娶。成八年宋公孫壽，昏禮不當使公孫也。蓋昏常事不書，凡書皆譏矣。」

庚戌 惠王六年。**二十有三年**齊桓十五。晉獻六。衛惠二十九。蔡穆四。鄭文二。曹莊三十一，卒。陳宣二十二。杞惠二。宋桓十一。秦宣五。楚成王頵元年。**春，公至自齊。**《公羊傳》：「桓之盟不日，其會不致，信之也。此之桓國何以致？危之也。何危爾？公一陳佗也。」張氏曰：「書『至』，告于廟也。《春秋》書『至』，蓋原於書巡狩而歸格於藝祖用特之意。聖人以舉動之公，往返之節，質之幽明而無愧也。今莊公忘父讎，而娶其女，冒母喪而往納幣，以此告廟，其心將何如哉？此與他日書『至』不可同日語。比事屬辭，示人之意顯矣。」王氏曰：「公行二十有三，書『至』者五而已。公親往納幣，既忘桓公之世讎，復廢文姜之喪禮。自是而下，觀社逆女，皆致焉。聖人之意，豈不深切著明哉！」廬陵李氏曰：「齊桓之編，莊公與之會盟遇伐救者九，皆不書『至』，獨三如齊書『至』者。此三事皆爲娶讎女而行也。僖公與之會盟七，不書『至』，兩如齊亦不至，獨伐楚、伐鄭牡丘于淮書『至』。伐楚、伐鄭大其功，牡丘于淮志其衰也。當參《公》、

《穀》方通。」〇汪氏曰：「説《公羊》者以謂公如齊淫。此未必然。夫莊公議昏于齊，至再至三。盟防、遇穀、盟扈，屢爲好會。納幣、觀社、逆女，屢造於齊。莊公求之如是其急，齊桓許之如此其緩，又安肯容其縱淫於其國而不耻耶！」〇**祭叔來聘。**《穀梁傳》：「其不言使何也？天子之内臣也。不正其外交，故不與使也。」

穀梁子曰：「其不言使，天子之内臣也。不正其私交，故不與使也。」杜氏曰：「《穀梁》以祭叔爲祭公來聘魯，天子内臣不得外交，故不言使，不與其得使聘。」范氏曰：「祭叔，天子寰内諸侯。南季渠伯、糾家父、宰周公來聘皆稱使，獨此奪之。諸稱使者，是奉王命，其人無自來之意。今祭叔不一心於王，而欲外交，不得王命來，故去使以見之。」啖氏曰：「私行假言聘，故不言王使以譏之。」陸氏曰：「不言使者，原其來意非天子之命爾。」**祭伯來朝而不言朝，祭叔來聘而不言使，尹氏、王子虎、劉卷來計而不書其爵秩，皆所以正人臣之義也。人君而明此，不容下比之臣。人臣而明此，不爲交私之計。黨錮之禍息矣。**陳氏曰：「聘不稱使，私相爲好也。自桓之中年，王室無聘魯者，王命不行於天下。莊、僖崩葬，蓋不見於經矣。是故春秋之初亟書王人。於是祭叔私相爲好，君子蓋有感於此，而非徒以爲譏也。」王氏曰：「祭，采地；叔，字。天子之大夫也。儻不以王命來，則當以祭伯來之例書。儻以王命來，則當以天王使凡伯來聘之例書。今但曰來聘，見其假王命而私交也。」臨川吴氏曰：「祭，圻内之國，王臣也。不當外交諸侯。而祭自入春秋，伯之來、公之來、叔之來聘，凡三交魯矣。王臣私交之非禮，或朝或聘，其罪一也。」永嘉吕氏曰：「王臣聘魯者八，列國聘魯者三十一，他皆言使，此獨不言使。或謂祭叔以私來而自以聘禮行也。然祭伯來，私來也。言來則不當言聘，聘非自來也。或謂祭叔使人來聘，其不稱使，不與祭叔之使，亦非也。此與武氏子來求賻，毛伯來求金一例爾。蓋武氏、毛伯之來非王命，故皆不言使。祭叔非王命而來聘，故亦不言使也。」汪氏曰：「《春秋》書使人來聘，未有止稱其君而不著其臣者。荆楚無君臣之詞，然曰荆人來聘，亦指荆之微者爾，曷嘗言荆子來聘哉！或云祭叔乃祭公之臣，或以爲祭公之弟。果其臣若弟而不言使，則是隱私交之迹矣。或云祭叔請王命而來聘。苟請命于王，則王命之矣，舊史必書曰『天王使祭叔來聘』，聖人何以知其擅命而削，不稱使邪？」

夏，公如齊觀社。《左傳》：「非禮也。曹劌諫曰：『不可。夫禮所以整民也。故會以訓上下之則，制財用之節，朝以正班爵之義，帥長幼之序，征伐以討其不然。諸侯有王，王有巡守，以大習之，非是君不舉矣。君舉必書，書而不法，後嗣何觀。』」《公羊傳》：「何以書？譏。何譏爾？諸侯越境觀社，非禮也。」《穀梁傳》：「常事曰視，非常曰觀。觀，無事之辭也。以是爲尸女也。無事不出竟。」程子曰：「昏議尚疑，故公以觀社爲名，再往請議。後一年方逆，蓋齊難之。」

莊公將如齊觀社。曹劌諫曰：「齊棄太公之法，而觀民於社。君爲是舉而往觀之，非故業也。天子祀上帝，諸侯會之受命焉。諸侯祀先公，卿大夫佐之受事焉。不聞諸侯之相會祀也。何氏曰：「社者，土地之主。祭者，報德也。生萬物，居人民，德至厚，功至大，故感春秋而祭之。天子用三牲，諸侯用羊豕，言觀社，與納幣同義。」**君舉必書，書而不法，後嗣何觀。**」陳氏曰：「諸侯非享覲不踰竟。如齊觀社，非禮也。」臨川吴氏曰：「社者，諸侯祭其土示之常事，未聞鄰國之君往觀之者。如齊而曰觀社，此何禮哉！按襄二十四年齊社，蒐軍實，使客觀之。蓋齊俗每因祭社，則蒐軍以夸示威衆，而聚人觀之。故莊公得託此爲名，以如齊也。」家氏曰：「穀梁以是行爲尸女，尸之云者，盛其車，華其服，炫惑婦人而蠱其心，要其從己，是之謂無別。故書以責之，納幣未幾，而以觀社再出，此誨淫也。」劉氏曰：「觀社與觀魚一也。觀社稱如，觀魚不稱如，内外之辨也。諸侯於其竟外可以言如，於其竟内不可以言如。」茅堂胡氏曰：「公行悉書，皆是非所在，治亂係焉。如齊納幣，則見其結昏仇讎。如齊觀社，即見其非王事民事，而妄動輕舉也。」

附録《左傳》：「晉桓莊之族偪，獻公患之。士蔿曰：『去富子，則群公子可謀也已。』公曰：『爾試其事。』士蔿與群公子謀，譖富子而去之。」

公至自齊。《穀梁傳》：「公如，往時，正也。致月，故也。如往月，致月，有懼焉爾。」王氏曰：「宗廟社稷，諸侯所同有也。其禮有常度，其祭有常日，公廢魯社而觀齊社，何以守土而治民哉？況公之意以觀社爲名，而實窺齊女。其誨淫召亂必矣。所以危而書至也。」○**荆人來聘。**楚交中國始此。《公羊傳》：「荆何以稱人？始能聘也。」《穀梁傳》：「善，累而後進之。其曰人何也？舉道不待再。」

荆自莊公十年始見于經，十四年入蔡，十六年伐鄭，皆以州舉者，惡其猾夏不恭，故狄之也。至是來聘，遂稱人者，嘉其慕義自通，故進之也。杜氏曰：「不書荆子使某來聘，君臣同詞者，蓋楚之始通，未成其禮。」何氏曰：「《春秋》主魯，因其始來聘，明夷狄能慕王化，修聘禮，受正朔者，當進之，故始稱人也。稱人當繫國，而繫荆者，許夷狄者不一而足。」孫氏曰：「以其慕中國，修禮來聘，少進之也。」**朝聘者，中國諸侯之事。雖蠻夷而能修中國諸侯之事，則不念其猾夏不恭，而遂進焉。**范氏曰：「明聘問之禮，非夷狄之所能，故一舉而進之。」**見聖人之心，樂與人爲善矣。後世之君，能以聖人之心爲心，則與天地相似。凡變於夷者，叛則懲其不恪，而威之以刑；來則嘉其慕義，而接之以禮。邇人安，遠者服矣。**《通鑑》：「唐德宗曰：『戎狄犯塞則擊之，服則歸之。擊以示威，歸以示信。』命歸吐蕃之俘，吐蕃大悦，遣入貢。」**《春秋》謹華夷之辨，而荆、吴、徐、越，諸夏之變於夷者，**劉氏曰：「吴、楚、徐、越，上世皆有元德顯功，通乎周室。徐始稱王，楚後稱王，吴、越因遂稱王。王非諸侯所當稱也，故夷狄之。雖然，上不使與中國等，下不使與夷狄均。推之可遠，引之可來也。」**故書法如此。**陳氏曰：「聘未有稱人者。其稱人何？荆未有大夫也。聘未有不稱使者，其不稱使何？荆未有君也。荆未有君大夫而稱人於是始，蓋進之也。隱、桓之春秋，舍王室若姻鄰，無聘魯者矣。而荆人先諸夏修聘於上國，進之也者，憂之也。」張氏曰：「楚自四五年來，先加兵於蔡、鄭，而聘使至魯，用遠交近攻之術。」汪氏曰：「《公》、《穀》皆謂稱人所以進之。或謂《春秋》著其漸盛。今考楚之交中國，始書荆人，繼書楚屈完，然後書楚子使椒，楚子使薳罷。蓋始而聘，則嘉其慕義而稱人。既而來盟，予其服義則進而稱名氏。及其浸慕中國，荐講聘好，則稱君稱臣矣。吴之始見也，亦衹舉號，及其來會諸侯，則進而稱人。使季札聘，則嘉其慕義而稱君稱臣。雖曰進之，而吴、楚漸盛之勢，已見於言意之表矣。然楚之初聘，止曰荆人，而不著君臣，雖曰進之，而實則略之也。蓋不可言荆來聘，故謂之荆人，特比於舉號則爲進之耳。或以謂君臣同辭。夫君臣同辭則止稱國，既曰荆人，則是荆之卑者，特比於君使臣。則其辭未詳焉耳，曷可謂君臣同辭哉！」廬陵李氏曰：「荆之聘魯三，始書荆人，繼書楚子使椒，又繼書楚子使薳罷。蓋進之以漸也。其進之之義，三傳皆同。然夷狄之情，每假禮以行其詐。荆聘魯，而旋有伐鄭之師。介朝魯，而繼有侵蕭之役。秦人歸襚來聘，而意在河曲之戰。其窺覘之謀，離間之術，常如此。故陳氏、張氏之説皆得之。」

公及齊侯遇于穀。《穀梁傳》：「及者，内爲志焉爾。遇者，志相得也。」張氏曰：「爲昏姻而齊難之也，不可與爲昏姻，則當絶之，數與之約然後與之。書此，所以著莊公之不子，而齊桓之待人不以義也。」汪氏曰：「莊公急於得偶，數相會盟，故簡禮而爲此會也。胡傳義見盟扈。」**蕭叔朝公。**《公羊傳》：「其言朝公何？公在外也。」《穀梁傳》：「微國之君未爵命者。其不言來，於外也。朝於廟，正也。於外，非正也。」杜氏曰：「蕭，附庸國。」何氏曰：「言朝公，惡公不受於廟。」

穀，齊地。蕭叔，附庸之君也。汪氏曰：「中國附庸之君，例書字。」**爲禮必當其物與其所，而後可以言禮。大夫宗婦覿而用幣，則非其物也。蕭叔朝，公在齊之穀，則非其所也。**啖氏曰：「人君相見曰朝，皆受之於廟，以重禮也。」**嘉禮不野合。而朝公于外，是委之於野矣。**杜氏曰：「就穀朝公故不言來。凡在外朝，則禮不得具。嘉禮不野合。」**故禮非其所，君子有不受，必反之於正而後止。此亦《春秋》撥亂之意也。**孫氏曰：「諸侯相朝，非禮也。朝于内猶曰不可，况朝于外乎！故曰蕭叔朝公，以交譏之也。」劉氏曰：「爲禮非其時，猶非其禮也。爲禮非其處，猶非其禮也。爲禮非其義，猶非其禮也。九月郊，五月烝，此之謂非其時。蕭叔朝公，此之謂非其處。祭叔來聘，齊侯來獻捷，此之謂非其義。雖有肅敬之心，繁飾之容，而君子不受也。故禮非其禮而猶不受，必歸之正而止。又況乎未始有正者乎！」張氏曰：「蕭之朝，魯之受，皆非禮也。」汪氏曰：「齊莊公弔杞梁之妻於郊，辭曰：『君之臣不免於罪，則將肆諸市朝，而妻妾執。若免於罪，則有先人之敝廬在，下妾不得與郊弔。』齊侯弔諸其室。使魯莊能如梁妻之知禮而辭蕭叔之朝，則爲不悖於禮矣。今莊公訹於私欲而受非禮之禮，故聖人特書曰『朝公』，而不曰『來朝』，所以交貶之也。」高氏曰：「公納幣而還，則祭叔聘之。觀社而還，則荆人聘之。遇穀，則蕭叔朝之。此其志所以自得，而不復忌憚也。」○廬陵李氏曰：「蕭叔，《左氏》、《穀梁》皆以爲名，胡氏以入中國附庸稱字之例。《正義》曰：『蕭本宋邑，宋桓公之立，蕭叔大心有功焉，宋人封以爲附庸。』又曰：『蕭叔之朝公，與僖公之朝王所，其非地一也。』彼言所而此不言所者，王者以天下爲家，無適而非所也。」

秋，丹桓宮楹。《左傳》：「秋，丹桓宮之楹。」《公羊傳》：「何以書？譏。何譏爾？丹桓宮楹，非禮也。」《穀梁傳》：「禮，天子諸侯黝堊，大夫倉，士黈。丹楹，非禮也。」何氏曰：「楹，柱也。丹之者，爲將娶齊女，欲以夸大示之。」○**冬，十有一月，曹伯射姑卒。**○**十有二月甲寅，公會齊侯盟于扈。**音户。《公羊傳》：「桓之盟不日。此何以日？危之也。何危爾？我貳也。魯子曰：『我貳者，非彼然，我然也。』」范氏曰：「桓盟不日。此盟日者，前公如齊觀社。傳曰：『觀，無事之詞，以是爲尸女也。』公怠棄國政，此行犯禮，憂危甚矣。霸主降心親與之盟，實有弘濟之功，而魯得免於罪。臣子所慶，莫重於此，時事所重，文亦宜詳。故特謹日以著之。」杜氏曰：「扈，鄭地。在滎陽卷縣西北。」孫氏曰：「扈，齊地。」

程氏曰：「遇于穀，盟于扈，皆爲要結姻好也。」傳稱男子二十而冠，冠而列丈夫。三十而不娶，則非禮矣。然天子諸侯十五而冠者，以娶必先冠。《禮記·昏義》疏：「三十而娶，庶人禮也。文王十五而生武王，知人君之昏娶，不可以年三十，重昏嗣也。」而國不可久無儲貳，欲人君早有繼體，故因以爲節也。鰥者，老而無妻之稱。舜方三十未娶，而師錫帝堯，已曰「有鰥在下矣」！妻帝之二女，則不告於父母，以爲告則不得娶，而廢人之大倫。堯亦不告而妻焉，其欲及時而無過如此也。今莊公生於桓公之六年，至是三十有六載矣。以世嫡之正，諸侯之貴，尚無内主同任社稷之事，何也？蓋爲文姜所制，使必娶于母家。孫氏曰：「桓公六年九月丁卯，子同生。公十四歲即位，又二十四年，如齊逆女，年三十七始昏者。文姜制之，不得以時而昏耳。故母喪未終，如齊納幣，圖昏之速也。」陳氏曰：「莊公制於其母，必齊女也而後娶。」汪氏曰：「漢惠帝制於吕氏，立姊魯元公主女爲后，雖娶甥女而不顧。與莊公事頗相類。」而齊女待年未及，故莊公越禮不顧，如此其急。齊人有疑，如此其緩，而遇于穀，盟于扈，要結之也。張氏曰：「至此又盟以結其信，而後許之也。」娶夫人，奉祭祀，爲宗廟之主，而母言是聽，不以大義裁之，至於失時，不孝甚矣。《春秋》詳書于策，爲後戒也。王氏曰：「越禮要盟，遠至鄭地而不耻者，促昏期也。」臨川吴氏曰：「遇穀以請，而齊猶難之，故盟以要其信而後許也。夫求昏者可求則求，不可則已。許昏者可許則許，不可則卻。魯欲求齊昏，不以媒妁往覘其可不可，公乃自與齊高傒盟以求觀社以請而猶未之，未得齊諾，而公遽親納幣，是與彊委禽者同也。躬納幣而猶未諾，則又往觀社以請。二國之昏姻不以諾，則又遇于穀以請。遇穀之後宜若可矣，又必盟于扈而後可焉。何其難之之甚也。今考莊公以文禮、不以義如此，哀姜之不終也，宜哉。」○汪氏曰：「諸傳皆謂莊公受制於母，俾娶仇女。姜葬後求昏於齊，自盟防而會遇者三，自納幣而如齊者三，汲汲奔走，不憚煩勞，而且盛飾禰宮以夸示其配。使莊公果以文姜遺命而娶齊女，亦縱欲而不能自克耳，非迫於義而不敢違也。」廬陵李氏曰：「齊桓之編會盟，惟此盟及葵丘書日，此盟《公羊》以爲危之，范甯以爲喜之。二説稍不同。《穀》疏曰：『傳雖有桓盟不日信之文，亦有不日數渝惡之事，故知此日者，喜伯者與盟也。』此時齊桓威德既盛，與公結盟，何得有危？故范氏以爲臣子所慶而詳之也。然以上文三書至之法觀之，則《公羊》説亦是。」

春秋集傳大全卷之十

莊公四

辛亥惠王七年。**二十有四年**齊桓十六。晉獻七。衛惠三十。蔡穆五。鄭文三。曹僖公赤元年。陳宣二十三。杞惠三。宋桓十二。秦宣六。楚成二。**春，王三月，刻桓宮桷。**《左傳》：「春，刻其桷。皆非禮也。御孫諫曰：『臣聞之，儉，德之共也。侈，惡之大也。先君有共德，而君納諸大惡，無乃不可乎！』」《公羊傳》：「何以書？譏。何譏爾？刻桓宮桷，非禮也。」《穀梁傳》：「《禮》：『天子之桷，斲之礱之，加密石焉。諸侯之桷，斲之礱之。大夫斲之，士斲本。』刻桷，非正也。夫人所以崇宗廟也，取非禮與非正，而加之於宗廟，以飾夫人，非正也。刻桓宮桷，丹桓宮楹，斥言桓宮，以惡莊也。」

公將逆姜氏，丹桓宮之楹，刻其桷，杜氏曰：「刻，鏤也。桷，椽也。」張氏曰：「於礱斲之外，又加刻鏤之工。」**爲盛飾以誇示之。此非特有童心而已。御孫諫曰：「儉，德之共也。侈，惡之大也。先君有共德，而君納諸大惡，無乃不可乎！」自常情觀之，丹楹刻桷，宜若小失。而《春秋》詳書于策，御孫以爲大惡，何也？桓公見殺于齊則不能復，而盛飾其宮，誇示仇**

人之女。乃有亂心，廢人倫，悖天道，而不知正者也。御孫知爲大惡而不敢盡言，《春秋》謹禮於微，正後世人主之心術者也。故詳書于策，斥言桓宮，以惡莊，爲後鑒也。王氏曰：「楹以黝堊，桷以斲礱，皆天子之制。丹楹刻桷，則僭侈甚矣。魯用天子禮樂，而莊公又過之以誇示仇女，聖人備書而惡自見矣。」家氏曰：「鳥獸知有母而不知有父，人知有父，而復泝其父之從出而知有祖焉。有曾祖焉，有高祖焉，又泝其曾高之所從出而有始祖焉。皆爲之廟以祀之。聖人因爲之制宗廟祀享之禮，自天子至公侯卿大夫士，隆殺有等，然後盡於禮。不以踰禮爲榮也，不以僭禮爲孝也。今莊公忘父之仇，徇母之欲，娶仇女爲夫人，知有母而不知有父。既又丹桓宮之楹，而刻其桷，以蓋其無父之耻。不思廟有常制，獨於桓宮而丹楹刻桷，是悖禮也。以悖禮施之親廟，不足以榮其親，適足以悖其祖。知有母而不知有父，無父也；隆於其父而薄於其祖，無祖也。無父無祖，禽獸之道也。《春秋》書丹桓宮楹，刻桓宮桷，以見五廟並列，而桓廟獨踰制而盛飾，深著莊公之罪也。」永嘉呂氏曰：「或謂『成三年新宮災。親廟切近不忍稱，故稱新宮。桓宮乃親廟切近也，不言新宮，以惡莊也』。是不然。宣宮神主未入廟而遇灾，故書新宮。若桓宮則固已久矣，宜其不稱新宮也。」

葬曹莊公。○夏，公如齊逆女。《公羊傳》：「何以書？親迎，禮也。」《穀梁傳》：「親迎，恒事也，不志。此其志，何也？不正其親迎於齊也。」○廬陵李氏曰：「逆女例五，已見桓三年，此條諸傳皆同，惟《公羊》、杜氏以爲合禮，非也。」○**秋，公至自齊。**《穀梁傳》：「迎者，行見諸，舍見諸，先至非正也。」

穀梁子曰：「親迎，常事也，不志。此其志，何也？不正其親迎於齊也。」陳氏曰：「親逆女不

書，唯莊公特書之。則以娶齊女也。」**或曰「常事不志，歲事之常也」，親迎可以常乎？則其説誤矣。所謂常者，其事非一。有月事之常，則視朔是也；有時事之常，則蒐狩是也；有歲事之常，則郊祀雩祭之類是也；有合禮之常，則婚姻、納幣、逆女、至歸之類是也。凡此類，合禮之常則不志矣。其志，則於禮不合，將以爲戒者也。**啖氏曰：「凡婚姻合禮者皆不書，如魯往他國親迎，皆常事不書。他國來亦如之。凡書者，皆譏也。」趙氏曰：「凡男女之禮，人倫之本也，風教之始也。是以先王敬之，故紀其闕耳。」**若夫崩薨、卒葬、即位之類，不以禮之合否而皆書，此人道始終之大變也。其於親迎異矣。**臨川吴氏曰：「親迎常事不書。公納幣越三年而後得親迎，以非常而書，故致之以示譏也。」張氏曰：「王裒讀《蓼莪》之詩而哀痛終其身；莊公思妃偶之合，兩年之間，三至齊廷，而念不及其父。《春秋》所以詳書而誅其心也歟！」汪氏曰：「魯十二公，娶夫人惟莊公書納幣，則譏其親納幣而娶仇女也。文公書納幣，則譏其喪未畢而圖昏也。桓、文、宣、成書逆，皆譏不親迎。莊公親迎於讎國，則亦譏也。僖公之納幣逆女，合禮則不書矣。」○陸氏曰：「《公羊》曰『親迎，禮也』，按合禮則常事不書。故知《穀梁》譏逆於齊，是也。」蜀杜氏曰：「《公羊》、杜元凱皆以爲禮，不明《春秋》常事不書之旨耳。」

八月丁丑，夫人姜氏入。《左傳》：「秋，哀姜至。」《公羊傳》：「其言入何？難也。其言曰何？難也。其難奈何？夫人不僂，不可使入。與公有所約，然後入。」《穀梁傳》：「入者，内弗受也。日入，惡入者也。何用不受也？以宗廟弗受也。其以宗廟弗受何也？娶仇人子弟以薦舍於前，其義不可受也。」

何以不致？汪氏曰：「據文姜、穆姜、齊姜皆書至。」**不可見乎宗廟也。**劉氏曰：「言入，非致廟之文也。」**姜氏，齊襄公之女。**臨川吴氏曰：「若以爲齊僖女，則僖卒已二十八年，豈有未嫁之女？且未應娶母妹爲夫人。若以爲齊桓女，則計齊桓之年，蓋下於魯莊，應未有可嫁之女可婿魯莊也。其齊襄之遺女耳。」**入者，不順之詞，以宗廟爲弗受也。昏義以正始爲先，而公不與夫人皆至，姜氏不從公而入。**汪氏曰：「公以七月至，而姜氏八月乃入。」**已失夫婦之正，弑閔、孫邾之亂兆矣。**孫氏曰：「公親迎于齊，不俟夫人而至，失夫之道也。婦人從夫者也，夫人不從公而入，失婦之道也。夫不夫，婦不婦，何以爲國？不亂何待？故曰入以惡之。」臨川吴氏曰：「凡卿爲君逆夫人，本非禮也。猶且以夫人同至，公親往逆而不與同至，失禮甚矣。」**莊公不勝其母，越禮踰時。俟仇人之女，薦舍於宗廟，**范氏曰：「薦，進。舍，置也。」**以成好合。卒使宗嗣不立，弑逆相仍，幾至亡國。故《春秋》詳書其事，以著莊公不孝之罪，爲後戒也。**陸氏曰：「夫人至書月，以娶仇女之故，特變文書入。而又書日。」張氏曰：「妻者，齊也。書八月丁丑入，見後公而至之日多也。」陳氏曰：「制於其母，必俟齊女而後娶。齊人重要之，爲之親納幣而觀社、遇穀、盟扈，一歲而三見于齊。丹楹刻桷，以飾夫人。夫人猶踰時然後入，是故書逆、書至，而後書入。夫人未有書入者。入，逆辭也。書逆以病莊公，書入以惡哀姜也，亦以譏齊桓也。《春秋》之書夫人，未有詳於此者也。」家氏曰：「不書至，或謂其娶仇女，不敢以見于廟。彼丹楹刻桷，崇奢麗以誇示之，何以能知愧而不使見于廟乎？《穀梁》所謂宗廟有弗受焉耳。」高氏曰：「夫婦人倫之本，所以成孝敬也。孝敬備然後夫人之職舉。桓公見殺於齊，而莊公乃以齊女爲夫人。欲責其孝，則彼嘗賊我，臣子之所疾也。欲責其敬，則我方讎彼，鬼神之所棄也。是不可以奉祭祀，不可以當夫人之職矣。」○啖氏曰：「《公羊》云：『其言入何？難也。』以義不當入，故言入爾。有何難乎？」

戊寅，大夫宗婦覿，用幣。《左傳》：「公使宗婦覿，用幣。非禮也。御孫曰：『男贄，大者玉帛，小者禽鳥，以章物也。女贄，不過榛、栗、棗、脩，以告虔也。今男女同贄，是無別也。男女之别，國之大節也。而由夫人亂之，無乃不可乎？』」《公羊傳》：「宗婦者何？大夫之妻也。覿者何？見也。用者何？用者不宜用也。見用幣，非禮也。然則曷用棗栗云乎？腶脩云乎？」《穀梁傳》：「覿，見也。禮，大夫不見夫人。不言及，不正其行婦道，故列數之也。男子之贄，羔、鴈、雉、腒，婦人之贄，棗、栗、腶、脩，用幣，非禮也。用者，不宜用者也。大夫，國體也。而行婦道，惡之，故謹而日之也。」

禮，夫人至，大夫郊迎，明日執贄以見。何氏曰：「日者，禮，夫人至，大夫郊迎，明日大夫宗婦皆見。故著其明日也。」杜氏曰：「禮，小君至，大夫執贄以見。明臣子之道。」**宗婦，大夫之妻也。**杜氏曰：「宗婦，同宗大夫之婦。」高氏曰：「《特牲》：饋食則宗婦統於主婦。此曰宗婦，則凡宗族之婦，蓋主婦在其中矣。」**公事曰見，私事曰覿。**朱子曰：「以私禮見也。」**見夫人，禮也。曷爲以私言之？夫人不可見乎宗廟，則不可以臨群臣，故以私言之也。覿用幣何以書？男贄大者玉帛，小者禽鳥，以章物也。**杜氏曰：「公、侯、伯、子、男執玉，諸侯世子、附庸孤卿執帛，卿執羔，大夫執鴈，士執雉。章所執之物，別貴賤。」**女贄不過榛、栗、棗、脩，以告虔也。**《禮記·曲禮》：「婦人之贄，椇、榛、脯、脩、棗、栗。」杜氏曰：「取其名以示敬。」何氏曰：「婦人見舅姑以棗、栗，見女姑以腶脩爲贄，見夫人至尊兼而用之。棗、栗取其棗自謹敬。腶脩取其斷斷自脩。」**今男女同贄，是無别也。**杜氏曰：「莊公欲奢誇夫人，故使大夫宗婦同贄俱見。」茅堂胡氏曰：「大夫宗婦覿，譏同見也。故不稱及，用幣譏同贄，故特書用。若大夫不覿，只書宗婦覿足矣。以丹楹刻桷等事考之，其使大夫覿，宜有之矣。」張氏曰：「夫人至，大夫見於宗廟，婦見於内，禮也。並覿同贄，是失男女之别。」**公子牙、慶父之亂兆矣。《春秋》詳書，正始之道也。**薛氏曰：「莊公婚禮書之詳者，志大惡也。桓公惟不謹于文姜之際，身殺而莊公爲累，不懲其事，則又甚焉。納讎人之女以供祭祀，懼無以悦乎夫人，丹楹刻桷于桓之廟，又使大夫宗婦覿而用幣，往往加乎先王之禮。而重之以奢，僭其所欲，厚于夫人者，無所不至。夫婦之際，先王正始之道，豈有始不正，而終克正者乎？」臨川吴氏曰：「楚懷王客死于秦，其子頃襄王迎婦于秦。司馬氏痛之，曰『忍其父而昏其讎』，彼父但爲秦所拘留而已，未嘗被殺也，司馬氏猶痛之。況魯莊之父爲齊所殺，而又娶其女，則忍父昏讎之罪，奚啻數十倍於楚頃襄也哉！方且飾桓宫，用覿幣，以誇富盛於齊女，莊之庸愚，一至此極。異日淫縱弑逆之禍，殆勢之所必至也。」汪氏曰：「男女有别，人倫之本也。莊公以大夫宗婦同贄俱覿，而致哀姜通共仲弑嗣君之禍。唐高宗以百官命婦同宴於麟德殿，而致武后淫毒，遂移唐祚。嫌疑之際，可不慎夫！《春秋》書娶夫人，惟哀姜最詳，自盟防納幣于始，至宗婦覿用幣于終，見於經書其事十有四，以其禮之非常，故辭繁而不殺也。」○劉氏曰：「《穀梁》謂禮大夫不見夫人。非也。君祭於廟，大夫、夫人俱在其中，可得勿見乎？殆不常見耳。今夫人始至而大夫見之，是禮然矣，何謂非禮乎！」

附録《左傳》：「晉士蔿又與群公子謀，使殺游氏之二子。士蔿告晉侯曰：可矣。不過二年，君必無患。」

大水。 何氏曰：「陰盛所致。」汪氏曰：「莊公娶仇女，又奢僭以誇示之，故有陰沴之應。唐高宗立太宗才人武氏爲昭儀，而萬年宫夜大雨，水幾溺其身。天人相感之際焉，可誣也。」○**冬，戎侵曹。曹羈出奔陳，赤歸于曹。**《公羊傳》：「曹羈者何？曹大夫也。曹無大夫，此何以書？賢也。何賢乎曹羈？戎將侵曹，曹羈諫曰：『戎衆以無義，君請勿自敵也。』曹伯曰：『不可。』三諫不從，遂去之。故君子以爲得君臣之義也。」

杜預謂羈蓋曹世子也。曹伯已葬，猶不稱爵者，以微弱不能君，故爲戎所逐爾。 臨川吴氏曰：「上年十一月，曹莊公卒。今年三月葬，則羈以世子嗣位，葬其先君。至是冬在位，期年矣，爲戎所逐而出。不書爵而書名，義與鄭忽同。」**赤者，曹之庶公子。** 賈氏曰：「赤，戎之外孫。」**歸，易詞也。** 杜氏曰：「赤，曹僖公也。蓋爲戎所納，故曰歸。」**宋人執鄭祭仲而忽出、突歸，權在宋也。戎侵曹而羈出、赤歸，制在戎也。使鄭忽、曹羈明而能斷，雖有宋戎之衆，突、赤之孽，何緣而起？以國儲君副，不能自定其位，於誰責而可？故雖以國氏，皆不書爵，爲居正者之戒。** 趙氏曰：「羈未踰年之君，出奔不書爵，言不能嗣先君也。」陳氏曰：「君在喪稱子，其曰曹羈，不能爲子也。」劉氏曰：「侵，淺事也。以千乘之國不能守，不可以言子矣。然奔君未有言故者，言故，猶愈於自奔也。」

「突因宋，赤因戎，皆奪其君，然而《春秋》一貶之，無上下之異。《春秋》治治不治亂也。使鄭忽、曹羈事親而孝，爲上而禮，在喪而哀，臨事而恭，大夫順之，國人信之，雖有宋、戎之衆，突、赤之孽，何緣而起？然而君臣交爭，兄弟爲仇者，上有失，故下得也。」薛氏曰：「羈者，曹之嗣。赤者，子之非正者。戎間曹之兄弟爭國，侵其疆埸，而羈奔、赤反，亦曹羈無立之罪也。」張氏曰：「羈繫於曹，與鄭忽同，明其正也。赤不繫國，庶孽也。赤以庶逐嫡，戎以裔謀夏，天子方伯不能正。」高氏曰：「戎而敢專制諸夏，廢置人君，亦以病齊桓也。」汪氏曰：「突歸于鄭，鄭忽出奔衛。莒去疾入于莒，莒展輿出奔吳。與此書法相似，皆一君出而一君歸也。然去疾以國氏，而突、赤不氏國。❶去疾正而突、赤不正也。忽、展輿皆以突、去疾入而後出，今羈聞赤入而先奔，則弱不能立又甚矣。」〇陸氏曰：「曹羈者義同鄭忽。《公羊》云是曹大夫，非也。」劉氏曰：「《公羊》云曹無大夫，非也。曹伯，伯也。鄭伯，亦伯也。若以小國無大夫，鄭亦宜無大夫，豈獨曹哉？似見曹之大夫著於經者少耳。」陳氏岳曰：「戎既侵曹，而羈曰奔，是曹懼戎而出其君明矣。羈既出，赤乃入，是戎出羈而納赤，亦明矣。詎可謂羈大夫歟。」

郭公。《公羊傳》：「赤歸于曹，郭公赤者何？曹無赤者，蓋郭公也。郭公者何？失地之君也。」《穀梁傳》：「赤蓋郭公也。何爲名也？《禮》諸侯無外歸之義，外歸非正也。」杜氏曰：「蓋經闕誤。」

此郭公也，義不可曉。而先儒或以爲郭亡者。劉氏曰：「郭亡，亡國之亡也。郭之所以亡者，與

---

❶「國」，四庫本作「者」。

他國異。他國之亡者，所善不善，所惡不惡也。」**於傳有之。**見《管子》。**齊桓公之郭，問父老曰：「郭何故亡？」曰：「以其善善而惡惡也。」公曰：「若子之言，乃賢君也，何至於亡？」父老曰：「郭君善善不能用，惡惡不能去，所以亡也。」考其時與事，謂之郭亡，理或然也。夫善善而不能用，則無貴於知其善。惡惡而不能去，則無貴於知其惡。未之或知者，猶有所覬也。夫既或知之矣，不能行其所知，**汪氏曰：「不能用之弊，至於怨。不能去之弊，至於亂。」**君子所以高舉遠引，小人所以肆行而無忌憚也。**《孔子家語》：「尊賢而不能用，賤不肖而不能去，雖欲無亡，豈可得乎！」**然則非有能亡郭者，郭自亡爾。**茅堂胡氏曰：「天行健，君子以自强不息。未有不勤而能存者。語云：❶有朝廷不能洒掃，四鄰謀取其國家而不知。諸葛孔明稱海岱之間，論安言計，動引聖人，今歲不戰，明年不征，自取滅亡者，不可勝數。汲汲以興復爲事，恐蜀之坐亡也。」○趙氏曰：「《公》、《穀》皆云『赤者蓋郭公也』，按郭公自是闕文，赤者曹公子也，文義都不相關，傳誤甚矣。」劉氏曰：「《穀梁》謂『赤者郭公之名』，然《春秋》不曰『郭公赤歸于曹』，豈顛倒迷錯如此。梁亡，鄭棄其師，紀侯大去其國。雖旨意卓佹，然文義自明，未有改易首尾如此者也。」汪氏曰：「《說文》『亡字从人从乚』，與公字相似。故傳誤。」

---

❶「語」，原作「詩」，今據四庫本改。

壬子惠王八年。**二十有五年**齊桓十七。晉獻八。衛惠三十一，卒。蔡穆六。鄭文四。曹僖二。陳宣二十四。杞惠四。宋桓十三。秦宣七。楚成三。**春，陳侯使女叔來聘。**女音汝。此諸侯交聘之始。《左傳》：「陳女叔來聘，始結陳好也。嘉之，故不名。」《穀梁傳》：「其不名何也？天子之命大夫也。」杜氏曰：「女，氏。叔，字。季友相魯，原仲相陳，二人有舊，故女叔來聘，季友冬亦報聘。」高郵孫氏曰：「諸侯之大夫，天子賜之邑，使之歸國，則書氏、書字，鄭祭仲、魯單伯、陳女叔是也。」陳氏曰：「前乎此，非王室若姻鄰無聘魯者。於是交聘，自女叔之後，諸侯之會數，而朝聘皆之乎盟主矣。」❶啖氏曰：「左氏云『嘉之，故不名』，按聘者常事爾，有何可嘉？《穀梁》之説是也。」汪氏曰：「齊、晉大國無命大夫。蓋强大而專命耳。」〇**夏，五月癸丑，衛侯朔卒。**何氏曰：「朔犯逆天子命，故去葬。」汪氏曰：「朔之入國，魯莊與有力焉，未必不會其葬。所謂治其罪而不葬者也。」〇**六月辛未朔，日有食之。鼓，用牲于社。**《左傳》：「非常也。唯正月之朔，慝未作，日有食之，於是乎用幣于社，伐鼓于朝。」《公羊傳》：「日食則曷爲鼓用牲于社？求乎陰之道也。以朱絲營社，或曰脅之，或曰爲闇，恐人犯之，故營之。」《穀梁傳》：「言日言朔，食正朔也。鼓，禮也。用牲，非禮也。天子救日，置五麾，陳五兵五鼓，諸侯置三麾，陳三鼓三兵，大夫擊門，士擊柝。言充其陽也。」杜氏曰：「鼓，伐鼓也。用牲以祭社。」

按禮，諸侯旅見天子，入門不得終禮者四，而日食與焉。《禮記》：「曾子問：『諸侯旅見天子，入

❶「之」，四庫本作「知」。

門不得終禮廢者幾？』孔子曰：『四：太廟火、日食、后之喪、雨霑服失容，則廢。如諸侯皆在而日食，則從天子救日。』」古者固以是爲大變，人君所當恐懼修省，以答天意，而不敢忽也。故《夏書》曰：「乃季秋月朔，辰弗集于房，瞽奏鼓，嗇夫馳，庶人走。」《書·胤征》蔡氏傳言：「日月會次不相和輯，而掩蝕於房宿也。日蝕之變，天子恐懼于上，嗇夫、庶人奔走于下。」《周官·鼓人》：「救日月則詔王鼓。」《大僕》：「凡軍旅田役贊王鼓。救日月亦如之。」《周禮》注：「救日月食，王必親擊鼓。贊，佐也。擊其餘面。」范氏曰：「鼓有聲，舉陽事以壓陰氣。」諸侯用幣于社，伐鼓于朝，退而自責。杜氏曰：「諸侯用幣于社，伐鼓于朝，退而自責。以明陰不宜侵陽，臣不宜掩君，以示大義。」皆恐懼脩省以答天意，而不敢忽也。然則鼓用牲于社，何以書譏？不鼓于朝而鼓于社，又用牲，則非禮矣。永嘉呂氏曰：「天子伐鼓于社，社，陰之神也。日食，則陰勝陽也。天子尊，故責神。諸侯卑，自責而已。諸侯鼓于社，非正也。復用牲，非禮也。牲者，祭祀之事。牛必在滌三月，三月之後方成牲。日食而用牲，取具於臨時耳。」張氏曰：「日食，陰盛陽微之徵。事關天下，固不止爲一魯。而諸侯亦有臣民，則因天變以自省。如《洪範》五事，敬謹於視、聽、言、動、思之間。一失其正，則咎必應之。古人應天以實而不以文，故《高宗肜日》、《洪範》之言，乃古人之所先務。如《胤征》《周禮》所載，乃禮文之末耳。一時遭變，禮文固不可廢，然正其本而後末可理也。今莊公於充陽之本，蓋藐然矣。鼓何益乎？又用牲，而欲以物求免，書此以見本末之皆失也。」孫氏曰：「凡救日食皆鼓。不書者，常事也。鼓于社而用牲者三，變常也。變常故書。」汪氏曰：「莊公之世，日食者四，而鼓用牲者二。大水者三，而鼓用牲者一。鼓於所不當鼓，則踰制。用其所不宜用，則非常。僭天子之制，失諸侯之常，以是而答天變，其過不既甚乎！魏明帝太和初，太史奏曰『當食，請於靈星祈禳』。帝詔曰：『天之於人，猶父之於子，未有父欲責子，而可獻饌求免也。今具祈禳，於古未聞，群臣其勉脩厥職，輔朕不逮。』其賢於魯莊遠矣。」臨川吴氏曰：「社者，祭地示也。其祭有常禮，其日有常日，其事爲常事，故皆不書。經所書社凡四，非爲社書也，以遭日食、大水之變，而乃用牲于社，爲非禮故書爾。」○趙氏曰：「郊禘天子之禮，社與嘗諸侯所自有。《祭統》云：『成王賜魯重祭，郊社禘嘗。』蓋撰禮者見《春秋》書嘗社，以爲郊禘同，遂妄言耳。《公羊》云『鼓用牲于社，求乎陰之道』，凡此皆失禮，乃書若言求陰之道，乃爲得禮。又云『以朱絲營社』，據《書》、《禮》無此文。」劉氏曰：「《左氏》云『非常也，唯正月之朔，慝未作，於是用幣于社，伐鼓于朝』，非也。《夏書》記季秋月朔，亦有伐鼓之事，豈必正陽之月哉！所以書者，譏其不鼓于廟朝，乃鼓于社，又用牲耳。」

伯姬歸于杞。《穀梁傳》：「其不言逆，何也？逆之道微，無足道焉爾。」

其不言逆，何也？逆者非卿，其名姓不登於史策，則書歸以志禮之失也。孫氏曰：「逆者非大夫，故不言逆。」**大夫來逆，名姓已登於史策，足以志其失矣。猶書歸者，以別於大夫之自逆者也。猶書歸者，紀伯姬是也。**汪氏曰：「杞叔姬、郯伯姬，不書歸。」**自逆者，莒慶、齊高固是也。**杜氏曰：「伯姬，莊公女。」汪氏曰：「或以爲桓公女，謂時君之女則加子字。然莊二十七年書叔姬，若皆桓公之女，則伯姬蓋三十餘矣。未應二女皆失時若是。且伯姬以僖三十一年求婦，則年踰七十而猶至魯，似未可必其爲桓女也。」

秋，大水，鼓，用牲于社、于門。《左傳》：「亦非常也。凡天災，有幣無牲，非日月之眚，不鼓。」《公羊傳》：「其言于社、于門何？于社，禮也。于門，非禮也。」《穀梁傳》：「高下有水災曰大水。既伐鼓而駭衆，❶用牲可以已矣。救日以鼓兵，救水以鼓衆。」杜氏曰：「門，國門也。」張氏曰：「比年大水，陰盛陽微之變極矣。莊公若思先王正厥事之意，謹內外之防，嚴夫婦之別，使陰沴無浸長之漸，則後日之禍猶可及止也。徇其文而無實，徒以牲牷求免，不恐懼脩省以正其本，而禮文亦且繆戾，此魯之所以亂也。」高氏曰：「古人遇水旱，雖有雩禜祈禳之禮，然靡神不舉，靡愛斯牲。宣王必以側身修行爲之本，況于社、于門，非所以致水災者也。自古豈有伐鼓用牲救水災之禮乎！」○劉氏曰：「《公羊》云『于社，禮也。于門，非禮也』，非也。若于社爲得禮，《春秋》亦當不書矣。」

附録《左傳》：「晉士蔿使群公子盡殺游氏之族。乃城聚而處之。冬，晉侯圍聚，盡殺群公子。」

冬，公子友如陳。 杜氏曰：「報安叔之聘，諸魯出朝聘皆書如。友，莊公之母弟。」汪氏曰：「此季友私行之階也。」啖氏曰：「凡公及內卿往他國朝聘，皆書曰如。」趙氏曰：「凡內朝聘稱如，以異外也。」王氏曰：「《春秋》書內臣出聘凡六十有一，如京師者五，著諸侯之慢王室也。如齊者十九，如晉者二十五，如宋者五，如楚者一，著諸侯之畏大國也。如陳者二，如衛、如鄭、如莒、如牟者各一，著諸侯之交相聘也。內臣以事出

❶「伐」，原作「戒」，今據四庫本改。

者凡十九，納幣逆女者三，致女者一，涖盟者四，會葬者十，乞師者一，比事以考之，而是非善惡著矣。」廬陵李氏曰：「此内大夫出聘之始，而亦季氏之始事也。當隱、桓、莊之間，上而周，近而齊，有來聘者矣。魯曾無報謝之禮，而女叔一來，季友旋造陳庭，繼又躬行以會原仲之葬，則陳、魯之交，蓋出於季友、原仲之私情矣。至行父初立，首講陳好，猶前志也。《春秋》託始於此，豈無意乎！」

癸丑惠王九年。**二十有六年**齊桓十八。晉獻九。衛懿公赤元年。蔡穆七。鄭文五。曹僖三。陳宣二十五。杞惠五。宋桓十四。秦宣八。楚成四。**春，公伐戎。**《公》無「春」字。張氏曰：「爲追于濟西之耻，報怨也。」襄陵許氏曰：「隱、桓世有戎盟，至於莊公，戎始變渝，是以有濟西之役。於此伐戎，義已勝矣。齊、魯伐戎而中國崇也。」

附録《左傳》：「春，晉士蔿爲大司空。夏，士蔿城絳，以深其宫。」

夏，公至自伐戎。蜀杜氏曰：「伐戎無譏。其致者，公出師於外，踰時而返，故書至以危之。」張氏曰：「莊公治國家之政多闕，而勞師于戎。雖能復怨，何益於内治乎！踰時書至，危之也。」〇**曹殺其大夫。**此專殺大夫之始。《公羊傳》：「何以不名，衆也。曷爲衆殺之？不死于曹君者也。君死乎位曰滅，曷爲不言其滅？爲曹羈諱也。此蓋戰也，何以不言戰？爲曹羈諱也。」《穀梁傳》：「言大夫而不稱名姓，無命大夫也。無命大夫而曰大夫，賢也，爲曹羈崇也。」

稱國以殺者，國君大夫與謀其事，不請於天子而擅殺之也。義繫於殺，則止書其官。曹殺其大夫，宋人殺其大夫是也。杜氏曰：「不稱名，非其罪。」啖氏曰：「但稱大夫者，無罪而死也。」

劉氏曰：「稱國以殺而不名者，大夫無罪而君殺之也。」陳氏曰：「凡殺大夫恒名之。此其不名何？惡君也。莊公卒，有戎難，羈出奔陳，赤於是簒曹。簒而殺其大夫，則必不義其君者也。宋杵臼無道而殺大夫，則亦不義其君者也。是故曹僖公之大夫不名，宋昭公之大夫不名。」義繫於人，則兼書其名氏。楚殺其大夫得臣，陳殺其大夫洩冶之類是也。汪氏曰：「楚成少與之師而棄其將。陳靈昏淫而殺諫臣。二君固有罪矣，然得臣剛而無禮，洩冶盡言不隱，其過雖有重輕，而皆有致殺之由。故兼書其名氏。」然殺大夫而曰大夫與謀其事，何也？與謀其事者，用事之大夫也。汪氏曰：「如公孫寧、儀行父用事於陳，而與謀殺洩冶之類。」見殺者，不得於君之大夫也。所謂義繫於殺者，罪在於專殺。而見殺者之是非有不足紀也。故止書其官，而不録其名氏也。古者諸侯之卿大夫、士，命于天子，而諸侯不敢專命也。《周禮·典命》：「公之孤四命，其卿三命，其大夫再命，其士一命。侯、伯之卿大夫、士亦如之。子男之卿再命，其大夫一命。」其有罪則請于天子，而諸侯不敢專殺也。《周禮·大司寇》：「凡諸侯之獄訟，以邦典定之。凡卿大夫之獄訟，以邦法斷之。」及《春秋》時，國無大小，卿大夫、士，皆專命之，而不以告于王朝。有罪無罪，皆專殺之，而不以歸於司寇，無王甚矣。五伯，三王之罪人，而葵丘之會，猶曰無專殺大夫。汪氏曰：「齊桓、晉文、晉悼，皆無專殺大夫之過。視當時諸侯，可謂彼善於此矣。」故《春秋》明書于策，備天子之禁也。凡諸侯之大夫，方其交政中華，會盟征伐，雖齊、晉上卿，止録其名氏。至於見殺，

雖曹、莒小國，亦書其官。 汪氏曰：「莒殺意恢稱公子。」**或抑或揚，或奪或予，聖人之大用也。明此，然後可以司賞罰之權矣。** 張氏曰：「曹殺大夫，曹伯赤殺之也。豈於羈、赤出入之際，或不附戎而殺之，若鄭厲殺傅瑕、原繁與！」高氏曰：「除羈之黨，恐其内應也。入春秋以來，未有專殺大夫者。而曹以小國首惡，故《春秋》不顯其名氏，唯著其擅命專殺之罪，爲萬世之大戒。凡殺大夫，稱國者，疚在上也。稱人者，亂在下也。其書名氏者，或以其有罪足爲世戒，或無罪而昭其節，或矜其不幸也。」○劉氏曰：「《公羊》云『不名，衆也』，然則殺三郤何故名乎？又云『不死于曹君者也』，宋殺其大夫，又何以辨哉？《穀梁》云：『大夫而不稱名姓，無命大夫也。』非也。諸侯大國三卿，皆命于天子。次國三卿、二卿命于天子。小國三卿、一卿命于天子。説者不知王者諸侯之制度班爵云爾。」盧陵李氏曰：「曹殺大夫。《公羊》以爲前年曹羈諫曹伯禦戎，曹伯不聽而死於戎，諸大夫不伏節死義，嗣子立而誅之，不書名者，衆也。曹伯之死不書者，爲曹羈諱也。《穀梁》以爲此大夫即曹羈，曹伯不用其言，乃使出奔他國，卒於受戮，君子慜之，不名者，賢之也。其説迂晦不明，不可取。大抵羈出赤歸之際，必有不附於赤者，故赤殺之耳。杜氏、陳氏之説得之。」

秋，公會宋人、齊人伐徐。 杜氏曰：「徐國，在下邳鄣縣。」張氏曰：「嬴姓國，近齊、魯。」

按《書》，伯禽嘗征徐戎。則戎在徐州之域，爲魯患舊矣。 臨川吴氏曰：「穆王之時，徐僭稱王，帥九夷以伐宗周。徐國雖小，但春秋之前，已嘗僭王猾夏。」**是年春，公伐戎，秋又伐徐者，必戎與徐合兵，表裏爲魯國之患也。故雖齊、宋將卑師少，而公獨親行。其不致者，役不淹時，**

而齊人同會，則無危殆之憂矣。杜氏曰：「宋主兵，故序齊上。」汪氏曰：「宋先於齊而公書會，則宋主兵明矣。蓋桓公伯業未盛，亦若伐郳伐鄭之先宋也。明年盟幽，於是而後授之諸侯，則齊桓伯業盛矣。故二十八年救鄭，宋序齊下。」

附録《左傳》：「秋，虢人侵晉。冬，虢人又侵晉。」

冬，十有二月癸亥朔，日有食之。

甲寅惠王十年。**二十有七年**齊桓十九。晉獻十。衛懿二。蔡穆八。鄭文六。曹僖四。陳宣二十六。杞惠六。宋桓十五。秦宣九。楚成五。**春，公會杞伯姬于洮。**徒刀反。《左傳》：「非事也。天子非展義不巡守，諸侯非民事不舉，卿非君命不越竟。」杜氏曰：「魯地。」

《左氏》曰：「會于洮，非事也。天子非展義不巡守，杜氏曰：「巡守所以宣布德義。」**諸侯非民事不舉，卿非君命不越境。」伯姬，莊公之女，非事而特會于洮。愛其女之過而不能節之以禮，此《春秋》之所禁也。**陸氏曰：「參譏之。公及杞侯、伯姬皆失正也。」**惟不節之以禮，然後有使自擇配，如僖公之於季姬，而典訓亡矣。**家氏曰：「于洮非歸寧之地。安有女子來寧父母，疾驅於通道大都，略無所禁忌者乎！」高氏曰：「婦人無相會之禮。伯姬既歸于杞，復來與公會，是與文姜、齊襄無異也。」陳氏曰：「内女爲夫人，七見于經，未有書公會者，而會自伯姬始。由是來朝其子，由是來求婦，伯姬之爲，皆未之前聞也。」汪氏曰：「公會杞伯姬于洮，猶之可也。季姬及鄫子遇于防，則惡又甚矣。婦人會遇，固皆非禮，而其罪有輕重焉。」

夏，六月，公會齊侯、宋公、陳侯、鄭伯，同盟于幽。《左傳》：「夏，同盟于幽。陳、鄭服也。」《穀梁傳》：「同者，有同也，同尊周也。於是而後授之諸侯也。其授之諸侯何也？齊侯得衆也。桓會不致，安之也。桓盟不日，信之也。信其信，仁其仁，衣裳之會十有一，未嘗有歃血之盟也，信厚也。兵車之會四，未嘗有大戰也，愛民也。」程子曰：「同志而盟，非率之也。」陳氏曰：「齊初主盟，於是書公矣。」張氏曰：「再舉同盟之禮，以申伯令，而一諸侯之心也。魯、宋、陳、鄭皆至，而衛獨不來，故明年伐衛。」

同盟之例，有惡其反覆而書同盟，有諸侯同欲而書同盟，此盟鄭伯之所欲而書同盟者也。范氏曰：「前同盟于幽，諸侯尚有疑者。今外内同心，推桓爲伯，得專征伐之任，成九合之功，故傳詳其事也。」**凡盟，皆小國受命於大國，不得已而從焉者也。**汪氏曰：「如鄫子會盟于邾之類。」**其有小國願與之盟，非出於勉强者，則書同盟，所以志同欲也。前此鄭伯嘗貳於齊矣，至是齊桓强盛，有伯中國攘夷狄之勢，諸侯皆歸之，鄭伯於是焉有畏服之心，其得與於盟，所欲也，故特書同。穀梁子所謂「於是而後授之諸侯」是也。其授之諸侯，齊侯得衆也，視他盟爲愈矣。**蜀杜氏曰：「諸侯同志而盟，共戴天子，齊桓主之。」家氏曰：「或謂前此會者九國，而書同盟，宜也。今會者纔五國，而亦書同盟，何哉？大齊桓合諸侯不以兵革，小大畢至，而聖人與其同盟。不然，異時有合十有八國之君，以甲車四千乘夸示諸侯，而伯業遂衰，烏在其爲衆也。」汪氏曰：「齊桓前盟于幽而鄭復不朝，至於執詹，魯又受鄭詹之逃，則既同而反覆矣。此盟于幽，魯與盟而書公，陳、鄭心服而不叛，同以尊周爲心，不復携貳。蓋齊桓霸業之始盛也，故《春秋》書同盟以美之。」〇廬陵李氏曰：「衣裳、兵車之説，止見《穀梁傳》。范氏曰：『自十三年北杏，十四年會鄄，十五年會鄄，十六年盟幽，二十七年盟幽，僖元年會檉，二年會貫，三年會陽穀，五年首戴，七年寧母，九年葵丘，此衣裳之會十有一也。僖八年會洮，十三年會鹹，十五年牡丘，十六年會淮，此兵車之會四也。』其兵車四會，《穀梁》皆發傳，固無可疑。獨衣裳十有一，而《論語》則曰『管仲相桓公，九合諸侯，不以兵車』。於是起諸儒之異説矣。但衣裳、兵車，本只《穀梁》一家之説，陸氏深所不取。而《論語》九合，朱子亦用展喜之言，訓九爲糾，則諸家紛紛，可不必辨矣。」

秋，公子友如陳，葬原仲。《左傳》：「非禮也，原仲，季友之舊也。」《公羊傳》：「原仲者何？陳大夫也。大夫不書葬，此何以書？通乎季子之私行也。何通乎季子之私行？辟内難也。君子辟内難而不辟外難。内難者何？公子慶父、公子牙、公子友，皆莊公之母弟也。公子慶父、公子牙通乎夫人以脅公，季子起而治之，則不得與于國政。坐而視之，則親親，因不忍見也，故於是復請至于陳而葬原仲也。」《穀梁傳》：「言葬不言卒，不葬者也。不葬而曰葬，諱出奔也。」杜氏曰：「原，氏。仲，字。禮，大夫既卒不名。」

公子友如陳葬原仲，私行也。啖氏曰：「書原仲之葬，見季友私事出境。」**人臣之禮無私交，大夫非君命不越境。何以通季子之私行而無貶乎？曰：《春秋》端本之書也。京師，諸夏之表也。祭伯以寰内諸侯而來朝，祭叔以王朝大夫而來聘，尹氏以天子三公來告其喪，誣上行私，表不正矣。是故季子違王制，委國事，越境而會葬。**杜氏曰：「季友違禮會外大夫葬，具見其事，亦所以示譏。」**齊高固、莒慶以大夫即魯而圖婚，其後陳莊子死，赴喪於魯，魯人欲**

勿哭，繆公召縣子而問焉。曰：「古者大夫束脩之問不出境，雖欲哭，焉得而哭諸？《禮記・檀弓》注：「以其不外交。」**今之大夫交政於中國，雖欲勿哭，焉得而勿哭？」**《檀弓》注：「時君弱臣强，政在大夫，專盟會以交接。」**末流可知矣。《春秋》深貶王臣，以明始亂，**汪氏曰：「祭伯不書朝，祭叔不稱使，尹氏不書爵。」**備書諸國大夫而無譏焉，則以著其效也。凡此皆正其本之意。**陸氏曰：「臣無境外之交，况以私事而出境乎！此不待貶絶而惡見者也。」蜀杜氏曰：「外大夫未有書葬者。原仲所以書者，季子與原仲有舊，己爲大夫，不由君命，而以私舊之故，特往葬之。大夫非君命不越境，况適他國而葬大夫乎！」高氏曰：「公子遂如晉，葬晉襄公。叔弓如宋，葬宋共姬。皆再舉國。此不言葬陳原仲，明非國事也。」臨川吴氏曰：「無會葬鄰國大夫之禮。季友與原仲有舊，欲往會其葬，以大夫不可私行出境，請於公而公命之行，故書。大夫無私交，公之遣行，友之會葬，原氏之受，皆非禮也，參譏之。」汪氏曰：「僖五年公孫茲如牟，娶焉。文六年季孫行父如陳聘，且娶。文七年公孫敖如莒涖盟，且逆女。成八年公孫嬰齊如莒，自爲逆。昭二十五年叔孫婼如宋，爲季平子逆。經皆不書『逆』。此書『如陳葬原仲』，無異於葬諸侯之使，是季友請於公矣。文定但言私行，而不云莊公使之者，以其非禮，雖請於公，是亦私行耳。按《曲禮》：『大夫私行，出疆必請，反必有獻。』此盛世之事，春秋大夫私行而遂交政於他國，聖人特書公子友葬原仲以示戒者，防微杜漸之意也。」○陸氏曰：「按《春秋》前後無有虛設其事以爲義者。且書葬之意，直譏季友之行爾。陳國大夫安得書卒乎！《穀梁》之説非也。」劉氏曰：「《公羊》云『何通乎季子之私行？避内難也』，非也。是時内難未作，何避之有？若季子見幾遠舉，是忘宗國之亂也。況去莊公没尚數年，而遂云避内難出奔乎？」

冬，杞伯姬來。《左傳》：「歸寧也。凡諸侯之女，歸寧曰來，出曰來歸，夫人歸寧曰如某，出曰歸于某。」《公羊傳》：「其言來何？直來曰來，大歸曰來歸。」

《左氏》曰：「歸寧也。」《禮》：「父母在，歲一歸寧。」若歸而合禮，則常事不書。其曰「杞伯姬來」者，不當來也。趙氏曰：「凡内女稱來，不宜來也。合禮者常事不書，蓋非禮而來，故書爾。豈二百四十二年，内女唯兩度歸寧乎！」**女子有行，遠父母兄弟，春會于洮矣，冬又歸魯，故知其不當來也。來而必書，《春秋》於男女往來之際嚴矣。**高氏曰：「伯姬春方出與公會，而冬又來，何其不安于杞也！杞伯不能制其妻，如其國何？」張氏曰：「志其來往之數，非歲一歸寧之義，所以厚男女之别也。」汪氏曰：「《春秋》内女之適諸侯，惟杞伯姬四書來，一書會，則伯姬之越禮可知矣。伯姬之後，惟書齊高固及子叔姬來，亦非禮也。」

附録《左傳》：「晉侯將伐虢。士蔿曰：『不可，虢公驕，若驟得勝於我，必棄其民。無衆而後伐之，欲禦我誰與？夫禮樂慈愛，戰所畜也。夫民，讓事、樂和、愛親、哀喪，而後可用也。虢弗畜也，亟戰將饑。』」

莒慶來逆叔姬。《公羊傳》：「莒慶者何？莒大夫也。莒無大夫，此何以書？譏。何譏爾？大夫越竟逆女，非禮也。」《穀梁傳》：「諸侯之嫁子於大夫，主大夫以與之。來者，接内也。不正其接内，故不與夫婦之稱也。」

莒慶，莒大夫也。叔姬，莊公女也。何以稱字？大夫自逆則稱字，杜氏曰：「卿自爲逆則稱字。」**爲其君逆則稱女。**汪氏曰：「如紀裂繻來逆女。」**尊卑之别也。**范氏曰：「君不敵臣。」陳氏岳曰：「内女適大夫則稱字，不書歸。如齊高固來逆叔姬，不書歸于齊。」**何以書？諸侯嫁女於大夫而公自主之，非禮也。**董子曰：「大夫無束脩之餽，無諸侯之交，越竟逆女，紀罪之。」劉氏曰：「莒慶非有君命也，叔姬非適諸侯也，何以得書乎？以公之自主之。公之自主之則敵，敵則書矣。」陳氏曰：「諸侯嫁女乎大夫，必使大夫同姓者主之，曷爲公親焉？則莒慶伉也。莒無大夫，於是書莒慶。隱、桓、莊之際，莒嘗爲强國，入向，取杞牟婁。納公子慶父，吾君特會外大夫，自浮來之盟始，以是知慶之敢伉也。」汪氏曰：「宣公以篡得國，倚齊爲援。而齊人止公爲高固求婚，魯人以爲大辱。莒慶微國之大夫，而莊公以女妻之，又自爲之主，其不君亦甚矣！」○劉氏曰：「《穀梁》云『不正其接内，故不與夫婦之稱也』，非也。不曰逆女，亂於君夫人者也。書叔姬，自其理然。」

杞伯來朝。高氏曰：「致伯姬也。杞伯不能制其内，縱伯姬之數出，又來朝而致之，其卑弱可知矣。」何氏濟川曰：「杞，先代子孫也。方東樓公始封，與微子啓無異。得郊祭而用天子禮樂，入春秋已失公爵，降而曰侯。後或稱伯，或稱子，都無定限，足知其微弱僻陋。」張氏曰：「杞國小力微，故降爵以自儕於小國。杞之自侯而伯，自伯而子，蓋浸以微弱也。」汪氏曰：「桓公之經，三書杞侯。《公》、《穀》皆作紀。此書杞伯，以後並書伯。惟僖二十三年，書杞子卒，二十七年書杞子來朝，襄二十九年書杞子來盟。文定據《左傳》謂杞用夷禮，故貶稱子。朱子又謂杞國最小，所以文獻不足徵。初稱侯，已而稱伯，已而稱子。蓋其朝覲貢賦之屬，率以子、男之禮從事，聖人因其實而書之。然《春秋》未嘗書杞公，亦不可考，姑闕疑以俟知者。」廬陵李氏曰：「杞，姒姓，公爵，夏禹之裔也。武王克殷，求禹後，得東樓公而封之。九世至成公，見《春秋》。自桓以來，本稱侯爵，後爲時王所黜，故莊二十七年來朝稱伯。成公用夷禮，故僖二十三年貶稱杞子卒。二十七年來朝，稱杞子。至文十二年、成四年、十八年來朝，復稱伯。襄二十九年來盟，復貶稱子。此《左氏》、杜氏之言也。若如《公羊》之言，則凡桓公篇稱杞侯者皆作紀。而杞則王者之後，本稱公。但《春秋》黜杞而伯之，後之稱子者，以微弱爲徐、莒所脅而貶之也。胡氏於『杞子卒』下云：杜預謂杞實稱伯而書子者，成公始行夷禮終其身，故仲尼貶之。則胡氏意亦以爲杞本伯爵，故於此條下無注矣。然胡氏本不信時王黜陟之説，則是棄杜預之前説，而用杜預之後説也。切嘗考之，❶周封三恪，獨微子以三仁之賢，得以統承先王，脩其禮物，故其命之，曰：『庸建爾于上公，尹兹東夏。』杞雖王者之後，然東樓本無大功德，豈遽錫以公侯之上爵乎！入春秋之始，莒以微國，尚伐杞而取其邑，則杞之微乎微可知已。不待夫子之時而文獻不足也，是故論三恪之實，則宋以微子之賢，作賓王家。陳以武王之賴其利器，用妻以元女，故宋爵公，而陳爵侯。杞之爲侯，本無所據。但胡氏略而不言。註《公羊》者，拘於王者之後稱公。注《左氏》者，泥於桓公編杞侯之誤。爲是紛紛耳。」

附録《左傳》：「王使召伯廖，賜齊侯命，且請伐衛，以其立子頽也。」

公會齊侯于城濮。杜氏曰：「賜齊侯命爲侯伯。會于城濮，將討衛也。」張氏曰：「齊欲討衛而會魯于此，

---

❶「切」，四庫本作「竊」。

定其交而後加兵於人，所以見其謀之審也。」汪氏曰：「相會于衛地而後伐衛，則爲謀伐衛明矣。然魯兵不與伐衛者，亦猶魯、齊謀伐戎，而魯不與伐戎也。」

乙卯惠王十一年。**二十有八年**齊桓二十。晉獻十一。衛懿三。蔡穆九。鄭文七。曹僖五。陳宣二十七。杞惠七。宋桓十六。秦宣十。楚成六。**春，王三月甲寅，齊人伐衛，衛人及齊人戰，衛人敗績。**

《左傳》：「春，齊侯伐衛，戰敗衛師，數之以王命，取賂而還。」《公羊傳》：「伐不日。此何以日？至之日也。戰不言伐。此其言伐何？至之日也。春秋伐者爲客，伐者爲主，故使衛主之也。曷爲使衛主之？衛未有罪爾。敗者稱師，衛何以不稱師？未得乎師也。」《穀梁傳》：「於伐與戰，安戰也？戰衛，戰則是師也。其曰人何也？微之也。何爲微之也？今授之諸侯，而後有侵伐之事，故微之也。其人衛何也？以其人齊，不可不人衛也。衛小齊大，其以衛及之何也？以其微之，可以言及也。其稱人以敗何也？不以師敗於人也。」

《春秋》紀兵，及者爲主。齊人舉兵而伐衛，衛人見伐而受兵，則其以衛及之，何也？按《左氏》，衛嘗伐周立子頹。至是王使召伯廖賜齊侯命，且請伐衛。則齊人舉兵，乃奉王命聲衛立子頹之罪以討之也。爲衛計者，誠有是罪，則當請歸司寇服刑可也。《周禮》：「立秋官司寇，使帥其屬而掌邦禁，以佐王刑邦國、詰四方。」若惠徽康叔不泯其社稷，使得自新，亦唯命，則可以免矣。今不徽詞請罪，而上逆王命，下拒方伯之師，直與交戰，則是衛人爲志乎此戰，故以衛主之也。戰不言伐，伐不言日。而書日者，戰之日也。見齊人奉辭伐罪，方以是日至，而衛人不請其故，直以是日與之戰，所以深疾之也，而聖人之情見矣。齊稱人，將卑師少也。五峰胡氏曰：「春秋之時，天下無號令甚矣。衛惠既死，王命討之，雖爲後時，然猶勝終不討也。齊桓承王命而不動大衆，亦得輕重之宜矣。爲衛侯者，即日因齊桓之京師，請歸死於司寇，以忠孝蓋前人之愆可也。齊師以是日至，直以是日與之戰，甚矣！故義繫於衛而非繫於齊也。」趙氏曰：「敗稱人，罪衛之不服王命，故異其文。」高氏曰：「初，衛興兵助子頹篡王。而齊爲霸主，不能奔救。及鄭伯既納王，王乃錫齊侯命使討之，於是乎伐衛。曰『伐』者，討得其罪也。然既敗衛，乃取賂而還。嗟夫！齊桓以能尊王室霸諸侯，而所爲乃若是。」張氏曰：「衛嘗受盟于幽，前年同盟不至，伐不服罪，乃以齊來伐之日而急擊之，不能敵齊節制之師而敗。以衛爲主，罪之也，不地，於衛都也。」臨川吴氏曰：「前年冬，齊侯出會魯于衛地矣。今年伐衛稱人者，蓋齊侯待于城濮，但遣微者往伐，意欲以不戰屈之也。而衛不服罪，敢與齊戰，輕躁寡謀，不量其力，自取敗衂也。」王氏曰：「戰不言伐而書伐，伐不言日而書日，被伐不言及而書及，敗績不言人而書人，皆罪衛也。」汪氏曰：「衛立子頹，其罪固不容誅。然已越十年，而衛君又易世矣。當其時不能治，後之人何罪？且受賂而不能伸天討，雖曰齊以將卑師少，稱人非貶，而比事觀之，齊桓亦不可以無責矣。又按經書『及戰者』二十，文定於此戰，與紀、齊之戰于韓、于甗，❶升陘于泓、城濮，彭衙、令狐于郯，新築于鞌，皆謂書『及』以貶之。乾時、鄢陵、長岸，雖貶主是戰者，而不以『及』

❶「韓」，四庫本作「衛」。當作「衛」。

爲貶；于奚于鐵無傳，唯於栢舉與吴子而不以『及』爲褒。若大棘則鄭伐宋而經不書伐，是與于韓例同。艾陵書伐書及，則兩俱有罪也。然及之爲言，不過爲志乎是戰，而非褒貶所繫。故救患之兵則爲美辭，而貪憤之兵皆爲貶辭也。善戰者服上刑，而春秋無義戰，故凡書戰皆譏，而惟於排難解紛，頗有取焉耳。」陳氏曰：「齊稱人，貶之也。數之以王命，取賂而還，是桓公不以王命討衛也。向也王室有四方之事，雖伐鄭不服，救衛無功，而執芮伯、立晉侯，於是猶討樊仲皮也。自討樊仲皮而王命不見於傳記，桓公爲之也。」○趙氏曰：「《公羊》云：『春秋伐者爲客，伐者爲主。』注云：『伐人者爲客，見伐者爲主。』夫文字本以記分別，今同其文，誰能了之？又曰『敗者稱師』，衛何以不稱師？『未得乎師』也。按經文成列而戰矣，何名未得師乎！《穀梁》云：『戰則是師也。其曰人何？微之。』按衛稱人者，罪逆王拒大國以取敗。微之有何義乎！」劉氏曰：「《穀梁》謂『衛小齊大，其以衛及之，以其微之可以言及也』，非也。衛欲戰，則衛及齊。齊欲戰，則齊及衛。不爲國大小也。又云『其稱人以敗何也？不以師敗於人也』，亦非也。設令齊將尊師衆而敗，衛將卑師少而勝，豈得不書師敗於人哉！」廬陵李氏曰：「伐衛之役，三傳皆貶桓公。《公羊》以爲去年同盟，衛懿公以未終喪之故不能與會，則衛未有罪也。《穀梁》以爲齊方受方伯之任，不宜遽有侵伐之舉。《左氏》雖有王命之説，然取賂之罪不可掩矣。獨胡氏以爲予齊罪衛之文與三家皆不合。切原其意，蓋以《春秋》書伐而戰者三：齊伐衛而戰，宋伐齊而戰，吴伐齊而戰，其事同。然甗戰以宋及齊，此不以齊主之，則非貶齊可知矣。《春秋》戰書人而敗書師者三：紀戰之燕人，城濮、栢舉之楚人，敗皆稱師，此獨書衛人敗績，則貶衛可知矣。艾陵之戰，日在伐下，紀之戰，日在戰上。而此以日加於伐之上，則齊方至而衛即戰可知矣。此胡氏所以爲考據之精也。然考之去年同盟于幽，衛已不至。桓公毋亦本有怒衛之心，因假王命以伐之歟？當十九年衛燕立子頹之際，桓公方圖伯事，固當聲罪致討以明王之義，乃邈然不顧今而討之，又以取賂而還，其事何足詳哉！故以《左氏》賜命之説爲有，則齊侯伐衛之説不可謂無；以王命之説爲有，則取賂之説亦不可謂無。《春秋》書齊人而不書侯，正與楚丘緣陵之城不列序，高子之來盟不稱使同一書法。不然，果奉王命討有罪，何不書齊侯以大之與伐楚同乎？胡氏拘於將卑師少之例，意有未備，當兼陳氏説爲是。」

附録《左傳》：「晉獻公娶于賈，無子。烝於齊姜，生秦穆夫人及太子申生。又娶二女於戎，大戎狐姬生重耳，小戎子生夷吾。晉伐驪戎，驪戎男女以驪姬歸，生奚齊。其娣生卓子。驪姬嬖，欲立其子，賂外嬖梁五與東關嬖五，使言於公，曰：『曲沃，君之宗也。蒲與二屈，君之疆也。不可以無主。宗邑無主，則民不威；疆埸無主，則啓戎心。戎之生心，民慢其政，國之患也。若使太子主曲沃，而重耳、夷吾主蒲與屈，則可以威民而懼戎，且旌君伐，使俱曰狄之廣莫，於晉爲都，晉之啓土，不亦宜乎！』晉侯説之。夏，使太子居曲沃，重耳居蒲城，夷吾居屈。群公子皆鄙，唯二姬之子在絳，二五卒與驪姬譖群公子而立奚齊。晉人謂之二五耦。」

夏，四月丁未，邾子瑣卒。瑣，素果反。汪氏曰：「瑣在位十二年。子蘧蒢嗣，是爲文公。」〇**秋，荆伐鄭。**《穀梁傳》：「荆者，楚也。其曰荆，州舉之也。」**公會齊人、宋人救鄭。**「宋人」下，《公》有「邾婁人」。《左傳》：「楚令尹子元欲蠱文夫人，爲館於其宫側，而振萬焉。夫人聞之，泣曰：『先君以是舞也，習戎備也。

今令尹不尋諸仇讎，而於未亡人之側，❶不亦異乎！』御人以告子元，子元曰：『婦人不忘襲讎，❷我反忘之。』秋，子元以車六百乘伐鄭，入于桔柣之門。子元、鬭御彊、鬭梧、耿之不比爲旆，鬭班、王孫游、王孫喜殿。衆車入自純門，及逵市，縣門不發，楚言而出。子元曰：『鄭有人焉。』諸侯救鄭，楚師夜遁。鄭人將奔桐丘，諜告曰：『楚幕有烏。』乃止。」《穀梁傳》：「善救鄭也。」程子曰：「齊桓伯主，魯望國，宋王者之後。此救鄭制楚之始，蓋天下大勢所在。」

按《左氏》，楚令尹子元公子元，文王弟。**無故以車六百乘伐鄭，入自純門。是陵弱暴寡之師也。故以州舉，狄之也。**孫氏曰：「來聘稱人。此不稱人者，以其創艾中國，復狄之也。」**鄭人將奔桐丘，諸侯救之，楚師夜遁，是得救急恤鄰之義也。故書救鄭，善之也。齊、宋稱人，將卑師少，桓公主兵，攘夷狄、安中國之事見矣。**朱子曰：「齊桓、晉文所以有功於王室者，當時楚最强大，時復加兵於鄭。鄭則在王畿之內，楚在春秋時，他國皆不及其强。向非桓、文有以遏之，則周室爲其所并矣。」張氏曰：「是時楚文王卒，成王幼，子元伐鄭，師出無名，故鄭人示以閒暇而不敢入，聞諸侯之救，而遂遁。」汪氏曰：「楚自十六年伐鄭，至是又伐。而中國救之。三十二年，齊、宋又遇梁丘以謀之。僖元年楚復伐鄭，而諸侯會檉以圖之。二年、三年，荆楚荐致侵伐於鄭，齊桓於是大舉次陘之師，以聲罪

❶「亡」，原作「忘」，今據四庫本改。

❷「忘」，原作「亡」，今據四庫本改。

於楚。自是荆蠻怙服矣。然首止之盟，鄭伯誘於撫女之命，又懷貳而逃歸。明年諸侯伐鄭，圍新城。又明年齊人伐鄭，而鄭伯乞盟請服矣。自是鄭服中國，終桓公之世。桓公甫没，而鄭伯即朝于楚。然則齊桓攘夷安夏之功，豈可少哉！孔子曰：『微管仲，吾其被髮左衽矣。』實予其却楚而救鄭也。經書救者二十有三，而齊桓居其五。桓公視他伯者爲愈矣。」廬陵李氏曰：「經書桓公之救五，此年及閔二年救邢，僖元年救邢，六年救許，十五年救徐也。此爲桓公安攘之始事。然齊、宋將卑師少，而公獨親行，公亦善相齊桓矣。是時楚文王卒，國有内難，楚兵不至中國者十年。今子元又以嘗試齊也，我公不顧荆人一聘之私，而勇往於伯主之義，《春秋》所予也。」

冬，築郿。 郿，芒悲反。《公》、《穀》作「微」。《左傳》：「非都也。凡邑有宗廟先君之主曰都，無曰邑，邑曰築，都曰城。」《穀梁傳》：「山林藪澤之利，所以與民共也。虞之，非正也。」杜氏曰：「郿，魯下邑。」王氏曰：「帝乙子封於微，東平壽張縣西北有微子鄉。」

郿，邑也。凡用功，大曰城，小曰築。 鄱陽萬氏曰：「工役之多者書之以城，工役之小者書之以築。」**故館則書築，臺則書築，囿則書築。郿邑而書築者，創作邑也。其志不視歲之豐凶，而輕用民力於其所不必爲也，則非人君之心矣。** 張氏曰：「冬雖用民力之時，而下書『大無麥禾』，則築郿之不時可知矣。」吕氏曰：「十二公興力役莫甚於莊公，築館者一，築邑者一，築臺者三，城邑者一，❶新

❶「一」，四庫本作「二」。

延廄者一。比事以考之，而莊公之罪著矣。其不城一邑，不築一囿，愛民力而重農事者，❶惟僖公耳。」○啖氏曰：「《穀梁》云：『山林川澤之利，所以與民共也。虞之，非正也。』此當施於築囿之下，不宜濫在此。」劉氏曰：「《左氏》云『邑曰築，都曰城』，非也。築者，作邑耳。邑與都相較無幾，而殊築城之名，則國亦當殊，京師又當殊，而通以城名之，何耶？」廬陵李氏曰：「三傳皆以爲築邑，但《公羊》此條與成十八年築鹿囿，皆云『虞之非正也』，似以爲田獵之地。恐未必然。」

大無麥禾。《公羊傳》：「冬，既見無麥禾矣。曷爲先言築微而後言無麥禾？諱以凶年造邑也。」《穀梁傳》：「大者，有顧之辭也。於無禾及無麥也。」

麥熟於夏，禾成在秋，而書於冬者，莊公惟宮室臺榭是崇是飾，費用浸廣，調度不充，有司會計歲入之多寡虚實，然後知倉廩之竭也。故於歲杪而書曰「大無麥禾」。汪氏曰：「《王制》：『冢宰制國用，必於歲之杪，五穀皆入，然後制國用。』故桓、宣有年大有年，皆書於冬。」大無者，倉廩皆竭之詞也。汪氏曰：「言大無，見舉國皆無也。」古者三年耕，餘一年之食。九年耕，餘三年之食。今莊公享國二十八年，當有九年之積。子賜反。而虚竭如此，所謂寄生之君也。民事古人所急，食者養民之本。不敦其本而肆侈心，何以爲國？故下書「臧孫告糴」以

---

❶「民」，原作「氏」，今據四庫本改。

病公，而戒來世爲國之不知務也。劉氏曰：「經無水旱之變，忽無麥禾，推驗事實，由魯不務蓄積，日損月削，以至於麥禾大盡而後覺之，非今歲之事也。是以不言水旱，亦不言饑。或云實秋水傷稼，諱之不言。或云土不稼穡，二物不成。或云不勸農事，故無灾而餓，皆失也。」汪氏曰：「二穀不升謂之饑，五穀不升爲大饑。今大無麥禾，則黍稷秫稻二麥俱無。蓋禾者穀之總名，故凡穀字皆從禾，是不止二穀不升而已。然不書饑者，以著人事之變，而非天時之災也。僖公之時大旱，而傳言饑而不害。宣、襄書饑，則由大水螽蝝之所致。莊公無水旱螽螟之災，而書『大無麥禾』，所以著費出之無經，蓄積之不素，救荒之不預。至於末如之何，而乞糴於鄰國，則莊公不君，與國之無賢，皆可見矣。」張氏曰：「不言水旱而言大無麥禾，天時人事兩不足也。」○啖氏曰：「《公羊》云：『曷爲先言築微而後言無麥禾？諱以凶年造邑也。』按築微，冬之初也。無麥禾，歲終諸穀皆入，而無此二穀乃書。依先後記事爾，何關諱乎！《穀梁》云：『大者有顧之辭也。』按大者，言其甚也。稱有顧，如何爲義也？」

臧孫辰告糴于齊。《左傳》：「冬，饑。臧孫辰告糴于齊，禮也。」《公羊傳》：「告糴者何？請糴也。何以不稱使？以爲臧孫辰之私行也。曷爲以臧孫辰之私行？君子之爲國也，必有三年之委。一年不熟告糴，譏也。」《穀梁傳》：「國無三年之畜，曰國非其國也。一年不升，告糴諸侯。告，請也。糴，糴也。不正，故舉臧孫辰以爲私行也。國無九年之畜，曰不足。無六年之畜，曰急。無三年之畜，曰國非其國也。諸侯無粟，諸侯相歸粟，正也。臧孫辰告糴于齊，告然後與之，言內之無外交也。古者税什一，豐年補敗，不外求而上下皆足也。雖累凶年，民弗病也。一年不艾而百姓饑，君子非之。不言如，爲內諱也。」杜氏曰：「臧孫辰，魯大夫臧文仲。」

劉敞曰：「不言如齊告糴，而曰告糴于齊者，言如齊則其辭緩，告糴于齊則其情急，所以譏大臣任國事，治名而不治實之蔽也。魯人悅其名，而以急病讓夷爲功；君子責其實，而以不能務農重穀、節用愛人爲罪。」《國語》：「魯饑，臧文仲言於公曰：『國病矣，盍以名器請糴于齊。』公曰：『誰使？』對曰：『國有饑饉，卿出告糴，古之制也。辰也備卿，請如齊。』公使往。從者曰：『君不命而請之，其爲選事乎？』文仲曰：『賢者急病而讓夷，居官當事不避難。我不如齊，非急病也。在上不恤下，居官而惰，非事君也。』文仲以鬯圭與玉磬如齊。齊人歸其玉而與之糴。」張氏曰：「一年不熟而上下相顧，無以粒民，重臣自往告糴。若不遇齊桓，則魯之民必至轉於溝壑矣。」趙氏曰：「譏臧孫爲政無蓄也，故以自行爲文。」汪氏曰：「經書『王臣來求金』，則有求於我也。書『如楚乞師』，則有求於彼也。今外傳紀『如齊告糴』，而《春秋》變文書曰『告糴于齊』，與『歸粟于蔡』同一書法，所以著魯人請糴之急，且没公命，以罪莊公之不君也。然不書『齊人歸粟于我』者，蓋《春秋》記約而志詳，復書『歸粟』則辭費。苟齊人不予之糴，必不書臧孫之告糴矣。葵丘五禁曰『毋遏糴』，齊桓救災恤患之心，其亦霸者之賢歟！」〇趙氏曰：「《左氏》云：『禮也，據諱是譏，非善之也。』《穀梁》云：『諸侯無粟，諸侯相歸粟，正也。』告然後與之，言内之無外交也。此若不告，彼何由知之？」

丙辰 惠王十二年。**二十有九年** 齊桓二十一。晉獻十二。衛懿四。蔡穆十。鄭文八。曹僖六。陳宣二十八。杞惠八。宋桓十七。秦宣十一。楚成七。**春，新延廐。**《左傳》：「新作延廐，書不時也。凡馬，日中而出，日中而入。」《公羊傳》：「新延廄者何？脩舊也。脩舊不書，此何以書？譏。何譏爾？凶年不脩。」《穀梁傳》：「延廄者，法廄也。其言新，有故也。有故則何爲書也？古之君人者，必時視民之所勤，民勤於力，則功築罕。民勤於財，則貢賦少。民勤於食，則百事廢矣。冬築微，春新延廄，以其用民力爲已悉矣。」

言新者，有故也。 杜氏曰：「言新者，皆舊物不可用，更造之辭。」**何以書？昔韓昭侯作高門，屈宜臼曰：「不時，所謂時者，非時日也。人固有利不利時，前年秦拔宜陽，今年旱，君不以此時恤民之急，而顧益奢，此所謂時詘**曲勿反。**舉贏者也。」**徐廣曰：「時衰耗而作奢侈。」**故穀梁子曰：「古之君人者，必時視民之所勤。民勤於力，則功築罕。民勤於財，則貢賦少。民勤於食，則百事廢矣。」大無麥禾，告糴于齊。冬築郿，春新延廄，以其用民力爲已悉矣。** 家氏曰：「延廄，馬閑之名。或曰新其舊而又延廣之義。」《周禮》：「天子十二閑，諸侯六閑。孔氏《正義》：每廄爲一閑，閑有二百一十六匹。」劉氏曰：「春秋二百四十二年，所興作脩舊多矣，不必書也。延廄、南門蓋微耳，何獨書哉？新宮災，太室屋壞，不能不修而經不書。雉門兩觀災，記新作焉。以此參之，脩舊不足書。其書者，皆非禮之制。延廄者天子之廄，非諸侯之廄也。南門者天子之門，非諸侯之門也。延廄之僭，非莊公也，過在可革而不革，故曰新。」茅堂胡氏曰：「書『新延廄』者，爲大無麥禾，民勤於食，則仍舊可也。」王氏曰：「養馬欲其富。故馬廄謂之延，延，長也。猶庫藏欲其有餘而謂之長府也。禮，凶年歲不登，馬不食穀，馳道不脩。去冬大無麥禾而今春新延廄，廄有肥馬，民有飢色，可謂不恤國矣。」孫氏曰：「大無麥禾，告糴于齊，則民饑矣。延廄雖壞，未新可也。莊公不愛民力若此。」汪氏曰：

「興工作以聚失業之人，亦荒政之一事也。而《春秋》書築郿、新延廄以譏莊公，何哉？夫國有儲蓄，倉廩實，府庫充，則興工作以聚窮民，使無轉徙之患，亦云可也。今大無麥禾，倉廩虚竭，乞糴於鄰邦以救朝夕之急，而猶興不急之役，何莊公之不知務乃至此極耶！」○趙氏曰：「《左傳》云『新作延廄』，若新作，但當云作延廄，不當云新。」啖氏曰：「《左傳》云『書不時也，凡馬，日中而入』，此説亦非。馬雖出入有時，廄何妨農隙作之。」

夏，鄭人侵許。《左傳》：「凡師，有鍾鼓曰伐，無曰侵，輕曰襲。」張氏曰：「許、鄭，世讎也。然許自盟幽之後，不與齊桓之會。鄭人侵之，或齊之命與？自後許始從中國。」○**秋，有蜚。**蜚，扶味反。《左傳》：「爲災也。凡物，不爲災不書。」《公羊傳》：「何以書？記異也。」《穀梁傳》：「一有一亡曰有。」劉歆曰：「負蠜性不食穀。食穀爲災，介蟲之孽。」劉向曰：「蜚色青，非中國所有。南越盛暑，男女同川，淫風所生，爲蟲臭惡。公取齊淫女，故蜚至。天戒以爲將生臭惡，聞於四方也。」新安羅氏曰：「負蠜今謂之蜚盤蟲，好以清旦集稻上食稻花，田家率以蚤作掇拾置他所，日出則散去。既食稻花，又其氣臭惡，能熯稻使不蕃。《春秋》書之，當由此爾。」劉氏曰：「蜚狀若牛，而白首一目虬尾。❶行水則竭，行草則死，見則其國大疫。曰有者，所以明其無也。鸜鵒不逾濟，而蜚非中國之物，蹔而一至，故不可言多而言有。麋，中國所有也。有之不足異，而多則爲異，故不言有而言多。螽螟，中國所多也，多不足怪，而爲災則害，故不言多而言災。」汪氏曰：

❶「虬」，四庫本作「蛇」。

「《爾雅》、《通志》、《本草》皆以蜚爲蟲，獨《山海經》以蜚爲獸。但負盤常有，當如書螽、書螟，不當書有。姑并識以俟參考。」○啖氏曰：「《左氏》云『凡物不爲災不書』，《春秋》紀異多矣，何必爲災乃書。」○**冬，十有二月，紀叔姬卒。**

紀已滅矣，其卒之何？見紀侯去國，終不能自立，異於古公亶父之去。故特書叔姬卒而不卒紀侯，以明其不争而去則可，能使其民從而不釋則微矣。杜氏曰：「紀國雖滅，叔姬執節守義，故繫之紀，賢而録之。」臨川吴氏曰：「叔姬，娣也。魯、紀之待叔姬與叔姬之自待其身，皆與伯姬同，《春秋》備書之。此蓋莊公以爲姑，而爲服大功之服也與？叔姬莊十二年歸酅，此卒于酅也。紀滅而猶繫之紀，蓋國亡無所依託，雖寄寓於酅以待死，其爲紀國夫人之娣，則如初也。」家氏曰：「《春秋》以叔姬不爲國亡變其所守，特録之以勸後世，以此坊民猶有儷體宸居，國亡不能死，委身於夷狄，如晉之惠后者。可爲慟哭流涕者矣。」

城諸及防。《左傳》：「書時也。凡土功，龍見而畢務，戒事也。火見而致用，水昏正而栽，日至而畢。」《穀梁傳》：「可城也，以大及小也。」杜氏曰：「諸、防皆魯邑。諸城陽諸縣。」又曰：「今九月，周十一月。角、亢晨見東方，三務始畢，戒民以土功之事。大火，心星。次角、亢而見者，致築作之物。十月，定星昏而中，樹板幹而興作。日南至，微陽始動而息。」范氏曰：「傳例，凡城之志皆譏。此之可城者，得土功之節則譏之淺，失土功之時則責之深。不謂作城無譏也。」臨川吴氏曰：「凡書土功，雖時，非善之也。愈於非時者爾。其間亟興土功而亟書之，不繫乎時與不時，皆貶也。若此前年冬築郿、大饑而告糴，此年春新延廄，於是又城諸防，豈不爲亟而譏之乎！」○啖氏曰：「《穀梁》云『以大及小也』，此但依先後次第，何必小大乎！」劉氏曰：「若言諸防，則似一城。故從所先城記爾。」汪氏曰：「《左氏》以謂書時也，《穀梁》以爲可城，特拘於常例農隙之時，而不知莊公之城非其時也。」

附録《左傳》：「樊皮叛王。」

丁巳惠王十三年。**三十年**齊桓二十二。晉獻十三。衛懿五。蔡穆十一。鄭文九。曹僖七。陳宣二十九。杞惠九。宋桓十八。秦宣十二。楚成八。**春，王正月。**

附録《左傳》：「春，王命虢公討樊皮。夏四月丙辰，虢公入樊，執樊仲皮，歸于京師。」

夏，師次于成。《左》無「師」字。《穀梁傳》：「次，止也，有畏也，欲救鄣而不能也。不言公，耻不能救鄣也。」杜氏曰：「齊將降鄣，故設備。」張氏曰：「任公輔曰，人微師少，不見於經。當從《公》、《穀》書師。成，魯地。」趙氏曰：「魯蓋欲會齊圍鄣，至成待命。聞鄣已降，不復行耳。以前會城濮，明年獻捷考之，理必然也。」陳氏曰：「次于滑也書公，于郎貶師之。此其但書『次』何？以是爲不足書也。甚矣！莊之不競於齊也。君父死焉不能討，謀紀而齊滅紀，及齊圍郕而郕降于齊，於是次成。齊人降鄣，雖罪齊桓也，訖莊公之身不可以不貶也。」汪氏曰：「趙氏謂魯欲會齊圍鄣，至成待命。夫欲救患而不能，謀凌弱而爲援，皆罪也。然鄣乃紀之附庸，觀魯之加恩禮於紀叔姬，則未必合兵以滅鄣。蓋魯莊有姑息之愛，婦人之仁，而畏齊强盛，不敢援鄣。故佯爲救鄣之虚名，猶次滑之意耳。」

附録《左傳》：「楚公子元歸自伐鄭，而處王宫。鬭射師諫，則執而梏之。」○「秋，申公鬭班殺子元。鬭穀於菟爲令尹，自毁其家，以紓楚國之難。」

秋，七月，齊人降鄣。降，户江反。鄣音章。《公羊傳》：「鄣者何？紀之遺邑也。降之者何？取之也。取之則曷爲不言取之？爲桓公諱也。外取邑不書，此何以書？盡也。」《穀梁傳》：「降猶下也。鄣，紀之遺邑也。」杜氏曰：「鄣，紀附庸國。東平無鹽縣東北有鄣城。」

降者，脅服之詞。杜氏曰：「小國孤危，不能自固，蓋齊遥以兵威脅，使降附。」趙氏曰：「凡服從内附曰降。不言鄣降，降由於齊。」**前書郕降于齊師，意責魯也。**汪氏曰：「二國同圍郕，郕不降於魯而降於齊，見魯不能服郕。」**此言齊人降鄣，專罪齊也。**汪氏曰：「不書鄣降於齊，則見齊以威力逆脅而强使降服，非郕降之比。」**鄣者，紀之附庸。**汪氏曰：「鄣蓋須句顓臾之類耳。」**微乎微者也。齊人不道，肆其强力脅使降附。不書鄣降而曰降鄣者，以齊之强，故罪之深；以鄣之微，故責之薄。《春秋》之法，扶弱抑强，明道義也。霸者之政，以强臨弱，急事功也。故曰：五伯，三王之罪人。仲尼之徒，無道桓、文之事者。**番陽萬氏曰：「以齊桓之賢，嘗有存亡繼絶之功。得鄣之地不足以爲廣，并鄣之衆不足以爲强。乃必降而有之，使紀之土地人民無復孑遺。聖人所以書降鄣而深致其誅貶也。」家氏曰：「齊、魯圍郕，郕降于齊師，降於力既屈之後。齊人降鄣，畏威而降，降於兵未加之前。郕雖降而猶存，鄣則不復見矣。」○啖氏曰：「《公》、《穀》云：鄣，紀之遺邑。按，鄣自是小國爾。紀之全國猶不敢敵齊，豈一邑之民，而能二十餘年獨拒齊乎！」劉氏曰：「《公羊》云：『降之者，取之也。不言取之，爲桓公諱也。』亦非也。取之固曰取之，降之固曰降之，遷之固曰遷之，非可假借爲避諱也。」

八月癸亥，葬紀叔姬。《公羊傳》：「外夫人不書葬，此何以書？隱之也。何隱爾？其國亡矣，徒葬乎叔爾。」《穀梁傳》：「不日卒而日葬，閔紀之亡也。」

滅國不葬，此何以葬？賢叔姬也。紀侯既卒，不歸宗國而歸于酅，所謂秉節守義，不以亡故而睽婦道者也。故繫之於紀而録其卒葬。高氏曰：「復繫之紀，不以酅易紀也。」**先儒謂賢而得書是也。賢而得書，所以爲後世勸也。**家氏曰：「娣媵不葬。此以賢叔姬，故與伯姬俱得葬。」劉氏曰：「非叔姬之賢，則不足葬。」高郵孫氏曰：「叔姬之卒，又録其葬，以爲於喪滅之中，能以義節自守，故嘉之也。」張氏曰：「紀叔姬從一而終，不以存亡貳其心，故詳録其生死，又紀魯之往葬，皆以夫人之禮書之。所以明婦行以示後法也。」汪氏曰：「《春秋》國滅而書葬者三：書齊侯葬紀伯姬，以見齊侯迫滅紀國，夫人在殯而不及葬也。書葬陳哀公，以見楚雖滅陳，而陳人尚能葬其君也。惟紀叔姬則以其賢故，因魯人往葬而特書之。然國滅而葬其君夫人若娣媵，皆閔其亡滅而存之之意也。故朱子《綱目》書魏葬漢獻帝，晉葬魏元帝，宋葬晉恭帝，亦聖人存亡繼絶之遺旨也。」

九月庚午朔，日有食之。鼓，用牲于社。○冬，公及齊侯遇于魯濟。濟，子禮反。《左傳》：「冬，遇于魯濟，謀山戎也。以其病燕故也。」《穀梁傳》：「及者，内爲志焉爾。遇者，志相得也。」杜氏曰：「濟水歷齊、魯界，在齊界爲齊濟，在魯界爲魯濟，蓋魯地。」張氏曰：「簡禮以議軍旅之事。」汪氏曰：「齊侯入魯境，則齊侯之意也。」襄陵許氏曰：「齊桓伐郳、伐鄭、伐徐，皆以宋人主兵。與公會城濮而後伐衛，與公遇魯濟而後伐戎。以是知齊桓之伯不自恃也。用兵行師，每資武於宋桓，取策於魯莊。其治國也，一則仲父，二則仲父。用人之能以爲能，集人之功以爲功。遂能力正天下，澤潤生民。」○劉氏曰：「《穀梁》云『及者，内爲志焉爾』，非也。設若外爲志，便云公會齊侯遇于魯濟乎？」○**齊人伐山戎。**《公羊傳》：「此齊侯也。其稱人何？貶。曷爲貶？子司馬子曰：『蓋以操之爲已蹙矣。』此蓋戰也，何以不言戰？《春秋》敵者言戰。桓公之與戎狄，驅之爾。」《穀梁傳》：「齊人者，齊侯也。其曰人何也？愛齊侯乎山戎也。其愛之何也？桓内無因國，外無從諸侯，而越千里之險，北伐山戎，危之也。則非之乎？善之也。何善乎爾？燕，周之分子也。貢職不至，山戎爲之伐矣。」杜氏曰：「山戎，北狄。」

齊人者，齊侯也。其稱人，譏伐戎也。自管仲得政，至是二十年，未嘗命大夫爲主將，亦未嘗興大衆出侵伐，故魯莊十一年而後，凡用兵皆稱人者，以將卑師少爾。今此安知其非將卑師少，而獨以爲齊侯，何也？以來獻戎捷稱齊侯，則知之矣。汪氏曰：「上遇魯濟謀山戎，下獻捷，皆以齊侯書，則知伐山戎非微者矣。」**夫北戎病燕，職貢不至。桓公内無因國，外無從諸侯，越千里之險，爲燕闢地，**《史記・齊世家》：「山戎伐燕，桓公救燕，遂伐山戎，至于孤竹。命燕君納貢于周，諸侯聞皆從之。」**可謂能脩方伯、連帥之職，何以譏之乎？桓不務德，勤兵遠伐，不正王法以譏其罪，則將開後世之君，勞中國而事外夷，捨近政而貴遠略，困吾民之力，争不毛之地，其患有不勝言者。故特貶而稱人，以爲好武功而不修文德者之戒也。**劉氏曰：「桓公之威行乎天下，其重過於萬乘。又越竟以伐山戎，諸侯震恐，乃沛然自得，矜功而語受命。此君子所惡，故貶而人之。」**然則伐楚之役何以美之？其謂退師召陵，責以大義，不務交兵而强楚自服乎。觀此可以見聖人强本治内，柔服遠人之意矣。**茅堂胡氏曰：「楚頻侵鄭。鄭乃内地，故齊桓伐楚，聖人取之。山戎，遠地也。齊桓爲燕而伐戎，聖人則貶之，於此可見帝王用兵之意矣。如漢武之窮兵，其不敗幸耳。文帝則不然，匈奴候騎至上林，烽火通甘泉，便作細柳等軍。正與伯禽征徐夷，宣王伐玁狁無異。志在愛民，非黷武也。三代用兵，意全在是。纔差之毫釐，便是齊侯伐山戎，不可也。」張氏曰：「中國之聲教未洽。近有荆楚爲中國患，尚未正辠，而勤兵于遠。其治之先後，兵之次第，皆失之矣。故齊侯自出，而書人以譏之。」王氏曰：「荆，内也，患近而不可緩。戎，外也，勢遠而不足恤。近者養之而不討，遠者伐之以爲勞。蓋楚患未已，則諸侯可要。伐戎有功，則諸侯皆服。此桓公之志也，故貶之。」〇劉氏曰：「《穀梁》云：『其曰人何也？愛齊侯乎，山戎也。』又曰『善之也』，非也。《春秋》以人貶之云爾。」

戊午惠王十四年。**三十有一年**齊桓二十三。晉獻十四。衛懿六。蔡穆十二。鄭文十。曹僖八。陳宣三十。杞惠十。宋桓十九。秦成公元年。楚成九。**春，築臺于郎。**《公羊傳》：「何以書？譏。何譏爾？臨民之所漱浣也。」徐氏曰：「郎，泉臺也。未成爲郎臺，既成爲泉臺。」

何以書？厲民也。劉氏曰：「譏厲民也。去國而築臺，是樂而已矣。」**天子有靈臺以候天地，諸侯有時臺以候四時。**《詩·靈臺》注：「天子有靈臺以觀天文，有時臺以觀四時施化。」**去國築臺于**

遠而不緣占候，是爲游觀之所，厲民以自樂也。何氏曰：「四方而高曰臺。登高遠望，人情所樂，動而無益於民，雖樂不爲也。」**厲民自樂而不與民同樂，則民欲與之偕亡。雖有臺，豈能獨樂乎！**杜氏曰：「書築臺，刺奢。且非土功之時。」董子曰：「譏驕溢不恤下也。」孫氏曰：「莊比年興作。今又一歲而三築臺，妨農害民，莫甚於此。」家氏曰：「凡築臺與囿，不以時、不時皆譏也。是歲三築臺皆書，重譏之也。莊公暮年，驕恣尤甚。天災見於上，歲比不登，而土功無虛歲，其違禮敗度，可以想見。魯之衰，實由莊公始。」汪氏曰：「楚靈爲章華之臺，伍舉極諫，以爲先君爲臺，高不過望國氛，大不過容宴豆，其所不奪穡地，其爲不匱財用。瘠磽之地，於是乎爲之；四時之隙，於是乎成之。非聚民利以自封而瘠民也。使魯臣有如伍舉者言於莊公，則三臺之築或少省矣。」

夏，四月，薛伯卒。張氏曰：「薛始稱伯，蓋降班而告終也。」廬陵李氏曰：「薛以隱十一年來朝稱侯，今稱伯，諸傳皆無文。杜氏於滕、紀降爵，皆以爲時王所黜，此獨不注。或以爲齊桓所黜，亦未有考。胡氏於此亦無傳，不知用何例。張氏或主沙隨程氏，已見桓公二年滕子下。」○**築臺于薛。**《公羊傳》：「何以書？譏。何譏爾？遠也。」杜氏曰：「薛，魯地。」○**六月，齊侯來獻戎捷。**《左傳》：「非禮也。凡諸侯有四夷之功，則獻于王，王以警于夷，中國則否。諸侯不相遺俘。」《公羊傳》：「齊，大國也。曷爲親來獻戎捷？威我也。其威我奈何？旗獲而過我也。」《穀梁傳》：「齊侯來獻捷者，內齊侯也。不言使，內與同，不言使也。獻戎捷，軍得曰捷。戎菽也。」

軍獲曰捷。凡諸侯有四夷之功，則獻于王。王以警于夷，中國則否。諸侯不相遺俘。獻

者，下奉上之辭。齊伐山戎，以其所得躬來誇示。書來獻者，抑之也。張氏曰：「齊桓恃功而不知禮，魯不當納而輕受之。皆罪也。」**後世宰臣有不賞邊功，以沮外徼生事之人，**徼，吉弔反。汪氏曰：「境也，塞也。」**得《春秋》抑戎捷之意。**《前漢書·陳湯傳》：「匈奴郅支單于殺漢使者，西走康居。湯爲西域副校尉，矯制發兵，與都護甘延壽襲匈奴郅支單于於康居，斬之，得漢使節。凡斬閼氏、太子、名王以下千五百一十八級，生虜百四十五人，降千餘人。軍既至，論功，丞相匡衡以爲湯、延壽擅興師矯制，幸得不誅。如復加爵土，則後奉使者争欲乘危徼倖，主事於蠻夷，爲國招難，漸不可開。詔欲封湯等千户，衡復争，乃封延壽義成侯，湯關内侯。」王氏曰：「伐山戎則稱人，獻捷則稱爵，齊桓未能鎮綏中國，而遠事戎狄，有恃勝危師之道，故抑而稱人。今以方伯而躬獻戎捷于侯國，有矜功失節之恥，故愧之而稱爵。聖人抑揚之道，不可一端求也。」汪氏曰：「《春秋》書來獻捷者二：齊桓獻捷而書齊侯，所以著其夸服戎之功而譏之也。楚成獻捷而書楚人，所以微其挾猾夏之威而抑之也。然於齊書戎捷，而於楚不書宋捷，則所以尊中國而賤夷狄也，昭昭矣。」〇劉氏曰：「《穀梁》云：『内齊侯，不言使也。』非也。去年伐山戎，知其當爲齊侯者，正以獻捷乃齊侯也。今此何以見其是使人乎？魯雖欲内齊，豈可便不殊齊侯之使？今既稱齊，又曰『來獻』，安見内乎？又云：『戎菽也。』不近事理。疑菽者，北狄字也。北字類卄，狄字類叔，傳寫訛謬，并爲一字耳。」廬陵李氏曰：「獻捷例二，胡氏於此條兼用《左氏》、《公羊》之説，《穀梁》以爲内齊侯而不稱使，蓋拘於楚人使宜申之例。不知此乃齊侯自伐戎歸，道經魯而躬來也。其言『軍獲曰捷』者得之。又曰『戎菽者』，蓋因《管子》有出戎菽及葱布之天下之説，故以戎爲豆，非也。」

秋，築臺于秦。《公羊傳》：「何以書？譏。何譏爾？臨國也。」《穀梁傳》：「不正罷民三時，虞山林藪澤之利。且財盡則怨，力盡則懟，君子危之，故謹而志之也。或曰：倚諸桓也。桓外無諸侯之變，内無國事，越千里之險，北伐山戎，爲燕辟地。魯外無諸侯之變，内無國事，一年罷民三時，虞山林藪澤之利，惡内也。」范氏曰：「秦，魯地。」杜氏曰：「東平范縣西北有秦亭。」張氏曰：「莊公一歲三築臺，所謂及是時般樂怠敖者，則治國治家之當務荒廢多矣。此所以踰年身死，而蕭墻之禍至奕世而不能定也。可不鑒哉！」○啖氏曰：「《穀梁》云『虞山林藪澤之利』，此當施於築囿下。」又曰：「倚齊桓公外無諸侯之變，故築臺。此説無益於爲教。」又曰：「《公羊》三築臺各有説，一云譏臨民之所浣漱，一云譏遠也，一云譏臨國。按一歲三築臺，假如皆得其所，豈無妨於人乎？何用三譏其處也。」○**冬，不雨。**《公羊傳》：「何以書？記異也。」何氏曰：「《京房傳》曰：『旱異者，旱久而不害物也。』斯禄去公室，福由下作，故陽雖不施，而陰道獨行，以成萬物也。先是，比築三臺，慶父、叔牙專政之應。』」程子曰：「一歲三築臺，明年春城小穀，故冬書『不雨』，閔之深也。」張氏曰：「莊公無閔雨之志，獨酉戌亥之月不雨，故不得歷時而言也。」家氏曰：「是歲三築臺，而冬不雨，明年春又城小穀，與大無麥禾、告糴，而築郿、新延廄書法相類。」王氏曰：「《春秋》書不雨者，常暘之徵。然及月者書月，及時者書時，再歷時者書累月。今曰冬不雨，則一時無雨矣。周之冬，夏之八、九、十月也。當是時，穀已成實，閱時不雨，雖未甚害，亦見陰陽不調，爲嗣歲之災也。故特書之。」吕氏曰：「僖、文之不雨，或歷三時，或歷四時，此年纔一時不雨爾。二百四十二年，一時不雨者，豈止一年而已。而此特書之者，莊公亟興土功，屢見災異，故詳志之也。」廬陵李氏曰：「經書不雨七。趙子曰：

『凡經時不雨，告廟則書。』此年及僖二年冬，三年春、夏兩書，皆每時而一書也。文二年、十年、十三年三書，皆歷時而總書也。」

己未惠王十五年。**三十有二年**齊桓二十四。晉獻十五。衛懿七。蔡穆十三。鄭文十一。曹僖九。陳宣三十一。杞惠十一。宋桓二十。秦成二。楚成十。**春，城小穀。**《左傳》：「爲管仲也。」范氏曰：「小穀，魯地。」孫氏曰：「曲阜西北有小穀城。」薛氏曰：「莊公六年後，無麥苗，大無麥禾，螟、麋、蜮、蜚相繼而有，大水者三，中君尚當少警，而公之軍旅盟會，未嘗休息。至於侈心一起，因娶而觀社，丹楹刻桷，告糴之時築郿，次年新廐，城諸防，去年三築臺而不雨，今又城小穀。平歲猶不可，況洊饑而輕用民力乎！」〇高氏曰：「杜預以小穀爲齊邑。《左傳》云『爲管仲城之』，若然，聖人亦當異其文而繫之齊。且公雖感齊、管之私，豈肯爲管仲城邑？昭十一年傳云『齊桓城穀而寘桓仲焉』，齊自有穀，如文十七年盟穀，宣十四年會穀，此齊穀也。非魯之小穀。」沙隨程氏曰：「齊地別有穀，在濟北，有管仲井。非小穀也。」〇**夏，宋公、齊侯遇于梁丘。**《左傳》：「齊侯爲楚伐鄭之故，請會于諸侯。宋公請先見于齊侯，夏，遇于梁丘。」《穀梁傳》：「遇者，志相得也。梁丘在曹、邾之間，去齊八百里，非不能從諸侯而往也。辭所遇，遇所不遇，大齊桓也。」杜氏曰：「梁丘，在高平昌邑縣西南。」張氏曰：「在濟州，齊不以霸主自居，以梁丘近宋而先之也。」汪氏曰：「何休謂遇禮，近者爲主，遠者爲賓。然隱八年、莊四年兩遇于垂。垂衛地，而衛序齊、宋下。蓋盟會則序主會者居上，若遇則以簡禮相見，比於不期而邂逅，莫適爲主，故以爵之尊卑爲序。爵同則以國大小爲序耳。」廬陵李氏曰：「齊侯欲伐衛而先會魯，欲謀鄭而先遇宋，魯、宋之輔伯，誠有功矣。」

附録《左傳》：「秋，七月，有神降于莘。惠王問諸内史過曰：『是何故也？』對曰：『國之將興，明神降之，監其德也。將亡，神又降之，觀其惡也。故有得神以興，亦有以亡。虞、夏、商、周皆有之。』王曰：『若之何？』對曰：『以其物享焉。其至之日，亦其物也。』王從之。内史過往，聞虢請命，反曰：『虢必亡矣！虐而聽於神。』神居莘六月，虢公使祝應、宗區、史嚚享焉，神賜之土田。史嚚曰：『虢其亡乎！吾聞之，國將興，聽於民。將亡，聽於神。神聰明正直而壹者也，依人而行，虢多涼德，其何土之能得？』」

秋，七月癸巳，公子牙卒。《左傳》：「初，公築臺臨黨氏，見孟任，從之閟，而以夫人言許之。割臂盟公，生子般焉。雩，講于梁氏，女公子觀之。圉人犖自墻外與之戲。子般怒，使鞭之。公曰：『不如殺之，是不可鞭，犖有力焉，能投蓋于稷門。』公疾，問後於叔牙，對曰：『慶父材。』問於季友，對曰：『臣以死奉般。』公曰：『鄉者牙曰慶父材。』成季使以君命命僖叔，待于鍼巫氏，使鍼季酖之，曰：『飲此，則有後於魯國。不然，死且無後。』飲之，歸及逵泉而卒。立叔孫氏。」《公羊傳》：「何以不稱弟？殺也。殺則曷爲不言刺？爲季子諱殺也。曷爲爲季子諱殺？季子之遏惡也，不以爲國獄，緣季子之心而爲之諱。季子之遏惡奈何？莊公病將死，以病召季子，季子至而授之以國政，曰：『寡人即不起此病，吾將焉致乎魯國？』季子曰：『般也存，君何憂焉。』公曰：『庸得若是乎？牙謂我曰：魯一生一及，君已知之矣，慶父也存。』季子曰：『夫何敢？是將爲亂乎！夫何敢？』俄而牙弑械成。季子和藥而飲之，曰：『公子從吾言而飲此，則必可以無爲天下戮笑，必有後乎魯國。不從吾言而不飲此，則必爲天下戮笑，必無後乎魯國。』於是從其言而飲之。飲之無傫氏，至乎王堤而死。公子牙今將爾，辭曷爲與親弑者同？君親無將，將而誅焉。然則善之與？曰然。殺世子母弟直稱君者，甚之也。季子殺母兄何善爾？誅不得辟兄，君臣之義也。然則曷爲不直誅而酖之？行誅乎兄，隱而逃之，使託若以疾死然。親親之道也。」杜氏曰：「牙，慶父同母弟。」**牙有今將之心而季子殺之，其不言刺者，**陳氏曰：「雖酖之而立叔孫氏，喪以大夫之禮也。」❶**《公羊》以爲善之也。季子殺母兄，何善爾？誅不得避兄，君臣之義也。**陳氏曰：「季友以君命酖牙，緣君臣之義，不得私其親。」**曷爲不直誅而酖之？使託若以疾死然，親親之道也。**《周禮・小司寇》：「同族有罪不即市。」注：「刑于甸師氏。」《禮記・文王世子》：「刑于隱者，不與國人慮兄弟也。」**陸淳曰：「季子恩義俱立，變而得中，夫子書其自卒，以示無譏也。」得之矣。**」劉氏曰：「公子牙殺也，而卒之。殺之當其罪，故遂其隱之之意也。當是時，魯人知牙之罪，而莫知季友之謀也。聞牙之死，而莫謂季友之誅也。使季子謀不緣君，誅不當罪，則《春秋》猶將探其專誅之惡以示後世矣。聖人原情議獄，以季子之爲忠於國而適於權，內得親親之理，外得尊尊之義，故平其文，使若自死然。」茅堂胡氏曰：「季子誅牙不曰刺者，事適於權，故以諱爲善。或曰：周公誅管、蔡而正其罪，何也？曰：二叔之罪彰矣，故不得而掩也。」石氏曰：「兄弟之親，君臣之義，皆不可廢也。一之於愛，則義有所不立。一之於義，則愛有所不行。於此之際，非聖賢不能處也。武王終，管、蔡導武庚以叛，周公顧兄弟之愛，則國必敗，君必危。周公不以天下徇一人之私，不以私愛廢君臣之義，仗大義而誅之，後世不以爲不仁。叔

---

❶「喪」，四庫本作「桊」。

牙欲立慶父，季友顧兄弟之愛，則慶父必立，魯國必亂。季子不以私恩害天下之公，不以一人易一國之利，奮大公而酖之，後世必有以察之。周公誅管、蔡則暴其罪，季友酖叔牙則微其跡。二叔之罪已彰，僖叔之罪尚隱而不可知也。故以自卒爲文也。」張氏曰：「或謂雖殺叔牙無補於後日子般、閔公之禍，是不然。文姜以來，胎養亂本，至此已成。使牙不誅，則莊公之薨，慶父、叔牙强盛，雖有季子之忠，秉禮之俗，亦無所措其手矣。故牙之誅，乃魯國存亡之幾，慶父成敗之決也。《春秋》所以原其心而爲之諱也。」〇陸氏曰：「《公羊》云：『不稱弟，殺也。』按書公子，常例也。叔肸書弟，自特書爾，不得引以爲義。」汪氏曰：「或謂牙乃叔孫氏之祖，其卒距公薨時尚一月，苟以是誅牙，則慶父何爲尚執國柄？且書法全不寓微意，牙實自卒。夫季友非不欲誅慶父，以其握兵權而莫如之何也。苟謂經不寓意，則當時季友隱其跡，聖人因之而書卒，以示季友之殺兄無罪。若疑叔孫之有後，則共仲以罪自經，亦有後也。況《春秋》之亂賊，如齊殺無知，而其後有仲孫湫。宋殺督，而其後有華耦。華喜陳殺徵舒，而其後有夏齧、夏區夫。安得謂爲惡之臣而不以爲祖耶！」廬陵李氏曰：「叔牙之事，惟《公羊》詳，諸家皆從之。若如《左氏》，則只以慶父材一語而遂殺之，亦無此理。杜氏曰：牙，慶父同母弟，謚僖叔。又曰：慶父，莊公庶兄。又曰：公子友，莊公之母弟。是慶父與牙同母，而莊公與友同母也。莊二十七年《公羊傳》曰：『公子慶父、公子牙、公子友，皆莊公之母弟也。』二家不同。要之，杜氏得之。蓋慶父伐於餘丘時，莊公年方十五，不得有弟能主兵。曰慶父以孟爲氏，是長庶之明證也。傳稱季友文姜之愛子，與公同生，是友爲莊公母弟之證也。但慶父本孟氏，而經皆書仲孫者，仲其字也，共仲其謚也。其後子孫以字爲氏，而時人猶以其長房而稱孟氏也。劉炫以爲慶父欲同於正適，言己少次莊公，爲三家之長，故以莊爲伯而己爲仲也。其説亦通。此三家之由始，故詳具于此。」

八月癸亥，公薨于路寢。《左傳》：「子般即位，次于黨氏。」《公羊傳》：「路寢者何？正寢也。」《穀梁傳》：「路寢，正寢也。寢疾居正寢，正也。男子不絶于婦人之手，以齊終也。」

趙匡曰：「君終必於正寢，就公卿也。」大位，姦之窺也。危病，邪之伺也。若蔽於隱，是女子小人得行其志矣。啖氏曰：「莊公正終，而嗣禍，分位不明而閨闈不脩也。故宗嗣素定之，兵權散主之，閨闈嚴飾之，女子小人不尸重任，賢良受託，鼎足交輔則簒弑之禍，曷由至哉！」**然則莊公以世適承國，不爲不貴。周公之後，奄有龜蒙，不爲不强。即位三十有二年，不爲不久。薨于路寢，不爲不正。而嗣子受禍，幾至亡國，何也？大倫不明而宗嗣不定，兵柄不分而主威不立，得免其身幸矣。**啖氏曰：「凡公薨必書其所，詳内事，重凶變也。若遇弑則不地。」張氏曰：「書月書日，謹之。」廬陵李氏曰：「魯十二公，得終于路寢者三公，莊、宣、成而已。」又曰：「莊公在位三十二年，乃無志不立之君也。《春秋》自九年以前，書逆王姬，會伐衛，次于滑，狩于禚，及圍郕，盟蔇納糾，皆罪其忘復讎之義也。自十年以後，齊桓方興，國事未立，故長勺之役，魯勢稍振，兩敗宋師，劫齊歸地，齊桓亦屈意結魯以成伯業。故數年之間，魯國無事，正當明其政刑，以貽後嗣，而乃受制文姜，娶仇女以續宗祀，三年三至齊廷，遇穀，盟扈，皆爲姻好而出，未聞秉禮之君若是也。故自二十四年以前，書納幣，觀社，丹楹，刻桷，逆女，用幣，皆爲一經之特筆。然多麋，有蜮，大水，日食之迭見，天意未忘乎魯。荆人、祭叔、蕭叔、杞伯之迭至，人心尚歸乎魯。幽之盟、城濮之會、魯濟之遇，伯主亦有資乎魯。宜可以有爲也。而乃勤民縱欲，築郿，新廐，城諸防，城小穀，一歲而三築臺焉。坐置其國於宴安沈酣之域，欲無危得乎？至於亂本之成，始於文姜，成於哀姜。而孟任之嬖，女公子之侮，家道泯然矣。豈特慶父之得兵權而已哉！故張氏謂《春秋》罪其爲風教之本，而不免於首惡之誅也，得之矣。」

冬，十月己未，子般卒。己未，《公》、《穀》作「乙未」。般音班。《左傳》：「冬十月己未，共仲使圉人犖賊子般于黨氏。成季奔陳，立閔公。」《公羊傳》：「子卒云子卒。此其稱子般卒何？君存稱世子，君薨稱子某，既葬稱子，踰年稱公。子般卒何以不書葬？未踰年之君也。有子則廟，廟則書葬。無子不廟，不廟則不書葬。」《穀梁傳》：「子卒，日，正也。不日，故也。有所見則日。」

初，公築臺臨黨音掌。**氏。見孟任，生子般焉。般嘗鞭圉人犖。公薨，般即位，次于黨氏。慶父使犖賊般，成季奔陳，立閔公。昔舜不告而娶，恐廢人之大倫以懟父母，君子以爲猶告也。莊公過時越禮，謬於《易》基《乾》、《坤》，《詩》始《關雎》，大舜不告而娶之義甚矣。而子般乃孟任之所出也，胡能有定乎？雖享國日久，獲終路寢，而嗣子見弒，幾至亡國。有國者可不以爲戒哉！**啖氏曰：「未踰年曰卒，未成君也。未葬則名之，既葬不名。」《禮記·雜記》：「君薨，太子號稱子，待猶君也。」張氏曰：「子般見弒而書卒者，諱之也。莊公主魯之社稷而君道不立，上不能正其母，使出入淫縱。配耦不早，致冢嗣之位不足以自定。內失閑家之道，而使圉人犖得以戲女公子。觀其告子般之言，非不知犖之可誅，而欲以誅殺之權委其子，亦終不能殺，而貽身後之患。《春秋》自夫人孫齊以來，三十年間，備載莊公内治之失，而終之以此。所以辠其爲風教之本，而不免於首惡也。或問子般、子赤被弑而書卒，子野過毁亦書卒，不覩傳文，何以知之？」茅堂胡氏曰：「閔公内無所承，不書即位，則子般之殺可知。下書夫人姜氏歸于齊，上書公子遂叔孫得臣如齊，赤之卒也不日，則子赤之弑可知。與子野異矣。」廬陵李氏曰：「魯嗣子卒者三：子般、子赤、子野，先君未葬則名之，父前子名也。既葬不名，赤是也。」○劉氏曰：「《穀梁》之説非也。若有所見又不日，豈不益明乎！何苦日之，與正卒相亂哉！」汪氏曰：「或謂般之卒書日，書名，非遇弑，今以經考之，莊公之薨，十一月始葬。季友之出，隱而不書。閔立二年而即見弑，則莊死之時，内亂可知矣。屬辭比事論之，般非令終，傳必有據。苟謂子般自卒，而慶父請于齊以立閔公，則慶父曷爲又弑之耶？苟以子般之卒與子野同，則昭公以娣之子，穆叔不欲而卒立之，國以無事。昭公又書即位與閔公異，何耶？」

公子慶父如齊。《穀梁傳》：「此奔也。其曰如，何也？諱莫如深，深則隱。苟有所見，莫如深也。」

子般之卒，慶父弑也，宜書出奔。其曰如齊，見慶父主兵自恣，國人不能制也。杜氏曰：「慶父既殺子般，季友出奔，國人不與，故懼而適齊，欲以求援。」**昔成王將終，命大臣相康王。方是時，掌親兵者太公望之子伋也。宰臣召公奭，命仲桓、南宫毛，取二干戈，虎賁百人于伋以逆嗣子。伋雖掌兵，非有宰臣之命，不敢發也。召公雖制命，非二諸侯將命以往，伋亦不承也。兵權散主，不偏屬於一人可知矣。**東萊吕氏曰：「發命者冢宰，傳命者兩朝臣，承命者勳戚顯諸侯，體統尊嚴，樞機周密，防危慮患之意深矣。」**今莊公幼年即位，專以兵權授之慶父，歲月既**

久，威行中外，其流至此。故於餘丘法不當書，而聖人特書慶父帥師，以志得兵之始。而卒書公薨，子般卒，慶父如齊，以見其出入自如，無敢討之者，以示後世。其垂戒之義明且遠矣。

王氏曰：「內大夫以君命適他國，皆書如。慶父弒子般而出，《春秋》書之無異辭者，既書子般卒，則知其無君命矣。慶父專兵日久，上下畏之，宜其出入自如，而莫敢誰何也。」張氏曰：「慶父自莊公即位，已專兵柄。而莊公昏庸耽樂，不卹國事，致慶父肆行姦宄，陰爲他日取國之計。觀莊公與叔牙問答之辭，使非季子應時誅之，則般不復得立矣。今般雖弒，而尚未能取國，非特季子之黨未順，亦見魯俗秉禮，人心未盡從也。故因閔公之立，告於霸主，以爲自託之計。齊桓以方伯自任，與魯爲鄰且親，豈不知慶父爲弒君之賊，容其來使，使之復歸，以遺魯國之後禍。即此已見其無討賊之實意，而有取魯之私心。《春秋》書慶父如齊，著莊公不君，養成其惡，使得以出入自如，而齊桓失方伯連率之職也。」永嘉呂氏曰：「先書公子牙卒，繼書公薨，繼書子般卒，下書公子慶父如齊。未二年又書公薨，夫人姜氏孫于邾，公子慶父奔莒，則慶父之罪亦不可掩矣！其書曰孫、曰奔者，蓋其罪已著，內不容於國人，而懼罪以出，是魯猶有臣子也。其直書曰如者，蓋其專權恣橫，出入自如，而莫之制，是魯無有討賊之人也。然則微而顯矣。」廬陵李氏曰：「經書內臣如齊，不以他故者二十，始於此。」○劉氏曰：「《穀梁》云『奔也，其曰如，何也？諱莫如深。深則隱。苟有所見，莫如深也』，非也。閔公不書即位，足以起子般之弒爾，不足以見慶父之賊也。慶父弒君，此魯人之讎，奈何反掩匿蔽覆，使其罪不見乎？文十八年『子卒』下，『季孫行父如齊』，則行父亦弒子赤者耶？」

狄伐邢。此狄入伐之始。杜氏曰：「邢，姬姓。周公之胤，國在廣平襄國縣。」張氏曰：「狄，北狄。前此雖未見於經，然自伐邢而滅衛，三年之間，塗炭兩國。首以伐書，著其强也。」高氏曰：「夷狄犯中國而謂之伐，中國不自正故也。」襄陵許氏曰：「《春秋》戎先見，荆次之，狄次之。而荆暴於戎，狄又暴於荆，當惠王世，戎、狄、荆楚交伐諸夏，無齊桓攘服定之，豈復有中國哉！」

春秋集傳大全卷之十一

閔

公公名啓方，《史記》名開，蓋爲漢景帝諱。莊公子，年九歲即位，在位二年。謚法：「在國逢難曰閔。」

周詳見隱公元年。

鄭詳見隱公元年。

齊管仲爲政。

宋詳見隱公元年。

晉獻公十六年，是年晉作二軍。

衛魯閔公二年，狄滅衛。宋桓公立。衛戴公以廬于曹。戴公名申，立，其年卒，而立文公。

蔡詳見隱公元年。

曹詳見隱公元年。

滕詳見隱公元年。

陳詳見隱公元年。

杞詳見隱公元年及僖公元年。

薛魯莊公三十一年，薛伯卒。

莒詳見隱公元年。

邾文公五年。

許穆公三十七年。

小邾見莊公元年。

楚令尹子文爲政。

秦詳見隱公元年。

吴詳見隱公元年。

越詳見隱公元年。

庚申惠王十六年。**元年**齊桓二十五年。晉獻十六年。衛懿八年。蔡穆十四年。鄭文十二年。曹昭公班元年。陳宣三十二年。杞惠十二年。宋桓二十一年。秦成三年。楚成十一年。**春，王正月。**《左傳》：「不書即位，亂故也。」《公羊傳》：「公何以不言即位？繼弑君不言即位。孰繼？繼子般也。孰弑子般？慶父也。殺公子牙今將爾，季子不免。慶父弑君，何以不誅？將而不免，遏惡也。既而不可及，因獄有所歸，不探其情而誅焉，親親之道也。惡乎歸獄？歸獄僕人鄧扈樂。曷爲歸獄僕人鄧扈樂？莊公存之時，樂曾淫于宮中，子般執而鞭之。莊公死，慶父謂樂曰：『般之辱爾，國人莫不知，盍弑之矣。』使弑子般，然後誅鄧扈樂，而歸獄焉。季子至而不變也。」《穀梁傳》：「繼弑君不言即位，正也。親之非父也，尊之非君也。繼之如君父也者，受國焉爾。」

不書即位，内無所承，上不請命也。莊公薨，子般卒，慶父、夫人利閔公之幼而得立焉，是内不承國於先君也。按周制，王哭諸侯，則大宗伯爲上相。《周禮·大宗伯》：「朝覲、會同則爲上相，王哭諸侯亦如之。」注：「謂薨於國，爲位而哭之。」**未有諸侯之薨而不告于王者也。**汪氏曰：「如昭七年，衛襄公卒，齊惡告喪于周。」**職喪掌諸侯之喪，以國之喪禮涖其禁令、序其事。凡國有司，以王命有事焉，則詔贊主人。**汪氏曰：「凡國，謂諸侯國。有司，謂王有司。有事，謂含襚贈賵之屬。詔贊者以告主人，佐其受之。」**未有諸侯之子主喪而王不遣使者也。今魯有大故，不告于周，閔既主喪，而王不遣使，是上不請命於天子也。内無所承，上不請命，故不書即位，正人道之大倫也。**家氏曰：「子般者，莊之大子。雖非嫡子，而受命於其父。般而見弑，魯之大臣當以莊公諸子之長者聞於王朝，請所以立。今也驟扳幼子而授之以國，以其爲齊之甥，奉桓公意而立之，其立非正，故《春秋》不書即位。」張氏曰：「閔公以幼爲慶父所立，初不知子般不終之故。齊桓若能仗義請于天子，誅哀姜、慶父，爲之置君，則君臣父子之倫定而大義明矣。乃縱慶父歸其國，以致閔公爲弑逆者所立，故不書即位。亦所以累齊桓也。」○劉氏曰：「《左氏》云『不書即位，亂故也』，非也。去年十月，子般卒。今已三月，亂亦定矣。必若亂不成禮，何以能朝廟乎？朝廟豈非即位乎？」

齊人救邢。《左傳》：「狄人伐邢，管敬仲言於齊侯，曰：『戎狄豺狼，不可厭也。諸夏親暱，不可棄也。宴安酖毒，不可懷也。《詩》云：「豈不懷歸，畏此簡書。」簡書，同惡相恤之謂也。請救邢以從簡書。』齊人救邢。」《穀梁傳》：「善救邢也。」

凡書救者，未有不善者也。救在京師，則罪列國，子突救衛是也。救在夷狄，則罪諸侯，狄救齊、吳救陳是也。救在遠國，則罪四鄰，晉陽處父帥師伐楚以救江是也。救而不速救者，則書所次以罪其慢，叔孫豹救晉次于雍榆是也。救而不敢救者，則書所至以罪其怯，齊侯伐我北鄙，圍成，公救成至遇是也。汪氏曰：「《周禮·大司馬》：『大合軍以行禁令，以救無辜伐有罪。』故列國有相救之義，方伯有救患之權。救者是，則不救者非。王師出救而諸侯不救，夷狄來救而中國不救，遠國往救而四鄰不救，皆罪也。救而譏其次，則著其怠於解紛也。救而譏其至，則著其不及於敵也。《孟子》曰：『今有同室之人鬭者，救之，雖被髮纓冠而往救之，可也。』同列諸侯之有兵，是不異同室之人鬭也，安得不投袂而起，整兵赴難邪！」**兵者，《春秋》之所甚重。衛靈公問陳，孔子對曰：「俎豆之事，則嘗聞之矣。軍旅之事，未之學也。」獨至於救兵而書法若此，聖人之情見矣。其稱人，將卑師少也。**張氏曰：「桓公從管仲之請，而興救邢之師。《論語》以免民左衽之功，歸於管仲。蓋救諸夏，攘戎狄，皆管仲發其端也。」王氏曰：「説者謂邢被伐踰年，齊方往救，罪其緩也。按經莊三十二年冬書『狄伐邢』，此年正月書『救邢』，則桓公之救未爲緩矣。救邢之初，齊獨出兵，將卑師少。既而狄又入衛，其勢益張。齊恐其乘勝遂滅邢也，於是帥諸侯之兵共救之。邢幾亡而復存者，小白之功也。」廬陵李氏曰：「按，胡氏稱師例，以齊師、宋師、曹師救邢爲矜其盛，則救兵不貴於將卑師少。此書人者，其亦桓公未力於救患也歟！救而書人，救而書次，同一伯者之心也。」

夏，六月辛酉，葬我君莊公。《左傳》：「夏，六月，葬莊公。亂故，是以緩。」《穀梁傳》：「莊公葬而後舉謚。謚所以成德也。於卒事乎加之矣。」汪氏曰：「魯君之葬，皆不過五月之期。惟桓公見戕於齊，九月而後葬。昭公客死于外，八月而後葬。莊公之薨至是十有一月而始克葬。蓋以國亂子弑，嗣君幼弱，危不得葬也。説者謂子般非弑，誤矣。」○**秋，八月，公及齊侯盟于落姑。**落，《公》、《穀》作「洛」。《左傳》：「請復季友也。齊侯許之，使召諸陳，公次于郎以待之。」《穀梁傳》：「盟納季子也。」杜氏曰：「落姑，齊地。」**季子來歸。**《左傳》：「嘉之也。」《公羊傳》：「其稱季子何？賢也。其言來歸何？喜之也。」《穀梁傳》：「其曰季子，貴之也。其曰來歸，喜之也。」程子曰：「書曰『季子』而不名，異其文以嘉之也。」

按《左氏》：「盟于落姑，請復季友也。」其曰季子，賢之也。杜氏曰：「季子，公子友之字。季子忠於社稷，爲國人所思，故賢而字之。」范氏曰：「子，男子之美稱。」**其曰來歸，喜之也。**范氏曰：「大夫出使歸不書，執然後致。國内之人不曰來。今言來者，明欲遂去，同他國之人也。言歸者，明實魯人也，國人懼其遂去，今得其還，故皆喜曰：季子來歸。」啖氏曰：「不言歸自陳，齊命也。」**自外至者爲歸，是**

嘗出奔矣，何以不書？莊公薨，子般弑，慶父主兵，勢傾公室。季子力不能支，避難而出奔，耻也。魯國方危，内賊未討，國人思得季子以安社稷，而公爲落姑之盟，以請於齊，則是賢也。《春秋》欲没其耻，故不書奔；欲旌其賢，故特稱季子。聖人之情見矣。陳氏曰：「其稱季子何？賢之斯不名之，不名之斯以美稱稱之也。季友酖牙以立般也，而慶父卒賊般，於是奔陳。閔公立尚幼，盟齊侯于落姑，請復季友，未知孰爲之也。慶父爲之，則閔公不弑。以閔之見弑，則非慶父之意，而國人爲之也。國人之欲歸季子，以已亂也。而季子雖歸，俄而慶父弑閔公。於是以僖適邾，則國人何賢乎季子？微季子，則慶父之簒成，而莊公之統絶。慶父之簒不成，莊公之統不絶者，季子在也。是故奔陳不書，如邾不書，全季子也。」陸氏曰：「季友之出不書者，慶父之難，季子力不能正，違而去之，權也。君立見召而來，義也。故聖人善其歸，不譏其去。以明變而得中，進退不違道也。」臨川吴氏曰：「子般卒後，慶父、哀姜專國，故季友出以避禍。此時慶父秉外權，哀姜爲内主，蓋唯恐季友之歸。閔公九歲爾，孰能奉之出會霸主而爲國計者？必魯之世臣有不當權而忠於國，能如衛之石碏深謀祕計，告于霸主，請復季友。故桓公以霸令召閔公至齊地而與之盟，使若復季友之意出於齊而不出於魯，故盟以要其信而使魯復之。既盟之後，桓公使召諸陳，而閔公次于郎以待之，若不敢背霸主之盟而使季友得以歸魯者，季友以霸主之重，則慶父不敢去之矣。《春秋》書之，所以著魯大臣之有謀也。」張氏曰：「邦之杌隉，有親且賢，孰不賴之。季友遏惡於初萌，子般之亂，力不能討而遂去之，非其罪也，故魯人思之。齊侯從閔公之請，而召之歸魯。《春秋》從諸侯昆弟之例，特字之而書來歸，所以著季子足以爲國之輕重，而敘魯人喜其來歸之情也。」**隱惡而揚善，舜也。樂道人之善，惡稱人之惡，孔子也。爲尊者諱，爲親者諱，爲賢者諱，《春秋》也。明此，可以蓄納汙之德，樂與人爲善矣。其不稱公子，見季友自以賢德爲國人所與，不緣宗親之故也。堯敦九族而急親賢、退嚚訟，周厚本枝而庸旦仲、黜蔡鮮，義皆在此，而親親之殺，尊賢之等著矣。此義行，則内無貴戚任事之私，外無棄親用羈之失，而國不治者，未之有也。此《春秋》待來世之意。**朱子曰：「《春秋》書『季子來歸』，恐只是因舊史之文書之，如此寬看尚可。若謂《春秋》謹嚴，便没理會。或只是魯亂已甚，後來季友立得僖公，再整頓得箇社稷起，有此大功，故取之。與取管仲意同。」又曰：「季子來歸，如高子來盟，齊仲孫來之類。當時魯國内亂，得一季子歸國，則國人皆有慰望之意，故魯史喜而書之。夫子直書史家之辭，其實季子無狀，觀於成風事之可見。一書季子來歸，而季氏得政，權去公室之漸，皆由此起矣。」汪氏曰：「朱子謂夫子書季子，恐只是如取管仲之意，但以其後來有功於社稷，故取之。又謂成風聞季友之繇，乃事之，自是大惡，《春秋》不貶之而反褒之。其書季子，或是聖人因史舊文。竊疑《左氏》所載占筮之辭，多不可信。苟謂季子非美之之辭，然二百四十二年，列國大夫惟季子、高子以子稱，聖人必有深意也。」廬陵李氏曰：「此條賢季子，三傳皆同。但季子歸陳之説，《公羊》稍異。何氏以爲季子辟内難，自葬原仲時已出奔陳，莊公疾而歸。子般之卒，季未嘗奔陳也。時慶父内則素得權重，外則出奔强齊，恐爲國家禍亂，故季子如齊問之。奉閔公託齊桓爲此盟，下書歸者，使與君致同。公不至而書季子歸者，明桓之會不致，而起季子託公于齊侯也。齊後日繼魯，本感落姑之托，故令與高子俱稱子，起其事。此説亦有理。」

冬，齊仲孫來。《左傳》：「冬，齊仲孫湫來省難。書曰仲孫，亦嘉之也。仲孫歸，曰：『不去慶父，魯難未已。』公曰：『若之何而去之？』對曰：『難不已，將自斃，君其待之。』公曰：『魯可取乎？』對曰：『不可。猶秉周禮，周禮所以本也。臣聞之，國將亡，本必先顛，而後枝葉從之。魯不棄周禮，未可動也。君其務寧魯難而親之。親有禮，因重固，間携貳，覆昏亂，霸王之器也。』」《公羊傳》：「齊仲孫者何？公子慶父也。公子慶父則曷爲謂之齊仲孫，繫之齊也。曷爲繫之齊？外之也。曷爲外之？《春秋》爲尊者諱，爲親者諱，爲賢者諱。子女子曰：以《春秋》爲《春秋》，齊無仲孫，其諸吾仲孫與！」《穀梁傳》：「其曰齊仲孫，外之也。其不目而曰仲孫，疏之也。其言齊，以累桓也。」

仲孫，齊大夫也。沙隨程氏曰：「書仲孫，與文十五年宋華孫同。」汪氏曰：「《左傳》昭四年云：『齊有仲孫之難，而獲桓公。』蓋仲孫乃無知之後，孫氏以爲天子之命大夫。未詳是否。」**其不稱使而曰來者，略其君臣之常詞，以見桓公使臣不以禮，仲孫事君不以忠也。按《左氏》齊侯憂魯，使仲孫來省難。何以言使臣不以禮也？鄰有弑逆，則當聲罪戒嚴，脩方伯之職以奉天討，而更使計謀之士，窺覘虛實，有乘亂取國之心，則使臣非以禮矣。仲孫歸曰：「不去慶父，魯難未已。君其務寧魯難而親之。」何以言事君不以忠也？陳恒弑簡公，孔子沐浴而朝，告於哀公請討焉。豈曰齊人方强，姑少待之也。不勸其君急於討賊，而俟其自斃，則事**

君非以忠矣。使慶父稔惡，閔公再弑，則桓公與仲孫始謀不臧之所致耳。直書曰「齊仲孫來」，交譏之也。茅堂胡氏曰：「不稱齊侯使仲孫，又書曰來，譏之也。問魯可取者，齊侯之心。俟其自斃者，仲孫之策。故兩譏之。以其猶曰『務寧魯難而親之』，是以書字。《春秋》舉法有輕重，若又不書字，則當時假有勸齊侯因亂以取其國者，則無以貶之矣。」趙氏曰：「病桓公而嘉仲孫也。」陳氏曰：「書來，譏也。仲孫之來，覘魯也。莊公薨，子般弑，閔公幼，落姑之盟，嘗請於齊，僅能復季子而已。而慶父、夫人之志未可知也。桓公不能正，憪然使人以覘魯，曰：『是可取乎？』桓公伯諸侯，將因人之難以爲利，書來不書事，所以病桓也。」張氏曰：「仲孫固有罪矣。然其言魯秉周禮，於此見周公之澤入人者深，足以維持其國於政亂俗壞之日。仲孫之智善於覘國，而不能輔君速行方伯之義，《春秋》所以雖貶仲孫而不名，以爲猶有以異於傾險乘釁者之可誅也。」永嘉呂氏曰：「仲孫雖不書名，直言來而罪自見矣。」廬陵李氏曰：「《春秋》直書來者，祭伯、祭公、州寔、仲孫、介葛盧、白狄而已，獨『齊仲孫來』書法似與『祭公來』同。蓋上不書使，下不書事，皆爲交譏之也。然祭公猶以遂事爲譏，仲孫則以不能明於奉使之義，故貶之同於私行之例耳。」○啖氏曰：「《公》、《穀》云是公子慶父，疏之故言齊仲孫。按齊之仲孫，謂是魯之公子，謬亦甚矣。」廬陵李氏曰：「仲孫之事，《左氏》得其實，劉氏得其義，張氏又兼得二家之旨，無餘藴矣。」

附録《左傳》：「晉侯作二軍。公將上軍，大子申生將下軍，趙夙御戎，畢萬爲右，以滅耿，滅霍，滅魏。還，爲大子城曲沃。賜趙夙耿，賜畢萬魏，以爲大夫。士蔿曰：『大子不得立矣。分之都城而位以卿，先爲之極，又焉得立？不如逃之，無使罪至。爲吴大伯，不亦可乎！猶有令名，與其及也。且諺曰：「心苟無瑕，何恤乎無家？」天若祚大子，其無晉乎？』卜偃曰：『畢萬之後必大。萬，盈數也。魏，大名也。以是始賞，天啓之矣。天子曰兆民，諸侯曰萬民，今名之大，以從盈數，其必有衆。』初，畢萬筮仕於晉，遇屯䷂之比䷇，辛廖占之曰：『吉。屯固，比入，吉孰大焉，其必蕃昌。震爲土，車從馬，足居之，兄長之，母覆之，衆歸之。六體不易，合而能固，安而能殺，公侯之卦也。公侯之子孫，必復其始。』」

辛酉 惠王十七年。**二年** 齊桓二十六。晉獻十七。衛懿九。蔡穆十五。❶ 鄭文十三。曹昭二。陳宣三十三。杞惠十三。宋桓二十二。秦成四。楚成十二。**春，王正月，齊人遷陽。** 杜氏曰：「陽，國名。齊人逼徙之。」張氏曰：「《漢・志》東海郡陽都縣，是其國也。」家氏曰：「齊桓遷邢，義也。爲其有狄難，輔而遷之。別擇善地以爲之國都，霸者之所得爲也。遷陽事不見於傳，以書法而觀，亦宋人遷宿之類。蓋遷小國以爲附庸，并兼之異名。《春秋》所惡，書以貶之，曰降，曰遷，强其所不欲之辭也。」啖氏曰：「移其國於國中而爲附庸。蓋桓公之强力，施於可取者如此。非有興滅繼絶之心也。」汪氏曰：「齊人遷陽，以力逼而遷之也。不地者，自是不復見也。邢遷夷儀，非齊遷之，乃邢人自欲遷也。滅譚、滅遂，桓公初年之事也。降鄣、遷陽，則不絶其祭祀矣。存邢、存衛、存杞，則興滅繼絶之意也。伯者功過不相掩，此之謂也。」

附録《左傳》：「春，虢公敗犬戎于渭汭。舟之僑曰：『無德而禄，殃也。殃將至矣。』遂奔晉。」

夏，五月乙酉，吉禘于莊公。《左傳》：「速也。」《公羊傳》：「其言吉何？言吉者，未可以吉也。曷爲未

---

❶「蔡」，原作「秦」，今據四庫本及上下文紀年改。

可以吉？未三年也。三年矣，曷爲謂之未三年？三年之喪，實以二十五月。其言于莊公何？未可以稱宮廟也。曷爲未可以稱宮廟？在三年之中矣。吉禘于莊公何以書？譏。何譏爾？譏始不三年也。」《穀梁傳》：「吉禘者，不吉者也。喪事未畢而舉吉祭，故非之也。」

程氏曰：「天子曰禘，諸侯曰祫，其禮皆合祭也。禘者，禘其所自出之帝，爲東向之尊。其餘皆合食於前，此之謂禘。《禮記·大傳》：「禮，不王不禘。王者禘其祖之所自出，以其祖配之。」諸侯及其太祖。大夫、士有大事，省於其君，于祫及其高祖。」《喪服小記》：「王者禘其祖之所自出，以其祖配之。」《儀禮·喪服傳》：「諸侯及其太祖，天子及其祖之所自出。」趙氏曰：「據《大傳》、《喪服小記》則諸侯不得行禘禮明矣。蓋帝王立始祖之廟，百世不遷。猶謂未盡其追遠尊先之義，故又追尊始祖所自出之帝而追祀之。以其祖配之者，謂於始祖廟祭之，而就以始祖配祭也。此祭不兼群廟之主，爲其疎遠，不敢褻狎故也。」陳氏曰：「《詩·頌·長發》大禘而歌『玄王桓撥』、『相土烈烈』，與夫武王之湯，中葉之大甲。《雝》禘大祖，而歌皇考之武王，烈考之文王，則不兼群廟之説，其足信哉！」朱子曰：「禘是祭之甚大甚遠者。若時祭及祫祭，止於大祖。禘又祭祖之所自出，如祭后稷，又推稷上一代祭之，周人禘嚳是也。成王賜魯重祭，故得禘於周公之廟，以文王爲所出之帝，而周公配之。」**諸侯無所出之帝，則止於太祖之廟，合群廟之主以食，此之謂祫。**汪氏曰：「《公羊》文二『祫祭毁廟之主，陳于太祖。未毁廟之主，皆升合食于太祖』。《曾子問》：『祫祭於祖，則祝迎四廟之主。』《王制》注：『天子諸侯之喪畢，合先君之主於祖廟而祭之，謂之祫。後因以爲常。』今按：《公羊》言大祫之禮，《曾子問》乃時祫之禮。」**天子禘，**

諸侯祫，大夫享，庶人薦，上下之殺也。」劉氏曰：「不王不禘，禘之爲王禮明矣。王者禘其祖之所自出，以其祖配之。虞之所自出，黄帝也，而祖顓頊。夏之所自出，黄帝也，而祖則禹。商之所自出，嚳也，而祖契。周之所自出，嚳也，而祖文王。今魯既用天子禮樂，而祖周公，故其禘也則主文王矣。禘者，帝也。帝者天子之號也。諸侯不得祖天子，故禘不及諸侯也。」茅堂胡氏曰：「諸侯有祫無禘。然尊而天子，卑而大夫，亦聞有言祫之名，皆爲合食於其祖而言爾。非别有祫祭之禮。」**魯諸侯爾，何以有禘？成王追念周公有大勳勞於天下，賜魯公以天子禮樂，使用諸太廟，以主祀周公，魯於是乎有禘祭。《春秋》之中，所以言禘不言祫也。**《禮記·明堂位》：「成王以周公爲有勳勞於天下，命魯公世世祀周公以天子之禮樂。季夏六月，以禘禮祀周公於大廟。」《祭統》：「周公旦有勳勞於天下，周公既没，成王、康王追念周公之所以勳勞者，而欲尊魯，故賜之以重祭，大嘗禘是也。升歌《清廟》，下而管象，朱干、玉戚，以舞《大武》，八佾以舞《大夏》，此天子之樂也。康周公，故以賜魯也。」**然則可乎？孔子曰：「魯之郊禘非禮也，周公其衰矣。」**朱子曰：「《春秋》書郊禘，大意不過見魯僭禮耳。」五峰胡氏曰：「周公立爲經制，辨名分於毫釐間，將行之萬世，而身没犯之。將行之天下，而子孫違之。豈非周公之衰乎？」茅堂胡氏曰：「宗廟之禮，所以祀乎其先也，言天子諸侯有先也。七世之廟，天子之先，則有天子祀先之禮。五世之廟，諸侯之先，則有諸侯祀先之禮。魯侯國而以王禮祀周公之廟，則非所以事乎其先也。故夫子傷之，曰：『禘自既灌而往者，吾不欲觀之。』或者疑之，而問其説。則曰不知者，禘，國之大事也。夫子居是邦而不私議其國事，於禮然也。其作《春秋》，則因事而書，以志郊禘之失。知其説者，則知聖人之志矣。」**禘言吉者，喪未三年，行之太早也。**何氏曰：「莊公薨，至是適二十二月。」杜氏曰：「三年喪畢，致新死者之主於廟。廟之遠主當遷入祧。因是大祭，以審昭穆，謂之禘。莊公喪制未闋而吉祭，又不於大廟，故詳書以示譏。」高氏曰：「初魯之喪莊公也，既葬而絰，不入庫門。士大夫既卒哭，而麻不入。則當時君臣雖未終喪，蓋皆吉服矣。豈獨禘爲然哉！」**于莊公者，方祀于寢，非宫廟也。**杜氏曰：「新主既立，特祀於寢。」趙氏曰：「魯之用禘，蓋於周公廟，而上及文王。文王即周公之所出也，故此祭唯得於周公廟爲之。閔公僭於莊公廟行之，以其不追配，故直言莊公而不言莊宫，明用其禮物耳，不追配文王也。」汪氏曰：「《檀弓》：『虞祭之明日，祔于祖父。』《曾子問》：『卒哭成事，而後主各反其廟。』注云：『卒哭成事，先祔之祭名。』然則莊公葬已踰年，主當祔廟，但不當吉祭。今曰禘于莊公，蓋以吉禮特祀于寢耳。」**一舉而三失禮焉，《春秋》之所謹也。**永嘉吕氏曰：「魯禘非禮，《春秋》書之則不勝書，於其失禮之中又失禮焉，則書之。」陳氏曰：「以其不勝譏，譏其甚者耳。」家氏曰：「禘禮當行於太廟，今禘于莊公，將屈太祖群廟之主而就莊公以行禮乎？則爲屈尊從卑，悖於禮者也。若特於莊公而不及太祖群廟之主，烏在其爲審諦昭穆乎？此失禮中之失禮。若夫以諸侯而用天子之禮，魯國行之已久，不足譏矣。」張氏曰：「魯禘非禮也，雖先王所賜，而止可用於周公之廟，趙氏、程氏言之詳矣。今喪未三年，主未遷祔，嗣君幼弱，而以吉禮盛樂用於神主，忘哀僭上，反易人心，何秉禮之有？此蓋出於哀姜、慶父樂哀謀簒而爲之，又非他日僭禮之所得比矣。」臨川吴氏曰：「莊公薨，喪未二十七月，而遽吉祭，僭用禘禮之盛樂，非別有所追享，而降莊公爲配食也。其時閔公幼，事出亂臣、淫妻之所爲，無知不孝，非禮非義。而其名非實，一舉而五惡具，書法五字，諸罪畢見，真聖筆也。」秦溪楊氏曰：「閔公喪未畢，竊禘之盛禮以行吉祭。又不於周公之廟，而禘之禮始紊。僖公八年用禘禮，合先祖，敘昭穆，用致夫人於廟，而禘禮始與祫混淆而無別。《春秋》常事不書，特書閔公、僖公兩禘者，記失禮之始也。魯之有禘，行於周公之廟，已非禮矣。況僭用之於莊公，又禘于大廟以致妾母，可以謂之禮乎？」**四時之祭有禘之名，蓋禮文交錯之失。**趙氏曰：「《周禮》記四時祭名云：春祠、夏礿、秋嘗、冬烝。《公羊傳》亦同。《毛詩》云：『礿祠烝嘗，于公先王。』協韻故云爾。其實祠礿嘗烝，禘非時祭之名。《王制》、《祭統》春礿、夏禘，《祭義》春禘、秋嘗，鄭玄注皆云夏、殷禮。周以禘爲殷祭，故更名春祭曰祠。《郊特牲》『春禘而秋嘗』，鄭注『禘當爲禴』。夫《禮記》諸篇，或孔氏之後末流弟子所撰，或是漢初諸儒私撰之以求購金，皆約《春秋》爲之，見《春秋》『禘于莊公』，遂以爲時祭之名；見《春秋》唯兩度書禘，一春一夏，所以或謂之春，或謂之夏，各自著書，不相符會。鄭玄不達其意，故主異説。且《祭統》篇末云『成王追念周公，賜之重祭，郊社嘗禘』是也，何得云夏、殷禮哉？《左傳》云『烝嘗禘于廟』，又云『禘于武宮、僖宮、襄宮』，又晉人云『以寡君之未禘祀』，蓋見經書禘于莊公，以爲諸廟合行之，皆妄引禘文，但據經文，不識經意，所以云爾。」汪氏曰：「閔公禘以五月，乃夏之春三月。僖公禘以七月乃夏之夏五月，故記禮者或云春禘，或云夏禘，以禘之時交互不同，遂誤爲時祭。且魯祭非禮，其祭祀之時，皆未可據以爲當也。如桓公五月烝，乃夏之三月。八月嘗，乃夏之六月。亦可謂春烝、夏嘗乎？然先儒所論禘禮，程子與文定父子以爲合祭群廟之主，而朱子師友從趙氏以謂不兼群廟之主。故朱子謂程先生云『禘是禘其祖之所自出，併廟之主皆祭之』，恐未然。顧古禮盡亡，不可詳考。趙氏據《記》之《大傳》、《小記》，程子因漢儒之説而分禘祫，其謂禘爲合祭與不合祭雖不同，然皆推其始祖所自出，而非諸侯所得祭也。《纂例》譏《左氏》妄引禘名，以經證之，所云『禘于武宫』，經止書『有事』，云『禘于僖公』。而經書『從祀』，則不可信明矣。其曰『晉人禘祀』，而又録晉人之言，曰『魯有禘樂』，苟諸國皆有禘，則曷爲唯魯一國有禘樂耶？」〇劉氏曰：「《公羊》云『未可以稱宫廟』，非也。此直就莊公主耳。」廬陵李氏曰：「《春秋》書禘二，此年及僖八年禘于大廟，皆失禮之中又失禮而書也。吉禘之説，三傳皆知喪禘之失禮，而不知魯本不當禘，程氏、胡氏能發明魯禘之非禮，而不知禘本無合食，惟趙子得之。」

秋，八月辛丑，公薨。《左傳》：「初，公傅奪卜齮田。公不禁。秋，八月辛丑，共仲使卜齮賊公于武闈。」《公羊傳》：「公薨何以不地？隱之也。何隱爾？弑也。孰弑之？慶父也。殺公子牙，今將爾。季子不免。慶父弑二君，何以不誅？將而不免，遏惡也。既而不可及，緩追逸賊。親親之道也。」《穀梁傳》：「不地，故也。其不書葬，不以討母葬子也。」

按《左氏》：「初，公傅奪卜齮田，公不禁。慶父使卜齮賊公于武闈。」魯史舊文必以實書。其曰公薨不地者，仲尼親筆也。陳氏曰：「魯之《春秋》固書曰：『公子慶父弑公于武闈。』聖人修之曰『公薨』，諱之也。遇弑君父之大哀也，何忍言之？是故書薨而不地，且不葬。薨，十二公所同也，不地不葬，隱、閔所獨也。然則雖諱，而亂臣賊子之獄具矣。」**觀於删《詩》在諸國則變風皆取，在魯則獨編史克之《頌》。**汪氏曰：「《魯頌》小序：『季孫行父請命于周，而史克作是頌。』今按朱子謂魯無變風，非夫子所削，故《左傳》所記當時列國賦《詩》，及吴季札觀周樂，皆無曰魯風者。今考圃生之杞，臧之狐裘，皆諷刺之詩。或魯人不陳其詩，或夫子所删耳。」或問：「吾黨有直躬者，其父攘羊，而子證之。」則曰：「吾黨之直者異於是。父爲子隱，子爲父隱，直在其中矣。」朱子曰：「父子相隱，天理人情之至也。」後世緣此，制爲五服相容隱之條，以綴骨肉之恩。《前漢書》：「地節四年詔曰：自今子首匿父母，妻匿夫，孫匿大父母，皆勿坐。」邢氏曰：「今律，大功以上得相容隱。告言祖父者入十惡。」《春秋》有諱，義蓋如此。《禮記》稱魯之君臣未嘗相弑者，蓋習於經文，而不知聖人書薨不地之旨故云爾。然則諱而不言弑也，何以傳信於將來？曰：書薨以示臣子之情，不地以存見弑之實，何爲無以傳信也！凡君終必書其所。汪氏曰：「如路寢、小寢、高寢、臺下、楚宫之類。」獨至於見弑，則没而無所，其情厚矣！其事亦白矣！非聖人能修之乎？後世記言之士，欲諱國惡，則必失其實；汪氏曰：「如《漢平帝紀》稱帝崩，不言莽弑。」直書無隱，又非臣子所當施之於君父也。汪氏曰：「如《魏高貴鄉公紀》稱成濟前刺帝，刃出於背。」而《春秋》之法不傳矣。張氏曰：「凡人於其父祖之罪惡，尚不忍肆言之，聖人書父母國之惡，豈可同於他國而不隱乎？然諱國惡者，臣子之禮；存事實者，傳信之法。聖人之經兩存禮法以垂訓萬世，故不徒隱諱而已。而不書地以變其常，又比事屬辭以見其實，將使後人因例啓疑，考究始末，以知莊公不能正身齊家，致後嗣再弑，國幾滅亡。雖欲諱之，而實不可揜矣。」汪氏曰：「或謂不地固見其弑，終無以著亂賊之罪。

夫君薨必書地，使後世習其讀而問其傳。察隱、閔所以不地之由，則亂賊之罪無所逃矣。況羽父再不氏於隱薨之前，夫人孫、慶父奔比書於閔薨之後，❶鈇鉞之誅，顯然于筆削之間矣。或又謂慶父已殺，何以不書葬？今考慶父謚共，而公孫敖爲卿，則慶父之誅不以賊討，是以不書葬，如宋閔公之例耳。」○劉氏曰：「季子力不能誅，故遁逃他國爾。設令季子力能誅之，則慶父誅死矣。《公羊》之説非也。所謂君弑賊不討不書葬。言比其葬時而賊未討，則不書葬也。葬在討賊之後則葬得書。此陳靈公是已。『不以討母葬子』，何足爲義乎？《穀梁》之説亦非也。」

九月，夫人姜氏孫于邾。孫音遜。《穀梁傳》：「孫之爲言猶孫也，諱奔也。」

夫人稱孫，聞乎故也。不去姓氏，降文姜也。范氏曰：「文姜有殺夫之罪重，哀姜有殺子之罪輕。此輕重之差。」陳氏曰：「文姜無妻道，哀姜無母道。故文姜一見貶絶之，哀姜再見而後貶絶也。」莊公忘親釋怨，無志於復讎，《春秋》深加貶絶。一書，再書，又再書，屢書而不諱者，以謂三綱人道所由立也。忘父子之恩，絶君臣之義，國人習而不察，將以是爲常事，則亦不知有君之尊，有父之親矣。莊公行之而不疑，大臣順之而不諫，百姓安之而無憤疾之心也，則人欲必肆，天理必滅。故叔牙之弑械成於前，慶父之無君動於後，圉人犖、卜齮之刃交發于黨

---

❶「比」，四庫本作「備」。

氏、武闈之間。哀姜以國君母，與聞乎？故而不忌也。汪氏曰：「莊公之娶哀姜，納幣、觀社、逆女，屢往以致其勤。丹楹、刻桷、用幣，以示其侈。而哀姜不與公偕至，悍然驕狠之態，已見於薦舍之時矣。蓋哀姜習聞文姜淫姣禍賊之行，而莊公不能防閑，則於莊公乎何有？是以通乎共仲而無羞惡之心，與弒閔公而無惻隱之心，實莊公不知防微謹始，有以致之也。然哀姜孫邾不去姜氏者，文姜孫于宗國，不削姓氏，不足以見其罪。哀姜孫于邾，雖不去姓氏，而絶之之意已著矣。」**當是時，魯君再弒，幾至亡國，其應不亦憯乎？《春秋》以復讎爲重，而書法如此。所謂治之於未亂，保之於未危，不可不察也。**臨川吴氏曰：「哀姜不奔齊而奔邾者，蓋有淫行與弒謀，身負二惡，自慊於心，而畏齊桓，故不敢歸齊也。」

公子慶父出奔莒。《左傳》：「成季以僖公適邾，共仲奔莒，乃入，立之。以賂求共仲于莒，莒人歸之。及密，使公子魚請，不許，哭而往。共仲曰：『奚斯之聲也？』乃縊。閔公，哀姜之娣叔姜之子也，故齊人立之。共仲通於哀姜，哀姜欲立之。閔公之死也，哀姜與知之，故孫于邾，齊人取而殺之于夷，以其尸歸。僖公請而葬之。」《穀梁傳》：「其曰出，絶之也。慶父不復見矣。」

公子出奔，譏失賊也。陳氏曰：「宋萬奔陳，雖殺之不書。慶父奔莒，雖殺之亦不書。所以嚴佚賊之責也。」**閔公立而季子歸，何以見弒？慶父主兵日久，其權未可遽奪也。季子執政日淺，其謀未得盡行也。**趙氏曰：「慶父弒子般，季子不誅之者，季子威令未著，力不能爾。非不討也。」**設**

以聖人處之，期月而已可矣。季子賢人而當此，能必克乎？及閔公再弒，慶父罪惡貫盈，而疾之者愈衆。季子忠誠顯著，而附之者益多。外固强齊之援，内協國人之情，正邪消長之勢判矣。然後夫人不敢安其位，慶父不得肆其姦，此明爲國者不知圖難於其易，爲大於其細，雖有智者，亦不能善其後矣。世儒或言「用魯之衆，因齊之力，以戮慶父，其勢甚易，而季子不能。故書夫人孫邾，慶父奔莒，所以深惡其緩不討賊」。則非也。以絳侯勃之果，陳平之無誤，將相交歡，而内有朱虚，外連齊、楚，以制諸吕庸人，宜易於反手。然太尉已入北軍，士皆左袒，猶恐不勝，未敢訟言誅之也。《史記·吕后紀》：「后崩，諸吕欲爲亂。朱虚侯以吕禄女爲婦，知其謀，陰告其兄齊王襄，令發兵，己爲内應。諸吕使灌嬰擊齊，嬰與齊、楚連和，以待吕氏變，共誅之。平、勃令紀通持節矯内勃北軍，復劫酈商，令其子寄説吕禄解印，以兵授勃。勃入軍門，令曰：『爲吕氏右襢，爲劉氏左襢。』軍皆左襢。吕産欲入宫爲亂，至殿門弗得入，徘徊往來。勃尚恐不勝，未敢訟言誅之。」況於慶父巨姦，七百里之侯國，革車千乘，《禮記·明堂位》：「成王封周公於曲阜，地方七百里，革車千乘。」而三十年執其兵柄，其植根深矣，其耳目廣矣，其用物弘矣。而以爲戮之其勢甚易，此未察乎難易遲速之幾者也。經書莊公忘親，無復讎之志，使百官則而象之，亦不知有君父也。而又使慶父主兵，失馭臣之道，是以至此極。故書孫邾、奔莒，爲後世之永鑒也。或問：「慶父弒二君，何以不貶其公子與翬同？」茅堂胡氏曰：「翬不稱公子者，爲戒貴戚之卿主兵擅權之漸。慶父書出奔，罪自見矣。」高氏曰：「先書公薨，而繼書孫邾、奔莒，則知夫人姜氏、公子慶父實弑公也。」張氏曰：「慶父與哀姜謀弑閔公，欲自立而不遂，此魯國秉禮之驗也。方季友適邾之時，使魯國無人，安能逐姜氏、慶父哉？季友既立僖，則當正慶父之罪，致辟于甸人，以致兩弑其君之討。乃以賂求于莒，不許其入而已。又立孟氏與叔牙同，無復輕重之别，豈非邦憲之大失？此所以不書國賊之討，而閔不書葬歟！」汪氏曰：「慶父繼弑兩君，勢傾魯國，顧不能寘君以自託，而避罪出奔者，蓋人人黨惡以爲利，則亂賊肆行而無忌憚，人人知大惡之當討，則亂賊無所容其身。使無圉人犖、卜齮之釁，則子般、閔公之禍，未若是之亟也。使季友適邾，而龜蒙、曲阜之衆，無石碏、雍廩之謀，則共仲之奔，亦未若是之速也。然則慶父之奔，蓋自知罪大惡極，有所畏於魯人之討與伯國之誅，而不得不奔耳。然魯人求慶父于莒，既至而縊，當書刺慶父以正討賊之法，今但書奔而不志其死，則見魯人之不能以賊討矣。慶父之立後，不異於叔牙，而公孫敖爲卿，無以異於公孫玆，則魯人必納慶父之喪矣。不書喪歸與穆伯異者，豈非聖人以共仲弑逆，罪非敖比，而削其喪歸以絶之歟！」廬陵李氏曰：「宋萬出奔陳，陳人受賂而後歸之。慶父出奔莒，莒人亦受賂而後歸之。不書宋萬、慶父之誅，以逋逃主罪陳、莒也。」〇陸氏曰：「《穀梁》云：『其曰出，絶之也。』按例，大夫奔皆言出，不可别爲義。」廬陵李氏曰：「慶父出奔，《公羊》、杜氏皆以爲季子推親親之恩。夫慶父弑二君，魯國幾喪，尚欲以親親待之，則子般、閔公之讎曷報乎？張氏、陳氏之説是矣。」

附録《左傳》：「成季之將生也，桓公使卜楚丘之父卜之，曰：『男也，其名曰友，在公之右，間于兩社，爲公室輔。季氏亡則魯不昌。』又筮之，遇大有䷍之乾䷀，曰：『同復于父，敬如君所。』及生，有文在其手，曰『友』，遂以命之。」

冬，齊高子來盟。《公羊傳》：「高子者何？齊大夫也。何以不稱使？我無君也。然則何以不名？喜之也。何喜爾？正我也。其正我奈何？莊公死，子般弒，閔公弒，比三君死，曠年無君。設以齊取魯，曾不興師，徒以言而已矣。桓公使高子將南陽之甲，立僖公而城魯。或曰自鹿門至于争門者是也，或曰自争門至于吏門者是也，魯人至今以爲美談，曰：『猶望高子也。』」《穀梁傳》：「其曰來，喜之也。其曰高子，貴之也，盟立僖公也。不言使，何也？不以齊侯使高子也。」程子曰：「高子來省難，然後盟。盟未前定也。稱高子，善其能恤魯。」

高子，齊大夫也。子者，男子之美稱。其稱子，賢之也。杜氏曰：「蓋高傒也。齊侯使來平魯亂。僖公新立，因遂結盟，故不稱使。魯人貴之，故不書名。」**何賢乎高子？莊公薨，子般卒，閔公弑，慶父、夫人亂乎内，魯於是曠年無君。齊桓公使將南陽之甲，至魯而謀其國。其命高子，必曰魯可取，則兼其國以廣地。魯可存，則平其亂以善鄰。非有安危繼絶，一定不可易之計也。高子至則平魯難，定僖公，魯人賴焉，以爲美談，至于久而不絶，曰猶望高子也。聖人美其明人臣之義，得奉使之宜，特稱高子以著其善。其不曰齊侯使之者，權在高子也。**劉氏曰：「魯君弑國亂，上下莫相安。齊桓公鶩然有取魯之心，使高子將南陽之甲而至者，非伐之也，非正之也，非聘弔之也。高子能深執忠臣之義，勉其君於霸，因事制宜，立僖公而盟之，魯國遂安，以此見權在高子。高子之爲人臣忠也，從義不從命矣。」常山劉氏曰：「不稱使者，齊侯使高子來視魯而未定盟，高子至而後結盟也。」陳氏曰：「不言使，其誼有君之所不及也。」王氏曰：「魯危而復安者，内則季子，外則高子，其功一也。《春秋》内外大夫之美者，莫過於二子，故皆以子稱也。」陸氏曰：「不書使，高子奉使合宜，受命不受辭，義與楚屈完來盟，不書使同。」汪氏曰：「仲孫、高子之來，皆所以窺魯。經皆不稱使，皆不稱名，而傳有予奪之異者。蓋仲孫但言來，則見其徒來覘魯國之虚實，不能弭其亂也。高子言來盟，則見其不貪魯國之土地，而遂能定其難也。況比事觀之，則仲孫來之後，而閔公弒，夫人孫，慶父奔，紛紛靡寧。高子盟之後，則僖公立，哀姜誅，而魯國無事矣。雖然，仲孫字而不名，則亦未足深責，特無善之可録，未若高子之安危繼絶，有庸於魯耳。」又曰：「來盟不稱使者三，皆非前定。然高子定難而存魯國，屈完服義而從中國，皆美之也。華孫私交而無君命，則貶之也。事同而褒貶不同者，宋、魯無事而華孫私來結盟，則罪也。《春秋》屬辭之義，必考上下文而觀之。」廬陵李氏曰：「凡外大夫之來，不言使者皆私交，如祭伯、祭仲、武氏子、毛伯、宋司馬華孫、莒慶、齊高固之類是也。非私交而不言使，則必有美辭焉。楚無大夫，則屈完書族。齊有大夫，則高傒書子。皆貴之，所以别於私交也。《穀梁》疏曰：『高子不稱使，所以歸美於高子。屈完不稱使，所以歸功於屈完。』此得之。」又曰：「閔公編書三子之來，皆特筆也。故季子、高子之書來，著國人之喜。而仲孫止書來，乃《春秋》之所譏。仲孫、高子不書使，皆齊侯之過。而高子能權，乃《春秋》之所善。一字之法精矣。」○劉氏曰：「《公羊》云『不稱使，我無君也』，非也。

齊高子、楚屈完，文義一也。且慶父出奔，則僖公已立。高子稱來盟，則僖公之盟也。何謂我無君乎？盟于蒞，齊無君，文不没公，即魯無君，何故没齊侯哉！」

十有二月，狄入衛。《左傳》：「冬，十二月，❶狄人伐衛。衛懿公好鶴，鶴有乘軒者。將戰，國人受甲者皆曰：『使鶴。鶴實有禄位，余焉能戰。』公與石祁子玦，與甯莊子矢，使守曰：『以此贊國，擇利而爲之。』與夫人繡衣，曰：『聽於二子。』渠孔御戎，子伯爲右，黄夷前驅，孔嬰齊殿。戰于熒澤，衛師敗績。遂滅衛。衛侯不去其旗，是以甚敗。狄人囚史華龍滑與禮孔，以逐衛人。二人曰：『我太史也，實掌其祭。不先，國不可得也。』乃先之。至則告守曰：『不可待也。』夜與國人出。狄入衛，遂從之，又敗諸河。初，惠公之即位也少，齊人使昭伯烝於宣姜，不可，强之，生齊子、戴公、文公、宋桓夫人、許穆夫人。文公爲衛之多患也，先適齊，及敗，宋桓公逆諸河。宵濟，衛之遺民男女七百有三十人，益之以共、滕之民爲五千人，立戴公以廬于曹。許穆夫人賦《載馳》。齊侯使公子無虧帥車三百乘，甲士三千人以戍曹。歸公乘馬，祭服五稱，牛、羊、豕、雞、狗皆三百，與門材。歸夫人魚軒，重錦三十兩。」

衛，康叔之後。蓋北州大國，狄何以能入乎？臣昔嘗謂河南劉弈曰：「史氏記繁而志寡，文中子曰：「史之失自遷、固始，記繁而志寡。」**如班固書載諸王淫亂等事，**汪氏曰：「東平思王通姦，梁王立與姑姦之類。」**盡削之可也。」弈曰：「必若此言，仲尼删《詩》，如《墻有茨》、《鶉之奔**

❶「二」，原作「一」，今據四庫本及阮刻本《春秋左傳正義》改。

奔》、《桑中》諸篇，何以録於國風而不削乎？」臣不能答。後以問延平楊時，時曰：「此載衛爲狄所滅之因也，故在《定之方中》之前。」龜山楊氏曰：「衛之淫恣醜惡，乃禍亂之所從始，肇於晉而成於朔。其禮先亡，而國隨之矣。」因以是説考於歷代，凡淫亂者，未有不至於殺身敗家而亡其國者也。汪氏曰：「如齊莊、陳靈、蔡景之殺身，秦呂不韋、漢梁冀之敗家，晉賈后淫亂，隋煬烝陳夫人之亡其國，唐高宗武后，中宗韋后，玄宗楊貴妃，皆幾至滅亡。」然後知古詩垂戒之大。而近世有獻議，乞於經筵不以《國風》進讀者，殊失聖經之旨矣。張氏曰：「衛之滅，非特懿公好鶴失人心，自惠公即位，宣姜淫恣，耽樂忘政，習實爲常，公又重之，亡形已具。故狄人一至，而涣然離散，國隨以亡。非齊桓救而封之，則康叔之後無噍類矣。桓公迎其遺民，立文公，而爲之建國家社稷。此所以止書入也。以衛爲春秋初之大國，纔五十年，淪於亡滅。故治國必先齊家，而淫亂之禍，不篡則滅，可不戒哉！」陳氏曰：「滅而書入，不以累桓公也。凡滅國，有存之者則不言滅，歸德於存之者也。有乘亂而取之者亦不言滅，歸罪於取之者也。故衛不言滅，須句不言滅。」汪氏曰：「衛書入而不言滅，或以桓公不能攘戎狄，故爲之諱。或以爲美桓公能存之，故不書滅，不以累桓公。蓋桓公始雖不能却戎狄於衛未滅之先，而猶能存衛於狄既滅之後，其於興滅繼絶，亦庶幾焉。然此乃言外之意，比事考之，《春秋》凡滅而書入者，或不有其地，或雖有其地而不絶其祭祀也。狄入衛，秦人入滑，楚子入陳，吳入郢，皆不有其地者也。公及齊、鄭入許，雖有其地而不絶其祀也。宋滅曹而書入，則惡曹陽之自取滅亡，而不予之以亡國之善詞，又《春秋》之變例也。」

鄭棄其師。《左傳》：「鄭人惡高克，使帥師次于河上，久而弗召。師潰而歸，高克奔陳，鄭人爲之賦《清人》。」《公羊傳》：「鄭棄其師者何？惡其將也。鄭伯惡高克，使之將，逐而不納。棄師之道也。」《穀梁傳》：「惡其長也，兼不反其衆，則是棄其師也。」

按鄭詩《清人》，刺文公也。高克好利而不顧其君，文公惡之而不能遠，使克將兵，禦狄於境。汪氏曰：「《左氏》不言禦狄，蓋鄭之君臣以禦狄使克，而實無却狄之志也。」**陳其師旅，翱翔河上，久而不召，衆散而歸，高克奔陳。公子素惡高克進之不以禮，文公退之不以道，危國亡師之本，故作是詩。**朱子曰：「孔氏以是詩爲公子素所作，然則『進之』當作『之進』。」**觀此，則鄭棄其師可知矣。**高氏曰：「鄭伯以百姓之命，授匪其人，非棄而何？蓋人君之使臣也，知其賢而使之，則功必成。不知其不賢而使之，則事必敗。夫不知其不賢而過使之，至於敗事，君子猶曰『君不知之』，當自罪耳。況已知其不賢而强使之，不獨陷其身，又棄其民乎！」張氏曰：「舜授禹之辭曰：『后非衆罔與守邦。』夫宗廟社稷，主之於君，守之以人，君與一國之人，蓋一體也。今以欲遠所惡之人，而舉一國之衆，付之度外，存亡死生，舉不關其心。當時如楚、如狄，方有狡焉啓疆之心，一旦乘罅擣虛，則鄭必束手就亡矣。」臨川吴氏曰：「子曰：『以不教民戰，是謂棄之。』古人視民如赤子，故平日教之習戰。一旦不得已而用之於軍旅，欲其完師而歸，一無所損也。今鄭無戰鬭之事，乃使其臣將兵于外，久而弗得歸，致其衆潰散，非棄其民而何哉？」**或曰：「高克進不以禮，曷不書其出奔以貶克，爲人臣之戒，而獨咎鄭伯，何也？」曰：「人君擅一國之名寵，殺生予奪，惟我所制爾。使克不臣之罪已著，按而**

誅之可也。情狀未明，黜而遠之可也。愛惜其才，以禮馭之可也。烏有假以兵權，委諸境上，坐視其失伍離散而莫之恤乎！然則棄師者鄭伯，乃以國稱，何也？二三執政，股肱心膂，休戚之所同也。不能進謀於君，協志同力黜逐小人，而國事至此。是謂危而不持，顛而不扶，則將焉用彼相矣。晉出帝時，景延廣專權，諸藩擅命。及桑維翰爲相，出延廣於外，一制書所敕者十有五鎮，無敢不從者。《五代史·晉·桑維翰傳》：「出帝即位，延廣用事，與契丹絶盟，維翰言不入，陰使人説帝曰：『制契丹而安天下，非維翰不可。』乃出延廣於河南，拜維翰中書令、樞密使、魏國公，事無鉅細，一以委之。數月之間，百度寖理。一制書指揮節度使十五人，無敢違者。」以五季之末，維翰能之，而鄭國二三執政，畏一高克，不能退之以道，何政之爲？書曰『鄭棄其師』，君臣同責也。」家氏曰：「不責高克而責鄭君與其用事之臣，以高克不足責也。」陸氏曰：「夫人臣之義，可則竭節而進，否則奉身而退。高克進退違義，見惡於君，罪亦大矣。不書其奔，其意何也？曰：高克見惡於君，其罪易知也。鄭伯惡其卿而不能退之以禮，兼棄其人，失君之道矣。故聖人異其文而深譏之也。」陳氏曰：「高克奔陳不書，不足書也。是故以鄭伯克段爲義，則大叔不書奔。以天王出居于鄭爲義，則王子帶不書奔。」汪氏曰：「『齊人殲于遂』，自殲也。『鄭棄其師』，自棄也。『梁亡』，自亡也。胡子髡、沈子逞滅，自滅也。若曰非有能殲其衆，非有能敗其師，非有能亡其國滅其身者耳。比事以觀，而知《春秋》示人自責之意深矣。」

附録《左傳》：「晉侯使太子申生伐東山皐落氏。里克諫曰：『太子奉冢祀社稷之粢盛，以朝夕視君膳者也。故曰冢子。君行則守，有守則從。從曰撫軍，守曰監國。古之制也。夫帥師專行謀，誓軍旅，君與國政之所圖也，非太子之事也。師在制命而已，稟命則不威，專命則不孝。故君之嗣適，不可以帥師。君失其官，帥師不威，將焉用之？且臣聞皋落氏將戰，君其舍之？』公曰：『寡人有子，未知其誰立焉。』不對而退。見太子，太子曰：『吾其廢乎？』對曰：『告之以臨民，教之以軍旅，不共是懼，何故廢乎！且子懼不孝，無懼弗得立。脩己而不責人，則免於難。』太子帥師，公衣之偏衣，佩之金玦。狐突御戎，先友爲右，梁餘子養御，罕夷、先丹木爲右，羊舌大夫爲尉。先友曰：『衣身之偏，握兵之要，在此行也。子其勉之！偏躬無慝，兵要遠災。親以無災，又何患焉。』狐突歎曰：『時，事之徵也。衣，身之章也。佩，衷之旗也。故敬其事則命以始，服其身則衣之純，用其衷則佩之度。今命以時卒，閟其事也。衣之尨服，遠其躬也。佩以金玦，棄其衷也。服以遠之，時以閟之，尨涼冬殺，金寒玦離，胡可恃也！雖欲勉之，狄可盡乎？』梁餘子養曰：『帥師者，受命於廟，受脤於社，❶有常服矣。不獲而尨，命可知也。死而不孝，不如逃之。』罕夷曰：『尨奇無常，金玦不復，雖復何爲？君有心矣。』先丹木曰：『是服也，狂夫阻之。曰「盡敵而反」，敵可盡乎？雖盡敵，猶有内讒，不如違之。』狐突欲行。羊舌大夫曰：『不可。違命不孝，棄事不忠，雖知其寒，惡不可取。子其死之。』太子將戰，狐突諫曰：『不可。昔辛伯諗周桓公云：内寵並后，外寵二政，嬖子配適，大都耦國，亂之本也。周公弗從，故及於難。今亂本成矣，立可必乎！孝而安民，子其圖之，

❶「脤」，原作「賑」，今據阮刻本《春秋左傳正義》改。

與其危身以速罪也。』」○「成風聞成季之繇，乃事之，而屬僖公焉。故成季立之。」○「僖之元年，齊桓公遷邢于夷儀。二年，封衛于楚丘，邢遷如歸，衛國忘亡。」○「衛文公大布之衣，大帛之冠，務材、訓農、通商、惠工、敬教、勸學、授方、任能。元年革車三十乘，季年乃三百乘。」

北京大學《儒藏》編纂與研究中心 編

《儒藏》精華編選刊

春秋集傳大全（中）

〔明〕胡 廣等 奉敕撰

吴長庚 蘇 敏

管正平 曹義昆 校點

周茶仙 龍 飛

北京大學出版社
PEKING UNIVERSITY PRESS

春秋集傳大全卷之十二

僖公

一公名申，莊公子，閔公庶兄。母成風，夫人聲姜。在位三十三年，謚法：「小心畏忌曰僖。」

周 魯僖公八年，惠王崩，子襄王立。

鄭 魯僖公二十二年，文公卒，子穆公驩立。

齊 魯僖公十七年，桓公卒。寺人貂作亂，立無虧。僖十八年，殺無虧，孝公昭立。僖二十七年，孝公卒，弟昭公潘立。

宋 魯僖公九年，桓公卒，子襄公兹父立。僖十九年，盟于曹南，宋襄公圖霸。僖二十一年，爲鹿上之盟，以求諸侯於楚。僖二十二年，及楚戰，敗于泓。二十三年，襄公卒，子成公王臣立。

晉 魯僖公九年，獻公卒，子奚齊立。冬，殺奚齊，卓子立。僖十年，弒卓子，惠公夷吾立。僖二十三年，惠公卒，懷公圉立。僖二十四年，殺懷公，文公重耳立。僖二十八年，使先軫將中軍，敗楚人于城濮，合諸侯于踐土，晉文公主霸。魯僖公三十二年，文公卒，子襄公驩立。僖三十三年，敗秦于殽，晉襄公繼霸。是年敗狄于箕，先軫卒，先且居將中軍。

衛魯僖公二十五年，文公卒，子成公立。僖二十八年，成公奔楚，衛元咺奉叔武以受盟于踐土。衛成復歸，殺叔武。晉人執衛侯。衛元咺立公子瑕。僖三十年，殺瑕。衛成公歸衛。

蔡魯僖公十四年，穆公卒，子莊公甲午立。

曹魯僖公七年，昭公卒，子共公襄立。僖二十八年，晉文公執曹伯畀宋人。是年曹伯歸曹。

滕詳見隱公元年。魯僖公十九年，宋執滕宣公。

陳魯僖公十二年，宣公卒，子穆公款立。僖二十八年，穆公卒，子共公朔立。

杞杜氏《年表》：武公十二年入春秋，至僖公二十三年始載。杞成公卒，弟桓公姑容立。而考之《史記》，自武公、靖公、共公、德公至桓公姑容立，共九十六年，而無成公一代。《世本》譙周《索隱》、徐廣所説，又云惠公生成公、桓公，各有互異。又如《春秋》所書隱四年伐杞，桓二年來朝，三年會杞，莊二十五年伯姬歸杞，傳並不載何公，今但當以《左傳》所載桓公及杜氏《年表》爲正。

薛魯莊公三十一年，載薛伯卒。

莒詳見隱公元年。魯僖公二十六年，傳見莒兹丕公。

邾文公七年。

許魯僖公四年，穆公卒于師，僖公業立。

小邾魯莊公五年，書郳黎來。至魯僖公七年，始書小邾子，始爵命也。自郳黎來爲小邾子，天下無未命諸侯矣。

楚魯僖公元年始書楚。僖四年，齊桓公服楚召陵。僖二十二年，楚敗宋于泓，皆子文爲令尹時也。僖二十三年，子文使子玉爲令尹。僖二十八年，晉敗楚于城濮。

秦魯僖公十五年，戰韓始見經。僖二十四年，納晉文公。僖三十三年，晉襄公敗秦于殽，遂成秦、晉七十二年兵争之始。

吴詳見隱公元年。

越詳見隱公元年。

壬戌惠王十八年。**元年**齊桓二十七年。晉獻十八年。衛文公燬元年。蔡穆十六年。鄭文十四年。曹昭三年。陳宣三十四年。杞惠十四年。宋桓二十三年。秦穆公任好元年。楚成十三年。**春，王正月。**《左傳》：「不稱即位，公出故也。公出復入，不書，諱之也。諱國惡，禮也。」《公羊傳》：「公何以不言即位？繼弑君，子不言即位。此非子也，其稱子何？臣子一例也。」《穀梁傳》：「繼弑君不言即位，正也。」

不書即位，内無所承，上不請命也。閔公薨，夫人孫于邾，慶父出奔莒。公於是焉以成風所屬，而季子立之，内無所承也。嗣子定位於初喪，而魯使不告于周，明年正位改元，而周使亦不至于魯。又明年服喪已畢，而不見于京師，上不請命也。承國於先君者，父子之倫。請命於天王者，君臣之義。今僖公内無所承，上不請命，不書即位，正王法也。是

故有四海而即天王之位者，受之於天者也。有一國而即諸侯之位者，受之於王者也。受之於天者，必奉若天道而後能保天下。受之於王者，必謹守王度而後能保其國。或問：僖公能遵伯禽之法，季孫行父請命于周，是亦嘗請命于王矣，不書即位何也？茅堂胡氏曰：「閔公之薨，魯使不告于周，亦不書周使至魯，僖又不見于京師，其上不請命亦明矣。」張氏曰：「僖公之即位，在高子來盟之後。桓公又爲之誅哀姜，不可謂不出於方伯矣。然桓公不請命于天子，正君臣之經，以示天下之大義，故僖公之立，無以異於群公，而桓公止於霸術。觀僖公不書即位，以考時義，當知反經之學，有國者不可不明也。」○劉氏曰：「《左氏》云『不稱即位，公出故也』，非也。去年八月閔公遭弑，僖公自邾入爲君，至此久矣。國内已粗定，不應猶以出奔之故不行即位禮也。啖氏曰：『《左氏》云公出，復入不書，諱之也。』若君出諱而不書，昭公何以書乎？」

齊師、宋師、曹師次于聶北，救邢。《左》作「曹伯」。《公羊傳》：「救邢，救不言次。此其言次何？不及事也。不及事者何？邢已亡矣。孰亡之？蓋狄滅之。曷爲不言狄滅之？爲桓公諱也。曷爲爲桓公諱？上無天子，下無方伯，天下諸侯有相滅亡者，桓公不能救，則桓公恥之。曷爲先言次而後言救？君也。君則其稱師何？不與諸侯專封也。曷爲不與？實與而文不與。文曷爲不與？諸侯之義不得專封也。諸侯之義不得專封，則其曰實與之何？上無天子，下無方伯，天下諸侯有相滅亡者，力能救之，則救之可也。」《穀梁傳》：「救不言次。言次，非救也。非救而曰救，何也？遂齊侯之意也。是齊侯與？齊侯也。何用見其是齊侯也？曹無師，曹師者，曹伯也。其不言曹伯何也？以其不言齊侯，不可言曹伯也。其不言齊侯何也？以其不足乎揚，不言齊侯也。」程子曰：「齊未嘗興大衆。此稱師，責其衆可救而徒次以爲聲援，致邢之不保其國也。」杜氏曰：「次者，按兵觀釁以待事也。聶北，邢地。」

三國稱師，見兵力之有餘也。聶北書次，譏救邢之不速也。高氏曰：「救，急辭也。次，緩辭也。急而得緩辭，著其救難不速也。」陳氏曰：「救不言次。言次，無志於救也。狄伐邢，於是三歲矣。桓公足以攘狄，而宿師聶北，玩寇以待其弊，故言次，譏之也。」**《春秋》大義，伐而書次，其次爲善，遂伐楚，次于陘。美之也。**李氏曰：「善其重愛民命，不速加兵也。」**救而書次，其次爲貶。救邢次于聶北，譏之也。**啖氏曰：「救者，救其患難，凡救患皆爲美也。凡救當奔命而往，救次，失救道也。救邢之師，先書次于聶北，譏不速救。而下書救邢，言有成事，竟得其援。救晉之師，先書救晉，明魯君之命。下言次雍榆，罪叔孫也。」汪氏曰：「救而書次者三，次聶北救邢，次匡救徐，皆譏其怠於進兵，而救患之不亟也。救晉次雍榆，則譏其怯於赴敵，而救患之不勇也。書次雖同，而立義有輕重。次而救，見其終能救。救而次，則遂不能救矣。」**聖人之情，見矣。故救患分災，於禮爲急。而好攻戰樂殺人者，於罪爲大。**胡氏曰：「《春秋》以用兵侵伐爲戒。獨至於救患解紛，惟恐次止遷延，而欲其速也。蓋賊虐無辜，視而不救，則人道必淪矣。」臨川吴氏曰：「莊三十二年狄伐邢，閔元年齊救邢。蓋齊師進而狄退，故不言戰。狄師雖不逼邢，然兩年之間，以兵蹂踐邢、衛之境。二年冬破衛，則狄勢愈張。既入衛，又移師于邢。故桓率諸侯次聶北救邢。邢不能支狄，衆潰而出奔，就諸侯之師。諸侯遂以師逐狄人而退之。」家氏曰：「桓公存三亡國，惟救邢最力。使其疾驅而往，尚能存之於未潰。惟其有聶北之次，而邢遂潰矣。然狄入衛，毀其宗社，國君死焉。邢則其君尚在，率百姓而去之。謂非救之功不可也。故先書次，以譏其緩。繼書救、書城，再敘三國以美其救。不没其實也。」〇趙氏曰：「《公羊》云：『邢已亡矣，蓋狄滅之。』按，邢實未亡，何得云亡。又云：『不言狄滅之，爲桓公諱也。』若實諱，前年狄入衛何得書乎？又云：『君其稱師何？不與諸侯專封也。』按，齊、宋、曹三國君實不在，但使師救爾，何用曲爲異説。邢實未亡，又何封乎？又云：『曷爲不與，實與而文不與。』凡《春秋》得變之正，皆變文以許之，乃是文與。何得云不與？」劉氏曰：「《公羊》云：『救不言次，言次，不及事也。』非也。有救而次者，有救而不次者，有次而救者，有次而不救者。事自如此，《春秋》明書之爾。《穀梁》云：『言次非救也，非救而曰救，遂齊侯之意也。』非也。若此當貶，又何遂其意乎？若當褒，則次非救者，非所褒也。又云：『何用知其是齊侯？曰曹無師，曹師者，曹伯也。』亦非也。次于聶北，其剌桓公之意已見矣。何至又更齊侯曰齊師哉！即實齊師，又何以明哉？且直言齊師、曹伯，有何不可？先王之制，大國三軍，次國二軍，小國一軍。軍即師也，曹何以獨無師乎？」廬陵李氏曰：「《春秋》書次而救者二，此年及十五年次匡救徐也。救而次者一，襄二十三年叔孫豹救晉次雍榆也。胡氏通爲一例，皆譏其不速於爲義。此説固是，但亦須有分别。《公羊》以爲此是君也，進止自由。叔孫豹是臣也，先通君命。賈、服亦取其説。杜《釋例》曰：『次在事前，次以成事也。次在事後，事成而次也。』又一説：『次而後救，匿其救之之形也。救而後次，宣其救之之聲也。』此三説皆不見貶桓公與叔孫意。故次而救當主胡氏，而次在救下，則惟啖氏得之。啖曰：『凡救當奔命而往。言次，失救道也。』救晉之師，君命往救而叔孫次止。先書救，明魯君之命也。下書次，罪叔孫之慢命也。其先通君命之説亦可通。又曰：『救兵書師，所以矜其盛。《公羊》以爲諱齊侯，《穀梁》以爲微齊侯，皆非。』」

夏，六月，邢遷于夷儀。《公》作「陳儀」，後同。《左傳》：「諸侯救邢。邢人潰，出奔師。師遂逐狄人，具邢器用而遷之。師無私焉。夏，邢遷于夷儀。」《公羊傳》：「遷者何？其意也。遷之者何？非其意也。」《穀梁傳》：「遷者，猶得其國家以往者也。其地邢，復見也。」杜氏曰：「夷儀，邢地。」**齊師、宋師、曹師城邢。**《左傳》：「諸侯城之，救患也。凡侯、伯救患、分災、討罪，禮也。」《公羊傳》：「此一事也，曷爲復言齊師、宋師、曹師？不復言師，則無以知其爲一事也。」《穀梁傳》：「是向之師也。使之如改事然，美齊侯之功也。」

書邢遷于夷儀，見齊師次止，緩不及事也。然邢以自遷爲文，臨川吴氏曰：「邢人賴諸侯救援之力，衆雖自潰，而非爲狄所入也。諸侯逐退狄師，然邢國遭狄人二年攻伐之餘，不復可立國，故諸侯之師，具器用而遷之於夷儀，然後邢得以復存。邢自欲遷，故不曰遷邢。」啖氏曰：「如宋人遷宿，齊人遷陽，是移其國中爲附庸。《公羊》云『遷者非其意』是也。如邢遷于夷儀，衛遷于帝丘，或自請遷或自遷，仍爲列國。故不言某人遷之，但言其移國都而已。《公羊》云『遷者其意也』是也。」趙氏曰：「徙而臣之曰遷某，齊遷紀郱、鄑、郚，宋遷宿，齊遷陽是也。能以國遷曰某遷，邢遷夷儀，衛遷帝丘，許遷于葉、于夷、于白羽、于容城，蔡遷于州來是也。《公羊》説亦是，但邢、衛遷國以避狄，而許、蔡舉國以從夷，此其異也。」**而再書齊師、宋師、曹師城邢者，美桓公志義，卒有救患之功也。**范氏曰：「復列三國，美齊桓存亡國。」張氏曰：「邢雖已遷，無力自城。諸侯若不城之，終未能以自定。桓公因其既遷，命三師爲之板築，使之足以守而居之安，故再敘三師。以見《春秋》以來，悉力存亡，惟有此舉，得南仲城朔方、仲山甫城東方之遺制。」臨川吴氏曰：「邢即夷儀。邢既遷，則夷儀乃邢國之所在，故不曰城夷儀而曰城邢也。」**不以王命興師，亦聖人之所與乎？中國衰微，夷狄猾夏，天子不能正，至於遷徙奔亡。諸侯有能救而存之，則救而存之可也。以王命興師者正，能救而與之者權。**高氏曰：「始緩於救邢，過也。卒能城邢，功也。聖人不以功掩過，亦不以過掩功。功過不相掩，是之謂王法。」陳氏曰：「以齊、晉之伯而狄伐邢，邢遷于夷儀。狄圍衛，衛遷于帝丘。雖夷狄之暴横，而桓、文亦受其咎矣。」汪氏曰：「狄伐邢而桓公能救邢，邢遷夷儀而桓公能城邢。狄圍衛而至于遷，文公不能救而城之。桓、文之優劣見矣。」廬陵李氏曰：「齊伯之編外城三：邢也，楚丘也，緣陵也。獨城邢爲美。晉伯之編外城三：虎牢也，杞也，成周也。獨成周無譏。」

秋，七月戊辰，夫人姜氏薨于夷，齊人以歸。《公羊傳》：「夷者何？齊地也？齊地則其言齊人以歸何？夫人薨于夷，則齊人以歸。夫人薨于夷，則齊人曷爲以歸？桓公召而縊殺之。」《穀梁傳》：「夫人薨不地，地，故也。齊人以歸，不言以喪歸，非以喪歸也。加喪焉，諱以夫人歸也。其以歸薨之也。」**夫人薨不地，其曰薨于夷，故也。**高氏曰：「但書薨于夷，則夫人不得其死，昭然可見。」**桓公召而殺之也。其曰齊人以歸者，以其喪歸于魯也。齊爲盟主，義得舉法，是伯者之所以行乎諸侯也。**何氏曰：「桓公行霸，王誅不阿親親。」劉氏曰：「哀姜與乎亂，殺二子，幾亡國。齊桓討而誅之，此上之所以行乎下，君之所以行乎臣，伯者所以行乎諸侯之義。魯以臣子不得討，而齊以伯主得舉法。」**既誅其人，又歸其喪，何居？魯欲拒而勿受乎？則子無讎母之義。受而葬之乎？已絶者復得享小君之禮，典刑紊矣。故特書以歸，而不曰歸夫人之喪，以者，不以者也。**

沙隨程氏曰：「齊人以歸者，以其喪歸于我。或謂齊人取其尸歸于齊者，非也。既薨于齊地，則以歸者，歸于我也。或問齊人以歸，是齊人於此時告魯，許之以將歸姜氏歟？抑齊人於此時送姜氏喪還魯也？若此時送喪還，則曷爲至十二月方至？據七月薨于夷，至是半年方至，何其久也！」茅堂胡氏曰：「齊人既殺姜氏，魯人請于齊而桓公許之，然後以夫人喪禮往逆之。其曰以歸，不必在薨之月也。」張氏曰：「自文姜弑桓公，得逃致辟，而淫縱益甚。使魯國三四十年，濁亂昏迷，卒成再弑其君之禍。至此齊桓舉方伯之職，慶父、哀姜皆死，然後三綱稍明，人倫粗正。此縱罪誅惡，失得之明驗也。」臨川吴氏曰：「自齊桓既伯之後，諸侯無敢有弑君者，僅魯有弑閔一事。然亂賊遄誅，無得幸免，伯政之有功於世道也。哀姜襄女，桓公以義奪恩，必殺無赦，與石碏殺厚義同。」〇汪氏曰：「以歸之義，文定及程沙隨皆謂齊以喪歸魯。竊詳以歸之後，越一百七十日始至，無是理也。經凡言以歸者，歸其國也，戎伐凡伯于楚丘以歸，杞伯逆叔姬之喪以歸是也。凡言歸者，歸于魯也，王使榮叔歸含且賵，齊人歸公孫敖之喪是也。當從《左氏》，謂齊以其喪歸也。《公》、《穀》又謂以歸于夷，然于夷在以歸之上，則自夷而以歸。夷或爲魯地，或齊地，雖不可考，蓋殺之于夷而以喪歸齊國，然後魯請而歸于魯耳。不然，何以曰夫人氏之喪至自齊，而不言至自夷，與至自乾侯同文乎？書齊人以歸，所以著齊人殺之也。不曰齊侯而曰齊人，討賊之詞也。《左氏》謂齊人殺哀姜爲已甚，然先儒謂武后簒唐，唐之臣子猶當廢爲庶人而戮之，况齊桓而不可殺哀姜乎！」

楚人伐鄭。荆始書楚。《左傳》：「鄭即齊故也。」

楚稱人，浸强也。汪氏曰：「或謂前此稱荆人則爲進之，此稱人則以爲浸强，何也？蓋來聘來盟，則嘉其慕義於中國，故曰進之。侵伐中國，著其陵暴，故曰浸强也。」**莊公十年敗蔡師，虜獻舞，固已强矣。然獨舉其號者，始見于經，則本其僭竊之罪，正其夷狄之名，著王法也。二十三年來聘，嘉其慕義，乃以人書。二十八年伐鄭，惡其猾夏，復以號舉。至是又伐鄭也，亦書人者，豈許其伐國而人之乎？會中華，執盟主，朝諸侯，長齊、晉，其所由來者漸矣。**孫氏曰：「敗蔡入蔡稱荆，來聘始進稱人，伐鄭又稱荆。今曰楚人伐鄭者，以其兵衆地大，漸通諸夏，自此十數年，侵伐用兵，皆稱人焉。」張氏曰：「荆至是稱楚者，蓋荆乃州名，《商頌》稱奮伐荆楚，則楚亦其國舊名。前此侵敗中國，皆以州舉，獨來聘稱人，自此始稱國稱人，則浸强而陵駕中國。然終齊桓世，雖伐滅小國止稱人者，以桓之力猶足以制之也。桓没而宋襄霸，然後始列於會盟，偃然主諸侯，而《春秋》有以爵書者矣。」廬陵李氏曰：「荆自莊十九年文王卒，子堵敖立，堵敖幼弱，數年之間，兵患不起。二十二年熊頵殺兄而立，是爲成王。二十三年來聘，漸有事於中國矣。而母壯子少，子元專權，尚不能逞。至三十年，鬭班殺子元，鬭穀於菟爲令尹，自毁其家，以紓楚國之難，於是楚勢復强。張氏謂其始定改號曰楚，以交於中國。疑亦得之。」

八月，公會齊侯、宋公、鄭伯、曹伯、邾人于檉。檉，勑呈反。《公》作「朾」。《左傳》：「盟于犖，謀救鄭也。」孫氏曰：「楚人伐鄭，故桓合諸侯于檉。」杜氏曰：「犖即檉，宋地，陳國陳縣西北有檉城。」張氏曰：「楚人伐鄭，桓公不遽救而會諸侯謀之。蓋楚方强，而公謀制楚，十全之策也。」汪氏曰：「經書會而《左氏》言盟，傳誤耳。」**九月，公敗邾師于偃。** 敗，必邁反。偃，《公》作「纓」。《左傳》：「虛丘之戍將歸者也。」《穀梁傳》：「不日，疑戰也。疑戰而曰敗，勝内也。」杜氏曰：「偃，邾地。」

檉之會謀救鄭，而公與邾人咸與焉，則是志同而謀協也。今既會邾人于檉，又敗邾師于偃，於此責公無攘夷狄、安中國之誠矣。凡此類，皆直書其事而義自見也。詐戰曰敗，敗之者爲主。 張氏曰：「楚人陵駕上國，公與邾同會于檉以謀之。曾未兩月，僖公遽以詐敗邾師，不務睦鄰事霸，而僥一時之利，足以見僖公之罪矣。」高氏曰：「邾受姜氏，公不請於會而討之，乃既會而敗其師，非禮也。」

冬，十月壬午，公子友帥師敗莒師于酈，獲莒挐。 敗，必邁反。酈，力知反。《公》作「犁」，《穀》作「麗」。挐，女居、女加二切。《左傳》：「冬，莒人來求賂，公子友敗諸酈，獲莒子之弟挐。非卿也，嘉獲之也。公賜季友汶陽之田及費。」《公羊傳》：「莒挐者何？莒大夫也。莒無大夫，此何以書？大季子之獲也。何大乎季子之獲？季子治内難以正，禦外難以正。其禦外難以正奈何？公子慶父弒閔公，走而之莒，莒人逐之。將由乎齊，齊人不納。却反舍于汶水之上。使公子奚斯入請，季子曰：『公子不可以入，入則殺矣。』奚斯不忍反命于慶父，自南涘北面而哭。慶父聞之，曰：『嘻，此奚斯之聲也。』諾已，曰：『吾不得入矣。』於是抗輈經而死。莒人聞之，曰：『吾已得子之賊矣。』以求賂乎魯，魯人不與。爲是興師而伐魯，季子待之以偏戰。」《穀梁傳》：「莒無大夫，其曰莒挐何也？以吾獲之目之也。内不言獲，此其言獲何也？惡公子之紿。紿者奈何？公子友謂莒挐曰：『吾二人不相説，士卒何罪？』屏左右而相搏。公子友處下，左右曰『孟勞』，孟勞者，魯之寶刀也，公子友以殺之。然則何以惡乎紿也？曰棄師之道也。」杜氏曰：「酈，魯地。大夫生死皆曰獲。」

按《公羊》：慶父走莒，莒人逐之。將由乎齊，齊人不納。却反舍于汶水之上。使奚斯入請，不可而死。莒人曰「吾已得子之賊」，以求賂乎魯。魯人弗與，爲是興師而來伐。然則罪在莒也，而以季友主此戰何也？抑鋒止鋭，喻以詞命，使知不縮而引去，則善矣。今至於兵刃既接，又用詐謀擒其主將，此强國之事，非王者之師，《春秋》之志，故以季友爲主而書敗獲，責之備也。高氏曰：「書公子友帥師，見其擁兵得衆，而不能明大義以討慶父之罪，反以賂求於莒，而卒至興師詐戰，以毒鄰國無辜之民也。《春秋》以季友主此戰，且謹而日之，所以深責之也。獲挐所以絶慶父之賂。凡小國大夫不名，以事接我則名。」汪氏曰：「莒人受賊而責賂，固罪也。魯之詐戰亦罪也。《左氏》、《公羊》皆謂予季友之獲，今考經書鄭獲蔡公子燮、宋華元，吴獲陳夏齧、齊國書，未有以書獲爲善者。此於公子友書敗、書獲，則責在季友耳。若夫慶父奔莒而不書莒人殺慶父，與宋萬奔陳而不書陳人殺萬同義。其黨惡責賂之罪，蓋在其中矣。何必謂嘉季子之獲哉！」〇劉氏曰：「《左氏》云『非卿也，嘉獲之也』，非也。莒挐與鄭詹何異哉？何以必其非卿？就令非卿，但是主將亦當書也。」啖氏曰：「《穀梁》云季友搏殺莒挐，按季友賢哲之士，寧爲匹夫之事乎？傳誣也。」廬陵李氏曰：

「敗獲之書，《左氏》、《公羊》皆美季子之功，《穀梁》紿戰，雖江熙、范甯亦不取。然觀胡氏用詐謀擒其主將之說，又似若本此。《春秋》書獲六，始於此。」又曰：「季氏有費始此，詳見襄七年城費下。」

十有二月丁巳，夫人氏之喪至自齊。《左傳》：「君子以齊人殺哀姜也，爲已甚矣，女子從人者也。」《公羊傳》：「夫人何以不稱姜氏？貶。曷爲貶？與弑公也。然則曷爲不於弑焉貶？貶必於重者，莫重乎其以喪至也。」《穀梁傳》：「其不言姜，以其殺二子貶之也。或曰爲齊桓諱，殺同姓也。」

夫人預弑二君，幾於亡國，大義已絶，不可復入宗廟矣。書「孫于邾」、「薨于夷」者，絶哀姜也。書「齊人以歸」，「夫人氏之喪至自齊」者，譏桓公也。不稱姓者，殺于齊。不去氏者，受於魯。 王氏曰：「不稱姓，則許齊桓之能殺。不去氏，則罪僖公之受葬。」劉氏曰：「夫人何以不稱姜氏？貶。曷爲貶？夫人與於亂。桓公正其罪而討之，則安可復配宗廟哉？然則曷爲不於死焉貶？夫人姜氏薨於夷，齊人以歸，則上之行乎下也，義已矣。故臣子可緣伯主之命以尊宗廟，伯主亦可緣天子之法以絶魯私請。今齊以公義討之，而魯以私意請之，君子以爲非義，不可通乎《春秋》，是以貶乎其以喪至也。」高氏曰：「齊誅之，是齊已絶之矣。魯請之，是魯不忍絶之也。是以聖人因其喪至，特去姜以絶之於齊，而存夫人氏以見魯之不忍也。然則哀姜之喪不當歸魯，將如之何？曰：即其死所而葬之，可也。」孫氏曰：「閔二年孫邾，不貶姜氏，不以子討母也。此而貶者，正王法也。不去氏，殺子之罪比文姜差輕。」何氏曰：「刑人于市，與衆棄之。故必於臣子集迎之時貶之，所以明誅得其罪，因正王法所加，臣子不得以夫人禮治其喪也。」張氏曰：「齊人殺哀姜以歸其國，僖公請而葬之。《春秋》於其喪至而貶，不稱姜，以罪魯僖之不知義也。哀姜得罪於先君，見誅於方伯，而可以配祖廟，秩烝嘗乎？」○劉氏曰：「《穀梁》云：『不言姜，爲齊桓諱，殺同姓也。』非也。夫人挾小君之尊而弑二子，魯人終不敢討也。桓公爲伯主，疾禍亂之所生，豈得顧同姓哉！此非《春秋》所耻，則非《春秋》所諱矣。」汪氏曰：「文定謂書夫人喪至以譏齊桓，據劉氏專責魯僖之請，姑兩存之。」廬陵李氏曰：「齊殺哀姜，《公》、《穀》、劉氏、胡氏皆以爲義，獨《左氏》曰：『君子以齊人之殺哀姜也爲已甚矣。女子從人者也。』杜氏又以不稱姜爲闕文，是不察於《春秋》之公義矣。」

癸亥惠王十九年。**二年**齊桓二十八。晉獻十九。衛文二。蔡穆十七。鄭文十五。曹昭四。陳宣三十五。杞惠十五。宋桓二十四。秦穆二。楚成十四。**春，王正月，城楚丘。**《左傳》：「春，諸侯城楚丘而封衛焉。不書所會，後也。」《公羊傳》：「孰城？城衛也。曷爲不言城衛？滅也。孰滅之？蓋狄滅之。曷爲不言狄滅之？爲桓公諱也。曷爲爲桓公諱？上無天子，下無方伯，天下諸侯有相滅亡者，桓公不能救，則桓公耻之也。然則孰城之？桓公城之。曷爲不言桓公城之？不與諸侯專封也。曷爲不與？實與而文不與。文曷爲不與？諸侯之義不得專封。諸侯之義不得專封，則其曰實與之何？上無天子，下無方伯，天下諸侯有相滅亡者，力能救之則救之可也。」《穀梁傳》：「楚丘者何？衛邑也。國而曰城，此邑也。其曰城何也？封衛也。則其不言城衛何也？衛未遷也。其不言衛之遷焉何也？不與齊侯專封也。其言城之者，專辭也。故非天子不得專封諸侯，諸侯不得專封諸侯。雖通其仁，以義而不與也。故曰仁不勝道。」

楚丘，衛邑。桓公帥諸侯城之而封衛也。《國語》：「衛人廬于曹，桓公城楚丘以封之。」**不書桓**

公，不與諸侯專封也。汪氏曰：「不言桓公，又不書諸侯者，略之，使若魯自城爾。」孫氏曰：「此會檉之諸侯城楚丘也。不言諸侯，貶也。」**《木瓜》美桓公而夫子録之，**《詩・木瓜》小序：「美齊桓公也。衛國有狄之敗，出處于漕。齊桓公救而封之，衛人思之，欲厚報之。」**意豈異乎？不與專封，正王法也。《木瓜》有取焉，善衛人之情也。**朱子曰：「《詩》録《木瓜》，即春秋序績之意。亦以善衛人之情也。豈以齊桓之事盡可法哉！」**曷爲善之報者？天下之利，以德報德，則民有所勸矣。城楚丘略而不書，城邢詞繁而不殺，何也？按周制，凡封國，大宗伯儐，司几筵設黼扆，内史作策命，**《周禮・大宗伯》：「王命諸侯則儐。」注：「儐，進之也。王將出命，假祖廟，立扆前南鄉，儐者進，當命者延之，命使登，内史由王右以策命之。降再拜稽首，登，受策以出。」《司几筵》：「凡封國命諸侯王位設黼扆。」《内史》：「凡命諸侯及孤卿大夫，則策命之。」**是天子大權，非諸侯所得擅而行之者也。衛人渡河，野處曹邑，許穆夫人閔其亡而《載馳》賦，文公徙居楚丘而後百姓悦。則其國固嘗亡滅而不存矣。**《詩・定之方中》小序：「衛爲狄所滅，東徙渡河，野處曹邑。齊桓公攘戎狄而封之，文公徙居楚丘，始建城市而營宫室，百姓説之。」**城楚丘，是擅天子之大權而封國也。**汪氏曰：「僖二十八年，子玉告於晉，請復衛侯而封曹。宣十一年，楚復封陳，蓋毁其宗廟，失其爵位，而復命爲諸侯皆謂之封。夫諸侯有國，受之天子，繼世嗣位，則承之先君。非受之天子，承之先君，而霸者命之，則爲專封矣。」**邢遷于夷儀，經以自遷爲文，則其遷出於己意，其國未嘗滅也。諸侯城邢，**

是謂同惡相恤以從簡書，故詞繁而不殺，美救患也。永嘉吕氏曰：「狄之再伐邢也，齊救之。既遷也，齊城之。前有救患之師，後無專封之失，此《春秋》之所予也。書狄入衛而不書救，則前無救患之師矣。書城楚丘而衛不言遷，則後有專封之失矣。此《春秋》之所奪也。」桓公封衛而衛國忘亡，其有功於中華甚大，爲利於衛人甚博，宜有美詞發揚其事。今乃微之若此者，正其義不謀其利，明其道不計其功，略小惠，存大節，《春秋》之法也。故曰：「五伯三王之罪人。仲尼之徒，無道桓、文之事者。」劉氏曰：「桓公之封衛，德莫大焉。雖衛人亦自以謂桓公之於我，德莫大焉。《春秋》書之，曾無以異於常諸侯爾。彼衛已滅矣，無王命而擅封之，是擅王命也。擅王命，諸侯之大罪也。故以小惠評之，則桓公爲有德。以大法論之，則諸侯無專封。孟子曰『五伯三王之罪人』，此之謂也。齊桓城楚丘，蓋城者非獨魯也。而獨書魯者，以彼之爲未足以爲功，故反循吾之常義而稱城焉耳。晉文使諸侯朝王，蓋朝者亦非獨魯也，而獨書魯者，以彼之爲未足以爲功，故反循吾之常道而稱朝焉耳。《春秋》貴義不貴惠，貴正不貴功，略小善而優大節，以正待人而已矣。」張氏曰：「衛雖當封，而周室尤不可以不尊。故略齊桓之功，而止書魯人之往城，所以抑霸權而尊王室也。」高氏曰：「宋子魚曰：齊桓存三亡國，義士猶或薄之，斯可見當時已不與齊桓之封也。苟桓公既逐狄人，請命於天子而城之，既城矣，請命於天子而封之，如是，則天王命諸侯城楚丘以封衛，而桓公之德在其中矣。《詩》曰：『王命仲山甫，城彼東方。』又曰：『經營四方，告成于王。』以此言之，凡城必由天子之命，及其成也，又告于王可也。豈得自專哉。」汪氏曰：「衛之滅也，《春秋》不書滅，戴公廬于曹而不言遷。桓公使公子無虧戍以甲士，歸其祭服乘馬，而不書救。凡皆所以隱桓公之封衛，蓋其功不足以揜過，是以略其事而微其功也。夫城邢、城杞皆以國書，惟城緣陵不繫國。此不繫衛，則城緣陵之例也。城邢序三國之師，城杞序十一國之大夫，城緣陵諸侯以凡舉，惟戍陳，歸粟于蔡，不言諸侯。此不言諸侯，則戍陳、歸粟于蔡之例也。然曰戍、曰歸粟，雖若魯事，猶目陳、蔡，而楚丘之書法與魯邑無異，則深諱齊桓之專封，而備責之也歟！葵丘之命，曰無有封而不告，桓公不得逭其責矣。」○劉氏曰：「《穀梁》云：『國而曰城，此邑也。而曰城何也？』非也。邑亦謂之城爾。若不謂之城，當謂之何哉？」

夏，五月辛巳，葬我小君哀姜。《公羊傳》：「哀姜者何？莊公之夫人也。」高氏曰：「十有一月而葬，外薨也。喪至五月而葬也。」茅堂胡氏曰：「書哀姜孫于邾，薨于夷，夫人氏之喪至，其誅絶之義明矣。及其終書曰，葬書小君謚，更無所貶者，此亦《春秋》端本澄源，治於未亂之意也。文姜亦然。始而不謹，終欲正之，可乎？」臨川吴氏曰：「哀姜有罪，齊桓以霸令誅之者，義也。然姜實莊公之正配，僖公之適母也。子無絀母之道，故僖公以小君之禮葬之也。」○**虞師、晉師滅下陽。**《公》、《穀》作「夏陽」。晉始見經。《左傳》：「晉荀息請以屈産之乘與垂棘之璧，假道於虞，以伐虢。公曰：『是吾寶也。』對曰：『若得道於虞，猶外府也。』公曰：『宮之奇存焉。』對曰：『宮之奇之爲人也，懦而不能强諫，❶且少長於君，君暱之，雖諫，將不聽。』乃使荀息假道於虞，曰：『冀爲不道，入自顛軨，伐鄍三門。冀之既病，則亦唯君故。今虢爲不道，保於逆

❶「懦」，原作「儒」，今據四庫本及阮刻本《春秋左傳正義》改。

旅，以侵敝邑之南鄙。敢請假道，以請罪于虢。』虞公許之，且請先伐虢。宮之奇諫，不聽。遂起師。夏，晉里克、荀息帥師會虞師伐虢，滅下陽。先書虞，賄故也。」《公羊傳》：「虞，微國也。曷爲序乎大國之上？使虞首惡也。曷爲使虞首惡？虞受賂，假滅國者道以取亡焉。其受賂奈何？獻公朝諸大夫而問焉，曰：『寡人夜者寢而不寐，其意也何？』諸大夫有進對者曰：『寢不安與？其諸侍御有不在側者與？』獻公不應。荀息進曰：『虞、郭見與？』獻公揖而進之。遂與之入而謀曰：『吾欲攻郭，則虞救之。攻虞，則郭救之。如之何？願與子慮之。』荀息對曰：『君若用臣之謀，則今日取郭，而明日取虞爾。君何憂焉。』獻公曰：『然則奈何？』荀息曰：『請以屈産之乘與垂棘之白璧往，必可得也。則寶出之內藏，藏之外府。馬出之內廐，繫之外廐爾，君何喪焉？』獻公曰：『諾。雖然，宮之奇存焉，如之何？』荀息曰：『宮之奇知則知矣，雖然，虞公貪而好寶，見寶必不從其言。請終以往。』於是終以往。虞公見寶許諾。宮之奇果諫：『記曰：❶「脣亡則齒寒。」虞、郭之相救，非相爲賜。則晉今日取郭，而明日虞從而亡爾。君請勿許也。』虞公不從其言，終假之道以取郭。還四年，反取虞。虞公抱寶牽馬而至，荀息見曰：『臣之謀何如？』獻公曰：『子之謀則已行矣。寶則吾寶也，雖然，吾馬之齒亦已長矣。』蓋戲之也。夏陽者何？郭之邑也。曷爲不繫于郭？國之也。曷爲國之？君存焉爾。」《穀梁傳》：「非國而曰滅，重夏陽也。虞無師，其曰師何也？以其先晉，不可以不言師也。其先晉何也？爲主乎滅夏陽也。夏陽者，虞、虢之塞邑也。滅夏陽而虞、虢舉矣。虞之爲主乎滅夏

❶「記」，四庫本作「語」。

陽，何也？　晉獻公欲伐虢，荀息曰：『君何不以屈産之乘、垂棘之璧而借道乎虞也？』公曰：『此晉國之寶也。如受吾幣而不借吾道，則如之何？』荀息曰：『此小國之所以事大國也，彼不借吾道，必不敢受吾幣。如受吾幣而借吾道，則是我取之中府而藏之外府，取之中廐而置之外廐也。』公曰：『宮之奇存焉，必不使受之也。』荀息曰：『宮之奇之爲人也，達心而懦，又少長於君。達心則其言略，懦則不能彊諫，少長於君則君輕之。且夫玩好在耳目之前，而患在一國之後，此中知以上乃能慮之。臣料虞君，中知以下也。』公遂借道而伐虢。宮之奇諫曰：『晉國之使者，其辭卑而幣重，必不便於虞。』虞公弗聽。遂受其幣而借之道。宮之奇諫曰：『語曰：脣亡則齒寒，其斯之謂與！』挈其妻子以奔曹。獻公亡虢五年而後舉虞。荀息牽馬操璧而前曰：『璧則猶是也，而馬齒加長矣！』」程子曰：「虞假道而助晉伐虢，虢之亡，虞實致之，故以虞爲主。下陽，邑也。虢之亡由此，故即書滅。」杜氏曰：「下陽，虢邑，在河東大陽縣。」張氏曰：「下陽與上陽對，在陝州平陸縣。上陽在陝縣，虢所都也。虞，周太王子仲雍所封。虢，文王弟虢叔之後。晉，成王弟唐叔之後。」

按《孟子》，晉人以垂棘之璧與屈産之乘，假道於虞以伐虢。宮之奇諫，百里奚不諫。然則晉人造意，以虞首惡，何也？貪得重賂，遂其强暴，滅兄弟之國，以及其身而亡其社稷，所以爲首乎！　薛氏曰：「虞啓晉伐下陽，非虞則晉不能伐虢。滅虢，則虞非虞之有也。先虞於晉，虞之罪也。」永嘉呂氏曰：「州吁告于宋而後伐鄭，序宋主兵。晉請於虞而後伐虢，序虞爲首。蓋從州吁之請者宋也，則伐鄭之役宋實爲之，衛不能以自必也。從晉人之請者虞也，則伐虢之師虞實爲之，晉亦不能以自必也。」茅堂胡氏曰：「滅下陽者，晉主謀也。而以虞首惡，何哉？《春秋》誅惡，皆罪其與之爲惡者，故以齊首石曼姑，以宋首州吁，以虞首晉，以子家首子公。先儒以滅漢者張禹，非王氏。亡唐者李勣，非武后。得《春秋》之意矣。」**《春秋》聖人律令也，觀此義可以見法矣。唐高宗賜其臣長孫無忌金寶繒錦，欲以立武昭儀。雖無忌終不順旨，君子猶譏其没於利，而不反君之賜也。**《通鑑》：「永徽五年，上欲立武昭儀爲后，恐大臣不從，乃與昭儀幸長孫無忌第，酣飲極歡。拜無忌寵姬子三人爲朝散大夫。仍載金寶繒錦十車以賜。上因諷無忌，無忌對以他語。明年召無忌等言立武后，無忌以爲不可。范氏祖禹曰：『大臣欲以義正君，而先没於利，則不足爲重矣。苟能辭官反賜，使知大臣之不可誘以利，亦足以格其非心矣。』」**矧受他人之賂，遂其强暴者乎？國而曰滅，下陽，邑爾。其書滅何也？下陽，虞、虢之塞邑。**徐彦曰：「虢之滅由於夏陽之亡，郢之入由於州來之亡，故皆書滅。」**猶秦有潼關，**汪氏曰：「潼關乃黄河衝激華山之東，兩山夾立，窄狹僅容單車，一夫可守。」**蜀有劍嶺，**汪氏曰：「劍門天下壯，壁立萬仞，窮地之險，極路之峻。一夫當關，萬夫莫捍。」**皆國之門户也。潼、劍不守則秦、蜀破，下陽既舉而虞、虢亡矣。《春秋》此義，以天下爲家，以城郭溝池爲固，以山川丘陵爲險，設之以守國而待暴客者也。**《易·坎》彖傳：「地險，山川丘陵也，王公設險以守其國。」《大傳》：「重門擊柝，以待暴客。蓋取諸豫。」**其衰世之意邪！**茅堂胡氏曰：「孔子曰『大道之行也，天下爲公』，外户不閉，大道既隱，天下爲家，城郭溝池以爲固。《易》之興也，其於中古乎？作《易》者其有憂患乎？《春秋》兼盛衰之世而立法，如書城中城之類，見城守之不可全恃。如書滅下陽之類，又見其有險而不能自守也。」張氏曰：「晉武公以曲沃伯簒晉，獻公嗣立，浸以兵吞噬近地之小國。晉與虞、虢爲鄰，自莊公末，因虢人侵晉，而謀於士蔿以圖虢。今始與虞伐之。蓋先以重賂間虞、虢之交，使虞人不知其謀，忘輔車相依之勢，反道晉以滅下陽。下陽者，控制虞、虢之要地。晉取下陽而二國舉矣。故《春秋》於此書滅，以虞首兵，如邾之道鄭，所以見虞之自取滅亡也。」高氏曰：「不曰虞人、晉人而曰師者，著其恃衆以凌虐也。取邑而言滅者，下陽，虢之所保，下陽取而虢亡，不待殞其社稷也。聖人書鄭伯入于櫟，而不書入鄭，書虞、晉滅下陽，而不書滅虢，觀物有要矣。」廬陵李氏曰：「《春秋》書滅下陽，罪虢之不能守險。書城虎牢，罪鄭之不能保險。書法同，皆衰世之意。」又曰：「晉姬姓，侯爵，自唐叔始受封，傳九世至穆侯。穆侯生大子仇及成師，仇爲晉文侯，周平王東遷有功，受策命，《書·文侯之命》是也。魯惠公二十四年文侯卒，子昭侯立，晉始亂。封成師于曲沃，是爲桓叔。叔卒，子莊伯立。隱七年莊伯卒，子稱立。桓八年曲沃併晉，王命虢公立晉侯緡。莊十六年曲沃復滅晉，盡以其寶器賂周，僖王命曲沃伯以一軍爲晉侯，是爲武公。莊十七年武公卒，獻公佹諸立。十八年晉獻公朝王。二十六年虢再侵晉。二十七年晉將伐虢，士蔿曰：『不可。虢公驕，驟勝於我，必棄其民。無衆而後伐之，誰與？』二十八年使太子居曲沃。閔元年作二軍，滅耿、滅霍、滅魏。二年使太子伐東山皋落氏。於是晉始大。以前晉事皆不經見，故具于此。」〇趙氏曰：「《公羊》云：『夏陽，郭之邑。曷爲不繫之郭？國之也。曷爲國之？君存焉爾。』若在下陽受兵，何得不見擒乎？《穀梁》云：『虞無師，其曰師何也？以其先晉，不可不言師也。』按經見云虞師，何得謂無師乎？」

秋，九月，齊侯、宋公、江人、黄人盟于貫。《公》作「貫澤」。《左傳》：「秋，盟于貫，服江、黄也。」《公羊傳》：「江人、黄人者何？遠國之辭也。遠國至矣，則中國曷爲獨言齊、宋至爾？大國言齊、宋，遠國言江、黄，則以其餘爲莫敢不至也。」《穀梁傳》：「貫之盟，不期而至者，江人、黄人也。江人、黄人者，遠國之辭也。中國稱齊、宋，遠國稱江、黄，以爲諸侯皆來至也。」杜氏曰：「貫，宋地，梁國蒙縣西北有貫城。江國在汝南安陽縣。黄國在弋陽縣。」

按《左氏》：「盟于貫，服江、黄也。」杜氏曰：「江、黄，楚與國也。始來服齊，故爲合諸侯。」**荆楚天下莫强焉。江、黄者，其東方之與國也。二國來定盟，則楚人失其右臂矣。樂毅破齊，先結韓、趙。**《史記·樂毅傳》：「燕王欲伐齊，樂毅曰：『齊，霸國之餘業，地大人衆，未易獨攻之。必欲伐之，莫若約趙及楚、魏。』於是約趙嚪秦，連楚及魏，諸侯皆許之。樂毅爲上將軍，并護趙、楚、韓、魏、燕之兵以伐齊，破之。」**孔明伐魏，申好江東。雖武王牧野之師，亦誓友邦，遠及庸、蜀、彭、濮八國之人，共爲掎角之勢也。桓公此盟，其服荆楚之慮周矣，其攘夷狄免民於左衽之義著矣。盟雖《春秋》所惡，然諸侯皆在，獨言遠國者，許是盟也。**張氏曰：「齊桓謀楚，先服此二國，皆迫近楚之境者，所以遠交而孤楚之勢。此桓公服楚之規模也。唯宋與盟，不煩諸侯也。」汪氏曰：「貫澤、陽穀之盟會，《公》、《穀》謂諸侯皆在，而止言齊、宋、江、黄以包之。今考《春秋》會盟，未有諸侯在會，而經不書者。蓋中國諸侯之大者，莫大乎齊、宋，齊則伯主，而宋則上公也。與國之遠者莫遠乎江、黄，皆荆楚之羽翼也。齊、宋會盟，而江、黄與焉，則天下諸侯之無不從者可知矣。二傳蓋推言其勢之若是，非諸侯之果皆與盟也。讀者當不以辭害意。」廬陵李氏曰：「貫與陽穀，《公》、《穀》、胡氏皆以爲諸侯皆在。然何氏、范氏之注，則但《春秋》褒以偏至之詞耳。啖子謂春秋會盟，皆據實書之，無舉遠以包近之例。疑張氏説是。」又曰：「江、黄始至于貫，又至于陽穀，又從齊侵陳。黄亡於僖之十二年，江亡於文之四年。」

附録《左傳》：「齊寺人貂始漏師于多魚。」○「虢公敗戎于桑田，晉卜偃曰：『虢必亡矣，亡下陽不懼，而又有功，是天奪之鑑而益其疾也。必易晉而不撫其民矣，不可以五稔。』」

冬，十月，不雨。《公羊傳》：「何以書？記異也。」《穀梁傳》：「不雨者，勤雨也。」范氏曰：「是欲得雨之心勤也。明君之恤民。」杜氏曰：「一時不雨，則書首月。」張氏曰：「書此以見魯國上下皆以無雨爲憂。止書首時，自酉至亥三月皆不雨也。」孫氏曰：「不雨一時即書者，僖公憂民懼災之甚也。」○**楚人侵鄭。**《左傳》：「楚人伐鄭，鬭章囚鄭聃伯。」張氏曰：「楚自莊三十年楚頵已長，殺子元，用子文爲令尹，兵勢浸强，故比年侵伐鄭。若非齊桓專以圖楚爲事，必未能制之於召陵，而執宋公盟諸侯之事，不在僖十九年之後矣。」

甲子惠王二十年。**三年**齊桓二十九。晉獻二十。衛文三。蔡穆十八。鄭文十六。曹昭五。陳宣三十六。杞惠十六。宋桓二十五。秦穆三。楚成十五。**春，王正月，不雨。夏，四月，不雨。**《公羊傳》：「何以書？記異也。」《穀梁傳》：「不雨者，勤雨也。一時言不雨者，閔雨也。閔雨者，有志乎民者也。」

穀梁子曰：「不雨者，勤雨也。每時而一書，閔雨也。閔雨者，有志乎民者也。」范氏曰：「閔，憂也。經一時輒言不雨，憂民之至。」**歷時而總書，**汪氏曰：「謂歷三時而後書，或歷四時而後書。」**不憂雨也，不憂雨者，無志乎民者也。按《詩》稱僖公儉以足用，寬以愛民，務農重穀，則**

誠賢君也。其有志乎民審矣。故冬不雨而書，春不雨而書，夏不雨而書，以著其勤也。張氏曰：「三時不雨，則飢饉荐臻，民命阽危，此《雲漢》之所以編於《詩》。而去年及今年春夏之不雨，書法異於文公，以著其君憂民之憂也。」高氏曰：「不雨八越月而不書旱，何也？凡書旱者，雖有時而雨，猶以不足爲旱也。若直不雨，則旱在其中矣。連於首月書之，見其爲災之久，而僖公以不雨爲念也。」**文公以練祭則緩於作主。**見文公二年。**以宗廟則大室屋壞。**見文公十三年。**以賦政則四不視朔。**見文公十六年。**以邦交則三不會盟。**見文公七年、十五年、十七年。**其無志乎？民亦審矣。故自十有二月不雨至于秋七月而書，**文公二年。**自正月不雨至于秋七月而書，**文公十年、十三年。**以著其慢也。**汪氏曰：「有志乎民者，心在於民而憂民事也。無志乎民者，心不在於民而不憂民事也。何休謂僖公飭過求己，循省百官，放佞臣郭都等，理冤獄四百餘人，精誠感天，不雩而得澍雨。其事雖不可考，然以經意觀之，則僖公必能悔過修政，以消天變矣。故曰《春秋》傳心之要典，書法之不同，君心之所由著也。或謂《春秋》每年備四時，僖公之經，間無異事。則離其首月而各書不雨。文公之經，自有異事，故不復出首月不雨之文。《穀梁》賢僖公而生此説。今考僖公冬不雨之下，書楚人侵鄭，夏不雨之下，書徐人取舒。非無異事也。文公十三年春正月以首時書，而亦不書春王正月不雨。且聖人再書正月，不以爲煩，何獨於不雨，則總書之乎？穀梁子之言，必有所受矣。」

徐人取舒。《公羊傳》：「其言取之何？易也。」杜氏曰：「勝國而不用大師，亦曰取。」茅堂胡氏曰：「取不言滅者，取爲附庸，不絶其祀也。」高郵孫氏曰：「舒者，附庸之國。服屬於楚，徐人自楚取之，使之屬徐也。

取國不言滅，舒之宗祀復存也。」襄陵許氏曰：「舒蓋荆與國，徐人取之，蓋倚齊、魯。」家氏曰：「《魯頌》曰『荆舒是懲』，舒與荆比，而爲中國患，其來久矣。徐人伐舒，爲中國撓楚也。十五年楚伐徐。齊桓率諸侯之師救之。是以知徐蓋受命於齊。」廬陵李氏曰：「按徐偃始稱王，故《春秋》亦狄之。楚敗徐，徐伐莒是也。惟取舒伐英氏得稱人，以附齊也。昭五年從楚伐吴，亦稱人者，楚師有名也。昭三十年滅於吴。」又曰：「外滅國書取者，惟此。《左氏》、《公羊》皆以爲易，趙氏以爲不絶其祀也。夫用兵雖有難易，而滅人之罪無重輕，何得以易而減其滅罪乎？以爲不絶其祀，則書降、書遷足矣。以爲舒自取滅亡，則書潰、書亡足矣。何得稱取？稱取者，與魯兵書滅曰取同文。蓋徐始見經而得書人，始滅國而得書取，是必未滅之辭。故先儒林氏以爲舒者楚之黨。徐人取舒，爲齊桓通伐楚之徑也。《春秋》以其效順於中國也，故書人、書取。此説疑得之，而何氏、張氏乃刺桓公不能救，是不察夷夏之旨也。」**〇六月，雨。**《左傳》：「春不雨，夏六月雨。自十月不雨至于五月，不曰旱，不爲災也。」《公羊傳》：「其言六月雨何？上雨而不甚也。」《穀梁傳》：「雨云者，喜雨也。喜雨者，有志乎民者也。」杜氏曰：「示旱不竟夏。」何氏曰：「所以詳録賢君精誠之感也。」

雨云者，喜雨也。高氏曰：「建巳之月，萬物始盛，待雨而大。古者以是月雩而祈雨，則六月之雨尤爲可喜。」張氏曰：「得雨而喜，見僖公樂民之樂異於文公，所以此書而彼不書也。」**閔雨與民同其憂，喜雨與民同其樂，此君國子民之道也。觀此義，則知《春秋》有懼天災、恤民隱之意。遇天災而不懼，視民隱而不恤，自樂其樂，而不與民同也，國之亡無日矣。**劉氏曰：「文公之書不雨，自十二月至于秋七月，其於民如此之慢也。僖公之書不雨，歷一時則書之，其於民如此之閔也。不獨書六月雨而已，又先書四月不雨，所以見有志乎民，汲汲之甚也。有志乎民汲汲之甚，未足爲聖人之法也，而《春秋》取之者，凡南面而治天下國家者，患不與民同憂，苟不與民同憂，則亦不與民同樂矣。唯有道者不然，己未嘗有憂也，民之所憂，不可不憂。己未嘗有樂也，民之所樂，不可不樂。若是者，以百姓之心爲心，是故與民同憂，王事之始也；與民同樂，王事之成也。」廬陵李氏曰：「一經書雨，此爲特筆，與他公之止書不雨者異矣。而何氏以例之宣公大有年，皆以爲改過之應，恐宣公不可同於僖公也。」〇陸氏曰：「《公羊》云『上雨而不甚也』，按此釋迂僻之甚。」

秋，齊侯、宋公、江人、黃人會于陽穀。《左傳》：「謀伐楚也。」《公羊傳》：「此大會也。曷爲末言爾？桓公曰：『無障谷，無貯粟，無易樹子，無以妾爲妻。』」《穀梁傳》：「陽穀之會，桓公委端搢笏而朝諸侯。諸侯皆諭乎桓公之志。」杜氏曰：「陽穀，齊地，在東平須昌縣北。」

按《左氏》：「謀伐楚也。」汪氏曰：「二年楚侵鄭故。」張氏曰：「去年盟以定其交，今再會，申伐楚之約也。」**或曰侵蔡次陘之師，諸侯皆在，江、黃獨不與焉，則安知其爲謀伐楚乎？曰：兵有聚而爲正，亦有分而爲奇。**《孫子》：「兵以正合，以奇勝。」**諸侯之師同次于陘，所謂聚而爲正也。江人、黃人各守其地，所謂分而爲奇也。次陘大衆厚集其陣，聲罪致討，以震中國之威。江人、黃人各守其境，按兵不動，以爲八國之援，此克敵制勝之謀也。退于召陵而盟禮定，循海以歸而濤塗執，然後及江人、黃人伐陳。則知侵蔡次陘，而二國不會，自爲犄角之勢明矣。此大會而末言者，善是謀也。**家氏曰：「桓公之伐楚，所謂慮勝而動，好謀而成者也。」

宋、魯、鄭、衛，同盟已久，猶未敢聲楚人之罪，必江、黄至而後定計出師。去年盟江、黄，今年會江、黄，皆爲伐楚計也。諸侯之師當其前，江、黄之師擬其後，楚將腹背受敵，有不戰，戰必勝矣。故師次陘而楚遂服。是以《春秋》於貫之盟、陽穀之會，而屢書之。」○汪氏曰：「《公羊》云：『桓公曰：「無障谷，無貯粟，無易樹子，無以妾爲妻。」』竊疑此當在盟葵丘之下。蓋錯簡爾。與《孟子》所載『五命之詞』，及《穀梁》『明禁之目』略同。所謂『障谷貯粟』，即孟子云『曲防遏糴』，《穀梁》所言『雍泉訖糴』也。」

冬，公子友如齊涖盟。《穀》作「公子季友」。涖，《公》、《穀》作「莅」，後同。《左傳》：「齊侯爲陽穀之會，來尋盟。冬，公子友如齊涖盟。」《公羊傳》：「莅盟者何？往盟乎彼也。來盟者何？盟于我也。」《穀梁傳》：「莅者，位也。其不日，前定也。不言及者，以國與之也。不言其人，亦以國與之也。」杜氏曰：「涖，臨也。齊侯自陽穀遣人詣魯來尋盟，魯使上卿詣齊受盟。」襄陵許氏曰：「公蓋有故不會陽穀，是以季友往涖盟。」汪氏曰：「既稱涖盟，則魯君遣使出境之時，已命之往盟，而非大夫之專盟矣。經書涖盟者四，惟此年季友之盟，佐齊桓謀伐楚，有輔伯之善。文七年穆伯如莒，則小國請之，而勉强以結盟，初無恤小之誠。昭七年叔孫昭子之盟齊，定十一年叔還之盟鄭，則皆結好叛晉，而爲背伯之謀，不足取矣。《穀梁》以謂不言及者，以國與之也。不言其人，亦以國與之也。此當在來盟之下，誤重出爾。」○廬陵李氏曰：「涖盟對來盟爲義。《公羊》説得之。趙子曰：『來盟，彼欲之也。不書其誰，敵者也。莅盟，我欲之也。不書其誰，敵者也。皆簡辭也。』其説固然。但觀胡氏於『良夫來盟』下注云：『來盟爲前定者，嘗有約言矣。未足效信而釋疑，復遣使固結之爾。』則莅盟爲前定之説亦是。胡氏所以無傳者，通於此例也。」○**楚人伐鄭。**《左傳》：「鄭伯欲成，孔叔不可。曰：『齊方勤我，棄德不祥。』」汪氏曰：「楚師三至于鄭，連年侵伐，齊桓不救，而孔叔猶有勤我之言。蓋知于檉、于貫、陽穀之會，皆爲伐楚救鄭之謀故也。」廬陵李氏曰：「楚自莊十六年以來，五加兵于鄭矣。」

附録《左傳》：「齊侯與蔡姬乘舟于囿，蕩公。公懼，變色，禁之，不可。公怒，歸之。未之絶也。蔡人嫁之。」

乙丑惠王二十一年。**四年**齊桓三十。晉獻二十一。衛文四。蔡穆十九。鄭文十七。曹昭六。陳宣三十七。杞惠十七。宋桓二十六。秦穆四。楚成十六。**春，王正月，公會齊侯、宋公、陳侯、衛侯、鄭伯、許男、曹伯侵蔡。蔡潰，遂伐楚，次于陘。**《左傳》：「春，齊侯以諸侯之師侵蔡。蔡潰，遂伐楚。楚子使與師言曰：『君處北海，寡人處南海，唯是風馬牛不相及也。不虞君之涉吾地也何故？』管仲對曰：『昔召康公命我先君大公，曰：「五侯九伯，女實征之，以夾輔周室。」賜我先君履，東至于海，西至于河，南至于穆陵，北至于無棣。爾貢包茅不入，王祭不共，無以縮酒，寡人是徵。昭王南征而不復，寡人是問。』對曰：『貢之不入，寡君之罪也，敢不共給。昭王之不復，君其問諸水濱。』師進，次于陘。」《公羊傳》：「潰者何？下叛上也。國曰潰，邑曰叛。其言次于陘何？有俟也。孰俟？俟屈完也。」《穀梁傳》：「潰之爲言，上下不相得也。侵，淺事也。侵蔡而蔡潰，以桓公爲知所侵也。不土其地，不分其民，明正也。遂，繼事也。次，止也。」杜氏曰：「民逃其上曰潰。陘，楚地，潁川召陵縣南有陘亭。」

潛師掠境曰侵，侵蔡者，奇也。家氏曰：「齊距楚數千里，跋履險阻，久而後涉其境。楚得以爲備，勝負未可知也。故桓公先侵蔡，道蔡以及楚，楚欲聚而保險，已無及矣。欲出而求戰，知弗敵矣。」薛氏曰：「侵蔡以攻其捍蔽。」朱子曰：「齊謀伐楚已在前。本是伐楚，特因以侵蔡爾，非素謀也。」**聲罪致討曰伐，伐楚者，正也。遂者，繼事之詞而有專意。次，止也。楚貢包茅不入，王祭不共，無以縮酒，桓公是徵。**杜氏曰：「包，裹束也。茅，菁茅也。束茅而灌之以酒爲縮酒。《尚書》：包匭菁茅。」范氏曰：「菁茅，香草，所以縮酒。楚之職貢。」《括地志》：「辰州盧溪縣西南三百五十里有包茅山。」《武陽記》：「山際出包茅，有刺而三脊。」茅堂胡氏曰：「桓公伐楚，聲大義以責之，曰『爾貢包茅不入，王祭不共，無以縮酒』，正也。」朱子曰：「桓公伐楚，仗義執言，不由詭道，故夫子稱正而不譎。」**而楚人服罪，師則有名矣。孟氏何以獨言春秋無義戰也？**朱子曰：「諸侯有罪，則天子討而正之。故《春秋》每書諸侯戰伐之事，必加譏貶，以著其擅興之罪。無有以爲合於義而許之者。但就中彼善於此者則有之，召陵之師之類是也。」**譬之殺人者，或曰：「人可殺歟？」曰：「可。」「孰可以殺之？」曰：「爲士師則可以殺之矣。」「國可伐歟？」曰：「可。」「孰可以伐之？」曰：「爲天吏則可以伐之矣。」楚雖暴横，憑陵上國，齊不請命，擅合諸侯，豈所謂爲天吏以伐之乎？《春秋》以義正名，而樂與人爲善。以義正名，則君臣之分嚴矣。樂與人爲善，苟志於善斯善之矣。書「次于陘」、「楚屈完來盟于師」、「盟于召陵」，序其績也。**杜氏曰：「楚强，齊欲綏之以德，故不速進而次陘。」何氏曰：「桓公不頓兵血刃，以文德優柔服之，故詳録其次止，善其重愛民命。」蜀杜氏曰：「楚之病中國久矣。齊桓患其强暴，是以會諸侯欲伐而攘之。猶懼楚勢之强，思全必勝之功，故先侵蔡以震其威，而後伐楚。是則齊桓用兵之心，淺於蔡而深欲圖楚也。兵至蔡而潰，桓公不土其地，不分其民，以此知桓公志於伐楚而不在於侵蔡也。」陳氏曰：「《春秋》舉重，凡師再有事不悉書，苟悉書則以遂言之。兵事言遂，必關於天下之大故也。楚入春秋浸强矣，而諸夏之交兵，非以定簒弑，則修怨而已。問不及楚也。桓公始有志於夷夏之分，於是伐楚而以侵蔡召諸侯，書曰『遂伐楚』，言志不在蔡也。伐而後次，見桓公之不戰而詘楚也。桓合九國之衆以討楚，兵莫盛於此，楚雖强，足以一戰矣。而臨楚不戰，楚人爲之詘，使其大夫即盟于師，桓公不但以力服人矣。」張氏曰：「蔡自獻舞以來，屈服于楚。桓公欲討楚而加兵于附楚之蔡，先責其以文王之胄，而甘心於僭竊之夷。蔡衆既潰，則威震而兵强，故可以遂伐楚也。楚自桓二年蔡、鄭會鄧，已懼其爲中國患。又積五十年富强吞併之力，今比年伐鄭，氣陵中國。所幸桓公舉管仲以治民訓兵，至此方能率諸侯之師，正其罪而討之。使其君臣震恐，遣使如師，可謂有功於中國矣。然桓公本無湯、武之學，而管仲復未嘗有聞於君臣之大義，故揆之天吏討罪之法，則不奉天子之命，未敢正其僭王之罪，僅致屈完來盟。然其與屈完觀師，恃力驕矜，形於辭色，遂來方城、漢水之對。屈完之歸，率踐此言。時出于紀，滅弦伐黄，故曾西鄙其功烈之卑，書遂以譏其專。書次以著其師有節制，用能懾懼楚人，免民左衽也。」臨川吴氏曰：「孫子云：『百戰百勝，非用兵之善。不戰而屈人兵者，善也。』齊以楚之猾夏而聲罪致伐，然楚衆方强，若不持重而輕進深入，則勝負之數未可知也。故次于陘，以待其自來屈服。所以爲節制之師，合於不戰屈人兵之善也。」王氏曰：「晉文退三舍避楚，亦桓公退次召陵之意。使得臣服義，則亦不戰矣。或問桓公伐楚，不責以僭王之罪。蓋桓公每事持重，當時楚甚强大，僭王已非一日，若以此問之，只宜楚即服罪。不然，齊豈遽保其必勝哉！」朱子曰：「然。」汪氏曰：「成三年諸侯伐鄭，次于伯牛。襄十六年伐許，次于函氏。皆不書次。其次不足善也。惟襄元年晉悼遣韓厥伐鄭，而以諸侯之師次于鄫，不欲悉師以攻鄭，近於齊桓次陘之意。《春秋》伐而次者，齊桓、晉悼爲庶幾矣。或謂桓伯之初，不能救蔡，蔡之從楚，實不得已。桓之伐楚，不當先侵蔡。今考侵蔡之後，蔡終不與齊桓之會。晉文僅能致蔡於踐土于温翟泉，而厥後專意事楚。則桓之討蔡，豈曰過乎？」廬陵李氏曰：「伐而次者，此年與襄元年伐鄭次鄫同例，皆整兵慎戰之意也。」〇劉氏曰：「《公羊》云『國曰潰，邑曰叛』，非也。潰者民潰，叛者臣叛，非繫國邑爲别也。又云『其言次于陘何？有俟也。俟屈完也』，亦非也。若實俟，何爲不言屈完如師？」啖氏曰：「初次之時，安知屈完來乎？」家氏曰：「《左傳》云：『蔡姬蕩公于囿，公怒歸之，未之絶也，蔡人嫁之。』於是會諸侯侵蔡，蔡潰，遂伐楚。然則齊桓之侵蔡，爲私怒而發，殆不然也。」高氏曰：「齊桓欲攘荆楚，經營十數年矣。豈如《左氏》所載，直爲蔡姬舉哉！」廬陵李氏曰：「經書『潰』四，蔡潰、沈潰、莒潰、鄆潰，民皆逃其上之詞也。逃其上，則舉兵者罪輕，受兵者罪重矣。蔡姬之釁，其有無不可知，書侵、書潰之旨，《穀梁》之説得之。蔡自北杏之後，棄我中華，甘心事楚。齊桓先事侵蔡，所以披楚之黨，未可以蔡姬之事累齊桓也。」又曰：「《春秋》兵事書『遂』者，此年侵蔡遂伐楚，宣元年楚子鄭人侵陳遂侵宋，襄二十三年齊侯伐衛遂伐晉，定八年晉士鞅侵鄭遂侵衛也。以傳載成六年晉欒書救鄭遂侵蔡，止書救鄭，八年欒書侵蔡遂侵楚，止書侵蔡之類觀之，則陳氏之説亦是。胡氏於遂例有三：一曰繼事之詞，一曰兩事之詞，一曰專事之詞。《公羊》又有生事之詞。蓋亦隨其事而立説。繼事而善，則但譏其事。繼事而不善，則深譏其生事爲暴而不知已矣。其遂伐曹，遂滅偪陽，遂城虎牢，遂入鄆等放此。獨遂救許反爲善之尤者。蓋救兵宜速，雖不禀命無害也。其遂圍許，恐亦與遂伐楚同義。」

夏，許男新臣卒。《穀梁傳》：「諸侯死於國不地。死於外地，死於師，何爲不地？内桓師也。」高氏曰：「新臣，即許叔。在位四十二年。」汪氏曰：「穆公也，子業嗣，是爲僖公。」

劉敞曰：「諸侯卒于外者，在師則稱師，汪氏曰：「成十三年書曹伯廬卒于師。襄十八年書曹伯負芻卒于師。」**在會則稱會，**汪氏曰：「定四年書杞伯成卒于會。」**今許男一無稱者，此去師與會而復歸其國之驗也。召陵地在潁川，是以許男復焉。古者國君即位而爲椑，**音闢。汪氏曰：「棺，親尸者。」**歲一漆之，出疆必載椑。卒于師曰師，卒于會曰會，正也。許男新臣卒，非正也，其爲人君不知命者也。不知命，則必畏死，畏死則必貪生，貪生則必亂於禮矣。而後有容身苟免之耻，而後有淫祀非望之惑。」此説是也。夫知生死之説，通晝夜之道者，亦豈有以異於人哉？苟得正而斃焉，則無求矣。**趙氏曰：「許國與楚近，蓋許男遇疾而歸卒于國，故不言卒于師。」張氏曰：「召陵地屬潁川，去許密邇，故許男疾而歸也。」〇劉氏曰：「當地不當地，自有常義。書卒于師，不足貶桓公。不書卒于師，不足褒桓公。《穀梁》之説非也。」

楚屈完來盟于師，盟于召陵。屈，居勿反。完音桓。召，上照反。《左傳》：「夏，楚子使屈完如師。師退，次于召陵。齊侯陳諸侯之師，與屈完乘而觀之。齊侯曰：『豈不穀是爲，先君之好是繼。與不穀同好，如何？』對曰：『君惠徼福於敝邑之社稷，辱收寡君，寡君之願也。』齊侯曰：『以此衆戰，誰能禦之？以此攻城，何城不克？』對曰：『君若以德綏諸侯，誰敢不服？君若以力，楚國方城以爲城，漢水以爲池，雖衆，無所用之。』屈完及諸侯盟。」《公羊傳》：「屈完者何？楚大夫也。何以不稱使？尊屈完也。曷爲尊屈完？以當桓公也。其言盟于師，盟于召陵何？師在召陵也。師在召陵，則曷爲再言盟？喜服楚也。何言乎喜服楚？楚有王者則後服，無王者則先叛。夷狄也而亟病中國，南夷與北夷交中國不絶若綫。桓公救中國而攘夷狄，卒怗荆，以此爲王者之事也。其言來何？與桓爲主也。前此者有事矣，後此者有事矣，則曷爲獨於此焉與桓公爲主？序績也。」《穀梁傳》：「楚無大夫，其曰屈完何也？以其來會桓，成之爲大夫也。其不言使，權在屈完也。則是正乎？曰：非正也。以其來會諸侯，重之也。來者何？内桓師也。于師前定也，于召陵得志乎桓公也。得志者，不得志也，以桓公得志爲僅矣。屈完曰：『大國之以兵向楚何也？』桓公曰：『昭王南征不反，菁茅之貢不至，故周室不祭。』屈完曰：『菁茅之貢不至則諾，昭王南征不反，我將問諸江。』」杜氏曰：「如師，于陘之師。召陵，潁川縣。」

楚大夫未有以名氏通者，其曰「屈完」，進之也。陸氏曰：「楚蠻夷之强國，未嘗與中國爲會。屈完佐楚子而能從善服義，得爲臣之道，故聖人特書族以褒之。」**其不稱使，權在完也。**范氏曰：「齊桓威陵江漢，楚人大懼，未能量敵，遣屈完如師，權事之宜，以義卻齊，遂得與盟。」陸氏曰：「楚子意令其可盟則盟，事在屈完。」**來盟于師，嘉服義也。**盧氏曰：「書來盟于師，見桓公以正義伐楚，楚來乞盟于師也。」高氏曰：「來盟者，彼欲之也。」**盟于召陵，序桓績也。**何氏曰：「序，次也。績，功也。累次桓公之功德，莫大於服楚、明德及强夷最爲盛。」**桓公帥八國之師，侵蔡而蔡潰，伐楚而楚人震恐，兵力强矣。責包茅之不貢則諾，問昭王之不復則辭，徼**古堯反。**與同好，則承以寡君之願。語其戰勝攻克，則對以用力之難。然而桓公退師召陵以禮楚使，**去聲。**卒與之盟而不遂也。於此見齊師雖强，桓公能以律用之而不暴，楚人已服，桓公能以禮下之而不驕，庶幾乎王者之事矣。故《春秋》之盟，於斯爲盛。而揚子稱之曰：齊桓之時緼**委粉反。**而《春秋》美召陵是也。**揚子《法言》注：「緼，亂也。桓公會諸侯于陘，楚遣屈完如師以觀齊，覩齊之盛，因以求盟。桓公退次召陵，與之盟，以禮楚。故子雲言齊桓之時，下陵上替，而《春秋》美召陵之會能服楚也。」蜀杜氏曰：「齊桓伐楚，使管仲責之，其言正而不譎，是以未加兵而强楚自服，故書曰楚屈完來盟于師。明桓公兵不血刃，而楚人聽命于師也。桓公退舍而與之盟，故言盟于召陵。亦以見齊桓仗禮義而服楚也。」張氏曰：「來而不書使者，《春秋》待夷狄謹嚴之法。雖録屈完名氏以進之，若書楚子使屈完，則一同於中國君臣之辭矣。故書楚屈完來盟，以嘉其服義。不書楚子使，以嚴夷狄之分，而伸齊桓方伯之體。屈完既至而桓公退師以與盟，以堅其求服之志。於是見桓公之待楚，進退有禮。雖不足以盡王者之義，而夫子所謂一正天下，民到于今受其賜。實二百四十年甚盛之舉也。」汪氏曰：「盟于召陵，與會于蕭魚，書法不異，皆一經特筆。一以美齊桓之服楚，一以美晉悼之定鄭。雖不重言楚屈完之盟，與鄭伯之會，而楚、鄭之服可見矣。成二年，齊侯使國佐如師，襄三年陳侯使袁僑如會，與屈完事相類，然國佐不言來盟，則齊人非服義也。袁婁稱及，國佐盟而書日，則非序績也。袁僑如會，及袁僑盟，雖若服義而來會，勝於國佐之如師矣。然書『叔孫豹及諸侯之大夫及陳袁僑盟』，兩書『及』，詞繁而不殺，又詳於國佐之盟者，惡其以盟會之權授之大夫也。蓋桓公服楚以義，而荆楚亦服桓公之義，故《春秋》序績。晉郤克等以力屈强齊，齊因戰敗而强服，非心服也，故《春秋》書『日』、書『及』以譏之。晉悼雞澤，雖能仗義以安中國，而陳袁僑之來，諸侯既盟，又使大夫與之盟，以啓大夫執國權之端，故《春秋》備書以貶之也。」廬陵李氏曰：「齊、晉謀楚皆於召陵，此年及定四年會召陵侵楚是也。此書伐而彼書侵，此雖書遂而卒能成功，彼雖會劉子而卒於無能爲，此以伐後書盟爲成事，彼以侵上書會爲疑辭，其得失固不待論。但召陵恐亦楚之要地，故後來楚子簡東國之師於召陵，即此。」劉氏曰：「《公羊》云：『何以不言使？尊屈完也。曷爲尊屈完？以當桓公也。』按《春秋》之義，大夫不得敵君。今乃尊屈完，使當桓公，自相反也。」廬陵李氏曰：「來盟不稱使，正與齊高子同。蓋齊桓之使高子，本欲覘魯之成敗。楚成之使屈完，本只觀齊之强弱。皆非有前定之盟也。高子至而安魯，屈完至而服齊。《春秋》所以獨以權與二子也。《穀梁》與杜氏得之。但《春秋》内魯，則高子止書來盟足矣。若屈完則安得不書于師哉！《穀梁》以于師爲前定，則非也。」又曰：「楚子使屈完如師，正與齊侯使國佐如師同。然晉不能服國佐，而屈完卒能服齊。故國佐止書如師，而屈完得書來盟。國佐不服，則盟乃晉人所欲。屈完既服，則盟爲齊侯之績。故爰婁盟書及，而召陵再書盟。

序續之説，《公羊》得之。《穀梁》以退師爲桓不得志者，非也。」

齊人執陳轅濤塗。轅，《公》、《穀》作「袁」。《左傳》：「陳轅濤塗謂鄭申侯曰：『師出於陳、鄭之間，國必甚病。若出於東方，觀兵於東夷，循海而歸，其可也。』申侯曰：『善。』濤塗以告，齊侯許之。申侯見曰：『師老矣，若出於東方而遇敵，懼不可用也。若出於陳、鄭之間，共其資糧屝屨，其可也。』齊侯説，與之虎牢，執轅濤塗。」《公羊傳》：「濤塗之罪何？辟軍之道也。其辟軍之道奈何？濤塗謂桓公曰：『君既服南夷矣，何不還師濱海，而東服東夷且歸。』桓公曰：『諾。』於是還師濱海而東，大陷于沛澤之中，顧而執濤塗。執者曷爲或稱侯？或稱人？稱侯而執者，伯討也。稱人而執者，非伯討也。此執有罪，何以不得爲伯討？古者周公東征則西國怨，西征則東國怨。桓公假塗于陳而伐楚，則陳人不欲其反由己者，師不正故也。不脩其師而執濤塗，古人之討則不然也。」《穀梁傳》：「齊人者，齊侯也。其人之何也？於是哆然外齊侯也。不正其踰國而執也。」孫氏曰：「桓公與陳侯南服强楚，歸而反執陳轅濤塗，其惡可知。」家氏曰：「齊桓執鄭詹，與其執也。故繼書逃來，見《春秋》之罪詹。執陳轅濤塗，不與執也。故繼書伐陳侵陳，見《春秋》之不與齊。」○啖氏曰：「《公羊》云：『濤塗説桓公令師濱海而歸，師陷沛澤之中，顧而執濤塗。』若然，則是軍自失路致陷，非濤塗之罪。故《左氏》説是。」廬陵李氏曰：「《春秋》書執諸侯十二，惟晉侯執曹伯歸京師，得伯討之正。餘若楚子會盂執宋公，晉侯入曹執曹伯者，承上文之詞，非予之也。書執大夫十五，皆非伯討之正。若楚子伐吳執慶封者，亦承上文之詞，非予之也。稱侯、稱人之説，《公羊》得之。」又曰：「濤塗誤軍之罪，疑《公羊》得之。如《左氏》之説，則仍從陳、鄭而歸，何至伐之、侵之若是其甚乎！故胡氏全取《公羊》爲是。」**秋，及**

江人、黄人伐陳。《左傳》：「秋，伐陳。討不忠也。」《穀梁傳》：「不言其人及之者何？内師也。」臨川吴氏曰：「時江、黄之師在其國，伐楚之役，未嘗勞之。且以其國近於陳，故令伐陳也。必使魯人及之者，江、黄遠國，不可無魯主兵也。」汪氏曰：「或謂書及者，蒙上文齊人執轅濤塗之文，乃齊及之，非魯及之也。然求之一經書法，他國再有事必書遂，如遂滅偪陽、遂滅賴之類。此不言遂，實魯及之爾。」**八月，公至自伐楚。**《公羊傳》：「楚已服矣，何以致伐楚？叛盟也。」《穀梁傳》：「有二事偶，則以後事致。後事小，則以先事致。其以伐楚致，大伐楚也。」范氏曰：「楚强莫能伐，故以伐楚爲大事。」何氏曰：「公出三時，危公之久。」臨川吴氏曰：「公與齊桓爲他會皆不至，此獨至者，重大其事，且以師出三時，久役之勞也。」啖氏曰：「或致前事，或致後事，蓋夫子擇其重者志之也。」汪氏曰：「《春秋》書『至』，大齊桓伐楚之功。其猶召、穆公平淮夷告成于王，而詩人美之歟！諸書『至』，或以前事致者，或以後事致者，亦猶湯既勝夏，遂伐三朡。而序書者曰『湯歸自夏』。成王東伐淮夷，遂踐奄。而序書者曰『成王歸自奄』。蓋以滅夏、滅奄，其事重於伐三朡、伐淮夷故爾。」〇陸氏曰：「楚雖已服，何妨告廟云『伐還』，豈可云公至自服楚乎？《公羊》之説非也。」廬陵李氏曰：「致先事、致後事之説，胡氏略而不言，獨《穀梁》得之。而啖子曰『一書而涉兩事者，夫子擇其重者志之』，亦《穀梁》意也。然則以伐楚盟召陵，致伐而不致會，對侵楚盟皐鼬，至會而不至侵論之，則伐楚之義大，而侵楚之事淺矣。又以侵蔡遂伐楚，致伐而不致侵，對伐鄭遂救許，致伐而不致救論之，則伐楚之功美，而討鄭之事亦重矣。其《公羊》以爲得意致會，不得意致伐者，獨於伐鄭會蕭魚至會則可通，於此不通，則以爲楚復叛盟，故不以會致，皆强論也。」又曰：「謝氏曰『兩事書至，或原其志而至之，或舉其盛者而至之』，亦是。」劉氏曰：「諸致例有可通者，有不可通者，不足信也。」○葬許穆公。穆，《公》作「繆」。《左傳》：「許穆公卒于師，葬之以侯，禮也。凡諸侯薨于朝會，加一等，死王事，加二等。於是有以衮斂。」劉氏曰：「《左氏》云『卒于師，葬之以侯禮也』，非也。若實卒于師，經何以不記耶？似當時臣子欲追美君父，故引許方會諸侯而卒，私以加等之禮葬之爾。」○冬，十有二月，公孫兹帥師會齊人、宋人、衛人、鄭人、許人、曹人侵陳。兹，《公》作「慈」。後同。霸國大夫會諸大夫侵與國自此始。《左傳》：「叔孫戴伯帥師會諸侯之師侵陳。陳成，歸轅濤塗。」杜氏曰：「兹，叔牙子。」

揚子《法言》：「或問：爲政有幾？曰：思斁。」音繹。昔在周公，征于東方。四國是王，其思矣夫？齊桓公欲徑陳，陳不果納，執轅濤塗，其斁矣夫？《先知篇》注：「言政善則人思慕之，政惡則人厭苦之。周公東征，三年而歸，四國於是從王命，故《東山》二章言其思也。齊桓伐楚，雖美而御師不整，故不敢令徑。」劉氏曰：「齊桓之不可爲周公亦明矣。然《春秋》以周公之義責焉者，以其可以及、可以責者責於桓公也。」桓公識明而量淺，管仲器不足而才有餘。方楚人未怗而齊以爲憂也，致勤於鄭，振中夏之威，會于陽穀，惇遠國之信，按兵于陘，修文告之辭，退舍召陵，結會盟之禮，何其念之深，禮之謹也。存此心以進善，則桓有王德而管氏爲王佐矣。堯、舜性之也，湯、武身之也，五霸假之也。久假而不歸，烏知其非有？惜乎桓公假之不久而遽歸也。南軒張氏曰：「五伯慕乎仁義之名，有所爲而爲之，故暫假而暫歸。桓公召陵之盟，仗王室之事以責楚，亦可謂義矣。而執陳轅濤塗之舉，旋踵而起，此皆歸之遽者也。使其假而能久，久之而不歸，則必有非苟然者矣。」汪氏曰：「朱子《集註》謂『竊其名以終身，而不自知其非真有』，與此不同。」**楚方受盟，志已驕溢。陳大夫一謀不協，其身見執，其國見伐、見侵，而怒猶未怠也，桓德於是乎衰矣！愛人不親反其仁，治人不治反其智，禮人不答反其敬，行有不得者，皆反求諸己，其身正而天下歸之，曾可厚以責人不自反乎？原其失，在於量淺而器不宏也。魏武纔得荆州，而張松見忽。**《三國志·劉焉傳》：「曹操擊劉表，表卒，子琮以荆州降。劉璋以操得荆州，遣别駕張松致敬於操。松爲人短小放蕩，時操已定荆州，不存録松。松怨之，歸勸璋絶操。」習鑿齒曰：『齊桓一矜其功，叛者九國。曹操暫自驕伐，天下三分。』皆勤之於數十年之内，而棄之於俯仰之頃。」**唐莊宗自矜取汴，而高氏不朝。**《五代史·高季興世家》：「同光元年，莊宗滅梁。季興入朝，莊宗欲留之。郭崇韜諫，乃遣之。季興倍道而去，謂將佐曰：『新朝百戰方得河南，乃對功臣舉手云「吾於十指上得天下」，矜伐如此。其誰不解體，何能久長？吾無憂矣。』」**成湯勝夏，撫有萬方。乃曰：「兹朕未知，獲戾于上下，慄慄危懼，若將隕于深淵。其爾萬方有罪，在予一人。予一人有罪，無以爾萬方。」**蔡氏曰：「責愈重則憂愈大。聖人厚於責己而薄於責人。乃君道當然也。」**人之度量相越，豈不遠哉！《春秋》稱人以執，罪齊侯也。**陳氏曰：「齊侯稱人，貶也。東遷之後，春秋之治在諸侯。北杏之後，春秋之治在盟主。是故治在諸侯，於中丘會稱君，伐宋稱人，於郎戰稱君，盟惡曹稱人。治在盟主，於陘伐稱君，執濤塗稱人，於温會稱君，執衛侯稱人。」**稱侵陳者，深責之也。** 臨川吴氏曰：「陳與六國同伐楚，成齊桓怗荆之功。一有誤軍道之罪，既執其臣，遄以三國伐之。今又動七國之兵臨其國，厚人之功而薄人之過者，蓋不如此。書侵者，以見其師之無名也。」**故孟子曰：「仲尼之徒，無道桓、文之事者。管仲，曾西之所不爲也。而子爲我願之乎？」** 張氏曰：「桓公怒陳之深，至於伐而又侵。《孟子》謂成湯征伐，至於歸市者不止，耕者不變，若時雨降，民大悦。則桓公於此慚德多矣。況大兵之後，復以師出，重困諸侯乎！兵以憤興，則後有當討者，應之必怠，人亦侮之。故楚終不服，鄭伯逃盟以至弦滅而不能捄，皆怒陳之過致之也。故詳書伐侵，以著其罪。」蘇氏曰：「伐陳、侵陳，皆討濤塗之不忠也。前曰伐，當其罪也。後曰侵，已甚也。」沙隨程氏曰：「濤塗既執，又再侵伐，陳罪特暫謀之不善耳，非有荆楚暴殄中國之罪也。桓公責强夷甚略，罪弱國甚備，非道也。」家氏曰：「夫子大齊桓之功，而小管仲之器，於伐楚之役見之。蓋規模宏大者，憂樂吉凶不足以動其方寸；而識量淺狹者，勝負得喪足以移其常心，斯王霸之所以辨，而伊尹、周公與管仲、狐趙事業所以分也。當桓公之始霸，管仲佐之，謙以處己，和以遇物，諸侯小國，會不會，朝不朝，不深責也。遠近咸服，小大具孚，遂率之以伐楚。楚伏其罪，還自召陵，君臣俱驕，憂喜易位，濤塗謀避軍道以紓其國，於齊未大有所損，執其人，命諸侯之師伐之。以伐爲未足，又從而侵之。楚無亡矢遺鏃之費，而陳反被侵陵之禍。志得而驕，猖狂妄行，管仲曾不能諫，則仲與桓俱墮驕盈之域。由其器量淺狹，如貧人之家，一朝獲千金而莫知所措。故是行也，責楚之無王，而楚之無王自若。欲服蔡而蔡卒不與會。本以救鄭，未幾逃盟。雖稍伸中國之威，終不能大挫强楚之焰。於是滅弦伐許，使中國自救之不暇，而桓之霸浸衰矣。惜哉！《春秋》於伐楚也，爵以褒之。於其伐陳侵陳也，人以貶之。其義著明矣。」高氏曰：「書『公孫茲帥師』，則知諸國皆大夫帥師以會之矣。諸國皆貶而人之，則公孫茲與貶可知矣。齊之首惡，罪不勝誅也。」陳氏曰：「會侵未有書『帥師』者，而公孫茲書『帥師』。會救未有書『帥師』者，而公孫敖書『帥師』。公子牙謀弑子般，公子慶父弑閔，而茲與敖皆世爲將。是故謹志之曰：公子友帥師敗莒師于酈，公孫茲帥師會侵陳，公孫敖帥師及諸侯之大夫救徐。見三家之所從始也。」

附録《左傳》：「初，晉獻公欲以驪姬爲夫人。卜之，不吉。筮之，吉。公曰：『從筮。』卜人曰：『筮短龜長，不如從長。且其繇曰：專之渝，攘公之羭，一薰一蕕，十年尚猶有臭。必不可。』弗聽，立之。生奚齊，其娣生卓子，及將立奚齊，既與中大夫成謀。姬謂大子曰：『君夢齊姜，必速祭之。』大子祭于曲沃，歸胙于公。公田，姬寘諸宫六日，公至，毒而獻之。公祭之地，地墳。與犬，犬斃。與小臣，小臣亦斃。姬泣曰：『賊由大子。』大子奔新城。公殺其傅杜原欵。或謂大子：『子辭，君必辯焉。』大子曰：『君非姬氏，居不安，食不飽。我辭，姬必有罪。君老矣，吾又不樂。』曰：『子其行乎？』大子曰：『君實不察其罪，被此名也以出，人誰納我？』十二月，戊申，縊于新城。姬遂譖二公子，曰：『皆知之。』重耳奔蒲，夷吾奔屈。」

丙寅惠王二十二年。**五年**齊桓三十一。晉獻二十二。衛文五。蔡穆二十。鄭文十八。曹昭七。陳宣三十八。杞惠十八。宋桓二十七。秦穆五。楚成十七。**春，**

附録《左傳》：「正月辛亥朔，日南至。公既視朔，遂登觀臺以望而書，禮也。凡分、至、啓、閉，必書雲物，爲備故也。」

晉侯殺其世子申生。《左傳》：「晉侯使以殺大子申生之故來告。初，晉侯使士蔿爲二公子築蒲與屈，不慎，寘薪焉。夷吾訴之，公使讓之。士蔿稽首而對曰：『臣聞之，無喪而慼，憂必讎焉。無戎而城，讎必保焉。寇讎之保，又何慎焉？守官廢命，不敬。固讎之保，不忠。失忠與敬，何以事君？詩云：「懷德惟寧，宗子惟城。」君其脩德而固宗子，何城如之？三年將尋師焉，焉用慎？』退而賦曰：『狐裘尨茸，一國三公，吾誰適從？』及難，公使寺人披伐蒲。重耳曰：『君父之命不校。』乃徇曰：『校者吾讎也。』踰垣而走。披斬其袪，遂出奔翟。」《公羊傳》：「曷爲直稱晉侯以殺？殺世子母弟直稱君者，甚之也。」《穀梁傳》：「目晉侯斥殺，惡晉侯也。」

公羊子曰：「殺世子母弟直稱君者，甚之也。」何氏曰：「甚，惡殺親親也。」啖氏曰：「稱晉侯，言申生之無罪也。」陳氏曰：「大子縊于新城，則其斥殺何？《春秋》之法，苟有讒而不見，則其君之罪也。是故申生以驪姬之譖自殺，宋痤以伊戾之譖自殺，直稱君殺而已矣。」**申生進不能自明，退不能違難，愛父以姑息，而陷之不義。讒人得志，幾至亡國。先儒以爲大仁之賊也。**陸氏曰：「小仁，大仁之賊也。」**而目晉侯斥殺，專罪獻公，何也？《春秋》端本清源之書也，内寵並后，嬖子配適，**音嫡，下同。**亂之本也。**家氏曰：「獻公殘忍不君，溺於内嬖，所與朝夕潛圖密慮，不過爲樹建庶孽之計耳。方東山皐落之伐，豈無他人，乃以命冢嗣。狐突、先友、梁餘子、先丹木之徒，固洞見公之肺肝，而勸太子爲避禍之謀。不待歸胙於君，人皆知其不免矣。」**驪姬寵，奚齊、卓子嬖，亂本成矣。**

尸此者其誰乎？是故目晉侯斥殺，專罪獻公。使後世有欲紊妃妾之名，亂適庶之位，縱人欲、滅天理，以敗其家國者，知所戒焉。張氏曰：「獻公嬖寵庶孽，聽讒如流，輕世適之重，忽社稷之計。申生既死，而公卒之後，奚齊亦被殺。徒設此心，兩俱棄之。致晉亂二十餘年，兵敗國破，所謂爲人父而蒙首惡之名者，此也。」高氏曰：「諸侯世子皆誓於天子，不可專殺也。且父子人之大倫，非他人所得間者。今至於相殺，則人倫廢矣。況世子至親，非其君自殺之，則無敢殺者。是故斥言晉侯，所以深罪其聽讒而忍殺其子也。觀《采苓》之詩，蓋可見其好聽讒矣。」以此防民，猶有以堯母名門，使姦臣逆探其意，有危皇后、太子之心，以成巫蠱之禍者。《前漢書・趙倢伃傳》：「倢伃有寵，元始三年生昭帝，任身十四月乃生。上曰：『昔堯十四月而生，今鉤弋亦然。』乃命其門曰『堯母門』。」《戾太子傳》：「衛后寵衰，江充用事。充與太子及衛后有隙。會巫蠱事，充因此爲姦，白言宮中有蠱氣，遂至太子宮掘得桐木人。太子急白皇后，發武庫兵斬充，與丞相劉屈氂戰，敗走。皇后、太子皆自殺。司馬公曰：『皇后、太子皆無恙，而命鉤弋之門曰「堯母」，非名也。是以姦臣逆探上意，知其奇愛少子，欲以爲嗣，遂有危皇后、太子之心，卒成巫蠱之禍。悲夫！』」汪氏曰：「《春秋》書殺大夫四十七，或稱國，或稱人。惟晉侯殺申生，宋公殺痤，天王殺佞夫，鄭伯克段，不稱國，不稱人，而直稱君，以爲獨其君之罪也。僖十六年鄭伯殺其世子華，文十八年宋公殺其母弟須，殺得其罪則不書。」

杞伯姬來朝其子。《公羊傳》：「其言來朝其子何？內辭也。與其子俱來朝也。」《穀梁傳》：「婦人既嫁不踰竟，踰竟，非正也。諸侯相見曰朝，伯姬爲志乎朝其子也。伯姬爲志乎朝其子，則是杞伯失夫之道矣。」

諸侯相見曰朝，以待人父之道待人之子，非正也。故曰杞伯姬來朝其子，參譏也。」范氏曰：「譏伯姬、杞伯、魯侯也。」薛氏曰：「無父歸寧猶曰不可，況非禮之朝乎！」張氏曰：「朝者，人君相見於宗廟、朝廷之上。父在而使其子行之，又使婦人參之，皆失正也。」臨川吴氏曰：「曹伯有疾，遣其世子射姑代父朝魯，《春秋》譏之。杞惠公疑亦有疾，伯姬以其子爲魯之甥，故挾之至魯，就令攝父行朝禮。是年杞惠公卒，成公嗣位，蓋伯姬豫欲托其子於魯也。杞伯失君道、失夫道、失父道，伯姬失妻道、失母道，其子失子道。而魯僖受其朝，皆非禮也。」家氏曰：「世子預會盟，禮猶有殺。況未爲世子，而用朝禮見之乎！」高氏曰：「先王之制，諸侯未冠而即位，謂之童子侯。童子侯不朝，蓋不可以成人之禮接之也。伯姬歸杞方十三年，有子必尚幼穉，如之何而勝朝乎？」高郵孫氏曰：「此言來朝其子，三十一年來求婦，皆非禮也。」○陸氏曰：「按此文直書以示譏爾，何有内辭乎？《公羊》之説非也。」○**夏，公孫兹如牟。**《左傳》：「公孫兹如牟，娶焉。」杜氏曰：「卿非君命不越境。故奉君命聘于牟，因自爲逆，而傳實其事。」臨川吴氏曰：「魯於鄰近大國，未見使其臣以時往聘。牟，小國也。桓十五年牟朝于魯，自後並不再有邦交之禮。今公孫兹乃往聘于彼，蓋以私事行而有請於公，托君命以往，故書以譏之。」汪氏曰：「經書公如他國者，朝也。書大夫如他國者，聘也。故趙氏謂凡内朝聘稱『如』，以異外也。戴伯因聘而娶，不書逆者，不予其因聘禮而行私事也。季友私交則書其事。公孫兹、季孫行父、公孫敖、公孫嬰齊、叔孫婼因聘與盟而逆，則不書。皆所以謹私交也。蓋因公事而行私事，則不書私事，罪其不當托君命以遂其私。無公事而專行私事，則直書而貶自見矣。」○**公及齊侯、宋公、陳侯、衛侯、鄭伯、許男、曹伯會王世子于首止。**《公》、《穀》作「首戴」。後同。《左傳》：「會于首止，會王太子鄭，謀寧周也。」《公羊傳》：「曷爲殊會王世子？世子貴也。世子猶世世子也。」《穀梁傳》：「及以會，尊之也。何鄭焉？王世子云者，唯王之貳也。云可以重之存焉，尊之也。何重焉？天子世子，世天下也。」程子曰：「世子王之貳，不可與諸侯列。世子出，諸侯會之。故其辭異。」杜氏曰：「首止，衛地，陳留襄邑東南有首鄉。」

及以會，尊之也。范氏曰：「言及諸侯然後會王世子，不敢令世子與諸侯齊列。」杜氏曰：「世子不名而殊會，尊之也。王之世子，尊與王同。」**以王世子而下會諸侯則陵，**汪氏曰：「陵，謂陵遲。」**以諸侯而上與王世子會則抗。《春秋》抑强臣，扶弱主，撥亂世反之正。特書及以會者，若曰王世子在是，諸侯咸往會焉。示不可得而抗也。**何氏曰：「儲君副主，當世父位，不可以諸侯會之爲文。故殊別之，使若諸侯爲世子所會也。」啖氏曰：「齊不敢爲會主，故不云會齊侯。」**後世論其班位，有次于三公、宰臣之下，亦有序乎其上者，則將奚正？**汪氏曰：「晉制，皇太子在三恪下，宋升太子在三恪之上，齊、梁、陳因之。隋制，皇太子與會，設坐於御東南，西向。唐制，朝賀首皇太子，次上公。」**自天王而言，欲屈遠其子，使次乎其下，示謙德也。自臣下而言，欲尊敬王世子，則序乎其上，正分義也。天尊地卑而其分定，典敘禮秩而其義明。使群臣得伸其敬，則貴有常尊，上下辯矣。經書宰周公，秖與王人同序於諸侯之上，而不得與殊會同書，此聖人尊君抑臣之旨也，而班位定矣。**張氏曰：「初，惠王娶陳嬀爲后，生太子鄭及叔帶，愛叔帶，欲立之。齊桓公以其廢長立幼，將啓亂階，遂率諸侯會王世子于首止，示天下戴之，以爲天王之貳。所以尊國本，絶亂階也。」陳氏曰：「王世子危不得立，齊桓公率天下之諸侯而爲會以定之，禮之變者也。殊會世子而不以世子夷於諸侯，所以定世子也。桓公可謂善處父子之間矣。」高氏曰：「天王以惠后故，將廢鄭而立帶。齊侯以爲議之於朝覲，貢之以諫詞，從則世子安，不從則廢之。是從違未可知也。莫若爲會以尊世子，使天下曉然皆知世子之爲鄭而共尊之，則雖有惠后之愛，天王不得行其私，而世子終可不易矣。此齊侯之志也。」汪氏曰：「王世子，天下之本也。本危則王室亂，王室亂則天下揺矣。齊桓定王世子鄭于首止而王室寧，使惠王無易樹子之過。景王不能早正國本而王室亂，使諸侯有戍周城成周之勤。晉頃寧王室於已亂之後，不若齊桓能弭難於未亂之先也。或謂寰内諸侯，非有天子之命，不得出會諸侯。今王世子不稟王命而出與諸侯會，是世子外交霸國以脅制其君。齊桓不請於王而率諸侯以會王世子，是爲世子私植黨以拒父也。是不然。漢高欲易太子，張良招四皓與游，卒定惠帝。程子予之，以爲得納約自牖之義。彼四皓非以高帝之命而至，惠帝亦非有父命而招四人也。朱子詳載其事於《綱目》，豈非法《春秋》許首止之盟而然歟！蓋襄王之爲世子，實惠王命之爲世子也。齊桓以諸侯會世子，是會王之世子也。彼惠王雖有立愛之意，而未嘗有命廢襄王。齊桓適事之權，定天下之大本於危疑之際，乃霸功之合於義者也。朱子曰：『《春秋》書會王世子，與齊桓公也。』豈不信哉！故成十六年公會尹武公及諸侯伐鄭，十七年公會尹武公、單襄公及諸侯伐鄭，襄三年公會單頃公及諸侯同盟于雞澤，《春秋》皆不以殊會書之。獨此殊會王世子，蓋以明至尊之儲副，非人臣之比也。夫殊會之文，或及以會，或會以會，或會以及，或及以及，義各不同。公及諸侯會王世子于首止，會吳于鍾離，于柤，于向，皆衆人會一人之辭。然首止以卑會尊，及而後會，所以正君臣之分也。會吳則以此會彼，會而又會，所以謹華夷之辨也。文雖同而實則異也。公及夫人會齊侯于陽穀，以兩人會一人，而男女之别也。公會晉侯及吳子于黄池，以一人會兩人，而内外之别也。文雖似而實不同也。叔孫豹及諸侯之大夫及陳袁僑盟，大夫自盟而書諸侯以統之，以諸侯之失權於大夫，故殊及以志其始也。首止、袁僑，皆以明君臣之義而意不同。于柤、黄池，皆以著内外之辨而事則異。皆變例之變者也。讀者不可不深察焉。」廬陵李氏曰：「襄王、子帶，皆陳后子。僖二十四年傳曰『不穀不德，得罪于母弟之寵子帶』是也。而《周本紀》曰：襄王母早死，後母曰惠后，生叔帶。與《左氏》異。未詳孰是。」

附録《左傳》：「陳轅宣仲怨鄭申侯之反己於召陵，故勸之城其賜邑，曰：『美城之，大名也，子孫不忘，吾助子請。』乃爲之請於諸侯而城之美。遂譖諸鄭伯曰：『美城其賜邑，將以叛也。』申侯由是得罪。」

秋，八月，諸侯盟于首止。《左傳》：「秋，諸侯盟。」《公羊傳》：「諸侯何以不序？一事而再見者，前目而後凡也。」《穀梁傳》：「無中事而復舉諸侯何也？尊王世子而不敢與盟也。尊則其不敢與盟何也？盟者不相信也，故謹信也，不敢以所不信而加之尊者。桓，諸侯也。不能朝天子，是不臣也。王世子，子也。塊然受諸侯之尊己而立乎其位，是不子也。桓不臣，王世子不子，則其所善焉何也？是則變之正也。天子微，諸侯不享覲。桓控大國，扶小國，統諸侯，不能以朝天子，亦不敢致天王。尊王世子于首戴，乃所以尊天王之命也。世子含王命會齊桓，亦所以尊天王之命也。世子受之可乎？是亦變之正也。天子微，諸侯不享覲，世子受諸侯之尊己而天王尊矣。世子受之可也。」

無中事復舉諸侯。汪氏曰：「據祝柯、重丘，間有異事則復舉諸侯。馬陵、柯陵、于戲、亳城北、平丘，無中事不舉諸侯。」何氏曰：「省文從可知，間無事不省諸侯，時世子不與盟。」**會盟同地，再言首止者，書之重，詞之複，其中必有大美惡焉。首止之盟，美之大者也。**范氏曰：「齊桓尊崇王室，綏合諸侯，翼戴世子，盟之美者，莫盛於此。」劉氏曰：「首止、葵丘，會盟同地而再言之者，孔子曰：書之重，詞之複，其中必有美者焉。首止君君臣臣父父子子，此大經大法也。葵丘盡王者之禁，皆有懿德美行，超絶卓異，非常之迹者也。」**王將以愛易世子，桓公有憂之，控大國，扶小國，會于首止以定其位。太子踐阼，**汪氏曰：「新君即位，由阼階三揖而後升，謂之踐阼。」**是爲襄王。一舉而父子君臣之道皆得焉。**汪氏曰：「太子鄭乃惠王之長嫡。桓公會首止以定其位，所以明父子之倫。不使王太子列於諸侯而殊會之，所以明君臣之倫。首止之盟，重與諸侯要言，共尊世子爲天下之儲君，且不敢使王世子同盟，又以申明父子君臣之道也。」**故夫子稱之，曰：「管仲相桓公，一匡天下，民到于今受其賜。微管仲，吾其被髮左衽矣。」中國之爲中國，以有父子君臣之大倫也。一失則爲夷狄矣。故曰首止之盟，美之大者也。**張氏曰：「此盟蓋會世子之禮已畢，約諸侯以同戴世子。殆亦束牲載書而不歃血歟。方伯者，察天下之勢而正救於未亂者。故桓公之謀寧周，《春秋》之義舉也。不敢以約信加之尊者，桓公此舉，其義既明，其禮復正。此所以爲一匡天下之功，而再書首止以美之。」盧氏曰：

「夏，諸侯會王世子于首止。秋，諸侯盟于首止。此《春秋》尊周之微意，諸侯不敢盟世子，故自盟也。」高氏曰：「會者，辨上下之禮，脩和好之道，而王世子與焉，猶之可也。盟者，以不相信故也。若王世子亦與焉，則是以所不信者加之王世子，與約束諸侯無異。故齊侯不敢盟世子，而與諸侯自盟。諸侯自盟，乃所以定世子也。夫齊既不敢盟世子，而以會世子爲名，可謂知尊王矣。然齊侯之伯，既致王世子而會之，晉侯之伯，遂致天王而朝焉。孔子罪作俑者，由致王世子遂至于致王，則其弊不可勝誅矣。」陳氏曰：「桓有諸侯之事三，於洮，序王人於諸侯之上而同盟焉。王人，微者也。雖同盟而無嫌。於葵丘，亦序周公於諸侯之上而不敢同盟焉。天下之宰，異於微者也。盟于首止，不但不同盟也，而帥諸侯以殊會世子，以世子之尊，非特天子之宰比也。桓公於是知節矣。故會有周人，盟無周人，書會于某，某日諸侯盟，則齊侯之遜也。會有周人，盟有周人，書會于某，但曰某日盟，則晉侯之抗也。《春秋》是以予桓也。」汪氏曰：「會盟同地而書辭重複者四，首止定王嗣，葵丘明王禁，平丘示威而晉伯衰，于宋、晉、楚爲成而中國失霸。事異而文一施之，所謂美惡不嫌同辭也。」廬陵李氏曰：「春秋會盟同一地者，止書盟而不書會，舉重也。會盟並舉者，其中必有大美惡也。首止、葵丘，尊王之事，美之大也。于宋平丘，畏楚之事，惡之大也。會蜀、盟蜀，雖微不同，亦當入大惡之例矣。故一經惟此五條，皆書重詞複以見意也。」又曰：「盟扈、會扈之書諸侯者，略之也。盟薄、盟宋之書諸侯者，諱之也。柷柯、重丘之書諸侯者，間有事也。其餘止書諸侯者，公後至而不能詳也。」又曰：「齊桓之編書諸侯者四，皆前目後凡之文。然首止、葵丘，無中事而復舉諸侯，與救許城、緣陵，止以凡舉者異。然就其中而言之，首止又與葵丘異。蓋葵丘有伯姬卒之間事也。

救許又與緣陵異。蓋于鹹之諸侯已歸，則緣陵不得以凡舉也。故以首止爲殊辭，緣陵爲異辭者得之。若葵丘救許，則不過目凡之常辭。」又曰：「王官與會而不與盟，則於盟重書諸侯以別之，首止、葵丘、皐鼬是也。王官與會而復與盟，則於盟不重書諸侯以見之，柯陵、雞澤、平丘是也。皐鼬盟，惟趙子以爲劉子不與，胡氏雖無文，然觀下文即有劉卷卒之書，則劉子不與之説爲是。但劉子自以疾不與，亦非晉人能尊之也。」又曰：「謹始例，《春秋》雖重君父之命，若非制命以義，亦將壅而不行。故於首止之盟，專以大義爲主，而崇高之勢不與焉。此非盡倫者不能斷也。近世有不主胡氏，以爲桓公挾天子者，非。」

鄭伯逃歸不盟。《左傳》：「王使周公召鄭伯，曰：『吾撫女以從楚，輔之以晉，可以少安。』鄭伯喜於王命，而懼其不朝于齊也，故逃歸不盟。孔叔止之，曰：『國君不可以輕，輕則失親，失親患必至。病而乞盟，所喪多矣，君必悔之。』弗聽，逃其師而歸。」《公羊傳》：「其言逃歸不盟者何？不可使盟也。不可使盟則其言逃歸何？魯子曰：蓋不可以寡犯衆也。」《穀梁傳》：「以其去諸侯，故逃之也。」

事有惡者不與爲幸，其善者不與爲貶。平丘之盟，惡也。請魯無勤，是以爲幸，汪氏曰：「平丘之盟，上要天子之老，則非尊王。同懼荆蠻篡弑之君，則非仗義。甲車四千乘，示威於諸侯，則無忠信誠慤之意。又信邾、莒之訴而絶魯，使不與盟，則不盟不足耻也。」**故直書曰：「公不與盟。」首止之盟，善也。犯衆不盟，是以爲貶，故特書曰「鄭伯逃歸」。逃者，匹夫之事。**杜氏曰：「王恨齊桓定太子之位，故召鄭使叛齊也。國君輕走，群臣不知其謀，與匹夫逃竄無異。」趙氏曰：「凡言逃，皆謂義當留而竊去也。」**以諸侯之尊，下行匹夫之事，雖悔於終，病而乞盟，如所喪何？其書**

「逃歸不盟」，深貶之也。或曰：首止之會，非王志也。王惡齊侯定世子，而使周公召鄭伯，曰：「吾撫汝以從楚，可以少安。」鄭伯喜於王命而畏齊，故逃歸不盟。然則何罪乎？曰：《春秋》道名分，尊天王，而以大義爲主。夫義者，權名分之中而當其可之謂也。諸侯會王世子，雖衰世之事，而《春秋》與之者，是變之中也。鄭伯雖承王命，而制命非義。家氏曰：「鄭伯當陳義於王，力言其不可，必待既盟乃去，然後於義爲盡。安有執王私命，逃諸侯而遂去者乎！」《春秋》逃之者，亦變之中也。天下之大倫，有常有變。舜之於父子，湯、武之於君臣，周公之於兄弟，皆處其變者也。賢者守其常，聖人盡其變。會首止，逃鄭伯，處父子君臣之變而不失其中也。噫！此《春秋》之所以爲《春秋》，而非聖人莫能脩之者矣。張氏曰：「桓公之舉，天下之公義也，惠王之命，一人之私心也。鄭伯背公徇私，違棄衆善，行同匹夫，故書逃歸以深罪之。」臨川吴氏曰：「上書諸侯，此言鄭伯，言七國諸侯之中，獨鄭伯不欲與尊戴王世子之盟而逃歸也。」高氏曰：「齊侯以楚數病鄭之故，遂率諸侯伐楚。楚既服，遂會王世子于首止，明大義於天下，此盛德之舉也。當是時，諸侯未有從夷狄之心，而惠王由嬖孽之私，棄理義之正，撫鄭從楚，甚間中國。自是楚復與中國争衡。夫齊之服楚，所以營圖之非一日矣，纔踰年而惠王已導鄭伯以叛之，故知中國不競，非獨强楚與諸侯之罪，王室實有以啓之也。」陳氏曰：「國君而曰逃，賤之也。何賤乎鄭伯？以其背夏盟也。厥貉之會，麇子逃歸，不書。厲之役，鄭伯逃歸，不書。蓋逃楚也。必若鄭文公逃齊，陳哀公逃晉而後書，所以示夷夏之辨嚴矣。」汪氏曰：「君之逃，惟首止于鄬書鄭伯、陳侯逃歸。臣之逃斷道，溴梁之會，高固、高厚逃歸，皆不書。而惟書鄭詹逃來，於此見齊桓、晉悼之霸不可棄也。聞之先師曰：陳、鄭書逃、書乞，聖人之予齊、晉也，昭昭矣。」○劉氏曰：「《公羊》云『其言逃歸不盟何？不可使盟也』，非也。《公羊》嫌鄭伯實逃歸者，當在盟首戴之前，故云爾。不知鄭伯本自當盟，及盟之日，更自逃去。但言逃歸，則嫌已盟而逃。故書不盟者，在盟前逃也。」

楚人滅弦，弦子奔黄。楚始滅中國。《左傳》：「楚鬭穀於菟滅弦，弦子奔黄。於是江、黄、道、柏方睦於齊，皆弦姻也。弦子恃之而不事楚，又不設備，故亡。」《穀梁傳》：「弦，國也。其不日，微國也。」任氏公輔曰：「《地譜》：光州光山縣，故弦國。」高氏曰：「齊侯自侵陳之後，已起諸侯之叛心。至是鄭伯竊與楚通，楚人遂滅弦，以爲寇中國之兆也。」張氏曰：「鬭穀於菟，楚之名大夫也，輔楚頵以當齊桓，雖外受盟于召陵，而內懷負固之心。至此窺見王懷愛叔帶之意，而不悦桓公此舉，遂因王間鄭而帥師滅弦。弦子書奔，不服於楚而逃去之，不名，以爲尚可望以興復，故不絶也。黄、弦同壤而受弦子之奔，楚之滅黄亦自此始。桓公不能救弦，以啓救鄭、圍許之紛紛。使桓公此時率諸侯以討楚復弦，豈不足以立中國之威，而制楚之横與！」孫氏曰：「楚人滅弦，惡桓不能救也。十年狄滅温，十二年楚人滅黄，義同。」○**九月戊申朔，日有食之。**

○**冬，晉人執虞公。**《左傳》：「晉侯復假道於虞以伐虢。宫之奇諫曰：『虢，虞之表也。虢亡，虞必從之。晉不可啓，寇不可翫。一之謂甚，其可再乎？諺所謂「輔車相依，脣亡齒寒」者，其虞虢之謂也。』公曰：『晉，吾宗也，豈害我哉？』對曰：『大伯、虞仲，大王之昭也。大伯不從，是以不嗣。虢仲、虢叔，王季之穆也。爲文王卿士，勳在王室，藏於盟府。將虢是滅，何愛於虞？且虞能親於桓、莊乎，其愛之也？桓、莊之族何罪，而以爲戮？不唯偪乎？親以寵偪，猶尚害之，況以國乎？』公曰：『吾享祀豐潔，神必據我。』對曰：『臣聞之，鬼神非人實親，惟德是依。故《周書》曰：「皇天無親，惟德是輔。」又曰：「黍稷非馨，明德是馨。」又曰：「民不易物，惟德繄物。」如是，則非德，民不和，神不享矣。神所馮依，將在德矣。若晉取虞，而明德以薦馨香，神其吐之乎？』弗聽，許晉使。宫之奇以其族行。曰：『虞不臘矣。在此行也，晉不更舉矣。』八月甲午，晉侯圍上陽。問於卜偃，曰：『吾其濟乎？』對曰：『克之。』公曰：『何時？』對曰：『童謡云：「丙之晨，龍尾伏辰，均服振振，取虢之旂。鶉之賁賁，天策焞焞，火中成軍，虢公其奔。」其九月十月之交乎？丙子旦，日在尾，月在策，鶉火中。必是時也。』冬，十二月丙子朔，晉滅虢，虢公醜奔京師。師還，館于虞。遂襲虞，滅之。執虞公及其大夫井伯，以媵秦穆姬，而脩虞祀，且歸其職貢於王。故書曰『晉人執虞公』，罪虞，且言易也。」《公羊傳》：「虞已滅矣，其言執之何？不與滅也。曷爲不與滅？滅者，亡國之善辭也。滅者，上下之同力者也。」《穀梁傳》：「執不言所於地，緼於晉也。其曰公何也？猶曰其下執之之辭也。其猶下執之之辭何也？晉命行乎虞民矣。虞、虢之相救，非相爲賜也。今日亡虢，而明日亡虞矣。」程子曰：「書執而不書滅，自取也。」

公羊子曰：「虞已滅矣，其言執何？不與滅也。滅者，亡國之善辭，上下之同力也。」何氏曰：「言滅者，臣子與君戮力一心共死之辭也。不但去滅，復去以歸言執者，明虞公滅人以自亡當絶，不得責不死位也。」**若夫虞公，地之緼**紆粉反。**於晉久矣，**范氏曰：「時虞已包裹屬於晉，故雖在虞執，而不書其處。」**晉命行乎虞民，信矣。其曰「晉人執之」者，猶衆執獨夫耳。**茅堂胡氏曰：「書晉人執虞公，衆詞也。虞公書爵而不名，深著其罪，所謂美惡不嫌同詞。」**貴爲天子，富有四海，而身爲獨夫，商紂是也。貴爲諸侯，富有一國，而身爲獨夫，虞公是也。其曰「公」者，非存其爵，猶下執之之詞也。**杜氏曰：「虞公貪賄自亡，國非其國，臣非其臣。晉人執之，若執一夫。」何氏曰：「稱公者，奪正爵。」劉氏曰：「虞公不名而曰公者，其國已亡，其地已奪，是滅而不能死者也。」**不言以歸，驗其爲匹夫之實也。**平菴項氏曰：「虞公之執，前無所由，後無所歸，如執匹夫然。見虞之無國也。」**書滅下陽於始，而記執虞公於後，可以見棄義趨利、瀆貨無厭之能亡國敗家，審矣。**劉氏曰：「《春秋》記事，原始見終，不失其實。故虞之滅自夏陽始，夏陽滅則虞亡矣。宫之奇、舟之僑之徒皆知，獨其君不知。故《春秋》因大見其釁於滅夏陽，而深没其迹於執虞公，使天下之爲人君者，從而省之，可以戒矣。」張氏曰：「虞公貪璧馬之近貨，忘國家之將絶，而以國之所恃資敵。故前書滅下陽，而後書執虞公，則虞公之自取亡滅，與晉獻無道，絶滅虢叔、虞仲之祀，片言可見。」陳氏曰：「苟同力致滅自其君世子，必詳所以滅之之罪。書曰：楚子虔誘蔡侯般，殺之于申。楚公子棄疾帥師圍蔡，楚師滅蔡，執蔡世子有以歸用之。苟不同力執其君而國從之矣，則不詳所以滅之之罪。書曰『晉人執虞公』，以爲晉人徒執其君焉耳，而虞自亡也。」王氏《箋義》曰：「滅而稱執者，言虞當滅久矣，今但執之而已。滅虢不書者，方罪虞以爲世戒。若書曰：『晉侯滅虢，遂滅虞，執虞公以歸。』斯實録耳，非裁成義理之文也。」汪氏曰：「《春秋》書滅國者三十一，其致滅之因，或叛彼即此，或恃謀，或侵地，然未嘗没於嗜好，而棄其險要以與敵也，故皆書滅國，以著滅之者之罪。惟虞、虢之滅，書法不同，蓋有深意。下陽不當書滅而書滅，虞當書滅而不書滅。蓋下陽者，虞、虢之捍蔽，下陽既取則虞、虢亡。故書虞師同晉滅下陽者，著虞之自滅也。書執虞公而不言滅者，以虞之滅不待此時也。不言以虞公歸，則虞公特亡國之君耳。或疑《春秋》不當没晉滅虞之罪。夫聖筆之立文，如化工之生物，安可拘拘於常例哉！如梁亡而不書秦滅，胡髡沈逞國未滅而書滅，皆變其常法也。」○或曰：虞公嘗爲天子之三公，故稱公。執天子三公，其罪重於滅國。故不言滅虞，特書晉執而貶人之。未知是否？○劉氏曰：「《左氏》云：『晉襲虞滅之，而修虞祀，且歸其職貢于王。故書曰晉人執虞公。』非也。虞、晉同姓，滅之，大罪也。雖其自欲文飾，修祀歸貢，不足以掩其大惡。《春秋》曷爲聽之耶？《左氏》怪其文理異常，因彫瑑遷就爲此爾。」

春秋集傳大全卷之十三

僖公二

丁卯惠王二十三年。六年齊桓三十二。晉獻二十三。衛文六。蔡穆二十一。鄭文十九。曹昭八。陳宣三十九。杞成公元年。宋桓二十八。秦穆六。楚成十八。**春，王正月。**

附録《左傳》：「晉侯使賈華伐屈，夷吾不能守，盟而行。將奔狄，郤芮曰：『後出同走，罪也。不如之梁，梁近秦而幸焉。』乃之梁。」

夏，公會齊侯、宋公、陳侯、衛侯、曹伯伐鄭，圍新城。《左傳》：「夏，諸侯伐鄭，以其逃首止之盟故也。圍新密，鄭所以不時城也。」《公羊傳》：「邑不言圍，此其言圍何？彊也。」《穀梁傳》：「伐國不言圍邑，此其言圍何也？病鄭也，著鄭伯之罪也。」范氏曰：「齊桓綏合諸侯，翼戴世子。而鄭伯辟義逃歸，是以諸侯伐而圍之。罪著于上而討顯于下，圍伐之文雖同，而善惡之義有殊也。」杜氏曰：「新城，鄭新密。」廬陵李氏曰：「伐國圍邑之書，此條與圍長葛、圍緡不同，《左氏》、《穀梁》、胡氏皆以爲予桓公，獨《公羊》以爲惡桓公之强爲無義，則與長葛同矣。蓋拘於不得意致伐之例而云耳。不可從。」**秋，楚人圍許。諸侯遂救**

許。《左傳》：「楚子圍許以救鄭，諸侯救許，乃還。冬，蔡穆侯將許僖公以見楚子于武城。許男面縛銜璧，大夫衰絰，士輿櫬。楚子問諸逢伯，對曰：『昔武王克殷，微子啓如是。武王親釋其縛，受其璧而祓之，焚其櫬，禮而命之，使復其所。』楚子從之。」《穀梁傳》：「善救許也。」杜氏曰：「皆伐鄭之諸侯，故不復更敘。」冬，公至自伐鄭。《穀梁傳》：「其不以救許致何也？大伐鄭也。」

齊自召陵之後，兵服四夷，威動諸夏。今合六國之師，圍新造之邑，宜若振槁然。《荀子》注：「若擊枯葉之易也。」圍而不舉，有遺去聲。力者矣。及楚人攻許，即解新城之圍，移師救許，是又得討罪分災救急之義也。故特書曰「楚人圍許，諸侯遂救許」。凡書救者，未有不善之也。其曰「遂救許」，善之尤者也。汪氏曰：「書遂救者，美其赴難之甚速，若所謂被髮纓冠而往救之者也。書遂伐、遂侵、遂入、遂滅者，譏其憤兵之無已，而非有東征西怨之望也。惟齊桓遂伐楚，乃所以救鄭，而非他國遂伐之比爾。」善之尤則何以致？久也。汪氏曰：「此與致伐楚同。」孫氏曰：「出踰三時。」張氏曰：「楚人圍許，蓋攻其所必救，以解新密之圍。釋鄭而救許，所以抑暴而救患，見桓公之急於義也。」家氏曰：「伐鄭，義也。救許，亦義也。移伐鄭之師而救許，所謂權時之宜而合乎義者也。」汪氏曰：「楚人圍許以救鄭，經不書以救，與陽處父伐楚救江異者，不予楚人之救鄭也。聖人筆削，當以屬辭比事之法求之。故上書鄭伯逃歸不盟，則齊桓之伐鄭書伐、書圍，以見鄭之不服罪而諸侯無譏焉。下書諸侯救許，則楚人之圍許，其罪不可揜矣。齊桓圍鄭之新城，所以討其逃翼戴儲君之盟也。晉文之圍許，所以討其不會踐土河陽之朝也。圍非美事，而桓、文之圍，實爲王室計也。晉文遂圍許，與齊桓遂救許書法無異。朱子謂《春秋》明王法而不廢五伯之功，豈謂是歟！」廬陵李氏曰：「按桓公之編書救者五，救欲盡力。救鄭、救邢，將卑師少，爲義未力也。救欲速進。聶北、于匡書次，爲義不勇也。獨此年之救，不反兵而赴許，得被髮纓冠之意，故以書『遂』爲善之尤。蓋救兵不以生事爲貶，不以專事爲疑也。」○劉氏曰：「《公羊》云『邑不言圍』，非也。圍之爲義，無擇於國與邑也。」趙氏曰：「《左氏》云『蔡穆侯將許僖公以見楚子于武城，許男面縛銜璧』，按楚本圍許以救鄭，諸侯救許，鄭圍以解，楚師亦退。許有何懼？乃隨蔡侯爲滅國之禮乎？若爾，許已從楚，齊何故不伐許乎？又云『微子啓如是』，又何疑乎？」劉氏曰：「是後許男常與諸侯會，知其初不降楚也。」

戊辰惠王二十四年。**七年**齊桓三十三。晉獻二十四。衛文七。蔡穆二十二。鄭文二十。曹昭九，卒。陳宣四十。杞成二。宋桓二十九。秦穆七。楚成十九。**春，齊人伐鄭。**《左傳》：「齊人伐鄭。孔叔言於鄭伯，曰：『諺有之曰：「心則不競，何憚於病。」既不能强，又不能弱，所以斃也。』國危矣！請下齊以救國。』公曰：『吾知其所由來矣，姑少待我。』對曰：『朝不及夕，何以待君？』」張氏曰：「鄭未服，故復伐。齊力足以制之，不煩諸侯也。」○**夏，小邾子來朝。**《公》作「小邾婁子」，後同。杜氏曰：「郳黎來，始得王命而來朝。郳之别封，故曰小邾。」何氏曰：「齊桓公請天子進之。」○**鄭殺其大夫申侯。**《左傳》：「夏，鄭殺申侯以説于齊，且用陳轅濤塗之譖也。初，申侯，申出也。有寵於楚文王。文王將死，與之璧，使行，曰：『唯我知女，女專利而不厭，予取予求，不女疵瑕也。後之人將求多於女，女必不免。我死，女必速行。無適小國，將不女容焉。』既葬，出奔鄭。又有寵於厲公。子文聞其死也，曰：『古人有言曰：知臣莫若君。弗可改也已。』」

《公羊傳》：「其稱國以殺何？稱國以殺者，君殺大夫之辭也。」《穀梁傳》：「稱國以殺大夫，殺無罪也。」

將卑師少稱人，汪氏曰：「自齊師滅譚以後，非君將皆稱人，惟次聶北、城邢、伐厲稱師。」**聲罪致討曰伐。鄭伯背華即夷，南與楚合而未離也。故桓公復治之。孔叔言於其君，請下齊以救國。鄭伯曰：「吾知其所由來矣，姑少待我。」於是殺申侯以說**如字。**于齊。稱國以殺者，罪累上也。**范氏曰：「上下皆失，故曰罪累上。」汪氏曰：「累，事相緣及也，言責及其上也。」**不知自反，内忌聽讒，而擅殺其大夫，信失刑矣。**臨川吴氏曰：「鄭伯因惠王有撫女從楚之命，而逃首止之盟。齊興問罪之師，鄭服逃盟之罪，則齊師息矣。今不自下齊，而乃歸罪於申侯，蓋信讒而頗於刑也。故《春秋》不罪申侯，而責鄭伯殺大夫之罪。」**如申侯者，其見殺何也？專利而不厭，**於鹽反。**則足以殺其身而已矣。**劉氏曰：「《春秋》君臣皆譏，以謂鄭伯内忌而殺申侯。申侯雖不當誅，其貪侈争欲，亦有以取之。」廬陵李氏曰：「《左氏》載陳濤塗怨申侯之反己，勸之城虎牢美，乃譖諸鄭伯，曰：『美城其賜邑，將以叛也。』又載申侯初有寵於楚文王，自楚奔鄭。二説前説不可信，後説理或有之。蓋申侯不忘故國，故導鄭伯以從楚，鄭伯方暴其罪以告齊也。不然齊方受申侯而賜以虎牢，鄭乃殺之，得罪於齊矣。何得謂説于齊乎？」

秋，七月，公會齊侯、宋公、陳世子欵、鄭世子華，盟于甯毋。毋音某，又音無。《穀》作寧毋，音同。

《左傳》：「秋，盟于甯毋，謀鄭故也。管仲言於齊侯曰：『臣聞之，招携以禮，懷遠以德，德禮不易，無人不懷。』齊侯修禮於諸侯，諸侯官受方物。鄭伯使太子華聽命於會，言於齊侯曰：『洩氏、孔氏、子人氏三族實違君命，若君去之以爲成，我以鄭爲内臣，君亦無所不利焉。』齊侯將許之，管仲曰：『君以禮與信屬諸侯，而以姦終之，無乃不可乎！子父不奸之謂禮，守命共時之謂信，違此二者，姦莫大焉。』公曰：『諸侯有討於鄭，未捷。今苟有釁，從之，不亦可乎？』對曰：『君若綏之以德，加之以訓辭，而帥諸侯以討鄭，鄭將覆亡之不暇，豈敢不懼。若總其罪人以臨之，鄭有辭矣，何懼。且夫合諸侯，以崇德也。會而列姦，何以示後嗣？夫諸侯之會，其德刑禮義，無國不記。記姦之位，君盟替矣。作而不記，非盛德也。君其勿許，鄭必受盟。夫子華既爲太子，而求介於大國，以弱其國，亦必不免。鄭有叔詹、堵叔、師叔三良爲政，未可間也。』齊侯辭焉。子華由是得罪於鄭。冬，鄭伯請盟于齊。」《穀梁傳》：「衣裳之會也。」杜氏曰：「甯毋，魯地，高平方與縣有泥毋亭。音如甯。」張氏曰：「傳言齊侯因管仲之言，而修禮於諸侯，不受鄭世子爲内臣之請，以見管仲之於桓公，正救多矣。」廬陵李氏曰：「此會，以齊侯辭鄭世子之事觀之，則與首止相類。蓋首止正天下之人倫，而此正一國之人倫也。以諸侯官受方物之傳觀之，則與邢丘相類。蓋此明王室之貢，而邢丘亦改命朝聘之數也。《正義》曰：《周禮・大行人》云：『侯服貢祀物，甸服貢嬪物，男服貢器物，采服貢服物，衛服貢材物，要服貢貨物。』王室盛明之時，每國貢有常賦。天子衰，諸侯惰慢，故伯主總帥諸侯，量其國之大小，號令所出之物，以貢天子也。」臨川吴氏曰：「疑子華雖聽命於會，齊桓必未使之與盟。故明年盟洮，鄭伯乞盟。」汪氏曰：「今三傳皆有鄭世子華，則桓公但却子華内臣之請，而未嘗使之不與盟也。」蜀杜氏曰：「會四國而二世子在會，以著齊桓之德漸見衰矣。」○**曹伯班卒。**班，《公》作「般」。○**公子友如齊。**汪氏曰：「甫盟甯毋，而又使季友修聘，所以勤霸國之好也。十三年夏會鹹。冬，季友復聘。與此同。」廬陵李氏曰：「公子友如齊二，此年及十三年。吾大夫正聘于齊始此。」○**冬，葬曹昭公。**

附録《左傳》：「閏月，惠王崩。襄王惡大叔帶之難，懼不立，不發喪而告難于齊。」

己巳惠王二十五年，崩。**八年**齊桓三十四。晉獻二十五。衛文八。蔡穆二十三。鄭文二十一。曹共公襄元年。陳宣四十一。杞成三。宋桓三十。秦穆八。楚成二十。**春，王正月，公會王人、齊侯、宋公、衛侯、許男、曹伯、陳世子欵，盟于洮，鄭伯乞盟。**「陳世子欵」下，《公》有「鄭世子華」。《左傳》：「春，盟于洮，謀王室也。鄭伯乞盟，請服也。襄王定位而後發喪。」《公羊傳》：「王人者何？微者也。曷爲序乎諸侯之上？先王命也。乞盟者何？處其所而請與也。其處其所而請與奈何？蓋酌之也。」《穀梁傳》：「王人之先諸侯何也？貴王命也。朝服雖敝，必加於上。弁冕雖舊，必加於首。周室雖衰，必先諸侯。兵車之會也。鄭伯乞盟，以向之逃歸乞之也。乞者，重辭也。重是盟也。乞者處其所而請與也，蓋汋之也。」杜氏曰：「洮，曹地。」夾漈鄭氏曰：「洮水出西羌中，北至枹罕，東入河。」

王人，下士也。内臣之微者莫微於下士，外臣之貴者莫貴於方伯、公侯。今以下士之微序乎方伯、公侯之上，外輕内重，不亦偏乎？《春秋》之法，内臣以私事出朝者直書曰來，隱公元年祭伯來。**以私好出聘者不稱其使，**莊公二十三年祭叔來聘。**以私情出訃者止録其名，**

文公三年王子虎卒。定公四年劉卷卒。**不以其貴故尊之也。以王命行者，雖下士之微，序乎方伯、公侯之上，不以其賤故輕之也。然則班列之高下，不在乎内外，特繫乎王命爾。聖人之情見矣，尊君之義明矣。**孫氏曰：「王人，微者也。序于諸侯之上者，《春秋》尊王，故王人雖微，序于諸侯之上也。」張氏曰：「齊桓雖主會而先王人，可以訓矣。」高氏曰：「王室有叔帶之難，世子之位猶未定。蓋惠王疾，惠后主叔帶，故王人使齊求援，而齊會諸侯以謀之。」臨川吴氏曰：「《左氏》以爲惠王已崩，然天王之崩，天下所聞，豈有一年秘不發喪之理。竊疑此時，王雖未崩，或是有疾。襄王唯恐一旦大故，而叔帶篡立，周之大臣亦有能爲襄王謀者，故遣下士告難於齊。桓公於是合諸侯以謀之。王人本不當與盟，蓋以所謀者王室之事，而王人特爲此事而來，故亦與盟。至冬王崩，而襄王得安其位者，齊桓之力也。」**乞者，卑遜自屈之辭，欲與是盟而未知其得與否也。**杜氏曰：「乞，不保得之辭。」廬陵李氏曰：「《春秋》書乞六，乞盟一，乞師五，得未得未可知也。」**始而逃歸，今則乞盟，於以見舉動人君之大節，不可不慎也。**孫氏曰：「鄭世子華雖受盟甯毋，鄭伯猶懼見討，故自乞盟于此。」張氏曰：「鄭伯欲與於盟而不可得，足以見伯權之重，而可以使鄭伯之自反。」臨川吴氏曰：「鄭伯前年徇惠王之邪心，逃首止之盟，蓋不欲定世子也。今見齊桓再會諸侯，結盟以定世子之位，襄王將嗣位爲王矣，故鄭伯懼後禍，悔前非，而乞與此盟也。」高氏曰：「楚爲中國患，鄭先受害。自莊十六年書『荆伐鄭』，至二十八年荆又伐鄭，僖元年楚人伐鄭，二年楚又侵鄭，三年楚又伐鄭。齊桓召陵之役，楚始懾服。則楚之不復加兵於鄭，小白之力也。鄭伯曷爲背齊而附楚耶？聖人備書其逃盟、乞盟之事，以罪鄭伯見義之不明。自此至十七年小白卒，楚人絶迹於鄭，桓之伯功盛矣。」汪氏曰：「《春秋》書王人者三，盟洮書王人，常例也。救衛書王人子突，褒之也。盟翟泉書王人，貶之也。于洮諸侯皆書爵，而翟泉諸國之大夫稱人，則王子虎爲貶可知矣。《春秋》凡伯者主會，必書公會而序伯者於諸侯之上。首止會王世子，而書公及齊侯，則王世子在會而不以齊侯主會之辭也。此書公會而序齊侯於王人之下，亦不以齊侯主會之辭也。後此葵丘、翟泉、柯陵、雞澤、平丘，書法皆同。然葵丘不盟宰周公。而翟泉以後皆不以王事而盟王室之卿士，則晉伯非桓比矣。鄭伯乞盟，不言使大夫，則鄭伯親至于會也。不言如會，則鄭伯得與於盟矣。然不序列而别言乞盟，以見鄭伯在會，而卑屈以請與於盟耳。苟非在會而後至，則當如袁僑如會，屈完如師，先書如會，而繼書盟矣。然襄三年晉士匄乞盟于齊不書，此特書者，以見其輕於逃義，故不憚屈己以請服也。」廬陵李氏曰：「經書王臣與盟者，于洮王人，下士也。翟泉王人，王子虎也。女栗蘇子、柯陵尹單、雞澤單子、平丘劉子，皆卿士也。《左氏釋例》曰：『未有臣而盟君，臣而盟君是子可盟父，故《春秋》王世子以下會諸侯者，皆同會而不同盟。是言王臣正法不與諸侯盟也。踐土王子虎，黑壤王叔桓公，黄池單平公，皆監臨之而已，不同歃也。若天子初立，王室不安，命臣使結盟諸侯以安王室，雖非正法，事勢宜然。既無褒美，亦無貶責。故于洮王人，傳曰「王室有難也」，女栗蘇子，傳曰「頃王立故也」，雞澤單子，杜云「周靈王新即位，使王官伯出與諸侯盟以安王室也」。此三事情義可許，故無貶文。惟翟泉之盟，於時諸侯輯睦，王室無虞，而王子虎下盟列國以瀆大典，故貶稱王人。《春秋》王臣與諸侯會盟凡十有餘事，譏與不譏皆從此例。』此説亦可通。但以胡氏『雞澤』下注觀之，則皆可貶。」○啖氏曰：「《公》、《穀》皆云：『乞盟者處其所而請與也，蓋酌之也。』按乞者，卑重之辭耳。言酌與之，迂僻甚矣。假如乞師，又如何酌之？」廬陵李氏曰：「洮之盟，《左氏》事迹稍詳，當從之。《公羊》以爲桓公德衰，甯毋之會，常會者不至，而陳、鄭又遣世子，故上假王人之重以自助，非也。」

夏，狄伐晉。《左傳》：「晉里克帥師，梁由靡御，虢射爲右，以敗狄于采桑。梁由靡曰：『狄無耻，從之，必大克。』里克曰：『懼之而已，無速衆狄。』虢射曰：『期年，狄必至，示之弱矣。』夏，狄伐晉，報采桑之役也。復期月。」襄陵許氏曰：「晉恃强且遠，不與齊合，是以狄得侮之。」臨川吴氏曰：「齊桓嘗存邢、衛，而未能挫狄師，故狄無所忌而伐晉。《春秋》傷齊霸之不能攘狄也。」○**秋，七月，禘于大廟，用致夫人。**《左傳》：「秋，禘，而致哀姜焉。非禮也。凡夫人不薨于寢，不殯于廟，不赴于同，不祔于姑，則弗致也。」《公羊傳》：「用者何？用者，不宜用也。致者何？致者，不宜致也。禘用致夫人，非禮也。夫人何以不稱姜氏？貶。曷爲貶？譏以妾爲妻也。其言以妾爲妻奈何？蓋脅于齊媵女之先至者也。」《穀梁傳》：「用者，不宜用者也。致者，不宜致者也。言夫人必以其氏姓。言夫人而不以氏姓，非夫人也，立妾之辭也，非正也。夫人之，我可以不夫人之乎？夫人卒葬之，我可以不卒葬之乎？一則以宗廟臨之而後貶焉，一則以外之弗夫人而見正焉。」范氏曰：「劉向曰：夫人成風也，致之于大廟，立之以爲夫人。」

按禮：大禘，升歌《清廟》，下而管《象》，朱干玉戚以舞《大武》，八佾以舞《大夏》，《禮記·祭統》：「成王、康王追念周公所以勳勞者，而欲尊魯，故賜以重祭。此天子之樂也，康周公，故以賜魯也。」注：《清廟》，頌文王之詩也。管《象》，吹管而舞《武》、《象》之樂也。朱干，赤盾。戚，斧也。以玉飾其柄，此武象之舞所執也。佾猶列也。《大夏》，禹樂，文舞也。執羽籥，文武之舞皆八列。互言之。又見《明堂位》。**此天子之禮樂也。踐其位，則行其禮，奏其樂。**汪氏曰：「其，指先王。言履先王之位，則可行先王之禮，而奏先王之樂也。」**故雝禘太祖，《周頌》也。而其詩曰：「相維辟公，天子穆穆。」**朱子曰：「言諸侯助祭，而天子有穆穆之容也。」**周公人臣，不踐其位。魯侯國而用天子之禮，亂名犯分，莫大乎是。故夫子志之曰：「郊社之禮，所以事上帝也。宗廟之禮，所以祀乎其先也。」魯侯國而以王禮祀大廟，是誣僞不誠，而非所以事乎其先矣。**程子曰：「周公之功固大矣，皆臣子之分所當爲，魯安得獨用天子禮樂哉！成王之賜，伯禽之受，皆非也。」**故夫子傷之曰：「禘自既灌而往者，吾不欲觀之。」夫灌以降神，乃祭之始，而已不欲觀，是自始至終皆非禮矣。**朱子曰：「灌者，方祭之始，用鬱鬯之酒灌地以降神也。魯之君臣，當此之時，誠意未散，猶有可觀。自此以後，則浸以懈怠，而無足觀矣。蓋魯祭非禮，夫子本不欲觀。至此而失禮之中又失禮焉，故發此嘆也。」汪氏曰：「文定説微與朱子不同。然夫子言不欲觀，則譏僭禮之意在其中矣。」**用者不宜用也，致者不宜致也。**趙氏曰：「譏禘，又譏致也。」**夫人者，風氏也。初，成風聞季友之繇，**直救反。**遂事之而屬僖公焉。故季子立之，公賜季友汶陽之田及費，又生而命之氏，俾世其卿而私門强矣。於成風則舉大事於始祖之廟，立以爲夫人，而嫡妾亂矣。**范氏曰：「夫人者，正嫡之稱謂，非崇妾之嘉號。以妾體君，則上下無别，雖尊其母，是卑其父。禮有君之母非夫人者，庶子爲後，爲其母緦。是妾不爲夫人明矣。」**以私勞寵其臣而卑公室，以私恩崇其母而輕宗廟，皆越禮之罪也。經書夫人而不稱姓氏，其貶深矣。**劉氏曰：「春秋雖亂世，未有妾母稱夫人者也，自成風始矣。此禮之所由失，教之所由廢，上下之所由亂，嫡庶之所由争，其惡乃比於無父無君。己之母，父之妾也，今背死而使之配，此所謂知母而不知父，故曰無父。凡立小君嫡子，必天子命之者。今以其私親而建之，非有天子之命也，故曰無君。無父無君，王法所禁。天子不能正，是王無天，故含賵會葬，皆以王之無天爲譏也。」孫氏曰：「禘，天子大祭。夫人，成風也。不言風氏者，成風僖公妾母，嫁非廟見，不得與祭。僖公既君，欲尊其母，故因此秋禘祭，用夫人之禮致于大廟。使之與祭也。妾母稱夫人，僭之大者，故不言風氏以貶之。按夫人文姜孫于齊，貶去姜氏。此不言風氏，其貶可知矣。」家氏曰：「夫人不氏，明其爲妾，無當尊之理也。薨葬稱夫人，非謂成風可以僭夫人也，非謂妾母可以配先君也。正以僖公嘗爲非禮之禮，致其母爲夫人，及文公立，又以祖母事之，以夫人薨葬之。故於此書『用致夫人』者，以其開薨葬夫人之端也。」汪氏曰：「哀公欲以嬖妾爲夫人，使宗人釁夏獻其禮。對曰：『以妾爲夫人，古無其禮也。』夫自僖公致成風，以妾母爲夫人，自後宣公致敬嬴，襄公致定姒，昭公致齊歸，皆以妾母爲夫人，不復志於經矣。而釁夏猶謂『以妾爲夫人，則無其禮』，蓋雖立妾母，而未嘗立妾也。于以見魯衰之甚，而舊典猶存也。」趙氏曰：「《左氏》云『致哀姜焉』。按元年哀姜稱夫人以薨，明用夫人喪禮已久矣，何乃八年始致之乎？《公羊》云：『譏以妾爲妻也，蓋脅于齊媵之先至者。』按若娶于齊，則不當媵先至。若娶于他國而公親往未還，則無人受脅而立齊媵。」劉氏曰：「《穀梁》云：『言夫人而不言氏姓，立妾之辭也。』近之矣，未盡也。夫稱夫人而謂之『用致』，此立妾之辭也。不言氏姓，不爲見其妾也，蓋有深義，非《穀梁》所能見。《左氏》云：『凡夫人不薨于寢，不殯于廟，不赴于同，不祔于姑，則弗致也。』按哀姜於此四者，唯不薨于寢爾。苟謂四者不備，不致於廟，設令夫人歸寧而死，亦將不致乎？」永嘉呂氏曰：「蓋僖公尊妾母，成之爲夫人，自此年禘于太廟始也。若謂僖公娶聲姜，因禘而廟見，何以不稱姜氏哉！」廬陵李氏曰：「夫人之説，《左氏》以爲哀姜也，因禘祭而致之於廟。夫《左氏》隱三年例曰：『不赴於諸侯，不祔于姑，故不曰薨。不稱夫人，故不言葬。』今哀姜以元年薨，既稱夫人以葬矣，何得謂之不赴於同，不祔于姑，而弗致乎？《公羊》以爲僖公本聘楚女爲嫡，齊女爲媵。齊先致其女，脅僖公使用爲嫡。夫僖公作頌賢君，縱爲齊所脅，豈得以媵爲夫人乎？趙子以爲致聲姜，則聲姜未聞有罪，何得不稱氏姓？故劉向以爲成風者是，而劉氏、胡氏皆從之。」

冬，十有二月丁未，天王崩。《左傳》：「冬，王人來告喪，難故也。是以緩。」臨川吴氏曰：「蓋惠王前年之冬有疾，今年歲終乃崩也。」趙氏曰：「《左氏》云：七年閏月惠王崩。襄王惡大叔之亂，不發喪而告難于齊。八年正月會于洮，謀王室也。襄王定位而後發喪。據此則正月、二月位已定，何得直至十二月而後告喪于諸侯？則《左氏》此説，不足憑也。」

附録《左傳》：「宋公疾，大子茲父固請曰：『目夷長且仁，君其立之。』公命子魚，子魚辭，曰：『能以國讓，仁孰大焉，臣不及也。且又不順。』遂走而退。」

庚午 襄王元年。**九年** 齊桓三十五。晉獻二十六，卒。衛文九。蔡穆二十四。鄭文二十二。曹共二。陳宣四十二。杞成四。宋桓三十一，卒。秦穆九。楚成二十一。**春，王正月丁丑，宋公御説卒。**正月，《公》、《穀》作「三月」。御，魚呂反。《公》、《穀》作「禦」。説音悦。《左傳》：「春，宋桓公卒，未葬而襄公會諸侯，故曰子。凡在喪，王曰小童，公侯曰子。」《公羊傳》：「何以不書葬？爲襄公諱也。」○啖氏曰：「《左氏》云：『凡在喪，王曰小童，公侯曰子。』按王猛在喪不曰小童，又伯子男在喪，亦當稱子。獨言公侯，亦誤也。《公羊》曰：『不書葬，爲襄公諱。』按不葬者，魯不會爾。爲襄公諱，有何義乎？」○**夏，公會宰周公、齊侯、宋子、衛侯、鄭伯、許男、曹伯于葵丘。**《左傳》：「夏，會于葵丘，尋盟，且脩好，禮也。王使宰孔賜齊侯胙，曰：『天子有事于文、武，使孔賜伯舅胙。』齊侯將下拜，孔曰：『且有後命，天子使孔曰：以伯舅耋老，加勞，賜一級，無下拜。』對曰：『天威不違顔咫尺，小白余敢貪天子之命，無下拜，恐隕越于下，以遺天子羞。敢不下拜？』下拜登受。」《公羊傳》：「宰周公者何？天子之爲政者也。」《穀梁傳》：「天子之宰，通于四海。宋其稱子，何也？未葬之辭也。禮：柩在堂上，孤無外事。今背殯而出會，以宋子爲無哀矣。」程子曰：「天子之宰與世子禮異，故不殊會。」杜氏曰：「陳留外黄縣東有葵丘。」

其曰「宰周公」者，以冢宰兼三公也。杜氏曰：「宰，官。周，采地。天子三公不字。」范氏曰：「天官冢宰，兼爲三公者。」古者三公無其人，則以六卿之有道者上兼師保之任。冢宰或闕，亦以三公下行端揆之職。禹自司空進宅百揆，又曰「作朕股肱耳目」，是以宰臣上兼師保之任也。周公爲師，又曰「位冢宰，正百工」，是以三公下行端揆之職也。所以然者，三公與王坐而論道，固難其人。而冢宰統百官、均四海，亦不易處也。夫以冢宰兼三公，其職任重

矣。而不殊會之，何也？人臣則有進退之節，出入均勞之義，汪氏曰：「謂進而爲三公宰輔，退而爲方伯諸侯，入乎朝廷之內，出乎畿甸之外，親疎雖不同，均爲勤勞王室。」**非王世子貴有常尊之可比矣。**陳氏曰：「桓嘗殊會王世子，而不殊會三公，《春秋》是以予桓也。」汪氏曰：「尊無二上。三公雖貴，亦人臣也。王世子，天王之貳，非人臣也。故《春秋》殊會王世子，不以儕之人臣之列。宰周公雖兼公相之職，僅同下士之微者，序乎諸侯之上耳。齊桓初會首止，以尊王嗣而定天下之大本。繼會于洮，以謀王室而安天下之大勢。今會葵丘，又明王禁而示天下之大法，五霸桓公爲盛。而桓公之會，葵丘爲盛。宜《春秋》備書之，而孟子稱之也。《春秋》書冢宰者四，咺賵寵妾，糾聘大惡，皆貶而名之。閱聘僖公，雖無貶辭，然以冢宰兼三公，而脩聘事於諸侯，則亦過矣。惟宰孔出會諸侯，奬霸主，陳五禁，使諸侯既知尊王室，而且知畏王法，則有功於周室者也。故諸侯雖與之會，而不敢與之盟。後此王子虎盟諸侯大夫於王都之側，貶而人之。尹武公、單襄公之盟柯陵，單頃公之盟雞澤，劉獻公之盟平丘，皆有愧於宰孔矣。然惠王之喪，適當同軌畢至之際，襄王方居諒陰，百官總己以聽於冢宰之時，桓公不率諸侯會于京師，反致冢宰于葵丘，而《春秋》無譏者，豈桓公能弭王室之大難，而功可揜過歟？抑會葬既畢，而修禮于葵丘，以明王禁歟？」廬陵李氏曰：「宰周公見經者二，此會宰孔也。三十年來聘，宰閱也。」又曰：「桓公翼戴襄王之事，始於首止，中於于洮，終於葵丘。」

秋，七月乙酉，伯姬卒。《公羊傳》：「此未適人，何以卒？許嫁矣。婦人許嫁，字而笄之，死則以成人之喪治之。」《穀梁傳》：「內女也。未適人不卒，此何以卒也？許嫁，笄而字之，死則以成人之喪治之。」何氏曰：「不以殤禮降者，當爲諸侯夫人，有即貴之漸。」啖氏曰：「内女爲夫人，書卒。許嫁爲夫人亦然。其爲媵及嫁太子、公子、大夫，則不書。」蜀杜氏曰：「嫁爲夫人則繫國。」汪氏曰：「經書内女未嫁而卒者一，雖曰許嫁則喪之以成人之禮，亦時君溺愛之過耳。據禮：諸侯姑姊妹女子子，嫁爲諸侯夫人，則服大功。大功以下則無服。蓋諸侯絶期，苟嫁爲諸侯夫人則尊同，尊同則爲之服也。許嫁未可稱夫人，而喪之如成人，非禮也。」○**九月戊辰，諸侯盟于葵丘。**《左傳》：「秋，齊侯盟諸侯于葵丘。曰：『凡我同盟之人，既盟之後，言歸于好。』宰孔先歸，遇晉侯，曰：『可無會也。齊侯不務德而勤遠略，故北伐山戎，南伐楚，西爲此會也。東略之不知，西則否矣。其在亂乎？君務靖亂，無勤於行。』晉侯乃還。」《公羊傳》：「桓之盟不日，此何以日？危之也。何危耳？貫澤之會，桓公有憂中國之心，不召而至者，江人、黄人也。葵丘之會，桓公震而矜之，叛者九國。震之者何？猶曰振振然。矜之者何？猶曰莫若我也。」《穀梁傳》：「桓盟不日。此何以日？美之也。爲見天子之禁，故備之也。葵丘之盟，陳牲而不殺，讀書加於牲上，壹明天子之禁，曰：毋雍泉，毋訖糴，毋易樹子，毋以妾爲妻，毋使婦人與國事。」程子曰：「云諸侯盟，見宰不與。」

會盟同地，再言葵丘，何也？書之重，辭之複，其中必有大美惡焉。葵丘之盟，美之大者也。初命曰：「誅不孝，無易樹子，無以妾爲妻。」再命曰：「尊賢育材，以彰有德。」三命曰：「敬老慈幼，無忘賓旅。」四命曰：「士無世官，官事無攝，取士必得，無專殺大夫。」五命曰：「無曲防，無遏糴，無有封而不告。」曰：「凡我同盟之人，既盟之後，言歸于好。」以是爲盡禁矣，諸侯咸喻乎？桓公之志，蓋束牲載書而不歃血也，是故會盟同地而再言葵

丘，美之也。朱子曰：「如葵丘之會，召陵之師，自是好，本末自是別。」**觀《孟子》所載此盟初命之辭，則知桓公翼戴襄王之事信矣。**張氏曰：「一命之辭，三綱所係，蓋脩身、齊家之要。自此以下，尊賢、敬臣、子民、柔遠人、懷諸侯之意略備。其提挈綱領，以正率人，蓋《春秋》之所未有。然桓公於易樹子，以妾爲妻之禁，終不免躬自犯之，則何以令諸侯哉？聖人道大德宏，以其積累至此，是以姑掩其不足而敘其美也。」陸氏曰：「盟稱諸侯者，前目後凡。且明周公之不盟也。」汪氏曰：「桓公以五命之詞約束諸侯，而不敢盟宰周公者，不敢使天子之宰，受諸侯之約束也。晉文以後，王臣出會皆同盟，則非桓比矣。然桓公自北杏至于卞，會遇二十有八，盟者十有三，《春秋》皆不書日，惟此盟書日。《穀梁》以爲美之，《公羊》以爲危之，褒貶不同，愚竊以爲，是盟乃桓伯盛衰之幾。鄭康成所謂桓德極而將衰也。蓋自再盟幽而諸侯協，獻捷治戎，存邢、衛却狄，盟召陵怙楚，而中國安。盟首止于洮而王室寧。及乎葵丘而伯業盛矣。奈何陽穀之會，與僖公聲姜肆於寵樂？城杞之功不若城邢，救徐之師緩於救許，伐黃不恤，謀鄫無成！而伯業衰矣！故論者謂葵丘以前，猶自朔至望之月。葵丘以後，猶自望至晦之月。蓋由其心有勤怠之殊，是以其功有盛衰之漸。聖人於葵丘之盟書日者，美其盛而憂其衰也。但《公羊》謂『叛者九國』亦無可考，故趙氏云『此會唯六國』。會鹹、牡丘皆七國，會淮八國，並書舊盟之國，寧有九國叛乎？」〇廬陵李氏曰：「葵丘書日，《穀梁》以爲美之。何休曰：『即日爲美，其不日皆爲惡耶！』柯之盟既以不日爲信，此復以日爲美，義相反也。鄭君釋之曰：『柯盟不日，固始信之。自其後盟以不日爲平文。從陽穀以來至此葵丘之盟，皆令諸侯以天子之禁，桓德極而將衰，故備日以美之，自此不復有衣裳之盟矣。』此說固然。但既以爲桓德極盛而將衰，則以書日爲謹之，爲危之亦何不可，而强欲反前例耶？蓋再言葵丘以著其美，而特書日以謹其怠，此正聖人之微意也。」

甲子，晉侯詭諸卒。甲子，《公》作「甲戌」。詭，《左》作「佹」。《左傳》：「九月，晉獻公卒。里克、丕鄭欲納文公，故以三公子之徒作亂。初，獻公使荀息傅奚齊。公疾，召之，曰：『以是藐諸孤，辱在大夫，其若之何？』稽首而對曰：『臣竭其股肱之力，加之以忠貞，其濟，君之靈也。不濟，則以死繼之。』公曰：『何謂忠貞？』對曰：『公家之利，知無不爲，忠也。送往事居，耦俱無猜，貞也。』及里克將殺奚齊，先告荀息，曰：『三怨將作，秦、晉輔之。子將何如？』荀息曰：『將死之。』里克曰：『無益也。』荀叔曰：『吾與先君言矣，不可以貳。能欲復言而愛身乎？雖無益也，將焉辟之？且人之欲善，誰不如我？我欲無貳，而能謂人已乎！』」

○冬，晉里克殺其君之子奚齊。殺，《公》作「弑」。《左傳》：「冬十月，里克殺奚齊于次。書曰『殺其君之子』，未葬也。荀息將死之，人曰：『不如立卓子而輔之。』荀息立公子卓以葬。十一月，里克殺公子卓于朝，荀息死之。君子曰：『《詩》所謂「白圭之玷，尚可磨也。斯言之玷，不可爲也」。荀息有焉。』」《公羊傳》：「此未踰年之君。其言弑其君之子奚齊何？弑未踰年君之號也。」《穀梁傳》：「其君之子云者，國人不子也。國人不子何也？不正其殺世子申生而立之也。」

穀梁子曰：「其君之子云者，國人不子也。不正其殺申生而立之也。」范氏曰：「諸侯在喪稱子。言國人不君之，故繫于其君。」楊士勛曰：「蓋不子者，謂不以爲君，則是不子也。」**人君擅一國之名寵，爲其所子，則當子矣。國人何爲不子也？民至愚而神，是非好惡，靡不明且公也。**

其爲子而弗子者，莫能使人弗之子也。非所子而子之者，莫能使人之亦子也。汪氏曰：「衛宣殺伋、壽立朔，而國人傷之，賦《二子乘舟》之詩，以悼伋、壽之亡。漢武奇愛少子，因巫蠱事殺戾太子，而壺關三老、田千秋等咸訟其冤。隋文以讒譖廢太子勇，左右莫不閔默，文武大臣皆知其不可而弗敢言。此皆人心天理之本然，知嫡庶長幼之分不可紊也。觀獻公託其子於荀息，自知廢正，恐有後患。則天理之正，非唯國人知之，獻公亦自知之矣。」**周幽王嘗黜太子宜臼，子伯服矣，而犬戎殺其身。**事見《史記》，注在隱公元年。**晉獻公亦殺世子申生，立奚齊矣，而大臣殺其子。《詩》不云乎：「天生烝民，有物有則。民之秉彝，**好去聲。**是懿德。」**朱子曰：「天生衆民，有物必有法。如君臣有義，父子有親是也。乃民所執之常性，故其情無不好此美德者。」**此言天理根於人心，雖以私欲滅之，而有不可滅也。《春秋》書此，以明獻公之罪。抑人欲之私，示天理之公，爲後世戒，其義大矣。以此防民，猶有欲易太子而立趙王如意，致夫人之爲人彘者。**《前漢書·高帝紀》：「定陶戚姬有寵，生趙王如意。上以大子仁弱，謂如意類己，欲廢太子而立之。及惠帝即位，吕后囚戚夫人，使人持酖飲之，斷其手足，去眼煇耳，飲瘖藥，使居厠中，命曰人彘。」陸氏曰：「奚齊以本不正，故曰『君之子』，明國人意不以爲嗣，獨君意立之。明里克雖有罪，而合晉人之心也。」盧氏曰：「書『里克殺其君之子』，知晉之不君奚齊也。」蜀杜氏曰：「曰『殺其君之子』，猶曰晉君之子爾。雖立爲君，《春秋》不成之爲君也。」孫氏曰：「奚齊庶孽，獻公殺世子而立之。《春秋》不與，故曰『君之子奚齊』。惡之也。」陳氏曰：「遇弑雖未踰年稱君。此其稱君之子何？獻公殺申生，絀重耳、夷吾，而立其嬖子。晉之亂，獻公爲之也。故奚齊不稱君而稱君之子。」趙氏曰：「齊舍亦未踰年君也。不云『其君之子』，故《穀梁》『國人不子』之義是也。」張氏曰：「奚齊謂之『其君之子』，以晉獻殺適立庶而奪之也。齊舍未踰年而謂之君，以舍之正而與之也。或抑或揚，得是非之公，可以觀矣。」高氏曰：「國人不君之，而書曰『君之子』，此《春秋》辨疑似之罪，而曲盡人情之所難也。」

附録《左傳》：「齊侯以諸侯之師伐晉，及高梁而還，討晉亂也。令不及魯，故不書。」○「晉郤芮使夷吾賂秦以求入，曰：『人實有國，我何愛焉？入而能民，土於何有？』從之。齊隰朋帥師會秦師納晉惠公，秦伯謂郤芮曰：『公子誰恃？』對曰：『臣聞亡人無黨，有黨必有讎。夷吾弱不好弄，能鬭不過，長亦不改，不識其他。』公謂公孫枝曰：『夷吾其定乎？』對曰：『臣聞之，唯則定國。《詩》曰「不識不知，順帝之則」，文王之謂也。又曰「不僭不賊，鮮不爲則」，無好無惡、不忌不克之謂也。今其言多忌克，難哉！』公曰：『忌則多怨，又焉能克，是吾利也。』」○「宋襄公即位，以公子目夷爲仁，使爲左師以聽政，於是宋治。故魚氏世爲左師。」

辛未 襄王二年。**十年** 齊桓三十六。晉惠公夷吾元年。衛文十。蔡穆二十五。鄭文二十三。曹共三。陳宣四十三。杞成五。宋襄公茲父元年。秦穆十。楚成二十二。**春，王正月，公如齊。** 孫氏曰：「公始朝齊也。不至者，朝桓安之，與他國異也。十五年如齊同此。」張氏曰：「莊公十三年柯之盟，魯已服齊。雖莊公因昏姻一再如齊，自此魯不朝齊幾二十年。蓋桓公伯業未盛，不責諸侯以朝禮。今僖公始朝齊，見於葵丘之後，霸體漸肆，諸侯不朝天子而朝伯主，自此始矣。」啖氏曰：「公及内卿往他國朝聘皆書如。」趙氏曰：「周之制，朝聘也有數。今《春秋》畢書之，見如京師之簡也。所以傷王室之微，著諸侯之不臣也。」臨川吴氏曰：「僖公兩朝齊桓，事伯主也。末年一朝齊昭，繼前好也。宣公四朝齊惠，以篡立而求援也。古者諸侯相朝之禮，齊等之國，往來報施，互相朝也。天下無道，惟有小國朝大國。故魯所朝者齊、晉、楚三大國。宋、衛、鄭與魯、齊等，則相聘而已。齊、晉，伯國也，以魯朝之，猶云可也。楚，蠻夷也。晉衰不能與伉而魯朝之，辱莫甚焉。」廬陵李氏曰：「經書『公如齊』凡十五，桓、莊之編四書『如』，皆非朝也。獨此爲朝齊之始。僖如齊三，宣如齊六，昭如齊二。」○**狄滅温，温子奔衛。**《左傳》：「春，狄滅温。蘇子無信也。蘇子叛王即狄，又不能於狄，狄人伐之。王不救，故滅。蘇子奔衛。」杜氏曰：「蓋中國之狄，滅而居其土地。蘇子，周司寇蘇公之後也，國於温，故曰温子。」張氏曰：「温，周畿内國。成王時司寇蘇忿生之邑。畿内諸侯，狄得滅之，此天王出居于鄭之權輿也。」臨川吴氏曰：「狄於閔之季年，伐邢入衛。齊桓雖存邢、衛，而不加兵於狄，蓋其時方急圖楚，故未暇及狄。狄因此愈肆，前年敢伐大國之晉，今又敢滅畿内之温。豈特王靈之不振，抑亦伯圖之有闕也。」蜀杜氏曰：「弦、江、黄近楚，楚侵而滅之，諸侯不救，以其尚遠也。今温實天子之近國而狄滅之，諸侯不能攘而正之，所以病齊桓也。」○**晉里克弑其君卓。**《公》作「卓子」。

國人不君奚齊、卓子，而曰「里克弑其君卓」，何也？是里克君之也。克者，世子申生之傅也。驪姬將殺世子而難里克，使優施飲之酒，而告之以其故。里克聽其謀，乃欲以中立自免，稱疾不朝。居三旬而難作。《國語》：「驪姬告優施曰：『君既許我殺太子而立奚齊矣，吾難里克，奈何？』優施曰：『吾來里克一日而已。子爲我具特羊之饗，吾以從之飲酒，我優也，言無郵。』驪姬許諾。乃具，使優施飲里克酒。中飲，優施起舞，謂里克妻曰：『主孟啗我，我教兹暇豫事君。』乃歌曰：『暇豫之吾吾，不如鳥烏。人皆集于菀，已獨集于枯。』里克笑曰：『何謂菀？何謂枯？』優施曰：『其母爲夫人，其子爲君，可不謂菀乎？其母既死，其子又有謗，可不謂枯乎？枯且有傷。』優施出。里克辟奠不餐而寢，夜半召優施曰：『曩有言，戲乎？抑有所聞之乎？』曰：『然。君既許驪姬殺太子而立奚齊，謀既成矣。』里克曰：『吾秉君以殺太子，吾不忍。通復故交，吾不敢。中立其免乎？』優施曰：『免。』旦而里克見丕鄭曰：『優施告我，君謀成矣，將立奚齊。』丕鄭曰：『子何謂？』曰：『吾對以中立。』丕鄭曰：『惜也，不如曰不信以疏之，亦固太子以攜之，多爲之故以變其志，志少踈乃可間也。今子曰中立，況固其謀也，彼有成矣，難以得間。』里克曰：『往言不可及也。』明日稱疾不朝，三旬，難乃成。」是謂持禄容身，速獻公殺適立庶之禍者。故成其君臣之名，以正其弒逆之罪。克雖欲辭而不受，其可得乎！茅堂胡氏曰：「此董子所謂其實爲善而不知義，故被之空言而不敢辭者也。」使克明於大臣之義，據經廷諍，以動其君，執節不貳，固太子以攜其黨，多爲之故以變其志，其濟則國之福也，其不濟而死於其職，亦無歉矣。人臣所明者義，於功不貴幸而成，所立者節，於死不貴幸而免。克欲以中立祈免，自謂智矣，而終亦不能免。等死耳，不死於世子而死於弒君，其亦不知命之蔽哉！《語》曰：「不知命，無以爲君子也。」爲人臣而不知《春秋》之義者，必陷於簒弒誅死之罪，克之謂也。張氏曰：「里克因優施『烏烏集枯』之歌，欲中立以免難。驪姬遂得以成其殺申生之謀。及獻公卒，乃殺奚齊、卓子而欲納重耳。聖人以里克當申生未死之前。不能以死正諫，而中立以求免，坐視太子之無罪而死，以成驪姬讒賊之計。及其終也，逆獻公之遺命，而弑二君。夫奚齊、卓子雖庶孽，而有先君之命以立乎其位，則固里克之君也。故正名其弑君之罪。」朱子曰：「晉里克事，只以《春秋》所書，未見其是非。《國語》載驪姬陰託里克之妻，其後里克守不定，遂有中立之説。他當時只難里克，克若不變，太子可安。由是觀之，里克之罪明矣。天下無中立之事，自家若排得他退，便用排退他。若奈何不得，便用自死。今驪姬一許他中立，他便求生避禍。正如隋高祖篡周，韋孝寬初甚不能平，一見衆人被殺，便去降他。問里克當獻公在時，不能極力理會。及獻公死後，却殺奚齊，此亦未是？曰：這般事便是難説。獻公在日，與他説不聽，又怎生奈何得他？後來亦用理會，只是不合殺了他。」劉氏曰：「里克能不聽優施之謀，甯喜能不從孫林父之亂，陳乞能不從景公之惑，則晉無殺世子之禍，衛無逐君之惡，齊無立孽孽之變矣。患皆在媮合苟容，逢君之惡。故《春秋》成其君臣之名，以正其篡弑之罪，所謂不知其義，被之空言，不敢辭矣。不然卓與剽、荼，豈有宜爲君之義哉！陳平之王吕氏誅少帝也似此，皆不明於大臣之分者也。」

及其大夫荀息。《公羊傳》：「及者何？累也。弑君多矣，舍此無累者乎？曰有。孔父、仇牧，皆累也。舍孔父、仇牧無累者乎？曰有。有則此何以書？賢也。何賢乎荀息？荀息可謂不食其言矣。其不食其言奈何？奚齊、卓子者，驪姬之子也，荀息傅焉。驪姬者，國色也。獻公愛之甚，欲立其子，於是殺世子申生。申生者，里克傅之。獻公病將死，謂荀息曰：『士何如則可謂之信矣？』荀息對曰：『使死者反生，生者不愧乎其言，則可謂信矣。』獻公死，奚齊立。里克謂荀息曰：『君殺正而立不正，廢長而立幼，如之何？願與子慮之。』

荀息曰：『君嘗訊臣矣。臣對曰，使死者反生，生者不愧乎其言，則可謂信矣。』里克知其不可與謀，退弑奚齊。荀息立卓子，里克弑卓子，荀息死之。荀息可謂不食其言矣。」《穀梁傳》：「以尊及卑也，荀息閑也。」

荀息者，奚齊、卓子之傅也。君弑而死於難，書「及」，所以著其節；書「大夫」，不失其官也。於荀息何取焉？若息者，可謂不食其言矣。或問：聖人取其受獻公之託，能不失信。宋襄受齊桓之屬，《穀梁》以戰甗爲惡宋，何哉？茅堂胡氏曰：「荀息受命傅幼子，卓見弑而死難，是不食其言，猶足取爾，無虧居長，又立乎其位。宋襄奉少奪長，以從齊桓不正之屬，所以深惡之也。」**或曰：「息既從君於昏，**汪氏曰：「謂荀息爲獻公傅其庶孽，使殺正嫡，不能諫正。」朱子曰：「獻公欲廢申生立奚齊，荀息便謂『君命立之，臣安敢貳』，不能諫君以義，大段不是，只是辦得一死，亦是難事。」**不食其言，庸足取乎？」世衰道微，人愛其情，私相疑貳，以成傾危之俗。至於刑牲歃血，要質鬼神，猶不能固其約也。孰有可以托六尺之孤，寄百里之命，臨死節而不可奪如息者哉？自古皆有死，民無信不立，故聖人以信易食。而君子以信易生，息不食言，其可少乎！**張氏曰：「荀息不失信於君，得以死節書。」家氏曰：「荀息既許獻公以死難，欲不死不可也。使荀息早知二子之立，國人不與，而力辭託孤之寄以悟其君，其君不能用，則是時有不必死矣。既不能正諫於其始，又爲之任託孤之寄，雖欲臨難苟免，其可得乎？聖人所取，特在於不食其言。若以事君大節而觀，不免猶有所愧。」柳子厚曰：「《春秋》之進荀息，非聖人之情也。進荀息以甚苟免之惡也。」汪氏曰：「《春秋》書死節者三，《公羊》於孔父曰『義形於色』，於仇牧曰『不畏强禦』，於荀息曰『不食其言』。然則息之守信，比於正色而立於朝，委身以攉勍敵者，固有間矣。然聖人猶有取焉者，視石之紛如、徒人費、賈舉、州綽近習嬖幸之臣，則猶此善於彼也。五季馮道以司徒兼侍中，受晉祖託孤之寄，死肉未寒，背其顧命，庸非荀息之罪人乎？故朱子曰荀息始終一節，死君之難，亦可取也。」

夏，齊侯、許男伐北戎。薛氏曰：「當是時，患有大於戎者，狄及晉、楚是也。晉滅虢、滅虞，狄嘗入衛、逼邢，前年伐晉，近又滅温。召陵之後，楚滅弦、圍許，豈可置而不圖，舍强圖弱，守衛果如是乎？所謂不務德而勤遠略。況許方患楚，而毆以伐戎，非用人之道也。」汪氏曰：「杜氏注北戎爲山戎，然《春秋》書戎，有姜戎，有雒戎，有茅戎，有戎蠻，有陸渾之戎。書狄，有白狄，有赤狄，所以别其種類。前書山戎，而此言北戎，則不同可知矣。」○**晉殺其大夫里克。**《左傳》：「夏四月，周公忌父、王子黨會齊隰朋立晉侯，晉侯殺里克以說。將殺里克，公使謂之曰：『微子，則不及此。雖然，子弒二君與一大夫，爲子君者，不亦難乎？』對曰：『不有廢也，君何以興？欲加之罪，其無辭乎？臣聞命矣。』伏劍而死。於是丕鄭聘於秦，且謝緩賂，故不及。」《公羊傳》：「里克弒二君，則曷爲不以討賊之辭言之？惠公之大夫也。然則孰立惠公？里克也。里克弒奚齊、卓子，逆惠公而入。里克立惠公，則惠公曷爲殺之？惠公曰：『爾既殺夫二孺子矣，又將圖寡人。爲爾君者，不亦病乎？』於是殺之。然則曷爲不言惠公之入？晉之不言出入者，踊爲文公諱也。齊小白入于齊，則曷爲不爲桓公諱？桓公之享國也長，美見乎天下，故不爲之諱本惡也。文公之享國也短，美未見乎天下，故爲之諱本惡也。」《穀梁傳》：「稱國以殺，罪累上也。里克弒二君與一大夫，其以累上之辭言之何也？其殺之不以其罪也。其殺之不以其罪奈何？里克所爲弑者，爲重耳也。夷吾曰：『是又將殺我乎？』故殺之，不以其罪也。其爲重耳弑奈何？晉獻公伐虢，得麗姬。獻公私之，有二子，長曰奚齊，稚曰卓子。麗姬欲爲亂，故謂君曰：『吾夜者夢夫人趨而來，曰吾苦畏。胡不使大夫將衛士而衛冢乎？』公曰：『孰可使？』曰：『臣莫尊於世子，則世子可。』故君謂世子曰：『麗姬夢夫人趨而來，曰吾苦畏，女其將衛士而往衛冢乎？』世子曰：『敬諾。』築宫，宫成。麗姬又曰：『吾夜者夢夫人趨而來，曰吾苦飢。世子之宫已成，則何爲不使祠也？』故獻公謂世子曰：『其祠。』世子祠。已祠，致福於君，君田而不在。麗姬以酖爲酒，藥脯以毒，獻公田來。麗姬曰：『世子已祠，故致福於君。』君將食，麗姬跪曰：『食自外來者，不可不試也。』覆酒於地而地賁，以脯與犬，犬死。麗姬下堂而啼，呼曰：『天乎天乎！國，子之國也。子何遲於爲君？』君喟然嘆曰：『吾與女未有過切，是何與我之深也？』使人謂世子曰：『爾其圖之。』世子之傅里克謂世子曰：『入自明。入自明則可以生，不入自明則不可以生。』世子曰：『吾君已老矣，已昏矣。吾若此而入自明，則麗姬必死。麗姬死，則吾君不安。所以使吾君不安者，吾不若自死。吾寧自殺以安吾君，以重耳爲寄矣。』刎脰而死。故里克所爲弑者，爲重耳也。夷吾曰：『是又將殺我也。』」

里克弑二君與一大夫，不以討賊之詞書者，惠公殺之不以其罪也。孫氏曰：「公立，懼克害己，以是殺克。故不得從討賊之辭。」蜀杜氏曰：「明惠公不以弑君之罪罪之也。」**殺之不以其罪奈何？里克所爲弑者，爲重耳也。夷吾曰：「是又將殺我也。」則謂克曰：「爾既殺夫二孺子矣，又將圖寡人。爲爾君者不亦病乎！」里克對曰：「不有廢也，君何以興？欲加之**

罪，何患無詞？臣聞命矣。」伏劍而死。若惠公既立，而謂克曰：「先君命大夫爲世子傅，世子死非其罪，而大夫不之恤。若奚齊者，既有先君之命矣，而大夫又殺之以及卓。大夫雖殺之，獨不念先君之命乎？」則克必再拜而死，不復有言矣。惠公乃曰「又將圖寡人」，是殺之不以其罪也。故稱國以殺而不去其官。茅堂胡氏曰：「里克前諫獻公，謂冢嗣不可使將，君子稱其善乎父子之間。後殺奚齊，協國人之望，可謂善矣。然不能死申生之難，致晉國大亂者五世。縱卓子立而又殺之，聖人書弑其君。此則惡矣，此里克之迹至難明也。凡弑君者，皆賊也。若謂不死申生之難，而有弑君之惡，何以書殺其大夫，又不與州吁、無知爲比乎？此里克之事至難斷也。夫《春秋》大法，賞善罰惡，不容私也。里克弑二君，其罪顯矣。使惠公上告天王，傍連方伯，受命而立，奉詞伐罪，以討里克弑君之惡，則里克將何辭焉？聖人必書曰：『晉人殺里克。』今惠公上不顧兄，下不恤弟，外賂秦伯，内賂里丕，將以求入。則里克之弑，惠公心所利耳。又懼得立而克志在文公，將復不利於己，乃私憾而殺之，此豈所謂聲罪致討者哉！故惠公之殺克，内歉而懷愧。克之受誅，勢屈而心不服。《穀梁》所謂懷惡而討，雖死不服者，斯之謂矣。聖人安得削其大夫哉！衛侯衎許政由甯氏，喜遂弑剽，衛侯得入。惡喜之專，遂殺之。夷吾、衎之賂里，甯以圖復國，其事正同。克、喜之見忌而死，其實不異。故其殺皆書以官。」《朱子語類》：❶「書『晉殺其大夫』，不以弑君之罪討之也。」張氏曰：「里克在獻公父子則爲

---

❶「類」，原脱，今據全書體例補。

賊，而惠公幸奚齊、卓子之死而得立。初未嘗有討里克之心，獨以其志在重耳而不在己，懼其又將以己爲奚齊、卓子，是以殺之。蓋其事與專殺大夫者無異，故不以討賊之辭書之也。」陳氏曰：「討賊不言大夫。其曰大夫，克猶在位也。克猶在位，則是殺大夫耳。在位獨里克乎？督，相宋莊。翬，相魯桓。前乎此矣。里克殺以他故而後見焉。自宋萬而下，弑君無討者，凡賊再見，猶夫人也。若里克、甯喜殺以他故而後見，書曰大夫，則猶夫人而已矣。雖然，有荀息在焉，則猶有臣子也。」汪氏曰：「丕鄭非弑君之賊，而惠公亦殺之，則知里克之殺，非討賊矣。討賊不以其罪不書人，其君殺之，則猶曰大夫，里克、甯喜是也。非君殺之，則以兩下相殺爲文，楚公子比、蔡般是也。」問：荀息不能正君之非，而能守君之命；里克、丕鄭欲從君之義，而不從君之惑。二者孰正？潛室陳氏曰：「効荀息不得，猶刻鵠不成尚類鶩。効里克不得，則畫虎不成反類狗矣。」○啖氏曰：「《公羊》云：『曷爲不書惠公之入？晉之不言出入者，踊爲文公諱也。』按此不知有不告則不書之義，故穿鑿。」

秋，七月。

附録《左傳》：「晉侯改葬共大子。秋，狐突適下國，遇大子。大子使登僕而告之曰：『夷吾無禮，余得請於帝矣。將以晉畀秦，秦將祀余。』對曰：『臣聞之，神不歆非類，民不祀非族，君祀無乃殄乎？且民何罪？失刑乏祀，君其圖之。』君曰：『諾，吾將復請。七日，新城西偏，將有巫者而見我焉。』許之，遂不見。及期而往，告之曰：『帝許我罰有罪矣，敝於韓。』」○「丕鄭之如秦也，言於秦伯曰：『呂甥、郤稱、冀芮，實爲不從，若重問以召之，臣出晉君，君納重耳，蔑不濟矣。』」

冬，大雨雪。雨，于付反。雪，《公》作「雹」。《公羊傳》：「何以書，記異也。」高氏曰：「《春秋》書大雨雪者三，隱以日書，桓以月書，此以時書。申酉戌月，皆非大雨雪之時也，故此尤爲異。」

附録《左傳》：「冬，秦伯使泠至報問，且召三子。郤芮曰：『幣重而言甘，誘我也。』遂殺丕鄭、祁舉及七輿大夫。左行共華、右行賈華、叔堅、騅歂、纍虎、特宫、山祁，皆里、丕之黨也。丕豹奔秦，言於秦伯曰：『晉侯背大主而忌小怨，民弗與也，伐之必出。』公曰：『失衆，焉能殺？違禍，誰能出君？』」

壬申 襄王三年。**十有一年**齊桓三十七。晉惠二。衛文十一。蔡穆二十六。鄭文二十四。曹共四。陳宣四十四。杞成六。宋襄二。秦穆十一。楚成二十三。**春，晉殺其大夫丕鄭父。**丕，浦悲反。《左傳》：「春，晉侯使以丕鄭之亂來告。」《穀梁傳》：「稱國以殺，罪累上也。」

按《左氏》，丕鄭言於秦伯，請出晉君，則鄭有罪矣。曷爲稱國以殺而不去上聲。**其官？惠公以私意殺里克，故其黨皆懼。鄭之有此謀，由殺里克致之也。《春秋》以大義公天下爲誅賞，故書法如此。其稱國者，兼罪用事大夫，不能格君心之非，至於多忌濫刑，危其國也。**胡氏曰：「稱國以殺，國君大夫與聞其事而不請於天子。」張氏曰：「惠公志於得國，而無君人之度。外則失信於秦，内則忌克多殺，故丕鄭雖有私謀貳心，而《春秋》以累上之辭書之也。」高氏曰：「丕鄭父者，里克之黨也。惠公以私意殺里克，故其黨皆懼，謀召重耳，是懷貳心以事君也。鄭之死雖可傷，亦可罪也。」汪氏曰：「鄭父，名也，若慶父、林父、行父、處父之類。或以爲命大夫稱字，非是。傳但言鄭者，省文。如經書『欒祁犂』，而傳言『欒祁』。經書『箕鄭父、胥甲父』，而傳止稱『箕鄭、胥甲』。」

附録《左傳》：「天王使召武公、内史過賜晉侯命，受玉惰。過歸告王曰：『晉侯其無後乎！王賜之命，而惰於受瑞，先自棄也已。其何繼之有？禮，國之幹也。敬，禮之輿也。不敬則禮不行，禮不行則上下昏，何以長世？』」

夏，公及夫人姜氏會齊侯于陽穀。

襄陵許翰曰：「先乎陽穀之會爲大雨雪，後乎陽穀之會爲大雩。僖公賢君，不能禮佐齊桓，儆其怠忽，而更與之俱肆于寵樂，是以見戒於天如此。以公、夫人陽穀之會觀之，齊桓伯業怠矣，故楚人伐黄不能救。凡此類，屬詞比事，直書于策，而義自見者也。杜氏曰：「婦人送迎不出門，見兄弟不踰閾。與公俱會齊侯，非禮。」孫氏曰：「參譏之也。」薛氏曰：「夫人，齊侯之女也。歸寧可也，爲會而從夫于外，非歸寧之禮也。」張氏曰：「男女無别，則瀆亂生。諸侯會伯主而婦人與焉，君臣之大義，夷夏之大計，凡所當講者，必有所不及。而般樂縱肆，浸淫日長。宜桓公自是以往，黄亡不救，徐救不力，女寵盛行，伯業遂衰。而魯僖之怠棄國政，亦自此始矣。」高氏曰：「公之娶，夫人之歸，皆不書者，合禮故也。此會于陽穀，則非禮矣。公稔聞桓、莊之失而不改其轍，齊侯親見兩國之事，亦循其迹，以兩君相會而使婦人厠於其間，何以示侍衛僕從之臣乎？」家氏曰：「桓公之始伯，憤齊女之無度，以哀姜爲首戮，諸夏肅然知中國所以異於夷狄，實在於是。齊襄、衛宣污染之習爲之一掃，庶乎古方伯之遺烈矣。及其暮年，志得而驕，乃復與僖、姜爲陽穀與卞之會，伯業其衰矣乎！」汪氏曰：「書及以會，所以别男女也。桓公如齊，稱公與姜氏。此稱及，則僖公猶能防制云耳。《魯頌》稱聲姜爲令妻，則聲姜必無文姜之行矣。」

附録《左傳》：「夏，揚、拒、泉、皐、伊、雒之戎，同伐京師。入王城，焚東門，王子帶召之也。秦、晉伐戎以救周。秋，晉侯平戎於王。」

秋，八月，大雩。《穀梁傳》：「雩月，正也。雩得雨曰雩。不得雨曰旱。」臨川吴氏曰：「諸侯旱而雩，禮也。大雩，祀及上帝，非禮也。」○**冬，楚人伐黄。**《左傳》：「黄人不歸楚貢。冬，楚人伐黄。」

按，穀梁子曰：「貫之盟，管敬仲言於桓公，江、黄遠齊而近楚，楚爲利之國也。若伐而不能救，則無以宗諸侯矣。桓公不聽，遂與之盟。管仲死，楚伐江滅黄，桓公不能救，故君子閔之也。」遠國慕義，背夷即華，所謂出自幽谷，遷于喬木，《春秋》之所取也。被兵城守，更歷三時，告命已至，而援師不出，則失救患分災、攘夷狄、安與國之義矣。滅弦、滅温皆不書伐。滅黄而書伐者，罪桓公既與會盟，而又不能救也。陳氏曰：「滅不言伐。此書伐，病桓公也。以貫之盟，陽穀之會，徒以亡其國耳。」張氏曰：「中國夷狄之勢，相爲消長，而未有不原於心。故曰『毋怠毋荒，四夷來王』。桓公怠荒之心，見於陽穀之會。楚人已占之於江漢之間，而遂興伐黄之師也。」臨川吴氏曰：「楚之强暴，凡近楚之國，皆責之以納職貢，如事天子之禮。黄既從齊霸，故不歸楚貢，而楚伐之至於亡也。」汪氏曰：「管仲雖非王佐之才，其輔相桓公，致霸業之盛，則其功大矣。據《齊語》則咫尺天顔，俯伏下拜，以敬君命者，皆仲諷諫之力也。蓋葵丘以後，管仲既卒，則侈然自肆，凡所以安中國而攘夷狄者，皆懈怠苟簡，而非前日之比矣。然《左傳》記明年冬，使管仲平戎于王。史記管仲之卒，在桓公四十一年，當僖公十五年。則滅黄之時，蓋未卒也。豈史記之説有不足信，抑或仲諫桓公以救黄而不從歟？」

癸酉襄王四年。十有二年齊桓三十八。晋惠三。衛文十二。蔡穆二十七。鄭文二十五。曹共五。陳宣四十五，卒。杞成七。宋襄三。秦穆十二。楚成二十四。春，王三月庚午，日有食之。

附録《左傳》：「春，諸侯城衛楚丘之郛，懼狄難也。」

夏，楚人滅黄。《左傳》：「黄人恃諸侯之睦于齊也，不共楚職，曰：『自郢及我九百里，焉能害我？』夏，楚滅黄。」《穀梁傳》：「貫之盟，管仲曰：『江、黄遠齊而近楚，楚爲利之國也，若伐而不能救，則無以宗諸侯矣。』桓公不聽。遂與之盟，管仲死，楚伐江滅黄，桓公不能救，故君子閔之也。」

《春秋》滅人之國其罪則一。而見滅之君，其例有三：以歸者，既無死難之節，又無克復之志，貪生畏死，甘就執辱，其罪爲重，許斯、頓牂之類是也。出奔者，雖不死於社稷，有興復之望焉，託於諸侯，猶得寓禮，《禮記·郊特牲》：「諸侯不臣寓公。」其罪爲輕，弦子、温子之類是也。若夫國滅死於其位，是得正而斃焉者矣。於禮爲合，於時爲不幸，若江、黄二國是也。其書滅者，見夷狄之强，罪諸夏之弱，責方伯連帥之不修其職，使小國賢君，困於强暴不得其所。**公羊子所謂亡國之善詞，上下之同力者也。**汪氏曰：「江、黄二國之滅，皆不書以其君歸，亦不書其君奔者，蓋君臣同力，效死以守，而待中國之救也，故滅不書伐。而黄則書伐，江則書圍，齊不救黄，其罪可知。晉雖救江，而所以救之者非其道，與不救無以異也。」

秋，七月。

附録《左傳》：「王以戎難故討王子帶。秋，王子帶奔齊。」○「冬，齊侯使管夷吾平戎于王，使隰朋平戎于晉。王以上卿之禮饗管仲，管仲辭曰：『臣賤有司也，有天子之二守國、高在。若節春秋，來承王命，何以禮焉？陪臣敢辭。』王曰：『舅氏，余嘉乃勳，應乃懿德，謂督不忘，往踐乃職，無逆朕命。』管仲受下卿之禮而還。君子曰：『管仲之世祀也宜哉！讓不忘其上。《詩》曰：愷悌君子，神所勞矣。』」

冬，十有二月丁丑，陳侯杵臼卒。杵，《公》作「處」。

甲戌襄王五年。**十有三年**齊桓三十九。晉惠四。衛文十三。蔡穆二十八。[1]鄭文二十六。曹共六。陳穆公款元年。杞成八。宋襄四。秦穆十三。楚成二十五。**春，狄侵衛。**

齊桓公爲陽穀之會，是肆于寵樂，其行荒矣。楚人伐黄而救兵不起，是怠于簡書，其業怠矣。然後狄人窺伺中國，今年侵衛，明年侵鄭，近在王都之側，淮夷亦來病杞，而不忌也。

---

[1] 「蔡」，原作「秦」，今據四庫本及上下文紀年改。

伯益戒于舜曰：「無怠無荒，四夷來王。」此至誠無息，帝王之道，《春秋》之法也。齊桓、晉文若此類者，其事則直書于策，其義則游聖門者默識於言意之表矣。故曰：「仲尼之徒，無道桓、文之事者。」張氏曰：「楚既滅黄而莫之恤，狄侵衛之師所以肆行也。」臨川吴氏曰：「北狄之强，桓公未嘗膺之。管仲猶存，伯業方盛，狄人猶敢肆行，伐邢入衛而滅温。況今管仲已亡，霸業浸衰，則狄之無所顧憚，固其宜也。」

附録《左傳》：「春，齊侯使仲孫湫聘于周，且言王子帶，事畢，不與王言。歸復命曰：『未可。王怒未怠。其十年乎？不十年，王弗召也。』」

夏，四月，葬陳宣公。○公會齊侯、宋公、陳侯、衛侯、鄭伯、許男、曹伯于鹹。《左傳》：「夏，會于鹹，淮夷病杞故，且謀王室也。秋，爲戎難故，諸侯戍周，齊仲孫湫致之。」《穀梁傳》：「兵車之會也。」杜氏曰：「鹹，衛地，東郡濮陽縣東南有鹹城。」汪氏曰：「十一年揚、拒、泉、皐、伊、雒之戎同伐京師，入王城，焚東門。王子帶召之也。十二年王以戎難討王子帶，子帶奔齊。此謀王室，爲戎難也。」**○秋，九月，大雩。**

○冬，公子友如齊。張氏曰：「陽穀、甯毋及鹹之會，其後公子友皆如齊，蓋伐楚、服鄭、城緣陵之事，魯皆同之，亦以見友之專魯政也。」

附録《左傳》：「冬，晉荐饑，使乞糴于秦。秦伯謂子桑：『與諸乎？』對曰：『重施而報，君將何求？重施而不報，其民必攜。攜而討焉，無衆必敗。』謂百里：『與諸乎？』對曰：『天災流行，國家代有。救災恤鄰，道也。行道有福。』丕鄭之子豹在秦，請伐晉，秦伯曰：『其君是惡，其民何罪？』秦於是乎輸粟于晉，自雍及絳相繼，命之曰：『汎舟之役。』」

乙亥襄王六年。**十有四年**齊桓四十。晉惠五。衛文十四。蔡穆二十九，卒。鄭文二十七。曹共七。陳穆二。杞成九。宋襄五。秦穆十四。楚成二十六。**春，諸侯城緣陵。**《左傳》：「春，諸侯城緣陵而遷杞焉。不書其人，有闕也。」《公羊傳》：「孰城之？城杞也。曷爲城杞？滅也。孰滅之？蓋徐、莒脅之。曷爲不言徐、莒脅之？爲桓公諱也。曷爲爲桓公諱？上無天子，下無方伯，天下諸侯有相滅亡者，桓公不能救，則桓公恥之也。然則孰城之？桓公城之。曷爲不言桓公城之？不與諸侯專封也。曷爲不與？實與而文不與。文曷爲不與？諸侯之義不得專封也。諸侯之義不得專封，則其曰實與之何？上無天子，下無方伯，天下諸侯有相滅亡者，力能救之，則救之可也。」《穀梁傳》：「其曰諸侯，散辭也。聚而曰散，何也？諸侯城，有散辭也。桓德衰矣。」杜氏曰：「緣陵，杞邑。」

齊桓公城三國而書詞不同，城楚丘，則沒諸侯而不書，城緣陵，則書諸侯而不序，城邢，則再序三國之師，何也？邢以自遷爲文，故再列三師而書城邢者，美其得救患分災之義，無封國之嫌也。淮夷病杞諸侯會于鹹城緣陵而遷杞焉，則其事專矣。故前目後凡，直書諸侯而不序也。范氏曰：「直曰諸侯，無小大之序。」陳氏曰：「但曰諸侯者，不繫之伯者之辭也。但曰大夫者，不繫之君之辭也。」臨川吴氏曰：「元年齊以救邢之諸侯城邢，同在一年，諸侯猶且再敘，著齊桓之志方勤，而伯業向盛也。今以會鹹之諸侯城緣陵，各在一年而不重敘，著齊桓之志已怠，而伯業向衰也。不曰杞緣陵者，杞未遷也。」衛爲狄滅，東徙渡河，野處漕邑。桓公使公子無虧戍以甲士，歸其祭服，乘馬，凡爲國之用，其力尤勤，其功尤大，其事尤專。而《春秋》責之尤重，曰城楚丘而不書諸侯，正王法也。是故以功言之，則楚丘爲大。以義言之，則城邢爲美。《春秋》之法，明其道不計其功，正其義不謀其利者也。詳著城邢之師，而深没楚丘之迹，貴王賤霸，羞稱桓、文，以正待人之體也。明此則知曾西不爲管仲，深畏仲由之説矣。劉氏曰：「諸侯不專封。專封而善，僅可以贖過，故平其文，不使伯者獨享其功，爲人之迷於義而乃以專封爲德也。專封而不善，是冒王法而又勤諸侯，故異其文以見伯者之罪於專封而又有不善焉。皆貴王賤伯，羞稱桓、文之意。比緣陵於城楚丘之功，則楚丘善而緣陵不善矣。比楚丘於王者之義，則桓公救過之不給，奚暇稱賢哉！《春秋》貴義不貴惠，貴正不貴功，略小善而優大節，以正待人而已。」張氏曰：「城緣陵之事，蓋與楚丘同。而當是時，齊桓拯救諸夏之志怠矣，故經書詳不如城邢，略不如楚丘，亦輕重之權衡也。」蜀杜氏曰：「書城邢，以國言之者，善其救患全人之國也。楚丘、緣陵，以一邑言之者，謂其專封而不與之也。」永嘉吕氏曰：「城緣陵不如城邢，楚丘不如緣陵。故以楚丘、緣陵之例觀之，當書曰『城夷儀』，而乃曰『城邢』。楚丘者，衛之楚丘。緣陵者，杞之緣陵也。以城邢之例觀之，當書曰『城衛』、『城杞』，而乃曰『城楚丘』、『城緣陵』，蓋邢遷于夷儀，固邢之夷儀也。諸侯城邢，得救災恤鄰之道也。故詳書而不殺，予之也。衛已滅而諸侯城楚丘以封衛，故不曰『城衛』而曰『城楚丘』。杞未遷而諸侯城緣陵以存杞，故不曰『城杞』而曰『城緣陵』。以諸侯而封諸侯，非王法也。楚丘之城，没諸侯而不書，諱之也。若緣陵之城，則以淮夷病杞之故而爲之城以遷之，猶未至如衛之已滅而後封之也。故但曰諸侯而不序，則其功亦有不足録者矣。」汪氏曰：「存杞之功，器用不具，城池未固，不若城邢之美，故不再序諸侯。然杞未滅，特不待其自遷，而城緣陵以遷之。未如封衛之專，故諸侯以凡舉而不削。蓋城緣陵之義不若城邢，而功亦劣於楚丘也。」○陸氏曰：「《公羊》云：『曷爲城杞？滅也。孰滅之？蓋徐、莒脅之。』按，明年楚伐徐，諸侯救徐，其謬可知。」家氏曰：「杞未聞受兵，而《公羊》以爲既滅。蓋前此城衛、城邢，皆在於既亡既潰之後，故亦以爲已亡。《左氏》所謂病杞者，得其實矣。」廬陵李氏曰：「桓公三城，《穀梁》以城邢再列三師爲美齊，楚丘不言衛遷爲齊之專，緣陵不列序爲諸侯之散，至於《公羊》則皆以爲專封。《春秋》實與而文不與之辭，胡氏於城邢、城楚丘用《穀梁》，城緣陵蓋用《公羊》之説。」

夏，六月，季姬及鄫子遇于防，使鄫子來朝。鄫，似綾反。《穀》作「繒」，後同。《左傳》：「鄫季姬來寧，公怒止之，以鄫子之不朝也。夏，遇于防，而使來朝。」《公羊傳》：「鄫子曷爲使乎季姬來朝？内辭也。非使來朝，使來請己也。」《穀梁傳》：「遇者，同謀也。來朝者，來請己也。朝不言使，言使非正也。以病繒子也。」張氏曰：「鄫國，禹後姒姓。漢屬東海郡，晉屬琅邪。」

《春秋》内女適人者，明有所從則繫諸國，若杞伯姬是也。其未適人者欲有所别，則書其字，若子叔姬是也。季姬書字而未繫諸國，其女而非婦亦明矣。及者内爲志，内女而外與諸侯遇，譏魯也。朝不言使，言使非正。何氏曰：「使者，臣爲君銜命文也。」**鄫子國君，而季姬使之朝，病鄫也。魯秉周禮，男女之際，豈其若是之甚乎！蓋魯公鍾愛其女，使自擇**

配，故得與鄫子遇於防，而遂以季姬歸之爾。有孟光之德，有伯鸞之賢，《後漢書・梁鴻傳》：「孟光擇對不嫁，年三十，父母問其故，曰：『欲得賢如梁伯鸞者。』鴻聞而聘之。及嫁，以裝飾入門，鴻不答。光請曰：『切聞夫子高義，簡斥數婦。妾亦偃蹇數夫矣，今而見擇，敢不請罪。』鴻曰：『吾欲裘褐之人，可與俱隱深山爾。』光更爲椎髻，著布衣，共入山中，以耕織爲業。肅宗聞之，求鴻不得。」**變而不失禮之正，則猶可矣。不然，非所以爲愛而厚其別也。故稱及、稱遇、稱使，罪魯與鄫以正男女之禮，爲後世戒也。** 孫氏曰：「季姬上無歸鄫之文，則是未嫁者。此年遇防，明年九月歸鄫，是季姬先與鄫子遇而後嫁也。此季姬之行不正可知矣。」何氏曰：「禮：男不親求，女不親許。魯不防正其女，乃使要遮鄫子淫佚，使來請己，與禽獸無異。故卑鄫子使乎季姬，以賤之。」張氏曰：「僖公愛女而使自擇配。鄫子聽其使而朝魯請之。夫婦之始而不正如此。書之所以譏僖公之不父，鄫子之不夫，季姬之不子且不婦也。」臨川吴氏曰：「未嫁之女而與鄫子私相邂逅，是淫奔也。姬既私遇之後，使鄫子朝魯而請婚，姬不足責也。僖公不能正家如此，何以居人上乎？」王氏曰：「鄭徐吾犯之妹美，使之自擇所配，至於兄弟相殘，以亂鄭國之政。魯秉周禮，而季姬與鄫子道淫如此，僖公正始之道，亦可媿矣。」汪氏曰：「《春秋》書及，及者爲主。以季姬爲主，則其與鄫子遇而使來請己可知矣。」〇啖氏曰：「《左氏》謂季姬鄫子之夫人，公怒鄫子不朝，季姬使之朝。按稱季姬，明魯未嫁女也。若是鄫夫人，不當與鄫子遇，又明年歸于鄫，明此時鄫子請娶之。若言魯之處女，不當與諸侯會，則文姜、哀姜淫佚至甚。」劉氏曰：「若實來寧，何故再書其歸乎？杞伯姬來，何以不書歸乎？」永嘉吕氏曰：「范甯謂魯女無故遠會諸侯，此亦事之不然。然春秋之世，閫閾不嚴，男女之别亂，如文姜比年出會，里巷匹婦尚或耻之。則季姬出遇，恐有此事。然女子許嫁，笄而字，書曰季姬，則字也。婦人書字，許嫁之辭也。豈其許嫁于鄫而未歸于鄫，故遇之而使來請己乎？」

秋，八月辛卯，沙鹿崩。《左傳》：「晉卜偃曰：『期年，將有大咎，幾亡國。』」《公羊傳》：「沙鹿者何？河上之邑也。此邑也，其言崩何？襲邑也。沙鹿崩何以書？記異也。外異不書，此何以書？爲天下記異也。」《穀梁傳》：「林屬於山爲鹿。沙，山名也。無崩道而崩，故志之也。其日，重其變也。」杜氏曰：「沙鹿，山名，平陽元城縣東有沙鹿土山，在晉地。」

沙鹿，晉地也。卜偃曰：「期年必有大咎，國幾亡。」《詩》稱「百川沸騰，山冢崒崩」，朱子曰：「山頂曰冢。崒，崔嵬也。山崩川溢，災異之大者。」**言西周之將亡也。書沙鹿崩於前，書獲晉侯於後，雖不指其事應，而事應具存，此《春秋》畏物之反常爲異，使人恐懼修省之意也，其垂戒明矣。**董氏曰：「國家將有失道之敗，而天乃先出災異以譴告之。不知自省，又出怪異以警懼之。尚不知變，而傷敗乃至。此見天心仁愛人君，而欲止其亂也。」李氏琰曰：「服虔曰：沙，山名。鹿，山足。林屬山曰鹿。《漢書·元后傳》云：后祖王翁孺自東平陵徙魏郡元城。元城郭東有五鹿之墟，即沙鹿也。」孫氏曰：「鹿，山足也。謂山連足而崩爾。《詩》『山冢崒崩』猶以爲異，此異之甚也。」○趙氏曰：「《公羊》云『外異不書，此何以書？爲天下記異也』。凡山崩不係國者，以其自有常處，不比隕星、退鷁也。」劉氏曰：「名山大澤不以封，諸侯守之。山不可以係國也，聖人庸能獨知沙鹿崩爲天下異乎？」又曰：「沙鹿河上之邑。亦非也。此自山名之，不須繫山者，以可知故也。如《禹貢》桐栢、積石，皆不繫山。」汪氏曰：「文定於梁山崩，言爲天下記異。則沙鹿之崩，疑亦非止一國之異矣。」

狄侵鄭。張氏曰：「狄數犯畿内之諸侯，而齊桓不能治。自入衛、伐邢、滅温而至此，霸圖弱而王室卑，諸侯受禍，著桓公之怠也。」○**冬，蔡侯肸卒。**肸，許乙反。《穀梁傳》：「諸侯時卒，惡之也。」汪氏曰：「穆公也，父獻舞見獲于莘。莊十九年留卒於楚而立。」○劉氏曰：「臣子慢則赴不具日月，《春秋》不改者，因文以見也。若必以惡此君，則鄭厲、衛惠何不惡之哉？《穀梁》之説非也。」

附録《左傳》：「冬，秦饑，乞糴于晉，晉人弗與。慶鄭曰：『背施無親，幸災不仁，貪愛不祥，怒鄰不義。四德皆失，何以守國。』虢射曰：『皮之不存，毛將安傅？』慶鄭曰：『棄信背鄰，患孰恤之？無信患作，失援必斃。是則然矣！』虢射曰：『無損於怨，而厚於寇，不如勿與。』慶鄭曰：『背施幸災，民所棄也。近猶讎之，況怨敵乎！』弗聽。退曰：『君其悔是哉！』」

丙子襄王七年。**十有五年**齊桓四十一。晉惠六。衛文十五。蔡莊公甲午元年。鄭文二十八。曹共八。陳穆三。杞成十。宋襄六。秦穆十五。楚成二十七。**春，王正月，公如齊。**張氏曰：「公十年朝齊，此又朝齊，純用五年一朝之制，同於事天子之禮矣。」○汪氏曰：「杜預謂『諸侯五年再相朝，禮也』，何休謂『合古五年一朝之義』，皆非是。周制：諸侯之邦交但曰世相朝，安得以五年爲合禮乎！」廬陵李氏曰：「《周官·行人》言『春朝、秋覲、夏宗、冬遇，時見、衆同之禮。此六者諸侯朝天子之禮也』。又曰：『侯服歲一見，甸服二歲一見，男服三歲一見，采服四歲一見，衛服五歲一見，要服六歲一見。此六服朝覲宗遇之歲也。』又曰：『諸侯邦交，歲相問也，殷相聘也，世相朝也。此諸侯相朝聘之禮也。』《王制》曰：『諸侯之於天子，比年一小聘，三年一大聘，五年一朝，天子五年一巡守。』與《行人》不同。蓋周衰損益之禮也。《左氏》文十五年曰：『諸侯五年再相朝，以修王命，古之制也。』昭三年子大叔曰：『文、襄之伯，其務不煩諸侯，令三歲而聘，五歲而朝，有事而會，不協而盟。』又與《行人》不同，而與《王制》略相似。故先儒皆以爲此朝伯主之禮。昭十三年叔向曰：『明王之制，使諸侯歲聘以志業，間朝以講禮，再朝而會以示威，再會而盟以顯昭明。』於是有十二年八聘、四朝、再會、一盟之說。與《周官》及禮家所録皆不同。鄭氏曰『不知何代之禮，又無所出』，不從其義。《左氏》又曰：『凡諸侯即位，小國朝之，大國聘焉。』《春秋》書來朝及朝公者三十有五，或得邦交世朝之義，或用文、襄五歲而朝之制，然皆非三代盛時朝王之禮也，王道絶矣。此兼山黄氏説也。」〇**楚人伐徐。**《左傳》：「徐即諸夏故也。」臨川吴氏曰：「徐，夷也，首僭王。楚，亦夷也，次僭王。徐、楚同惡者也，因齊桓之合諸侯，匡天下，徐亦革面而即諸夏。以即諸夏而爲楚所伐，可悲也夫！」**三月，公會齊侯、宋公、陳侯、衛侯、鄭伯、許男、曹伯盟于牡丘。**《左傳》：「盟于牡丘，尋葵丘之盟，且救徐也。」《穀梁傳》：「兵車之會也。」鄭氏曰：「牡丘，齊地，與匡近。」《國語》：「築五鹿、中牟，蓋與牡丘以衛諸夏之地。」注：四塞，諸夏之關也。」**遂次于匡。**《穀梁傳》：「遂，繼事也。次，止也。有畏也。」杜氏曰：「匡，衛地，在陳留長垣縣西南。」**公孫敖帥師及諸侯之大夫救徐。**帥，《公》作「率」，後同。《左傳》：「孟穆伯帥師及諸侯之師救徐。諸侯次于匡以待之。」《穀梁傳》：「善救徐也。」何氏曰：「大夫不序者，起會上大夫，君已目，故臣凡也。内獨出名氏者，臣不得因君殊尊，省文，別尊卑也。」杜氏曰：「敖，慶父之子。」

楚都于郢，距徐亦遠。汪氏曰：「郢在江之南，徐在淮之北。楚之伐徐，必越宋、陳、蔡諸國之境。」**而舉兵伐徐，暴横憑陵之罪著矣。徐在山東，與齊密邇。以封境言之，不可以不速救。**家氏曰：「齊之救徐，非專爲存徐計，亦自爲也。徐近於齊，楚人伐之，所以震齊之鄰，其爲謀深矣。楚人得志於徐，則必乘勝造齊之南境。」**以形勢言之，非有餽糧越險之難也。今書盟于牡丘，見諸侯救患之不協矣。**張氏曰：「葵丘之盟，諸侯既聽命矣。此爲楚人伐徐而合諸侯，即驅之討楚救徐可也。又從而盟之，諸侯不一故也。人心已一而復貳，非伯主救災恤患之志怠，而人心始懈乎？君子屢盟，亂是用長。此心之盛衰，霸業之所從而盛衰也。霸主諸侯之心皆疑，不足以保徐，斷可知矣。」**書次于匡，見霸主號令之不嚴矣。**何氏曰：「言次者，譏諸侯緩于仁恩，既約救徐，而生事次止不自往，遣大夫往，卒不能解也。」**書大夫帥師而諸侯不行，見桓德益衰，而禦夷狄安中國之志怠矣。**汪氏曰：「桓公倡霸，四十餘年，未嘗命大夫爲主將。今諸侯不親將而大夫帥師，則救徐之役，特聊且應之，而不冀其成功也。」**凡兵而書救，未有不善之也。救而書次，則尤罪其當速而故緩，失用師之義矣。《中庸》曰：「至誠無息，不息則久。」《春秋》謹始卒，欲有國者敦不息之誠也。始勤而終怠，則不能久而無以固其國矣。**啖氏曰：「凡救當奔命而往。救次，失救道也。」孫氏曰：「言次言救者，惡諸侯緩於救患也。諸侯既約救徐，而遣大夫往，此緩于救患可知也。」陳氏曰：「會救未有書帥師者，其稱帥師何？公子慶父，弒閔者也。而敖世爲將，是故謹志之，見三家之所從始也。」又曰：「救不言次，言次，無志於救也。桓公合八國之衆以救徐，而僅使大夫將，則桓志荒矣，卒不競於楚。救而言次，甚譏之也。有諸侯在而使大夫將，始於牡丘。桓公爲之也。有諸侯在而使大夫盟，始於雞澤，悼公爲之也。」汪氏曰：「霸者之事，假借仁義之名以濟其利欲之私。故欲之未遂，則汲汲焉謀度而經營之。欲之既遂，則解惰苟且而不復能有爲矣。由其心僞而不誠，是以始終勤怠之殊，而前後盛衰之異也。孟子言『以力假仁者霸』，又曰『五霸假之也』，假之一字，得《春秋》誅心之法矣。四年公孫茲帥師及諸侯之師侵陳，列序諸國，則書會。此不言會而言及，既會而後及也，非主魯之辭也。與襄三年書叔孫豹及諸侯之大夫及袁僑盟之意同，不獨言大夫若曰受命其君，故書諸侯以統之。蓋當時諸侯雖以其權畀之大夫，而《春秋》之法必欲其權係於諸侯也。」廬陵李氏曰：「經書盟而後救者牡丘，救而後盟者馬陵。一則督率於未然，一則戒懼於已然也。」又曰：「經書諸侯之大夫三，救徐，盟袁僑，盟于宋也。大夫之專，始於齊桓，成於晉悼，極於晉平。」又曰：「許氏曰『遂救許』，遂之善者也，以其進也。『遂次于匡』，遂之不善者也，以其止也。」

夏，五月，日有食之。《左傳》：「不書朔與日，官失之也。」○**秋，七月，齊師、曹師伐厲。**《左傳》：「秋，伐厲，以救徐也。」杜氏曰：「厲，楚與國，義陽隨縣北有厲鄉。」張氏曰：「兵法攻所必救。厲在徐、楚之間，攻楚之必救，以解徐也。然繼此楚敗徐于婁林，則厲在所不必救，明年不克救徐而還。況同盟不同心，而宋已伐同役之曹矣。」高氏曰：「諸侯大夫救徐，而齊侯獨帥曹同伐厲。厲雖可討，然非所以救徐也。見强楚之難禦，而中國之威已頓矣。」汪氏曰：「此伐厲以救徐，與伐楚救江正同。然《春秋》不書以救者，厲近徐而楚遠江，則齊桓之用兵，猶愈於陽處父也。」○**八月，螽。**《公》作「蝝」。《穀梁傳》：「螽，蟲災也。甚則月，不甚則時。」○**九月，公至自會。**《公羊傳》：「桓公之會不致。此何以致？久也。」范氏曰：「莊二十七年盟幽，傳曰：桓會不致，安之也。此致者，齊桓德衰，故危而致之。」高氏曰：「以會致者始於此。《春秋》致會凡二十有七，公自正月如齊，因而會盟，暴師于外已踰三時，而以會致，見救徐之無功也。」廬陵李氏曰：「不以徐至者，諸侯不親行也。」○**季姬歸于鄫。**臨川吴氏曰：「鄫子請娶季姬，僖公許之，至是始歸也。」○劉氏曰：「杜云『來寧不書。此書者，明中絶』，非也。傳云『止之』，豈絶之哉！魯人爲國諱醜，雕斲止之之説，以求揜其迹。仲尼作經，推例以知義，因文以盡情，主人習其讀而不知，學者原其事而知之。此類是也。」○**己卯晦，震夷伯之廟。**《左傳》：「震夷伯之廟，罪之也。於是展氏有隱慝焉。」《公羊傳》：「晦者何？冥也。震之者何？雷電擊夷伯之廟者也。夷伯者曷爲者也？季氏之孚也。季氏之孚則微者，其稱夷伯何？大之也。曷爲大之？天戒之，故大之也。何以書？記異也。」《穀梁傳》：「晦，冥也。震，雷也。夷伯，魯大夫也。因此以見天子至于士皆有廟，天子七廟，諸侯五，大夫三，士二。故德厚者流光，德薄者流卑，是以貴始德之本也。始封必爲祖。」

震者，雷電擊夷伯之廟也。不曰夷伯之廟震，而曰震夷伯之廟者，天應之也。天人相感之際微矣。夷伯者，魯大夫也。大夫既卒不名，杜氏曰：「夷伯，魯大夫，展氏之祖父。夷，謚。伯，字。大夫既卒書字。」**《穀梁》以爲因此見天子至于士皆有廟，天子七廟，諸侯五，大夫三，十二，《禮記·祭法》：「王立七廟，曰考廟、王考廟、皇考廟、顯考廟、祖考廟，有二祧。諸侯立五廟，曰考廟、王考廟、皇考廟、顯考廟、祖考廟。大夫立三廟，曰考廟、王考廟、皇考廟。適士二廟，曰考廟、王考廟。官師一廟，曰考廟。王考無廟。」**故德厚者流光，德薄者流卑。**范氏曰：「德厚者位尊，道隆者爵重。故天子遠及七世，士祭祖而已。」**是以貴始德之本也。始封必爲祖。**范氏曰：「契爲殷祖，棄爲周祖。」汪氏曰：❶「大夫之祖，如公子展爲展氏之祖。公子彄爲臧孫氏之祖之類。」張氏曰：「《正蒙》曰：『凡陰氣凝聚，陽在内者不得出，則奮擊而爲雷霆。』不善之積，蓋亦如此。然天之怒擊，每在於惡稔而人不加誅之後。《春秋》書震者，惟此事爾。《詩》云『敬天之怒，無敢戲豫。敬天之渝，無敢馳驅。昊天曰明，及爾出王。昊天曰旦，及爾游衍』。君子知天之日監而畏其威如此，所以事天也。」夾漈鄭氏曰：「公子展之子，曰公孫夷伯。」范氏曰：「夷伯之廟過制。」高氏曰：「不曰公孫者，大夫三廟，宜毁而不毁，故貶之也。」〇趙氏曰：「《公》、《穀》並云『晦，冥也』。據十六年戊申朔，隕石于宋五，成十六年甲午晦，晉、楚戰于鄢陵，並書晦朔，則知晦者晦朔之晦耳。古史之體，應合書日，而遇晦朔必書之，以爲歷數之證。《穀梁》成十六年傳云『事遇晦書晦』，何待於此獨名晦冥乎？《公羊》又云：『夷伯季氏之子乎，微者稱夷伯，大之也。天戒之，故大之。』按褒貶當以義類，豈有爲天所罰，翻乃書字？反於理甚矣。大夫既死加謚之後，不更稱名爾。原仲亦是也。」

❶「汪」，原作「范」，今據四庫本改。

冬，宋人伐曹。《左傳》：「討舊怨也。」襄陵許氏曰：「同盟始自相攻，桓不能已矣。」張氏曰：「莊十四年曹從齊桓伐宋，宋至今憾之。今諸侯始貳。曹方伐厲救徐，而襄公乘虚伐之，尚可繼桓而圖霸乎？於此見桓德之衰，而襄志之私也。」家氏曰：「宋襄於桓之方存，已有圖霸之心。其後執滕圍曹，張本於此。《春秋》所譏也。」陳氏曰：「諸夏之相交兵，自莊之十九年未之有也。於是再見，宋襄爲之也。」廬陵李氏曰：「宋、曹之争始此。自曹莊公以齊命會伐宋，遂與宋人爲不釋之憾。夫伐宋非獨一曹，而獨仇曹之深者，曹在宋之宇下，非他國比也。十九年圍曹，宣三年圍曹，至曹陽之衰，宋景用師尤亟。哀三年有樂髡之伐，六年有向巢之伐，七年書人以圍，八年書公以入，而曹亡於宋矣。鄭子産曰『曹畏宋』，豈非壤地相接，必欲吞噬而後已乎！」〇**楚人敗徐于婁林。**敗，必邁反。《左傳》：「楚敗徐于婁林，徐恃救也。」《穀梁傳》：「夷狄相敗志也。」杜氏曰：「婁林，徐地，下邳僮縣東南有婁亭。」張氏曰：「見楚之獨勝，而救徐之威不立。伐厲之謀無補也。」陳氏曰：「何以書？病齊也。齊帥天下之諸侯以攘戎狄存中國也。楚伐徐，桓公合八國之衆盟于牡丘，次于匡，以救徐，爲之伐厲，而徐卒敗於楚人。不數年宋、楚争盟，執宋公。以是爲盟主病矣。」高氏曰：「齊桓大合諸侯以救徐，固有餘力。而師出三時，無功而返。故書楚人敗徐于婁林以罪之。」劉氏曰：「徐，伯益之後。其上世有元德顯功，通於周室，與中國冠帶之君無以異。徐始稱王，王非諸侯所當名也，故夷狄之。」汪氏曰：「徐自莊二十六年見經，僖三年取舒、十七年伐英氏，昭五年伐吴，皆稱人。昭四年會申，楚人執之。三十年奔楚，皆稱子。獨此年與文七年伐莒，並舉號。内不使與中國同，外不使與夷狄等也。」〇陸氏曰：「《穀梁》云『夷狄相敗志也』，按有赴告則書，無他義。」廬陵李氏曰：「徐之舉號，本其夷狄之稱爾。

《公羊》注以爲『徐滅杞，不知尊先聖法度，惡大，故狄之』，無據之言也。」〇**十有一月壬戌，晉侯及秦伯戰于韓，獲晉侯。**秦始見經。《左傳》：「晉侯之入也，秦穆姬屬賈君焉。且曰：『盡納群公子。』晉侯烝於賈君，又不納群公子，是以穆姬怨之。晉侯許賂中大夫，既而皆背之。賂秦伯以河外列城五，東盡虢略，南及華山，內及解梁城，既而不與。晉饑，秦輸之粟，秦饑，晉閉之糴。故秦伯伐晉。卜徒父筮之，吉。涉河，侯車敗，詰之，對曰：『乃大吉也。三敗必獲晉君。其卦遇蠱䷑曰：「千乘三去，三去之餘，獲其雄狐。」夫狐蠱，必其君也。蠱之貞，風也。其悔，山也。歲云秋矣，我落其實，而取其材，所以克也。實落材亡，不敗何待？』三敗及韓，晉侯謂慶鄭曰：『寇深矣，若之何？』對曰：『君實深之，可若何？』公曰：『不孫。』卜右，慶鄭吉，弗使。步揚御戎，家僕徒爲右，乘小駟，鄭入也。慶鄭曰：『古者大事，必乘其產。生其水土，而知其人心，安其教訓，而服習其道，唯所納之，無不如志。今乘異產以從戎事，及懼而變，將與人易。亂氣狡憤，陰血周作，張脉僨興，外彊中乾，進退不可，周旋不能，君必悔之。』弗聽。九月，晉侯逆秦師，使韓簡視師，復曰：『師少於我，鬭士倍我。』公曰：『何故？』對曰：『出因其資，入用其寵，饑食其粟，三施而無報，是以來也。今又擊之，我怠秦奮，倍猶未也。』公曰：『一夫不可狃，況國乎？』遂使請戰，曰：『寡人不佞，能合其衆而不能離也。君若不還，無所逃命。』秦伯使公孫枝對曰：『君之未入，寡人懼之。入而未定列，猶吾憂也。苟列定矣，敢不承命。』韓簡退曰：『吾幸而得囚。』壬戌，戰于韓原。晉戎馬還濘而止，公號慶鄭，慶鄭曰：『愎諫違卜，固敗是求，又何逃焉？』遂去之。梁由靡御韓簡，虢射爲右，輅秦伯，將止之。鄭以救公誤之，遂失秦伯，秦獲晉侯以歸。晉大夫反首拔舍從之。秦伯使辭焉，曰：『二三子何其慼也，寡人之從君而西也，亦晉之妖夢是踐，豈敢以至。』晉大夫三拜稽首，曰：『君履后土而戴皇天，皇天后土，實聞君之言，群臣敢在下風。』穆姬聞晉侯將至，以大子罃、弘與女簡璧，登臺而履薪焉。❶使以免服衰經逆，且告曰：『上天降災，使我兩君匪以玉帛相見，而以興戎。若晉君朝以入，則婢子夕以死。夕以入，則朝以死。唯君裁之。』乃舍諸靈臺。大夫請以入，公曰：『獲晉侯，以厚歸也。既而喪歸，焉用之？大夫其何有焉？且晉人慼憂以重我，天地以要我。不圖晉憂，重其怒也。我食吾言，背天地也。重怒難任，背天不祥，必歸晉君。』公子縶曰：『不如殺之，無聚慝焉。』子桑曰：『歸之而質其大子，必得大成。晉未可滅，而殺其君，祇以成惡。且史佚有言曰：無始禍，無怙亂，無重怒。重怒難任，陵人不祥。』乃許晉平。晉侯使郤乞告瑕吕飴甥，且召之。子金教之言，曰：『朝國人，而以君命賞。』且告之曰：『孤雖歸，辱社稷矣。其卜貳圉也。』衆皆哭。晉於是乎作爰田。吕甥曰：『君亡之不恤，而群臣是憂，惠之至也。將若君何？』衆曰：『何爲而可？』對曰：『征繕以輔孺子。諸侯聞之，喪君有君，群臣輯睦，甲兵益多。好我者勸，惡我者懼，庶有益乎！』衆說，晉於是乎作州兵。初，晉獻公筮嫁伯姬於秦，遇歸妹䷵之睽䷥，史蘇占之，曰：『不吉。其繇曰：「士刲羊，亦無衁也。女承筐，亦無貺也。西鄰責言，不可償也。歸妹之睽，猶無相也。」震之離，亦離之震。「爲雷爲火，爲嬴敗姬。車說其輹，火焚其旗，不利行師，敗于宗丘。歸妹睽孤，寇張之弧。姪其從姑，六年其逋，逃歸其國，而棄其家。明年其死於高梁之虛。」』及惠公在秦，曰：『先君若從史蘇之占，吾不及此夫。』韓簡侍，曰：『龜，象也。

---

❶「薪」，原作「新」，今據四庫本及阮刻本《春秋左傳正義》改。

筮，數也。物生而後有象，象而後有滋，滋而後有數。先君之敗德，及可數乎？史蘇是占，勿從何益？《詩》曰：下民之孽，匪降自天，僔沓背憎，職競由人。』十月，晉陰飴甥會秦伯盟于王城。秦伯曰：『晉國和乎？』對曰：『不和。小人耻失其君，而悼喪其親，不憚征繕以立圉也。曰必報讎，寧事夷狄。君子愛其君而知其罪，不憚征繕以待秦命。曰必報德，有死無二。以此不和。』秦伯曰：『國謂君何？』對曰：『小人慼，謂之不免。君子恕，以爲必歸。小人曰我毒秦，秦豈歸君？君子曰我知罪矣，秦必歸君。貳而執之，服而舍之，德莫厚焉，刑莫威焉。服者懷德，貳者畏刑。此一役也，秦可以霸，納而不定，廢而不立，以德爲怨，秦不其然。』秦伯曰：『是吾心也。』改館晉侯，饋七牢焉。蛾析謂慶鄭曰：❶『盍行乎？』對曰：『陷君於敗，敗而不死，又使失刑，非人臣也。臣而不臣，行將焉入？』十一月，晉侯歸。丁丑，殺慶鄭而後入。是歲，晉又饑，秦伯又餼之粟，曰：『吾怨其君而矜其民。且吾聞唐叔之封也，箕子曰：其後必大。晉其庸可冀乎？姑樹德焉，以待能者。』於是秦始征晉河東，置官司焉。」《公羊傳》：「此偏戰也。何以不言師敗績？君獲不言師敗績也。」《穀梁傳》：「韓之戰，晉侯失民矣，以其民未敗而君獲也。」趙氏曰：「凡戰而死者書滅，生禽曰獲。」

秦伯伐晉而經不書伐，專罪晉也。汪氏曰：「據桓十二年戰于宋，僖十八年戰于甗，皆書伐。」**獲晉侯以歸，而經不書歸，免秦伯也。**汪氏曰：「據蔡侯獻舞，書以歸。」陳氏曰：「不曰以歸，罪晉侯也。」

❶「析」，原作「折」，今據阮刻本《春秋左傳正義》改。

是故獲夷狄不書，夷狄交相獲不書，必大國也。若宋華元、齊國書，斯可以言獲矣。將尊師衆，獲之若匹夫然，猶曰宋、齊之耻。晉，甸侯也，而言獲，是夷晉侯於大夫也。」書伐、書及者，兩俱有罪，而以及爲主。汪氏曰：「書伐，著伐者之罪。書及，著被伐而及戰者之罪。」書獲、書歸者，兩俱有罪，而以歸爲甚。汪氏曰：「書獲者，罪其不能效死禦敵，甘就執辱。書以歸者，罪其專執國君，恃强不釋。」今此專罪晉侯之背施幸災，貪愛怒鄰，而恕秦伯也。然則秦戰義乎？《春秋》無義戰，彼善於此，則有之矣。其不言師敗績，何也？君獲不言師敗績，君重於師也。劉氏曰：「君將不言帥師，君重於師也。君傷不言師敗績，君獲不言師敗績，亦君重於師也。三者異文同義。」大夫戰而見獲，必書師敗績。汪氏曰：「如戰于大棘，書『宋師敗績，獲宋華元』，戰于艾陵，書『齊師敗績，獲齊國書』。」師與大夫敵也。君爲重，師次之，大夫敵，《春秋》之法也。與孟子之言何以異？孟子爲時君牛羊用人，莫之恤也，故以民爲貴，君爲輕。《春秋》正名定分，爲萬世法，故以君爲重，師次之。汪氏曰：「《泰誓》云『元后作民父母』，《禮記》『民以君爲心，君以民爲體』。父母之於子，心之於四體，尊卑輕重之分，天冠地履之不可紊，故《春秋》以君爲重。」堯以天下命舜，舜亦以命禹，必稱元后爲先。此經世大常，而仲尼蓋祖述之也。惟此義不行，然後叛逆之黨，有託以爲民輕，棄君親而不顧者矣。汪氏曰：「隋宇文化及弑煬帝，唐朱玫立襄王煴，皆託以爲民，而濟其大逆者也。」廬陵李氏曰：「秦，顓帝之後，周孝王時非子受封，至襄公送平王東遷，始盡有岐周之地，又七世至穆公，此爲見經之始。」又曰：「是年桓公伯衰，而宋、楚、秦、晉之變遽見，《春秋》備書之。其五伯迭興之會也歟！」〇劉氏曰：「《穀梁》云『晉侯失民矣，以其民未敗而君獲也』，非也。凡爲君而見獲，苟不失民，將焉取之？顧《春秋》所以不書師敗績者，舉君獲爲重耳。」

春秋集傳大全卷之十四

僖公　三

丁丑襄王八年。**十有六年**齊桓四十二。晉惠七。衛文十六。蔡莊二。鄭文二十九。曹共九。陳穆四。杞成十一。宋襄七。秦穆十六。楚成二十八。**春，王正月戊申朔，隕石于宋五。**隕，《公》作「霣」。《左傳》：「隕，星也。」《公羊傳》：「曷爲先言霣而後言石？霣石記聞，聞其磌然，視之則石，察之則五。」《穀梁傳》：「先隕而後石何也？隕而後石也。于宋，四境之內曰宋。後數，散辭也。耳治也。」杜氏曰：「隕，落也。聞其隕，視之石，數之五，隨其聞見先後而記之。星隕如雨，見星之隕於四遠，而不見其在地之驗。此則見在地而不見始隕之星。」**是月，六鷁退飛，過宋都。**鷁，五歷切。《穀》作「鶂」。過，古禾切。《左傳》：「六鷁退飛過宋都，風也。周內史叔興聘于宋，宋襄公問焉，曰：『是何祥也？吉凶焉在？』對曰：『今茲魯多大喪，明年齊有亂，君將得諸侯而不終。』退而告人，曰：『君失問。是陰陽之事，非吉凶所生也。吉凶由人，吾不敢逆君故也。』」《公羊傳》：「是月者何？僅逮是月也。何以不日？晦日也。晦則何以不言晦？《春秋》不書晦也。朔有事則書，晦雖有事不書。曷爲先言六而後言鷁？六鷁退飛，記見也。視之則六，察之則鷁，徐而察之則退飛。五石、六鷁何以書？記異也。外異不書，此何以書？爲王者之後記異也。」《穀梁傳》：「是月者，決不日而月也。六鶂退飛過宋都，先數，聚辭也。目治也。子曰：石無知之物，鶂微有知之物。石無知，故日之。鶂微有知之物，故月之。君子之於物，無所苟而已。石、鶂且猶盡其辭，而況於人乎？故五石、六鶂之辭不設，則王道不亢矣。民所聚曰都。」程子曰：「隕石于宋，自空凝結而隕。六鷁退飛，倒逆飛也，倒逆飛必有氣驅之也。《春秋》所書灾異，皆天人響應，有致之之道。故石隕于宋而言隕石，夷伯之廟震而言震夷伯之廟，此天應之也。人以淺狹之見以爲無應，其實皆應之。然漢儒言灾異，皆牽合不足信，儒者見此，因盡廢之。」杜氏曰：「是月，隕石之月。重言是月，嫌同日。鷁，水鳥，高飛遇迅風而退。」

隕石，自空凝結而隕也，汪氏曰：「邵子云：『星在地則爲石，石在天則爲星。』此言隕石，蓋星墜於天，半空凝結，至地而成石也。」**退飛，有氣逆驅而飛也。石隕鷁飛，而得其數與名。在《春秋》時，凡有國者，察於物象之變，亦審矣。此宋異也，何以書于魯史？亦見當時諸國，有非所當告而告者矣。**杜氏曰：「宋人以爲灾，告於諸侯，故書。」劉氏曰：「人君遇怪異非常之變，當内自省而已，非所以告同盟也。同盟有救患分灾之義，故水火兵戎之爲害則告，告則弔之，此所待於外也。奇物祅變之至，則天之所以警人君，雖有堯、湯之智，反而責其躬，此無待於外者也。何赴告之有？《春秋》因而書之，以見人君之莫能畏天命，乃反以責於己者望於人也。」**何以不削乎？聖人因灾異以明天人感應之理，而著之於經，垂戒後世。如石隕于宋而書曰「隕石」，此天應之也。和氣致**

祥，乖氣致異，人事感於下，則天變應於上。苟知其故，恐懼脩省，變可消矣。宋襄公以亡國之餘，欲圖伯業，五石隕，六鷁退飛，不自省其德也。後五年有盂之執，又明年有泓之敗。天之示人顯矣。何氏曰：「後五年見執，六年終敗，如五石、六鷁之數。天之與人，昭昭著明，甚可畏也。」**聖人所書之義明矣，可不察哉！**張氏曰：「星隕爲石，不祥也。鷁退飛，不順也。宋襄欲圖伯而無其德，故天出怪異以警畏之。」或問《洪範》配合庶徵，有理否？茅堂胡氏曰：「但不可泥，如漢儒牽合附會爾。《春秋》『隕石于宋五，六鷁退飛過宋都』，而襄公被執；癸酉大雨震電，庚辰大雨雪，而隱公被弑。雨木冰，而成公、季孫被執；鸜鵒來巢，而昭公出奔。豈不是應驗。是以人君須克謹天戒。」

○劉氏曰：「《公羊》謂『是月者僅逮是月也，不日者晦也。《春秋》不言晦』，非也。晦朔，天之所有，取朔棄晦，乖僞之深者。《穀梁》云『石爲無知之物，故日之。鷁微有知之物，故月之』，亦非也。言是月者，宋不告日，嫌與五石爲一日，故分別之耳。」番陽萬氏曰：「梁山沙鹿亦無知之物，胡爲而不日？麋與螽亦微有知，胡爲而不月也？」陸氏曰：「《穀梁》云『是月者，決不日而月也』，按此傳以日月爲例，故云爾。又曰『民所聚曰都』，都者直謂國城爾，不獨以民聚爲義。」

三月壬申，公子季友卒。《公羊傳》：「其稱季友何？賢也。」《穀梁傳》：「大夫日卒，正也。稱公弟叔仲，賢也。大夫不言公子、公孫，疏之也。」

季者，其字也。友者，其名也。大夫卒而書名，則曷爲稱字？聞諸師曰：汪氏曰：「因斬裁之受伊川學。」**「春秋時，魯卿有生而賜氏者，季友、仲遂是也。生而賜氏者何？命之爲世**

卿也。季子忠賢，在僖公有翼戴之勤。朱子曰：「季子賜族，亦只是時君恩意。」襄仲弑逆，在宣公有援立之力。此二君者，不勝私情，欲以異賞報之也，故皆生而賜氏，俾世其官。劉氏曰：「《春秋》譏世卿，莫甚於魯。魯之大夫皆世卿，莫强季氏、仲氏。季氏出昭公，仲氏弑子赤，皆世卿能成其禍者也。《春秋》異而書之，主人習其讀，則未知己之有罪，固曰賢之爾。」杜氏曰：「自是季氏世爲卿。」經於其卒，各以氏書者，誌變法亂紀之端，貽權臣竊命之禍，其垂戒遠矣。」汪氏曰：「宋立華氏，魯立叔孫氏，當時賜族，率以爲常。春秋諸侯以殊禮異數寵遇其臣，至有生而賜謚，如衛靈之於北宫喜、析朱鉏，不特生而賜族矣。」永嘉吕氏曰：「春秋之初，公之子爲大夫，則稱公子。公子之子爲大夫，則稱公孫。非公子公孫而爲大夫，則但書名。自僖公以後，則皆書族，且使之世世爲卿矣。是故魯有仲孫、叔孫、季孫、臧孫，齊有高氏、國氏、崔氏、陳氏，衛有孫氏、甯氏，晉有郤氏、欒氏、韓氏、趙氏、魏氏，鄭有罕氏、駟氏、游氏，皆世卿也。先王之禮制蕩然矣。」〇劉氏曰：「《公》、《穀》皆云『稱季友，賢也』，非也。言季友之賢，不過書『季子來歸』足矣，死何復賢之乎？且書季友云賢，則書仲遂亦可謂賢乎？」

夏，四月丙申，鄫季姬卒。

内女嫁於諸侯則尊同，尊同則記其卒，記其卒則必記其葬。然而有不記者，此筆削之旨，非可以例求者也。汪氏曰：「内女爲諸侯夫人者七，惟紀伯姬、宋共姬書卒葬，杞叔姬以出，不書葬。郯伯姬、齊子叔姬亦出，并不書卒。杞伯姬歸杞四十餘年，不書卒葬，疑必有故。鄫季姬違禮，故卒而不葬。紀叔姬非夫人，以賢而卒葬之。」宋伯姬在家爲淑女，既嫁爲賢婦，死於義而不回，此行之超絶卓異者，既書其葬，又載其謚。僖公鍾愛季姬，使自擇配，季姬不能自克以禮，恃愛而行，雖書其卒，因奪其葬。所以謹夫婦之道，正人倫之統，明王教之始也。以此防民，猶有嫁殤立廟，舉朝素衣，親臨祖載，如魏明帝之厚其女者。《三國志·魏明帝紀》：「太和六年，幼女淑卒，❶上痛之甚，追謚立廟，葬于南陵。取甄后從孫黄合葬。欲自送葬，陳群諫曰：『下殤禮所不備，況未朞月而爲制服，舉朝素衣，朝夕哭臨，古未有此。況欲親臨祖載乎！』上不聽。」

附録《左傳》：「夏，齊伐厲，不克，救徐而還。」

秋，七月甲子，公孫兹卒。《穀梁傳》：「大夫日卒，正也。」杜氏曰：「兹，叔牙子，叔孫戴伯也。」

附録《左傳》：「秋，狄侵晉，取狐、厨、受鐸，涉汾，及昆都，因晉敗也。」〇「王以戎難告于齊，齊徵諸侯而戍周。」〇「冬十一月乙卯，鄭殺子華。」

冬，十有二月，公會齊侯、宋公、陳侯、衛侯、鄭伯、許男、邢侯、曹伯于淮。《左傳》：「十二月會于淮。謀鄫，且東略也。城鄫役人病，有夜登丘而呼曰『齊有亂』，不果城而還。」《穀梁傳》：「兵車之會也。」杜氏曰：「鄫爲淮夷所病。淮，臨淮郡左右。」張氏曰：「後漢下邳國。」師氏曰：「淮夷嘗病杞，而齊侯城緣陵以復杞。今會諸侯于淮，豈非謀淮夷以杜其後來耶？」高氏曰：「邢侯始與會，而在鄭、許之下者，此齊次之也。」番陽萬氏曰：「許以男而先於邢、曹，邢以侯而後於鄭、許。聖人之作《春秋》，從主會者之所爲而無所

❶「卒」，原作「中」，今據四庫本改。

改正，所以著其罪也。」汪氏曰：「桓公安攘之志，至會淮而愈怠矣。却淮夷而不力，城鄫而不果。況魯之僖公在會，遽以其臣滅項而止之，既不能爲鄰國討强家，又遷怒於其君，待聲姜會下而獲釋。悖君臣之分，紊男女之別，霸事之僨，莫此爲甚。蓋會淮之前，楚伐黄、滅黄而不能恤，狄侵衛、侵鄭而不能遏，簡於存杞，不若存邢之功。緩於救徐，不若救許之速。宜淮夷之微，亦肆其暴抑有所窺而動也。桓會不至，而惟牡丘于淮書至，聖人之意實可見矣。或謂桓公以諸侯伐淮夷，魯預有功，故《魯頌》稱『既克淮夷，在泮獻馘』。而《春秋》不紀其事，蓋削之也。夫詩人之言，特以此頌禱其君，而願其有是功。如曰『居常與許，復周公之宇』云耳。使果有伐淮夷之功，安得不以伐山戎、伐北戎之例，而特書于經耶？」

戊寅襄王九年。**十有七年**齊桓四十三，卒。晉惠八。衛文十七。蔡莊三。鄭文三十。曹共十。陳穆五。杞成十二。宋襄八。秦穆十七。楚成二十九。**春，齊人、徐人伐英氏。**《左傳》：「春，齊人爲徐伐英氏，以報婁林之役。」杜氏曰：「英氏，楚與國。」張氏曰：「英氏，臯陶後之封也。爲徐伐英氏，桓公之興師末矣。」王氏曰：「不能病楚，而徒伐其與國之小者，桓之霸業微矣。」汪氏曰：「桓公舍楚不討，而加兵於厲與英氏，虐區區之小國，是縱豺狼而搏狐鼠也。」

附録《左傳》：「夏，晉太子圉爲質於秦。秦歸河東而妻之。惠公之在梁也，梁伯妻之。梁嬴孕，過期，卜招父與其子卜之。其子曰：『將生一男一女。』招曰：『然。男爲人臣，女爲人妾。』故名男曰圉，女曰妾。及子圉西質，妾爲宦女焉。」

夏，滅項。《左傳》：「師滅項。淮之會，公有諸侯之事，未歸而取項。齊人以爲討而止公。」《公羊傳》：「孰滅之？齊滅之。曷爲不言齊滅之？爲桓公諱也。《春秋》爲賢者諱，此滅人之國，何賢爾？君子之惡惡也疾始，善善也樂終。桓公嘗有繼絶存亡之功，故君子爲之諱也。」《穀梁傳》：「孰滅之？桓公也。何以不言桓公也？爲賢者諱也。項，國也。不可滅而滅之乎？桓公知項之可滅也，而不知己之不可滅也。既滅人之國矣，何賢乎？君子惡惡疾其始，善善樂其終。桓公嘗有存亡繼絶之功，故君子爲之諱。」張氏曰：「項，國，子爵。」

按《左氏》，淮之會，公有諸侯之事，未歸而取項，齊人以爲討而止公。然則滅項者魯也。二傳以爲桓公滅之，孰信乎？考於經，未有書外滅而不言國者，如齊師滅譚是也。亦未有書内取而直言魯者，如取鄟、音專。取邿、音詩。取鄫是也。陳氏岳曰：「凡書外事各言其國，内事不言我。外事如齊師滅譚、齊人滅遂之類是也。内事則取汶陽田、取鄟、取邿之類是也。未有書外事不言其國，未有書内事而言魯者。蓋言國以别内也。」汪氏曰：「晉悼公以諸侯滅偪陽，楚以諸侯滅賴，因會柤伐吴而繼事以滅之，則皆書遂。」由此知項爲魯滅無疑矣。然聖人於魯事有君臣之義，凡大惡必隱避其辭而爲之諱。今此滅項，其惡大矣，曷不諱乎？曰：事有隱諱，臣子施之於君父者也。故成公取鄟、襄公取邿、昭公取鄫，皆不言滅而書取。程氏以爲在君，則當諱是也。若夫滅項，則僖公在會，季孫所爲耳。執政之臣，擅權爲惡，而不與之諱。此《春秋》尊君抑臣，不爲朋黨比周之意也。詳見成六年。張氏曰：「於此見聖人文理密察，亦所以示人五刑五用，必審其人然後當罪也。」陳氏曰：「公猶在齊，滅項非公命也。向也，費伯帥師城郎，非公命不書。此何以書？城郎常事，滅項非常也。是故常事譏不及公，則不書，苟非常則謹書之。書『滅項』，失兵權之漸也。襄公在晉，書邾庶其來奔。昭公在晉，書莒牟夷來奔。雖非公命，皆非常也，《春秋》必謹而志之。」家氏曰：「僖公德季氏擁佑之私，假之以權，待之不疑，其後遂至不可制。襄在楚而宿取卞，昭在晉而意如納邾、莒叛人，每乘公出而肆其無忌，由此年滅項有以啓之耳。」〇啖氏曰：「《公》、《穀》皆云『齊滅之，爲齊桓諱也』。按其文義乃是魯滅，豈可爲齊諱，而魯自取惡乎？齊桓雖賢，滅項非合義，何得爲之諱乎？」劉氏曰：「桓公與山戎戰，《春秋》貶之，降侯爲人。夫戰山戎孰與滅中國？滅中國反可諱，而戰山戎反不得諱乎？」廬陵李氏曰：「《公》、《穀》皆以項爲齊滅，賢桓公，故爲之諱也。二家蓋拘於内滅書取之例，而不知變文之法耳。故胡氏特從《左氏》。」

秋，夫人姜氏會齊侯于卞。卞，皮彦反。《左傳》：「秋，聲姜以公故，會齊侯于卞。」杜氏曰：「卞，魯國卞縣。」張氏曰：「大臣滅項而止僖公，刑已頗矣，又遠會婦人于魯地。此管仲既亡，桓公志荒之政也。」臨川吴氏曰：「此蓋會淮之後，諸侯各歸其國，齊獨止公將執之以歸。夫人，齊女也，聞公見止，要齊侯于路而會之。非齊侯已歸而再出會姜氏也。婦人無外事，魯之諸夫人，聲姜頗爲賢婦。詩人以令妻頌之，而猶有此失。蓋稔於見聞之非，盲於禮義之正，是以好成人之美者惜焉。」高氏曰：「論其情則可矣，而禮則不可也。小白入魯地而會聲姜，能無嫌乎！」趙氏曰：「參譏之。」**九月，公至自會。**《左傳》：「九月公至。書曰『至自會』，猶有諸侯之事焉，且諱之也。」杜氏曰：「恥見執，托會以告廟。」范氏曰：「桓會不致。而今致，桓公德衰，威信不著。」張氏曰：「公會諸侯，而大臣滅人之國，得罪於伯主。反國不討，無政刑矣。故謹而致之。」臨川吴氏曰：「以夫人會齊侯，故公於中路得釋而歸。公未至齊，故云至自會。」○**冬，十有二月乙亥，齊侯小白卒。**《左傳》：「齊侯之夫人三：王姬、徐嬴、蔡姬，皆無子。齊侯好内，多内寵，内嬖，如夫人者六人。長衛姬生武孟，少衛姬生惠公，鄭姬生孝公，葛嬴生昭公，密姬生懿公，宋華子生公子雍。公與管仲屬孝公於宋襄公，以爲太子。雍巫有寵於衛共姬，因寺人貂以薦羞於公，亦有寵。公許之立武孟。管仲卒，五公子皆求立。冬十月乙亥，齊桓公卒，易牙入，與寺人貂因内寵以殺群吏，而立公子無虧。孝公奔宋。十二月乙亥赴，辛巳夜殯。」《穀梁傳》：「此不正，其日之何也？其不正前見矣。其不正之前見何也？以不正入虚國，故稱嫌焉耳。」東萊吕氏曰：「桓公雖能用管仲，攘夷狄，伯諸侯，有一匡天下之功。然仲無正心誠意格君之學，徒急於一時之功利，卒致五子之亂。其所以有始無終者，家法不正也。管仲且有三歸之失，豈能正其君哉！」廬陵李氏曰：「桓公自莊九年入國，十三年始伯。迄僖十七年，凡三十九年。吴郡李氏曰：『王道流行，侯伯受職，古未始有伯也。以古之未始有伯，而齊桓實造端，則桓爲首罪矣。而《春秋》或予桓，何哉？蓋黜其義而録其功也。功義不相掩，而後伯者之是非斷矣。』大抵春秋之世，盛衰凡三變。桓公之未興，與桓公之方伯，及桓公之既没，世變各異也。王臣下聘而不報，王師出伐而無功，凡伯書伐，戎强于北。蔡師書敗，荆盛于南。鄭分許鄙，宋廢鄭嗣。紀小而併於齊，郕弱而偪於魯，此桓公之未興也。王禁明而王臣不下聘者六十年，盟會同而諸侯無私争者三十載。序績召陵而荆怗矣，陳旅聶北而狄退矣，獻捷過魯而戎弭矣，此桓公之主伯也。天王出居而官守不問，衛滅懿親而義師無討。楚書子而主會矣，狄書人而參盟矣，此桓公之既没也。然桓公一人之身，盛衰又凡三變，圖伯之初，定伯之日，及成伯之後，得失頗殊也。伐郧侵宋，侯度未一。入蔡侵鄭，戎疾未殄。滅遂降鄣，履事未久。設施多舛，遇穀盟扈。閲理未熟，檢防易肆，蓋桓公圖伯之初也。貫澤而下，葵丘以前，衣裳不歃血，兵車無大戰，仲尼稱其一匡，孟子與其爲盛。在是數年，桓公定伯之日也。九國叛而萌震矜，管仲死而放繩墨。城杞貶於城邢，救徐息於救許。伐黄則外憂起，會卞則家法虧，蓋桓公成伯之後也。驗春秋大勢之三變，則桓公主伯爲有功；即桓公一身之三變，則桓公立功爲不遠。功過乘除，齊伯之顛末可考矣。」

己卯襄王十年。**十有八年**宋襄九。齊孝公昭元年。晉惠九。衛文十八。蔡莊四。鄭文三十一。曹共十一。陳穆六。杞成十三。秦穆十八。楚成三十。**春，王正月，宋公、曹伯、衛人、邾人伐齊。**宋公下，《公》有「會」字。《左傳》：「宋襄公以諸侯伐齊。三月，齊人殺無虧。」《穀梁傳》：「非伐喪也。」杜氏曰：「納孝公。」

附録《左傳》：「鄭伯始朝于楚，楚子賜之金。既而悔之，與之盟，曰：『無以鑄兵。』故以鑄三鐘。」

夏，師救齊。《穀梁傳》：「善救齊也。」蜀杜氏曰：「傳言『三月，齊人殺無虧』，則無虧已殺矣。今魯以師救之，亦以志其緩也。」**五月戊寅，宋師及齊師戰于甗，齊師敗績。**《左傳》：「齊人將立孝公，不勝四公子之徒，遂與宋人戰。夏五月，宋敗齊師于甗，立孝公而還。」《公羊傳》：「戰不言伐，此其言伐何？宋公與伐而不與戰，故言伐。《春秋》伐者爲客，受伐者爲主。❶曷爲不使齊主之？與襄公之征齊也。曷爲與襄

❶「受」，原闕，今據四庫本及下文補。

公之征齊？桓公死，豎刁、易牙争權，不葬，爲是故伐之也。」《穀梁傳》：「戰不言伐，客不言及。言及，惡宋也。」程子曰：「書宋及，曲在宋也。奉少以奪長，其罪大矣。齊師敗績，書敗，責齊臣也。」杜氏曰：「甗，齊地。無虧既死，曹、衛、邾先去，故宋師獨與齊戰。」狄救齊。《穀梁傳》：「善救齊也。」

伐齊之喪，奉少奪長，其罪大，故其責詳。書師救齊者，善魯也。救者善，則伐者惡矣。凡書救者，未有不善之也。書狄救齊者，許狄也。許夷狄，則罪諸夏矣。許之曷爲不稱人，深著中國諸侯之罪也。常山劉氏曰：「諸侯伐喪，不道如此，狄乃能行義，以兵救之。聖人哀中國無王，諸侯滅義，夷狄之不若也。」薛氏曰：「聖人與狄之救，猶賢乎宋也。」臨川吴氏曰：「書師救齊於伐齊之後，則救者，救無虧也。書狄救齊於齊師敗績之後，時無虧已死，齊無君矣。故杜氏云『救四公子之徒』，雖緩不及事，然亦書救，終善之也。」凡伐者爲客，受伐者爲主。今齊人受伐，以宋爲主者，曲在宋也。何氏曰：「戰言及，所以别主客直不直也。」孫氏曰：「宋襄伐人之喪，擅易人之主，故以宋爲主，不與宋襄伐齊也。」凡師直爲壯，曲爲老。書齊師敗績者，責齊臣也。或曰：桓公、管仲嘗屬孝公於宋襄公，以爲世子矣，則何以不可立乎？曰：不能制命，雖天王欲撫鄭伯以從楚，《春秋》猶以大義裁之而不與也。桓公君臣，乃欲以私愛亂長幼之節，其可哉？獨不見宣王與仲山甫争魯侯戲、括之事，其後如之何也？《國語》：「魯武公以括與戲見王，王立戲。仲山甫諫曰：『不可。』王卒立之。武公卒，魯人殺懿公而立伯御。宣王伐魯立孝公。諸侯從是不睦。」**《春秋》深罪宋公，大義明矣。**問：宋師及齊師戰，是宋公也，何以書師？既貶之，何以不書人？茅堂胡氏曰：「稱師，見其用大衆也，而貶在其中矣。是以師爲重，以襄公爲輕矣。」問：宋公伐齊，爲納公子昭也。何以不書納公子昭于齊乎？曰：「不與納也。納昭，非正也。公伐齊納糾亦非正，則何以書？書納糾，所以著莊公之罪也。止書伐齊而不書納糾，則莊公得復讎之義矣。或書或不書，其義自異，不可不察也。」劉氏曰：「宋襄有憂中國之心，伯天下之意，而道不足也。故合諸侯舉大衆，不務率義，而先爲不正以矜其力，此所以無功也。諸侯失國，諸侯納之，正也。不曰納公子昭于齊，不與納也。曷爲不與納？公子昭非正也。」王氏《箋義》曰：「無虧既立，踰年之君也。而宋人脅齊殺之，將立孝公。復與齊人戰，四公子之徒争國，宋伐喪，皆不義也。」張氏曰：「長幼有定分，桓公、管仲不能自制其尊卑正否之辨，而輕屬幼少，以爲亂階，君臣既失制命之義矣。今桓公未葬，長子既立，宋襄不能從宜因勢，順其少長，以撫定之，使得以終桓公之喪，乃成桓之私意，帥諸侯奉少奪長，大亂齊國。《春秋》書宋公以爲戎首，深罪之也。」永嘉呂氏曰：「桓公舍當立而屬公子昭于宋，不可謂之正，又蔽於雍巫之言，而許立無虧，不可謂之明。身死之後，豎刁、易牙立公子無虧，其名則立長也。宋襄伐喪而納公子昭，其名則桓公之所屬也。彼此交争，國内大亂，凡皆桓公之爲也。《春秋》不書昭之當立與否，而但書其戰伐敗救之事，其義深矣。然則昭與無虧之事孰正？曰以義則無虧正，桓公屬公子昭於宋以爲大子，則桓公之罪也。」〇劉氏曰：「戰于甗，《公羊》云『曷爲不使齊主之？與襄公之征齊也』，非也。晉郤克及齊侯戰于鞌，寧可亦曰與晉郤克之征齊乎，所異於晉者何哉？」廬陵李氏曰：「宋襄伐齊之事，《公羊》以爲善宋，蓋彼以莊二十八年齊人伐衛，衛人及齊戰，爲予宋罪齊之書。是以何休曰：『戰言及者，所以別客主直不直也。』今宋言及，明直在宋矣。鄭曰及者，別異客主，不施於直不直，直不直自在事而已。鄭説固足以辨何氏之失，然兵凶戰危，何得汲汲欲戰。故凡爲志乎戰者，《春秋》皆貶之。在主人而及客，則非處己息争之道。在客而及主人，又豈仗義執言之師乎？故《春秋》書伐而戰者三，獨宋公以客及主者，乃變文以深貶宋也。《穀梁》、胡氏之説精矣。」

秋，八月丁亥，葬齊桓公。杜氏曰：「孝公立而後得葬。」

桓公九合諸侯，不以兵車，朱子曰：「九當作糾。」劉氏曰：「會于幽爲九合之始。始于幽，終于淮，合者九也，而皆不以兵車。」番陽萬氏曰：「《穀梁》稱衣裳之會十有一，而《左氏》於鄄之再會曰『齊始伯也』，是北杏之會、鄄之初會，皆在未伯之前。則桓公既伯，衣裳之會止於九合而已。或者以北杏、陽穀非管仲之欲，或又以鄄、幽再會以地而言，則止於九，皆未免臆度之説也。」**威令加乎四海，幾於改物；雖名方伯，實行天子之事。然而不能慎終如始，付託非人，柩方在殯，四鄰謀動其國家，而莫之恤，至於九月而後葬，以此見功利之在人淺矣。《春秋》明道正義，不急近功，不規小利，於齊桓、晉文之事，有所貶而無過褒，以此。**張氏曰：「桓公自入國以來，急於功利，志於富彊。其處己待人，皆不以正心正家爲務。肉未及寒，而庶孽争國，宋伐其喪，冢子見殺，國幾於亡。足以見伯者之不足貴，而聖門不道之實矣。」

冬，邢人、狄人伐衛。狄始書人。《左傳》：「冬，邢人、狄人伐衛，圍菟圃。衛侯以國讓其父兄子弟及朝衆，曰：『苟能治之，燬請從焉。』衆不可，而後師於訾婁。狄師還。」《穀梁傳》：「狄其稱人，何也？善累而後進之。伐衛所以救齊也，功近而德遠矣。」

狄稱人，進之也。慕義而來，進之可也。以夷狄伐衛而進之可乎？伐衛所以救齊也。衛嘗亡滅，東徙渡河，無所控告。齊桓公攘戎狄而封之，使衛國忘亡，誰之賜也？桓公方没，不念舊德，欲厚報之，遽伐其喪，亦太甚矣！以直報怨，聖人之公也。以怨報怨，天下之私也。以德報怨，寬身之仁也。以怨報德，刑戮之民也。至是人理亡矣。桓公攘夷狄，安中國，免民於左衽，諸侯不念其賜，而於衛爲尤。先書狄救齊，以著中國諸侯之罪。再書狄人伐衛，所以見救齊之善，功近而德遠矣。范氏曰：「伐衛功近耳，夷狄而憂中國，其德遠也。」高郵孫氏曰：「衛嘗見滅於狄，而齊桓封之。桓死未踰年，而衛與諸侯伐之。邢自以復存者，桓公也。於是不忍齊之見伐而衛之無恩也，與狄人伐之。」張氏曰：「邢黨狄以伐衛，然論其曲直，則衛之忘恩背伯，以伐喪奪長，宜得聲罪致討之師，故人狄以進之，見罪衛之深也。」臨川吴氏曰：「邢爲周公之胤，衛爲武之穆，皆嘗亡於狄，賴齊而復存。今衛伐齊喪，固有罪矣，然爲宋所驅，非主兵首惡也。狄既救齊，而又責衛伐齊喪之罪。以狄爲之，亦可傷中國之無人矣。敵國不相征。凡興師以伐人者，皆不義也。況邢小國，猶不當黨異類伐同姓，或者逼於狄之命而不得已也歟？然其後衛竟滅邢，其怨讎未必不基於此。」高氏曰：「伐衛以邢爲首者，衛雖有罪，而邢不當與狄連兵以伐兄弟之國，且不可以夷狄先中國也。」廬陵李氏曰：「衛之伐齊，正與鄭伯逃歸事同。鄭知有天王之命，而不知世子之不可易。衛知有桓公之命，而不知長子之不可奪。衛文賢君，原其心，恐非有背恩之實也，但不審於義耳。《春秋》於立孝公之事，主宋以戰齊，人狄以伐衛，皆變文以顯之。正以宋公此舉，似義而實非義，故重貶以見意耳。若止責其不能報德，安知衛人不自以爲報齊乎？」

附録《左傳》：「梁伯益其國而不能實也，命曰新里。秦取之。」

庚辰 襄王十一年。**十有九年** 宋襄十。齊孝二。晉惠十。衛文十九。蔡莊五。鄭文三十二。曹共十二。陳穆七。杞成十四。秦穆十九。楚成三十一。**春，**

附録《左傳》：「春，遂城而居之。」

王三月，宋人執滕子嬰齊。《左傳》：「宋人執滕宣公。」

執之是非，決於稱人與稱爵。而見執者，則以名與不名知其罪之在也。經書見執於人者，悉皆不名，而滕子獨名，是亦有罪焉爾。夫以齊桓之盛，九合諸侯，不以兵車，雖江、黄遠國，猶相繼來盟，而滕介齊、宋之間，不與衣裳之會者三十有七年。及宋襄繼起，又不尊事大國，其見執則有由矣。書名，著其罪也。苟爲有罪，其見執固宜。宋何以稱人，不得爲伯討乎？執雖以罪，不歸于京師則稱人，惡其專也。汪氏曰：「如成九年鄭貳於楚，晉執鄭伯，既不以王命，又不歸京師，故稱晉人。」孫氏曰：「五等之國，皆諸侯也。其或有罪，方伯請于天子，天子命之執則執之，不得專執也。執得其罪，其罰輕。執不得其罪，其罰重。」歸于京師，而執非其

罪則稱人，惡其濫也。汪氏曰：「僖二十八年晉文執衛侯歸京師，爲臣執君，執不以正，故亦書晉人。」高郵孫氏曰：「滕固有罪矣。宋襄公藉齊桓之後，❶非有德義以服諸侯，肆己之强，一會虐二君，以陵轢諸夏，故書人以貶之。《春秋》不以不正治不正，所以人宋而名滕子也。」薛氏曰：「宋襄執滕子，以威求伯也。」臨川吴氏曰：「宋襄志在繼齊桓之伯，然去春首伐齊喪，奉少以簒長。今春首執滕子，恃强而凌弱。如此欲伯，得乎？蓋以滕子久不與齊盟，故執之以威諸侯。然非有德義以服人心，肆己之暴，所以終於無成也。」汪氏曰：「經書執國君者十有三，惟成十五年晉侯執曹伯，執得其罪，又歸諸京師，故以伯討與之。餘皆書人，悉非伯討也。然見執者皆不名，惟此年滕子嬰齊，哀四年晉執戎蠻子赤書名。蓋嬰齊自外於齊盟，蠻氏亂而無質，故名以貶之也。孫氏謂嬰齊名者，❷遂失國也。於義亦通。」廬陵李氏曰：「經書執諸侯始此。前此晉執虞公者，滅之也，不入此例。胡氏曰『執雖有罪，而不歸京師則稱人』，宋執嬰齊是也。成九年晉人執鄭伯，襄十六年晉人執莒子、邾子，十九年晉人執邾子，可入此例。『歸于京師，而執非其罪則稱人』，僖二十八年晉人執衛侯歸之于京師是也。若邾人執鄫子，晉侯執曹伯畀宋人，執戎蠻子歸于楚，宋人執小邾子，則暴惡之甚，不特以專與濫罪之矣。其楚子執宋公，楚人執徐子，戎狄肆威，天下大變，亦非可與此例論也。」

❶「藉」，四庫本作「繼」。
❷「孫氏」下，四庫本有「發微」二字。

夏，六月，宋公、曹人、邾人盟于曹南。《公》作「宋人」。范氏曰：「曹南，曹之南鄙。」陳氏曰：「邾文公在焉，其稱人何？人曹、邾以貶宋也。屬辭疑於北杏，曷爲謂之貶？以明年鹿上之盟亦人宋，則未嘗予宋以伯也。」〇蜀杜氏曰：「《公羊》宋稱人誤。」廬陵李氏曰：「宋公書爵，屬辭疑於北杏。陳氏以爲『明年鹿上復人宋，則《春秋》未嘗予宋以伯，此乃人曹、邾以人宋也』。恐未必然。蓋《春秋》始則望宋之能伯而予之，繼則罪宋之失德而人之，有何不可？」**鄫子會盟于邾。**《公羊傳》：「其言會盟何？後會也。」杜氏曰：「不及曹南之盟。諸侯既罷，鄫子乃會之于邾，故不言如會。」臨川吴氏曰：「蓋鄫子如會，適遇宋公歸國，及邾之境，故言會盟于邾。」廬陵李氏曰：「春秋諸侯會盟而後至者四，此言鄫子會盟，踐土陳侯如會，雞澤陳袁僑如會，于鄬鄭伯髡頑如會是也。」**己酉，邾人執鄫子用之。**《左傳》：「夏，宋公使邾文公用鄫子于次睢之社，欲以屬東夷，司馬子魚曰：『古者六畜不相爲用，小事不用大牲，而況敢用人乎？祭祀以爲人也，民，神之主也。用人，其誰享之？齊桓公存三亡國，以屬諸侯，義士猶曰薄德。今一會而虐二國之君，又用諸淫昏之鬼，將以求霸，不亦難乎？得死爲幸。』」《公羊傳》：「惡乎用之？用之社也。其用之社奈何？蓋叩其鼻以血社也。」《穀梁傳》：「微國之君，因邾以求與之盟，人因己以求與之盟，己迎而執之，惡之故謹而日之也。用之者，叩其鼻以衈社也。」杜氏曰：「蓋殺人而致祭。」臨川吴氏曰：「用之者，殺之而用其尸爲牲以祭神。」張氏曰：「蓋鄫子會曹南之盟而後期，宋公使邾執之。邾、鄫世仇，因附勢而肆虐用之，惡也。觀後日戕鄫子亦出於邾，則邾之虐鄫，必自用鄫子，而天子不誅，所以復出爲惡與！」高氏曰：「宋公之盟曹南，怒鄫子不至，故欲用之，而子魚諫焉。邾人脩鄫舊怨，遂承其意，執而用之也。不然，則宋脩伯業，邾從宋盟，安敢輒戮鄫而不懼討乎？宋既不討，則意從可知矣。宋襄圖伯而縱容同盟，暴虐與國，何以求諸侯乎？經書鄫子與蔡世子有皆曰用之，而不書所用之迹，蓋聖人所不忍言，但曰用之則知其以人爲用也。惡之，故謹而日之。諸侯終則名，鄫子不名，史佚之。」汪氏曰：「邾子稱人，貶也。上言會盟于邾，則非微者明矣。」○廬陵李氏曰：「執鄫子說，《左氏》以爲宋公使邾執之。若然，《春秋》何以不蔽罪於宋？何休以爲魯本許嫁季姬於邾，季姬淫佚，使鄫子請己，以此二國致忿。臨江劉氏亦信其說。而考之《公羊傳》文本無此言，不知何氏何據。大抵邾與宋皆南面之君，亦可以不受其命，而乃迎逢其惡，躬爲戎首，肆爲暴虐。《春秋》舍宋而罪邾，亦未爲過也。」**秋，宋人圍曹。**《左傳》：「討不服也。子魚言於宋公，曰：『文王聞崇德亂而伐之，軍三旬而不降。退脩教而復伐之，因壘而降。詩曰：「刑于寡妻，至于兄弟，以御于家邦。」今君德無乃猶有所闕，而以伐人，若之何？盍姑内省德乎？無闕而後動。』」杜氏曰：「曹雖與盟而猶不服。」

盟于曹南，口血未乾，今復圍曹者，討不服也。臨川吴氏曰：「宋襄以威迫曹而與之盟，故曹不心服。」**愛人不親反其仁，治人不治反其智，襄公不能内自省德，而急於合諸侯。執嬰齊非伯討，不足以示威。盟曹南非同志，不足以示信。卒於兵敗身傷，不知反求諸己，欲速見小利之過也。漢景削七國而吴、楚叛，**《前漢書·晁錯傳》：「景帝即位，遷御史大夫。錯請諸侯之過，削其支郡。後十餘日，吴、楚七國俱反，以誅錯爲名。上乃斬錯東市。」**東都疾横議而黨錮興，**《後漢書·黨錮傳》：「桓、靈間，主荒政謬，國命委於閹寺。故匹夫抗憤，處士横議，危言深論，不隱豪强。於是天子震怒，逮捕黨人。自是正直放廢，邪枉熾結，其死徙廢錮六七百人。士類殲滅，國隨以亡。」**唐文宗**

切於除姦而訓、注用。《唐書》：「文宗始因李德裕、牛僧孺以朋黨相軋，嘆曰：『去河北賊易，去朝廷朋黨難。』乃用李訓、鄭注，專執朝政，不附者指爲黨人而逐之。上深惡宦官，遂信訓、注，欲以詐謀除累世之姦，至於血流禁署，禍及忠良。訓、注誅，上亦憤崩。」**故子夏爲莒父宰，問政，子曰：「無欲速，無見小利。欲速則不達，見小利則大事不成。」**朱子曰：「欲事之速成，則急遽無序，而反不達。見小者之爲利，則所就者小，所失者大矣。」汪氏曰：「襄公志在近小，非特不能成大功，雖小利亦未嘗遂。僅一盟曹南，而曹不服；再盟鹿上，會盂，而束手就擒於荆蠻矣。」**經書襄公不越數端，而知其操心之若此者。仲尼筆削，推見至隱，如化工賦像，并其情不得遯焉，非特畫筆之肖其形耳。故《春秋》者化工也，非畫筆也。**張氏曰：「齊桓之伯，屈己去忿，盟魯平宋，以致諸侯，先近故也。今襄公欲圖諸侯，近於宋者莫如曹、滕，滕既執矣，曹方與盟，已而復叛。不從子魚内省德之言，而亟事干戈，宜其不遂霸也。」陳氏曰：「此宋公圍曹也。其稱人，貶也。宋公欲合諸侯，而亟脩怨於曹，諸夏之圍國自是始。」汪氏曰：「經書夷夏之加兵於曹者十有三，而宋居其七焉。蓋自僖十五年，間曹之以兵佐齊桓而伐之，至此憤其貳，乃環其國都而攻之。宣三年復圍之，哀之三年、六年樂髡、向巢再伐。七年又圍之，八年遂入而俘其君，終滅其國。比事考之，不貶而罪自見矣。」

衛人伐邢。《左傳》：「秋，衛人伐邢，以報菟圃之役。於是衛大旱，卜有事於山川，不吉。甯莊子曰：『昔周饑，克殷而年豐。今邢方無道，諸侯無伯，天其或者，欲使衛討邢乎？』從之。師興而雨。」張氏曰：「衛不自省其從宋伐喪之罪，而以報復爲事，罪之也。」高氏曰：「衛不伐狄而伐邢，是以人之也。」○啖氏曰：「《左傳》甯莊子之言，皆飾妄之辭也。」〇冬，會陳人、蔡人、楚人、鄭人盟于齊。《公》作「公會」。楚始與齊盟。《左傳》：「陳穆公請脩好於諸侯，以無忘齊桓之德。冬，盟于齊，脩桓公之好也。」杜氏曰：「地以齊，齊亦與盟。」

盟會，皆君之禮也。微者盟會，不志于《春秋》。凡所志者，必有君與貴大夫居其間也。然則爲此盟者，乃公與陳、蔡、楚、鄭之君或其大夫矣，曷爲内則没公，外則人諸侯與其大夫？諱是盟也。楚人之得與中國會盟，自此始也。莊公十年荆敗蔡師，始見音現。于經。其後入蔡伐鄭，皆以號舉，夷狄之也。僖公元年，改而稱楚，經亦書人，於是乎浸强矣。然終桓公世，皆止書人，而不得與中國盟會者，以齊修伯業，能制其强故也。桓公既没，中國無伯，鄭伯首朝于楚，汪氏曰：「十八年鄭文公始朝于楚，楚子賜之金。」其後遂爲此盟。故《春秋》没公、人陳、蔡諸侯，而以鄭列其下，蓋深罪之也。薛氏曰：「後鄭者，鄭爲之下也。」汪氏曰：「陳自晉文之後，服屬荆蠻，雖或暫從中國而輒貳，中國亦以有陳非吾事。蔡自會狄泉以往，甘心南向，不與中國盟會。鄭亦數同數異，犧牲玉帛，待於二竟。陳、蔡則屢滅於楚而僅存，鄭亦困逼於楚，終春秋之世。」又二年，復盟于鹿上，至會于盂，遂執宋公以伐宋，而楚於是乎大張，列位於陳、蔡之上而書爵矣。聖人書此，豈與之乎？所以著夷狄之强，傷中國之衰，莫能抗也。故深諱此盟，一以外夷狄，二以惡諸侯之失道，三以謹盟會之始也。陳氏曰：「楚初與諸夏盟也，内不言公，諱之也。齊桓卒，陳非主盟也，則曷爲會陳人？《春秋》不以夷狄會中國，則推而屬之陳也。以其人楚，不可不人陳、蔡。以其人陳、蔡，不可以不没公也。」家氏曰：「序陳人爲首，陳倡盟也。序鄭于下，鄭首叛也。此楚人始會，故諱公略齊侯。書法特爲謹嚴，不與夷狄之盟中國也。」張氏曰：「楚欲得志於中國久矣。齊桓討而攘之，其後桓志稍衰，滅黄敗徐，駸駸抗衡，然尚有所懼也。桓公既没，宋襄欲圖伯而諸侯不服，故楚假不忘桓德之説，求參預中國之盟會，陳、蔡及鄭，皆近楚而素服之者，故先受其謀。齊孝公親見其父極力攘楚，聽其甘言，納之國都，而與盟。僖公亦忘是懲之志，偕之同歃。不知非我族類，其心必異，楚因是以行其志於中國。《春秋》諱公而人諸侯，所以謹其始也。」汪氏曰：「于齊之盟，魯及諸侯盟楚之始也。鹿上之盟，外諸侯盟楚之始也。故皆以微者書而深貶之。會盂、盟薄、盟宋，直書不諱，又所以著其陵駕中國之暴，而諸侯皆俛焉從之也。幸而晉文城濮之捷，得以却其方張之勢。晉伯不振，而楚莊竊討賊之義，盟于辰陵，遂主諸侯。于蜀之盟，十有一國之大夫，皆貶書人。魯不諱公，視盟齊雖若未滅，然人諸國大夫，乃所以人公也。厥後于宋、于虢，晉、楚狎主齊盟，而于申十有三國，且用齊桓召陵之禮，《春秋》欲諱之，而有不勝諱矣。是知《春秋》貶于齊之盟，所以謹禮於微，慮患於早也。」

梁亡。《左傳》：「梁亡。不書其主，自取之也。初，梁伯好土功，亟城而弗處。民罷而弗堪，則曰『某寇將至』，乃溝公宫，曰：『秦將襲我。』民懼而潰，秦遂取梁。」《公羊傳》：「此未有伐者，其言梁亡何？自亡也。其自亡奈何？魚爛而亡也。」《穀梁傳》：「自亡也。湎於酒，淫於色，心昏，耳目塞。上無正長之治，大臣背叛，民爲寇盜。梁亡，自亡也。如加力役焉，湎不足道也。梁亡，鄭棄其師，我無加損焉，正名而已矣。梁亡，出惡正也。鄭棄其師，惡其長也。」杜氏曰：「以自亡爲文，非取者之罪，所以惡梁。」張氏曰：「梁，嬴姓，伯爵，柏翳之後。」

陸淳曰：「秦肆其暴，取人之國，没而不書，其義安在？曰：乘人之危，惡易見也。滅人之國，罪易知也。自取亡滅者，其事微矣。」《春秋》之作，聖人所以明微也。梁本侯國，魚爛而亡，何哉？何氏曰：「魚爛從内發。百姓一旦相率俱去，狀若魚爛。」《易》曰：「天行健，君子以自强不息。」朱子曰：「天一日一周，明日又一周，非至健不能。君子法之，不以人欲害其天理之剛，則自强而不息矣。」古者諸侯朝脩其禁令，晝考其國職，夕省其典刑，夜儆其百工，無使慆淫而後即安。故克勤于邦，荒度土功者，禹也。慄慄危懼，檢身若不及者，湯也。自朝至于日中昃，不遑暇食，用咸和萬民者，文王也。凡有國家者，土地雖廣，人民雖衆，兵甲雖多，城郭雖固，而不能自强於政治，則日危月削，如火消膏，以至滅亡而莫覺也。而况好土功，輕民力，湎於酒，淫於色，心昏而出惡政者乎！何氏曰：「梁君隆刑峻法，一家犯罪，四家坐之。一國之中，無不被刑。」其亡可立而待矣。臨川吴氏曰：「梁伯不能君國子民，以致民逃其上。秦因得以取其地。故不書秦滅梁，而以自亡爲文。」張氏曰：「梁國之亡，禍由於内，如魚之爛，外未見而内先潰矣。《春秋》變法以書，諸侯自取滅亡者有二：晉人執虞公，猶言兵已加於頸而不自知也。梁亡，言國自亡而不之覺也。」李氏曰：「書梁亡，所以深惡梁，非言秦得滅人國也。」汪氏曰：「漢帝禪末年委權闍寺，國無政令，玩戎黷武，民勞卒敝。鄧艾兵至，皇子諶謂當父子君臣背城一戰，同死社稷。而帝不聽，率群臣面縛以降。朱子於《綱目》特書『漢亡』，亦《春秋》之意歟！」

辛巳襄王十二年。二十年宋襄十一。齊孝三。晉惠十一。衛文二十。蔡莊六。鄭文三十三。曹共十三。陳穆八。杞成十五。秦穆二十。楚成三十二。春，新作南門。《左傳》：「書不時也。凡啓塞從時。」《公羊傳》：「何以書？譏。何譏爾？門有古常也。」《穀梁傳》：「作，爲也，有加其度也。言新，有故也，非作也。南門者，法門也。」

言新者，有故也。言作者，創始也。杜氏曰：「言新以易舊，言作以興事。皆更造之文也。」孫氏曰：「新延廄不言作。此言作，改舊可知。」其曰南門者，南非一門也。庫門，天子皋門，雉門，天子應門。《禮記·明堂位》注：「天子五門：皋、庫、雉、應、路。魯有庫、雉、路。」疏：「魯之庫門，制似天子皋門。雉門，制似天子應門。」書「新作南門」，譏用民力於所不當爲也。魯人爲長府，閔子騫曰：「仍舊貫，如之何？何必改作。」孔子曰：「夫人不言，言必有中。」《春秋》凡用民力，得其時制者猶書于策，以見勞民爲重事。而況輕用於所不當爲者乎！然僖公嘗修泮宮，復閟宮矣。奚斯董其役，史克頌其事。汪氏曰：「《詩》小序季孫行父請命于周，而史克作頌。《泮水》『頌僖公能脩泮宮也』。《閟宮》『頌僖公能復周公之宇也』。《閟宮》卒章云：『奚斯所作。』」朱子曰：「《泮水》，燕飲樂成之詩。《閟宮》則爲僖公脩廟之詩。泮宮，諸侯之學，其東西南方有水，形如半璧，故曰泮宮。閟，深閟也，宮廟也。」**而經不書者，宮廟以事其祖考，學校以教國之子弟，二者爲國之先務，雖用民力，不可廢也。其垂教之意深矣。**劉氏曰：「南非一門，庫門，天子皐門，雉門，天子應門，南門者，天子之門，非諸侯之門也。天子諸侯皆南面而聽政，門必嚮南，其來舊矣。新其舊而書新作，是必有僭制焉。南門之僭自僖公始，罪其不可爲而爲，故曰新作。二百四十二年，所興作多矣，不必書也。僖公脩泮宮，詩人頌之，而《春秋》不書。泮宮，諸侯之學，僖公脩之得其時制，故不書。新宮災，太室屋壞，災與壞，不能不脩，而經無脩之文。雉門及兩觀災，記新作焉。吾以此數者參之，脩舊不足書，其書者，皆非禮之制也。」高氏曰：「改舊制而增大之，罪不止於勞民而已。《玉藻》曰：『天子聽朔於南門之外。』《書》曰：『逆子釗於南門之外。』此天子之門也。魯之舊制，豈可改乎！」王氏曰：「《顧命》孔氏傳：『南門，路寢門。』則知魯南門乃路門也。魯庫、雉二門，既用天子之制，惟路門仍舊，故僖公因其弊而斥大之。」汪氏曰：「僖公之經，並無城築土功之事，則庶幾其能愛民矣。而猶有南門之役，且不免於過制而僭上。《春秋》特書『新作』以譏之，抑責備賢者之意歟！」廬陵李氏曰：「經書『新作』二，此年及定二年『新作雉門及兩觀』。」

夏，郜子來朝。《公羊傳》：「郜子者何？失地之君也。何以不名？兄弟辭也。」杜氏曰：「郜，姬姓國。」張氏曰：「《後漢志》濟陰成武北有郜城。」夾漈鄭氏曰：「郜有二。桓二年取郜大鼎，北郜也。在單州成武。郜子來朝，南郜也。單州有二郜城。」王氏曰：「郜分爲南北，皆附庸於宋。」○陸氏曰：「《公羊》云『失地之君也』，按經無異文，無所據也。」劉氏曰：「若失地之君，何得言朝？又《公羊》以郜滅在春秋前。按春秋以來，且九十年，郜子失地，殆三世矣。猶能自歸同姓，躬行朝禮。無乃不近人情乎？」廬陵李氏曰：「何氏特據郜大鼎之文，以爲春秋前宋已滅郜。此無據之言也。不可取。然郜惟此一處見，他無所考。」○**五月乙巳，西宮災。**《公羊傳》：「西宮者何？小寢也。小寢則曷爲謂之西宮？有西宮則有東宮矣。魯子曰：『以有西宮，亦知諸侯之有三宮也。』西宮災何以書？記災也？」《穀梁傳》：「謂之新宮，則近爲禰宮。以謚言之，則如疏之然，以是爲閔宮也。」杜氏曰：「公別宮。」何氏曰：「禮：夫人居中宮，少在前。右媵居西宮，左媵居東宮，少在後。」家氏曰：「小寢，人君燕私之地，災見於是，警戒深矣。人君之過，不在朝路臨莅之時，而常在深宮燕處之際。天之示譴，豈徒然哉！」陸氏曰：「《穀梁》云『閔宮也』，按謂之西宮，直是僖公之西宮耳。」劉氏曰：「《穀梁》以僖公受國閔公，繼之如君父，何爲不可謂之新宮？以新宮近禰宮，而更謂之西宮。比稱謚不亦愈疏乎？」○**鄭人入滑。**《左傳》：「滑人叛鄭而服於衛。夏，鄭公子士、洩堵寇帥師入滑。」高氏曰：「鄭伯與滑伯同等諸侯。滑服於衛，遽興師而入其國，必欲滑爲己屬。蓋强之陵弱如此。」王氏曰：「滑與鄭爲鄰，齊桓時常與鄭同盟幽。今中國無伯，鄭首從楚，遣二卿長驅而入滑，無忌憚甚矣。故略而人之。」張氏曰：「此記天王出居于鄭之始釁也。」○**秋，齊人、狄人盟于邢。**《左傳》：「齊、狄盟于邢，爲邢謀衛難也。於是衛方病邢。」《穀梁傳》：「邢爲主焉爾。邢小，其爲主何也？其爲主乎救齊。」何氏曰：「狄稱人，能常與中國也。」張氏曰：「書狄例以國稱，而同之於齊稱人之列者。昔宋伐齊喪，而能救之。今衛欲滅邢，而狄能謀之。從中國以救災恤患，非夷狄之事，故人以進之。人狄則罪衛之意明矣，此見聖人仁天下之公心也。」家氏曰：「甚哉齊孝之無知也！桓公征楚而服之，已乃與之盟于國。桓公攘狄而却之，己乃與之盟于邢。《書》曰：『厥父菑，厥子乃弗肯播。厥父基，厥子乃弗肯堂。』其齊孝之謂乎？」平庵項氏曰：「邢人、狄人伐衛，見邢之中國狄也。齊人、狄人盟于邢，見齊之中國狄也。」汪氏曰：「伐衛盟邢，《春秋》皆以狄稱人於齊、邢之下，而不殊序。所以深惡中國之衰也。」○**冬，楚人伐隨。**《左傳》：「隨以漢東諸侯叛楚。冬，楚鬬穀於菟帥師伐隨，取成而還。君子曰：『隨之見伐，不量力也。量力而動，其過鮮矣。善敗由己，而由人乎哉？《詩》曰：「豈不夙夜，謂行多露。」』」《穀梁傳》：「隨，國也。」張氏曰：「楚力方强，隨欲復漢東諸侯于中國，而德不足以勝之，此所以召兵而自屈也。《左傳》罪其不量力，不若《孟子》師文王之論。」高氏曰：「隨自是服屬於楚。至哀元年，會楚子圍蔡。」襄陵許氏曰：「楚既服隨，則將争衡於上國矣。而宋欲盟之，其能屈乎？」廬陵李氏曰：「隨本漢東姬姓國。桓公六年楚武王侵隨，鬬伯比曰：『漢東之國，隨爲大，吾不得志於漢東也，我則使然。我張吾三軍，而被吾甲兵，以武臨之。彼則懼而協以謀我，故難間也。』想此時隨尚能率小國以拒楚，而漢陽諸姬尚聽命於隨也。八年而敗隨於速杞，十一年而隨絞州蓼又欲伐楚師，卒以鄖師之敗而止。至莊四年楚武王荆尸，授師以伐隨，其年楚子卒，隨人成。楚文即位，不復有事於隨。蓋隨已屈服於楚也。然自莊以前，楚兵加於江漢之間，皆不經見，蓋未有告命也。今齊桓既卒，中國無伯，于齊之後，遂爲同盟之國。於是假告慶之策書，以爲恐動中華之計矣。」

附録《左傳》：「宋襄公欲合諸侯。臧文仲聞之，曰：『以欲從人，則可。以人從欲，鮮濟。』」

壬午 襄王三年。**二十有一年**宋襄十二。齊孝四。晉惠十二。衛文二十一。蔡莊七。鄭文三十四。曹共十四。陳穆九。杞成十六。秦穆二十一。楚成三十三。**春，狄侵衛。**杜氏曰：「爲邢故。」臨川吴氏曰：

「中國無伯，而狄得假名義以亂中國。因宋、曹、衛、邾伐齊喪，則仗義興師以救齊。又聲衛伐喪之罪，而與邢協力以伐衛。衛因邢之黨狄伐己，而伐邢以報怨，且憾邢未已，則狄又援齊而盟以爲邢謀，至此遂爲邢而侵衛。前之伐，以衛伐喪之惡，有罪可數，故稱伐。今之侵，以衛有滅邢之心，無事可指，故稱侵。侵者，言其師之無名也。伐衛盟邢，與中國之邢、齊並序則稱人。此獨侵衛，則還其本號而止稱狄。」汪氏曰：「前伐衛盟邢，以狄有救患之善，故稱人。此復侵衛，惡其浸以猾夏，故舉其本號也。」張氏曰：「因邢之盟也，孝公不能嗣父之業，楚、狄皆因之以爲中國患。此齊、邢之盟所以兩書，而邢、衛並受其禍也。」〇**宋人、齊人、楚人盟于鹿上。**《左傳》：「春，宋人爲鹿上之盟，以求諸侯於楚。楚人許之。公子目夷曰：『小國爭盟，禍也。宋其亡乎！幸而後敗。』」杜氏曰：「鹿上，宋地，汝陰有原鹿縣。宋爲盟主，故在齊、楚上。」茅堂胡氏曰：「鹿上之盟，是宋公也，何以稱人？齊桓攘楚以安中國，宋公盟楚以求諸侯。」陳氏曰：「襄公欲合諸侯，而執滕宣公，使邾文公用鄫子。一會而虐二國之君，而亟與楚盟，是喪師亡身之道也。」又曰：「人自爲盟，於惡曹見之。於是再見何？中國無伯也。宋襄欲繼伯而求諸侯於楚，楚於是爭長於宋。則是盟也，莫適爲主，人自爲盟而已矣。」臨川吴氏曰：「宋襄欲圖伯合諸侯，而德義不足以感人。曹南之盟，僅能脅服至近之曹，至小之邾，其餘諸侯，更無從之者。況曹復懷貳，楚人亦乘間合諸侯，而其勢力足以威人。齊之盟不特陳、蔡、鄭從之，而魯亦從之，此宋襄所願欲而不可得者。故求之於楚，欲借楚之令，使諸侯從己。曾不思楚强夷也，齊桓之伯如此其盛，猶敢時出猾夏與齊抗衡。宋襄既無齊桓之德義，又無楚覇之勢力，乃倚楚爲重，欲得其所從之諸侯。是求肉於虎，其遭執辱也，宜哉！楚君既稱人，則齊、宋二君亦降稱人。若宋、齊稱爵，則疑楚人爲大夫矣。」張氏曰：「伯中國者，宋之欲也。亂中國者，楚之欲也。欲伯中國而求之於夷狄亂常之楚，與之同盟，此《春秋》之所以序列而人之，以著襄公之自取敗辱也。」〇**夏，大旱。**《左傳》：「公欲焚巫尪。臧文仲曰：『非旱備也。脩城郭，貶食，省用，務穡，勸分，此其務也。巫尪何爲？天欲殺之，則如勿生。若能爲旱，焚之滋甚。』公從之。是歲也，飢而不害。」《公羊傳》：「何以書？記災也。」《穀梁傳》：「旱時，正也。」杜氏曰：「雩不獲雨，故書旱。」高氏曰：「言大者，久且甚之辭。《春秋》書大旱者二，此夏與宣七年秋也。」汪氏曰：「《春秋》歷時不雨則書『不雨』。但一時不雨而爲災，則書『旱』。莊三十一年冬不雨，不曰旱者，五穀既登，則害於民者淺，故不書旱耳。」廬陵李氏曰：「經書『大旱』二，此年及宣七年秋。《正義》曰：『《春秋》之例，旱則脩雩，雩而得雨，喜雩有益，則書雩不書旱。雩不得雨，則書旱，明災成也。』故《公羊》以不雨爲記異，大旱爲記災，與《左氏》同。」〇**秋，宋公、楚子、陳侯、蔡侯、鄭伯、許男、曹伯會于盂，**盂，《公》作「霍」，《穀》作「雩」。或爲宇。楚始稱子。**執宋公以伐宋。**《左傳》：「秋，諸侯會宋公于盂。子魚曰：『禍其在此乎！君欲已甚，其何以堪之？』於是楚執宋公以伐宋。」《公羊傳》：「孰執之？楚子執之。曷爲不言楚子執之？不與夷狄之執中國也。」《穀梁傳》：「以重辭也。」程子曰：「宋率諸侯爲會，而蠻夷執會主，諸侯莫違。故以同執書之。」杜氏曰：「盂，宋地。」鄭氏曰：「鄭地。」

執宋公者，楚子也。何以不言楚子執之？汪氏曰：「據溴梁會下執莒子、邾子，復出晉。」**分惡於諸侯也。諸侯皆在會，而蠻夷執其會主，拱手以聽，而莫之敢違，其不勇於爲義亦甚矣。故特列楚子於陳、蔡之上，而以同執爲文。**孫氏曰：「不與楚子執宋公，故以諸侯共執爲文，所以抑强夷而存中國也。」陳氏曰：「執非伯討恒稱人，齊執陳轅濤塗，伐稱君，執稱人。晉執衛侯，會稱君，執稱人。韓不信執宋仲幾，會稱大夫，執稱人。此楚子執宋公，曷爲不再稱楚人？不以夷狄執諸夏之辭也。是故執宋公不申言楚人，執齊慶封亦不申言楚人，猶曰『諸侯執之』云耳。」**夫以楚之强，豈能勝秦？五國之衆，何弱於趙？然澠池之會，藺相如一奮其氣，威信敵國，秦雖虎狼，猶不敢動。**《史記·藺相如傳》：「秦王告趙王會澠池，相如從。及會，飲酒，秦王請趙王鼓瑟，趙王鼓之。相如請秦王擊缶，秦王不肯。相如曰：『五步之内，相如請得以頸血濺大王矣。』左右欲刃之，相如叱之，皆靡。秦王乃一擊缶。秦終不能加勝於趙，趙亦盛設兵以待秦，秦不敢動。」**況以五國之君，而不能得志於荆楚乎？宋以乘車之會往，而楚伏兵車以執之，則宋直楚曲，其義已明。雖以匹夫自反而縮，猶不可耻，矧南面之君也哉！**趙氏曰：「此楚執耳。其以諸侯執之之辭何也？譏諸侯也。南面之君，兵馬非不多也，力非不足也，而聽蠻夷之君，執辱盟主，故譏之。宋公德不足懷，慮不及遠，而求諸侯以及於難，故罪之。」張氏曰：「孔子相定公會齊侯，此會中國也，猶以文事不可無武備，請司馬以行。以楚之夷，而可信其詐僞之約乎？徒出會之，是輕以其身溷於虎狼之群也，不免宜矣。陳、蔡、鄭、許、曹，皆中國也，蠻夷執會主，而無一人伸義以正曲直之分，豈非自同於夷狄之類乎？故以諸侯同執爲文，以罪襄公，非但不識楚人譎詐之心，且無以知五國之不同心，而輕爲是會也。愎諫求欲，以及於禍，所謂愚而好自用者歟！」**然《春秋》爲賢者諱，宋公見執，不少隱之何也？夫盟主者，所以合天下之諸侯，攘戎狄，尊王室者也。宋公欲繼齊桓之烈，而與楚盟會，豈攘戎狄、尊王**

室之義乎？ 故人宋公於鹿上之盟，而盂之會直書其事而不隱，所以深貶之也。 臨川吴氏曰：「宋襄求諸侯於楚而楚許之，故爲此會以合所求之諸侯也。 當時楚最强盛，諸侯服之，宋則國弱而諸侯不從，故求於楚，宋爲首事，故先之。 然能致諸侯之來者，實楚也。 夫楚，以國則夷狄也。 以爵則子也。 偃然以子爵而敘於侯伯之上，則此會也，楚實爲之主。 故宋公之執，不待言楚而知其爲楚矣。 諸侯聽其執而莫之救諫者，勢不能也。 按前有鹿上之盟，後有使宜申來獻捷之事，楚君皆稱楚人。 獨此稱楚子者，蓋謂執宋公不可稱執宋人。 宋公既爵，則陳、蔡、鄭、許、曹皆須爵，否則疑若君與大夫會。 五國既稱爵，則楚不得不稱爵，此《春秋》之筆也。」高氏曰：「楚自是稱子，而序於諸侯之上。 於此見中國衰而夷狄盛也。」汪氏曰：「執宋公以伐宋，華夷争伯也。 執衛行人北宫結以侵衛，諸侯無伯也。 以上公之尊，同於匹夫之微，俛就執辱，宋襄之圖伯末矣。 齊之盟，楚序陳、蔡之下。 鹿上之盟，楚序齊下。 蓋荆楚雖强，初與中國之會盟，猶未敢偃然自肆也。 至是列陳、蔡之上，蓋有主會之志矣。 而宋襄德寡國弱，欲尸盟主之權，故楚頵設詐擒之而攻其國，以懼中國之諸侯，而取威攘伯也。《春秋》尊中國而賤夷狄，故雖宋襄不能伯，而揭宋公於會盟之首，所以辨夷夏之大分也。 于齊、鹿上，楚皆書『人』，此會書『楚人』，則疑非楚君，故昉書『楚子』。 四夷雖大皆曰『子』，荆楚僭王，而書之以『子』，雖曰稱爵，而抑之之意實在其中。 然以子爵亞於宋公，而位中國諸侯之上，則兩伯之伉，不待春秋之終而已見矣。 故止齋陳氏曰：『宋、楚初争長也，楚稱子而敘陳、蔡、鄭、許、曹之上，不知諸侯之從楚歟？ 從宋歟？』」

冬，公伐邾。《左傳》：「任、宿、須句、顓臾，風姓也。 實司太皞與有齊之祀，以服事諸夏。 邾人滅須句，須句子來奔，因成風也。成風爲之言於公，曰：『崇明祀，保小寡，周禮也。蠻夷猾夏，周禍也。若封須句，是崇皞、濟而脩祀，紓禍也。』」杜氏曰：「爲邾滅須句故。」王氏曰：「大旱經時，不知貶食省用，而用兵伐人，非其道也。」○**楚人使宜申來獻捷。**《公羊傳》：「此楚子也，其稱人何？貶。曷爲貶？爲執宋公貶。曷爲爲執宋公貶？宋公與楚子期以乘車之會，公子目夷諫曰：『楚，夷國也。强而無義，請君以兵車之會往。』宋公曰：『不可，吾與之約以乘車之會，自我爲之，自我墮之。』曰：『不可。』終以乘車之會往。楚人果伏兵車，執宋公以伐宋。宋公謂公子目夷曰：『子歸守國矣。國，子之國也，吾不從子之言，以至乎此。』公子目夷復曰：『君雖不言國，國固臣之國也。』於是歸設守械而守國。楚人謂宋人曰：『子不與我國，吾將殺子君矣。』宋人應之曰：『吾賴社稷之神靈，吾國已有君矣。』楚人知雖殺宋公，猶不得宋國，於是釋宋公。宋公釋乎執，走之衞。公子目夷復曰：『國爲君守之，君曷爲不入？』然後逆襄公歸。惡乎捷？捷乎宋。曷爲不言捷乎宋？爲襄公諱也。此圍辭也，曷爲不言其圍？爲公子目夷諱也。」《穀梁傳》：「捷，軍得也。其不曰『宋捷』何也？不與楚捷於宋也。」王氏《箋義》曰：「宜申，鬬氏子西也。不書族，與椒聘同。」

不曰來獻宋捷，爲魯諱也。陳氏岳曰：「不曰宋捷，隱之也。」張氏曰：「僖公不與盂之會，楚方求駕中國，以魯爲諸侯之望，故假宋捷以威魯。」**諸侯從楚伐宋，而魯獨不與，故楚來獻捷以脅魯。爲魯計者，拒其使而不受可也，請於天王而討之可也。宋公先代之後，作賓王家，方脩盟會，而伏兵車執之於壇坫之上，**《爾雅》：「垝謂之坫，在堂隅。」**又以軍獲遺獻諸侯，其橫逆甚矣。**高氏曰：「中國於夷狄則有捷，諸侯於天子則有獻捷。」**拒其使而不受，聲其罪而致討，不患無**

詞。魯於是時曾不能申大義以攘荆楚、尊中國，故不曰「宋捷」，特爲魯諱之也。劉氏曰：「楚暴犯中國，欺詐宋公，執而伐之，威動天下。既貶其君，又隱其捷乎宋，以伸有道之弱，而沮無道之勝。」陳氏曰：「君使大夫何以特稱人？貶之也。盂會不稱子，無以見宋、楚之争長。獻捷不人之，則是遂子楚也。自是至椒之聘始有君大夫。」臨川吴氏曰：「楚人者，楚子也。稱使則知爲楚子矣。自屈完盟召陵，楚臣之見經自是始。」汪氏曰：「獻者，下奉上之辭。不書楚執，不書楚子使宜申獻捷，不與荆蠻之陵中國也。執宋公以諸侯同執爲文，不書宋捷，諱魯受捷之惡，責中國諸侯之從蠻夷也。經書獻捷者二，齊侯獻戎捷，書爵書戎捷。楚頵獻宋捷，書人不書宋捷，存中國而抑夷狄之義著矣。晉景公使鞏朔獻齊捷于周，天子猶責其奸先王之禮。況以蠻夷暴虐中國，而可受其捷乎？」張氏曰：「盂之會，諸侯以同執示貶。宜申之來，魯以受捷諱惡。或抑或揚，婉而成章，此之謂也。」廬陵李氏曰：「楚未有大夫而書屈完，則屈完爲褒辭。楚已有君而書楚人，則楚人爲貶辭。」

十有二月癸丑，公會諸侯盟于薄，釋宋公。《左傳》：「冬，會于薄，以釋之。子魚曰：『禍猶未也，未足以懲君。』」《公羊傳》：「執未有言釋之者，此其言釋之何？公與爲爾也。公與爲爾奈何？公與議爾也。」《穀梁傳》：「會者外爲主焉爾。外釋不志，此其志何也？以公之與之盟，日之也。不言楚，不與楚專釋也。」何氏曰：「言諸侯者，起霍之會諸侯也。」任氏曰：「薄，《史記》作亳，漢山陽薄縣即湯都。」張氏曰：「栱州考城漢薄縣。」

會不書其所爲。獨會于稷書「成宋亂」者，爲受郜鼎立華督也。事見桓公二年。**會于澶淵言**

「宋災故」者，爲葬蔡侯不討般也。事見襄公三十年。盟不書所爲。而盟于薄言「釋宋公」者，宋方主會而蠻夷執而伐之，以其俘獲來遺，是夷狄反爲中國主，禽獸將逼人而食之矣。此正天下大變，《春秋》之所謹也。汪氏曰：「亂臣賊子弑君父，夷狄陵中國，皆天下大變。故會于稷、于澶淵、盟于薄，皆書其所爲。然于稷、于薄，不人諸侯，而澶淵人諸侯之大夫者，世子弑君，尤天下大變之不忍言者，故尤謹之也。」魯既不能申大義以抑其强暴，使宋公見釋，出自天王與中國，而顧與歃血要言，求楚子以釋之，是操縱大權自蠻夷出，其事已傎都田反。甚矣。故書會、書盟、書釋，皆不言楚子，爲魯諱以深貶之也。張氏曰：「諸侯若能使宋人征繕而脩文告之詞，明宋之直，正楚之罪，則楚人當情愧理屈，而歸宋公之不暇矣。今僖公脅於獻捷之威，與五國爲會，求盟於楚以請宋公，而後得釋，正中楚人之詭計。《春秋》不書會楚子，而曰會諸侯，亦不書宋公歸自楚，而曰釋宋公，蓋其執、其釋皆制於夷。而聖人全中國之體，故諱之，罪魯與諸侯之無能爲也。」蘇氏曰：「凡諸侯見執而不失國，書曰『某侯某、歸于某』。此不書名而言釋，以爲執之、釋之皆在諸侯，若是而尚可以求諸侯乎？」《穀梁》謂「不與楚專釋」是已。陳氏曰：「楚初與盟不書公。於是書公，不與楚以專釋之辭也。」或以爲嘉我公之救患，誤矣。汪氏曰：「《春秋》書公會諸侯盟者二，盟于薄，爲宋請平于楚以釋其執；盟于宋，爲宋請服于楚以釋其圍。楚雖主盟，而《春秋》皆書公會諸侯，不以伯權予楚，而憫中國之失伯也。」廬陵李氏曰：「此會與僖二十七年公會諸侯盟于宋同，皆書諸侯者，避會楚之嫌也。不然，只如鄫子會盟于邾可矣，何必又書諸侯乎？」

癸未襄王十四年。**二十有二年**宋襄十三。齊孝五。晉惠十三。衛文二十二。蔡莊八。鄭文三十五。曹共十五。陳穆十。杞成十七。秦穆二十二。楚成三十四。**春，公伐邾，取須句。**句，其俱切。《公》作「昫」。《左傳》：「伐邾取須句，反其君焉。禮也。」杜氏曰：「須句在東平須昌縣西北。」

按《左氏》，須句，風姓，實司太皞與有濟之祀。杜氏曰：「太皞，伏羲也。任、宿、須句、顓臾，皆伏羲之後。封近於濟，故世祀之。」**邾人滅之，須句子來奔，因成風也。**杜氏曰：「須句，成風家。」**公伐邾取須句，而反其君焉。**杜氏曰：「須句雖別國，而削弱爲魯私屬，若顓臾之比。故滅奔及反其君，皆略不書。」**審如是，固得崇明祀、保小寡之禮，何以書「取」乎？不請於王命而專，爲母家報怨，謀動干戈於邦內，擅取人國而反其君，是以亂易亂，非所以爲禮也，與收奪者無以異矣。**趙氏曰：「取者，收奪之名也。」高氏曰：「歸其君，使爲我附庸也。爲我附庸，則是我取之也。」張氏曰：「僖公非有崇明祀、保小寡之公心，而徒徇母之私意，故無以服邾，而致升陘之寇。《春秋》書之，亦不異於他日之伐取也。」陳氏曰：「《春秋》嚴義利之辨，苟以爲利，一以取書之。是故雖邾人滅須句，須句子來奔，伐邾取須句，反其君焉，書『取須句』。雖莒著丘公立而不撫鄫，鄫叛而來，書『取鄫』。」汪氏曰：「文七年再書『取須句』，而傳謂『寘邾文公子焉』。比事而觀，則魯之取須句，非以存其祀，實貪其土耳。使果有興滅繼絕之功，則《春秋》必書『公伐邾，歸須句子于須句』，以著其善矣。」○廬陵李氏曰：

「取須句之事，若以昭十九年宋公伐邾之例觀之，則胡氏之説殊相反。《春秋》不應罪魯如此。《左氏》事不經見，恐諸家信之太過。須句子既來奔，魯史何得不書滅耶？故劉氏以爲無此年滅須句及來奔事，亦無反其君事。直是須句久爲邾滅，其國爲邑，魯人往伐取，無他也。」

夏，宋公、衛侯、許男、滕子伐鄭。《左傳》：「三月，鄭伯如楚。夏，宋公伐鄭。子魚曰：『所謂禍在此矣。』」杜氏曰：「怒鄭如楚，故伐之。」張氏曰：「襄公嘗困於楚矣，疾疢雖甚，而德慧術知未有以增益其所不能。《穀梁》所謂過而不改，而又甚之者也。」臨川吴氏曰：「宋襄求於楚，一會諸侯于盂，而遭執伐之辱。再盟于薄，魯與諸侯同致請於楚，而後得釋。鄭知宋伯不可成，其力不可恃，遂朝于楚。宋公不自反以脩己之德義，乃遽怒鄭，而興師以伐之，所以挑楚釁而取泓之敗也。」

附録《左傳》：「初，平王之東遷也，辛有適伊川，見被髮而祭於野者，曰：『不及百年，此其戎乎？其禮先亡矣。』秋，秦、晉遷陸渾之戎于伊川。」〇「晉太子圉爲質於秦，將逃歸，謂嬴氏曰：『與子歸乎？』對曰：『子晉太子，而辱於秦。子之欲歸，不亦宜乎！寡君之使婢子侍執巾櫛，以固子也。從子而歸，棄君命也。不敢從，亦不敢言。』遂逃歸。」〇「富辰言于王曰：『請召大叔。《詩》曰：「協比其鄰，昏姻孔云。」吾兄弟之不協，焉能怨諸侯之不睦。』王説。王子帶自齊復歸于京師，王召之也。」

秋，八月丁未，及邾人戰于升陘。陘，音刑。《左傳》：「邾人以須句故出師。公卑邾，不設備而禦之。臧文仲曰：『國無小，不可易也。無備，雖衆，不可恃也。《詩》曰：「戰戰兢兢，如臨深淵，如履薄冰。」又曰：「敬之敬之，天惟顯思，命不易哉。」先王之明德，猶無不難也，無不懼也。況我小國乎！君其無謂邾小，蠭蠆有毒，而況國乎？』弗聽。八月丁未，公及邾師戰于升陘，我師敗績。邾人獲公胄，縣諸魚門。」《穀梁傳》：「内諱敗，舉其可道者也。不言其人，以吾敗也。不言及之者，爲内諱也。」程子曰：「公戰也。」杜氏曰：「升陘，魯地。」

邾人以須句，故出師。公卑邾不設備，戰于升陘，我師敗績，邾人獲公胄，縣音玄。**諸魚門。**杜氏曰：「魚門，邾城門。」**記稱邾婁，**力俱切。**復之以矢，蓋自戰于升陘始也。**《禮記·檀弓》注：「邾師雖勝，死傷亦甚，無衣可以招魂。」**魯既敗績，邾亦幾亡。輕用師徒，害及兩國，亦異於誅暴禁亂之兵矣。故諱不言公，而書及，内以諱爲貶。**張氏曰：「書及，公戰也。不言敗，諱恥也。觀此則知春取須句，非有存亡繼絶之公心，審矣。」汪氏曰：「經書内及戰者三，乾時以納讎人之子而致敗，此則因取妾母之家而激怨，皆無義之戰，故皆諱公以貶之。于奚雖疆事之撓，然内兵書及，是亦貶耳。内戰常諱敗，而乾時直書敗績，以與讎戰，猶爲彼善於此，故不諱敗也。」

冬，十有一月己巳朔，宋公及楚人戰于泓，宋師敗績。《左傳》：「楚人伐宋以救鄭。宋公將戰，大司馬固諫曰：『天之棄商久矣，君將興之，弗可赦也已。』弗聽。冬十一月己巳朔，宋公及楚人戰于泓。宋人既成列，楚人未既濟，司馬曰：『彼衆我寡，及其未既濟也，請擊之。』公曰：『不可。』既濟而未成列，又以告。公曰：『未可，既陳而後擊之。』宋師敗績。公傷股，門官殲焉。國人皆咎公，公曰：『君子不重傷，不禽二毛。古之爲軍也，不以阻隘也。寡人雖亡國之餘，不鼓不成列。』子魚曰：『君未知戰。勍敵之人，隘而不列，天贊我也。阻而鼓之，不亦可乎！猶有懼焉。且今之勍者，皆吾敵也。雖及胡耇，獲則取之，何有於二毛？

明耻教戰，求殺敵也。傷未及死，如何勿重？若愛重傷，則如勿傷。愛其二毛，則如服焉。三軍以利用也，金鼓以聲氣也，利而用之，阻隘可也。聲盛致志，鼓儳可也。』」《公羊傳》：「偏戰者日爾，此其言朔何？《春秋》辭繁而不殺者，正也。何正爾？宋公與楚人期戰于泓之陽。楚人濟泓而來，有司復曰：『請迨其未畢濟而擊之。』宋公曰：『不可。吾聞之也，君子不厄人。吾雖喪國之餘，寡人不忍行也。』既濟未畢陳，有司復曰：『請迨其未畢陳而擊之。』宋公曰：『不可。吾聞之也，君子不鼓不成列。』已陳，然後襄公鼓之，宋師大敗。故君子大其不鼓不成列，臨大事而不忘大禮，有君而無臣，以爲雖文王之戰，亦不過此也。」《穀梁傳》：「日事遇朔曰朔。《春秋》三十有四戰，未有以尊敗乎卑，以師敗乎人者也。以尊敗乎卑，以師敗乎人，則驕其敵。襄公以師敗乎人，而不驕其敵，何也？責之也。泓之戰，以爲復雩之耻也。雩之耻，宋襄公有以自取之。伐齊之喪，執滕子，圍曹，爲雩之會，不顧其力之不足，而致楚成王。成王怒而執之。故曰：『禮人而不答，則反其敬。愛人而不親，則反其仁。治人而不治，則反其知。過而不改，又之，是謂之過。』襄公之謂也。古者被甲嬰胄，非以興國也，則以征無道也。豈曰以報其耻哉？宋公與楚人戰于泓水之上。司馬子反曰：『楚衆我少，鼓險而擊之，勝無幸焉。』襄公曰：『君子不推人危，不攻人厄，須其出。』既出，旌亂於上，陳亂於下，子反曰：『楚衆我少，擊之，勝無幸焉。』襄公曰：『不鼓不成列，須其成列，而後擊之。』則衆敗而身傷焉，七月而死。倍則攻，敵則戰，少則守。人之所以爲人者，言也。人而不能言，何以爲人？言之所以爲言也，信也。言而不信，何以爲言？信之所以爲信者，道也。信而不道，何以爲道？道之貴者時，其行勢也。」杜氏曰：「泓，水名。」

泓之戰，宋襄公不阨人於險，不鼓不成列，先儒以爲至仁大義，太史公曰：「襄公脩仁行義。」**雖文王之戰，不能過也。而《春秋》不與，何哉？物有本末，事有終始，順事恕施者，王政之本也。襄公伐齊之喪，奉少奪長，使齊人有殺無虧之惡，有敗績之傷，此晉獻公之所以亂其國者，罪一也。桓公存三亡國以屬，諸侯義士猶曰薄德，而一會虐二國之君，罪二也。曹人不服，盍姑省德，無闕然後動，而興師圍之，罪三也。凡此三者，不仁非義，襄公敢行，而獨愛重傷與二毛，則亦何異盜跖之以分均出後爲仁義，**《莊子·胠篋篇》：「跖之徒問於跖曰：『盜亦有道乎？』跖曰：『何適而無有道邪？妄意室中之藏，聖也。入先，勇也。出後，義也。知可否，知也。分均，仁也。』」**陳仲子以避兄離母居於陵爲廉乎！**《孟子》朱子注：「飾小行而妨大倫，先王所誅而不以聽者也。」**夫計末遺本，飾小名，妨大德者，《春秋》之所惡**去聲。**也。故詞繁不殺，而宋公書及，以深貶之也。**蘇氏曰：「宋襄被執見釋，而猶争諸侯。楚以夷狄而干中夏，故泓之戰雖曲在宋，而《春秋》詞無所予。」張氏曰：「《春秋》以襄公主是戰，則知聖人罪其愎諫求欲，昧大義而徇小節，以取敗國殄民自及其身之禍。楚子救鄭而不言救，又貶稱人，惡夷狄也。」王氏《箋義》曰：「楚子稱人，惡夷狄之敗中國也，故微之。微楚子，亦所以譏宋公也。以千乘之宋，不能勝楚之微者，宋公病之矣。」汪氏曰：「宋以衛侯、許男、滕子伐鄭，而泓戰止書宋公者，蓋夏首伐鄭之師既歸，及秋楚救鄭不及，因遂伐宋。宋公帥師往逆之而與戰，欲雪盂之耻，而不度其力之不能也。宋公身傷而不言宋公敗績，猶爲中國諱辱耳。若楚君敗績，則直書之矣。」○啖氏曰：「《公羊》美宋襄之守信，云『文王之戰亦不過此』，夫文王以仁義行師，不應似宋襄徒守匹夫之信，不知事機也。」劉氏曰：「文王德不加焉，則不以力爭。義不過焉，則不以威制。漸之以道，摩之以仁，而四方自服爾。今襄公不務脩文王之業，而亟大功以殘百姓，徒守咫尺之信，乃比之文王，其不知聖人亦甚矣！」廬陵李氏曰：「《春秋》中國與楚交戰者，泓、城濮、邲、鄢陵，雖勝負不同，然皆以中國及之。趙子曰『内中國而外四夷也』，此説亦是。但以處己息争之道言之，則戰皆非《春秋》所與。宋、晉之汲汲與楚戰，不及齊桓、晉悼遠矣。故胡氏得之。《公羊》之説，胡氏辨之詳矣。《穀梁》説亦好。」

附録《左傳》：「丙子晨，鄭文夫人羋氏、姜氏勞楚子于柯澤。楚子使師縉示之俘馘。君子曰：『非禮也。婦人送迎不出門，見兄弟不踰閾，戎事不邇女器。』丁丑，楚子入饗于鄭，九獻，庭實旅百，加籩豆六品。饗畢，夜出。文羋送于軍，取鄭二姬以歸。叔詹曰：『楚王其不没乎？爲禮卒於無別，無別不可謂禮。將何以没？』諸侯是以知其不遂伯也。」

甲申襄王十五年。**二十有三年**宋襄十四，卒。齊孝六。晉惠十四，衛文二十三。蔡莊九。鄭文三十六。曹共十六。陳穆十一。杞成十八，卒。秦穆二十三。楚成三十五。**春，齊侯伐宋，圍緡。**緡，忙巾切。《穀》作「閔」，後同。《左傳》：「以討其不與盟于齊也。」《公羊傳》：「邑不言圍。此其言圍何？疾重故也。」《穀梁傳》：「伐國不言圍邑。此其言圍何也？不正其以惡報惡也。」杜氏曰：「緡，宋邑，高平昌邑縣東南有東緡城。」張氏曰：「《漢志》：山陽郡東緡縣。」

齊霸國之餘業也。宋襄公既敗於泓，荆楚之勢益張矣。齊侯既無尊中國、攘夷狄、恤災患、畏簡書之意，又乘其約而伐之，此尤義之所不得爲者也。故書伐國而言圍邑，以著其罪。何氏曰：「襄公欲行霸，爲楚所敗。諸夏之君宜雜然助之，反因其困而伐之，不仁也。」臨川吴氏曰：「楚與諸侯盟于齊，乘間以干中夏耳。齊侯不悟，而受其盟。宋之不與盟于齊，不愆義也。齊反借此爲名以責宋，伐之於敗傷之後，悖理甚矣。」家氏曰：「齊孝非宋襄之力，則不能有國。顧忘納己之德，乘其敗而圍其邑。所謂以怨報德，刑戮之民也。齊侯書爵，以其背大惠，而忍於爲不義，故目其人而誅之。書伐、書圍，皆所以貶也。」孫氏曰：「楚人敗宋于泓，齊侯視之不救，而又加之以兵，故伐圍並書，以誅其惡。」**然則桓公伐鄭圍新城，何以不爲貶乎？鄭與楚合，憑陵中國，桓公伐之，攘夷狄也。宋與楚戰，兵敗身傷，齊侯伐之，殘中夏也。其事異矣，美惡不嫌同詞。**汪氏曰：「《春秋》無義戰，彼善於此則有之。經書伐國圍邑者四，齊桓伐鄭圍新城，討其棄夏從夷之罪，予之也。宋殤忌公子馮而遷怒，伐鄭圍長葛。楚頵虐中國而圖伯，伐宋圍緡。與此年齊孝之忘大德而脩小怨，皆貶之也。蓋討得其罪，則諸侯遂圍許、圍宋彭城，同圍齊，《春秋》不以爲譏。不能脩德而徒恃兵力，則雖攻内邑之背叛，如圍棘、圍費、圍鄆、圍郈，而《春秋》未嘗與之也。」

夏，五月庚寅，宋公兹父卒。兹，《公》作「慈」。《左傳》：「夏五月，宋襄公卒，傷於泓故也。」《公羊傳》：「何以不書葬？盈乎諱也。」《穀梁傳》：「兹父之不葬何也？失民也。其失民何也？以其不教民戰，則是棄其師也。爲人君而棄其師，其民孰以爲君哉！」茅堂胡氏曰：「宋襄公不書葬，治其罪也。」張氏曰：「時僖公已有志於附楚，故不會宋公之葬。」廬陵李氏曰：「宋襄之立在僖九年，十八年宋始稱伯。迄二十三年，凡六年。李氏曰：『謂《春秋》不與宋襄之伯，則曹南之文，與北杏城濮主諸侯之詞無異。謂《春秋》爲予宋襄之伯，則茲父之卒略不書葬，與秦、楚之君無別。蓋《春秋》忠厚之法，致意乎始而不足乎終也。何以致意乎始？宋以先代文獻之後，爵居庶邦侯伯之長，齊、晉猶可伯，豈宋不可伯乎？既伯矣，何以不足乎終？伐喪以立威，仁悖之甚。致夷以謀夏，義繚之大。襄公非特無功而又階亂，伯將何賴焉？』」○**秋，楚人伐陳。**《左傳》：「秋，楚成得臣帥師伐陳，討其貳於宋也。遂取焦夷，城頓而還。子文以爲之功，使爲令尹。叔伯曰：『子若國何？』對曰：『吾以靖國也。夫有大功而無貴仕，其人能靖者與？有幾？』」臨川吳氏曰：「曹南之盟，陳不從宋。伐鄭之役陳亦不從宋。盟齊，則陳從楚，會盂執宋公伐宋，則陳從楚，考之經，唯見陳之服於楚，不見陳之貳於宋。今楚討陳之貳，蓋以伐宋之後，鄭畏而朝楚，而陳未朝楚，即誣以貳宋之罪伐之，而取其二邑。積其勢，不至於滅陳不已也。」張氏曰：「成得臣敢於猾夏而鬬穀於菟賞以貴仕，《春秋》人之意可見矣。」廬陵李氏曰：「陳、頓之爭始此。二十五年楚圍陳以納頓。襄四年陳人圍頓。」

附録《左傳》：「九月，晉惠公卒。懷公命無從亡人，期，期而不至，無赦。狐突之子毛及偃，從重耳在秦，弗召。冬，懷公執狐突，曰：『子來則免。』對曰：『子之能仕，父教之忠，古之制也。策名委質，貳乃辟也。今臣之子，名在重耳，有年數矣，若又召之，教之貳也。父教子貳，何以事君？刑之不濫，君之明也，臣之願也。淫刑以逞，誰則無罪？臣聞命矣。』乃殺之。卜偃稱疾不出，曰：『《周書》有之，乃大明服，己則不明。而殺人以逞，不亦難乎？民不見德，而惟戮是聞，其何後之有？』」

冬，十有一月，杞子卒。《左傳》：「杞成公卒，書曰『子』。杞，夷也。不書名，未同盟也。凡諸侯，同盟，死則赴以名，赴以名則亦書之。不然則否，辟不敏也。」程子曰：「杞二王後而伯爵，疑前世黜之也。中間從夷，故子之，後復稱伯。」高氏曰：「不名者，史佚之。」

按《左氏》「杞成公卒，書曰子。杞，夷也」。杜預以謂杞實稱伯，而書曰「子」者，成公始行夷禮，終其身。故仲尼於其卒以文貶之。此説是也。海陵胡氏曰：「杞本侯爵，或稱伯，或稱子。稱伯者，雜夷禮降一等。稱子者，純夷禮降二等。魯人因其來朝而賤之，仲尼脩經而貶之。亦猶吳、楚之君不書葬之例也。」**或曰：信斯言，是《春秋》黜陟諸侯爵次，以見褒貶，不亂名實乎？曰：《春秋》固天子之事也，而尤謹於華夷之辨。中國之所以爲中國，以禮義也。一失則爲夷狄，再失則爲禽獸，人類滅矣。魯桓篡弒，滕首朝之，貶而稱子，治其黨也。夷不亂華，成公變之，貶而稱子，存諸夏也。**張氏曰：「杞用夷禮而稱子，所謂中國諸侯而用夷禮，則夷之者也。」

附録《左傳》：「晉公子重耳之及於難也，晉人伐諸蒲城。蒲城人欲戰，重耳不可，曰：『保君父之命，而享其生禄，於是乎得人。有人而校，罪莫大焉。吾其奔也。』遂奔狄，從者狐偃、趙衰、顛頡、魏武子、司空季子。狄人伐廧咎如，獲其二女叔隗、季隗，納諸公子。公子取季隗，生伯鯈、叔劉。以叔隗妻趙衰，生盾。將適齊，謂季隗曰：『待我二十五年，不來而後嫁。』對曰：『我二十五年矣，又如是而嫁，則就木焉，請待子。』處狄十二年而行，過衛，衛文公不禮焉。出於五鹿，乞食於野人，野人與之塊，公子怒，欲鞭之。子犯曰：『天賜也。』稽首受而載之。及齊，齊桓公妻之，有馬二十乘，公子安之。從者以爲不可，將行，謀於桑下。蠶妾在其上，以告姜氏，姜氏殺之，而謂公子曰：『子有四方之志，其聞之者，吾殺之矣。』公子曰：『無之。』姜曰：『行也，懷與安，實敗名。』公子不可。姜與子犯謀，醉而遣之。醒，以戈逐子犯。及曹，曹共公聞其駢脅，欲觀其裸，浴，薄而觀之，僖負羈之妻曰：『吾觀晉公子之從者，皆足以相國，若以相，夫子必反其國。反其國，必得志於諸侯。得志於諸侯而誅無禮，曹其首也。子盍早自貳焉。』乃饋盤飧，寘璧焉。公子受飧反璧。及宋，宋襄公贈之以馬二十乘。及鄭，鄭文公亦不禮焉。叔詹諫曰：『臣聞天之所啓，人弗及也。晉公子有三焉，天其或者將建諸，君其禮焉。男女同姓，其生不蕃。晉公子姬出也，而至于今，一也。離外之患，而天不靖晉國，殆將啓之，二也。有三士足以尚人，而從之，三也。晉、鄭同儕，其過子弟，固將禮焉。況天之所啓乎？』弗聽。及楚，楚子饗之，曰：『公子若反晉國，則何以報不穀？』對曰：『子女玉帛，則君有之。羽毛齒革，則君地生焉。其波及晉國者，君之餘也，其何以報君？』曰：『雖然，何以報我？』對曰：『若以君之靈，得反晉國。晉、楚治兵，遇於中原。其辟君三舍。若不獲命，其左執鞭弭，右屬櫜鞬，以與君周旋。』子玉請殺之，楚子曰：『晉公子廣而儉，文而有禮，其從者肅而寬，忠而能力，晉侯無親，外内惡之。吾聞姬姓，唐叔之後，其後衰者也，其將由晉公子乎！天將興之，誰能廢之？違天必有大咎。』乃送諸秦。秦伯納女五人，懷嬴與焉。奉匜沃盥，既而揮之，怒曰：『秦、晉匹也，何以卑我？』公子懼，降服而囚。他日，公享之，子犯曰：『吾不如衰之文也，請使衰從。』公子賦《河水》，公賦《六月》。趙衰曰：『重耳拜賜。』公子降拜稽首，公降一級而辭焉。衰曰：『君稱所以佐天子者命重耳，重耳敢不拜。』」

乙酉襄王十六年。**二十有四年**齊孝七。晉惠十五，卒。衛文二十四。蔡莊十。鄭文三十七。曹共十七。陳穆十二。杞桓公姑容元年。宋成公王臣元年。秦穆二十四。楚成三十六。**春，王正月。**

附録《左傳》：「春，王正月，秦伯納之，不書，不告入也。及河，子犯以璧授公子，曰：『臣負羈紲，從君巡於天下，臣之罪甚多矣，臣猶知之，而況君乎！請由此亡。』公子曰：『所不與舅氏同心者，有如白水。』投其璧于河。濟河，圍令狐，入桑泉，取臼衰。二月甲午，晉師軍于廬柳。秦伯使公子縶如晉師，師退，軍于郇。辛丑，狐偃及秦、晉之大夫盟于郇。壬寅，公子入于晉師。丙午，入于曲沃。丁未，朝于武宫。戊申，使殺懷公于高梁，不書，亦不告也。」〇「呂郤畏偪，將焚公宫而弑晉侯。寺人披請見，公使讓之，且辭焉，曰：『蒲城之役，君命一宿，女即至。其後余從狄君以田渭濱，女爲惠公來求殺余，命女三宿，女中宿至。雖有君命，何其速也？❶夫袪猶在，女其行乎？』對曰：『臣謂君之入也，其知之矣。若猶未也，又將及難。君命無二，古之制也。除君之惡，唯力是視。蒲人、狄人，余何有焉！今君即位，其無蒲、狄乎？齊桓公置射鉤而使管仲相，君若易之，何辱命焉！行者甚衆，豈唯刑臣？』公見之，以難告。三月，晉侯潛會秦伯于王城。己丑晦，公宫火，瑕甥、郤芮不獲公，乃如河上，秦伯誘而殺之。晉侯逆夫人嬴氏以歸，秦

---

❶「速」，原作「遠」，今據四庫本改。

伯送衛於晉三千人，實紀綱之僕。」○「初，晉侯之豎頭須，守藏者也。其出也，竊藏以逃，盡用以求納之。及入，求見，公辭焉以沐。謂僕人曰：『沐則心覆，心覆則圖反，宜吾不得見也。居者爲社稷之守，行者爲羈紲之僕，其亦可也。何必罪居者？國君而讎匹夫，懼者甚衆矣！』僕人以告，公遽見之。」○「狄人歸季隗于晉，而請其二子。文公妻趙衰，生原同、屏括、樓嬰，趙姬請逆盾與其母，子餘辭，姬曰：『得寵而忘舊，何以使人？必逆之。』固請，許之。來，以盾爲才，固請于公，以爲嫡子，而使其三子下之。以叔隗爲内子，而己下之。」○「晉侯賞從亡者，介之推不言禄，禄亦弗及。推曰：『獻公之子九人，唯君在矣。惠、懷無親，外内棄之，天未絶晉，必將有主。主晉祀者，非君而誰？天實置之，而二三子以爲己力，不亦誣乎？竊人之財，猶謂之盜，況貪天之功以爲己力乎！下義其罪，上賞其姦，上下相蒙，難與處矣。』其母曰：『盍亦求之，以死誰懟？』對曰：『尤而效之，罪又甚焉。且出怨言，不食其食。』其母曰：『亦使知之，若何？』對曰：『言，身之文也。身將隱，焉用文之？是求顯也。』其母曰：『能如是乎？與女偕隱。』遂隱而死。晉侯求之不獲，以綿上爲之田，曰：『以志吾過，且旌善人。』」

夏，狄伐鄭。《左傳》：「鄭之入滑也，滑人聽命。師還，又即衛。鄭公子士、洩堵俞彌帥師伐滑。王使伯服、游孫伯如鄭請滑。鄭伯怨惠王之入，而不與厲公爵也，又怨襄王之與衛滑也，故不聽王命，而執二子。王怒，將以狄伐鄭。富辰諫曰：『不可。臣聞之，太上以德撫民，其次親親，以相及也。昔周公弔二叔之不咸，故封建親戚，以蕃屏周。管、蔡、郕、霍、魯、衛、毛、聃、郜、雍、曹、滕、畢、原、酆、郇，文之昭也。邘、晉、應、韓，武之穆也。凡、蔣、邢、茅、胙、祭，周公之胤也。召穆公思周德之不類，故糾合宗族于成周，而作詩曰：「常棣之華，鄂不韡韡。凡今之人，莫如兄弟。」其四章曰：「兄弟鬩于墻，外禦其侮。」如是，則兄弟雖有小忿，不廢懿親。今天子不忍小忿，以棄鄭親，其若之何？庸勳親親，暱近尊賢，德之大者也。即聾從昧，與頑用嚚，姦之大者也。棄德崇姦，禍之大者也。鄭有平、惠之勳，又有厲、宣之親，棄嬖寵而用三良，於諸姬爲近，四德具矣。耳不聽五聲之和爲聾，目不別五色之章爲昧，心不則德義之經爲頑，口不道忠信之言爲嚚，狄皆則之，四姦具矣。周之有懿德也，猶曰莫如兄弟。故封建之，其懷柔天下也，猶懼有外侮。扞禦侮者，莫如親親，故以親屏周。召穆公亦云：今周德既衰，於是乎又渝周、召，以從諸姦，無乃不可乎？民未忘禍，王又興之，其若文、武何？』王弗聽，使頹叔桃子出狄師。夏，狄伐鄭，取櫟。王德狄人，將以其女爲后。富辰諫曰：『不可。臣聞之曰，報者倦矣，施者未厭。狄固貪惏，王又啓之。女德無極，婦怨無終，狄必爲患。』王又弗聽。初，甘昭公有寵於惠后，惠后將立之，未及而卒。昭公奔齊，王復之。又通於隗氏。王替隗氏。頹叔桃子曰：『我實使狄，狄其怨我。』遂奉大叔，以狄師攻王。王御士將禦之，王曰：『先后其謂我何？寧使諸侯圖之？』王遂出，及坎欿，國人納之。秋，頹叔桃子奉大叔以狄師伐周，大敗周師，獲周公忌父、原伯、毛伯、富辰。王出適鄭，處于氾。大叔以隗氏居于温。」襄陵許氏曰：「鄭執王使，是無王也。王啓狄師，是無中國也。天下何恃不亂？」

附録《左傳》：「鄭子華之弟子臧出奔宋，好聚鷸冠。鄭伯聞而惡之，使盜誘之。八月，盜殺之於陳、宋之間。君子曰：『服之不衷，身之災也。』《詩》曰：『彼己之子，不稱其服。』子臧之服，不稱也夫？《詩》曰『自貽伊慼』，其子臧之謂矣。《夏書》曰『地平天成』，稱也。」○「宋及楚平，宋成公如楚。還，入於鄭，鄭伯將享之，問禮於皇武子。對曰：『宋，先代之後也。於周爲客，天子有事，膰焉。有喪，拜焉。豐厚可也。』鄭伯從之，享宋公有加，禮也。」

秋，七月。○冬，天王出居于鄭。《左傳》：「冬，王使來告難，曰：『不穀不德，得罪于母弟之寵子帶，鄙在鄭地氾，敢告叔父。』臧文仲對曰：『天子蒙塵于外，敢不奔問官守。』王使簡師父告于晉，使左鄢父告于秦。天子無出，書曰『天王出居于鄭』，辟母弟之難也。天子凶服降名，禮也。鄭伯與孔將鉏、石甲父、侯宣多，省視官具于氾，而後聽其私政，禮也。」《公羊傳》：「王者無外。此其言出何？不能乎母也。魯子曰：『是王也，不能乎母者，其諸此之謂與？』」《穀梁傳》：「天子無出。出，失天下也。居者，居其所也。雖失天下，莫敢有也。」

按《左氏》：「鄭人入滑，王爲滑請，鄭不聽命，王怒使頽叔出狄師伐鄭。而德狄人，立其女隗氏爲后。富辰諫不聽。大叔帶通于隗氏，王紬狄女，頽叔懼狄之怨己，遂奉叔帶以狄師攻王。王適鄭，處于氾。」杜氏曰：「鄭南氾也，在襄城縣南。」**自周無出，特書曰「出」者，言其自取之也。**《禮記·曲禮》曰：「天子不言出。」張氏曰：「天子無書出，而特書『出居于鄭』，如王者無敵，而書『王師敗績』于茅戎，皆言其自取之。」臨川吴氏曰：「天王居于狄泉，不書出者，王雖去京師，而猶在畿内也。此則去畿内而越在諸侯之國，故書出。」**夫鄭伯不王，固有罪矣。襄王不知自反，念其制命之未順也。忍小忿，暱懿親，以扞外侮，而棄德崇姦，遂出狄師，是用夷制夏，如木之植拔其本也，不亦傎乎？王者以天下爲家，京師爲室，而四方歸往，猶天之無不覆也。東**

周降于列國，范氏曰：「平王東遷，其詩不能復雅，而列爲國風。」**既不能家天下矣，又毁其室而不保，則是寄生之君耳！貶而書出，以爲後戒。唐資突厥之兵以伐隋，而世有戎狄之禍。**《唐書・劉文静傳》：「高祖起太原，文静請與突厥連和，從之。遣文静使始畢可汗曰：『願與突厥共定京師，金帛子女盡歸可汗。』始畢大喜，即遣二千騎隨文静至。自是突厥恃功，須求無厭。又數入寇，世爲唐患。」**晉藉契丹之力以取唐，而卒有播遷之辱。**《五代史・晉紀》：「高祖石敬瑭，其父臬捩雞，本出西夷。唐廢帝討敬瑭，敬瑭求援於契丹。耶律德光入鴈門，與唐戰敗之，作策書命敬瑭爲大晉皇帝。後張彦澤叛降契丹，契丹兵大舉入寇，執出帝北遷和龍城，供饋不給，或時絶食。」**許翰以謂不講於《春秋》，戒襄王之所以出。其言信矣。而華夷之辨可不謹夫！居者，宅其所有之稱。**杜氏曰：「天子以天下爲家，故所在稱居。」啖氏曰：「天子不言出，獨襄王書出者，自絶天位，雖居于鄭，猶若出在四海之外。然王者至尊，故不曰奔，雖在外皆曰居。」陸氏曰：「天王雖自出，鄭伯莫敢有其土，故曰居。《禮》云：『天子無客禮，莫敢爲主焉。』此之謂也。」**出而曰居者，若曰普天之下，莫非王土。撥亂反正，存天理之意也。**陳氏曰：「王出不書，爲尊尊諱也。子頽之難，惠王未有過也。鄭、虢圖之，執燕仲及殺子頽，逾年而復辟，故諱之也。襄王出居于鄭，以爲無足諱焉耳。」汪氏曰：「叔帶之有寵於惠王，猶子頽之有寵於莊王也。叔帶之攻王，猶子頽之伐王也。襄王之適鄭處於氾，猶惠王之適鄭處于櫟也。然惠王之處櫟不書，而襄王出居于鄭，特書之者，所以罪襄王也。夫叔帶之召戎伐京師，已萌禍亂之階矣。帶以罪奔齊，踰十年而王復之，苟能明大倫之義，而不致褻狎，全同氣之恩，而俾無怨惡，綱紀截然，亂何由作？今襄王帥非類之狄，以泄憤於伯叔之國，立非類之女，爲天下之母，又不謹男女之别，而致肆淫於内廷，拒諫而弗從，臨難而莫禦，犯此五不韙之罪，則自取危辱，視惠王蓋不侔矣。故上書狄伐鄭，而不曰王師及狄伐鄭者，所以諱襄王之用狄也。下書天王出居，雖以自出著罪，而特言出居，又以明大一統之義。然不書叔帶以狄伐京師，猶爲王諱惡也。唐之玄宗，寵任羯胡，位極將相，毒亂宫闈，卒致漁陽之變，鑾輿逃竄。朱子《綱目》於代、德、僖宗之如陝州，奔梁州，走興元，幸成都，如寶雞，皆不曰出。而天寶之避寇，特筆之曰『帝出奔蜀』，所以貶玄宗，紊華夷之辨，慢帷薄之禁，而自致萬乘之出。蓋取法《春秋》書襄王出居之例也。又按《左傳》王納狄后未幾，太叔遽通之，而王遽廢之，又遽致狄師之攻王，必無是理。竊嘗考之《外傳》，記伐鄭、立狄后，皆在出居之前年；而黜狄后，則在出居之年。豈前年已用狄師伐鄭，而今年再以狄伐鄭歟？王之出居，必有馴致之漸，然不可考矣。」廬陵李氏曰：「《春秋》書王居三：鄭也，狄泉也，皇也。書公居五，昭公居鄆也。」○劉氏曰：「《公羊》以謂不能事母者，非也。王者不孝，宜去天以見。今不去天，知其非不孝也。」

晉侯夷吾卒。杜氏曰：「晉文定位而後告惠公之喪，故書於今年。」永嘉吕氏曰：「《左氏》記惠公卒在去年九月。蓋《春秋》所據者，魯史也。《左氏》所據者，他國之史也。年月不同，不可得而考矣。」

附録《左傳》：「衛人將伐邢，禮至曰：『不得其守，國不可得也。我請昆弟仕焉。』乃往，得仕。」

春秋集傳大全卷之十五

僖公四

丙戌襄王十七年。**二十有五年**晉文公重耳元年。齊孝八。衛文二十五，卒。蔡莊十一。鄭文三十八。曹共十八。陳穆十三。杞桓二。宋成二。秦穆二十五。楚成三十七。**春，王正月丙午，衛侯燬滅邢。**

《左傳》：「春，衛人伐邢，二禮從國子巡城，掖以赴外，殺之。正月丙午，衛侯燬滅邢，同姓也，故名。禮至爲銘曰：『余掖殺國子，莫余敢止。』」《公羊傳》：「衛侯燬何以名？絶。曷爲絶之？滅同姓也。」《穀梁傳》：「燬之名，何也？不正其伐本而滅同姓也。」

衛侯何以名？滅同姓也。《春秋》之法：諸侯不生名。滅同姓則名者，謂其絶先祖之裔，蔑骨肉之恩，故生而書名，示王法不容誅也。杜氏曰：「惡其親親相滅，故稱名罪之。」孫氏曰：「邢、衛皆齊桓所存，衛侯不念桓公之大德，以絶先祖之支體，甚矣，故生而名之。」番陽萬氏曰：「興師以滅同姓，其惡已甚，況當是時，天子蒙塵于外，鄙在鄭地氾。衛，鄭之鄰，方伯連率之舊也。衛侯既不能奔問官守，帥師勤王，乃間王室之多故，懷詐諼之謀，以肆虐於宗親之國。其無王之心，聖人得不深誅之？」

聖人與天地合德，滅人邦國而絶其祀，同姓與異姓奚別焉？而或名或否，何也？正道理一而分殊，異端二本而無分。分殊之弊，私勝而失仁；無分之罪，兼愛而失義。汪氏曰：「公而無私者，理之一也。親踈有等差者，分之殊也。以至公之心，施之有等級而不紊，則仁義之道盡矣。故先王制五服之節，母黨不得同本族，爲人後者，爲其私親皆降一等。同姓之國，其初一人之身，豈可與異姓之國一視之哉？」《春秋》之法，由仁義行而人道立者也，可以無差等乎？然則晉滅虞、楚滅夔，亦同姓也，曷爲不名？曰：諸侯滅同姓則名，其常也。有名有不名，例之變也。邢雖與狄伐衛而經無譏文者，爲能救齊也。衛人曾不反思而遷怒於邢，又遣禮至昆弟往仕焉，誘其守而殺之于外，劉氏曰：「滅國《春秋》之所惡，於所惡之中又有甚焉，秦穆公、衛侯燬是也。夫諸侯强暴，舉干戈以覆人之國、并人之地，雖有罪，人猶得而備之。今兩君皆出詭計險謀，使臣反其君，下畔其上，以快己兼并之欲，雖有道之國，不知所備，甚可惡也，豈得與他滅國者等哉？故秦穆狄之，而衛侯燬名。」張氏曰：「衛侯燬殘虐不仁，至於同所自出不知相保，而肆强以絶滅之。又使其臣爲譎詐之事，行盜賊傾覆之計，人理所不容，故名之，同於楚子虔之誘殺也。」與虞公貪璧、馬以易鄰國及其身者，其情異矣。《春秋》原情定罪，而衛燬獨名，蓋輕重之權衡也。若荆楚，則僭號稱王，聖人比諸夷狄，於滅夔乎何誅？朱子曰：「諸侯滅國未嘗書名。『衛侯燬滅邢』，説者以爲滅同姓之故。今經文只隔『夏四月癸酉』一句，便書衛侯燬卒。恐是因而傳寫之誤，亦未可知。」

夏，四月癸酉，衛侯燬卒。〇宋蕩伯姬來逆婦。《公羊傳》：「宋蕩伯姬者何？蕩氏之母也。其言來逆婦何？兄弟辭也。其稱婦何？有姑之辭也。」《穀梁傳》：「婦人既嫁不踰竟，宋蕩伯姬來逆婦，非正也。其曰婦何也？緣姑言之之辭也。」杜氏曰：「伯姬魯女，爲宋大夫蕩氏妻。自爲其子來逆。稱婦，姑存之辭。婦人越竟逆婦，非禮，故書。」

伯姬公女也，而配蕩氏。其往嫁不見於經者，國君不與大夫敵也。今來逆婦而史策書之，見公失禮下主大夫之昏，是慢宗廟，卑朝廷。姑自逆婦，其失明矣。臨川吴氏曰：「伯姬納内女爲其子之婦，姑自來逆婦而書於經者，譏公降尊而自主其昏也。況昏禮當夫自來親迎，豈有姑來逆婦之禮乎？」家氏曰：「禮有親迎，婦從夫也。今屈尊者以逆卑者，而亦謂之逆，亂婦姑之分，故特書以譏之。」張氏曰：「姑自逆婦，公不使大夫主之，皆非禮也。兩譏之。」汪氏曰：「大夫自逆則稱字，姑來逆故稱婦。杞伯姬來求婦，亦主姑而言之之辭。」〇陸氏曰：「《公羊》云：『其言逆婦何？兄弟辭也。』按：經文直書其事以明非禮爾，兄弟辭有何義乎？」

宋殺其大夫。《公羊傳》：「何以不名？宋三世無大夫，三世内娶也。」《穀梁傳》：「其不稱名姓，以其在祖之位，尊之也。」汪氏曰：「義繫於殺，則止書其官。見莊二十六年『曹殺大夫』傳。」又曰：「宋殺大夫者四，惟蕩山書名，公子卬則書官，此及文七年不紀名氏。蓋因魯史舊文而不能益，非義所繫也。」〇劉氏曰：「文稱大夫，是有大夫矣，且君娶一卿，而一國之内何得悉無大夫哉？詭僻不經，可笑也，《公羊》之説非也。《春秋》非孔子家牒，當爲後世書法耳，何得擅諱其祖名哉？《穀梁》之説亦非也。」

附録《左傳》：「秦伯師于河上，將納王。狐偃言於晉侯曰：『求諸侯，莫如勤王。諸侯信之，且大義也。繼文之業而信宣於諸侯，今爲可矣。』使卜偃卜之，曰：『吉！遇黄帝戰于阪泉之兆。』公曰：『吾不堪也。』對曰：『周禮未改，今之王，古之帝也。』公曰：『筮之。』筮之，遇大有䷍之睽䷥，曰：『吉，遇「公用享于天子」之卦也。戰克而王饗，吉孰大焉。且是卦也，天爲澤以當日，天子降心以逆公，不亦可乎？大有去睽而復，亦其所也。』晉侯辭秦師而下。三月甲辰，次于陽樊。右師圍温，左師逆王。」○「夏四月丁巳，王入于王城，取大叔于温，殺之于隰城。戊午，晉侯朝王，王饗醴，命之宥。請隧，弗許，曰：『王章也。未有代德而有二王，亦叔父之所惡也。』與之陽樊、温原、攢茅之田。晉於是始啓南陽。陽樊不服，圍之，蒼葛呼曰：『德以柔中國，刑以威四夷，宜吾不敢服也。此誰非王之親姻，其俘之也！』乃出其民。」

秋，楚人圍陳，納頓子于頓。《左傳》：「秋，秦、晉伐鄀。❶楚鬭克、屈禦寇以申、息之師戍商密。秦人過析隈，入而繫輿人以圍商密，昏而傅焉。宵，坎血加書，僞與子儀、子邊盟者。商密人懼，曰：『秦取析矣，戍人反矣。』乃降秦師。秦師囚申公子儀、息公子邊以歸。楚令尹子玉追秦師，弗及，遂圍陳，納頓子于頓。」《公羊傳》：「何以不言遂？兩之也。」《穀梁傳》：「納者，内弗受也。圍一事也，納一事也，而遂言之，蓋納頓子者陳也。」杜氏曰：「頓迫於陳而出奔楚，故楚爲頓圍陳以納頓子。不言遂，一事也。頓國，汝陰南頓縣。」

圍陳，納頓子也。納云者，不與納也。諸侯失國，諸侯納之，正也，汪氏曰：「諸侯納失國之

❶「鄀」，原作「郡」，今據阮刻本《春秋左傳正義》改。

君，合於義則不書。書楚納頓子，不與蠻夷之納也。書齊高偃納北燕伯，不與大夫之納也。」**何以不與乎？夫陳先代之後，不能以禮安靖鄰國，保恤寡小，中國諸侯又不能修方伯連率**去声。**之職，而使楚人納之，是夷狄仗義正諸夏也。故書曰「楚人圍陳，納頓子于頓」，其責中國深矣，此亦正本自治之意也。**張氏曰：「頓，姬姓國也，迫於陳而不能有其國，故楚圍陳然後能納之。聖人書此，見中國諸侯不能恤小國而定其位，反使夷狄行其義，閔中國之無霸也。」陳氏曰：「齊桓卒，楚始與諸夏盟于齊，盟鹿上、執宋公、納頓子，侈然欲廢置諸侯，❶《春秋》之所懼也。」汪氏曰：「『楚圍陳，納頓子于頓』，書法如『楚伐吳，執齊慶封殺之』，蓋一事耳。夫頓國小弱，而介於陳、楚之間，陳欲迫而兼并之，故前年楚伐陳、城頓而還，此年納頓子。保全微國以示恩，責義於陳以示威，其意皆預爲圖伯之地也。厥後頓子會申從楚而伐吳，戰雞父，陳衰而服屬於楚也。僅一從十國會召陵侵楚，而諸夏終不能保卹，遂爲楚結陳佗人所滅。是時陳亦屢滅於楚而僅存，非能剖分其地，特助楚爲虐耳。比事以觀，而知中國之衰矣。」王氏曰：「失地出奔則名，他國納之不名，以諸侯不得相名也。故頓子、北燕伯皆不名。」廬陵李氏曰：「陳、頓之爭，又見於襄之四年。」〇陸氏曰：「《穀梁》云：『納頓子者，陳也。』按經文，楚自納之，何關陳事？」劉氏曰：「頓子之奔，由陳攻之，故楚必圍陳，乃得納頓子。其文與事詳矣，豈得言遂哉？《公羊》之說非也。」

---

❶「欲」，原作「與」，今據《纂疏》及四庫本南宋陳傅良《春秋後傳》改。

葬衛文公。

附録《左傳》：「冬，晉侯圍原，命三日之糧。原不降，命去之。諜出，曰：『原將降矣。』軍吏曰：『請待之。』公曰：『信，國之寶也，民之所庇也。得原失信，何以庇之？所亡滋多。』退一舍而原降。遷原伯貫于冀。趙衰爲原大夫，狐溱爲温大夫。」

冬，十有二月癸亥，公會衛子、莒慶，盟于洮。《左傳》：「衛人平莒于我。十二月，盟于洮，修衛文公之好，且及莒平也。」《穀梁傳》：「莒無大夫，其曰莒慶何也？以公之會目之也。」杜氏曰：「莒以元年酈之役怨魯，衛文公將平之，未及而卒。成公追成父志。洮，魯地。」張氏曰：「衛成公稱子，喪未踰年也。」汪氏曰：「莒慶者，魯之壻之故，因衛成公爲平於二國，遂來會盟。君盟大夫，自浮來而已然矣，此不貶者，從同同。」○趙氏曰：「按：事接於魯，雖非命卿，皆書名。《穀梁》不達此例，遂穿鑿爾。」

附録《左傳》：「晉侯問原守於寺人勃鞮。對曰：『昔趙衰以壺飧從徑，餒而弗食。』故使處原。」

丁亥襄王十八年。**二十有六年**晉文二。齊孝九。衛成公鄭元年。蔡莊十二。鄭文三十九。曹共十九。陳穆十四。杞桓三。宋成三。秦穆二十六。楚成三十八。**春，王正月己未，公會莒子、衛甯速盟于向。**速，《公》作「遬」。後同。《左傳》：「春，王正月，公會莒茲平公、甯莊子盟于向，尋洮之盟也。」《穀梁傳》：「公不會大夫，其曰甯速何也？以其隨莒子，可以言會也。」杜氏曰：「向，莒地。」臨川吴氏曰：「衛本欲平魯、莒之怨，洮盟莒子不親至，僖公必欲與莒子盟，故復爲此會也。」張氏曰：「十二月已盟，今又屢盟，所以致齊之討也。」○劉氏曰：「《春秋》此例亦多矣，《穀梁》何爲獨發於此？」○**齊人侵我西鄙。公追齊**

師至酅，弗及。酅，户圭反，《公》作「巂」，《穀》作「嶲」。弗，《左》作「不」。《左傳》：「齊師侵我西鄙，討是二盟也。」《公羊傳》：「其言至巂弗及何？侈也。」《穀梁傳》：「人，微者也。侵，淺事也。公之追之，非正也。至嶲，急辭也。弗及者，弗與也，可以及而不敢及也。其侵也曰人，其追也曰師，以公之弗及大之也。弗及，内辭也。」杜氏曰：「公逐齊師遠至齊地，故書之。濟北穀城縣西有地，名酅下。」

書人書侵書師，罪齊也。書追書至酅弗及，罪魯也。蜀杜氏曰：「下文言齊師，則知稱人爲貶矣。」臨川吴氏曰：「齊師無名，故書侵。」趙氏曰：「寇至不知，追而不及，言内之無警戒。」**潛師入境曰侵，少則稱人，衆則稱師。前書齊人，是見其弱以誘魯也；後書齊師，是伏其衆以邀魯也，其爲謾明矣。凡書追者，在境内則譏其不預，追戎于濟西是也；在境外則譏其深入，追齊師至酅是也。酅者，齊地。至者，言遠也。**汪氏曰：「書至者二。『至酅』，譏其深入。酅，齊境也。『公救成至遇』，譏其怯而不進。遇，魯地也。」**弗者，遷辭也，有畏而弗敢及之也。**劉氏曰：「所謂弗及，非弗能及也，弗敢及也。弗敢及者，畏也。善養氣者，匹夫不爲千乘屈。孔子夾谷之會齊師，四陳揖讓，指麾而景公服。計齊人之衆，不足以當景公；僖公之勢，足以勝定公之末年。寇至不能禦，去又不敢及，是舉百姓而棄之也。乃乞師于楚以自防，其持國之術，所失者多矣。」**齊、魯皆私憤之兵而非正也，故交譏之。**杜氏曰：「時晉文初起，諸侯無伯，齊侯是桓公之子，欲以盟主自居。」廬陵李氏曰：「齊侵我三，始於此。」〇趙氏曰：「直書之，以譏内之無武備爾。《公》、《穀》何用曲爲義？」劉氏曰：「以公追人，就令勝之，尚何可侈哉？且是後齊復伐我，明不畏魯甚矣。數見卑侮，猶以爲大乎？」

夏，齊人伐我北鄙。○衛人伐齊。《左傳》：「夏，齊孝公伐我北鄙。衛人伐齊，洮之盟故也。公使展喜犒師，使受命于展禽。齊侯未入境，展喜從之，曰：『寡君聞君親舉玉趾，將辱于敝邑，使下臣犒執事。』齊侯曰：『魯人恐乎？』對曰：『小人恐矣，君子則否。』齊侯曰：『室如縣罄，野無青草，何恃而不恐？』對曰：『恃先王之命。昔周公、大公股肱周室，夾輔成王。成王勞之而賜之盟，曰：「世世子孫，無相害也。」載在盟府，大師職之。桓公是以糾合諸侯而謀其不協，彌縫其闕而匡救其災，昭舊職也。及君即位，諸侯之望曰：「其率桓之功。」我敝邑用不敢保聚，曰：「豈其嗣世九年而棄命廢職，其若先君何？君必不然。」恃此以不恐。』齊侯乃還。」茅堂胡氏曰：「孝公有服展喜之善，《春秋》不褒而書人者，内以諱爲惡，外以諱爲善。此齊侯也，其稱人，爲之諱也。」臨川吴氏曰：「衛平莒、魯，齊何與焉？洮、向之二盟雖瀆，其過在魯，非齊人之所當問也。齊孝公乃連興侵伐之師，非義甚矣，其致衛之伐與魯之伐，自取之也。」又曰：「前書侵者，師無名也。此書伐者，蓋齊以魯不服罪爲辭也。」張氏曰：「二盟乃衛人平莒于我，故爲魯伐之。」**公子遂如楚乞師。**書乞師始此。《左傳》：「東門襄仲、臧文仲如楚乞師，臧孫見子玉而道之伐齊、宋，以其不臣也。」《公羊傳》：「乞者何？卑辭也。曷爲外内同若辭？重師也。曷爲重師？師出不正反，戰不正勝也。」《穀梁傳》：「乞，重辭也。何重焉？重人之死也，非所乞也。師出不必反，戰不必勝，故重之也。」杜氏曰：「乞，不保得之辭。」

衛人報德以怨，伐齊之喪，助少陵長，又遷怒於邢而滅其國，不義甚矣。公既與其君盟于

洮，又與其臣盟于向，是黨衛也。高氏曰：「齊侯本以洮、向二盟爲衛、莒背己，且以魯嘗助四公子，於是興師而來伐。」**故齊人既侵其西，又伐其北。齊師固亦非義矣，而僖公不能省德自反，深思遠慮，計安社稷，乃乞楚師與齊爲敵，是以蠻夷殘中國也，於義可乎？**高氏曰：「楚僭王矣，而諸侯更推爲盟主。魯見侵伐於齊，乃乞師於楚以伐之。導夷狄以伐中國，是禽獸將逼人，天下之大變也。書曰乞師，深罪之也。《魯頌》稱：『公車千乘，公徒三萬，戎狄是膺，荆舒是懲。』今乃乞師于楚，寧無愧乎？」張氏曰：「僖公初年，頗有意於治國，務農閔雨，國以殷富。中年漸肆荒怠，浸失政於大臣，滅項取執於桓公。迨齊霸不紹，不及閒暇修明政刑，民事既荒，國備不立，齊人再伐，己不能支，而遠乞師於夷狄以刷其耻。夫子罪臧文仲竊位，從公子遂借兵强夷，爲國之無謀也。使其立展禽以爲政，所以輔僖公者必有道矣，何至乞楚師以伐齊哉？」**其書公子遂如楚乞師，而惡自見矣。**孫氏曰：「國之大小，師之衆寡，皆有王制，不可乞也。書乞師，惡魯不能内修戎備而外乞師於夷狄。」陳氏曰：「臧宣叔如晉乞師不書，乞諸夷狄然後書。外乞師亦不書，必盟主也而後書。乞，卑辭也。乞師於夷狄，志中國之詘於夷狄也。」趙氏曰：「天子在上而諸侯自相請師，非禮也。」廬陵李氏曰：「乞師五，始於此。成十三年晉郤錡、十六年欒黶、十七年荀罃、十八年士魴，皆晉伯也。魯之乞師於楚，屈於夷狄甚矣，況以蠻夷殘中國乎！若晉之乞師，謂之伯主不能令諸侯亦可，謙以求諸侯亦可。」又曰：「是年展喜犒師，正受命於柳下惠，而公子遂如楚，則臧文仲爲之介。孔子曰：『臧文仲其竊位者與！知柳下惠之賢，而不能用也。』夫爲人臣謀國，有賢人而不用，乃遠乞師於强楚，以逞忿於齊，是猶揖盜賊以困姻鄰也。觀展禽一語已足以却齊，則所以折衝必有道矣。《春秋》特書如楚乞師，而與外之乞師同文，蓋深罪爲國之無謀而至此極也。竊位之嘆，其因此而發歟！」

秋，楚人滅夔，以夔子歸。 夔，求龜反。《公》作「隗」。《左傳》：「夔子不祀祝融與鬻熊，楚人讓之，對曰：『我先王熊摯有疾，鬼神弗赦，而自竄于夔。吾是以失楚，又何祀焉？』秋，楚成得臣、鬭宜申帥師滅夔，以夔子歸。」《穀梁傳》：「夔，國也。不日，微國也。以歸，猶愈乎執也。」杜氏曰：「夔，楚同姓國。」

《春秋》滅國、以其君歸，無有不名者。 汪氏曰：「據潞嬰兒、沈嘉、許斯、頓牂、胡豹皆名。」**而夔何以獨不名？ 按《左氏》：「夔子不祀祝融與鬻熊，** 杜氏曰：「祝融，高辛氏之火正，楚之遠祖也。鬻熊，祝融十二世孫。」**楚人讓之，對曰：『我先君熊摯有疾，** 汪氏曰：「熊摯乃夔始封之祖。」**鬼神弗赦，自竄于夔，是以失楚，又何祀焉？』」諸侯之祀，無過其祖者，** 劉氏曰：「魯祖周公，不敢祀公劉；衛祖康叔，不敢祀后稷。祝融猶后稷，鬻熊猶公劉矣。」**而夔祖熊摯，是不得祀祝融與鬻熊也，而楚反以是滅之。 非其罪也，故特存其爵而不名也。** 劉氏曰：「國滅而虜無不名者。國滅，罪也。虜服，辱也。夔子獨不名，所以取滅者乃非其罪，故假之也。諸侯之祀無過其祖，夔子不祀祝融與鬻熊，可謂若於義矣，而楚滅之。故《春秋》黜楚而伸夔。有王者作，興滅繼絶，則夔庶幾矣。」薛氏曰：「夔子之不名，無滅道也。」**然則楚滅同姓何以不名？「人」而不名，《春秋》待夷狄之體也。** 孫氏曰：「不名者，略夷狄。」陳氏曰：「滅同姓，名。此楚子頵也，則其不名何？楚子之名，未登於《春秋》

也。楚自武王始見於傳，文王始見於經，猶以州舉也，至成王而後書楚人。盂之會，嘗書楚子矣，而復人之。覬之名，非遇弑未登於《春秋》，則滅夔固不名也。滅夔名之，則疑於『衛侯燬』。」

冬，楚人伐宋，圍緡。緡，《穀》作「閔」。《左傳》：「宋以其善於晉侯也，叛楚即晉。冬，楚令尹子玉、司馬子西帥師伐宋，圍緡。」《公羊傳》：「邑不言圍，此其言圍何？刺道用師也。」《穀梁傳》：「伐國不言圍邑，此其言圍何也？以吾用其師，目其事也，非道用師也。」臨川吴氏曰：「前年宋成公忘父之讎，與楚平而往朝之，今而即晉，可謂能速於徙義者矣。楚伐其國而圍其邑，書，以著夷狄之肆横也。」家氏曰：「宋成既朝楚，又即晉，而爲楚所伐，無益於自免，而有忘讎之耻。使晉文不興，則宋之爲宋，豈不殆哉！」〇**公以楚師伐齊，取穀。**《左傳》：「凡師能左右之曰『以』。寘桓公子雍於穀，易牙奉之，以爲魯援。楚申公叔侯戍之。桓公之子七人，爲七大夫於楚。」《穀梁傳》：「以者，不以者也。民者，君之本也。使民以其死，非其正也。」

公至自伐齊。《公羊傳》：「此已取穀矣，何以致伐？未得乎取穀也。曷爲未得乎取穀？曰：患之起，必自此始也。」《穀梁傳》：「惡事不致，此其致之何也？危之也。」

楚强魯弱，而能用其師，進退在己，故特書曰以。以者，不以者也。夫背華即夷，取人之邑爲己有，失正甚矣。臨川吴氏曰：「公不用魯師而用楚師，雖能取齊之邑，而借援强夷，辱國莫大焉。將以刷西鄙、北鄙之耻，而適所以甚其耻也。」**患之起，必自此始。其致，危之也。**范氏曰：「以蠻夷之師伐鄰近大國，招禍深怨，危亡之道。」高氏曰：「釁深惡重，此臣子所以殆其往而録其至。」張氏曰：「楚師而魯君『以』之，楚以其衆付魯，使自用之以伐齊也。伐霸主之後，用夷狄之兵，僖公之免可謂幸矣，故特書至以危之。」汪氏曰：「書『公至自伐齊』者三。襄十九年合十二國之師同圍齊，從霸主討齊靈之暴横，圍齊而書至伐者，予之也。此年以楚師伐齊，哀十年會吴伐齊，皆用蠻夷報怨於大國，其致，危之也。或曰：《春秋》貶公之以楚伐齊，然柏舉之戰，蔡以吴報楚，《春秋》予蔡而爵吴何？歟吁！召陵之會，中國不能救蔡，蔡不得已而借援於吴，吴能扶弱抑强，助蔡勝楚，蓋資夷狄以攘夷狄，非啓夷狄以陵中國也，故《春秋》予奪不同也。」廬陵李氏曰：「齊、魯之争，自盟柯以來未之有也，於是再見者，中國無伯也。推其事迹，乾時、長勺之兵由於納糾，而西鄙之怨始於救齊，本非有深憾者，但桓公、孝公欲得魯以集事耳。然桓公卒能屈己於柯盟，而孝公不知自反，構怨連兵，遂使楚人得乘間而肆毒矣。然則魯助無虧者也，孝公怨之尚宜，宋、衛納孝公者也，亦不能固其交，孝公之墜先業宜哉！」劉氏曰：「《公》、《穀》皆謂『伐國不言圍邑，非道用師也』，非也。圍緡者乃楚人，伐齊則楚師，何以强配合之乎？《公羊》又云：『此已取穀矣，何以致伐？』原《公羊》之意，謂得意致會，不得意致伐，則今得意，不當致伐而不致會。然伐齊取穀，獨公以楚師往，無諸侯之會，則不得致會，此理之當然耳。」

戊子襄王十九年。**二十有七年**晋文三。齊孝十，卒。衛成二。蔡莊十三。鄭文四十。曹共二十。陳穆十五。杞桓四。宋成四。秦穆二十七。楚成三十九。**春，杞子來朝。**《左傳》：「春，杞桓公來朝，用夷禮，故曰子。公卑杞，杞不共也。」杜氏曰：「杞先代之後，迫於東夷，風俗雜壞，言語衣服有時而夷，然異於介葛盧，故唯貶其爵。詳見二十三年。」○**夏，六月庚寅，齊侯昭卒。**《左傳》：「夏，齊孝公卒。有齊怨，不廢喪紀，禮也。」杜氏曰：「弟潘殺其子而自立，是爲昭公。」襄陵許氏曰：「齊桓既没，諸侯思之，而孝公不能藉之以興。觀其間楚之勝以困宋襄，又侵伐魯僖不已，有以知其爲謀不遠，霸業之所以隳矣。」〇**秋，八月乙未，葬齊孝公。**杜氏曰：「三月而葬，速。」〇**乙巳，公子遂帥師入杞。**《左傳》：「秋入杞，責無禮也。」張氏曰：「人方來朝而帥師入之，以怨報德，欲加之罪，何患無詞也。」蜀杜氏曰：「杞春來朝，今入其國，雖曰責其不恭，何至於用師乎？蓋杞弱於魯，魯欺之尤甚。齊、楚之大，則魯事之不暇矣。」臨川吴氏曰：「魯在春秋爲次國，未嘗不受强大之凌暴。當推己及人，所惡於强，無以施之於弱可也。杞以小弱而朝於魯，縱使禮有不備，豈不愈於不朝乎？今其來朝，已忽而卑之，朝禮甫畢，以上卿帥重師入其國，其志在於取之也。魯號秉禮之國，而凌小弱如此，他又何責焉？」高氏曰：「杞、魯乃甥舅之國，伯姬在焉，而凌暴之如此，魯人不義甚矣，僖公之德衰矣。」〇**冬，楚人、陳侯、蔡侯、鄭伯、許男圍宋。**《左傳》：「楚子將圍宋，使子文治兵於睽，終朝而畢，不戮一人。子玉復治兵於蔿，終日而畢，鞭七人，貫三人耳。國老皆賀子文，子文飲之酒。蔿賈尚幼，後至不賀。子文問之，對曰：『不知所賀。子之傳政於子玉，曰：「以靖國也。」靖諸内而敗諸外，所獲幾何？子玉之敗，子之舉也。舉以敗國，將何賀焉？子玉剛而無禮，不可以治民。過三百乘，其不能以入矣。苟入而賀，何後之有？』冬，楚子及諸侯圍宋，宋公孫固如晉告急。先軫曰：『報施救患，取威定霸，於是乎在矣。』狐偃曰：『楚始得曹而新昏於衛，若伐曹、衛，楚必救之，則齊、宋免矣。』於是乎蒐于被廬，作三軍，謀元帥。趙衰曰：『郤縠可。臣亟聞其言矣，説禮、樂而敦《詩》、《書》。《詩》、《書》，義之府也。禮、樂，德之則也。德、義，利之本也。《夏書》曰：「賦納以言，明試以功，車服以庸。」君其試之。』乃使郤縠將中軍，郤溱佐之。使狐偃將上軍，讓於狐毛而佐之。命趙衰爲卿，讓於欒枝、先軫。使欒枝將下軍，先軫佐之。荀林父御戎，魏犨爲右。晉侯始入而教其民，二年，欲用之。子犯曰：『民未知義，未安其居。』於是乎出定襄王，入務利民，民懷生矣。將用之，子犯曰：『民未知信，未宣其用。』於是乎伐原以示之信。民易資者不求豐焉，明徵其辭。公曰：『可矣乎？』子犯曰：『民未知禮，未生其共。』於是乎大蒐以示之禮，作執秩以正其官，民聽不惑而後用之。出穀戍，釋宋圍，一戰而霸，文之教也。」《公羊傳》：「此楚子也，其稱人何？貶。曷爲貶？爲執宋公貶，故終僖之篇貶也。」《穀梁傳》：「楚人者，楚子也。其曰人何也？人楚子，所以人諸侯也。其人諸侯何也？不正其信夷狄而伐中國也。」程子曰：「楚稱人，貶之，爲其合諸侯以圍宋也。」**〇十有二月甲戌，公會諸侯，盟于宋。**陸氏曰：「前圍宋之諸侯，承上文不列序也。」

楚稱人，貶也。孫氏曰：「楚自會盂之後，凡役貶稱人。」**宋公，先代之後，作賓王家，非有篡弒之惡，楚人無故摟諸侯以圍之，何名也？故黜而稱人，以著其罪。**高氏曰：「曹南之盟，諸侯稱人而宋獨稱爵。圍宋之役，諸侯稱爵而楚獨稱人。聖人於華夷之辨，其嚴如此。」陳氏曰：「楚嘗書子矣，其稱人，嫌予楚以伯也。盟于齊，楚猶序陳、蔡之下。于鹿上，猶不先齊、宋也。盂之會，宋、楚始並爲諸侯長矣。楚之稱子而長諸侯，宋襄爲之也。齊桓公卒，諸侯從楚，楚敗宋于泓，納頓子，滅夔，取齊之穀，合四國之君圍宋。《春秋》以是爲夷狄之强，雖序諸侯之上而特人之。」**諸侯信**音申。**夷狄伐中國，獨無貶乎？人楚子，所以人諸侯也。**范氏曰：「四國信楚而屈宋，《春秋》屈其信而信其屈，貶楚子于兵首，則彼碌碌者，譏斯見矣。」薛氏曰：「天子居鄭，而鄭伯來同荊蠻之暴，無王之甚也。」**公與楚結好，**

故往會盟。其地以宋者，宋方見圍，無嫌於與盟，而公之罪亦著矣。杜氏曰：「諸侯伐宋，公與楚有好而往會之。宋方見圍，無嫌於與盟，故直以宋地。」高氏曰：「公畏楚之强而往爲此盟，以報乞師之恩耳，豈有固衛中國之心哉？宋於是告急於晉，而文公得以爲資，遂霸諸侯也。」張氏曰：「《詩》頌僖公『戎狄是膺，荆舒是懲』，而《春秋》書公會諸侯盟于薄、于宋，皆楚子爲會主也。膺狄懲荆，從齊桓也。會楚導之虐齊、宋，僖公親之也。然猶曰會諸侯，不曰會楚，使公從夷狄之罪必待考而後見，聖人之忠厚，《春秋》之微婉，概可見矣。」家氏曰：「《春秋》之法，盟主爵而諸侯人者有矣，未有盟主人而諸侯爵者也。人楚子而爵諸侯，不與楚子以主夏之盟也，亦以正諸侯從夷之罪也。」王氏《箋義》曰：「北杏、城濮書晉侯、齊侯，正與人楚子之文相反。蓋聖人思治而疾亂，以救中國之甚也。」廬陵李氏曰：「晉文、晉悼之興，皆以救宋却楚成功。晉人有言曰『成伯安疆，自宋始矣』，大抵宋亦中國之樞紐也。故始焉楚成争伯而有宋之圍，繼焉楚莊圖伯而又有宋之圍；始焉楚争伯而有宋之盟，終焉楚分伯而亦有宋之盟。」又曰：「圍宋之楚人，《正義》曰：『傳云「楚子及諸侯圍宋」，則是楚子親自來也。十二月「公會諸侯盟于宋」，公爲楚子在宋而往會之，明楚子與盟也。明年「楚子入居于申，使子玉去宋」，由此而言，楚子初來圍宋，必親至宋國，使子玉主兵，明年見晉之盛，身始去之，獨留子玉於宋耳。』此説據經爲合。」○啖氏曰：「凡褒貶各於其事，豈有終篇貶乎？《公羊》之説非也，故《穀梁》義是。」

己丑 襄王二十年。**二十有八年** 晉文四。齊昭公潘元年。衛成三。蔡莊十四。鄭文四十一。曹共二十一。陳穆十六，卒。杞桓五。宋成五。秦穆二十八。楚成四十。**春，晉侯侵曹，晉侯伐衛。**《左傳》：

「春，晉侯將伐曹，假道于衛，衛人弗許。還，自南河濟。侵曹伐衛。正月戊申，取五鹿。二月，晉郤縠卒。原軫將中軍，胥臣佐下軍，上德也。晉侯、齊侯盟于斂盂。衛侯請盟，晉人弗許。衛侯欲與楚，國人不欲，故出其君以説于晉。衛侯出居于襄牛。」《公羊傳》：「曷爲再言晉侯？非兩之也。然則何以不言遂？未侵曹也。未侵曹，則其言侵曹何？致其意也。其意侵曹，則曷爲伐衛？晉侯將侵曹，假塗于衛，衛曰不可得，則固將伐之也。」《穀梁傳》：「再稱晉侯，忌也。」

按《左氏》，初，公子重耳之出亡也，曹、衛皆不禮焉，至是侵曹伐衛再稱晉侯者，譏復怨也。范氏曰：「曹、衛並有宿怨于晉，君子不念舊惡，故再稱晉侯以刺之。」春秋之時，用兵者非懷私復怨，則利人土地耳。《詩》云：「百爾君子，不知德行。不忮之豉反。不求，何用不臧？」不忮則能懲忿，不求則能窒慾，然後貪憤之兵亡矣。或曰：曹、衛背華即夷，於是乎致武，奚爲不可？曰：楚人摟諸侯以圍宋，陳、蔡、鄭、許舉兵而同會，魯公與會而同盟。楚雖得曹，新昏於衛，然其君不在會，其師不與圍，以方諸國，不猶愈乎？又況衛已請盟，而晉人弗之許也。《書》曰：「必有忍，其乃有濟；有容，德乃大。」文公能忍於奄暨、里鳧須矣，何獨不能忍於曹、衛乎？再稱晉侯者，甚之也。蜀杜氏曰：「楚之病中國久矣。齊桓圖伯，二十餘年而後服之。桓公没而宋襄繼圖其業，然力不能攘而身見執，戰敗卒傷而死，聖人悼之。晉文之立，特起救宋之志，欲弊强楚，曹、衛背華附夷而侵伐之。然晉侯實非欲侵伐曹、衛，蓋志在於救宋服楚也。」陳氏岳曰：「《春秋》省文，事苟不異，則上有國下不繫國，上書族下不書族，焉有無事隔再稱晉侯而不言遂？蓋所以志晉侯之惡也。」永嘉呂氏曰：「從楚圍宋者，陳、蔡、鄭、許。晉文不攻陳、蔡、鄭、許，而乃及於無罪之曹、衛，陳、蔡、鄭、許邇楚之國也，曹、衛邇宋之國也。楚方圍宋，而晉乃遠攻陳、蔡、鄭、許，則無以釋宋之圍，而亦無及於楚，安有城濮之戰？曹、衛二國，雖曰其師不與圍，然楚之所以敢於橫行中國者，實以得曹而新昏於衛故也。齊侯伐楚，猶恃江、黄，楚人伐宋，豈無資於曹、衛？豈必皆與圍哉？」

下書楚人救衛，則譏晉深矣。《春秋》責備賢者而樂與人改過。責備賢者，故再稱晉侯；與人改過，故衛已請盟，不當拒而絶之也。朱子曰：「晉侯侵曹，晉侯伐衛，皆是文公譎處，考之《左氏》可見。皆所以致楚師也。」又曰：「晉文公詭譎，如侵曹、伐衛，皆是當時出時不禮之私，却只名謂治其從楚。如書晉侯伐衛，辭意可見。又書楚人救衛，如書救，皆是美意。中國之諸侯，晉以私伐之，乃反使楚人來救。如『晉侯侵曹，晉侯伐衛』、『楚人救衛』，其辭皆聖人筆削，要來此處看義理。今人作《春秋》義，都只是論利害。晉侯侵伐皆自出。」平菴項氏曰：「晉方潛師侵曹，出其不意，衛固未以爲慮。忽焉揚聲以伐衛，又出衛之不意。魯人狼狽而徹戍，楚人自宋而救之。晉方與楚争衛，曹固幸於得紓。忽焉回軍，又出曹之不意，徑入其國，執其君，以畀其仇。經書晉侯侵曹，晉侯伐衛，明晉文之譎也。」汪氏曰：「晉文救宋攘楚，扶中國之已衰，却荆蠻之方横，視齊桓雖少劣，而賢於宋襄遠矣。而《春秋》責之者，徇私用詐，而設施之際，失緩急之序也。或謂：陳、蔡、鄭、許邇於楚，曹、衛邇於宋，向使晉文遠攻四國，無以釋宋之圍。曹、衛雖不與圍，然楚所以横行中國者，實得曹而昏于衛故也。吁！是不然。陳、蔡、鄭、許乃華夷之要衝，楚必越四國始能猾夏。況是時，陳、蔡、鄭、許實舉兵從楚。文公苟能親帥三軍，直造陳、蔡之國都而討其從夷之罪，且以扼楚人之歸路，則擣虚攻瑕，勢如破竹，而宋之圍、穀之戍將狼狽却走，倍日并行，自救之不暇。我因乘勝以翦其罷敝之餘卒，則霸功不勞而定矣。今文公内則利於復怨而分地，外則狃於譎謀以致楚，是以圖霸之始事，《春秋》特書侵以陋之。」○趙氏曰：「聖人立教猶云不逆詐，豈未行其事而先致其意乎？《公羊》未侵曹之説非也。」

公子買戍衛，不卒戍，刺之。 刺，七賜反。《左傳》：「公子買戍衛，楚人救衛，不克。公懼於晉，殺子叢以説焉。謂楚人曰：『不卒戍也。』」《公羊傳》：「不卒戍者何？不卒戍者，内辭也，不可使往也。不可使往，則其言戍衛何？遂公意也。刺之者何？殺之也。殺之，則曷爲謂之刺之？内諱殺大夫，謂之刺之也。」《穀梁傳》：「先名後刺，殺有罪也。公子啓曰：『不卒戍者，可以卒也。可以卒而不卒，譏在公子也。刺之可也。』」

按《左氏》，買爲楚戍衛，楚人救衛，不克。公懼於晉，殺買以説焉，謂楚人曰：「不卒戍也。」 杜氏曰：「公實畏晉殺子叢，而誣叢以廢戍之罪告楚人，言子叢不終戍事而歸，故殺之。」孫氏曰：「公與楚，故使公子買戍衛。晉之兵力非買所能抗也，故買不卒戍而歸。徐聞楚人救衛，公懼楚之見討也，乃殺買以説焉。内殘骨肉，苟悦强夷，書以著其惡。」**内殺大夫稱刺者，若曰刺審其情，與衆棄之，而專殺之罪則一耳。** 汪氏曰：「《春秋》書法爲内諱，故隱其專殺，使若得三刺之義。如滅國書取、出奔書孫之意，内以諱爲貶。」**《周官》有三刺，一刺曰訊群臣，再刺曰訊群吏，三刺曰訊萬民。**

刺未有書其故者，汪氏曰：「據刺公子偃，殺有罪不書其故。」**而以不卒戍刺之，則知買爲無罪矣。**張氏曰：「懼於晉而殺公子買者，其實也。謂不卒戍而刺之者，以解於楚也。蓋戍衛者，楚命也。魯、衛本兄弟之國，若推至公之心，俾買往戍之，則買之不卒戍可誅。然其名如此，而其情則不然。書之之詳，所以見其辭之不直而情之甚私。買之死實非其罪，不止於專殺大夫而已也。」**《孟子》曰：「無罪而殺士，則大夫可以去。無罪而戮民，則士可以徙。」今乃殺無罪之主將，以苟說於强國，於是乎不君矣。故特書其故，以貶之也。**○劉氏曰：「殺大夫不著其罪，其著之罪，則是加之，加之則濫矣。《春秋》直記之，見濫也。《公羊》謂不可使往，非也。若不可使往而刺之，是得其罪矣，又何更其文爲不卒戍乎？《穀梁》云『先名後刺，刺有罪也』，亦非也。會不言所爲，言所爲，皆譏也。然則刺不言所坐，言所坐，皆諱也。」廬陵李氏曰：「刺公子買之事，《左氏》得之，《公》、《穀》不知事實，皆以爲殺有罪之詞，非也。」

楚人救衛。臨川吴氏曰：「蓋楚人分圍宋之師以救衛也，狐偃固已先料其必然矣。」張氏曰：「衛服罪請盟，文公不許，懷報怨之意，不聽衛侯之改過自新，失伯主寬洪之度。故《春秋》與夷狄以卹患之名，罪晉文之忌克也。」汪氏曰：「《春秋》書救，未有不善之者。救者善，則伐者爲有罪矣。經書楚救者二：書楚人救衛，罪文公之虐衛也；書楚公子貞帥師救鄭，罪悼公之逼鄭也。然楚救衛、鄭而卒不能救，又以著衛、鄭從夷之耻與蠻夷之不競，而晉文、晉悼之伯終克有成也。」陳氏曰：「僖六年、二十二年楚嘗救鄭矣，不書。於是始書，以爲晉文之伯，楚欲救而不能也。」廬陵李氏曰：「《春秋》予楚以救，正猶書宋人伐陳、衛人救陳，書成鄭虎牢、楚公子貞救鄭相似。蓋彼本無能救之善，但《春秋》借以深著伐者之罪耳。」〇**三月丙午，晉侯入曹，執曹伯畀宋人。**畀，必利反。《左傳》：「晉侯圍曹，門焉，多死。曹人尸諸城上，晉侯患之，聽輿人之謀，曰稱『舍於墓』。師遷焉，曹人兇懼，爲其所得者棺而出之。因其兇也而攻之。三月丙午，入曹，數之以其不用僖負羈，而乘軒者三百人也，且曰獻狀。令無入僖負羈之宮，而免其族，報施也。魏犨、顛頡怒，曰：『勞之不圖，報於何有！』爇僖負羈氏。魏犨傷於胸，公欲殺之，而愛其材，使問，且視之。病，將殺之。魏犨束胸見使者曰：『以君之靈，不有寧也？』距躍三百，曲踊三百。乃舍之。殺顛頡以徇于師，立舟之僑以爲戎右。宋人使門尹般如晉師告急。公曰：『宋人告急，舍之則絶，告楚不許。我欲戰矣，齊、秦未可，若之何？』先軫曰：『使宋舍我而賂齊、秦，藉之告楚。我執曹君，而分曹、衛之田以賜宋人。楚愛曹、衛，必不許也。喜賂怒頑，能無戰乎？』公說，執曹伯，分曹、衛之田以畀宋人。」《公羊傳》：「畀者何？與也。其言畀宋人何？與使聽之也。曹伯之罪何？甚惡也。其甚惡奈何？不可以一罪言也。」《穀梁傳》：「入者，内弗受也。曰『入』，惡入者也。以晉侯而斥執曹伯，惡晉侯也。畀，與也。其曰人何也？不以晉侯畀宋公也。」

古者觀文匿武，《國語》：「武不可觀，文不可匿。」修其訓典，序成而不至，於是乎有攻伐之兵。故孟子謂萬章曰：「子以爲有王者作，將比今之諸侯而誅之乎？其教之不改而後誅之乎？」曹伯羸者，未狎晉政，莫知所承。晉文不修詞令，遽入其國，既執其君，又分其田，暴矣。欲致楚師與之戰，而以曹伯畀宋人，譎矣。杜氏曰：「執諸侯當以歸京師，晉欲怒楚使戰，故以與宋，所謂譎而不正。」張氏曰：「自晉侯侵曹至此，皆《春秋》著文公致楚與戰之由也。」臨川吴氏曰：「晉之用師於曹、衛也，實欲致楚而與之戰。先以假道而啓衛之釁，衛既不許，則還師自南河濟。略侵曹境，不深治曹也，移師伐衛，責其不假道之罪，取其邑。衛服罪請盟而猶不許，以致其君出避，魯戍逃還，則楚人不得不救衛矣。楚既救衛，則又移師臨曹，入其國而執其君，又以曹君畀受圍之宋。多方以激楚之怒，則楚人不得不與晉戰矣。」**雖一戰勝楚，遂主夏盟，舉動不中於禮亦多矣。徒亂人上下之分，無君臣之禮，其功雖多，道不足尚也。故曰：「五伯三王之罪人，仲尼之徒，無道桓、文之事者。」**王氏《箋義》曰：「執曹伯不歸京師而畀宋人，斯不待貶絶而罪惡見者也。」高郵孫氏曰：「晉人執曹伯，治有罪也。畀宋人，豈非讎曹而私宋乎？讎而私，非正也，豈所謂治罪乎？」汪氏曰：「晉文執曹伯，雖蒙上文晉侯入曹之辭，非以其得討罪之義，而稱爵以予之也，特著其因入曹而執之耳。苟以爲伯討，則當先書晉侯執曹伯，次書入曹，如楚莊殺徵舒、入陳之比矣。況曹、衛皆與楚，而衛侯之執歸于京師尚稱晉人，豈以曹伯之執畀宋而反得爲伯討乎？然衛已請盟而弗許，曹未嘗請盟而執之，故不重言晉人，此又輕重之權衡也。」廬陵李氏曰：「晉執曹伯畀宋，與執戎蠻子歸楚同。此書畀而彼書歸，蓋畀者，猶此與彼之辭；歸者，以京師之禮待楚矣。」又曰：「書法：獻者，下奉上也；錫者，上賜下也；畀者，非上非下者也。三者據尊卑言之。」○劉氏曰：「《穀梁》謂：『以晉侯而斥執曹伯，惡晉侯也。』非也。若稱晉人執曹伯，則毋乃如齊人執濤塗而譏其踰國以執乎？」

夏，四月己巳，晉侯、齊師、宋師、秦師及楚人戰于城濮。楚師敗績。《左傳》：「楚子入居于申，使申叔去穀，使子玉去宋，曰：『無從晉師。晉侯在外十九年矣，而果得晉國。險阻艱難，備嘗之矣，民之情僞，盡知之矣。天假之年，而除其害。天之所置，其可廢乎？《軍志》曰：「允當則歸。」又曰：「知難而退。」又曰：「有德不可敵。」此三志者，晉之謂矣。』子玉使伯棼請戰，曰：『非敢必有功也，願以間執讒慝之口。』王怒，少與之師，唯西廣、東宮與若敖之六卒實從之。子玉使宛春告於晉師曰：『請復衛侯而封曹，臣亦釋宋之圍。』子犯曰：『子玉無禮哉！君取一，臣取二，不可失矣。』先軫曰：『子與之。定人之謂禮，楚一言而定三國，我一言而亡之。我則無禮，何以戰乎？不許楚言，是棄宋也，救而棄之，謂諸侯何？楚有三施，我有三怨，怨讎已多，將何以戰？不如私許復曹、衛以攜之，執宛春以怒楚，既戰而後圖之。』公說，乃拘宛春於衛，且私許復曹、衛。曹、衛告絶于楚。子玉怒，從晉師。晉師退。軍吏曰：『以君辟臣，辱也。且楚師老矣，何故退？』子犯曰：『師直爲壯，曲爲老，豈在久乎？微楚之惠不及此，退三舍辟之，所以報也。背惠食言，以亢其讎，我曲楚直，其衆素飽，不可謂老。我退而楚還，我將何求？若其不還，君退臣犯，曲在彼矣。』退三舍。楚衆欲止，子玉不可。夏四月，戊辰，晉侯、宋公、齊國歸父、崔夭、秦小子憖次于城濮。楚師背酅而舍，晉侯患之，聽輿人之誦，曰：『原田每每，舍其舊而新是謀。』公疑焉。子犯曰：『戰也。戰而捷，必得諸侯。若其不捷，表裏山河，必無害也。』公曰：『若楚惠何？』欒貞子曰：『漢陽諸姬，楚實盡之。思小惠而忘大恥，不如戰也。』晉侯夢與楚子搏，楚子伏己而盬其腦，是以懼。子犯曰：『吉。我得天，楚伏其罪，吾且柔之矣。』子玉使鬭勃請戰，曰：『請與君之士戲，君馮軾而觀之，得臣與寓目焉。』晉侯使欒枝對曰：『寡君聞命矣。楚君之惠未之敢忘，是以在此。爲大夫退，其敢當君乎？既不獲命矣，敢煩大夫謂二三子，戒爾車乘，敬爾君事，詰朝將見。』晉車七百乘，韅、靷、鞅、靽。晉侯登有莘之虚以觀師，曰：『少長有禮，其可用也。』遂伐其木以益其兵。己巳，晉師陳于莘北，胥臣以下軍之佐當陳、蔡。子玉以若敖之六卒將中軍，曰：『今日必無晉矣。』子西將左，子上將右。胥臣蒙馬以虎皮，先犯陳、蔡。陳、蔡奔，楚右師潰。狐毛設二旆而退之。欒枝使輿曳柴而僞遁，楚師馳之。原軫、郤溱以中軍公族横擊之。狐毛、狐偃以上軍夾攻子西，楚左師潰。楚師敗績。子玉收其卒而止，故不敗。晉師三日館穀，及癸酉而還。」《公羊傳》：「此大戰也，曷爲使微者？子玉、得臣也。子玉、得臣則其稱人何？貶。曷爲貶？大夫不敵君也。」

楚稱人，貶也。汪氏曰：「此戰與柏舉皆書楚師敗績，則楚非將卑師少而稱人矣。此下書楚殺得臣，則知楚人爲得臣矣。柏舉之戰下書囊瓦奔鄭，則知楚人爲囊瓦矣。中國及楚君、大夫戰皆貶稱人，故宋襄及楚子戰于泓，晉文及楚令尹得臣戰城濮，蔡侯以吴子及楚令尹囊瓦戰柏舉，皆稱楚人。中國大夫及楚子戰稱名氏，故邲之役稱荀林父帥師，此華夷尊卑之辨也。惟鄢陵稱楚子，以敗績在君，故不得不稱楚子也。」**戰而言「及」，主乎是戰者也。當是時，晉師避楚三舍，請戰者得臣也，而經之書及何以在晉？得臣雖從晉師，然初告於晉曰「請復衛侯而封曹，臣亦釋宋之圍」，是未有必戰之意也。及先軫獻謀，許曹、衛以攜其黨，拘宛春以激其怒，而後得臣之意決矣。故楚雖請戰而及在晉侯，誅其意也。荆楚恃强憑陵諸夏，滅黄而霸主不能恤，敗徐于婁林而諸大夫不能救，執中國盟主而在會者不敢與之争。今又戍穀逼齊，合兵圍宋，戰勝中國，威動天下。非有城濮之敗，則民其被髮左衽矣。**朱子曰：「齊桓公死，楚侵中國，得晉文公攔遏住，如橫流泛濫，硬做隄防。不然，中國爲淪浸必矣。」平菴項氏曰：「楚自是不窺中國者十年。」**宜有美辭稱揚其績，而《春秋》所書如此其略，何也？ 仁人明其道不計其功，正其義不謀其利。文公一戰勝楚，遂主夏盟，**陳氏曰：「宋公、齊國歸父、秦小子慭皆稱師而獨爵晉侯，予晉以伯也。」**以功利言則高矣，語道義則三王之罪人也。**朱子曰：「文公伐衛以致楚，而陰謀以取勝，故夫子稱譎而不正。」**知此說，則曾西不爲管仲，而仲尼、孟子雖老于行而不悔，其有以夫！** 張氏曰：「齊桓之伐楚，致屈完于召陵，楚未大創也，故次年即滅弦誘鄭。終桓公之霸，楚爲患而不能制。文公欲霸天下，以爲楚不大創不足以定霸，故欲勝楚取威而後霸業定。是時楚爲齊、宋之患，文公欲虐曹、衛以報怨，因激楚人之怒而使之不得不戰，以取一勝之功，皆譎而不正之事。故賤楚稱人以夷狄之，以晉侯主是戰，誅文公之心也。」永嘉呂氏曰：「齊桓之楚，雖曰猾夏，攻蔡伐鄭，特近楚之國受禍，未至偃然與中國並驅爭先，故齊桓猶可徐爲之謀。晉文之楚，則執中國盟主而在會諸侯不敢與之爭，戰于泓而中國不能與之敵，魯至於乞師而戍穀逼齊，四國與之合兵而圍宋，曹、衛亦受其節制，此夷狄之極盛也，故晉文不得不速與之戰。召陵之次，一得屈完之盟而退師；城濮之役，不至敗楚師不已也，蓋桓公所爲，將以服强楚之心；晉文之舉，所以挫强楚之勢也。所遇不同，用計亦異，立功之緩急亦如之，其爲有功於中國則一也。然召陵之師，規模既定，聲其罪而伐之，楚亦屈服而不敢校，此正也。晉文加兵曹、衛以致楚，許復二國以攜楚，又拘子玉之使以怒楚，三舍避之，示怯以誘楚，其詭計如此，孔子斷之曰『譎』，豈不信哉！ 故齊桓圖楚之功，三十年而後有召陵之役，會諸侯之事亦三十餘年，屢盟屢會而後有葵丘之盛。若文公，則侵曹伐衛，勝楚圍許，盟踐土會温，兩致天王，執曹、衛之君而後復之，凡霸者之事，爲之略盡，皆在一年之内。是齊桓猶有近正之意，若晉文則太譎矣；齊桓猶有近厚之心，若晉文則太迫矣。」魯齋許氏曰：「論君子者必以德，論小人者必以詐。以德度德，君子之優劣見焉；以詐較詐，小人之勝負分焉。德也，詐也，雖有善惡之殊，然各就其中間論之，則未始不以深造者爲得也。爲君子而不至於善之長，爲小人而不至於姦之雄，則未見有以過人者。蓋嘗於晉、楚争伯之際觀之，楚之得臣，不自料其詐力之所造與文公君臣孰淺孰深，遽使伯棼請戰於楚子，告於晉師請復衛侯而封曹，徒欲急間譎慝，勇於立功，而不知區區小數已墮於文公之譎矣。以詐力之淺者用夫詐力之深者，是猶以瑕而攻堅，以弱而制强，吾未見其可也。城濮之師，其所以潰亂而莫能支者，是果誰之咎耶？子玉請復曹、衛，愚請數其失而論之：自周衰以來，世以詐力相高，然其詐力之所以高者，亦皆有過人之才焉。識慮淺而心不險者，不足以爲詐，故伯比之間隨也，遺其禍於數年之後；喜怒輕而量不弘者，不可以爲詐，故勾踐之滅吴也，忍其心於屢請之時。今得臣既昏且蔽，又躁而急，乃欲擁西廣、東宫與若敖六卒，以挫堂堂之晉，宜乎其敗也。彼文公君臣巧譎萬變，目古爲詐之人，未有出其右者。且名分曹、衛之田以賜宋者，非厚宋也，激楚之怒也；私許曹、衛之復使絶於楚者，非愛曹、衛也，致楚師之戰也。至於退三舍而言逾恭者，用以驕敵，用以報德，用以感諸侯之心，用以作三軍之忿。而得臣於此，豈惟不知？多方以誤彼，又且甘投陷阱以致敵於人。噫！詐力之淺者見挫於詐力之深者，亦不足重煩吾儒之議。然於楚子怒得臣之際，愚獨有矜焉。自楚之竊據東南也，憑陵華夏，號召諸侯，其聲威氣焰懾動當世，亦可謂甚强矣。然楚子既命無從晉師，而得臣不忍私忿，固請一戰，楚子雖怒其不可，而竟不能止，孰謂以跛跂之君，反不能下制一臣！吁！可怪也。三綱倒置，人倫不明，國雖强大，而君子以爲寒心。城濮之戰萬不可勝，政使偶而或勝，則得臣他日恃功專恣之禍，必有甚於喪師之慘矣。世之詆伯，猶以尚功利爲言，殊不知伯者之所爲，横斜曲直，莫非禍端。先儒謂王道之外無坦途，舉皆荆棘；仁義之外無功利，舉皆禍殃。彼詆伯者以功利，何其僭譽之深耶！斯言其至矣。」廬陵李氏曰：「召陵雖以『來盟』予齊，而亦有遂伐之專；城濮雖以書侯予晉，而亦有先盟及戰之譎。此皆功過不相掩之法也。」王氏《箋義》曰：「陳、蔡從楚而不書者，助夷狄抗中國，且以其師從楚右師，失位，故賤而不書。亦猶哀十年會吴伐齊不言邾、郯。」

楚殺其大夫得臣。楚始書大夫。《左傳》：「初，楚子玉自爲瓊弁玉纓，未之服也。先戰，夢河神謂己曰：『畀余，余賜女孟諸之麋。』弗致也。大心與子西使榮黄諫，弗聽。榮季曰：『死而利國，猶或爲之，况瓊玉乎？是糞土也，而可以濟師，將何愛焉？』弗聽。出，告二子曰：『非神敗令尹，令尹其不勤民，實自敗也。』既敗，王使謂之曰：『大夫若入，其若申、息之老何？』子西、孫伯曰：『得臣將死，二臣止之曰：「君其將以爲戮。」』及連穀而死。晉侯聞之而後喜可知也，曰：『莫余毒也已！蔿吕臣實爲令尹，奉己而已，不在民矣。』」杜氏曰：「至連穀，王無赦命，故自殺。」

按《左氏》，晉師既克曹、衛，楚子入居于申，汪氏曰：「申在方城内，故曰入。」**使申叔去穀，使子玉去宋，曰：「晉侯在外十九年，而果得晉國。險阻艱難，備嘗之矣；民之情僞，盡知之矣。天假之年而除其害，其可廢乎？」子玉使伯棼請戰，楚子怒，少與之師，惟西廣、**古曠反。**東宮與若敖之六卒實從之，而不止也。**杜氏曰：「楚有左、右廣，一廣十五乘。又太子有宮甲，分取以給之。若敖，楚武王之祖父。葬若敖者，子玉之祖也。百人爲卒。六卒，子玉宗人之兵六百人。言不悉師以益之。」**子玉從晉師，文公退三舍辟之，楚衆欲止，子玉不可。戰于城濮，楚師敗績。夫得臣信有罪矣，而楚子知其不可敵，不能使之勿敵，而少與之師，又以一敗殺之。是以師爲重，而棄其將以與之也，**劉氏曰：「此殺有罪而以累上之辭言之，惡楚子也。楚子知其不可使也而不能勿使，知其不可敵也而不能使之勿敵，是亦棄其師之道也。」**是晉再克而楚再敗也。故稱國以殺而不去其官。**張氏曰：「楚自得臣伐陳立爲令尹，令其圍陳圍宋，無非猾夏狃勝之事。故雖知晉之不可敵，而不能使之退師，師敗，而不能自反其平日求勝無厭之罪，方責其無以見申、息之老。是縱其猾夏求勝，及一敗而輒殺之也，故以國殺大夫爲文。」陳氏曰：「楚子使止子玉曰『毋死』，不及，則其斥『殺』何？《春秋》之法：苟有誅意於其臣，雖自殺也書殺。是故楚得臣、公子側，皆書殺而已矣。」**以仲尼書鄭棄其師與楚殺得臣之事觀之，可爲來世之永鑒矣。**汪氏曰：「楚屈瑕伐羅之敗，群帥囚于冶父以聽刑，楚子曰：『孤之罪也。』殽之役，秦大夫及其左右請殺孟明，秦伯曰：『孤之過也。』其賢於楚頵之殺得臣、審之殺側遠矣。」

衛侯出奔楚。

諸侯失國出奔，未有不名者，衛侯何以不名？著文公之罪也。衛侯失守社稷，背華即

夷，於文公何罪乎？衛之禍，文公爲之也。初，齊、晉盟于斂盂，衛侯請盟，晉人不許，是塞其向善之心，雖欲自新改轍，而其道無由也。高帝一封雍齒而功臣不競，《前漢書·張良傳》：「諸將争功，往往坐沙上偶語。良曰：『此屬畏陛下不能盡封，又恐見疑過失及誅，故相聚謀反耳。』上曰：『奈何？』留侯曰：『上平生所憎，誰最甚者？』曰：『雍齒。』良曰：『今急先封雍齒，則群臣人人自堅矣。』乃封雍齒爲什方侯。群臣喜曰：『雍齒且侯，吾屬無患矣。』」世祖燒棄文書而反側悉安。《後漢書·光武紀》：「圍邯鄲，拔其城，誅王郎，收郎文書，得吏民與郎交關謗毁者數千章。帝不省，會諸將燒之，曰：『令反側子自安。』」使文公釋怨，許衛結盟，南向諸侯棄楚而歸晉矣。忿不思難，惟怨是圖，必使衛侯竄身無所，奔于荆蠻，歸于京師，兄弟相殘，君臣交訟，誰之咎也？夫心不外者，乃能統大衆；智不鑿者，乃能處大事。文公欲主夏盟，取威定霸，而舉動煩擾若不勝任者，惟鑿智自私，而心不廣也。《春秋》於衛侯失國出奔，不以其罪名之，而重文公之咎，蓋端本議刑，責備賢者之意也。孫氏曰：「晉文以私怨逐衛侯，若直書曰衛侯某，則與鄭伯突、蔡侯朱自失其國者不異，而晉文逐之之惡無以見矣。」張氏曰：「衛文公不禮晉文，敵怨不當在其後嗣，而文公報怨之意，未嘗一日忘于心。故衛人雖未嘗從楚圍伐宋、齊而首伐之，請盟弗許，致其國人出君以説于晉，皆盟主徇私之所致。故曰：衛之禍，文公爲之，而衛侯不名，責晉文也。」家氏曰：「晉文公度量不廣，於處置衛事而見之。衛侯奔不名，所以責晉。晉文才有餘而量不足，齊桓量有餘而才不足，與其爲晉文，不若爲齊桓。」臨川吴氏曰：「衛侯黨楚之情深固，晉雖私許復之，終懷疑而不敢信，故聞楚敗，懼晉害己而出奔楚也。」汪氏曰：「衛成公出奔，據《公羊》，則是晉文逐衛侯而立叔武，衛侯之位已絶，《春秋》當以鄭厲、衛惠之例而書名。據《左氏》，則是衛侯懼晉，使元咺奉其弟叔武盟于踐土，而奔楚適陳以免討，其位未絶，若曹伯負芻之類。故陸氏云：『令叔武攝位而去，故不名。』蓋晉文雖絶衛侯之位，而《春秋》不絶其位，罪文公不當廢衛侯也。」

五月癸丑，公會晉侯、齊侯、宋公、蔡侯、鄭伯、衛子、莒子盟于踐土。踐，在演反。《左傳》：「甲午，至于衡雍，作王宫于踐土。鄉役之三月，鄭伯如楚致其師，爲楚師既敗而懼，使子人九行成于晉。晉欒枝入盟鄭伯。五月丙午，晉侯及鄭伯盟于衡雍。丁未，獻楚俘于王，駟介百乘，徒兵千。鄭伯傅王，用平禮也。己酉，王享醴，命晉侯宥。王命尹氏及王子虎、内史叔興父策命晉侯爲侯伯，賜之大輅之服，戎輅之服，彤弓一，彤矢百，玈弓矢千，秬鬯一卣，虎賁三百人。曰：『王謂叔父，敬服王命，以綏四國，糾逖王慝。』晉侯三辭，從命，曰：『重耳敢再拜稽首，奉揚天子之丕顯休命。』受策以出，出入三覲。衛侯聞楚師敗，懼，出奔楚，遂適陳，使元咺奉叔武以受盟。癸亥，王子虎盟諸侯于王庭，要言曰：『皆獎王室，無相害也。有渝此盟，明神殛之，俾隊其師，無克祚國，及其玄孫，無有老幼。』君子謂是盟也信，謂晉於是役也能以德攻。」《穀梁傳》：「諱會天王也。」杜氏曰：「諸侯盟于踐土，宫之王庭，王子虎臨盟，不同歃。衛叔武攝位受盟，從未成君之禮，故稱子而序鄭伯之下。踐土，鄭地。」何氏曰：「會不致者安信？與晉文也。盟日者，譎也。」

踐土之會，天王下勞晉侯，削而不書，何也？周室東遷，所存者號與祭耳，其實不及一小

國之諸侯。司馬氏曰：「周之地則不大於曹、滕，周之民則不衆於邾、莒。」**晉文之爵雖曰侯伯，而號令天下，幾於改物實行天子之事，此《春秋》之名實也。與其名存實亡，猶愈於名實俱亡。**邵子曰：「周王名雖王，實不及一小國之諸侯。齊、晉雖侯，而實僭王。此《春秋》之名實也。名存而實亡，猶愈於名實俱亡。苟存其名，安知後世無王者作？」**是故天王下勞晉侯于踐土，則削而不書，**陳氏岳曰：「襄王聞晉勝，自往勞之，非晉致之也，故爲襄王諱而不書。」**去其實以全名，所謂君道也，父道也；**汪氏曰：「踐土之下勞，乃襄王之自失其尊。故諸侯朝王而盟于王庭，《春秋》削天王之下臨，所以去其降尊之實；先書諸侯盟踐土，而後書公朝于王所，所以全臣子當尊之名。是爲襄王隱惡，明其所以爲君父之道也。」陳氏曰：「先朝而後盟，曷爲先書盟後書朝？書朝而後盟，是以天子與斯盟也。書盟而後朝，《春秋》不以天子與斯盟之辭也。」**晉侯以臣召君，則書「天王狩于河陽」，正其名以統實，所謂臣道也，子道也，**汪氏曰：「晉侯召王以諸侯見，而使王狩，乃晉文之不知所尊。故《春秋》先書諸侯會溫，次書天王巡狩，所以正天子自尊之名；後書王所之朝，所以統天下常尊之實。是爲晉文隱惡，明其所以爲臣子之禮也。踐土、于溫，諸侯皆先行朝禮而後盟會，《春秋》皆先書盟會而後書朝，使若晉文合諸侯以尊王也。王自來則不書，使若諸侯之往朝；召王使狩則書王自狩，使若因巡狩而朝之也。或謂盟踐土、會溫之時天王未至，又謂不當先盟會而繼事以朝王，皆未知聖人屬辭之深意矣。」廬陵李氏曰：「外以諱爲善，則諱晉者非貶也。朱子亦曰：『如葵丘之會、召陵之師、踐土之盟，自是好，本末自別。』」**而天下之大倫尚存而不滅矣。**張氏曰：「王者之威，不足以致諸侯，而諸侯之力，乃足以攘却夷狄，懷服天下。聖人於《易·坤》之六五繫之辭曰『黄裳元吉』，謂必得中居下，則大善之吉也。文公於勝楚之後，即帥諸侯朝天子，然後受侯伯錫命之策，對揚大輅、戎輅、彤弓、虎賁之賜，乃合於在師中吉而當三錫之命，以懷服萬邦，即所謂黄裳元吉，得坤德之正矣。今文公負震主之威，不帥諸侯朝王，而致天子屈尊下勞，失正位居體之道，非所以正天下大分。諸侯之受盟，陳侯之新附，皆爲文公而來，若書天王下臨而列踐土之盟，則尊卑倒植，綱常易矣。故即其可書者記之，而天王下勞没而不書，以示天下之大訓而存人道之大倫也。故曰：非聖人孰能修之？」臨川吴氏曰：「傳言王子虎盟諸侯于王庭，經不書王人者，王子虎不與盟也。」王氏《箋義》曰：「晉侯戰勝，天子自往踐土勞之，復使王子虎盟諸侯于王庭，皆非禮也。故不書王子虎，唯以諸侯自盟爲文。」孫氏曰：「踐土之盟，襄王在是也，不書，不與晉文致天子也。晉文既攘强楚，不能朝于京師，獻楚俘以警夷狄，反以乘勝之衆坐致衰陵之主，盟諸侯于是，甚矣，況又受其侯伯之命、弓矢之賜哉！雖曰不脅天子，吾未之信也。是故惠王賜齊侯命，襄王命晉侯爲侯伯，皆没而不書焉。噫！孔子皆没而不書，後世猶有脅天子而取九錫者，悲夫！」**衛侯奔楚不書名者，未絶其位也。叔武受盟而稱衛子者，立以爲君也。**臨川吴氏曰：「子者，父死子繼，未逾年君之稱。衛侯懼晉執辱之故，身出奔而使其弟攝君以受盟。亦書曰衛子，是晉文怒衛侯奔楚，立叔武爲君而以之代其兄。見伯主以私意廢置諸侯，紊王制也。」劉氏曰：「叔武代其君，非奪之也，乃將復之也，故謂之衛子。」**此見聖人深罪晉文報怨行私，專權自恣，廢置諸侯之意。**或問：「楚懷王入秦，楚人立太子，蜀先主即位漢中，與書衛子之意何似！」茅堂胡氏曰：「叔武稱子，罪晉文以私怨廢置諸侯也。懷王拘於秦,楚大臣立太子以從臣望,權也。曹氏篡漢,先主即位於漢中,正也。」陳氏曰:「序晉侯於齊侯、宋公之上,予晉以伯也。」汪氏曰:「齊侯非主盟,亦序宋公之上。蓋霸者,以勢之强弱相上下,謂齊强於宋故也。自是訖《春秋》之終,凡齊盟,必以齊次晉而先宋。又按:齊桓、晉文皆於服楚之後舉尊王之義,然桓公不敢致天子,而會王世子以定其位,雖曰禮之變,而心則正也。厥後盟洮,序王人下士於諸侯之上,會葵丘,不敢盟宰周公,則其正可知矣。文公既致天王之下勞,又假巡狩之禮召王以諸侯朝焉,雖若禮之正,而心實譎也。厥後會翟泉,使諸侯之大夫盟王子虎于王城之內,則其譎甚矣。朱子以踐土與葵丘並論而取之者,蓋謂文公之心雖譎,猶能放佛齊桓尊周之餘意,視其他伯者,則爲彼善於此也。」

陳侯如會。《公羊傳》:「其言如會何? 後會也。」《穀梁傳》:「如會,外乎會也,於會受命也。」杜氏曰:「陳本與楚,楚敗,懼而屬晉,來不及盟,故曰如會。」劉氏曰:「陳本不預盟約,聞會自至,與袁僑如會一耳。」汪氏曰:「陳穆公如會於盟踐土之後,則不與於盟;如會於朝王所之先,則亦與於朝矣。是時晉文始合諸侯,故陳侯雖棄異即同,且疑且畏,其來尚緩,故不及於盟歃也。至于温,則共公居喪而亟會,不敢斯須少怠矣。」廬陵李氏曰:「經書如會三:此及雞澤袁僑、于鄬鄭伯。」○**公朝于王所。**《公羊傳》:「曷爲不言公如京師? 天子在是也。天子在是,則曷爲不言天子在是? 不與致天子也。」《穀梁傳》:「朝不言所,言所者,非其所也。」

朝不言所,言所,非其所也。杜氏曰:「王在踐土非京師,故曰王所。」趙氏曰:「尊其不地,志乎朝王而已,異乎盟會所也。」**朝乎廟,禮也;**《儀禮·覲禮》:「肉袒于廟門之東。」《周禮·大行人》:「廟中將幣,三享。」《禮記・曲禮》注：「受摯於朝，受享於廟，朝者位於内朝而序進，覲者位於廟門外而序入。」于外，非禮也。有虞氏五載一巡狩，群后四朝。周制：十有二年王乃時巡，諸侯各朝于方嶽。亦何必于京師、于廟，然後爲禮乎？古者天子巡狩于四方有常時，諸侯朝于方嶽有常所。其宮室道途可以預修，故民不勞；其供給調度可以預備，故國不費。文中子曰：「舜一歲而巡四嶽，國不費而民不勞，何也？兵衛少而徵求寡也。」今天王下勞晉侯，公朝于王所，則非其時與地矣。自秦而後，巡游無度，至有長吏以倉卒不辦被誅，民庶以煩勞不給生厭，番陽馬氏曰：「舜之時，五載僅一巡狩，至周，則十二年乃一巡焉，又必以四嶽爲底止之地，出必有期，而行必有方。其志在於憂民，而不致煩民也。秦始皇、隋煬帝假巡歷省方之説，以濟其流連荒亡之欲。千乘萬騎，無歲不出，遐方絶域，無地不到。郡縣置頓，稍慢者獲罪，百姓供費不給，頭會箕斂。遂生憤怨，覆祚殞身，曾不旋踵。雖秦、隋所以召亡者非一，儻非游蕩無度，則土崩魚爛之勢，未如是之促也。」蓋《春秋》之義不行故也。然則天子在是，其可以不朝乎？天子在是而諸侯就朝，禮之變也。《春秋》不以諸侯就朝爲非，而以王所非其所爲貶，正其本之意也。孫氏曰：「公朝于王所，非禮可知也。不言諸侯者，言諸侯則是天子可得致也。」高氏曰：「天子不下堂而見諸侯，今乃出王畿以從諸侯之會，尊卑倒植，不可以訓，故但書公朝王所，而知天子在是矣。不書諸侯而獨書公朝，此聖人之深意也。」陳氏曰：「此踐土之諸侯也。於是晉侯將盟踐土，而王即命爲方伯，諸侯朝焉。外朝王，如隱六年鄭伯，八年齊、鄭，莊十八年晉、虢，皆不書。書魯，以見其餘也。」臨川吴氏曰：「諸侯朝王于踐土之宫，《春秋》魯史，故但書公朝，非是魯一國獨朝而諸侯不朝也。」張氏曰：「言王所，則非京師也。言所而不言京師，後人不知其諱，而謂出居于鄭，未復京師，皆不考本末而昧於《春秋》之大旨也，豈知婉而成章之法固見於此歟！」汪氏曰：「王所居之處則曰王所，故《覲禮》云：『伯父順命于王所。』朝者覲君之總稱，故虞、周之書諸侯見天子于京師、于外皆言朝。《春秋》書公朝于王所者二，所以正其尊王之名，蓋謂事雖出於權，而禮則專也。書公如京師者一，而不言朝，以其無尊王之實，蓋謂事雖似於正而禮則簡也。《穀梁》謂朝不言所，非謂王所不當朝，但以踐土、河陽非天王之所當居耳，如云聘諸侯非正也之意。」廬陵李氏曰：「《春秋》書魯之朝王者三，此年二、成十三年如京師是也。皆因伯事以行禮。然此雖在外而得書朝，彼雖至京師而反書如者，蓋此若書如，則無以見天王就朝之實；彼若書朝，則無以見諸侯之不成乎禮，義各有在也。彼書朝於伐秦之先，此書朝於盟踐土之後者，蓋彼不先書朝，無以見朝王之爲重；此不後書朝，無以見諱王之實，義亦各有在也。然此書朝，猶爲下事上之詞，彼書如，則不過彼適此之例矣，亦微有分别。」

六月，衛侯鄭自楚復歸于衛。《穀梁傳》：「自楚，楚有奉焉爾。復者，復中國也。歸者，歸其所也。鄭之名，失國也。」**衛元咺出奔晉。**《左傳》：「或訴元咺於衛侯曰：『立叔武矣。』其子角從公，公使殺之。咺不廢命，奉夷叔以入守。六月，晉人復衛侯。甯武子與衛人盟于宛濮，曰：『天禍衛國，君臣不協，以及此憂也。今天誘其衷，使皆降心以相從也。不有居者，誰守社稷？不有行者，誰扞牧圉？不協之故，用昭乞盟于爾大神以誘天衷。自今日以往，既盟之後，行者無保其力，居者無懼其罪。有渝此盟，以相及也。明神先君，是糾是殛。』國人聞此盟也，而後不貳。衛侯先期入，甯子先，長牂守門，以爲使也，與之乘而入。公子歂犬、華仲前驅。叔武將沐，聞君至，喜，捉髮走出，前驅射而殺之。公知其無罪也，枕之股而哭之。歂犬走出，公使殺之。元咺出奔晉。」杜氏曰：「元咺雖爲叔武訟訴，失君臣之節，故書奔。」啖氏曰：「凡『奔』，皆惡也。」

衛侯失國出奔則不名，復歸得國何以名？殺叔武也。張氏曰：「衛成公書名，聽讒慝之言，殺無罪之弟也。前驅殺叔武而罪衛侯者，蓋殺元咺之子角，又自疑叔武而先期入，此叔武之所以死於前驅也。」臨川吴氏曰：「衛侯怒元咺之立叔武而殺其子，故前驅歂犬探衛侯之心，陽爲不識叔武而射殺之。歂犬見衛侯哭弟之哀，於是走出，衛侯使殺之者，亦聊以歸獄云爾。」高氏曰：「叔武雖不能避嫌，然亦請復衛侯。衛侯不之信，先期而入，因殺之。故《春秋》不書叔武之事，是專責衛侯也。」**叔武者，衛侯之弟也。晉文公有憾於衛侯而不釋怨，於是逐衛侯，立叔武。叔武辭立而他人立，則恐衛侯之不得反也，於是己立乎其位，治反衛侯。衛侯得反而疑其弟，則曰：「叔武篡我。」元咺争之曰：「叔武無罪。」衛侯不信其言，終殺叔武。是不念鞠子哀，而以争國爲心，亂民彝，滅天理，其爲罪大矣，此其所以名也。元咺由是走之晉而訟其君。**張氏曰：「《易》曰：『自下訟上，患至掇也。』成公殺叔武，雖可謂大弗友，咺以臣而訟君，可乎？然亦晉文惡衛侯之心，有以召之也。雖赴愬於晉而得志，亦著其當誅之罪也。」廬陵李氏曰：「胡氏所引叔武之事本《公羊》，與《左傳》所載小異。由《左氏》言之，則衛侯爲誤殺。由《公羊》言之，則衛侯爲忌殺。然衛侯之内忌信讒，始於殺角之時。今之殺叔武，乃其本心，特誣罪於前驅以告諸侯耳。此《公羊》所以爲實録也。」**然衛侯初歸則稱復，再歸何以不稱復乎？《春秋》立法甚嚴，而待人以恕。鄭之初歸，雖殺叔武，既名之矣，猶意其或出於誤而能革也，是以稱復。**臨川吴氏曰：「凡言復歸者，言國乃其國，昔失而今復之爾。」**及其再歸，又殺元咺及公子瑕，則是終以争國爲心，長惡不悛，無自艾之意矣，是以不稱復。其曰歸于衛者，易詞也。諸侯嗣，故稱復者，繼之也；不稱復者，絶之也，而國非其國矣。**家氏曰：「元咺奉叔武如會，此亦征繕輔孺子之意，叔武非敢以君位自居也。晉人列之於會，待以君禮。衛人謂晉文將立叔武矣，俄而衛侯來歸，無以洩其逃廢之憾，殺叔武焉。怒于晉而移之於其弟，衛侯之罪大矣，故其奔也不名，其復也名之。」汪氏曰：「《春秋》書國君去國而歸者七。鄭忽、曹襄、衛衎、邾益及衛侯鄭之再歸，皆不書自，惟衛侯鄭初歸書自楚，著其懼晉之辱，不得已奔楚，今始去夷而即夏也。❶曹成公之歸書自京師，著天王之釋有罪也。」永嘉吕氏曰：「經書『自』，如『意如至自晉』、『蔡季自陳歸于蔡』、『曹伯歸自京師』，著其昔在彼而今歸于此也。書自楚歸，則背華即夷之罪著矣。『曹伯歸自京師』，著其自京師也。鄭之再執亦歸自京師，不云自京師，晉文之執與厲之執有間矣。」廬陵李氏曰：「陳氏云：『君歸不言自。君而言自者，危不得歸也。是故晉文實復衛侯，而曰自楚，危自楚也。晉

❶「今」，原作「令」，今據四庫本改。

厲實歸曹伯，而曰自京師，危自京師也。』此説亦似未盡。大抵書自楚者，其亦觀其所主，而榮辱成敗見之意也歟！」○劉氏曰：「如《左氏傳》言，殺叔武者，衛侯不知情，又爲叔武報殺其讎，又親枕之股而哭之，兄弟之恩篤矣，元咺何爲奔晉愬殺其弟乎？假令咺誣其君，訟當不勝，何故衛侯反不勝乎？晉人豈不知其嘗爲叔武殺歂犬乎？《左氏》之説非也。」

陳侯欵卒。○秋，杞柏姬來。杜氏曰：「莊公女。歸寧曰來。」臨川吴氏曰：「杞桓公，伯姬之次子，繼其兄成公而立，即來朝魯而爲魯所卑，又使卿帥師入其國，魯之待杞，可謂無恩矣。故伯姬又來謝過而求平也。」薛氏曰：「杞伯嘗辱於魯矣，數爲非禮之歸，其甚矣乎！」**○公子遂如齊。**薛氏曰：「始平於齊也。」臨川吴氏曰：「魯以楚師伐齊取穀，幸而孝公遄卒，未及報怨。晉文既霸，齊、魯均爲受盟之國，則齊不敢背晉盟而報魯怨。故魯因使公子遂聘齊，講好而釋前怨也。」張氏曰：「杞伯姬來而入杞之怨釋，公子遂如齊而取穀之憾解。中國貴於伯權之立如此，此邵子所謂功之首也。」

附録《左傳》：「城濮之戰，晉中軍風於澤，亡大旆之左旃。祁瞞奸命，司馬殺之，以徇于諸侯，使茅茷代之。師還。壬午，濟河，舟之僑先歸，士會攝右。秋七月丙申，振旅，愷以入于晉。獻俘授馘，飲至大賞，徵會討貳。殺舟之僑以徇于國，民於是大服。君子謂：『文公其能刑矣，三罪而民服。《詩》云：「惠此中國，以綏四方。」不失賞刑之謂也。』」

冬，公會晉侯、齊侯、宋公、蔡侯、鄭伯、陳子、莒子、邾子、秦人于温。晉侯下《穀》無「齊侯」。秦與中國會始此。《左傳》：「冬，會于温，討不服也。」《穀梁傳》：「諱會天王也。」杜氏曰：「討衛、許。陳共公稱子，先君未葬。宋襄公稱子，自在本班。陳共公降在鄭下，陳懷公稱子在鄭上，蓋主會所次，非褒貶也。」臨川吴氏曰：「中國諸侯服楚而同圍宋者，陳、蔡、鄭、許也。楚既敗，蔡、鄭即從晉，陳雖後盟，亦來如會。獨許最小弱而猶不改圖，❶故晉文此會，蓋合諸侯以討許也。衛侯既赦之，使復國矣，猶欲討衛者，元咺訴之於晉，故晉聽其訴而又欲討衛也。陳共稱子班鄭下，與衛叔武稱子班鄭下同。踐土無邾、秦，至此則小國畏威，大國聞風皆至，可見晉伯之盛矣。」汪氏曰：「温本畿内國，爲狄所滅者。」**天王狩于河陽。**狩，《穀》作「守」。《左傳》：「是會也，晉侯召王，以諸侯見，且使王狩。仲尼曰：『以臣召君，不可以訓。』故書曰天王狩于河陽。言非其地也，且明德也。」《公羊傳》：「狩不書，此何以書？不與再致天子也。魯子曰：『温近而踐土遠也。』」《穀梁傳》：「全天王之行也，爲若將守而遇諸侯之朝也，爲天王諱也。水北爲陽，山南爲陽。温，河陽也。」杜氏曰：「河陽，晉地。河内有河陽縣。」齊氏曰：「温去王朝百餘里。」汪氏曰：「温即河陽，蓋古孟津，本畿内之地，襄王以賜晉文公。」

按《左氏》，晉侯召王以諸侯見，杜氏曰：「晉侯大合諸侯而欲尊事天子，以爲名義。自嫌强大，不敢朝周，喻王出狩，因得盡群臣之禮，皆譎而不正之事。」**仲尼曰：「以臣召君，不可以訓。」故書曰天王狩于河陽，以尊周而全晉也。**何氏曰：「使若天子自狩，非致也。」趙氏曰：「爲晉文避召天王之名也。」劉氏曰：「踐土之會，天子自往也。自往雖微，而猶可言。河陽之會，臣召君也。臣召君，不可以訓，

---

❶「獨許」至「此會」十五字，原脱，今據四庫本補。

故書狩焉。」徐氏曰：「言温以避狩，言狩以温見，所以尊周而全晉也。」或問：「温即河陽，何以兩言之？」茅堂胡氏曰：「温之會，晉實召王，故書會于温、狩于河陽，兩全之也。」**啖助謂以常禮言之，晉侯召君，名義之罪人也，其可訓乎？ 若原其自嫌之心，嘉其尊王之意，則請王之狩，忠亦至焉，故夫子特書狩于河陽，所謂原情爲制，以誠變禮者也。**啖氏曰：「時天子微弱，諸侯驕惰，怠於臣禮。若令朝于京師，多有不從。又晉已强大，率諸侯而入王城，亦有自嫌之意。故請王至温而行朝禮，若因天子狩而諸侯得覲之也。」程子曰：「晉文公欲率諸侯以朝王，正也。懼其不能，故譎以行之，召王以就焉。人獨見其召王之非，而不見其欲朝之本心，是以譎而掩其正也。」**夫踐土之會，王實自往，非晉罪也，故爲王諱而足矣。温之會，晉則有罪而其情順也，**杜氏曰：「晉實召王，爲其辭逆而意順，故以王狩爲辭。」劉氏曰：「其禮雖悖，其情甚順。仲尼原心定罪，故寬其法耳。」**故既爲王諱之，又爲晉解之，於以見《春秋》忠恕也。**陳氏曰：「莊二十一年，王巡虢狩不書，此何以書？非狩也。王有事，譏不在諸侯，則以自致之文書之。此諸侯之罪爾，曷爲以自狩爲文？爲尊尊諱也。晉侯將會于温，召王以諸侯見，則先狩而後會，曷爲先書會而後書狩？書狩而後會，是以天子與斯會也；先書會後書狩，《春秋》不以天子與斯會之辭也。齊桓盟王人，不盟宰周公，殊會王世子，晉文致天子而朝之，故曰：齊桓公正而不譎，晉文公譎而不正。」臨川吴氏曰：「城濮勝楚之後，襄王下勞晉侯，故踐土之盟，晉侯得以天王在會爲榮而夸示諸侯。今温之會，晉侯又欲如踐土，故召王來狩於其國之地，則天王又在會矣。然踐土，是天王自來，故没而不書，存君體也；會温，則晉實召王，故書天王自狩，存臣禮也。」資中黄氏曰：「聖人順天理之正，明君臣之分，書曰天王狩于河陽，此豈惟遏惡揚善，成人之美哉？雖使晉文復生，親見夫子書法，亦將帖然心服，可以坐銷其强猛之氣，而遷善遠罪之不暇矣。」家氏曰：「齊桓會王世子于首止，猶曰尊王室也。孰知繼桓而霸者，遂至屈天王之尊，就而朝焉！積習之漸使然耳。」朱子曰：『天王狩于河陽』，恐是當時史策已如此書。蓋當時周室雖微，名分尚在，晉文公召王固是不順，然史策所書，想必不敢明言晉侯召王也。李傕、郭汜、朱全忠，盜賊狂恣，唯力是視，亦未必曾讀《春秋》，見有此事而效之也。」高氏曰：「衛侯不與會者，晉聽元咺之訟，不使之預也。」廬陵李氏曰：「按：王巡虢守不書，則王狩之非狩審矣。非狩而曰狩，爲尊者諱也。《春秋》書狩四，而此非講武之狩，蓋假巡狩之禮以爲詞也。」○趙氏曰：「《左氏》云：『且明德也。』未及於禮而謂之爲德，無乃過乎？若謂此爲德，則率諸侯朝于京師者謂之何哉？以德爲目，非施於霸者。」

壬申，公朝于王所。《公羊傳》：「其日何？録乎内也。」《穀梁傳》：「朝於廟，禮也。於外，非禮也。獨公朝與？諸侯盡朝也。其日，以其再致天子，故謹而日之。主善以内，目惡以外。言曰公朝，逆辭也，而尊天子。會于温，言小諸侯。温，河北地。以河陽言之，大天子也。日繫於月，月繫於時。『壬申，公朝于王所』，其不月，失其所繫也，以爲晉文公之行事爲已傎矣。」杜氏曰：「有日而無月，史闕文。」陳氏曰：「朝繫日，見先狩而後朝也。王嘗至踐土而不言狩，則王意也，可以但言朝。至温，非王意也，則不可以但言朝。朝而繫日，雖諱，而諸侯致天子之實見矣。」臨川吴氏曰：「踐土之盟，天王在盟所，若主是盟者然，故既盟，而晉率與盟之諸侯以朝王。温之會，天王在會所，若主是會者然，故既會，而晉復率與會之諸侯以朝王也。古者天子巡狩，其方伯率諸侯以朝于方嶽之下，此禮之廢久矣。今一歲之間，天子兩受諸侯之朝，晉文之心，不過欲假此以夸諸侯，非真能尊天子也。實譎而名則正，心非而迹則是，故啖氏亦有取焉。」○趙氏曰：「若録内而書日，何不書月乎？《公羊》之説非也。」○**晉人執衛侯歸之于京師。**《左傳》：「衛侯與元咺訟，甯武子爲輔，鍼莊子爲坐，士榮爲大士。衛侯不勝，殺士榮，刖鍼莊子，謂甯俞忠而免之。執衛侯歸之于京師，寘諸深室。甯子職納橐饘焉。」《公羊傳》：「歸之于者何？歸于者何？歸之于者，罪已定矣。歸于者，罪未定也。罪未定，則何以得爲伯討？歸之于者，執之於天子之側者也，罪定不定，已可知矣。歸于者，非執之于天子之側者也，罪定不定，未可知也。衛侯之罪何？殺叔武也。何以不書？爲叔武諱也。《春秋》爲賢者諱，何賢乎叔武？讓國也。其讓國奈何？文公逐衛侯而立叔武，叔武辭立而他人立，則恐衛侯之不得反也，故於是己立。然後爲踐土之會，治反衛侯。衛侯得反，曰：『叔武篡我。』元咺争之曰：『叔武無罪。』終殺叔武，元咺走而出。此晉侯也，其稱人何？貶。曷爲貶？衛之禍，文公爲之也。文公爲之奈何？文公逐衛侯而立叔武，使人兄弟相疑，放乎殺母弟者，文公爲之也。」《穀梁傳》：「此入而執，其不言入，何也？不外王命於衛也。歸之于京師，緩辭也，斷在京師也。」程子曰：「歸于者，順易之辭。歸之于者，强歸之辭。君臣無獄，而文公惡衛侯，使與元咺辨曲直，衛侯不勝，遂刑其大夫。執其君，其聽頗矣，雖歸于王，而實强致之，故曰『歸之于京師』。」**衛元咺自晉復歸于衛。**《左傳》：「元咺歸于衛，立公子瑕。」《公羊傳》：「自者何？有力焉者也。此執其君，其言自何？爲叔武争也。」《穀梁傳》：「自晉，晉有奉焉爾。復者，復中國也。歸者，歸其所也。」

其言歸之于者，執不以正之詞也。古者君臣無獄，諸侯不專殺。《國語》：「晉侯執衛成公歸之于周，請殺之。王曰：『不可。夫君臣無獄，今元咺雖直，不可聽也。君臣皆獄，父子將獄，是無上下也，而叔父聽之，一逆矣；又爲臣殺其君，其安庸刑？布刑而不庸，再逆矣。一合諸侯而有再逆，故余懼其無後。』」**爲臣執君，故衛侯不名而元咺稱復。大夫不世，其稱復，絶之也。**臨川吴氏曰：「元咺譖訴衛侯之甚，而晉侯怒之深，故執之以歸于京師，蓋將假託王命而廢黜之。此晉文之意，實元咺之謀也。故咺自晉歸衛，即別立公子瑕爲君，而無所忌憚。挾伯主之威而易置其君，如奕棊然，咺之罪大矣，奚啻當服？今將之誅而已哉！」張氏曰：「咺訟其君，致之縲紲，故其歸異於蔡季、華元。特書復者，著其假伯主之力，遂其無君之心也。」陳氏曰：「歸大夫不言復，必諸侯也而後言復，君有歸道也。大夫言復者，抗也。是故元咺『復歸』，宋魚石、晉欒盈『復入』，皆抗辭也。」**自晉者，晉有奉焉，**高氏曰：「晉文聽其臣子之訟而執其君，非伯者所以靖亂之義也。書曰『自晉』，晉侯之罪亦已明矣。」**因其力也。**何氏曰：「恃晉力以歸。然臣無訴君之義，復於衛，非也。」**歸者易詞，以文公爲之主，故其歸無難，而方伯之罪亦明矣。是以執而稱人，不得爲伯討也。**家氏曰：「衛侯逞忿殺弟，烏得無討？執而歸之京師是也。但因元咺之訟而執衛侯，則非也。」陸氏曰：「受臣之訴以執其君，不可以訓，故不得稱侯。」孫氏曰：「晉文既勝强楚，不能招携撫貳以崇大德，助其臣而執其君，非所以宗諸侯也。故曰『晉人』以疾之。」陳氏曰：「凡執，譏也。《春秋》猶以當乎罪不當乎罪爲褒貶。苟當乎罪，雖晉厲公執曹伯，得爲伯討；苟不當乎罪，雖齊桓執轅濤塗，稱人而已矣。」臨川吴氏曰：「温之會，有天王在焉，衛侯當是與諸侯俱至于會。晉文因元咺之訴怒衛侯，而不使之與會，又不以之朝天王，而使元咺與之對辨。晉侯直元而曲衛侯，故衛侯不勝，則以爲有罪，執之以歸于京師。蓋天王在河陽，受諸侯朝畢而還京師矣，故亦歸衛侯于京師也。其意若曰：是會也，天王主之，衛侯有罪，王之大司馬宜斷斯獄，而豈敢私留之晉國哉？借尊王之名，行伯者之實，以威服諸侯而欺天下也。」張氏曰：「天子在是，故遂以歸于京師，或者乃以襄王至是，乃復于京師。果如其言，則非有所諱，何爲而不書？況書執衛侯歸京師，而天王之復乃不書。此必不然。」汪氏曰：「會于温，諸侯朝王，晉人執衛侯，則是執諸侯于天子之側也。不書晉人執衛侯于王所，而曰歸之于京師，則猶爲王室諱，而存霸者尊王之分也。定元年晉、韓不信執宋仲幾於天子之側，則直書執于京師，而不復爲之諱矣。始也書晉人執衛侯歸之于京師，中也書晉人執莒、邾子以歸，終也書晉人執宋仲幾于京師，而遂書晉人執戎蠻子歸于楚，世變於是極矣。」廬陵李氏曰：「大夫歸、入稱復者三：元咺，宋魚石，晉欒盈。皆抗辭也，皆無歸道也。」○趙氏曰：「《公羊》云：『歸之于者何？歸之于者，罪已定矣。歸于者，罪未定也。』非也。或傳寫衍縮耳。《穀梁》云：『此入而執，其不言入，何也？不外王命於衛也。』此傳不知與元咺訟之事，故穿鑿也。」廬陵李氏曰：「此『歸之于京師』，與成十五年『晉侯執曹伯，歸于京師』書法不同。《公羊》曰：『歸之于者，罪已定矣。歸于者，罪未定也。』《穀梁》曰：『歸之于者，緩辭也。歸于者，急辭也。』胡氏曰：『歸之于者，執不以正之詞也。』程子曰：『歸于者，順易之詞。歸之于者，强歸之詞。』《正義》曰：『此無義例，史異辭爾。』趙子曰：『歸于與歸之于，其義一也，或傳寫衍縮耳。』諸説皆異，疑趙子及《正義》頗得之。又就上四説論，則《公》、《穀》之言本可通。蓋考之傳，晉文執衛侯，先自定其罪，然後歸之京師，假王命以治之，則所謂罪已定、所謂緩辭皆合。晉厲執曹伯，不敢自定其罪，即歸京師，使王治之，則所謂罪未定、所謂急辭亦合。但其下文所解，乃反不通。若《穀梁》移成十五年『斷在晉侯』說於此條下，而移此條『斷在京師』說於成十五年，則兩通矣。」

諸侯遂圍許。《穀梁傳》：「遂，繼事也。」杜氏曰：「會温諸侯也。」高氏曰：「前目後凡也。」

諸侯比再會，天子再至，皆朝于王所，而許獨不會。襄陵許氏曰：「許能從齊而不能從晉，何也？齊桓自北杏之會，十有七年而後侵許，服之，又九年而後從於伐楚，又二年許坐受圍，救而後定。自桓公之没，諸侯從楚衆矣，許在鄭之南，密邇於楚，至此時，離中國而合蠻夷久矣。一服楚之威令，是以難變也。」**以其不臣也，故諸侯圍許。按：古者巡狩，諸侯各朝于方嶽。今法：天子行幸，三百里内亦皆問起居。許距河陽、踐土近矣，**汪氏曰：「許國在今許州，與鄭接壤，去踐土甚近。且許及河陽、踐土皆屬豫州之域。」**而可以不會乎？其稱遂，繼事之辭也。**張氏曰：「自齊桓之没，諸侯從楚者衆，許固以近楚而難從中國。然晉人一以威力控制諸侯，許亦知晉之威不足以芘己，而德不足以懷楚，是以果於不服，雖合中國之力不能回之也。」臨川吴氏曰：「會温本欲討許，然既會之後，朝天王、執衛侯、歸元咺而後圍許，故書圍許爲繼事也。晉文一年之間，自春初侵曹、伐衛、入曹，兵威如摧枯拉朽，又合諸侯勝楚而盟踐土，霸業成矣。是後當休兵息民，脩德行禮，以服諸侯之心，而禮煩威黷。踐土之盟血未乾，又合諸侯以會温；城濮之大勞甫息，又率諸侯以圍許，諸侯亦罷於應命矣。是以合四國之力，能勝强大之楚，合十一國之力，乃不能服小弱之許，所謂强弩之末，不能穿魯縞者矣。蓋圍許之諸侯亦强從爾，孰肯盡心竭力哉！」汪氏曰：「晉文之圍許，雖曰討其不朝王所之罪，實乃假公義以逞私憤也。當時之小國若滕、若薛、若杞、若郯之類，不朝王所者不可疏舉，豈獨許哉？蓋以許附於楚，故欲以兵力脅之，使從中國耳。故《左氏》於會温曰『討不服』，而杜氏解之曰『討衛、許』，則知會温本爲圍許，而《春秋》書會于温、朝王所，以圍許爲遂事者，明朝王爲重，若受王命而討許也。成公十三年如京師本爲會伐秦，而《春秋》書郤錡乞師、公如京師，以伐秦爲遂事者，明朝京爲重，若請王命而討秦也。圍許之役，王臣不行，王師不出，而劉、成二子同伐秦亦皆不書，則知兩役非王命矣。然圍許實以討不朝爲名，而伐秦則因乞師而道過京師，故圍許不曰自王所，而如京師不書朝。則晉文之事視晉厲，猶爲彼善於此也歟。」廬陵李氏曰：「許自盟幽後，又十四年而鄭人侵許，於是許常從中國。桓公没，諸侯從楚不獨許。自子人九行成而鄭從晉，叔武受盟而衛從晉，陳侯如會而陳亦從晉，前日從楚以執宋圍宋者，皆改乘轅而北向，獨許負固不至。蓋許在鄭南，密邇於楚，服楚之威令久矣，是以久圍而不變也。以蕞爾之許，合十一國之衆，逾時閲歲而不能成功，雖曰義舉，亦以見威力之及人淺矣。許之甘心從夷，其亦有懲於江、黄也歟。」又曰：「桓公之編，書諸侯遂救許，文公之編，書諸侯遂圍許，皆義舉也。然圍齊致伐，圍許致圍，《春秋》其亦與晉文之討貳，而不與晉文之過暴歟！」

曹伯襄復歸于曹，遂會諸侯圍許。《左傳》：「丁丑，諸侯圍許。晉侯有疾，曹伯之豎侯獳貨筮史，使曰：『以曹爲解。齊桓公爲會而封異姓，今君爲會而滅同姓。曹叔振鐸，文之昭也。先君唐叔，武之穆也。且合諸侯而滅兄弟，非禮也。與衛偕命，而不與偕復，非信也。同罪異罰，非刑也。禮以行義，信以守禮，刑以正邪，舍此三者，君將若之何！』公説，復曹伯。遂會諸侯圍許。」《穀梁傳》：「復者，復中國也。天子免之，因與之會。其曰復，通王命也。遂，繼事也。」杜氏曰：「言遂者，得復而行不歸國。」

曹伯襄何以名？其歸之道，非所以歸也。汪氏曰：「曹伯之名，使若其位已絶而得復也。」**晉侯有疾，使其豎侯獳貨筮史曰，以曹爲解，晉侯恐，於是反曹伯。夫以賂得國而《春秋》名之，比於失地滅同姓之罪，以此知聖人嚴於義利之别，以正性命之理。**劉氏曰：「衛侯以殺叔武名，曹伯以賂得國名，其惡不同，其貶一也。此正性命之理也。」**其説行而天下定矣，豈曰小補之哉！**張氏曰：「叔孫豹、叔孫婼見執於晉，或求貨而爲之言，豹與婼不與而拒之。大夫之知義者，猶耻以貨利苟免也，況諸侯乎？曹伯襄之名，其歸之道不得其正矣。又迫於晉之威令，一年拘執而得釋，亟會於圍許之役，晉之强已甚，而曹之弱可憫也。」或問：「晉逐衛侯，執曹伯，又分其田，曹、衛何罪？經書曹伯襄、衛侯鄭，何也？」茅堂胡氏曰：「南面之君，不能講信修睦，結好大國，至於見逐見執，烏得爲無罪？《春秋》或抑或縱，或予或奪，默識心通，可也。」蜀杜氏曰：「晉侯專執而罪之，又專釋而歸之，且逼使遽會諸侯圍許。制服出於晉侯，以見晉侯專之之甚也。」汪氏曰：「曹共公之歸不書自，蓋言自晉，則曹伯始執畀于宋；若言自宋，則其歸實出於晉侯，而非宋之得歸。故不書自而止曰復歸。」〇陸氏曰：「《穀梁》云：『天子免之。』按：晉以曹伯畀宋人，非天子之命也。」

附録《左傳》：「晉侯作三行以禦狄，荀林父將中行，屠擊將右行，先蔑將左行。」

春秋集傳大全卷之十六

僖公五

庚寅襄王二十一年。晉文五。齊昭二。衛成四。蔡莊十五。鄭文四十二。曹共二十二。陳共公朔元年。杞桓六。宋成六。秦穆二十九。楚成四十一。**二十有九年春，介葛盧來。**《左傳》：「介葛盧來朝，舍于昌衍之上。公在會，饋之芻米，禮也。」《公羊傳》：「介葛盧者何？夷狄之君也。何以不言朝？不能乎朝也。」《穀梁傳》：「介，國也。葛盧，微國之君未爵者也。其曰來，卑也。」杜氏曰：「介，東夷國，在城陽黔陬縣。葛盧，介君名。不稱朝，不能行朝禮。」劉氏曰：「介盧，中國之封也，沉於東夷而變焉。其車服辭命，文物器械，習與之同而不自覺焉，故不得比儀父。雖一年再至魯，修朝會之儀，而其禮俗不合諸夏，無以交中國也。」孫氏曰：「東夷微國，不言朝者，不能行朝禮也。」陳氏曰：「介，東夷也，未通於上國，一歲再至，其意將安在乎？故亟書之。『介人侵蕭』，譏有以來之也。」〇**公至自圍許。**張氏曰：「其致以圍許，久役而不能服也。」汪氏曰：「前年書『公朝于王所，諸侯遂圍許』，《春秋》不以王所致而致圍許，亦猶成十三年『如京師，會伐秦』，不以京師致而致伐秦，皆所以著其本心不在於尊王也。況襄十八年『同圍齊』，討得其罪，則書

『公至自伐齊』，此乃致圍而不致伐，是知托不朝之罪以圍之耳。」廬陵李氏曰：「按踐土不書至而圍許書至，文公之伯事怠矣。」〇**夏，六月，會王人、晉人、宋人、齊人、陳人、蔡人、秦人盟于翟泉。**「會」上《公》有「公」字。翟，亭歷反，《公》作「狄」。《左傳》：「夏，公會王子虎、晉狐偃、宋公孫固、齊國歸父、陳轅濤塗、秦小子慭盟于翟泉，尋踐土之盟，且謀伐鄭也。卿不書，罪之也。在禮：卿不會公、侯，會伯、子、男可也。」程子曰：「晉文連年會盟，皆在王畿之側，而此盟復迫王城，又與王人盟，强逼甚矣。故諱公，諸侯貶稱人，惡之大也。」杜氏曰：「翟泉，洛陽城内大倉西南池水也。晉侯始霸，諸侯輯睦，王室無虞，而王子虎下盟列國，以瀆大典，諸侯大夫上敵王人、公侯，虧禮傷教。故貶諸大夫，諱公與盟。」

按《左氏》，「公會王子虎、晉狐偃、宋公孫固、齊國歸父、陳轅濤塗、秦小子慭盟于翟泉」，則皆列國之貴大夫與王子，而公與會也。其貶而稱人，諱不書公，何也？翟泉近在洛陽王城之内，而王子虎於此下與列國盟，是謂上替；諸侯大夫入天子之境，雖貴曰士，《曲禮》：「列國之大夫入天子之國曰某士。」**而於此上盟王子虎，是謂下陵，而無君之心著矣。故以爲大惡，諱公而不書，諸國之卿貶稱人，而王子亦與焉者，此正其本之義也。**劉氏曰：「盟于翟泉，豈諸侯大夫國皆微者？在王城之内，而列國之卿亂王室之禮，王子虎不能正也。使陪臣盟天子之側，此所謂下陵上替也。揚子雲曰『節莫差於僭』，此之謂矣。」陳氏曰：「晉初以大夫盟王子也。踐土之役，王子虎不書涖盟也。今以大夫盟王子，文公之志荒矣。大夫之交政於是始，文公爲之也。不斥言王子虎，爲尊尊諱也。以其偏人諸侯之大夫，不可不人王子虎；以其人王子虎，不可不没公也。」臨川吴氏曰：「盟不寒，則不必尋也。踐土之盟，有齊、宋、蔡、鄭及後至之陳。今齊、宋、陳、蔡皆在而鄭獨不至，鄭已怠於從晉矣。蓋文公既歸衛侯而又執之，筮史受曹伯之賂而後復之，合十一國以圍許，諸侯皆不用命而許竟不服。蓋其所爲，煩擾繆戾，已失諸侯之心；威重挫損，漸起諸侯之慢。鄭之怠於從晉，當自反矣，而即謀伐之，是不以德義懷人，而專以威力脅人，與齊桓異矣。故明年圍鄭，卒不能得鄭也。嘗謂齊桓之伯，至葵丘之盟，極盛而後漸衰；晉文之伯，惟踐土之盟，一盛而即漸衰矣。」汪氏曰：「《春秋》内諱公而外以微者書，惟于齊、翟泉二盟爲然。于齊之盟，紊華夷之辨也；翟泉之盟，無上下之分也。故皆變文以謹之也。或謂《左氏》記事多浮夸而失實，安知非微者之相爲盟乎？是不然。于洮，盟王人而列國之君同歃，烏有七國之微者而敢偃然盟王人於王城之内，而無君與貴大夫居其間哉？且列國之君、大夫盟王子於天王之側，皆所當貶。《左氏》但責卿不會公侯，誤矣。苟責卿不會公侯，則公子結之盟齊侯、宋公，胡爲弗貶也？」廬陵李氏曰：「晉文公三大盟會，本皆非禮。踐土、于温致天王，翟泉盟王子，其視齊桓之尊王人，不敢盟世子、周公者，大不侔矣。然《春秋》誅心之法，則踐土王實自勞，非晉之罪。于温召王，事雖逆而情順，故皆諱之，以存其尊王之名。若翟泉，則群然最聚於王都之側，上與王子虎歃血以約言，既非踐土子虎涖盟之比，又無于温懷自嫌之心，《春秋》不得不重貶之，以顯其慢王之實矣。蓋至此方結正晉文之罪，是亦望其始而不足其終也。其三會不書公，説已見莊十六年。又按，晉侯受命，鄭伯傅王，踐土、于温二會咸在，鄭無叛晉之狀，而此會謀伐鄭者，得非文公過鄭，鄭不禮焉？前日之會，黽勉以大義受之，而内懷宿恨尚未釋歟？《外傳》載：文公誅觀狀以伐鄭，及其陴，鄭人以名寶行成，公弗許，欲得叔詹而烹之，以詹一言而止。則伐鄭者，報怨未已也。《春秋》重貶翟泉之盟，而明年書秦、晉圍鄭，豈無意哉！」

秋，大雨雹。《左傳》：「爲災也。」

《正蒙》橫渠先生張子著。**曰：「凡陰氣凝聚，陽在内者不得出，則奮擊而爲雷霆；陽在外者不得入，則周旋不舍而爲風。**番陽沈氏曰：「陰既凝聚，則雷與風皆爲所閒。震以一陽在下，爲上二陰所閉而不得出，故奮擊而爲雷。巽以二陽在上，爲下一陰所隔而不得入，故周旋不舍而爲風。有雷之奮擊，又有風之披拂吹嘘，則陰之凝聚皆散矣。」**和而散，則爲霜雪雨露；不和而散，則爲戾氣曀霾。**番陽沈氏曰：「其氣之散一也，有和、不和之分。以雪霜雨露而散者，氣之和者也。以戾氣曀霾而散者，氣之不和者也。」**陰常散緩，受交於陽，則風雨調，寒暑正。」**番陽沈氏曰：「陰凝聚，則其散常緩，非交於陽，則風雨寒暑不能調而正也。」**雹者，戾氣也，陰脅陽，臣侵君之象。**范氏曰：「陽氣之在水雨則温熱，陰氣薄而脅之不相入，轉而爲雹。」**當是時，僖公即位日久，季氏世卿，公子遂專權，政在大夫，萌於此矣。**汪氏曰：「《春秋》書『大雨雹』者四：僖公初見於十年，而再見於此，昭公迭見於三年、四年。但僖公頗能勤於政事以銷天變，故及末年，始有失政之漸，遂爲文公縱權之張本。若昭公，則昏懦不立，怠於國政，即位之初而公室四分，政權盡失，卒不免乾侯之辱，天之示人顯矣。」

冬，介葛盧來。《左傳》：「以未見公，故復來朝。禮之，加燕好。介葛盧聞牛鳴，曰：『是生三犧，皆用之矣。其音云。』問之而信。」陳氏曰：「《春秋》以一字爲褒貶，於介乎何費辭也？詳始以著末也？三月癸酉大雨，震電，庚辰大雨雪，正月己卯烝，夏五月丁丑烝。將著其末，不可不詳其始也。」廬陵李氏曰：「《春秋》兩書介來，以其事言，則遠人慕中國，當從何氏；以其實言，則遠人窺中國，當從陳氏。要之陳氏説是。《春秋》不以例之郳犂來而以例之白狄，則非予介可知矣。」

辛卯 襄王二十二年。**三十年**晉文六。齊昭三。衛成五。蔡莊十六。鄭文四十三。曹共二十三。陳共二。杞桓七。宋成七。秦穆三十。楚成四十二。**春，王正月。○夏，狄侵齊。**《左傳》：「晉人侵鄭，以觀其可攻與否。狄間晉之有鄭虞也，夏，狄侵齊。」

《左氏》曰：「晉人伐鄭，以觀其可攻與否，狄間晉之有鄭虞也，遂侵齊。」《詩》不云乎，「戎狄是膺，荆舒是懲」。四夷交侵，所當攘斥，晉文公若移圍鄭之師以伐之，則方伯連帥之職修矣。上書狄侵齊，下書圍鄭，此直書其事而義自見者也。蜀杜氏曰：「夷狄之犯中國，霸者當攘而驅之。書者，譏晉文之不救也。」高氏曰：「狄之侵齊，自背其盟也。齊桓召陵之後，書狄侵晉。晉文城濮之後，書狄侵齊。狄之輒敢陵侮如此，而二伯不攘斥之。」臨川吴氏曰：「二十八年之冬，會温以圍許，而許竟不服；二十九年之夏，盟翟泉謀伐鄭，而鄭亦不畏，至此年之夏，狄敢於乘間而侵齊。故晉文自城濮、踐土而下，伯業浸浸以衰，至此亦可以自反矣，而猶不然。不圖攘狄而乃圍鄭，可以見霸謀之不遠也。」

秋，衛殺其大夫元咺。《左傳》：「晉侯使醫衍酖衛侯，甯俞貨醫，使薄其酖，不死。公爲之請，納玉於王與晉侯，皆十瑴。王許之。秋，乃釋衛侯。衛侯使賂周歂、冶廑，曰：『苟能納我，吾使爾爲卿。』周、冶殺元咺及子適、子儀。公入，祀先君。周、冶既服，將命。周歂先入，及門，遇疾而死。冶廑辭卿。」《穀梁傳》：「稱國以殺，罪累上也，以是爲訟君也。衛侯在外，其以累上之辭言之，何也？待其殺而後入也。」

元咺訟君爲惡，君歸則已出，君出則已歸，無人臣之禮，信有罪矣，則稱國以殺而不去其官，何也？《春秋》之法：躬自厚而薄責於人。君子之道譬諸射，失諸正鵠，反求諸己。衛侯之躬，無乃有闕，盍亦省德而内自訟乎？夫稱國以殺者，君與大夫專殺之也。衛侯在外，其稱國以殺，何也？穀梁子曰：「待其殺而後入也。」待其殺而後入，是志乎殺咺、瑕者也。兵莫憯於志，鏌鋣也嗟反。爲下。衛侯未入，稱國以殺，此《春秋》誅意之效也。蜀杜氏曰：「衛侯使賂周歂、冶廑而使殺之，亦君殺之意矣。」然則大臣何與焉？從君於惡而不能止，故并罪之也。臨川吴氏曰：「衛侯未入國而殺元咺，稱國殺者，實衛侯使人殺之也。夫元咺以臣訟君，君被執而咺偃然歸國，假伯主之權而易置其君，如奕棋然，其不臣之罪，所當誅也。今以國殺爲文，而無討罪之辭者，衛侯未嘗正名其罪，而陰使人殺之，誅之不以其罪也。」

及公子瑕。《公羊傳》：「衛侯未至，其稱國以殺何？道殺也。」《穀梁傳》：「公子瑕，累也，以尊及卑也。」

公子瑕未聞有罪而殺之，何也？元咺立以爲君，故衛侯忌而殺之也。然不與衛剽同者，劉氏曰：「瑕已爲君，當與衛剽同，不當冠公子而名之。」是瑕能拒咺，辭其位而不立也。趙氏曰：「瑕，元咺所假立，而自秉國權，瑕亦未如君也。故以君殺大夫之辭言之，而在元咺下。」不與陳佗同者，劉氏曰：「國人不與，諸侯不助者，當與陳佗同，不當仍冠公子。」是瑕能守節，不爲國人之所惡也。臨川吴氏曰：「瑕立爲君逾年矣，今但曰『公子』者，瑕不居其位也。」故經以「公子」冠瑕而稱「及」，見瑕無罪，事起元咺，以咺之故延及於瑕，高郵孫氏曰：「瑕見立於元咺，以咺及之者，言瑕之見殺由於咺，咺存則瑕存，咺死則瑕死也。」高氏曰：「殺而書及者，以某之故而累及某也。如文九年『士穀及箕鄭父』、襄二十三年『慶虎及慶寅』皆是也。不書及者，其罪同、其殺之之志均也。成八年趙同、趙括，十七年郤錡、郤犨、郤至是也。」王氏《箋義》曰：「叔武，君命奉之以受盟，故稱衛子。若瑕者，元咺君之，非君而君者也。今與咺同戮，蓋咺嘗君之矣，不可無異辭，故言及而稱公子者，不與咺君之也。」而衛侯忌克，專殺濫刑之惡著矣。

衛侯鄭歸于衛。《公羊傳》：「此殺其大夫，其言歸何？歸惡乎元咺也。曷爲歸惡乎元咺？元咺之事君也，君出則己入，君入則己出，以爲不臣也。」

衛侯出奔于楚則不名，見執于晉則不名，今既歸國，復有其土地矣，何以反名之乎？不名者，責晉文公之以小怨妨大德；名之者，罪衛侯鄭之以忮之豉反。害戕本支。古者天下爲公，選賢與能，不以爲異，況於戚屬！豈有疑間猜忌之心哉！末世隆怨薄恩，趨利棄義，有國家者恐公族之軋己，至網羅誅殺，無以芘其本根，而社稷傾覆如六朝者衆矣。汪氏曰：「晉末誅翦宗室。宋廢帝殺江夏王義恭等，又殺南陽王敬猷等。明帝殺安陸王綏等十三人，又殺廬江王禕等。齊明帝殺番陽公鏘等七人，殺衡陽王鈞等四人，殺西陽王子明等三人，又殺河東王鉉等十人。梁元帝殺桂陽王慥、豫章王棟，又殺武陵王紀及其諸子。北齊後主殺趙郡王叡、瑯琊王儼、蘭陵王長恭、南陽王綽。皆尋至滅亡。」**衛侯始歸而殺叔武，再歸而及公子瑕，是《葛藟》之不若，而《春秋》之所惡也，故再書其名，**高氏曰：「先王之法賊殺其親則正之。故生名之。」**爲後世戒。此義苟行，則六朝之君或亦少省矣。**臨川吴氏曰：「已殺元咺，則無人拒之，有周、冶等納之而勢易，故書歸。」高氏曰：「晉文受賂免衛侯，委罪於天子而又私釋之，故不言歸自京師。」汪氏曰：「衛成貨醫納玉而獲免，與曹共之貨筮史而得歸國實無以異，故其歸皆書名。然衛侯之忌克，鋍殺二弟，其罪又浮於曹伯，故其歸不稱復也。」廬陵李氏曰：「諸侯執不書歸，僖十九年滕子、成九年鄭伯、襄十六年莒子邾子、十九年邾子之類是也。惟晉文之執曹、衛書歸，陳氏曰：『危不得歸也。』又晉厲之執曹伯書歸，胡氏曰：『言天王之釋有罪也。』」又曰：「衛侯歸之于京師而書歸于衛，譏不在王室也。曹伯亦歸于京師，而書歸自京師，譏不在晉也。」〇劉氏曰：「《公羊》云：『其言歸何？歸惡乎元咺也。』非也。《公羊傳》例：以『歸』者出入無惡，『復歸』者出有惡、歸無惡。縱《春秋》歸惡於元咺，書復歸亦足矣，又謂之出入無惡，可乎？」

晉人、秦人圍鄭。《左傳》：「九月甲午，晉侯、秦伯圍鄭，以其無禮於晉，且貳於楚也。晉軍函陵，秦軍氾南。佚之狐言於鄭伯曰：『國危矣！若使燭之武見秦君，師必退。』公從之。辭曰：『臣之壯也，猶不如人，今老矣，無能爲也已。』公曰：『吾不能早用子，今急而求子，是寡人之過也。然鄭亡，子亦有不利焉。』許之。夜縋而出，見秦伯曰：『秦、晉圍鄭，鄭既知亡矣。若亡鄭而有益於君，敢以煩執事。越國以鄙遠，君知其難也，爲用亡鄭以陪鄰？鄰之厚，君之薄也。若舍鄭以爲東道主，行李之往來，共其乏困，君亦無所害。且君嘗爲晉君賜矣，許君焦、瑕，朝濟而夕設版焉，君之所知也。夫晉，何厭之有？既東封鄭，又欲肆其西封，若不闕秦，將焉取之？闕秦以利晉，唯君圖之。』秦伯説，與鄭人盟，使杞子、逢孫、揚孫戍之，乃還。子犯請擊之，公曰：『不可。微夫人之力不及此。因人之力而敝之，不仁。失其所與，不知。以亂易整，不武。吾其還也。』亦去之。初，鄭公子蘭出奔晉，從於晉侯伐鄭。請無與圍鄭，許之，使待命于東。鄭石甲父、侯宣多逆以爲大子，以求成于晉，晉人許之。」

按《左氏傳》，晉侯、秦伯圍鄭，以其無禮於晉，而經書晉人、秦人者，貶之也。王氏《箋義》曰：「晉侯爲盟主，用兵以報私怨，秦伯踰晉越周，千里而助人圍鄭，皆勞民危國之道，故稱人以示貶。」**於秦、晉何貶乎？初，晉公子重耳出亡，過鄭，而鄭文公亦不禮焉，爲是興師而圍鄭。孟子曰：「有人於此，待我以横逆，則君子必自反也，我必不仁、無禮與不忠歟？仁且有禮而忠矣，其横逆猶是也，此亦妄人耳矣，而君子蓋終不之校也。」故行有不得者，皆反求諸己而已矣。今鄭伯之於晉公子，特不能厚將迎贈送之禮，而未嘗以横逆加之也。坐此見圍，爲列國者，不亦難乎？故晉侯、秦伯貶稱人者，晉文以私忿勤民動衆，圍人之國，秦伯惟利爲向背，從燭之武之言，不以義舉也。而二國結讎連兵，暴骨原野，自此始矣。**汪氏曰：「翟泉之盟，實謀討鄭，而鄭不請服，故是春晉人侵鄭。侵之而猶不服，故晉文復偕秦以圍之。蓋以鄭貳心於楚，而數加兵，非專爲釋私忿而已也。然諸侯不見德，而惟虐是聞，豈伯者服貳之道哉！況二國同役而不同心，《春秋》貶而人之，蓋有在矣。」廬陵李氏曰：「秦、晉之争始此。夫秦，以非子之餘踐岐、豐之地，《春秋》所書，大抵皆與晉兵争之迹爾。自穆公釋韓之憾，而從晉於城濮之功，於是盟于温、于翟泉，借役於齊、鄭，戮力同心，未始有隙。由燭之武一語而秦輔晉之心變矣。文公既卒，而殽戰啓釁。厥後彭衙之戰、令狐之戰、河曲之戰，秦之伐晉者六，晉之伐秦者亦六。興數十年報復之師，更四君而未已。蓋至襄公十一年戰櫟、十三年十三國之伐，然後交伐之文始絶於經。然則有穆公之賢，而其所就僅止此，豈非貪利忘義之失哉！」

介人侵蕭。杜氏曰：「蕭，宋附庸國。」張氏曰：「介再來魯，而次年遂侵蕭，求援而後舉兵也。與荆人、秦術之聘同。」○**冬，天王使宰周公來聘。**《左傳》：「冬，王使周公閲來聘，饗有昌歜、白、黑、形鹽。辭曰：『國君，文足昭也，武可畏也，則有備物之饗，以象其德。薦五味，羞嘉穀，鹽虎形，以獻其功。吾何以堪之？』」《穀梁傳》：「天子之宰，通于四海。」杜氏曰：「宰周公，天子三公兼冢宰。」**公子遂如京師，**此聘周之始。**遂如晉。**此聘晉之始。《左傳》：「東門襄仲將聘于周，遂初聘于晉。」《公羊傳》：「大夫無遂事，此其言遂何？公不得爲政爾。」《穀梁傳》：「以尊遂乎卑，此言不敢叛京師也。」杜氏曰：「如京師報宰周公，既命聘周，又命自周聘晉，故曰遂。」

大夫出疆，有以二事出者，汪氏曰：「謂本受二事之命也。《穀梁》云：『遂，繼事之辭。』」**有以一事出而專繼事者，**汪氏曰：「謂但受一事之命，而復專命再行一事。《公羊》云：『遂者何？生事也。』」

注：『專事之辭。』」**其書皆曰遂。公子遂如周及晉，與祭公自魯逆王后，皆所謂以二事出者也。**汪氏曰：「聘問之幣，非己所能給；婚姻之事，非己所敢專，故知皆受命於君。何休謂『公子遂橫生事，矯君命』，誤矣。」**公子結往媵而及齊、宋盟，則專繼事者也。**汪氏曰：「季孫宿救台，遂入鄆，亦專繼事。」**是非得失，則存乎其事矣。冢宰上兼三公，其職任爲至重，而來聘于魯。天王之禮意莫厚焉。**張氏曰：「天子三公兼冢宰，而使來聘魯，用見周室陵夷，大臣失職也。」陳氏曰：「自桓王以下，王室無聘魯者，於是再聘而宰周公實來，則已尊矣。」**魯侯既不朝京師，而使公子遂往，又以二事出，夷周室於列國，**陳氏曰：「以其如京師，不敢不如晉，是夷周於晉。」**此大不恭之罪，履霜堅冰之漸，《春秋》之所誅而不以聽者也，則何以無貶乎？有不待貶絕而罪惡見者，不貶絕以見罪惡。**臨川吴氏曰：「魯素不與晉通好，自文公霸後未嘗聘，本欲初聘於晉，但以王室既先來聘，則不容不報，故因聘晉之使，令先至周而後如晉也，慢王畏霸之情可見矣。」汪氏曰：「經書天王來聘者七，惟此使冢宰兼三公下聘。蓋非常之禮，莫大之寵，自春秋以來未之有也，或者以僖公有兩朝王所之勤而報之歟。經書卿大夫如周聘者四，而惟此以二事出。自入春秋未嘗朝聘於京師，以魯之望國，僖之賢君，而對揚天子之休命者，如是其簡慢！況晉未聘魯而魯昉往聘，❶周先聘魯而魯苟答聘，是尊王之

❶「昉」，四庫本作「即」。

禮，不如事霸之謹也。雖然，猶勝於隱、桓之受聘而不報者也。王朝冢宰四見於經，咺、糾以瀆三綱而書名，閔之來聘，禮雖過厚，視賵寵妾、命篡弑者，則其罪薄乎云爾。」廬陵李氏曰：「此條與『公如京師，遂會伐秦』，皆是王事書『遂』。此本以二事出，《春秋》則以如晉爲遂事，不敢以王事同於伯事也。彼本以伐秦出，《春秋》則以伐秦爲遂事，不欲先伯事而後王事也。」○趙氏曰：「《公羊》云：『大夫無遂事。』此亦受命於君，而何得指大夫也？又云：『此其言遂何？公不得爲政爾。』按：僖公未失政，此説非也。按：京師迴便如晉，故言遂爾。《穀梁》謂『不敢叛京師』，有何理乎？」

壬辰襄王二十三年。**三十有一年**晉文七。齊昭四。衛成六。蔡莊十七。鄭文四十四。曹共二十四。陳共三。杞桓八。宋成八。秦穆三十一。楚成四十三。**春，取濟西田。**濟，子禮反。《左傳》：「春，取濟西田，分曹地也。使臧文仲往，宿於重館。重館人告曰：『晉新得諸侯，必親其共，不速行，將無及也。』從之。分曹地，自洮以南，東傅于濟，盡曹地也。」《公羊傳》：「惡乎取之？取之曹也。曷爲不言取之曹？諱取同姓之田也。此未有伐曹者，則其言取之曹何？晉侯執曹伯，班其所取侵地于諸侯也。晉侯執曹伯，班其所取侵地于諸侯，則何諱乎取同姓之田？久也。」杜氏曰：「濟水自滎陽東過魯之西，至樂安入海。」孫氏曰：「濟西田，本魯地。」

《公羊》曰：「取之曹也。晉侯執曹伯，班其所侵地于諸侯。」高郵孫氏曰：「《左氏》以爲晉侯分曹地以與諸侯，而魯取濟西之田，然經書與汶陽田無異。蓋魯濟西之田嘗見侵，入于曹，晉侯執曹伯而反諸侯之侵地，魯於是乎取之。」**不繫國者，吾故田也。**趙氏曰：「凡内取之邑不繫國者，皆本是魯邑，魯爲外國所奪，今却取之。既是本邑，不可繫之他國耳。」薛氏曰：「曷爲不書曹之田？濟西固我之有，失之曹也。」**復吾故田而謂之取，何也？**趙氏曰：「凡力得之曰取，雖取本邑，亦無異辭。不當取也。」**《春秋》之法，不以亂易亂。**高氏曰：「凡取人之有，其惡易見，而取己之有不以道者，其罪難知。聖人亦正名曰取，所以顯微也。」張氏曰：「復魯之舊地，亦與非其有而取之者同。蓋無王命以正疆理，皆取之不以其道也，況晉奪之曹以與魯，本以其私憾，而非有至公之義乎？」或問：「晉爲盟主，諸侯擅相侵奪，晉討而歸之，正也，其猶有貶乎？」家氏曰：「此《春秋》責備晉文之意也。夫土地皆王之所有，諸侯擅相侵奪，無王也。盟主治其侵奪之罪，固職分之宜爲，更能稟命于王，還以錫魯，夫然後盡尊王之義。《春秋》以是責晉，責其所可責也。」永嘉吕氏曰：「取濟西田不繫曹，則濟西田，魯故田也。取汶陽田不繫齊，則汶陽田，亦魯故田也。汶、濟皆近魯之竟也。然汶陽、濟西則言取，鄆、讙、龜陰、讙闡則言歸。言取者，非彼所欲也。非彼所欲，我取之，曰取。言歸，其所欲也。非我强之而彼自歸，曰歸。」汪氏曰：「《春秋》書内取者十有七，以兵力取他國之地，則書戰、伐，若敗宋師取郜、取防，伐齊取穀，伐莒取向，伐邾取訾婁、取繹、取漷東田及沂西田是也。藉大國之威，不以兵力而復故地，則不書侵、伐而止書取，濟西、汶陽之田是也。非故地則繫之國，取邾田自漷水是也。取附庸之小國而滅之，則諱不言侵、伐，而亦止書取，取根牟、取鄟、取邿、取鄫是也。取之而存其祀，則伐邾取須句是也。若取鄆，則乘亂取邑，故不詳録。取闞，則昭公在外而取内邑，又《春秋》之變例也。或謂濟西乃晉人侵魯之故疆。是時晉霸方强，豈肯歸地於魯？況魯、晉非接壤之國，何繆之甚哉！」廬陵李氏曰：「濟西田，《左氏》、《穀梁》皆以爲曹田，《公羊》以爲曹所侵魯之故田，胡氏從《公羊》。濟西田首末三見於經：此年取之曹，宣元年以賂齊，宣十年齊人以歸我。」又曰：「經書田十：桓元年假許田，宣元年齊取濟西田，十年齊歸濟西田，成二年取汶陽田，八年韓穿來言汶陽田，襄十九年取邾田，定十年齊歸鄆、讙、龜陰田，哀二年取漷東田、沂西田，及此年也。不繫國者，吾故田也。非吾田則繫國，邾田是也。漷東、沂西田不繫國者，乘上文伐邾文也。」○劉氏曰：「《左氏》云『使臧文仲往』，非也。若實臧文仲往，不應不書。注謂：『非聘享會同，故不書。』按：告糴、乞師皆書，何爲請田獨不書哉？又云：『分曹地，自洮以南，東傅于濟。』若然，當書取曹田自濟水，不得云取濟西田而已。《公羊》云『諱取同姓之田』，言本爲晉侯所還，當時不取，久而取之，故坐取邑。亦非也。諸侯受封自有分矣，後雖侵奪喪失，有王者作，皆當還之，雖取同姓之田，何足諱哉？」

公子遂如晉。《左傳》：「襄仲如晉，拜曹田也。」高氏曰：「晉未嘗來聘，而公子遂去冬既聘，今春又往謝取濟西之田，何厚於晉而薄於周也。」汪氏曰：「宰周公來而使公子遂報聘，則以二事出。以復濟西之田，則使遂再如晉。僖公曾不思奄有龜蒙，尺地皆天子之賜也，胡乃慢於尊周而謹於事晉，不亦傎乎！」○**夏，四月，四卜郊，**《公羊傳》：「曷爲或言三卜，或言四卜？三卜，禮也；四卜，非禮也。三卜何以禮？四卜何以非禮？求吉之道三，禘、嘗不卜，郊何以卜？卜郊，非禮也。卜郊何以非禮？魯郊非禮也。魯郊何以非禮？天子祭天，諸侯祭土，天子有方望之事，無所不通。諸侯山川有不在其封内者，則不祭也。」《穀梁傳》：「夏四月，不時也。四卜，非禮也。」何氏曰：「郊所以祭天，不言郊天者，謙不敢斥尊。」

記禮者曰：「祭帝于郊，所以定天位也。禮行於郊，而百神受職焉。」《禮記・禮運》疏：「天子至尊而猶祭於郊，以行臣禮而事天也。百神，天之群神。郊天而備禮，則星辰不忒，故曰受職。」魯諸侯，何以有郊？成王以周公有大勳勞於天下，命魯公世世祀周公以天子之禮樂，是故魯君孟春乘大輅、載弧韣、音獨。旂十有二旒，日月之章，祀帝于郊，配以后稷，天子之禮也。《禮記・明堂位》注：「大輅，殷之祭天車也。弧，旌旗所以張幅也。其衣曰韣。天子之旌旗畫日月。」以人臣而用天子之禮，可乎？是成王過賜，而魯公伯禽受之非也。程子曰：「周公之功固大矣，皆臣子之分所當爲，魯安得獨用天子禮樂哉？成王之賜，伯禽之受，皆非也。」揚子曰：「天子之制諸侯庸節。節莫差於僭，僭莫重於祭，祭莫重於地，地莫重於天。」《揚子・重黎》篇注：「天子用禮節以制馭五等諸侯，各有序不可僭。禮之差失莫大於僭，僭之大者莫大於僭祭祀，既盜土地，又盜祭天。」諸侯而祀天，其僭極矣。聖人於《春秋》欲削而不存，則無以志其失，爲後世戒；悉書之乎，則歲事之常有不勝書者。是故因禮之變而書于策，三山林氏曰：「三傳之説，不過罪其屢卜之瀆、養牲之慢，求小禮而昧於大禮，不知聖人惡其非禮之大者也。」或以卜，襄七年三卜。此年、襄十一年四卜。成十年五卜。或以時，宣三年、成七年、定十五年、哀元年牛傷，皆在正月。此年、成十年、襄七年、十一年卜郊，哀元年郊，皆在四月。定十五年郊，在五月。成十七年郊，在九月。或以望，此年、宣三年、成七年猶三望。或以牲，此年、襄七年免牲。或以牛。宣三年、成七年、定十五年、哀元年，皆牛傷改卜。宣三年、定十五年牛死，成七年免牛。於變之中又有變焉者，悉書其事。朱子曰：「如四卜、五卜，牛傷、牛死，是失禮之中又失禮也。」劉氏曰：「魯之郊，非禮也明矣，於非禮之中又非禮焉。」陳氏曰：「以其不勝譏，譏其甚者爾。」而謂言偃曰：「魯之郊禘，非禮也，周公其衰矣！杞之郊也，禹也；宋之郊也，契也，是天子之事守也。」《禮記·禮運》疏：「杞郊禹，宋郊契，蓋是夏、殷天子之事。杞、宋是其子孫，所當守。」言杞、宋，夏、商之後，受命于周，作賓王家，統承先王，修其禮物，其得行郊祀而配以其祖，非列國諸侯之比也。張氏曰：「杞、宋之郊，則爲其爲二王之後也。魯用天子禮樂，必是成王之意，不敢臣周公，即以二王之後待魯，然而非周公本意也。以成王尊德樂道之心則善矣，伯禽不當受，故曰：『魯之郊禘，非禮也，周公其衰矣！』謂周公必不享其祀。」是故「天子祭天地，諸侯祭社稷。祝嘏莫敢易其常古」，易則亂名犯分，人道之大經拂矣。蔣氏曰：「杞、宋存禹、契之後，是宜以禹、契配天。周祀未絶，魯以周公配天，於周公能無愧？是周公之所弗居。祭之始也，祝以主人之辭而告神；祭之終也，嘏以神之辭而致福于主。二者皆依舊禮，無敢易其常事古法。今以諸侯僭天子之事，不因其常古，則忠孝報反之義、名稱位號之別，紊亂變更而失其宜也。」故曰：「郊社之禮，所以事上帝也。宗廟之禮，所以祀乎其先也。明乎郊社之禮、禘嘗之義，治國其如指諸掌乎！」夫庶人之不得祭五祀，大夫之不得祭社稷，諸侯之不得祭天地，非欲故爲等衰，蓋不易之定理也。知其理之不可易，則安於分守，無欲僭之心矣，爲

天下國家乎何有！《家語》：「定公問曰：『寡人聞郊而莫同。』孔子曰：『郊之祭也，迎長至之日也，大報天而主日配以月，故周之始郊，其月以日至，其日用上辛。至於啓蟄之月，則又祈穀於上帝。此二者，天子之禮也。魯無冬至大郊之事，降殺于天子，是以不同。上帝之牛角繭栗，必在滌三月，稷牛唯具。牲用騂，尚赤也。用犢，貴誠也。掃地而祭，貴其質也。器用陶匏，象天地之性也。臣聞天子卜郊，則受命于祖廟，而作龜于禰宫。卜之日，王親立于澤宫，以聽誓命。既卜，獻命于庫門之内。』」啖氏曰：「天子以冬至祭上帝，又以夏之孟春祈穀於上帝於郊，故謂之郊。魯以周公之故，特以孟春祈穀于上帝，亦謂之郊。郊皆用辛日，故以二月卜三月上辛，不吉，則卜中辛，又不吉，則卜下辛，所謂吉事先近日也。卜三旬皆不吉，則不郊。凡牲必養二牲，一以祀上帝，一以祀后稷。帝牛有變，則改卜稷牛以代之，而别以他牛爲稷牛。若卜稷牛不吉，及稷牛又死，亦皆不郊。凡不郊，皆卜免牲。卜免牲吉，則免之，❶不吉，則但不郊而已，不敢免，繫牲待明年庀牲時卜用。未成牲曰牛，牲傷亦曰牛。」孫氏曰：「魯諸侯而用天子之祭，僭孰甚焉！故或因其瀆亂不時、或因其災異示變，以著其僭天子之惡也。」臨川吴氏曰：「經書郊者九，龜違者四，牛災者四，非時大不敬者一。蓋魯郊雖僭，行之已久，視爲常事，故不悉書。惟卜之不從，牛之有變，及時之大異於常而後書，因以見其僭禮也。三卜不從而不郊，正也。三不吉而至四卜，四不吉而至五卜，瀆甚矣。牛災荐作，亦可見魯郊之僭，鬼神弗與也。四月、五月固爲不時，猶夏時之春也。九月，夏

❶「之」，原作「人」，今據四庫本改。

之孟秋，不卜日，不卜牲，而强用其禮焉，特書用，非時不敬之大也。」汪氏曰：「《左傳》、《家語》皆云『魯以啓蟄而郊』，朱子謂『夏正之孟春。漢太初以前，以啓蟄爲正月中氣也』。然啖氏謂以周之二月卜三月，且辨《穀梁》以周之十二月卜正月非是。今考宣三年、成七年、定十五年、哀元年之改卜牛，皆在正月。蓋成王所賜，止是祈穀之郊，乃夏之孟春。啖氏所言卜起二月下旬而盡於三旬者，禮之正也；《穀梁》所言卜起十二月者，禮之未失也。故子服惠伯云『魯將以十月上辛有事於上帝』，孟獻子曰『正月日至，可以有事於上帝』，而《明堂位》注疏以孟春爲周之正月，《郊特牲》疏崔氏、皇氏用王肅之説，又以魯冬至郊天，建寅之月又郊以祈穀，皆因魯郊之非時而誤也。《聖證論》引《穀梁》，言魯止一郊，或用子月，或用寅月，蓋魯郊非時，或僭天子日至之期而失之太早，或踰啓蟄之節則失之後時也。或謂卜自建子之月而始，又謂郊非祈農事，則與程子冬祀圜丘、春祈穀之説異矣。」廬陵李氏曰：「魯之有郊，何也？程子曰：『成王以周公有大勳勞，賜魯重祭也。』此主《禮記·明堂位》及《禮運》等説，三傳皆同。獨臨江劉氏以爲成王周之盛王，未必過賜，故以爲魯之有郊，惠公請之，引《史記》曰：『魯惠公使宰讓請郊廟之禮於天子，天子使史角往，公止之。其後實爲墨翟之學於魯。』陳氏用其説，歷舉東遷以來秦襄祠西畤、齊桓欲封禪、晉郊鯀等事證，謂此皆東遷之僭禮，❶且引定四年祝鮀舉成王命魯之詞不及郊祀等，辨難甚至。但史角事不知所出，而祝鮀之言亦有備物典册語，則又未敢以此而盡棄《禮記》諸書也。」又曰：「郊之用卜，何也？古者大事

❶「僭」，原作「傍」，今據四庫本元李廉《春秋諸傳會通》改。

皆決於卜。《公羊》以爲天子之郊常事則不卜，魯郊非常，是以卜之，卜止於三，吉則爲，凶則已。《左氏》以爲常禮不卜，止卜牲與日。按：周祀五帝，前期大宰帥執事而卜日，則天子亦卜也，但所卜者不過卜日與牲而已。《春秋》所書，亦卜日與牲也。」

不從。乃免牲。《公羊傳》：「曷爲或言『免牲』，或言『免牛』？免牲，禮也；免牛，非禮也。免牛何以非禮？傷者曰牛。」《穀梁傳》：「免牲者，爲之緇衣纁裳，有司玄端奉送至於南郊。免牛亦然。乃者，亡乎人之辭也。」范氏曰：「亡乎人，言無賢人，譏僖公不共。」杜氏曰：「免猶縱也。」

古者大事決於卜，《周禮・大宰》：「前期十日，帥執事而卜日，遂戒。」《大宗伯》：「凡祀大神，帥執事而卜日。」**故《洪範》稽疑獨以龜爲主，**《書・洪範》：「龜從筮逆，作内吉。」注：「内，謂祭祀等事。」**卜而不從則不郊矣，故免牲。**劉氏曰：「所謂不從者，謂日不吉也。不吉則不敢郊，故須免牲也。」汪氏曰：「免牲不言不郊，蓋卜免牲而吉，則不可郊矣。免牛則猶可再卜牛，故復言不郊。」廬陵李氏曰：「不郊而或言免牲，或言免牛，何也？凡不郊皆卜免牲，卜免牲吉則免之，不吉則否。書免牲，則見其不郊矣，僖三十一年、襄七年止書免牲是也。若不郊而不行免牲之禮，則不書免牲，成十年、襄十一年止書不郊是也。若牛死則無可免矣，宣二年『牛死，乃不郊』是也。獨成七年既書免牛，又書不郊，何也？《穀梁》曰：『免牲不曰不郊，免牛亦然。』此經復書不郊者，蓋以僖公免牛與三望同時，故略去不郊之文，今此春免牛，而夏三望，故須書不郊以見之也。免牲者，爲之緇衣纁裳，奉之南郊天位，歸之于陽也。已傷曰牛，而尚卜免，何也？嘗置之上帝矣，卜而後免之，不敢專也。」

猶三望。《左傳》：「四卜郊不從，乃免牲，非禮也。猶三望，亦非禮也。禮不卜常祀，而卜其牲日。牛卜日曰牲。牲成而卜郊，上怠慢也。望，郊之細也。不郊，亦無望可也。」《公羊傳》：「三望者何？望祭也。然則曷祭？祭泰山、河、海。曷爲祭泰山、河、海？山川有能潤于百里者，天子秩而祭之。觸石而出，膚寸而合，不崇朝而徧雨乎天下者，唯泰山爾。河、海潤於千里。猶者何？通可以已也。何以書？譏不郊而望祭也。」《穀梁傳》：「猶者，可以已之辭也。」

望，祭也。杜氏曰：「望而祭之也。」**有虞氏受終而望因於類，巡守而望因於柴，**《書·舜典》：「肆類于上帝，望于山川。」蔡氏傳：「非常祀而告祭于天，其禮依郊祀爲之，故曰類。」又云：「至于岱宗，柴，望秩于山川。」傳：「柴，燔柴以告天也。」**皆天子之事也。今魯不郊而望，故特書曰「猶」。猶者，可以已之詞。**啖氏曰：「郊後必望祭，若不郊則不當望。書『猶』，非禮也。」朱子曰：「『猶三望』，是不必望而猶望也。『猶繹』，是不必繹而猶繹也。」汪氏曰：「『猶三望』、『猶繹』，譏其可以已而不知已，不當爲而爲者也。『猶朝于廟』，幸其不可已而不遂已，當爲而爲者也。美惡不嫌同詞。」盧陵李氏曰：「《春秋》書『猶』三，『猶三望』、『猶朝于廟』、『猶繹』也。三望與繹，譏其可已而不已之詞也。朝廟，幸其不可已而不已之詞也。」**其言三望，何也？天子有方望，無所不通，**何氏曰：「謂祭四方群神，日月星辰，風伯雨師，五嶽四瀆，及餘山川。盡八極之內，天之所覆，地之所載，無所不至。」**諸侯非名山大川在其封內者則不祭。**何氏曰：「故知魯郊非禮。」《禮記·王制》：「諸侯祭名山大川之在其地者。」**魯得用重禮，視王室則殺，故望止於三；比諸侯則隆，故河海雖不在其封而亦祭，然非諸侯之所**

得爲也。茅堂胡氏曰：「三代命祀，祭不越望。夫子以爲知大道，不踐其位，不行其禮。」臨川吴氏曰：「天子郊祀上帝，必望祭山川。望祭在郊祀之後，因郊而望也。魯，諸侯也，以成王之賜，許用王禮，四望闕其一，殺於天子。然郊禮既廢，則望禮可以不舉。魯既不郊而猶三望，故書以譏其非禮。」汪氏曰：「周官四望，蓋望四方。今魯三望，蓋泰山在魯西，海在魯東，而河在魯北，殺天子之禮也。」〇劉氏曰：「《左氏》云：『牛卜日曰牲。牲成而卜郊，上怠慢也。』非也。繫者即牲，牲之名久矣，豈必卜日哉？且魯人必不先卜牲日而後卜郊。卜郊，卜其日吉否也，非卜其郊可否也。蓋疑魯之卜，卜郊可否也，是以誤之爾。」孫氏曰：「《公羊》謂泰山、河、海，鄭氏謂海、岱、淮，杜預稱分野之星及境内山川。據鄭、杜，止以諸侯祭其封内云爾，況河、海、淮非魯封内，又諸侯無祭分野星辰之事。且魯既僭天子，蓋於四望之中祭其大者三耳。《公羊》得之。」張氏曰：「鄭、杜恐臆説。蓋天子四望，王雖令魯郊，止行祈穀之郊，令魯得望，特比天子闕其一，故三望與郊書之無異。而書曰猶，言不當望而望祭也。如使魯望不出境，何爲言猶以譏之，若『壬午，猶繹』之書乎？《公羊》之説，必有所傳。」廬陵李氏曰：「三望之異同何也？説《左氏》者，以爲分野星及封内山川；説《公羊》者，以爲泰山、河、海；説《穀梁》者，以爲海、岱、淮。據三家，皆不以三望爲非禮，止譏其舍郊而望，此已失之，況望乃祭山川之名，何得以爲分野之星？若以三望爲魯之封内，魯所得祭，則常事不書矣。胡氏取《公羊》説，以爲泰山、河、海。泰山魯所得祀，河、海非魯封内，故不當祀。然既曰『魯視王室則殺，故望止於三』，而又用朱長文之説，曰：『禮：天子有四望，魯惟得祭泰山。餘三望僭禮，故書之。』則是魯祭泰山之外，猶有三望之祭也，與前説稍不合矣。要之，後説是。」又曰：「三望書『猶』，何也？猶者，可已之詞，三傳皆合。但諸傳皆以大禮之不舉爲恨，胡氏則獨以僭禮之未盡除爲譏，則詞雖同而意異矣。胡氏説是。蘇氏曰：『如此而猶如此者，甚之之詞也。不如此而猶如此者，幸之之詞也。』此説發明二『猶』字甚佳，但以『猶三望』爲幸之之詞，則失之矣。」

秋，七月。

附録《左傳》：「秋，晉蒐于清原，作五軍以禦狄。趙衰爲卿。」

冬，杞伯姬來求婦。《公羊傳》：「其言來求婦何？兄弟辭也。其稱婦何？有姑之辭也。」《穀梁傳》：「婦人既嫁不踰竟，杞伯姬來求婦，非正也。」

蕩伯姬來逆婦而書者，以公自爲之主，失其班列書也。杞伯姬敵矣，其來求婦，曷爲亦書？見婦人之不可預國事也。王后之詔命不施於天下，夫人之教令不施於境中。昏姻大事也，杞獨無君乎？而夫人主之也。故特書于策，以爲婦人亂政之戒。家氏曰：「内女適人者而來，必謹記其事，示有別，遠嫌疑也。」**母爲子求婦，猶曰不可，況於他乎？此義行，無吕、武之禍矣。**汪氏曰：「前漢吕后以高帝時與政，遂致臨朝稱制，擅王諸吕，幾危劉氏。唐武后以高宗時與政，遂致廢黜中宗，自登大寶，革唐爲周。」臨川吴氏曰：「杞伯姬自來求婦，蓋疑不自來求，則婦不可得也。求而得僖公之女叔姬，爲桓公夫人。經不書歸，昏姻常事皆不書也，至成公世被出乃見經。伯姬於莊公時一會一來，已非禮矣。僖五年挾其長子代君父來朝。長子成公既卒，次子桓公繼立，朝而遭卑，國又見入，故二十八年伯姬又來。此年又來求婦。是時伯姬年近七十矣，不顧其行之越禮，意欲親魯借援，以扶其小弱也。」張氏曰：「成公世，杞叔姬之不終，或者權輿於此歟。」○陸氏曰：「經文直書之，以志其非禮爾。《公羊》云『兄弟之辭』，有何義乎？」

狄圍衛。蜀杜氏曰：「夷狄患中國，晉文不能攘之，書以志其過。」臨川吴氏曰：「狄去年侵齊，今又圍衛，若無晉霸然。豈以晉文居狄之久而狎之歟？」**十有二月，衛遷于帝丘。**于，《穀》作「於」。《左傳》：「卜曰三百年。衛成公夢康叔曰：『相奪予享。』公命祀相，甯武子不可，曰：『鬼神非其族類，不歆其祀。杞、鄫何事？相之不享於此久矣，非衛之罪也。不可以間成王、周公之命祀。請改祀命。』」

帝丘，東郡濮陽顓頊之虚，亦衛地也。狄嘗迫逐黎侯，黎侯寓于衛，而衛不能修方伯連率之職。見《詩·旄丘》小序。**戎嘗伐凡伯于楚丘，而衛不能救王臣之患。**見隱公七年。**其後遂爲狄人所滅，東徙渡河矣。齊桓公攘戎狄封之，而衛國忘亡。**見僖公二年。**今又爲狄所圍，其遷于帝丘，避狄難也。而中國衰微，夷狄强盛，衛侯不能自强於政治，晉文無卻四夷安諸夏之功，莫不見矣。**張氏曰：「狄以閔二年入衛，齊桓救而封之，自此狄不敢加兵於衛，桓公之力也。齊桓即世，衛文忘齊之大德，從宋襄伐齊，殺冢嗣而立不正，於是狄人乃假義伐衛。衛人忘恩而啓狄之寇，蓋始於此。自晉文興，不復侵伐相攻矣，今復迫衛，致其遷都，此胡氏所以罪晉文也。」家氏曰：「齊桓晚年不能救黄，猶曰黄遠而力不逮也。衛近於晉，非其力之不及而休戚不相關，尚何以爲盟主哉！」

附録《左傳》：「鄭洩駕惡公子瑕，鄭伯亦惡之，故公子瑕出奔楚。」

癸巳襄王二十四年。**三十有二年**晉文八，卒。齊昭五。衛成七。蔡莊十八。鄭文四十五，卒。曹共二十五。陳共四。杞桓九。宋成九。秦穆三十二。楚成四十四。**春，王正月。**

附録《左傳》：「春，楚鬭章請平于晉，晉陽處父報之，晉、楚始通。」

夏，四月己丑，鄭伯捷卒。捷，《公》作「接」。○**衛人侵狄。秋，衛人及狄盟。**《左傳》：「夏，狄有亂。衛人侵狄，狄請平焉。秋，衛人及狄盟。」

按《左氏》：「狄有亂，衛人侵狄，杜氏曰：「報前年狄圍衛。」臨川吴氏曰：「衛畏狄之强，遷都以避之。今乘其亂，始敢以兵攻其境。言侵不言伐，不敢聲其罪而討之也。」**狄請平焉，衛人及狄盟。」其不地者，盟於狄也。再書衛人而稱及者，所以罪衛也。**汪氏曰：「書及，則是盟乃衛人所欲。」**盟會中國諸侯之禮，衰世之事，已非《春秋》之所貴，況與戎狄豺狼，即其廬帳，刑牲歃血以要之哉！**蜀杜氏曰：「衛人不遂討狄，反與之平，就而結盟。《春秋》會戎狄猶不可，況盟之乎？」張氏曰：「非我族類，而就其廬帳以與盟，於是始有如唐德宗召平凉之辱者矣。所以特書以示戒也。」

冬，十有二月己卯，晉侯重耳卒。《左傳》：「冬，晉文公卒。庚辰，將殯于曲沃，出絳，柩有聲如牛。卜偃使大夫拜，曰：『君命大事，將有西師過軼我，擊之，必大捷焉。』杞子自鄭使告于秦，曰：『鄭人使我掌其北門之管，若潛師以來，國可得也。』穆公訪諸蹇叔，蹇叔曰：『勞師以襲遠，非所聞也。師勞力竭，遠主備之，無乃不可乎！師之所爲，❶鄭必知之。勤而無所，必有悖心。且行千里，其誰不知？』公辭焉。召孟明、西乞、白乙，使出師於東門之外。蹇叔哭之，曰：『孟子，吾見師之出而不見其入也。』公使謂之曰：『爾何知？中壽，爾墓之木拱矣。』蹇叔之子與師，哭而送之，曰：『晉人禦師必於殽。殽有二陵焉：其南陵，夏后皐之墓也；其北陵，文王之所辟風雨也。必死是間，余收爾骨焉。』秦師遂東。」

按：《左氏》載秦伯納晉文公，及殺懷公于高梁，其事甚詳，而《春秋》不書者，以爲不告也。徐邈曰：「諸侯有朝聘之禮、赴告之命，所以敦交好，通憂虞。若鄰國相望而情志否隔，存亡禍福不以相關，則他國之史無由得書。魯政雖陵，典刑猶在，史策所録，不失常法，其文足證。仲尼修之，事仍本史，有可損而不能益也。」啖氏曰：「他國之事，不憑告命，何由得書？但書所告之事，定其善惡，以文褒貶耳。且列國至多，若盟會、征伐、喪紀，不告亦書，則不勝書矣。」汪氏曰：「《左傳》所載諸國事，《春秋》不書者甚多，如王殺周公黑肩，王子克奔燕，陳佗殺太子免，鄭弑昭公及子亹、子儀，衛成公殺叔武，曹公子負芻殺太子之類。皆當時不告於魯，魯史不書於策，故《春秋》不得而書，非削之也。蓋左氏所據者諸國之史，而夫子筆削據魯國之史，宜其詳略不同也。」廬陵李氏曰：「晉文以二十四年入國，至二十八年城濮始主伯，迄三十二年，凡五年。李氏曰：『晉有二文之業，蓋文

❶ 「之」，原作「知」，今據阮刻本《春秋左傳正義》改。

侯、文公也。《書》録文侯之命，捍王于艱，錫以秬鬯，爲東周賢侯。《春秋》詳文公之伯，蓋文侯家法也。文公之興，其事易於齊桓，固有自來矣。然文公既入國，而事之不載於經者凡四年。雖以納王之懿功，削而不見。至二十八年，一簡之中乃五挈晉侯，不以爲繁，何哉？蓋自武公以支代宗，并吞專立，讀《無衣》之詩，雖晉之臣民，不能自安也。《春秋》爲是黜晉不書。文公奔而復國，内何所承，上何所禀？經復略之。勤王固爲大美，然特以求諸侯之利心而爲之，豈真知有君臣之義哉！至二十八年晉、楚之事，乃關夷夏之盛衰，非係一國之得失。《春秋》抑楚之深，故與晉之亟，則晉亦不爲無績於中國矣，此其與桓公並稱歟！大抵桓、文雖並稱，而文固非桓匹也。桓公二十餘年蓄威養晦，始能問罪於楚；文公一駕，而城濮之功多於召陵。桓公屢盟屢會，遲迴晚歲始會宰周公；文公再合，而温之事，敏乎葵丘。桓公終身與諸侯，會鄄失魯，盟幽失衛，首止失鄭，葵丘失陳；文公三會，而大侯小伯莫有不至，其得諸侯又盛乎桓公。而曰文非桓匹，何也？文公之功多於桓公者，罪亦多於桓公也；事速就乎桓公者，義尤壞乎桓公者也；名盛乎桓公者，實衰乎桓公者也。《春秋》不以功蓋罪，不以事掩義，不以名誣實，此其非桓匹歟！桓公得江、黄，而不用於伐楚；文公謂非致秦則不可與楚争，楚抑而秦興矣，此桓公之不肯爲也。桓公會則不邇三川，盟則不加王人；文公會畿内則伉矣，盟子虎則悖矣，此桓公之不敢爲也。桓公寧不得鄭，不納子華，懼其奬臣抑君，不可以訓；文公爲元咺執君，則三綱五常於是廢矣，此又桓公不忍爲也。夫子正譎之辨，獨不深切著明哉！』」

甲午襄王二十五年。**三十有三年**晉襄公驩元年。齊昭六。衛成八。蔡莊十九。鄭穆公蘭元年。曹共二十六。陳共五。杞桓十。宋成十。秦穆三十三。楚成四十五。**春，王二月，秦人入滑。**《左傳》：「秦師過周北門，左右免胄而下。超乘者三百乘。王孫滿尚幼，觀之，言於王曰：『秦師輕而無禮，必敗。輕則寡謀，無禮則脱。入險而脱，又不能謀，能無敗乎？』及滑，鄭商人弦高將市於周，遇之。以乘韋先，牛十二犒師，曰：『寡君聞吾子將步師出於敝邑，敢犒從者。不腆敝邑，爲從者之淹，居則具一日之積，行則備一夕之衛。』且使遽告于鄭。鄭穆公使視客館，則束載、厲兵、秣馬矣。使皇武子辭焉，曰：『吾子淹久於敝邑，唯是脯資餼牽竭矣，爲吾子之將行也，鄭之有原圃，猶秦之有具囿也。吾子取其麋鹿，以閒敝邑，若何？』杞子奔齊，逢孫、揚孫奔宋。孟明曰：『鄭有備矣，不可冀也。攻之不克，圍之不繼，吾其還也。』滅滑而還。」《穀梁傳》：「滑，國也。」茅堂胡氏曰：「秦人滅滑而書『入』者，不能有其地，非未滅之也。❶ 而肆其悖心，無故滅人之罪著矣。」張氏曰：「孟明視、西乞術、白乙丙不書，罪之也。」汪氏曰：「滑，國，伯爵，莊十六年同盟于幽。僖二十年鄭公子士洩堵寇帥師，嘗入滑矣。蓋國近於鄭，故秦雖滅之，而不有其地也。」○**齊侯使國歸父來聘。**《左傳》：「齊國莊子來聘，自郊勞至于贈賄，禮成而加之以敏。臧文仲言於公曰：『國子爲政，齊猶有禮，君其朝焉。臣聞之，服於有禮，社稷之衛也。』」臨川吴氏曰：「二十六年有伐齊取穀之怨，二十八年晉文既伯，公子遂聘齊以解仇而講好，越六年而歸父來，報公子遂之聘也。」○**夏，四月辛巳，晉人及姜戎敗秦于殽。**敗，必邁反。「敗秦」下《左》、《穀》有「師」字。《左傳》：「晉原軫曰：『秦違蹇叔而以貪勤民，天

❶「滅」，原作「減」，今據四庫本改。

奉我也。奉不可失，敵不可縱。縱敵患生，違天不祥。必伐秦師。』欒枝曰：『未報秦施而伐其師，其爲死君乎？』先軫曰：『秦不哀吾喪而伐吾同姓，秦則無禮，何施之爲？吾聞之，一日縱敵，數世之患也。謀及子孫，可謂死君乎？』遂發命，遽興姜戎。子墨衰絰，梁弘御戎，萊駒爲右。夏，四月辛巳，敗秦師于殽，獲百里孟明視、西乞術、白乙丙以歸。遂墨以葬文公。晉於是始墨。文嬴請三帥，曰：『彼實構吾二君，寡君若得而食之，不厭，君何辱討焉！使歸就戮于秦，以逞寡君之志，若何？』公許之。先軫朝，問秦囚。公曰：『夫人請之，吾舍之矣。』先軫怒，曰：『武夫力而拘諸原，婦人暫而免諸國，墮軍實而長寇讎，亡無日矣。』不顧而唾。公使陽處父追之，及諸河，則在舟中矣。釋左驂，以公命贈孟明。孟明稽首曰：『君之惠，不以纍臣釁鼓，使歸就戮于秦，寡君之以爲戮，死且不朽。若從君惠而免之，三年將拜君賜。』秦伯素服郊次，鄉師而哭曰：『孤違蹇叔，以辱二三子，孤之罪也。不替孟明，孤之過也，大夫何罪？且吾不以一眚掩大德。』」《公羊傳》：「其謂之秦何？夷狄之也。曷爲夷狄之？秦伯將襲鄭，百里子與蹇叔子諫曰：『千里而襲人，未有不亡者也。』秦伯怒，曰：『若爾之年者，宰上之木拱矣，爾曷知！』師出，百里子與蹇叔子送其子而戒之曰：『爾即死，必於殽之嶔巖，是文王之所辟風雨者也，吾將尸爾焉。』子揖師而行。百里子與蹇叔子從其子而哭之，秦伯怒曰：『爾曷爲哭吾師？』對曰：『臣非敢哭君師，哭臣之子也。』弦高者，鄭商也。遇之殽，矯以鄭伯之命而犒師焉。或曰往矣，或曰反矣。然而晉人與姜戎要之殽而擊之，匹馬隻輪無反者。其言及姜戎何？姜戎，微也。稱人，亦微者也。何言乎姜戎之微？先軫也。或曰襄公親之。襄公親之，則其稱人何？貶。曷爲貶？君在乎殯而用師，危不得葬也。詐戰不日，此何以日？盡也。」《穀梁傳》：「不言戰而言敗，何也？狄秦也。其狄之何也？秦越千里之險入虛國，進不能守，退敗其師，徒亂人子女之教，無男女之別。秦之爲狄，自殽之戰始也。秦伯將襲鄭，百里子與蹇叔子諫曰：『千里而襲人，未有不亡者也。』秦伯曰：『子之冢木已拱矣，何知！』師行。百里子與蹇叔子送其子而戒之曰：『女死必於殽之巖唫之下，我將尸女於是。』師行，百里子與蹇叔子隨其子而哭之，秦伯怒曰：『何爲哭吾師也？』二子曰：『非敢哭師也，哭吾子也。我老矣，彼不死則我死矣。』晉人與姜戎要而擊之殽，匹馬倚輪無反者。晉人者，晉子也。其曰人，何也？微之也。何爲微之？不正其釋殯而主乎戰也。」程子曰：「晉不稱君，居喪未葬，不可從戎也。忘親背惠，其惡甚矣。秦爲無道，越晉踰周以襲人，衆所共憤，故書晉人，其稱『及姜戎』亦然。」杜氏曰：「姜戎，姜姓之戎，居晉南鄙，戎子駒支之先也。殽在弘農澠池縣西。」

按《書》序，秦穆公伐鄭，晉襄公帥師敗諸殽，而經書晉人敗秦于殽，是皆仲尼親筆，其詞何以異乎？《書》序專取穆公悔過自誓之言，止於勸善，其詞恕；《春秋》備書秦、晉無道用兵之失，兼於懲惡，其法嚴，此所以異也。晉襄親將，絀不稱君者，俯逼葬期，忘親背惠，墨衰經而即戎，其惡甚矣。海陵胡氏曰：「荷殯逼葬，冒衰起兵，故晉侯稱人。」孫氏曰：「秦人入滑，雖曰不可，晉襄與姜戎要而敗之，則又甚焉。戹人于險，非仁也；却喪用兵，非孝也。故書晉人及姜戎以疾之。」陳氏曰：「晉之伯，秦有力焉，自城濮以來，無役不從也。文公未葬，襄公墨縗及姜戎要秦師于殽，敗之。秦、晉之構怨自是始，更三君交兵無虛歲，曾不十年，晉遂不競而楚伯。是故外會師不言及，特書及而晉子貶稱人，惡晉也。」高氏曰：「桓十四年書宋人以齊人、蔡人、衛人、陳人，則知宋人者，宋公也。此書晉人及姜戎，則知晉人者，晉侯也。皆所以深罪之也。」視秦猶狄，其罪云何？客人之館而謀其主，因人之信己而逞其詐，利人之危而襲其國，越人之境而不哀其喪，叛盟失信，以貪勤民而棄其師，狄道也。啖氏曰：「秦不言師，狄之也。」劉氏曰：「其謂之秦何？秦之所以爲狄者。與人之臣而謀其君，利人之喪而襲其國，弱人之孤而死其親，背大臣而與小臣圖事，貪得利而棄其師也。」王氏《箋義》曰：「書敗秦于殽，若『晉人敗狄于箕』之類也。秦伯不納蹇叔之言，卒敗于殽，三帥被執，喪其師旅，害及生民，斯貪而無謀者也。戎狄無謀而貪，故書秦如狄。」茅堂胡氏曰：「《春秋》述天倫，明王道，故尊中國而書爵，抑夷狄而舉號，不以地之遠近分貴賤也。若居中國而不忠不信，無禮無義，則亦夷狄之。秦、晉所宅，皆帝王舊都，而書敗秦于殽、晉伐鮮虞是也。」夫杞子、先軫之謀，偷見一時之利，徼倖其成，自以爲功者也。二君皆過聽焉而貪其利，是使爲人臣者，懷利以事其君；爲人子者，懷利以事其父。君臣、父子去仁義，懷利以相與，利之所在則從之矣，何有於君、父？故一失則夷狄，再失則禽獸，而大倫滅矣。《春秋》人晉子而狄秦，所以立人道、存天理也。家氏曰：「《春秋》惡秦之用詐襲人而狄之，惡晉之背惠徼勝而人之，是故俱責，而責秦之意重於責晉矣。」〇張氏曰：「《公》、《穀》作『秦師』。《公羊》無『師』字，蓋得聖人之意，必有所傳，故劉氏、胡氏從之也。」汪氏曰：「《穀梁》謂狄秦，蓋亦誤加『師』字耳。」廬陵李氏曰：「《穀梁》以『敗秦師』爲狄之，蓋援中國與夷狄不言戰之例，則恐非。其曰『秦之爲狄自殽始』，則亦必有所傳也。」

癸巳，葬晉文公。《穀梁傳》：「日葬，危不得葬也。」高氏曰：「此見襄公父死未葬而尋干戈也。」**○狄侵齊。**《左傳》：「因晉喪也。」臨川吴氏曰：「三十年狄侵齊，傳以爲間晉之有鄭虞。此年狄侵齊，傳以爲因晉喪。狄之所以敢侵齊者，間晉之虞、因晉之喪，則狄未嘗無畏晉之心也。晉縱狄而莫之攘，是爲可罪焉爾。」

○公伐邾，取訾婁。訾，子斯反。訾婁，《公》作「叢」，《穀》作「訾樓」。**秋，公子遂帥師伐邾。**《左傳》：「公伐邾，取訾婁，以報升陘之役。邾人不設備。秋，襄仲復伐邾。」

按《左氏》：「公伐邾，取訾婁，報升陘之役。邾人不設備，襄仲復伐之。」此皆不勝忿欲，報怨貪得，恃强陵弱，不義之兵也，直書其事而罪自見矣。或曰：取須句、訾婁，有爲爲之也。伐邾至于再三，念母勤矣。夫念母者，必當止乎禮義。平王不撫其民而遠屯戍于母家，詩人刺之，夫子録焉。見《詩·揚之水》小序。**僖公以成風之有功於己也，越禮以尊其身，**八年「禘于大廟，用致夫人」。**違義以報其怨，殘民動衆，取人之邑，曾是以爲可乎？**張氏曰：「僖公懷升陘之忿，以晉文方霸而未敢興報怨之師。今晉文方没，秦狄内訌，故君臣間有事而交伐邾以取利。具事直書，其罪見矣。」薛氏曰：「升陘之役十歲矣，邾未始侵伐我也。夏公伐邾取其邑，秋公子遂又伐之，無名甚矣。」家氏曰：「齊桓之没，宋、楚争伯，魯乘之以伐邾，歲至於再。今晉文方没，秦、晉交兵，魯又乘之而伐邾，歲至於再。每乘伯國之多事而侵陵小國，《春秋》備書，所以貶也。」

晉人敗狄于箕。《左傳》：「狄伐晉，及箕。八月戊子，晉侯敗狄于箕。郤缺獲白狄子。先軫曰：『匹夫逞志于君而無討，敢不自討乎？」』免胄入狄師，死焉。狄人歸其元，面如生。初，臼季使過冀，見冀缺耨，其妻饁之。敬，相待如賓。與之歸，言諸文公曰：『敬，德之聚也。能敬必有德。德以治民，君請用之。臣聞之，出門如賓，承事如祭，仁之則也。』公曰：『其父有罪，可乎？』對曰：『舜之罪也殛鯀，其舉也興禹。管敬仲，桓之賊也，實相以濟。《康誥》曰：「父不慈，子不祗，兄不友，弟不共，不相及也。」《詩》曰：「采葑采菲，無以下體。」君取節焉可也。』文公以爲下軍大夫。反自箕，襄公以三命命先且居將中軍，以再命命先茅之縣賞胥臣曰：『舉郤缺，子之功也。』以一命命郤缺爲卿，復與之冀，亦未有軍行。」任公輔曰：「白狄，狄別種，西屬雍州，近於秦。」杜氏曰：「太原陽邑縣南有箕城。」臨川吴氏曰：「秦、晉同圍鄭，秦擅及鄭盟，晉文不忍伐其師。狄嘗侵齊，又圍衛，晉文縱其寇中國。蓋出亡在狄，歸國由秦，皆嘗受其惠也。今晉襄紹伯，唯恐伯威不立而伯業遂衰，故汲汲然以衰服從戎，既敗秦而又敗狄也。」陳氏曰：「晉帥天下諸侯以攘戎狄。前年狄侵齊，去年狄圍衛，衛爲之遷帝丘，而晉不能救，於是伐晉。蓋僅而後勝之，故晉侯貶稱人，病晉也。」家氏曰：「戎狄賤微，非中國諸侯之敵，故不書戰而止書敗。」〇**冬，十月，公如齊。十有二月，公至自齊。**張氏曰：「比事觀之，❶間晉而虐邾，所以因齊聘而朝之，以自托也。」蜀杜氏曰：「譏公親往以報大夫之聘。」薛氏曰：「周公下聘而卿入拜，鄰國聘而君往朝，輕重不倫，不可以言禮矣。」汪氏曰：「天王使宰周公來聘，以三公家宰之重，下臨於魯，實非常之禮也。僖公不能入覲京師，恭拜寵光，而使公子遂報聘，又以二事出，幾若

❶ 「比」，原作「此」，今據四庫本改。

邾、滕之交耳。今齊侯使國歸父來聘，不過交鄰之常禮，命大夫往答其勤，斯云可矣，顧乃躬往朝之，於所厚者薄，而其所薄者厚。經自莊公娶讎女之後，如齊不致，此特書『至』，危公之慢王而畏大國也。」廬陵李氏曰：「晉襄初立，伯事未定，秦之窺鄭，齊之聘魯，皆有志於争伯也。晉襄惟外患之是憂，而置齊、魯之交於度外，故不踰年而伯事復盛焉，亦善於繼承者矣。《春秋》書敗秦、敗狄、如齊、伐許，於一年之間，其晉伯絶續之會，三强睥睨之秋歟！」**〇乙巳，公薨于小寢。**《左傳》：「冬，公如齊，朝，且弔有狄師也。反，薨于小寢，即安也。」《穀梁傳》：「小寢，非正也。」

《左氏》曰：「即安也。」杜氏曰：「小寢，内寢也。譏公就所安，不終於路寢。」**周制：王宫六寢，路寢一，小寢五。君日出而眡朝，退適路寢聽政，使人眡大夫，退，然後適小寢，釋服。是路寢，治事之所也，而小寢，燕息之地也。《公羊》以西宫爲小寢，曾子以諸侯有三宫，則列國之制蓋降於王，其以路寢爲正則一爾。君終不於路寢，則非正矣。曾子曰：「吾得正而斃，又何求哉？」古人貴於得正乃如此。凡此直書，而義自見矣。**家氏曰：「于小寢殁，不以其地也。魯諸君没於路寢者三，没於小寢、臺下、楚宫、高寢者各一。當疾革而居于正寢，所謂以齊終者也。成王將終，洮頮水，被冕服，憑玉几以發命於其公卿大臣，俾輔元子弘濟多艱，此人君没於正寢之事也。非夫存養有素，神明不亂，豈能盡將終之禮哉！」廬陵李氏曰：「僖公在位三十三年，實爲魯之賢君。當其初歲，内用公子友、臧文仲，外則堅事齊桓，故能去慶父之姦蠹，使魯國既危而復安。自十七年以前，除從齊會盟征伐外，魯事之見經者甚少。觀《詩》之所頌，如務農重穀，則勤於爲民也；春秋享祀，則謹於奉先也；立閟宮，復泮宮，克淮夷，牧坰野，雖一時誇大之辭，有過其實，然禮樂政事之脩明，君臣上下之協洽，概可想矣。但盟檉未返，遽有郲師之敗；葵丘稍怠，遽肆陽谷之樂，則公豈真能以禮信輔齊耶？厥後宋襄繼起，雖其伯事有不足以得魯，然與其南向以從楚，孰若尊奬先代，協贊姻鄰，以爲中國之重！乃乞師蠻荆，導之以伐齊、宋，其失大矣。蓋自十六年季友卒後，臧文仲之竊位，公子遂之專權，如滅項、會楚之失，備見於經。向非晉文肇造，一戰勝楚，則中原左衽之禍，僖公何以逭其責哉！先儒曰：棄夏盟而即楚，則有從狄之非；先晉室而後周，則無敬君之節。須句之功不足掩升陘之辱，取穀之師不足洗至鄫之耻，此僖之不得全爲賢侯也。況乎季友受費而季孫氏始，公孫兹帥師而叔孫氏始，公孫敖帥師而孟孫氏始！三桓之基，皆肇於僖公之編，則僖公亦魯國功之首、罪之魁也歟！」

隕霜不殺草，李梅實。 隕，《公》作「霣」。《公羊傳》：「何以書？記異也。何異爾？不時也。」《穀梁傳》：「未可殺而殺，舉重也。可殺而不殺，舉輕也。實之爲言猶實也。」

哀公問於仲尼曰：「《春秋》記隕霜不殺草，何爲記之也？」曰：「此言可殺也。夫宜殺而不殺，則李梅冬實。天失其道，草木猶干犯之，而況君乎？」何氏曰：「周之十二月，夏之十月也。早霣霜而不殺萬物，至當霣霜之時，根生之物復榮，陰假陽威，此祿去公室，政在公子遂之應。」臨川吴氏曰：「霜當重而不能殺草，李梅再花而結成實，皆冬暖之咎徵也。」劉氏曰：「九月其卦爲剥，剥落萬物，始大殺矣。明陰從陽命，臣受君令而後殺也。隕霜不能殺草，此君誅不行，舒緩之應也。」京氏曰：「李梅當剥落反實。先花而後實，不書花，舉重也。陰成陽事，象臣專君作威福。」**是故以天道言，四時**

失其序，則其施必悖，無以統萬象矣。以君道言，五刑失其用，則其權必喪，無以服萬民矣。哀公欲去三桓、張公室，問社於宰我，宰我對以使民戰栗，蓋勸之斷也。仲尼則曰「成事不説，既往不咎」，覺軒蔡氏曰：「哀公之問宰我，蓋謀討三桓而爲廋辭。宰我之對，因戮人于社，附會於周人之木，以啓時君殺伐之心，故夫子責之。」**其自與哀公言，乃以爲可殺，何也？在聖人則能處變而不失其常，在賢者必有「小貞吉，大貞凶」之戒矣。其論隕霜殺草，則李梅冬實，蓋除惡於微，慮患於早之意也。**襄陵許氏曰：「僖公寬仁過厚，其失也豫，而文公以闇弱繼之。三桓之盛自僖公始，卒以專魯，咎徵著矣。」蜀杜氏曰：「《春秋》詳記災異，不遺微細，所以謹人君之戒也。此『隕霜不殺草，李梅實』從而録之者，因以明天地之應、陰陽之大、生殺動植之類，皆繫人君之德，必詳志之以示戒爾。」廬陵李氏曰：「隕霜二：此年『不殺草』，定元年『殺菽』，《穀梁》皆謂舉重也。」

晉人、陳人、鄭人伐許。《左傳》：「晉、陳、鄭伐許，討其貳於楚也。」張氏曰：「許自文公所不能致，襄公今年敗秦、敗狄，又伐先世所不能致之許。孔子曰：『遠人不服，則修文德以來之。』今襄公承業之志，自以爲勤，然不知忘喪毒民，失道之甚也。」

附録《左傳》：「楚令尹子上侵陳、蔡。陳、蔡成，遂伐鄭，將納公子瑕。門于桔柣之門。瑕覆于周氏之汪。外僕髡屯禽之以獻。文夫人斂而葬之鄶城之下。」〇「晉陽處父侵蔡，楚子上救之，與晉師夾泜而軍。陽子患之，使謂子上曰：『吾聞之，文不犯順，武不違敵。子若欲戰，則吾退舍，子濟而陳，遲速唯命，不然紓我。老師費財，亦無益也。』乃駕以待。子上欲涉，大孫伯曰：『不可。晉人無信，半涉而薄我，悔敗何及，不如紓之。』乃退舍。陽子宣言曰：『楚師遁矣。』遂歸。楚師亦歸。大子商臣譖子上曰：『受晉賂而辟之，楚之耻也，罪莫大焉。』王殺子上。」○「葬僖公，緩作主，非禮也。凡君薨，卒哭而祔，祔而作主，特祀於主，烝、嘗、禘於廟。」

春秋集傳大全卷之十七

文公

一公名興，僖公子，母聲姜，夫人出姜。在位十八年。謚法：「慈惠愛民曰文。」

周魯文公八年，襄王崩，子頃王立。文十四年，頃王崩，子匡王立。

鄭詳見僖公元年。

齊魯文公十四年，昭公卒，子舍立。九月，舍弒，懿公商人立。文十八年，懿公弒，惠公元立。

宋魯文公七年，成公卒，昭公杵臼立。文十六年，昭公弒，弟文公鮑立。

晉襄公繼霸。魯文公六年，襄公卒，子靈公夷臯立，是年趙盾爲政。

衛詳見僖公元年。

蔡魯文公十五年，莊公卒，子文公申立。

曹魯文公九年，共公卒，子文公壽立。

滕詳見隱公元年。魯文公十二年，滕昭公來朝。

陳魯文公十三年，共公卒，子靈公平國立。

杞詳見僖公元年。

薛詳見隱公元年及僖公元年。

莒魯文公十八年，莒大子僕弒紀公庶，其子季佗立。

邾魯文公十三年，邾文公卒，子定公貜且立。

許魯文公五年，僖公卒，昭公錫我立。

小邾詳見僖公元年。

楚魯文公元年冬，成王遇弒，子穆王商臣立。文十年，次于厥貉。文十三年，穆王卒，子莊王立。○楚莊王争霸。

秦秦用孟明以爲政。魯文公二年，秦伯伐晉，濟河焚舟，遂霸西戎。《史記》穆公三十七年：「益國十二，開地千里，天子使召公過賀穆公以金鼓。」文六年，穆公卒，子康公罃立。文十八年，康公卒，子共公稻立。

吳詳見隱公元年。

越詳見隱公元年。

乙未襄王二十六年。**元年**晉襄二年。齊昭七年。衛成九年。蔡莊二十年。鄭穆二年。曹共二十七年。陳共六年。杞桓十一年。宋成十一年。秦穆三十四年。楚成四十六年，弒。**春，王正月，公即位。**《穀梁傳》：「繼正即位，正也。」

即位者，告廟臨群臣也。何氏曰：「即者，就也。先謁宗廟，明繼祖也。還之朝，正君臣之位也。事畢而反喪服焉。」國君嗣世，定於初喪，必逾年然後改元。書即位者，緣始終之義，一年不二君；緣民臣之心，不可曠年無君。家氏曰：「即位必以歲首，改元亦必以歲首。若歲首不書即位而餘月書之，則非元年正始之義。然服皆如未葬之服，未成其爲君。」高氏曰：「文、成、定即位於未葬之前，皆稱公者，既踰年也。一年不可二君，故終年稱子；又不可曠年無君，故踰年雖未葬稱公也。」按：《書》載舜、禹受終傳位之事，在舜則曰「月正元日，格於文祖」，漢孔氏曰：「舜服堯喪三年畢，將即政，故復至文祖廟告。」在禹則曰「正月朔旦，受命于神宗，率百官若帝之初」。蘇氏曰：「神宗，堯廟也。禹受攝帝之命于神宗之廟，總率百官，其禮一如帝舜受終之初事也。」夫于文祖、神宗，則告廟也。率百官若帝之初，則臨群臣也。自古通葬三年，其以凶服，則不可入宗廟；其以吉服，則斬焉在衰絰之中，不可既成而又易之也，如之何而可？子張問於孔子：「高宗諒陰，三年不言，何謂也？」子曰：「何必高宗，古之人皆然。君薨，百官總己以聽於冢宰三年。」則告廟、臨群臣，固有攝行之禮矣。按：《周書》稱「太甲元年，伊尹祠于先王」，則攝而告廟之證也；「百官總己以聽冢宰」，則攝而臨群臣之證也。其曰「祗見厥祖」者，言伊尹以奉嗣王之事，祗見太甲之祖也；蔡氏曰：「古者王宅憂，祠祭則冢宰攝而告廟，又攝而臨群臣。太甲服仲壬之喪，伊尹祠于先王，奉太甲以即位改元之事。祗見厥祖，則攝而告廟也。侯服、甸服之群臣咸在，百官總己之職以聽冢宰，則攝而臨群臣也。」「至三祀，十有二月，伊尹以冕服奉嗣王」，則免喪從吉之證也。蔡氏曰：「喪既除，以衮冕吉服奉迎以歸也。」然《顧命》、《康誥》記成王之崩，其君臣皆冕服，何也？當是時，成王方崩，就殯猶未成服，故用麻冕黼裳入受顧命。已受命、誥諸侯，而後釋冕反喪服者，於是成服而宅憂也。或以爲康王釋服離次而即吉，則誤矣。問：「康王釋喪服而被衮冕，諸家皆以爲禮之變，獨蘇氏以爲失禮，未知當此際合如何區處？」朱子曰：「天子、諸侯之禮，與士、庶人不同，故孟子有『吾未之學』之語，謂此類耳。如《伊訓》元祀十有二月朔，亦是新喪，伊尹以奉嗣王祗見厥祖，固不可用凶服矣。漢、唐新主即位皆行册禮，君臣亦皆吉服，追述先帝之命，以告嗣君。❶蓋易世傳授，國之大事，當嚴其禮，而王侯以國爲家，雖先君之喪，猶以爲己私服也。」啖氏曰：「嗣子爲君，明年正月朔，就位南面，改元。」勉齋黄氏曰：「人君即位之别有四：始死，正嗣子之位；既殯之後，嗣君即繼體之位；君踰年，合正改元之位；三年，合正踐阼之位。如《春秋》書元年即位，則是踰年正改元之位也。『帝乃殂落三載，四海遏密八音。月正元日，舜格于文祖』，『伊尹以冕服奉嗣王歸于亳』，則是三年正踐阼之位也。然崩薨之日，或在歲終，則蓋有未殯而踰年者矣。」汪氏曰：「文定及九峰蔡氏皆以即位之事，冢宰攝告廟，攝臨群臣。朱子則以他事可攝，即位不可攝，而又謂嗣君以先君之喪爲己私服。其意蓋欲權一時之宜，如借吉之例以繼世正統，而三年之服不可廢也。竊詳春秋以

❶「嗣」，原作「先」，今據《四部叢刊》影印明嘉靖刻本《晦庵先生朱文公文集》改。

前，必有攝告廟、臨群臣之禮，故孔子言『君薨，百官總己以聽於冢宰三年』，而《書》有『伊尹祠于先王』之文。苟太甲涖政，則伊尹不得祠先王矣。然春秋諸侯皆踰年朝廟改元，而命大夫聘問鄰國，或以吉服躬莅會盟侵伐之事。漢以後，則不待踰年而即位矣。賈誼謂『植遺腹，朝委裘而天下不亂』，豈古者典禮素明，紀綱素定，而大臣之攝即位不致生變歟！國君即位之禮，後世雖無傳，然昭公十年諸侯之大夫葬晉平公，既葬，諸大夫欲因見新君，叔向辭之曰『以嘉服見，則喪禮未畢。以喪服見，是重受弔也』；襄三十一年子產相鄭伯，如晉，晉侯以魯襄公之喪未之見，則春秋諸侯喪禮猶未盡廢也。」盧陵李氏曰：「魯自隱至文六君，惟文公承國於先君，得書即位，故胡氏於此，始發告廟、臨群臣之禮。彼隱、莊、閔、僖，非不行此典也，但《春秋》削之耳。」

二月癸亥，日有食之。《公》「日」上有「朔」字。〇**天王使叔服來會葬。**《左傳》：「春，王使內史叔服來會葬。公孫敖聞其能相人也，見其二子焉。叔服曰：『穀也食子，難也收子。穀也豐下，必有後於魯國。』」《公羊傳》：「其言來會葬何？會葬，禮也。」《穀梁傳》：「葬曰會，其志重天子之禮也。」杜氏曰：「叔，氏。服，字。諸侯喪，天子使大夫會葬，禮也。」

凡崩薨卒葬，人道始終之大變也，不以得禮爲常事而不書。《周禮》：「職喪掌諸侯之喪。」何氏曰：「書天子之厚，以起諸侯之薄。」**其或失禮而害於王法之甚者，聖人則有削而不存，以示義者矣。**汪氏曰：「失禮，如成公親葬晉景公。害於王法，如見弒賊不討，及吳、楚僭稱王之類。」家氏曰：「天子所以厚諸侯，是以無貶。桓公之薨，王使榮叔錫命，王不稱天，爲追命篡賊而貶也。成風之葬，召伯來會，王亦不稱天，以其用夫人之禮於妾母而譏之也。僖公魯之賢君，書天王使叔服來會葬，無貶也。」汪氏曰：「諸侯五月而葬。僖公薨至是三月，而王臣來會葬者，豈王室謹禮以懷諸侯，唯恐失期而先至也歟！僖公未嘗遣使會惠王之葬，而襄王遣使會僖公之葬，比事以觀，得失見矣。」

附録《左傳》：「於是閏三月，非禮也。先王之正時也，履端於始，舉正於中，歸餘於終。履端於始，序則無愆；舉正於中，民則不惑；歸餘於終，事則不悖。」

夏，四月丁巳，葬我君僖公。《穀梁傳》：「薨稱公，舉上也。葬我君，接上下也。僖公葬而後舉謚，謚所以成德也。於卒事乎加之矣。」**天王使毛伯來錫公命。**《公羊傳》：「錫者何？賜也。命者何？加我服也。」《穀梁傳》：「禮有受命，無來錫命。錫命非正也。」杜氏曰：「毛，國。伯，爵。諸侯爲王卿士者。」

諸侯終喪入見則有錫，歲時來朝則有錫，能敵王所愾則有錫。黻冕圭璧，因其終喪入見而錫之者也，《禮》所謂「喪畢，以士服見天子。已見，賜之黻冕圭璧，然後歸」是已。杜氏曰：「諸侯即位，天子賜以命圭合瑞爲信。僖十一年王賜晉侯命，亦其比也。」**車馬衮黼，因其歲時來朝而錫之者也，《詩》所謂「君子來朝，何錫予之？雖無予之，路車乘馬。又何予之？玄衮及黼」是已。**《詩·采菽》朱子傳：「天子燕諸侯，而答諸侯頌美之詩也。君子，諸侯也。路車，金路以賜同姓，象路以賜異姓。玄衮，玄衣而畫以卷龍也。黼，如斧形，繡之於裳也。言諸侯來朝，則必有以賜予之，今雖無以予之，然已有路車乘馬、玄衮及黼之賜矣。」《書·文侯之命》：「王曰：『其歸視爾師，用賚爾秬鬯一卣，彤弓一，彤矢百，盧弓一，盧矢百，馬四匹。父往哉！』」《左傳·僖三十八年》：「王享醴，命晉侯宥，賜之大路之服，戎路之服。」**彤弓玈矢，因其敵愾獻功而錫之者也，《詩》所謂「彤弓弨兮，受言藏之。我有嘉賓，中心貺之。鍾鼓既設，一朝享之」是已。**《詩·彤弓》朱子《傳》：「天子燕有功諸侯，而錫以弓矢之詩。」東萊呂氏曰：「『受言藏之』，言其重也。弓人所獻，藏之王府，以待有功，不敢輕予人也。『中心貺之』，言其誠也。中心實欲貺之，非由外也。『一朝享之』，言其速也。以玉府寶藏之弓，一朝舉以畀人，無遲留顧惜之意也。」《左傳·文四年》：「甯武子曰：『諸侯敵王所愾而獻其功，於是乎賜之彤弓一，彤矢百，玈弓矢千，以覺報宴。』」**今文公繼世，喪制未畢，**汪氏曰：「僖公前年十二月薨，至是始越五月。」**非初見繼朝而獻功也，何爲來錫命乎？故穀梁子曰：「禮有受命，無來錫命。來錫命，非正也。」**何氏曰：「文公新即位，功未足施而錫之，非禮也。」蜀杜氏曰：「諸侯即位，當朝於王，奉天子之命而爲諸侯。文公不朝于京師，而王反錫之命，故書『天王』以正其號，録『錫命』以志其過。」或問：「趙子謂直譏其賞無功爾，安得云無錫命乎？」茅堂胡氏曰：「穀梁子云『無來錫命』，不言無錫命也。來錫命者，如唐遣中官即藩鎮立節度之類。」劉氏曰：「錫命者，命爲諸侯也。諸侯在喪稱子，踰年即位，喪畢，以士服見於王，王乃於廟命之。喪未畢而命之，非禮也；既喪畢而不受命於天子，亦非禮也。」汪氏曰：「諸侯之嫡子必誓於王，以爲世子。及其君薨，必告于王，王遣使省其終事，遂命世子嗣爲諸侯。三年喪畢，乃以士服入京師，見天子于廟而受命焉。未受命，不敢服其服。已見天子，錫之黻冕之服與命圭合瑞，於是服之以歸，設奠於祖廟，然後臨其臣民焉。春秋諸侯立世子，既不誓於王，及其嗣位，又不請命于京師，王不能罪，因而命之，兩失之矣。《公羊》以錫命爲加服，劉氏辨其非，或者謂命爲諸侯，非賜命服，並文定之説爲疑。夫黻冕圭璧，乃所以命爲諸侯也。蓋天王之錫命，有以始立而錫命者，有以有功而錫命者，有既没而追命之者。此年毛伯錫命，及虢公命曲沃武公爲晉侯、召武公賜晉惠公命，皆始立而賜命者也。召伯廖賜齊桓公命，尹氏王子虎、内史叔興父策命晉文公，皆以其有功而錫命者也。榮叔錫桓公命，及成簡公追命衛襄公，皆既死而追命之者也。若召伯之賜成公命，則始立未賜命，歷八年而後命之耳。劉定公之賜齊靈公命，雖非有功，王將娶於齊，故以私恩命之也。《春秋》之書錫命，莫非譏耳。苟謂諸侯不往拜命爲貶，而天王之錫命無責，則曷爲不待其來見而命之哉？」廬陵李氏曰：「三錫命説已見莊元年。此條據杜氏以爲『諸侯初即位，天子賜以命圭』，如侯執信圭之類。《公羊》以爲賜以命服，以晉惠初立，王賜之命而晉侯受玉惰證之，則杜氏得之。晉武公以請命于王，而詩人有『子之衣，安且吉』之辭證之，則《公羊》亦得之。故胡氏取禮經黼冕圭璧之説，然後其義始備。」

晉侯伐衛。《左傳》：「晉文公之季年，諸侯朝晉。衛成公不朝，使孔達侵鄭，伐緜、訾，及匡。晉襄公既祥，使告于諸侯而伐衛，及南陽。先且居曰：『效尤，禍也。請君朝王，臣從師。』晉侯朝王于溫，先且居、胥臣伐衛。五月辛酉朔，晉師圍戚。六月戊戌，取之，獲孫昭子。」王氏《箋義》曰：「衛成怨晉文執歸京師，故季年不朝而且侵其鄰國，示不從盟主也。襄公嗣位，欲修伯業，先以衛侯之罪告于諸侯，復聽且居之言朝于王所，乃命大夫伐衛，取其戚田。諸侯於是畏威，復歸於晉。昔年齊桓公卒，五公子争立，霸業遂廢。今襄公克纘父功，繼爲盟主，首能威服諸侯，故《春秋》書曰『晉侯伐衛』，貴之也。」陳氏曰：「《春秋》苟其君意，雖卿帥不書。故伐衛書晉侯，不書先且居；成十三年伐秦書晉侯，不書欒書；襄十年滅偪陽書晉侯，不書荀偃、士匄；哀元年伐晉書衛侯，不書孔圉。所謂深探其本也。」汪氏曰：「文、宣以後，大夫專政，凡征伐會盟，君雖在而大夫任其事，故經書晉侯，而傳言大夫也。」○**叔孫得臣如京師。**《左傳》：「王使毛伯衛來錫公命，叔孫得臣如周拜。」杜氏曰：「謝賜命。得臣，叔牙之孫。」高郵孫氏曰：「文公即位，未嘗如周而周錫之命。受命矣，又不自朝而使臣往，不臣之甚也。」蜀杜氏曰：「受王之寵命，苟躬朝于京師，猶曰緩也，况不朝而使卿拜命乎！故直書以示譏。」汪氏曰：「文公之立，天子既使大夫會僖公之葬，又使寰內諸侯來錫命。不親往拜而僅使得臣焉，襄王猶不之罪，且使榮叔歸成風含賵，繼使召伯會成風葬。而文公在位十有八年，歷襄、頃、匡王三世，終其身不朝於京師。觀《春秋》所書，比事以考之，其罪不可揜矣。」○**衛人伐晉。**《左傳》：「衛人使告于陳。陳共公曰：『更伐之，我辭之。』衛孔達帥師伐晉，君子以爲古。古者越國而謀。」張氏曰：「霸主聲罪致討，不自反其不仁無禮之罪，乃稱兵報伐，故書人，罪孔達也。」汪氏曰：「《春秋》不書晉之取戚而人孔達，予晉而罪衛也。」廬陵李氏曰：「《春秋》與國伐伯者三：衛人伐晉，齊侯伐衛、遂伐晉，齊侯、衛侯伐晉。皆有關於衛。」○**秋，公孫敖會晉侯于戚。**此大夫專會諸侯之始。《左傳》：「秋，晉侯疆戚田，故公孫敖會之。」杜氏曰：「禮：卿不得會公侯。戚，衛地，在頓丘衛縣西。」薛氏曰：「卿始會諸侯也。大夫而專會諸侯，政不在公室矣。」臨川吴氏曰：「凡魯卿會外君，直書不隱，以見其非。」永嘉吕氏曰：「《春秋》之初，蓋有以大夫而會諸侯者矣，未若公孫敖之專會也。外大夫有會公者矣，内没公而名大夫，則『及齊高傒會于防』是也；内不没公而不名大夫，則『公及齊大夫盟于蔇』是也。或没公，或不名大夫，皆有所諱也。

内大夫有會盟諸侯者矣，『柔會宋公、陳侯、蔡叔盟于折』，則柔猶不氏也，『公子結遂及齊侯、宋公盟』，猶爲遂事，非專會也。若公孫敖會晉侯，則專會矣，以見禮樂之自大夫出也。」廬陵李氏曰：「内大夫特會外諸侯五：敖會晉侯于戚，行父會齊侯陽穀，歸父會齊侯于穀，歸父會楚子于宋，叔弓會楚子于陳也。此爲大夫特會諸侯之始，而胡氏特發傳於歸父之下，不知所謂。」〇**冬，十月丁未，楚世子商臣弑其君頵。**頵，俱倫反，《公》、《穀》作「髡」。《左傳》：「初，楚子將以商臣爲太子，訪諸令尹子上。子上曰：『君之齒未也，而又多愛，黜乃亂也。楚國之舉，恒在少者。且是人也，蠭目而豺聲，忍人也，不可立也。』弗聽。既又欲立王子職而黜太子商臣。商臣聞之而未察，告其師潘崇曰：『若之何而察之？』潘崇曰：『享江芈而勿敬也。』從之。江芈怒曰：『呼，役夫！宜君王之欲殺女而立職也。』告潘崇曰：『信矣。』潘崇曰：『能事諸乎？』曰：『不能。』『能行乎？』曰：『不能。』『能行大事乎？』曰：『能。』冬十月，以宫甲圍成王。王請食熊蹯而死，❶弗聽。丁未，王縊。謚之曰『靈』，不瞑，曰『成』，乃瞑。穆王立，以其爲大子之室與潘崇，使爲大師，且掌環列之尹。」《穀梁傳》：「日髡之卒，所以謹商臣之弑也。夷狄不言正不正。」

書世子弑君者，有父之親，有君之尊，《禮記・文王世子》：「君之於世子也，親則父也，尊則君也，有父之親，有君之尊。」啖氏曰：「楚僭號已久，世子必不誓於天子。今以商臣之逆，故特書世子以明其罪。」**而至於弑逆。此天理大變，人情所深駭，《春秋》詳書其事，欲以起問者察所由，示懲誡**

❶「蹯」，原作「潘」，今據阮刻本《春秋左傳正義》改。

也。唐世子弘受《左氏春秋》至此，廢書歎曰：「經籍聖人垂訓，何書此耶？」郭瑜對曰：「《春秋》義存褒貶，以善惡爲勸戒，故商臣千載而惡名不滅。」弘曰：「非惟口不可道，故亦耳不忍聞，願受他書。」瑜請讀《禮》，世子從之。見《唐孝敬皇帝弘傳》。嗚呼！聖人大訓不明於後世，皆腐儒學經，不知其義者之罪耳。夫亂臣賊子，雖陷穽在前，斧鉞加於頸而不避，顧謂身後惡名足以係其邪志而懲於爲惡，豈不謬哉！持此曉人，可謂茅塞其心意矣。若語之曰「爲人君父而不通於《春秋》之義者，必蒙首惡之名；爲人臣子而不通於《春秋》之義者，必陷篡弑誅死之罪。聖人書此者，使天下後世察於人倫，知所以爲君臣父子之道而免於首惡之名、誅死之罪也」，則世子弘而聞此，必將㩳音聳。悚同。然畏懼，知《春秋》之不可不學矣。學於《春秋》，必明臣子之義，不至於奏請怫旨而見酖矣。《唐書·弘本傳》：「帝語侍臣：『弘仁孝，賓禮大臣，未嘗有過。』而武后將騁志，弘奏請數咈旨，❶后酖殺之。」傳者案也，經者斷也，考於傳之所載，可以見其所由致之漸，豈隱乎？嫡妾必正，而楚子多愛；立子必長，而楚國之舉常在少者。養世子不可不慎也，而以潘崇爲之師。汪氏曰：「使楚頵擇賢，得如宋左衛率袁淑以傳世子，則禍不作矣。」侍膳問安，世子職也，而多置宮甲。降而不憾，

❶「咈」，涵芬樓百衲本《新唐書》作「怫」。

憾而能眕者鮮矣，乃欲黜兄而立其弟，謀及婦人，宜其敗也，而使江芈知其情。是以不仁處其身，而以不孝處其子也，其及宜矣。楚頵僭王，憑陵中國，戰勝諸侯，毒被天下，汪氏曰：「楚頵以莊二十三年篡立，在位四十六年。召陵之前，伐鄭，侵鄭者四，召陵之後，圍許、敗徐、滅弦、黄。齊桓既没，益肆憑陵。執襄公，伐宋而獻捷于魯，戰泓而宋襄遂殞其身，既而伐齊，戍穀，合諸侯圍宋，天下之禍憯矣。」**然昧於君臣父子之道，禍發蕭墻而不之覺也。不善之積，豈可揜哉！**王氏曰：「頵亦弑其兄熊囏而得位者，終不免商臣之禍。天道好還，豈不昭然！」**君不君，則臣不臣；父不父，則子不子。《春秋》書世子弑其君者，推本所由而著其首惡，爲萬世之大戒也。然則商臣無貶矣？曰：弑父與君之賊，其惡猶待於貶而後著乎？**陳氏曰：「楚國未志，其志頵何？世子弑君，不可以楚不志也。」張氏曰：「裔夷無道之極，感應之理，故至於此。後世如匈奴頭曼，魏拓拔珪，唐安禄山、史思明、朱全忠，西夏曩霄，皆以外夷盜賊毒被天下，中國不能制而受禍於其子。積不善之餘殃，千載一律，故商臣之惡特書之，使爲君父者知謹履霜之戒。以此坊人，猶有驟欲廢立以啓劭、廣之禍者？」汪氏曰：「商臣怨子上止王立己，譖之致死，楚成於此可以自省矣，❶而猶有廢立之志，狐疑不決，是速其斃也。今考世子弑君父，實莫大之變，經書世子弑君者三：楚商臣、蔡般，皆其君有以致之；許止不嘗藥，亦悼公教之未至耳。有國有家者，視此可不知所儆乎！」○劉氏曰：「《穀梁》云『日

---

❶「成」，原作「玉」，今據四庫本改。

髡之卒，所以謹商臣之弑』，非也。即不日者，乃不謹其弑乎？」

公孫敖如齊。《左傳》：「穆伯如齊，始聘焉，禮也。凡君即位，卿出並聘，踐脩舊好，要結外援，好事鄰國，以衛社稷，忠信卑讓之道也。忠，德之正也；信，德之固也；卑讓，德之基也。」何氏曰：「書者，譏喪娶。」○劉氏曰：「《左氏》云『禮也』，杜云『明諸侯諒闇，則國事皆用吉禮』，皆非也。《左氏》見諸侯廢喪而聘，故推以爲禮。杜氏見《左氏》有得禮之言，遂推以爲當喪而吉。皆反經越禮，不可以教後世者也。」汪氏曰：「《左氏》於凡諸侯朝聘，悉以爲禮，既不察其不能謹天下之通喪，又不考其尊周交鄰之疏數，劉氏辨之當矣。僖公三十年宰周公來聘，而公子遂報聘于京師，且初聘于晉。此年毛伯錫命，則得臣往拜，而敖亦初聘于齊。比事以觀，不貶而惡自見。」

附録《左傳》：「殽之役，晉人既歸秦帥，秦大夫及左右皆言於秦伯曰：『是敗也，孟明之罪也，必殺之。』秦伯曰：『是孤之罪也。周芮良夫之《詩》曰：「大風有隧，貪人敗類。聽言則對，誦言如醉。匪用其良，覆俾我悖。」是貪故也，孤之謂矣。孤實貪以禍夫子，夫子何罪？』復使爲政。」

丙申襄王二十七年。**二年**晉襄三。齊昭八。衛成十。蔡莊二十一。鄭穆三。曹共二十八。陳共七。杞桓十二。宋成十二。秦穆三十五。楚穆王商臣元年。**春，王二月甲子，晉侯及秦師戰于彭衙，秦師敗績。**《左傳》：「春，秦孟明視帥師伐晉，以報殽之役。二月，晉侯禦之。先且居將中軍，趙衰佐之。王官無地御戎，狐鞫居爲右。甲子，及秦師戰于彭衙，秦師敗績。晉人謂秦拜賜之師。戰於殽也，晉梁弘御戎，萊駒爲右。戰之明日，晉襄公縛秦囚，使萊駒以戈斬之。囚呼，萊駒失戈，狼瞫取戈以斬囚，禽之以從公乘，遂以爲右。箕之役，先軫黜之，而立續簡伯。狼瞫怒。其友曰：『盍死之？』瞫曰：『吾未獲死所。』其友曰：『吾與女爲難。』瞫曰：『《周志》有之，「勇則害上，不登於明堂」。死而不義，非勇也。共用之謂勇。吾以勇求右，無勇而黜，亦其所也。謂上不我知，黜而宜，乃知我矣。子姑待之。』及彭衙，既陳，以其屬馳秦師，死焉。晉師從之，大敗秦師。君子謂狼瞫於是乎君子。《詩》曰：『君子如怒，亂庶遄沮。』又曰：『王赫斯怒，爰整其旅。』怒不作亂，而以從師，可謂君子矣。秦伯猶用孟明。孟明增修國政，重施於民。趙成子言於諸大夫曰：『秦師又至，將必辟之。懼而增德，不可當也。《詩》曰：「毋念爾祖，聿脩厥德。」孟明念之矣。念德不怠，其可敵乎？』」程子曰：「越國襲人，秦罪也。忘親背惠，晉惡也。秦經人之國以襲人，雖忿無以爲辭矣，故其來不稱『伐』；晉不諭秦而與戰，故書晉及；忿以取敗，故書敗績。」杜氏曰：「彭衙，秦地，馮翊郃陽縣西北有彭衙城。」

戰而言及者，主乎是戰者也。王氏曰：「彭城，秦地，而晉師在焉，亦知晉之欲戰矣。」夫敵加於己，不得已而起者，謂之應兵。爭恨小故，不忍忿怒者，謂之忿兵。按《左氏》：秦孟明帥師伐晉，報殽之役。此所謂忿兵，疑罪之在秦也，而以晉侯主之，何哉？處己息爭之道，遠怨之方也。然則敵加於己，縱其侵暴，將不得應乎？曰：敵加於己，而己有罪焉，引咎責躬，服其罪則可矣。己則無罪而不義見加，諭之以辭命；猶不得免焉，亦告於天子方伯可也。若遽然興師而與戰，是謂以桀攻桀，何愈乎？故以晉侯爲主者，處己息爭之道，寡怨之方，王者之事也。家氏曰：「秦有大惠於晉，不可忘也。前日秦乘晉喪而襲鄭，襄公懼其凌軋，逼弗獲已，衰絰即戎，幸而一勝，亦云可矣。今孟明再至，而晉襄負氣好勝，親將禦敵，復敗秦師，以怨報德，故君子責之。且文公退三舍避楚，施之所必報，乃義之所當然也。秦之惠尤大，而晉襄亟戰莫之恤，豈惟背惠，實忘親矣。《春秋》以是貶。」汪氏曰：「秦師伐晉而經不書伐，罪晉而免秦也。」

丁丑，作僖公主。《左傳》：「書，不時也。」《公羊傳》：「作僖公主者何？爲僖公作主也。主者曷用？虞主用桑，練主用栗。用栗者，藏主也。作僖公主何以書？譏。何譏爾？不時也。其不時奈何？欲久喪而後不能也。」《穀梁傳》：「作，爲也，爲僖公主也。立主，喪主於虞，吉主於練。作僖公主，譏其後也。作主壞廟有時日，於練焉壞廟。壞廟之道，易檐可也，改塗可也。」

作主者，造木主也。范氏曰：「主，蓋神之所憑依。其狀：正方，穿中央，達四方。天子長一尺二寸，諸侯長一尺。」**既葬而反虞，虞主用桑。**何氏曰：「禮：平明而葬，日中而反虞，以陽求陰。謂之虞者，親喪已下壙，皇皇無所親，求而虞事之，虞猶安神也。用桑者，取其名，所以副孝子之心。」**期年而練祭，**《禮記·喪服四制》：「十三月而練。」汪氏曰：「小祥易練冠，故曰練祭。」**練主用栗。**何氏曰：「期年練祭，埋虞主於兩階之間，易用栗也。夏后氏以松，殷人以栢，周人以栗。《禮·士虞記》曰：『桑主不文，吉主皆刻而謚之。』」**用栗者，藏主也。**何氏曰：「藏于廟室中，常所當奉事也。」**何以書？僖公薨，至是十有五月，**何氏曰：「禮：作練主，當以十三月。」**然後作主，慢而不敬甚矣。夫慢而不敬，積惡之原也。以爲無傷而不去，至於惡積而不可揜，所以謹之也。**高氏曰：「周人卒哭而祔，祔而易主，是謂虞主。既朞而練，練而易主，是謂練主。僖公薨十有五月，非虞練之時而方作主，猶未祔廟也。猶未祔廟者，欲躋之故也，是以謹而日之。」蜀杜氏曰：「十二公作主、祔廟未嘗書之，今書作僖公主，必有所譏也。」張氏曰：「事亡如事存，故作主以象神而祭之。禮：既葬，作主於墓，不終日而虞祭，不忍一日忘親也。僖公元年四月葬，今乃作主，慢而違禮甚矣。」汪氏曰：「《左氏》云：『卒哭而祔。』服氏云：『造木主立几筵焉，特祀在寢，三年喪畢，遭烝、嘗乃於廟。』鄭氏又云：『唯祔與練祭在廟。祭訖，主反於寢。其大祥與禫祭，其主自然在寢祭之。』《穀梁》謂：『吉主於練，於練焉壞廟，則待練而始祔。』今考《檀弓》云：『殷既練而祔，周卒哭而祔。』孔子善殷，竊謂祔廟則當吉祭，苟卒哭而遷廟，遽用吉祭，不近人情。故文定取《穀梁》，言練祭易栗主而後祔廟也。」○劉氏曰：「《左氏》僖三十三年傳云：『葬僖公，緩作主，非禮也。』杜氏讀『緩』字以上爲一句，『作』字下爲一句，非也。僖公以十二月薨，文元年四月葬，凡五月，不得云緩，傳言葬僖公而作主緩耳。《公羊》云『刺欲久喪而後不能』，非也。文公自惰，緩不作主耳，何以知其欲久喪？」

三月乙巳，及晉處父盟。 因朝而盟始此。《左傳》：「晉人以公不朝來討，公如晉。夏四月己巳，晉人使陽處父盟公以耻之。書曰『及晉處父盟』，以厭之也。適晉不書，諱之也。」《公羊傳》：「此晉陽處父也，何以不氏？諱與大夫盟也。」《穀梁傳》：「不言公，處父伉也，爲公諱也。何以知其與公盟，以其日也。何以不言公之如晉？所耻也。出不書，反不致也。」

及處父盟者，公也。 杜氏曰：「處父爲晉正卿，不能匡君以禮，而與公盟，故貶其族。」家氏曰：「處父去族，貶處父，所以貶晉侯也。」**其不地，於晉也。** 杜氏曰：「盟晉都。」**諱不書公者，抑大夫之伉，不使與公爲敵，正君臣之分也。** 孫氏曰：「不言公者，不與處父敵公也。」陸氏曰：「義同高傒。凡大夫與公盟，若非彼强逼我而盟，例但書『人』，言非大夫之罪也。今晉逼公，令與大夫盟，故特書其名，以見其罪。」蜀杜氏曰：「高傒之盟，主在於公，而此主在處父也。」汪氏曰：「抑大夫之伉，與及高傒、荀庚、孫良夫、郤犨、孫林父、向戌同。晉時以處父辱公，故又去氏。」**適晉不書，反國不致，爲公諱耻，存臣子之禮也。凡此類，筆削魯史之舊文衆矣。**高氏曰：「凡盟必書地，惟他國大夫來魯盟，及魯大夫往他國盟不地，蓋各於國中故也。今不書處父來魯，魯亦無如晉者，而書及處父盟，然則孰與盟耶？曰：我公也。公如晉不書者，晉襄責魯不朝，故公雖在喪，未朝天子，而畏晉之威，越禮朝晉，晉侯乃使大夫盟公以辱之，是以没不書公，又去處父之族，以著其罪也。然此非專罪晉，亦所以罪魯之臣子也。夫公之如晉，豈無卿大夫以從行乎？不能明大義以正理折之，遽自屈辱，甘心受盟，非主憂臣辱、主辱臣死之義也。」張氏曰：「盟于晉之都而君不出，耻甚矣，故諱之。」陳氏曰：「朝而遂盟之於是始。凡諱國惡，耻在公，則但書其事不書公者，恒辭也。諱在其事，則但書公不書其事。『公會晉侯于黑壤』，爲公不與盟，故不書盟。『公如晉』，爲止公送葬，故不書葬，甚諱之也。」廬陵李氏曰：「處父之伉，與高傒之伉一也。處父去氏，而高傒存族者，彼于防而此于晉也。何氏云：『親就其國，耻不得其君，故使若得其君也。』」又曰：「處父係國而去氏，荀庚、良夫等係氏而去國者，此兼罪晉侯之失，彼止罪大夫之專也。」

夏，六月，公孫敖會宋公、陳侯、鄭伯、晉士縠盟于垂隴。縠，户木反，《穀》作「穀」。垂隴，《公》、《穀》作「垂斂」。《左傳》：「公未至，六月，穆伯會諸侯及晉司空士縠盟于垂隴，晉討衛故也。書士縠，堪其事也。陳侯爲衛請成于晉，執孔達以説。」《穀梁傳》：「内大夫可以會外諸侯。」杜氏曰：「垂隴，鄭地，滎陽縣東有隴城。」薛氏曰：「垂隴之會，士縠始專晉國之事也。桓文没，大夫擅專諸侯之會盟，自公孫敖、士縠始也。其臣固有罪也，使之者亦非也。」蜀杜氏曰：「春秋盟會，未有外大夫别會於諸侯者。垂隴之會，譏政在於大夫也。桓、文之伯，或盟王人，或致天子，是天子受制於諸侯也。《春秋》不與之，故書王人以先諸侯。晉襄紹伯，致諸侯而大夫會之，是諸侯受制於大夫也。《春秋》亦不與之，故序諸侯以先士縠。」陳氏曰：「大夫而敵諸侯于是始，晉遂以大夫主諸侯也。然士縠主盟，曷爲序諸侯之下？《春秋》不以大夫主盟也。故訖于宋，不以大夫主盟。翟泉貶，此何以不貶？貶不於甚，則於其事端餘實録而已矣，故書士縠。自書士縠而後，凡役書大夫。桓、文之伯，會盟有大夫則但稱人：會櫂稱邾人，會温稱秦人；必世子也，則得次小國之君。自垂隴主士縠、新城主趙盾而後，大夫與諸侯序，戚之盟書齊國佐，沙隨之會書宋華元，甚者無伯而安甫之會，君與大夫並列矣。」臨川吴氏曰：「晉以士縠主盟，魯以公孫敖伉三國之君，皆非禮也，故書以譏之。衛敢於伐盟主者，孔達之罪也。今陳侯爲請而執孔達，衛服其罪，故免於晉之伐也。」襄陵許氏曰：「明年衛人會晉伐沈，則知衛服於垂隴之會矣。」廬陵李氏曰：「内大夫出盟諸侯自柔始，繼而公子結及齊、宋，又繼而公孫敖會三國矣。」○啖氏曰：「《左氏》曰：『書士縠，堪其事也。』既命之卿，例皆書名，不論堪與不堪。若不堪其事，自當罪爾。」○**自十有二月不雨，至于秋七月。**《公羊傳》：「何以書？記異也。大旱以災書，此亦旱也，曷爲以異書？大旱之日短而云災，故以災書。此不雨之日長而無災，故以異書也。」《穀梁傳》：「歷時而言不雨，文不憂雨也。不憂雨者，無志乎民也。」

書「不雨至于秋七月」，而不曰「至于秋七月不雨」者，蓋後言不雨，則是冀雨之辭，非文公

之意也。夫書「不雨至于秋七月」而止，即八月嘗雨矣。汪氏曰：「據僖三年書『六月雨』。」**然而不書八月雨者，見文公之無意於雨，不以民事繫憂樂也。其怠於政事可知，而魯衰自此始矣。**孫氏曰：「不雨歷四時而總書，惡文公怠于國政，不懼旱災之甚。」汪氏曰：「禮稱：至于八月不雨，則君不舉。今文公自十二月不雨至七月，則陰陽之氣不和而恒陽爲災者，八越月矣。文公漫不之省，雖禫制未終而屢行朝聘、會盟、祭祀之事，其無恤民之心若是，豈可以居民上乎？《公羊》謂『不書旱，不雨之日長而無災』，范注亦云『未爲災』，誤矣。蓋旱爲災而不久則書旱，旱爲災而久則書某月不雨至某月。《綱目》於漢獻之世，書『四月不雨至七月』而分注『人相食』，則爲災可知矣。」

八月丁卯，大事于大廟，躋僖公。《左傳》：「逆祀也。於是夏父弗忌爲宗伯，尊僖公，且明見曰：『吾見新鬼大，故鬼小。先大後小，順也。躋聖賢，明也。明順，禮也。』君子以爲失禮。禮無不順。祀，國之大事也，而逆之，可謂禮乎？子雖齊聖，不先父食，久矣。故禹不先鯀，湯不先契，文、武不先不窋。宋祖帝乙，鄭祖厲王，猶上祖也。是以《魯頌》曰：『春秋匪解，享祀不忒，皇皇后帝，皇祖后稷。』君子曰禮，謂其后稷親而先帝也。《詩》曰：『問我諸姑，遂及伯姊。』君子曰禮，謂其姊親而先姑也。仲尼曰：『臧文仲，其不仁者三，不知者三。下展禽，廢六關，妾織蒲，三不仁也。作虛器，縱逆祀，祀爰居，三不知也。』」《公羊傳》：「大事者何？大祫也。大祫者何？合祭也。其合祭奈何？毁廟之主陳于太祖，未毁廟之主皆升，合食于太祖。五年而再殷祭。躋者何？升也。何言乎升僖公？譏。何譏爾？逆祀也。其逆祀奈何？先禰而後祖也。」《穀梁傳》：「大事者何？大是事也，著祫、嘗。祫祭者，毁廟之主陳于太祖，未毁廟之主皆升，合祭于太祖。躋，升也，先親而後祖也，逆祀也。逆祀，則是無昭穆也；無昭穆，則是無祖也；無祖，則無天也。故曰：文無天。無天者，是無天而行也。君子不以親親害尊尊，此《春秋》之義也。」

有事者，時祭。汪氏曰：「祠、礿、嘗、烝也。」大事，祫也，劉氏曰：「《春秋》記烝、記嘗、記禘，未有曰大事者，其曰大事，是乃諸侯之大事也。諸侯之事無大於此者，祫之謂也。王者禘其祖之所自出，以其祖配之。諸侯祫毀廟之主，陳于太祖。時祭稱有事，祫祭稱大事，大之外無加者矣。以是推之，魯之郊禘非禮也。」趙氏曰：「凡祭而失禮，則書祭名。祭非失禮，爲下事張本，則稱事。」合群廟之主，食於大廟，何氏曰：「陳列毀廟主于太祖前，太祖東鄉，昭南鄉，穆北鄉，其餘孫從王父。」臨川吴氏曰：「四時之祭稱祭名，而曰烝曰嘗者，五廟各祭也。曰有事于大廟者，四廟之主遷于大廟而合祭也，是爲祫。曰大事于大廟者，毁廟之主亦與祭，自伯禽以下、禰廟以上之主，皆合祭于大廟也，是爲大祫。」升僖於閔之上也。汪氏曰：「列僖公之主於閔公之上。」茅堂胡氏曰：「君已逾年，則不論子之有無，自當立廟。」閔、僖二公，親則兄弟，分則君臣，以爲逆祀者，兄弟之不先君臣禮也。君子不以親親害尊尊，故《左氏》則曰「祀，國之大事，而逆之，可乎？子雖齊聖，不先父食久矣」，《公羊》則曰「其逆祀先禰而後祖也」，何氏曰：「僖公以臣繼閔公，猶子繼父，故閔公於文公亦猶祖也。」《穀梁》則曰「逆祀，則是無昭穆也；無昭穆，則是無祖也」。閔、僖非祖禰，而謂之祖禰者何？臣、子一例也。杜氏曰：「僖是閔兄，不得爲父子，嘗爲臣。繼閔而立，廟坐宜次閔下。」范氏曰：「僖公雖長，已爲臣矣。閔公雖小，已爲君矣。臣不可以先君，猶子不可以先父，故以昭穆父祖而喻。」臨川吴氏曰：「閔、僖曾爲君臣，義同父子，閔猶父也，僖猶子也。躋僖於閔之上，是先子後父也。」劉氏曰：「僖公於閔，非父子也，然與親父子相襲無以異。臣、子一體也，君之，則我以臣事之；父之，則我以子奉之。是故爲人後者，則爲之子矣。彼不以子繼父，則必以臣繼君，君臣猶父子，則父子猶君臣也。舜之有天下，祖顓頊而宗堯，堯非同姓也，受國焉爾。非同姓尚宗之，況親親乎？」高郵孫氏曰：「閔、僖之爲君臣，較然於人，一旦以臣而上君，亂法之甚。」**夫有天下者事七世，諸侯五世。**《禮記·王制》：「天子七廟：三昭三穆，與大祖之廟而七。諸侯五廟：二昭二穆，與大祖之廟而五。」《祭法》：「王立七廟，曰考廟、曰王考廟、曰皇考廟、曰顯考廟、曰祖考廟。遠廟爲祧，有二祧。諸侯立五廟，曰考廟、曰王考廟、曰皇考廟、曰顯考廟、曰祖考廟。」**説禮者曰：世指父子，非兄弟也。**蜀孫氏曰：「世與昭穆云者，據父子之王而言也。若兄弟則昭穆同，不得以世數之矣。」**然三傳同以閔公爲祖，而臣、子一例，是以僖公父視閔公爲禮，而父死子繼，兄亡弟及，名號雖不同，其爲世一矣。**孫氏曰：「文公二月作僖公主，八月大事于大廟，躋僖公，瀆慢不恭也甚矣。」范氏曰：「時三年之喪未終，而吉祭于大廟，則其譏自明。」張氏曰：「吉祭而不言吉者，閔二年書已明，此主爲逆祀書也。」家氏曰：「此一書而再譏也。『大事于大廟』，未當祫而祫也。『躋僖公』，非所當躋而躋也。」高氏曰：「父子相繼，禮之常也，至於傳之兄弟，則亦不得已焉耳。既授以國，則所傳者雖非子，亦猶子道也，傳之者雖非其父，亦猶父道也。漢之惠、文，亦兄弟相繼，而當時議者推文帝上繼高祖，而惠帝親受高祖天下者，反不得與昭穆之正。至于光武，當繼平帝，又自以世次當爲元帝後，皆背經違禮而不可傳者也。凡人君以兄弟爲後者，必非有子者也，引而爲嗣，臣、子一體矣。而當嗣者反以兄弟之故，不繼所受國者而繼先君，則是所受國者竟莫之嗣。生則以臣子事之，死則以兄弟治之，忘生倍死。況己實受之後君，今乃自繼先君，不唯棄後君命己之意，又廢先君傳授之命，人民土地則歸之己，而父子之禮則恥不爲，此皆不可者也，豈所以重受國之意也！」○汪氏曰：「僖公之不可先閔公，三傳辨析明矣，但《穀梁》謂『逆祀，是無昭穆』，范甯曰『以昭穆父祖爲喻』，何休謂『惠公與莊公當同南面西上，隱、桓與閔、僖亦當同北面西上』，孔穎達《正義》曰『父子異昭穆，兄弟昭穆同。閔、僖不得爲父子，同爲穆耳。今升僖先閔，此二公位次之逆，非昭穆亂也。若兄弟相代即異昭穆，設令兄弟四人皆立，則祖父之廟即已從毁，禮必不然』。今考文定此傳，用韋昭說：父爲昭，子爲穆，僖爲閔臣，臣子一例，而以閔、僖各爲一世。襄公三年謂哀公以襄公爲皇考，亦以昭、定各爲一世，則是異昭穆矣。然於仲嬰齊後歸父，則引何休，以爲亂昭穆之序。朱子謂文王爲昭，武王爲穆，『自其始祔而已然。管、蔡、郕、霍爲文之昭，邘、晉、應、韓爲武之穆』，子孫亦以爲序而不易，則昭穆不可易也。但其論天子廟制，謂周孝王時武王親盡，始立武世室，孝王乃共王之弟，而各爲一世。又以宋大祖、大宗、哲、徽、欽、高，皆兄爲穆而弟爲昭，皆兄弟對列，各爲一世，則又紊昭穆矣。如何休、穎達並立廟而同昭穆，則齊之孝、昭、懿、惠兄弟四人相繼，衛之懿、戴、文公兄弟三人相繼，立廟將無所容。苟各爲一世而異昭穆，則齊頃不得祭其祖，而衛成不得祭曾祖矣。古制不存，無復可考。竊疑古者一君各爲一廟，則兄弟同昭穆；共爲一世，祫祭大廟，則魯當以僖公特設位於閔公之下。後世同堂異室，不可以二先君共祭於一室，必至於異昭穆，而仍以兄弟共爲一世數之也。然《曾子問》云『七廟、五廟無虚主』，諸侯祫祭『則祝逆四廟之主』，是諸侯之昭穆無過四廟，天子之昭穆無過六廟。考之《春秋》：哀公之世，桓宫猶在，則是祭十君而八世；定公立煬宫，則是祭二十一傳之祖。後世天子之廟有十餘世，歷十四五君而其廟皆不毁，説禮者反引《春秋》以爲證，而聖王經世之制，不可復見矣。又按：《大傳》論禘、祫而云：『諸侯及其大祖。大夫、士有大事，省於其君，則干祫及其高祖。』夫『大夫、士有事，省於其君』且得祫祭，則諸侯大祫、陳毁廟之主，宜不得爲非禮矣。或者謂諸侯不當大祫，成王賜魯重祭，故有大祫，疑其説之過也。説《穀梁》者以大事爲祫嘗，《左氏》、《外傳》又以爲祫烝，皆未知其爲大祫耳。苟以此爲時祫，則有事于大廟，名爲何祭邪？」廬陵李氏曰：「古者戎、祀，皆國之大事。季氏將有事于顓臾，此以兵事爲有事也；天子有事于文、武，此以祭祀爲有事也。故《春秋》書大祫爲大事，書禴、祠、烝、嘗爲有事。此年大事，祫也。宣八年有事，禴也。昭十五年有事，烝也。此皆於祭無譏，故不書祭名。其郊禘大雩皆書祭名者，祭之僭也；烝、嘗有書祭名者，祭之失也。此年大事之爲祫，《公》、《穀》皆同，杜氏以爲禘者，非也。」

冬，晉人、宋人、陳人、鄭人伐秦。《左傳》：「冬，晉先且居、宋公子成、陳轅選、鄭公子歸生伐秦，取汪及彭衙而還，以報彭衙之役。卿不書，爲穆公故，尊秦也，謂之崇德。」程子曰：「秦以忿取敗，晉可以已矣，而復伐秦，報復無已，殘民結怨，故貶稱人。」

按《左氏》，四國伐秦，報彭衙之役，則皆國卿也。其貶而稱人者，晉人再勝秦師，在常情亦可以已矣，而復興此役，結怨勤民，是全不務德，專欲力争，而報復之無已也，以致濟河

焚舟之師，故特貶而稱人。家氏曰：「魯莊忘父之讎，及齊爲好，《春秋》深責之。晉襄敵父之恵，屢戰勝秦，乃更率三國之師以爲此役，故四國皆書人，以示貶也。」陳氏曰：「曷爲不序？大夫將，猶稱人也。自士縠專盟書大夫，自陽處父專將書大夫，是故《春秋》之始，大夫將恒稱人。由救鄭之後，大夫始貶稱人矣。」〇廬陵李氏曰：「此條《左氏》尊秦之義非經意，其説如襄八年邢丘貶諸侯以尊晉相類。胡氏説本程子，其貶晉固是，但自入春秋以來至此，除魯大夫帥師外，外兵非君將者皆稱人。如隱五年邾、鄭伐宋，桓十四年宋以四國伐鄭，齊桓之霸伐宋、伐郳、伐鄭、伐英氏，晉襄以三國伐許，與夫明年五國之伐沈，皆未有書大夫名氏者，則陳氏之考據，不爲無見。」

公子遂如齊納幣。《左傳》：「襄仲如齊納幣，禮也。凡君即位，好舅甥，脩昏姻，娶元妃以奉粢盛，❶孝也。孝，禮之始也。」《公羊傳》：「納幣不書，此何以書？譏。何譏爾？譏喪娶也。娶在三年之外，則何譏乎喪娶？三年之内不圖婚。吉禘于莊公，譏。然則曷爲不於祭焉譏？三年之恩疾矣，非虚加之也，以人心爲皆有之。以人心爲皆有之，則曷爲獨於娶焉譏？娶者大吉也，非常吉也。其爲吉者主於己，以爲有人心焉者，則宜於此焉變矣。」

婚姻常事不書，汪氏曰：「據《春秋》，十二公皆不書納幣，惟此年及莊公親往則書之。」**其書納幣者，喪未終而圖婚也。**何氏曰：「僖以十二月薨，至此未滿二十五月，又禮先納采、問名、納吉，乃納幣，四

---

❶「以」，原脱，今據阮刻本《春秋左傳正義》補。

者皆在三年之內。」**夫娶在三年之外矣，則何譏乎？《春秋》論事莫重乎志。志敬而節具，與之知禮；志和而音雅，與之知樂；志哀而居約，與之知喪。「非虛加之也」，重志之謂也。此皆使人私欲不行，閑邪復禮之意。**臨川吴氏曰：「此年十二月始大祥，而行納幣禮，是在喪而圖婚，未祥而行嘉禮也。非禮故書。」汪氏曰：「喪雖二十五月大祥，然中月而禫，必二十七月始爲終制。況《春秋》凡書四時，皆指首月，此書冬，則納幣在十月，是僖公之薨，甫及二十三月。殺哀而圖婚，失禮甚矣。宣公元年逆女，其蔑禮視此尤甚，然其篡立之罪已極，於喪娶乎何誅！」○劉氏曰：「《左傳》云『禮也』，則是以喪娶爲禮，不亦悖乎？杜預遷僖公薨月以就傳説，然此年大事于大廟，則已除喪矣。」

丁酉 襄王二十八年。**三年**晋襄四。齊昭九。衛成十一。蔡莊二十二。鄭穆四。曹共二十九。陳共八。杞桓十三。宋成十三。秦穆三十六。楚穆二。**春，王正月，叔孫得臣會晋人、宋人、陳人、衛人、鄭人伐沈，沈潰。**霸國大夫會諸大夫伐國自此始。《左傳》：「春，莊叔會諸侯之師伐沈，以其服於楚也。沈潰。凡民逃其上曰潰，❶在上曰逃。」張氏曰：「沈，姬姓國。」

按《左氏》：伐沈，以其服於楚也；沈潰，民逃其上也。杜氏曰：「潰，衆散流移，若積水之潰，自壞之象也。」**五國皆稱人，將非命卿也。**薛氏曰：「晋初有志於諸侯，垂隴使士穀涖之，伐沈命其微

❶「曰」，原作「因」，今據阮刻本《春秋左傳正義》改。

者，怠也。」**沈在汝南平輿縣北，未嘗與中國會盟而南服於楚，師入其境，而民人逃散，**常山劉氏曰：「一被侵伐而民散，君之不能可知矣。蔡潰、沈潰、許潰是也。」**雖非義舉，比於報復私怨之兵則有間矣，故其辭無褒貶。凡此類，欲示後世用師者，知權而本之以正也。**家氏曰：「霸者當伸大義於天下，或當爲而不爲，或不必爲而爲之，失其道矣。楚商臣負滔天之罪于今二年，使晉襄仗義而前，師壯辭直，天下諸侯孰不鼓勇而從？縱未能汙豬其宮，楚人必能以商臣爲戮，更立君而聽命于中國，晉之霸業有光於前人矣。乃視非己事，使元兇得以樹其羽翼，脅從諸小國以抗衡中夏，懷貳者，豈獨沈哉？襄公舍其大而議其細，以諸侯之兵伐沈而潰之，避豺虎而獵狐兔，雖潰百沈，何益於成敗之數乎？故《春秋》貶，人之。」高氏曰：「魯使卿往，則諸國必非微者。獨得臣書名氏者，詳內，且明諸國皆卿行。書人，以貶之也。文公三年之間，遂、敖、得臣累見於經，則知魯政盡在諸臣矣。《漢·五行志》：『文公時大夫始專政。』信夫！」王氏曰：「霸國大夫會諸大夫伐國自伐沈始，會諸大夫救患自救鄭始。《春秋》皆貶，人之，不與大夫之專政也。蓋舉兵伐人，使之畏服，所謂威也；率衆救人，使免於難，所謂福也。威福，人主之利器，諸侯擅之，則有害於天下；大夫擅之，則有害於國。聖人見微知著，故於此二役皆貶之，所以戒威福之不可下移也。」

附録《左傳》：「衛侯如陳，拜晉成也。」

夏五月，王子虎卒。《左傳》：「夏，四月乙亥，王叔文公卒，來赴，弔如同盟，禮也。」《公羊傳》：「王子虎者何？天子之大夫也。外大夫不卒，此何以卒？新使乎我也。」《穀梁傳》：「叔服也。此不卒者也，何以卒之？以其來會葬，我卒之也。或曰：以其嘗執重以守也。」

王子虎不書爵，譏之也，天子内臣無外交。趙氏曰：「臣無外交之禮。今死而赴，故書以譏。」臨川吴氏曰：「王臣無外交。以其嘗與魯同盟，故來赴，然非禮也。」**或曰：「禮，稱情而爲之節文者也。叔服新使乎我，則宜有恩禮矣。仲尼脱驂於舊館，雖卒叔服，可也。」夫脱驂於舊館，惡夫涕之無從而爲之者？**輔氏曰：「義之所可，則脱驂於舊館而不吝。」淮澤陳氏曰：「『惡夫涕之無從』者，從，自也。若不脱驂以賻之，則是於死者無故舊之情，而此涕爲無自而出矣。」**非理之經也。天子内臣無外交，而以新使乎我，致恩禮焉，是以私情害公義，失輕重之權矣。**○趙氏曰：「《左氏》云：『弔如同盟，禮也。』按：天子、大夫無與諸侯盟之禮，而曰『禮也』，豈《春秋》之意乎？」啖氏曰：「《穀梁》云：『叔服也。』叔服若是王子，則會葬之時，何不書王子乎？」汪氏曰：「經未有前書字而後書名者，惟尹氏或書子，則非一人。劉卷前書子而後書名，則子者爵也，非字也。《左氏》於王子虎稱王叔文公，於叔服稱内史叔服，則非一人明矣，豈有甫越一年而名字異稱邪？或者謂虎與卷皆夾輔天子於艱難危困之中，故《春秋》賢而卒之。然單穆公旗與劉文公翼，贊敬王以安周室，亦不書卒。竊疑王子虎盟諸侯于王庭，劉文公爲王官伯，尹氏世執朝權，皆王室之秉政者，故特赴於諸侯，而魯史記其卒。《春秋》存而弗削，以示王臣不當赴喪於列國耳。」廬陵李氏曰：「後十四年星孛之變，又載叔服之言，則與王子虎分明兩人矣。啖子、陳氏亦以《公》、《穀》爲非，不知胡氏何據。且胡氏於星孛之下，又引叔服之言，則亦不以《左氏》爲非矣，不知何不照應如此。」

秦人伐晉。《左傳》：「秦伯伐晉，濟河焚舟，取王官及郊。晉人不出，遂自茅津濟，封殽尸而還。遂霸西戎，用孟明也。君子是以知秦穆公之爲君也，舉人之周也，與人之壹也；孟明之臣也，其不解也，能懼思也；子桑之忠也，其知人也，能舉善也。《詩》曰『于以采蘩，于沼于沚。于以用之，公侯之事』，秦穆有焉。『夙夜匪解，以事一人』，孟明有焉。『詒厥孫謀，以燕翼子』，子桑有焉。」程子曰：「搆怨連禍，殘民以逞，晉人畏之而不敢出。秦人極其忿而後悔過，聖人取其終能悔耳。」

按《左氏》：秦伯伐晉，濟河焚舟，封殽尸而還。其稱人何也？聖人作《易》，以懲忿窒慾，爲損卦之象，其辭曰：「損，德之修也。」春秋諸侯之知德者鮮矣。穆公初聽杞子之請，違蹇叔之言，其名爲貪兵，是慾而不能窒也。及敗於殽，歸，作《秦誓》，庶幾能改，將窒其慾矣。復起彭衙之師，報殽函之役，其名爲憤兵，是忿而不能懲也。張氏曰：「穆公既歸自殽而作《秦誓》矣，然彭衙及此役，猶以報復爲事，豈非悔過之心，不能勝其恥敗之心而至此乎？」❶**今又濟河取郊，人之，稱斯師也，何義哉！晉人畏秦而不出，穆公逞其忿而後悔，自是見伐不報，始能踐自誓之言矣。是故於此貶而稱人，備責之也。**茅堂胡氏曰：「濟河焚舟之師，非義舉也。自是而後，不復報晉，聖人取其終能悔而改爾。仲尼以恕與人，君子大改過。」陳氏曰：「此秦伯也，曷爲

❶「此」，原作「比」，今據四庫本改。

貶稱人？殽之誓，孔子有取焉，而秦穆之連兵無虛歲，故自韓原，秦不以爵見於經。」汪氏曰：「穆公自誓之言，追咎既往之失，而冀將來之善，不貴勇夫而貴良士，惡媢疾而思彥聖，期以保邦爲念，諄諄懇惻，誠可爲有天下國家者之法則。夫子取之，以繼四代之書，而門人引之，以釋《大學》『平天下』章，可謂善言矣。胡乃不踐其言，終用孟明，報復至再，必以勝晉而後已，故《書》取其言，而《春秋》責其事也。說《春秋》者，因《左傳》有『霸西戎』之一語，而《史記》謬稱穆公『益國十二，開地千里，天子使召公賀以金鼓』。然考傳之所記，則踰二年而穆公卒，其謂焚舟伐晉而遂霸者已非事實。況證以經之書法，自戰韓稱爵，其後終穆公之身並以『人』書，殽之役且以號舉，反不若楚莊之見於經並紀其爵，則許穆公以伯者妄矣。」○廬陵李氏曰：「《左氏》以此役爲秦伯西戎之始，且稱其舉人之周、與人之一，孟明之不解，子桑之知人，而胡氏諸說皆以爲貶者，《左氏》得其事，胡氏論其義也。」

秋，楚人圍江。《左傳》：「楚師圍江。晉先僕伐楚以救江。」薛氏曰：「報沈之役也。」臨川吳氏曰：「自齊桓之霸，江、黄以近楚之國而從齊，故楚憾之之深。前既滅黄矣，而未加兵於江者，蓋江猶能守其國也。故至今年有圍江之師。」高氏曰：「貫澤之盟，江從中國，楚自城濮之役亦不敢侵伐。今晉文既没，襄公不能討商臣弑逆之惡，故楚人輕視中國，復有窺諸侯之意，而圍江以試之也。」廬陵李氏曰：「經書『人』以圍國者十一。圍非將卑師少所能辦，皆貶辭也。」○**雨螽于宋。**《左傳》：「隊而死也。」《公羊傳》：「雨螽者何？死而墜也。何以書？記異也。外異不書，此何以書？爲王者之後記異也。」《穀梁傳》：「外災不志，此何以志也？曰：災甚也。其甚奈何？茅茨盡矣。著於上見於下謂之雨。」杜氏曰：「自上而墮，有似於雨。來告故書。」唐陳氏曰：「不曰『宋雨螽』，如『宋大水』之例，考其實，如雨之多，自天而墜，到地而死明矣。」○趙氏曰：「《穀梁》云：『著於上見於下謂之雨。』假如有一物著於上見於下，豈得云雨？螽自空而下又多，有似於雨爾。歷代有雨血、雨毛、雨土皆是也。」汪氏曰：「外異因來告而書。《公羊》云『爲王者之後記異』，《穀梁》以爲災甚，皆非也。」○**冬，公如晉。十有二月己巳，公及晉侯盟。**此書公如晉之始。《左傳》：「晉人懼其無禮於公也，請改盟。公如晉，及晉侯盟。晉侯饗公，賦《菁菁者莪》。莊叔以公降拜，曰：『小國受命於大國，敢不慎儀？君貺之以大禮，何樂如之？抑小國之樂，大國之惠也。』晉侯降辭，登成拜。公賦《嘉樂》。」張氏曰：「不書地，盟于晉都也。」高氏曰：「公之如晉，蓋朝也，非爲盟也，晉人於是請改盟。夫盟已定矣，又何改爲？公宜固辭，乃復與盟，皆非禮也。」汪氏曰：「前此未有因朝聘而盟于國都者。諸侯有不協之故，則期會于某地，而牲歃以示信，已非盛世之事，況因其朝聘而要之哉！前年朝晉，晉既以處父盟公于其國，此年雖云改盟，而猶要公之朝以約誓於國都。甚矣，文公之屈辱也！晉襄苟懼其無禮，曷不爲會于晉、魯之間以相盟乎？厥後荀庚、孫良夫、郤犨、孫林父、向戌且因聘魯而要盟矣，又其甚，則杞子以三恪之君，亦即魯而歃盟焉。始也魯君盟於伯國，終也諸侯盟于魯，世變可知矣。」廬陵李氏曰：「文公再如晉矣。二年以見辱不書，故此爲書公如晉之始。」○**晉陽處父帥師伐楚以救江。**《公》、《穀》無「以」字。《左傳》：「晉以江故告于周。王叔桓公、晉陽處父伐楚以救江，門于方城，遇息公子朱而還。」《公羊傳》：「此伐楚也，其言救江何？爲諼也。其爲諼奈何？伐楚，爲救江也。」《穀梁傳》：「此伐楚，其言救江何也？江遠楚近，伐楚，所以救江也。」

以者，不以者也。孫氏曰：「先言伐楚而後言以救江者，惡不能救也。楚人圍江，陽處父帥師不急赴之，乃先伐楚，欲其引兵自救而江圍解，非救患之師也。故明年楚人滅江。」救江善矣，其書以何？楚嘗伐鄭矣，齊桓公遠結江、黄，合九國之師於召陵，然後伐鄭之謀罷；又嘗圍宋矣，晉文公許復曹、衛，會四國之師於城濮，然後圍宋之役解。今江國小而弱，非能與宋、鄭比，楚人圍之，必不待徹四境屯戍守禦之衆與宿衛盡行也。當是時，楚有覆載不容之罪，晉主夏盟，宜合諸侯聲罪致討，命秦甲出武關，齊以東兵略陳、蔡，而南處父等兵方城之外，楚必震恐而江圍自解矣。計不出此，乃獨遣一軍遠攻强國，豈能濟乎？故書「伐楚以救江」，言救江雖善，而所以救之者，非其道矣。此《春秋》紀用兵之法也。陳氏曰：「晉大夫書帥師於是始，大夫强也。」永嘉呂氏曰：「春秋之初，有以大夫帥師者矣，未有若陽處父之專伐也。內大夫帥師而不氏者，則無駭帥師入極、溺會齊師伐衛是也；內大夫帥師而氏者，公子慶父帥師伐於餘丘、公孫茲帥師會侵陳是也。而外大夫則未有帥師而出主名者。若陽處父，則帥師而出主名矣，以見征伐之自大夫出也。」張氏曰：「楚商臣無父無君，乃致患於江，是禽獸逼人之甚。以中國諸侯爲己任者，豈得安居，而以討罪之任付之大夫而已乎？晉襄不能率諸侯乘此時誅之，此《春秋》特書，以正其不能奉天討之罪也。」臨川吴氏曰：「江以從中國而受楚之伐，中國伯者所當救也。處父畏楚兵之强，不敢徑趍江之城下，乃揚言伐楚以救江，門于方城，一見息公之來即避之而返。既不能救江，又不能伐楚，其爲畏怯也明矣。」

汪氏曰：「《春秋》書侵伐，多不言所事，而此書伐以救，實爲特筆。考於傳之所録，非惟楚侵陳以救鄭、伐鄭以救齊不書，雖齊桓伐厲以救徐，亦止書伐厲而不書以救也。豈非責處父既不能伐楚，又不能救江，而特起伐以救之文以罪之歟？經書中國加兵於楚者三，惟齊桓聲包茅不貢之罪，而得屈完之服。處父有伐楚之名，而無討楚之實。晉定公會十八國于召陵，有伐楚之勢，而僅爲侵楚之陋，《春秋》蓋深惜之也。」

戊戌襄王二十九年。**四年**晉襄五。齊昭十。衛成十二。蔡莊二十三。鄭穆五。曹共三十。陳共九。杞桓十四。宋成十四。秦穆三十七。楚穆三。**春，公至自晉。**汪氏曰：「自是公如皆致。如晉者凡二十，書至者十有三，皆所以著其去國踰時之久，或執或辱，故危之也。始也文公如晉，則有處父要盟之恥而不書至。迄其終也，昭、定六如晉而不見納，書『至河乃復』焉，又不若書至之爲愈矣。人君舉動之得失，可不慎哉！據事直書而義自見，謂此類也。」高郵孫氏曰：「文公之出六，致之者四，危之也。不致者二，安之也。」

附録《左傳》：「春，晉人歸孔達于衛，以爲衛之良也，故免之。」〇「夏，衛侯如晉拜。」〇「曹伯如晉會正。」

夏，逆婦姜于齊。《左傳》：「卿不行，非禮也。君子是以知出姜之不允於魯也。曰：『貴聘而賤逆之，君而卑之，立而廢之，棄信而壞其主，在國必亂，在家必亡。不允宜哉！《詩》曰：「畏天之威，于時保之。」敬主之謂也。』」《公羊傳》：「其謂之逆婦姜于齊何？略之也。高子曰：『娶乎大夫者，略之也。』」《穀梁傳》：「其曰婦姜，爲其禮成乎齊也。其逆者誰也？親逆而稱婦，或者公與？何其速，婦之也！曰：公也。其不言公，何也？非成禮於齊也。曰婦，有姑之辭也。其不言氏，何也？貶之也。何爲貶之也？夫人與有貶也。」程子曰：「納幣在喪中，與喪婚同也。稱婦姜，已成婦也。不稱夫人，不可爲小君奉宗廟也。不書逆者，雖卿亦失其職也。」

逆皆稱女，以未成婦，而女者，在父母家之所稱也。《禮記・曾子問》：「女未廟見，未成婦。」往逆而稱婦，入國不書至，何哉？此《春秋》誅意之效也。禫制未終，禫，徒感反。汪氏曰：「除服制名。」鄭氏曰：「澹澹然平安之意。」思念娶事，是不志哀而居約矣。方逆也而已成爲婦，未至也而如在國中，原其意而誅之也。不稱夫人姜氏者，亦與有貶焉。婦人不專行，何以與有貶？父母與有罪也。文公不知敬其伉儷，違禮而行，使國亂子弑；齊人不能鑒微知著，冒禮而往，使其女不允於魯，皆失於不正其始之過也。夫婦之際，人倫之首，禮不可不謹也，故交貶之以爲後鑒。劉氏曰：「夫婦之際，人倫之首。文公闇弱惰慢，不能率禮而行，以謂苟若而可，何禮之守？故夫人不安其位，終卒至於禍。又非獨文公之罪，雖夫人預有罪矣。夫人不能早避喪娶之辱，冒大禮以往，國人皆賤之，遂無所據依，以危其身而亡其子，由本不正故也。殆而呼天，不亦晚乎？文公之不能保其後嗣者，由無以刑其妻；夫人之不能安其位，由無以謹於禮也。」張氏曰：「聖人嚴吉凶之辨。蓋人之所以異於禽獸者，正以有父子之親。而三年之喪，哀戚之至也，國君爲風教之首，而納幣於喪中。《春秋》變逆女爲『逆婦姜』，不成其夫人之禮，以見人倫之本已失，何以正是國人，爲後嗣之基乎？」趙氏曰：「公自逆常事不書，以成禮于齊，所以變文云『逆婦』以譏之。」唐陳氏曰：「吉凶之禮，苟公不自行，大夫不涖事，則第書其事，不書其人，則必微者，斯《春秋》之規矩也。文公使卿納幣而使微者逆，是公以禮聘之而不以禮逆之，宜其不終也。」汪氏曰：「《春秋》一經書逆夫人，惟此年最略，既不書逆者名氏，又不書如齊，不稱夫人，不言氏，不書至，豈非聖人責文公首紊通喪之禮而然歟？宣公之娶尤亟，而書法加詳，事同而既貶，則從同同也。」○劉氏曰：「《左氏》云：『卿不行，非禮也。』假令卿行，獨可謂之禮乎？《公羊》云：『娶乎大夫，略之也。』此雖無他證據，然魯初納幣，乃用上卿，審娶大夫者，禮豈如此崇乎？《穀梁》云『逆者誰也？親逆而稱婦，或者公與？曰，公也』，非也。《穀梁》既云親迎而稱婦，則稱婦宜也，又何以見其非成禮於齊乎？且令非成禮於齊，云『公如齊逆婦姜』足矣，文不當没公。」

狄侵齊。汪氏曰：「狄自箕之敗，至是始復侵齊，以晉襄無攘却之謀，而齊伯不紹故也。」王氏曰：「大國如齊，狄侵者四，則其他邢、衛、魯、鄭，不足怪也。」○**秋，楚人滅江。**《左傳》：「楚人滅江，秦伯爲之降服，出次，不舉，過數。大夫諫，公曰：『同盟滅，雖不能救，敢不矜乎？吾自懼也。』君子曰：『《詩》云「惟彼二國，其政不獲；惟此四國，爰究爰度」，其秦穆之謂也。』」張氏曰：「江之不祀，晉襄之無遠謀也。」臨川吴氏曰：「三年之秋，楚人圍江，晉人陽爲救之之名，而無救之之實。江之受圍，周一朞而其國竟滅。晉霸不競，而荆蠻得以肆其虐於小國，可哀也夫！」汪氏曰：「《公羊》云：『入不言圍，書其重者。』江、黄二國從中國而致滅，黄書伐而江書圍，皆著中國之不能救也。滅者，亡國之善辭。上下之同力，江、黄之君不書奔、不書以歸，則能固守待援而死於其位又可知矣。」○**晉侯伐秦。**《左傳》：「圍邧、新城，以報王官之役。」程子曰：「秦逞忿以伐晉，晉畏而避之，其見報乃常情也。秦至此能悔過矣，故不復報晉，聖人取其能遷善也。稱晉侯，不復加譏，見秦宜得報而自悔，不復修怨，乃其善也。」

晉人三敗秦師，汪氏曰：「僖三十三敗殽。文二年春戰彭衙。冬伐秦，取汪及彭衙。」**見報乃常情**

耳，而穆公濟河焚舟，則貶而稱人。秦取王官及郊，未至結怨如晉師之甚也，襄公又報之，於常情過矣，而得稱爵，何也？聖人以常情待晉襄，而以王事責秦穆，所以異乎？朱子曰：「謂書晉侯而以常情待晉襄，書秦人而以王事責秦穆，恐未必如此。程子所謂微辭隱義，未易言也。」襄公忘親背惠，大敗秦師，敗狄、伐許，怒魯侯之不朝也，而以無禮施之，是專尚威力，先事加人，莫知省德而後動也。今又報秦，不足罪矣。穆公初敗於殽，悔過自誓，增修德政，宜若過而知悔，悔而能改。又有濟河之役，則非誓言之意，所以備責之也。然晉襄見伐而報，猶無譏焉，秦穆至是見伐而不報，善可知矣。不譏晉侯，所以深善秦伯。《春秋》大改過，嘉釋怨，王者之事也。故仲尼定《書》，列《秦誓》於百篇之末，以見悔過能改，而不責人，雖聖賢誥命，不越此矣。茅堂胡氏曰：「穆公悔過極晚，取王官、封殽尸之後，晉侯來伐，秦伯於是悔改不復往報。聖人所以取之，以此見與人爲善之路廣矣。」張氏曰：「晉襄以王官之役不報爲恥，未若商臣得志於江，爲恥之大也。報秦而不誅商臣，使亂臣賊子得以夷滅小弱，逞其凶毒，晉襄之爲盟主末矣。比事書之，深罪晉侯不以江亡爲恥，而敵秦怨也。」家氏曰：「《春秋》書楚人滅江、晉侯伐秦，責其當救而不救，不當伐而伐，罪晉深矣。書晉侯，非善之，以其徇私報怨之過甚，亟戰而不知戢，故目其人而責之。」王氏曰：「隱公以來，政在諸侯，若大夫專政，則例貶稱人。文公以後，政在大夫，若諸侯有罪，則出爵以貶。此例之變也，猶宣九年『齊侯伐萊』，成四年『鄭伯伐許』，皆貶之也。」廬陵李氏曰：「秦穆、晉襄五年之間，交兵者五，止此。」

衛侯使甯俞來聘。《左傳》：「衛甯武子來聘，公與之宴，爲賦《湛露》及《彤弓》。不辭，又不答賦。使行人私焉，對曰：『臣以爲肄業及之也。昔諸侯朝正於王，王宴樂之，於是乎賦《湛露》，則天子當陽，諸侯用命也。諸侯敵王所愾，而獻其功，王於是乎賜之彤弓一、彤矢百、玈弓矢千，以覺報宴。今陪臣來繼舊好，君辱貺之，其敢干大禮以自取戾？』」臨川吴氏曰：「按《左氏》所載，晉文公之季年，諸侯朝晉，衛成公獨不朝，又使孔達侵鄭，伐緜、訾及匡。晉襄公既祥，使告于諸侯而伐衛圍戚，取之，衛不服罪而孔達敢伐伯主。其明年，晉會諸侯于垂隴，將伐衛，幸得陳侯爲之請成，執孔達以説於晉，而衛遂得免於伐。自孔達遭執之後，蓋甯俞代之爲政。至次年春，衛從晉伐沈，自此衛服霸主而無事矣。又次年春，晉遂歸孔達，其夏衛侯朝晉，至秋而來聘魯焉。事大睦鄰，以安社稷，或者皆出甯俞之謀也。夫子稱其知可及者蓋如此。」○**冬，十有一月壬寅，夫人風氏薨。**《左傳》：「冬，成風薨。」程子曰：「自成風以後，妾母稱夫人，嫡妾亂矣。仲子始僭，尚未敢同嫡也。」杜氏曰：「莊公妾、僖公母。風，姓也。赴同祔姑，故稱夫人。」

風氏，僖公之母、莊公妾也，而稱夫人，自是嫡妾亂矣。《語》曰：「邦君之妻，邦人稱之曰君夫人，稱諸異邦曰寡小君。」馮氏曰：「是時嫡妾不正，稱號不審。夫子嘗言古禮如此，故記之。正其名，所以責其實也。」**蓋敵體之稱也。若夫妾媵，則非敵矣，其生亦以夫人之名稱號之，**汪氏曰：「據僖八年『用致夫人』，乃成風也。」**其没亦以夫人之禮卒葬之，**陳氏曰：「夫人某氏，嫡稱也，喪之以夫人之禮也。隱公之喪桓母，猶有疑焉，是故别廟也。祔姑稱謚，伉然如夫人，則自文公之喪成風始。」**非所以正其分也。以妾媵爲夫人，徒欲尊寵其所愛，而不虞卑其身；以妾母爲夫人，徒欲崇貴其所生，而不虞賤其父。卑其身則失位，賤其父則無本，越禮至是，不亦悖乎？夫禮，庶子爲君，爲其母無服，不敢貳尊者也。**《儀禮・喪服》傳：「大夫以上，爲庶母無服。」《禮記・服問》：「君之母非夫人，則群臣無服。」**《春秋》於成風記其卒葬，各以實書不爲異辭者，謹禮之所由變也。**薛氏曰：「妾母爲夫人，僭也。僭則何以取乎？《春秋》不没其實也。」朱子曰：「僖公、成風，與晉簡文帝、鄭太后一也，皆所以著妾母之義。」汪氏曰：「嫡妾之分，乃人君所當謹。以妾母爲夫人，必致以妾爲嫡；以妾爲嫡，必致庶孽奪正之禍。敬嬴之殺惡及視，乃習視僖、文之尊成風，而動於爲惡也。後世妾母皆稱太后，或妾死而加以皇后之號，又其甚則唐高宗立武昭儀爲后，而致移其宗社矣。朱子於《綱目》書尊帝母貴人爲太后，又或書立貴嬪某氏爲皇后，或曰立婕妤某氏爲皇后，或曰立婢某氏爲后，蓋取法《春秋》譏成風之例。然《春秋》隱其辭，而《綱目》直斥本稱者，《春秋》乃本國之史，而《綱目》則筆削前代之史，故不同也。」

己亥襄王三十年。**五年**晉襄六。齊昭十一。衛成十三。蔡莊二十四。鄭穆六。曹共三十一。陳共十。杞桓十五。宋成十五。秦穆三十八。楚穆四。**春，王正月，王使榮叔歸含且賵。**含，户暗反。《公羊傳》：「含者何？口實也。其言歸含且賵何？兼之。兼之非禮也。」《穀梁傳》：「含，一事也。賵，一事也。兼歸之，非正也。其曰且，志兼也。其不言來，不周事之用也。賵以早，而含已晚。」程子曰：「天子成妾母爲夫人，亂倫之甚，失天理矣。不稱天，義已明。稱叔，存禮也。」范氏曰：「榮叔，天子之上大夫也。榮，采地。叔，字。」

珠玉曰含，何氏曰：「天子以珠，諸侯以玉，大夫以碧，士以貝，《春秋》之例也。」**車馬曰賵。歸含且賵者，厚禮妾母也。**汪氏曰：「據仲子止歸賵，此兼含、賵。」杜氏曰：「成風，莊公之妾，天子以夫人禮賵之。」**不稱天王者，弗克若天也。**《書·泰誓》：「夏桀弗克若天。」注：「不能順天。」**《春秋》繫王於天，以定其名號者，所履，則天位也；所治，則天職也；所勑而惇之者，則天之所敘也；所自而庸之者，則天之所秩也；所賞、所刑者，則天之所命而天之所討也。夫婦人倫之本，王法所尤謹者。今成風以妾僭嫡，王不能正，又使大夫歸含、賵焉，而成之爲夫人，**陳氏曰：「賵常事不書，惟賵仲子、成風特書之，則遂命爲夫人也。《春秋》之初，猶以爲非常事也。宣之敬嬴、襄之定姒、昭之齊歸，雖命爲夫人，不復書矣。孟子卒，不赴于京師，孔子曰：『夫人之不命於天子，自昭公始也。』」**則王法廢、人倫亂矣。是謂弗克若天而悖其道，非小失耳，故特不稱天以謹之也。**劉氏曰：「不知者乃謂天子賵人之妾小過耳，而譏之深；求車、殺母弟大惡也，而譏之略，是不及知《春秋》正人倫之意也。君臣也，父子也，夫婦也，治之三綱也，道莫先焉。桓以臣弒君而王命之，成風以妾僭嫡而王成之，於是三綱廢矣，是去人之所以爲人也。王之無天，不亦明乎？」汪氏曰：「《禮經》：天子諸侯於妾無服，而《周官》『職喪掌諸侯之喪及卿、大夫、士凡有爵者之喪』，亦不及邦國夫人之喪也。今王臣含、賵，則是魯以成風之喪赴於京師矣。夫人之喪猶不當赴于王，況妾母乎！王之賜以含賵，其責已深，而魯之往赴，其罪亦不可揜矣。春秋王禮之施於魯者，惟桓、文二公爲數且盛，而紊瀆三綱有如此者，亦可悲夫！」○趙氏曰：「《公》、《穀》皆云『兼之，非禮也』。據禮，含、賵、襚止一人兼行爾。若每事須一人，則釁王朝之臣，不足以充喪禮之使也。」劉氏曰：「鄰國含、賵、襚猶共一大夫，況王者於其臣妾乎！《穀梁》又云『其不言來，不周事之用也』，亦非也。宰咺言來，豈周事之用者乎？」

三月辛亥，葬我小君成風。《公羊傳》：「成風者何？僖公之母也。」

仲子雖聘，非惠公之嫡也。《春秋》之初，尚以爲疑，故別爲立宮，而羽數特異。此雖非禮之正，然不祔于姑，猶有辨焉。至是成風書葬，乃有二夫人祔廟，而亂倫易紀無復辨矣。故禮之失，自成風始也。蘇氏曰：「仲子非惠公之嫡，故特爲之立宮而不祔，不書其葬，蓋禮之正也。自成風以來，妾母皆葬，蓋祔也。魯禮之變，自此始矣。」高氏曰：「既以夫人之禮薨之，復以小君之禮葬之，又別爲之謚焉。書實以示譏也。」汪氏曰：「後世以妾母爲正嫡，至於襄事，乃黜正嫡而嬖妾合葬焉。如中宗之葬乾陵，嚴善思諫而弗止，循襲而莫知其失矣。孰有如漢之孝文，自謂側室之子，而不以爲嫌者乎？」

王使召伯來會葬。召，《穀》作「毛」。《左傳》：「王使榮叔來含且賵，召昭公來會葬，禮也。」《穀梁傳》：「會葬之禮於鄙上。」程子曰：「天子以妾母同嫡，亂天理也，故不稱天。聖人於此，尤謹其戒。」杜氏曰：「召伯，天子卿也。召，宋地。伯，爵也。」

王臣下聘桓公，冢宰書名示貶，桓四年書「宰渠伯糾」。而大夫再聘則無譏焉，桓五年仍叔，八年家父，書字不書名。或以爲從同同也，或以爲同則書重也。成風薨，王使榮叔歸含且賵，既不稱天矣，及使召伯來會葬，又與貶焉，何也？歸含且賵，施於妾母，已稠疊矣，又使卿來會葬，恩數有加焉，汪氏曰：「《春秋》君、夫人葬，惟僖公及成風，王使大夫來會。」是將祔之於廟也，而致禮於成風盡矣。聘一也，含賵而又葬，則其事益隆，亂人倫廢王法甚矣。再不稱天者，聖人於此尤謹其戒而不敢略也。蜀杜氏曰：「薨而賵、含，尚曰不可，況又使卿會葬乎？故復去『天』以示義。」家氏曰：「天子之於諸侯，有會葬之禮，非所以施之妾母也。元年書叔服，此年書召伯，五年之間，後先兩會葬，或稱天王，或王不稱天。比事而觀，著義豈不甚明乎？」陳氏曰：「王不稱天，於追錫桓公見之，至是再見，以夫人之禮喪成風也。莊、僖之際，天下知有盟主而已，而襄王之季年，更有事於諸侯。於是叔服會葬、毛伯錫命，尤汲汲於魯也。尤汲汲於魯而何爲乎？成風，一人賵、含之，一人葬之。以是懷諸侯，吾見周之益陵夷矣。宰晅嘗以賵妾母貶，則召伯何以不貶？王、公一體也。宰書名，則王不待貶而自見；王不稱天，則召伯不待貶而自見也。桓以少篡長，成風以庶亂嫡，王道熄矣，而莊、襄不能正，又從而褒賞之，是以天命施之天討也，故皆不稱天。」〇劉氏曰：「《左氏》曰『禮也』，非也。庶子爲君，爲其母無服，不敢貳尊者也。妾母稱夫人，王不能正，又使公卿會葬，何禮之有？何休謂：『去「天」者，不及事。』天子會葬諸侯而有早晚，小失耳，未可集以爲過也，何至遂貶去『天』乎？」

夏，公孫敖如晉。高氏曰：「王含且賵，又來會葬矣，捨天王而謹事晉，不待貶而惡見也。」臨川吴氏曰：「三年之冬公朝晉，今又使卿往聘焉，魯之謹於事霸主也。魯臣如晉聘者二十四，致襚會葬者又四焉，始於公子遂而終於季孫斯、仲孫何忌。或踈或數，或無所爲或有所爲，考其時與事，而得失見矣。」〇**秦人入鄀。**音若。《左傳》：「初，鄀叛楚即秦，又貳於楚。夏，秦人入鄀。」杜氏曰：「鄀本在商密，秦、楚界上小國，遷於南郡鄀縣。」高氏曰：「鄀蓋微國，秦以其叛而入之。後遂爲楚所并，楚昭王復國之後，畏吴之强，去郢而都鄀矣。」〇**秋，楚人滅六。**《左傳》：「六人叛楚即東夷。秋，楚成大心、仲歸帥師滅六。冬，楚公子燮滅蓼。臧文仲聞六與蓼滅，曰：『皐陶庭堅不祀，忽諸，德之不建，民之無援，哀哉！』」任公輔曰：「《地譜》：壽州安豐縣有六國故城。」臨川吴氏曰：「晉襄公死期將及，故其志氣不能如初年之盛，紹霸之業浸以衰微。故西戎之秦、南蠻之楚，敢於肆行中國，吞噬弱小而無所忌也。」〇**冬十月甲申，許男業卒。**僖公也，在位三十三年。子錫我嗣，是爲昭公。

附録《左傳》：「晉陽處父聘于衛，反，過甯，甯嬴從之，及温而還。其妻問之，嬴曰：『以剛。《商書》曰：「沈漸剛克，高明柔克。」夫子壹之，其不没乎？天爲剛德，猶不干時，況在人乎！且華而不實，怨之所聚也。犯而聚怨，不可以定身。余懼不獲其利，而離其難，是以去之。』」〇「晉趙成子、欒貞子、霍伯、臼季皆卒。」

庚子襄王三十一年。**六年**晉襄七，卒。齊昭十二。衛成十四。蔡莊二十五。鄭穆七。曹共三十二。陳共十一。杞桓十六。宋成十六。秦穆三十九。楚穆五。**春，葬許僖公。**

附録《左傳》：「春，晉蒐于夷，舍二軍。使狐射姑將中軍，趙盾佐之。陽處父至自温，改蒐于董，易中軍。陽子，成季之屬也，故黨於趙氏，且謂趙盾能，曰：『使能，國之利也。』是以上之。宣子於是乎始爲國政。制事典，正法罪，辟獄刑，董逋逃，由質要，治舊洿，本秩禮，續常職，出滯淹。既成，以授大傅陽子與大師賈佗，使行諸晉國，以爲常法。」

夏，季孫行父如陳。《左傳》：「臧文仲以陳、衛之睦也，欲求好於陳。夏，季文子聘于陳，且娶焉。」杜氏曰：「臣非君命不越竟，故因聘而自爲娶。」范氏曰：「行父，季友孫。」臨川吴氏曰：「此亦行父欲迎婦於陳，而請於君借聘禮以行。前此魯、陳未嘗有邦交也。」汪氏曰：「季友如陳者再。今行父之往，蓋因其祖之舊好，假公室之聘而圖昏耳。《春秋》特書公子友葬原仲，而行父之娶于陳、公孫兹娶于牟、嬰齊娶于莒皆止書如，所以貶季友之私行，而不予行父、兹、嬰齊，因聘以濟其私欲也。自逆猶可，敖如莒涖盟而代弟逆，娼聘宋而爲意如逆，則又甚矣。」

附録《左傳》：「秦伯任好卒，以子車氏之三子奄息、仲行、鍼虎爲殉，皆秦之良也。國人哀之，爲之賦《黄鳥》。君子曰：『秦穆之不爲盟主也，宜哉！死而棄民。先王違世，猶詒之法，而況奪之善人乎！《詩》曰：「人之云亡，邦國殄瘁。」無善人之謂。若之何奪之？古之王者，知命之不長，是以並建聖哲，樹之風聲，分之采物，著之話言，爲之律度，陳之藝極，引之表儀，予之法制，告之典訓，教之防利，委之常秩，道之以禮則，使毋失其土宜，衆隸賴之而後即命。聖王同之。今縱無法以遺後嗣，而又收其良以死，難以在上矣。』君子是以知秦之不復東征也。」

秋，季孫行父如晉。《左傳》：「秋，季文子將聘于晉，使求遭喪之禮以行。其人曰：『將焉用之？』文子曰：『備豫不虞，古之善教也。求而無之，實難。過求何害？』」朱子曰：「季文子三思而後行，如使晉而求遭喪之禮以行，亦其一事也。」汪氏曰：「《王制》：『諸侯於天子，比年一小聘，三年一大聘，五年一朝。』文公即位六年，君朝於晉者再，而貴卿比年往聘，過於事天子之禮，而京師之朝，終其世不見於經。蓋諸侯知有霸主，而不知有王也。」〇**八月乙亥，晉侯驩卒。**驩，喚官反，《公》作「讙」。《左傳》：「晉襄公卒。靈公少，晉人以難故，欲立長君。趙孟曰：『立公子雍。好善而長，先君愛之，且近於秦。秦，舊好也。置善則固，事長則順，立愛則孝，結舊則安。爲難故，故欲立長君。有此四德者，難必抒矣。』賈季曰：『不如立公子樂。辰嬴嬖於二君，立其子，民必安之。』趙孟曰：『辰嬴賤，班在九人，其子何震之有？且爲二嬖，淫也。爲先君子，不能求大，而出在小國，辟也。母淫子辟，無威；陳小而遠，無援。將何安焉？杜祁以君故，讓偪姞而上之；以狄故，讓季隗而己次之。故班在四。先君是以愛其子，而仕諸秦爲亞卿焉，秦大而近，足以爲援，母義子愛，足以威民。立之，不亦可乎？』使先蔑、士會如秦，逆公子雍。賈季亦使召公子樂于陳。趙孟使殺諸郫。」廬陵李氏曰：「晉自襄公繼文，世主夏盟。是時秦穆亦號伯西戎，《春秋》列之夷狄，曾不得與邾、莒之國以爵先後，況授之伯哉！襄起僖三十一年，盡文六年，凡七年。李氏云：『齊孝公不能率齊桓之烈，晉襄能繼晉文之統。』孝公初，宋有抑齊之志；襄公初，秦懷駕晉之謀。宋啓鄟之爭，秦尋殽之釁，此皆争伯之端也。孝公不能抗宋，而襄公首能挫秦，此晉之所以未失伯。則殽之戰，《春秋》亦幸晉有功矣，乃削而人之，何哉？曰：幸之者，夷不偪華，以權之未失也；削之者，喪不興戎，以義之不可也，豈得以小功妨大義乎？雖然襄公復伯，則實始於此。文公之没，三强並興，秦雄西陲，狄狃北鄙，❶楚復强於南。苟縱一敵，則晉伯去矣。襄公夏戰殽以却秦，秋敗箕以剪狄，冬伐許以離楚，一年之間，三敵悉退，亦可謂有伯者之略，此其能繼文者也。苟有伯者之略，則襄公之烈何爲僅止乎此？曰：外患既息，舉動即異。伐衛，則損威矣；會公孫敖，則毁列矣；士縠主盟，則權散矣；處父救江，則謀怠矣。越一二載，事不逮初，況能持久乎？是以君子不貴速成，而圖全於其終；不志小利，而慮患於其遠。襄之規模，又後於文公甚矣。」〇**冬十月，公子遂如晉。**杜氏曰：「卿共葬事，文、襄之制。」汪氏曰：「鄭子大叔曰：『先王之制：諸侯之喪，士弔，大夫送葬。』稽之於經，前此未有使卿送葬者，雖桓、文之霸，止遣微者會葬。蓋晉文昉爲霸令，使大夫弔，卿共葬事，故叔孫婼葬平公，季孫意如葬昭公，馴致少姜以妾媵而諸侯使卿會葬矣。」**葬晉襄公。**《左傳》：「襄仲如晉，葬晉襄公。」杜氏曰：「三月而葬，速。」汪氏曰：「趙盾患秦之送公子雍，欲禦秦師，故急於襄事也。」〇**晉殺其大夫陽處父。晉狐射姑出奔狄。**射，《穀》作「夜」。《左傳》：「賈季怨陽子之易其班也，而知其無援於晉也。九月，賈季使續鞫居殺陽處父。書曰：『晉殺其大夫。』侵官也。十一月丙寅，晉殺續簡伯。賈季奔狄。宣子使臾駢送其帑。夷之蒐，賈季戮臾駢，臾駢之人欲盡殺賈氏以報焉。臾駢曰：『不可。吾聞《前志》有之，曰：敵惠敵怨，不在後嗣。忠之道也。夫子禮於賈季，我以其寵報私怨，無乃不可乎？介人之寵，非勇也；損怨益仇，非知也；以私害公，非忠也，釋此三者，何以事夫子？』盡具其帑，與

❶「鄙」，原作「師」，今據四庫本元李廉《春秋諸傳會通》改。

其器用財賄，親帥扞之，送致諸竟。」《公羊傳》：「晉殺其大夫陽處父，則狐射姑曷爲出奔？射姑殺也。射姑殺，則其稱國以殺何？君漏言也。其漏言奈何？君將使射姑將，陽處父諫曰：『射姑民衆不説，不可使將。』於是廢將。陽處父出，射姑入，君謂射姑曰：『陽處父言曰：「射姑民衆不説，不可使將。」』射姑怒，出刺陽處父於朝而走。」《穀梁傳》：「稱國以殺，罪累上也。襄公已葬，其以累上之辭言之，何也？君漏言也。上泄則下闇，下闇則上聾。且闇且聾，無以相通。夜姑殺者也。夜姑之殺奈何？曰：晉將與狄戰，使狐夜姑爲將軍，趙盾佐之。陽處父曰：『不可。古者君之使臣也，使仁者佐賢者，不使賢者佐仁者。今趙盾賢，夜姑仁，其不可乎？』襄公曰：『諾。』謂夜姑曰：『吾始使盾佐女，今女佐盾矣。』夜姑曰：『敬諾。』襄公死，處父主竟上事，夜姑使人殺之，君漏言也。故士造辟而言，詭辭而出，曰：用我則可，不用我則無亂其德。」

公羊子曰：「晉殺其大夫陽處父，則狐射姑曷爲出奔？射姑殺也。射姑殺，則其稱國以殺何？君漏言也。」《易》曰：「不出户庭，無咎。」朱子曰：「户庭，户外之庭。當節之初，戒之謹守，至於不出户庭，則無咎也。」**何謂也？子曰：「亂之所生，則言語以爲階。君不密則失臣，臣不密則失身，幾事不密則害成。是以君子慎密而不出也。」**朱子曰：「此夫子《繫辭》釋節卦初九爻義。」汪氏曰：「人之所節，唯言與行，而言尤所當謹，以防輕泄，則招殃咎。故夫子獨以言言之也。」**凡書殺者，在上則稱君，在下則稱氏，在衆則稱人，在微則稱盜，君與臣同殺則稱國。**汪氏曰：「稱君，如佞夫稱天王，痤、申生稱宋公、晉侯。稱氏，如楚棄疾殺比稱公子，陳招殺偃師稱陳侯之弟。稱人，如禦寇、先都稱陳人、晉人，州吁、無知稱衛人、齊人之類。稱盜，如鄭公子騑、陳夏區夫之類。稱國，如鄭申侯、楚得臣之類。」**今殺處父者，射姑耳。君獨以漏言故，亦預殺焉。所以爲後世戒也。**范氏曰：「親殺者夜姑而歸罪於君，明由君言而殺之，罪在君也。」陸氏曰：「射姑專殺，其惡易知；晉侯漏言，其責難見。《春秋》之作，明微也，故以累上書之，以戒天下之爲人君者也。」王氏曰：「《詩》曰：『紹庭上下，陟降厥家。』謂人君陞黜大臣，當由直道也。襄公儻以大公至正之道上下其臣，雖予奪不盡當，人亦退聽而無所歸咎。今乃漏言於射姑，嫁怨於處父，則是處父之罪，襄公致之矣。」**或以處父爲侵官，非歟？曰：人君用人失當，則其國必危。凡立于朝者，舉當諫君，況身爲晉國之太傅邪！若以爲侵官，將相大臣非其人，百官有司失其職，在位者當拱默自全，陰聽人主之所爲，至於顛危而不救，則將焉用彼相乎？**汪氏曰：「漢成、哀之間，張禹、王舜輩坐視王氏專僭，噤而不言，乃所謂拱默自全者也。」**率天下臣子爲持禄容身不忠之行，以誤朝迷國者，必此侵官之説夫！**張氏曰：「據《左氏》，則若晉國之事，一聽於陽處父者。及考《穀梁》所謂君漏言，則是易中軍乃處父密言於襄公，公不能謹而輕漏之，以致射姑之殺處父。《春秋》所以分其殺於君與大夫也。」臨川吴氏曰：「是時襄公已卒而書國殺者，若曰：處父今日之死，由襄公漏言之故，實襄公殺之也。」陳氏曰：「兩下相殺，其書國殺何？《春秋》之法：苟有賊而不知，則其君之罪也。是故晉胥童殺三郤，欒書、中行偃殺胥童，齊崔杼殺高厚，鄭子展、子西殺公子嘉，皆稱國而已矣。」家氏曰：「射姑以私怨殺一大夫，其罪固當誅。而處父以私意黨趙氏，使盾由是爲政於晉，擅廢立，專刑賞，其末流遂有弑君之事。然則處父固當言，言而以私，乃其罪也。使處父謂賈季不可，舉晉國之賢人使居執政之位，則善矣。」高氏曰：「先書晉殺處父，繼書射姑出奔，則實殺處父之罪自著矣。」

閏月不告月，猶朝于廟。告，音梏。《左傳》：「閏月不告朔，非禮也。閏以正時，時以作事，事以厚生。生民之道，於是乎在矣。不告閏朔，棄時政也。何以爲民？」《公羊傳》：「不告月者何？不告朔也。曷爲不告朔？天無是月也。閏月矣，何以謂之天無是月？是月非常月也。猶者何？通可以已也。」《穀梁傳》：「不告月者何也？不告朔也。不告朔，則何爲不言朔也？閏月者，附月之餘日也，積分而成於月者也。天子不以告朔，而喪事不數也。猶之爲言，可以已也。」

不告月者，不告朔也。杜氏曰：「諸侯每月必告朔聽政。文公怠慢政事，以閏非常月，故不告朔。」何氏曰：「不言公者，內事可知。」王氏曰：「不曰朔而曰月，蓋朔者，月之初吉，而月則積日而成也。以閏月而不告，則一月之政俱不舉。聖人變文而書，爲怠政而設也。」**不告朔，則曷爲不言朔也？因月之虧盈而置閏，是主乎月而有閏也，**汪氏曰：「有朔而無中者爲閏月。月有晦朔，則自然有閏，無閏則失月行之數。故曰『主乎月而有閏』也。」**故不言朔而言月。占天時則以星，**汪氏曰：「日月所會是謂辰。以曆言之，則是積餘分而置閏；以日月星辰觀之，則閏月日月亦會於辰，與他月無以異也。」**授民事則以節，候寒暑之至則以氣，**汪氏曰：「閏雖無中而節氣在望。曆置閏月，則不失陰陽節氣之正也。」**百官修其政於朝，庶民服其事於野，則主乎是焉耳矣。閏不可廢乎？曰：迎日推策則有其數，**《史記·黃帝紀》：「迎日推策。」注：「策，數也。日月朔望未來而推之。」《天官書》：「黃帝考正星曆，起消息以正閏餘。」**轉璣觀衡則有其象。**《書·舜典》：「在璿璣玉衡，以齊七政。」蔡氏《傳》：「以璿飾璣，所以象天體之轉運；以玉爲管，横而設之，所以窺璣而齊日月五星之運行。猶今之渾天儀。」**歸奇於扐以象閏，數也。**朱子曰：「奇，蓍策所揲四數之餘也。扐，勒於左手中三指之兩間。象閏，乃積月之餘日也。」**斗指兩辰之間，象也。**《後漢書·律曆志》：「閏月無中氣，而北斗斜指兩辰之間，所以異於他月也。」**象數者，天理也，非人所能爲也。故以定時成歲者，唐典也；**茅堂胡氏曰：「況存中有去閏之論，而堯、舜以來，以閏月定四時成歲。若去閏，則歲功熄矣。」**以詔王居門終月者，周制也。**《周禮·大史》：「閏月，詔王居門終月。」注：「十二月分在青陽、明堂、總章、玄堂左右之位，唯閏月無所居，故居于門。」**班告朔於邦國，**《周禮》注：「班，布也。以十二月朔布告天下諸侯，諸侯藏之祖廟，至朔，朝于廟，告而受行之。」趙氏曰：「天子常以今年冬，班明年正朔於諸侯。諸侯受之，每月奉月朔甲子以告于廟，所謂禀正朔也。故曰王正月，言王之所以班也。因以特牲薦，謂之告月，亦曰告朔。文公以閏非正，不行告朔之禮，而以朔日但身至廟朝謁而已，故曰猶朝于廟。」**不以是爲附月之餘而弗之數也。猶朝于廟者，**范氏曰：「受朔于廟者，尊事先君，不敢自專也。」**幸其不已之詞。**蜀杜氏曰：「《春秋》志文公廢告朔而猶朝廟，是幸其禮不盡廢。聖人愛禮之深意也。」高氏曰：「苟知朝廟之不可已，則告月之禮，曷爲而可已哉？」**子貢欲去告朔之餼羊，子曰：「爾愛其羊，我愛其禮。」**孫氏曰：「春秋二百四十二年，閏月多矣，獨此書不告月者，是當告也。」廬陵李氏曰：「僖五年傳曰：『公既視朔。』後此十六年『公四不視朔』皆同。但告於廟,則謂之告朔。因以聽治此月之政,則謂之視朔。」○啖氏曰:「《公》、《穀》言不告月爲是,非也。按經文言不告月,明當告也。」劉氏曰:「《公羊》以謂不告朔,禮也,猶朝于廟,非禮也。《穀梁》曰:『閏月者,附月之餘日也。天子不以告朔,而喪事不數也。』皆非也。閏雖無常而政有常,可得勿告乎?」汪氏曰:「周天三百六十五度四分度之一,日一日一周,在天爲不及一度。積三百六十五日四分日之一,而與天會爲一歲。月一日不及天十三度十九分度之七,積三百五十四日九百四十分日之三百四十八,而與日會者十二爲一年。大率三百六十日爲常數,一歲多五日九百四十分日之二百三十五。分爲二十四氣,是爲氣盈,而晝夜長短、節氣寒暑於是定焉。一年少五日九百四十分日之五百九十二,分爲十二月,是爲朔虚,而晦朔弦望於是定焉。積歲之有餘,就年之不足,而後有閏。三年一閏,尚餘三日,有奇;五年再閏,則少五日,有奇;積十九年,閏在十二月,則氣朔分齊。大率三十二月則有閏:閏前之月,中氣在晦;閏後之月,中氣在朔。若曆不置閏,則弦望晦朔皆非其正,晝夜平分不在春秋之中,而寒暑反易矣,故《書》云:『以閏月定四時成歲。』《周禮》注:『中數曰歲,朔數曰年。中朔大小不齊,正之以閏。』乃天地自然之理,曆家因其自然,而立積分之數以合之耳。《公羊》謂『閏月,天無是月』,《穀梁》謂『附月之餘日』,皆非是。夫二十九日九百四十分日之四百九十九而晦朔交,則爲一月。月非有閏之名,特以日月行天疾徐之不同,而歲年盈縮之有異,遂謂之閏。天與日月之行,自然有閏,豈可謂天無是月哉!月非有餘也,又豈可謂附月之餘哉!月之有閏,則由乎天,而月之名閏,乃由於人。故於文王在門爲閏。《禮》稱:『天子閏月,則聽朔于明堂,闔門左扉,立于其中。』王之謹乎閏月者如此，而諸侯安可不告月哉！考之經傳，凡言閏月多在歲終，蓋是時曆法謬矣，每置閏於歲終，故《左傳》以閏三月爲非禮，則無中者不謂之閏，而名曰閏者，非閏月矣。秦之後九月實倣於此，是宜當時之卿大夫以天無是月，指爲曆家所置，而導其君廢告朔之禮也。説經者且曰：天子不告朔，尚何責昏庸之魯文也哉？《春秋》書猶朝廟，即聖人愛禮存羊之意，謂朔雖不告，而朝廟不廢，則告朔之禮猶有存者。《公》、《穀》皆曰『猶者，可以已也』，杜預亦云『可止之辭』，大失《春秋》之意。蓋聖人傷魯文之怠慢政事，故特書『不告月，猶朝于廟』，若曰：不如此而尚幸其如此，將已而不遂已。是知其不可已，而自不能已也，與猶三望、猶繹之義不同。」廬陵李氏曰：「朱子曰：『古者天子常以季冬頒來歲十二月之朔于諸侯，諸侯受而藏之祖廟。月朔，則以特羊告廟，請而行之。』張氏所謂『稟正朔』也。閏者，所以定四時成歲。天子以爲月而頒之，爲諸侯而不奉以告，是輕正朔而慢時令也。《公》、《穀》以爲附月之餘日，又曰天子不以告朔，此説已非。而『猶』字之義，諸傳皆以爲可止之詞，大率皆譏其舍大政而謹小禮。獨胡氏以爲幸其不已之詞，其説本於蘇氏，以『我愛其禮』證之，則此義精矣。」

辛丑襄王三十二年。**七年**晉靈公夷皋元年。齊昭十三。衛成十五。蔡莊二十六。鄭穆八。曹共三十三。陳共十二。杞桓十七。宋成十七，卒。秦康公罃元年。楚穆六。**春，公伐邾。**《左傳》：「間晉難也。」杜氏曰：「公因霸國有難而侵小。」**三月甲戌，取須句。**句，《公》作「朐」。《左傳》：「寘文公子焉，非禮也。」《公羊傳》：「取邑不日，此何以日？内辭也，使若他人然。」《穀梁傳》：「取邑不日，此其日何也？不正其再取，故謹而日之也。」杜氏曰：「絶太皡之祀，以與鄰國叛臣。僖公反其君之後，邾復滅之。今邾文公子叛邾在魯，故公使爲守須句大夫。」王氏《箋義》曰：「僖公反其君，故不日。文公絶其祀，故謹而日之。」汪氏曰：「僖公雖曰私其母家，猶有崇明祀、保小寡之義。文公乘霸國之喪，貪土地而舍逋逃，其罪益甚矣。」○劉氏曰：「《公羊》以爲内辭，然僖公嘗伐邾取須朐矣，何以不爲内辭哉？《公羊》之説非也。《穀梁》以爲謹而日之，設不日，則聽其取乎？《穀梁》之説亦非也。」**遂城郚。**❶郚音吾。《穀梁傳》：「遂，繼事也。」杜氏曰：「因伐邾師以城郚，備邾難。郚，魯邑，卞縣南有郚城。」汪氏曰：「文公以邾叛臣守須句之地，又重勞民力城内邑，以防邾師之至。心有慊焉，故畏鄰國之伐，而不知愈重其過也。」○**夏四月，宋公王臣卒。**《穀》作「壬臣」。汪氏曰：「其弟禦殺世子而自立，國人殺禦，而立其少子杵臼，是爲昭公。」高氏曰：「以國亂，故不日、不葬。凡治則禮詳，亂則禮略。」**宋人殺其大夫。**《左傳》：「夏，宋成公卒。於是公子成爲右師，公孫友爲左師，樂豫爲司馬，鱗矔爲司徒，公子蕩爲司城，華御事爲司寇。昭公將去群公子，樂豫曰：『不可。公族，公室之枝葉也。若去之，則本根無所庇廕矣。葛藟猶能庇其本根，故君子以爲比，況國君乎！此諺所謂「庇焉而縱尋斧焉」者也。必不可，君其圖之。親之以德，皆股肱也，誰敢攜貳？若之何去之？』不聽。穆襄之族率國人以攻公，殺公孫固、公孫鄭于公宫，❷六卿和公室，樂豫舍司馬以讓公子卬。昭公即位而葬。書曰：『宋人殺其大夫。』不稱名，衆也，且言非其罪也。」《公羊傳》：「何以不名？宋三世無大夫，三世内娶

---

❶「城」，原作「成」，今據阮刻本《春秋左傳正義》改。

❷「宫」，原作「官」，今據阮刻本《春秋左傳正義》改。

也。」《穀梁傳》：「稱人以殺，誅有罪也。」杜氏曰：「不稱殺者及死者名，殺者衆，死者無罪。」**書宋人者，國亂無政，非君命而衆人擅殺之也。**詳見《左傳》莊公二十六年。杜氏曰：「二子在公宮爲亂兵所殺。」高氏曰：「貶責無所寄，直志其衆亂無政而已。」**大夫不名，義繫於殺大夫，而其名不足紀也。**陸氏曰：「非君意而殺之者衆，不可書名，特加『人』字以別之，又明死者無罪。」臨川吴氏曰：「穆、襄之族率國人，人衆，非一人也，故稱宋人。死者不幸而遭亂兵，非有可殺之罪，故不書名。」陳氏曰：「終昭公之世，不名其大夫。《春秋》有天下之辭，有一國之辭，有一人之辭。於晉靈公，凡會盟皆不序諸侯，是天下之辭也；於魯莊公，凡會齊、襄皆書人，是一國之辭也；於魯桓公，凡大夫將皆不言大夫，於宋昭公，凡大夫不名，是一人之辭也。」汪氏曰：「宋昭方居諒陰，而欲去群公子，以啓亂階，致公族之悖逆，而大夫受其咎，明年復殺司馬而逐司城。經書宋公王臣卒、宋人殺其大夫，明年又書宋人殺其大夫司馬、宋司城來奔，以見嗣君之無政。先君在殯而國人作亂以戮其大夫，踰年而掌兵之官見誅，守國之官見逐，皆書宋人，而昭公之爲君可知矣。曾未十年，而有帥甸之弒。經以大惡係之『宋人』，所以備責昭公不足爲宋人之君也。」○趙氏曰：「以三世内娶，便云三世無大夫，《公羊》之説不近人理。若實殺有罪，何以不書死者之名乎？《穀梁》之説非也。」

戊子，晉人及秦人戰于令狐。晉先蔑奔秦。令，力呈反。蔑，《公》作「眛」。「奔」上有「以師」字。《左傳》：「秦康公送公子雍于晉，曰：『文公之入也無衛，故有吕、郤之難。』乃多與之徒衛。穆嬴日抱大子以啼于朝，曰：『先君何罪？其嗣亦何罪？舍適嗣不立而外求君，將焉寘此？』出朝，則抱以適趙氏，頓首於宣子，曰：『先君奉此子也，而屬諸子，曰：「此子也才，吾受子之賜；不才，吾唯子之怨。」今君雖終，言猶在耳，而棄之，若何？』宣子與諸大夫皆患穆嬴，且畏偪，乃背先蔑而立靈公，以禦秦師。箕鄭居守。趙盾將中軍，先克佐之。荀林父佐上軍。先蔑將下軍，先都佐之。步招御戎，戎津爲右。及堇陰，宣子曰：『我若受秦，秦則賓也，不受，寇也。既不受矣，而復緩師，秦將生心。先人有奪人之心，軍之善謀也；逐寇如追逃，軍之善政也。』訓卒利兵，秣馬蓐食，潛師夜起。戊子，敗秦師于令狐，至于刳首。己丑，先蔑奔秦，士會從之。先蔑之使也，荀林父止之，曰：『夫人、大子猶在，而外求君，此必不行。子以疾辭，若何？不然，將及。攝卿以往，可也，何必子？同官爲寮，吾嘗同寮，敢不盡心乎？』弗聽。爲賦《板》之三章，又弗聽。及亡，荀伯盡送其帑及其器用財賄於秦，曰：『爲同寮故也。』士會在秦三年，不見士伯。其人曰：『能亡人於國，不能見於此，焉用之？』士季曰：『吾與之同罪，非義之也，將何見焉？』及歸，遂不見。」《公羊傳》：「晉先昧以師奔秦。此偏戰也，何以不言師敗績？敵也。此晉先昧也，其稱人何？貶。曷爲貶？外也。其外奈何？以師外也。何以不言出？遂在外也。」《穀梁傳》：「不言出，在外也。輟戰而奔秦，以是爲逃軍也。」杜氏曰：「令狐，晉地，在河東。」張氏曰：「河中府猗氏縣有令狐城。」

按《左氏》：襄公卒，大子幼，晉人欲立長君。趙孟使先蔑如秦逆公子雍，秦康公以師納之。襄夫人日抱大子以啼于朝，曰：「舍適嗣不立而外求君，將焉寘此？」諸大夫畏逼，乃背先蔑立靈公。趙盾將中軍以禦秦，潛師夜起，敗秦師于令狐，先蔑奔秦。程氏以爲晉不謝秦，秦納不正，皆罪也。故稱人。 王氏《箋義》曰：「既貶宣子，又貶秦伯，罪各當誅。」陳氏曰：

「宋襄公納齊孝公戰于甗，貶稱師。秦康公送晉公子雍戰于令狐，貶稱人。秦、晉之交兵於是再世，自令狐之後，不悉書矣。八年秦伐晉取武城不書，十年晉伐秦取少梁不書。」**晉懼秦之不肯已而擊之，是晉人爲志乎是戰者也，故書及。其貶之如此者，使後世臣子慎於廢立之際，不可忽也。治亂存亡，繫國君之廢立，事莫重於此矣，而可以有誤乎？弈者舉棋不定，不勝其耦，況置君而可以不定乎？** 張氏曰：「如《左氏》說，則當書晉人敗秦師于令狐。今書晉及秦戰，又不言敗者，交貶之也。然二國之兵，晉曲尤甚，故秦伯、趙盾皆稱人，而特以『晉及』，且不書秦師之敗，深罪晉人置君而不定也。先蔑書『奔』，使秦而逆公子雍，罪之也。」高氏曰：「先蔑以自令狐復如秦，故不言出也。」汪氏曰：「晉襄以前年八月卒，十月葬矣，秦人豈不知其已立君，而至是始納公子雍耶？蓋趙盾始議求長君，而中變其說，秦人雖知其立靈公，而欲以重兵强納公子雍以争國也。夫康公始爲大子，送舅氏而念母之不見，故作《渭陽》之詩，是固良心也。今乃納庶孽而奪嫡甥之位，自是兵争不息，豈非怨欲害乎良心而然歟！不然，《春秋》釋秦而專罪趙盾矣。」廬陵李氏曰：「秦、晉之交兵又始於此。十年有少梁、北徵之師，十二年有河曲之戰，宣元年、二年有侵崇之報伐，《左氏》本末獨詳。《公》、《穀》以先蔑爲逃軍者，蓋不知事實耳。」

狄侵我西鄙。《左傳》：「狄侵我西鄙，公使告于晉。趙宣子使因賈季問酆舒，且讓之。酆舒問於賈季曰：『趙衰、趙盾孰賢？』對曰：『趙衰，冬日之日也；趙盾，夏日之日也。』」張氏曰：「間秦、晉之争也。」襄陵許氏曰：「狄懲箕之敗，四年間一侵齊而未敢肆。至是復侵魯，侵齊、侵宋、侵衛。晉襄既没，莫之忌矣。」高氏曰：「魯間晉難而伐邾，則狄亦間晉難而侵魯。聖人書此，罪魯之不自正也。」○**秋八月，公會諸侯、晉大夫盟于扈。**《左傳》：「齊侯、宋公、衛侯、陳侯、鄭伯、許男、曹伯會晉趙盾，盟于扈，晉侯立故也。公後至，故不書所會。凡會諸侯，不書所會，後也。後至不書其國，辟不敏也。」《公羊傳》：「諸侯何以不序？大夫何以不名？公失序也。公失序奈何？諸侯不可使與公盟，眣晉大夫使與公盟也。」《穀梁傳》：「其曰諸侯，略之也。」程子曰：「文公怠政，事多廢緩，既約晉盟而復後至，故書往會而隱其不及。不序諸侯，以見其不在，故明年公子遂再往與晉盟也。」杜氏曰：「扈，鄭地，滎陽卷縣西北有扈亭。」

諸侯會晉趙盾盟于扈，爲晉侯立也。趙盾內專廢置其君，外强諸侯爲此盟，其不名者，見大夫之强也。襄陵許氏曰：「諸侯何以不序？大夫何以不名？大夫而主盟諸侯，自扈之會始也。」**諸侯不序，見公之不及於會也。**趙氏曰：「諸侯不序，公不得與之盟也。而曰公會諸侯盟者，言公附於載書也。載書不可從附與，盟主之大夫敵焉也。責公不早赴而自取其恥爾。」**文公怠惰，事多廢緩，既約晉盟而復後至，故隱其不及，罪公之不能自强於政治。魯自是日益衰矣。**陳氏曰：「諸侯何以不序？晉始失伯也。凡稱諸侯，必前目而後凡也。前有王人後無王人，書曰：諸侯盟于某。如首止、葵丘，則王人嘗不與也。前無吾君後有吾君，書曰：公會諸侯盟于某。如盟薄、盟宋，則吾君嘗不與也。未始有不與者也，而但曰諸侯。一役而再有事，遂圍許、盟祝柯、盟重丘是也。非一役而再有事，則非凡辭也。非凡辭者，散辭也。」臨川吴氏曰：「經書諸侯者，皆前目後凡。此年以前並無諸國之目，若無《左傳》，則不知其爲齊、宋、衛、陳、鄭、許、曹七國之君。不列敘諸國而但言諸侯，以無盟主而大夫强合諸國之君，故略之也。」汪氏曰：「經書大夫之盟，不書名氏者三。莊公九年書及齊大夫盟，時襄公已弒，桓公未入，齊無君當國，大夫自爲主而與莊公盟，故大夫不書名氏。此年趙盾初立靈公，專執晉政，强會八國之君而自主盟，亦若晉無君然，故趙盾亦不書名氏。溴梁之會，諸侯皆在，而十一國之大夫自盟，則諸國皆若無君矣，故亦但書大夫盟。扈之盟書晉大夫，霸主失政也。溴梁之盟書大夫，諸侯皆失政矣。」○劉氏曰：「《左氏》云『公後至，不書所會』，非也。按經，公與盟矣，何謂後會乎？杜云『公後會而及其盟』，此飾非之言。會、盟同地，會所以爲盟也。今及其盟，不得云後會。盟重會輕，不當誚責其輕。又：已稱公會諸侯矣，豈不及其會者乎？《公羊》云『諸侯不可使與公盟，眣晉大夫使與公盟』，亦非也。諸侯既與公盟矣，又何云眣晉大夫乎？」廬陵李氏曰：「文公之編，三會于扈，皆止書諸侯。《左氏》以十五年盟扈書諸侯無能爲也，十七年會扈書諸侯無功也，是則總稱諸侯者，皆罪諸侯也。此總稱諸侯，爲公後至也。諸侯皆在，公獨後至，故諱公罪而歸責於諸侯，若言諸侯無功然，所以辟公之不敏也。趙子曰：『不書諸侯，責公不早赴而自取其耻也。』胡氏從此。《公》、《穀》説雖小異，亦可通於《左氏》。若陳氏則以不序諸侯爲不係之伯者之詞，亦有見也。」

冬，徐伐莒。高氏曰：「徐本戎也，厥後自進於中國，數與中國諸侯盟會。僖十五年楚人伐徐，齊桓爲之大合中國諸侯以救之，爲其能去夷即華，不侵犯中國故也。今輒興兵而伐莒，以中國無盟主，是以敢爾。故聖人復夷狄之。」汪氏曰：「僖十五敗徐婁林，此年伐莒，徐皆舉號。文定昭五年傳曰：『徐，伯益之後，始僭稱王。王非諸侯所當稱，故《春秋》比諸夷狄。』今考僖三年取舒，十七年伐英氏，皆稱人，以其能附中國也。會申稱子，則在會諸侯皆狄耳。」**公孫敖如莒涖盟。**《公》、《穀》作「莅」。《左傳》：「穆伯娶于莒，曰戴己，生文伯。其娣聲己，生惠叔。戴己卒，又聘于莒。莒人以聲己辭，則爲襄仲聘焉。冬，徐伐莒，莒人來請盟。穆伯如莒涖盟，且爲仲逆。及鄢陵，登城見之，美，自爲娶之。仲請攻之，公將許之。叔仲惠伯諫曰：『臣聞之，兵作於内爲亂，於外爲寇。寇猶及人，亂自及也。今臣作亂而君不禁，以啓寇讎，若之何？』公止之。惠伯成之。使仲舍之，公孫敖反之，復爲兄弟如初。從之。」《穀梁傳》：「莅，位也。其曰位何也？前定也。其不日，前定之盟不日也。」高氏曰：「莒爲徐所伐，故來求援而請修洮之盟。敖娶于莒，故許其盟而請往涖之。」臨川吴氏曰：「魯臣每欲娶婦，必請於君行聘會之禮，假公事以遂其私。君之無政，臣之無禮也。況敖代弟逆，名尤不正，卒以淫奔，禽獸之行也。」

附録《左傳》：「晉郤缺言於趙宣子曰：『日衛不睦，故取其地。今已睦矣，可以歸之。叛而不討，何以示威？服而不柔，何以示懷？非威非懷，何以示德？無德何以主盟？子爲正卿以主諸侯，而不務德，將若之何？《夏書》曰：「戒之用休，董之用威，勸之以九歌，勿使壞。」九功之德皆可歌也，謂之九歌。六府三事，謂之九功。水、火、金、木、土、穀，謂之六府。正德、利用、厚生，謂之三事。義而行之，謂之德禮。無禮不樂，所由叛也。若吾子之德，莫可歌也。其誰來之？盍使睦者歌吾子乎？』宣子説之。」

壬寅襄王三十三年，崩。**八年**晉靈二。齊昭十四。衛成十六。蔡莊二十七。鄭穆九。曹共三十四。陳共十三。杞桓十八。宋昭公杵臼元年。秦康二。楚穆七。**春，王正月。**

附録《左傳》：「春，晉侯使解揚歸匡、戚之田于衛，且復致公壻池之封，自申至于虎牢之竟。」

夏四月。

附録《左傳》：「夏，秦人伐晉，取武城，以報令狐之役。」

秋，八月戊申，天王崩。世子王臣嗣位。《左傳》：「秋，襄王崩。」○**冬，十月壬午，公子遂會晉趙盾盟于衡雍。**盾，徒本反。雍，於用反。《左傳》：「晉人以扈之盟來討。冬，襄仲會晉趙孟，盟于衡雍，報扈之盟也。」杜氏曰：「衡雍，鄭地，滎陽卷縣。」高氏曰：「衡雍，晉文公會諸侯朝王之處也。夫天王崩，諸侯不奔喪，而盾、遂皆國之正卿，乃自相會盟于王畿之内，惡莫大焉。」張氏曰：「後漢河南卷縣有垣雍城，古衡雍也，與扈相近。自晉文翟泉之盟付之諸大夫，文公復以國事付之公子遂，而不知一國之禮樂征伐皆自公子遂出。此敬嬴所以得窺伺間隙，私事之以胚胎，殺適立庶之禍也。」任氏曰：「晉、魯之用事者會盟，政在大夫矣。」汪氏曰：「大夫之專盟始於此。前此盟翟泉，猶有僖公在會也。自是而有袁婁之盟、雞澤、溴梁，諸侯皆在而大夫自盟矣。于宋、于虢，則晉、楚大夫狎主齊盟，而諸侯不復在矣。其事自衡雍之盟始也，況當是時，仲遂已有無君之心，❶而晉討文公之盟扈，必要仲遂歃血而後信。亦猶成公之沙隨不得見，而季孫行父會晉郤犨盟于扈；昭公弔少姜不見納，而季孫宿如晉。馴致乾侯之次，晉不能修方伯之職，而意如會荀躒于適歷矣。三桓專魯，六卿分晉，豈一朝一夕之故哉！」**乙酉，公子遂會雒戎盟于暴。**雒音洛。雒戎，《公》作「伊雒戎」。《左傳》：「遂會伊雒之戎。書曰公子遂，珍之也。」杜氏曰：「諸戎雜居伊水、雒水之

---

❶「仲」，原作「伸」，今據四庫本及下文改。

間。暴，鄭地。」

《春秋》記約而志詳，其書公子遂盟趙盾及雒戎，何詞之贅乎？曰：聖人謹華夷之辨，所以明族類、别内外也。雒邑天地之中，而戎醜居之，亂華甚矣。再稱公子，各日其會，正其名與地，以深别之者，示中國、夷狄終不可雜也。張氏曰：「盟盾未幾而遂會雒戎，不以遂事言之，所以别夷狄於中國，以示辨内外之法也。」高氏曰：「暴亦王畿之采邑，《詩》稱『暴公』是也。雒戎雜處于王畿之内，而列國至於與之盟，則其干中國甚矣。大夫無遂事，自壬午至乙酉四日之間不能再出，又非一事再見，故兩稱公子遂，以見晉、戎同使，又各舉其地，以辨華夷之分也。」**自東漢已來，乃與戎雜處而不辨，晉至於神州陸沈，**汪氏曰：「陸沈，如陸地而沉於水。建武中，徙匈奴於上谷漁陽，徙降羌於關中，居扶風、馮翊空地。厥後族類蕃息，馴致劉、石强盛，十六國僭亂中原，非晉有矣。」**唐亦世有戎狄之亂，**汪氏曰：「唐初，突厥頡利已數有叛亂，玄宗爲禄山所逐，再世不能平定。代宗時回紇、吐蕃犯京師。德宗、憲宗時吐蕃屢寇。」**許翰以爲謀國者不知學《春秋》之過，信矣。**廬陵李氏曰：「内大夫特盟外大夫二，公子遂會晉趙盾盟衡雍、季孫行父及晉郤犨盟于扈是也。此皆權臣專行之事，而此爲造端。《春秋》於翟泉歷貶諸國大夫，而此無譏焉，蓋不勝譏矣。」〇劉氏曰：「《左氏》云『珍之也』，言遂權與戎盟，得事之宜，故褒稱公子。非也。若兩稱公子爲褒，『公子遂如京師，遂如晉』則貶矣，彼不謂貶，何邪？」

公孫敖如京師，不至而復。《公》無「而」字。**丙戌，奔莒。**《左傳》：「穆伯如周弔喪，不至，以幣奔莒，從己氏焉。」《公羊傳》：「不至復者何？不至復者，内辭也，不可使往也。不可使往，則其言如京師何？遂公意也。何以不言出？遂在外也。」《穀梁傳》：「不言所至，未如也。未如則未復也。未如而曰如，不廢君命也。未復而曰復，不專君命也。其如非如也，其復非復也。唯奔莒之爲信，故謹而日之也。」杜氏曰：「不言出，受命而出，自外行。」

按《左氏》：公孫敖奔莒，從己氏也。男女人之大欲存焉，寡欲者，養心之要。欲而不行，可以爲難矣。然欲生於色而縱於淫。色出於性，朱子曰：「文定云：『色出於性，淫出於氣。』其説原於上蔡，此殊分得不是。大凡出於人身上道理，固皆是性。色固性也，然不能節之以禮，制之以義，便是惡。孟子云『君子不謂性』，其語便無病。」**目之所視有同美焉，不可掩也。淫出於氣，不持其志，則放僻趨蹶，無不爲矣。敖如京師，其書不至而復者，言敖無入使于周之意，惟己氏之欲從也。**范氏曰：「受命而出，義無私留。書『如京師』，以顯命行于下。不書所至，以表不去之罪。若其已行，當如公子遂書『至黄乃復』。」孫氏曰：「公子遂如齊，至黄乃復，以疾而還，義猶不可，况敖如京師，不至而反乎！文公不能誅，使之自恣奔莒，惡可見矣。」朱子曰：「只不至而復，便是大不恭，魯亦不再使人往，皆罪也。文定只貶他從己氏之過，經文元不及此事。」宋氏曰：「公不奔喪而卿行，是諸侯不有天子也。敖如京師不至、復，是大夫不有諸侯也。曰『奔』者，甚公也，是公之誠信不及臣下。」**夫以志徇氣，肆行淫欲而不能爲之帥，至於棄其家國出奔而不顧，此天下之大戒也。**融堂錢氏曰：「謹獨之不嚴，以至縱情而不知檢，傷風敗倫，爲禽獸行而不之耻者，在乎不能忍慾。」汪氏曰：「《春秋》書文姜如齊、如莒，季姬遇鄫子，敖奔莒，皆所以懲淫欲，使人謹之於微漸也。」**《春秋》謹書其事，於敖與何誅！使後人爲鑒，必持其志，修窒慾之方也。**張氏曰：「國君爲天子斬衰，敖受命以赴天王之喪，廢君命而徒返，已爲不赦之罪，况懷桑中之行而淫奔乎！文公容其復而奔，魯之無政刑也。」汪氏曰：「敖以乙酉如京師，而以丙戌奔，則受命而不行可知矣。豈惟無王，實以無君！文公既不加埀命之譴於敖，又不遣他卿如京師，况天王之喪，赴告及魯已三越月。仲遂盟戎，近在王都之側，若罔聞知，徐徐遣敖方共弔事。文具於不至而亟還，以喪考妣之慼而恝然忘情不翅秦、越，亦不思僖公母子之喪，王臣將命者至再而至三也。經書『乙酉，公子遂會雒戎。公孫敖如京師，不至而復。丙戌，奔莒』，非獨著敖之罪，舉魯國君臣之罪，皆不逃聖筆之誅矣。」

螽。杜氏曰：「爲災，故書。」〇**宋人殺其大夫司馬。宋司城來奔。**《左傳》：「宋襄夫人，襄王之姊也，昭公不禮焉。夫人因戴氏之族，以殺襄公之孫孔叔、公孫鍾離及大司馬公子卬，皆昭公之黨也。司馬握節以死，故書以官。司城蕩意諸來奔，效節於府人而出。公以其官逆之，皆復之，亦書以官，皆貴之也。」《公羊傳》：「司馬者何？司城者何？皆官舉也。曷爲皆官舉？宋三世無大夫，三世内娶也。」《穀梁傳》：「司馬，官也。其以官稱，無君之辭也。司城，官也。其以官稱，無君之辭也。來奔者不言出，舉其接我也。」張氏曰：「司城，司空也。宋以武公名司空，諱之，故曰司城。」

初，宋昭公將去群公子，樂豫以爲不可，遂舍司馬以讓公子卬。則卬固昭公之黨，欲專宋

政，而昭公固欲以其弟卬自衛也。夫司馬掌兵之官，不選衆舉賢，以素有威望爲國人所畏服者，使居其任，乃欲寵其私昵，鮮有不亡者矣。公子卬、蕩意諸皆以官舉者，茅堂胡氏曰：「列國大夫未有書官者，宋卿何以書？程氏云：『宋，王者之後，得自命官，故獨書爾。』不備書者，省詞也。因公子卬、蕩意諸不任二官之職，❶華孫以逆族而主兵權，所謂因事之變而書之，亦猶魯之郊禘云爾。」陳氏曰：「未有書官者，於是官從其官，司馬、司城是也。未有書字者，於是字從其字，子哀是也。」**見主兵者不能其官，至於見殺，守土者不能其官，至於出奔，**家氏曰：「司馬、司城，皆國之柄臣。穆、襄之族連歲怙亂，固昭公有以致之，然爲司馬、司城者，當思所以防患之計。乃置之弗戒，至於乘釁再作，司馬死而司城奔。由昭公信任非人，以私昵寵臣而在列位，既不能慮患於平日，復不能制變於臨時也。」**而其君不免失身見弑之禍，宜矣。**茅堂胡氏曰：「宋人殺其大夫司馬，非君命而衆人擅殺之也。《左氏》謂襄夫人因戴氏之族殺卬。襄夫人乃君祖母，而書法若此者，可以見婦人不當與政之意。」臨川吴氏曰：「宋人者，戴氏之族，非一人也。見昭公無政，而臣庶得以擅殺大夫也。」石氏曰：「古者謂君爲元首，臣爲股肱，言其一體相待以成，未有股肱虧而其體胖也。前書『宋人殺其大夫』，蓋言死者衆也。此年書『宋人殺其大夫司馬。宋司城來奔』，蓋言官者殆盡也。卿佐大夫，君之所倚以立者也；司馬、司城，國之所恃以安者也。大夫既殺，司城又奔，枝葉皆落，爪牙盡去，君孰與處哉！」○啖氏曰：「《左氏》

---

❶「二」，《纂疏》作「其」。

云『司馬握節以死，司城効節於府人』，皆貴之也。蓋舊説言此二人不失節，故誤謂節義爲符節也，如孔父義形於色而誤爲女色爾。《公羊》云：『宋三世無大夫。』按：此見以官稱，是有大夫，曷云無乎？」劉氏曰：「《穀梁》云：『其以官稱，無君之辭也。』鄭氏解云：『謂無人君之德。』非也。晉殺其大夫郤錡、郤犨、郤至，並尸三卿，亦可謂無君德者，曷爲不以官稱之？」

附録《左傳》：「夷之蒐，晉侯將登箕鄭父、先都，而使士縠、梁益耳將中軍。先克曰：『狐、趙之勳，不可廢也。』從之。先克奪蒯得田于堇陰，故箕鄭父、先都、士縠、梁益耳、蒯得作亂。」

春秋集傳大全卷之十八

文公　二

癸卯頃王元年。**九年**晉靈三。齊昭十五。衛成十七。蔡莊二十八。鄭穆十。曹共三十五，卒。陳共十四。杞桓十九。宋昭二。秦康三。楚穆八。**春，毛伯來求金。**「來求」止此。《左傳》：「毛伯衛來求金，非禮也。不書王命，未葬也。」《公羊傳》：「毛伯者何？天子之大夫也。何以不稱使？當喪未君也。踰年矣，何以謂之未君？即位矣，而未稱王也。未稱王，何以知其即位？以諸侯之踰年即位，亦知天子之踰年即位也。以天子三年然後稱王，亦知諸侯於其封内三年稱子也。踰年稱公矣，則曷爲於其封内三年稱子？緣民臣之心，不可一日無君；緣終始之義，一年不二君，不可曠年無君；緣孝子之心，則三年不忍當也。毛伯來求金何以書？譏。何譏爾？王者無求，求金非禮也。然則是王者與？曰：非也。非王者則曷爲謂之王者？王者無求。曰：是子也，繼文王之體，守文王之法度。文王之法無求而求，故譏之也。」《穀梁傳》：「求車猶可，求金甚矣。」程子曰：「家父致命以徵車，故書使來求。毛伯風魯以求金，故不云王使。」杜氏曰：「求金以共葬事。」

毛伯，天子大夫，何以不稱使？當喪未君也。杜氏曰：「雖踰年而未葬，故不稱王使。」汪氏曰：「不稱使，與隱三年武氏子來求賻同。求金固非當求，而魯不供職貢，罪亦見矣。」高氏曰：「公孫敖既不至京師，魯遂不供天子之喪，故毛伯於是來求金也。冢宰秉國之均，豈可以用度之闕而下求於諸侯乎？」陳氏曰：「自是魯雖不修貢，周無求矣。周室益衰，而頃王之崩、葬不見於經。」**踰年即位矣，何以言未君？古者諒陰三年，百官總己以聽於冢宰。**劉氏曰：「《書·顧命》曰：『伯相命士須材。』此冢宰當國之文也。」家氏曰：「以子道，終喪不忍代君，所以爲孝也。推其不忍代君之心，則事死如生，事已如存，而其爲孝無所不在矣。」**夫百官總己以聽，則是冢宰獨專國政之時，託於王命以號令天下，夫豈不可而不稱使？《春秋》之旨微矣，非特謹天下之通喪，**汪氏曰：「三年之喪，自天子達。觀《春秋》在喪不書王命，則喪制不可短矣。」**所以示後世大臣當國秉政，不可擅權之法戒也。**汪氏曰：「非王出號令而冢宰攝行，不可遂同王命而稱使。示君臣之分不可紊，而大權不可專也。」**跋扈之臣，假仗主威脅制中外，凡有所行，動以詔書從事，蓋未有以《春秋》此義折之耳。**汪氏曰：「君命者，人君威福之所係也。人臣而假君命行於天下，是專輒之極，篡奪之萌也。故周公輔成王，召公初立康王，以王命誥臣民，皆稱王，若曰：所以謹君臣之名分也。自漢而來，內臣則矯詔黜陟，外臣則承制誅賞，人主亦不加罪，甚而武三思矯詔殺五王，李輔國矯制遷上皇，皆循襲而致然也。跋扈之臣固不足責，然人君當慎於微，而爲人臣者當審處於嫌疑之間耳。」

夫人姜氏如齊。臨川吴氏曰：「出姜當是齊昭公女，蓋有所不安，而歸寧以愬於父母云耳。趙氏以爲無父母，蓋謂歸寧合禮者經不書，故疑其非昭公女也。」汪氏曰：「齊昭公乃桓公之子，桓公之卒，距文公之立已十有八年，則出姜爲昭公之女無疑矣。」○**二月，叔孫得臣如京師。**《穀梁傳》：「京，大也。師，衆也。言周，必以衆與大言之也。」**辛丑，葬襄王。**《左傳》：「莊叔如周，葬襄王。」《公羊傳》：「王者不書葬，此何以書？不及時書，過時書，我有往者則書。」《穀梁傳》：「天子志崩不志葬。舉天下而葬一人，其道不疑也。志葬，危不得葬也。日之，甚矣，其不葬之辭也。」何氏曰：「惡文公不自往。僖公、成風之喪，襄王比加禮，故録之，以責内。」孫氏曰：「公子遂葬晉襄公，今葬襄王，魯皆使卿會，是天子、諸侯可得而齊也。」汪氏曰：「譏魯君不親會葬，義見隱三年。《春秋》書葬天王者五，惟襄王、景王之葬使卿往會。然視襄王之於成風，含賵而又會葬，則得臣之遣，不足以答天子之寵光矣。」王氏曰：「此雖非禮，猶爲可道。若夫以微者往會而不登於策，不弔、不葬而見略於經，則又甚矣。」陳氏曰：「前年公子遂如晉葬襄公，今年得臣如京葬襄王，是夷周於晉也。」○劉氏曰：「上云『得臣如京師』，即會葬之人矣，何謂不葬乎？《穀梁》之説非也。」○**晉人殺其大夫先都。**《左傳》：「王正月己酉，使賊殺先克。乙丑，晉人殺先都、梁益耳。」○**三月，夫人姜氏至自齊。**《穀梁傳》：「卑以尊致，病文公也。」何氏曰：「出獨致者，得禮，故與臣子辭。」

夫人與君敵體，陳用之曰：「國君理陽道而正人於其外，故謂之君。夫人理陰德而正人於其内，故亦謂之小君。《易》曰『其君之袂』，《詩》曰『我以爲君』，示與君齊也。」**同主宗廟之事，出必告行，反必告**

至，則書于策。然適他國者，或曰享，或曰會，或曰如，衆矣。未有致之者，則其行非禮，以不致見其罪也。汪氏曰：「文姜享齊侯者一，會者五，如齊者三，如齊師者一，如莒者二，皆淫姣之行。不書至者，天倫泯滅，人欲肆行，不可以言『至』也。」**出姜如齊以寧父母，於禮得行矣，**劉氏曰：「夫人曷爲或致或不致？出入以禮則可以致，出入不以禮則不可以致。此其爲有禮奈何？父母在而歸寧也。」**其致者，非特以告廟書耳。夫人初歸，豈其不告？爲文公越禮，**汪氏曰：「未終喪納幣。」**故削而不書，示誅意之法矣。今此書至者，又以見小君之重也。**王氏曰：「歸寧書至，則正其禮之重，以見其初之不正也。」**夫承祭祀以爲宗廟主，一國之母儀，而可以摇動乎？出姜至是蓋不安於魯，故至而特書，以示防微杜漸之意，其爲世慮深矣。**孫氏曰：「夫人行不『至』。此『至』者，孔子傷文姜之亂，出姜又不安魯，終以子弑而去，十八年歸于齊是也。」家氏曰：「姜氏始歸于魯，不氏，不書夫人至，貶也。今歸寧于齊，書夫人姜氏如齊，書夫人姜氏至自齊，始正其夫人之體。既貶之於前，復正之於後，皆所以垂法也。夫人與國君儷體，其出其至皆書，辨上下之分，示衆妾不與夫人等。因歸寧而見義，非爲歸寧而得書也。文公無正家之法，强臣僭妾比而爲姦，庶子奪嫡，有萌而不悟，《春秋》特書以正之。」永嘉吕氏曰：「録叔姬之歸紀者，爲歸于酅起也；録夫人姜氏之至者，爲歸于齊起也，是聖人之微意也。」臨川吴氏曰：「婦人無外事，禮合歸寧，不得已而出，亦以其得至國爲喜也。未至以前，詎敢以爲安乎？彼非禮而行者，固奚恤其危哉？故不書至也。」〇趙氏曰：「《穀梁》云：『卑以尊至，病文公也。』按：反而告廟，是得禮也，何謂病公乎？」

晉人殺其大夫士穀及箕鄭父。《左傳》：「三月甲戌，❶晉人殺箕鄭父、士穀、蒯得。」《穀梁傳》：「稱人以殺，誅有罪也。鄭父累也。」杜氏曰：「梁益耳、蒯得不書，皆非卿。」

殺先都、士穀，國也。其稱人以殺者，國亂無政，衆人擅殺之稱也。何以知其非討賊之詞？書「殺其大夫」則知之矣。三大夫皆强家也，求專晉不得，挾私怨以作亂，而使賊殺其中軍佐，則固有罪矣，曷爲不去其官？當是時，晉靈初立，主幼不君，政在趙盾，而中軍佐者，盾之黨也。若獄有所歸，則此三人者獨無可議，從末減乎？臨川吴氏曰：「襄公於夷之蒐，將登箕鄭父、先都，使士穀、梁益耳將中軍，以先克之言而止，故先都等陰使賊殺先克。時趙盾秉政，先克其佐也。惡先都等使賊殺其佐，不明正先都、士穀、箕鄭父之罪，而使群下殺之，故書衆殺而不書國殺。」王氏《箋義》曰：「晉自趙盾代士穀當國，諸大夫不平之，至是謀亂，大夫死者五人。向使晉從其君之命，士穀將中軍，箕鄭父之徒各登其職，則此亂無由而作矣。故《春秋》原晉亂之本，由趙盾之代爲中軍帥也。既書殺先都，又書殺士穀、箕鄭父，蓋箕鄭之死，由士穀之失職；士穀之死，由趙盾之代其位也。然士穀之徒以失職而謀作亂，其罪大矣。時晉侯年幼，政在宣子，故皆不以累上書之，而稱人以殺也。」**而皆殺之，是大夫專生殺，而政不自人主出也。故不稱國討，不去其官，而箕鄭父書及，**劉氏曰：「殺二大夫以上不言『及』，其事同，殺之之志均故也。若晉之二趙三郤、蔡之二公孫是也。書曰某

---

❶「甲」，原作「卑」，今據阮刻本《春秋左傳正義》改。

及某者，以某之故而延及于某，遷怒而并殺之也。衛元咺及公子瑕、晉士穀及箕鄭父是也。」**示後世司賞罰者，必本忠恕，無有黨偏之意，其義精矣。**高郵孫氏曰：「殺大夫言『及』者三，蓋皆累而及之者也。《穀梁》云『鄭父累也』，非也，乃是士穀累鄭父也。」

楚人伐鄭。公子遂會晉人、宋人、衛人、許人救鄭。《左傳》：「范山言於楚子曰：『晉君少，不在諸侯，北方可圖也。』楚子師于狼淵以伐鄭，囚公子堅、公子尨及樂耳。鄭及楚平。公子遂會晉趙盾、宋華耦、衛孔達、許大夫救鄭，不及楚師。卿不書，緩也，以懲不恪。」

按《左氏》：「范山言於楚子曰：『晉君少，不在諸侯，北方可圖也。』楚子師于狼淵以伐鄭。」則是貪得，無故憑陵諸夏之兵也，故楚子親將，貶而稱人。晉、宋、衛則趙盾、華、孔，皆國卿也，何以貶而稱人？救而不及楚師，欲以懲不恪也。陳氏曰：「大夫貶而稱人，晉遂不競而楚莊伯也。」蜀杜氏曰：「獨出公子遂之名者，俾後世知稱人皆大夫矣。諸國稱人，亦所以人公子遂也。」**晉主夏盟，不在諸侯，以啓戎心，誰之過乎？**薛氏曰：「城濮之役，鄭無楚患者十有五歲。待伐而後救之，晚矣，于以見中國之無賢方伯也。」**故書救而稱人，以罪趙盾之不能折衝消患，爲夷狄之所窺也。**張氏曰：「楚自城濮以來，不得志於中國，其君臣之心實未嘗一日忘也。趙盾爲政，欲攘楚而大芘中夏，正當力攘其始，以振中國之威。乃視爲常役而緩不及事，師及鄭而楚已囚鄭公子而去，豈拯焚溺之舉哉？楚子聞宋殺申無畏也，投袂而起，屨及於窒皇，劍及於寢門之外，車及於蒲胥之市。夷狄之敏於猾夏如此，而趙盾乃失攘夷之幾，《春秋》所以貶之也。」廬陵李氏曰：「中國之救鄭凡四：齊桓救於莊之二十八年，晉景救於成之六年、七年，及此年之救，皆以楚故也。楚自城濮以來，十五年不敢窺中國者，以文、襄之烈尚存也。今狼淵之師，正其嘗試中國之時，而趙盾不能防微杜漸，故使之得志於鄭，得志於陳，明年而有厥貉之次矣。陳氏云：『晉遂不競而楚莊伯也。』《春秋》重貶之，志楚莊伯事之權輿歟！」

夏，狄侵齊。張氏曰：「楚得氣去而狄交侵矣，❶故書以病晉也。」高氏曰：「晉宗諸侯而兵不禦楚，齊僅自保而力不支狄。夫狄不侵齊五年矣，今復肆其强，則桓、文之緒可謂衰矣。」

附録《左傳》：「夏，楚侵陳，克壺丘，以其服於晉也。」〇「秋，楚公子朱自東夷伐陳，陳人敗之，獲公子茷。陳懼，乃及楚平。」

秋八月，曹伯襄卒。〇九月癸酉，地震。《公羊傳》：「地震者何？動地也。何以書？記異也。」《穀梁傳》：「震，動也。地不震者也，震，故謹而日之也。」杜氏曰：「地道安静，以動爲異。」任氏曰：「前此百餘年未有書地震者，而自此至哀公，書地震者五。地道以静爲體，以順爲正，安以承天者也。逆其常理而不得節焉，則震而不安其所承矣。於此見諸侯變而不承天子，大夫變而不承諸侯，夷狄變而不承中國之象也。」王氏曰：「《春秋》五書地震，惟於文、襄、昭、哀見之，皆陽微陰盛，君弱臣强之所致。文公怠惰，政在大夫；

---

❶「氣」，四庫本作「志」。

襄公外役於强楚，内脅於强臣，至反國而不敢入；若昭、哀，則遂失國矣。」廬陵李氏曰：「《周語》伯陽父曰：『夫天地之氣，不失其序。若過其序，民之亂也。陽伏而不能出，陰遁而不能烝，於是有地震。』孔晁曰：『陽伏於陰下，見迫於陰，故不能升，以至於地動。』張氏曰：『陰盛陽微之異也。』胡氏獨闕此條解，不知通何例。」○**冬，楚子使椒來聘。**椒，《穀》作「萩」。楚君臣始並見經。《左傳》：「楚子越椒來聘，執幣傲。叔仲惠伯曰：『是必滅若敖氏之宗。傲其先君，神弗福也。』」《公羊傳》：「椒者何？楚大夫也。楚無大夫，此何以書？始有大夫也。始有大夫，則何以不氏？許夷狄者，不一而足也。」《穀梁傳》：「楚無大夫，其曰萩，何也？以其來，我褒之也。」

楚僭稱王，《春秋》之始獨以號舉，夷狄之也。中間來聘，改而書人，漸進之矣。至是其君書爵，其臣書名而稱使，遂與諸侯比者，是以中國之禮待之也。劉氏曰：「前此者楚不與中國通，其交於中國也，名號僭而無法，故比之夷狄，得見於《春秋》者，皆必有非常之事焉。今使椒聘，其號辭順，其禮節中，然後始均之中國矣。故諸侯一也，能自藩飾以禮樂者，則謂之中國；不能自藩飾以禮樂，上慢下暴者，則謂之夷狄。中國、夷狄，不在遠近而在賢不肖。苟賢矣，雖居四海，謂之中國可也；苟不肖矣，雖處河洛，謂之夷狄可也。楚成以力爲强，執宋襄公，戰勝天下，威脅諸侯，雖書《春秋》而不得以其爵通。今使椒來聘，常事耳，自卑貶其名，修下人之義，而得編於諸侯，君臣俱榮。以此見德爲貴，力爲下矣。」孫氏曰：「自盂之會，楚復稱人，此稱楚子者，以其慕義修聘進之也。」**所謂謹華夷之辨，内諸夏而外四夷，義安在乎？曰：吴、楚聖賢之後，**汪氏曰：「吴，大王長子大伯之後，武王封之。楚，顓項高陽之後、陸終少子季連之苗裔。成王封熊繹於楚。」**見周之弱，王靈不及，僭擬名號，此乃夏而變於夷者也，聖人重絶之。夫《春秋》立法謹嚴，而宅心忠恕。嚴於立法，故僭號稱王，則深加貶黜，比之夷狄，以正君臣之義；恕以宅心，故内雖不使與中國同，外亦不使與夷狄等，思善悔過，向慕中國，則進之而不拒。此愼用刑，重絶人之意也。噫！《春秋》之所以爲《春秋》，非聖人，莫能脩之者乎！** 薛氏曰：「書楚子之使椒何？無賢方伯，荆蠻稍知用夏，駸駸乎列大國之上。」張氏曰：「伐鄭而聘魯，亦遠交近攻之意也。」汪氏曰：「熊惲、商臣負覆載不容之惡，而《春秋》予其慕義，蓋録其一節之善，所謂與其潔也，不保其往也。或謂：《春秋》書荆楚來聘，始書人，次書君臣，繼書大夫之名氏，非漸進之也，實以著其浸强耳。今考莊二十三年『荆人來聘』之先，敗蔡、虜蔡侯、入蔡、伐鄭；來聘之後，終莊公之世，僅一伐鄭。椒聘之先，滅江翦中國之與國，滅六勦聖賢之裔冑，伐鄭與之平；椒聘之後，雖次厥貉而伐麇、圍巢，終文公之世，其患未及於中國，則非因來聘而浸强矣。然則經書人、書君大夫，亦與其能以禮義自通於中華而進之耳。薳罷之聘，則魯既朝楚，楚遂報聘，全用中國諸侯之禮，然書名書氏，則自嬰齊會蜀而已然矣。」廬陵李氏曰：「秦自韓戰稱伯，至殽而狄之。楚自盂會稱子，至圍宋復人之。晉文、襄之盛，秦、楚未嘗得以爵通也，至是椒聘書子，術聘書伯，雖曰能聘，而中國之無伯亦可見矣。」

秦人來歸僖公成風之襚。 襚，音遂。《左傳》：「禮也。諸侯相弔賀也，雖不當事，苟有禮焉，書也，以無忘舊好。」《公羊傳》：「其言僖公成風何？兼之。兼之非禮也。曷爲不言及成風？成風尊也。」《穀梁傳》：

「秦人弗夫人之也，即外之弗夫人而見正焉。」程子曰：「過時始至，故云來歸。雖子母、先君後夫人，體當然也。書秦人，不云君使，以失禮夷之也，言其尚夷也。蓋嫡妾之亂，自兹而始。」杜氏曰：「衣被曰襚。秦辟陋故不稱使。秦慕諸夏欲通於魯故。」

秦人歸襚而曰僖公成風者，非兼襚也，亦猶平王來賵仲子，而謂之惠公仲子爾。朱子曰：「惠公仲子，想是惠公之妾。僖公成風，却是僖公之母，不可一例論，不必如孫明復之説。」**仲子，惠公之妾也。然則風氏亦莊公之妾，曷不書曰「來歸莊公成風之襚」乎？曰：寵愛仲子，以妾爲妻者，惠公也，故書惠公仲子，所以正後世之爲人夫者當明夫道，不可亂嫡妾之分，以卑其身；尊崇風氏，立爲夫人者，僖公也，故書僖公成風，所以正後世之爲人子者當明子道，不可行僭亂之禮，以賤其父，**劉氏曰：「僖公成風者，妾母繫子而言耳。諸侯無二嫡，故妾母繫子爲重。」**聖人垂誡之義明矣。**高氏曰：「秦、晉方不睦，而魯數與晉通，故秦人歸襚，以觀魯之情也。夫襚所以送死者，成風薨已四年，其葬久矣，而秦方以襚爲名，魯不能以非禮却之，將焉用乎？是以不君、不大夫、不使，皆狄之也。狄之者，未能用周禮也。」張氏曰：「是時秦、楚交病中國，秦欲伐晉而歸襚於魯，猶楚欲圖北方而來聘也。」廬陵李氏曰：「秦稱人而不稱使，書法與荆人來聘同。」○趙氏曰：「按：《春秋》之作，以爲經世大訓，故一字之義，勸戒存焉。但以無忘舊好則書，非聖人之意也，《左氏》之説非也。」啖氏曰：「按：僖公成風與惠公仲子何殊？傳謂兩人，誤也。若實襚兩人，豈以子居母上乎？《公羊》之説非也。」高郵孫氏曰：「成風以妾母僭稱夫人，書薨、書葬，皆用夫人之禮。於是秦人歸襚，聖人正其法，曰『僖公成風』，猶曰：成風之所以爲夫人，以僖公之失禮也。《穀梁》云：『即外之弗夫人而見正焉。』夫天王含賵會葬，皆備夫人之禮，秦人豈能弗夫人而以妾母爲辭乎？秦欲與魯通好，不應殺其禮。」

葬曹共公。

甲辰頃王二年。**十年**晉靈四。齊昭十六。衛成十八。蔡莊二十九。鄭穆十一。曹文公壽元年。陳共十五。杞桓二十。宋昭三。秦康四。楚穆九。**春，王三月辛卯，臧孫辰卒。**汪氏曰：「哀伯之孫文仲也。其子許嗣爲大夫，是爲宣叔。」張氏曰：「文仲，魯之名大夫也，知柳下惠之賢而不與立。自莊公末，已與聞國政，而四十餘年間，魯政多疵，文公尤甚。」〇**夏，秦伐晉。**《左傳》：「春，晉人伐秦，取少梁。夏，秦伯伐晉，取北徵。」

説者謂秦伐晉以戎狄書，蓋闕文者，據《左氏》少梁、北徵之師，兩國相攻，無他得失言之也。陸氏曰：「書秦者，狄之也。傳無事迹。」**然晉取少梁事不經見，固未可據。秦以狄書者，程氏以謂：「晉舍適嗣而外求君，罪也，既而悔之，正矣。秦不顧義理是非，惟以報復爲事，此狄秦，義固然矣，**高郵孫氏曰：「以其易世相讎，交攻不已，故不稱其『人』，但曰『秦』者，狄之也。」程高氏曰：「《無衣》之詩，秦人刺其君好攻戰，亟用民，而不與民同欲，豈謂是耶？」**則夷狄之道也。」以**子曰：「禮一失則爲夷狄，再失則爲禽獸。聖人初恐人之入於禽獸也，故《春秋》之法極謹嚴，中國而用夷禮，則便夷狄之。」**或者猶有深許晉人悔過能改，終不遂非之意，故重貶秦伯以見乎？**陳氏曰：「歸成風之襚，使術來聘，秦習於禮矣，其狄之何？楚之伯，秦之力也。自滅庸以後，秦爲楚役，自晉主諸夏之盟，舍秦無加兵於晉者也。會于夷儀之歲，秦、晉成而不結，又明年盟于宋，而南北之勢成。楚子曰『釋齊、秦，他國請相見』也，是戰國之萌也。於次，《國風》退秦於魏、唐之後；於序，《書》繫秦於周末；於作《春秋》，由韓原之後，秦師無君大夫：皆夫子所以深致意於秦也，『吾聞用夏變夷，未聞變於夷』者也。於是狄秦，夏之變於夷，秦人爲之也。又三十年而狄鄭，又五十年而狄晉。狄鄭猶可也，狄晉甚矣。」張氏曰：「《春秋》書兵，罪其報復不已，而狄之者三，晉、秦、鄭也。」

楚殺其大夫宜申。《左傳》：「初，楚范巫矞似謂成王與子玉、子西曰：『三君皆將强死。』城濮之役，王思之，故使止子玉曰：『毋死。』不及。止子西，子西縊而縣絶，王使適至，遂止之，使爲商公。沿漢泝江，將入郢。王在渚宫，下見之。懼而辭曰：『臣免於死，又有讒言，謂臣將逃，臣歸死於司敗也。』王使爲工尹，又與子家謀弒穆王，穆王聞之。五月，殺鬭宜申及仲歸。」

按《左氏》，宜申與仲歸謀弒穆王而誅，則是討弒君之賊也，曷爲稱國以殺，又書其官，而不曰楚人殺宜申乎？曰：穆王者，即楚世子商臣也，而《春秋》之義微矣。臨川吴氏曰：「商臣弒君父，天地所不容。宜申爲工尹，不能與同列共謀討賊，乃北面事之。越十年，君臣之分已定，而乃謀弒，其義不足稱也。然其謀不遂，而身見戮，聖人不以其當受今將之誅，而以國殺大夫爲文，其意深矣。」

自正月不雨，至于秋七月。《穀梁傳》：「歷時而言不雨，文不閔雨也。不閔雨者，無志乎民也。」茅堂胡氏曰：「書文公『自正月不雨，至于秋七月』，猶言有雨亦可，無雨亦可。」汪氏曰：「正月之上不繫王者，蓋每歲之首必書王，所以著一歲十二月皆承天子之正朔。故此年及十三年總書不雨，但紀月數而已，非若歲首正月之比也。聖人書法各有微意，游、夏不能贊一辭，謂此類也。或者猶以桓公之正月不書王爲闕文，豈未深考耶！」○**及蘇子盟于女栗。**《左傳》：「頃王立故也。」杜氏曰：「蘇子，周卿士。王新立，故與魯盟，親諸侯。僖十年蘇子奔衛，今復見，蓋王復之。」趙氏曰：「公及之也。不書公，諱獨與天子大夫盟。」王氏曰：「不書公，諱與王臣盟也。襄王喪葬，公未嘗往，頃王既立，公又不朝，乃及王臣爲不相信之盟，臣子之義安在哉！」家氏曰：「頃王即位，諸侯莫有朝京師者，王命蘇子盟魯。文公儻知事君之道，辭不敢盟，躬覲于京師而請職事焉，可也，今及蘇子盟，不恭甚矣。《春秋》雖爲魯諱，而貶魯之意深矣。或疑蘇子外交。夫蘇子乃流離困躓之人，何有於外？此實王使之盟耳。」陸氏曰：「畿内諸侯皆曰子，殷制已然，箕子、微子是也。周因之，王臣稱子，皆畿内諸侯也，蘇子、劉子、單子、尹子是也。」廬陵李氏曰：「此盟不出主名，趙子以爲諱與天子大夫盟，故不書公。《公》、《穀》、胡氏無傳，不知用何例。考之《春秋》，如高傒、處父等諱公之盟，上皆書日，故《穀梁》曰：『卑者之盟不日。』此亦不日，又似難通。若以推之『及宋人盟宿』之例，則魯以微者盟王臣，其罪轉大矣。」○**冬，狄侵宋。**高氏曰：「狄侵諸大國，獨宋未爾。自宋亂之後，狄既侵之，楚次厥貉又將來伐，則國幾亡矣。」○**楚子、蔡侯次于厥貉。**厥，《公》作「屈」，音同。貉音麥。《左傳》：「陳侯、鄭伯會楚子于息。冬，遂及蔡侯次于厥貉，將以伐宋。宋華御事曰：『楚欲弱我也，先爲之弱乎！何必使誘我，我實不能，民何罪？』乃逆楚子，勞且聽命。遂道以田孟諸。宋公爲右盂，鄭伯爲左盂。期思公復遂爲右司馬，子朱及文之無畏爲左司馬。命夙駕載燧。宋公違命，無畏抶其僕以徇。或謂子舟曰：『國君不可戮也。』子舟曰：『當官而行，何彊之有？《詩》曰：「剛亦不吐，柔亦不茹。」「毋縱詭隨，以謹罔極。」是亦非辟彊也。敢愛死以亂官乎？』厥貉之會，麇子逃歸。」

楚滅江、六，事見四年、五年。**平陳與鄭，**事見九年。**於是乎爲伐宋之舉，次于厥貉。凡伐而次者，其次爲善；次而伐者，其次爲貶。齊師次陘，修文告以威敵，善之也，故上書「伐楚」以著其美；楚次厥貉，藏禍心以憑夏，貶之也，故下書「伐麇」以著其罪。當是時，陳、鄭、宋皆從楚矣，獨書蔡侯何哉？鄭失三大夫，俟救而不及，陳獲公子茷而懼，宋方有狄難，蓋有不得已者，非所欲也。蔡無四境之虞，則是得已不已，志在從夷狄矣。故削三國，書蔡侯，見其棄諸夏之惡也。**高氏曰：「楚子者，弒父與君之賊，將求諸侯，恐諸侯疑貳，欲前而未敢，而中國諸侯如宋、陳、鄭之君，乃皆俛首而聽命焉。聖人於此不從諸侯會盟之例，特書曰『楚子、蔡侯次于厥貉』。次者，遲疑不前之意，著楚子包藏禍心，欲憑陵諸夏而未敢遽前也。唯蔡侯首附夷狄，故表而出之，以均其罪。厥後諸侯知中國之不可棄，復同盟于新城，非若蔡侯之堅服楚也，則此獨書蔡侯，其旨深矣。」蜀杜氏曰：「《春秋》之文，先諸夏而後夷狄。此序楚子於蔡侯之上者，蔡爲中國諸侯，與楚比周，欲同力伐宋，故序於楚下，以疾其受制於楚，所以示譏也。既譏之，又書其爵者，斥言蔡侯，以罪其人也。既言蔡侯，則不可言楚人矣。」高郵孫氏曰：「厥貉之次，遂稱楚子，而明年伐麇，又以爵書，自是與中國等。夷狄益强，而中國之衰益甚矣。」陳氏曰：「外會未有言次者，此其言次何？以楚之圖伯而未集也。晉雖不競，君大夫數會而不序，《春秋》重絶晉也。會于息，宋、陳、鄭嘗從楚矣，已而爲新城之盟，則楚子猶未得志於宋、陳、鄭也。於是息會不書，書及蔡次厥貉，用見楚之未得志於諸侯也。」廬陵李氏曰：「《春秋》書伐而次者，伐楚次陘是也。以例推之，則晉悼之伐鄭次鄫，亦爲善之矣。次而伐者，次厥貉伐麇是也。以例推之，則齊、衛之次以伐晉，亦爲貶之矣。宋、陳、鄭不書之説，胡氏、陳氏皆得之。以下文沓、棐之會、新城之盟觀之，則諸侯之不忘晉可知矣，故免其從夷之罪也。楚自盂以來，未嘗以爵書，今次而書爵，伐而書爵，中國無伯也，以爲無異於宋襄之時也。」

乙巳頃王三年。**十有一年**晉靈五。齊昭十七。衛成十九。蔡莊三十。鄭穆十二。曹文二。陳共十六。杞桓二十一。宋昭四。秦康五。楚穆十。**春，楚子伐麇。**麇，俱倫反，《公》作「圈」。楚始書君將。《左傳》：「春，楚子伐麇，成大心敗麇師于防渚。潘崇復伐麇，至于錫穴。」襄陵許氏曰：「楚侵伐書爵始此，中國日替矣。」高氏曰：「自會蜀之後，雖其大夫帥師，亦出名氏，一同中國。蓋聖人悼中國無盟主，故不以夷狄待之也。」張氏曰：「楚侵伐書子，益强盛也。」廬陵李氏曰：「傳言麇子逃歸而經不書，以其逃楚也，與陳、鄭之逃齊、晉異矣。」杜氏曰：「麇，小國，近楚。」鄭氏曰：「在均州鄖鄉縣。」〇**夏，叔仲彭生會晉郤缺于承筐。**《公》、《穀》無「仲」字。郤，去逆反。筐，《公》、《穀》作「匡」。此大夫特相會之始。《左傳》：「叔仲惠伯會晉郤缺于承筐，謀諸侯之從於楚者。」杜氏曰：「九年陳、鄭及楚平，十年宋聽楚命。惠伯，叔牙孫。承筐，宋地，在陳留襄邑縣西。」汪氏曰：「晉欲謀貳國，而使次卿爲會，魯亦不遣執政，而使惠伯往，其謀之不遠，而不足以却遠人方張之勢也審矣。然新城之盟，宋、陳、鄭皆同，則人心之天理未泯，而承筐之會，猶愈於歸父于宋之會也。」王氏曰：「此會謀諸侯之從楚，未爲非義。然大夫交爲會禮以謀國事，諸侯之政，大夫擅之矣。」蜀杜氏曰：「自文公之後，大夫擅相爲會者多矣，《春秋》詳而志之。」廬陵李氏曰：「内大夫特會外大夫五，會郤缺承匡、高固無婁、荀首于穀、士匄于柯、荀躒適歷是也。此爲大夫特相會之始。胡氏於此無傳而特發傳於無婁之下，不知其意若何，得非以此爲伯令，而所謀亦出於公歟？」○**秋，曹伯來朝。**《左傳》：「秋，曹文公來朝，即位而來見也。」○**公子遂如宋。**《左傳》：「襄仲聘于宋，且言司城蕩意諸而復之，因賀楚師之不害也。」廬陵李氏曰：「魯聘宋者八，始於此年。」○**狄侵齊。**高氏曰：「十餘年之間，狄四侵齊，非特齊之不競，亦狄之强盛也。狄之强如此，乃所以大鹹之功也。」○**冬十月甲午，叔孫得臣敗狄于鹹。**《左傳》：「鄋瞞侵齊，遂伐我。公卜使叔孫得臣追之，吉。侯叔夏御莊叔，緜房甥爲右，富父終甥駟乘。冬十月甲午，敗狄于鹹，獲長狄僑如。富父終甥摏其喉，以戈殺之。埋其首於子駒之門，以命宣伯。初，宋武公之世，鄋瞞伐宋，司徒皇父帥師禦之，耏班御皇父充石，公子穀甥爲右，司寇牛父駟乘，以敗狄于長丘，獲長狄緣斯，皇父之二子死焉。宋公於是以門賞耏班，使食其征，謂之耏門。晉之滅潞也，獲僑如之弟焚如。齊襄公之二年，鄋瞞伐齊，齊王子成父獲其弟榮如，埋其首於周首之北門。衛人獲其季弟簡如，鄋瞞由是遂亡。」《公羊傳》：「狄者何？長狄也。兄弟三人，一者之齊，一者之魯，一者之晉。其之齊者，王子成父殺之，其之魯者，叔孫得臣殺之，則未知其之晉者也。其言敗何？大之也。其日何？大之也。其地何？大之也。何以書？記異也。」《穀梁傳》：「不言帥師而言敗，何也？直敗一人之辭也。一人而曰敗，何也？以衆焉言之也。傳曰：長狄也，弟兄三人，佚宕中國，瓦石不能害。叔孫得臣，最善射者也。射其目，身横九畝。斷其首而載之，眉見於軾。然則何爲不言獲也？曰：古者不重創，不禽二毛，故不言獲，爲内諱也。其之齊者，王子成父殺之，則未知其之晉者也。」杜氏曰：「鄋瞞，狄國名，防風之後，漆姓。鹹，魯地。」《左氏》稱此長狄也，而劉敞以爲非。劉氏曰：「經無長字，安知其是長狄哉？赤狄、白狄、山戎、姜戎、陸渾戎，《春秋》書之未嘗略，何至於長狄而獨不書哉？」高郵孫氏曰：「或者長狄爲將，其幹軀有以異於人，故三傳因之以生此語耶？」夫《春秋》正名之書，其稱狄也，或曰狄，或曰白狄，或曰赤狄；汪氏曰：「赤狄之類，又別以潞氏、甲氏、留吁。」其稱戎也，或曰戎，或曰山戎，或曰姜戎，或曰陸渾之戎。汪氏曰：「又：或曰雒戎，或曰北戎，或曰茅戎，或曰戎蠻。」不別其種類，書之于策，後亦無所考矣。家氏曰：「七年狄侵我，公使告于晉，趙宣子使讓酆舒，而狄之侵暴自若也。至是鄋瞞侵齊遂伐我，得臣敗之于鹹，獲長狄僑如，《春秋》書以嘉之。」高氏曰：「《春秋》書敗狄者四，皆不書戰，不與狄之抗中國也。狄敗不曰師，賤之也。」〇趙氏曰：「《穀梁》云：『以衆焉言之也。』若如所説，當云敗長狄于鹹。今直云狄，則舉狄軍總敗耳。又云：『不言獲，爲内諱也。』按：不言獲，賤夷狄之師爾，無他義。」劉氏曰：「不言帥師者，將尊師少爾，有何可疑哉？」

附録《左傳》：「郕大子朱儒自安於夫鍾，國人弗徇。」

丙午 頃王四年。十有二年晉靈六。齊昭十八。衛成二十。蔡莊三十一。鄭穆十三。曹文三。陳共十七。杞桓二十二。宋昭五。秦康六。楚穆十一。春，王正月，郕伯來奔。郕，《公》作「盛」。《左傳》：「郕伯卒，郕人立君。大子以夫鍾與郕邽來奔。公以諸侯逆之，非禮也。故書曰『郕伯來奔』。不書地，尊諸侯也。」《公羊傳》：「盛伯者何？失地之君也。何以不名，兄弟辭也。」孫氏曰：「諸侯失地皆名，此不名者，非自失國也。莊八年郕降于齊師，自是入齊爲附庸。此又來奔，爲齊所偪爾，故不名也。」高郵孫氏曰：「郕伯非無罪，以偪之者其罪重，不得不没郕伯之名以見之也。」王氏曰：「不名者，惡齊之暴，恕郕之罪也。」○趙氏曰：「諸侯嗣位未踰年稱子，豈有君父病而不視，死而不喪，身未即位，以邑出奔而稱郕伯？且鄭忽、曹羈、莒展皆已即位，及其出奔，猶但稱名，況未嗣位乎？《左氏》之説非也。失地之君例書名，若以兄弟之國不名，曹伯陽、衛侯衎何以書乎？《公羊》之説亦非也。」劉氏曰：「意者先郕伯以去年卒，大子即位而不能自安，遂出奔。以其即位日淺，或謂之大子，而《左氏》誤以爲大子出奔也，且魯但以諸侯逆之，便謂之郕伯。《春秋》又没其專土叛君之罪，反謂之諸侯，則何以言不登叛人哉？」常山劉氏曰：「大子當立，郕人豈得而絶之？故書曰郕伯來奔，《春秋》大居正之法也。」汪氏曰：「《左傳》謂郕太子朱儒稱郕伯，晉太子州蒲稱晉侯。今考許叔入許不稱許男，衛武盟踐土止稱衛子，安有竊地之臣子而予之以爵，君在而世子擅其位，亦予之以其君之尊稱者哉？苟以太子而稱爵，則子般、子野之卒皆當書公薨，而蔡世子有當書蔡侯矣。《春秋》辨名分之書，若曰因其悖禮從而志之，則吴、楚可以書王而不革也。」○**杞伯來朝。**《左傳》：「杞桓公來朝，始朝公也。且請絶叔姬而無絶昏，公許之。」○**二月庚子，子叔姬卒。**《左傳》：「二月，叔姬卒。不言杞，絶也。書叔姬，言非女也。」《公羊傳》：「此未適人，何以卒？許嫁矣。婦人許嫁，字而笄之，死則以成人之喪治之。其稱子何？貴也。其貴奈何？母弟也。」《穀梁傳》：「其曰子叔姬，貴也。公之母姊妹也。

其一傳曰：許嫁以卒之也。男子二十而冠，冠而列丈夫，三十而娶。女子十五而許嫁，二十而嫁。」趙氏曰：「時君之女故曰子，以别非先君之女也。」〇啖氏曰：「《左氏》云：『杞桓公請絶叔姬而無絶昏，公許之。叔姬卒不言杞，絶也。書叔姬，言非女也。』按：此傳大誤，當在成八年，誤置此爾。」汪氏曰：「二傳以書『子』爲同母妹，然十四年再書子叔姬，苟皆同母，不當同字矣。」廬陵李氏曰：「子叔姬，《左氏》以爲已嫁于杞而遭出，《公》、《穀》皆以爲許嫁。蓋適人則必係國，此無所係，《左氏》非也。其稱子者，文公女，所以别於先君之子也。《公》、《穀》以爲姊妹者非。陳氏云：『已許嫁于杞，杞伯來朝，請絶叔姬，復求其次。』此説通。」〇**夏，楚人圍巢。**《左傳》：「楚令尹大孫伯卒。成嘉爲令尹。群舒叛楚。夏，子孔執舒子平及宗子，遂圍巢。」杜氏曰：「巢，吴、楚間小國，廬江六縣東有古巢城。」高氏曰：「《書》稱巢伯來朝，則巢之建國久矣。楚遂取之爲屬邑，後爲吴所滅。」王氏曰：「王道之行，小國各安其職而貢獻于天子。及其衰也，小國困於强暴，不得保其社稷者多矣。書者，惡楚之不仁，而小國之無所庇賴也。」〇**秋，滕子來朝。**《左傳》：「秋，滕昭公來朝，亦始朝公也。」汪氏曰：「曹文、杞桓、滕昭相繼來朝，傳皆謂公即位而始朝。以文公之昏庸怠惰，而儒書秉禮之舊，周公、禽父之澤，猶爲諸侯之所尊敬。文公乃不思述職之有闕，已越再朝之期，而不脩往覲之禮於京師，何謬之甚哉！」〇**秦伯使術來聘。**術，《公》作「遂」。《左傳》：「秦伯使西乞術來聘，且言將伐晉。襄仲辭玉，曰：『君不忘先君之好，照臨魯國，鎮撫其社稷，重之以大器，寡君敢辭玉。』對曰：『不腆敝器，不足辭也。』主人三辭。賓答曰：『寡君願徼福于周公、魯公以事君，不腆先君之敝器，使下臣致諸執事，以爲瑞節。要結好命，所以藉寡君之命，結二國之好，是以敢致之。』襄仲曰：『不有君子，其能國乎？國無陋矣。』厚賄之。」《公羊傳》：「遂者何？秦大夫也。秦無大夫，此何以書？賢繆公也。何賢乎繆公？以爲能變也。其爲能變奈何？惟諓諓善竫言。俾君子易怠，而況乎我多有之，惟一介斷斷焉，無他技。其心休休，能有容，是難也。」高氏曰：「前此來歸僖公成風之襚，蓋將來聘，而以此先之也。」陳氏曰：「自戰韓而後，秦伯稱人，此稱秦伯者，以其能聘也。」張氏曰：「秦人以賄結魯，而魯亦以厚賄答之，賓主相與以貨利，而坐視伯主之受兵。比事以書，而自見矣。」汪氏曰：「術不稱氏，文定謂與『楚子使椒』一例，荆楚蠻夷之國，秦介戎狄之間，其禮未同於中夏，故略之。今考歸襚稱秦人，而此年來聘稱君大夫，是亦漸進之矣。」○陸氏曰：「《公羊》云：『秦無大夫。』按：已前秦未嘗使大夫來，故不書爾。」王氏曰：「《公羊》以謂賢繆公，而不知遣術乃康公也。」○**冬，十有二月戊午，晉人、秦人戰于河曲。**《左傳》：「秦爲令狐之役故，冬，秦伯伐晉，取羈馬。晉人禦之。趙盾將中軍，荀林父佐之；郤缺將上軍，臾駢佐之；欒盾將下軍，胥甲佐之。范無恤御戎，以從秦師于河曲。臾駢曰：『秦不能久，請深壘固軍以待之。』從之。秦人欲戰，秦伯謂士會曰：『若何而戰？』對曰：『趙氏新出其屬曰臾駢，必實爲此謀，將以老我師也。趙有側室曰穿，晉君之壻也，有寵而弱，不在軍事，好勇而狂，且惡臾駢之佐上軍也。若使輕者肆焉，其可。』秦伯以璧祈戰于河。十二月戊午，秦軍掩晉上軍，趙穿追之，不及。反，怒曰：『裹糧坐甲，固敵是求，敵至不擊，將何俟焉？』軍吏曰：『將有待也。』穿曰：『我不知謀，將獨出。』乃以其屬出。宣子曰：『秦獲穿也，獲一卿矣。秦以勝歸，我何以報？』乃皆出戰，交綏。秦行人夜戒晉師曰：『兩軍之士皆未憖也。明日請相見也。』臾駢曰：『使者目動而言肆，懼我也，將遁矣。薄諸河，必敗之。』胥甲、趙穿當軍門呼曰：『死傷未收而棄之，不惠也；不待期而薄人於險，無勇也。』乃止。秦師夜遁，復侵晉，入瑕。」《公羊傳》：「此偏戰也，何以不言師敗績？敵也。曷爲以水地？河曲疏矣，河千里而一曲也。」《穀梁傳》：「不言及，秦、晉之戰已亟，故略之也。」程子曰：「凡戰，皆以主人及客。秦曲，故不云晉及。」杜氏曰：「不書敗績，交綏而退，不大崩也。河曲，在河東蒲坂縣南。」

秦伯親將，晉上卿趙盾禦之，其稱人何？爲令狐之役故也。秦納不正，遂非積忿，晉不謝秦，潛師禦之，是以暴兵連禍，至此極也。凡戰，皆以主人及客者，處己之道，寡怨之方，王者之事。其不書晉及，何也？前年秦師來伐晉，不言戰者，晉已服矣，故狄秦而免晉。今又爲此役，則秦曲甚矣，故不以晉爲主。惟動大衆，從秦師，不奉詞令以止之也，故貶而稱人，此輕重之權衡也。張氏曰：「秦、晉黷兵殘民，其罪甚矣，故秦伯、趙盾皆以人書，貶也。」陳氏曰：「秦、晉亟戰，而楚君將稱君矣。」廬陵李氏曰：「此條不言及，無曲直之詞；不言敗，無勝負之詞。」○趙氏曰：「據經書日月書地，則是一戰爾，何得云數哉？《穀梁》之説非也。」劉氏曰：「《公羊》云『曷爲以水地？河千里一曲』，非也。河曲者，亦地名爾。若千里一曲悉可名之，是三河之間，無他地名，直曰河曲而已。」

季孫行父帥師城諸及鄆。鄆，《公》作「運」。後同。《左傳》：「書，時也。」《穀梁傳》：「稱帥師，言有難也。」杜氏曰：「鄆，莒、魯所争者。城陽姑幕縣南有員亭，員即鄆也。以其遠偪外國，故帥師城之。」孫氏曰：「帥師而城，畏莒故也。」張氏曰：「鄆，魯之東鄆。莒、魯争鄆始於此。前此莒未嘗與魯有争，且未嘗有事于鄆，今行父帥師城二邑，以起争端。魯自此與莒有仇，由鄆始。」廬陵李氏曰：「成九年楚公子嬰齊伐莒入鄆，襄十二年季孫宿救台遂入鄆，至昭元年取鄆，其秋，叔弓疆鄆田，莒人愬晉者即此。至昭二十五年齊侯取鄆以居公，二十九年鄆潰，此一鄆之始終也。其成四年『城鄆』乃西鄆也。」永嘉呂氏曰：「前此莒人請盟，公孫敖如莒涖盟，則莒、魯未始有怨也。今城二邑而懼莒之難者，以公孫敖之在焉故也。」家氏曰：「城一邑已爲勞民，今一朝城二邑，其勞民爲甚。書城諸及鄆，貶也。《春秋》之法：城非其時貶，城非其制貶。興兵以城，尤在所貶。帥師而城者三：襄十五年季孫宿、叔孫豹帥師城成郛，哀三年季孫斯、叔孫州仇帥師城啓陽，與此。皆譏也。」汪氏曰：「此一大夫將兵而城二邑。成郛、啓陽皆二卿將兵而城一邑，其煩民尤甚矣。」

丁未頃王五年。**十有三年**晉靈七。齊昭十九。衛成二十一。蔡莊三十二。鄭穆十四。曹文四。陳共十八，卒。杞桓二十三。宋昭六。秦康七。楚穆十二。**春，王正月。**

附録《左傳》：「晉侯使詹嘉處瑕，以守桃林之塞。」

夏，五月壬午，陳侯朔卒。

附録《左傳》：「晉人患秦之用士會也，夏，六卿相見於諸浮。趙宣子曰：『隨會在秦，賈季在狄，難日至矣，若之何？』中行桓子曰：『請復賈季，能外事，且由舊勳。』郤成子曰：『賈季亂，且罪大，不如隨會，能賤而有恥，柔而不犯，其知足使也，且無罪。』乃使魏壽餘僞以魏叛者，以誘士會，執其帑於晉，使夜逸。請自歸於秦，秦伯許之。履士會之足於朝。秦伯師于河西，魏人在東。壽餘曰：『請東人之能與夫二三有司言者，吾與之先。』使士會。士會辭曰：『晉人，虎狼也。若背其言，臣死，妻子爲戮，無益於君。不可悔也。』秦伯曰：『若背其言，所不歸爾帑者，有如河。』乃行。繞朝贈之以策，曰：『子無謂秦無人，吾謀適不用也。』既濟，魏人譟而還。秦人歸其帑。其處者爲劉氏。」

邾子蘧蒢卒。蘧，其居反。蒢，丈居反。《穀》作「籧篨」。《左傳》：「邾文公卜遷于繹。史曰：『利於民而不利於君。』邾子曰：『苟利於民，孤之利也。天生民而樹之君，以利之也。民既利矣，孤必與焉。』左右曰：『命可長也，君何弗爲？』邾子曰：『命在養民。死之短長，時也。民苟利矣，遷也，吉莫如之。』遂遷于繹。五月，邾文公卒。君子曰『知命』。」○**自正月不雨，至于秋七月。**茅堂胡氏曰：「《春秋》書僖公三年『正月不雨。夏四月，不雨。六月，雨』，全與文十三年『自正月不雨，至于秋七月』文意不同。」唐陳氏曰：「凡旱爲災，多繫于夏，竟夏不雨則爲災。如傳三年書六月雨，則旱不竟夏，不爲災。斯書『正月不雨，至秋七月』，夏在中，爲災可知。苟亦曰夏大旱，則嫌連春、秋不雨。苟備書三時不雨，更曰大旱，則文繁矣。」○**世室屋壞。**世，《左》、《穀》作「大」，音泰。《左傳》：「秋七月，大室之屋壞。書不共也。」《公羊傳》：「世室者何？魯公之廟也。周公稱大廟，魯公稱世室，群公稱宮。此魯公之廟也，曷爲謂之世室？世室猶世室也，世世不毁也。周公何以稱大廟于魯？封魯公以爲周公也。周公拜乎前，魯公拜乎後，曰：生以養周公，死以爲周公主。然則周公之魯乎？曰：不之魯也。封魯公以爲周公主。然則周公曷爲不之魯？欲天下之一乎周也。魯祭周公，何以爲牲？周公用白牡，魯公用騂犅，群公不毛。魯祭周公何以爲盛？周公盛，魯公燾，群公廩。世室屋壞何以書？譏。何譏爾？久不脩也。」《穀梁傳》：「大室屋壞者，有壞道也，譏不脩也。大室猶世室也。周公曰大廟，伯禽曰大室，群公曰宮。禮：宗廟之事，君親割，夫人親舂，敬之至也。爲社稷之主，而先君之廟壞，極稱之，志不敬也。」程子曰：「觀春秋中，文公事宗廟最爲不謹，遂有世室屋壞之變。天人之際，可不畏哉！」何氏曰：「不月者，蒙上月。」

世室，魯公之廟也。 何氏曰：「魯公，周公之子伯禽，始封之君，故不毁。」**周公稱大廟，魯公稱世室，群公稱宫。** 范氏曰：「《爾雅》：『宫謂之室，室謂之宫。』然則其實一也，蓋尊伯禽而異其名。」**書世室屋壞，譏久不修也。** 杜氏曰：「簡慢宗廟，使至傾頹，故書，以見臣子之不恭。」**何以知久乎？自正月不雨，則無壞道也。不雨凡七月，而先君之廟壞，不恭甚矣。** 高氏曰：「世室者，人君所常有事焉者也。公每月朝之，有司又當以時黝堊之，豈有將壞而不知者？且又無淫雨之災，而其屋自壞，則其不知省也久矣。」或問：「旱乾水溢，一切工作自宜報罷。自正月不雨至于七月，猶言大室屋壞，如何？」茅堂胡氏曰：「居處猶欲完葺，況宗廟乎？此與莊公三築臺不雨、築郿大無麥禾不同。大室既壞，必須便修，而《春秋》不書，意可知矣。世室，始封之祖廟；新宫，成公之禰宫，御廩粢盛之所藏，皆當務也。時不亟則譏緩，制不備則譏略。故更造而不書者，雖用民力，不可已也。」**凡此，皆志文公怠慢，不謹事宗廟，以致魯國衰削之由，垂戒切矣。** 臨川吴氏曰：「世室，伯禽之廟也。周公封於魯，留相王朝而不適魯，使伯禽就封。周公雖不適魯，然實爲魯之始祖，故魯之大廟祀周公，百世不毁。伯禽雖代受封，然上有周公爲之父，則不得爲始祖，其廟爲昭之第一室，親盡則毁。諸侯之禮：唯大廟不毁，二昭二穆，皆四世而遞遷。周，天子也。周之王業自文、武始，故后稷居大廟，文、武廟謂之世室，與大廟皆百世不毁。此天子之禮，非諸侯所得僭也。成王賜魯重祭，俾大廟得以天子之禮祀周公，魯人以伯禽爲始受封之君，欲不毁其廟，故以其廟爲世室，如周之文、武，以尊伯禽，僭也。文公怠慢，久不修廟，遂至屋壞，聖人書之，因見魯世室之非禮也。世、大二字通用，故《左》、《穀》誤『世』爲『大』。《穀梁》謂大室猶世室，以爲伯禽廟，字雖誤而義與《公羊》同。杜氏以爲大廟之室，諸儒多從之。夫廟制：中央一室謂之大室。《書・洛誥》記成王祭文王、武王而曰『王入大室，祼』，彼文、武廟亦有大室，非大廟之室也。且不早修廟以致屋壞，謂一廟之屋盡壞也。若果大廟屋壞，當書大廟，今書大室，豈大廟之中，前堂後寢、左右夾室、東西二廂皆不壞，而唯中間一室獨壞也？於義有不通矣。」汪氏曰：「《王制》：『諸侯太祖之廟。』鄭氏以太祖爲始封之君，孔氏《正義》謂始封如齊太公之屬。伯禽封於魯，以奉周公之祀，則周公實魯之始祖，而伯禽乃始封之君。故魯人權宜變禮而不祧魯公之主，以爲世室。《春秋》志世室屋壞，而不書新作世室，則亦未可以爲非禮也。後世援例而立武宮、煬宮，又桓、僖親盡不毁，而説者且妄謂武宮亦稱世室，則非禮矣。」廬陵李氏曰：「此條胡氏從《公》、《穀》，皆以爲魯公稱世室，《明堂位》亦曰『魯公之廟，文世室也』。而習《左氏》者以爲伯禽廟當舉號謚，故以爲大廟之室，而曰『此周公之廟也』。然《春秋》嘗書『大事于大廟』，❶此則不書大廟而書大室，故未可以爲周公廟也。」

冬，公如晉。衛侯會公于沓。「會」下《公》無「公」字。臨川吴氏曰：「公往朝晉，衛侯要之於路，而與公會于沓，欲因公以請平於晉也。」〇**狄侵衛。**臨川吴氏曰：「晉不能霸，故狄屢犯中國，因衛侯之出，乘間侵之。」〇**十有二月己丑，公及晉侯盟。公還自晉。**「還」上《公》、《穀》無「公」字。**鄭伯會公于棐。**

---

❶ 上「大」字，原作「夫」，今據四庫本改。

棐，芳尾反，《公》作「斐」。《左傳》：「冬，公如晉，朝，且尋盟。衛侯會公于沓，請平于晉。公還，鄭伯會公于棐，亦請平于晉。公皆成之。鄭伯與公宴于棐，子家賦《鴻鴈》。季文子曰：『寡君未免於此。』文子賦《四月》。子家賦《載馳》之四章。文子賦《采薇》之四章。鄭伯拜，公答拜。」《公羊傳》：「還者何？善辭。何善爾？往黨，衛侯會公于沓，至得與晉侯盟。反黨，鄭伯會公于斐，故善之也。」《穀梁傳》：「還者，事未畢也。自晉，事畢也。」杜氏曰：「棐，鄭地。鄭、衛貳於楚，畏晉故，因公請平。」高氏曰：「凡言公及諸侯會者，皆公往與之會也。沓之會，公已出魯，而衛侯因公之將如晉而來會；棐之會，鄭伯因公還，未至於魯而就會之，故皆曰『會公』。初，衛、鄭舍晉而從楚，豈得已哉！强弱之勢不敵，滅亡之徵可待，姑爲一時之計爾，而晉未之察。季文子相魯侯爲之請成，以紓兩國之患，《春秋》善和難，故詳志之。且見公一出而二國附如此，惜乎其自怠也！」汪氏曰：「棐即棐林。夫諸侯將朝于天子而預相會，禮也。今文公朝晉，而往返會衛、鄭之君，非禮也。然自叔仲惠伯會郤缺于承筐，今公又會衛侯、鄭伯于沓、棐，而明年新城之盟，服楚之國皆棄異即同，則輔伯之功，魯亦不能無助於晉焉。《公羊》以謂《春秋》善之，此聖人待衰世之意也。宣公之世，衛侯爲晉致魯，使孫良夫來盟，而黑壤之會公卒見辱。比事以觀，美惡見矣。」廬陵李氏曰：「沓、棐之會，乃衛、鄭不忘晉伯，而介魯以求通。觀《鴻鴈》、《載馳》之賦，❶其情可見矣。」○劉氏曰：「《穀梁》云：『還者，事未畢也。自晉，事畢也。』非也。畢則云畢，未畢則云未畢，且畢且未畢，如何爲義乎？」

❶「鴻」，原作「鳴」，今據阮刻本《毛詩正義》改。

戊申頃王六年，崩。子班嗣位，是爲匡王。**十有四年**晉靈八。齊昭二十，卒。衛成二十二。蔡莊三十三。鄭穆十五。曹文五。陳靈公平國元年。杞桓二十四。宋昭七。秦康八。楚莊王旅元年。**春，王正月，公至自晉。**汪氏曰：「文公即位，至是十有三年，而朝晉者三，過於事天子之禮，故聖人於此一簡，書之特詳。是後成公之世朝晉者四，襄公之世朝晉者五，昭公朝晉而屢不見納，事霸益恭而益自辱矣。」

附録《左傳》：「春，頃王崩。周公閱與王孫蘇爭政，故不赴。凡崩薨不赴則不書，禍福不告亦不書，懲不敬也。」

邾人伐我南鄙，叔彭生帥師伐邾。《左傳》：「邾文公之卒也，公使弔焉，不敬。邾人來討，伐我南鄙，故惠伯伐邾。」家氏曰：「魯以七年伐邾取須句，邾人不能報，至是興南鄙之師，《左氏》乃謂邾人討魯之不敬。彼小國，安敢責禮於大國？亦脩怨耳。《春秋》聯書，所以交致其責。」〇**夏，五月乙亥，齊侯潘卒。**《左傳》：「子叔姬妃齊昭公，生舍。叔姬無寵，舍無威。公子商人驟施於國，而多聚士，盡其家，貸於公，有司以繼之。夏，五月，昭公卒，舍即位。」高氏曰：「孝公名昭，而謚潘曰昭，非禮甚矣。」

附録《左傳》：「邾文公元妃齊姜生定公，二妃晉姬生捷菑。文公卒，邾人立定公，捷菑奔晉。」

六月，公會宋公、陳侯、衛侯、鄭伯、許男、曹伯、晉趙盾。癸酉，同盟于新城。《左傳》：「從於楚者服，且謀邾也。」《穀梁傳》：「同者，有同也，同外楚也。」程子曰：「諸侯始會，議合而後盟。盟者志同，故書同。同懼楚也。」何氏曰：「盟下日者，刺諸侯微弱，信在趙盾。」杜氏曰：「新城，宋地，在梁國穀熟縣西。」

同盟于新城，同外楚也。其曰「同」者，志諸侯同欲，非强之也。家氏曰：「諸侯既散而復合，《春秋》書同盟，與齊桓于幽之同盟，其事雖異，所以爲同則一也。去夷即華，人心天理之同然，是以《春秋》與之，特書曰同，與諸侯之同乎中國也。」**而宋公、陳侯、鄭伯在焉，則知楚次厥貉，三國雖從，誠有弗獲已者，削而不書，蓋恕之也。蔡不與盟，果有背華即夷之實矣。夷考晉、楚行事，未有以大相遠也。而《春秋》予奪如此者，荆楚僭王，若與同好，陵蔑中華，是將代宗周爲共主，君臣之義滅矣，可不謹乎？**高氏曰：「去冬衛、鄭皆因公而請平于晉，至是，諸侯之從楚者復附晉也。夫天王崩葬，諸侯皆若不聞，而相與同盟，可乎？不待貶而自見也。」張氏曰：「許自文公圍之不服，襄公又嘗伐之，今始與盟會也。」平菴項氏曰：「幽之『同』，同授諸侯于諸侯也；新城之『同』，同授諸侯于大夫也。」汪氏曰：「《春秋》惟新城、雞澤書公會諸侯，下書某日同盟。蓋新城乃趙盾主盟，而雞澤單子與盟，故皆志日于同盟之上，以謹其瀆君臣之分也。」蜀杜氏曰：「趙盾專政，書日以謹其惡也。」陳氏曰：「向也扈之盟不序諸侯，此其復序何？諸夏之志也。晉救江無功，救鄭無功，與秦亟戰，而楚浸强，交聘于中國，得蔡次厥貉矣，而晉遂不競。於是公朝晉，衛侯來會，公還自晉，鄭伯來會，諸侯之懼甚矣，汲汲於晉而爲此盟。如之何勿序也？以諸夏之汲汲於晉也，而徒以趙盾主是盟。書曰同盟，同，衆辭也，自幽以來未之有也，則不與晉以主是盟之辭也。」盧陵李氏曰：「《穀梁》疏：除二幽同尊周外，同外楚之盟十有四，而傳獨於新城、斷道、雞澤、平丘發傳者，此爲外楚之始，而舉斷道以包上下，則清丘、蟲牢、馬陵、于蒲、于戚、柯陵、虚朾之類省文可知。至雞澤復發傳者，楚人轉盛，中國外之彌甚，故更發之，則戲、亳城、重丘亦其義也。❶平丘又重發外楚之文者，平丘以下，中國微弱，外楚之事止矣，故發傳以終之也。」

附録《左傳》：「秋，七月乙卯夜，齊商人弑舍而讓元，元曰：『爾求之久矣。我能事爾，爾不可使多蓄憾。將免我乎？爾爲之。』」

秋，七月，有星孛入于北斗。孛，音佩。《左傳》：「周内史叔服曰：『不出七年，宋、齊、晉之君皆將死亂。』」《公羊傳》：「孛者何？彗星也。其言入于北斗何？北斗有中也。何以書？記異也。」《穀梁傳》：「孛之爲言，猶茀也，其曰入北斗，斗有環域也。」

孛者，惡氣所生，闇亂不明之貌也。入于北斗者，杜氏曰：「既見而移入北斗。」**斗有環域，**范氏曰：「斗有規郭，入其魁中。」**天之三辰，綱紀星也。宋先代之後，齊、晉天子方伯，中國紀綱。彗者，所以除舊布新也。**何氏曰：「孛者，邪亂之氣，狀如篲。篲者掃，故置新之象。」孫氏曰：「偏指曰彗，光芒四出曰孛。」**禎祥妖孽，隨其所感，先事而著。**劉氏曰：「北斗，貴星，人君之象也。茀星，亂臣之類，言邪亂之臣將並弑其君。」**後三年宋弑昭公，又二年齊弑懿公，又二年晉弑靈公。此三君者，皆違道失德而死于亂，符叔服之言。天之示人顯矣，史之有占明矣。**汪氏曰：「《春

❶「亳」，原作「毫」，今據四庫本改。

秋》書孛者三：此年入北斗，而兆宋、齊、晉之弒；昭十七年『孛于大辰』，而兆王子朝之禍；哀十三年『孛于東方』，而吴將爲越所滅。始而應在伯國，繼而應在王室，終而應在變夷，吴、楚亦不能霸矣。天變愈甚，而世變愈極，《春秋》蓋傷之也。」

公至自會。〇晉人納捷菑于邾，弗克納。捷，《公》作「接」。菑，側其反。《左傳》：「晉趙盾以諸侯之師八百乘，納捷菑于邾。邾人辭曰：『齊出貜且長。』宣子曰：『辭順而弗從，不祥。』乃還。」《公羊傳》：「納者何？入辭也。其言弗克納何？大其弗克納也。何大乎其弗克納？晉郤缺帥師，革車八百乘，以納接菑于邾婁，力沛若有餘而納之。邾婁人言曰：『接菑，晉出也。貜且，齊出也。子以其指，則接菑也四，貜且也六。子以大國壓之，則未知齊、晉孰有之也。貴則皆貴矣，雖然，貜且也長。』郤缺曰：『非吾力不能納也，義實不爾克也。』引師而去之。故君子大其弗克納也。此晉郤缺也，其稱人何？貶。曷爲貶？不與大夫專廢置君也。曷爲不與？實與，而文不與。文曷爲不與？大夫之義，不得專廢置君也。」《穀梁傳》：「是郤克也，其曰人，何也？微之也。何爲微之也？長轂五百乘，緜地千里，過宋、鄭、滕、薛，敻入千乘之國，欲變人之主，至城下然後知，何知之晚也！弗克納，未伐而曰弗克，何也？弗克其義也。捷菑，晉出也。貜且，齊出也。貜且，正也。捷菑，不正也。」

邾文公元妃齊姜生定公，二妃晉姬生捷菑。文公卒，邾人立定公，捷菑奔晉。趙盾以諸侯之師八百乘納捷菑于邾，邾人辭曰：「齊出貜且長。」宣子曰：「非吾力不能納也，義實不爾克也。」引師而去之。故君子善之，而書曰「弗克納」也。何氏曰：「大其不以己非奪人之是。」趙氏曰：「『弗克納』，言失之於前，而得之於末，愈乎遂也。」**在《易·同人》之九四曰：「乘其墉，弗克攻，吉。」《象》曰：「乘其墉，義弗克也。其吉，則困而反則也。」**朱子曰：「乘其墉矣，則非其力之不足也，特以義之弗克而不攻耳。能以義斷，困而反於法則，故吉也。」**其趙盾之謂矣。聖人以改過爲大。過而不改，將文過以遂非，則有怙終之刑；**《書·舜典》：「怙終賊刑。」注：「怙謂有恃，終謂再犯。」**過而能悔，不貳過以遠罪，則有遷善之美。其曰「弗克納」，見私欲不行，可以爲難矣，然則何以稱人？大夫而置諸侯，非也。**劉氏曰：「聞義而改，見義而徙，奚爲而不免於貶？曰：不恥過作非，僅得免怙終之刑耳，何足以言賢？夫賢者之事其君，言必謀於義，行必順於道，是以無過舉，奚有用賤陵貴，用少陵長，以力爲之者哉？」**聞義能徙，故爲之諱。內以諱爲貶，外以諱爲善。**陸氏曰：「廢置諸侯，王者之事，人臣專之，罪莫大焉。夫子善其聞義能徙，故爲之諱也。凡事不合理而心可嘉者，皆以諱爲善。」汪氏曰：「宣子執伯國之政，奉不正而奪正，雖曰隱之，而其罪亦甚矣。」○趙氏曰：「《左氏》云：『趙盾以諸侯之師八百乘，納捷菑于邾。』若實用諸侯師，經不合不書，故知妄也。」唐陳氏曰：「文六年趙盾將中軍，持國政，郤克宣十七年方代士會將中軍，則納捷菑乃宣子明矣。」廬陵李氏曰：「此條三傳之義皆同，但《公》、《穀》以爲郤缺、郤克者失之。《正義》曰：捷菑不言邾者，下有『于邾』之文，猶納子糾不言齊者，上有『伐齊』之文也。頓子、北燕伯舊是國君，故稱其國。『納衛世子蒯聵于戚』者，以上下無衛文，故稱國也。」

附録《左傳》：「周公將與王孫蘇訟于晉，❶王叛王孫蘇，而使尹氏與聃啓訟周公于晉。趙宣子平王室而復之。」○「楚莊王立，子孔、潘崇將襲群舒，使公子燮與子儀守，而伐舒蓼。二子作亂，城郢，而使賊殺子孔，不克而還。八月，二子以楚子出，將如商密。廬戢黎及叔麇誘之，遂殺鬬克及公子燮。初，鬬克囚于秦，秦有殽之敗，而使歸求成。成而不得志，公子燮求令尹而不得，故二子作亂。」

九月甲申，公孫敖卒于齊。《左傳》：「穆伯之從己氏也，魯人立文伯。穆伯生二子於莒而求復，文伯以爲請。襄仲使無朝，聽命，復而不出，三年而盡室以復適莒。文伯疾而請，曰：『穀之子弱，請立難也。』許之。文伯卒，立惠叔。穆伯請重賂以求復，惠叔以爲請，許之，將來。九月，卒于齊。告喪，請葬，弗許。」《穀梁傳》：「奔大夫不言卒，而言卒何也？爲受其喪，不可不卒也。其地，於外也。」范氏曰：「卒在常所則不地。嬰齊卒貍蜃，仲遂卒于垂，或踰境，或不踰境，皆書地。」陸氏曰：「奔大夫不書卒，非我臣也。既許其歸，即我臣也，故書之，且明君臣之義，死生一也。」高氏曰：「敖廢命奔莒，此誅廢之罪也。已而奔齊，主齊而請復，公於是乎許之，則其卒也，是亦大夫而已矣。所以特書其卒，以典刑之壞，且爲齊人歸喪起也。」張氏曰：「特書卒于齊，見其俯仰愧怍，無所容於天地之間，死而無所寧其身也。」○**齊公子商人弑其君舍。**《左傳》：「齊人定懿公，使來告難，故書以九月。齊公子元不順懿公之爲政也，終不曰公，曰夫己氏。」《公羊傳》：「此未踰年之君也，其言弑其君舍何？己立之，己殺之，成死者而賤生者也。」《穀梁傳》：「舍未踰年，

❶「王」，原作「五」，今據阮刻本《春秋左傳正義》改。

其曰君何也？成舍之爲君，所以重商人之弑也。商人其不以國氏何也？不以嫌代嫌也。舍之不日何也？未成爲君也。」

州吁弑君則以國氏，商人獨稱公子，何也？以國氏者，累及乎上；稱公子者，誅止其身。夫州吁寵愛，有匹嫡奪正之漸，莊公養成其惡而莫之禁，至於弑逆，則有以致之矣，故曰：以國氏者，累及乎上。按《左氏》：「魯叔姬妃齊昭公，生舍。叔姬無寵，舍無威。」商人心知其孤危寡特，可以取而代也，於是「驟施於國，而多聚士」。然則商人弑逆出於其身之所爲，而非昭公有以致之也，故曰：稱公子者，誅止其身。舍未踰年，而成之爲君者，穀梁子曰：「成舍之爲君，所以重商人之弑也。」陸氏曰：「《春秋》之作，本以懲姦惡。若未逾年之君被弑而不曰君，則逆亂之臣皆以未逾年而肆其凶惡，故原情立義，而以弑君書。晉奚齊本不正，故異於此。」孫氏曰：「嫌未逾年與成君異，故誅商人爲萬世戒。」高郵孫氏曰：「人子之心，則未逾年而稱子；國人弑君，則未逾年而稱君。此《春秋》所以辨君臣之分，而防篡弑之禍。」汪氏曰：「子般、子赤不成之爲君者，夫子魯臣，爲國諱惡，與筆削他國事不同。蓋成舍之爲君，所以別其與奚齊異，而與他弑君同。苟不成其爲君，則商人與他弑異矣。」○趙氏曰：「《公羊》云：『其言弑何？己立之，己殺之。』假如非己立之，得不爲君乎？」臨川吴氏曰：「叔姬書子，乃文公女，《左氏》以叔姬爲舍母。夫文公即位才十四年，豈有女配齊昭公，而生子可立爲君者哉？齊昭公以僖二十八年即位，叔姬配昭公當在僖公末年，時文公尚爲世子，豈有世子年幼，而有女嫁鄰國年長之君爲夫人者乎？況文四年逆婦姜于齊，蓋昭之女也，豈有齊昭既娶魯文之女，而魯文又娶齊昭之女者乎？故知《左氏》以舍母爲文公女者，妄也。」

宋子哀來奔。《左傳》：「宋高哀爲蕭封人，以爲卿，不義宋公而出，遂來奔。書曰『宋子哀來奔』，貴之也。」《公羊傳》：「宋子哀者何？無聞焉爾。」《穀梁傳》：「其曰子哀，失之也。」

宋昭公無道，高哀爲蕭封人，以爲卿，不義宋公而出，遂來奔。書曰子哀，貴之也。杜氏曰：「貴其不食汙君之禄，辟禍速也。」《易》曰「**幾者，動之微，吉之先見者也。君子見幾而作，不俟終日**」，汪氏曰：「謂見幾而作，審擇所處，不待其微之著也，夫子所謂亂邦不居是也。」**宋子哀有焉。昔微子去紂，列于三仁之首。子哀不立於危亂之邦，而《春秋》書字，謂能貴愛其身以存道也。若偷生避禍而去國出奔，亦何取之有？**陸氏曰：「奔者皆有罪，而子哀獨以宋公不義，不貪其禄而去之，出奔之美者，春秋所未有，故書字以褒之。」孫氏曰：「子哀亦公弟叔肸之比。」張氏曰：「自宋昭公在位，終始無一善可稱，大臣死禍出奔者比比皆是，獨子哀潔身而去，不蹈隕身濡尾之悔。觀蕩意諸再歸而卒不免，則子哀之見幾而作，豈非既明且哲之流哉！故書字以與之。」高氏曰：「《春秋》之法：自外至者，非有罪則不名；自内出者，非有罪則不書。若但書子哀之來，則不見『奔』義，若書名書奔，則與有罪者等，故特書字。而『季子來歸』不書出奔，蓋爲此也。」汪氏曰：「或以子哀爲昭公之子，若子糾、子同之類。然見父之危，舍之而去，未必書子。或又以爲宋公族子，子姓哀名。然諸國之臣，未有以國姓爲氏者。當從子哀書字爲是。」

冬，單伯如齊，齊人執單伯。

齊君舍，魯之甥也。商人弑舍，固忌魯矣，魯使單伯如齊，齊人意欲辱魯，故執單伯并子叔姬，而誣之以罪。高郵孫氏曰：「不言及者，非單伯累之，齊人自執子叔姬爾。」高氏曰：「齊人誣單伯以淫子叔姬，而并執之。不言及者，不可及也。兩書『齊人執』者，以明單伯、子叔姬之無是事也，别而言之，若二事焉，所以重齊人之罪也。明年書『單伯至自齊』，又書『齊人來歸子叔姬』，則知齊人執之者誣也。」**不稱行人，《公羊》所謂「以己執之」者也。**何氏曰：「己者，己大夫，自以大夫之罪執之也。」汪氏曰：「謂自以單伯己罪執之，非爲魯也。」○劉氏曰：「《左氏》云『王使單伯如齊』，非也。若單伯爲周大夫，何以書『至自齊』乎？《公羊》云：『道淫也。』《穀梁》云：『私罪也。』皆非也。」張氏曰：「單伯自莊元年至今已八十餘年，未必一人，或其子若孫歟？」汪氏曰：「晉欒書、欒黶父子同稱欒伯，士渥濁、士彌牟祖孫同稱士伯，而家父、仍叔《詩序》皆有之，或世稱之也。《春秋》因其本稱而稱之，若高子是也。《公》、《穀》云『道淫』，乃齊之誣辭耳。」

齊人執子叔姬。《左傳》：「襄仲使告于王，請以王寵求昭姬于齊，曰：『殺其子，焉用其母？請受而罪之。』冬，單伯如齊，請子叔姬，齊人執之，又執子叔姬。」《公羊傳》：「執者曷爲或稱行人，或不稱行人？稱行人而執者，以其事執也。不稱行人而執者，以己執也。單伯之罪何？道淫也。惡乎淫？淫乎子叔姬。然則曷爲不言齊人執單伯及子叔姬？内辭也，使若異罪然。」《穀梁傳》：「私罪也。單伯淫于齊，齊人執之。齊人執子叔姬，叔姬同罪也。」程子曰：「商人弑君之惡已顯，而執叔姬之事，聖人不獨罪商人也。齊人不討賊，俱北面事之，又敢執其君母，齊之人均有罪焉，故曰齊人。」

子叔姬者，齊君舍之母也。弑其君，執其母，皆商人所爲，而以爲齊人執之，何也？商人弑君之罪已顯，而齊人黨賊之惡未彰。商人「驟施於國而多聚士」，是以財誘齊國之人而濟其惡也。齊人懷商人之私惠，忘君父之大倫，弑其君而不能討，執其母而莫之救，則是舉國之人皆有不赦之罪也。張氏曰：「執無罪書人者，固《春秋》之例也。然其君無罪，則其臣當爲之用，而罪在上；其君當討之賊，而臣爲之用，則罪在下而不在上矣。齊人不以商人爲不共戴天之讎，而相帥以爲之用，執鄰國之命卿與其君母，則商人無責焉，而罪齊國之人也。」假有人焉，正色而立於朝，誰敢致難其君，與執其母而不之顧乎？故聖人書曰「齊人執子叔姬」，所以窮逆賊之黨與而治之也。其討罪之旨嚴矣，故曰：《春秋》成而亂臣賊子懼。陸氏曰：「《左氏》言叔姬乃齊君母。《春秋》例無執本國人者，此乃魯女嫁齊，齊不受而執之爾。」臨川吴氏曰：「竊詳事意：齊舍年幼新立，急欲求配，居喪而娶文公之女，故其逆、其歸皆不書。姬歸當是九月之末，至齊而舍已被弑，姬無所從，故十月之初，魯遣單伯往請叔姬。商人惡魯與舍爲昏，因單伯來，誣以曖昧之罪將以辱魯。單伯乃叔姬歸齊之後如齊，而非送叔姬也。」

己酉匡王元年。十有五年晉靈九。齊懿公商人元年。衛成二十三。蔡莊三十四，卒。鄭穆十六。曹文六。陳靈二。杞桓二十五。宋昭八。秦康九。楚莊二。春，季孫行父如晉。《左傳》：「春，季文子如晉，爲單伯與子叔姬故也。」張氏曰：「魯不能閒暇明政刑以義討齊，而反因晉以求於齊；行父爲大夫，不能請討弒君之賊；晉爲盟主，不能奉天討於商人，皆罪也。」臨川吴氏曰：「齊商人有可討之罪，而魯弱不敢當齊之强，使人與君女遭其執辱，故上卿往聘于晉，欲藉伯主之重，請于齊以釋之也。」〇**三月，宋司馬華孫來盟。**華，户化反。《左傳》：「宋華耦來盟，其官皆從之。書曰『宋司馬華孫』，貴之也。公與之宴，辭曰：『君之先臣督得罪於宋殤公，名在諸侯之策。臣承其祀，其敢辱君？請承命於亞旅。』魯人以爲敏。」《穀梁傳》：「司馬，官也。其以官稱，無君之辭也。來盟者何？前定也。不言及者，以國與之也。」

司馬主兵之官，蔡氏曰：「司馬主戎馬之事。軍政莫急於馬，故以司馬名官。」**稱華孫者，自督弒殤公，諸侯受賂，失賊不討，使秉宋政，及其後世繼掌兵權。《春秋》之所禁者，故傳載其「承命亞旅」之詞，而經書曰「宋司馬華孫來盟」，其曰：華孫，猶季孫、叔孫、仲孫、臧孫之類。**家氏曰：「書華孫者，著其爲華督之孫，如武氏子、仍叔之子。」**不書名者，義不繫於名也。不稱使，以是專行，爲無君矣。**范氏曰：「擅權專國，不君其君，緣其不臣，因曰無君。」吕氏曰：「不言使，自請之也。」高氏曰：「不由君命，擅來求盟，故直書『宋司馬華孫來盟』以罪之。」家氏曰：「穆襄之族連歲爲亂，翦君之羽翼幾盡，遂奉公子鮑，因襄夫人大樹黨與，爲篡奪之計，昭公僅擁虚器而已。華耦蓋公子鮑之黨豫，自結於諸侯以免討。其不稱使，言不以君命至也。」汪氏曰：「來盟不稱使者三，其權皆在來盟之臣。然屈完能服齊桓之義，高子能定魯國之難，聖人皆予之。華耦專權，結好於鄰國，而不能免昭公於兇逆，則罪也。」**孟子曰：所謂故國，非謂其有喬木，有世臣之謂也。《春秋》此義，其欲後世以**

賢者之類、功臣之胄爲世臣，然後委之以政乎！ 孫氏曰：「宋自僖公會諸侯于薄、釋宋公之後，未嘗與魯通問。今華孫來結盟，以尋舊好。」○劉氏曰：「《左氏》云：『宋華耦來盟，其官皆從。書曰宋司馬華孫，貴之也。』非也。周之《禮》經：諸侯相聘，其使介有常數矣，不聞其官皆從以爲典也。」廬陵李氏曰：「張氏用高郵孫氏曰：『昭公闇亂，國事廢弛，大臣外奔。耦懼鄰國因間以謀其國，於是請來盟，以結好而紓難。宋大夫書於經多矣，惟三人以官舉，又皆在昭公之世，豈非節義之士因世亂而後顯歟！其來出於自請，故不書使。結好合於事宜，能其官也。』參之屈完、高子來盟書法亦通，但與胡氏異耳。」

夏，曹伯來朝。《左傳》：「禮也。諸侯五年再相朝，以脩王命，古之制也。」蜀杜氏曰：「凡書來朝，皆譏，譏其不朝天子而相朝，失其正也。」汪氏曰：「曹伯十一年來朝，纔越四年而又朝，不翅如事天子之禮。文公屢受小國之朝而不報，亦猶屢朝於齊、晉而不見答也。」○趙氏曰：「《左氏》云：『諸侯五年再相朝，古之制也。』按周禮：諸侯猶各以服數朝天子。若諸侯五年再相朝，即須四面而往，無停歇時矣。以理推之，諸侯除州伯之外，無相朝之限。」○**齊人歸公孫敖之喪。**《左傳》：「齊人或爲孟氏謀，曰：『魯爾親也，飾棺寘諸堂阜，魯必取之。』從之。卞人以告，惠叔猶毁以爲請，立於朝以待命。許之，取而殯之。齊人送之。書曰『齊人歸公孫敖之喪』，爲孟氏，且國故也。葬視共仲。聲己不視，帷堂而哭。襄仲欲勿哭，惠伯曰：『喪，親之終也。雖不能始，善終可也。史佚有言曰：「兄弟致美。」救乏、賀善、弔災、祭敬、喪哀，情雖不同，毋絶其愛，親之道也。子無失道，何怨於人？』襄仲說，帥兄弟以哭之。他年，其二子來，孟獻子愛之，聞於國。或譖之曰：『將殺子。』獻子以告季文子。二子曰：『夫子以愛我聞，我以將殺子聞，不亦遠於禮乎？遠禮不如死。』一人門于句鼆，一人門于戾丘，皆死。」《公羊傳》：「何以不言來？內辭也，脅我而歸之，筍將而來也。」**公孫敖，慶父之後，行又醜矣。**汪氏曰：「據奔莒從己氏。」宋氏曰：「出奔之過輕，弑君之罪重。」❶**出奔他國，其卒與喪歸皆書于策者，許翰以謂文伯、惠叔二子之哀誠無已也，故魯人從其請，國史記其事，仲尼因而不革者，以敖著教也。**杜氏曰：「大夫喪還不書。魯感子以赦父，敦公族之恩，崇仁孝之教，故特録敖喪以示義。」高氏曰：「魯既許之復，而立其子爲仲孫氏矣，豈有臣其子而不使之奔其父之喪者乎？崇公族之恩，篤君臣之義，則姑聽其家以其喪歸，可也。」**《易》曰：「有子考，無咎。」**朱子曰：「蠱者，前人已壞之緒，子能幹之，則飭治而振起，不累其父而可得無咎矣。」**周公命蔡仲曰：「爾尚蓋前人之愆。」**蔡氏曰：「尚，庶幾也。蓋，掩也。言庶幾能掩其父之惡也。」汪氏曰：「不言來歸，蓋齊人但送於竟上，而敖之子自取以葬，故不曰來。於哀姜書曰夫人氏之喪至自齊，而不曰齊人歸之，此夫人與大夫之別也。或謂敖廢君命，不當録其卒，又不當受其喪。今按：敖實魯國之罪人，喪無可歸之義，而惠叔哀毀以請，懇切之至，遂許以歸葬。聖人紀之於《春秋》，一以閔其子之孝，一以著三桓漸强之由，雖有罪而獲赦也。」○劉氏曰：「有來者，有不來者。此其不來者也，《春秋》據實而書耳。敖死殆十月，豈可置之編輿以行哉？《公羊》之說非也。」

六月辛丑朔，日有食之，鼓，用牲于社。《左傳》：「非禮也。日有食之，天子不舉，伐鼓于社。諸侯用

❶「罪」，原作「後」，今據《纂疏》改。

幣于社，伐鼓于朝，以昭事神、訓民、事君，示有等威，古之道也。」高氏曰：「莊公兩以日食鼓用牲于社，其非禮妄作，義已著矣。今文公亦復如此，必以爲先朝故事，可舉而行之也。後世人君有舉行先朝故事，不顧義之可否，皆因陋承誤，不知《春秋》之義者也。」〇**單伯至自齊。**《左傳》：「齊人許單伯請而赦之，使來致命。書曰『單伯至自齊』，貴之也。」《穀梁傳》：「大夫執則致，致則名，此其不名，何也？天子之命大夫也。」

單伯，天子之命大夫也，故逆王姬、會伐宋、使于齊，皆書其字。致而不名，與意如、婼異者，無所書而不尊王命，謹臣禮也。王氏曰：「内大夫適他國，不以久近，其歸未嘗書至。惟被執而得反，則以至書。大夫國體，一國之休戚係焉故也。」臨川吴氏曰：「魯臣自他國『至』者三，此單伯至自齊，意如、婼至自晉是也。皆爲齊、晉所執，幸得解脱，故書其至。以此見經之書至者，皆危之也。」廬陵李氏曰：「魯大夫之遭執而書至者三：單伯書者，尊之也；叔孫婼不去氏，賢之也；意如去族，《左氏》所謂尊晉罪己也。執而不書『至』者季孫行父，蓋與公同歸，以『至』公爲重也。」〇張氏曰：「若如《左氏》之説，以單伯爲周大夫，則是齊執王使。《春秋》既不書其自周來魯，又止書其至魯，而不復言其歸京師，是同之於魯之臣子，無復周、魯大夫之異，且無以明齊人之執王使。豈《春秋》辨上下、尊王室之義哉？」

晉郤缺帥師伐蔡，戊申，入蔡。《左傳》：「新城之盟，蔡人不與。晉郤缺以上軍下軍伐蔡，曰：『君弱，不可以怠。』戊申，入蔡，以城下之盟而還。凡勝國，曰滅之。獲大城焉，曰入之。」《公羊傳》：「入不言伐，此其言伐何？至之日也。其日何？至之日也。」趙氏曰：「入而言伐，言伐之不服而後入也，所以兼惡蔡。」高氏曰：「蔡侯既與楚子次于厥貉，故不與新城之盟，晉郤缺伐之，斯有名矣。凡伐不言入，伐之不服，然後入焉。見蔡雖附楚，楚人不之救也，故書戊申，入蔡，而足以知楚之不足恃矣。此雖蔡人自取之，亦所以甚晉也。然晉曾不修所以服楚，而暴小國以争諸侯，欲使區區之蔡捍楚之强而不貳，則亦難矣。故言伐言入，甚之也。謹而日之，又甚之也。」張氏曰：「君弱不可以怠，修德以來蔡，上也。缺乃以兵伐而入其國，徒示威武，暴及其都民，而蔡終不心服，謂之能佐霸主，服諸侯，可乎？言伐、言入，甚之也。」家氏曰：「晉文踐土、于温、翟泉之會，蔡皆與會。楚次厥貉，蔡爲罪首以附之，郤缺伐之，斯有名矣。然齊桓潰蔡而後臨楚，意不專在蔡也。今晉不能敵楚，雖入蔡而不有，益見其無能爲耳。」陳氏曰：「自『伐』書陽處父，『入』書郤缺，『侵』書趙穿，由是凡役書大夫。」〇廬陵李氏曰：「此條『入』而書『伐』，舉日於『伐』『入』之間，通經無此例。《公羊》以爲兵至即入，趙子云：『若然，當云戊申，晉郤缺伐蔡，入之。』此既先『伐』而後日『入』，則非即入可知矣，安得與『甲寅，齊人伐衛』同義乎？故竊疑書法於此，乃予晉而罪蔡之文。蓋厥貉之次，獨蔡有心於從楚，新城之盟，中國大協而蔡又不至，蔡之得伐，未爲過也。又不即聽命，故《春秋》特書『戊申』於『伐蔡』之下者，見其不服然後入之也。雖不得謂之義舉，猶近乎用師之有節者，未可以爲暴也。《穀梁》疏説頗得之。胡氏雖無傳，以前厥貉、新城責蔡之文推之，必非責晉之意。」〇**秋，齊人侵我西鄙。**《穀梁傳》：「其曰鄙，遠之也。其遠之何也？不以難介我國也。」高氏曰：「齊商人簒弑，又執我命大夫，罪不勝誅，而反加兵於我，故貶而人之也。」臨川吴氏曰：「魯無得罪於齊，齊之興師無名，故曰侵。」〇**季孫行父如晉。**《左傳》：「齊人侵我西鄙，故季文子告于晉。」高氏曰：「一歲再如晉，皆爲齊故。」〇**冬十有一月，諸侯盟于扈。**《左傳》：「冬十一月，晉侯、宋公、衛侯、蔡侯、陳侯、鄭伯、許男、曹伯盟于扈，尋新城之盟，且謀伐齊也。齊人賂晉侯，故不克而還。於是有齊難，是以公不會。書曰『諸侯盟于扈』，無能爲故也。凡諸侯會，公不與，不書，諱君惡也。與而不書，後也。」程子曰：「此盟爲齊亂也。魯以備齊不在會，故不序。又稱諸侯者，衆辭，見衆國無能爲也。」

盟于扈者，晉侯、宋公、衛、蔡、陳、鄭、曹、許八國之君也。何以不序？略之也。 杜氏曰：「將伐齊，晉侯受賂而止，故總曰諸侯，言不足序列。」陳氏曰：「非一役再有事，而不序諸侯，散辭也。」臨川吴氏曰：「晉侯伯主也，而與諸侯同稱諸侯，不以霸主畀晉靈也。」**《春秋》於夷狄，君臣同詞而不分爵號，説者以爲略之也。八國曷爲略之，等於夷狄乎？齊人弑君不能致討，受賂而退，奚以賢於狄矣？不曰晉人會諸侯盟于扈，而曰諸侯盟者，分惡於諸侯也。陳恒弑其君，孔子沐浴而朝，告於哀公請討之。弑君之賊，夫人之所得討也，而況諸侯乎！況於鄰國乎！** 劉氏曰：「大者天地，其次君臣，道莫先焉。晉爲伯主，齊弑其君，興諸侯而莫能正，晉固有罪矣，諸侯皆莫之討，不亦病乎？夫諸侯不專征者也，田恒弑簡公而孔子請討焉，是豈非義而孔子行之哉？從此觀之，盟于扈之意，晉固有罪，而諸侯亦病矣。」**略諸侯而不序，以其欲討齊罪而復不能也，況於鄰壤初不與盟會者乎！魯君之罪亦可知也。** 胡氏曰：「《春秋》以好生惡殺爲心，獨至弑逆之賊，必誅而不赦。蓋亂常毁則赦而不誅，則天理滅矣。」汪氏曰：「此年盟扈，欲討齊而不果，十七年會扈，欲討宋而不能，皆以賂而棄討賊之義，故皆略諸侯而不序。《左氏》一則曰『無能爲』，一則曰『無功』，皆謂其廢天討而縱亂賊也。七年公會諸侯、晉大夫盟于扈，趙盾内專廢置其君，而諸侯俯首以聽命，是亦篡弒之萌矣，故晉大夫不書名氏。説者當比事而考之。」陳氏曰：「向也扈之盟，趙盾爲之，則其不序諸侯，猶曰大夫主是盟也。此國君也，曷爲不序？散辭也。新城之盟不可以不序，徒以諸夏之志焉耳，而晉侯不出，於是楚伯成，而頃王崩葬不見於《春秋》，諸侯無統紀甚矣。故終靈公之篇，凡合諸侯皆散辭，傳曰『無能爲』也。」○趙氏曰：「《左氏》云：『凡諸侯會，公不與則不書。』按：諸侯會，公不與而列會者非一，則知《左氏》之説非也。」

十有二月，齊人來歸子叔姬。《左傳》：「王故也。」《公羊傳》：「其言來何？閔之也。此有罪，何閔爾？父母之於子，雖有罪，猶若其不欲服罪然。」《穀梁傳》：「其曰子叔姬，貴之也。其言來歸何也？父母之於子，雖有罪，猶欲其免也。」程子曰：「執之書，故來歸不得不書。」

不言齊子叔姬來歸，而曰齊人來歸子叔姬者，見子叔姬無罪，齊人自絶而歸之爾。劉氏曰：「出夫人者，未嘗不使大夫將命。杞叔姬、郯伯姬曰來歸，此其曰齊人來歸子叔姬，《春秋》正名，别賢治不肖。子叔姬以禍亂逐，非得罪於先君，魯雖受之，其義固可以自直，故謂之齊人來歸，明罪之在也。」高氏曰：「凡内女見黜皆書來歸，罪在姬也。此書齊人來歸者，罪在齊人也。晉合諸侯盟于扈，受齊賂而不伐齊，故齊人自歸子叔姬，以解諸侯之意。」**《春秋》深罪齊人以商人爲君而不知其惡，故其「執」其「歸」，與「弒其君商人」，皆稱齊人，深責之也。**家氏曰：「父母志歸其女，情之不容已者，國君志討鄰賊，亦義之不容已者也。況魯甥以弒殞，魯女以執辱，霸主不能討，魯國所當問。文公誠能赫然發憤請命天王，大興師徒，問齊人弑舍之罪，縱未能以商人爲戮，亦足以伸大義於天下。乃卑躬下氣以請叔姬，置討賊之公義，篤歸女之私情，書『齊人執子叔姬』、『齊人歸子叔姬』，其執其釋在人，閔姬而病魯也。」○劉氏曰：「《公羊》云：『其言來何？閔之也。』非也。加『來』何以爲閔？不加『來』何以爲不閔？此直來歸耳，無强説也。《穀梁》云：『父母於子，雖有罪，猶欲其免也。』亦非也。『郯伯姬來歸』，有罪見出者也。『齊人來歸子叔姬』，無罪，齊人强出之者也。」

齊侯侵我西鄙，遂伐曹，入其郛。 郛，音孚。《左傳》：「齊侯侵我西鄙，謂諸侯不能也。遂伐曹，入其郛，討其來朝也。季文子曰：『齊侯其不免乎！己則無禮，而討於有禮者曰：「女何故行禮？」禮以順天，天之道也。己則反天，而又以討人，難以免矣。《詩》曰：「胡不相畏？不畏于天。」君子之不虐幼賤，畏于天也。在《周頌》曰：「畏天之威，于時保之。」不畏于天，將何能保？以亂取國，奉禮以守，猶懼不終，多行無禮，弗能在矣。』」《公羊傳》：「郛者何？恢郭也。入郛書乎？曰：不書。入郛不書，此何以書？動我也。動我者何？内辭也。其實我動焉爾。」襄陵許氏曰：「魯盡禮於晉，而見侵弗恤；曹修禮於魯，而被伐莫救。夫豈特齊之暴戾無道，皆晉靈、趙盾之失職也。」高氏曰：「商人弑君自立，諸侯會于扈，謀伐之，晉取賂而還，是成商人爲君也，故自此遂書齊侯。商人知諸國之無能爲，益無顧忌，肆其威暴，且恚魯仗晉以謀己，故一歲而再侵魯，惡魯而及曹，非理甚矣。凡伐不言入，『入其郛』者，甚之也。因魯而加兵於曹，曰侵可也，而曰伐者，討其以王禮事魯，執辭正也。」陳氏曰：「入郛皆不書，於齊特書之；侵我皆書人，於是書齊侯。異其文者，異其事也。」廬陵李氏曰：「齊、魯之争，齊桓未伯之先，有長勺、次郎之役；晉文未伯之先，有至酅取穀之役。至此而齊三弱魯矣，雖以子叔姬無寵之故，而實晉伯之不振也。陳氏云：『兵事書遂，必天下之大故。』此語亦有見。書侵書伐書入郛皆特筆，則此役書遂，固不可與齊桓之『侵蔡，遂伐楚』例論，而又有甚於楚之『侵陳，遂侵宋』，晉之『侵鄭，遂侵衛』者矣。外兵事書遂者五，而齊獨兩見焉，晉之失伯，非齊爲之歟？」○啖氏曰：「《公羊》云：『入郛不書，此何以書？動我也。』按：因其侵伐我遂入曹，故得詳其事，非爲其動我也。」劉氏曰：「入郛殆矣，幾乎入矣，勢不輕於圍，豈得不書哉！」

庚戌匡王二年。**十有六年**晉靈十。齊懿二。衛成二十四。蔡文公申元年。鄭穆十七。曹文七。陳靈三。杞桓二十六。宋昭九，弑。秦康十。楚莊三。**春，季孫行父會齊侯于陽穀，齊侯弗及盟。**《左傳》：「春，王正月，及齊平。公有疾，使季文子會齊侯于陽穀，請盟。齊侯不肯，曰：『請俟君間。』」《公羊傳》：「其言弗及盟何？不見與盟也。」《穀梁傳》：「弗及者，内辭也。行父失命矣，齊得内辭也。」趙氏曰：「大夫求盟諸侯，宜弗盟也，譏公不親往。」程子曰：「魯、齊既先約盟，而公稱疾不往，乃使季孫行父會，故齊侯不及盟。」張氏曰：「文公即位之元年，以會霸主爲憚，而付之公孫敖，以取晉怒，魯之不得志於晉者數十年。今齊之亂，公能修明政刑，告天子方伯以討其罪，則雖大國必畏之矣。既不能然，反使商人得以强大而威我，親戚命使執辱於齊，邊鄙被兵，與國蒙伐，此有志者困心衡慮而圖之之時也。文公方且宴安於其國，復使其臣犯分求盟，以平累日之隙，抑何不思之甚哉？」王氏曰：「『弗』者遷詞，若曰：我本欲及齊盟，而齊弗及我盟也。上既曰會齊侯，則是齊許之會，非絶魯也，六月公子遂及齊侯盟可知矣。」汪氏曰：「齊懿之不與行父盟，非果能以大夫不可伉諸侯之禮責魯而不盟也，特以勢軋魯而脅文公之親至。及襄仲納賂，則貪於利而不復責文公之不至矣。故直書曰齊侯弗及盟，不以商人之侮辱爲耻也。然平丘之盟則書公不與盟，此不曰行父弗及盟，而書齊侯，則季孫亦不能無責矣。」廬陵李氏曰：「鄭之『弗及』，魯畏齊而弗敢及也。陽穀之『弗及』，齊弱魯而弗見及也。」〇**夏五月，公四不視朔。**《左傳》：「疾也。」《公羊傳》：「公曷爲四不視朔？公有疾也。何言乎公有疾不視朔？自是公無疾不視朔也。然則曷爲不言公無疾不視朔？有疾猶可言也，無疾不可言也。」《穀梁傳》：「天子告朔于諸侯，諸侯受乎禰廟，禮也。公四不視朔，公不臣也，以公爲厭政以甚矣。」

天子班朔于諸侯，諸侯每月奉以告廟，出視朝政。何氏曰：「禮：諸侯受十二月朔政于天子，藏于太祖廟，每月朔朝廟，使大夫南面奉天子之命，君北面受之，乃察一月之政，頒於其國，故謂之視朔。必受之於廟者，孝子緣生以事死，親存則朝朝而夕夕，已死不敢忘，故朝廟受朔而視政也。」杜氏曰：「諸侯每月必聽政，因朝于廟。今公以疾闕，不得視二月、三月、四月、五月朔也。」**文公四不視朔，公羊子以爲有疾也，不言疾，「自是公無疾不視朔也」。**何氏曰：「是後公不復視朔，政事委任公子遂。」孔氏曰：「此後有不告朔者亦不復書，其譏已明矣，不復譏也。」高郵孫氏曰：「視朔之禮廢，自文公始。不曰始不視朔者，或行而或廢也。」**此見聖人所書之意。若後復視朔者，必於此書公有疾，與昭公如晉之事比矣。**張氏曰：「《春秋》微顯志晦之法，無往不寓，以見諱國惡而不没實之意。文公以疾不視朔，《春秋》不用昭公有疾乃復之例，書公有疾，四不視朔；而特書公四不視朔。蓋文公自是因循不講告朔之禮，以致他公不復舉行，所以定、哀之時，聖人有『我愛其禮』之言。羊存而禮廢，其必始於此歟！」

文公厭政備見於經，閏不告、朔不視、無雨不閔、會同不與、廟壞不修、作主不時，事神治民之怠也，則其心放而不知求久矣。高氏曰：「朔者，天子之所頒也。諸侯上稟天子之命，下授萬民之時，故其奉王朔告于廟，則謂之告朔；退而視朝以授民，則謂之視朔。前此未有書不視朔者，若其有疾，則亦常事爾。此特書者，見公之非有疾而然也，蓋欲符季孫行父之言，使齊不疑耳。」蜀杜氏曰：「六年『閏月，不告月，猶朝于廟』，夫子録之，是幸其禮不盡廢也。今又書不視朔，是未嘗朝廟聽政，禮廢甚矣。」汪氏曰：「告朔，乃諸侯所以奉天子之政令。當時諸侯既不稟命于天子而自立，又不朝于天子而述職，其所以承天子之命而授之民者，惟有此耳，水木本原之義，泯滅而僅存者也。文公昉廢此禮而不行，實有無王之心，非特怠於事神治民而已也。《公羊》、《左氏》以爲公有疾，《穀梁》以爲無疾。今考四不視朔，實在齊侯不及盟之後，公子遂盟郪丘之前。蓋公性怠惰，又懼商人之辱己，故因微疾而託之以不聽政，遂辭齊而不會。然二百四十二年，豈無因疾不視朔者？而皆不書。莊公七月有疾，八月薨，亦不書八月不視朔。是文公之疾，非果不能視事也。子貢欲去告朔之羊，蓋沿襲之弊，以是爲不急之務，或廢或行。至春秋之末，雖賢者以爲當廢，《春秋》特筆以罪文公，譏其作俑耳。」廬陵李氏曰：「文公不視朔，《左氏》以爲有疾，而《公》、《穀》以爲無疾，三傳説皆通。蓋此時本以疾而詐齊，自是遂因循廢之爾。朱子曰『魯自文公始不視朔』，則此後不復告朔可知。前閏月之不告，猶行朝廟之禮也，於是朝廟亦不舉矣。」又曰：「《正義》云：『告朔謂告于祖廟，視朔謂聽治月政。視朔由公疾而廢，其告朔或有司告之，不必廢也。』此亦一説。」

六月戊辰，公子遂及齊侯盟于郪丘。郪，音西。《公》作「犀丘」，《穀》作「師丘」，《公羊》疏作「菑丘」。《左傳》：「公使襄仲納賂于齊侯，故盟于郪丘。」《穀梁傳》：「復行父之盟也。」杜氏曰：「郪丘，齊地。」王氏曰：「此盟魯有畏而强欲與之盟也。然行父請盟則弗及，仲遂納賂則俯從，商人之爲君可知矣。見弒於近習，宜哉！」高氏曰：「《春秋》書『公四不視朔』，非特譏公之怠，亦以見公子遂得盟之由。則知此盟非齊侯之欲，故明年齊侯復伐西鄙，僅少紓而已，故謹而日之。」家氏曰：「齊、魯皆千乘之國，齊能伐魯，魯豈不能扞齊？況直而壯者在魯，曲而老者在齊，彼以其力，我以其義，吾何慊於彼？而行父襄仲乞盟不得，至納賂求盟，魯之君臣有愧甚矣。」○**秋八月辛未，夫人姜氏薨。**杜氏曰：「僖公夫人，文公母也。」**毁泉臺。**《左傳》：「有蛇自泉宫出，入于國，如先君之數。秋八月辛未，聲姜薨。毁泉臺。」《公羊傳》：「泉臺者何？郎臺也。郎臺則曷爲謂之泉臺？未成爲郎臺，既成爲泉臺。毁泉臺何以書？譏。何譏爾？築之譏，毁之譏。先祖爲之，己毁之，不如勿居而已矣。」《穀梁傳》：「喪不貳事，貳事，緩喪也，以文爲多失道矣。自古爲之，今毁之，不如勿處而已矣。」

先祖爲之非矣，何氏曰：「莊公所築臺于郎。」**然臺之存毁，非安危治亂之所繫也，雖勿居可也，而必毁之，是暴揚其失，有輕先祖之心。此履霜之漸，弒父與君之萌，《春秋》之所謹也，故書。**孫氏曰：「惡勞民也。築之勞，毁之勞，既築又毁，可謂勞矣。」高郵孫氏曰：「毁者，全除之，與墮異也。先君爲之是而毁之，是毁先君之美也；爲之非而毁之，是暴先君之惡也。《公羊》之説得之。」薛氏曰：「築之，蓋勞人也，又勞人以彰爲者之非，是益非也。」汪氏曰：「或者謂：先君築之非，則今毁之是。文公毀之，爲莊公滅惡，孝之大者。夫孟獻子以其兄所爲之室，尚曰毀之重勞，且不敢間，況以國君而勞民，以毀先君之所築者乎！」○劉氏曰：「《穀梁》云：『喪不貳事，貳事，緩喪也。』非也。但毀一臺，何能令喪緩乎？聲姜九月而葬，所以緩者，亦猶作僖公主，豈爲毀臺乎？」李氏堯俞曰：「《左氏》記蛇妖，《春秋》有異皆備書，何故而闕之？其説妄也。」

楚人、秦人、巴人滅庸。《左傳》：「楚大饑，戎伐其西南，至于阜山，師于大林。又伐其東南，至于陽丘，以侵訾枝。庸人帥群蠻以叛楚。麇人帥百濮聚於選，將伐楚。於是申、息之北門不啓。楚人謀徙於阪高。蔿賈曰：『不可。我能往，寇亦能往。不如伐庸。夫麇與百濮，謂我饑不能師，故伐我也。若我出師，必懼而歸。百濮離居，將各走其邑，誰暇謀人？』乃出師。旬有五日，百濮乃罷。自廬以往，振廩同食。次于句澨。使廬戢黎侵庸，及庸方城。庸人逐之，囚子揚窗。三宿而逸，曰：『庸師衆，群蠻聚焉，不如復大師，且起王卒，合而後進。』師叔曰：『不可。姑又與之遇以驕之。彼驕我怒，而後可克，先君蚡冒所以服陘隰也。』又與之遇，七遇皆北，唯裨、儵、魚人實逐之。庸人曰：『楚不足與戰矣。』遂不設備。楚子乘馹，會師于臨品，分爲二隊，子越自石溪，子貝自仞，以伐庸。秦人、巴人從楚師，群蠻從楚子盟。遂滅庸。」

楚大饑，戎與麇、濮交伐之，而庸人幸其弱，帥群蠻以叛楚，此取滅之道也。楚人謀徙於阪高，蔿賈曰：「不可。我能往，寇亦能往。不如伐庸。」亦見其謀國之善矣。故列書三國而楚不稱師，減楚之罪詞也。張氏曰：「庸乘饑饉帥蠻危楚，楚一畏徙，則無以保其國。然御變待敵，亦制服之而已，夷人宗社，豈王法之所容乎？楚子克庸而遂滅之，其罪大矣，是以『人』楚子而罪其滅也。」高氏曰：「楚率秦、巴以滅庸，則秦又聽服於楚矣。夫城濮之役，秦人在焉，遂與中國盟會。晉襄因殽之役報復不已，自是失秦。使其協和以攘楚，且討其弑君父之罪，蓋有餘力。而晉反棄秦以資楚，此中國所以不振也。」

冬，十有一月，宋人弑其君杵臼。《公》作「處臼」。《左傳》：「宋公子鮑禮於國人，宋饑，竭其粟而貸之。年自七十以上，無不饋詒也，時加羞珍異。無日不數於六卿之門。國之材人，無不事也；親自桓以下，無不恤也。公子鮑美而艶，襄夫人欲通之，而不可，乃助之施。昭公無道，國人奉公子鮑以因夫人。於是華元爲右師，公孫友爲左師，華耦爲司馬，鱗矔爲司徒，蕩意諸爲司城，公子朝爲司寇。初，司城蕩卒，公孫壽辭司城，請使意諸爲之。既而告人曰：『君無道，吾官近，懼及焉。棄官，則族無所庇。子，身之貳也，姑紓死焉。雖亡子，猶不亡族。』既，夫人將使公田孟諸而殺之。公知之，盡以寶行。蕩意諸曰：『盍適諸侯？』公曰：『不能其大夫，至于君祖母以及國人，諸侯誰納我？且既爲人君而又爲人臣，不如死！』盡以其寶賜左右而使行。夫人使謂司城去公。對曰：『臣之而逃其難，若後君何？』冬，十一月，甲寅，宋昭公將田孟諸。未至，夫人王姬使帥甸攻而殺之。蕩意諸死之。書曰『宋人弑其君杵臼』，君無道也。文公即位，使母弟須爲司城。華耦卒，而使蕩虺爲司馬。」《公羊傳》：「弑君者曷爲或稱名氏，或不稱名氏？大夫弑君稱名氏，賤者窮諸人；大夫相殺稱人，賤者窮諸盜。」

此襄夫人使甸殺之也，而書宋人者，昭公無道，國人之所欲弑也。范氏曰：「稱人者，衆辭。衆之所同，則君過可知。」陳氏曰：「稱人，猶曰衆人殺之云耳。昭公之篇，大夫特書官，而意諸不言『及』。

大夫而不書官，則臣子何罪？意諸而言『及』，則昭公疑於殤、閔。」薛氏曰：「書人，皆微者也。國君無道，微者得以殺之，君之罪，而又誅其臣子也。」**君無道而弒之，可乎？諸侯殺其大夫，雖當於罪，若不歸司寇，猶有專殺之嫌，以爲不臣矣，況於北面歸戴奉之以爲君也。故曰：人臣無將，將而必誅。昭公無道，聖人以弒君之罪歸宋人者，以明三綱人道之大倫，君臣之義不可廢也。**永嘉呂氏曰：「稱『人』以弒，則其國人咸有罪焉。『宋人弒其君杵臼』，國人利公子鮑之惠，奉而欲立之，因昭公田孟諸，郊甸之師攻而殺之，是宋國之人皆欲弒之也。『齊人弒其君商人』，亦齊人利商人之惠，縱其弒舍而君之，及邴歜、閻職弒懿公，而國人又莫之討，是齊國之人皆有罪也。『莒人弒其君密州』，以莒子虐，國人攻而弒之，是莒國之人皆有弒君之心也。」**然則有土之君可以肆於民上而無誅乎？諸侯無道，天子、方伯在焉，臣子、國人其何居？**音基。**死於其職，而明於去就從違之義，斯可矣。**高氏曰：「不書葬，賊不討也。杵臼之死，襄夫人爲之也。若專歸罪於夫人，則杵臼無道失衆之惡無自而見，惟以衆言之，則夫人之罪在其中矣。此之謂善志。春秋之世，君以無道致禍者衆矣，獨杵臼與齊商人、莒密州稱『人』以弒者。天之所廢，必若桀、紂。然以桀之虐，民欲與之偕亡，而成湯放之猶有慚德；以紂之不善，億兆離心，而文王事之猶不敢違。況君罪未至此，而輒爲賊以弒之乎！」汪氏曰：「昭公自言『不能其大夫，至於君祖母以及國人』，則其無道而不足以君宋，固不誣矣。然《左氏》云：『公子鮑美而艷，襄夫人欲通之。』使襄夫人與鮑果有淫行，則舉國之人豈肯心悦誠服，而當國大臣安有順鮑之所欲而君之乎？此未可信。竊意昭公無道，久失衆心，故襄夫人密使人因衆惡而戮之。既戮之，而猶加以美謚，則將掩其殺國君之惡也。《春秋》推見至隱，書曰『宋人弑其君』，既足以著昭公無道之實，又斥宋人大惡之罪，而襄夫人以君祖母縱國人之弑其君，其與弑之罪不書而自見矣。朱子《綱目》於後魏馮太后鴆顯祖，直書曰『太后弑其主』，蓋取《春秋》書宋弑昭公之例也。」**蕩意諸亦死職，《春秋》削之，不得班於孔父、仇牧、荀息，何也？三子閑其君而見殺，《春秋》之所取也。意諸知國人將弑其君而不能止，知昭公之將見殺而不能正，坐待其及而死之，所謂匹夫匹婦自經於溝瀆而莫之知也，奚得與死於其職者比乎？**汪氏曰：「意諸違亂出奔，未幾而復反，既不能引其君當道，使免於難，又梏於利害之私而守位不去，其亦不仁矣。」**聖人所以獨取高哀之去，而書字以褒之也。**

辛亥匡王三年。**十有七年**晉靈十一。齊懿三。衛成二十五。蔡文二。鄭穆十八。曹文八。陳靈四。杞桓二十七。宋文公鮑元年。秦康十一。楚莊四。**春，晉人、衛人、陳人、鄭人伐宋。**《左傳》：「晉荀林父、衛孔達、陳公孫寧、鄭石楚伐宋，討曰：『何故弑君？』猶立文公而還。卿不書，失其所也。」程子曰：「行天討而成其亂，失天職也，故不卿之。」

列國之卿，其君所與共天位、治天職者。宋有弑君之亂，欲行天討而伐宋，乃其職也。復不能討而成其亂，是不足爲國卿，失其職矣，故皆貶而稱人。陳氏曰：「曷爲貶稱人？失討賊之義也。宋賊無主名，宜若勿討，其責諸侯以討之何？子弑父，凡在宫者殺無赦；臣弑君，凡在官者殺無赦。衆人弒君，賊奈何勿討也？賊可以勿討，則昭公書葬矣。」**大夫帥師稱名氏，賤者窮諸「人」，其稱人，賤之也。陳恒弒簡公，孔子請討，曰：「以吾從大夫之後，不敢不告也。」**高氏曰：「孔子雖已告老，猶請討之，況正居卿大夫之位者乎！《春秋》之誅亂賊，如魯宣公者，與謀也；如楚公子比者，與事也。若宋文公始無弒君之謀，終無弒君之逆而以爲弒君者，有其情也。今諸國之師不探其情而無所委罪焉，貶而人之，不亦宜乎？」

夏，四月癸亥，葬我小君聲姜。聲，❶《公》作「聖」。《左傳》：「有齊難，是以緩。」《公羊傳》：「聖姜者何？文公之母也。」高氏曰：「九月乃葬，慢也。不稱僖姜，而别爲之謚，非禮也。文公三不與諸侯盟會，四不視朔，又緩葬其母，其怠於政事可知也已。」〇劉氏曰：「《左傳》云：『有齊難，是以緩。』按：聲姜薨後，乃無齊難，既葬而有齊師耳。」〇**齊侯伐我西鄙。六月癸未，公及齊侯盟于穀。**《左傳》：「齊侯伐我北鄙，襄仲請盟。六月，盟于穀。」高氏曰：「齊猶以公不親盟復來討，而脅公出盟，於此見郪丘之盟無益矣。」汪氏曰：「郪丘與穀之盟皆書及，則二盟皆魯人汲汲欲盟，非齊之急於盟也。明年商人戒師期，使無申池之禍，則兵又至魯矣，盟豈足恃哉！」家氏曰：「齊之無道亦極矣，魯之不自振亦甚矣。齊商傲而日益盈，魯文卑而日益索，皆將死之證。商惡貫盈，宜及於難。」〇**諸侯會于扈。**《左傳》：「晉侯蒐于黄父，遂復合諸侯于扈，平宋也。公不與會，齊難故也。書曰諸侯，無功也。於是晉侯不見鄭伯，以爲貳於楚也。鄭子家使執

---

❶「聲」，原脱，今據四庫本補。

訊而與之書，以告趙宣子，曰：『寡君即位三年，召蔡侯而與之事君。九月，蔡侯入於敝邑以行。敝邑以侯宣多之難，寡君是以不得與蔡侯偕。十一月，克減侯宣多，而隨蔡侯以朝于執事。十二年六月，歸生佐寡君之嫡夷，以請陳侯于楚，而朝諸君。十四年七月，寡君又朝以蕆陳事。十五年五月，陳侯自敝邑往朝于君。往年正月，燭之武往，朝夷也。八月，寡君又往朝。以陳、蔡之密邇於楚，而不敢貳焉，則敝邑之故也。雖敝邑之事君，何以不免？在位之中，一朝于襄，而再見于君。夷與孤之二三臣相及於絳。雖我小國，則蔑以過之矣。今大國曰：「爾未逞吾志。」敝邑有亡，無以加焉。古人有言曰：「畏首畏尾，身其餘幾。」又曰：「鹿死不擇音。」小國之事大國也，德，則其人也；不德，則其鹿也，鋌而走險，急何能擇？命之罔極，亦知亡矣，將悉敝賦以待於儵。唯執事命之！文公二年六月壬申，朝于齊。四年二月壬戌，爲齊侵蔡，亦獲成於楚。居大國之間，而從於强令，豈其罪也？大國若弗圖，無所逃命。』晉鞏朔行成於鄭，趙穿、公壻池爲質焉。」杜氏曰：「傳不列諸國而言復合，則如上十五年盟扈之諸侯可知也。」

宋昭公雖爲無道，人臣將而必誅。《春秋》正宋人爲弑君之罪，所以明人道之大倫也，故大夫無沐浴之請，則貶而稱人；諸侯無討賊之功，則略而不序。杜氏曰：「昭公雖以無道見弑，而文公猶宜以弑君受討。故林父伐宋以失所稱人，晉侯平宋以無功不序，明君雖不君，臣不可以不臣，所以督大教。」**不然，是廢君臣之義，人欲肆而天理滅矣。故曰：《春秋》成而亂臣賊子懼。**王氏曰：「桓二年會稷以成宋亂，獨序諸侯者，春秋之初，四國交亂，猶之可也。至此八國成亂，天下之勢胥爲夷矣。」家氏曰：「兩扈之會諸侯不序，《春秋》所以削晉霸，而著其黨逆之罪也。自齊桓之霸，中國久無篡弑之禍。及齊商人、宋鮑弑君，霸國無討，又從而安定之，自是篡弑之禍接迹於中國，魯赤、晉靈皆斃於强臣之手，趙盾實爲之也。人以爲盾有無君之心，故黨逆賊而不問，盾何以辭其責？或謂：宋督弑君，四國爲會于稷，《春秋》書曰以成宋亂，今晉人兩扈，視稷無以相遠，不書成齊亂、成宋亂，何哉？夫督之弑，霸事未興，書成宋亂，並責在會之諸侯也。今晉主夏盟，商與鮑皆釋而無討，更與諸侯共定篡賊之位，罪浮於稷，故《春秋》削晉霸而不列數諸侯，事雖同而書法異，罪有輕重故也。」汪氏曰：「二扈之會皆取賂而還，見利而忘義也。」

秋，公至自穀。 高氏曰：「公不與扈之會，而及齊盟穀，苟免齊難。書『至自穀』，則不會扈可知矣。」張氏曰：「齊商人不足與會，書至危之。」汪氏曰：「明年齊復欲伐魯，則危可知矣。」

附録《左傳》：「秋，周甘歜敗戎于邥垂，乘其飲酒也。」〇「冬十月，鄭大子夷、石楚爲質于晉。」

冬，公子遂如齊。 《左傳》：「襄仲如齊，拜穀之盟。復曰：『臣聞齊人將食魯之麥，以臣觀之，將不能。齊君之語偷，臧文仲有言曰：「民主偷，必死。」』」高氏曰：「公已與齊侯盟而遂復往者，政在遂故也。」汪氏曰：「自商人之篡，魯連年被兵。上卿納賂請盟，又親與盟，繼又使卿往聘，而怒猶未怠也。卑屈之不足以紓禍也如是，苟非假手於歜、職，則魯其殆哉。」

壬子匡王四年。**十有八年**晉靈十二。齊懿四，弑。衛成二十六。蔡文三。鄭穆十九。曹文九。陳靈五。杞桓二十八。宋文二。秦康十二，卒。楚莊五。**春，王二月丁丑，公薨于臺下。**《左傳》：「春，齊侯戒師期，而有疾。醫曰：『不及秋，將死。』公聞之，卜，曰：『尚無及期。』惠伯令龜。卜楚丘占之，曰：『齊侯不及期，非疾也。君亦不聞。令龜有咎。』二月丁丑，公薨。」《穀梁傳》：「臺下，非正也。」高郵孫氏曰：「薨非路寢，皆不正也。其曰臺下，蓋又甚焉。」汪氏曰：「或謂因隕而斃，不能順受其正，故以非命而終。今雖莫考其詳，然經書『薨于臺下』，則其失正終之道亦可貶矣。」廬陵李氏曰：「文公在位十有八年，乃怠政之君，魯國之衰自此始。當其初年，承僖公之餘政，國家無事，故『即位』之書，始得繼體之正。而叔服會葬，毛伯錫命，王室之待魯甚優，夫何得臣如京、公孫敖會晉侯？尊王事伯之禮皆失焉。不一二年，緩於作主，輕於逆祀，以至世室之壞而宗廟之禮廢矣；婦姜之逆不能謹始，敬嬴之嬖不能正分，而夫婦適妾之禮紊矣。故先儒曰：『三書不雨，無勤民之心；四不視朔，無自强之志。處父厭盟則辱於晉，郪丘賂盟則辱於齊。』誠哉，是言也！然自七年會扈以後，十三年新城以前，楚商臣方以伯事召諸侯，宋、鄭、蔡皆靡然從之，魯於是時獨能堅事晉室，故衡雍之盟、公子遂之救、承筐之謀、沓棐之會，亦不爲無益於晉靈之伯。數年之間，楚椒、秦術之聘，曹伯之兩朝，魯亦若尤能爲諸侯之望者。奈何晉室不振，齊商人之侵暴不已，行父兩告而援師不出，於是陽穀之盟、穀之盟，魯遂困於齊矣。雖文公之媮有以致之，亦晉之咎也。若夫敬嬴、襄仲之事，則又襲成風之餘智者。文公前有讒而不見，後有賊而不知，身死之後，冢嗣戕賊，其亦莊公之儔哉！」〇**秦伯罃卒。**高氏曰：「秦雖伯益之後，本附庸也，僻在西夷。自秦仲始大，至平王時，襄公有功於周室，賜爵爲伯。穆公與於城濮之戰，自後與中國交聘盟會。康公歸襚，始與魯通好，至是遂書其卒。」〇**夏，五月戊戌，齊人弑其君商人。**《左傳》：「齊懿公之爲公子也，與邴歜之父爭田，弗勝。及即位，乃掘而刖之，而使歜僕。納閻職之妻，而使職驂乘。夏五月，公游於申池。二人浴於池，歜以扑抶職，職怒，歜曰：『人奪女妻而不怒，一抶女庸何傷？』職曰：『與刖其父而弗能病者，何如？』乃謀弒懿公，納諸竹中。歸，舍爵而行。齊人立公子元。」

按《左氏》：齊懿公即位，刖邴歜音觸之父，而使歜僕，納閻職之妻，而使職驂乘。二人者，實弒懿公。然則於法，宜書曰盜，茅堂胡氏曰：「臣弒其君，子弒其父，非一朝一夕之故，而義各不同。如閻職弒君，不書盜而曰齊人，須熟看傳文，思聖人之意。使弒君則書弒君，夫人而能爲《春秋》也。」而特變其詞，以爲齊人，何也？亂臣賊子之動於惡，必有利其所爲而與之者。人人不利其所爲而莫之與，則孤危獨立，無以濟其惡，篡弒之謀熄矣。惟利其所爲而與之者衆，是以能濟其惡，天下胥爲禽獸而莫之遏。公子商人驟施於國而多聚士，盡津忍反。其家而貸音忒。於公有司，是以財誘齊國之人也。齊人貪公子一時之私施，不顧君臣萬世之大倫，弒其國君，則靦面以爲之臣而不能討；執其君母，則拱手以聽其所爲而不能救。故於懿公見殺，特不書盜，反以弒君之罪歸諸齊人，茅堂胡氏曰：「商人，當誅之賊也，於法本從州吁、無知之例，而聖人書『齊人弒其君』者，所以深罪齊國之人也。」高郵孫氏曰：「齊人殺商人，自以其私，非討賊也。《春秋》之義：弒君大惡之人，殺之必正其罪。苟不討其罪，又以其私，則亦曰弒君也。所以原情定罪，而大爲之防也歟！」以誅亂賊之黨，弭篡弒之漸，所謂拔本塞源，懲禍亂之所由也。故曰：《春秋》成而亂臣賊子懼。陳氏曰：「職、歜微不稱盜而稱齊人，所以罪商人也。」高氏曰：「書

『齊人弑』，以誅亂賊之黨，且見齊無臣子，而商人得遂爲君也。」張氏曰：「商人固當討之賊，然齊人不以爲賊，北面稱臣而君之者三年，以爲賊則不當事，以爲君則不可弑。今三年事之，一旦弑之，亂作於大分已定之後，故曰『弑其君』也。況商人驟施聚士，以成弑舍之謀，則齊人乃同惡之黨！所以歜、職殺商人而特書齊人。」汪氏曰：「歜、職以僕御之賤，既斃商人，舍爵而行，略不畏忌，如肆行於無人之境，則齊人固惡商人而欲其斃也。《春秋》以弑君係之齊人，宜矣。然商人前書弑舍，今既不從州吁、無知之例以討賊書，又不從楚比之例以盜殺書，蓋罪齊人既以爲君而又殺之也。朱子《綱目》於隋煬，前書『太子廣弑帝』，後書『宇文化及弑其君廣』，蓋取法《春秋》書商人之例耳。此李存孝之叛其養父而歸朝廷，君子不予以從義，而豫讓之不肯委質爲臣而報讎者，所以見稱於史第也。」

六月癸酉，葬我君文公。○秋，公子遂、叔孫得臣如齊。《左傳》：「秋，襄仲、莊叔如齊，惠公立故，且拜葬也。文公二妃，敬嬴生宣公。敬嬴嬖，而私事襄仲。宣公長，而屬諸襄仲。襄仲欲立之，叔仲不可。仲見于齊侯而請之。齊侯新立，而欲親魯，許之。」《穀梁傳》：「使舉上客，而不稱介，不正其同倫而相介，故列而數之也。」

使舉上客，將稱元帥，此《春秋》立文之常體也。其有變文書介副者，欲以起問者見事情也。子赤夫人之子，今卒于弑，不著其實，是爲國諱惡，無以傳信於將來，而《春秋》之大義隱矣。故上書大夫並使，下書夫人歸于齊，中曰子卒，則見禍亂邪謀發於奉使之日，而公子遂弑立其君之罪著矣。劉氏曰：「《春秋》之文有常有變，變之甚微，讀者難知也，則以爲史耳。

乃《春秋》，則欲起問者見善惡也。仲遂將弒君，謀之齊而後決。經書『子卒』，其實尚隱，故原其禍亂之始，邪謀之發，著之奉使之日，以見非常也。齊與人之大臣謀弒其君，《春秋》所以異而惡之也。」王氏曰：「遂緣使事脩聘於齊，請立宣公，得臣非介，蓋並命也。《春秋》累數而不特書者，誅其姦也。」臨川吴氏曰：「公子遂將殺適立庶，而先聘齊以請，故托賀立君及拜葬二事以行也。」高氏曰：「一卿將命，可兼他事，豈可每事一卿乎？遂將弒嗣君，故二卿偕往，罪不容誅。」汪氏曰：「公子遂當僖公之世，入杞、伐邾，已得兵權。文公即位，遂執魯國之政，特盟霸國之卿，專會諸侯之師，重以文之庸闇怠於政事，無君之心非一日矣。故假使齊之行挾得臣同往，結援强鄰，以定弒立之計。《春秋》列書使、介，務惡於得臣也。」

冬十月，子卒。《左傳》：「冬十月，仲殺惡及視，而立宣公。書曰『子卒』，諱之也。仲以君命召惠伯，其宰公冉務人止之，曰：『入必死。』叔仲曰：『死君命，可也。』公冉務人曰：『若君命，可死；非君命，何聽？』弗聽，乃入，殺而埋之馬矢之中。公冉務人奉其帑以奔蔡，既而復叔仲氏。」《公羊傳》：「子卒者孰謂？謂子赤也。何以不日？隱之也。何隱耳？弒也。弒則何以不日？不忍言也。」《穀梁傳》：「子卒不日，故也。」杜氏曰：「殺視不書，賤之。」

諸侯在喪稱子，陳氏曰：「惡位未定，則其稱子卒何？成之爲在喪之君也。凡君在喪恒稱子，未葬稱子某。於是公子遂殺惡而立宣公，故成之爲在喪之君，以弒罪罪宣公也。」**繼世不忍當也；既葬不名，終人子之事也；踰年稱君，緣民臣之心也。子卒何以不日？遇弒，不忍言也。**趙氏曰：「魯君未踰年而見殺，但書卒，不可斥言也。」**既葬而不名，不名而遇弒者，不日以見其弒，子**

赤是也；孫氏曰：「成君弒不地，子赤未踰年，故不日以别之。」**踰年而稱君，稱君而遇弒者，不地以見其弒，閔公是也。何以知其賊乎？上書大夫並使，下書子卒、夫人歸，則知罪之在公子遂矣；「孫于邾」，「出奔莒」，則知罪之在夫人與慶父矣。**汪氏曰：「翬弒隱公而伐鄭、伐宋不稱公子，慶父弒閔公、子遂弒子惡，經不削其族，事同而既貶，從同同也。」**繼世之恩，終事之重，情文之節，隱惡之禮，記事之信，**汪氏曰：「繼世，謂在喪稱子。終事，謂既葬不名。情文，謂繼世不忍遽稱君，見人情之恩愛。已葬嗣子不名，見禮文之尊敬。隱惡，謂不書弒。記事，謂不泯子惡見弒之實也。」**誅亂臣討賊子之義備矣。**茅堂胡氏曰：「子赤之生不見於經，蓋文公不知重嫡庶之義，故仲尼削之。」張氏曰：「私事公子遂，敬嬴奪嫡之心也。然其敢啓是心者，嬖故也。有夫人太子而嬖寵妾，則文公所以怠於政事者有自來矣。國君昏於嬖寵，慢棄國政，故妾媵、大臣相與謀賊君嗣而不能察。所謂前有讒而不見，後有賊而不知者，文公之謂矣。叔彭生身爲大臣，既無以救文公之失政，又不能撓仲遂之邪謀，有公冉務人之忠言不能用，甘心就死，無一毫扶持之實，没而不書，有以也哉！」○汪氏曰：「莊十二年傳謂：惠伯死非君命，故不得以死節書。竊疑仲遂殺惠伯而埋之，史官畏遂威權，不敢書曰公子遂殺叔仲彭生。夫子作《春秋》，當哀公之時，而宣公乃時君之祖考，故亦仍舊史，爲國諱惡而不敢增也。苟曰必死君命而後爲死節，則人臣扞君於患難之際，待召而往，亦已晚矣。或謂惠伯不發仲遂之謀，令君及禍，故不書卒。夫以季文子、孟獻子之賢，皆黨遂逆謀，反得書卒，而獨責備於惠伯？聖筆之討罪，抑不如是之偏也。何休以惠伯先見殺，與荀息異，然孔父先見殺而得書，則亦非矣。」

夫人姜氏歸于齊。《左傳》：「大歸也。將行，哭而過市，曰：『天乎！仲爲不道，殺適立庶。』市人皆哭。魯人謂之哀姜。」《穀梁傳》：「惡宣公也。有不待貶絶而罪惡見者，有待貶絶而惡從之者。姪娣者，不孤子之意也，一人有子，三人緩帶。一曰就賢也。」

書夫人，則知其正。汪氏曰：「以氏係姓，以姓係號，與妾媵不同。」**書姜氏，則知其非見絶於先君。**汪氏曰：「據文姜不稱姜氏。」**書歸于齊，則知其無罪，**趙氏曰：「言歸，不反之辭也。」**異於「孫于邾」者。**汪氏曰：「哀姜與弑閔公，故稱孫。」**而魯國臣子殺適立庶，敬嬴、宣公不能事主君，存適母，其罪不書而並見矣。**高氏曰：「書『夫人姜氏歸于齊』于『子卒』之下，則知惡及視皆死而無所依矣。」張氏曰：「文定於九年『夫人姜氏至自齊』傳曰『出姜至是蓋不安於魯』，適庶之亂，未有不始於妾上僭、夫人失位而致之者，是以知文公之首惡也。」家氏曰：「齊人弑舍而歸叔姬于魯，魯人弑赤而歸出姜于齊，弑君出母，後先一轍。王綱隳頽，伯政廢弛，莫有聲其罪而討之者，聖人書此，重爲慨歎矣。」汪氏曰：「文公已葬而夫人出，則知嗣子之没於弑，而不容於魯也。文姜、哀姜預聞弑君，皆書曰孫。出姜書號、書姓、書氏、書歸而無貶辭，則知責魯之臣子，而姜氏爲無罪矣。此聖人屬辭之深切著明，欲人有考於是，而知子惡之所以弑，與公子接之所以立也。」○趙氏曰：「《左氏》云：『出曰歸于某。』按：夫人公薨之後，以子見殺自歸父母之家，非被出也。若有罪見絀，則當云出歸于某，不得但言歸也。」

季孫行父如齊。張氏曰：「告宣公之立也。」沙隨程氏曰：「遂、得臣、行父三人皆與謀，以其前後如齊而知之也。」高氏曰：「前乎『子卒』書如齊，後乎『子卒』書如齊，齊實聞乎故，所以惡齊也。宣十八年行父云：

『使我殺適立庶者，仲也夫！』乃逐仲族，則行父實與謀弑惡而立宣公，故出姜歸齊，而行父遽如齊焉。惡實齊之甥，恐齊人聽夫人之訴而來討，於是議納賂而請平焉。行父之罪固不待貶，而魯國臣子皆不可勝誅也。」家氏曰：「經書行父如齊於夫人大歸之後，則行父亦與於弑矣。君薨太子立，正也，非姦臣之利也。舍嫡立庶，姦臣之利，非國之福也。强家擅弑立，以市恩於新君而專權，自兹始矣。史墨云：『魯自東門遂殺嫡立庶，魯君於是乎失國，政在季氏，於昭公也四君矣。』或者以行父爲社稷臣，誤矣。」〇**莒弑其君庶其。**

《左傳》：「莒紀公生大子僕，又生季佗。愛季佗而黜僕，且多行無禮於國。僕因國人以弑紀公，以其寶玉來奔，納諸宣公。公命與之邑，曰：『今日必授！』季文子使司寇出諸竟，曰：『今日必達！』公問其故。季文子使大史克對曰：『先大夫臧文仲教行父事君之禮，行父奉以周旋，弗敢失隊，曰：「見有禮於其君者，事之，如孝子之養父母也；見無禮於其君者，誅之，如鷹鸇之逐鳥雀也。」先君周公制《周禮》曰：「則以觀德，德以處事，事以度功，功以食民。」作《誓命》曰：「毁則爲賊，掩賊爲藏。竊賄爲盜，盜器爲姦。主藏之名，賴姦之用，爲大凶德，有常無赦，在《九刑》不忘！」行父還觀莒僕，莫可則也。孝敬、忠信爲吉德，盜賊、藏姦爲凶德。夫莒僕，則其孝敬，則弑君父矣；則其忠信，則竊寶玉矣。其人，則盜賊也；其器，則姦兆也。保而利之，則主藏也。以訓則昏，民無則焉。不度於善，而皆在於凶德，是以去之。昔高陽氏有才子八人，蒼舒、隤敳、檮戭、大臨、尨降、庭堅、仲容、叔達，齊、聖、廣、淵、明、允、篤、誠，天下之民謂之八愷。高辛氏有才子八人，伯奮、仲堪、叔獻、季仲、伯虎、仲熊、叔豹、季貍，忠、肅、共、懿、宣、慈、惠、和，天下之民謂之八元。此十六族也，世濟其美，不隕其名。以至於堯，堯不能舉。舜臣堯，舉八愷，使主后土，以揆百事，莫不時序，地平天成。舉八元，使布五教于四方，父義、母慈、兄友、弟恭、子孝，内平外成。昔帝鴻氏有不才子，掩義隱賊，好行凶德，醜類惡物，頑嚚不友，是與比周，天下之民謂之渾敦。少皥氏有不才子，毁信廢忠，崇飾惡言，靖譖庸回，服讒蒐慝，以誣盛德，天下之民謂之窮奇。顓頊氏有不才子，不可教訓，不知話言，告之則頑，舍之則嚚，傲狠明德，以亂天常，天下之民謂之檮杌。此三族也，世濟其凶，增其惡名，以至于堯，堯不能去；縉雲氏有不才子，貪于飲食，冒于貨賄，侵欲崇侈，不可盈厭，聚斂積實，不知紀極，不分孤寡，不恤窮匱，天下之民以比三凶，謂之饕餮。舜臣堯，賓于四門，流四凶族，渾敦、窮奇、檮杌、饕餮，投諸四裔，以禦魑魅。是以堯崩而天下如一，同心戴舜以爲天子，以其舉十六相，去四凶也。故《虞書》數舜之功，曰「慎徽五典，五典克從」，無違教也。曰「納于百揆，百揆時敘」，無廢事也。曰「賓于四門，四門穆穆」，無凶人也。舜有大功二十而爲天子，行父雖未獲一吉人，去一凶矣，於舜之功，二十之一也。庶幾免於戾乎！』」《公羊傳》：「稱國以弑何？稱國以弑者，衆弑君之辭。」啖氏曰：「稱國以弑，自大臣也。不書大夫，君無道也。」或問：「滕、薛、邾、莒事辭多簡，竊疑莒弑其君庶其、薛弑其君比，乃是彼國告辭既略，國史亦略書之，非如晉州蒲舉國欲弑之者。又庶其、比不見其大惡，是否？」茅堂胡氏曰：「他事則略，至於弑君則必記其所由，故或稱國，或稱人。」○劉氏曰：「《左氏》云『莒大子僕因國人弑之』，則子弑其父也。父雖無道，子可弑乎？子弑父，可匿其罪乎？其以君無道書，庶幾也。」臨川吴氏曰：「稱國以弑者，一國臣民之衆所欲弑也。如《左氏》之言，則是僕以大子弑父也，《春秋》何以書國弑乎？且僕既與國人同弑君，則當自立矣，又何以奔魯乎？疑『僕因國人』之下『以』字當作『之』，謂僕因國人之弑君，懼并及禍而來奔也。」汪氏曰：「文定於襄三十一年

『莒人弑君密州』，據趙氏以爲傳之誤，大略與此相類，讀者當互考。」

附録《左傳》：「宋武氏之族道昭公子，將奉司城須以作亂。十二月，宋公殺母弟須及昭公子，使戴、莊、桓之族攻武氏于司馬子伯之館，遂出武穆之族。使公孫師爲司城。公子朝卒，使樂吕爲司寇，以靖國人。」

春秋集傳大全卷之十九

宣公

一公名倭，一名接，文公妾敬嬴之子，夫人穆姜。在位十八年。謚法：「善問周達曰宣。」

周魯宣公二年，匡王崩，弟定王立。

鄭魯宣公三年，穆公卒，靈公夷立。宣四年，靈公弑，弟襄公堅立。

齊魯宣公十年，惠公卒，子頃公無野立。

宋詳見文公元年。

晉趙盾爲政。魯宣公二年，靈公弑，成公黑臀立。宣八年，郤缺爲政。宣九年，成公卒，子景公獳立。宣十一年，荀林父爲政。宣十六年，士會爲政。宣十七年，郤克爲政。

衛魯宣公九年，成公卒，子穆公遬立。

蔡魯宣公十七年，文公卒，子景公固立。

曹魯宣公十四年，文公卒，子宣公廬立。

陳魯宣公十年，靈公弑，子成公午立。

杞詳見僖公元年。

薛詳見僖公元年。

莒詳見文公元年。

邾詳見文公元年。

許魯宣公十七年，昭公卒，靈公立。

小邾詳見僖公元年。

楚魯宣公十一年，盟辰陵討陳，《春秋》始予楚莊王以伯。宣十一年，楚孫叔敖爲令尹。宣十二年，敗晉于邲。宣十八年，莊王卒，共王立。

秦魯宣公四年，共公卒，桓公立。

吴詳見隱公元年及成公元年。

越詳見隱公元年。

癸丑匡王五年。**元年**晉靈十三年。齊惠公元元年。衛成二十七年。蔡文四年。鄭穆二十年。曹文十年。陳靈六年。杞桓二十九年。宋文三年。秦共公稻元年。楚莊六年。**春，王正月，公即位。**《公羊傳》：「繼弒君不言即位，此其言即位何？其意也。」《穀梁傳》：「繼故而言即位，與聞乎故也。」

宣公爲弒君者所立，受之而不討賊，是亦聞乎弒也，故如其意焉而書即位，以著其自立之

罪，而不嫌於同辭。美一也，有小大則襃詞異；惡一也，有小大則貶詞異。一美一惡，無嫌於同。 張氏曰：「宣公受弒賊之立而居其位，其罪同於桓公，而十八年之間皆書王，與桓公不同者，法已舉於前矣，天理不可以常亡，王法不可以久廢，故存王以舉大法，亦所以正宣公之罪也。」高郵孫氏曰：「桓弒隱而立，《春秋》月而不『王』，以罪天王之不能誅之。宣弒子赤而立，《春秋》書月書王，不罪天王之不討者，非赦之也。天王不王，自平王而下，桓公之時，王道之不行未久，有王者興，則桓公在可誅之域，不於在位，當於其將終。竟桓公之死，王不能誅！聖人不忍周道之衰，而弒君者得志也，十八年間書王者四。終始反覆，欲其見討而竟不能，於是月而不王，以爲法於萬世。至於宣公，則王道之不行百餘年矣，亂賊接迹而起，而王者未嘗誅之，非天下無王，何至是也？宣弒子赤自立，晏然無所忌憚，《春秋》於即位之月書王，以明王道之行不容一日息也。惟其無王，是以書王爾。桓公之時，王猶可望，則待王之誅；宣公之時，王不足望，故書王以討也。」

公子遂如齊逆女。《左傳》：「尊君命也。」

魯秉周禮，喪未朞年遣卿逆女，何亟乎？太子赤，齊出也。仲遂殺子赤及其母弟而立宣公，懼於見討，故結昏于齊爲自安計，越典禮以逆之。如此其亟而不顧者，必敬嬴、仲遂請齊立接之始謀也。 家氏曰：「宣公繼世之初，斬焉在疚，而首遣大夫如齊逆女，所遣者又同惡之大夫。《春秋》書之，所以著敬嬴、襄仲弒君簒國之本謀，亦以見齊元無道，黨其臣而使之弒君也。蓋請昏割地，魯所以自結於齊者，皆在遂與得臣如齊之時，故即位未幾而襄仲隨有逆女之行，無何又以割地而出。

《春秋》書即位、書逆女、書遂以夫人婦姜至自齊、書齊人取濟西田，著魯人結齊之援以弑其君，著齊人輔魯之簒俾弑其君，蓋明王法以治齊、魯之罪，二國皆有討也。」王氏曰：「赤，齊之甥也。憂齊之有所黨，故欲急昏於齊也。《公》、《穀》謂譏喪娶，不知喪娶之不足罪也，可罪者，喪娶之故也。」**其後滕文公定爲三年喪，父兄百官皆不欲，曰：「吾宗國魯先君莫之行也。」**朱子曰：「謂魯不行三年之喪者，乃其後世之失，非周公之法本然也。」**喪紀浸廢，夫豈一朝一夕之故？自文、宣莫之行矣。此所謂不待貶絶而罪惡見者也。**杜氏曰：「不譏喪娶者，不待貶責而自明也。」薛氏曰：「公薨，夫人出，大夫逆女，亂倫而娶。齊人不創夫人之出，而違禮婚媾，皆罪也。」臨川吴氏曰：「文公使公子遂納幣已非禮，況宣公逆夫人而可遣僖祖之弟乎？然負簒弑之罪而急於結齊昏以定其位者，乃惡之大，喪娶、卿逆之非禮，則其惡之小者爾。」汪氏曰：「文公未終禫制而圖昏，《春秋》深加貶黜，不書逆者姓名，不書如齊，不稱夫人，不稱氏，以著其罪。宣公未及期年而亟於喪娶，《春秋》書使卿逆女，書夫人至，僅去夫人之氏，此非特從同同之例。蓋以宣公之惡有大於喪娶者，故詳録之，以見其縱私欲而紊典禮，實欲結大援而宜天討也。」石氏曰：「翬弑隱公，遂殺子赤。桓公之立，逆女使翬。宣公之立，逆女使遂。斯二人者，在國以爲賊，而桓、宣以爲忠也。故終桓、宣之世，翬、遂皆稱公子無異辭。」

三月，遂以夫人婦姜至自齊。《左傳》：「尊夫人也。」《公羊傳》：「遂何以不稱公子？一事而再見者，卒名也。夫人何以不稱姜氏？貶。曷爲貶？譏喪娶也。喪娶者公也，則曷爲貶夫人？内無貶于公之道也。内無貶于公之道，則曷爲貶夫人？夫人與公一體也。其稱婦何？有姑之辭也。」《穀梁傳》：「其不言氏，喪未畢，故略之也。其曰婦，緣姑言之之辭也。遂之絜，由上致之也。」程子曰：「脱『氏』字。」

有不待貶絶而罪惡見者，不貶絶以見惡。夫人，與有罪焉，則待貶而後見，故不稱氏。范氏曰：「夫人不能以禮自固，故與有貶。」劉氏曰：「婦人不專行，在家制於父母。夫人有貶，則父母與有罪矣。」高氏曰：「古者一禮不備，女不肯行，故《詩》曰：『雖速我訟，亦不女從；雖速我獄，室家不足。』」廬陵李氏曰：「哀姜去姜而書氏，今此去氏而書姜，哀姜之罪重也。」**夫人其如何知惡？無禮如《野有死麕》，**音囷。**能以禮自防如《草蟲》，「愆期有待」如《歸妹》之九四，**程子曰：「所以愆期者，由己而不由彼。女子居貴高之地，有賢明之資，人情所願娶，其過時未歸，蓋自有待，非不信也。」**則可免矣。凡稱婦者，其詞雖同，立義則異。「逆婦姜于齊」，病文公也；**汪氏曰：「不稱女而稱婦，著文公之亟於成昏也。」**「以婦姜至自齊」，責敬嬴也。**汪氏曰：「有姑則以婦禮至，無姑則專以夫人禮至。不稱姜氏而稱婦姜，著敬嬴之欲速以姑自居也。」張氏曰：「公子遂、宣公之爲亂臣賊子明矣，不待貶絶也。書婦，著敬嬴之罪也。」**敬嬴嬖妾，私事襄仲，以其子屬之，殺世適兄弟，出主君夫人；援成風故事，即以子貴爲國君母，靳焉在衰服之中請昏納婦，而其罪隱而未見也。故因夫人至，特稱婦姜以顯之。此乃《春秋》推見至隱，著妾母當國用事，爲後世鑒者也。概指爲有姑之詞而不察其旨，則精義隱矣。**趙氏曰：「書以者，不當以也。」高氏曰：「不直書夫人婦姜至自齊，而稱『遂以』者，明公子遂不當以夫人歸也。婚禮莫重於親迎，豈容他人得以之歸哉！遂蓋公族之尊者，尤不可也。」家氏曰：「夫人非大夫所得以也。遂挾齊以弒其君，娶齊女爲簒君之婦，魯之家國實制於遂。書以者，著其罪也。《公》、《穀》言：婦，有姑之辭。婦姜之嫡姑，則出姜也。經於『子卒』之後，書『夫人姜氏歸于齊』，於宣公始立，書『遂以婦姜至自齊』，所以責齊受人之出母而與之婦，所以責魯棄母於齊而娶齊女，事悖妾以爲姑也，絶滅天理甚矣。」○劉氏曰：「《左傳》：稱族，尊君命；舍族，尊夫人。非也。一事而再見，卒名耳。必若云，然公子結遂及齊、宋盟，非受命亦稱族。歸父、豹、意如，其往也氏，其至也不氏，無有夫人居間也，何以舍族耶？」

夏，季孫行父如齊。《左傳》：「季文子如齊，納賂以請會。」

經書行父如齊而不言其故，謂納賂以請會者，傳也。經有不待傳而著者，比事以觀，斯得矣。下書「公會齊侯于平州」，則知此會，行父請之也。又書「齊人取濟西田」，則知其請蓋以賂也。雖微傳，其事著矣。諸侯立卿爲公室輔，猶屋之有楹也，而謀國如此，亦不待貶絶而惡自見者也。 高氏曰：「公既昏矣，然後季文子如齊納賂，請列于會。蓋春秋時，國君不以其道立，苟得一預諸侯之會，他國不得復討其罪。所以季文子不憚自行者，欲假大國之權，以定宣公之位也。宣公之位定，則一時臣子黨亂誤國之罪，皆可以逃矣。」**不然，以行父之勤勞恭儉，相三君而無私積，**子賜反。事見襄公五年。**必能以其君顯名與晏嬰等矣。** 朱子曰：「季文子三思而後行，可謂慮事詳審，而宜無過舉矣。而宣公簒立，文子乃不能討，反爲之使齊而納賂焉，豈非私意起而反惑與！」吕氏曰：「君母不正，孽子簒立，而國之大臣，恃大國以免，施施肆肆，無所忌憚。行父，名大夫也，而猶若是，先王之澤泯矣。」張氏曰：「文公世子之死，在官當誅者，公子遂其首，行父次之。觀《春秋》所書，則知之矣。」家氏曰：「季友受託孤之寄，酖叔牙、戮慶父、立僖公，魯之宗社賴以再安。行父其孫也，乃爲賊使齊而歸先君之母，今又爲之再使，納賂請會，有忝厥祖多矣。」

晉放其大夫胥甲父于衛。《左傳》：「晉人討不用命者，放胥甲父于衛，而立胥克。先辛奔齊。」《公羊傳》：「放之者何？猶曰無去是云爾。然則何言爾？近正也。此其爲近正奈何？古者大夫已去，三年待放。君放之，非也；大夫待放，正也。古者臣有大喪，則君三年不呼其門。已練，可以弁冕，服金革之事。君使之，非也；臣行之，禮也。閔子要絰而服事，既而曰：『若此乎，古之道不即人心。』退而致仕。孔子蓋善之也。」《穀梁傳》：「放猶屏也，稱國以放，放無罪也。」杜氏曰：「胥甲，下軍佐，胥臣之子。」

放，猶羈置毋去其所，杜氏曰：「放者，受罪黜免，宥之以遠。」孫氏曰：「放，逐也。」**比於專殺者，其罪薄乎云爾。**李氏堯俞曰：「稱國以放，與稱國殺大夫同。」**或以爲近正，非矣。大夫當官，既不請於天子而自命，以爲有罪，又不告於司寇而擅刑，猶不遠於正乎？**蜀杜氏曰：「周衰，諸侯擅恣法度，而有屏放其臣者，《春秋》不得不譏之。」薛氏曰：「諸侯不專放大夫。其書者，僭天子之事也。」永嘉呂氏曰：「書放大夫，惡專放也。稱國以放，君與大夫咸與焉，晉放胥甲是也；稱人以放，國亂無政而衆人擅放之，蔡人放公孫獵是也。」**秦、晉戰于河曲，撓臾駢之謀者，趙穿也。若討其不用命，則當以穿爲首。止治軍門之呼，**去聲。事見《左傳》文公十二年。**偕貶可也，而獨放胥甲父，則以趙盾當國，穿其族子而盾庇之也。**張氏曰：「穿以盾之側室而獨免。刑之偏頗如此，非所以治有罪、主諸侯也。」**桃園之罪，其志固形於此矣。故稱國以放，見晉政之在私門而成上侵，爲後戒也。**臨川吴氏曰：「河曲之戰及今八年，豈有不用命之罪八年而後討哉？必胥甲以他事取惡於趙盾而逐之也。」汪氏曰：「放胥甲者，弑夷皐之兆也。殺胥童者，弑州蒲之兆也。」高氏曰：「諸侯之大夫有罪，當請于天子，或殺或放。今晉專放其大夫，可乎？況舜討驩兜之罪而放之崇山者，投之遠方也。崇山猶在封疆之内，非蠻夷外國也。晉人於衛，同爲列國，而放其有罪之臣於衛，是鄙衛也。衛人受晉之逐臣而不辭，豈亦迫於大國之勢歟？」劉氏曰：「秦穆公悔不用百里奚之言以亡三帥，自狀其過而作《秦誓》。晉靈公耻不得志於秦而追咎善謀，放胥甲于衛。人之度量，相越豈不遠哉！使晉之君臣，因胥甲之言推而廣之，脩己而不責人，鄰國將來服，奚患秦哉！《春秋》書放胥甲，以其無罪而譏晉之濫也。」啖氏曰：「《公羊》云：『近正也。』此傳是三年待放之義，乃三諫不從，以禮而去者。今放名雖同而實殊，傳不見事迹，故云爾。」高郵孫氏曰：「《穀梁》云：『稱國以放，放無罪也。』案：稱人，自爲與其下爲别也，安得以稱國而見其無罪乎？」

公會齊侯于平州。《左傳》：「會于平州，以定公位。」杜氏曰：「平州，齊地。」

按：《左氏》曰：「會于平州，以定公位。」魯宣篡立踰年，舉國臣子既從之矣，若之何位猶未定，而有待於平州之會也？春秋以來，弑君篡國者已列於諸侯，則不復致討，故曹人以此請負芻于晉。事見《左傳》成公十六年。**夫篡弑之賊，毁滅天理，無所容於天地之間，身無存没，時無古今，其罪不得赦也。以列於會而不復討，是率中國爲戎夷，棄人類爲禽**

獸。此仲尼所爲懼，《春秋》所以作也。然欲定其位者，魯宣宜稱及齊，而曰會者，討賊之法也。凡討亂臣賊子，必深絶其黨，而後爲惡者孤也。張氏曰：「凡亂臣賊子之所以不敢縱其欲者，以有霸主大國能討之也。齊乃魯之鄰，其力足以正魯，而惠公不明於義利邪正之辨，始許仲遂以亂魯之適庶，終會平州以定賊子之位，則亂賊復何畏而不逞哉！會者外爲志。魯宣欲求寵以定位，而書齊惠之志，以治黨惡之罪，與桓公、鄭莊垂之會一也。晉爲盟主，諸侯所取正，而齊、宋弑君，威弗能加，魯亂不治，見晉之無能爲也。」汪氏曰：「齊惠因歜、職之逆得立乎其位，故魯宣納賂求會，驩然而從，蓋同惡相濟耳。特齊之强大足以芘魯，故宣公君臣殫意以固結之也。」

公子遂如齊。《左傳》：「東門襄仲如齊拜成。」

宣公篡立之罪，仲遂主謀爲首惡。初請于齊，遂爲上客，而並書介、使者，罪叔孫得臣不能爲有無，亦從之也。大夫有以死争者矣，然削而不書者，以叔仲惠伯死非君命，失其所也。汪氏曰：「孔父、仇牧、荀息，非以君命而死，皆特書於策。竊疑忠義之臣扞君之難，固不可待召命而後致死也。杜氏謂史畏襄仲，不敢書殺惠伯，其理或然。」**遂及行父，則一再見于經矣，如齊拜成，雖削之可也，又再書于策者，於以著其始終成就弑立之謀，**汪氏曰：「遂、得臣同如齊，見公子接而請立之，逆謀之始也。今既定宣公而拜成于齊，逆謀之終也。」**以戒後世人臣，或内交宫禁以固其寵，或外結藩鎮以爲之援，至於殺生廢置皆出其手而人主不悟者，**汪氏曰：「唐武三思、李輔國通韋后、張后而擅殺五王，遷上皇於西內。崔胤、崔昭緯結王行瑜、李茂貞、朱全忠而脅帝殺杜讓能、王摶、蘇檢，貶陸扆、王溥。」**其慮深矣。凡此皆直書于策，而義自見者也。**

六月，齊人取濟西田。《左傳》：「齊人取濟西之田，爲立公故，以賂齊也。」《公羊傳》：「外取邑不書，此何以書？所以賂齊也。曷爲賂齊？爲弒子赤之賂也。」《穀梁傳》：「内不言取，言取，授之也。以是爲賂齊也。」程子曰：「宣公不義得國，賂齊以求助，齊受之以助不義，故書取。不義不能保其土，故不云我。非爲强取，故不諱。不能有而失者皆諱。」張氏曰：「濟西，魯故地，僖三十一年取之曹者。」

魯人致賂以免討，而書齊人取田者，所以著齊罪。高郵孫氏曰：「齊侯之罪，隱而難見，故明書取田以著其罪。《春秋》取田邑皆貶之曰人，罪其擅取也。惟齊景爲昭公取鄆，以其取不爲己得，特書其爵。」**《春秋》討賊，尤嚴於利其爲惡而助之者，所以孤其黨。夫齊、魯鄰國，盟主之餘業也。子惡弒、出姜歸而宣公立，不能聲罪致討，務寧魯亂，首與之會，是利其爲惡而助之也。弒君篡國，人道所不容，而貨賂公行，免於諸侯之討，則中國胥爲戎夷，人類滅爲禽獸。其禍乃自不知以義爲利，而以利之可以爲利而爲之也。孟子爲梁王極言「利國者，必至於弒奪而後饜」，蓋得經書取田之意。舉法如此，然後人知保義棄利，亂臣賊子孤立無徒，而亂少弭矣。**張氏曰：「桓公篡立，求援於鄭而誘以許田；宣公奪嫡，主齊以自立而賂以濟田。以利自固，前後一轍。使鄭莊、齊惠不貪其利，則桓、宣必不能以自立矣。曰假曰取，蔽罪鄭、齊，誅其貪利而成亂也。《大學》論治國平天下，深戒以利爲利，《孟子》論先利後義，『不奪不饜』，皆拔本塞源，知《春秋》之微意也歟？」家氏曰：「魯桓之弑君，鄭不預也，魯畏其討，以是爲賂，故書『假』，諱之也。魯宣之弑君，謀出於襄仲，事實成於齊惠，故直書其事以兩討之。蓋田者，先祖受之於王，魯國之封疆也。宣公既篡人之國，又割先祖所受之土疆以爲齊賂；齊惠既輔人之篡，又受其賂田以爲己有，此所謂盜竊之取，其罪有大於侵伐之取矣。」陳氏曰：「外取邑不書：襄二十六年齊取我高魚不書。必有歸之者然後書，是故濟西田書取，讙闡書取。」永嘉呂氏曰：「《春秋》書取田邑有伐而書取者，如隱四年『莒人伐杞，取牟婁』，十年『公敗宋師，取郜、取防』，僖二十二年『公伐邾，取須句』，二十六年『公以楚師伐齊，取穀』，三十三年『公伐邾，取訾婁』，宣四年『公伐莒，取向』，九年『齊侯伐萊，取根牟』，十年『公孫歸父伐邾，取繹』。是用兵力以取之也。有直書取者，如僖三十一年春『取濟西田』，我取之曹也；此年『齊人取濟西田』，齊取之我也；成二年『取汶陽田』，以鞌之戰而齊以歸我也。此則不用兵力而取之也。」

秋，邾子來朝。茅堂胡氏曰：「凡經於朝聘皆不徒書，未有書而無義者也。宣公爲弑君者所立，邾子來朝而無貶文者，既於朝桓貶矣。《公羊》曰：『其餘從同同。』」○**楚子、鄭人侵陳，遂侵宋。**《左傳》：「宋人之弑昭公也，晉荀林父以諸侯之師伐宋，宋及晉平，宋文公受盟于晉。又會諸侯于扈，將爲魯討齊，皆取賂而還。鄭穆公曰：『晉不足與也。』遂受盟于楚。陳共公之卒，楚人不禮焉。陳靈公受盟于晉。楚子侵陳，遂侵宋。」《穀梁傳》：「遂，繼事也。」

楚書爵而人鄭者，貶之也。鄭伯本以宋人弑君晉不能討，受賂而還，以此罪晉爲不足與

也，遂受盟于楚。今乃附楚以亟去聲。**病中國，何義乎？**張氏曰：「不討有罪，固晉之無義，而亦未至如僭王猾夏之罪大也。鄭舍晉從楚，附無王之夷狄以爲中國患，故人之。」**書侵陳，遂侵宋者，以見濳師掠境，肆爲侵暴，非能聲宋罪而討之也。**家氏曰：「使鄭穆公從楚之後，能以楚師討宋，聲於境上，問昭公之故，宋人必能以鮑爲戮，更議立君，則不失其棄晉之初志。今乃與楚子俱『侵陳、遂侵宋』，此侵暴無名之師陵駕中夏，非討亂之舉也。」**既正此師爲不義，然後中國之師可舉矣。**永嘉呂氏曰：「盟會而書楚子自盂始，征伐而書楚子自侵陳始。次厥貉嘗書楚子矣，未加兵於中國也。伐麇書楚子矣，不過加兵於其與國也。征伐而書爵者，皆伯之詞。侵蔡遂伐楚、侵曹伐衛，書齊侯、晉侯，喜中國之有伯也；侵陳、遂侵宋，書楚子，傷中國之無伯，而夷狄得以執伯權也。」陳氏曰：「書遂伐楚，言志不在蔡也；書遂侵宋，言志不在陳也。南北之勢於是始也。後十五年而宋、楚平，後五十年晉趙武、楚屈建同盟于宋，諸夏之君，分爲晉、楚之從矣。自是訖春秋，師再有事無言遂者。言遂者，非與國伐盟主，則盟主伐與國也。」廬陵李氏曰：「楚莊以文十三年即位，數年之間，不聞有猾夏之師，休養以有爲也，至此而爭伯矣。」又曰：「楚自僖二十七年圍宋，至是而再及宋，中國又無伯也。」

晉趙盾帥師救陳。《左傳》：「晉趙盾帥師救陳、宋。」《穀梁》曰：「善救陳也。」

鄭在王畿之内而附蠻夷，陳先代帝王之後而見侵逼，此門庭之寇，利用禦之者也。汪氏曰：「門庭，門内之庭。寇盜至此，則不得不擊伐之。王者以諸夏爲庭户，四夷爲藩籬。」**晉能救陳，則存諸夏攘夷狄之師，故特褒而書救。凡書救者，未有不善之也。如解倒懸，如拯民於塗**

炭之中。汪氏曰：「塗炭，猶言水火，如孟子言『民以爲拯己於水火之中』。」知此義，則知《春秋》用兵之意矣。傳稱師救陳、宋，經不書宋，此非闕文，乃聖人削之也。前方以不能討宋，上卿貶而稱人，諸侯會而不序，今若書救宋，則典刑紊矣。張氏曰：「陳無罪而蒙伐，當救也。宋有弑君之罪不當救，故略之。」家氏曰：「書救陳，與其能救陳也。不書救宋，不與其救宋也。宋負弑君大惡，晉人受賂不能討，而楚伐之。雖楚之存心未必誠於爲義，然弑逆之賊，夫人得而討之也。楚討之，晉救之，故《春秋》不與其救與。」

宋公、陳侯、衛侯、曹伯會晉師于棐林，伐鄭。《公》作「斐林」。《左傳》：「會于棐林，以伐鄭也。楚蔿賈救鄭，遇于北林。囚晉解揚，晉人乃還。」《公羊傳》：「此晉趙盾之師也，曷爲不言趙盾之師？君不會大夫之辭也。」《穀梁傳》：「列數諸侯而會晉趙盾，大趙盾之事也。其曰師，何也？以其大之也。于棐林，地而後伐鄭，疑辭也。此其地何？則著其美也。」杜氏曰：「晉師救陳、宋，四國君往會之，共伐鄭也。」

「列數上聲。諸侯而會晉趙盾」，穀梁子以爲「大趙盾之事」，「以其大之也，故曰師」，此説非也。劉氏曰：「卿大夫不得會公侯。今晉侯不行，趙盾專國，亦無貶則善矣，曷爲大之耶？」《春秋》立法君爲重，而大夫與師其體敵。汪氏曰：「據君不書帥師，大夫必書帥師。君獲、君傷皆不書師敗績，大夫獲仍書師敗績。」列數諸侯於「帥師」之下，而又書大夫之名氏，則臣疑於君而不可以爲訓。其曰會晉師，此乃謹禮於微之意也，其立義精矣。陳氏曰：「此晉趙盾以諸侯之師伐鄭，大夫初用諸侯也。靈公之世，兵車之會自參以上貶，人之。於是出趙盾，以其用諸侯也。《春秋》不以大夫用諸侯，故上書『趙盾帥師救陳』，下書『諸侯會晉師于棐林，伐鄭』，則不以大夫用諸侯之辭也。」**棐林，鄭地也。前者地而後伐，以爲疑詞。此其地，則以著其美者。**范氏曰：「欲美趙盾救災恤患之功，故詳録其會地。」陸氏曰：「晉師先在棐林，故言會，又言伐。」**一美一惡，無嫌於同。**臨川吴氏曰：「晉師即趙盾救陳之師也，以四國之君在會，故不稱趙盾而稱晉師也。陳先代之後而受侵逼，伯主所宜救也。鄭以畿内之國而附蠻夷，伯主所當伐也。惜乎，晉伯不競，荆蠻方强！晉卿能致四國之君聲罪致討，不能服鄭而反遺楚禽，中國之不振可傷也。」汪氏曰：「桓十五年公會宋公、衛侯、陳侯于袲伐鄭，先講會禮而後往伐，始疑於助忽而討突，終乃伐忽而助突，故《春秋》責其疑。此年宋公、陳侯、衛侯、曹伯會晉師于棐林伐鄭，四國之君翕然而從晉師討罪以救患，故《春秋》著其美。前者講會禮而後伐，此乃會師以同伐，文似而實異也。書突出奔蔡，忽歸于鄭，突入于櫟，而繼書公會諸侯于袲伐鄭，則爲黨突而伐忽可知矣。書楚子、鄭人侵陳，遂侵宋，晉趙盾帥師救陳，而繼書諸侯會晉師于棐林，則爲討鄭而救中國可知矣。屬辭觀之，是非瞭然。」○廬陵李氏曰：「書會師二，此年及定八年『公會晉師于瓦』也。瓦會《左傳》注云：『卿不書，不敵公也。』然則此會亦可援此例，杜預『强爲兵會非好會』之説，自相異同耳。」

冬，晉趙穿帥師侵崇。崇，《公》作「柳」。侵書趙穿而後凡役書大夫。《左傳》：「晉欲求成於秦，趙穿曰：『我侵崇，秦急崇，必救之。吾以求成焉。』冬，趙穿侵崇，秦弗與成。」《公羊傳》：「柳者何？天子之邑也。曷爲不繫乎周？不與伐天子也。」任公輔曰：「《地譜》：『商有崇國，在京兆鄠縣甘亭。』」啖氏曰：「崇，小國也。《公羊》誤爲『柳』。」

崇在西土，秦所與也。晉欲求成于秦，不以大義動之而伐其與國，則爲謑已甚，比諸伐楚以救江異矣。而傳謂設此謀者，趙穿也。意者趙穿已有逆心，欲得兵權，托於伐國以用其衆乎？不然，何謀之迂，而當國者亦不裁正而從之也？穿之名姓自登史策，弑君于桃園，而上卿以志同受惡，其端又見於此。書侵，以見所以求成者非其道矣。高氏曰：「晉欲得秦而反加兵於他人之國，適足以衆晉之敵爾。此謬計也。」家氏曰：「晉欲求成於秦，發一乘之使，述先君之好，而秦成合矣。今伐崇以求之，秦愈怒而兵愈不可解矣。蓋穿者，志於作難，託伐崇以專兵。不然，何拙謀之若是，而執政者且無所可否於其間乎？」○劉氏曰：「趙穿果伐天子之邑，罪大矣，無文以貶之，何哉？《公羊》之説非也。」

晉人、宋人伐鄭。《左傳》：「晉人伐鄭，以報北林之役。於是晉侯侈，趙宣子爲政，驟諫而不入，故不競於楚。」《穀梁傳》：「伐鄭，所以救宋也。」

宋人弑君，既列於會，在春秋衰世，已免諸侯之討矣。論《春秋》王法，則其罪固在法所不赦也，而晉人與之合兵伐鄭，是謂以燕伐燕，庸愈乎？其書晉人、宋人，非將卑師少，蓋貶而人之也。以貶書伐者，若曰：聲罪致討而已有瑕，則何以伐人矣。臨川吴氏曰：「棐林之會，晉合四國以伐鄭而無功，故至于再伐不復可致。三國伐鄭者，爲宋也，故獨與宋連兵。」高氏曰：

「宋怨鄭與楚之侵也，復請晉伐鄭。晉亦以前救之無功也，遂連兵伐之。夫晉以貪賂致諸侯之叛，不能退而自責，乃謀動干戈於外，以遂宋之復怨。況宋人弑君，豈可與之合兵乎？」家氏曰：「此一事而前後褒貶不同者，鄭背華而即夷，諸侯會晉而討之，公也；晉受宋賂而輔之以簒，今復偕宋伐鄭，私也。蓋鄭可伐也，爲宋而伐鄭，則不可也。」廬陵李氏曰：「《春秋》討宋之文，一見於四國之伐書人，再見於諸侯之會不序，三見於趙盾之救不書，至是而四貶焉。《春秋》之法嚴矣。」

甲寅匡王六年，崩。**二年**晉靈十四，弑。齊惠二。衛成二十八。蔡文五。鄭穆二十一。曹文十一。陳靈七。杞桓三十。宋文四。秦共二。楚莊七。**春，王二月壬子，宋華元帥師及鄭公子歸生帥師戰于大棘。宋師敗績，獲宋華元。**戰皆書大夫帥師自此始。《左傳》：「春，鄭公子歸生受命于楚伐宋，宋華元、樂吕御之。二月壬子，戰于大棘，宋師敗績，囚華元，獲樂吕，及甲車四百六十乘，俘二百五十人，馘百人。狂狡輅鄭人，鄭人入于井。倒戟而出之，獲狂狡。君子曰：『失禮違命，❶宜其爲禽也。戎昭果毅，以聽之之謂禮。殺敵爲果，致果爲毅。易之，戮也。』將戰，華元殺羊食士，其御羊斟不與。及戰，曰：『疇昔之羊，子爲政；今日之事，我爲政。』與入鄭師，故敗。君子謂羊斟非人也，以其私憾，敗國殄民，於是刑孰大焉。《詩》所謂『人之無良』者，其羊斟之謂乎！殘民以逞。宋人以兵車百乘、文馬百駟以贖華元于鄭。半入，華元逃歸，立于門外，告而入。見叔牂，曰：『子之馬然也？』對曰：『非馬也，其人也。』既合而來奔。宋

❶「違」，原作「遭」，今據阮刻本《春秋左傳正義》改。

城，華元爲植，巡功。城者謳曰：『睅其目，皤其腹，棄甲而復。于思于思，棄甲復來。』使其驂乘謂之曰：『牛則有皮，犀兕尚多，棄甲則那？』役人曰：『從其有皮，丹漆若何？』華元曰：『去之夫！其口衆我寡。』」《穀梁傳》：「獲者，不與之辭也。言盡其衆，以救其將也。以三軍敵華元，華元雖獲，不病矣。」

兩軍接刃，主將見獲，其負明矣，又書師敗績，詞不贅乎？此明大夫雖貴，與師等也。永嘉吕氏曰：「此年戰大棘，與晉趙鞅、鄭罕達戰于鐵，皆兩稱帥師，其衆敵也。《春秋》書戰，言大夫帥師自此始。自是而後，若晉荀林父、衛孫良夫、魯季孫行父、臧孫許、叔孫僑如、公孫嬰齊，齊國書，皆書大夫帥師。《春秋》書獲者七，唯齊國書及此年宋華元書敗績者，身見獲而師又敗也。大夫生死皆書曰獲。鄭獲宋華元，生也；吴獲陳夏齧、齊國書，死也。」**故將尊師少，稱將不稱師；師衆將卑，稱師不稱將。將尊師衆並書于策者，示人君不可輕役大衆，又重將帥之選，其義深矣。**《前漢書·鼂錯傳》：「卒不可用，以其將與敵也；君不擇將，以其國與敵也。」**或曰：元帥三軍之司命，而輕重若是班乎？自行師而言，則以元帥爲司命；**《孫子》：「將者，人之司命，國家安危之主也。」**自有國而言，則以得衆爲邦本。**《書·五子之歌》：「民惟邦本。」**鄭使高克將兵禦狄于境，欲遠克也，而不恤其師。**見閔公二年。**楚以六卒實從得臣，恐喪師也，而不恤其將。**見僖公二十八年。**故經以棄師罪鄭，以殺其大夫責楚。明此義，然後知王者之道，輕重之權衡矣。**高氏曰：「元年秋，鄭人與楚子侵宋，宋人既爲棐林之役以報之，是冬又與晉人伐鄭。一役而兩報之，遂起此役。今鄭師之來，宋當明大義以喻之，否則慎固封守，使鄭不得而犯焉。華元乃遽帥師出與之戰，於是三軍大敗，以至見獲，不能效死，徒殄民辱國而已。以見中國因夷狄之故，而自相殘如此。」張氏曰：「宋以弑君致寇而不服罪，故書宋及，猶曰華元爲志乎是戰也。」臨川吴氏曰：「鄭附楚侵中國之陳、宋。晉爲宋故，再伐鄭而皆無功。鄭受楚命，一戰宋而乃大勝，楚之氣益張矣。」汪氏曰：「文定於韓之戰云：『書伐書及者，兩俱有罪。經不書伐，專罪晉也。』今考此亦不書歸生伐宋，則《春秋》責宋之意重於責鄭矣。」〇趙氏曰：「《穀梁》云：『盡其衆以救其將，以三軍敵華元。華元雖獲，不病矣。』按：兵敗身獲而云不病，非也。但緣師先敗績，身乃見獲，依次第書之，有何褒貶乎？若欲褒貶，乃足見其不身先士卒爾，何得云善矣。」廬陵李氏曰：「獲例六，已見僖十五年。穀梁以韓戰不書師敗而書獲爲晉侯失民，此戰先書師敗而後書獲，爲華元得衆，其説亦似有理，而胡氏不從。」

秦師伐晉。《左傳》：「秦師伐晉，以報崇也。遂圍焦。」

按《左氏》：「以報崇也，遂圍焦。」晉用大師於崇，乃趙穿私意而無名也，故書侵。秦人爲是興師而報晉，則問其無名之罪也，故書伐。世豈有欲求成於强國而侵其所與可以得成者乎？穿之情見矣。宣子當國，算無遺策，獨懵摸揔反。闇也。於此哉？其從之也，而盾之情亦見矣。《春秋》書事，筆削因革，必有以也。一侵一伐而不書圍焦，所以誅晉卿上侵之意，其所由來者漸矣。永嘉吕氏曰：「晉文之欲與楚争也，必得秦而後敢戰。殽、函之役，晉襄度淺，而先軫諸人見利乘便，自是更相報復，無有窮已。楚方有陵駕中國之心，鄭復背晉從楚以侵陳。

晉將與楚爭，則通秦以軋楚可也，否則置秦而勿問可也。而盾之族子興侵崇之謀，盾非病狂，何故聽之？是啓秦之争也。宋方敗於鄭，而晉復病於秦，非自致之而誰耶？」張氏曰：「欲求成而反召兵，所以深著趙穿之妄動干戈，而欲竊兵權，誅其意也。」

夏，晉人、宋人、衛人、陳人侵鄭。《左傳》：「夏，晉趙盾救焦，遂自陰地，及諸侯之師侵鄭，以報大棘之役。楚鬬椒救鄭，曰：『能欲諸侯，而惡其難乎？』遂次于鄭，以待晉師。趙盾曰：『彼宗競于楚，殆將斃矣。姑益其疾。』乃去之。」

按《左氏》「晉趙盾及諸侯之師侵鄭，以報大棘之役」，初，鄭歸生受命于楚以伐宋。經不書伐而以宋華元主大棘之戰者，蓋楚人有詞于宋矣。師之老壯在曲直。晉主夏盟，盾既當國，合諸侯之師，何畏乎楚？何避乎鬬椒？然力非不足而去之者，以理曲也。故卿不氏而稱人，杜氏曰：「鄭爲楚伐宋，獲其大夫。晉趙盾興諸侯之師將爲宋報耻，畏楚而還，失伯者之義，故貶稱人。」陳氏曰：「楚方圖伯，而晉以大夫用諸侯。由是兵車之會，自參以上皆貶之，而自柳棼之役，楚皆稱子矣。」師書侵而不言伐。《易》於訟卦之《象》曰：「君子作事謀始。」程子曰：「人情有争訟之道。凡所作事，必謀其始，若慎交結之類。絶釁端於事之始，則争訟無由生矣。」始而不謀，將至於興師動衆，有不能定者矣。晉惟取賂，釋宋而不討，至以中國之大，不能服鄭，不競於楚，可不慎乎！《春秋》行事，必正其本。爲末流之若此也，其垂戒明矣。永嘉呂氏曰：

「諸侯之從晉也，謂晉之可依也。率諸侯以討宋，乃立公子鮑而還，是立賊也。鄭由是謂晉爲不足與，而從楚以侵宋。晉乃芘宋以伐鄭，鄭復使歸生伐宋，蓋有辭於宋也。晉復黨宋以侵鄭。一動之非義，而與國叛之，敵國侮之，彼得以奉辭而我罷於奔命，至一再而未已也。伯主之舉動，詎可輕哉？」家氏曰：「鄭叛華，侵之可也，以報大棘之役，則不可也。鄭惡晉之釋宋不討而從楚，晉不知自愧，猶爲宋報鄭，是以貶四國之大夫，皆書人。是時晉之趙盾欲據兵權，託於伐國，實無鬭心，故棐林之役楚囚解揚，晉師即還。是役也，與鬭椒遇，即謬爲之辭曰『彼宗競於楚，殆將斃矣』。❶復去之，盾本無欲戰之心也。《左氏》乃曰：『晉侯侈，趙盾驟諫不入，是以不競於楚。』何失實之甚耶？」高氏曰：「自是楚與晉争。晉不能競，反有弑逆之禍，於是楚益自肆，明年遂有問鼎之事。」

秋，九月乙丑，晉趙盾弑其君夷臯。臯，《公》作「獋」。《左傳》：「晉靈公不君，厚斂以彫墻，從臺上彈人而觀其辟丸也。宰夫胹熊蹯不熟，殺之，寘諸畚，使婦人載以過朝。趙盾、士季見其手，問其故，而患之。將諫，士季曰：『諫而不入，則莫之繼也。會請先，不入，則子繼之。』三進，及溜，而後視之，曰：『吾知所過矣，將改之。』稽首而對曰：『人誰無過，過而能改，善莫大焉。《詩》曰：「靡不有初，鮮克有終。」夫如是，則能補過者鮮矣。君能有終，則社稷之固也，豈唯群臣賴之？又曰：「衮職有闕，唯仲山甫補之。」能補過也。君能補過，衮不廢矣。』猶不改。宣子驟諫，公患之，使鉏麑賊之。晨往，寢門闢矣，盛服將朝，尚早，坐而假

❶「殆」，原作「始」，今據四庫本改。

寐。麑退，嘆而言曰：『不忘恭敬，民之主也。賊民之主，不忠；棄君之命，不信。有一於此，不如死也。』觸槐而死。秋九月，晉侯飲趙盾酒，伏甲將攻之。其右提彌明知之，趨登曰：『臣侍君宴，過三爵，非禮也。』遂扶以下。公嗾夫獒焉，明搏而殺之。盾曰：『棄人用犬，雖猛何爲？』鬬且出，提彌明死之。初，宣子田於首山，舍于翳桑，見靈輒餓，問其病。曰：『不食三日矣。』食之，舍其半。問之，曰：『宦三年矣，未知母之存否。今近焉，請以遺之。』使盡之，而爲之簞食與肉，寘諸橐以與之。既而與爲公介，倒戟以禦公徒，而免之。問何故，對曰：『翳桑之餓人也。』問其名居，不告而退，遂自亡也。乙丑，趙穿攻靈公於桃園。宣子未出山而復。大史書曰『趙盾弒其君』，以示於朝。宣子曰：『不然。』對曰：『子爲正卿，亡不越竟，反不討賊，非子而誰？』宣子曰：『烏呼！「我之懷矣，自貽伊慼」，其我之謂矣。』孔子曰：『董狐，古之良史也，書法不隱。趙宣子，古之良大夫也，爲法受惡。惜也，越竟乃免。』宣子使趙穿逆公子黑臀于周而立之。壬申，朝于武宮。」《穀梁傳》：「穿弒也，盾不弒而曰盾弒，何也？以罪盾也。其以罪盾何也？曰：靈公朝諸大夫而暴彈之，觀其辟丸也。趙盾入諫，不聽，出亡，至於郊，趙穿弒公，而後反趙盾。史狐書賊曰：『趙盾弒公。』盾曰：『天乎天乎！予無罪。孰爲盾而忍弒其君者乎？』史狐曰：『子爲正卿，入諫不聽，出亡不遠。君弒，反不討賊，則志同，志同則書重，非子而誰？』故書之曰『晉趙盾弒其君夷臯』者，過在下也。曰：於盾也，見忠臣之至；於許世子止，見孝子之至。」程子曰：「趙穿弒君，人誰不知？若趙盾之罪，非《春秋》書之，更無人知也。」

趙穿手弒其君，董狐歸獄於盾，其斷盾之獄詞曰：「子爲正卿，亡不越竟，反不討賊。」以是

書斷，而盾也受其惡而不敢辭，仲尼因其法而不之革，其義云何？曰：正卿，當國任事之臣也。國事莫酷於君見弒，不於其身，而誰責乎？ 薛氏曰：「君將殺盾，而穿行弒君之事，則主弒者，盾也，穿受命而加刃者也。在律：家人共犯，止坐尊長；威力使令，被使爲從。此《春秋》之義也。」**亡而越境，謂去國而不還也，然後君臣之義絶；** 汪氏曰：「君子違不適讎國。未臣而有伐之，奔命焉死之可也。去國不返，必如宋子哀潔身去亂，然後君臣之義絶。」**反而討賊，謂復讎而不釋也，然後臣子之事終。** 汪氏曰：「反而討賊，苟如羽父討於寪氏，不足以逭大惡之誅。必如衛石碏之誅不避親，無一毫阿私之意，而竭力爲君復讎，然後臣子之事終。」**不然，是盾僞出而實聞乎故也。假令不與聞者而縱賊不討，是有今將之心，而意欲穿之成乎弒矣。惡莫憯乎意，今以此罪盾，乃閑臣子之邪心而謹其漸也。盾雖欲辭而不受，可乎？** 蜀杜氏曰：「盾知靈公欲殺之，而心欲弒之，是不止同謀，而實將弒也。《春秋》不可並書穿、盾，而擇首罪者以書之，亦義之所宜也。」臨川吴氏曰：「趙盾專晉國之政幾二十年，境内境外知有盾而不知有公。靈公既長，不堪其專，遂欲殺盾。鉏麑受命，不肯殺盾而死，提彌明救盾而鬭死，靈輒内叛，倒戟免盾於死，則盾之私屬與公徒敵，無復有臣禮矣。君臣既爲仇敵，非盾弒公，則公殺盾，勢固不兩立也。穿，盾之族子，平日所愛信之人也。弒公而盾乃復，穿之弒爲盾弒也。盾爲首惡，穿特承意行事者爾。盾陽爲不知謀，以求自免弒君之罪，將誰欺乎？夫子書曰『趙盾弒其君』，誅首惡也。自三傳以來，説者多方爲盾分釋，則是亂賊不可以欺聖人，而乃可以欺後儒也。」高郵孫氏曰：「盾陰弒其君而陽逃其迹，實行其計而穿受其名者也，故孔子以弒賊誅之。必待親弒然後罪之，則姦臣賊子得以計免，而庸愚無知者常當其實矣。」**以高貴鄉公之事觀焉，抽戈者成濟，唱謀者賈充，而當國者司馬昭也。爲天吏者，將原司馬昭之心而誅之乎？亦將致辟成濟而足也？故陳泰曰：「惟斬賈充，可以少謝天下耳。」昭問其次，意在濟也。泰欲進此，直指昭也。**《三國志·魏高貴鄉公紀》：「帝見威權日去，不勝其忿，曰：『司馬昭之心，路人所知也。吾不能坐受廢辱。』遂率殿中宿衛官童數百，鼓譟而出。中護軍賈充逆戰南闕下，太子舍人成濟問充曰：『當如何？』充曰：『司馬公畜養汝等，正爲今日。』濟抽戈刺帝，刃出於背。昭聞之大驚，自投於地。入殿中召群臣會議，尚書左僕射陳泰曰：『獨有斬賈充，可以少謝天下耳。』昭久之曰：『更思其次。』曰：『泰言惟有進此，不知其次。』昭乃不復言。以太后令追廢帝爲庶人。昭言：『成濟大逆不道，夷三族。』」**然則趙穿弒君而盾爲首惡，《春秋》之大義明矣。微夫子推見至隱，垂法後世。亂臣賊子皆以詭計獲免，而至愚無知如史太、鄧扈樂**音洛。**之徒，皆蒙歸獄而受戮焉，**鄧扈樂事見《公羊傳》閔公元年。《唐書·昭宗紀》：「上至洛陽，朱全忠以帝有英氣，恐變生於中，乃遣李振與、蔣玄暉及朱友恭、氏叔琮等圖之。玄暉選牙官史太等百人，夜叩宮門，殺宮人裴貞一。帝在椒殿，遽起繞柱走，太追弒之。昭儀李漸榮以身蔽帝，太亦殺之。玄暉矯詔，稱貞一、漸榮弒逆。全忠聞之，陽驚哭，自投於地，曰：『奴輩負我，令我受惡名於萬代。』至東都慟哭，殺朱友恭、氏叔琮。」汪氏曰：「趙盾之專晉，猶司馬昭、朱全忠之專政於魏、唐也。靈公之欲殺盾，猶高貴鄉公之欲殺司馬昭、唐昭宗之謀朱全忠也。趙穿弒靈公，猶成濟、史太之弒高貴鄉公與昭宗也。盾未出山而復，猶昭、全忠之陽驚自投於地也。魏、唐舊史及《通鑑》皆書成濟、史太弒帝，而邵子《經世書》及朱子《綱目》則筆之曰『魏司馬昭弒其主髦』、『朱全忠弒帝』，蓋取法《春秋》誅趙盾之義也。司馬昭族誅成濟，朱全忠盡殺友恭、叔琮等，尚不免君子直筆之討，況盾使穿逆成公于周，以固新君之寵，則元惡之誅，不於盾而誰任乎？」**君臣父子不相夷以至於禽獸也幾希，故曰：《春秋》成而亂臣賊子懼。**茅堂胡氏曰：「夷臯雖無道，未爲獨夫，君臣之分猶在也。知此，則明文王事紂之道。」又曰：「異姓之卿，君有大過則諫，反覆之而不聽則去。趙盾亡而不反可也，反而討賊亦可也。盾能討穿，司馬昭能討賈充，則可免弒君之罪矣。故曰：《春秋》誅意。二人之不討罪，意在於弒君也。」家氏曰：「晉襄託其孤於趙盾，曰：『此子也才，吾受子之賜；不才，吾惟子之怨。』其屬於盾者爲何如！盾乃與諸大夫謀外求君，及畏逼，不得已而後立靈公，則靈公之立，非盾意也。竊疑盾所以謀其君者，非一朝夕之故矣。齊商、宋鮑弒君簒國，晉爲盟主，所當治也。盾合諸侯將有討於齊、宋，已而受賂，不惟不討，又爲之定簒竊之位，無君之心久已萌矣。堂上之甲方興，桃園之攻隨至，靈公固在趙氏罝網之內，欲無及，得乎？」○趙氏曰：「《左氏》云仲尼曰『惜也，越竟乃免』。按：董狐云『亡不越竟』，言行未遠而君被弒，『反又不討賊』，狀涉同謀爾，非謂越竟即無罪也。作傳者不達此意，遂傳會爲此言。若然者，姦臣令人弒君，身越竟而還，即爲無罪乎？」朱子曰：「《左氏》見識甚卑，云孔子曰『惜哉，越竟乃免』。如此，則專是回避占便宜者得計。聖人作《春秋》而亂臣賊子懼，豈反爲之解免耶？」

附録《左傳》：「初，驪姬之亂，詛無畜群公子，自是晉無公族。及成公即位，乃宦卿之適子而爲之田，以爲公族。又宦其餘子，亦爲餘子，其庶子爲公行。晉於是有公族、餘子、公行。趙盾請以括爲公族，曰：『君姬氏之愛子也。微君姬氏，則臣狄人也。』公許之。冬，趙盾爲旄車之族，使屏季以其故族爲公族大夫。」

冬，十月乙亥，天王崩。

乙卯定王元年。**三年**晉成公黑臀元年。齊惠三。衛成二十九。蔡文六。鄭穆二十二，卒。曹文十二。陳靈八。杞桓三十一。宋文五。秦共三。楚莊八。**春，王正月，郊牛之口傷，改卜牛，牛死，乃不郊。**

《公羊傳》：「其言之何？緩也。曷爲不復卜？養牲養二卜。帝牲不吉，則扳稷牲而卜之。帝牲在于滌三月。於稷者，唯具是視。郊則曷爲必祭稷？王者必以其祖配。王者則曷爲必以其祖配？自内出者，無匹不行；自外至者，無主不止。」《穀梁傳》：「『之口』，緩辭也，傷自牛作也。『改卜牛，牛死，乃不郊』，事之變也。乃者，亡乎人之辭也。」

乃不郊，爲牛之口傷，改卜牛而牛又死也。家氏曰：「此魯宣除喪始郊，而天示之譴也。一書十有六，言辭煩而不厭，著其變異，異乎常郊之卜不吉者矣。宣公篡弑，逆理亂常，持是饗帝，故天譴之也。」**不然，郊矣。禮：爲天王服斬衰。周人告喪于魯，史策已書，而未葬也，祀帝于郊，夫豈其時？而或謂不以王事廢天事，禮乎？**張氏曰：「此因事之變，以明魯郊之非禮。蓋僭禮之中，復有忘哀從吉之罪。三年之喪，乃臣子斬衰奔赴之時，豈可僭天子越紼行事之禮？《春秋》所以特書之。」**春秋已來，喪紀浸廢，有不奔王喪而遠適他國，**汪氏曰：「桓公不奔桓王喪，而會于齊之艾。文公、成公不奔頃王、定王之喪，而同盟于鄭之新城、蟲牢。襄公不奔靈王之喪而如楚，且送楚子昭之葬于西門之外。」**有不脩弔禮而自相聘問**，汪氏曰：「簡王之喪，襄公不弔，而邾子來朝，衛剽、晉荀罃來聘。」**固將以是爲可舉而不廢也。卒至漢文，以日易月**，《前漢書·文帝紀》：「遺詔曰：『死者天地之理，物之自然，奚可甚哀？當今之世，咸重服以傷生，吾甚不取。朕幸以天年得供養于高廟，其奚哀念之有？其令天下吏民令到出臨三日，皆釋服。毋禁嫁娶祠祀。殿中當臨者，皆以旦夕各十五舉聲。已下，服大紅十五日，小紅十四日，纖七日，釋服。』」服虔云：「皆當言大功、小功，布也。纖，細布也。」應邵曰：「紅者，中祥、大祥以紅爲領緣。纖者，禫也。凡三十六日爲釋服，❶此以日易月也。」顔師古曰：「紅與功同。此文帝自率己意創而爲之，非有取於周禮。何爲以日易月乎？三年之喪，其實二十七月，豈有三十六月之文？禫又無七月也。應氏既失之於前，而近代因循謬説，未之思也。」荀悦曰：「三年之喪，天下之通喪，由來者尚矣。今而廢之，以虧大化，非禮也。」**後世不能復，其所由來漸矣。《春秋》備書，其義自見。**高氏曰：「魯僭郊禮久矣，隱、桓、莊、閔不書者，聖人不敢無故斥言君父之過，故因變異而書也。」汪氏曰：「天王崩，三月天下服。王崩至是已三月，海内諸侯皆當斬衰，苴絰、杖、絞帶，冠繩纓，菅屨。魯爲同姓之宗國，而不服其服，則無王也。郊之祭也，喪者不敢哭，凶服不敢入國門。苟釋凶服而從事於大禮，是慢天也。且天子嘗禘郊社，簠簋既陳，諸侯祭社稷，俎豆既陳，聞天子崩后之喪，

❶「日」，原作「月」，今據四庫本及百衲本《漢書·文帝紀》顔師古注引改。

皆廢其禮，況可聞喪而猶治祭事乎？《王制》所紀「祭天地社稷，越紼而行事」，亦以已卜時日而忽有喪，則大臣越紼而攝祭耳。《春秋》書郊牛災而改卜者四：此年改卜之牛又死，成七年鼷鼠又傷改卜之牛，故皆廢郊；定十五年、哀元年鼷鼠傷郊牛，改卜牛而不復變異，皆行郊禮。故知不郊者，非悔非禮而不郊，實以郊牛之㾖有災傷，不得已而不郊。特書『乃不郊』，猶言乃還、乃復、乃克葬。乃者，繼事之辭，所以著不郊之由，係於郊牛之變異也。經書不郊者四：成十年、襄十一年皆以卜不吉而廢郊，則魯君之誠意不足以格天；此年、成七年牛災廢郊，而皆猶三望，則天示譴告之意而不知止也。」

猶三望。《左傳》：「不郊而望，皆非禮也。望，郊之屬也，不郊，亦無望可也。」

三望者，《公羊》曰「祭泰山、河、海」。夫天子有天下，凡宇宙之内名山大川，皆其所主也，故得祭天而有方望，無所不通。諸侯有一國，則境外之山川，他人所主者，而可以望乎？季氏旅於泰山，冉求不能救而夫子責之者，爲泰山魯侯所主也，大夫何與焉？季氏不得旅泰山，則河、海非魯之封内，其不得祭亦明矣。朱子曰：「天子祭天地，諸侯祭其國之山川，只緣是他屬我，故我祭得他。若不屬我，則氣便不與之相感，如何祭得他？」**猶者，可已不當爲之詞。**臨川吴氏曰：「天子郊祀上帝，必望祭山川。望祭在郊祀之後，因郊而望也。魯，諸侯也，以成王之賜，許用王禮，四望闕其一，殺於天子。然郊禮既廢，則望禮可以不舉。魯既不郊而猶三望，故書以譏其非禮。」汪氏曰：「襄七年三卜不吉而免牲，十一年、成十年四卜、五卜不吉而不郊，雖曰不郊非其本意，然因是而止，猶庶幾焉。僖公末年免牲猶三望，此年、成七年不郊猶三望，可已不已，不當爲而爲，其過益甚矣。」

葬匡王。

四月而葬，王室不君，其禮略也。高氏曰：「前期而葬者，簡也，且著王室之微，罪諸侯之不王也。」家氏曰：「桓王七年而後葬，譏緩也。匡王四月而亟葬，譏速也。」❶**微者往會，魯侯不臣，其情慢也。**

或曰：宣王親之者也，而常事不書。非矣。崩葬始終之大變，豈以是爲常事而不書也？

永嘉吕氏曰：「經書王崩而葬者四：葬桓王、葬匡王，則不書其人；葬襄王，則叔孫得臣也；葬景王，則叔鞅也。或謂：桓王、匡王之葬，皆公親往。然以他文考之，葬諸侯而使卿者，則備而書之，其他不書其人者，皆爲公親往，可乎？」

附録《左傳》：「晉侯伐鄭，及郔。鄭及晉平，士會入盟。」

楚子伐陸渾之戎。渾，户門反。《公》作「賁渾戎」，後同。《穀》無「之」字。《左傳》：「楚子伐陸渾之戎，遂至於雒，觀兵於周疆。定王使王孫滿勞楚子。楚子問鼎之大小輕重焉。對曰：『在德不在鼎。昔夏之方有德也，遠方圖物，貢金九牧，鑄鼎象物，百物而爲之備，使民知神、姦。故民入川澤山林，不逢不若。螭魅罔兩，莫能逢之，用能協于上下，以承天休。桀有昏德，鼎遷于商，載祀六百。商紂暴虐，鼎遷于周。德之休明，雖小，重也。其姦回昏亂，雖大，輕也。天祚明德，有所厎止。成王定鼎于郟鄏，卜世三十，卜年七百，天所命也。周德雖衰，天命未改，鼎之輕重，未可問也。』」杜氏曰：「允姓之戎，居陸渾，在秦、晉西北，僖二十二

---

❶「譏」，原作「幾」，今據四庫本改。

年秦、晉遷之于伊川，遂從戎號。」

夷狄相攻不志，此其志何也？爲陸渾在王都之側，戎夏雜處，族類之不分也。楚又至洛，觀兵于周疆，問鼎之大小輕重焉，故特書于策，以謹華夷之辨，禁猾夏之階。陳氏曰：「楚伐陸渾，窺周室也。」

夏，楚人侵鄭。《左傳》：「鄭即晉故也。」

按《左氏》「晉侯伐鄭，鄭及晉平」，而經不書者，仲尼削之也。汪氏曰：「後此七年鄭及晉平，八年陳及晉平，經皆不書，惟十五年宋及楚平則書之，不與中國之服於夷狄也。」鄭本以晉靈不君，取賂釋賊，爲不足與似也，而往從楚，非矣。今晉成公初立，背僭竊僞邦而歸諸夏，則是反之正也。《春秋》大改過，許遷善，書「楚人侵鄭」者，與鄭伯之能反正也，故獨著楚人侵掠諸夏之罪爾。鄭既見侵於楚，則及晉平可知矣。家氏曰：「晉靈惟貨是徇，是以失鄭。成公繼世，雖未有大過人，而鄭遽棄異即同。蓋貴華賤夷，人心義理之同然，非威驅勢迫所能得也。不然，趙盾合諸侯之師以伐鄭，略無成功，今息兵踰年，鄭何爲而自至乎？《春秋》繼伐陸渾而書『楚人侵鄭』，惡楚莊圖伯之急也。」

秋，赤狄侵齊。赤狄始見經。張氏曰：「赤狄，狄之别種。謂之赤狄、白狄，俗尚赤衣、白衣也。《地譜》：『洛州，春秋赤狄之地。』」襄陵許氏曰：「楚侵其南，狄侵其北，此中國棟撓之時也。」〇**宋師圍曹。**《左傳》：「宋文公即位三年，❶殺母弟須及昭公子，武氏之謀也。使戴、桓之族攻武氏于司馬子伯之館，盡逐武、穆之族。武、穆之族以曹師伐宋。秋，宋師圍曹，報武氏之亂也。」

按《左氏》「宋文公即位，盡逐武、穆之族，二族以曹師伐宋」，然不書于經者，二族以見逐而舉兵，非討罪也。及宋師圍曹，報武氏之亂，而經書之者，端本清源之意也。武、穆二族與曹之師，奚爲至於宋哉？不能反躬自治，恃衆强以報之，兵革何時而息也？宋惟有不赦之罪，莫之治也，故書法如此。高氏曰：「武氏之亂，非曹人所致也。宋不能内睦九族，而興兵以圍人之國，不亦左乎？」

冬，十月丙戌，鄭伯蘭卒。《左傳》：「冬，鄭穆公卒。初，鄭文公有賤妾曰燕姞，夢天使與己蘭，曰：『余爲伯儵，余，而祖也。以是爲而子。以蘭有國香，人服媚之如是。』既而文公見之，與之蘭而御之。辭曰：『妾不才，幸而有子。將不信，敢徵蘭乎？』公曰：『諾。』生穆公，名之曰蘭。文公報鄭子之妃曰陳嬀，生子華、子臧。子臧得罪而出。誘子華而殺之南里，使盜殺子臧于陳、宋之間。又娶于江，生公子士。朝于楚，楚人酖之，及葉而死。又娶于蘇，生子瑕、子俞彌。俞彌早卒，洩駕惡瑕，文公亦惡之，故不立也。公逐群公子，公子蘭奔晉，從晉文公伐鄭。石癸曰：『吾聞姬、姞耦，其子孫必蕃。姞，吉人也，后稷之元妃也。今公子蘭，姞甥也，天或啓之，必將爲君，其後必蕃。先納之，可以亢寵。』與孔將鉏、侯宣多納之，盟于大宮而立

---

❶「三」，原作「二」，今據阮刻本《春秋左傳正義》改。

之，以與晉平。穆公有疾，曰：『蘭死，吾其死乎！吾所以生也。』刈蘭而卒。」**葬鄭穆公。**穆，《公》作「繆」。

臨川吴氏曰：「葬速，禮不備也。」

丙辰定王二年。**四年**晉成二。齊惠四。衛成三十。蔡文七。鄭靈公夷元年，弑。曹文十三。陳靈九。杞桓三十二。宋文六。秦共四，卒。楚莊九。**春，王正月，公及齊侯平莒及郯，莒人不肯。公伐莒，取向。**《左傳》：「非禮也。平國以禮，不以亂。伐而不治，亂也。以亂平亂，何治之有？無治，何以行禮？」《公羊傳》：「此平莒也，其言不肯何？辭取向也。」《穀梁傳》：「及者，内爲志焉爾。平者，成也。不肯者，可以肯也。伐猶可，取向，甚矣。莒人辭不受治也。伐莒，義兵也。取向，非也，乘義而爲利也。」杜氏曰：「向，莒邑。」張氏曰：「郯，己姓國。秦有郯郡，漢屬東海郡故城。」

心不偏黨之謂平。汪氏曰：「偏則不中，黨則不公。無一毫私欲，而後可以稱物平施也。」**以此心平物者，物必順；以此心平怨者，怨必釋。惟小人不能宅心之若是也，雖以勢力强之，而有不獲成者矣。夫以齊、魯大國，平郯、莒小邦，宜其降心聽命，不待文告之及也。然而莒人不肯，則以宣公心有所私係，失平怨之本耳。故書取，以著其罪。**高氏曰：「莒、郯相怨，而郯乃魯昏姻之國。公欲爲郯平莒，而挾齊以爲重。公之義不足以服莒之心，莒所以不肯也。肯者，心以爲然而從之也。曰莒人，見其不肯者，非特其君也。不知自反而取邑於人，亦已甚矣。公既無以得莒，後書郯伯姬來歸，則郯亦不能固其好也。」張氏曰：「《易》曰：『貞吉，悔亡。憧憧往來，朋從爾思。』聖人所以感人心而天下和平者，此心之公正，自足以感之也。以宣公而平二小國，若出於公，不必假齊，一言而彼已服。今挾齊爲重，而莒尚不肯，伐莒而齊不復與，取向以自益，《春秋》深以著此心之不公，而終之以爲利也。」廬陵李氏曰：「宣公平莒、郯而伐莒取向，正與桓公平宋、鄭而伐宋、戰宋相類。蓋二公皆不義，失平怨之本也。」**及，所欲也。**王氏曰：「及有二義：『及齊』，公之志也；『及郯』，以大及小也。」**平者，成也。取者，盜也。不肯者，心弗允從，莫能强之者也。以利心圖成，雖强大不能行之於弱小。《春秋》書此，戒後世之不知治其本者。故行有不得者，反求諸己斯可矣。**劉氏曰：「兩怨相仇，能辨其曲直，使人信之者，唯己有道也。小邾射以邑歸魯，魯使大夫盟之，辭曰：『使子路約我，無所用盟。』千乘之國不信其盟，而信子路之一言，子路可謂能以言信矣。推子路之心，居郯、莒之間，安有不聽者哉！使子路動而違義，言而廢信，不可以決鄉黨之平，況千乘之國乎！」家氏曰：「事有大而書之略，事有小而書之詳。此書『公及齊侯平莒及郯，莒人不肯。公伐莒取向』，辭繁而不厭，示後人以持平救偏，正義辨利之要。夫莒、郯所以爭，爲不平故耳。齊、魯求其平，高者抑之，下者舉之，以我之平，而平彼之不平，庶乎其可也。而魯之於莒，積不相下，徒挾齊人之威力而要莒以必從，其不肯也宜哉。宣公遽以兵加莒而取其一邑，以己之不平求人之平，況又因以爲利，無道甚矣。以濟西賂齊而責償於莒，《春秋》首書公及，而終之以『取向』，深責之也。」汪氏曰：「凡書侵伐，多不言其所事。惟晉陽處父伐楚，先言伐而後言以救江，宣公伐莒，先言平莒不肯而後言伐，皆指言其事。然救江雖非其道，而其名則善。平莒之名雖善，以不肯而至於伐取，則又甚焉。屬辭比事，《春秋》之權衡見矣。」○啖氏曰：「《公羊》云：『其言不肯何？辭取向也。』聖人設教，豈爲魯欲取向而安加莒事乎？」趙氏曰：「《穀梁》云：『弗肯者，可以肯也。』按：書不肯者，明莒非以他事見伐，且譏公。又曰：『伐莒，義兵也。』按：非王命，又非侯伯，安得稱義乎？」

秦伯稻卒。○夏，六月乙酉，鄭公子歸生弑其君夷。《左傳》：「楚人獻黿於鄭靈公。公子宋與子家將見。子公之食指動，以示子家，曰：『他日我如此，必嘗異味。』及入，宰夫將解黿，相視而笑。公問之，子家以告。及食大夫黿，召子公而弗與也。子公怒，染指於鼎，嘗之而出。公怒，欲殺子公。子公與子家謀先。子家曰：『畜老，猶憚殺之，而況君乎！』反譖子家。子家懼而從之。夏，弑靈公。書曰『鄭公子歸生弑其君夷』，權不足也。君子曰：『仁而不武，無能達也。』凡弑君，稱君，君無道也；稱臣，臣之罪也。鄭人立子良，辭曰：『以賢，則去疾不足；以順，則公子堅長。』乃立襄公。襄公將去穆氏，而舍子良。子良不可，曰：『穆氏宜存，則固願也。若將亡之，則亦皆亡，去疾何爲？』乃舍之，皆爲大夫。」程子曰：「有欲亂之人而無與亂者，則雖有强力，弗能爲也。今有劫人以殺人者，則先治劫者，而殺者次之。將以垂訓於後世，則先殺者，而後劫者，《春秋》書『鄭公子歸生弑其君夷』是也。」

首謀弑逆者，公子宋也；懼譖而從之者，歸生也，而以歸生爲首惡，何也？夫亂臣賊子欲動其惡而不從者，未有能全其身而不死也。故季子然問：「仲由、冉求，其從之者歟？」子曰：「弑父與君，亦不從也。」是以死節許二子矣。南軒張氏曰：「弑君父不從，何必由、求而能之？曾不知順從之臣，始也惟利害之徇，履霜堅冰之不戒，馴致蹉跌，以至從人弑逆者多矣。」**歸生懼**

譖而從公子宋，特無求、路不可奪之死節耳，書爲首惡，不亦過乎？曰：歸生與宋並爲大夫，乃貴戚之卿，同執國政，可以不從，一也；嘗統大師與宋戰，獲其元帥，已得兵權，可以不從，二也。聞宋逆謀，登時而覺，先事誅之，猶反手耳。夫據殺生之柄，仗大義以制人，使人聽己猶犬羊之伏於虎也，何畏於人，懼其見殺而從之也哉？計不出此，顧以畜老憚殺比方君父，歸生之心悖矣。故《春秋》捨公子宋而以弑君之罪歸之，爲後世鑒。若司馬亮、沈慶之等，苟知此義，則能討罪人，不至於失身爲賊所制矣。《晉書·惠帝紀》：「賈后專恣，殺太傅楊駿，廢太后楊氏，徵汝南王亮爲太宰。亮欲悦衆，論誅楊駿功，侯者千八十一人。亮權勢日盛，賈后欲奪其權，使楚王瑋夜圍亮府殺之。」《南史·沈慶之傳》：「慶之既發顔師伯、柳元景之謀，遂昵子業。蔡興宗勸慶之弑子業，不從。及子業誅，何邁量慶之必入諫，閉諸橋絶之。慶之果往，不得進而還。乃使沈攸之賜藥酒殺之。」陸氏曰：「子公，弑君之賊也，其惡易知。子家縱其爲逆，罪莫大焉，書之以爲首惡，所以教天下之爲人臣者也。《春秋》之作，聖人本以明微，蓋謂此也。與書趙盾之弑義同。」高氏曰：「《春秋》之作，常施於可疑，而不施於所不疑。宋之罪無疑也，歸生或疑於可免，故以治歸生，則宋罪自見，非重歸生而輕宋也。」陳氏曰：「歸生爲正卿，而宋有無君之心，非歸生孰禁之？於歸生乎謀先，然而弗禁，則賊由歸生而已矣。故歸生之弑，公子宋啓之，不以罪宋而罪歸生。」張氏曰：「歸生位爲上卿，久執大權，國事由己，乃不能鎮服姦邪，遏絶萌蘖，又脅於邪謀，撓而從之。位尊責重，故《春秋》定爲戎首，以戒大臣不能持正而阿附惡人者，所以示國討之法，而明事君之義也。」永嘉呂氏曰：「宋欲弑而不敢發，先以語歸生，則歸生必有以制其可否之勢。勢在歸生而輕以徇人，其爲首惡宜矣。」○臨川吴氏曰：「《左傳》所載事蹟猥陋，疑不可信。蓋歸生貴戚之卿，秉國重權，嗣君新立，必有所不獲於其君者。因宋之有邪謀，陽爲畜老憚殺之言，陰實假手於宋以除其君。此亂臣之首，而宋特其從也。」汪氏曰：「十年傳載『鄭人討幽公之亂，斲歸生之棺而逐其族』，則鄭人當時已以歸生爲首罪矣。」

赤狄侵齊。高氏曰：「以齊之强而連年爲狄所侵，則惠公之無政可知矣。」○**秋，公如齊。公至自齊。**

君行告至，常事不書。宣公比年如齊而皆致者，危之也。汪氏曰：「此年、明年、九年、十年四朝齊，十年又弔齊惠公之喪，皆書至。」張氏曰：「危之者，與桓二年『公至自唐』同意。」**夫以簒弑謀於齊而取國，以土地賂齊而請會，**汪氏曰：「謂遂、得臣如齊，齊取濟西田，會平州也。」**以卑屈事齊而求安，**高氏曰：「公始即位，公子遂、季孫行父一歲而三聘齊，至是亟朝於齊，謹事大國以自固也。」**上不知有天王，下不知有方伯，惟利交是奉，而可保乎？高固之事亦殆矣。故比年如齊而皆致，以戒後世之欲利有攸往者，惟義之與比爲可安耳。**汪氏曰：「宣公以簒得國，上不畏司馬九伐之誅，下不畏鄰國大夫沐浴之請，固以始謀於齊，繼薦賄焉，而惠公援之甚力，爲足恃也。而不知彼能制吾死生之命，安危榮辱，係於齊君大夫嚬笑之頃。明年高固使齊侯止公，宣公得不甚懼矣乎！盟會之書至，始於桓公之盟唐；朝大國而屢書至，始於宣公之於齊。《春秋》蓋危桓、宣之不得返，而又嘆其不見討也。」

附録《左傳》：「初，楚司馬子良生子越椒。子文曰：『必殺之。是子也，熊虎之狀而豺狼之聲，弗殺，必滅若敖氏矣。諺曰：「狼子野心。」是乃狼也，其可畜乎？』子良不可。子文以爲大慼，及將死，聚其族，曰：『椒也知政，乃速行矣，無及於難。』且泣曰：『鬼猶求食，若敖氏之鬼，不其餒而！』及令尹子文卒，鬬般爲令尹，子越爲司馬。蔿賈爲工正，譖子揚而殺之，子越爲令尹，己爲司馬。子越又惡之，乃以若敖氏之族圄伯嬴於轑陽而殺之，遂處烝野，將攻王。王以三王之子爲質焉，弗受。師于漳澨。秋七月戊戌，楚子與若敖氏戰于皋滸。伯棼射王，汰輈，及鼓跗，著於丁寧。又射汰輈以貫笠轂。師懼，退。王使巡師曰：『吾先君文王克息，獲三矢焉，伯棼竊其二，盡於是矣。』鼓而進之，遂滅若敖氏。初，若敖娶於䢵，生鬬伯比。若敖卒，從其母畜於䢵，淫於䢵子之女，生子文焉。䢵夫人使棄諸夢中。虎乳之。䢵子田，見之，懼而歸。夫人以告，遂使收之。楚人謂乳穀，謂虎於菟，故命之曰鬬穀於菟。以其女妻伯比。實爲令尹子文。其孫箴尹克黃使於齊，還及宋，聞亂。其人曰：『不可以入矣。』箴尹曰：『棄君之命，獨誰受之？君，天也，天可逃乎？』遂歸，復命，而自拘於司敗。王思子文之治楚國也，曰：『子文無後，何以勸善？』使復其所，改命曰生。」

冬，楚子伐鄭。《左傳》：「鄭未服也。」杜氏曰：「前年楚侵鄭，不獲成，故曰未服。」高氏曰：「中國諸侯，不問鄭國弑君之罪，而夷狄興兵以討之，所以病中國也。」張氏曰：「楚自去年至十年，侵伐鄭者凡五。❶至十一年盟鄭辰陵，而鄭又徼事晉，於是明年圍鄭，入之，遂敗晉于邲，而後鄭服楚。晉之不振，有自來矣。」王氏

❶「五」，四庫本作「四」。

曰：「三年楚侵鄭稱人，此年伐鄭復稱爵，何也？三年所伐者，穆公也。此年所伐者，襄公也。穆公捨楚歸晉，則討之爲無名。襄公爲弑君者所立，不討賊，盟主不能問而楚莊伐之，是中國之君不若夷狄之知類矣。故曰：進夷狄，所以傷中國也。」廬陵李氏曰：「此書子者，胡氏所謂歸生弑君，諸侯未有致討者，而楚人至焉，故與之也。晉成公即位之後，楚兵再至鄭矣。」

丁巳定王三年。**五年**晉成三。齊惠五。衛成三十一。蔡文八。鄭襄公堅元年。曹文十四。陳靈十。杞桓三十三。宋文七。秦桓公榮元年。楚莊十。**春，公如齊。**《左傳》：「公如齊，高固使齊侯止公，請叔姬焉。」**夏，公至自齊。**《左傳》：「書過也。」杜氏曰：「往朝見止，厭尊毀列，辱其先君，而於廟行飲至之禮，故書以示過。」汪氏曰：「宣公五如齊，唯此年踰時始返。經雖諱止公之跡，而比事觀之，其實亦不可揜矣。然則宣公之朝齊皆有危殆之憂，而此行尤甚也。」○**秋，九月，齊高固來逆子叔姬。**《左》無「子」字。《左傳》：「齊高固來逆女，自爲也。故書曰『逆叔姬』，卿自逆也。」《穀梁傳》：「諸侯之嫁子於大夫，主大夫以與之。來者，接内也。不正其接内，故不與夫婦之稱也。」杜氏曰：「適諸侯稱女，適大夫稱字，所以別尊卑也。不書女歸，降於諸侯。」

按《左氏》：「公如齊，高固使齊侯止公，請叔姬焉。」書「夏，公至自齊。秋，齊高固來逆子叔姬」，罪宣公也。其曰來者，以公自爲之主。范氏曰：「來者，謂高固。固，齊之大夫，而與君接婚姻之禮。」**稱子者，或謂別於先公之女也。**趙氏曰：「時君之女，故加『子』字以別姑姊妹。」汪氏曰：「《春秋》書子叔姬者三，餘不書子，恐非皆姑姊妹。」**諸侯嫁女於大夫，主大夫以與之者，爲體**

敵也。范氏曰：「婚禮：主人設几筵于廟，以待迎者。諸侯、大夫尊卑不敵，故使大夫爲之主。」而公自爲之主，壓尊毀列，卑朝廷，慢宗廟矣。夫以鄭國褊小，楚公子圍之貴驕强大，來娶于鄭，子産辭而卻之，使館于外，欲野賜之，幾不得撫有其室。事見《左傳》昭公元年。而宣公以魯國周公之後，逼於高固請婚其女，强委禽焉而不能止，惟不知以禮爲守身之幹，是以得此辱也。《春秋》詳書，爲後世鑒，欲人之必謹於禮以定其位。不然，卑巽妄説，不近於禮，奚足遠恥辱哉！高氏曰：「高固之娶，叔姬之嫁，齊許之來，魯與之婚，皆非禮也。」家氏曰：「閭巷之人爲强有力者脅之而昏，且猶不受，況於堂堂之侯國乎！脅而求昏，已爲不可，而又以大夫伉禮於國君，所以陵暴魯國者甚矣。宣公用齊之力簒弑得國，固不以是爲辱，魯之宗社重爲之辱矣。嗚呼！以千乘之國涕出而女於吴，且猶羞之，而況於女鄰國之大夫者乎！《春秋》書之，責魯也，責齊也，正高固陵犯之罪也。」臨川吴氏曰：「宣公負簒國之罪，倚齊以安，數朝數聘，卑身事齊，猶以爲未甚，至齊之臣强娶其女，甘心與之而不敢違，自爲之主如敵體然。蓋身爲不義，故忍恥忍辱而屈於人下如此。曹子臧、吴季札强與之國，義不肯受，不降其志而常伸於人上者，果何人哉？」○劉氏曰：「《穀梁》云『不正其接内，故不與夫婦之稱』，非也。不曰逆女，别於逆君夫人者也。」

叔孫得臣卒。汪氏曰：「莊叔也。子僑如嗣，是爲宣伯。」

内大夫卒，無有不日者，以《春秋》魯史也。其或不日，則見恩數之略爾。仲遂如齊謀弑

子赤，叔孫得臣與之偕行，在宣公固有援立之私，其恩數豈略？而不書日，是聖人削之也。君臣、父子、妃妾、適庶，人道之大倫也。方仲遂以殺適立庶往謀於齊，而與得臣並使也，若懵然不知其謀，或知之而不能救，則將焉用彼相矣？《春秋》治子赤之事，專在仲遂，以其内交宫禁，外結强鄰，大惡無所分也。而叔孫得臣有同使于齊之罪，故特不書日以貶之，若曰：大夫而不能爲有無者，不足加以恩數云爾。何氏曰：「不日者，知公子遂欲弑君，爲人臣知賊而不言，明當誅。」

冬，齊高固及子叔姬來。《左傳》：「冬，來，反馬也。」《公羊傳》：「何言乎高固之來？言叔姬之來而不言高固之來，則不可。子公羊子曰：『其諸爲其雙雙而俱至者與？』」《穀梁傳》：「及者，及吾子叔姬也。爲使來者，不使得歸之意也。」

《左氏》曰：「反馬也。」禮：嫁女留其送馬，不敢自安，及廟見成婦，遣使反馬。孔氏曰：「天子、諸侯嫁女，留其乘車。高固反馬，則大夫亦留其車。留車，妻之道也。反馬，壻之義也。婦至，質明見於舅姑。若舅姑既没，則婦入三月乃祭，因以三月爲反馬之節。舅姑存者，亦當以三月反馬也。法當遣使，不合親行，故經傳具見其事以示譏。」則高固親來，非禮也。又禮：女子有行遠父母者，歲一歸寧。今見逆逾時未易歲也，而叔姬亟來，亦非禮也。故書及書來，以著齊罪也。大夫適他國，必有君命與公事，否則禮法之所禁，而可犯乎？啖氏曰：「大夫非公事與妻出竟，非禮也。」薛氏曰：「舍君事而從婦歸寧，且非度，高固之無忌憚也。」**惠公許其臣越禮恣行而莫遏，高固委其君踰境自如而不忌，則人欲已肆矣。凡婚姻常事不書，**高氏曰：「歸寧常事不書，反馬亦常事不書。」**而書此者，則以爲非常，爲後世戒也。**高氏曰：「子叔姬不冠夫氏者，承上高固『及』之也。」家氏曰：「反馬不躬至，歸寧無並行。高固列國之卿，而挾婦俱來。前日以臣伉君，猶以爲未足，更挾婦以要魯宣館甥之禮，宣固無所慊，魯之宗廟朝廷實重爲之辱矣。」○陸氏曰：「按：經文直書其事，以見非禮耳，《公羊》何用曲爲義乎？」

楚人伐鄭。《左傳》：「楚子伐鄭，陳及楚平。晉荀林父救鄭，伐陳。」高氏曰：「去冬之伐稱楚子，所以譏鄭也。今稱人，又罪其數犯中國也。」家氏曰：「經書楚伐而不書晉救者，歸生弒君，晉當出師討賊，今既更歲，因楚師之來而以兵救鄭，是當討而不當救也。晉人苟能爲鄭討賊，即所以存鄭，楚師將不禦而自去，何勞救乎？」張氏曰：「屢失機會，大義不立，營營救鄭，以致楚人益陵，諸侯携貳。茲晉之所以失道歟！」廬陵李氏曰：「此書人者，即胡氏所謂興師動衆，賊則不討，惟服鄭之爲事。故傳稱子，經書人，貶之也。楚兵三至鄭矣。」

戊午定王四年。**六年**晉成四。齊惠六。衛成三十二。蔡文九。鄭襄二。曹文十五。陳靈十一。杞桓三十四。宋文八。秦桓二。楚莊十一。**春，晉趙盾、衛孫免侵陳。**《左傳》：「春，晉、衛侵陳，陳即楚故也。」《公羊傳》：「趙盾弒君，此其復見何？親弒君者趙穿也。親弒君者趙穿，則曷爲加之趙盾？不討賊也。何以謂之不討賊？晉史書賊曰：『晉趙盾弒其君夷獋。』趙盾曰：『天乎！無辜。吾不弒君，誰謂吾弒君者乎？』史曰：『爾爲仁爲義，人弑爾君，而復國不討賊，此非弑君如何？』趙盾之復國奈何？靈公爲無道，使諸大夫皆内朝，然後處乎臺上，引彈而彈之，己趨而避丸，是樂而已矣。趙盾已朝而出，與諸大夫立於朝，有人荷畚自閨而出者，趙盾曰：『彼何也？夫畚曷爲出乎閨？』呼之不至，曰：『子，大夫也，欲視之，則就而視之。』趙盾就而視之，則赫然死人也。趙盾曰：『是何也？』曰：『膳宰也。熊蹯不熟，公怒，以斗摮而殺之，支解，將使我棄之。』趙盾曰：『嘻！』趨而入。靈公望見趙盾，愬而再拜。趙盾逡巡北面再拜，稽首，趨而出。靈公心怍焉，欲殺之，於是使勇士某者往殺之。勇士入其大門，則無人門焉者；入其閨，則無人閨焉者；上其堂，則無人焉。俯而闚其户，方食魚飧。勇士曰：『嘻！子誠仁人也。吾入子之大門，則無人焉；入子之閨，則無人焉；上子之堂，則無人焉，是子之易也。子爲晉國重卿而食魚飧，是子之儉也。君將使我殺子，吾不忍殺子也。雖然，吾亦不可復見吾君矣。』遂刎頸而死。靈公聞之，怒，滋欲殺之甚，衆莫可使往者。於是伏甲于宫中，召趙盾而食之。趙盾之車右祁彌明者，國之力士也，仡然從乎趙盾而入，放乎堂下而立。趙盾已食，靈公謂盾曰：『吾聞子之劍，蓋利劍也。子以示我，吾將觀焉。』趙盾起，將進劍，祁彌明自下呼之曰：『盾，食飽則出，何故拔劍於君所？』趙盾知之，躇階而走。靈公有周狗，謂之獒。呼獒而屬之，獒亦躇階而從之。祁彌明逆而踆之，絶其頷。趙盾顧曰：『君之獒，不若臣之獒也。』然而宫中甲鼓而起。有起于甲中者，抱趙盾而乘之。趙盾顧曰：『吾何以得此于子？』曰：『子某時所食，活我于暴桑下者也。』趙盾曰：『子名爲誰？』曰：『吾君孰爲介？子之乘矣！何問吾名？』趙盾驅而出，衆無留之者。趙穿緣民衆不説，起弑靈公，然後迎趙盾而入，與之立于朝，而立成公黑臀。」《穀梁傳》：「此帥師也，其不言帥師，何也？不正其敗前事，故不與帥師也。」

按：傳稱「陳及楚平，荀林父伐陳」，經皆不書者，以下書晉、衛加兵于陳，即陳及楚平可知矣；以趙盾、孫免書侵，即林父無詞可稱，亦可知矣。愛人不親反其仁，治人不治反其智。晉嘗命上將帥師救陳，又再與之連兵伐鄭，今而即楚，無乃於己有闕，盍亦自反可也。不内省德，遽以兵加之，則非義矣。故林父不書伐而盾、免書侵，以正晉人所以主盟非其道也。高氏曰：「趙盾前會衛侯救陳，今更與衛孫免加兵于其國，故書侵，以正主盟者之罪。雖以陳背晉即楚，亦以晉救之無功故也。」家氏曰：「陳之叛晉即楚，以鄭故耳。鄭穆暮年棄楚弗事，而託身於中國，亦望晉人有以人拯其危急。曾未期年，鄭有歸生之亂，晉坐視莫之顧，陳叛而與楚，良以是耳。晉成孱君，政在趙氏，豈能爲鄭討賊？然陳、鄭每相視以爲向背，鄭賊之不討，無以服陳人之心。陳雖受伐，而終不爲晉屈也。」陳氏曰：「趙盾之罪，嘗著於《春秋》，其再見，曷爲無貶？自宋萬而下無討賊者，則凡『人』而已矣。」○劉氏曰：「《公羊》曰：『趙盾弑君，何以復見？弑君者，趙穿也。』非也。弑君復見者，寧止盾乎？《穀梁》云：『不言帥師，不正其敗前事。』亦非也。將尊師少爾。」廬陵李氏曰：「《公羊》於此條下方序趙盾事，與《左氏》大略同，但稱史曰：『爾爲仁爲義，人弑爾君，而復國不討賊，此非弑君何？』」又曰：『趙穿緣民衆不説，起弑靈公，然後迎趙盾而入，與之立于朝。』其説稍詳。」

夏，四月。

附録《左傳》：「夏，定王使子服求后于齊。」○「秋，赤狄伐晉，圍懷，及邢丘。晉侯欲伐之，中行桓子曰：

『使疾其民，以盈其貫，將可殪也。《周書》曰「殪戎殷」，此類之謂也。』」

秋，八月，螽。程子曰：「螽，蝗也。」

傳謂螽爲穀災，虐取於民之效也。劉歆曰：「貪虐取民則螽。」先是公伐莒取向，後再如齊伐萊，軍旅數起，賦斂既繁，戾氣應之矣。何氏曰：「公伐莒取向，公比如齊，煩擾之所致。」夫善惡之感萌於心，而災祥之應見於事。宣公不知舍惡遷善，以補前行之愆，而用兵不息，災異數見，年穀不豐，國用空乏，卒至於改助法而税民，蓋自此始矣。經於螽螟一物之變，必書于策，示後世天人感應之理不可誣，當慎其所感也。高氏曰：「書八月者，惟八月有之，非歷時也。螽爲農災，王道所重。今以月書，則爲災不久，異於以時書者矣。」汪氏曰：「《春秋》書螽災者十有六，而宣公之世有四焉。蓋身爲不義而貪暴於民，是以致天災之亟數也。」

冬，十月。

附録《左傳》：「冬，召桓公逆王后于齊。」〇「楚人伐鄭，取成而還。」〇「鄭公子曼滿與王子伯廖語，欲爲卿。伯廖告人曰：『無德而貪，其在《周易》豐䷶之離䷝，弗過之矣。』間一歲，鄭人殺之。」

春秋集傳大全卷之二十

宣公　二

己未定王五年。**七年**晉成五。齊惠七。衛成三十三。蔡文十。鄭襄三。曹文十六。陳靈十二。杞桓三十五。宋文九。秦桓三。楚莊十二。**春，衛侯使孫良夫來盟。**《左傳》：「春，衛孫桓子來盟，始通，且謀會晉也。」《穀梁傳》：「來盟，前定也。不言及者，以國與之。不言其人，亦以國與之。不日，前定之盟不日。」

來盟爲前定者，嘗有約言矣。未足効信而釋疑，又相歃血固結之爾。是盟衛欲爲晉致魯，而魯專事齊，初未與晉通也。必有疑焉，而衛侯任其無咎，故遣良夫來爲此盟，而公卒見辱。盟非《春秋》之所貴，義自見矣。汪氏曰：「他國大夫來盟，皆公與之盟。但言來，而與公敵禮可知。外大夫之伉尊，魯君之失列，不待貶而自著矣。惟屈完來盟于師，下書『盟于召陵』，則見完之服義而不敢伉也。宣公倚齊篡國，晉爲盟主，缺於修好，故與衛結盟，而不能逭伯者之討。蓋於己有慊，而欲藉小信以免辱，其足恃乎？然魯、衛兄弟之國，解紛救患，迭相爲援。衛成之執，僖公爲之納賂於王與晉侯而得免。黑壤之止，疑亦衛成言於晉，而以賂得釋耳。」

夏，公會齊侯伐萊。《左傳》：「不與謀也。凡師出，與謀曰及，不與謀曰會。」高氏曰：「公方與衛盟，將復從晉，而又應齊侯之命，興兵以陵弱小之國，此取辱之道也。」**秋，公至自伐萊。大旱。**

及者内爲志，會者外爲主。平莒及郯，公所欲也，故書「及」，繼以取向，即所欲者可知矣。伐萊，齊志也，故書「會」，繼以伐致，即師行之危亦可知矣。汪氏曰：「春秋以來，桓致伐鄭，莊致伐衛、伐戎，黨篡攘夷，皆非常也。僖致伐楚、伐鄭、圍許，則桓、文之大征伐也。他侵伐皆不致，伐齊取穀，以夷狄而治中國，僅致焉耳。今而伐萊，萊，微國也，特書至者，竭志從人而不思力之不足，聲罪伐人而不察己之有玷，兵出踰時，煩民毒衆，爲宣公危之也。前此伐莒、後此伐杞皆不致，聖人蓋有深意矣。」**公與齊侯俱不務德，合黨連兵，恃强陵弱，**王氏曰：「萊東夷小國，初無召兵之釁，公與齊侯伐之，不過陵弱暴寡而已。」**是以爲此舉也。軍旅之後，必有凶年，**《前漢書·淮南王傳》：「安上書曰：『軍旅之後，必有凶年，言以其愁苦之氣，薄陰陽之和，感天地之精，而災氣爲之生也。』」**言民以征役怨咨之氣，感動天變而旱乾作矣。其以「大旱」書者，或不雩，或雖雩而不雨也。**杜氏曰：「書旱不書雩，雩無功，或不雩。」**不雩，則無恤民憂國之心；雩而不雨，格天之精意闕矣。**汪氏曰：「旱之爲言，悍也。上之人持亢陽之節，暴虐於下，則旱災應之。宣公連歲事齊，煩於朝聘兵戎之事，故先乎伐萊而螽爲災，後乎伐萊而旱爲虐。猶不知警，而重取於民，蓋不至於税畝不已也。」

附録《左傳》：「赤狄侵晉，取向陰之禾。」

冬，公會晉侯、宋公、衛侯、鄭伯、曹伯于黑壤。《左傳》：「鄭及晉平，公子宋之謀也，故相鄭伯以會。冬，盟于黑壤，王叔桓公臨之，以謀不睦。晉侯之立也，公不朝焉，又不使大夫聘，晉人止公于會，盟于黃父。公不與盟，以賂免。故黑壤之盟不書，諱之也。」杜氏曰：「黑壤，晉地。一名黃父。」

會而不得見，不以不得見爲諱，汪氏曰：「成十六年會沙隨，晉聽叔孫僑如之譖，不見公。」盟而不與盟，不以不與盟爲諱，汪氏曰：「昭十三年同盟于平丘，晉聽邾、莒之訴，公不得與盟。」則曲不在公，而主會盟者之罪耳。與於會不與於盟，而公有歉焉，非主會盟者之過也。則書會不書盟，若黑壤是也。杜氏曰：「慢盟主以取執止之辱，故諱之。」晉侯之立，公既不朝，又不使大夫聘，而每歲適齊，是宣公行有不慊於心，而非晉人之咎矣。凡不直者，臣爲君隱，子爲父隱，於以養臣子愛敬之心。而不事盟主，又以賂免，則不直在己矣。汪氏曰：「文公以不朝晉而見討。處父之盟，書其事而不書公，以諸侯之立，當朝王而不當朝晉也。其罪未可深責也。宣公亦以朝晉而見討。黑壤之盟，書公而不書其事，以連歲朝齊，則亦當朝晉，其罪實不可逭也。是文公之辱，其責在晉；而宣公之辱，宜自責也。雖然，忽盟主而不事，缺於朝聘之禮，特小過耳。宣公篡立，得罪於君父兄，大惡也，晉人略大惡而問小過，蓋當時霸者逞其私欲，惟利之求，故罪其慢己以取賂而已矣。使晉成之討，如晉厲之執曹成而歸諸京師，則殘正之刑，復何逃耶？《春秋》爲尊者諱，冬會而春書至，考其故而義自見矣。」廬陵李氏曰：「自文公以來，晉以不朝討魯者再見矣。文公二年辱以處父之盟，今年不與黃父之盟，晉固可責也，而文、宣之不能謹於禮以至衰敗，亦有由矣。就二公論，文公止辱以處父之伉，而黄父之會，止諱盟不書也。宣公五年止於齊，七年止於晉，何以爲國哉？」家氏曰：「晉自新城以來，君侈而臣專，政亂於内，威褻於外。霸權盡削，諸侯離散，楚行師中原而不敢問，齊倔强東夏而無所忌。成公新立，合四國之君以爲此會，鄭舍楚而從晉，再會于扈，諸侯皆序，庶幾中國之猶有伯也。」陳氏曰：「晉靈公之會同皆不序，自黑壤而下，復序諸侯，何也？垂隴之役，初以大夫會盟。自以大夫會盟而後，不序諸侯。不序諸侯，猶責伯者也。終靈公之篇，則諸侯無貶矣，以其不勝貶，序之可也。自隱而下，君恒稱君，貶『人』之，故諸侯多貶詞焉。自文而下，大夫恒稱大夫，貶『人』之，故大夫多貶詞焉。諸侯不勝貶，則政在大夫矣；大夫不勝貶，則陪臣執國命矣。」

庚申定王六年。**八年**晉成六。齊惠八。衛成三十四。蔡文十一。鄭襄四。曹文十七。陳靈十三。杞桓三十六。宋文十。秦桓四。楚莊十三。**春，公至自會。**臨川吴氏曰：「宣公簒立，自疑而不敢會晉。衛欲爲晉致魯，故去春使孫良夫來盟，而後去冬公與黑壤之會。縱使無《左氏》所記止公不得與盟之辱，亦必懷疑而自危。故此書至，而自是不敢如晉矣。」汪氏曰：「前此會平州不至，納賂於齊，則無危殆之患。此特書至，以公見止於晉，踰年始返也。盟會常事不致，桓、文之盟會皆不致也。牡丘、于淮，則桓公之衰；新城，則晉伯在大夫，他未有書至者也。宣公致黑壤與斷道，前則見討於晉，後則與晉謀討齊，皆危殆之事也。」○**夏，六月，公子遂如齊，至黄乃復。**《公羊傳》：「其言至黄乃復何？有疾也。何言乎有疾乃復？譏。何譏爾？大夫以君命出，聞喪，徐行而不返。」《穀梁傳》：「乃者，亡乎人之辭也。復者，事畢也，不專公命也。」杜氏曰：「黄，齊地。」

至黃乃復，壅君命也。高氏曰：「不稱有疾者，大夫受命而出，雖死，以尸將命，豈可以疾而廢君命耶？」張氏曰：「罪其違君命也，與公孫敖不至而復同。」**有疾亦不復，可乎？大夫以君命出，聞喪，徐行而不返，未致事而死，以尸將事。**何氏曰：「聞喪者，聞父母之喪。徐行者，不忍疾行，又爲君當使人追代之。以喪喻疾者，喪尚不當反，況於疾乎！不言有疾者，有疾猶不得反也。」《儀禮・聘禮》篇：「若有私喪，則哭于館，衰而居，不饗食。歸，使衆介先，衰而從之。若賓死未將命，則既斂于棺，造于朝，介將命。」**楚伐吳，陳侯使公孫貞子往弔，及良而卒。將以尸入，吳人辭焉。上介芋尹蓋曰：「寡君使蓋備使，弔君之下吏。無祿，使人逢天之慼，大命隕墜，絶世于良。廢日供積，**音漬。**一日遷次。今君命逆使人曰：『無以尸造于門。』是我寡君之命委于草莽也，無乃不可乎？」吳人不敢辭。君子以爲知禮。**事見《左傳》哀公十五年。**乃者，無其上之詞。**汪氏曰：「乃者，繼事之辭，而有專意。士匄之『乃還』，專而合於義者也。仲遂之『乃復』，專而不合於義者也。」**其曰復，事未畢也。**汪氏曰：「敖言『不至』，則實未嘗如京師。遂言『至黃』而下書卒，則知有疾而返。是敖之罪，視遂尤重也。」○陸氏曰：「《穀梁》云：『還者，事未畢；復者，事畢。』文正倒也，當爲：『還者，事畢；復者，事未畢。』『師還』『公還自晉』『歸父還自晉』『士匄聞齊侯卒乃還』，皆不復更往，故曰：還，事畢也。『公如晉，至河乃復』『公孫敖如京師，不至而復』『仲遂至黃乃復』，皆事未畢而復也。」

辛巳，有事于大廟。仲遂卒于垂。大音泰。《公羊傳》：「仲遂者何？公子遂也。何以不稱公子？

貶。曷爲貶？爲弑子赤貶。然則曷爲不於其弑焉貶？於文則無罪，於子則無年。」《穀梁傳》：「爲若反命而後卒也。此公子也，其曰仲，何也？疏之也。何爲疏之也？是不卒者也。不疏，則無用見其不卒也。則其卒之何也？以譏乎宣也。其譏乎宣何也？聞大夫之喪，則去樂、卒事。」杜氏曰：「有事，祭也。仲遂卒與祭同日，略書有事，爲繹張本。垂，齊地，非魯境，故書地。不言公子，間無異事，省文，從可知也。」陳氏曰：「大夫卒竟内不地，竟外地。」

有事言時祭。王氏曰：「當是禘祭。不書禘者，失不在祭也。」臨川吴氏曰：「有事者，時享之常禮也。先儒謂此爲時祫。秦溪楊氏云：『四時禘、祠、烝、嘗，祭群廟禮煩，乃於太祖之廟合高、曾祖禰之主共祭之。』今按：《禮》有一犆一祫之説，或分享於五廟，或合享於太廟。合享則書『有事於太廟』，分享則書四時祭名。時享常事不書，欲知仲遂以祭之日而卒，故書。」**此公子遂也，曷爲書字？生而賜氏，俾世其官也。曷爲書卒？以事之變卒之也。**問：「仲遂卒，何以不書公子？」茅堂胡氏曰：「仲遂本不當書卒，以事之變而卒之，故不復書公子。其曰仲遂，以見生而賜之氏也。」**古者諸侯立家，大夫卒而賜氏。其後，尊禮權臣，寵遇貴戚，而不由其道，於是乎有生而賜氏，其在魯，則季友、仲遂是也。襄仲殺惡及視，援立宣公，而宣公深德之，故生而賜氏，使世大夫以答之也。經於其卒書族，以志變法之端，爲後世戒。**陳氏曰：「大夫卒恒稱名，其兼字之何？自是仲氏世爲卿，故譏之也。」張氏曰：「仲遂得罪於文公，以翬不書卒例之，不當書卒。因事之變，卒之也。書仲遂，其字也。蓋宣公德之，與季友之於僖公，同有輔立之恩，故亦生而賜氏，俾世其卿也。」臨川吴氏曰：「仲者，遂之字。卒而以字加於名之上者，賜之族而以其字爲氏，豫命其子孫世世爲卿，如季友之例也。」廬陵李氏曰：「仲遂稱仲，正與季友稱季同。友上書公子而遂不稱公子者，杜氏、陳氏謂蒙上文是也。仲遂弑君，正與公子翬同，當不書卒。此書卒者，因事之變，以明卿卒不繹之禮也。有事只時祭，以非祭之失，故不書祭名。《正義》以爲此禘祭者，非也。仲遂之子爲公孫歸父，歸父以宣十八年出奔，魯人以歸父之弟仲嬰齊後之爲仲氏，見成十五年。」○劉氏曰：「《穀梁》云『其曰仲，疏之也』，非也。即《春秋》欲疏之，何不書遂卒，若無駭與俠乎？且欲疏弑君之臣，不書其氏，反書其字，何也？」

壬午，猶繹，萬入去籥。《左傳》：「有事於大廟，襄仲卒而繹，非禮也。」《公羊傳》：「繹者何？祭之明日也。萬者何？干舞也。籥者何？籥舞也。其言萬入去籥何？去其有聲者，廢其無聲者，存其心焉爾。存其心焉爾者何？知其不可而爲之也。猶者何？通可以已也。」《穀梁傳》：「猶者，可以已之辭也。繹者，祭之旦日之享賓也。萬入去籥，以其爲之變，譏之也。」

繹者，祭之明日以賓尸也。孫炎曰：「尋繹，復祭也。《爾雅》：『繹，陳也。』是陳昨日之禮。」何氏曰：「禮：繹繼昨日事，但不灌地降神。天子諸侯曰繹，大夫曰賓尸，士曰宴尸。天子以卿爲尸，諸侯以大夫爲尸，卿大夫以下以孫爲尸。尸屬昨日配先祖食，不忍輒忘，故因以復祭。殷曰肜，周曰繹。」朱子曰：「賓尸，以賓客之禮燕爲尸者。」**猶者，可已之詞。**朱子曰：「猶繹，是不必繹而猶繹也。」**萬，舞也，以其無聲也，故入而遂用。籥，管也，**何氏曰：「籥所吹以節舞也。吹籥而舞，文樂之長。」《詩》「左手執籥」注：「文舞也。籥如笛而六孔。」**以其有聲也，故去而不作。**呂氏曰：「萬舞，文、武二舞之總名。

籥舞，文舞之別名。文舞又謂之羽舞，蓋文舞吹籥秉翟羽也。萬入去籥者，文、武二舞俱入，於二舞中去羽舞吹籥者。」**是謂故知不可，存其邪心而不能格也。**何氏曰：「明其心猶存於樂，知其不可，故去其有聲者而爲之。」張氏曰：「喜怒哀樂發而中節謂之和。仲遂殺嫡，宣公以其私於己而愛之，生賜之氏，今出使擅返，不正其罪，其喜樂既不以正。聞喪當哀，又復心知其不可，故行吉禮。《春秋》謹書始末，以見其心不正，而施之宗廟朝廷者謬戾如此。詳觀書法，見聖人格心之道矣。」**禮：大夫卒，當祭則不告，**汪氏曰：「《檀弓》：『衛太史柳莊寢疾，公曰：「若疾革，雖當祭必告。」』今按：君在，祭不當告。故衛獻公越常禮以厚其臣。然疏謂：『祭事雖了，與尸爲禮未畢耳。』」**終事而聞則不繹。**《禮記・檀弓》：「仲遂卒，猶繹。仲尼曰：『非禮也，卿卒不繹。』」杜氏曰：「魯人知卿佐之喪不宜作樂，而不知廢繹，故納舞去籥。」沈氏曰：「按：《曾子問》：『諸侯祭社稷，俎豆既陳，聞天子崩、后之喪，廢。』則卿喪不廢正祭。繹是又祭，爲輕，故當廢之。」**不告者，盡肅敬之誠於宗廟；不繹者，全始終之恩於臣子。今仲遂國卿也，卒而猶繹，則失寵遇大臣之禮矣。《春秋》雖隆君抑臣，而體貌有加焉，則廉陛益尊而臣節礪。**《說文》：「礪，本作『厲』。」《前漢書・賈誼傳》：「人主之尊譬如堂，群臣如陛，衆庶如地。故陛九級，上廉遠地則堂高，陛亡級，廉近地則堂卑。君之寵臣雖有過，刑戮之罪不加其身，所以體貌大臣而厲其節也。」注：「廉，側隅也。」**後世法家專欲隆君而不得其道，至以犬馬國人相視，大倫滅矣。聖人書法如此，存君臣之義也。**茅堂胡氏曰：「若專於尊君，則視臣如犬馬，臣亦視君如寇讎。上下俱無恩禮，則賢者退處，所存者阿諛小人，將有以天下奉一人之説矣。《春秋》書遂卒猶繹，謂君與卿佐爲一體，股肱或虧，豈不隱痛？仁宗以富弼母喪在殯罷春宴，韓魏公薨，神宗發哀過舉數，皆得《春秋》之法。」「或問：去樂卒事，是否？曰：凡享祀宗廟當盡禮。卿卒於外而去樂卒事，是私家强，公室弱也。君臣上下，纔過豪釐即失正。以此看《春秋》，於人倫上有無窮妙意。」石氏曰：「禮有重輕先後之不同。以祭視繹，則祭爲重而繹爲輕；以繹視卿佐之喪，則繹爲輕而卿佐之喪爲重。有國者當圖其稱也。」孫氏曰：「仲遂雖卒，猶當追正其罪。宣公不能正遂之罪，則當爲之廢繹。何者？君臣之恩未絶也。」高郵孫氏曰：「仲遂弑君之賊，苟以弑逆討之，則罪無所逃矣。宣公恃之得位，既任之爲大夫，則當盡遇臣之禮。卒而猶繹，萬入去籥，所謂知其不可而爲之者也。」廬陵李氏曰：「『猶』爲可已之辭，三傳皆同。此事與昭十五年叔弓卒略同，彼以去樂卒事爲得禮，此以猶繹爲失禮，皆記事之變也。」又曰：「遂之生，不當賜氏而賜氏；遂之卒，不當繹而猶繹。或進或退，一則謹世臣之始，一則重大臣之終，並行而不相悖也。」

戊子，夫人嬴氏薨。《公》、《穀》作「熊氏」。

敬嬴，文公妾也，何以稱夫人？自成風聞季友之繇，直救反。**事友而屬其子，及僖公得國，立以爲夫人，於是乎嫡妾亂矣。《春秋》於風氏，凡始卒四貶之，則禘于太廟、秦人歸襚、榮叔含賵、召伯會葬，去其姓氏，不稱夫人，「王」再書，而無天是也。敬嬴又嬖，私事襄仲而屬宣公，不待致于太廟，援例以立，則從同同而無貶矣。其意若曰：以義起禮爲可**

繼，苟出於私情而非義，後雖欲正可，若何？ 啖氏曰：「成風之後，妾母皆僭用夫人禮，故亦書『薨』以著其非。」家氏曰：「哀姜淫亂，與慶父同弒二君，齊桓討而殺之。僖於是尊其母成風爲夫人以配其父，此僭也，然非哀姜不終，則僖亦未敢遽如此。今敬嬴之事則異於是。嬴以嬖妾，私事襄仲，弒子赤，立宣公，逐嫡母歸齊，而已僭夫人之位。出姜無罪，爲賊臣悖妾所逐，不得與哀姜同例。嬴與其子弒君逐母，僭號夫人，亦不得與成風偶。使遇齊桓，則敬嬴、襄仲皆當比而誅戮。王室不競，中國無伯，得以肆行無忌。孰知天道禍盈，至是八年仲使齊死于路，後八日嬴隕于魯，與哀姜、慶父先後即誅。其事相類，但有天討、人刑之異耳。」汪氏曰：「《春秋》既書夫人姜氏薨于夷，又書夫人風氏薨，則知哀姜爲莊公夫人，而成風乃妾也。既書夫人姜氏歸于齊，又書夫人嬴氏薨，則知出姜爲文公夫人，而敬嬴乃妾也。直書于策，讀者比事以考之，雖微傳而嫡妾之分明矣。」○趙氏曰：「《公》、《穀》並云『熊氏』，又謚爲『頃』。據理『頃』爲惡謚，不應公母加惡謚，當從《左氏》爲『敬嬴』。」

晉師、白狄伐秦。 白狄始見經。《左傳》：「春，白狄及晉平。夏，會晉伐秦。晉人獲秦諜，殺諸絳市，六日而蘇。」杜氏曰：「白狄，狄別種，故西河郡有白狄胡。」

晉主夏盟，糾合諸侯，攘夷狄，安諸夏，乃其職矣。秦人之怨起自侵崇，其曲在晉，責己可也。既不知自反，釋怨修睦以補前過，已可咎矣，乃復興師動衆，會戎狄以伐之，獨不惡傷其類乎？直書于策，貶自見矣。 高氏曰：「殽之役書『及姜戎』，此不言及者，以傳考之，白狄爲主也。經先晉者，不與夷狄之會中國也。中國而爲夷狄所帥，晉之耻也。」家氏曰：「不書『及』，偶晉於狄，亦狄晉耳。」廬陵李氏曰：「晉絶秦書曰：『白狄及君同州，君之仇讎而我之昏姻也。』晉與秦自侵崇起釁，七年而未已。晉昏狄而結以伐秦，其罪大矣，故自此至成十三年吕相絶秦，皆連兵之事。秦康、共，晉襄、靈之後，晉成、秦桓之交兵又始於此。」

楚人滅舒蓼。《公》作「舒鄝」。《左傳》：「楚爲衆舒叛故，伐舒蓼，滅之。楚子疆之，及滑汭，盟吴、越而還。」杜氏曰：「舒、蓼，二國名。」張氏曰：「《地譜》上：『義陽之蓼。文五年已滅於楚。』此即如舒鳩、舒庸，蓋群舒别種，非二國也。」

按：《詩》稱：「戎狄是膺，荆舒是懲。」在周公所懲者，其自相攻滅，中國何與焉？然《春秋》書而不削者，是時楚人疆舒蓼、及滑汭，盟吴、越，勢益强大，將爲中國憂，而民有被髮左衽之患矣。經斯世者當以爲懼，有攘却之謀而不可忽，則聖人之意也。汪氏曰：「《春秋》未有二國連書者。雖夷狄别種，尚書『甲氏及留吁』。舒蓼不言及，實一國耳。」象山陸氏曰：「聖人貴中國，賤夷狄，非私中國也。中國得天地中和之氣，固禮義之所在，貴中國者，非貴中國也，貴禮義也。雖更衰亂，先王之典刑猶存，流風遺俗未盡泯然也。夷狄盛强，吞并小國，將乘其氣力以憑陵諸夏，是禮義將無所施矣，此聖人之大憂也。楚人滅弦、滅黄、滅江、滅六、滅庸，至是又滅舒蓼，聖人悉書不置，其所以望中國者切矣。」

秋，七月甲子，日有食之，既。茅堂胡氏曰：「先是中華大國齊、晉皆亂，楚莊始强，肆行侵伐，觀兵周室，鄭伯肉袒，北敗晉師，流血色水，圍宋九月，析骸易子。此食既之應，而《五行志》以爲楚、鄭分也。」象山陸氏曰：「《春秋》日食三十六，而食之既者三。日之食與食之深淺皆曆家所能知，是蓋有數，疑若不爲變也。然天人之際，實相感通，雖有其數，亦有其道。昔之聖人，未嘗不因天變以自治。『洊雷震，君子以恐懼修省』，『君子無終食之間違仁，造次必於是，顛沛必於是』，所以修其身者素矣。然洊震之時，必因以恐懼修省，此君子之所以無失德，而盡事天之道也。況日月之眚見於上乎？遇災而懼，側身修行，欲銷去之，此宣王之所以中興也。知天災有可銷去之理，則無疑於天人之際，而知所以自求多福矣。日者，陽也。陽爲君，爲父，爲夫，爲中國。苟有食之，斯爲變矣。食至於既，變又大矣。言日不言朔，食不在朔也。日之食必在朔，食不在朔，歷差也。」

附録《左傳》：「晉胥克有蠱疾，郤缺爲政。秋，廢胥克，使趙朔佐下軍。」

冬，十月己丑，葬我小君敬嬴。敬嬴，《公》、《穀》作「頃熊」。《左傳》：「葬敬嬴，旱，無麻，始用葛茀。」

成風薨以夫人，葬以小君，將祔于廟，而始有二夫人也，則四貶之，以正其事。今敬嬴亦薨以夫人，葬以小君，使祔于廟，無貶以正之，從同同可也。范氏曰：「宣公立妾母爲夫人，君以夫人禮卒葬也。故主書者不得不以爲夫人，義與成風同。」而於宣公元年，即以所逆穆姜婦之，何也？曰婦，有姑之詞。見敬嬴遂以子貴，援例而亟立爲夫人也。僖公享國八年，然後致成風，而敬嬴之亟也。雖云援例，魯君臣之責亦可知矣。無貶而書法若此者，猶桓、宣弑君而書即位爾。臨川吴氏曰：「僖、宣、襄、昭四妾母，群臣皆逢君之意而尊爲夫人也。」象山陸氏曰：「襄仲殺太子惡，敬嬴爲之也。敬嬴非嫡，而薨以夫人，葬以小君，魯君臣之責深矣。《春秋》作而亂臣賊子懼，蓋爲是也。」

雨，不克葬。庚寅，日中而克葬。《左傳》：「雨不克葬，禮也。禮：卜葬，先遠日，辟不懷也。」《公羊傳》：「頃熊者何？宣公之母也。而者何？難也。乃者何？難也。曷爲或言而，或言乃？乃，難乎而也。」《穀梁傳》：「葬既有日，不爲雨止，禮也。雨，不克葬，喪不以制也。而，緩辭也，足乎日之辭也。」

敬嬴以其子宣公屬諸襄仲，殺太子及其母弟，雖假手於仲，實敬嬴之謀也。經書子赤卒，夫人姜氏歸于齊，其文無貶，而讀者有傷切之意焉，則以秉彝不可滅也。傳謂「哭而過市，市人皆哭」，敬嬴逆天理、拂人心之狀慘矣。其於終事，雨不克葬，著咎徵焉，王氏曰：「《春秋》内葬十有九，唯敬嬴、定公二喪遇雨。定公得國於逐君之賊，敬嬴殺嫡立庶，故於終事，皆遭陰譴。」**而謂無天道乎？此皆直書，以見人心與天理之不可誣者也。夫喪事即遠，有進無退：浴于中霤，**力救反。**飯于牖下，小斂于户内，大斂于阼階，殯于客位，遷于廟，祖于庭，堋于墓。**堋，逋鄧反。下棺也。**以弔賓，則其退有節。**《禮記·坊記》：「賓禮每進以讓，喪禮每加以遠。」《檀弓》：「君於大夫，將葬，弔於宫。及出，命引之，三步則止。如是者三，君退。朝亦如之，哀次亦如之。」**以虞事，則其祭有時，不爲雨止，禮也。**《禮記·王制》：「庶人縣封，葬不爲雨止。」**雨不克葬，喪不以制也。**范氏曰：「禮：先遷柩于廟，其明昧爽而引。既及葬日之晨，則祖行遣奠之禮設矣。

故雖雨猶終事，不敢停柩久次。」或曰：卜葬先遠日，所以避不懷也。孔氏曰：「凡卜筮日，旬之外曰遠某日。喪事則先卜下旬，避不忍念其親。」諸侯相朝與旅見天子，入門而雨，霑服失容則廢。矧送終大事，人情所不忍遽者，反可冒雨，不待成禮而葬乎？潦車載蓑笠，士喪禮也。有國家者，乃不能爲雨備，何也？范氏曰：「士喪禮有潦車載蓑笠，則人君之張設，固宜兼備。」且公庭之於墓次，其禮義固不同矣，不得不可以爲悦，無財不可以爲悦。得之爲有財，古之人皆用焉，朱子曰：「不得，謂法制所不當得。得之爲有財，言得之而又爲有財也。」而不能爲之備，是儉其親也，不亦薄乎？故穀梁子曰：「雨不克葬，喪不以制也。」厚葬古人之所戒，而墨之治喪也以薄，又君子之所不與。故喪事以制，《春秋》之旨也。孫氏曰：「雨不克葬，譏無備也。葬既有日，不爲雨止。己丑之日，喪既行而遇雨也。且雨之遲久不可得而知，或浹旬彌月，其可停柩路次不行乎？」高郵孫氏曰：「孔子葬母，雨壞其墓，門人修之，孔子不樂。老聃助葬，日食而止，既明而後行。蓋雨則常有可以前備，而日食非常，不可預知也。《春秋》書『雨不克葬』，蓋譏之也。」汪氏曰：「《禮記》孔氏《正義》云：『在廟未發之時，庶人及卿大夫亦得爲雨止。若其已發在路及葬，則不爲雨止。其人君在廟及在路及葬，皆爲雨止。』今考：此年上書葬我小君敬嬴，而下書雨不克葬，則及葬而雨也。苟在廟未發，則當云庚寅葬，而不云己丑葬矣。季文子適晉，而求遭喪之禮以行，宣公曷乃不豫備遇雨之具乎？然潦車載蓑笠，縣封葬不爲雨止，皆士庶人之制，而非國君之制。《穀梁》譏不克葬，而《左氏》以爲得禮。近世名儒亦有講於此者，有謂雨而無害於力役者，雖葬可也，其或天變駭異，雨甚水至，不可以即土。汲汲焉葬，反爲不可追之悔，則《左氏》之説亦未爲失。然權二者之宜，在乎孝子慈孫之誠敬何如耳。《春秋》之書，將以垂法於後。國君之葬，宜無所不備，以雨故不克葬，明日乃克葬，謂之無貶，不可也。」

城平陽。《左傳》：「書，時也。」高氏曰：「懼晉故也。方舉大喪，又城平陽，重困民力也。」廬陵李氏曰：「城平陽，三傳皆無説，豈非黑壤既歸，魯仍事齊，故城邑以備晉乎？」○家氏曰：「《左氏》言『水昏正而栽』，周正十月，乃今之八月，水星不應昏正。此謂『書時』，非也。」○**楚師伐陳。**《左傳》：「陳及晉平。楚師伐陳，取成而還。」高氏曰：「陳以晉、衛見侵，復棄楚而從晉，故楚以爲討。然晉不能救陳，陳遂復即楚。」汪氏曰：「書『師』書『伐』，所以著夷狄之强，而傷中國霸者之不振也。」象山陸氏曰：「前年晉、衛侵陳，以其即楚之故。至是楚始伐之，是楚未能盡得志於陳也。楚子陸渾之役，觀兵周疆，問鼎輕重。是年疆舒蓼及於滑汭，盟吴、越而還，其彊至矣，然猶未盡得志於陳、鄭之間。當是時，使中國之君臣能恐懼自治，明其政令，何遽不能遏其鋒哉？」

辛酉定王七年。**九年**晉成七，卒。齊惠公九。衛成三十五，卒。蔡文十二。鄭襄五。曹文十八。陳靈十四。杞桓三十七。宋文十一。秦桓五。楚莊十四。**春，王正月，公如齊。**孫氏曰：「公有母喪而遠朝彊齊，無哀甚矣。」**公至自齊。**○**夏，仲孫蔑如京師。**《左傳》：「春，王使來徵聘。夏，孟獻子聘于周王，以爲有禮，厚賄之。」

以淺言之，屬辭比事，《春秋》教也。孔氏曰：「屬，合也。比，近也。《春秋》聚合會同之辭是屬辭，❶比次褒貶之事是比事也。」當歲首月，公朝于齊，夏，使大夫聘于京師。此皆比事可考，不待貶絶而惡自見者也。高氏曰：「傳言王使徵聘，信斯言也，益見王室之微矣。」宣公享國九年，於周纔一往聘，其在齊則又再朝矣。經於如齊，每行必致，深罪之也。汪氏曰：「四年至此三如齊，皆書至。」蜀杜氏曰：「未踰時而書至，危之也。」象山陸氏曰：「宣公即位九年，兩朝于齊，乃一使其大夫聘于周室。王迹既熄，綱常淪斁，逆施倒置，恬不爲異。《春秋》之作，其得已哉？直書于策，比而讀之而無懼心者，吾不知矣。」下逮戰國，周衰甚矣，齊威王往朝于周而天下皆賢之，《史記》：「烈王六年，齊威王來朝。是時周室微弱，諸侯莫朝而齊獨朝之，天下以此益賢威王。」況春秋時乎！而宣公不能也。故聘覲之禮廢，則君臣之位失；諸侯之行惡，而倍畔侵陵之敗起矣。此經書君如齊，臣如周之意，而特書王正月以表之也。汪氏曰：「前此五年如齊止書春，後此十年如齊亦止書春，惟此年如齊書王正月，蓋所以著君朝于鄰國，臣聘于京師，其所厚者薄，而其所薄者厚，不知大一統之義。亦猶襄二十九年書公在楚係之春，王正月，而上書天王崩，楚子卒，下書五月，公至自楚，所以著其不奔天王之喪，而朝于强夷，俾倭送葬而後歸，其於大一統之義何如也。或謂：僖公十年、十五年

❶「是」，原作「之」，今據四庫本及《纂疏》改。

如齊，襄公八年、二十一年如晉，皆書春，王正月，豈有他義乎？吁！是不然。僖、襄如齊、晉，而王室無嘉好喪葬之事，則『王正月』之書乃常例也。其與公如齊、仲孫蔑如京師、天王崩而公在楚者異矣。」

齊侯伐萊。襄陵許氏曰：「赤狄比侵，齊不敢報；萊不伐齊，而齊亟伐之。可以觀惠公畏彊陵弱矣。」廬陵李氏曰：「東萊有萊山，從齊之小國也。齊自七年會魯伐之，今年又自伐之，卒於襄六年而滅之矣。」○**秋，取根牟。**《左傳》：「言易也。」《公羊傳》：「根牟者何？邾婁之邑也。曷爲不繫乎邾婁？諱亟也。」杜氏曰：「根牟，東夷國也。」陳氏曰：「此年取根牟，成六年取鄟，襄十三年取邿，皆微國也。」汪氏曰：「根牟蓋小國，內諱滅，故書取，與鄟、邿同。昭八年蒐于紅，自根牟至于商衛，即所取根牟地。」陳氏曰：「取言公。取不言公，非公命也。自宣而下，征伐在大夫矣。」○劉氏曰：「根牟，附庸國也。《左氏》曰：『言易也。』非也。根牟雖小，不以兵革不能取也。不分別國邑取滅之名，而苟記其難易，豈《春秋》意哉！《公羊》曰：『不繫邾婁，諱亟也。』妄甚矣。」○**八月，滕子卒。**昭公也，子文公壽嗣。高氏曰：「自隱七年書滕侯卒，至此始書滕子。」○**九月，晉侯、宋公、衛侯、鄭伯、曹伯會于扈。晉荀林父帥師伐陳。**

按《左氏》：「討不睦也。陳侯不會，荀林父以諸侯之師伐陳。晉侯卒，乃還。」則知經所書者，與晉罪陳之詞也。會于扈以待陳，而陳侯不會，然後林父以諸侯之師伐之也，則幾於自反而有禮矣。不書諸侯之師而曰林父帥師者，在會諸侯皆以師聽命，而林父兼將之也，則其衆輯矣。晉主夏盟，又嘗救陳，所宜與也，而惟楚之即，夫豈義乎？汪氏曰：「黑壤之會討魯，而宣公以賂免；扈之會謀齊、陳，而二國不會。蓋晉成爲弑君者所立，不能致討。侵陳之役，奄然以元惡主兵，是以外不足以却荆楚，内不足以服諸侯。今此謀齊，而篡立之魯宣獨事齊而不會，無所忌憚。故成公世霸，僅能兩會諸侯，卒無成功。《春秋》於荀林父之討陳書帥師、書伐，雖曰與晉，而不能芘陳，其失亦著矣。」象山陸氏曰：「晉自靈公不君之後，浸不競於楚。楚之政令日脩，兵力日强。然聖人之情，常拳拳有望於晉，非私之也，華夷之辨當如是也。前年陳受楚伐，勢必向楚。扈之會，乃爲陳也。陳不即晉，荀林父能併將諸侯之師以伐陳，《春秋》蓋善之。」

辛酉，晉侯黑臀卒于扈。《左傳》：「會于扈，討不睦也。陳侯不會，晉荀林父以諸侯之師伐陳。晉侯卒于扈，乃還。」《公羊傳》：「扈者何？晉之邑也。諸侯卒其封内不地，此何以地？卒于會，故地也。未出其地，故不言會也。」《穀梁傳》：「其地，於外也。其日，未踰竟也。」杜氏曰：「扈，鄭地。卒於竟外故書地。」范氏曰：「諸侯卒於路寢則不地。」汪氏曰：「諸侯卒于師曰師，曹伯盧及負芻是也；卒于會曰會，杞伯成是也；于他國，則如許男甯、蔡侯東國卒于楚，吴子遏卒于巢是也；于封内，則如鄭伯髡頑卒于鄵，宋公佐卒于曲棘是也。晉成公不言卒于會，蓋會禮已畢，故不言會爾。」○劉氏曰：「《穀梁》云：『其日，未逾竟也。』非也。未逾竟，猶在國爾，何得書其地？然則扈者他國之地名，非晉地也。」○**冬，十月癸酉，衛侯鄭卒。**

晉成公何以不「葬」？魯不會也。衛成公何以不「葬」？亦魯不會也。衛成事晉甚謹，而魯宣公獨深向齊。衛欲爲晉致魯，故謀黑壤之會，而特使孫良夫來盟，以定之也。及會于黑壤，而晉人止公，賂然後免。是以扈之會，皆前日諸侯而魯獨不往，二國繼以喪

赴，亦皆不會，此所謂無其事而闕其文者也。或曰：二君皆有貶焉，故不書葬，何氏曰：「晉成公不書葬，篡也。衛成公不書葬，殺公子瑕也。」誤矣。魯人不會，亦無貶乎？書卒，而以私怨廢禮忘親，其罪已見。《春秋》文簡而直，視人若日月之無私照也。曲生意義，失之遠矣。臨川吴氏曰：「《春秋》，刑書也。事實辭文，善惡畢見，聖人何容心哉！蓋渾渾如天道焉。」

宋人圍滕。《左傳》：「因其喪也。」

圍國非將卑師少所能辦也，必動大衆而使大夫爲主帥明矣。然而稱人，是貶之也。滕既小國，又方有喪，所宜矜哀弔恤之不暇，而用兵革以圍之。比事以觀，知見貶之罪在不仁矣。蜀杜氏曰：「諸侯擅兵圍人之國，況又因其喪，故從書『人』之貶。」家氏曰：「滕子卒曾未數月，宋乘其喪而圍之。匪惟乘滕之喪，亦乘晉之喪。晉政不競，諸侯擅相侵伐，貶宋，亦以譏晉也。」

楚子伐鄭，晉郤缺帥師救鄭。自是晉、楚交伐鄭。《左傳》：「楚子爲厲之役故，伐鄭。晉郤缺救鄭。鄭伯敗楚師于柳棼，國人皆喜，唯子良憂，曰：『是國之災也，吾死無日矣。』」

楚兵加鄭數矣，或稱人，或稱爵，何也？鄭自晉成公初立，舍楚而從中國，正也。楚人爲是興師而加鄭，不義矣，故宣公三年書人書侵，罪之也。次年鄭公子歸生弑其君，諸侯未有聲罪致討者，而楚師至焉，故特書爵，與之也。然興師動衆，賊則不討，惟服鄭之爲事，則非義舉矣，故又次年傳稱楚子伐鄭而經書人，再貶之也。至是稱爵，豈與之乎？按

《公羊》例：君將不言帥師，書其重者也。至此書爵，見其陵暴中華，以重兵臨鄭矣。何以知其非與之乎？曰：下書「晉郤缺帥師救鄭」，則知其非與之也。汪氏曰：「凡書救，未有不善之也。救者善，則伐者之罪著矣。」**由此觀《春秋》書法，皆欲治亂賊之黨，謹華夷之辨，以一字爲褒貶，深切著明矣。**汪氏曰：「五年晉荀林父救鄭經不書者，以是時鄭方有弒君之亂，所當討而不當救，故不書救。今此書郤缺之救，據明年傳載鄭討歸生之罪，斲其棺而逐其族，蓋此時歸生已斃矣，故書救，以與晉也。」象山陸氏曰：「伐陳、救鄭，晉之諸臣猶未忘文公之霸業，《春秋》蓋善之。」〇廬陵李氏曰：「《春秋》凡書救者，未有不善之，此胡氏正例。而陳氏立例，以爲救不書，必救而無功然後書。於此條曰書『救鄭』何？楚伯也。元年救陳，今年救鄭，而辰陵之盟序陳、鄭於楚子之下，遂以諸侯予楚矣。此雖與胡氏不合，然亦得《春秋》之微意。」

陳殺其大夫洩冶。洩，《公》、《穀》作「泄」。冶音也。《左傳》：「陳靈公與孔寧、儀行父通於夏姬，皆衷其衵服，以戲于朝。洩冶諫曰：『公卿宣淫，民無效焉，且聞不令。君其納之！』公曰：『吾能改矣。』公告二子。二子請殺之，公弗禁，遂殺洩冶。孔子曰：『《詩》云：「民之多辟，無自立辟。」其洩冶之謂乎！』」《穀梁傳》：「稱國以殺其大夫，殺無罪也。泄冶之無罪如何？陳靈公通于夏徵舒之家，公孫寧、儀行父亦通其家。或衣其衣，或衷其襦，以相戲於朝。泄冶聞之，入諫曰：『使國人聞之，則猶可，使仁人聞之，則不可。』君愧於泄冶，不能用其言而殺之。」

稱國以殺者，君與用事大臣同殺之也。稱其大夫，則不失官守，而殺之者有專輒之罪矣。

洩冶無罪而書名，何也？冶以諫殺身者也。殺諫臣者，必有亡國弑君之禍，故書其名，爲徵舒弑君、楚子滅陳之端，以垂後戒，此所謂義係於名而書其名者也。比干諫而死，子曰：「商有三仁焉。」《史記·宋世家》：「王子比干，紂親戚也。見箕子諫不聽，曰：『君有過而不以死争，則百姓何辜！』乃直言諫紂，紂怒，殺比干。」**洩冶諫而死，何獨無褒詞？夫語默死生，當**去聲。**其可而止爾。洩冶之盡言無隱，不愧乎史魚之直矣，**《論語》：「子曰：『直哉，史魚！邦有道如矢，邦無道如矢。』」《家語》：「史魚驟諫靈公，進蘧伯玉，退彌子瑕，公不從。既死，猶以尸諫。」**方諸比干自靖自獻于先王，則未可同日而語也。**茅堂胡氏曰：「比干在紂之時，親則王子，位則三公，故諫而不從，繼之以死。洩冶於靈公，親非貴戚之卿，而位不爲上大夫也。直諫而死，傷於勇矣，故書名以示貶。《春秋》書殺大夫，不特罪諸侯之專殺，見殺者與有貶焉。君子危邦不入，亂邦不居，如宋子哀微見宋亂而去，聖人取其見幾，所以書字。自非有撥亂之全才，安可蹈危亂之朝，輕生易死而不自愛乎？」《家語》：「子曰：『比干於紂，親則諸父，官則少師，固必以死争之。洩冶之於靈公，位在大夫，無骨肉之親，懷寵不去，仕於亂朝。以區區之一身，欲正一國之淫昏，可謂狷矣。』」**冶雖效忠，其猶在宋子哀、魯叔肸之後乎！故仕於昏亂之朝，若異姓者如子哀，潔身而去可也。其貴戚耶？不食其禄如叔肸，善矣。**杜氏曰：「國無道，危行言孫。冶直諫於淫亂之朝以取死，故不爲《春秋》所貴。」陸氏曰：「洩冶之死，《春秋》責其非輔弼之臣，居於淫亂之邦，不能去位而行强諫，乃是取死之道，故君子不貴也。稱國以殺者，以直諫縱邪臣害之，累上之意可知也。」劉氏曰：「洩冶信能諫其君，然而非大臣之操也。所謂大臣者，必潔其身於進退之始，不可入焉則止矣。今陳侯君臣之淫，非一歲之積。洩冶猶安其朝，至不勝其欲而大亂，廢男女之節，然後言之，則其從君於昏多矣。夫謂之從，則具臣也。居大臣之位，而爲具臣之操，過而見殺，未爲不幸也。且陳侯之淫，舉國皆惡之，不獨洩冶知之。然則非能知君淫之爲賢，以能止君淫之爲賢也；非能言國亂之爲智，以能去國亂之爲智也。」張氏曰：「君子見幾而作，不俟終日。方靈公君臣驅馳株林之時，冶知其不可諫，潔身而去可矣。至於褻慢朝廷，衷服而戲，則立於其朝者，雖欲默而不可得矣。失於不能知幾而早辨也。」木訥趙氏曰：「薦圭璧於泥塗，固已踈矣，觸虎狼以取死，庸得爲智乎？」汪氏曰：「洩冶之失，在於不能早諫以蓄止其君之惡。然其捐生盡言，未可深責。苟皆爲避禍之計，則忠言不入於耳，淫虐之君無所不至，其禍尤不可勝言矣。文定於徵舒弒君之傳曰：『忠莫顯於身見殺而其言驗。』其所以許冶者，何如哉？」

壬戌定王八年。**十年**晉景公獳元年。齊惠十，卒。衛穆公速元年。蔡文十三。鄭襄六。曹文十九。陳靈十五，弒。杞桓三十八。宋文十二。秦桓六。楚莊十五。**春，公如齊。**汪氏曰：「公至是四朝齊矣。」**公至自齊。**

此亦如齊，亦致其至，而不書月。上九年亦如齊，亦致其至，而書月者，爲是年夏使仲孫蔑如京師，故特於歲首書王正月，以著宣公之罪，而君臣名分之際謹嚴如此也。歸田以爲私惠，比於君臣名分之際，則大小不侔矣。

齊人歸我濟西田。《左傳》：「齊侯以我服故，歸濟西之田。」《公羊傳》：「齊已取之矣，其言我何？言我者，未絶於我也。曷爲未絶于我？齊已言取之矣，其實未之齊也。」《穀梁傳》：「公娶齊，齊由以爲兄弟反之。不言來，公如齊受之也。」程子曰：「齊、魯脩好，故歸魯田。田，魯有也，齊非義取之，故云歸我，不足爲善也。」

宣公於齊，順其所欲，既以女妻其臣，又以兵會伐萊之舉，又每歲往朝于齊廷，雖諸侯事天子，無是禮也。汪氏曰：「諸侯事天子，比年一小聘，三年一大聘，五年一朝。今宣公自四年至十年，七年之間五如齊，元年及十年皆一年三遣大夫如齊，過於事天子之禮矣。」**故惠公悦其能順事己，而以所取濟西田歸之也。歸讙及闡直書曰歸，**趙氏曰：「歸者，來致之辭。」**此獨書我者，乃相親愛惠遺之意，深著齊人助成弑逆之罪也。**問：「傳曰：『其言我者，深著齊人助成弑逆之罪也。』夫定亂臣之位而取其賂，以其服而復歸之，固皆罪矣，然其歸也，不猶愈於取之乎？曷爲於取不書我而書於歸也？」茅堂胡氏曰：「天理至公無彼此，人欲私熾，則有我矣。逆己則怒，順之則喜，慢己則怒，下之則喜。魯宣公之於齊惠，蓋能順其所爲，而致恭以下之也。故惠公深喜之，而以濟西田歸魯。其稱我者，乃相親愛惠遺之意。魯人復得所賂，則心益放，惡益遠矣，故以深著助成弑逆之罪。其取之也，以貪人之貨己，其歸之也，以悦人之事己，而皆不以道也，豈以歸賢於取乎？」永嘉吕氏曰：「取不言我者，宣公以立之不正，而欲賂齊以求會，故不言我，以見內無惜之之意也。於其歸也，則公比年如齊，情好以篤，外有朝聘之禮，內有婚姻之故，魯亦欲得而齊以歸之，是以言我，以見內有欲之之意也。」**或謂濟西魯之本**

封，故書我，則誤矣。以柔巽卑屈事人，不以其道而得地，與悦人之柔巽卑屈事己，不以其道而歸其地，皆人欲之私而非義矣。高氏曰：「元年書齊人取濟西田，蓋魯以濟西之田賂齊，而齊人取之也。至是而歸者，公比年朝齊，齊侯感公朝事之勤，因以歸之也。夫魯之分地，先君受之於天子，豈可失墜？又況負弑逆之罪，賂以免討乎？齊人取弑逆之賂以縱惡，故其取其歸，皆謹書之。」家氏曰：「天道十年而一周，人事十年則一變。桓之篡隱，歷十年而無討，《春秋》於是歲始書王以正之。今宣之篡，亦至此十年，天王無討，方伯不問，齊人忽以賂田來歸。蓋以十年之久，天理必復，齊人知罪之所在，而自舉本田以復於魯也。」張氏曰：「不言來者，請而得之也。讙、闡歸於取之年，故不言我。今歸於十年之後，故書我也。特書曰我，則取之不以其道，而歸之不以其正，一出於相與之私爲可見矣。」汪氏曰：「齊人歸地者三。鄆、讙、龜陰之田，孔子以禮化彊暴，齊景心服而歸之，書曰來歸。來歸者，美辭也。讙及闡，以哀公悔過遷善，歸邾子益于邾，故齊悼歸其二邑，故書曰歸。歸者，順辭也。惟此濟西之田，宣公踰禮以悦齊，齊惠喜於媚己而歸其田於魯，一出於相與之私，故書歸我。我者，私己之謂也。不惟異於聖人之行于道，其比哀公之改過，亦不可同日語矣。」趙氏曰：「按：《公羊》云『已取之』，又言『未絶』，何迂誕之甚！《穀梁》云：『不言來，公如齊受之也。』哀八年歸讙及闡，豈是公受乎？但言歸我，則知其來也，省文耳。」

夏，四月丙辰，日有食之。何氏曰：「與八年『食既』應同。事重，故累『食』。」〇**己巳，齊侯元卒。**〇**齊崔氏出奔衛。**《左傳》：「夏，齊惠公卒。崔杼有寵於惠公，高、國畏其偪也，公卒而逐之。奔衛。書曰崔氏，非其罪也；且告以族，不以名。凡諸侯之大夫違，告於諸侯曰：『某氏之守臣某，失守宗廟，敢告。』所有玉帛之使者則告，不然則否。」《公羊傳》：「崔氏者何？齊大夫也。其稱崔氏何？貶。曷爲貶？譏世卿。世卿非禮也。」《穀梁傳》：「氏者，舉族而出之之辭也。」

按《左氏》：「崔杼有寵於惠公，高、國畏其逼也，公卒而逐之，奔衛。」書曰崔氏，以族奔也。范氏曰：「崔杼以世卿專權，齊人惡其族。今出奔，既不欲其身反，又不欲立其宗後，故逐其族，若舉族盡去之爾。」**許翰以謂崔杼出而能反，反而能弒者，以其宗彊，於此舉氏，辨之早也。其説得矣。**張氏曰：「特書其氏，見崔杼之宗彊於齊，故勢足以逼高、國。今日雖逐之，而尚能復歸於齊。如崔成之徒，後日卒自遺滅宗之禍，豈非族大勢張，而不知制節謹度，卒至凶于家、禍于國也歟！」家氏曰：「是歲至杼弒君，蓋五六十年。使杼得年七十，此時方在弱冠，不應權勢已盛，爲人所畏。疑非杼之身，或其父，但不可考爾。」**所謂譏世卿者，非《公羊》本旨，蓋門弟子因尹氏、武氏稱世卿，而附益之於此爾。經有事同而詞異，亦有事異而詞同，一視之，則泥而不通矣。**孫氏曰：「東遷之後，天子、諸侯之大夫皆世。書尹氏譏天子大夫；書崔氏，譏諸侯大夫。」高郵孫氏曰：「自隱至昭二百年，而尹氏世執周政，故卒有子朝之難，而專廢立之權；自宣至襄五十餘年，崔氏世爲齊大夫，故卒有弒君之禍也。春秋之時，尊莫如周，强莫如齊，而世卿之禍如此。尹氏、崔氏，聖人擇其至强而爲害之深者，以爲戒也。」汪氏曰：「崔杼之奔，蓋如陳文子之出，不久而復返也。文定從《穀梁》，謂舉族而出之。然杼之宗族彊盛，所以出而能反，反而能弒者，由其世爲大夫，故致是耳。僖二十八年傳紀崔夭會戰城濮，則世襲大夫可知矣。且崔氏乃丁公之子孫，迨今五百年，苟非世大夫，曷能長有後於齊國乎？」○劉氏曰：「《左氏》云：『書曰崔氏，非其罪也。且告以族，不以名。』非也。齊雖告以族，《春秋》固當正之。若曰崔杼無罪，則欒盈亦無罪，何以不曰欒氏出奔耶？」

公如齊。《左傳》：「公如齊奔喪。」杜氏曰：「公親奔喪，非禮也。公出朝會、奔喪、會葬，皆書如，不言其事，史之常也。」**五月，公至自齊。**公如齊止此。

文約而事詳者，經也。春如齊朝惠公，夏如齊奔其喪，若是雖不致可也，而皆致者，甚之也。王氏曰：「禮：諸侯卒，有服者奔喪，無服者會葬。公之於齊，非有服也，而親奔其喪，諂諛甚矣。以諂事齊，不問禮之當否，有取危之道，故春夏兩如皆致之。」**天王之喪不奔，欲行郊禮，而汲汲於奔齊惠公之喪；天王之葬不會，使微者往，而公孫歸父會齊惠公之葬。其不顧君臣上下尊卑之等，所謂肆人欲，滅天理而無忌憚者也。詞繁而不殺，聖人之情見矣。**薛氏曰：「行不以禮而源源不已，何公之不憚煩也！」家氏曰：「天王之喪，魯不奔、不賻，今也懷輔篡之私恩，如齊奔喪，事之悖也。春而書公如齊，公至自齊，曾未數月，又書公如齊，公至自齊，備書，所以貶也。」汪氏曰：「魯君親往奔喪送葬者三。❶《春秋》於此年書齊侯元卒，公如齊，公至自齊，於成十年書晉侯獳卒、公如晉，明年三月公至自晉，襄二十八年書公如楚、楚子昭卒，明年正月公在楚，五月公至自楚，雖不言奔喪送葬，

❶「君」，原作「公」，今據四庫本及《纂疏》改。

而其實暸然矣。《春秋》歷十有二王，惟叔孫得臣、叔鞅送襄、景之葬，公孫敖奔襄王喪而不『至』，魯之不知所尊至於此極，他何望焉！ 馴至昭公之弔少姜，至河乃復，以國君之重，奔嬖妾之喪，却而不納，益可傷矣。」

癸巳，陳夏徵舒弑其君平國。《左傳》：「陳靈公與孔寧、儀行父飲酒於夏氏，公謂行父曰：『徵舒似女。』對曰：『亦似君。』徵舒病之。公出，自其廐射而殺之。二子奔楚。」

陳靈公之無道也，而稱大夫之名氏以弑，何也？ 禍莫大於拒諫而殺直臣，忠莫顯於身見殺而其言驗。 洩冶所爲，不憚斧鉞，盡言於其君者，正謂靈公君臣通於夏徵舒之家，恐其及禍，不忍坐觀，故昧死言之。 靈公不能納，又從而殺之，卒以見弑而亡其國，此萬世之大戒也。 特書徵舒之名氏，以見洩冶忠言之驗，靈公見弑之由，使有國者必以遠色脩身，包容狂直，開納諫諍爲心也。 家氏曰：「君無道，稱國以弑。 陳靈朋淫殺諫，而弑者以氏名書。 蓋不著徵舒氏名，無以見禍亂之所從生。 討徵舒，亦所以治平國也。」**以爲罪不及民，故稱大夫以弑者，非經意矣。** 張氏曰：「古人以禮爲防閑，而人君之尊，有妃偶嬪御之侍，有居處出入之奉，有廉耻羞惡之限，所以養其尊貴者至矣，何至驅馳於株林以爲樂哉？ 洩冶之諫，《夏南》之詩，皆以其捨人道而躬爲禽獸之行也。 考之《外傳》，前年單子如楚過陳，時洩冶未死也。 單子歸而告王，以陳侯帥其卿佐南冠，以淫於夏氏。『陳侯不有大咎，國必亡』，已見之於三年之前矣，能無及乎？ 觀《春秋》所書弑君，如陳平國、齊光、蔡固，以千乘之主而自儕於閭巷小人所不爲者，心術之惑，可不戒哉！」高氏曰：「靈公弒而子午嗣，是爲成公。成公不討弒君父之賊，則知靈之惡播於國人，而徵舒之罪，國人所不憝也。」汪氏曰：「禮稱諸侯非問疾弔喪而入諸臣之家，是謂君臣爲謔。注者謂陳靈公數如夏氏以取弒焉。夫人君之舉動，尚謹於嫌疑之際而不可輕也，況可紊男女之別，恣鳥獸之行？其不爲宋温之萬段者幾希矣。」

六月，宋師伐滕。《左傳》：「滕人恃晉而不事宋，六月，宋師伐滕。」

前圍滕稱人，刺伐喪也；此伐滕稱師，譏用衆也。宋大國爵上公，霸主之餘業，力非不足也。今鄰有弒逆不能聲罪致討，王氏曰：❶「宋鮑以簒弒得國，視陳、鄭逆亂，恬不爲怪。」**乃用大衆以伐所當矜恤之小邦。且滕不事己，無乃己德猶有所闕，而滕何尤焉？故特稱師以著其罪，而汲汲於誅亂臣討賊子之意見矣。**家氏曰：「宋鮑間晉之多故，而用師於滕，圍之未服，又從而伐之。未必無宋襄執嬰齊之心，襄且不能有成，而況於鮑乎？《春秋》書之，所以貶之也。」象山陸氏曰：「宋，大國也；滕，小國也。滕安能害宋？宋之伐滕，陵蔑小弱，以逞所欲爾。《左氏》謂滕人恃晉而不事宋，然晉之伯業方不競，滕固微國，何恃之有？或者事晉之故，而有闕於宋歟？宋亦何義而責滕之事己？大當字小，恤其不及焉可也。去年因其喪而圍之，今年又興師而伐之，其爲陵蔑小弱，以逞所欲明矣。陳恒弒其君，孔子朝魯侯而請討之。前月，陳方以弒君告，宋爲鄰邦，不知此何時耶？而牟牟

❶「王」，四庫本作「張」。

焉興師伐滕，以逞所欲，尚得爲有人心者乎？」廬陵李氏曰：「滕自宋人執嬰齊之後，滕遂爲宋私屬。故宋之盟，叔孫豹曰：『滕，宋私也。』成周之城，仲幾曰：『滕，宋役也。』小國之偪於彊暴，非一日矣。」

公孫歸父如齊，葬齊惠公。

歸父，仲遂之子，貴而有寵。宣公深德齊侯之能定其位，而又以濟西田歸之也。故生則傾身以事之，而不辭於屈辱；没則親往奔喪，而使貴卿會其葬，亦不顧天王之禮闕然莫之供也。比事考辭，義自見矣。汪氏曰：「《春秋》以卿會葬，惟襄王、景王，晉之襄、平、昭公，此年齊惠，及宋平、滕成，八見而已。天子之喪動天下，屬諸侯，遣卿送葬，夫亦亡於禮者之禮耳。晉之諸君，猶曰霸國也。齊惠之葬，乃宣公所以報私恩，而宋平，則意如所以厚私姻也。若滕，則其君屢會葬于魯矣。當時諸侯，慢於至尊而謹於彊大，莫不皆然。靈王之喪，鄭簡公在楚，印段實往，王吏不討，子大叔反以爲口實。積習所致，可勝嘆哉！」

晉人、宋人、衛人、曹人伐鄭。《左傳》：「鄭及楚平。諸侯之師伐鄭，取成而還。」

按《左氏》「鄭及楚平，諸侯伐鄭，取成而還」，襄陵許氏曰：「自晉靈以來，成、景相繼力争陳、鄭，而無以服楚。」**其稱人，貶也。鄭居大國之間，從於彊令，豈其罪乎？不能以德鎮撫而用力争之，是謂五十步笑百步，庸何愈於楚？自是責楚益輕，罪在晉矣。**張氏曰：「舍亂臣賊子之大惡，而輕動干戈，以討於迫於彊令無所適從之小國。」家氏曰：「『人』四國，所以『人』晉也。夫躬天下之難，而後可以責人之從己，未聞躬天下之易而責人以强從也。桓、文所以得諸侯，以其内奬王室，外攘荆楚，救災恤患，汲汲焉躬天下之難，諸侯有所恃，外夷有所畏，是以得成霸業。自晉襄没，靈、成、景皆不克負荷，而楚莊日以盛彊，北向而争諸侯，侵陳、侵鄭，觀兵周疆，將逞其所大欲。晉人僅出偏師，畏縮不敢犯荆楚之鋒，惟伺其去，釋憾於小國。今又討鄭，縱能服之，豈保楚之不再出乎？夫翦篡鋤兇，霸政之最先。自趙盾爲政，宋、齊、魯皆弑其君，盾内有所慊，置而不問。今郤缺爲政，又不能治侯國之賊其君者，乃率三國争鄭，而以討逆遺楚，遂使夷國挾仗義之名以風示天下，晉霸自是愈衰矣。」象山陸氏曰：「《左氏》謂鄭及楚平，諸侯伐鄭，取成而還。諸侯伐鄭而稱人，貶也。晉楚争鄭，爲日久矣。《春秋》常欲晉之得鄭而不欲楚之得鄭；與鄭之從晉，而不與鄭之從楚，是貴晉而賤楚也。晉之所以可貴者，以其爲中國也。中國之所以可貴者，以其有禮義也。鄭介居二大國之間，而從於彊令，亦其勢然也。今晉不能芘鄭，致其從楚。陳又有弑君之賊，晉不能告之天王，聲罪致討，而乃汲汲於争鄭，是所謂禮義者滅矣，其罪可勝誅哉？書『人』以貶，聖人於是絶晉望矣。」

秋，天王使王季子來聘。 王聘止此。《左傳》：「劉康公來報聘。」《公羊傳》：「王季子者何？天子之大夫也。其稱王季子何？貴也。其貴奈何？母弟也。」《穀梁傳》：「其曰王季，王子也。其曰子，尊之也。聘，問也。」

《公羊傳》曰：王季子者，王之母弟也。 杜氏曰：「字季子，即康公，其後食采於劉。」**王有時聘，以結諸侯之好，禮也。宣公享國至是十年，不朝于周而比年朝齊，不奔王喪而奔齊侯喪，不**

遣貴卿會匡王葬，而使歸父會齊侯之葬，縱未舉法，勿聘焉猶可也。而使王季子來，王靈益不震矣。自是王聘，《春秋》亦不書矣。襄陵許氏曰：「自是王靈益亡，王聘益輕，《春秋》不復録矣。」陳氏曰：「自頃王而下，王室無聘魯者。於是再聘，而王季子實來，則已尊矣。」汪氏曰：「宣公簡慢於王，知有齊而不知有周。所以君臣朝夕奔走於臨淄之境者，其心必曰：濟西之田未復，不可不曲意事之。而不思魯封七百里之地，秋毫皆君賜也，而拔本塞源，其罪應誅。定王始則徵聘於魯，中則厚賄於仲孫，終則命貴弟報聘，是猶爲人父而不責子之狠傲，乃三揖於定省之常禮，而德色於借耰之微恩也。宣公既不知所當尊，而王亦不能自尊矣。故『來求』之書止於文公，『來聘』之書止於宣公，『錫命』之書止於成公。非削之而不紀，蓋王命不足爲輕重，而王亦不復遣使於諸侯耳。寥寥百有餘年，而石尚以歸脤録，自是天王之名號不見於經矣。」

公孫歸父帥師伐邾，取繹。繹，《公》作「蘱」。《左傳》：「師伐邾，取繹。」杜氏曰：「繹，邾邑。魯國鄒縣北有繹山。」張氏曰：「《詩》：『保有鳧繹。』邾文公卜遷于繹，皆此山之地，爲邾、魯二國之境。」

用貴卿爲主將，舉大衆出征伐，不施於亂臣賊子奉天討罪，而陵弱侵小，近在邦域之中附庸之國，是爲盜也。當此時，陳有弒君之亂，既來赴告，藏在諸侯之策矣。曾不是圖，而有事於邾，不亦傎音顛。**乎？故四國伐鄭，貶而稱人，魯人伐邾，特書取繹，以罪之也。**高氏曰：「自文公時，邾、魯有隙。宣公簒立而邾子首朝之，自是絶迹魯庭者又十年，故歸父伐之。」家氏曰：「滕何負於宋？而宋伐之。邾何負於魯？而魯侵之。皆由中國無盟主，彊陵弱，衆暴寡，而莫之或禁也。」象山陸氏曰：「魯之伐邾，無異於宋之伐滕。特書取繹，罪益著矣。」汪氏曰：「無瑕者，始可以討人。宣公篡立，惴惴然自保，惟恐諸侯之動干戈而問子赤之故也。其不能討陳宜矣，而猶稱兵於邾，以奪其地者，蓋以晉伯之不振，而彊齊爲之援故耳。不幾碩鼠欺人之不見，而竊食於盆盎之間乎？下書歸父爲邾故如齊，則魯之爲魯可知矣。」

大水。何氏曰：「先是城平陽，取根牟及繹，役重民怨之所生。」張氏曰：「陰盛陽微，夷狄乘釁之徵。」家氏曰：「宣即位以來，六年螽，七年大旱，今復大水，咎徵頻仍，未有甚於此時。旱而書大，水而書大，以變常書也。宣嘗以臣弒君，以子逐母，罪大惡極，天討未加，發而爲水旱之災，民受其虐，書以示戒也。」〇**季孫行父如齊。冬，公孫歸父如齊。**宣公聘齊止此。《左傳》：「季文子初聘于齊。冬，子家如齊，伐邾故也。」

按《左氏》：行父如齊，初聘也；歸父如齊，邾故也。齊侯嗣立，宣公親往奔其父喪，又使貴卿會葬矣。若待逾年然後修聘，未晚也，而季孫亟行，歸父繼往，則以宣公君臣不知爲國以禮，而謂妄説取人，可以免於討也。歸父貪於取繹，畏齊而往，蓋理曲則氣必餒矣，能無畏乎哉？《春秋》備書而不削，以著其罪，爲後世鑒也。高氏曰：「以伐邾故，恐齊人以爲討，遂謀伐莒焉。甚矣，魯之懼齊也。二歲之間，而公與大夫五如齊矣。」汪氏曰：「自反而縮，則可以自立，何畏於齊？宣公行己有慊，故君臣相及於齊，而猶懼其獲戾也。」

齊侯使國佐來聘。《左傳》：「國武子來報聘。」

葬之速也，太不懷也。又未逾年，而以君命遣使聘于鄰國，則哀戚之情忘矣。孟子曰：「養生不足以當大事，惟送死可以當大事。」滕文公五月居廬，未有命戒，及至葬，顔色之戚，哭泣之哀，弔者大悦，而有願爲其氓者。蓋禮義，人心之所同然也。齊頃公嗣位之初，舉動如此，喪師失地，幾見執獲，豈特婦人笑客之罪哉？已失守身之本矣。高氏曰：「嗣子踰年即位始稱君，未踰年稱子，故葵丘之會稱宋子。蓋齊桓方倡大義以尊中國，故宋公雖在喪而來與會，亦不深責，以其不獲已而趍急務爾。魯之於齊，與國也，聘雖後時，亦何害耶？惠公之葬既速，又未踰年而以君命遽遣使來聘焉，譏伐莒也。當凶釁而行吉禮，忘哀思而結懽好，書曰齊侯，著其惡也。」象山陸氏曰：「宣公是年身如齊者二，使其臣如齊者三。聞天王使王季來聘矣，未聞身如京師，與使其臣如京師也。不待詳考其事，而罪已著矣。《左氏》載行父出莒僕之事，陳詡甚高，且曰：『先大夫臧文仲教行父事君之禮，行父奉以周旋，弗敢失墜。』齊惠公之卒，公既親奔其喪矣，王季子之聘魯未易時，而行父僕僕往聘于齊，知事君之禮而奉以周旋者，果如是乎？歸父之往，則以取繹之故。齊惠公卒未踰年，而國佐寔來，徇私棄禮，見利而不顧義，安然行之，不畏于天，不愧于人，人心之泯滅一至於此。吁，可畏哉！」

饑。《公羊傳》：「何以書？以重書也。」張氏曰：「王政以民食爲重，故積貯，天下之大命也。前此百有餘年，水旱螽螟之災多矣，❶不以饑書。今大水之後特書饑者，著宣公煩於事外，國用無節，上下用竭，故一遇

❶「螽」，四庫本作「蟲」。

水旱，遂致乏食耳。」象山陸氏曰：「作之君師，所以助上帝寵綏四方。故君者，所以爲民也。《書》曰：『天視自我民視，天聽自我民聽。』歲之饑穰，百姓之命係焉，天下之事，孰重於此。《春秋》書饑蓋始於是。聖人之意，豈特以責魯之君哉？」〇**楚子伐鄭。**《左傳》：「楚子伐鄭，晉士會救鄭，逐楚師于潁北。諸侯之師戍鄭。」

經有詞同而意異者，比事以觀，斯得之矣。九年楚子伐鄭稱爵者，貶詞也，若曰：國君自將，恃彊壓弱，憑陵中夏之稱也。知然者，以下書「晉郤缺帥師救鄭」，則貶楚可知矣。此年楚子伐鄭稱爵者，直詞也，若曰：以實屬辭，書其重者，而意不以楚爲罪也。知然者，以傳書「晉士會救鄭，逐楚師于潁北」，而經削之，則責晉可知矣。此類兼以傳爲案者也。高氏曰：「晉士會救鄭，及諸侯戍鄭，而《春秋》削之者，責晉雖得鄭，而不能有之也。」家氏曰：「士會用偏師，無益於救鄭。是歲鄭即楚，故略而不書耳。」象山陸氏曰：「當是時，晉伯既不復可望，齊、魯之間，孰爛如此，楚子之肆行，其誰遏之？伐鄭之書，聖人所傷深矣！《左氏》所載士會逐楚師于潁北，不見於經，縱或有之，亦不足爲輕重也。」

附録《左傳》：「鄭子家卒。鄭人討幽公之亂，斲子家之棺，而逐其族。改葬幽公，謚之曰『靈』。」

癸亥定王九年。**十有一年**晉景二。齊頃公無野元年。衛穆二。蔡文十四。鄭襄七。曹文二十。陳成公午元年。杞桓三十九。宋文十三。秦桓七。楚莊十六。**春，王正月。〇夏，楚子、陳侯、鄭伯盟于辰**

陵。《穀》作「夷陵」。《左傳》：「春，楚子伐鄭，及櫟。子良曰：『晉、楚不務德而兵争，與其來者可也。晉、楚無信，我焉得有信？』乃從楚。夏，盟于辰陵，陳、鄭服也。」朱子曰：「宣公之時，楚莊盛彊，❶主盟中國。」杜氏曰：「辰陵，陳地，潁川長平縣東南。」

晉、楚争此二國，爲日久矣。今陳、鄭背晉從楚，盟于辰陵，而《春秋》書之無貶詞者，豈與其下喬木入幽谷乎？汪氏曰：「《詩・伐木》：『出自幽谷，遷于喬木。』今按：孟子以喬木崇高譬中國，以幽谷卑下譬南蠻。」**中國不能令，則夷狄進矣。**薛氏曰：「陳、鄭以中國之不足恃而盟于楚，由中國之無伯，諸侯之失其恃也。」**經之大法，在誅亂臣，討賊子。有亂臣則無君，有賊子則無父。無父無君，即中國變爲夷狄，人類殄爲禽獸，雖得天下，不能一朝居也。今魯與齊方用兵伐莒，晉與狄方會于欑函，而不謀少西氏之逆也，而楚人能謀之，所謂禮失而求之野，**顔師古曰：「言都邑失禮，則於野求之，亦將有獲。」**夷狄之有君，不如諸夏之亡也。**孫氏曰：「與楚者，傷中國無人，喪亂陵夷之極也。」**辰陵之盟，所以得書於經而詞無貶乎！聖人討賊之意，可謂深切著明矣。**張氏曰：「楚莊於是合二國爲盟，而欲討陳夏徵舒也。《春秋》以晉、齊二大國方且致勤於莒、狄而不能討，獨楚莊合諸侯以討之，所以楚子書爵於陳侯、鄭伯之上，與之也。」汪氏曰：「楚自會盂之

❶「盛」，四庫本作「甚」。

後，未嘗稱爵與於會盟。今書『子』，序陳侯、鄭伯之上，楚初主盟也。會盂稱爵，貶之也。不稱爵，則疑於楚大夫，而執宋公之罪不著也。盟辰陵書爵，予之也，予其謀討陳之賊也。後此盟于蜀，楚公子嬰齊序諸國大夫之上，貶而稱人，不予嬰齊之主諸侯；宋、虢之盟，屈建、公子圍先歃，而經首晉，不予楚之狎主盟也；申之會，楚子爲主而不殊淮夷，則皆狄也。由是知辰陵之盟，楚子先序而無貶詞，蓋予之也。」

附録《左傳》：「楚左尹子重侵宋，王待諸郔。令尹蔿艾獵城沂，使封人慮事，以授司徒。量功命日，分財用，平板榦，稱畚築，程土物，議遠邇，略基趾，具餱糧，度有司。事三旬而成，不愆于素。」

公孫歸父會齊人伐莒。張氏曰：「莒恃晉而不事齊，魯從齊而伐之。兵不討亂而挾彊陵弱，深著齊、魯之罪也。」蜀杜氏曰：「稱齊人以示貶，『人』齊亦以『人』魯也。必書公孫歸父，亦以志大夫之專也。」汪氏曰：「伐邾、伐莒，皆以歸父將重兵，而後此會齊侯、會楚子，皆歸父特會國君，以見宣公之德仲遂而寵其子，使專權於魯也。至笙之逐，得非肇端於此歟？」〇**秋，晉侯會狄于欑函。**欑，才端反。《左傳》：「晉郤成子求成于衆狄，衆狄疾赤狄之役，遂服于晉。秋，會于欑函，衆狄服也。是行也，諸大夫欲召狄，郤成子曰：『吾聞之，非德莫如勤，非勤何以求人？能勤有繼，其從之也。《詩》曰：「文王既勤止。」文王猶勤，況寡德乎？』」《穀梁傳》：「不言及，外狄也。」杜氏曰：「欑函，狄地。」

《春秋》正法，不與夷狄會同分類也。書會戎、會狄、會吴，皆外詞也。范氏曰：「所以異之於諸夏。」薛氏曰：「諸侯之會戎狄，皆在所可罪，則盟主可知也。」**內中國故詳，外四夷故略。今中國有亂，天王不能討，則方伯之責也；又不能討，則四鄰諸侯宜有請矣。而魯方會齊伐莒，**

晉方求成于狄，是失肩背而養其一指，不能三年而緦小功之察，南軒張氏曰：「孟子所譬，言舍大徇小。」**不亦傎乎？ 凡此直書其事，不待貶絶而義自見者也。** 高氏曰：「陳、鄭諸夏之國而從楚，衆狄夷狄之國而從晉。 狄在欑函，而晉侯親往會之。 夫中國諸侯所恃者晉爾。 齊方伐莒，晉方會狄，而使楚人爲伯者之事，此反道也。」陳氏曰：「楚方倡義於天下，而晉孜孜於群狄，至往會焉，晉卑甚矣。是故楚莊之《春秋》，晉有諸侯之事不悉書也。 宣三年晉侯伐鄭不書，五年荀林父伐陳不書。」張氏曰：「晉侯爲盟主，而往與狄會。 捨夏徵舒以遺楚討，使楚舉大義以加於中國。 又欲與楚争鄭，楚直晉老，所以敗于邲也。」汪氏曰：「晉景就狄地爲會，與僖三十二年衛人及狄盟義同。」

冬，十月，楚人殺陳夏徵舒。《公羊傳》：「此楚子也，其稱人何？ 貶。 曷爲貶？ 不與外討也。 不與外討者，因其討乎外而不與也。 雖内討亦不與也。 曷爲不與？ 實與而文不與。 文曷爲不與？ 諸侯之義，不得專討也。 諸侯之義不得專討，則其曰實與之何？ 上無天子，下無方伯，天下諸侯有爲無道者，臣弑君，子弑父，力能討之，則討之可也。」《穀梁傳》：「此入而殺也，其不言入，何也？ 外徵舒於陳也。 其外徵舒於陳，何也？ 明楚之討有罪也。」**丁亥，楚子入陳。**《穀梁傳》：「入者，内弗受也。 日入，惡入者也。 何用弗受也？ 不使夷狄爲中國也。」程子曰：「人，衆辭。 大惡，衆所欲誅也。 誅其罪，義也；取其國，惡也。」

稱人者，衆辭也。 杜氏曰：「不言楚子而稱人，討賊詞也。」范氏曰：「變楚子言人者，弑君之賊，若曰人人所得殺也。」陳氏曰：「楚亟稱子矣。 自宋萬而下無討賊者，雖討之不以其罪。 且百年於此，則楚之討徵舒，其不曰楚子何？ 討賊不以内外、貴賤，恒稱人。」高郵孫氏曰：「討賊，雖諸侯、雖大夫、雖國人、雖夷狄，必皆曰人。」大惡，人人之所同惡，人人之所得討。其稱楚人殺徵舒，諸夏之罪自見矣。高氏曰：「弑君之賊，固人人可得而殺之，豈有夷夏之間哉？徵舒弑君，今已踰年，國人不能討，天子方伯不能誅，反致夷狄入中國而殺之。彼夷狄尚知弑君者之當殺，則中國如之何不能殺之耶？聖人書此，傷中國之不自正也。」張氏曰：「楚子，夷狄也，能殺徵舒，與陳殺州吁、蔡殺陳佗一例書之，所以明亂臣賊子，人道共惡，人人得誅。不間中國夷狄，所以廣忠孝之路，而拯三綱於大亂之日也。」呂氏曰：「『楚人殺陳夏徵舒』，討賊之辭，且衆同欲也，故曰楚人。入陳非衆志也，故曰楚子。」按《左氏傳》：楚子爲夏氏亂故，謂陳人「無動，將討於少西氏」。杜氏曰：「少西，徵舒之祖子夏之名。」遂入陳，殺徵舒，轘諸栗門。而經先書殺後書入者，與楚子之能討賊，故先之也。陳氏曰：「不書入而後殺，予之以討賊之義也。則討賊一事，入一事也。入雖君將，貶，人之。於是稱楚子，楚彊甚矣。莊王一篇，雖圍滅無貶詞，固進楚也，亦憂楚也。」汪氏曰：「晉文執曹伯，非伯討，故先書『入曹』後書『執曹伯』。楚靈殺齊慶封，雖殺有罪而不以討賊殺之，故先書『伐吳』而後書『殺慶封』，亦不係之楚人。則知此以討賊予楚莊也。」討其賊爲義，取其國爲貪，舜、跖之相去遠矣，其分乃在於善與利耳。楚莊以義討賊，勇於爲善，舜之徒也。以貪取國，急於爲利，跖之徒矣。爲善與惡，特在一念須臾之間，而書法如此。故《春秋》傳心之要典，不可以不察者也。或曰：聖人大改過，楚雖縣陳，能聽申叔時之説而復封陳，可謂能改過矣，猶書入陳以貶之，何也？曰：楚莊意在滅陳，雖復封之，然鄉取一人焉以歸，謂之夏州，杜氏曰：「州，鄉屬，示討夏氏所獲也。」而又納其亂臣，是制人之上下，使不得其君臣之道也。范氏曰：「二人與君昏淫，當絶之，而恃彊納之，執國威柄，制其君臣，顛倒上下，錯亂邪正。」晉人以幣如鄭，問駟乞之立故，子產對曰：「若寡君之二三臣，而晉大夫專制其位，是晉之縣鄙也，何國之爲？」辭客幣而報其使。晉人舍之。事見《左傳》昭公十九年。他國非所當與也，而必欲納其亂臣，存亡興滅，其若是乎？茅堂胡氏曰：「南唐李氏既臣于周，以進退大臣之事請之，而世宗無所可否，以他國非所當與也。」仲尼重傷中國，深美其有討賊之功，故特從末減，不稱取陳而書「入」，雖曰與之，可矣。陸氏曰：「楚子之討，正也，故書『人』。入人之國，又納淫亂之臣，邪也，故明書其爵以示不正。《春秋》之義，彰善癉惡，纖芥無遺；稱事原情，瑕瑜不掩，斯之謂也。」汪氏曰：「《春秋》予楚莊之討徵舒而稱楚人，亦猶吳闔廬之救蔡而戰于柏舉稱吳子也。楚子入陳，目其人而貶之，亦猶吳入郢之舉號也。辭雖不同，意實無異。蓋楚莊、闔廬，實非有討賊救患之誠心，故書法予奪如此也。使楚莊真有討賊之心，則辰陵之盟，執徵舒而誅之，一匹夫之力耳，奚俟於以重兵造其國都而後戮之哉！使其素有討賊之志，則四年之伐鄭，俘歸生而轘諸桔柣之門，而仗義之名著於中國矣，奚待於三月之圍，失賊不討，而受肉袒之降哉！由其本無是心，而假其事以爲功，故不足以進於此也。文定謂假於討賊以縣陳，信矣。論者以楚莊居五霸之列，亦取其討賊之一節，如秦穆之悔過耳。抑方諸吳闔廬、夫差之暴横，而或者亦以霸許之，則秦穆、楚莊猶爲此善於彼者歟？」廬陵李氏曰：「楚假討賊之義，以有事於中國者四：殺徵舒也，執慶封也，誘蔡般也，執陳招也。惟殺徵舒得討賊之義，故特書人。執慶封亦無貶辭，但楚靈之暴，非莊比矣。」○劉氏曰：「《公羊》云：『此楚子也，其稱人何？ 貶也。』非也。此譬猶蔡人殺陳佗耳，且外討弑君之賊何不得乎？《穀梁》云：『此入而殺，其不先言入，何也？ 外徵舒於陳也。』非也。言楚人殺者，乃明徵舒有罪爾。且先言入，後言殺，可謂内徵舒於陳乎？」

納公孫寧、儀行父于陳。寧，《公》作甯。《左傳》：「冬，楚子爲陳夏氏亂故，伐陳。謂陳人『無動，將討於少西氏』。遂入陳，殺夏徵舒，轘諸栗門。因縣陳。陳侯在晉。申叔時使於齊，反，復命而退。王使讓之，曰：『夏徵舒爲不道，弑其君，寡人以諸侯討而戮之，諸侯、縣公皆慶寡人，女獨不慶寡人，何故？』對曰：『猶可辭乎？』王曰：『可哉！』曰：『夏徵舒弑其君，其罪大矣，討而戮之，君之義也。抑人亦有言曰：「牽牛以蹊人之田，而奪之牛。」牽牛以蹊者，信有罪矣；而奪之牛，罰已重矣。諸侯之從也，曰討有罪也。今縣陳，貪其富也。以討召諸侯，而以貪歸之，無乃不可乎？』王曰：『善哉！ 吾未之聞也。反之，可乎？』對曰：『可哉。吾儕小人所謂取諸其懷而與之也。』乃復封陳，鄉取一人焉以歸，謂之夏州。故書曰：『楚子入陳，納公孫寧、儀行父于陳。』書有禮也。」《公羊傳》：「此皆大夫也，其言納何？ 納公黨與也。」《穀梁傳》：「納者，内弗受也。輔人之不能民而討猶可，入人之國，制人之上下，使不得其君臣之道不可。」程子曰：「致亂之臣，國所不容也，故書納。」

此二臣者，從君於昏，宣淫於朝，誅殺諫臣，使其君見弑，蓋致亂之臣也。肆諸市朝，與衆同棄，然後快於人心。今乃詭辭奔楚，託於討賊復讎以自脱其罪，而楚莊不能察其反覆，

又使陳人用之，是猶人有飲毒而死者幸而復生，又彊以毒飲之，可乎？故聖人外此二人於陳，賈逵曰：「二子不繫之陳，絶於陳也。」而特書曰納。納者，不受而强納之者也。爲楚莊者宜奈何？瀦徵舒之宫，封洩冶之墓，尸孔寧、儀行父于朝，謀於陳衆，定其君而去，其庶幾乎！高氏曰：「二子之惡乃其君之所由以弒者，亦與徵舒何異，豈可復居陳大夫之位哉？已絶於陳，故不繫於陳而書納。」張氏曰：「孔寧、儀行父必因奔楚誘楚子以利，故楚子殺徵舒而縣陳。微申叔時之言，則陳遂亡矣。楚莊懷夷狄貪婪之志，而尚能以義自克，故封陳而不取。然見善不明，而非有改過不吝之心，所以雖封陳，而終宥陳之亂臣，復納諸國。聖人予善之弘，待人之公，先旌其討賊之義，然後著其入陳且納亂臣之罪，使楚莊之善惡功罪，顯然明白。詳味此倫，非聖人莫能修之也。」汪氏曰：「孔寧、儀行父不書奔。書奔，則是寧、行父請討於楚也。其歸不係陳，不使得爲陳之臣也。經凡書納，皆非所宜納。書曰：『楚子入陳，納公孫寧、儀行父于陳。』曰入曰納，則二臣之罪與楚莊納之之惡皆見矣。」廬陵李氏曰：「《春秋》書納六：子糾、捷菑，争國者也；頓子、北燕伯，失國者也；世子蒯聵，不當世國者也。惟此以大夫而書納，《穀梁》、胡氏得之。」○啖氏曰：「《左氏》云：『書，有禮也。』若以納亂臣爲有禮，孰爲非禮？」

附録《左傳》：「厲之役，鄭伯逃歸，自是楚未得志焉。鄭既受盟于辰陵，又徼事于晉。」

春秋集傳大全卷之二十一

宣公三

甲子定王十年。**十有二年**晉景三。齊頃二。衛穆三。蔡文十五。鄭襄八。曹文二十一。陳成二。杞桓四十。宋文十四。秦桓八。楚莊十七。**春，葬陳靈公。**《公羊傳》：「討此賊者，非臣子也，何以書葬？君子辭也。楚已討之矣，臣子雖欲討之，而無所討也。」杜氏曰：「賊討國復，二十二月然後得葬。」

討賊者，非臣子也，何以書葬？天下之惡一也，本國臣子或不能討，而上有天王，下有方伯，又其次有四鄰，有同盟，有方域之諸侯，有四夷之君長，與凡民皆得而討之，所以明大倫，存天理也。徵舒雖楚討之，陳之臣子亦可以釋怨矣，故得書葬，君子詞也。汪氏曰：「君子之心無私，故討賊不間内外。❶蓋惡惡者，天下之同情也。」

楚子圍鄭。《左傳》：「春，楚子圍鄭。旬有七日，鄭人卜行成，不吉；卜臨于大宮，且巷出車，吉。國人大

---

❶「間」，四庫本作「問」。

臨，守陴者皆哭。楚子退師。鄭人修城，進復圍之，三月克之。入自皇門，至于逵路。鄭伯肉袒牽羊以逆，曰：『孤不天，不能事君，使君懷怒以及敝邑，孤之罪也。敢不唯命是聽。其俘諸江南以實海濱，亦唯命。其翦以賜諸侯，使臣妾之，亦唯命。若惠顧前好，徼福于厲、宣、桓、武，不泯其社稷，使改事君，夷於九縣，君之惠也，孤之願也，非所敢望也。敢布腹心，君實圖之。』左右曰：『不可許也，得國無赦。』王曰：『其君能下人，必能信用其民矣，庸可幾乎！』退三十里，而許之平。潘尫入盟，子良出質。」

按《公羊傳》例：戰不言伐，圍不言戰，入不言圍，滅不言入，書其重者。楚子縣陳，蓋滅之矣，而經止書入。其於鄭也，入自皇門，至於逵道，《左傳》作「逵路」，《公羊》作「路衢」。**蓋即其國都矣，而經止書「圍」。曷爲悉從輕典，不著其憑陵諸夏之罪乎？上無天王，下無方伯，天下諸侯有臣弑君、子弑父，諸夏不能討而夷狄能討之。《春秋》取大節，略小過，雖如楚子憑陵上國，近造王都之側，猶從末減，於以見誅亂臣、討賊子、正大倫之爲重也。**汪氏曰：「據《左氏》、《公羊》所記，鄭襄公屈服於楚，禮卑辭巽以求免，則楚之陵暴亦甚矣。然其能不聽左右之言而退師許平，薄於利而不要其土，則比於狄焉思啓封疆者，猶有改過遷善之美意也。」高氏曰：「封陳侯者，非楚本謀也，不善而能改也，故書入。與鄭平者，楚本謀也，不爲利謀所誘，故書圍。」廬陵李氏曰：「鄭自此從楚，直至成五年蟲牢之盟方向晉。」臨川吴氏曰：「中國不能伯，與國屈服於荆蠻。鄭伯禮之恭，辭之善，以媚悦於楚，極矣，悲夫！」

夏，六月乙卯，晉荀林父帥師及楚子戰于邲。晉師敗績。邲音弼。《左傳》：「夏六月，晉師救鄭。

荀林父將中軍，先縠佐之。士會將上軍，郤克佐之。趙朔將下軍，欒書佐之。趙括、趙嬰齊爲中軍大夫，鞏朔、韓穿爲上軍大夫，荀首、趙同爲下軍大夫。韓厥爲司馬。及河，聞鄭既及楚平，桓子欲還，曰：『無及於鄭而勦民，焉用之？楚歸而動，不後。』隨武子曰：『善。會聞用師觀釁而動，德刑政事典禮不易，不可敵也，不爲是征。楚軍討鄭，怒其貳而哀其卑，叛而伐之，服而舍之，德刑成矣。伐叛，刑也；柔服，德也。二者立矣。昔歲入陳，今兹入鄭，民不罷勞，君無怨讟，政有經矣。荆尸而舉，商農工賈不敗其業，而卒乘輯睦，事不奸矣。蔿敖爲宰，擇楚國之令典，軍行，右轅，左追蓐，前茅慮無，中權後勁。百官象物而動，軍政不戒而備，能用典矣。其君之舉也，内姓選於親，外姓選於舊，舉不失德，賞不失勞，老有加惠，旅有施舍，君子小人，物有服章。貴有常尊，賤有等威，禮不逆矣。德立、刑行、政成、事時、典從、禮順，若之何敵之？見可而進，知難而退，軍之善政也。兼弱攻昧，武之善經也。子姑整軍而經武乎！猶有弱而昧者，何必楚？仲虺有言曰「取亂侮亡」，兼弱也。《汋》曰「於鑠王師！遵養時晦」，耆昧也。《武》曰：「無競惟烈。」撫弱耆昧，以務烈所，可也。』彘子曰：『不可。晉所以霸，師武、臣力也。今失諸侯，不可謂力。有敵而不從，不可謂武。由我失霸，不如死。且成師以出，聞敵彊而退，非夫也。命爲軍帥，而卒以非夫，惟群子能，我弗爲也。』以中軍佐濟。知莊子曰：『此師殆哉！《周易》有之，在師䷆之臨䷒曰：「師出以律，否臧，凶。」執事順成爲臧，逆爲否，衆散爲弱，川壅爲澤，有律以如己也，故曰律。否臧，且律竭也，盈而以竭，夭且不整，所以凶也。不行之謂臨，有帥而不從，臨孰甚焉？此之謂矣。果遇，必敗。彘子尸之。雖免而歸，必有大咎。』韓獻子謂桓子曰：『彘子以偏師陷，子罪大矣。子爲元帥，師不用命，誰之罪也？失屬亡師，爲罪已重，不如進也。事之不捷，惡有所分。與其專罪，六人同之，不猶愈乎？』師遂濟。楚子北，師次于郔。沈尹將中軍，子重將左，子反將右。將飲馬於河而歸。聞晉師既濟，王欲還，嬖人伍參欲戰。令尹孫叔敖弗欲，曰：『昔歲入陳，今兹入鄭，不無事矣。戰而不捷，參之肉其足食乎？』參曰：『若事之捷，孫叔爲無謀矣。不捷，參之肉將在晉軍，可得食乎？』令尹南轅反旆，伍參言於王曰：『晉之從政者新，未能行令。其佐先縠剛愎不仁，未肯用命。其三帥者，專行不獲。聽而無上，衆誰適從？此行也，晉師必敗。且君而逃臣，若社稷何？』王病之，告令尹改乘轅而北之，次于管以待之。晉師在敖、鄗之間，鄭皇戌使如晉師，曰：『鄭之從楚，社稷之故也，未有貳心。楚師驟勝而驕，其師老矣，而不設備。子擊之，鄭師爲承，楚師必敗。』彘子曰：『敗楚服鄭，於此在矣，必許之。』欒武子曰：『楚自克庸以來，其君無日不討國人而訓之，于民生之不易、禍至之無日、戒懼之不可以怠；在軍，無日不討軍實而申儆之，于勝之不可保、紂之百克而卒無後，訓之以若敖、蚡冒篳路藍縷以啓山林。箴之曰：「民生在勤，勤則不匱。」不可謂驕。先大夫子犯有言曰：「師直爲壯，曲爲老。」我則不德，而徼怨于楚，我曲楚直，不可謂老。其君之戎分爲二廣，廣有一卒，卒偏之兩。右廣初駕，數及日中，左則受之，以至于昏。內官序當其夜，以待不虞。不可謂無備。子良，鄭之良也；師叔，楚之崇也。師叔入盟，子良在楚，楚、鄭親矣。來勸我戰，我克則來，不克遂往，以我卜也！鄭不可從。』趙括、趙同曰：『率師以來，唯敵是求。克敵得屬，又何俟？必從彘子。』知季曰：『原、屏，咎之徒也。』趙莊子曰：『欒伯善哉！實其言，必長晉國。』楚少宰如晉師，曰：『寡君少遭閔凶，不能文。聞二先君之出入此行也，將鄭是訓定，豈敢求罪于晉？二三子無淹久。』隨季對曰：『昔平王命我先君文侯曰：「與鄭夾輔周室，毋廢王命！」

今鄭不率，寡君使群臣問諸鄭，豈敢辱候人？ 敢拜君命之辱。』彘子以爲諂，使趙括從而更之，曰：『行人失辭。 寡君使群臣遷大國之迹於鄭，曰：「無辟敵！」群臣無所逃命。』楚子又使求成于晉，晉人許之，盟有日矣。 楚許伯御樂伯，攝叔爲右，以致晉師。 許伯曰：『吾聞致師者，御靡旌摩壘而還。』樂伯曰：『吾聞致師者，左射以菆，代御執轡，御下兩馬，掉鞅而還。』攝叔曰：『吾聞致師者，右入壘，折馘、執俘而還。』皆行其所聞而復。 晉人逐之，左右角之。 樂伯左射馬而右射人，角不能進，矢一而已。 麋興於前，射麋麗龜。 晉鮑癸當其後，使攝叔奉麋獻焉，曰：『以歲之非時，獻禽之未至，敢膳諸從者。』鮑癸止之，曰：『其左善射，其右有辭，君子也。』既免。 晉魏錡求爲公族，未得而怒，欲敗晉師。 請致師，弗許。 請使，許之。 遂往，請戰而還。 楚潘黨逐之，及熒澤，❶見六麋，射一麋以顧獻，曰：『子有軍事，獸人無乃不給於鮮？ 敢獻於從者。』叔黨命去之。 趙旃求卿未得，且怒於失楚之致師者。 請挑戰，弗許。 請召盟，許之。 與魏錡皆命而往。 郤獻子曰：『二憾往矣，弗備，必敗。』彘子曰：『鄭人勸戰，弗敢從也；楚人求成，弗能好也。 師無成命，多備何爲？』士季曰：『備之善。 若二子怒楚，楚人乘我，喪師無日矣。 不如備之。 楚之無惡，除備而盟，何損於好？ 若以惡來，有備不敗。 且雖諸侯相見，軍衛不徹，警也。』彘子不可。 士季使鞏朔、韓穿帥七覆於敖前，故上軍不敗。 趙嬰齊使其徒先具舟於河，故敗而先濟。 潘黨既逐魏錡，趙旃夜至於楚軍，席于軍門之外，使其徒入之。 楚子爲乘廣三十乘，分爲左右。 右廣雞鳴而駕，日中而說。 左則受之，日入而說。 許偃御右廣，

---

❶ 「熒」，四庫本作「滎」。

養由基爲右；彭名御左廣，屈蕩爲右。乙卯，王乘左廣以逐趙旃。趙旃棄車而走林，屈蕩搏之，得其甲裳。晉人懼二子之怒楚師也，使軘車逆之。潘黨望其塵，使騁而告曰：『晉師至矣。』楚人亦懼王之入晉軍也，遂出陳。孫叔曰：『進之！寧我薄人，無人薄我。《詩》云：「元戎十乘，以先啓行。」先人也。《軍志》曰：「先人有奪人之心。」薄之也。』遂疾進師，車馳卒奔，乘晉軍。桓子不知所爲，鼓於軍中曰：『先濟者有賞。』中軍、下軍争舟，舟中之指可掬也。晉師右移，上軍未動。工尹齊將右拒卒以逐下軍。楚子使唐狡與蔡鳩居告唐惠侯，曰：『不穀不德而貪，以遇大敵，不穀之罪也。然楚不克，君之羞也。敢藉君靈以濟楚師。』使潘黨率游闕四十乘，從唐侯以爲左拒，以從上軍。駒伯曰：『待諸乎？』隨季曰：『楚師方壯，若萃於我，吾師必盡，不如收而去之。分謗生民，不亦可乎？』殿其卒而退，不敗。王見右廣，將從之乘。屈蕩尸之曰：『君以此始，亦必以終。』自是楚之乘廣先左。晉人或以廣隊不能進，楚人惎之脱扃，少進，馬還，又惎之拔旆投衡，乃出。顧曰：『吾不如大國之數奔也。』趙旃以其良馬二，濟其兄與叔父，以他馬反，遇敵不能去，棄車而走林。逢大夫與其二子乘，謂其二子無顧。顧曰：『趙傁在後。』怒之，使下，指木曰：『尸女於是。』授趙旃綏以免。明日，以表尸之，皆重獲在木下。楚熊負羈囚知罃。知莊子以其族反之，厨武子御，下軍之士多從之。每射，抽矢菆，納諸厨子之房。厨子怒，曰：『非子之求而蒲之愛，董澤之蒲，可勝既乎？』知季曰：『不以人子，吾子其可得乎？吾不可以苟射故也。』射連尹襄老，獲之，遂載其尸。射公子穀臣，囚之。以二者還。及昏，楚師軍於邲，晉之餘師不能軍，宵濟，亦終夜有聲。丙辰，楚重至于邲，遂次于衡雍。潘黨曰：『君盍築武軍，而收晉尸以爲京觀？臣聞克敵必示子孫，以無忘武功。』楚子曰：『非爾所知也。夫文，止戈爲武。

武王克商，作《頌》曰：「載戢干戈，載櫜弓矢。我求懿德，肆于時夏，允王保之。」又作《武》，其卒章曰：「耆定爾功。」其三曰：「鋪時繹思，我徂惟求定。」其六曰：「綏萬邦，屢豐年。」夫武，禁暴、戢兵、保大、定功、安民、和衆、豐財者也。故使子孫無忘其章。今我使二國暴骨，暴矣；觀兵以威諸侯，兵不戢矣。暴而不戢，安能保大？猶有晉在，焉得定功？所違民欲猶多，民何安焉？無德而强争諸侯，何以和衆？利人之幾而安人之亂，以爲己榮，何以豐財？武有七德，我無一焉，何以示子孫？其爲先君宮，告成事而已。武非吾功也。古者明王伐不敬，取其鯨鯢而封之，以爲大戮，於是乎有京觀，以懲淫慝。今罪無所，而民皆盡忠以死君命，又何以爲京觀乎？』祀于河，作先君宮，告成事而還。是役也，鄭石制實入楚師，將以分鄭而立公子魚臣。辛未，鄭殺僕叔及子服。君子曰：『史佚所謂毋怙亂者，謂是類也。《詩》曰：「亂離瘼矣，爰其適歸？」歸於怙亂者也夫！』」《公羊傳》：「大夫不敵君，此其稱名氏以敵楚子何？不與晉而與楚子爲禮也。曷爲不與晉而與楚子爲禮也？莊王伐鄭，勝乎皇門，放乎路衢。鄭伯肉袒，左執茅旌，右執鸞刀，以逆莊王，曰：『寡人無良邊垂之臣，以干天禍，是以使君王沛焉，辱到敝邑。君如矜此喪人，錫之不毛之地，使帥一二耋老而綏焉。請唯君王之命。』莊王曰：『君之不令臣交易爲言，是以使寡人得見君之玉面，而微至乎此。』莊王親自手旌，左右撝軍，退舍七里。將軍子重諫曰：『南郢之與鄭，相去數千里，諸大夫死者數人，厮役扈養死者數百人。今君勝鄭而不有，無乃失民臣之力乎？』莊王曰：『古者杅不穿，皮不蠹，則不出於四方。是以君子篤於禮而薄于利，要其人而不要其土，告從，不赦，不詳。吾以不詳道民，災及吾身，何日之有？』既則晉師之救鄭者至，曰：『請戰。』莊王許諾。將軍子重諫曰：『晉，大國也。王師淹病矣，君請勿許也。』莊王曰：『弱者吾威之，强者吾辟之，是以使寡人無以立乎天下。』令之還師而逆晉寇。莊王鼓之，晉師大敗。晉衆之走者，舟中之指可掬矣。莊王曰：『嘻！吾兩君不相好，百姓何罪？』令之還師，而佚晉寇。」《穀梁傳》：「績，功也。功，事也。日其事，敗也。」杜氏曰：「邲，鄭地。」

戰而言及，主乎是戰者也。何氏曰：「序林父於上，罪起其事。言及者明晉汲汲欲敗楚爾。」**按《左氏》「晉師救鄭」，經既不以救鄭書矣，**汪氏曰：「不書救者，以其緩不及事，無救患之實耳。或謂不書救鄭，是予楚以伯。然晉文、晉悼之伯，書楚人救衛、救鄭，豈不予晉以伯乎？」**又不言楚、晉戰于邲，而使晉主之，何也？陳人弑君，晉不討賊而楚能討之；楚人圍鄭，亦既退師與鄭平矣，而又與之戰，則非觀釁之師也。故釋楚不貶而使晉主之，獨與常詞異乎！**汪氏曰：「據楚成救鄭，則書『宋公及楚人戰于泓』，楚得臣救衛，則書『晉侯、齊、宋、秦師及楚人戰于城濮』，今此晉救鄭，當書『楚及晉戰』。」**按：邲之役，六卿並在，大夫、司馬皆具官。不欲勦民者，三帥也；違命濟師者，先縠也。而獨罪林父，何也？尊無二上，定于一也。古者仗鉞臨戎，專制閫外，**《南史·沈慶之傳》：「閫外之事，將軍所得專制。」《李衛公問對》：「古者出師命將，授之以斧，曰：『從此至天，將軍制之。』又授之以鉞，曰：『從此至地，將軍制之。』」**雖君令有所不受，**《史記·穰苴傳》：「將在軍，雖君令有所不受。」《前漢書·周亞夫傳》：「上勞軍至細柳，不得入，曰：『軍中但聞將軍之令，不聞天子詔。』上曰：『此真將軍矣！』」《唐書·段志玄傳》：「與宇文士及勒兵衛章武門，太宗夜遣使至，志玄曰：『軍門不夜開。』使者示手詔，志玄曰：『夜不能辨。』帝嘆曰：『周亞夫何以加！』」**況其屬乎？欒書救鄭，軍帥之欲戰者八人，武子遂還，衆不敢遏。**事見《左傳》成公六年。**偪陽之舉，匄、偃二將皆請班師，荀罃令曰：「七日不克，必爾乎取之！」遂下偪陽。**事見《左傳》襄公十年。**林父既知「無及於鄭，焉用之」矣，諸帥又皆信然其策，先縠若獨以中軍佐濟者，下令三軍無得妄動，按軍法而行辟，夫豈不可？既不能令，乃畏失屬亡師之罪，而從韓獻子分惡之言，**朱子曰：「《左傳》分謗事，近世士大夫多是如此，只要徇人情。如荀林父邲之役，先縠違命而濟，乃謂『與其專罪，六人同之』，是何等見識！當時爲林父者，只合按兵不動，召先縠而誅之。」**知難而冒進，是棄晉師，於誰責乎？故後誅先縠，不去其官，此稱敗績，特以林父主之也。**茅堂胡氏曰：「邲之戰，先縠、趙旃實敗晉師，而獨書林父者，責元帥也。武侯祁山之戰，違命於街亭者，馬謖也；失於箕谷者，鄧芝也。而武侯深自刻責，以爲咎皆在己，此亦《春秋》一統之義也。任歸於一者，責有所歸；權分於下者，衆無適從。吳、楚既反，漢用條侯。以梁王之貴，太后之尊，交請救援，條侯謹守便宜，竟破七國。唐六道重兵攻圍淮蔡，久而無功，及裴度視師，雖韓弘亦輿疾督戰，遂擒元濟。代宗以九節度之師圍慶緒，不立元帥，一夕而潰。其成敗之績，豈不著明也哉！」張氏曰：「經以林父『及』之者，言林父之爲志乎此戰也。蓋晉不能討陳亂，已失三綱軍政之本，乃欲恃力以爭鄭。不知楚莊既討陳亂，則師出有名，而所以施於鄭者，又進退得宜，勇怯中節。林父上不能輔君討亂，以行盟主之大義，而此行本爲救鄭，而鄭已服楚。先縠之徒，恃强專制，故林父雖知楚之不可敵，而不能止諸帥之從楚師。考《公羊》，則知楚之所以勝；考《左氏》，則知晉之所以敗。此《春秋》所以不書救鄭，而特以林父主此戰，著其敗師之罪也。」陳氏曰：「以大夫敵君於是始。窜之戰，不惟敵君，且盟齊于師矣。」永嘉吕氏曰：「自楚執討賊之權，於是陳爲楚有。鄭不堪楚之屢伐，而受盟辰陵，然曰『與其來者可也』，則猶未純乎從楚也，故徼事於晉。晉既不能有陳，而僅争鄭，則邲之一戰，夷夏勝負之一決也。自邲之敗，而楚伐宋，横行於中國而莫制矣。」汪氏曰：「林父身爲元帥，始既不能禁副屬之違令而專行，終又不能躬帥士卒冒矢石而力戰，乃鼓於軍中，倡爲棄甲曳兵之敗，則喪師之罪，不責林父諉於誰乎？然楚君大夫與中國戰，皆貶書人。故楚成於泓、得臣於城濮、囊瓦於柏舉，並書人。惟此書『晉荀林父帥師』以敵『楚子』者，尊中國而抑夷狄，故不以林父之有罪而貶之也。泓之戰貶楚子，此不貶者，楚成設詐，禽宋公於乘車之會以伐其國，又乘勝不悛而敗宋於泓，則與楚莊爲中國之所不能爲者異矣。」〇劉氏曰：「子玉不見名氏，林父見名氏，《公羊》皆爲不敵君，可怪也哉！」廬陵李氏曰：「《春秋》中國與楚戰，不以勝敗，皆以中國爲主，徐邈曰『内晉而外楚』，是也。《公羊》以爲荀林父稱名氏先楚子者，惡林父，非也，此因得臣書人而穿鑿耳。陳氏亦以爲大夫敵君於是始，蓋主《公羊》説，未可從也。胡氏主乎是戰之説亦是，蓋雖以中國爲主，然息争之道當責之中國也，義皆可通。要之此條楚書子，則知其非貶矣；林父不書救，則知其有罪矣。不貶者，退師之情可恕；有罪者，敗師之責難逃。」

秋，七月。

附録《左傳》：「鄭伯、許男如楚。」〇「秋，晉師歸，桓子請死。晉侯欲許之。士貞子諫曰：『不可。城濮之役，晉師三日穀，文公猶有憂色。左右曰：「有喜而憂，如有憂而喜乎？」公曰：「得臣猶在，憂未歇也。困獸猶鬬，況國相乎？」及楚殺子玉，公喜而後可知也，曰：「莫余毒也已。」是晉再克而楚再敗也。楚是以再世不競。今天或者大警晉也，而又殺林父以重楚勝，其無乃久不競乎？林父之事君也，進思盡忠，退思補過，社稷之衛也，若之何殺之？夫其敗也，如日月之食焉，何損於明？』晉侯使復其位。」

冬，十有二月戊寅，楚子滅蕭。《左傳》：「冬，楚子伐蕭。宋華椒以蔡人救蕭。蕭人囚熊相宜僚及公子丙。王曰：『勿殺，吾退。』蕭人殺之。王怒，遂圍蕭。蕭潰。申公巫臣曰：『師人多寒。』王巡三軍，拊而勉之。三軍之士皆如挾纊。遂傅於蕭。還無社與司馬卯言，號申叔展。叔展曰：『有麥麴乎？』曰：『無。』『有山鞠窮乎？』曰：『無。』『河魚腹疾奈何？』曰：『目於眢井而拯之。』『若爲茅絰，哭井則已。』明日蕭潰，申叔視其井，則茅絰存焉，號而出之。」杜氏曰：「蕭，宋附庸國。」

假於討賊而滅陳，《春秋》以討賊之義重也，未滅而書入；惡其貳己而入鄭，《春秋》以退師之情恕也，未滅而書圍，與人爲善之德宏矣。至是肆其强暴，滅無罪之國，其志已盈，雖欲赦之，不得也，故傳稱蕭潰，經以「滅」書，斷其罪也。孟子曰：「以力假仁者伯，伯必有大國。」楚莊蓋以力假仁，不能久假而遽歸者也。建萬國親諸侯者，先王之政；興滅國繼絶世者，仲尼之法。今乃滅人社稷而絶其祀，亦不仁甚矣。蕭既滅亡，必無赴者，何以得書于魯史？楚莊縣陳、入鄭，大敗晉師于邲，莫與校者。不知以禮制心，至於驕溢，克伐怨欲皆得行焉，遂以滅蕭告赴諸侯，矜其威力以恐中國耳。孟子定其功罪，以五伯爲三王之罪人。《春秋》史外傳心之要典，推此類求之，斯得矣。高氏曰：「楚既得陳、鄭，又敗晉師，遂深入中國，憑陵諸夏，滅人之國，書以著其暴也。」汪氏曰：「楚莊滅蕭，所以逼宋，而脅中國諸侯之服己也。」

晉人、宋人、衛人、曹人同盟于清丘。此大夫同盟之始。《左傳》：「晉原縠、宋華椒、衛孔達、曹人同盟于清丘，曰：『恤病討貳。』於是卿不書，不實其言也。」程子曰：「晉爲楚敗，諸侯懼而同盟，既而皆渝，故書人以貶之。」杜氏曰：「清丘，衛地。」

書同盟，志同欲也。楊士勛曰：「新城書同，傳云『同外楚』，則清丘亦是外楚，省文也。」或以惡其反覆而書同盟，非也。《春秋》不貴盟誓，自隱公始年書儀父盟蔑、宋人盟宿，已不實言矣，奚待清丘然後惡反覆乎？清丘載書，恤病討貳，口血未乾，敗其盟好，所謂不待貶而惡見者也，又奚必「人」諸國之卿，然後知反覆之可罪乎？杜氏曰：「宋伐陳，衛救之，不討貳也；楚伐宋，晉不救，不恤病也，故大夫稱人。宋華椒承群僞之言以誤其國，宋雖有守信之善，而椒猶不免譏。」楚既入陳圍鄭，大敗晉師，伐蕭滅之，憑陵中國甚矣。爲諸侯計者，宜信任仁賢，修明政事，自强於爲善，則可以保其國耳。曾不是圖，而刑牲歃血，要質鬼神，蘄以禦楚，謀之不臧，孰大於是？故國卿貶而稱人，譏失職也。陳氏曰：「曷爲貶稱人？猶曰：人自爲盟也。」

人自爲盟，自鹿上以來，未之有也，於是再見，其再見何？中國又無伯也。」**原穀違命喪師，乃晉國罪人，而主兹盟約，所信任者，皆可知矣。**家氏曰：「幽之同盟，内外小大，翕然來同，齊霸之方盛也。新城之同盟，諸侯散者復合，晉伯之漸衰也。清丘之同盟，異者衆而同者鮮，晉不復可言霸矣。而《春秋》於四國之爲此會，猶以同盟書，嘉其不以勝負爲從違，捨燎原强盛之楚，從喪敗方新之晉，是故猶許之以同盟。然視于幽之同，則不可同日語矣。」汪氏曰：「新城之同，晉以趙盾主盟。清丘之同，復以四國之大夫盟。齊盟所以一天下之心，而晉以大夫尸之，又其甚而諸侯之大夫與焉，伯業之不振宜矣。」廬陵李氏曰：「晉景公之同盟五：清丘，斷道，蟲牢，馬陵，于蒲。」〇劉氏曰：「《左氏》云：『卿不書，不實其言也。』夫春秋之世，不實其言者衆矣，奚獨此耶？且華椒不宜被貶。」

宋師伐陳，衛人救陳。《左傳》：「宋爲盟故伐陳。衛人救之。孔達曰：『先君有約言焉，若大國討，我則死之。』」

陳有弑君之亂，宋不能討而楚能討之，雖曰縣陳，尋復封之，其德於楚而不貳，未足責也。宋人不能内自省德，遽以大衆伐之，非義舉矣。衛人救陳，背盟失信，而以救書者，見宋師非義，陳未有罪而受兵爲可恤也。且謀國失圖，妄興師旅，無休息之期，則亂益滋矣。其以「救」書，意在責宋也。若衛叛盟，則不待貶絶而惡自見矣。高氏曰：「書衛救陳者，所以罪宋也。然衛方盟於清丘而反救陳，救雖義事，而有背盟之惡，故稱人。」汪氏曰：「清丘之載書，恤病討貳，而宋之討陳、衛之救陳，皆非《春秋》所與者。不度德，不量力，而啓釁於强楚；渝盟失信，以從簡書，名雖是而實則非矣。」

乙丑定王十一年。**十有三年**晉景四。齊頃三。衛穆四。蔡文十六。鄭襄九。曹文二十二。陳成三。杞桓四十一。宋文十五。秦桓九。楚莊十八。**春，齊師伐莒。**《公》作「伐衛」。《左傳》：「莒恃晉而不事齊故也。」臨川吴氏曰：「齊以强陵弱而伐莒。十一年之伐稱齊人，此稱齊師者，甚其動大衆而伐小國也。」〇汪氏曰：「《公羊》作伐衛。證之經文，前後皆無齊、衛交怨之事，而於莒，則四年平之不肯而魯伐之，十一年齊又伐之，則此爲伐莒無疑矣。」〇**夏，楚子伐宋。**《左傳》：「以其救蕭也。君子曰：『清丘之盟，惟宋可以免焉。』」

楚人滅蕭，將以脅宋，諸侯懼而同盟。爲宋人計者，恤民固本，輕徭薄賦，使民效死親其上，則可以待敵矣。計不出此，而急於伐陳，攻楚與國，非策也。故楚人有詞于伐而得書爵。張氏曰：「天下無道，小役大，弱役强。宋不知屈伸消長之道，而欲以區區之力强中國，由此致伐。」汪氏曰：「文定責宋，特譏其啓致兵之罪，失保國之策，非以楚之陵中國爲無罪也。蓋不待貶絶而惡自見耳。」廬陵李氏曰：「楚有事於中國，皆自鄭及宋。楚成之争伯，敗宋於泓；楚穆之争伯，弱宋於厥貉；楚莊之興，挾鄭人以侵宋。卒之今年之伐，明年之圍，又明年之平，而南北之勢成矣。成十八年彭城之役，楚又挾鄭以圖宋。向非悼公之盛，則于宋之盟，不待襄公之末年而天下分伯矣。」

秋，螽。《公》作「蠓」。杜氏曰：「爲灾故書。」〇**冬，晉殺其大夫先縠。**縠，《穀》作「穀」，音同。《左傳》：「秋，赤狄伐晉，及清，先縠召之也。冬，晉人討邲之敗與清之師，歸罪于先縠而殺之，盡滅其族。君子曰：『惡之來也，已則取之，其先縠之謂乎！』」

先縠違命，大敗晉師。元帥不能用鉞，已失刑矣，今又重有罪焉，晉人治其罪而戮之，義也，曷爲稱國以殺而不去其官？夫兵者，安危所係，有國之大事也。將非其人則敗；雖得其人，使親信間之則敗；以剛愎不仁者參焉而莫肯用命則敗。凡此三敗，君之過也。河曲之戰，趙穿獨出，而臾駢之謀不用；事見《左傳》文公十二年。濟涇而次，欒黶欲東而荀偃之令不行。事見《左傳》襄公十四年。今林父初將中軍，乃以先縠佐之，使敵國謀臣知其從政者新，未能行令，誰之過歟？故稱國以殺，不去其官，罪累上也。高氏曰：「邲之役，三帥皆欲還，先縠固請戰，遂及於敗，至是以爲討。然釋趙旃、魏錡不討，而獨誅先縠，爲政不平，殺者不受治矣。又族滅之，惡之甚也。」張氏曰：「越椒將攻王，而楚莊尚思子文之治楚，而復克黄之所。先縠，先軫之孫，而滅其族，蓋晉之德刑皆不足以敵楚矣。」

附録《左傳》：「清丘之盟，晉以衛之救陳也，討焉。使人弗去，曰：『罪無所歸，將加而師。』孔達曰：『苟利社稷，請以我説，罪我之由。我則爲政，而亢大國之討，將以誰任？我則死之。』」

丙寅定王十二年。**十有四年**晉景五。齊頃四。衛穆五。蔡文十七。鄭襄十。曹文二十三，卒。陳成四。杞桓四十二。宋文十六。秦桓十。楚莊十九。**春，衛殺其大夫孔達。**《左傳》：「春，孔達縊而死。衛人以説于晉而免。遂告于諸侯曰：『寡君有不令之臣達，構我敝邑于大國，既伏其罪矣，敢告。』衛人以爲成勞，復室其子，使復其位。」

殺大夫而書名氏，義不繫於專殺也。孔達棄信以危社稷，衛人按其罪而誅之可也，茅堂胡氏曰：「孔達之死，謀之不臧者也。先君雖有約言，若其有罪而大國見討，亦可踐言不自省乎？而況同盟口血未乾，即亢大國之討，以危其社稷，乃以身死之求説於晉，與自經於溝瀆而莫之知者奚遠哉？是時陳貳於楚，爲孔達計者，若顧約言，告之以不當貳可也。」

何以稱國而不去其官？用人謀國，干犯盟主，至於見討，誰之過歟？稱國以殺，不去其官，罪累上也。《春秋》端本清源，故書法如此。蘇氏曰：「孔達則有罪矣，而衛人用其言以干盟主，故稱國以殺。」陳氏曰：「孔達自殺，而稱國以殺，其君意也。」

夏五月壬申，曹伯壽卒。○晉侯伐鄭。《左傳》：「夏，晉侯伐鄭，爲邲故也。告于諸侯，蒐焉而還。中行桓子之謀也，曰：『示之以整，使謀而來。』鄭人懼，使子張代子良于楚。鄭伯如楚，謀晉故也。鄭以子良爲有禮，故召之。」

按《左氏傳》「爲邲故也」，比事以觀，知其爲報怨復讎之兵。詞無所貶者，直書其事而義自見矣。張氏曰：「屈而知伸，敗而能改，可以興矣。晉所以敗，由大義不明而争與國也。今敗未兩歲，而復興争鄭之師，故書晉侯，以著其師之爲報怨也。」高氏曰：「晉救鄭而敗于邲，鄭遂即楚。夫鄭背華即夷，討之正也。然靈、成以來，文公之澤浸微，干戈日尋，積而至於蜀之盟而中國盡夷狄矣，豈特失鄭而已乎？」

秋九月，楚子圍宋。《左傳》：「楚子使申舟聘于齊，曰：『無假道于宋。』亦使公子馮聘于晉，不假道於鄭。申舟以孟諸之役惡宋，曰：『鄭昭宋聾，晉使不害，我則必死。』王曰：『殺女，我伐之。』見犀而行。及宋，宋人止之，華元曰：『過我而不假道，鄙我也。鄙我，亡也。殺其使者必伐我，伐我亦亡也。亡一也。』乃殺之。楚子聞之，投袂而起，屨及於窒皇，劍及于寢門之外，車及于蒲胥之市。秋九月，楚子圍宋。」

宋人要結盟誓，欲以禦楚，已非持國之道。輕舉大衆，勦民妄動，又非恤患之兵。特書救陳以著其罪，明見伐之由也。國必自伐，然後人伐之。凡事其作始也簡，其將畢也必巨。《易》於訟卦曰：「君子以作事謀始。」始而不謀，必至於訟；訟而不竟，必至於師，若宋是矣。始謀不臧，至于見伐見圍，幾亡其國，則自取之也。《春秋》端本，故責宋爲深。若蠻夷圍中國，則亦明矣。臨川吴氏曰：「宋前以救蕭而見伐，今又以殺楚使而受圍。楚之荐食上國，宋之挑釁强夷，❶俱可罪也。」汪氏曰：「楚莊始而滅蕭以逼宋，繼而伐宋以聲其救蕭之罪，又遣使過宋，不假道以激怒於宋，而使殺之，於是國君親將，環其國而攻之。然則楚子之志，在於陵暴中國，以取威争伯，其惡甚矣。文定作傳，屢責宋而不責楚者，楚人憑陵中夏之罪顯而易見，而宋有致兵之由，其罪未著也，故備論之。」廬陵李氏曰：「楚至是再圍宋矣。僖二十七年書楚人，嫌詞也。此書楚子，直詞也。」

葬曹文公。○冬，公孫歸父會齊侯于穀。《左傳》：「冬，公孫歸父會齊侯于穀。見晏桓子，與之言魯樂。

---

❶「挑」，原作「排」，今據四庫本及《纂疏》改。

桓子告高宣子曰：『子家其亡乎，懷於魯矣。懷必貪，貪必謀人。謀人，人亦謀己。一國謀之，何以不亡？』」

夫禮，别嫌明微，制治於未亂，自天子出者也。列國之君非王事而自相會聚，是禮自諸侯出矣。以國君而降班失列，下與外臣會，以外臣而抗尊出位，上與諸侯會，是禮自大夫出矣。汪氏曰：「大夫會諸侯，始於單伯會齊、宋、衛、鄭之君于鄄，而後公孫敖會晉侯于戚。至叔仲彭生會晉郤缺于承筐，則大夫自爲會矣。大夫盟諸侯，始於柔會宋公、陳侯、蔡叔盟于折，而後公孫敖會宋公、陳侯、鄭伯、晉士縠盟于垂隴。至公子遂會晉趙盾盟于衡雍，則大夫自相盟矣。然莊、僖以下，大夫未專政也。文、宣以下，大夫始專政矣。」**君若贅旒，**何氏曰：「贅，繫屬之辭。旒，旂旒。以旂旒爲喻者，爲下所執持。」**陪臣執命，豈一朝一夕之故，其所由來漸矣。故《易》於坤之初六曰：「馴致其道，至堅冰也。」《易》言其理，《春秋》見諸行事，若合符節，可謂深切著明矣。**張氏曰：「魯素事齊，而宣公之立，公子遂主之。故其父子常親于齊，而齊亦不復計等列之不班，從而與之會也，非禮甚矣。」王氏曰：「遂以不正而立宣公，公以不正而任其子。歸父此年會齊侯，明年會楚子，見公與之深也。諸侯失政自宣公始，大夫專政自歸父始。」廬陵李氏曰：「大夫會諸侯，始於單伯會齊侯于鄄，繼見于公孫敖會晉侯于戚，不知胡氏何以始發傳於此，豈非以非伯事而私相會乎？」

附録《左傳》：「孟獻子言於公曰：『臣聞小國之免於大國也，聘而獻物，於是有庭實旅百；朝而獻功，於是有容貌采章，嘉淑而有加貨，謀其不免也。誅而薦賄，則無及也。今楚在宋，君其圖之。』公説。」

丁卯定王十三年。**十有五年**晉景六。齊頃五。衛穆六。蔡文十八。鄭襄十一。曹宣公廬元年。陳成五。

杞桓四十三。宋文十七。秦桓十一。楚莊二十。**春，公孫歸父會楚子于宋。**杜氏曰：「從前年孟獻子之言也。」

楚子不假道於宋，以啓釁端而圍之，陵蔑中華甚矣。襄陵許氏曰：「楚圍宋之威振及魯矣。」**諸侯縱不能畏簡書攘夷狄，存先代之後，嚴兵固圉以爲聲援，猶之可也，乃以周公之裔、千乘之國謀其不免，至於薦賄，不亦鄙乎？若此類，聖人不徒筆之於經也。比事以觀，則知中國、夷狄盛衰之由，《春秋》經世之略矣。**陳氏曰：「吾大夫始特會楚也。」朱子曰：「『公孫歸父會楚子於宋。宋人及楚人平』，《春秋》責其叛中國而從夷狄爾。罪其貳霸，非是。《春秋》豈率天下諸侯以從三王之罪人哉！」廬陵李氏曰：「『歸父會楚子于宋』，正與昭九年『叔弓會楚子于陳』書法、事情皆同，《左氏》、胡氏傳得之矣。」

夏，五月，宋人及楚人平。《左傳》：「宋人使樂嬰齊告急于晉。晉侯欲救之，伯宗曰：『不可。古人有言曰：「雖鞭之長，不及馬腹。」天方授楚，未可與争。雖晉之强，能違天乎？諺曰：「高下在心。」川澤納汙，山藪藏疾，瑾瑜匿瑕，國君含垢，天之道也，君其待之。』使解揚如宋，使無降楚，曰：『晉師悉起，將至矣。』鄭人囚而獻諸楚，楚子厚賂之，使反其言，不許，三而許之。登諸樓車，使呼宋人而告之。遂致其君命。楚子將殺之，使與之言曰：『爾既許不穀而反之，何故？非我無信，女則棄之。速即爾刑。』對曰：『臣聞之，君能制命爲義，臣能承命爲信，信載義而行之爲利。謀不失利，以衛社稷，民之主也。義無二信，信無二命。君之賂臣，不知命也。受命以出，有死無霣，又可賂乎？臣之許君，以成命也。死而成命，臣之禄也。寡君有信臣，下臣獲考死，又何求？」楚子舍之以歸。夏，五月，楚師將去宋，申犀稽首於王之馬前，曰：『毋畏知死而不敢廢王命，王棄言焉。』王不能答。申叔時僕，曰：『築室反耕者，宋必聽命。』從之。宋人懼，使華元夜入楚師，登子反之牀，起之，曰：「寡君使元以病告，曰：「敝邑易子而食，析骸以爨。雖然，城下之盟，有以國斃，不能從也。去我三十里，唯命是聽。」」子反懼，與之盟而告王。退三十里，宋及楚平。華元爲質。盟曰：『我無爾詐，爾無我虞。』」《公羊傳》：「外平不書，此何以書？大其平乎已也。何大乎其平乎已？莊公圍宋，軍有七日之糧爾，盡此不勝，將去而歸爾。於是使司馬子反乘堙而闚宋城，宋華元亦乘堙而出見之。司馬子反曰：『子之國何如？』華元曰：『憊矣。』曰：『何如？』曰：『易子而食之，析骸而炊之。』司馬子反曰：『嘻！甚矣憊。雖然，吾聞之也，圍者柑馬而秣之，使肥者應客。是何子之情也？』華元曰：『吾聞之，君子見人之厄則矜之，小人見人之厄則幸之。吾見子之君子也，是以告情于子也。』司馬子反曰：『諾。勉之矣！吾軍亦有七日之糧爾，盡此不勝，將去而歸爾。』揖而去之，反于莊王。莊王曰：『何如？』司馬子反曰：『憊矣。』曰：『何如？』曰：『易子而食之，析骸而炊之。』莊王曰：『嘻！甚矣憊。雖然，吾今取此，然後而歸爾。』司馬子反曰：『不可。臣已告之矣，軍有七日之糧爾。』莊王怒曰：『吾使子往視之，子曷爲告之？』司馬子反曰：『以區區立宋，猶有不欺人之臣，可以楚而無乎？是以告之也。』莊王曰：『諾。舍而止。雖然，吾猶取此然後歸爾。』司馬子反曰：『然則君請處于此，❶臣請歸爾。』莊王曰：『子去我而歸，吾孰與處于

---

❶「君」，原作「若」，今據四庫本及阮刻本《春秋公羊傳注疏》改。

此？吾亦從子而歸爾。』引師而去之。故君子大其平乎已也。此皆大夫也，其稱人何？貶。曷爲貶？平者在下也。」《穀梁傳》：「平者，成也，善其量力而反義也。人者，衆辭也。平稱衆，上下欲之也。外平不道，以吾人之存焉道之也。」

此華元、子反二國之卿，其稱人何？貶也。《春秋》賤欺詐，惡侵伐，二卿不愛其情，釋怨解紛，使宋無亡國之憂，楚無滅國之罪，功亦大矣，宜在所褒，何以貶也？善則稱君，過則稱己，則民作忠。今二卿自以情實私相告語，取必於上，以成平國之功，而其君不預知焉，非人臣之義也。董子曰：「子反與華元平，是内專政而外擅名也。」世衰道微，暴行交作，君有聽於臣，父有聽於子，夫有聽於婦，中國有聽於夷狄，仲尼所爲懼，《春秋》所以作也。故平以解紛，啖氏曰：「和而不盟曰平。」雖其所欲，而平者在下，則大倫紊矣。聖人明其道不計其功，故褒貶如此。然則臣而有安國家利社稷者，專之不可乎？曰：專之而可者，謂境外也。子反在君之側，無奏報之難、幾會之失，奚急於平而專之若是哉？或曰：子反攘善，則知其罪矣，華元救國急難而紓其情實，何尤焉？夫宋，先代之後，武王所封以備三恪，汪氏曰：「本作『窓』，敬之如賓客也。」横見侵傴，非有可滅之罪也。若以大義責之曰：「子爲上卿，不能恤小，助桀爲虐，陵我郊保，圍我城郭，欲滅我社稷，縱子得之，何面目見中華之士乎？」使子反果忠，楚莊果賢，必爲義動，退師止衆，結盟而反矣，何必輕見情實，

蹈不測之險乎？後世羊、陸效其所爲，交歡邊境，而議者以爲非純臣也，知《春秋》之法矣。《晉書》：「羊祜與吴陸抗對境，使命交通，抗遺祜酒，祜饋抗藥。時謂華元、子反復見于今。」朱子曰：「羊、陸相遺問，只是敵國相傾之謀。」陳氏曰：「凡平不書，必關於天下之故也而後書。有與楚平者矣，文九年陳平不書，宣十年鄭平不書，至宋始書之。僖二十四年宋嘗及楚平矣，至莊王始書之。必宋從楚，必莊王得宋，天下將有南北之勢，《春秋》特致意焉。」永嘉呂氏曰：「晉與楚爭陳，楚討少西氏之亂，而陳在楚宇下矣。晉與楚爭鄭，邲之戰敗，而鄭又在楚宇下矣。宋伐陳而衛救之，則衛又貳於楚。歸父會于宋，而魯又即於楚。楚之圍宋，軍罷食盡而將去矣，宋人告急，晉不能出師以援之，宋及楚平豈得已哉！書曰『宋人及楚人平』，以見中國之無伯也，以見夷狄之恣横也，以見諸侯之有畏於楚而莫有能救之者也。」○劉氏曰：「《公羊》云：『大其平乎已也。』非也。臣無專美，古今之誼也，子反何不退與其君謀，而擅與宋平乎？《穀梁》云：『平稱衆，上下欲之也。』非也。暨齊平何以不曰暨齊人平乎？又云：『外平不道，以吾人之存焉道之也。』非也。宋幸得平以告諸侯，故魯史有其事爾。」廬陵李氏曰：「《春秋》書平五，獨此爲外平。此條之説，陳氏爲長。宋、楚稱人，疑《穀梁》爲優。胡氏專取《公羊》，則以此平不過子反、華元一言而解，宋、楚實未嘗有盟誓也，恐當時未必能如此。」

六月癸卯，晉師滅赤狄潞氏，以潞子嬰兒歸。《左傳》：「潞子嬰兒之夫人，晉景公之姊也。酆舒爲政而殺之，又傷潞子之目。晉侯欲伐之，諸大夫皆曰：『不可。酆舒有三儁才，不如待後之人。』伯宗曰：『必伐之。狄有五罪，儁才雖多，何補焉？不祀，一也。耆酒，二也。棄仲章而奪黎氏地，三也。虐我伯姬，四也。

傷其君目，五也。怙其儁才而不以茂德，兹益罪也。後之人或者將敬奉德義以事神人，而申固其命，若之何待之？不討有罪，曰將待後，後有辭而討焉，毋乃不可乎？夫恃才與衆，亡之道也。商紂由之，故滅。天反時爲災，地反物爲妖，民反德爲亂，亂則妖災生。故文反正爲乏。盡在狄矣。』晉侯從之。六月癸卯，晉荀林父敗赤狄于曲梁。辛亥，滅潞。酆舒奔衛，衛人歸諸晉，晉人殺之。」《公羊傳》：「潞何以稱子？潞子之爲善也，躬足以亡爾。雖然，君子不可不記也。離于夷狄，而未能合于中國，晉師伐之，中國不救，狄人不有，是以亡也。」《穀梁傳》：「滅國有三術：中國謹日，卑國月，夷狄不日。其曰潞子嬰兒，賢也。」杜氏曰：「潞氏，赤狄之别種。子，爵也。」

其稱日，謹之也。上卿爲主將，略而稱師者，著其暴也。陳氏曰：「滅國之大夫其稱人，貶也。故荀林父滅潞氏，隨會滅甲氏，皆不書。」滅而舉號及氏者，滅見滅之罪，著滅者之甚不仁也。潞嬰兒不死社稷，比於中國而書爵者，免嬰兒之責詞也。然則攘夷狄安諸夏非耶？徐夷並興，東郊不開，伯禽征之；見《書·費誓》。玁狁孔熾，侵鎬及方，宣王伐之；見《詩·小雅·六月》。楚人侵鄭，近在王畿，齊侯攘之：皆門庭之寇，不可縱而莫禦者也。雖禦之，亦不極其兵力，殄滅之無遺育也。今赤狄未嘗侵掠晉境，非門庭之寇，而恃强暴以滅之，其不仁甚矣，《春秋》所以責晉而略狄也。又有異焉者，夫伐國之要，討其罪人斯止矣。按《左氏》「潞子夫人，晉景公之姊也。酆舒爲政而殺之，又傷潞子之目」，則酆舒者，罪之在也。

爲晉討者，執酆舒轘諸市，立黎侯，安定潞子，改紀其政而返，則諸狄服，疆域安矣。今乃利狄之土，滅潞氏以其君歸，何義乎？《春秋》所以責晉而略狄也。高氏曰：「是時楚肆其彊，圍宋踰年。晉不能救而反滅狄，利其土地，亦怠於憂中國矣。」汪氏曰：「晉景公會狄于欑函而不討陳，滅赤狄潞氏而不救宋，汲汲於夷狄而忘中國，不可以言伯矣。」永嘉吕氏曰：「夷狄屢侵中國，晉景滅之，似也。然楚之圍宋，歷三時而不解，晉不能興兵往救，而徒加兵于狄。今年書『晉師滅赤狄潞氏，以潞子嬰兒歸』，明年書『晉人滅赤狄甲氏及留吁』。觀宋人之告急，晉侯欲救之，而伯宗方以納汙藏疾自誘。及晉侯之欲伐狄，諸大夫皆以爲不可，而伯宗乃曰『後之人或者將敬奉德義，若之何待之』。嗚呼！是誠何心哉！其爲謀，不過陵弱畏强爾，不得志于楚，乃求得志于狄。晉侯以是賞桓子，又以是賞士伯，又獻狄俘于周，君臣之間，❶矜然德色，何暇謀及楚哉！備書而義自見矣。」陳氏曰：「滅國以其君歸皆稱爵，如『楚人滅弦，弦子奔黄』、『楚人滅頓，以頓子牂歸』、『楚人滅胡，以胡子豹歸』。第言奔者不名之，以歸者名之。」○劉氏曰：「《公羊》云：『潞子之爲善也，躬足以亡爾。』非也。夷狄之君稱子，周禮也，非爲善而亡也。蓋迷於有爵爾。《穀梁》云：『夷狄不日。』又曰：『其曰潞子，賢也。』亦非也。豈有國滅身虜而得爲賢哉？」

秦人伐晉。《左傳》：「秋七月，秦桓公伐晉，次于輔氏。壬午，晉侯治兵于稷，以略狄土，立黎侯而還。及雒，魏顆敗秦師于輔氏。獲杜回，秦之力人也。初，魏武子有嬖妾，無子。武子疾，命顆曰：『必嫁是。』疾

❶「間」，四庫本作「問」。

病，則曰：『必以爲殉。』及卒，顆嫁之，曰：『疾病則亂，吾從其治也。』及輔氏之役，顆見老人結草以亢杜回，杜回躓而顛，故獲之。夜夢之，曰：『余，而所嫁婦人之父也。爾用先人之治命，余是以報。』」廬陵李氏曰：「此條諸傳皆無，《左氏》發傳於『王札子殺召伯、毛伯』後，疑此文本是此經之傳。故陳氏曰『秦人，秦伯桓公也』，則亦以爲即七月之伐矣。經傳之文，其月日先後者甚多，不知杜氏何以不取。」高氏曰：「自二年秦師伐晉，晉不報秦。今十四年矣，此復來伐者，乘晉兵略狄土而闚其虛也。故貶而人之。」**王札子殺召伯、毛伯。**《左傳》：「王孫蘇與召氏、毛氏爭政，使王子捷殺召戴公及毛伯衛。卒立召襄。」《公羊傳》：「王札子者何？長庶之號也。」《穀梁傳》：「王札子者，當上之辭也。殺召伯、毛伯不言『其』，何也？兩下相殺也。兩下相殺不志乎《春秋》，此其志，何也？矯王命以殺之，非忿怒相殺也，故曰以王命殺也。以王命殺，則何志焉？爲天下主者，天也，繼天者，君也，君之所存者，命也。爲人臣而侵其君之命而用之，是不臣也；爲人君而失其命，是不君也。君不君，臣不臣，此天下所以傾也。」

王臣有書字而言子者，王季子是也；有書子而繫名者，王子虎是也。此稱王札子者，《穀梁》以爲當上之詞也。何氏曰：「天子之庶兄。天子不言子弟，故變文言王札。書者，惡天子不以禮尊之，而任以權。」王氏曰：「變文先名，若王猛然。」高氏曰：「矯王命以殺大臣，宜名之以著其罪。然書札而不書王子，則與內臣柔溺之類無異，❶書王子札，則與王子虎無異，故變文以別之。」**其爲當上之詞**

❶「溺」，四庫本作「弱」。

者，矯王命以殺之也。爲天下主者，天也；繼天者，君也；君之所司者，命也。爲人臣而侵其君之命，則不臣；爲人君而假其臣以命，則不君。君不君，臣不臣，天下所以傾也。邢侯專殺雍子於朝，叔向以殺人不忌爲賊，請施邢侯，君子以爲義。事見《左傳》昭公十四年。王札子之罪，當服此刑，而天王不能施之，無政刑矣，何以保其國而不替乎？或問：「王札子，陸淳以爲王子札。」茅堂胡氏曰：「讀經當看大旨，有疑處且闕之。聖人之意，只是罪挾王命專殺耳。」蜀杜氏曰：「桓、襄之前，列國諸侯交相戰伐，列國不稟王命也。至此而王臣有相殺者，内之卿士不奉王命也。」襄陵許氏曰：「拓拔魏世，高歡覩張彝之變而生亂心；梁武在位，王侯專殺，政法不施，遂以亂亡，無惑乎周之無以令天下也！」○趙氏曰：「《公羊》云：『王札子者，長庶之號也。』此妄穿鑿爾。」劉氏曰：「《穀梁》云：『不言「其」，何也？兩下相殺也。』非也。凡殺大夫稱其者，皆君也，豈可云王札子殺其大夫召伯、毛伯乎？」

附録《左傳》：「晉侯賞桓子狄臣千室，亦賞士伯以瓜衍之縣。曰：『吾獲狄土，子之功也。微子，吾喪伯氏矣。』羊舌職説是賞也，曰：『《周書》所謂「庸庸祗祗」者，謂此物也夫。士伯庸中行伯，君信之，亦庸士伯，此之謂明德矣。文王所以造周，不是過也。故《詩》曰「陳錫哉周」，能施也。率是道也，其何不濟？』」○「晉侯使趙同獻狄俘于周，不敬。劉康公曰：『不及十年，原叔必有大咎，天奪之魄矣。』」

秋，螽。

人事感於此，則物變應於彼。宣公爲國，虛内以事外，去實而務華，煩於朝會、聘問、賂遺

之末，而不知務其本者也，故戾氣應之。六年螽，七年旱，十年大水，十有三年又螽，十有五年復螽。府庫匱，倉廩竭，調度不給，而言利尅民之事起矣。張氏曰：「自六年至今，三遇蟲灾，而加之以水旱。此宣公不脩德、節用、愛人之所感也。」

仲孫蔑會齊高固于無婁。《公》作「牟婁」。杜氏曰：「無婁，杞邑。」王氏曰：「隱四年莒伐杞取牟婁，即其地。」

禮之始失也，諸侯非王事而自相會也。無以正之，不自天子出矣，然後諸侯與大夫會。詳見文公元年「會戚」注。**又無以正之，然後大夫與大夫會，**詳見文公八年「盟衡雍」注。**禮亦不自諸侯出矣。田氏簒齊，六卿分晉，**《史記·齊世家》：「康公十九年，陳恒曾孫田和始爲諸侯，遷康公海濱。」《晉世家》：「静公二年，❶魏武侯、韓哀侯、趙敬侯滅晉而三分其地，静公遷爲家人。」**三家專魯，理固然也。不能辨於早，雖欲正之，其將能乎？**高氏曰：「齊侯在穀，則公孫歸父會之。齊卿在無婁，則仲孫蔑會之。蓋公主齊久矣，幸晉、楚之争而不我及也。忽焉而平楚、宋，俾歸父請於齊侯，齊侯則疑我之從楚也，蔑於是復會以脩舊好焉。」廬陵李氏曰：「大夫會大夫，始於叔彭生會晉郤缺于承筐，而胡氏獨發傳於此條之下，未詳其說。張氏亦曰『大夫相會蓋始于此』，豈非以二子非國事而私相會乎？」

---

❶「二」，原作「一」，今據四庫本及百衲本《史記》改。

初稅畝。《左傳》：「非禮也。穀出不過藉，以豐財也。」《公羊傳》：「初者何？始也。稅畝者何？履畝而稅也。初稅畝何以書？譏。何譏爾？譏始履畝而稅也。何譏乎始履畝而稅？古者什一而藉。古者曷爲什一而藉？什一者，天下之中正也。多乎什一，大桀小桀；寡乎什一，大貉小貉。什一者，天下之中正也。什一行而頌聲作矣。」《穀梁傳》：「初者，始也。古者什一藉而不稅，初稅畝，非正也。古者三百步爲里，名曰井田。井田者九百畝，公田居一，私田稼不善則非吏，公田稼不善則非民。初稅畝者，非公之去公田，而履畝十取一也，以公之與民爲己悉矣。古者公田爲居，井竈葱韭盡取焉。」

孟子曰：「耕者助而不稅，則天下之農皆悅，而願耕於其野矣。」書「初稅畝」者，譏宣公廢助法而用稅也。杜氏曰：「公田之法，十取其一。今又履其餘畝，復十收其一，故哀公曰『二吾猶不足』，遂以爲常。故曰初。」孫氏曰：「古者什一，不稅于民。宣公奢泰，國用不足，又取私田以斂其一，始什二而稅也。」**殷制公田爲助，助者，藉也；**朱子曰：「商人以六百三十畝之地，畫爲九區，區七十畝。中爲公田，其外八家各授一區，但借其力以耕公田，而不復稅其私田。」**周因其法爲徹，徹者，通也。**朱子曰：「周制：一夫受田百畝，而與同溝共井之人通力合作，計畝均收。大率民得其九，公取其一，故謂之徹。魯自宣公稅畝，又逐畝什取其一，則爲十而取二矣。」**其實皆什一也。古者上下相親，上之於下，則曰「駿發爾私，終三十里」，惟恐民食之不給也；下之於上，則曰「雨我公田，遂及我私」，惟恐公田之不善也，故助法行而頌聲作矣。世衰道微，上下交惡，民惟私家之**

利，而不竭力以奉公；劉向曰：「是時民患上力役，懈於公田。」上惟邦賦之入，而不惻怛以利下。水旱凶災，相繼而起，公田之入薄矣，所以廢助法而税畝乎！初者，志變法之始也。茅堂胡氏曰：「什一天下之中正，不可寡，亦不可多也。今宣公擅變先王之仁政，而滅其所以爲中於其國與民者，既借其力以耕公田，又理民田而税其私畝。書曰『初税畝』者，志亂常之始，自是而不復矣。」其後作丘甲，用田賦，至於二猶不足，則皆宣公啓之也。故曰：「作法於凉，其弊猶貪；作法於貪，弊將若何？」有國家者，必欲克守成法而不變，其必先務本乎！汪氏曰：「三代制田取民，雖皆不過什一，而其爲法，至周始詳密而周盡。爲人君者，苟能謹守其中正之制，則可以足國而裕民矣。今宣公以篡得國，既不能脩德以弭天灾，而感水旱螽蝝之變，又不能斂奢以節國用，而貽飢饉空乏之憂。於是一旦紊先王之制，增税畝之法，作法於貪，其害有不可勝言矣。易世而成公作丘甲，而賦民之力有加于古，迄春秋之終而哀公用田賦，而民財民力殆無遺餘，皆肇於宣公之作俑也。又使諸國效尤，鄭子產則作丘賦，魏文侯則增租賦，卒至暴秦開阡陌、更賦税，而先王之制窮今不復，豈非宣公首禍以致然乎？《春秋》書初者二：『初獻六羽』，喜禮之復正也；『初税畝』，憂田制之變古也。美惡不嫌同詞。」〇廬陵李氏曰：「趙子『賦税例』三：此年税畝，成元年作丘甲，哀十二年用田賦也。趙子『改革例』十：初獻六羽，躋僖公，初税畝，作丘甲，立武宫，作三軍，舍中軍，立煬宫，從祀先公，用田賦也。凡變常之事皆書。革而上者比於治，革而下者比於亂。察其所革，而興亡兆矣。」又曰：「税畝之説，《公》、《穀》、何氏、范氏、胡氏皆以爲仍是什而取一，但廢古之助法爾。《左氏傳》文亦無什取二之意，惟杜氏以爲既取其公田，又税其私田十之一，則爲十而取二。此説似太過。徐邈注《穀梁》，以爲除去公田之外，又税私田之什一，楊士勛亦從之，然於去公田之解亦牽强。而朱子《集註》亦曰：『魯自宣公税畝，又逐畝十取其一，則爲十而取二矣。』似亦從杜氏之説。蓋未詳孰是，但變法之初，未必遽至倍取，故當且從胡氏。」

冬，蝝生。蝝，悦全反。《公羊傳》：「未有言蝝生者，此其言蝝生何？蝝生不書，此何以書？幸之也。幸之者何？猶曰受之云爾。受之云爾者何？上變古易常，應是而有天災，其諸則宜於此焉變矣。」《穀梁傳》：「蝝非灾也。其曰蝝，非税畝之災也。」

始生曰蝝，既大曰螽。秋螽未息，冬又生子，災重及民也。而詳志之如此者，急民事，謹天災，仁人之心，王者之務也。遇天災而不懼，忽民事而不脩，而又爲繁政重賦以感之，國之危無日矣。高郵孫氏曰：「蝝者，螽之子也。春秋之秋，夏時之夏；春秋之冬，夏時之秋也。螽爲災於夏，而蝝生於秋，一歲而再爲災，故志也。」王氏曰：「蝝，螽之子，《爾雅》謂蝮蜪。説者以爲螽之有子，不因牝牡，腹中陶冶而自生，故蝝曰蝮蜪。皆蝗類，故《春秋》記爲災。」○趙氏曰：「《左氏》云：『幸其不爲物害而書之。』按此類生訖便爲災，如蚕食葉也。爲秋中之螽未息，冬又生子，重重爲灾，故書爾。」

饑。《左傳》：「『蝝生，饑』，幸之也。」

春秋饑歲多矣，汪氏曰：「據隱公再書螟，桓公再大水，又螽；莊公三『大水』、『無麥苗』、『大無麥禾』，僖公『不雨』、『螽』、『大旱』，文公三書歷三時『不雨』，又『螽』，成公『大水』，哀公三書螽皆不書饑。」**書于經者三，而宣公獨有其二，何也？古者三年耕，餘一年之畜，九年耕，餘三年之食，雖有**

凶旱，民無菜色。是歲雖螽蝝而遽至於饑者，宣公爲國，務華去實，虚内事外，煩於朝會、聘問、賂遺之末，而不敦其本。府庫竭矣，倉廩匱矣，水旱螽蝝，天降饑饉，亦無以振業貧乏矣。經所以獨兩書「饑」，以示後世爲國之不可不敦本也。張氏曰：「宣兩書『饑』，一在大水之後，一在螽蝝之後，甚言國無蓄積，而民無以生也。」家氏曰：「蝝生，自一時而言也。饑，自一歲而言也。」廬陵李氏曰：「《左氏》、《公羊》皆云『幸之』者，以《春秋》幸天道之即應，庶幾宣公之能變乎！《穀梁》説雖鑿，亦好。」

戊辰定王十四年。十有六年晉景七。齊頃六。衛穆七。蔡文十九。鄭襄十二。曹宣二。陳成六。杞桓四十四。宋文十八。秦桓十二。楚莊二十一。春，王正月，晉人滅赤狄甲氏及留吁。《左傳》：「春，晉士會帥師滅赤狄甲氏及留吁、鐸辰。三月，獻狄俘。晉侯請于王。戊申，以黻冕命士會將中軍，且爲大傅。於是晉國之盜逃奔于秦。羊舌職曰：『吾聞之，「禹稱善人，不善人遠」，此之謂也夫！《詩》曰：「戰戰兢兢，如臨深淵，如履薄冰。」善人在上也。善人在上，則國無幸民。諺曰：「民之多幸，國之不幸也。」是無善人之謂也。』」杜氏曰：「甲氏、留吁，赤狄之别種。晉既滅潞氏，今又盡其遺黨。」

按《左氏》，董是役者，士會也。上將主兵，其稱人，貶詞也。甲氏，潞之餘種。留吁，其殘邑也。高氏曰：「書及者，所以别二族。」《春秋》於夷狄，攘斥之，不使亂中夏則止矣。伯禽征徐夷，東郊既開而止；《書・費誓・序》：「徐夷並興，東郊不開。」宣王伐玁狁，至于太原而止；

《詩·六月》:「薄伐玁狁,至于大原。」注:「逐出之而已,不窮追也。」**武侯征戎瀘,服其渠帥而止。**《三國志·蜀諸葛亮傳》:「亮南征,馬謖曰:『若殄盡遺類,非仁者之情也,願公服其心而已。』五月,渡瀘至南中,斬雍闓。聞孟獲爲夷漢所服,募生致之。既得,七縱七禽,獲曰:『公,天威也。南人不復反矣。』遂平四郡。」**必欲盡殄滅之無遺種,豈仁人之心、王者之事乎? 士會所以貶而稱人也。**家氏曰:「晉滅潞氏,則曰討有罪也。既滅之矣,而復用師不已,是必欲窮極其黨類,盡夷滅之而後已,夫豈仁人之所忍爲? 故書『人』以貶之。楚人圍宋,坐視不救,諉曰鞭長不及馬腹,又滅潞氏,又滅甲氏、留吁,可已而不已,志存乎逐利,而不能赴人之急,謂諸侯何?」張氏曰:「晉自不得志於楚,而一意用武於狄,兼并其地。會書『人』,深貶之也。」薛氏曰:「欑函之會未幾而三滅狄,大無信也。」

夏,成周宣榭火。榭,《公》作「謝」。火,《公》、《穀》作「災」。《左傳》:「人火之也。凡火,人火曰火,天火曰災。」《公羊傳》:「成周者何? 東周也。宣謝者何? 宣宮之謝也。何言乎成周宣謝災? 樂器藏焉爾。成周宣謝災何以書? 記災也。外災不書,此何以書? 新周也。」《穀梁傳》:「周災不志也,其曰宣榭,何也? 以樂器之所藏目之也。」

成周,天子之東都,杜氏曰:「成周,洛陽。」何氏曰:「天下所名爲東周,名爲成周者,本成王所定名。」**宣榭,宣王之廟也。按吕大臨《考古圖》,**大臨,藍田人,字與叔,程門高弟。**有郙**皮變切。**敦**音對。**者,稱「王格于宣榭,呼内史策命郙」,是知宣榭者,宣王之廟也。**何氏曰:「周宣王之廟也。至此不毁者,有中興之功。」**古者爵有德,禄有功,必於太廟,示不敢專也。榭者,射堂之**

制，其堂無室，以便射事。故凡無室者皆謂之榭。《爾雅》：「室有東西廂曰廟，無東西廂有室曰寢，無室曰榭，謂屋歇前。」**宣王之廟謂之榭者，其廟制如榭也。宣榭火何以書？以宗廟之重書之也。**汪氏曰：「書外災者五，皆以國書。蓋災及於宗廟朝市，而非一處也。獨此書『宣榭』，以天子宗廟之重紀之也。以責王室不謹於火備，雖人火焚之而弗能救，忽慢先祖之罪著矣。」**貴戚擅殺大臣而天子不討，王室不復能中興矣。人火之，天所以見戒乎！**汪氏曰：「董仲舒、劉向謂王札子殺召伯、毛伯，天子不能誅，天戒之。」〇劉氏曰：「《公羊》云：『外災不書，何以書？新周也。』非也。《穀梁》云『周災不志』，亦非也。宋災猶志，況周災乎？來告則書爾。」高郵孫氏曰：「《公》、《穀》皆云樂器之所藏。榭藏樂器，則何獨名宣乎？」汪氏曰：「啖氏謂宣王廟當在王城，然成周乃王城下都之總名。分言之，則澗水東、瀍水西爲王城，都邑在焉，瀍水東下都爲成周，商民居焉；合言之，則總曰成周，故《洛誥》、《多士》序言『往營成周』、『成周既成』是也。或謂原廟始於漢，東周未應立宣王廟，然《詩》稱『于周受命』、『自召祖命』，《書》稱『王在新邑，烝祭文王、武王』，則洛邑、岐周、鎬京皆有廟矣。先王立廟，蓋有故也。杜氏以爲宣王講武屋，《外傳》亦云『榭不過講軍實』。竊疑宣王南征北伐，講武於此，遂以爲廟，故其制如榭，與宗廟不同。張氏亦謂『宣王復會諸侯于東都，因存其廟。古者祖有功，故不毁』是也。一傳謂樂器存焉，非也。《周官・守祧》掌守先王、先公之廟。祧，其遺衣服藏焉，未聞藏樂也。況榭既無室，何以藏樂器乎？」李氏堯俞曰：「廟不應有榭，榭不應藏樂。榭者，講武之所。宣者，其宣王之所爲乎？至是歷十二世，王業日壞，求其如宣之盛，既不可得而見，而王之迹又煨燼，蓋痛之也。」廬陵李氏曰：「《楚語》

曰：『先王之爲臺榭也，榭不過講軍實。』故知榭是講武屋也。杜氏知榭爲講武處，而昧於『宣』字之義，《公》、《穀》知宣榭爲宣王廟，而不辨其爲講武之所。若但以爲宣王廟，則何不在京師而在成周乎？且又何以名之曰榭乎？故此條張氏發明胡氏之説，且兼用三傳之所長爲得之。《公》、《穀》又以爲宣王中興所作樂器藏於此，因天災之變，見周之不復興也。未知何據，恐傳聞之謬。《公羊》新周之説，蓋以爲《春秋》王魯，故惟於周、宋書災，爲王者之後記災也。此其一家之義，不可從。」

秋，郯伯姬來歸。《左傳》：「出也。」

按《左氏》「郯伯姬來歸，出也」，啖氏曰：「内女見出皆書『來歸』，大其事也。」高氏曰：「不能事舅姑，爲夫所出，見棄而歸也。」**内女出書之策者，男女居室，人之大倫也。婚姻之禮廢，則夫婦之道苦，淫辟之罪多矣。復相棄背，喪其配耦，《氓》之詩所以刺衛。**朱子曰：「淫婦爲人所棄，而自敘其事，以道其悔恨之意也。」**日以衰薄，室家相棄，《中谷有蓷》所以閔周。**朱子曰：「凶年飢饉，室家相棄，婦人覽物起興，而自述其悲嘆之詞也。」**《易》敘咸、恒爲下經首，**程子曰：「夫婦人倫之始，所以下經首咸繼以恒。男女交合而成夫婦，故咸與恒皆二體合爲夫婦之義。」**《春秋》内女出、夫人歸，凡男女之際，詳書于策，所以正人倫之本也，其旨微矣。**趙氏曰：「爲婦而出，著其非也。」呂氏曰：「婦人既嫁而出，人道之大者，故書之。」薛氏曰：「參譏之也。」家氏曰：「女生而願爲有家，故嫁者謂之歸，人道之常也。見出而曰來歸，著其變也。」臨川吴氏曰：「常事不書，故歸郯不書。」汪氏曰：

「《春秋》書郯伯姬、杞叔姬來歸，所以譏父母之訓育弗至，致内女之婦德有虧，而亦責郯、杞之君失齊家之道，而棄其伉儷也。然杞叔姬書卒，書杞伯逆其喪歸，則叔姬之出，必有不當絶者。而郯伯姬不書卒，不書喪歸，則出者與出之者其罪皆著矣。」

附録《左傳》：「爲毛、召之難故，王室復亂。王孫蘇奔晉，晉人復之。」〇「冬，晉侯使士會平王室。定王享之，原襄公相禮。殽烝，武子私問其故。王聞之，召武子曰：『季氏，而弗聞乎？王享有體薦，宴有折俎。公當享，卿當宴，王室之禮也。』武子歸而講求典禮，以脩晉國之法。」

冬，大有年。《穀梁傳》：「五穀大熟爲大有年。」

程氏曰：「大有年，記異也。」旱乾水溢、饑饉荐臻者，災也；山崩地震、彗孛飛流者，異也；景星甘露、醴泉芝草、百穀順成者，祥也。大有年上瑞矣，何以爲記異乎？凡災異慶祥，皆人爲所感，而天以其類應之者也。人事順於下，則天氣和於上。宣公弑立，逆理亂倫，水旱、螽蝝、饑饉之變相繼而作，汪氏曰：「七年大旱。十年大水。六年螽。十三年又螽。十五年螽，又蝝生。十年饑。十五年大饑。」**史不絶書，宜也。獨於是冬乃大有年，所以爲異乎！**高郵孫氏曰：「大者，非常之辭。有者，不宜有也。《春秋》書有年皆在桓、宣之時，聖人之意可知矣。」張氏曰：「宣公奪嫡而立，王誅不加，而天災饑饉之禍屢降。今年大有年，亦所以記咎徵常多，故曰記異也。」臨川吴氏曰：「宣公在位十六年，天災荐臻，今忽大有年，所以爲異也。二百四十二年書有年者二，豈得謂祥乎？」**夫有年、大有年一耳，古史書之則爲祥，仲尼筆之則爲異，此言外微旨，非聖人莫**

能脩之者也。汪氏曰：「桓公『有年』之後，遠狩于郎，犯害民物。宣公『大有年』之先，履畝而稅，重困農民。二公得國於不義，又不能脩德以撫下，殘虐國本，恬不爲憂。《春秋》之書有年，既以紀天時之反常，又以憫魯國之民，而幸其僅有年也。不爾，則人類滅矣。」

己巳定王十五年。**十有七年**晉景八。齊頃七。衛穆八。蔡文二十，卒。鄭襄十三。曹宣三。陳成七。杞桓四十五。宋文十九。秦桓十三。楚莊二十二。**春，王正月庚子，許男錫我卒。**昭公也，在位三十年。子甯嗣，是爲靈公。**丁未，蔡侯申卒。夏，葬許昭公，葬蔡文公。**

日卒書名，赴而得禮，記之詳也。葬而不月，其略在內。宣公爲國，務華而無忠信誠愨之心，計利而不知禮義邦交之實，哀死送終，獨厚於齊，而利害不切其身者，皆闕如也。大則薄其君親，汪氏曰：「三年使徵者會葬匡王。」**次則忽於盟主，**汪氏曰：「九年晉成公卒不書葬。」**又其次若秦、若衛、若滕，雖來告訃，怠於禮而不會也。**汪氏曰：「四年秦伯稻卒，九年滕子卒，衛侯鄭卒，皆不會葬。」**比事以觀，義自見矣。**張氏曰：「《春秋》備書，而宣公不謹於事上交鄰之罪見矣。」

六月癸卯，日有食之。○己未，公會晉侯、衛侯、曹伯、邾子同盟于斷道。斷音短。《左傳》：「春，晉侯使郤克徵會于齊。齊頃公帷婦人使觀之。郤子登，婦人笑于房。獻子怒，出而誓曰：『所不此報，無能涉河！』獻子先歸，使欒京廬待命于齊，曰：『不得齊事，無復命矣。』郤子至，請伐齊，晉侯弗許；請以其私屬，又弗許。齊侯使高固、晏弱、蔡朝、南郭偃會。及斂盂，高固逃歸。夏，會于斷道，討貳也。盟于卷楚，辭齊人。晉人執晏弱于野王，執蔡朝于原，執南郭偃于温。苗賁皇使，見晏桓子，歸，言于晉侯曰：『夫晏子何罪？昔者諸侯事吾先君，皆如不逮，舉言群臣不信，諸侯皆有貳志。齊君恐不得禮，故不出而使四子來。左右或沮之，曰：「君不出，必執吾使。」故高子及斂盂而逃。夫三子者曰：「若絶君好，寧歸死焉。」爲是犯難而來。吾若善逆彼以懷來者，吾又執之，以信齊沮，吾不既過矣乎？過而不改，而又久之，以成其悔，何利之有焉？使反者得辭，而害來者以懼諸侯，將焉用之？』晉人緩之，逸。」《穀梁傳》：「同者，有同也，同外楚也。」程子曰：「諸國同心欲伐齊，故書同盟。」杜氏曰：「斷道，晉地。」

書同盟者，志同欲也。大國率之，小國畏威而從命，非同欲也。汪氏曰：「如宋襄公盟于曹南。」**小國訴之，大國勉强而應焉，非同欲也。**汪氏曰：「如莒人請盟于魯，公孫敖如莒涖盟。」**若斷道之盟，諸侯同心謀欲伐齊，釋其憤怒，非有不得已而要之者也。**汪氏曰：「魯、衛、曹、邾皆迫于齊，故同有伐齊之心，而晉又欲討其貳，會逢其適。觀明年晉、衛伐齊，又二年四國與齊戰鞌，則此盟爲同謀伐齊可知矣。鞌戰邾人不與者，國小不能以兵從也。」陳氏曰：「同盟至新城而再見。斷道之後，不曰同盟者寡矣。」**或以爲會同天子之事，築宫、爲壇設方明，如方嶽之盟，故書同，**劉氏曰：「同所以名盟焉耳，非同時之謂也。以《周禮》言之，『殷見曰同』，同者，巡狩殷國也。以《儀禮》言之，則設方明、主日月而命事者，同盟也。《覲禮》：『諸侯覲于天子，爲宫方三百步，四門，壇十有二尋，深四尺，加方明于其上。方明者，木也，方四尺，設六色、六玉。』注：『方明者，上下四方神明之象也。會同而盟，明神監之。王巡狩至于方嶽之下，諸侯會之，亦爲此宫以見之。』」**疑其説之誤矣。**汪氏曰：「襄十八年書同圍齊，未嘗講會禮，豈亦行會同之禮？傳紀楚公子罷戎與鄭人同盟于中分，郲人、鄭人、徐人會宋公同盟于蟲，初無五等諸侯，亦豈能用會同之制哉？」廬陵李氏曰：「此盟諸傳皆以爲謀齊，而《穀梁》獨以爲外楚，蓋拘於同尊同外之例，恐非事實。然此舉出於宋及楚平之後，而徵會于齊，則初意爲盟，誠因懼楚，但郤克既怒齊，遂就起伐齊之謀耳。《穀》説亦不爲無據，詳見莊十六年。」又曰：「此盟獨魯、衛、曹者，即《穀梁》所謂魯行父、晉郤克、衛孫良夫、曹公子首同日使齊，皆見笑辱者也，故鞌戰亦具列四子。然《穀梁》以四子聘齊在成元年，故此不以爲謀齊之盟，恐《穀梁》得其事而失其時耳。」

附録《左傳》：「秋八月，晉師還。」〇「范武子將老，召文子曰：『燮乎！吾聞之，喜怒以類者鮮，易者實多。《詩》曰：「君子如怒，亂庶遄沮；君子如祉，亂庶遄已。」君子之喜怒，以已亂也。弗已者，必益之。郤子其或者欲已亂於齊乎？不然，余懼其益之也。余將老，使郤子逞其志，庶有豸乎？爾從二三子，唯敬！』乃請老。郤獻子爲政。」

秋，公至自會。汪氏曰：「宣公會盟兩書至：黑壤之會，事齊而不事晉，危晉之見討而不得釋也；斷道之盟，背齊而與晉謀伐齊，危齊人之見討也。宣自即位以來，卑屈事齊，惟恐獲戾，末年遽有伐之之意，初乞師於楚，尋復求助於晉。齊近於魯，而遠借援於大國，以間朝夕之好，岌岌乎其殆哉！」〇**冬，十有一月壬午，公弟叔肸卒。**肸，許乙反。《左傳》：「公母弟也。凡太子之母弟，公在曰公子，不在曰弟。凡稱弟，皆母弟也。」《穀梁傳》：「其曰公弟叔肸，賢之也。其賢之何也？宣弒而非之也。非之，則胡爲不去也？曰：

兄弟也,何去而之? 與之財,則曰我足矣,織屨而食,終身不食宣公之食。君子以是爲通恩也,以取貴乎《春秋》。」

稱弟,得弟道也。稱字,賢也。 汪氏曰:「佞夫,齊年,鄭語,宋辰,秦鍼,陳光、招,衛黑背、鱄:稱弟不稱字;許叔,蔡叔,蔡季,紀季:稱字不稱弟。」何氏曰:「宣公篡立,叔肸不仕其朝,不食其禄,終身於貧賤。故孔子曰:『篤信好學,守死善道。危邦不入,亂邦不居。天下有道則見,無道則隱。』此之謂也。禮:盛德之士不名。」**何賢乎叔肸? 宣弒而非之也。非之則胡爲不去也? 兄弟無絶道,故雖非之而不去也。與之財,則曰我足矣,終身不食宣公之禄,君子以是爲通恩也。論情可以明親親,言義可以厲不軌,所以取貴乎《春秋》。書曰公弟而稱字,以表之也。** 茅堂胡氏曰:「叔肸書弟,明其得弟道,比於衛鱄又足貴焉,故特書字以褒之。有偏愛之私情則稱弟,無親親之公義則稱弟,以先公之子而稱公子,史策常文。」**公子爲正大夫而書卒,貴也。不爲大夫而特書卒,賢也。** 啖氏曰:「叔肸非卿,卒而特書之,嘉其行合於義。曰『公弟』,明其得弟道也。《穀梁》於鱄言合於《春秋》,此言取貴於《春秋》,既合義又足貴也,故書字以褒之。」孫氏曰:「不曰公子、公孫,以見叔肸無禄而卒也。」王氏曰:「叔肸之生不名於策書,則非卿矣,死不目爲公子,則未仕矣。變文曰『公弟』,合名與字卒之者,知其賢而得書也。」**或以爲叔肸寵弟,在宣公有私親之愛,故生而賜氏,俾世其卿,與季友、仲遂比,則其説誤矣。誠使叔肸有寵,生而賜氏,則是貴戚用事之卿,豈有不**

見於經者？齊年、鄭語，在外之見於經者；季友、仲遂，在內之見於經者：勢必與聞政事，執國命矣。況宣公之時，頻於聘問會朝之禮，遂、蔑、季孫、歸父交於鄰國衆矣，汪氏曰：「遂三如齊。蔑如京師，會齊高固。行父再如齊。歸父亦再如齊，一如晉，伐邾取繹，會齊伐莒，會齊侯，又會楚子。」**而獨叔肸不與焉，其非生而賜氏，俾世其卿亦明矣。**劉氏曰：「叔肸不仕宣公，則非大夫。非大夫而書于《春秋》，以叔肸之義，則固可以爲大夫矣。見『公弟』之重者，所以非宣公之弑也。舉叔肸之字者，知其人之賢也。肸非賢則不得字，字而不稱弟，則與季友、仲遂亂。故見其重而後賢之，此《春秋》之舉逸民也。逸民七人不同操，然而不降其志，不辱其身，身中清，廢中權，叔肸兼之矣。」陳氏曰：「公弟者何？非見大夫也。❶非大夫而『卒』，賢之也。賢之，所以惡宣公也。凡先君之子稱公子，有謂稱弟。是故宋地、辰，兄弟也，一篇之間，譏稱宋公之弟辰，無譏則從其恒稱爲公子地；陳公子招，一人也，譏稱陳侯之弟招，無譏則從其恒稱爲公子招。故不弟稱弟，不友稱弟。傳曰『陳侯之弟招殺陳世子偃師』，罪在招也；『秦伯之弟鍼出奔晉』，罪秦伯也。叔肸稱弟，惡宣公也。」汪氏曰：「成二年書『公孫嬰齊帥師』，自是終春秋之世，世爲大夫。蓋叔肸辭禄不受，而宣公以母弟懿親，命其子爲大夫也。」廬陵李氏曰：「三傳母弟之説，杜氏曰：『母弟之寵，異於衆弟。蓋緣自然之情，以養母氏之志，所以隆友于之恩。然庶弟不得稱公弟，而母弟或稱公子。若嘉好之事，則仍舊史之文。唯相殺害，然後據例以示

❶「非見」，四庫本作「見非」。

義。』此論先儒多不取，詳見隱七年。」又曰：「兄弟，先公之子當稱公子，諸侯之兄弟當稱字。其稱弟稱名，若齊年、鄭語、衛黑背、陳招之類者，罪其兄有寵愛之私，亦罪其人之恃寵而當國也。陳光、秦鍼、宋辰、衛鱄、佞夫之類，罪其兄薄友愛之義，亦罪其人之不能盡道以取禍也。蔡季、許叔、紀季、蔡叔、魯季子等稱字者，《春秋》之正例，無貶詞也，無貶即賢之也。其不稱公子者，不以貴戚累之；其不稱弟者，不以私與薄累其兄也。止係國者，言與國一體也。季子不可稱國，則以子係之，美之也。叔肸書字而書弟，此《春秋》之變例。稱弟者，明其得弟道；稱字者，著其賢也。惟其稱字，所以異於其餘稱弟者也。陳氏説亦好，但以公子地爲無譏，此語直礙。」又曰：「《穀梁》曰叔肸不去，取貴於《春秋》，鱄之去，合乎《春秋》者，楊士勛曰：『《易》稱：「君子之道，或出或處。」鱄以衛侯惡而難親，恐罪及己，故棄之而去，使君無殺臣之惡，兄無害弟之愆，故得合於《春秋》。此叔肸以君有大逆，不可受其禄者，又是孔懷之親，不可奮飛，使君臣之節兩通，兄弟之情俱暢，故亦取貴於《春秋》。叔肸書字，鱄直稱名者，叔肸内可以明親親，外足以厲不軌，比鱄也賢乎遠矣，故貴之稱字；鱄雖合於《春秋》，無大善可褒，故直書名而已。』此説是也。」

庚午定王十六年。**十有八年**晉景九。齊頃八。衛穆九。蔡景公固元年。鄭襄十四。曹宣四。陳成八。杞桓四十六。宋文二十。秦桓十四。楚莊二十三，卒。

春，晉侯、衛世子臧伐齊。《左傳》：「晉侯、衛大子臧伐齊，至于陽穀。齊侯會晉侯盟于繒，以公子彊爲質于晉。晉師還，蔡朝、南郭偃逃歸。」

保國，以禮爲本者也。齊頃公不謹於禮，自己致寇，所謂國必自伐而後人伐之矣。諸侯上卿皆執國命，取必於其君，以行其克伐怨欲之私，故盟于斷道、師于陽穀、大戰于鞌，逞

其志而後止。《春秋》詳書于策，見伐與伐者之罪，皆可以爲鑒矣。汪氏曰：「齊自翟泉以來，不與於晉之會盟，而恃其强大，侵暴小國。是以晉景欲振弈世之霸業，始則君率衛以伐齊，既而正卿舉合境之兵，偕魯、衛、曹以戰齊，蓋非專以婦人笑客之故也。」薛氏曰：「齊不與於諸侯之會而伐之也。書衛之世子，伐父掌兵，非子道也。」臨川吴氏曰：「會、朝與伐國，皆非世子之所宜也。」

公伐杞。高氏曰：「杞自文十六年來朝而不復至，故伐之。己不脩德而欲人朝己，亦不思之甚矣。」徐氏曰：「公伐莒、萊、邾、杞，凡近魯小國，無不被伐，公之惡也悉矣。」陳氏曰：「自是内不書君將，征伐在大夫矣。」廬陵李氏曰：「自此以前，侵伐十四，凡九書公。自此以後，侵伐十二，惟四書公。」○**夏，四月。**

附録《左傳》：「夏，公使如楚乞師，欲以伐齊。」

秋，七月，邾人戕鄫子于鄫。戕音墻。鄫，《穀》作「繒」。《左傳》：「凡自虐其君曰弒，自外曰戕。」《公羊傳》：「戕鄫子于鄫者何？殘賊而殺之也。」《穀梁傳》：「戕猶殘也，捝殺也。」

戕者，殘賊而殺之也。于鄫者，刺臣子不能救君難也。何氏曰：「刺鄫無守備。」**夷貉無城郭宫室、百官有司，單車使者直造其廬帳，虜其酋長者，則有之矣。**《前漢書》：「昭帝元鳳四年，遣駿馬監傅介子使樓蘭，詐誘其王安歸，斬之。」**中國則重門擊柝，廉陛等威，侍衛守禦之嚴，奚至於坐使其君爲邾人殘賊殺之而莫禦乎？邾人蓋嘗執鄫子用之，**孫氏曰：「僖十九年，邾人執鄫子用之，天子不能誅，故此肆然，復戕鄫子于鄫也。」**則不共戴天之世讎也。既不能復，又使邾**

人得造其國都而戕殺其君，曰于鄫者，所以深責鄫之臣子至此極也。何氏曰：「支解節斷之，故變殺言戕。」杜氏曰：「弒、戕皆殺也。弒者，積微而起，所以相測量非一朝一夕。戕者，卒暴之名。」薛氏曰：「戕者，殺異國之君也。邾力足以加鄫，而屢無道於鄫，則魯以强大加邾，蓋出乎爾者也。」汪氏曰：「邾稱人，蓋邾子而貶之也。使果微者，則當書曰盜殺鄫子某。今曰邾人，則爲邾子明矣。邾文公用鄫子，邾定公戕鄫子，皆黜稱人，惡其弈世兇虐，滅人理而悖天常也。蔡靈、蔡昭見殺則録其名，而鄫之二君不名，蓋無罪而受禍爾。」

甲戌，楚子旅卒。旅，《穀》作「吕」。楚始書卒。《左傳》：「楚莊王卒，楚師不出。既而用晉師，楚於是乎有蜀之役。」《公羊傳》：「何以不書葬？吴、楚之君不書葬，辟其號也。」《穀梁傳》：「夷狄不卒，卒，少進也。卒而不日，日，少進也。日而不言正不正，簡之也。」

楚僭稱王，降而稱子者，是仲尼筆之也。汪氏曰：「魯史必書楚王某卒，聖人革其僭號，故曰楚子某卒。」**其不書葬者，恐民之惑而避其號，是仲尼削之也。**《禮記·坊記》：「《春秋》不稱楚、越之王喪，恐民之惑也。」杜氏曰：「吴、楚之葬僭而不典，故絶而不書，同之夷蠻，以懲求名之僞。」**若楚、若吴、若徐，皆自王降而稱子；**《史記·楚世家》：「周夷王之時，王室微，熊渠甚得江漢間民和，熊渠立爲王。厲王暴虐，熊渠畏其伐，去王號。十一世至熊達伐隨，令請王室尊爲王，王室不聽，乃自立爲武王。」《吴世家》：「至壽夢始大稱王。」《通鑑·外紀》：「徐夷作亂，穆王分東方諸侯，命徐子主之。得朱弓、朱矢，以爲天瑞，自號偃王，陸地而朝三十六國。」汪氏曰：「楚至僖二十一年成王會盂始書子，至莊王始書卒。吴至襄十二年壽夢始書子、書卒。徐至昭四年駒王章羽書子。」**若滕，自侯降而稱子；若杞，自伯降而稱子。四夷雖大，皆曰子。**《禮記·曲禮》注：「九州之外長，雖有侯伯之地，本爵亦無過子。」**其降而稱子者，狄之也。或謂《春秋》不擅進退諸侯，亂名實，則非矣。述天理，正人倫，此名實所由定也，奚名爲亂哉？**汪氏曰：「朱子《綱目》於七雄稱王，皆書曰某君，漢以後僭國稱帝者，皆書曰某主，蓋取法於《春秋》吴、楚書子之義也。然吴、楚稱子，特從天子所封之本爵，而黜其僭號也。後世僭國，非有朝廷封爵而自稱皇帝，故但曰某主耳。」高氏曰：「前此不書楚子之卒者，外夷狄也。此書之者，以楚入爲中國之害甚於前日，中國不能自正，乃與夷狄相爲朝聘，相與盟誓，相通問好，故自此詳志其卒也。」廬陵李氏曰：「楚莊立于文公十三年，至是二十三年。自宣公十年以後，《春秋》多予楚之辭。」

公孫歸父如晉。《左傳》：「公孫歸父以襄仲之立公也，有寵，欲去三桓以張公室。與公謀而聘于晉，欲以晉人去之。」

宣公因齊得國，故刻意事之，雖易世猶未怠也。及頃公，不能謹禮，怒晉、魯上卿，而郤克當國，決策討之。晉方强盛，齊少懦矣，於是背齊而事晉。其於邦交，以利爲向背，無忠信誠慤之心者也。按《左氏》，歸父欲去三桓以張公室，與公謀而聘於晉，欲以晉人去之。夫輕於背與國，易於謀大家，而不知其本，未有能成而無悔也。然則公室不可張乎？務

引其君當道正心，以正朝廷，禮樂刑政自己出也，其庶幾乎！必欲倚外援以去之，是去疥瘍而得腹心之疾也，庸愈哉？家氏曰：「歸父爲宣公謀，去三家以張公室，其心雖未可知，其事未見非正。而謀之不臧，乃欲因大國之力鋤而去之，豈不思晉之諸卿自趙盾秉權而後，怙黨植私，漸至不制？魯宣欲去强宗，夫豈晉卿之所願哉？宜其謀之不遂也。」廬陵李氏曰：「宣公聘晉，止此一事。」

冬，十月壬戌，公薨于路寢。《穀梁傳》：「正寢也。」汪氏曰：「桓公弑立則薨于齊，宣公亦弑立而獲正終。然魯君自是失政，而三家强盛，不復可制矣。」**歸父還自晉，至笙，遂奔齊。**笙，《公》、《穀》作「檉」。《左傳》：「冬，公薨。季文子言於朝曰：『使我殺適立庶，以失大援者，仲也夫。』臧宣叔怒曰：『當其時不能治也，後之人何罪？子欲去之，許請去之。』遂逐東門氏。子家還，及笙，壇帷，復命於介。既復命，袒、括髮，即位哭，三踊而出。遂奔齊。書曰『歸父還自晉』，善之也。」《公羊傳》：「還者何？善辭也。何善爾？歸父使於晉，還自晉，至檉，聞君薨家遣，墠帷，哭君成踊，反命乎介，自是走之齊。」《穀梁傳》：「還者，事未畢也。自晉，事畢也。與人之子守其父之殯，捐殯而奔其父之使者，是以奔父也。遂，繼事也。」

仲尼稱：「孟莊子之孝，其不改父之臣與父之政，是難能也。」朱子曰：「人固有用父之臣者，然稍拂他私意，便自容不得。」**又曰：「三年無改於父之道，可謂孝矣。」**尹氏曰：「三年無改者，孝子之心有所不忍故也。」**夫仁人孝子於其父之臣，非有大不可，如晉悼公於夷羊五之屬，**《左傳》成公十八年「悼公即位，逐不臣者七人」注：「夷羊五之屬。」**必存始終進退之禮而不遽也。歸父以**

君命出使，未反而君薨，在《聘禮》有「執圭復命于殯」之文，升自西階，子臣皆哭，情亦戚矣。《儀禮·聘禮》篇：「君若薨于後，歸，執圭復命于殯，升自西階，不升堂。子即位不哭。辯復命如聘。子臣皆哭。出，袒，括髮，入門右，即位，踊。」今宣公猶未殯，而東門氏逐，忍乎哉？書曰「歸父還自晉」者，已畢事之詞也。杜氏曰：「大夫還不書，《春秋》之常也。今書歸父還、奔，善其能以禮退。」茅堂胡氏曰：「出使而反，或曰復，或曰還。復者，事未畢；還者，事已畢之詞也。歸父受命而聘晉，雖已至于晉而反矣，然而未復命于殯，則不可謂已終事也。歸父欲入而復命，則必見殺，見殺則增君之惡，其出奔賢於入也。況又『壇帷，復命于介，袒，括髮，即位哭，三踊而出』，不失禮乎！曰『還』曰『至』，以終事之辭免歸父也。」「至笙，遂奔齊」者，罪成公君臣死君而忘父，逐之亟也。穀梁子曰「捐殯而奔其父之使者，是亦奔父也」，范氏曰：「歸父奉父命未反而已逐之，是與親奔父無異。」得經意矣。君薨家遣，方寸宜亦亂，而造次顛沛不失禮焉，非志於仁者弗能也。詞繁而不殺，歸父之善自著矣。比事以觀，則見當國者有無君之心。此《春秋》所以作，不可不察也。高氏曰：「夫先君未殯而逐其臣，是死其君而忘其父也。歸父既畢使事，盡哀而奔，是知死亡之不免，而能不失度於顛沛造次之時，異乎他大夫之奔矣。雖然，人臣之正：受命而出，雖君薨，猶當致命于殯前，若其有罪，待命於新君可也。今歸父還，未及魯境遽即奔齊，則有惡於新君矣。」家氏曰：「季氏不以君薨爲戚，肆出悖言，追仇既往，首逐其腹心用事之臣。此時此心，犯上作亂，何所不爲？《春秋》於公薨之後，繼書歸父奔齊，所以著季氏不臣之跡，其旨微矣。自玆以往，政在强家，魯君不復能君，禍端亂本，實肇於此。彼簒人之國，季氏亦竊其國，出爾反爾，尚復誰尤？《春秋》書之，所以致亂賊之討，垂將來之戒云。」汪氏曰：「『公孫敖如京師，不至而復。丙戌，奔莒』，則壅君命而廢使事者也。『歸父如晉。還自晉。至笙，遂奔齊』，則能達君命而畢使事者也。然楚箴尹克黄使於齊，還及宋，聞若敖氏既滅，其人曰：『不可以入矣。』箴尹曰：『棄君之命，獨誰受之？君，天也，天可逃乎？』遂歸復命，而自拘於司敗。歸父苟能不避斧鉞之誅，而歸復命於殯，斯爲盡人臣之職矣。」廬陵李氏曰：「宣公即位十八年，乃不義之君也，大略與桓公相類。除即位『有年』書法同桓公外，其餘事同，則從同同矣。宣公因齊得國，終身事齊，自黑壤見止之後，南逋於楚。當是時，晉之伯事不振，故魯亦得以自縱，數侵犯小國以自益，而晉問不及焉。直至十七年斷道之盟，始背齊事晉，則以季孫之憤也。於是歸父逐，而三家之張成矣。先儒李氏曰：『賂田、求昏，君大夫奔走無寧歲，以爲婚齊之謀。不會于扈，不盟于清丘而無事晉之志。一逞於兵，則伐莒、伐邾，猶未已也，而伐萊、伐杞。一放於利，則取向、取繹，猶未厭也，而取根牟。此宣之所以無良圖也。』斯言得之矣。」

春秋集傳大全卷之二十二

成　公

一公名黑肱，宣公子，母穆姜，夫人齊姜。在位一十八年。謚法：安民立政曰「成」。

周魯成公五年，定王崩，子簡王立。

鄭魯成公四年，襄公卒，悼公費立。成六年，悼公卒，弟成公睔立。

齊魯成公九年，頃公卒，子靈公環立。

宋魯成公二年，文公卒，子共公固立。成十五年，共公卒，子平公成立。

晉景公繼霸，時郤克爲政。魯成公四年，欒書爲政。成十年，景公有疾，晉人立太子州蒲以爲君，伐鄭，是爲厲公，是年景公卒。成十八年，厲公弑，悼公周立，是年韓厥爲政。

衛魯成公二年，穆公卒，子定公臧立。成十四年，定公卒，子獻公衎立。

蔡詳見宣公元年。

曹魯成公十三年宣公卒，弟成公負芻立。

滕魯成公十六年文公卒，成公原立。

陳詳見宣公元年。

杞詳見僖公元年。

薛詳見僖公元年。

莒魯成公十四年莒子朱卒，一名渠丘公。黎比公密州立，又名買朱鉏。

邾魯成公十七年定公卒，宣公牼立。

許魯成公十五年許遷于葉。

小邾詳見僖公元年。

楚魯成公二年載令尹子重救齊。成十六年司馬子反將中軍，子重將左，戰于鄢陵，敗績，晉射共王，中目，楚殺子反。

秦魯成公十四年桓公卒，子景公立。

吴魯成公七年，吴伐郯始見經，即吴子壽夢也。壽夢一名乘。

越詳見隱公元年。

辛未定王十七年。**元年**晉景十年。齊頃九年。衛穆十年。蔡景二年。鄭襄十五年。曹宣五年。陳成九年。杞桓四十七年。宋文二十一年。秦桓十五年。楚共王審元年。**春，王正月，公即位。**張氏曰：「雖無王命而有父命，故書即位。傳例：承國於先君，則得書即位，以別於内復無所承者。」〇**二月辛酉，葬我**

君宣公。○無冰。《穀梁傳》：「終時無冰則志，此未終時而言無冰，何也？終無冰矣，加之寒之辭也。」寒極而無冰者，常燠也。杜氏曰：「周二月，今之十二月，而無冰，書冬温。」京氏曰：「當寒而温，倒常也。」❶按：《洪範傳》曰：「豫，恒燠若。」此政事舒緩，紀綱縱弛之象。」成公幼弱，政在三家，公室不張，其象已見，何氏曰：「成公幼少，季孫行父專權而委任之所致。」故當涸陰沍寒，而常燠應之。涸與固同，寒凝閉也。古者日在北陸而藏冰，獻羔而啓，朝之禄位，賓食喪祭，冰皆與焉，此亦變調愆伏之一事也。永嘉吕氏曰：「陽氣之在天地間，譬猶火之著於物也，故常有以解之。十二月陽氣蘊伏，錮而未發，其盛在下，則納冰於地中。二月四陽作，蟄蟲起，陽始用事，則亦始啓冰而廟薦之。四月陽氣畢達，陰氣將絶，則冰於是大發，食肉之禄，老病喪浴，冰無不及。故藏冰、發冰，所以節陽氣也。」今既寒而燠，遂廢凌人之職。然策書所載，皆經邦大訓，人有微而不登其姓名，汪氏曰：「微者但書人。」事有小而不記其本末，汪氏曰：「内女嫁大夫不書歸。大夫出不致，卒不書葬。」雨雹冰雪何以悉書？汪氏曰：「七書不雨，三書雨雹及無冰，再書隕霜，亦三書雨雪。」天人一理也，萬物一氣也。觀於陰陽寒暑之變，以察其消息盈虚，此制治於未亂，慎於微之意也。每慎於微，然後王事備矣。廬陵李氏曰：「經書無冰三，惟此書在二月之上，則二月也。《正

❶「常」，原作「賞」，今據《纂疏》改。四庫本作「置」。

義》曰：『竟春無冰則書。』今此月寒最甚，此月無冰，則終無冰矣。」○啖氏曰：「二月，今之十二月。舉此無冰，則一時無冰可見矣。若待終時乃書，則今之正月，豈可更言無冰乎？《穀梁》之説非也。」

附録《左傳》：「春，晉侯使瑕嘉平戎于王，單襄公如晉拜成。劉康公徼戎，將遂伐之。叔服曰：『背盟而欺大國，此必敗。背盟不祥，欺大國不義，神人弗助，將何以勝？』不聽，遂伐茅戎。三月癸未，敗績于徐吾氏。」

三月，作丘甲。《左傳》：「爲齊難故，作丘甲。」《公羊傳》：「何以書？譏。何譏耳？譏始丘使也。」《穀梁傳》：「作，爲也。丘爲甲也。丘甲，國之事也。丘作甲，非正也。丘作甲之爲非正，何也？古者立國家，百官具，農工皆有職以事上。古者有四民，有士民，有商民，有農民，有工民，夫甲非人人之所能爲也。丘作甲，非正也。」杜氏曰：「譏重斂，故書。」

作丘甲，益兵也。古者九夫爲井，四井爲邑，四邑爲丘，四丘爲甸。甸地方八里，旁加一里爲成。所取於民者，出長轂一乘，此《司馬法》一成之賦也。《前漢書·刑法志》：「殷、周因井田而制軍賦。地方一里爲井，四井爲邑，四邑爲丘，丘，十六井也。四丘爲甸，甸，六十四井也。戎馬四匹，兵車一乘，甲士三人，步卒七十二人。一同百里，提封萬井，定出賦六千四百井，兵車百乘。一封三百一十六里，提封十萬井，定出賦六萬四千井，兵車千乘。」《周禮》注：「《司馬法》曰：『井十爲通，通爲匹馬，三十家，士一人，徒二人。通十爲成，成百井，三百家，革車一乘，士十人，徒二十人。』」**爲齊難，作丘甲，益兵備敵，重困農民，非爲國之道。其曰作者，不宜作也。唐太宗問李靖：「楚廣**古曠反。**與周制如何？」靖曰：「周制：一乘步卒七十二人，甲士三人。以二十五人爲一甲，凡三甲，共七十五人。」然則一丘所出十有八人，積四丘而具一乘耳。今作丘甲者，即丘出一甲，是一甸之中，共百人爲兵矣。**孫氏曰：「謂丘出甲士一人。古者九夫爲井，四井爲邑，四邑爲丘，出戎馬一匹、牛三頭，丘何甲士之有？」高郵孫氏曰：「是丘出一甲，而甸出甲士四人也。往者三人而今增其一，丘出一人焉。」**則未知其所作者，三甸而增一乘乎？每乘而增一甲乎？魯至昭公時嘗蒐于紅，革車千乘，則計甸而增乘未可知也。楚人二廣之法，一乘至用百有五十人，**杜氏曰：「百人爲卒，二十五人爲兩，車十五乘爲大偏。今廣十五乘，亦用舊偏法，復以二十五人爲承副。」**則魯每乘而增一甲，亦未可知也。賦雖不同，其實皆爲益兵，其數皆增三之一耳。**茅堂胡氏曰：「成公以前，甸賦車一乘，每乘七十二人，甲士三人，凡二十五人爲一甲，是四丘共出三甲爾。今作丘甲，即一丘出一甲，其於賦增三分之一也。杜征南最號知兵，及釋此亦誤。予因看李衛公論車乘法方曉此。」**先儒或言甲非人之所能爲，又以爲丘出甸賦加四倍者，誤矣。**劉氏曰：「魯不務廣德而務廣力，不務益義而務益兵，以王者之制論之，則作丘甲之罪大矣。王者之制：諸侯不得擅賦其民，擅税其民。税爲足食也，賦爲足兵也，然而不得擅者，先王之税既足以食矣，先王之賦既足以用矣。今不循先王而以意爲準，必亂之道也，是以聖人禁之。」張氏曰：「每甲士統二十四人，必無增甲士而不增步卒之理。故知李靖所謂二十五人爲一甲者，其考周制詳矣。」番陽萬氏曰：「四丘之甸，共出甲士三人，而成公使一丘出一甲士。甲士之數既加，則長轂、牛馬、步卒之賦，率加其四之一。聖人惡其紊亂先王軍賦之制，故書以譏之。」汪氏曰：「兵制之變，始壞於齊之内政而家一人焉，繼壞於晉之州兵而家五人焉。長勺之戰，桓公自謂帶甲十萬，車五千乘；楚薳啓彊謂晉十家九縣，長轂九百，其餘四十縣遺守四千，叔向亦謂寡君有甲車四千乘，則兵制之增益，於古可知矣。循襲效尤，遂致魯以秉禮之國，亦增丘甲而不以爲嫌也。春秋之終，且用田賦軍旅之征，而民力民財竭矣。厥後楚之乘廣、魏之武士、秦之戍卒，窮兵極詐，以快貪殘，而孫、吳、商、白之徒，皆身誅戮於前，而國滅亡於後。然兵農既分，更歷千載，雖有明君賢臣，不能復古，抑可歎哉！《春秋》『作丘甲』之書，其垂戒後世，意深切矣。」廬陵李氏曰：「『作』例六，直云『作』者三：作僖公主，作丘甲，作三軍；『新作』三：新作南門，新延廄，新作雉門也。然延廄不書作。」〇劉氏曰：「《公羊》云：『譏始丘使也。』何休云：『使丘民作甲。』非也。《穀梁》云：『古者農工皆有職以事上，甲非人人之所能爲。丘作甲，非正也。』亦非也。若惡使農夫爲甲，何不言井作甲、邑作甲、農作甲，而必云丘作甲乎？丘民作甲、井民獨不作甲乎？杜氏又云：『長轂一乘，甲士步卒七十五人，此甸所賦，今魯使丘出之。』按：丘者，十六井爾。甸乃六十四井，使丘供甸賦，是加四倍，魯亦必不爲也。且云丘甲，不云丘乘。」廬陵李氏曰：「此條惟胡氏得之。蓋《司馬法》舊制：四丘出三甲，三甲爲七十五人。今四丘出四甲，四甲爲百人，四丘，六十四井、五百一十二家也。《公》、《穀》之説固無足取，杜氏則又大過。豈有一丘十六井一百二十八家，而使之出一乘之賦哉？故胡氏不取。」

夏，臧孫許及晉侯盟于赤棘。《左傳》：「聞齊將出楚師，夏，盟于赤棘。」

初，宣公謀以晉人去三桓，歸父爲是見逐而奔齊矣。今季孫當國，恨齊人之立宣公、納歸

父，又懼晉侯之或見討也，故往結此盟。赤棘，晉地也。其稱及，魯所欲也。盟非《春秋》所貴，而惡屢盟者，非惟長亂，亦國用民力所難給也。成公即位之初，方經大故，未有施舍己責逮鰥寡、救乏困之事也，爲齊難既作丘甲矣，聞將出楚師，又遠與晉尋盟，豈固本保邦之道乎？書「及晉侯盟于赤棘」，非特備齊懼晉，蓋三桓懷忿懟君父之心，將有事于齊，而汲汲欲之者，罪可見矣。高氏曰：「許曷爲及晉侯盟？齊怨成矣，晉援不可緩也，故汲汲焉求爲此盟。」汪氏曰：「自公孫敖會晉侯于戚，而後季孫行父會齊侯于陽穀，公子遂及齊侯盟于郪丘，繼而公孫歸父會齊侯于穀、會楚子于宋矣。今也臧孫許及晉侯盟于赤棘，以大夫盟霸主而不愧也。昔也遂盟趙盾，今也許盟晉侯，益無忌憚矣。《春秋》內大夫特盟外諸侯者五，郪丘、赤棘、拔、句繹皆書及，唯祲祥書會。夫盟齊、盟晉，魯之汲汲可知；于拔，則定公之位未定，如晉見卻，故修好于邾；句繹，則二卿取邾田，又脅邾子以盟之也。故四盟皆魯之志也。祲祥外爲志，猶爲彼善於此也。」家氏曰：「中世已後，諸侯之大夫多自結於霸國。魯之季氏，衛之孫氏，宋之華氏，皆結於晉者也。不特外交其君，又以賄結其大夫，故君常見踈於霸國，臣反挾霸國之援以脅制其君，亂亡所從始也，故《春秋》深著人臣外交之戒。」

秋，王師敗績于茅戎。《公》、《穀》作「貿戎」。《左傳》：「秋，王人來告敗。」《公羊傳》：「孰敗之？蓋晉敗之。或曰貿戎敗之。然則曷爲不言晉敗之？王者無敵，莫敢當也。」《穀梁傳》：「不言戰，莫之敢敵也。爲尊者諱敵不諱敗，爲親者諱敗不諱敵，尊尊親親之義也。然則孰敗之？晉也。」

程氏曰：「王師於諸侯不言敗，諸侯不可敵王也；於夷狄不言戰，夷狄不能抗王也。」杜氏曰：「不言戰，王者至尊，天下莫之得校，故以自敗爲文。不書敗地而書茅戎，明爲茅戎所敗。」啖氏曰：「王師不書戰，無敵也。敗則但書敗而已，人臣無敵君之義也。」**不可敵、不能抗者，理也。其敵、其抗，王道之失也。桓王伐鄭，兵敗身傷，而經不書敗，存君臣之義，立天下之防也。劉康公邀戎伐之，敗績於徐吾氏，**杜氏曰：「康公，王季子也，欲要其無備。徐吾氏，茅戎之别種也。」**而經不書戰，辨華夷之分，立中國之防也。**孫氏曰：「定王庸暗，無宣王之烈。王師爲茅戎所敗，惡之大者，故只書自敗，所以存周也。」**是皆聖人筆削，非魯史之舊文也。然筆於經者，雖以尊君父、外戎狄爲義，而君父所以尊，戎狄所以服，則有道矣。桓王不以討賊興師而急於伐鄭，康公不以惇信持國而輕於邀戎，是失其所以君天下、禦四夷之道也。書「敗績于茅戎」者，言自敗也，其自反亦至矣。**陸氏曰：「王者之於天下也，蓋之如天，容之如地。其有不庭之臣，則告諭之，訓誨之；如又不至，則增脩其德而問其罪。故曰：王者之師，有征無戰。今王師與夷狄爲敵，此取敗之道，非戎所能敗也。故以自敗爲文，所以深譏王也。」薛氏曰：「不言茅戎敗之，示王者無敵於天下也。無敵而爲戎敗，故以自敗爲文也。」劉氏曰：「不言戰而言敗，此王術也。以謂天下莫之敢亢，故不可言戰；而有天下者，一失其道則人能奪之，故不恥言敗。是以王者脩己而不責於人也。」常山劉氏曰：「王者不能以義征四夷，迺徼戎以致敗，豈不曰自取之乎？聖人立法以垂後世，一書『王師敗績于茅戎』，而尊王之義，與王自取敗之道，及諸侯不勤王之義，咸得而見矣。」陳氏曰：「戰然後言敗績，此不戰，何以書敗績？言自敗也。凡王有事，譏不在諸侯，諸侯有事，譏不在臣子。如天王出居于鄭，鄭棄其師，皆以自致之文書之。雖有敵國，亦自致也。『梁亡』、『齊人殲于遂』、『王師敗績于茅戎』，無敵國之辭也。」汪氏曰：「桓王戰于繻葛，諱不書敗，而此不諱敗者，夷狄正朔所不加，可以言敗，而天子於諸侯不可言敗，此所以别華夷之分也。桓王不言敗而劉康公言敗，又以正君臣之分也。」〇啖氏曰：「《公》、《穀》云：晉敗之，若晉敗王師而改曰貿戎，是掩惡也，如何懲勸乎？」

冬，十月。

附録《左傳》：「冬，臧宣叔令脩賦、繕完、具守備，曰：『齊、楚結好，我新與晉盟，晉、楚爭盟，齊師必至。雖晉人伐齊，楚必救之，是齊、楚同我也。知難而有備，乃可以逞。』」《穀梁傳》：「季孫行父禿，晉郤克眇，衛孫良夫跛，曹公子手僂，同時而聘於齊。齊使禿者御禿者，使眇者御眇者，使跛者御跛者，使僂者御僂者。蕭同姪子處臺上而笑之，聞於客，客不悦而去。相與立胥閭而語，移日不解。齊人有知之者，曰：『齊之患，必自此始矣。』」范氏曰：「《穀梁》作傳皆釋經，未有無其文而横發傳者。疑經『冬十月』下脱『季孫行父如齊』六字。」

壬申定王十八年。**二年**晉景十一。齊頃十。衛穆十一，卒。蔡景三。鄭襄十六。曹宣六。陳成十。杞桓四十八。宋文二十二，卒。秦桓十六。楚共二。**春，齊侯伐我北鄙。**《左傳》：「齊侯伐我北鄙，圍龍。頃公之嬖人盧蒲就魁門焉，龍人囚之。齊侯曰：『勿殺！吾與而盟，無入而封。』弗聽，殺而膊之城上。齊侯親鼓，士陵城。三日，取龍。遂南侵，及巢丘。」

初，魯事齊謹甚，雖易世而聘會不絕也。及與晉侯盟于斷道，而後怨隙成，再盟于赤棘，而後伐吾北鄙。高氏曰：「魯絕齊而與晉盟，齊遂即楚而伐我也。」**齊侯之興是役非義矣，魯人爲鞌之戰豈義乎？同曰憤兵，務相報復，而彼此皆無善者，則亦不待貶而罪自見矣。**家氏曰：「此齊人争魯於晉也。前日魯宣專意事齊，晉莫如之何也。今魯人去齊而即晉，赤棘朝盟，齊師暮至。書『齊侯伐我』，所謂目其人而貶之也。夫既辱晉使，又以兵加於魯，則其志在於與晉爲敵。好戰而不度力，其頃公之謂矣。」廬陵李氏曰：「此齊之弱魯第四役也。自齊懿公之後，齊兵不至魯者二十年，於是再見。」

夏，四月丙戌，衛孫良夫帥師及齊師戰于新築，衛師敗績。《左傳》：「衛侯使孫良夫、石稷、甯相、向禽將侵齊，與齊師遇。石子欲還，孫子曰：『不可。以師伐人，遇其師而還，將謂君何？若知不能，則如無出。今既遇矣，不如戰也。』夏，有。❶石成子曰：『師敗矣，❷子不少須，衆懼盡。子喪師徒，何以復命？』皆不對。又曰：『子，國卿也。隕子，辱矣。子以衆退，我此乃止。』且告車來甚衆。齊師乃止，次于鞫居。新築人仲叔于奚救孫桓子，桓子是以免。既，衛人賞之以邑，辭。請曲縣、繁纓以朝，許之。仲尼聞之曰：『惜也，不如多與之邑。唯器與名不可以假人，君之所司也。名以出信，信以守器，器以藏禮，禮以行義，義以生利，利

❶「有」下，有闕文，失新築戰事，四庫本及阮刻本《春秋左傳正義》同。

❷「敗」，原作「敗」，今據四庫本及阮刻本《春秋左傳正義》改。

以平民，政之大節也。若以假人，與人政也。政亡，則國家從之，弗可止也已。」杜氏曰：「新築，鄭地。」

齊師侵虐而以衛主此戰，何也？衛侯初與晉同盟于斷道矣，又使世子臧與晉同伐齊矣，又使孫良夫、石稷將侵齊矣。及與齊師遇，石稷欲還，良夫不可，曰：「以師伐人，遇其師而還，將謂君何？若知不能，則如無出。今既遇矣，不如戰也。」遂戰于新築。故齊師雖侵虐，而此戰以衛主之也。《春秋》善解紛，貴遠怨，而惡以兵刃相接，故書法如此。張氏曰：「《易》曰：『師左次，無咎。』凡戰而不能勝者，聖人立全師愛民之法，所以重民命而存國體也。良夫不從石稷之言，必進而戰，致敗其師，幾於喪身辱國，此《春秋》所以罪良夫，而以之主新築之戰也。」陳氏曰：「衛書大夫帥師於是始，大夫强也。良夫世爲卿，至林父出其君，入于戚以叛，是故孔達不言帥師，必良夫而後言帥師。」

六月癸酉，季孫行父、臧孫許、叔孫僑如、公孫嬰齊帥師會晉郤克、衛孫良夫、曹公子首及齊侯戰于鞌，齊師敗績。郤，去逆反。首，《公》、《穀》作「手」。鞌音安。《左傳》：「孫桓子還於新築，不入，遂如晉乞師。臧宣叔亦如晉乞師。皆主郤獻子。晉侯許之七百乘。郤子曰：『此城濮之賦也。有先君之明與先大夫之肅，故捷。克於先大夫，無能爲役，請八百乘。』許之。郤克將中軍，士燮佐上軍，欒書將下軍，韓厥爲司馬，以救魯、衛。臧宣叔逆晉師，且道之。季文子帥師會之及衛地，韓獻子將斬人，郤獻子馳，將救之，至則既斬之矣。郤子使速以徇，告其僕曰：『吾以分謗也。』師從齊師于莘。六月，壬申，師至于靡笄之下。齊侯使請戰，曰：『子以君師，辱於敝邑，不腆敝賦，詰朝請見。』對曰：『晉與魯、衛，兄弟也，來告曰：

「大國朝夕釋憾於敝邑之地。」寡君不忍，使群臣請於大國，無令輿師淹於君地。能進不能退，君無所辱命。』齊侯曰：『大夫之許，寡人之願也。若其不許，亦將見也。』齊高固入晉師，桀石以投人，禽之而乘其車，繫桑本焉，以徇齊壘，曰：『欲勇者賈余餘勇。』癸酉，師陳于鞌。邴夏御齊侯，逢丑父爲右。晉解張御郤克，鄭丘緩爲右。齊侯曰：『余姑翦滅此而後朝食。』不介馬而馳之。郤克傷於矢，流血及屨，未絶鼓音，曰：『余病矣。』張侯曰：『自始合，而矢貫余手及肘，余折以御，左輪朱殷，豈敢言病？吾子忍之！』緩曰：『自始合，苟有險，余必下推車，子豈識之？然子病矣！』張侯曰：『師之耳目，在吾旗鼓，進退從之。此車一人殿之，可以集事，若之何其以病敗君之大事也？擐甲執兵，固即死也。病未及死，吾子勉之！』左并轡，右援枹而鼓，馬逸不能止，師從之。齊師敗績。逐之，三周華不注。韓厥夢子輿謂己曰：『且辟左右。』故中御而從齊侯。邴夏曰：『射其御者，君子也。』公曰：『謂之君子而射之，非禮也。』射其左，越于車下。射其右，斃于車中。綦毋張喪車，從韓厥，曰：『請寓乘。』從左右，皆肘之，使立於後。韓厥俛，定其右。逢丑父與公易位，將及華泉，驂絓於木而止。丑父寢於轏中，蛇出於其下，以肱擊之，傷而匿之，故不能推車而及。韓厥執縶馬前，再拜稽首，奉觴加璧以進，曰：『寡君使群臣爲魯、衛請，曰：「無令輿師陷入君地。」下臣不幸，屬當戎行，無所逃隱，且懼奔辟而忝兩君。臣辱戎士，敢告不敏，攝官承乏。』丑父使公下，如華泉取飲。鄭周父御佐車，宛茷爲右，載齊侯以免。韓厥獻丑父，郤獻子將戮之，呼曰：『自今無有代其君任患者，有一於此，將爲戮乎？』郤子曰：『人不難以死免其君，我戮之不祥，赦之，以勸事君者。』乃免之。齊侯免，求丑父，三入三出。每出，齊師以帥退。入于狄卒，狄卒皆抽戈楯冒之。以入于衛師，衛師免之。遂自徐關入。齊侯見保者，曰：『勉之！齊師敗矣。』辟女子，女子曰：『君免乎？』曰：『免矣。』曰：『鋭司徒免乎？』曰：『免矣。』曰：『苟君與吾父免矣，可若何？』乃奔。齊侯以爲有禮。既而問之，辟司徒之妻也，予之石窌。晉師從齊師，入自丘輿，擊馬陘。齊侯使賓媚人賂以紀甗、玉磬與地，不可，則聽客之所爲。賓媚人致賂，晉人不可，曰：『必以蕭同叔子爲質，而使齊之封内盡東其畝。』對曰：『蕭同叔子非他，寡君之母也。若以匹敵，則亦晉君之母也。吾子布大命於諸侯，而曰：「必質其母以爲信。」其若王命何？且是以不孝令也。《詩》曰：「孝子不匱，永錫爾類。」若以不孝令於諸侯，其無乃非德類也乎？先王疆理天下物土之宜，而布其利，故《詩》曰：「我疆我理，南東其畝。」今吾子疆理諸侯，而曰「盡東其畝」而已，唯吾子戎車是利，無顧土宜，其無乃非先王之命也乎？反先王則不義，何以爲盟主？其晉實有闕。四王之王也，樹德而濟同欲焉。五伯之霸也，勤而撫之，以役王命。今吾子求合諸侯，以逞無疆之欲。《詩》曰：「布政優優，百禄是遒。」子實不優，而棄百禄，諸侯何害焉？不然，寡君之命使臣則有辭矣，曰：「子以君師辱於敝邑，不腆敝賦，以犒從者。畏君之震，師徒撓敗。吾子惠徼齊國之福，不泯其社稷，使繼舊好，唯是先君之敝器、土地不敢愛。子又不許，請收合餘燼，背城借一。敝邑之幸，亦云從也，況其不幸，敢不唯命是聽？」』魯、衛諫曰：『齊疾我矣！其死亡者，皆親暱也。子若不許，讎我必甚。唯子則又何求？子得其國寶，我亦得地，而紓於難，其榮多矣！齊、晉亦唯天所授，豈必晉？』晉人許之。對曰：『群臣帥賦輿以爲魯、衛請，苟有以藉口而復於寡君，君之惠也。敢不唯命是聽。』禽鄭自師逆公。」《公羊傳》：「曹無大夫，公子手何以書？憂内也。」《穀梁傳》：「其日，或曰日其戰也，或曰日其悉也。曹無大夫，其曰公子何也？以吾之四大夫在焉，舉其貴者也。」

大國三軍，次國二軍。《周禮・大司馬》：「凡制軍，萬有二千五百人爲一軍。王六軍，大國三軍，次國二軍，小國一軍。」魯雖大國而四卿並將，是四軍也。當此時舊制猶存，尺地皆公室之土也，一民皆公室之兵也。上卿行父與僑如、嬰齊各帥一軍會戰，而臧孫許如晉乞師，又逆晉師爲之道，本不將兵，特往來晉、魯兩軍之間預謀議耳。成公初立，主幼國危，爲季孫一怒，掃境内興師而四卿並出，肆其憤欲，汪氏曰：「謂怒婦人之笑辱，貪取汶陽之田。」雖無人乎成公之側，有不恤也，然後政自季氏出矣。將稱元帥略其副，屬詞之體也，而四卿皆書者，豈特爲詳内録哉？堅冰之戒亦明矣。何氏曰：「魯舉四大夫不舉重者，惡内虚國家，悉出用兵，重録内也。」茅堂胡氏曰：「司馬懿曰：『《春秋》任大責重。』諸葛武侯曰：『《春秋》責帥臣職是當。』故使舉上客而不及其介，將稱元帥而不列其副，《春秋》之例也。邲之戰，三軍之主將皆在，而獨書林父者，責在林父也。此戰並列四卿，不以季孫主之，何也？見公室卑弱，四卿擅命，各得魯國之兵權乎！」家氏曰：「魯諸卿俱帥師，又見昭十年伐莒、哀二年伐邾。三家專兵，丘甸卒乘悉爲所有，其君孤立於上，國益不可爲，而春秋終矣。戰鞌，乃魯卿擅兵之始也。」經之大例：受伐者爲主。而此以四國「及」之者，以一笑之微，殘民毒衆，幾獲其君，而怒猶未怠，焚雍門之茨，侵車東至海。故以四國主之，爲憤兵之大戒，見諸行事，深切著明矣。董子曰：「頃公，齊桓之孫，霸主之餘業。即位九年，未嘗一與會同之事；有怒魯、衛之志，伐魯入其北郊，伐衛敗之新築；大國往聘，慢而不敬。晉、魯俱怒，合四國之衆，大困之於鞌，獲頃公，斮丑父，大辱身，幾亡國，爲天下笑。」齊氏曰：「鞌之戰，齊有必勝之氣，晉有不敵之勢，而齊以驕輕取敗，晉以必死致勝也。」張氏曰：「兵法：争恨小故，不忍忿怒者，謂之忿兵。今晉爲盟主，興師討齊，非有救亂誅暴之名，而起於郤克一怒之憤。故《春秋》不以齊爲主，見晉、魯、衛、曹之大夫爲志乎是戰，雖得一朝之勝，不足道也。」陳氏曰：「凡帥非卿不書，雖卿也非元帥亦不書。書魯四卿，是各自帥也。自文季年而無使介，至是而無將佐，魯三家之勢成矣。於是衛未有大夫將書良夫，曹無大夫書公子首，而賞鞌之功，晉於是有六卿，征伐在大夫，不獨魯也。以四國之臣戰齊君，甚矣。」汪氏曰：「齊桓伐衛與衛人戰，則先書伐而後書戰。此不書四國伐齊者，以郤克志在釋己私忿，非能聲齊頃陵弱犯寡之罪而討之也。然齊自翟泉以來，不與晉之會盟者踰四十年，而袁婁以後迨於悼公之終，歷三十餘載，無會之不同，無役之不與，則亦以鞌之敗衄，有以挫其氣而摧其强故耳。晉氏世霸，合諸侯以加兵於齊者三，鞌之戰，雖能勝齊，然恃力而不能服之以義。惟平陰之役，合十有二國之君以討其暴横凴陵之惡，故《春秋》書『同圍齊』以予之。至于夷儀之會，雖曰討之以義，而徇於利不能成討齊之功，故《春秋》書『同盟重丘』以貶之也。」○啖氏曰：「《左氏》言：齊侯免，求逢丑父，三出三入晉軍。按：時齊師大敗，若三入晉，必當見獲，此近妄也。」趙氏曰：「《公羊》云：『曹無大夫，書公子手，憂内也。』《穀梁》云：『以吾四大夫在焉，舉其貴也。』此尤鄙近。❶《春秋》豈黨内，而專輕重於外乎？」

❶「鄙近」，《纂疏》作「近鄙」。

秋，七月，齊侯使國佐如師。己酉，及國佐盟于袁婁。《穀》作「爰婁」。《左傳》：「秋七月，晉師及齊國佐盟于袁婁，使齊人歸我汶陽之田。」《公羊傳》：「君不使乎大夫，此其行使乎大夫何？佚獲也。其佚獲奈何？師還齊侯，晉郤克投戟，逡巡再拜稽首馬前。逢丑父者，頃公之車右也，面目與頃公相似，衣服與頃公相似，代頃公當左。使頃公取飲，頃公操飲而至，曰：『革取清者。』頃公用是佚而不反。逢丑父曰：『吾賴社稷之神靈，吾君已免矣。』郤克曰：『欺三軍者，其法奈何？』曰：『法斮。』於是斮逢丑父。己酉，及齊國佐盟于袁婁。曷爲不盟于師而盟于袁婁？前此者，晉郤克與臧孫許同時而聘于齊。蕭同姪子者，齊君之母也。踊于棓而窺客，則客或跛或眇。於是使跛者迓跛者，使眇者迓眇者。二大夫出，相與踦閭而語，移日然後相去。齊人皆曰：『患之起必自此始。』二大夫歸，相與率師爲鞌之戰，齊師大敗。齊侯使國佐如師，郤克曰：『與我紀侯之甗，反魯、衛之侵地，使耕者東畝，且以蕭同姪子爲質，則吾舍子矣。』國佐曰：『與我紀侯之甗，請諾。反魯、衛之侵地，請諾。使耕者東畝，是則土齊也。蕭同姪子者，齊君之母也。齊君之母，猶晉君之母也，不可。請戰。一戰不勝，請再。再戰不勝，請三。三戰不勝，則齊國盡子之有也，何必以蕭同姪子爲質？』揖而去之。郤克眣魯、衛之使，使以其辭而爲之請，然後許之。逮于袁婁而與之盟。」《穀梁傳》：「鞌，去國五百里；爰婁，去國五十里。一戰緜地五百里，焚雍門之茨，侵車東至海。君子聞之曰：『夫甚！』甚之辭焉。齊有以取之也。齊之有以取之，何也？敗衛師于新築，侵我北鄙，敖郤獻子，齊有以取之也。爰婁在師之外。郤克曰：『反魯、衛之侵地，以紀侯之甗來，以蕭同姪子之母爲質，使耕者皆東其畝，然後與子盟。』國佐曰：『反魯、衛之侵地，以紀侯之甗來，則諾。以蕭同姪子之母爲質，則是齊侯之母也。齊侯之母，猶晉君之母也，晉君之母猶齊侯之母也。使耕者盡東其畝，則是終土齊也，不可。請一戰。一戰不克請再，再不克請三，三不克請四，四不克請五。五不克，舉國而授。』於是而與之盟。」張氏曰：「齊國治臨淄，去洛陽東千八百里，縣西有爰婁。」

齊國佐如師，與楚屈完來一也。然陘之役則曰「來盟于師，盟于召陵」，鞌之戰則曰「及國佐盟于袁婁」，何也？荆楚暴横，憑陵諸夏，齊桓公仗義聲罪致討，威行江漢之上，不待加兵而楚人帖服。其書「來盟于師」者，楚人自服而求盟也；「盟于召陵」者，桓公退舍，禮與之盟也。在春秋時，斯爲善矣。若夫袁婁，則異於是。齊雖侵虐，未若荆楚之暴也。諸國大夫含憤積怒，欲雪一笑之耻，至於殺人盈野，非有擊强扶弱之心。國佐如師，將以賂免，非服之也。高氏曰：「國佐受成命於君，而可否在晉之大夫。非服晉而往也，直畏晉强，賂晉而請盟爾。故不曰『來盟』而曰『齊侯使如師』。師在齊境，故書如。」晉大夫又不以德命，使齊人盡東其畝，而以蕭同叔子爲質。夫蕭同叔子，齊君之母也，則亦悖矣。由是國子不可，請合餘燼，背城借一，汪氏曰：「欲與城下復借一戰。」揖而去之。郤克使魯、衛之使以其詞爲之請，何氏曰：「郤克耻傷其威，故使魯、衛大夫以國佐辭爲國佐請。」逮于袁婁而與之盟。何氏曰：「逮，及也，追及國佐于袁婁也。」則汲汲欲盟者，晉也，故反以晉人「及」之。汪氏曰：「求盟在楚，故稱來。欲盟在晉，故稱及。」若此類，見曲直之繩墨矣。是故制敵莫如仗義，天下莫大於理，而

强有力不與焉，亦可謂深切著明矣。劉氏曰：「郤克一戰勝齊，反魯、衛之侵地，功大矣。人皆多郤子之能伸其意，而《春秋》絀之，爲其先力而後禮也。」張氏曰：「晉所以令齊者，恃其戰勝强力，而以非義令之，故國佐得以正義直辭責之，而晉人義不勝而辭屈。故國佐之至，與屈完之來初若不異，然齊桓伸中國之大義，而屈完情屈而不敢校，故曰『來盟于師，盟于召陵』，見義在中國，而彼自服以求盟也；郤克挾主盟之勢以行其私憤，一旦戰勝而以不義求多於齊，反爲國佐以理折之而氣遂餒，書曰『齊侯使國佐如師』，言齊非有誠服之心也，曰『及國佐盟于袁婁』，言汲汲在晉，齊不得已而盟也。」臨川吴氏曰：「楚服齊桓之義，故使屈完來受盟于師，其盟已前定也，故書來盟。桓公又退舍而與之盟，盟于召陵，齊有禮矣。齊師既敗于鞌，使國佐來納賂以求成，許不許在晉郤克，其盟未前定也，故書如師。晉之義既不足以服齊之心，故國佐徑去，四國進師追及國佐，近逼齊都而與盟袁婁，此晉之無義又無禮也。」家氏曰：「召陵之師，諸侯皆在，兵力甚强，而桓公乃能以不戰服楚，退師而禮與之盟。鞌之戰，郤克既敗齊師，極其兵力之所至，迨於袁婁，去國都五十里，進師將及其城而强與之盟。退而盟，盟之以其禮也；進而盟，盟之以其力也。《春秋》書來盟與及盟，一字褒貶，深切著明矣。」汪氏曰：「齊桓末年，公孫敖帥師及諸侯之大夫救徐，征伐自大夫出矣，而未嘗盟會也。晉文末年翟泉之盟，以諸侯之大夫上盟王子虎，禮樂自大夫出矣，而非征伐也。今此魯以四卿帥師，會霸國之上卿與衛、曹之卿大夫，敗齊侯于鞌，又盟齊國佐于袁婁，而禮樂征伐皆自大夫出矣。厥後晉悼以復伯之賢，首以諸侯之大夫圍彭城、城虎牢、盟陳袁僑，征伐盟會悉付之大夫，而蕭魚之後，凡役皆以大夫矣。翟泉之大夫貶稱人，此不勝貶，則從同同也。」陳氏曰：「屈完不言使而國佐言使：屈完不言使而退盟之於召陵，以禮於楚使；❶國佐言使而進盟之於袁婁，以偪齊君。桓公之所不敢，而四國之臣敢爲之，甚矣，搴戰之忿也。」○劉氏曰：「《公羊》云：『君不行使乎大夫，此其行使乎大夫何？佚獲也。』非也。夫兩國治戎，將在軍，君命有所不受，其重且專可知矣，行使何傷？諸侯會晉師于棐林，可言晉師不可言趙盾，此言晉師足矣，何以爲不行使大夫乎？」廬陵李氏曰：「此條三傳略同。《公羊》序事與《穀梁》相出入，但以使齊爲臧孫許及郤克、靳丑父等小不合。又：《左氏》作『蕭同叔子』，以爲同叔蕭君之字，其子，齊君之母也。此說得之。《公羊》作『蕭同姪子』，以蕭同爲國名，『姪子者，蕭同君姪娣之子，嫁於齊，生頃公』。《穀梁》作『蕭同姪子之母』，以爲『蕭，國也。同，姓也。姪子，字也。其母更嫁齊惠公，生頃公。楚人滅蕭，隨母在齊』。其說無據。」

附録《左傳》：「公會晉師于上鄍，賜三帥先路三命之服，司馬、司空、輿帥、候正、亞旅皆受一命之服。」

八月壬午，宋公鮑卒。《左傳》：「八月，宋文公卒。始厚葬，用蜃炭，益車馬，始用殉，重器備，椁有四阿，棺有翰檜。君子謂：『華元、樂舉於是乎不臣。臣，治煩去惑者也，是以伏死而争。今二子者，君生則縱其惑，死又益其侈，是棄君於惡也，何臣之爲？』」○**庚寅，衛侯速卒。**速，《公》作「遬」。《左傳》：「九月，衛穆公卒，晉三子自役弔焉，哭於大門之外。衛人逆之，婦人哭於門内，送亦如之。遂常以葬。」

附録《左傳》：「楚之討陳夏氏也，莊王欲納夏姬，申公巫臣曰：『不可。君召諸侯，以討罪也。今納夏姬，

---

❶「使」，四庫本南宋陳傅良《春秋後傳》作「子」。

貪其色也。貪色爲淫，淫爲大罰。《周書》曰「明德慎罰」，文王所以造周也。明德，務崇之之謂也。慎罰，務去之之謂也。若興諸侯，以取大罰，非慎之也。君其圖之。』王乃止。子反欲取之，巫臣曰：『是不祥人也！是夭子蠻，殺御叔，弑靈侯，戮夏南，出孔、儀，喪陳國，何不祥如是？人生實難，其有不獲死乎！天下多美婦人，何必是？』子反乃止。王以予連尹襄老。襄老死於邲，不獲其尸，其子黑要烝焉。巫臣使道焉，曰：『歸，吾聘女。』又使自鄭召之，曰：『尸可得也，必來逆之。』姬以告王，王問諸屈巫。對曰：『其信！知罃之父，成公之嬖也，而中行伯之季弟也。新佐中軍，而善鄭皇戌，甚愛此子。其必因鄭而歸王子與襄老之尸以求之。鄭人懼於邲之役而欲求媚於晉，其必許之。』王遣夏姬歸。將行，謂送者曰：『不得尸，吾不反矣。』巫臣聘諸鄭，鄭伯許之。及共王即位，將爲陽橋之役，使屈巫聘于齊，且告師期。巫臣盡室以行。申叔跪從其父將適郢，遇之，曰：『異哉！夫子有三軍之懼，而又有《桑中》之喜，宜將竊妻以逃者也。』及鄭，使介反幣，而以夏姬行。將奔齊，齊師新敗，曰：『吾不處不勝之國。』遂奔晉，而因郤至，以臣於晉，晉人使爲邢大夫。子反請以重幣錮之，王曰：『止！其自爲謀也，則過矣。其爲吾先君謀也，則忠。忠，社稷之固也，所蓋多矣。且彼若能利國家，雖重幣，晉將可乎？若無益於晉，晉將棄之，何勞錮焉？』」○「晉師歸，范文子後入。武子曰：『無爲吾望爾也乎？』對曰：『師有功，國人喜以逆之，先入，必屬耳目焉，是代帥受名也，[1]故不敢。』武子曰：『吾知免矣。』郤伯見，公曰：『子之力也夫！』對曰：『君

---

[1] 「代」，原作「伐」，今據四庫本改。

之訓也，二三子之力也，臣何力之有焉！』范叔見，勞之如郤伯，對曰：『庚所命也，克之制也，燮何力之有焉！』欒伯見，公亦如之，對曰：『燮之詔也，士用命也，書何力之有焉！』」

取汶陽田。 汶音問。《公羊傳》：「汶陽田者何？ 鞌之賂也。」杜氏曰：「汶陽田，汶水北地。 汶水出泰山萊蕪縣西，入濟。」張氏曰：「《漢志》：『魯國汶鄉縣。』顏師古注：『即汶陽田。 兗州泗水縣東南有汶陽故城。』」

汶陽之田，本魯田也。 汪氏曰：「僖元年，公賜季友汶陽之田。」孫氏曰：「汶陽，魯地也，齊人侵之，今復取之。 不言取之齊，明本非齊地。」**取者，得非其有之稱。 不曰「復」而謂之「取」，何也？ 恃大國兵力一戰勝齊，得其故壤，而不請於天王以正疆理，則取之不以其道，與得非其有奚異乎？** 杜氏曰：「晉使齊還魯，故書取。 不以好得，故不言歸。」**然則宜奈何？ 考於建邦土地之圖，若在封域之中，則先王所錫，先祖所受，經界世守，不可亂矣。 不然，侵小得之，**汪氏曰：「侵小，如滅項取根牟之類。」**《春秋》固有興滅國繼絕世之義，必有處也。 魯在戰國時，地方五百里，而孟氏語慎子曰：「如有王者作，在所損乎？ 在所益乎？」**朱子曰：「魯地之大，皆併吞小國而得之。❶ 有王者作，則必在所損矣。」**經於復其故田而書取，所損益亦可知矣。** 家氏

---

❶ 「併」，原作「拜」，今據四庫本改。

曰：「取汶陽田，與取濟西田其事同，故書法不異。蓋濟西本魯田，爲曹所侵，晉人取以歸魯；汶陽亦魯田，爲齊所侵，晉人命以歸魯：皆魯侵疆也。今而得歸，《春秋》不以爲歸而以爲取，爲其因霸國之力而得之也。霸國復不禀命于王分正疆理，而擅其予奪，所以書取。若此田非魯之舊疆，必繫之於齊，不直書『取汶陽田』矣。」石氏曰：「内取外邑皆曰取，如取郜、取防、取訾婁。外歸魯地皆曰歸，如濟西、龜陰及讙闡。汶陽田，魯地也，齊人以歸于我，當曰歸，今而曰取者，蓋因晉力而取之也。歸者，其意也；取者，我也，非其志也。于後齊復事晉，故八年使韓穿來言歸之于齊。然此年齊歸我田書曰取，八年齊取我田乃曰歸者，取之自晉，歸之自晉，以見魯國之命制於晉而已。故雖我田也，而不得偃然有之，其猶寄爾。故齊歸我田書曰取，猶若取之於外者；齊取我田書曰歸，猶若齊之所有也。」汪氏曰：「趙氏云：『凡力得之曰取。』齊歸汶陽而稱取，言藉晉之力以復之，而得之之難也。《穀梁》云：『歸，易辭也。』齊取汶陽而稱歸，言奉晉之命以反之，而失之之易也。」廬陵李氏曰：「汶陽田侵於齊久矣，一反於曹沬之盟，再復於鞌之戰，又失於韓穿之來言，直至孔子爲政，然後有鄆、讙、龜陰之歸。鄆、讙、龜陰，《左氏》亦曰汶陽之田也。」

冬，楚師、鄭師侵衛。高氏曰：「鄭以中國從夷狄，而首伐衛喪，是授戈與寇而攻其親戚，罪不勝誅矣。列鄭于下，所以深罪鄭也。」**十有一月，公會楚公子嬰齊于蜀。**楚書公子自嬰齊始。《左傳》：「宣公使求好于楚。莊王卒，宣公薨，不克作好。公即位，受盟于晉，會晉伐齊。衛人不行使于楚，而亦受盟于晉，從於伐齊。故楚令尹子重爲陽橋之役以救齊。將起師，子重曰：『君弱，群臣不如先大夫，師衆而後可。』《詩》

曰：「濟濟多士，文王以寧。」夫文王猶用衆，況吾儕乎！且先君莊王屬之曰：「無德以及遠方，莫如惠恤其民而善用之。」』乃大户，已責，逮寡救乏，赦罪。悉師，王卒盡行。彭名御戎，蔡景公爲左，許靈公爲右。二君弱，皆强冠之。冬，楚師侵衛，遂侵我，師于蜀。使臧孫往，曰：『楚遠而久，固將退矣，無功而受名，臣不敢。』楚侵及陽橋，孟孫請往賂之，以執斲、執鍼、織紝，皆百人，公衡爲質，以請盟。楚人許平。」《穀梁傳》：「楚無大夫，其曰公子何也？嬰齊亢也。」杜氏曰：「蜀，魯地。」

按《左氏》，魯、衛受盟于晉，從於伐齊，故楚爲陽橋之役。令尹子重曰「師衆而後可」，於是王卒盡行。二國稱師，著其衆也。侵衛則書，侵我，師于蜀、致賂、納質没而不書，非諱也。杜氏曰：「公賂之而退，故不書侵。」書其重者，則莫重乎其以中國諸侯降班失列，下與夷狄之大夫會也。家氏曰：「晉以魯、衛大舉伐齊，可謂有德。轍未及息，遽爲此行，書『公會楚公子嬰齊』，著其叛華即夷，以望國之君而屈於夷之公子，魯之辱也。《春秋》責之深，不復爲之諱。自楚人僭王，其公子亦僭而稱王子久矣，今書楚公子，《春秋》革之也。」季孫行父爲國上卿，當使其君尊榮，其民免於侵陵之患。而危辱至此，特起於忿忮，肆其褊心，而不知制之以禮也。《書》曰：「必有忍，乃其有濟。」懲忿窒慾，德之脩也；《易》損卦《大象》：「君子以懲忿窒慾。」《大傳》：「損，德之脩也。」不忮不求，行之善也；朱子曰：「若能不忮害，不貪求，則何爲不善乎？」躬自厚而薄責於人，遠怨之方也。季孫忿忮弗能懲也，而辱逮君父，不亦憯乎？故《春秋》史外傳心之要

典也，考其行事，深切著明，於以反求諸己，則亦知戒矣。臨川吴氏曰：「楚用子重之謀，以救齊爲名加兵於魯、衛，魯納賂請平，又約諸國會盟，公先往會嬰齊。不没嬰齊之氏名者，欲見其挾衆威魯，而以臣伉君也。」陳氏曰：「凡吾君會諸侯，則有大夫得稱其大夫。故洮書莒慶，向書衛甯速。苟無諸侯，則不以大夫敵吾君。故莒無大夫，則曰莒人，齊有大夫，則曰齊大夫。『及高傒盟』，『及處父盟』，始以大夫敵吾君矣，皆不書公，以是爲齊、晉之譏，則諱公焉耳。此其曰『公會楚公子嬰齊』，是公自與嬰齊夷也。於楚之會盂，公後諸侯至，於楚之圍宋，公亦後諸侯至，魯猶重從楚也。公與嬰齊夷，楚何譏焉？不足爲公諱焉爾。是故自屈完以來，楚大夫無氏族也，而書『公子』自嬰齊始。」汪氏曰：「公與外臣特相會，二百四十二年唯此一書，故備録楚大夫之氏名，以見貶焉。齊之盟没公不書，而楚書人，隱其從夷之失也；蜀之會書公不諱，而楚大夫書氏名，著其從夷之辱也。會不書公子嬰齊，則疑於楚子貶稱人，而不見望國之君下夷於楚大夫；盟不書楚人，將恐天下後世以荆蠻之臣，可以主中國之會盟而無惡，而中國諸侯之卿大夫，又可以雲合景從，以服屬於荆蠻之臣而無貶也。齊之盟，《春秋》猶不忍書也。蜀之會，《春秋》不勝諱，則詳紀之而具文見意耳。」廬陵李氏曰：「公特會外大夫止此。」

丙申，公及楚人、秦人、宋人、陳人、衛人、鄭人、齊人、曹人、邾人、薛人、鄫人盟于蜀。《左傳》：「十一月，公及楚公子嬰齊、蔡侯、許男、秦右大夫説、宋華元、陳公孫寧、衛孫良夫、鄭公子去疾及齊國之大夫盟于蜀。卿不書，匱盟也。於是乎畏晉而竊與楚盟，故曰匱盟。蔡侯、許男不書，乘楚車也，謂之失位。君子曰：『位其不可不慎也乎！蔡、許之君，一失其位，不得列於諸侯，況其下乎？《詩》曰：「不解於位。

位，民之攸塈。」其是之謂矣。』」《公羊傳》：「此楚公子嬰齊也，其稱人何？得一貶焉爾。」《穀梁傳》：「楚其稱人何也？於是而後公得其所也。會與盟同月，則地會不地盟；不同月，則地會地盟。此其地會、地盟，何也？以公得其所，申其事也。今之屈，向之驕也。」程子曰：「楚爲强盛，陵轢中國，諸侯苟能保固疆圉，要結鄰好，豈有不能自存之理？乃懼而服從，與之盟約，故皆稱人，以見其衰弱。責諸侯，則魯可知矣。」杜氏曰：「齊在鄭下非卿。」

盟而魯與，必先書公，尊内也；次書主盟者，衆所推也。此書公及楚人，則知主盟者楚也。李氏曰：「前此楚與中國盟，皆序諸國之下，此序諸國之上，欲見楚之主盟也。」汪氏曰：「書及，則内爲志而非楚主盟也。然魯之弱久矣，豈能主諸國之盟哉？前此僖公二十一年盟薄、二十七年盟宋，皆書公會諸侯，不以楚主盟。此書公及，亦不以楚主盟之辭也。序楚於十國之上而書及，正其名而不没其實也。」公子嬰齊、秦石説、宋華元、陳公孫寧、衛孫良夫、鄭去疾皆國卿也，何以稱人？楚僭稱王，《春秋》黜之，比諸夷狄。晉雖不競，猶主夏盟。諸侯苟能任仁賢，脩政事，保固疆圉，要結鄰好，同心擇義，堅事晉室，荆楚雖大，何畏焉？今乃西向服從而與之盟，不亦耻乎？古者用夏服夷，未聞服於夷也，乃是之從，亦爲不善擇矣。經於魯君盟會，不信則諱公而不書，不臣則諱公而不書，棄中國從夷狄則諱公而不書，汪氏曰：「不信，莊十六年同盟于幽；不臣，僖二十九年盟于翟泉；從夷狄，僖十九年盟于齊是也。」蜀之盟棄晉從楚，書公不諱，何也？事同而既貶，則從同同，正始之義也。從荆楚而與盟，既諱公於僖十九年齊之盟

矣，是以於此不諱，而人諸國之大夫以見意也。陳氏曰：「曷爲貶稱人？楚大夫初會盟也，是故諸侯之大夫復不序。晉大夫初會盟則不言公，楚大夫初會則其言公何？公固與嬰齊夷矣，無足諱焉爾。」汪氏曰：「貶諸國之大夫而稱人，亦所以人公也。《春秋》盟會一書人者凡四：盟齊、盟蜀，貶從夷也；盟翟泉，譏慢王也；會澶淵，刺不討賊也。其所以内夏外夷，尊君父討亂賊之意切矣。」臨川吴氏曰：「嬰齊於此盟降稱人，而前會稱氏名者，欲見楚人即公子嬰齊也。蔡、許之君不書者，以其爲楚之車左、車右，降在臣列，同於楚臣。」劉氏曰：「盟于蜀，是嬰齊也。其以力爲功，薄於義而陋於禮。與郤克一耳。郤克不得稱諸侯之大夫，故嬰齊亦不得以其名通也。此文異而意等也。」項氏曰：「蜀之盟與棐林之師，皆事之難言也。棐林之師，難以趙盾將諸侯也。故先書趙盾之出師，而後書諸侯之會晉師。蜀之盟，難以嬰齊主盟中國也。故先書嬰齊之會，而後書諸侯之微者盟。」廬陵李氏曰：「列『人』諸國之大夫者，惟翟泉、澶淵及此三役。翟泉諱公不書，澶淵没魯大夫不書，惟此書公。」又曰：「合此一年之事觀之，晉蓋竭力以事齊，故無力以制楚。勝齊之得小，而縱楚之害大矣。」〇劉氏曰：「會時一國，盟時十一國，此乃兩會也。各自書地，乃其理矣，何申之有？《穀梁》之説非也。」廬陵李氏曰：「楚專主中國之盟莫盛於此。以楚成之强，所得者陳、蔡、鄭、許四國而已，而宋之盟止書諸侯；商臣之暴，所得者陳、蔡、鄭、宋四國而已，而厥貉之次止書蔡，雖以莊王之盛，而辰陵之盟，亦不過陳、蔡二國從之。今蜀之盟，諸侯從之者十一國，晉不敢争。其後四十三年，然後晉、楚之從交相見，又八年，楚靈求諸侯于晉，皆蜀之役啓之也，《春秋》安得不重貶之哉！一會一盟，前不嬰齊之名氏，無以見楚之强；後不貶諸國，無以見中國之弱。

惟貶諸國之卿，不得不貶楚。貶楚及諸國，則不諱公可也。胡氏、陳氏説得之。《穀梁》以爲前書嬰齊者，嬰齊之伉；後書楚人者，嬰齊能自降以從盟，故《春秋》於會蜀不諱公。疑其説之誤矣。」

附録《左傳》：「楚師及宋，公衡逃歸。臧宣叔曰：『衡父不忍數年之不宴，以棄魯國，國將如之何？誰居？後之人必有任是夫，國棄矣。』是行也，晉辟楚，畏其衆也。君子曰：『衆之不可已也。大夫爲政，猶以衆克，況明君而善用其衆乎！《大誓》所謂「商兆民離，周十人同」者，衆也。』」○「晉侯使鞏朔獻齊捷於周，王弗見，使單襄公辭焉，曰：『蠻夷戎狄，不式王命，淫湎毁常，王命伐之，則有獻捷，王親受而勞之，所以懲不敬，勸有功也。兄弟甥舅，侵敗王略，王命伐之，告事而已，不獻其功，所以敬親暱禁淫慝也。今叔父克遂有功于齊，而不使命卿鎮撫王室，所使來撫余一人，而鞏伯實來，未有職司於王室，又奸先王之禮，余雖欲於鞏伯，其敢廢舊典以忝叔父？夫齊，甥舅之國也，而大師之後也，寧不亦淫從其欲以怒叔父，抑豈不可諫誨？』士莊伯不能對。王使委於三吏，禮之如侯伯克敵使大夫告慶之禮，降於卿禮一等。王以鞏伯宴，而私賄之，使相告之曰：『非禮也，勿籍。』」

癸酉定王十九年。三年晉景十二。齊頃十一。衛定公臧元年。蔡景四。鄭襄十七。曹宣七。陳成十一。杞桓四十九。宋共公固元年。秦桓十七。楚共三。**春，王正月，公會晉侯、宋公、衛侯、曹伯伐鄭。**

《左傳》：「諸侯伐鄭，次于伯牛，討邲之役也。❶遂東侵鄭。鄭公子偃帥師禦之，使東鄙覆諸鄤，敗諸丘輿。

---

❶「役」，原作「敗」，今據四庫本及阮刻本《春秋左傳正義》改。

皇戌如楚獻捷。」

按《左氏》：「諸侯伐鄭，討邲之役也，遂東侵鄭。公子偃帥師禦之，覆諸鄤，芒袁反。**敗諸丘輿。」**汪氏曰：「覆，伏兵也。」杜氏曰：「鄤、丘輿皆鄭地。晉偏軍爲鄭所敗。」**夫討邲之役，則復怨勦民，非觀釁也。遂東侵，則潛師掠境，非以律也。覆而敗諸，則專用詐謀，非正勝也。**《李衛公問對》：「兵法先正而後奇，先仁義而後權譎。」**度彼參此，皆無善也。略而不紀，勝負微也。晉侯稱爵而以「伐」書，何也？初爲是役，必以鄭之從楚也。附蠻夷，擾中國，則盟主有詞于伐耳。**高氏曰：「去冬之役，鄭爲楚導，而宋、魯、衛、曹雖盟于蜀，猶不敢背晉，故罷盟而遂會晉伐鄭焉。鄭罪當討，故《春秋》正諸國之爵以示義。鄭敗晉游兵於丘輿，使皇戌如楚獻捷，終鄭襄公之身，不復從晉矣。」家氏曰：「伐鄭所以攘夷，攘夷所以尊中國。魯、宋、衛、去强盛之楚，而從衰弱之晉，以伐有罪之國，是《春秋》之所嘉也。前之盟十有一國，大夫一以『人』書，抑夷狄也。此四國僅從而書爵，序晉爲首，存晉霸也。見《春秋》權衡衮斧之意，爲中國謀而不爲夷狄謀也。」**宋、衛未葬，曷爲稱爵？背殯越境，以吉禮從金革之事也。**杜氏曰：「宋、衛未葬，而稱爵以接鄰國，非禮也。」范氏曰：「自同於正君，故書『公』、『侯』以譏之。」家氏曰：「《春秋》與宋、衛之會晉伐鄭，不與其純吉從戎也。」廬陵李氏曰：「此邲之後，晉再伐鄭而不服也。」汪氏曰：「《左傳》云：『鄭皇戌如楚獻捷。』則曰覆曰敗皆指鄭而言，非諸侯之敗鄭也。經書伐而不書敗，所以尊中國也。」

辛亥，葬衛穆公。穆，《公》作「繆」。高氏曰：「此見衛侯背殯出師，不臨先君之喪。」王氏曰：「六月乃葬，非禮也。」〇二月，公至自伐鄭。臨川吴氏曰：「雖未逾時，伐鄭無功，亦危之而致也。」〇甲子，新宫災，三日哭。《公羊傳》：「新宫者何？宣公之宫也。宣宫則曷爲謂之新宫？不忍言也。其言三日哭何？廟灾三日哭，禮也。新宫灾何以書，記灾也。」《穀梁傳》：「新宫者，禰宫也。三日哭，哀也。其哀，禮也。迫近不敢稱謚，恭也。其辭恭且哀，以成公爲無譏矣。」

廟灾而哭，禮也。得禮爲常事，則何以書？緱氏劉絢曰：絢字質夫，程子門人。著《春秋傳》十二卷。「新宫者，宣宫也。不曰宣宫者，神主未遷也。知然者，丹楹刻桷，皆稱桓宫，此不舉謚，故知其未遷也。宫成而主未入，遇灾而哭，何禮哉？宣公薨至是二十有八月，緩於遷主可知矣。言災，則不恭之致亦自見矣。」此説據經爲合。或曰：《禮》稱：「有焚其先人之室，則三日哭。」《禮記·檀弓》注：「人燒其宗廟哭者，哀精神之有虧傷。」汪氏曰：「文定傳意與鄭氏異。」新宫將以安神主也，雖未遷而哭，不亦可乎？曰：先人之室，蓋嘗寢於斯，食於斯，會族屬於斯，其居處笑語之所在，皆可想也。事死如事生，故有焚其室則哭之，禮也。神主未遷而哭，於人情何居？音姬。高氏曰：「君子於是乎知有天道也。宣公弑君篡立，生不能誅，死方立廟，遽遇火災。《春秋》志此，示有天道，故謹而日之。」〇汪氏曰：「《公羊》以謂不言宣宫，不忍言也。《穀梁》謂迫近不敢稱謚。然則莊公之世，何以稱桓宫乎？」廬陵李氏曰：「此條諸傳皆以爲得禮，惟胡氏不合。」

乙亥，葬宋文公。

按《左氏》，文公卒，始厚葬，益車馬，重器備，君子謂「華元、樂舉於是乎不臣」。考於經，未有以驗其厚也。數其葬之月，則信然矣。天子七月，諸侯五月，大夫三月，士踰月，以降殺遲速爲禮之節，不可亂也。文公之卒，國家安靖，外無危難，曷爲越禮踰時，逮乎七月而後克襄事哉？高氏曰：「七月而葬，天子之禮也。以葬月考之，知其僭禮。」故知華元、樂舉之棄君於惡而益其侈無疑矣。夫禮之厚薄，稱人情而爲之者也。宋公在殯而離次出境，從金革之事，哀戚之情忘矣。顧欲厚葬其君親，此非有所不忍於死者，特欲誇耀淫侈無知之人耳。世衰道微，禮法既壞，無以制其侈心，至於秦、漢之間，窮竭民力以事丘隴，其禍有不可勝言者。《史記·秦始皇紀》：「葬驪山，以水銀爲百川，江河大海，機相灌輸。上具天文，下具地理，奇器珍怪，徙藏滿之。後宮無子者皆令從死。令匠作機弩矢，有穿近者輒射之。工匠盡閉墓中。」《春秋》據事直書而其失自見，此類是也，豈不爲永戒哉！

夏，公如晉。《左傳》：「拜汶陽之田。」張氏曰：「汶陽之田特書曰『取』，足以見疆埸之令不出於王矣。今爲取田而往拜賜于霸國，晉偃然受之，而八年復使韓穿來言汶陽之田歸之于齊，足見私情之納侮于晉也。」汪氏曰：「僖公取濟西田而使公子遂如晉拜賜，已非正矣，況以成公取汶陽而躬朝于晉乎！濟西、汶陽，魯之故田也，以爲霸國之私惠而聘之朝之，見魯之不振也。」廬陵李氏曰：「成公朝晉者四。三年、四年、十年。四年不見敬，十年見止，張氏所謂納侮者信矣。惟十八年悼公即位之朝無譏焉。」〇**鄭公子去疾帥師伐許。**《左傳》：「許恃楚而不事鄭，鄭子良伐許。」張氏曰：「晉方怒鄭之不服，其爲國憂，未有底止也。乃怒許之不事己，而使大夫動大衆以伐之，見其興兵之不度德量力也。」高氏曰：「疲命於晉、楚而以伐之，君子以是惡鄭也。」〇**公至自晉。**

宣公薨至是，三年之喪畢矣，宜入朝京師，見天子，受王命，然後歸而即政可也。嗣守社稷之重而不朝于周，以拜汶陽田之故而往朝于晉，其行事亦悖矣，此《春秋》所爲作也。公行多不致，其書「公至自晉」何？其至也，必有以也。家氏曰：「諸侯既除喪而入見于王，受黻冕之賜，然後成其爲君。自東遷，此禮廢，然亦未有除喪而入見大國，以事王之禮而事大國者也。宣公挾强齊之援弑君篡國，凡可以諂齊而求悦者，無不爲矣，未除喪而會，既除喪而朝。今成公借援於晉，率循先公之舊，其無王之罪大矣。書如書至，所以譏也。」汪氏曰：「成公一經，此年如晉，明年再如晉，十年又如晉，十八年又如晉，過於事天子之禮。蓋當時諸侯知有霸者而不知有王，不以爲異耳。《春秋》莫不書『至』，比事以觀，義自著矣。」

附録《左傳》：「晉人歸楚公子穀臣與連尹襄老之尸于楚，以求知罃。於是荀息佐中軍矣，故楚人許之。王送知罃，曰：『子其怨我乎？』對曰：『二國治戎，臣不才，不勝其任，以爲俘馘。執事不以釁鼓，使歸即戮，君之惠也。臣實不才，又誰敢怨？』王曰：『然則德我乎？』對曰：『二國圖其社稷，而求紓其民，各懲其忿以相宥也。兩釋纍囚，以成其好。二國有好，臣不與及，其誰敢德？』王曰：『子歸何以報我？』對曰：『臣不任受怨，君亦不任受德，無怨無德，不知所報？』王曰：『雖然，必告不穀。』對曰：『以君之靈，纍臣得歸骨於晉，寡君之以爲戮，死且不朽。若從君惠而免之，以賜君之外臣首，首其請於寡君，而以戮於宗，亦死且不朽。若不獲命，而使嗣宗職，次及於事，而帥偏師以脩封疆，雖遇執事，其弗敢違，其竭力致死，無有二心，以盡臣禮，所以報也。』王曰：『晉未可與爭。』重爲之禮而歸之。」

秋，叔孫僑如帥師圍棘。《左傳》：「叔孫僑如圍棘，取汶陽之田。棘不服，故圍之。」《公羊傳》：「棘者何？汶陽之不服邑也。其言圍之何？不聽也。」杜氏曰：「棘，汶陽之邑，在濟北蛇丘。」

按《左氏》：「取汶陽之田，棘不服，故圍之。」趙氏曰：「凡内自圍者，皆叛邑。」何氏曰：「不言叛者，爲内諱。」**復故地而民不聽，至於命上將，用大師，環其邑而攻之，何也？魯於是時初税畝，作丘甲，税役日益重矣，棘雖復歸故國，所以不願爲之民也歟！成公不知薄税斂、輕力役、脩德政以來之，而肆其兵力，雖得之，亦必失之矣。**何氏曰：「不先以文德來之，而便以兵圍之，當與圍外邑同罪。」劉氏曰：「不察己之所以失，而疾人之不我服，强國之行，若五伯之事則有之，非王道也。」廬陵李氏曰：「《春秋》内叛書圍者七，始於此。昭十三年圍費，二十六年圍成，定六年圍鄆，十年圍郈、圍費，十二年圍成。」

大雩。○晉郤克、衛孫良夫伐廧咎如。廧，在良反，《公》作「將」，《穀》作「墻」。咎音羔。《左傳》：「討赤狄之餘焉。廧咎如潰，上失民也。」杜氏曰：「廧咎如，赤狄別種。」茅堂胡氏曰：「經不書『廧咎如潰』者，晉常滅赤狄潞氏、甲氏及留吁矣，其餘黨散入廧咎如，又欲盡殄滅之，非仁人之心也。段紀明請滅羌種，羌雖滅，漢亦亡，後世豈嘗絶羌患哉？『廧咎如潰』削而不書，聖人之情見矣。惟不使之侵擾華夏，斯止矣。」家氏曰：「克與良夫得志於鞌，不知自戢，更爲此舉，《春秋》書之，誅善戰也。楚方躪藉中原，晉人不務脩明霸業，圖其遠者大者，既滅潞氏，又殄留吁，以爲未快，復興此役。此逐利之師，《春秋》惡之，屢書，皆所以貶。」

○冬，十有一月，晉侯使荀庚來聘，晉來聘之始。**衛侯使孫良夫來聘。丙午，及荀庚盟。丁未，及孫良夫盟。**聘而遂盟之於是始。《左傳》：「冬，十一月，晉侯使荀庚來聘，且尋盟。衛侯使孫良夫來聘，且尋盟。公問諸臧宣叔曰：『中行伯之於晉也，其位在三；孫子之於衛也，位爲上卿，將誰先？』對曰：『次國之上卿，當大國之中，中當其下，下當其上大夫。小國之上卿，當大國之下卿，中當其上大夫，下當其下大夫。上下如是，古之制也。衛在晉，不得爲次國。晉爲盟主，其將先之。』丙午，盟晉；丁未，盟衛，禮也。」《公羊傳》：「此聘也，其言盟何？聘而言盟者，尋舊盟也。」《穀梁傳》：「其日，公也。來聘而求盟，不言及者，以國與之也。不言其人，亦以國與之也。不言求，兩欲之也。」何氏曰：「惡二國既脩禮相聘，不能相親信，反復相疑，故不重舉，連聘而言之。」徐氏曰：「《春秋》之義，舉重略輕，若來盟，則不言聘而言盟。今言聘言盟，嫌其生事也。」

劉敞曰：「諸侯有聘無盟。聘，禮也；盟，非禮也。庚與良夫，不務引其君當道，而生事專命，爲非禮不信，以干先王之典。故不繫於國，以見其遂事之辱，非人臣之操。」此説然也。其言及者，公與之盟，而不言公，見二卿之抗也。盟者《春秋》所惡，於惡之中又有惡

焉者，此類是也。孫氏曰：「此公及庚、良夫盟也，不書公者，二子抗也。二子來聘，不能以信相親，反要公以盟，非抗而何？故言聘言盟以惡之。」番陽萬氏曰：「聘者，固出於其君之命，而及盟，則出於其臣之私也。況夫大夫之於諸侯，五等之君皆其君也；諸侯之於大夫，列國之臣皆其臣也。今也列國之臣忘其分之卑而盟五等之君，五等之君屈其分之尊而盟列國之臣，豈非一時之大夫，既不知自有其君而專盟于外，則不知有列國之君而敢於與之同盟也乎？」高氏曰：「庚晉之下卿，良夫衛之上卿，而魯人盟之，先晉後衛，豈非畏晉之强乎？」○廬陵李氏曰：「聘而遂盟例五：此年荀庚、良夫，十一年郤犨，襄七年林父，十五年向戌。其皆書日，一則以別於微者，一則以別於前定也。《穀梁》疏曰『前定之盟不日』，則此非前定可知矣；又曰『卑者之盟不日』，則此非卑者可知矣。以非前定，則知其生事；以非卑者，則知其抗公。此所以與來盟稱使之書法不同也。若《公羊》注，意以爲二子聘盟兩受命，似與胡氏不合。」

鄭伐許。程子曰：「鄭附於楚，一年而再伐許，故夷之。」

稱國以伐，狄之也。汪氏曰：「據夷狄但舉號。」何氏曰：「惡鄭襄公與楚同心，數侵伐諸夏。自此之後，兵革數起，夷狄比周爲黨，故夷狄之。」**晉、楚爭鄭，鄭兩事焉，及邲之敗，於是乎專意事楚，不通中華，晉雖加兵，終莫之聽也。至此一歲而再伐許，甚矣。夫利在中國則從中國，利在夷狄則從夷狄，而不擇於義之可否以爲去就，其所以異於夷者幾希。況又馮弱犯寡，一歲之中而再動干戈於鄰國，不既甚乎！《春秋》之法：中國而夷狄行者，則狄之，**范氏曰：「鄭從楚而伐衛之喪，又叛諸侯之盟，故狄之。」楊士勛曰：「不於伐喪貶者，其罪不積，不足以成惡也。」**所**

以懲惡也。以爲告辭，略而從告，乃實録耳，一字爲褒貶，義安在也？陳氏曰：「楚之伯，鄭人爲之也。由齊桓以來，爭鄭於楚，桓公卒，鄭始朝楚。諸夏之變於夷，鄭爲亂階也。至辰陵，鄭帥諸夏而事楚矣。敗晉于邲，盟十有四國之君大夫於蜀，皆鄭爲之，是故狄秦而後狄鄭。微秦、鄭，中國無左衽矣。」廬陵李氏曰：「經中國而狄之者三：文十年狄秦，成三年狄鄭，昭十二年狄晉。」

附録《左傳》：「十二月甲戌，晉作六軍。韓厥、趙括、鞏朔、韓穿、荀騅、趙旃皆爲卿，賞鞌之功也。」○「齊侯朝于晉，將授玉。郤克趨進，曰：『此行也，君爲婦人之笑辱也，寡君未之敢任。』晉侯享齊侯，齊侯視韓厥，韓厥曰：『君知厥也乎？』齊侯曰：『服改矣。』韓厥登，舉爵曰：『臣之不敢愛死，爲兩君之在此堂也。』」○「荀罃之在楚也，鄭賈人有將寘諸褚中以出。既謀之，未行，而楚人歸之。賈人如晉，荀罃善視之，如實出己。賈人曰：『吾無其功，敢有其實乎？吾小人，不可以厚誣君子。』遂適齊。」

甲戌定王二十年。**四年**晉景十三。齊頃十二。衛定二。蔡景五。鄭襄十八，卒。曹宣八。陳成十二。杞桓五十。宋共二。秦桓十八。楚共四。**春，宋公使華元來聘。**《左傳》：「宋華元來聘，通嗣君也。」王氏曰：「宋入春秋，未嘗聘魯。文十一年公子遂雖往，而宋不報也。華元之來，其爲共公謀昏張本乎？」臨川吴氏曰：「晉、衛二國相繼來聘，❶以三年春同會伐鄭，交結和好也。」廬陵李氏曰：「經書宋聘魯始此。終春秋，宋聘魯四：此年及八年華元，襄十五年向戌，昭十二年華定。」○**三月壬申，鄭伯堅卒。**○**杞伯來**

❶「二」，原作「三」，今據四庫本改。

朝。《左傳》：「歸叔姬故也。」杜氏曰：「將出叔姬，先脩朝禮，言其故。」○**夏，四月甲寅，臧孫許卒。**汪氏曰：「文仲之子宣叔也。子紇嗣爲大夫，是爲武仲。」○**公如晉。**《左傳》：「夏，公如晉。晉侯見公，不敬。季文子曰：『晉侯必不免。《詩》曰：「敬之敬之！天維顯思，命不易哉！」夫晉侯之命在諸侯矣，可不敬乎？』」張氏曰：「晉景公勝齊而驕也。」高氏曰：「公連歲如晉者，以嘗即楚故也。」汪氏曰：「成公此年朝晉而取敖忽之辱，豈非禮愈繁而身愈卑？徒自屈而已耳。」○**葬鄭襄公。**汪氏曰：「喪未五月，葬之速也，太不懷也。」○**秋，公至自晉。**《左傳》：「秋，公至自晉，欲求成于楚而叛晉。季文子曰：『不可！晉雖無道，未可叛也。國大臣睦，而邇於我，諸侯聽焉，未可以貳。《史佚之志》有之，曰：「非我族類，其心必異。」楚雖大，非吾族也，其肯字我乎？』公乃止。」家氏曰：「甚哉！魯成中無所主，逐變而屢遷也。始與晉人連兵伐齊，以有鞌之勝，謂當與晉爲睦。曾未幾月，率先諸侯受盟于楚，猶幸晉人之無討也。去年如晉，今年又如晉，正所以救前日賈盟之過。一不爲所禮，又將叛而即夷。《春秋》於魯成之從楚適晉，備書以貶之也。」○**冬，城鄆。**《公》作「運」。杜氏曰：「公欲叛晉，故城而爲備。」孔氏曰：「魯有二鄆，此西鄆也。成十六年傳『晉人執季文子，公待于鄆』即此。」任公輔曰：「魯西邑。東郡廪丘東有鄆城，即西鄆。」家氏曰：「鄆有三。莒之別邑亦曰鄆，九年楚人入鄆是也。魯自有二鄆：文十二年『城諸及鄆』，此東鄆，莒、魯所争者也；成十六年『公待于鄆』，此西鄆，今此所城也。《春秋》譏魯人不務安静，而輕於用力。鄆雖城，何益哉？」○**鄭伯伐許。**《左傳》：「冬十一月，鄭公孫申帥師疆許田，許人敗諸展陂。鄭伯伐許，取鉏任泠敦之田。晉欒書將中軍，荀首佐之，士燮佐上軍，以救許伐鄭，取氾、祭。楚子反救鄭，鄭伯與許男訟焉。皇戌攝鄭伯之辭，子反不能決也，曰：『君若辱在寡君，寡君與其二三臣共聽兩君之所欲，成其可知也。不然，側不足以知二國之成。』」程子曰：「稱鄭伯，見其不復爲喪，以吉禮從戎。」

前此鄭襄公伐許，既狄之矣，今悼公又伐許，乃復稱爵，何也？喪未踰年，以吉禮從金革之事，則忘親矣。稱爵非美詞，所以著其惡也。何氏曰：「未踰年君稱伯者，樂成君位，親自伐許，故如其意以著其惡。」家氏曰：「父所爲義，已繼之爲孝。父挾夷楚之援，陵暴小國，歲再用師，其子繼世而不能改，是之謂濟惡，庸得爲孝乎？不書子而書爵，絶之於名教也。」〇廬陵李氏曰：「鄭自隱十一年入許之後，鄭、許世讎，至此凡書於經者，又四侵伐矣。然據《左氏》所記，則邲戰之役，鄭、許首如楚，蜀之役，許乘楚車，是許與鄭皆南面事楚者。鄭方從楚，何得如此？晉、楚之救不書於經，事未可信也。」

附録《左傳》：「晉趙嬰通于趙莊姬。」

乙亥定王二十一年，崩。**五年**晉景十四。齊頃十三。衛定三。蔡景六。鄭悼公費元年。曹宣九。陳成十三。杞桓五十一。宋共三。秦桓十九。楚共五。**春，王正月，杞叔姬來歸。**《穀梁傳》：「婦人之義，嫁曰歸，反曰來歸。」

前書「杞伯來朝」，《左氏》以爲歸叔姬也。汪氏曰：「叔姬始嫁不見於經，與郯伯姬同。婚姻得禮，常事不書。」**此書「杞叔姬來歸」，則出也。**家氏曰：「此與他悖義之出者不同，必叔姬自不安於杞，或以疾而來歸，非杞之絶之也。故《春秋》書其逆喪歸葬無貶辭。」臨川吴氏曰：「僖三十一年，杞伯姬爲其子求婦，而僖公以次女叔姬與之歸，爲杞桓公夫人，至今四十四年。夫婦年皆六十之上，而姬始被出而歸，疑是叔姬無子，杞桓别有妾子爲太子，叔姬心不自安而願歸魯。故叔姬既卒，而杞桓復來逆其喪以歸也。」**《春秋》於内女，其歸其出録之詳者，男女居室，人之大倫也。男子生而願爲之有室，女子生而願爲之有家，父母之心，人皆有之，而不能爲之擇家與室，則夫婦之道苦，淫僻之罪多矣。王法所重，人倫之本，録之詳也，爲世戒也。**汪氏曰：「郯伯姬、杞叔姬皆出而來歸，然叔姬書卒，書杞伯逆喪以歸，而郯伯姬來歸之後不復見於經，則其善惡優劣，不可以概觀矣。」

附録《左傳》：「春，原、屏放諸齊。嬰曰：『我在，故欒氏不作。我亡，吾二昆其憂哉！且人各有能有不能，舍我何害？』弗聽。嬰夢天使謂己：『祭余，余福汝！』使問諸士貞伯，貞伯曰：『不識也。』既而告其人，曰：『神福仁而禍淫。淫而無罰，福也。祭，其得亡乎？』祭之，之明日而亡。」

仲孫蔑如宋。《左傳》：「孟獻子如宋，報華元也。」汪氏曰：「蔑與華元交相聘問，其情厚矣，而明年蔑、僑如逼於晉令，遽興侵宋之師。朝玉帛而暮干戈，謹於邦交者，固如是乎？」〇**夏，叔孫僑如會晉荀首于穀。**首，《公》作「秀」。《左傳》：「晉荀首如齊逆女，故宣伯餫諸穀。」杜氏曰：「穀，齊地。」高氏曰：「荀首逆女，而僑如往饋之。此之謂非禮之禮，故以大夫會大夫書之。」汪氏曰：「自文十一年彭生會郤缺、宣十五年蔑會高固，自是大夫會大夫，率以爲常矣。」〇**梁山崩。**《左傳》：「梁山崩，晉侯以傳召伯宗。伯宗辟重，曰：『辟傳！』重人曰：『待我，不如捷之速也。』問其所，曰：『絳人也。』問絳事焉，曰：『梁山崩，將召伯宗謀之。』問：『將若之何？』曰：『山有朽壤而崩，可若何？國主山川，故山崩川竭，君爲之不舉，降服，乘縵，徹樂，出次，祝幣，史辭，以禮焉。其如此而已，雖伯宗若之何？』伯宗請見之，不可。遂以告而從之。」《公羊傳》：「梁山者何？河上之山也。梁山崩何以書？記異也。何異爾？大也。何大爾？梁山崩，壅河三日不流。外異不書，此何以書？爲天下記異也。」《穀梁傳》：「不日，何也？高者有崩道也。有崩道，則何以書也？曰：梁山崩，壅遏河三日不流，晉君召伯尊而問焉。伯尊來，遇輦者，輦者不辟，使車右下而鞭之。輦者曰：『所以鞭我者，其取道遠矣。』伯尊下車而問焉，曰：『子有聞乎？』對曰：『梁山崩，壅遏河三日不流。』伯尊曰：『君爲此召我也，爲之奈何？』輦者曰：『天有山，天崩之。天有河，天壅之。雖召伯尊，如之何？』伯尊由忠問焉。輦者曰：『君親素縞，帥群臣而哭之，既而祠焉，斯流矣。』伯尊至，君問之曰：『梁山崩，壅遏河三日不流，爲之奈何？』伯尊曰：『君親素縞，帥群臣而哭之，既而祠焉，斯流矣。』孔子聞之，曰：『伯尊其無績乎！攘善也。』」杜氏曰：「梁山在馮翊夏陽縣北。」張氏曰：「同州韓城縣有《禹貢》梁山。」

梁山，韓國也。《詩》曰「奕奕梁山，韓侯受命」，而謂之「韓奕」者，言奕然高大，爲韓國之鎮也。後爲晉所滅，而大夫韓氏以爲邑焉。汪氏曰：「春秋之初，晉滅韓，曲沃莊伯之弟韓萬以爲采邑。」**書而不繫國者，爲天下記異，是以不言晉也。**高氏曰：「先王之制：名山大川不以封。梁山雖屬於韓，而非諸侯正受封之地，故《春秋》書『梁山崩』而不繫之國者，爲天下記異也，是以不書晉。夫國主山川，豈特晉當之哉！」**《左氏》載絳人之語，於禮文備矣，而未記其實也。夫降服、乘縵、徹樂、出次、祝幣、史辭，六者禮之文也。古之遭變異而外爲此文者，必有恐懼脩省之心主於內，若成湯以六事檢身，**《荀子·大略》篇：「湯旱而禱曰：『政不節與？民失職與？宮室崇與？女謁盛與？苞苴行與？讒夫昌與？』」**高宗克正厥事，**《書・高宗肜日》：「祖己曰：『惟先格王，正厥事。』」注：「先格王之非心，後正其所失之事。」**宣王側身修行，欲銷去之是也。**《詩・雲漢》序：「美宣王也。宣王遇災而懼，側身修行，欲銷去之。天下喜於王化復行。」**徒舉其文而無實以先之，何足以弭災變乎？夫國主山川，至於崩竭，當時諸侯未聞有戒心而修德也。故自是而後六十年間，弑君十有四，亡國三十二，**汪氏曰：「自此至昭十六年，凡六十年，經書弑君，唯晉州蒲、齊光、衛剽、吴餘祭、蔡固、莒密州、楚虔，凡七；滅國，惟舒庸、鄫、萊、偪陽、舒鳩、賴、陳、蔡、州來，凡九耳。故徐彦疏云『註誤』。今考文十一年敗狄于鹹，何氏謂『宣、成以往，弑君二十八，亡國四十』，證諸經亦不合，抑并《春秋》所不書者言之，如《穀梁》三十四戰者歟？」**其應亦僭矣。《春秋》不明著其事應而事應具存，其可忽諸？**范氏曰：「山者陽位，君之象也，象君權壞。」家氏曰：「《穀梁》具載伯尊所以告其君者，以爲伯尊掠路人之美以爲己能，『孔子聞之曰：「伯尊其無績乎！攘善也。」』其實伯尊以道路鄙淺之言復之於君，失懼灾之意，夫子必無是言也。《春秋》於沙鹿、梁山二大異，特筆而書之，以見天下之治亂，中國之合離，自是而始。縱具文應變，何足言哉？是固天下之異而皆見於晉者，周自東遷，賴伯者以存，齊既衰，獨有晉在，而比歲以來，君庸臣貪，坐隳霸業。晉之削，中國之憂也。意舊史必書『晉梁山崩』，《春秋》削之，實爲天下記異也。」

附録《左傳》：「許靈公愬鄭伯于楚。六月，鄭悼公如楚訟，不勝，楚人執皇戌及子國。故鄭伯歸，使公子偃請成于晉。秋八月，鄭伯及晉趙同盟于垂棘。」○「宋公子圍龜爲質于楚而歸，華元享之，請鼓譟以出，鼓譟以復入。曰：『習攻華氏。』宋公殺之。」

秋，大水。張氏曰：「山崩、大水，陰盛之徵。」○**冬，十有一月己酉，天王崩。**《左傳》：「十一月己酉，定王崩。」高氏曰：「不書葬，罪諸侯之不會也。」○**十有二月己丑，公會晉侯、齊侯、宋公、衛侯、鄭伯、曹伯、邾子、杞伯同盟于蟲牢。**《左傳》：「冬，『同盟于蟲牢』，鄭服也。諸侯謀復會，宋公使向爲人辭以子靈之難。」程子曰：「天王崩而會盟不廢，書同，見其皆不臣。」杜氏曰：「蟲牢，鄭地，陳留封丘縣北有桐牢。」

按《左氏》：「許靈公愬鄭伯于楚。鄭伯如楚，訟不勝。歸而請成于晉。盟于蟲牢，鄭服也。」杜氏曰：「言同盟，服異也。」何氏曰：「約備强楚。」汪氏曰：「即《穀梁》所謂同外楚也。」**鄭服則何以書同盟？天王崩，赴告已及，在諸侯之策矣，以所聞先後而奔喪，禮也。而九國諸侯會盟不廢，故特書「同盟」，以見其皆不臣。《春秋》惡盟誓，於惡之中又有惡焉者，此類是也。**孫氏曰：「天王崩，晉合諸侯同蟲牢之盟，不顧甚矣。」薛氏曰：「王崩而爲盟會，無王之甚也。」汪氏曰：「是盟乃何休所謂同心爲惡，惡必成者也。蓋諸侯之同盟，實有同外楚之心，而不知悖於尊王之義。天子之喪，人道始終之大變，諸侯相見，揖讓入門而聞訃，則不得終禮，況已聞而猶相與會盟，不亦無人心乎？春秋之諸侯，不知有王，故襄王方崩，則晉、魯之卿會盟王都之側而不奔喪；簡王方崩，而邾與晉、衛修朝聘於魯而不修弔事。蓋將以是爲常而不知愧，甚者靈王之訃音已達於天下，而諸侯旅朝於荆楚，且俟致禭執紼，越歲踰時而後返，而曾不遣一介行李問國恤於京師也。吁，可歎哉！」廬陵李氏曰：「鄭自邲戰後皆從楚，至此始從晉，而晉人不能明尊王之義以示之，汲汲於要之以盟誓。此所以竟不能服鄭，雖再救而卒無功也。」

春秋集傳大全卷之二十三

成公二

丙子簡王元年。**六年**晉景十五。齊頃十四。衛定四。蔡景七。鄭悼二，卒。曹宣十。陳成十四。杞桓五十二。宋共四。秦桓二十。楚共六。吴子壽夢元年。**春，王正月，公至自會。**汪氏曰：「二年會蜀、盟蜀不書至者，以望國之君，屈於荆楚之大夫，不可以告廟也。此特書至者，謂成公苟能自會如京師斬衰哭臨，則亦庶幾亡於禮者之禮耳，今也會同之後奄然歸國，故書『公至自會』，以著其無王不臣之罪也。」

附録《左傳》：「春，鄭伯如晉拜成，子游相，授玉于東楹之東。士貞伯曰：『鄭伯其死乎？自棄也已！視流而行速，不安其位，宜不能久。』」

二月辛巳，立武宫。《左傳》：「季文子以鞌之功立武宫，非禮也。聽於人以救其難，不可以立武。立武由己，非由人也。」《公羊傳》：「武宫者何？武公之宫也。立者何？立者不宜立也。立武宫，非禮也。」《穀梁傳》：「立者，不宜立也。」

武宫，武公之宫。立武宫，非禮也。喪事即遠，有進而無退；宫廟即遠，有毁而無立。何氏曰：「過高祖，不得復立廟。」《大戴禮》：「諸侯遷廟。」注：「親過高祖，則毀廟而遞遷之。」**故二昭二穆與太祖而五者，諸侯之廟制也。**朱子曰：「太祖，始封之君。昭之北廟，二世之君居之。穆之北廟，三世之君居之。昭之南廟，四世之君居之，穆之南廟，五世之君居之。太祖之廟，百世不遷。餘四廟，每一易世而一遷。」**曰考廟，曰王考廟，曰皇考廟，皆月祭焉；❶曰顯考廟，曰祖考廟，享嘗乃止；去祖爲壇，去壇爲墠，壇墠有禱則祭，無禱乃止；去墠爲鬼：諸侯之祭法也。**《禮記·祭法》疏：「考廟者，父廟。考，成也，謂父有成德之美也。王考廟者，祖廟。王，君也，言祖有君成之德也，祖尊於父，故加君名也。皇考廟者，曾祖。皇，大也，君也，曾祖轉尊，又加大君之稱也。月祭之者，日月祭之也。顯考廟者，高祖也。顯，明也，高祖居四廟最上，故以高明言之。祖考廟者，祖，始也，是謂始祖廟也。享嘗乃止，享嘗四時祭祀，不得月祭，但四時祭而已。封土曰壇、除土曰墠、去祖爲壇者，謂高祖之父也，其廟既毁，藏主於祖考之廟中，不得四時祭之，若有祈禱，則出就壇受祭也。去壇爲墠者，謂高祖之祖也，其主亦藏祖考廟中，若有祈禱，則出就墠受祭，不得在壇也。高祖之父遷寄太祖，而不得於太祖廟受時祭，故曰去祖。高祖之祖經在壇，而今不得祭，故云去壇。去墠爲鬼，若又有從壇遷來墠者，則此前在墠者爲鬼，雖有祈禱亦不得及。」**武公至是歷世十一，**汪氏曰：「武公名敖，乃伯禽之玄孫，隱公之高祖，傳懿、孝、惠、隱、桓、莊、閔、僖、文、宣、成，凡十有一君。」**其毁已久而輒立焉，非即遠有終之意，故**

❶「月」，原作「有」，今據四庫本及阮刻本《禮記正義》改。

特書曰「立」。立者，不宜立也。常山劉氏曰：「按《王制》、《祭法》，則諸侯宗廟古有彝制，過則毀之，不可復立也。武宮之毀已久而輒立之，非禮明矣。」劉氏曰：「魯諸侯也，僭天子之禮，雖欲尊其祖，鬼神不享也。而學者習於魯之故，更大而稱之，曰：『魯公之廟，文世室也；武公之廟，武世室也。』人之述固久矣，夫其以僭爲典也，此《春秋》所由作也。」陳氏祥道曰：「武公之於魯，徇宣王立庶之非，以階魯國攻殺之禍，而豐功懿德不著於世。自武至桓，其廟已在可遷之列。成公立武宮，昭公有事於武宮，積世不毀，故記禮得以大之，欲以比周之文、武也。」張氏曰：「觀《春秋》之書法，與《祭法》之論廟制，則武宮之立，與煬宮同於失禮違制，斷爲可知。《明堂位》之言，其爲俗儒之論明矣。甚矣，其亂聖制而誤後學也！」汪氏曰：「立武宮僭王制，故書日以謹之，論者因《明堂位》，遂以武宮爲世室。今考《春秋》，所書太廟，則周公之廟也，所書世室，則魯公之廟也。群公之廟則皆繫謚，若武宮、煬宮、桓宮、僖宮是也。苟謂之世室，則世世不毀矣，奚待於成公而始立乎？昭十五年『有事於武宮』，不稱世室，則其以武宮爲世室者妄也。況煬宮乃武公之六世祖，至昭公已二十世，而桓宮則哀公之十世祖，僖宮則哀公之七世祖，皆當言世室也。煬宮在武宮之上，武宮稱世室，煬宮獨不稱世室乎？是知《明堂位》乃後世俗儒因魯僭禮而爲言，春秋之時，非有世室之名也。然考成之十八年晉悼公朝于武宮，昭之十七年當晉頃公之世，而中行穆子獻俘於文宮，晉武公至悼公、文公至頃公，皆已十世，而其宮猶存，則當時諸侯之廟親盡不毀者，不特魯矣。」廬陵李氏曰：「《春秋》書此年立武宮，定元年立煬宮，皆非禮也。胡氏所引用乃《王制》及《祭法》之文，三傳同以爲非禮，而《明堂位》曰：『魯公之廟，文世室也。武公之廟，武世室也。』蓋漢儒習見魯國之舊制，而不知其僭耳。」又曰：「魯有魯公廟爲世室，百世不毁，而又立武宫、煬宫，又桓宫、僖宫，至哀公時猶存，是魯五廟之外，又有五廟也。典禮之壞至於如此。」〇啖氏曰：「《左氏》云：『季武子以鞌之功立武宫。』傳意以爲武軍之宫，如楚子所立者，非也。若以鞌戰之故，不應經五年方立之。」

取鄟。鄟音專。《左傳》：「言易也。」《公羊傳》：「鄟者何？邾婁之邑也。曷爲不係于邾婁？諱亟也。」《穀梁傳》：「鄟，國也。」

鄟，微國也。杜氏曰：「附庸國。」孫氏曰：「根牟、鄟、邿，皆微國也。」**書取者，滅之也。滅而書取，爲君隱也。項亦國也，其書滅者，以僖公在會，季孫所爲，故直書其事而不隱。此《春秋》尊君抑臣，以辨上下，謹於微之意也。人倫之際，差之毫釐，繆以千里，故仲尼特立此義以示後世臣子，使以道事君，而無朋附權臣之惡。於傳有之：犯上干主，其罪可救；乖忤貴臣，禍在不測。**《晉書·王濬傳》：「濬與王渾争功，表云然。」**故臣子多不憚人主而畏權臣，如漢谷永之徒，直攻成帝不以爲嫌，至於王氏則周旋相比，結爲死黨而人主不之覺，**《前漢書·谷永傳》：「日食地震，永對：『内寵太盛，謁行於内，勢行於外。災異者，皇天所以譴君過失。』時成帝委政元舅王鳳，議者多歸咎焉。永知鳳方柄用，陰欲自託，鳳遂厚之。鳳卒，音輔政，永復説音任周、召之職。又與譚書，勸辭城門兵。委曲媚悦，前後所上四十餘事，專攻上身與後宫，而黨於王氏。」**此世世之公患也。歸父家遣，緣季氏也；**事見《左傳》宣公十八年。**朝吴出奔，因無極也；**事見《左傳》

昭公十五年。**王章殺身，忤王鳳也；**《前漢書・王章傳》：「成帝時，王鳳輔政，王章以選爲京兆尹。雖爲鳳所舉，非鳳專權。日食，章奏鳳不可任，爲鳳所陷，下獄死。」**鄭侯寄館，避元載也。**《通鑑》：「唐代宗天曆五年，元載專恣，以李泌有寵於上，忌之。上畏載，會觀察魏少游求參佐，上謂泌曰：『載不容卿，朕今匿卿於少游，俟除載，當報卿來。』」**惟殺生在下而人主失其柄也，是以黨與衆多，知有權臣而不知有君父矣。使《春秋》之義得行，尊君抑臣以辨上下，每謹於微，豈有此患乎？**汪氏曰：「《公羊》於根牟、鄟、邿，皆曰邾邑，然《春秋》未有取他國之地而不係國者。苟以諱亟而不繫邾，則僖公取須句、訾婁，可謂亟矣，何以繫之邾耶？劉氏辨之詳矣。」廬陵李氏曰：「鄟爲微國，《左氏》、《穀梁》同，《公羊》以爲邾邑，不係之邾，『諱亟也』者，非。《春秋》内滅國書取者三：此年取鄟，襄十三取邿，昭四年取鄫，皆諱詞也。」

衛孫良夫帥師侵宋。《左傳》：「三月，晉伯宗、夏陽説，衛孫良夫、甯相，鄭人，伊、雒之戎陸渾蠻氏侵宋，以其辭會也。師于鍼，衛人不保。説欲襲衛，曰：『雖不可入，多俘而歸，有罪不及死。』伯宗曰：『不可。衛唯信晉，故師在其郊而不設備。若襲之，是棄信也。雖多衛俘，而晉無信，何以求諸侯？』乃止。師還，衛人登陴。」家氏曰：「經惟書衛，不與晉人率蠻夷而攻中國也。去年冬宋實預蟲牢之盟，今一辭會而遽加之以兵，以爲未快，復命魯人繼之。前日楚莊圍宋歷三時之久，國幾斃而晉不能救，但曰鞭長不及馬腹。今宋人辭會而伐之至再，晉景惛愚，諸大夫很肆，事多類此。《春秋》聯書魯、衛二侵，責晉深矣。」

附録《左傳》：「晉人謀去故絳，諸大夫皆曰：『必居郇瑕氏之地，沃饒而近鹽，國利君樂，不可失也。』韓獻子將新中軍，且爲僕大夫。公揖而入，獻子從。公立於寢庭，謂獻子曰：『何如？』對曰：『不可。郇瑕氏土薄水淺，其惡易覯。易覯則民愁，民愁則墊隘，於是乎有沈溺重腿之疾。不如新田，土厚水深，居之不疾，有汾、澮以流其惡，且民從教，十世之利也。夫山、澤、林、鹽，國之寶也。國饒，則民驕逸。近寶，公室乃貧，不可謂樂。』公説，從之。夏，四月丁丑，晉遷于新田。」

夏六月，邾子來朝。汪氏曰：「蓋成公即位而始朝也。」○**公孫嬰齊如晉。**《左傳》：「子叔聲伯如晉，命伐宋。」杜氏曰：「嬰齊，叔肸子。」汪氏曰：「二年、三年公兩朝晉，此年嬰齊、行父又兩聘晉，魯仇齊而倚晉爲援，故君臣亟行迭往，事霸之勤，而不知慢王之已甚也。」廬陵李氏曰：「成公之編大夫如晉三，此年嬰齊、行父，十一年行父。」○**壬申，鄭伯費卒。**《左傳》：「六月，鄭悼公卒。」○**秋，仲孫蔑、叔孫僑如帥師侵宋。**《左傳》：「秋，孟獻子、叔孫宣伯侵宋，晉命也。」

魯遣二卿爲主將，永嘉吕氏曰：「二卿並書，與行父、許、僑如、嬰齊四卿並書之意同。當是時，大夫專擅，各自帥師，而公室微矣。侵宋之事小，而專權之患大。」**動大衆焉，有事於宋，而以侵書者，濳師侵掠，無名之意，蓋陋之也。於衛孫良夫亦然。上三年嘗會宋、衛同伐鄭矣，次年宋使華元來聘通嗣君矣，又次年魯使仲孫蔑報華元矣，是年冬鄭伯背楚求成于晉，而魯、衛與宋又同盟于蟲牢矣，今而有事於宋，上卿受鉞，大衆就行，而師出無名，可乎？故特書侵以罪之也。《左氏》載此師晉命也，後二年，宋來納幣，請伯姬焉，則此師爲晉而舉，非魯志**

明矣。兵戎有國之重事，邦交人道之大倫，聽命於人，不得已焉，將能立乎？《春秋》所以罪之也。高氏曰：「使魯伐宋者，雖晉之命，而魯不以大義諭之，遽爲興師，則罪專在魯矣。故書曰侵，責與衛良夫同。」廬陵李氏曰：「《春秋》凡奉伯主之命，或爲伯主而興師者，皆書侵。此年二卿侵宋，十年衛黑背侵鄭，《左》皆曰晉命也。襄二十四年羯侵齊，定六年公侵鄭，八年二卿侵衛，《左》皆曰晉故也。蓋本非有怨，但屈於不得已，故亦無志於深入，但淺侵其境歟。魯、宋自莊十年以後，並無交兵之事，僅見於此。」

楚公子嬰齊帥師伐鄭。楚始書大夫將。《左傳》：「楚子重伐鄭，鄭從晉故也。」襄陵許氏曰：「至是書楚卿帥師者，霸統幾亡也。」○**冬，季孫行父如晉。**《左傳》：「冬，季文子如晉，賀遷也。」汪氏曰：「經不書晉遷者，凡書遷，皆小國逼於强暴，不得已而遷也。晉人擇地利而徙都也，非不得已，故不書遷耳。」○**晉欒書帥師救鄭。**救，《公》作「侵」。《左傳》：「晉欒書救鄭，與楚師遇於繞角。楚師還，晉師遂侵蔡。楚公子申、公子成以申息之師救蔡，禦諸桑隧。趙同、趙括欲戰，請於武子，武子將許之。知莊子、范文子、韓獻子諫曰：『不可。吾來救鄭，楚師去我，吾遂至於此，是遷戮也。戮而不已，又怒楚師，戰必不克。雖克不令。成師以出，而敗楚之二縣，何榮之有焉？若不能敗，爲辱已甚，不如還也。』乃遂還。於是，軍帥之欲戰者衆，或謂欒武子曰：『聖人與衆同欲，是以濟事。子盍從衆？子爲大政，將酌於民者也。子之佐十一人，其不欲戰者三人而已。欲戰者可謂衆矣。《商書》曰：「三人占，從二人。」衆故也。』武子曰：『善均從衆。夫善，衆之主也。三卿爲主，可謂衆矣。從之，不亦可乎？』」

荆楚僭號稱王，聖人比諸夷狄而不赦者，大一統以存周，使民著於君臣之義也。《國語》：「諸侯無二君，而周無二王。故《春秋》貶楚爲深，所以使天下知一王之所以爲尊也。」鄭能背夷即華，是改過遷善，出幽谷而遷喬木也。嬰齊爲是帥師，又因其喪而伐之，不義甚矣，經所以深惡之也。書卿帥師伐鄭，於文無貶辭，何以知其深惡楚也？下書欒武子帥師救鄭，則知之矣。凡書「救」者，未有不善之也，而伐者之罪著矣。高氏曰：「楚伐鄭喪而悼公不葬，晉救雖至，已苦兵矣。然而不肯背蟲牢之盟，是以善其救也。」按《左氏》，晉、楚遇于桑隧，軍帥之欲戰者八人，武子遂還。則無功也，亦何善之有？曰：此《春秋》之所以善欒書也。兩軍相加，兵刃既接，折馘執俘，計功受賞，此非仁人之心、王者之事。故舞干而苗格者，舜也；《書·大禹謨》：「舞干羽于兩階，七旬，有苗格。」因壘而崇降者，文也；事見《左傳》僖公十九年。次于陘而屈完服者，齊桓也；會于蕭魚而鄭不叛者，晉悼也。武子之能不還戮而知還也，亦庶幾哉！汪氏曰：「《公羊》作『欒書侵鄭』。今考明年楚復伐鄭，而中國又救鄭，則非侵鄭明矣。然此書『欒書帥師救鄭』，不二年又書『欒書帥師伐鄭』。書救，以著其恤與國之善；書伐，以著其虐與國之惡。使晉能脩其德政以懷鄭，使之不叛，助之守禦以保鄭，而使之不至於叛，則爲盡善矣。」

丁丑簡王二年。七年晉景十六。齊頃十五。衛定五。蔡景八。鄭成公睔元年。曹宣十一。陳成十五。杞桓五十三。宋共五。秦桓二十一。楚共七。吴壽夢二。春，王正月，鼷鼠食郊牛角，改卜牛。鼷

鼠又食其角，乃免牛。 鼷音奚。《穀梁傳》：「不言日，急辭也，過有司也。郊牛日展觓角而知傷，展道盡矣，其所以備災之道不盡也。又，有繼之辭也。其，緩辭也。曰亡乎人矣，非人之所能也，所以免有司之過也。乃者，亡乎人之辭也。免牲者，爲之緇衣纁裳，有司玄端，奉送至于南郊。免牛亦然。免牲不日不郊，免牛亦然。」杜氏曰：「稱牛，未卜日。免，放也。」

穀梁子曰：「郊牛日展觓音球。**角而知傷，展道盡矣，其所以備災之道不盡也。**范氏曰：「有司展察牛而即知傷，是展察之道盡，不能防災禦患，致使牛傷，故不書日，以顯有司之過。觓，球球然，角貌。」**改卜牛，鼷鼠又食其角，則亡乎人矣，非人之所能也，所以免有司之過也。」**范氏曰：「至此復食，乃知國無賢君，天災之耳，非有司之過也。」何氏曰：「鼷鼠，鼠中之微者。祭天不慎，鼷鼠食郊牛角，書『又食』者，重録魯不覺寤，重有災也。」孫氏炎曰：「有螫毒如鼠狼。」新安羅氏曰：「牛有力之畜，何至爲鼷所食？蓋將祭之犧皆繫於牢，設楅衡以制其角，故鼷得以制之。」**有司免過，即變異也，**范氏曰：「非備災之道不至，此實天變之異。」**其應云何？許翰曰：「小害大，下賊上，食而又食，三桓子孫相繼之象也。宣公有虞三桓之志，至成始弗戒矣。」理或然也。**劉向曰：「鼠小蟲，性盜竊，鼷又其小者也。牛大畜，祭天尊物也，角兵象，在上君威也。小小鼷鼠食至尊之牛角，象季氏乃盜竊之人，將執國命以傷君威，而害周公之祀也。改卜又食，天重語之也。」家氏曰：「《春秋》於魯郊，或譏失禮，或以記異。宣三年、成七年、定十五年、哀元年四書牛傷，皆記異也。」廬陵李氏曰：「郊説詳見僖三十一年。鼷鼠食三：此年，定十五年，哀元年。」

吴伐郯。郯音談。吴始見經。《左傳》：「春，吴伐郯，郯成。季文子曰：『中國不振旅，蠻夷入伐，而莫之或恤，無弔者也夫！《詩》曰：「不弔昊天，亂靡有定。」其此之謂乎！有上不弔，其誰不受亂？吾亡無日矣！』君子曰：『知懼如是，斯不亡矣。』」杜氏曰：❶「吴國在吴郡。」

稱國以伐，狄之也。汪氏曰：「夷狄君臣同辭，止録其號。吴稱國而不繫君臣，比於夷狄也。」孫氏曰：「惡其僭號，狄之也。」**吴本太伯之後，以族屬言，則周之伯父也，何以狄之？爲其僭天子之大號也。**汪氏曰：「《史·吴世家》：『太伯，周太王之長子。太王賢季歷，欲立之，太伯與弟仲雍犇荆蠻，荆蠻義而歸之。至壽夢始大稱王。』今按：此年乃壽夢即位之二年，今考《吴語》，越人稱夫差皆曰天王，則吴之僭王，又非徐、楚之比矣。」**按：《國語》云：「命圭有命，固曰吴伯，不曰吴王。」**《國語·吴語》注：「命圭，受錫之策命。吴本稱伯，故曰吴大伯。」**然則吴本伯爵也，後雖益熾，浸與中國會盟，進而書爵，不過曰子，亦不以本爵與之。故紀於禮書曰：「四夷雖大皆曰子。」此《春秋》之法、仲尼之制也，而以爲不敢擅進退諸侯亂名實者，誤矣。**襄陵許氏曰：「吴自壽夢得申公巫臣而爲楚患。夷狄相攻不志也，伐郯之役，兵連上國，於是始見於《春秋》。志『入州來』，著十五國之所以會鍾離也。」家氏曰：「郯己姓，太皞之後，國雖小，尚有典刑。昭十七年『郯子來朝』，聖人訪之以官

---

❶「杜」，四庫本作「汪」。

名，尚有取焉。《春秋》書『吴伐郯』，憫之也。」項氏曰：「楚初主盟於蜀，而吴已伐郯入州來，異時入郢之禍，已兆於此矣。」廬陵李氏曰：「吴自太伯奔吴，五世至周章而武王克殷，因封之吴，又十四世至壽夢而始大僭稱王，此即壽夢之二年也。蓋成公二年楚申公巫臣奔晉，求通吴以罷楚，於是吴兵始及上國矣。此爲書吴之始。終春秋，書伐郯、伐陳、入州來、入郢、滅州來、滅巢、滅徐、戰長岸雞父，皆書國。雖會鍾離、會善道、會柤、會向、會鄫、會橐皋，亦書國。惟襄五年于戚，始書吴人，襄十二年始書吴子卒，二十九年始書吴子以聘。至柏舉書子，已同於中國，至黄池書子，則主諸侯之詞矣。後七世而亡於越。」

附録《左傳》：「鄭子良相成公以如晉，見且拜師。」

夏，五月，曹伯來朝。《左傳》：「夏，曹宣公來朝。」汪氏曰：「蓋成公嗣位而始來朝也。」〇**不郊，**范氏曰：「言免牲，則不郊顯矣，言免牛亦不郊，而經復書不郊，蓋爲三望起。」杜氏曰：「間有事，故書不郊。」**猶三望。**

吴郡朱長文曰：宋紹興間人，著《春秋通志》二十卷。**「禮：天子有四望，**《周禮・大宗伯》：「旅上帝及四望。」《小宗伯》「四望四類」注：「四望，謂五嶽、四鎮、四瀆。」**諸侯則祭境内山川而已。**《禮記・王制》：「諸侯祭名山大川之在境内者。」**魯當祭泰山。泰山，魯之境也，禮所得祭，故不書。三望僭天子禮，是以書之。」其説是矣。楚子軫言三代命祀，祭不越望，而曰「江、漢、沮、漳，楚之望」，非也。楚始受封濱江之國，漢水、沮、漳，豈其境内哉？此亦據後世并兼封略言之爾。**汪氏曰：「周文王封熊繹於楚蠻，以子男之田居丹陽。今歸州有故丹陽城，則楚本封濱江，而土地甚狹。漢水在今漢陽，沮水亦出漢中，漳水在今漳州，皆距丹陽甚遠，必非楚始封之境。故齊桓問昭王南征涉漢不復，楚以昭王時漢非楚境，不肯服罪。然屈完言『漢水以爲池』，欒枝言『漢陽諸姬，楚實盡之』，則春秋之初，漢水已在楚境内矣。經書猶三望者三。僖三十一年書免牲而繫以『猶三望』，不言不郊者，免牲則知不復郊矣。宣三年書牛死，乃不郊而繫以『猶三望』，不言免牲者，牛死無牲可免，故必言不郊。此年既書免牛，又書不郊，因間有吴、曹二事，不可但言『猶三望』，故以不郊起之也。」襄陵許氏曰：「用是知魯郊或以五月，非特定公也。」高氏曰：「夫三望因郊而設，不郊則望祭之禮不備矣。正祭已廢而舉其從祀，此僖公之舉也。祭從先祖，蓋有惑焉。」

秋，楚公子嬰齊帥師伐鄭。公會晉侯、齊侯、宋公、衛侯、曹伯、莒子、邾子、杞伯救鄭。八月戊辰，同盟于馬陵。《左傳》：「秋，楚子重伐鄭，師于汜。諸侯救鄭。鄭共仲、侯羽軍楚師，囚鄖公鍾儀，獻諸晉。八月，同盟于馬陵，尋蟲牢之盟，且莒服故也。晉人以鍾儀歸，囚諸軍府。」杜氏曰：「馬陵，衛地，陽平元城縣東南有地名馬陵。莒本屬齊，齊服，故莒從之。」

楚人軍旅數起，頻年伐鄭，以其背己而從諸夏也，高氏曰：「去冬欒書救鄭而楚師還，未得志於鄭，故復伐之。」**與莊之欲討徵舒而入陳亦異矣。書大夫之名氏、書帥師書伐而無貶詞者，所謂不待貶絶而罪自見者也。晉合八國之君親往救鄭，則攘夷狄安中國之師也，欲著其善，故特書救鄭以美之。**啖氏曰：「救者，救其患難。凡救患皆爲美也。」家氏曰：「晉前此救鄭，皆以大夫帥偏師，至是合九國之師自將以行，《春秋》爵諸侯而書救鄭，褒之也。」**言救，則楚罪益明，而鄭**

能背夷即華，善亦著矣。前此晉遣上將，諸國不與焉，此則其君自行而會合諸國，則楚人暴横，憑陵諸夏之勢益張，亦可見矣。故盟于馬陵而書同盟者，同病楚也。家氏曰：「此合諸侯救鄭，因以同盟，幸諸侯之猶同也。」汪氏曰：「《穀梁》於新城、斷道、雞澤、平丘，皆曰同外楚，疏謂『傳省文，舉上下以包其餘』，則知晉霸之同盟，大抵皆同外楚也。」王氏曰：「齊桓之救徐，先盟于牡丘，所以盟者，爲救徐設也。晉景之救鄭，後盟于馬陵，非特爲救鄭也，有宋、莒在焉。宋以五年辭會，魯、衛受晉命侵之，莒自晉文之卒至是始與盟約，故知其因馬陵之會以固結之耳。」廬陵李氏曰：「晉景公之編書『同盟』者五，惟此盟無譏焉，則以二救之善也。欒武子之德在民，其此也夫！若非此二舉，則盟蜀之後晉之伯業喪矣。惜乎蟲牢不能謹於義，于蒲不能謹於信，是以馬陵雖善，而竟不能復文、襄之業也。然彼善於此，君子猶取之。」

公至自會。高氏曰：「諸侯會而楚師退，故不以救鄭至。」〇**吴入州來。**《左傳》：「楚圍宋之役，師還，子重請取於申、吕以爲賞田，王許之。申公巫臣曰：『不可。此申、吕所以邑也，是以爲賦，以禦北方。若取之，是無申、吕也。晉、鄭必至于漢。』王乃止。子重是以怨巫臣。子反欲取夏姬，巫臣止之，遂取以行，子反亦怨之。及共王即位，子重、子反殺巫臣之族子閻、子蕩及清尹弗忌及襄老之子黑要，而分其室。子重取子閻之室，使沈尹與王子罷分子蕩之室，子反取黑要與清尹之室。巫臣自晉遺二子書，曰：『爾以讒慝貪惏事君，而多殺不辜。余必使爾罷於奔命以死。』巫臣請使於吴，晉侯許之。吴子壽夢説之。乃通吴于晉，以兩之一卒適吴，舍偏兩之一焉。與其射御，教吴乘車，教之戰陳，教之叛楚。寘其子狐庸焉，使爲行人於吴。

吳始伐楚、伐巢、伐徐。子重奔命。馬陵之會，吳入州來，子重自鄭奔命。子重、子反於是乎一歲七奔命，蠻夷屬於楚者，吳盡取之。是以始大，通吳於上國。」王氏曰：「州來，楚與國也。」杜氏曰：「淮南下蔡縣。」高氏曰：「吳、楚争强始見於此。州來屬楚，吳以兵入之，著楚雖恃强，而吳敢與之敵也。」張氏曰：「吳之始大，豈特楚之患哉？僭王而病中國，亦晉有以啓之也。」家氏曰：「吳伐郯，《春秋》所憂也。入州來，又《春秋》所喜也。州來楚之附庸，要害之地，吳得之可以制楚也。」陳氏曰：「吳、楚交兵不書，至是始書之。始大，通吳於上國，晉人爲之也。盟于蒲，景公將始會吳，吳不至，於鍾離而後至。盟于雞澤，悼公又逆吳子，吳不至，於戚而後至。吳不敢自列于諸夏，而晉求之急，將以罷楚也。楚罷，晉亦不復伯矣。入州來不可不録其始也。」廬陵李氏曰：❶「至昭十三年吳滅州來。」〇劉氏曰：「《左氏》以謂州來楚邑，非也。州來小國，世服於楚，未嘗特與諸侯盟會。謂州來真楚邑，則背於經矣。」〇**冬，大雩。**《穀梁傳》：「雩不月而時，非之也，冬無爲雩也。」高氏曰：「冬非旱時，曰大雩者，志其旱且僭也。」〇劉氏曰：「《穀梁》云：『冬無雩也。』非也。周之十月，今之八月，若久不雨，可不雩乎？」〇**衛孫林父出奔晉。**《左傳》：「衛定公惡孫林父。冬，林父出奔晉。衛侯如晉，晉反戚焉。」杜氏曰：「林父，良夫子。戚，林父邑。林父出奔，戚隨屬晉。」高氏曰：「衛定公惡孫林父，故逐之。林父亡七年而恃晉反衛，復專衛政，又十九年遂逐其君，卒以邑叛，則定公可謂知所惡矣。」杜氏曰：「春秋中年，諸侯之大夫外交强國以伉其君，衛之孫氏、魯之季氏其尤也。林父自結於晉

---

❶「廬」，四庫本作「襄」。

之權臣，爲衛國患幾四十年。晉黨叛臣爲之羽翼，衛獻、魯昭所以失國，晉實爲之也。」

戊寅簡王三年。**八年**晉景十七。齊頃十六。衛定六。蔡景九。鄭成二。曹宣十二。陳成十六。杞桓五十四。宋共六。秦桓二十二。楚共八。吴壽夢三。**春，晉侯使韓穿來言汶陽之田，歸之于齊。**《左傳》：「晉侯使韓穿來言汶陽之田，歸之于齊，季文子餞之，私焉，曰：『大國制義以爲盟主，是以諸侯懷德畏討，無有貳心。謂汶陽之田，敝邑之舊也，而用師於齊，使歸諸敝邑。今有二命曰：「歸諸齊。」信以行義，義以成命，小國所望而懷也。信不可知，義無所立，四方諸侯，其誰不解體？《詩》曰：「女也不爽，士貳其行。士也罔極，二三其德。」七年之中，一與一奪，二三孰甚焉！士之二三，猶喪妃耦，而況霸主？霸主將德是以，而二三之，其何以長有諸侯乎？《詩》曰：「猶之未遠，是用大簡。」行父懼晉之不遠猶而失諸侯也，是以敢私言之。』」《公羊傳》：「來言者何？內辭也，脅我使我歸之也。曷爲使我歸之？鞌之戰，齊師大敗。齊侯歸，弔死視疾，七年不飲酒，不食肉。晉侯聞之，曰：『嘻！奈何使人之君七年不飲酒，不食肉？請皆反其所侵地。』」《穀梁傳》：「于齊，緩辭也，不使盡我也。」杜氏曰：「齊服事晉，故晉來語魯使還之。」

汶陽之田，本魯田也。魯人恃大國之威，以兵力脅齊，得其故地，而不正疆理於天王，則取之不以其道也。郤克戰勝，令於齊曰：「反魯、衛之侵地。」齊既從之。今復有命，俾歸諸齊，則歸之不以其道也。孫氏曰：「汶陽之田，齊所侵魯地也，故二年用師于齊而歸之。今又使穿言歸于齊，非正也。魯之土地，天子所封，非晉侯所可得而制也。晉侯使歸之于齊，是魯國之命制在晉也。故詞繁而不殺以惡之。」**而齊人貪得，晉有二命，穿也列卿，無所諫止，皆罪也。**陸氏曰：

「參譏齊、魯、晉。」高氏曰：「夫魯國之分地，晉不當爲齊請於魯，齊不當求之於晉。韓穿爲晉卿，不當爲齊言於魯，魯不當以晉令遂以與齊。」**來言者，緩詞也。歸之于者，易詞也。**張氏曰：「前此取濟西田及汶陽田，出於晉命矣，不曰『使來言』。後此晉使司馬侯命歸杞田，又爲杞取成矣，亦不曰『使來言』。蓋取所當得，反所當歸，皆義也。制命以義，霸主之常事也，諸侯之所以宗晉以爲盟主，亦曰以義制其予奪而已。今汶陽之歸，徇私而匪公，比强而陵弱，易已成之制命而自亂之。故書來言，以著其不得爲制命；書『歸之于』，以著其不當予，而晉與魯之罪咸見矣。」常山劉氏曰：「歸之于者，歸不以道，與『執衛侯歸之于京師』同義。」**爲國以禮者，無憚於强，而魯侯微弱，遂以歸齊而不能保，罪亦見矣。**高氏曰：「曰『來言』，則晉非必令魯歸之也，言之而已。曰『歸之于』者，强歸之詞，蓋以明晉之失言也。夫汶陽魯田自齊歸魯，曰歸可也，自魯歸齊，安得謂之歸？」汪氏曰：「曰『來言』，則見晉命之緩。蓋自知其言之不順，而未能必魯之從否也。曰『歸之于』，則見取魯田之易。晉卿之一言重於三軍，而不敢固拒也。晉韓宣子有環，其一在鄭商，請於子產，子產弗與。宣子買諸賈人而請之，又弗與。曰：『大國之人而令於小國，皆獲其求，將何以給之？』今季文子知晉人予奪之非義，而不能不以汶陽之田歸齊也，制命非正，而唯命是聽，詎不爲晉之縣鄙乎？夫商人一環而子產不從於强令，況先君所受於王之分地乎？使是時季文子復於韓穿曰：『昔武王克商，成王定之。周公相成王尹天下，有大勳勞於王室，成王封我先君魯公於少皞之墟，錫之山川土田附庸，以昭周公之明德。顧敝邑褊小，密邇仇讎，惟是先王之封畛疆域，莫克有之。大國爲侯伯而長諸侯，矜哀敝邑，以不腆之田而翦於仇讎，是用痛心疾首，悉帥輿賦以爲搴之役。

天誘其衷，齊人悔罪，請盟袁婁，以汶陽之田歸諸敝邑，則大國之命也。義無二信，信無二命，今大夫命敝邑曰復歸諸齊，棄信失義，以蔑先王之制，或者難以霸乎？大國制義以服諸侯，若徼惠於周公、魯公，施榮賜於汶陽，使敝邑世世守之，以勿失隊，則寡君之願也，諸侯之望也。其何有二志，背袁婁之盟而失諸侯？必不爲也。敢盡布之執事，惟執事實圖利之。』如是，則韓穿將恐懼悔謝之不暇，復諸晉侯，不復有歸齊之命矣。韓宣子不能行之於鄭，豈以韓穿獨能行之於魯乎？惜也，季文子爲魯之賢大夫，而有愧於子産多矣！雖然，行父之相魯，不能有立，罪固不可揜，然晉於是時，欒武子、范文子、知武子、中行獻子，皆名卿也。不能引其君以當道，而出令之不信，發命之不衷！徒知蟲牢、馬陵之盟齊既從晉，俾魯歸田，所以堅齊也，曾不思失信於魯，是失信於諸侯，一齊聽命而四方解體，悔而尋盟，惡足以要人心之强同乎？《春秋》書戰于鞌、取汶陽田、韓穿來言汶陽之田歸之于齊，傷晉伯之益偷也。或謂季文子陳義拒穿而田卒不與，誤矣。苟不以田歸齊，則《春秋》當但書晉侯使韓穿來，而不言汶陽之田歸之于齊矣。」○劉氏曰：「《公羊》云：『來言者何？内辭也。』非也。此直言其事耳，亦何内辭哉？《穀梁》云：『不使盡我也。』亦非也。直書以刺晉耳，不使盡我，了無所用也。」

晉欒書帥師侵蔡。《左傳》：「晉欒書侵蔡，遂侵楚，獲申驪。楚師之還也，晉侵沈，獲沈子揖，初從知、范、韓也。君子曰：『從善如流，宜哉！《詩》曰：「愷悌君子，遐不作人。」求善也夫！作人，斯有功績矣。』是行也，鄭伯將會晉師，門于許東門，大獲焉。」襄陵許氏曰：「侵蔡，報伐鄭也。大國争衡而小國受敗，《春秋》矜焉。」高氏曰：「晉得齊之後，冀盡得諸侯也。蔡則畏楚，終不與晉，自翟泉以來，不與中國盟會者四十有八年。文十五年郤缺入蔡，至是欒書復加兵，然非執辭討罪之舉，故書『侵』。」○**公孫嬰齊如莒。**《左傳》：「聲伯如莒，逆也。」杜氏曰：「因聘而逆。」高氏曰：「因馬陵之盟，始復與莒通。」臨川吴氏曰：「大夫託聘之名而自逆婦者多矣，非禮也。」汪氏曰：「行父如陳，公孫兹如牟，嬰齊如莒，皆因遣聘而請昏納婦。《春秋》止書曰『如』，不與其託於公以遂其私也。」○**宋公使華元來聘。**《左傳》：「宋華元來聘，聘共姬也。」高氏曰：「凡諸侯相聘，必有事焉，非專行聘禮也。華元之來，蓋圖昏爾。」○**夏，宋公使公孫壽來納幣。**《左傳》：「禮也。」《公羊傳》：「納幣不書，此何以書？録伯姬也。」何氏曰：「伯姬賢，所以殊於衆女。隱二年傳：『婚禮不稱主人。』此稱使者，宋公無母，自命之也。」杜氏曰：「無主昏者，自命之，故稱使。」

納幣不書，此何以書？公孫壽，卿也，納幣使卿，非禮也。趙氏曰：「昏禮而使公孫，非也。」蜀杜氏曰：「納幣使大夫可也，且公子、公孫爲君納幣，非所以遠嫌也。」家氏曰：「華元來聘，乃宋公始使請婚，俾通其意。此媒氏之事，而遣命卿。魯既許之，公孫壽繼至納幣，再以卿行。兩書宋使，譏也。」**禮不可略，亦不可過，惟其稱而已矣。**汪氏曰：「禮者，理之節文，節其過而文其不及。」**略則輕大倫，過則溺私愛。宋公之請伯姬，魯侯之嫁其女，**汪氏曰：「九年，季文子致女復命，穆姜再拜，則知伯姬乃宣公女，穆姜之所出，而成公之妹也。十四年，成公始娶于齊，使成公有女可妻宋公，宋公亦未應娶庶女爲夫人也。」**皆致其厚者也，而不知越禮逾制，豈所以重大婚之禮哉？經悉書之，爲後法也。**汪氏曰：「《春秋》書納幣者三：莊公如齊納幣，譏其親納幣娶仇女也；文公使公子遂納幣，傳不言譏使卿，以貶喪娶，故舉重而言也；此書公孫壽納幣，但譏使卿耳。」〇趙氏曰：「《左氏》云『禮也』，何其謬歟！若合禮則常事不書。」

晉殺其大夫趙同、趙括。《左傳》：「晉趙莊姬爲趙嬰之亡故，譖之于晉侯，曰『原、屏將爲亂』，欒、郤爲徵。六月，晉討趙同、趙括。武從姬氏畜于公宫，以其田與祁奚。韓厥言於晉侯曰：『成季之勳，宣孟之忠，而無後，爲善者其懼矣。三代之令王，皆數百年保天之禄，夫豈無辟王？賴前哲以免也。《周書》曰：「不敢侮鰥寡，所以明德也。」』乃立武而反其田焉。」

按《左氏》：「趙莊姬爲趙嬰之亡事見《左傳》五年。**譖于晉侯，曰『原、屏將爲亂』，**杜氏曰：「原、屏，同、括之邑。」**欒、郤爲徵。晉討趙同、趙括，以其田與祁奚。韓厥言於君曰：『成季之勳，宣孟之忠，而無後，爲善者懼矣。』乃立武而反其田。」**汪氏曰：「武，朔之子。韓厥言必在他年，傳終言之。」**然則同、括無罪，爲莊姬所譖而欒、郤害之也。故稱國以殺而不去其官，以見晉之失政刑矣。**張氏曰：「晉侯聽讒殺二大夫，故以國殺大夫爲文。同、括爲大夫，不能閑有家以致生亂，又不能慎動遠謗，使莊姬之譖得行，以殺身喪家，失以智御人之道，故書名。」劉氏曰：「同、括内不能正其親，外專戮以干其君，足以殺其身而已矣。」汪氏曰：「或謂晉景因莊姬之譖，追論趙盾弒君之罪而殺同、括，觀鄭人斲歸生之棺而滅其族，則其事容或有之。然《史記》稱：屠岸賈誅趙氏，殺趙朔、趙同、趙括、趙嬰，皆滅其族。而《春秋》止書殺同、括，不書殺朔及嬰，則不惟與傳牴牾，亦且與經相戾，蓋不足信也。」

秋，七月，天子使召伯來賜公命。賜，《公》、《穀》作「錫」。錫命止此。《左傳》：「秋，召桓公來賜公命。」《公羊傳》：「其稱天子何？元年春，王正月，正也，其餘皆通矣。」《穀梁傳》：「禮有受命，無來錫命，錫命，非正也。曰天子，何也？曰見一稱也。」

諸侯嗣立而入見則有賜，已修聘禮而來朝則有賜，能敵王所愾而獻功則有賜。成公即位，服喪已畢而不入見，既更五服一朝之歲矣，汪氏曰：「三年則諒闇已終，今即位八年，是喪畢而又過六年一朝之期也。」**而不如京師，又未嘗敵王所愾而有功也，何爲來賜命乎？召伯者，縣内諸侯，爲王卿士者也。來賜公命，罪邦君之不王，譏天子之僭賞也。**茅堂胡氏曰：「先王之時，諸侯嗣子誓於天子，然後爲世子。三年喪畢，以士服入朝於王，王乃錫命使爲諸侯也。春秋時，爲子多不受命於父，爲臣皆不請命于王，而王使來賜命，此何禮也？」劉氏曰：「諸侯喪畢，以士服見王，乃受命於廟耳。不親受命，諸侯之汰也。賜以命圭，天子之弱也。成公未有大功明德而錫命，非沮賞之典也。」❶吳興沈氏曰：「成公未嘗朝覲於天子，又無功德之可褒，而王遣使就國錫之命，是長其驕傲之心也。《春秋》書王臣來求止於文公，書來聘止於宣公，書錫命止於成公。蓋文、宣以後，周益微弱，而禮文不足以結諸侯，爵命不足以寵諸侯也。」高氏曰：「周之所以王者，以其秉天子之權，而行天下之義也。賞在我，罰在我，是天子之權也；賞可賞，罰可罰，是天下之義也。及其衰也，有其權而無其義，故賞罰俱

---

❶「沮」，四庫本作「勸」。

濫，而天子之權猶在也。迨其衰之甚也，天子之權去矣，其位與諸侯夷矣，其待諸侯有賞而無罰矣。觀《春秋》所書天王加恩於諸侯者甚衆，而懲御諸侯者無見焉。權去而威不行也，不能致罰，則吾之賞也不足以爲諸侯之榮，亦不足以勸諸侯之功，又不足以服諸侯之心，徒致悦於人耳。此天子來賜命所以譏也。」**臨諸侯曰天王，君天下曰天子，**劉氏曰：「天子者，臨天下之言也。天王者，臨諸侯之言也。」《禮記・曲禮》：「君天下曰天子，臨諸侯、畛於鬼神曰有天王某甫。」注：「天下，謂外及四海也。漢於蠻夷稱天子，於王侯稱皇帝。」**蓋一人之通稱。**陸氏曰：「書『天子』，或依策命之文，或傳寫誤也。」永嘉呂氏曰：「《春秋》錫命者三，或書王，或書天王，或書天子。或謂：『天王者，制治天下而主乎法也；天子者，養天下而主乎恩也。在《詩》，賞善罰惡之事多稱王，恩賜燕好之事多稱天子。桓公簒弒而來錫命，則不能行王法，故王去天；成公之立八年矣，未嘗有勤王之績而來賜命，則失於行私恩，故稱天子。』夫錫桓公命，固不能行王法，文公不朝而錫命，獨爲得禮乎？賜成公命，固爲失恩，錫文公命獨不謂失恩乎？」汪氏曰：「天子作民父母，以爲天下王，故周公稱成王曰：『告嗣天子，王矣。』以王與天子兼言之，初非以天子爲卑而王爲尊也。說者以天子爲貶辭，《春秋》於天子之事可貶者非一，何獨於賜成公命而貶之乎？今考宰孔賜齊侯胙，富辛請城成周，皆稱天子，而答者亦云，《覲禮》篇則以王與天子更互言之，則杜氏之說不謬矣。《春秋》三書『錫命』，獨此年《左氏》經作『賜命』。蓋錫、賜皆上予下之名，義無以異，故韻書賜字或作錫。或謂：錫之爵命，世世相襲，則謂之『錫』；服過其爵，有加而賜，則謂之『賜』。今考：內史過賜晉惠公命，則始即位而賜之者也；召伯廖賜齊桓公命，則有功而賜之者也；劉定公賜齊靈公命，則以私恩而賜之者也；王命尹氏等策命晉文公，賜之大輅戎輅，則朝王獻俘而賜之者也。事雖不同，而皆言『賜』也。《詩》稱『王錫申伯』，則始封而錫之也；『王錫韓侯』，則嗣位來見而錫之也；『王命召虎，用錫爾祉，圭瓚秬鬯』，則有功而錫之也。事各異而亦皆言『錫』也。由是知賜、錫義同，不必穿鑿立説，抑或《左氏》字誤耳。」○廬陵李氏曰：「此條《公》、《穀》、趙氏皆作『錫』，惟《左氏》作『賜』。胡氏雖作『賜』，而義亦與錫同。《左氏》雖作『賜』，而義亦與文元年『毛伯錫命』同。惟臨江劉氏曰：『錫命者，爵也。有加而賜，所謂賜命也。古者制：「三公一命卷，若有加則賜也，不過九命；次國之君不過七命，小國五命。」故賜者，謂有加也。以義觀之：錫命者，其世世相襲，衮不廢矣；賜命者，服過其爵，所以章有德也。成公未有大功明德，而服過其爵，譏僭賞也。』其説似與諸家不合，姑存于此。」又曰：「《左》、《公》、《穀》皆作『天子』，諸家亦從之。然三家雖經文作『天子』，而義亦與天王同。何休曰：『仁義合者稱王，又王者，取天下歸往也。天子者，爵稱也。聖人受命，皆天所生，故謂天子。或言天王，或言天子，皆相通也。』楊士勛曰：『王既是四大之重，宜表異號，莫若繫天。以衆人卑故稱母子，貴者取貴稱，故謂之天子。入春秋以來，唯取仁義之稱，未表繫天子之尊，故曰更見一稱也。是天王與天子無異義矣。』若何休，又以爲文公年長，故稱天王，今成公幼少，當須如父教子，未當錫也，是以爲之張義而言天子。賈逵又以爲畿内稱王，諸夏稱天王，夷狄稱天子。皆迂謬不可從。啖子又以子字爲誤，❶未詳是否。魯不朝而王賜之，非正也，而杜氏以八年乃來爲緩，其

❶「又」，原作「天」，今據四庫本改。

失甚矣。」又曰：「天子之見經者三十有二，稱天王者二十有五，稱王者六，稱天子者一。」

附録《左傳》：「晉侯使申公巫臣如吳，假道于莒，與渠丘公立於池上，曰：『城已惡。』莒子曰：『辟陋在夷，其孰以我爲虞？』對曰：『夫狡焉思啓封疆以利社稷者，何國蔑有？唯然，故多大國矣，唯或思或縱也。勇夫重閉，況國乎？』」

冬，十月癸卯，杞叔姬卒。《左傳》：「來歸自杞，故書。」孫氏曰：「出而書卒者，爲明年逆喪起。」陸氏曰：「凡内女爲諸侯夫人，則書卒，以公爲之服也。嫁爲諸侯夫人而不書卒，時魯君非其兄弟，及兄弟之子也。諸侯無大功以下之服，故杞叔姬雖出猶書者，爲喪歸杞故也。」汪氏曰：「或謂：『爲杞所出，不當係之杞。魯人未許其絶，故不以吾女卒之。』非也。苟不書杞，則同於未嫁之女矣。不卒可也，書卒而不係杞，不可也。」〇**晉侯使士燮來聘。叔孫僑如會晉士燮、齊人、邾人伐郯。**《左傳》：「晉士燮來聘，言伐郯也，以其事吳故。公賂之，請緩師。文子不可，曰：『君命無貳，失信不立。禮無加貨，事無二成。君後諸侯，是寡君不得事君也，燮將復之。』季孫懼，使宣伯帥師會伐郯。」

按《左氏》：「士燮來聘，言伐郯也，以其事吳故。汪氏曰：「七年吳伐郯，郯成。」**公請緩師不可。」吳初伐郯，季孫固曰：「中國不振旅，蠻夷入伐，而莫之或恤，亡無日矣。」當其時既不能救，及其既成，豈獲已也，而又率諸國伐之，何義乎？前書來聘，下書會伐，晉侯之爲盟主可見矣。**廬陵李氏曰：「聘而後言伐，其不能以大義令諸侯，與厲公乞師之舉無異矣。」**魯既知其不可，從大國之令而不敢違，其不能立亦可知矣。**汪氏曰：「季孫謂中國不能相恤，藹然仁人之心，然不能輔君爲善，逼於强令，而從之以困小弱，亦何取焉？」家氏曰：「不能治楚而徒欲服鄭，不能制吴而反欲責郯，晉之君臣無能甚矣。先書吴伐郯，此書四國會伐郯，不能救之又伐之，著晉之罪，所以貶也。」高氏曰：「内討如殺趙同、趙括，外討如伐郯，則何以爲政於天下哉！」

衛人來媵。《左傳》：「衛人來媵共姬，禮也。凡諸侯嫁女，同姓媵之，異姓則否。」《公羊傳》：「媵不書，此何以書？録伯姬也。」《穀梁傳》：「媵，淺事也，不志。此其志何也？以伯姬之不得其所，故盡其事也。」程子曰：「媵小事不書。伯姬之嫁，諸侯皆來媵之，故書，以見其一女子之賢，尚聞於諸侯，況君子乎！」

媵者何？諸侯有三歸，嫡夫人行則姪娣從，二國來媵亦以姪娣從。凡一娶九女，所以廣繼嗣。杜氏曰：「諸侯娶嫡夫人及左、右媵，各有姪娣二人，凡九女，所以廣繼續也。」**三國來媵，非禮也。夫以禮制欲則治，以欲敗禮則亂，而諸侯一娶十有二女，**《白虎通》：「天子娶十二女，法天有十二月。」茅堂胡氏曰：「《左傳》：『諸侯嫁女，同姓媵之，異姓則否。』啖子非之，云：『直譏三國來媵非禮，豈爲異姓乎？』蓋諸侯一娶九女而三國來媵，則是十二女也，媵同時，故經備書之，以著其失禮，不爲異姓與同姓。」**則是以欲敗禮矣。備書三國，以明逾制，爲後戒也。**家氏曰：「自入春秋，内女適他國者有矣，諸國之來媵者皆不書。至是伯姬將歸于宋，衛人、晉人、齊人皆來媵。蓋伯姬有賢行，諸國慕之，雖齊、晉之大，忘其勢而樂以其女爲媵。聖人備書，抑亦譏其過制也。」○陸氏曰：「《公羊》云：『録伯姬也。』《穀梁》云：『以伯姬不得其所，故盡其事也。』按：書媵，譏其數爾，非爲伯姬也。」劉氏曰：「諸侯三歸，歸各一族，自同姓耳？若嬴、曹、嬀、弋之君嫁女者，必同姓媵之，則或不能備矣。天子之妃百二十，又可一姓乎？《左氏》之説非也。」

己卯簡王四年。**九年**晉景十八。齊頃十七，卒。衛定七。蔡景十。鄭成三。曹宣十三。陳成十七。杞桓五十五。宋共七。秦桓二十三。楚共九。吴壽夢四。**春，王正月，杞伯來逆叔姬之喪以歸。**《左傳》：「春，杞桓公來逆叔姬之喪，請之也。杞叔姬卒，爲杞故也。逆叔姬，爲我也。」《公羊傳》：「杞伯曷爲來逆叔姬之喪以歸？内辭也，脅而歸之也。」《穀梁傳》：「《傳》曰：『夫無逆出妻之喪而爲之也。』」

凡筆於經者，皆經邦大訓也。杞叔姬一女子爾，而四書于策，汪氏曰：「僖三十一年杞伯姬來求婦，成五年叔姬來歸，八年叔姬卒，此年喪歸。」**何也？有男女然後有夫婦，有夫婦然後有父子，**見《易·序卦》。《禮記·昏義》：「男女有别，而後夫婦有義。夫婦有義，而後父子有親。」**故《春秋》慎男女之配，重大昏之禮，以是爲人倫之本也，事有大於此者乎？男而賢也，得淑女以爲配，則自家刑國，可以移風俗；女而賢也，得君子以爲歸，則承宗廟、奉祭祀，能化天下以婦道，豈曰小補之哉？夷考杞叔姬之行，雖賢不若宋共姬，亦不至如鄫季姬之越禮也。杞伯初來朝魯，然後出之，卒而復逆其喪以歸者，豈非叔姬本不應出，故魯人得以義責之，使復歸葬乎？**臨川吴氏曰：「胡氏言姬本不應出，故魯得以義責之。其説蓋是。」家氏曰：「夫婦天倫，以義而合者也。有過而出，事之必不獲已者也。叔姬之歸，傳不言其故，而自始歸至逆喪皆繫之杞，《春秋》與之歸而爲之書也。」汪氏曰：「宋襄公母出歸于衛，襄公即位，其母思之，義不可往，賦《河廣》

之詩，而聖人取之，則出妻固與廟絶，不可復反。是以啖氏謂『出婦未反而逆其喪，非禮也』。然《春秋》書叔姬卒與杞伯逆喪以歸，悉無貶辭，則知叔姬蓋無悖德反義之行，故杞桓公猶逆其喪。夫在而逆喪歸葬，自應祔廟，與宋襄母不同矣。」魯在春秋時，内女之歸，不得其所者有矣，汪氏曰：「内女出而來歸者三，郯伯姬、齊子叔姬皆不書卒。」聖人詳録其始卒，欲爲後鑒，使得有終而無弊也，其經世之慮遠矣。○啖氏曰：「文十二年《左傳》云：『杞伯請絶叔姬而無絶婚。』『二月，叔姬卒』，不言杞，絶也。書叔姬，言非女也。』此傳大誤。彼文十二年子叔姬，自是魯女未嫁者，若不言杞叔姬，復是何國出乎？」

公會晉侯、齊侯、宋公、衛侯、鄭伯、曹伯、莒子、杞伯同盟于蒲。《左傳》：「爲歸汶陽之田故，諸侯貳於晉。晉人懼，會于蒲，以尋馬陵之盟。季文子謂范文子曰：『德則不競，尋盟何爲？』范文子曰：『勤以撫之，寬以待之，堅彊以御之，明神以要之，柔服而伐貳，德之次也。』是行也，將始會吴，吴人不至。」程子曰：「諸侯患楚之强，同盟以相保。鄭既盟復叛，深罪其反覆。」杜氏曰：「蒲，衛地。」

按《左氏》：「爲歸汶陽之田故，諸侯貳於晉。晉人懼，會于蒲，以尋馬陵之盟。」夫盟，非固結之本也。衛獻公言於甯喜求復國，喜曰：「必子鮮在，不然必敗。」杜氏曰：「子鮮賢，國人信之。」小邾射以句繹來奔，曰：「使季路要我，吾無盟。」杜氏曰：「子路信誠，故欲得與相要誓。」夫信在言前者，不言而自喻；誠在令外者，不令而自行。晉初下令於齊，反魯、衛之侵地，而齊不敢違者，以其順也。齊既從之，魯君親往拜其賜矣，復有二命，俾歸諸齊。一與一

奪，信不可知，無或乎諸侯之解體也。汪氏曰：「解體，猶言離心。」**晉人不知反求諸己，惇信明義，以補前行之愆，而又欲刑牲歃血，要質鬼神以御之，**勉齋黄氏曰：「人惟忠信也，不惟可以通天下之務，而又可以釋天下之疑。苟無忠信誠慤之心以涖之，則吾以詐御彼，彼亦以詐應之也。」**是從事於末而不知本矣。**汪氏曰：「信者，盟之本也。盟者，信之末也。信不由中，雖交質子猶有背之者，況盟乎？」**特書同盟，以罪晉也。**高氏曰：「晉不足以宗諸侯，既爲此盟而諸侯皆貳，於是鄭叛不服，莒潰莫救。故書同盟以著其惡。」張氏曰：「晉因諸侯之貳，不自反其失信反汶陽之非，而復會諸侯同盟，以威制約束之。然自此鄭、魯俱有叛晉之心，執鄭盟魯，紛紛甚矣。治人不治反其智，同盟豈所以一諸侯哉？」汪氏曰：「失信而尋盟，惡其反覆而書同也。程子以是盟患楚之强，同盟以相保，則是同懼楚也。蓋晉人懼諸侯之貳者，懼其貳於楚耳。然魯既失信於奪汶陽，已則無信而要人以信，慮人之異而强其同，安能保之不異哉？于蒲與平丘，皆同病楚，皆晉人懼諸侯之貳而同盟，《春秋》皆書同，憂其反覆而不能終同也。」蜀杜氏曰：「齊桓、晉文之後，晉、齊序於宋上者，以强弱爲大小也。宋於齊、晉不可爲强矣，如杞之削弱，而當序於諸國之下也。夫子因實而書之，悼其不以爵次爲序，而以强弱爲先後也。」廬陵李氏曰：「此盟如胡氏之意，則惡其反覆而書同者也。自蟲牢、馬陵、于蒲三盟，中國之勢稍振。然蟲牢鄭服而不能明於尊王之義，已不足以駕楚。馬陵兩救，雖足以協列國之心，而伐郯之舉，不足以令諸侯，汶陽之歸，不足以固諸侯，於是鄭、魯皆有叛意矣。執鄭、伐鄭，止公、盟公，紛紛如是，卒至會瑣澤而與楚成，會鍾離而借吴援，晉伯不足言矣。」

公至自會。高氏曰：「伯姬將以二月歸宋，而公以正月出會而遽歸者，晉以汶陽之田故，諸侯皆有貳心焉，亦足以見蒲盟之不信也。」○**二月，伯姬歸于宋。**劉氏曰：「諸侯逆女而不書者，君自逆也，自逆則常事不書矣。王姬歸于齊，齊侯實來而不見於經，此其明驗也。」汪氏曰：「杞、郯、鄫皆小國，必君親迎，《春秋》皆不書逆，則以爲常事而不志明矣。」

附録《左傳》：「楚人以重賂求鄭，鄭伯會楚公子成于鄧。」

夏，季孫行父如宋致女。《左傳》：「季文子如宋致女，復命，公享之。賦《韓奕》之五章。穆姜出于房，再拜，曰：『大夫勤辱，不忘先君以及嗣君，施及未亡人，先君猶有望也。敢拜大夫之重勤。』又賦《緑衣》之卒章而入。」《公羊傳》：「未有言致女者，此其言致女何？録伯姬也。」《穀梁傳》：「致者，不致者也。婦人在家制於父，既嫁制於夫。如宋致女，是以我盡之也。不正，故不與内稱也。逆者微，故致女詳其事，賢伯姬也。」程子曰：「女既嫁，父母使人安之，謂之致女。古者三月而廟見，始成婦也。伯姬賢，魯國重之，故使卿致也。」**晉人來媵。**《左傳》：「禮也。」《公羊傳》：「媵不書，此何以書？録伯姬也。」《穀梁傳》：「媵，淺事也，不志，此其志何也？以伯姬之不得其所，故盡其事也。」

致女者何？女既嫁，三月而廟見，《儀禮・士昏禮》：「婦人三月乃奠菜。」**則成婦矣。而後父母使人安之，故謂之致也。**何氏曰：「古者婦人三月而後廟見稱婦，擇日而祭於禰，成婦之義也。父母使大夫操禮而致之。必三月者，取一時足以別貞信，貞信著，然後成婦禮。言女者，謙不敢自成婦禮。」杜氏曰：「謂之致女，所以致成婦禮，篤婚姻之好。」**常事爾，何以書？致女使卿，非禮也。經有因**

褒以見貶者，初獻六羽之類是也；汪氏曰：「因諸侯六佾之復正，而見仲子立宫之非。」**亦有因貶以見褒者，致女、來媵之類是也。**汪氏曰：「因納幣致女使卿、三國來媵之過禮，而見伯姬之賢。」永嘉吴氏曰：「意者魯人以爲賢而備書于册，故仲尼得以從而述之，因其記録之詳，而得以著其失禮爾。」**伯姬賢行著於家，故致女使卿，特厚其嫁遣之禮；**張氏曰：「納幣、致女，皆過乎厚。觀《左傳》載穆姜之辭，則前後越禮，皆穆姜之意歟？」**賢名聞於遠，故諸國争媵，信其無妬忌之行。程氏以爲「一女子之賢，尚聞於諸侯，況君子哉」，或曰：魯女雖賢，豈能聞於遠乎？曰：古者庶女與非敵者，則求爲媵，固爲之擇賢小君，則諸侯之賢女自當聞矣。**汪氏曰：「齊孝公夫人孟姬，齊國稱其貞，孝公脩禮親迎之。」臨川吴氏曰：「伯姬已嫁而晉人來媵，蓋譏其不及事，且爲齊媵起也。」〇劉氏曰：「《穀梁》云：『是以我盡之也。不正，故不與内稱也。』非也。内稱謂稱使，内大夫受命而出無稱使者。假令與内稱，則曰『公使季孫行父如宋致女』乎？」

秋，七月丙子，齊侯無野卒。〇晉人執鄭伯。晉欒書帥師伐鄭。《左傳》：「秋，鄭伯如晉。晉人討其貳於楚也，執諸銅鞮。欒書伐鄭，鄭人使伯蠲行成，晉人殺之，非禮也。兵交，使在其間可也。楚子重侵陳以救鄭。」《穀梁傳》：「不言戰，以鄭伯也。爲尊者諱耻，爲賢者諱過，爲親者諱疾。」

按《左氏》：「楚人以重賂求鄭，鄭伯會公子成于鄧。秋，鄭伯如晉，晉人討其貳於楚，執諸銅鞮。欒書伐鄭。鄭使伯蠲行成，晉人殺之，楚子重侵陳以救鄭。」稱人而執者，既不以

王命，又不歸諸京師，則非伯討也。高氏曰：「鄭伯雖與楚會，旋即悔過而躬朝于晉，是已知前日之失，而自服其罪矣。晉人當捨其前失而待之以禮可也，乃因其來朝而執之，豈有以禮來朝而反蒙執辱者哉？又況鄭使伯蠲行成而殺之耶？《春秋》所以深罪晉而人之也。」又曰：「中國失道，夷狄抗衡。自文、宣以來，晉、楚爭盟而伐鄭，鄭從楚則晉師至，從晉則楚師至。然而自邲之戰，鄭之從楚者十年，其後晉侯伐鄭，更蟲牢、馬陵之會，然後鄭伯受盟。及蒲之會，所以尋前日之盟也，而晉人乃執辱鄭伯，又使欒書伐之，明年又使衛侵鄭，又會諸侯伐鄭。方是時，楚適備吴，未暇爭鄭，故鄭之在晉者亦五年。及楚一求成於鄭，而鄭伯甘心于楚者，蓋追怒晉之不德，弗恤小國之難而輕辱其君。故與楚伐許侵宋，同撓中國。凡二十年間，諸侯之師侵伐盟會曾無虚歲，諰諰然常以失鄭爲憂。是禍也，實晉有以啓之，蓋以不信蒲之盟故爾。」襄陵許氏曰：「向使晉能制楚，使之不能危鄭，討鄭可也。今楚潰莒入鄆，晉不能救，而禁鄭之貳於楚，鄭獨能無懲於肉袒牽羊之禍乎？故晉景之執鄭伯，愧於漢武之遣樓蘭也。」**殺伯蠲不書者，既執其君矣，則行人爲輕，亦不足紀也。楚子重侵陳，與處父救江何異，削而不書者，鄭亦有罪焉耳。夫背夷即華，正也。今以重賂故，又與楚會，則是惟利之從，而不要諸義也。故鄭無可救之善，楚不得有能救之名。**汪氏曰：「晉不能招攜以禮，懷遠以德，怒鄭之貳於楚，拘其君，伐其國，戮其行成之使，暴矣。然《春秋》書欒書帥師、書伐，不加貶辭，楚人侵陳以救鄭則削而不録者，存中國而抑夷狄也。」○劉氏曰：「《穀梁》云：『不言戰，以鄭伯也。』非也。春秋伐而不戰多矣，豈伐則必戰乎？且晉實不執鄭伯以伐鄭，何以能必其以鄭伯乎？」廬陵李氏曰：「《穀梁》言『爲親者諱疾』，注言欒書以鄭伯伐鄭，君臣交兵，病莫大焉，故爲親者諱疾。經無此意。」

附録《左傳》：「晉侯觀於軍府，見鍾儀。問之曰：『南冠而縶者，誰也？』有司對曰：『鄭人所獻楚囚也。』使税之，召而弔之。再拜稽首。問其族，對曰：『泠人也。』公曰：『能樂乎？』對曰：『先父之職官也，敢有二事？』使與之琴，操南音。公曰：『君王何如？』對曰：『非小人之所得知也。』固問之，對曰：『其爲太子也，師保奉之，以朝于嬰齊而夕于側也，不知其他。』公語范文子，文子曰：『楚囚，君子也。言稱先職，不背本也。樂操土風，不忘舊也。稱太子，抑無私也。名其二卿，尊君也。不背本，仁也。不忘舊，信也。無私，忠也。尊君，敏也。仁以接事，信以守之，忠以成之，敏以行之，事雖大，必濟。君盍歸之，使合晉、楚之成。』公從之，重爲之禮，使歸求成。」

冬，十有一月，葬齊頃公。○楚公子嬰齊帥師伐莒。庚申，莒潰，楚人入鄆。《左傳》：「冬，十一月，楚子重自陳伐莒，圍渠丘。渠丘城惡，衆潰奔莒。戊申，楚入渠丘。莒人囚楚公子平，楚人曰：『勿殺，吾歸而俘。』莒人殺之。楚師圍莒，莒城亦惡，庚申，莒潰。楚遂入鄆，莒無備故也。君子曰：『恃陋而不備，罪之大者也。備豫不虞，善之大者也。莒恃其陋而不修城郭，浹辰之間而楚克其三都，無備也夫！《詩》曰：「雖有絲麻，無棄菅蒯。雖有姬、姜，無棄蕉萃。凡百君子，莫不代匱。」言備之不可以已也。』」《穀梁傳》：「其日，莒雖夷狄，猶中國也。大夫潰莒而之楚，是以知其上爲事也。惡之，故謹而日之也。」杜氏曰：「鄆，莒别邑。」任公輔曰：「東鄆也。」

按《左氏》：「楚子重自陳伐莒，圍渠丘，城惡，衆潰。楚師圍莒，莒城亦惡，庚申，莒潰，楚

遂入鄆。」《孟子》曰：「鑿斯池也，築斯城也，與民守之，效死而民不去，是則可爲也。」夫鑿池築城者，爲國之備，所謂事也；效死而民不去，爲國之本，所謂政也。莒恃其陋，不修城郭，浹辰之間，汪氏曰：「戊申至庚申，十二日也。」楚克其三都，信無備矣。然兵至而民逃其上，不能使民效死而不去，則昧於爲國之本也，雖隆莒之城，何益乎？故經於莒潰，特書日以謹之者，以明城郭溝池、重門擊柝，皆守邦之末務，必以固本安民爲政之急耳。程氏曰：「此嬰齊也。向也於會蜀稱嬰齊，於盟稱人，今也於伐莒稱嬰齊，於入鄆稱人，一人之身，俄而進退焉。《春秋》於楚，無所不盡其辭也。是以於栢舉戰稱人，奔稱囊瓦。」何氏曰：「責中國無信，同盟不能相救。」家氏曰：「楚之伐莒，以救鄭也。莒同盟馬陵及蒲，晉坐視其危亡而莫之恤，《春秋》所惡也。鄭會楚，則執其君以伐之，莒敝於兵，則置不問，盟主之道固如是乎？」○劉氏曰：「《穀梁》云：『其日，莒雖夷狄，猶中國也。』然則蔡亦中國，蔡潰，何故不日乎？又曰『大夫潰莒而之楚』，亦非也。經但云潰，不云之楚，且潰者非大夫，何故專以大夫解之乎？」廬陵李氏曰：「范氏例『潰』有四，而《穀梁》之發傳有三。僖四年『蔡潰』、昭二十九年『鄆潰』，傳曰：『潰之爲言，上下不相得也。』文三年『沈潰』同此例矣。此『莒潰』，則曰：『大夫潰莒而之楚，惡之，故謹而日之。』注者以爲莒大夫帥衆叛君而從楚，故變文書日以見惡。此說雖若無據，然或有所傳，不可盡廢。」

秦人、白狄伐晉。《左傳》：「諸侯貳故也。」

經所謹者，華夷之辨也。晉嘗與白狄伐秦，秦亦與白狄伐晉，族類不復分矣。其稱人，貶詞也。王氏《箋義》曰：「不言及，夷之也。」武王伐商，誓師牧野，庸、蜀、羌、髳、微、盧、彭、濮皆與焉，豈亦不謹乎？ 除天下之殘賊，而出民於水火之中，雖蠻夷戎狄，以義驅之可也，亦慮其同惡相濟，貽患於後也。 中國友邦自相侵伐已爲不義，又與非我族類者共焉，不亦甚乎？ 晉既失信，復聽婦人讒説，殺其世臣，汪氏曰：「據殺同、括。」而諸侯皆貳，秦、狄交伐，比事以觀，可謂深切著明矣。高氏曰：「晉爲盟主，既執鄭伯，又不救莒，故諸侯攜貳，而秦人連白狄伐之。見景公不能霸矣。」家氏曰：「宣八年書『晉師、白狄伐秦』，譏在晉也，然晉猶書師也。 今書『秦人、白狄伐晉』，儕秦於狄，貶秦也。 奚貶乎？ 以其黨楚而爲之出師也。 前日秦、晉交兵，自爲其私，曲直猶有所在。 今也楚人争鄭正急，出師潰莒以撓晉，而乃率白狄戰其東，欲使晉人置鄭以去，其爲楚謀善矣。 然捨中國而甘爲外夷之役，秦之所以自處者，卑陋甚矣。」

鄭人圍許。《左傳》：「示晉不急君也。 是則公孫申謀之，曰：『我出師以圍許，爲將改立君者，而紓晉使，晉必歸君。』」高氏曰：「鄭以晉人執其君，故追咎於許而圍之。」張氏曰：「君在外而興師復怨，大臣之罪也。」汪氏曰：「環其國而攻之，非將卑師少所能。 鄭稱人，貶也。」〇**城中城。**《左傳》：「書，時也。」《穀梁傳》：「城中城者，非外民也。」

經世安民，視道之得失，不倚城郭溝池以爲固也。 穀梁子謂凡城之誌皆譏，其説是矣。 唐陳氏曰：「凡書土功者，重民力也。 故得時則書以示之，不時則書以戒之，僭奢則書以懲之。」莒雖恃陋不設備，至使楚人入鄆，苟有令政，使民效死而不潰，寇亦豈能入也。城非《春秋》所貴，而書「城中城」，其爲儆守益微矣。王公設險以守其國，非歟？曰：百雉之城，七里之郭，設險之大端也。謹於禮以爲國，辨尊卑，分貴賤，明等威，異物采，凡所以杜絶陵僭、限隔上下者，乃體險之大用也，獨城郭溝池之足恃乎？高氏曰：「蓋以莒無備而潰，楚人入鄆，懼而城之也。」薛氏曰：「中城者，郛之内而宫之外也。不能自治而夾城重險，故穀梁氏謂之外民也。」范氏曰：「譏公恃城自固，不能衛其人民。」家氏曰：「《穀梁》於定六年『城中城』云三家張也。以是觀之，中城者，國中之城耳，非杜氏所謂廩丘者矣。」汪氏曰：「襄十九年書城西郛，西郛者，國都外城之西郭，則兩書中城，爲國都之内城明矣。文定於此年著傳特詳，且引莒渠丘公不備城郭爲喻，則亦以爲國中之城耳。夫諸侯有道，守在四鄰，諸侯卑，守在四境。不務脩政撫民，而僅完國中之城以自守，其能保乎？」廬陵李氏曰：「經書『城中城』二，又見定六年。」

附録《左傳》：「十二月，楚子使公子辰如晉，報鍾儀之使，請脩好結成。」

庚辰簡王五年。**十年**晉景十九，卒。齊靈公環元年。衛定八。蔡景十一。鄭成四。曹宣十四。陳成十八。杞桓五十六。宋共八。秦桓二十四。楚共十。吴壽夢五。**春，**

附録《左傳》：「晉侯使糴茷如楚，報大宰子商之使也。」

衛侯之弟黑背帥師侵鄭。《左傳》：「衛子叔黑背侵鄭，晉命也。」

按《左氏》：「衛子叔黑背侵鄭，晉命也。」高氏曰：「受大國之命而輕用其師者，皆書『侵』。與六年『侵宋』同。」臨川吴氏曰：「晉既執鄭伯矣，又命欒書伐鄭矣，今又使衛侵之。伯國之所爲如此，其何以服鄭之心乎？」**其曰衛侯之弟者，子叔黑背生公孫剽，孫林父、甯殖出衛侯衎而立剽，亦以父有寵愛之私，故得立耳。此與齊之夷仲年無異，其特書弟以爲後戒，可謂深切著明矣。**永嘉吕氏曰：「或謂：『不書爵命氏族者，未命也，未命則一匹夫耳。來聘、來盟，匹夫而代大夫之事也；帥師，匹夫而代諸侯之權也。師者人之司命，而治亂安危所係。寄之匹夫，亦已輕矣。』吁！此説非也。夫既命之盟、聘、帥師矣，焉有非大夫而可以任國事哉？其書弟者，蓋以見其私爾。仁人之於兄弟，固親愛之而已矣，待之過厚，亦非所以爲中。齊年之子無知，黑背之子剽，皆致篡立。《春秋》以弟書者，豈非以寵愛之私聞於鄰國，而史册書之，孔子因以記之乎？天王弟佞夫、陳黄、衛鱄、秦鍼、陳招、衛縶、宋辰，或殺、或奔、或叛，書之，所以見其薄友愛之義也。一則以厚，一則以薄，悉書于經，而兄弟之義著矣。」廬陵李氏曰：「稱弟例詳見弟年下外，范氏稱：『弟例有四：一接我稱弟，一罪兄稱弟，一惡之稱弟，一賢稱弟。』此説有得有失，不可皆從。」

夏，四月，五卜郊，不從，乃不郊。《公羊傳》：「其言乃不郊何？不免牲，故言乃不郊也。」《穀梁傳》：「夏四月，不時也。五卜，强也。乃者，亡乎人之辭也。」臨川吴氏曰：「二月下旬初卜三月上旬，再卜三月下旬，三卜不從，則當止而不郊矣。乃於三月下旬四卜，又於四月上旬五卜，五卜不從而後不郊，瀆神甚矣。」高氏曰：「魯不當郊也。今之不郊，非據禮也，五卜不從，乃不郊爾。」師氏曰：「卜至於五，其瀆甚矣。皇天饗道，果可以僭而徼其吉耶？」廬陵李氏曰：「『卜郊不從四』條，惟此年五卜，詳見僖三十一年《左》。《正義》曰：『五卜者，當是三月三卜，四月又二卜，皆不吉，乃止也。』」○**五月，公會晉侯、齊侯、宋公、衛侯、曹伯伐鄭。**《左傳》：「鄭公子班聞叔申之謀。三月，子如立公子繻。夏四月，鄭人殺繻，立髡頑。子如奔許。欒武子曰：『鄭人立君，我執一人焉，何益？不如伐鄭而歸其君，以求成焉。』晉侯有疾。五月，晉立太子州蒲以爲君，而會諸侯伐鄭。鄭子罕賂以襄鍾，子然盟于脩澤，子駟爲質。辛巳，鄭伯歸。」高氏曰：「鄭已立君，故晉會諸侯伐鄭而歸鄭伯，因與之成焉。晉既敗人之國，使其君臣變亂而後伐之而歸其君，《春秋》惡其首亂，不以舍服與之也。」○劉氏曰：「《左氏》謂晉人生立太子州蒲以爲君，按經但言晉侯也，無以明其是州蒲。若欲貶晉，書其名乃可明爾。此大事也，仲尼豈忘之哉？信經足矣。」家氏曰：「君在而立君者，鄭也，非晉也。《左傳》所記，傳聞之誤耳。」汪氏曰：「廢立之際，聖人所謹。王猛已稱王，而其卒書子；昭公喪已至自乾侯，而定公始書即位，所謂一年不二君也。豈以一國二君而聖人無貶乎？或謂：《春秋》因其稱爵，從而志之，見其悖禮。此亦惑於《左傳》而爲是説也。」廬陵李氏曰：「《左氏》以爲此經所書晉侯者，太子州蒲也。晉生立子爲君，父不父，子不子，經因書晉侯，其惡明。然《公》、《穀》、胡氏皆無傳，未知然否。」○**齊人來媵。**《公羊傳》：「媵不書，此何以書？録伯姬也。三國來媵，非禮也，曷爲皆以録伯姬之辭言之？婦人以衆多爲侈也。」趙氏曰：「齊人來媵，先書晉、衛者，九女既足而又來媵，所以爲失禮。」高氏曰：「伯姬嫁已久，諸侯以其賢，猶來媵之。然晉、衛已備其數，豈可復加乎？」○**丙午，晉侯獳卒。**獳，乃侯反。《左傳》：「晉侯夢大厲，被髮及地，搏膺而踊，曰：『殺余孫，不義。余得請於帝矣。』壞大門及寢門而入。公懼，入于室，又壞户。公覺，召桑田巫。巫言如夢。公曰：『何如？』曰：『不食新矣。』公疾病，求醫於秦，秦伯使醫緩爲之。未至，公夢疾爲二竪子，曰：『彼良醫也，懼傷我，焉逃之。』其一曰：『居肓之上、膏之下，若我何？』醫至，曰：『疾不可爲也。在肓之上、膏之下，攻之不可，達之不及，藥不至焉，不可爲也。』公曰：『良醫也。』厚爲之禮而歸之。六月，丙午，晉侯欲麥，使甸人獻麥，饋人爲之。召桑田巫，示而殺之。將食，張，如厠，陷而卒。小臣有晨夢負公以登天，及日中，負晉侯出諸厠，遂以爲殉。」廬陵李氏曰：「晉景公立於宣公九年，至是十八年，同盟五，大戰二，救鄭三。」

附録《左傳》：「鄭伯討立君者，戊申，殺叔申、叔禽。君子曰：『忠爲令德，非其人猶不可，況不令乎？』」

秋，七月，公如晉。《左傳》：「秋，公如晉，晉人止公，使送葬。於是糴茷未反。冬，葬晉景公。公送葬，諸侯莫在。魯人辱之，故不書，諱之也。」

此葬晉侯也，而不書，諱之也。劉氏曰：「不言葬，不與葬晉侯也。」**天子之喪動天下，屬諸侯；諸侯之喪動通國，屬大夫。公之葬晉侯，非禮也，惟天子之事焉可也。傳以晉人止公送葬，諸侯莫在焉，魯人辱之，故諱而不書。非矣。假令諸侯皆在，魯人不以爲辱而可書乎？**高氏曰：「公昔不奔天王之喪，今乃奔晉侯之喪，又爲晉人所執，使之送葬。故聖人於景公之葬，没而不書也。」家氏曰：「州蒲傲惰無狀，止望國之君，使之送葬，是以王禮自居也。」

冬，十月。《公》無此三字。廬陵李氏曰：「《公羊》經無此三字，何氏以爲去冬者，惡成公前既怨懟不免牲，今又如晉，過郊乃反，無事天之意，當絶之。其説迂謬不可取。」

春秋集傳大全卷之二十四

成公　三

辛巳簡王六年。**十有一年**晉厲公州蒲元年。齊靈二。衛定九。蔡景十二。鄭成五。曹宣十五。陳成十九。杞桓五十七。宋共九。秦桓二十五。楚共十一。吴壽夢六。**春，王三月，公至自晉。**《左傳》：「晉人以公爲貳於楚，故止公。公請受盟，而後使歸。」王氏曰：「襄公留於楚者七月，書正月公在楚，傳者謂存君也。今成公在晉，不書公在晉者，晉雖恃强見止，猶在中國也。襄公見止而在外夷，則外矣。書法不同，蓋有華夷之别。」**晉侯使郤犨來聘。己丑，及郤犨盟。**犨，尺由反。《公》作「州」，後同。《左傳》：「郤犨來聘，且涖盟。聲伯之母不聘，穆姜曰：『吾不以妾爲姒。』生聲伯而出之，嫁於齊管于奚，生二子而寡，以歸聲伯。聲伯以其外弟爲大夫，而嫁其外妹於施孝叔。郤犨來聘，求婦於聲伯。聲伯奪施氏婦以與之。婦人曰：『鳥獸猶不失儷，子將若何？』曰：『吾不能死亡。』婦人遂行，生二子於郤氏。郤氏亡，晉人歸之施氏。施氏逆諸河，沈其二子。婦人怒，曰：『己不能庇其伉儷而亡之，又不能字人之孤而殺之，將何以終？』遂誓施氏。」臨川吴氏曰：「晉景公卒，成公旋往奔喪，可謂謹於事大矣。而晉不禮之，止之使送葬，已大辱矣。

送葬畢又不使歸，公遂請受盟，以明其非貳。故於三月而後得歸。纔及國而郤犨已至，豈誠心行聘禮也哉？直欲迫公使盟爾。」高氏曰：「公留于晉者九月，晉侯不與公盟，乃反公於國，而使大夫盟之，見晉侯無禮於公甚矣。」汪氏曰：「貶郤犨稱及，不繫之國，與荀庚同。」廬陵李氏曰：「此沙隨不見公之權輿也。」**夏，季孫行父如晉。**《左傳》：「季文子如晉報聘，且涖盟也。」張氏曰：「公之至自晉也，既受盟矣。及文子之聘也，亦且涖盟焉。《春秋》皆不書，而獨書郤犨之涖盟，何也？蓋成公自汶陽之歸齊，欲貳晉而不果，然嫌隙竟章，無以自明。晉因公之朝而止之數月，公請受盟而後使歸，又使郤犨來聘而涖盟，魯使行父往，則又從而盟之，據強大之勢，要君臣之盟，皆魯之耻也。惟犨聘而盟，《春秋》以荀庚、孫良夫例而書之。若成公之受盟，與行父之涖，豈能得晉君而盟之乎？亦大夫盟之耳。不書而諱，皆魯之耻也。」臨川吴氏曰：「郤犨既歸而行父遄往報聘，畏晉故爾。《左氏》以爲且涖盟，盟與不盟，未可知也。」

附録《左傳》：「周公楚惡惠、襄之偪也，且與伯與争政，不勝，怒而出。及陽樊，王使劉子復之，盟于鄄而入。三日，復出奔晉。」

秋，叔孫僑如如齊。《左傳》：「秋，宣伯聘于齊，以脩前好。」薛氏曰：「由齊之媵，始交好于齊也。」張氏曰：「僑如之聘，蓋謝戰鞌之師，捐歸汶陽之忿而行之。迫於晉之辱而不得已也。」襄陵許氏曰：「魯蓋激晉之德禮不施，將貳于齊而未能者歟？」〇**冬，十月。**

附録《左傳》：「晉郤至與周争鄇田，王命劉康公、單襄公訟諸晉。郤至曰：『温，吾故也，故不敢失。』劉子、單子曰：『昔周克商，使諸侯撫封，蘇忿生以温爲司寇，與檀伯達封于河。蘇氏即狄，又不能於狄而奔衛。襄王勞文公而賜之温，狐氏、陽氏先處之，而後及子。若治其故，則王官之邑也，子安得之？』晉侯使郤至勿敢争。」○「宋華元善於令尹子重，又善於欒武子，聞楚人既許晉糴茷成，而使歸復命矣。冬，華元如楚，遂如晉，合晉、楚之成。」○「秦、晉爲成，將會於令狐。晉侯先至焉。秦伯不肯涉河，次于王城，使史顆盟晉侯于河東。郤犨盟秦伯于河西。范文子曰：『是盟也何益？齊盟，所以質信。會所，信之始也。始之不從，其何質乎？』秦伯歸而背晉成。」

壬午簡王七年。**十有二年**晉厲二。齊靈三。衛定十。蔡景十三。鄭成六。曹宣十六。陳成二十。杞桓五十八。宋共十。秦桓二十六。楚共十二。吴壽夢七。**春，周公出奔晉。**《左傳》：「春，王使以周公之難來告。書曰『周公出奔晉』，凡自周無出，周公自出故也。」《公羊傳》：「周公者何？天子之三公也。王者無外，此其言出何？自其私土而出也。」《穀梁傳》：「周有入無出。其曰出，上下一見之也。言其上下之道無以存也。上雖失之，下孰敢有之？今上下皆失之矣。」杜氏曰：「天子無出，故奔不言出。周公爲王所復，而自絶于周，故書出罪之。」

按《左氏》：「周公楚惡惠、襄之偪，且與伯輿争政，不勝，怒而出。王使劉子復之，盟于鄄而入。三日復出，奔晉。」夫人主無誠慤之心，而下要大臣盟，是謂君不君；人臣無忠信之實，而上與人主盟，是謂臣不臣。既已要質鬼神以入矣，又叛盟失信而出奔，則是自絶於天也。張氏曰：「盟誓，衰世之事。劉子奉王命以復周公而盟之，於君臣之道兩失之矣。周公復背盟而出奔，故書出以絶之。」**自周無出，而書曰出者，見周室衰微，刑政號令不行於天下爾。**高氏曰：「周無出也，天下皆周也。周公爲天子三公，而不能同寅協恭，乃與伯輿争政，不勝而出。王既復之，又違命而奔於諸侯之國，是自絶于周，故書出以爲萬世之戒。是時王室衰微，號令不行於天下，故逋逃之臣，諸侯敢受之，書此而晉罪昭然矣。」高郵孫氏曰：「《春秋》之義，自周無出，蓋曰天下一周也。何往而非周乎？天王居鄭，周公奔晉，特異之者，孔子之意也。王之所以爲王，以有其位，而天下皆其有也。王得言出，是自絶其位，而不能有天下也。天下非其有，則雖居鄭，不可不言出也。周公之所以爲公，以其左右天王，而與王共治也。爲三公而自絶于王，是不能有三公之位，雖止奔晉，猶若出于四海之外也。天下一王，而王有三公，《春秋》書出，用見天下無王，而王無三公也。」汪氏曰：「王子瑕、王子朝之奔不言出，蓋瑕、朝皆爲逆亂，無所容其身，逃竄他國以逭誅戮，如國滅之君與在外之臣，非居位禄而出奔也。其不書出，乃書法之常耳。襄王御萬乘之尊，周公都三公之貴，皆當以天下爲家，其書出，則爲貶矣。」廬陵李氏曰：「王室書居三：居皇、居狄泉，不書出，惟襄王居鄭書出。王臣書奔三：子瑕、子朝不書出，惟周公奔晉書出。故《穀梁》曰：『上下一見之也。』許氏曰：『王公書出止一見，後不復書，存周也。』」〇陸氏曰：「《公羊》云：『王者無外，此其言出，自其私土而出也。』按周是畿内之國，不當以私土爲義。《穀梁》云：『周有入無出，上下一見之也。』按二百四十二年，適有此二事耳，非故見上下也。」

夏，公會晉侯、衛侯于瑣澤。《公》作「沙澤」。《左傳》：「宋華元克合晉、楚之成。夏五月，晉士燮會楚公子罷、許偃。癸亥，盟于宋西門之外，曰：『凡晉、楚無相加戎，好惡同之，同恤菑危，備救凶患。若有害楚，則晉伐之；在晉，楚亦如之。交贄往來，道路無壅，謀其不協，而討不庭。有渝此盟，明神殛之。俾隊其師，無克胙國。』鄭伯如晉聽成，會于瑣澤，成故也。」梅溪林氏曰：「宋西門外之盟不書，存中國也。」家氏曰：「晉、楚爲成，關係不細，《春秋》略而不書，豈無意乎？蓋《春秋》所以待夷狄者，乃帝王御外之道，猾夏則禦之，無王則伐之，未有舉中國之大，而求與裔夷爲盟好者也。齊桓之於楚，討而服之；晉文之於楚，敗而却之，而霸者之職舉矣。晉自靈、成，君昏闇而臣惰偷，以避楚爲得計，至是因俘纍以通意，遂交聘而爲成。晉固苟求安佚，而楚實怙其强大，略無息肩之意。後三年渝盟伐鄭，無所恤也。又其後宋向戌復持弭兵之説，爲盟而長楚，遂使中國諸侯，北面於夷楚之庭。中之會，冠屨倒置，其禍端實兆於此，故瑣澤之會書法如此，不與晉爲此會也。」汪氏曰：「僖之三十二年，楚鬭章請平於晉，晉陽處父報之，晉、楚始通。南北之交，文公爲之也。」劉氏曰：「瑣澤之會，本以合楚、鄭也。今楚、鄭不至，魯、衛是會，何耶？且合晉、楚者，宋也。宋亦不與，又何耶？凡晉、楚爲平，則應大合諸侯以申成好，今三國會而已，又何耶？然則傳之言未足信也。」高氏曰：「考傳事實與經不合。夫晉厲之會，實始於此。略諸國而致魯、衛，則以見厲公之德，不能謹始，諸侯多解體矣。」廬陵李氏曰：「此會《左氏》以爲晉、楚爲成，經既不書晉、楚之盟，而《公》、《穀》、胡氏又無傳，獨趙子曰：『若實華元合晉、楚之盟，則無不告諸侯之理，經不應不書。今瑣澤之會，楚不與焉，何以證其成乎？蓋舊説有晉令鍾儀歸求成，事竟不集，《左氏》遂誤，附會爲此傳耳。』未詳是否，姑具其説。陳氏《章指》曰：『晉、楚嘗同盟矣，不書，至襄二十七年始書之。』」○**秋，晉人敗狄于交剛。**《左傳》：「狄人間宋之盟以侵晉，而不設備。秋，晉人敗狄于交剛。」《穀梁傳》：「中國與夷狄不言戰，皆曰敗之。夷狄不日。」鄭氏曰：「交剛，狄地。」劉氏曰：「《春秋》於夷狄未有言戰者。夷狄者，《春秋》之所外也。所外者，將以力治之。中國可教以禮義，故不結日，不偏陳，雖有道猶惡之。夷狄不可教以禮義，其來爲寇，能勝之而已矣。雖不結日，不偏陳，無譏焉。」高氏曰：「此狄蓋白狄也。九年，秦人、白狄伐晉，此先敗狄而後伐秦，是知報九年之役也。」陳氏曰：「中國敗夷狄皆不書，惟晉特書之，病晉也。楚方聘魯、平宋、合諸侯之大夫于蜀，討陳夏徵舒，觀兵于雒矣。而晉區區争地於群狄，是故宣成之。《春秋》晉有事於秦、楚，或略不書，而甚詳於滅狄，以是爲晉衰也。」〇**冬，十月。**

附録《左傳》：「晉郤至如楚聘，且涖盟。楚子享之，子反相，爲地室而縣焉。郤至將登，金奏作於下，驚而走出。子反曰：『日云莫矣，寡君須矣，吾子其入也！』賓曰：『君不忘先君之好，施及下臣，貺之以大禮，重之以備樂。如天之福，兩君相見，何以代此？下臣不敢。』子反曰：『如天之福，兩君相見，無亦唯是一矢以相加遺，焉用樂？寡君須矣，吾子其入也！』賓曰：『若讓之以一矢，禍之大者，其何福之爲？世之治也，諸侯間於天子之事，則相朝也，於是乎有享、燕之禮。享以訓共儉，宴以示慈惠，共儉以行禮，而慈惠以布政，政以禮成，民是以息，百官承事，朝而不夕，此公侯之所以扞城其民也。故《詩》曰：「赳赳武夫，公侯干城。」及其亂也，諸侯貪冒，侵欲不忌，争尋常以盡其民，略其武夫，以爲己腹心股肱爪牙。❶故《詩》曰：「赳赳武夫，公侯腹心。」天下有道，則公侯能爲民干城而制其腹心，亂則反之。今吾子之言，亂之道也，不可以爲法。然吾子，主也，至敢不從？』遂入，卒事。歸，以語范文子。文子曰：『無禮必食

❶ 「肱」，原作「肱」，今據四庫本改。

言，吾死無日矣夫！』冬，楚公子罷如晉聘，且涖盟。十二月，晉侯及楚公子罷盟于赤棘。」

癸未簡王八年。**十有三年**晉厲三。齊靈四。衛定十一。蔡景十四。鄭成七。曹宣十七，卒。陳成二十一。杞桓五十九。宋共十一。秦桓二十七。楚共十三。吳壽夢八。**春，晉侯使郤錡來乞師。**錡，魚綺反。《左傳》：「春，晉侯使郤錡來乞師，將事不敬。孟獻子曰：『郤氏其亡乎！禮，身之幹也；敬，身之基也。郤子無基。且先君之嗣卿也，受命以求師，將社稷是衛，而惰，棄君命也。不亡何爲？』」《穀梁傳》：「乞，重辭也。古之人重師，故以乞言之也。」程子曰：「不以王命興諸侯師，故書乞。」

晉主夏盟，行使諸侯，徵會討貳，誰敢不從？以霸主之尊，而書曰乞師，何也？列國疏封雖有大小，土地甲兵受之天子，不相統屬。魯兵非晉所得專也。今晉不以王命興諸侯之師，故特書曰「乞」，孔氏曰：「晉雖是侯伯，恐魯不與，若言召兵，或容辭説，言乞則不得不與。《釋例》曰：『乞師者，深求過禮之辭，執謙以逼成其計。』❶是解乞爲謙意。」陳氏曰：「外乞師不書，必盟主也而後書。乞，卑辭也，見晉之無以令與國也。」常山劉氏曰：「雖晉之大，命魯興師，亦書曰乞，所以正王法。」趙氏曰：「天子在上，而諸侯自相請師，非禮也。」**以見其卑伏屈損，無自反而縮之意矣。**張氏曰：「自齊桓以來，召兵侵伐，雖不出於王命，然攘夷討罪，爲中國舉，猶足以令諸侯也。今晉以私怨報秦，則其義不足以令諸侯矣。故懼其不從，而卑辭以乞之。《春秋》直書，以見其舉事不公，自貶伯體也。」

---

❶「計」，四庫本作「討」。

聖人作《春秋》，無不重内而輕外，至於乞師，則内外同辭者，劉氏曰：「公子遂如楚乞師，此内接外之辭也。晉郤錡來乞師，此外接内之辭也。聖人作《春秋》，無不輕外而重内。至於乞師，則内外同之者，以兵爲重也。故霸主之尊，猶以乞師爲文。」**蓋皆有報怨復讎貪得之心，**高氏曰：「非有天子之命以徵兵，況又以報私讎乎？」**是以如此。若夫誅亂臣、討賊子，請於天王，以大義驅之，誰不拱手以聽命，何至於乞哉！噫，此聖人所以垂戒後世，見諸行事之深切著明者也。**王氏曰：「郤錡春乞師而夏方與諸侯會伐秦，則晉之霸政亦衰矣。」或問：「春秋之世，盟主興諸侯之師多矣，曷爲晉厲將伐秦、楚，獨言乞師？」茅堂胡氏曰：「秦、楚，皆大國也。是時晉政多門，秦、楚强盛，諸侯憚於興師，晉來乞師以伐之。」汪氏曰：「《春秋》書乞師者五：其一則我乞兵於楚；其三則晉郤錡、欒黶、荀罃，皆厲公徵兵於魯；悼公初立而士魴來，或者循襲厲公之遺法歟？」廬陵李氏曰：「晉厲之乞師三：郤錡爲伐秦，欒黶爲戰楚，荀罃爲伐鄭。厲公不德，人心未服，矯以求諸侯也。晉悼之乞師一，士魴爲救宋。悼公初興，伯事未定，謙以接諸侯也。」

三月，公如京師。《穀梁傳》：「公如京師不月，月，非如也。非如而曰如，不叛京師也。」**夏，五月，公自京師，遂會晉侯、齊侯、宋公、衛侯、鄭伯、曹伯、邾人、滕人伐秦。**《左傳》：「三月，公如京師。宣伯欲賜，請先使，王以行人之禮禮焉。孟獻子從，王以爲介，而重賄之。公及諸侯朝王，遂從劉康公、成肅公會晉侯伐秦。成子受脤于社，不敬。劉子曰：『吾聞之，民受天地之中以生，所謂命也。是以有動作禮義威儀之則，以定命也。能者養之以福，不能者敗以取禍。是故君子勤禮，小人盡力，勤禮莫如致敬，盡力莫如敦篤，敬在養神，篤在守業。國之大事，在祀與戎，祀有執膰，戎有受脤，神之大節也。今成子惰，棄其命矣，其不反乎？』夏四月戊午，晉侯使呂相絶秦，曰：『昔逮我獻公及穆公相好，戮力同心，申之以盟誓，重之以昏姻。天禍晉國，文公如齊，惠公如秦。無禄，獻公即世，穆公不忘舊德，俾我惠公用能奉祀于晉。又不能成大勳，而爲韓之師。亦悔于厥心，用集我文公，是穆之成也。文公躬擐甲冑，跋履山川，踰越險阻，征東之諸侯，虞、夏、商、周之胤而朝諸秦，則亦既報舊德矣。鄭人怒君之疆埸，我文公帥諸侯及秦圍鄭。秦大夫不詢于我寡君，擅及鄭盟。諸侯疾之，將致命于秦。文公恐懼，綏静諸侯，秦師克還無害，則是我有大造于西也。無禄，文公即世，穆爲不弔，蔑死我君，寡我襄公，迭我殽地，奸絶我好，伐我保城，殄滅我費滑，散离我兄弟，撓亂我同盟，傾覆我國家。我襄公未忘君之舊勳，而懼社稷之隕，是以有殽之師。猶願赦罪于穆公。穆公弗聽，而即楚謀我。天誘其衷，成王隕命，穆公是以不克逞志于我。穆、襄即世，康、靈即位。康公，我之自出，又欲闕翦我公室，傾覆我社稷，帥我蝥賊，以來蕩摇我邊疆，我是以有令狐之役。康猶不悛，入我河曲，伐我涑川，俘我王官，翦我羈馬，我是以有河曲之戰。東道之不通，則是康公絶我好也。及君之嗣也，我君景公引領西望曰：「庶撫我乎！」君亦不惠稱盟，利吾有狄難，入我河縣，焚我箕、郜，芟夷我農功，虔劉我邊陲，我是以有輔氏之聚。君亦悔禍之延，而欲徼福于先君獻、穆，使伯車來命我景公曰：「吾與汝同好棄惡，復脩舊德，以追念前勳。」言誓未就，景公即世，我寡君是以有令狐之會。君又不祥，背棄盟誓。白狄及君同州，君之仇讎，而我之昏姻也。君來賜命曰：「吾與女伐狄。」寡君不敢顧昏姻，畏君之威，而受命于吏。君有二心於狄，曰：「晉將伐女。」狄應且憎，是用告我。楚人惡君之二三其德也，亦來告我曰：「秦背令狐之盟，而來求盟于我：『昭告昊天上帝、秦三公、楚三王曰：「余雖與晉出入，余唯利是視。」』不穀惡其無成德，是用宣之，以懲不一。」諸侯備聞此言，斯是用痛心疾首，暱就寡人。寡人帥以聽命，唯好是求。君若惠顧諸侯，矜哀寡人，而賜之盟，則寡君之願也，其承寧諸侯以退，豈敢徼亂？君若不施大惠，寡人不佞，其不能以諸侯退矣。敢盡布之執事，俾執事實圖利之。』秦桓公既與晉厲公爲令狐之盟，而又召狄與楚，欲道以伐晉，諸侯是以睦於晉。晉欒書將中軍，荀庚佐之；士燮將上軍，郤錡佐之；韓厥將下軍，荀罃佐之；趙旃將新軍，郤至佐之。郤毅御戎，欒鍼爲右。孟獻子曰：『晉帥乘和，師必有大功。』五月丁亥，晉師以諸侯之師及秦師戰于麻隧。秦師敗績，獲秦成差及不更女父。曹宣公卒于師。師遂濟涇，及侯麗而還。迓晉侯于新楚。成肅公卒于瑕。」《公羊傳》：「其言自京師何？公鑿行也。公鑿行奈何？不敢過天子也。」《穀梁傳》：「言受命不敢叛周也。」程子曰：「不書朝王，因會伐而行也。故不成其朝，以伐秦爲遂事，明朝爲重。」

諸侯每歲侵伐四出，未有能脩朝覲之禮者。今公欲會伐秦，道自王都，不可越天子而往也，故皆朝王而不能成朝禮。 何氏曰：「時本欲直伐秦，塗過京師，不敢過天子而不朝，復生事造意，脩朝禮而後行。」范氏曰：「實會晉伐秦過京師，因其過朝，故正其文，使若本自往。」臨川吴氏曰：「魯號秉禮之國，歷十二世，二百四十二年之久，僅有成公一如京師，乃因會晉伐秦，道自王都，因而朝焉，本意不在朝王也。故書曰如而不曰朝。」**書曰如京師，見諸侯之慢也，**劉氏曰：「如京師，固美志也。而未知《春秋》以是譏之也。公不伐秦，豈能朝天子乎？天子者，天下之父也，朝有年，聘有時，盡心竭力，致其誠慤專一之意以將之，則所謂子事親、臣事君之道矣。焉有挾二事以往哉！重於伐人，輕於事君，雖有朝之名，而無朝之誠，《春秋》所惡也。」因會伐而行矣。又書公自京師，以伐秦爲遂事者，此仲尼親筆，明朝王爲重，存人臣之禮也。何氏曰：「書自京師，使若故朝然後生事也。」范氏曰：「使若既朝王，而王命己使伐秦。」❶古者諸侯即位，服喪畢則朝，小聘、大聘終則朝，巡狩于方嶽則朝。《禮記·王制》：「諸侯之於天子也，比年一小聘，三年一大聘，五年一朝。天子五年一巡守，覲諸侯。」觀《春秋》所載天王遣使者屢矣，汪氏曰：「來聘七，錫命三，賵葬四，歸脤一，來求三。」十二公之述職，蓋闕如也。獨此年書公如京師，又不能成朝禮，不敬莫大焉。君臣，人道之大倫，而至於此極。故仲尼嘗喟然嘆曰：「夷狄之有君，不如諸夏之亡也。」爲此懼，作《春秋》，或抑或縱，或予或奪，所以明君臣之義者至矣。其義得行，則臣必敬於君，子必敬於父，天理必存，人欲必消，大倫必正，豈曰小補之哉。此以伐秦爲遂事之意也。高氏曰：「公如京師，專行之辭也。然本會晉伐秦，道過王畿，不得不朝。舉其可道者，志敬也。然上書晉來乞師，下書公自京師遂會伐秦，則是挾他事以往，而非專行，乃志其不敬也。其辭若志敬，而實志不敬，此《春秋》微辭也。夫諸侯擅興兵而大會于京師，罪之大者，故聖人詳言之以著其惡也。」高郵孫氏曰：「成公之如

---

❶「己」，四庫本作「命」。

京師，法當罪之，而君臣之大法，不可以成公非禮而亂之也。書曰如京師，遂會諸侯，則成公之罪無所可逃，而君臣之法愈久愈正也。晉侯實召天王而書狩河陽，成公實會伐秦而書如京師，惟其無禮，故以禮正之。」張氏曰：「《春秋》以諸侯事周之禮久闕，而因行於伐秦之役。若没而不書，是盡廢其僅存之禮也；若書以爲朝於京師，則是舉百年之墜典，亦非其實也。故書如京師而不言朝，以見其行禮之不專。書自京師會諸侯伐秦，以見諸侯之行，止爲伐秦而不爲朝京師也。而劉子、成子之在會，亦削而不書，則晉無請命之實意，朝王之專禮，而霸主違典禮以遂私意，摟諸侯以輕王室之罪具見矣。」陳氏曰：「但書伐秦不言戰，略之也。自狄秦以來，❶秦、晉之相加兵皆略之，故戰于麻隧，秦師敗績，但書伐秦；戰于櫟，晉師敗績，但書伐晉，以爲不足詳焉爾。」汪氏曰：「經書朝王之禮者三：僖公朝王所，爲會晉而行；成公如京師，爲伐秦而往，皆非有尊周之本心也。然僖二十八年書公會諸侯，盟于踐土，公朝于王所；公會諸侯于温，天王狩于河陽，公朝于王所。使若諸侯先會而後朝王，去其實以全名也。此年書公如京師，公自京師遂會伐秦，使若請命而往伐，正其名以統實也。然書乞師于前，書至伐于後，則見朝京師實因行以見王，而簡慢之罪視僖公不侔矣。或曰一經之中，魯君僅一如京師而貶之，有如是者，則朝者反得罪，而不朝者無譏歟？吁，不朝之罪，經不書而貶自著。今也因過京師而朝王，苟不示譏而予之以朝，則天下後世將謂尊君之禮可以簡慢，而欺世盜名，挾天子以令諸侯者，又將借稟命伐秦之例以爲口實矣！其關係豈淺

❶「秦」，原作「奏」，今據四庫本改。

淺哉！」廬陵李氏曰：「《左氏正義》云：『公朝于王所者，時王不在京師，故指王言所，據王言之，不得不稱朝。此則王在京師，京師是國之總稱，不可稱朝，故依尋常朝聘鄰國之文，稱如而已。』此説亦近之。」

附録《左傳》：「六月丁卯夜，鄭公子班自訾求入于大宫，不能，殺子印、子羽。反，軍于市。己巳，子駟帥國人盟于大宫，遂從而盡焚之，殺子如、子駹、孫叔、孫知。」

曹伯廬卒于師。「廬」，《左》作「盧」。《左傳》：「曹人使公子負芻守，使公子欣時逆曹伯之喪。秋，負芻殺其太子而自立也。諸侯乃請討之。晉人以其役之勞，請俟他年。」《穀梁傳》：「傳曰閔之也。公大夫在師曰師，在會曰會。」杜氏曰：「負芻、欣時，皆宣公庶子。」高氏曰：「非戰死也，死于行耳，故不書地。」○劉氏曰：「《穀梁》謂『閔之也』，非也。諸侯死於行，則記其地，例如此，何閔之有？」○**秋，七月，公至自伐秦。**孫氏曰：「不以京師至者，明本非朝京師。」張氏曰：「上書如京師，而以伐秦爲遂事，《春秋》所以明朝王之當重也。今以伐秦致，明諸侯以伐秦爲重也。」王氏曰：「此年書法，抑揚予奪，例變無窮。始書乞師，知伐秦厲公意也；次書如京師，知成公之朝非專行也；次書自京師伐秦，使若繼事焉，不可過天子也；卒書至伐，則著公之此行，非爲朝王，名言其實也。《春秋》之稱，微而顯，非聖人，孰能修之？」廬陵李氏曰：「不以如京致而以伐秦致，即如僖四年不以侵蔡致而以伐楚致，皆究其初心也。」○**冬，葬曹宣公。**《左傳》：「冬，葬曹宣公。既葬，子臧將亡，國人皆將從之。成公乃懼，告罪，且請焉。乃反，而致其邑。」《穀梁傳》：「葬時，正也。」

甲申簡王九年。**十有四年**晉厲四。齊靈五。衛定十二，卒。蔡景十五。鄭成八。曹成公負芻元年。陳成二十二。杞桓六十。宋共十二。秦桓二十八，卒。楚共十四。吴壽夢九。❶**春，王正月，莒子朱卒。**杜氏曰：「渠丘公，即季佗也。在位三十二年，子密州嗣，是爲黎比公。」何氏曰：「莒大於邾，至此始卒。」徐邈曰：「葬稱謚，莒行夷禮，君終無謚，故不書葬。」○**夏，衛孫林父自晉歸于衛。**《左傳》：「春，衛侯如晉，晉侯强見孫林父焉，定公不可。夏，衛侯既歸，晉侯使郤犫送孫林父而見之。衛侯欲辭，定姜曰：『不可。是先君宗卿之嗣也，大國又以爲請，不許，將亡，雖惡之，不猶愈於亡乎？君其忍之。安民而宥宗卿，不亦可乎？』衛侯見而復之。衛侯享苦成叔，甯惠子相。苦成叔傲。甯子曰：『苦成家其亡乎。古之爲享食也，以觀威儀、省禍福也。故《詩》曰：「兕觥其觩，旨酒思柔，彼交匪傲，萬福來求。」今夫子傲，取禍之道也。』」孫氏曰：「林父七年奔晉，其言自晉歸于衛者，由晉而得歸也。衛大夫由晉而得歸，衛國之事可知矣。」襄陵許氏曰：「人臣不唯義之爲安，而介恃大國使之反己，此能爲逐君之惡者也。惟辨之不早，是以衛獻至於出奔，禍兆此矣。歸，易詞也，自晉奉之故也。」高氏曰：「晉受衛國逋逃罪戾之臣，又强歸之，故書自晉歸。」廬陵李氏曰：「孫氏出於衛武公，至林父八世。林父以成七年奔晉，此年歸國。襄十四年逐衛獻公，立公孫剽，其冬，晉會于戚而不能討。十九年復奉晉命伐齊，二十五年獻公入夷儀，二十六年甯喜弑剽，林父入戚以叛，其年晉會澶淵，爲林父討衛，疆戚田，取衛西鄙懿氏六十，以與孫氏。此晉人黨孫氏之本末也。」○**秋，叔孫僑如如齊逆女。**《左傳》：「秋，宣伯如齊逆女。稱族，尊君命也。」高氏曰：「公即位十有四年，

---

❶「壽夢」，原倒文，今據四庫本乙正。

國家無事，迄今始娶，又不親迎，而使同姓之卿逆之，援公子遂之例也。故書以爲戒。此《春秋》防微杜漸之旨。」**○鄭公子喜帥師伐許。**《左傳》：「八月，鄭子罕伐許，敗焉。戊戌，鄭伯復伐許。庚子，入其郛，許人平以叔申之封。」襄陵許氏曰：「鄭逼許，楚困鄭，以國大小、兵力强弱更相吞噬，夷夏一道，而人理盡矣。」高氏曰：「此著許之所以遷，亦見晉厲之不霸也。夫許、鄭之怨久矣，三年再伐，四年伐，九年圍之，今又伐焉。使厲公而霸，則鄭人怒鄰兼弱，敢如是乎？明年遷于葉，辟鄭以依楚，明晉不足恃也。而襄三年晉荀罃伐許，猶討其與楚也夫。」**○九月，僑如以夫人婦姜氏至自齊。**《左傳》：「舍族，尊夫人也。故君子曰：『《春秋》之稱，微而顯，志而晦，婉而成章，盡而不汙，懲惡而勸善，非聖人，誰能脩之？』」《穀梁傳》：「大夫不以夫人，以夫人，非正也，刺不親迎也。僑如之摯，由上致之也。」

《穀梁》曰：「大夫不以夫人，以夫人，非正也，刺不親迎也。」僑如之不氏，一事而再見者，卒名耳。何氏曰：「卒，竟也。竟但舉名，省文。」**然則娶于他邦，而道里或遠，必親迎乎？以封壤則有小大，以爵次則有尊卑，以道途則有遠邇，或迎之於其國，或迎之於境上，或迎之於所館，中禮之節可也。**張氏曰：「稱婦，宣公夫人穆姜尚存。」○劉氏曰：「《左氏》云『稱族，尊君命；舍族，尊夫人』，非也。一事而再見卒名之，《春秋》之常耳。」趙氏曰：「書氏，傳寫誤增。」汪氏曰：「或謂婦姜氏，有姑之恒稱，妾姑則不書氏。然穆姜不氏，固曰敬嬴妾姑也。聲姜乃嫡姑，而出姜不氏，何耶？」廬陵李氏曰：「夫人有姑而稱婦者三：文四年逆婦姜、宣元年婦姜至，皆不書氏，惟此齊姜書氏，無貶詞也。陳氏曰『不氏者，別妾姑也』，是。故有成風則出姜不氏，有敬嬴則穆姜不氏，此説亦好。」

冬，十月庚寅，衛侯臧卒。《左傳》：「衛侯有疾，使孔成子、甯惠子立敬姒之子衎以爲太子。冬十月，衛定公卒。夫人姜氏既哭而息，見太子之不哀也，不內酌飲。歎曰：『是夫也，將不唯衛國之敗，其必始於未亡人。嗚呼，天禍衛國也夫！吾不獲鱄也使主社稷。』大夫聞之，無不聳懼。孫文子自是不敢舍其重器於衛，盡寘於戚，而甚善晉大夫。」〇**秦伯卒。**

乙酉簡王十年。**十有五年**晉厲五。齊靈六。衛獻公衎元年。蔡景十六。鄭成九。曹成二。陳成二十三。杞桓六十一。宋共十三，卒。秦景公元年。楚共十五。吴壽夢十。**春，王二月，葬衛定公。**〇**三月乙巳，仲嬰齊卒。**《公羊傳》：「仲嬰齊者何？公孫嬰齊也。公孫嬰齊則曷爲謂之仲嬰齊？爲兄後也。爲兄後則曷爲謂之仲嬰齊？爲人後者爲之子也。爲人後者爲其子，則其稱仲何？孫以王父字爲氏也。然則嬰齊孰後？後歸父也。歸父使于晉而未反，何以後之？叔仲惠伯，傅子赤者也。文公死，子幼，公子遂謂叔仲惠伯曰：『君幼，如之何？願與子慮之。』叔仲惠伯曰：『吾子相之，老夫抱之，何幼君之有？』公子遂知其不可與謀，退而殺叔仲惠伯，弒子赤而立宣公。宣公死，成公幼，臧宣叔者相也。君死不哭，聚諸大夫而問焉，曰：『昔者叔仲惠伯之事，孰爲之？』諸大夫皆雜然曰：『仲氏也，其然乎？』於是遣歸父之家，然後哭君，歸父使乎晉，還自晉，至檉，聞君薨家遣，墠帷哭君成踊，反命于介，自是走之齊。魯人徐傷歸父之無後也，於是使嬰齊後之也。」《穀梁傳》：「此公孫也，其曰仲何也？子由父，疏之也。」

嬰齊者，公子遂之子，公孫歸父之弟也。歸父出奔齊，魯人徐傷其無後也，於是使嬰齊後之，故書曰仲嬰齊。杜氏曰：「嬰齊，襄仲子，歸父弟。宣十八年逐東門氏，既而使嬰齊紹其後，曰仲氏。」**此可謂亂昭穆之序，失父子之親者。**何氏曰：「弟無後兄之義，爲亂昭穆之序，失父子之親，故不書仲孫，明不與子爲父孫。」**以後歸父，則弟不可爲兄嗣。以後襄仲，則以父字爲氏亦非矣。**問：「書仲嬰齊與叔老無異矣，何以見譏其爲兄後乎？」茅堂胡氏曰：「嬰齊乃公子遂之子，當稱公孫。今魯人以之後歸父，書曰仲，見其以父字爲氏，可謂亂昭穆之序矣。何氏謂不言仲孫，明不與子爲父孫。按魯自有仲孫蔑、叔孫豹，故叔彭生、叔老不言叔孫，則仲嬰齊宜亦不書孫矣。」〇劉氏曰：「《穀梁》謂子由父疏，不得稱公孫，則歸父何故稱公孫乎？」廬陵李氏曰：「以仲遂生而賜氏，俾世其卿之說考之，則仲固爲族，無可疑矣。故劉炫曰：『仲遂受賜爲仲氏，故子孫稱仲氏。』是也。《穀梁》説尤失之。」

癸丑，公會晉侯、衛侯、鄭伯、曹伯、宋世子成、齊國佐、邾人，同盟于戚。程子曰：「十三年曹伯卒于師，負芻殺太子自立。既三年諸侯與之盟矣。方執之，稽天討也。故書同盟，見其既同矣。」高氏曰：「戚之會，將討曹伯也。若欲討之，勿與之盟可也。假他事相會而與之盟，既盟而執之，故特書同盟以譏之。」汪氏曰：「三月宋世子成會盟，六月宋公卒。蓋宋公有疾而世子出會也。」臨川吴氏曰：「諸侯世子代君會盟伐救，皆非世子之所宜也。」**晉侯執曹伯歸于京師。**《公》作「歸之于」。《左傳》：「春，會于戚，討曹成公也。執而歸諸京師。書曰『晉侯執曹伯』，不及其民也。凡君不道於其民，諸侯討而執之，則曰某人執某侯，不然則否。諸侯將見子臧於王而立之，子臧辭曰：『前志有之，曰：「聖達節，次守節，下失節。」爲君，非吾節也。雖不能聖，敢失守乎？』遂逃奔宋。」《穀梁傳》：「以晉侯而斥執曹伯，惡晉侯也。不言之，急辭也。斷在晉侯也。」

稱侯以執，伯討也。何以爲伯討？晉合諸侯伐秦，曹宣公卒于師，曹人使公子負芻守，使公子欣時逆曹伯之喪。負芻殺其大子而自立，至是晉侯執之，又不敢自治，而歸于京師，使即天刑，夫是之謂伯討。春秋執諸侯者衆矣。汪氏曰：「晉執虞公、衛成公、鄭成公、莒黎比公、邾宣公、悼公、戎蠻子赤，宋執滕宣公、小邾子，邾執鄫子，楚執徐子，皆稱人。楚執宋襄公，以衆執爲文。晉執曹共公，雖蒙上文晉侯入曹之文，非伯討也。」**未有執得其罪如此者，故獨書其爵。**陳氏曰：「執未有稱爵者，此其稱爵何？討有罪也。」陸氏曰：「二百四十二年，諸侯相執多矣。此獨稱晉侯，以其執既當其罪，又歸京師，得侯伯討罪之義，故書爵以表其善。」蘇氏曰：「稱侯以執，執有罪也。歸于京師，禮也。《春秋》執諸侯，惟是爲得禮。」張氏曰：「《春秋》爵厲公而執曹伯，與其討也，然猶不揜曹伯之與盟者，以爲先執曹伯以令諸侯。然後盟之，乃盡善也。觀曹人請君于晉，曰：『若有罪，則君列諸會矣。』由一舉措之不當，遂開釋姦之門，豈小失哉！」〇劉氏曰：「《左氏》謂『凡君不道於民，諸侯討而執之，則曰某人執某侯』，非也。負芻殺大子而篡之，國人不義，舉，欲隨公子欣時而亡，非不道而何？夫負芻之惡，未見於經，晉侯執之，然後可見其罪。今以《左氏》例推之，則晉侯妄執之爾，豈其然耶？《穀梁》謂『以晉侯而斥執曹伯，惡晉侯也』，亦非也。若云晉人執曹伯，得無又非之乎？」永嘉呂氏曰：「或疑負芻之殺太子，經無明文，設有之，《春秋》何以不書？疑未得其實。然嘗以《春秋》書法考之，則他執諸侯皆稱人，其稱侯者獨此一事耳，安得以爲非伯討乎？傳之所言與經意同，益足以爲證矣。」廬陵李氏曰：「此條張氏最得之，其義足以補胡氏之所不及。蓋此事與齊桓辭子華正相類，彼則列於會而後辭之，此則列於會而後執之，皆未爲盡善也。」

公至自會。○夏，六月，宋公固卒。《左傳》：「宋共公卒。」○**楚子伐鄭。**《左傳》：「楚將北師。子囊曰：『新與晉盟而背之，無乃不可乎？』子反曰：『敵利則進，何盟之有？』申叔時老矣，在申，聞之，曰：『子反必不免。信以守禮，禮以庇身，信禮之亡，欲免得乎？』楚子侵鄭，及暴隧，遂侵衛，及首止。鄭子罕侵楚，取新石。欒武子欲報楚，韓獻子曰：『無庸。使重其罪，民將叛之，無民孰戰？』」家氏曰：「晉、楚爲成，期以弭兵。甫及三歲而楚伐鄭，首禍也。書楚子，目其人而貶之，非爵也。」○**秋，八月庚辰，葬宋共公。**共音恭。《穀梁傳》：「月卒日葬，非葬者也。此其言葬，何也？以其葬共姬，不可不葬共公也。葬共姬則其不可不葬共公，何也？夫人之義不踰君也，爲賢者崇也。」○劉氏曰：「《穀梁》謂『以其葬共姬，不可不葬共公』，非也。莊二十九年葬紀叔姬，而不葬紀侯，何哉？」○**宋華元出奔晉。宋華元自晉歸于宋，宋殺其大夫山，宋魚石出奔楚。**《左傳》：「秋八月，葬宋共公。於是華元爲右師，魚石爲左師，蕩澤爲司馬，華喜爲司徒，公孫師爲司城，向爲人爲大司寇，鱗朱爲少司寇，向帶爲大宰，魚府爲少宰。蕩澤弱公室，殺公子肥。華元曰：『我爲右師。君臣之訓，師所司也。今公室卑而不能正，吾罪大矣。不能治官，敢賴寵乎？』乃出奔晉。二華，戴族也。司城，莊族也。六官者，皆桓族也。魚石將止華元，魚府曰：『右師反必討，是無桓氏也。』魚石曰：『右師苟獲反，雖許之討，必不敢。且多大功，國人與之。不反，懼桓氏之無祀於宋也。右師討，猶有戌在，桓氏雖亡，必偏。』魚石自止華元于河上。請討，許之。乃反，使華喜、公孫師帥國人攻蕩氏，殺子山。書曰『宋殺其大夫山』，言背其族也。魚石、向爲人、鱗朱、向帶、魚府出舍于睢上。華元使止之，不可。冬十月，華元自止之，不可。乃反。魚府曰：『今不從，不得入矣。右師視速而言疾，有異志焉。若不我納，今將馳矣。』登丘而望之，則馳騁而從之，則決睢澨，閉門登陴矣。左師、二司寇、二宰遂出奔楚。華元使向戌爲左師，老佐爲司馬，樂裔爲司寇，以靖國人。」程子曰：「山去族，害公族也。」

宋六卿：魚氏、蕩氏、向氏、鱗氏，皆桓族也。汪氏曰：「公子目夷，字子魚。公子蕩、公子鱗，皆桓公子。魚石、魚府，皆目夷孫，乃公孫友之子。蕩澤，乃公子蕩子，公孫壽之孫。向戌，桓公曾孫。向爲人、向帶，皆戌族。」**華氏，戴族也。**汪氏曰：「華督，戴公孫。華元，華御事子，督曾孫。華喜，督玄孫。」

華元爲右師，魚石爲左師。蕩氏汰而驕，共公卒，已葬，蕩澤弱公室，殺公子肥。華元曰：「我司君臣之訓而不能正，罪大矣。不能治官，敢賴寵乎？」乃出奔晉。魚石將止之，魚府曰：「元反必討，是無桓氏也。」石曰：「彼多大勳，國人所與。不反，懼桓氏之無祀於宋也。」遂自止元於河上。元歸，使國人攻桓氏，殺蕩山，出魚石，國然後定。元之出奔晉與歸于宋皆不省文者，著其正也。張氏曰：「鄭良霄之奔而歸也，逆順與華元不同，書法亦異。良霄之入，不再序而曰入，逆也。華元再序以與之，又書曰歸，則其出處之正從可知矣。故例外通類，而後例中之法可見也。」**書之重、詞之複，必有美惡焉。詞繁而不殺，所以與之也。以不賴寵而出奔，以國人與晉皆許之討而後入，正可知矣。蘇轍謂「使元懷禄顧寵重於出奔，則不能討」，此說是也。**蘇氏曰：「元將討山而力不能討，故出奔。奔而國人許之討，然後歸。故其討之也，族人莫救。書法如此，言其出入之正，是以能討山也。使元懷禄顧寵重於出奔，必不能討矣。鄭子産爲政，豐卷將祭，請田，弗許，卷退而徵役，子産奔晉，子皮止之，歸而逐卷，亦猶是也。」王氏《箋義》曰：「華元初欲奔晉，至河而復，是未至晉者也。今以自晉歸宋爲文，何也？蓋其奔也，欲求晉討强臣以張公室，今爲魚石所止，許討蕩氏，則與晉討無異。故周公爲王所復，既而復奔晉，君子以爲自絶於周，書出以罪之。華元爲魚石所止，遂反其位，《春秋》善之，故書自晉歸于宋，以成其志也。」**出不書氏，背其族也。背其族者，伐其本也。人而無本，人道絶矣。葛藟猶能芘其本根，況於人而忍伐其本乎？**

杜氏曰：「蕩氏，宋公族，還害公室，故去族以示罪。」茅堂胡氏曰：「山背本也。韓非爲秦畫謀，而首欲覆其宗國，罪固不容於死矣。」汪氏曰：「五大夫同奔，亦同復入。但書魚石、華亥、向寧、華定、宋公弟辰、仲佗、石彄、公子地，出入悉列名氏。蓋魚石首惡，舉重而書之，餘不足紀。陳氏所謂『罪其甚焉者』是也。亥、寧、定、辰、佗、彄、地，其罪皆同，故備録之耳。」廬陵李氏曰：「華元之奔，其奔而歸，與鄭良霄之奔，其奔而入，事若相類，然逆順之情不同，故歸入之詞亦異。鄭良霄之入，不再書鄭良霄，而宋華元之入，再書宋華元，所以予之也。又據杜氏以爲元本未至晉，《春秋》既書奔晉，又書自晉歸者，元欲挾晉以自重，故以外納告，此亦非也。蓋書奔晉者，著其亡已出竟。書自晉歸而後殺山者，著其反能討罪，此《春秋》之精意也。」○劉氏曰：「《左氏》云，華元自止魚石五大夫，此傳未可信也。」趙氏曰：「按傳，魚石自請討蕩澤，則是處無過之地矣。既討之後，何事魚石又奔？假如魚石爲與蕩氏同族，慙而自去，則是知耻之人，後不應却入彭城爲亂。蓋魚石直與蕩澤同惡爾。國亂用兵相攻，則仇敵也，如何自止乎？」廬陵李氏曰：

「《公羊》注引《春秋》説，言宋公卒，子幼，華元以憂國爲大夫山所譖，出奔晉。晉人理其罪，宋人反華元而誅山，故繁文大之也。言歸者，明出入無惡。魚石與山有親，恐見及，故奔楚也。此説亦近事情，故胡氏以爲國人與晉皆許之討而後入。如《左氏》説，則魚石亦自知其罪，又知華元之有大功，寧自奔反華元，華元又立向戌以存桓氏矣。何至後來魚石親爲亂首，入彭城以披宋乎？故趙子辨之。又曰『誅有罪而稱國以殺』者，陳氏云：『不氏所以別其非無罪也，以不氏見其罪。』則稱國者，有司法守之詞也。」

附録《左傳》：「晉三郤害伯宗，譖而殺之，及欒弗忌。伯州犂奔楚，韓獻子曰：『郤氏其不免乎？善人，天地之紀也，而驟絶之，不亡何待？』初，伯宗每朝，其妻必戒之曰：『盜憎主人，民惡其上，子好直言，必及於難。』」

冬，十有一月，叔孫僑如會晉士燮、齊高無咎、宋華元、衛孫林父、鄭公子鰌、邾人，會吴于鍾離。「咎」，其九反。鰌音秋。此會吴之始，亦晉以諸侯之大夫爲會之始。《左傳》：「始通吴也。」《公羊傳》：「曷爲殊會吴？外吴也。《春秋》内其國而外諸夏，内諸夏而外夷狄。王者欲一乎天下，曷爲以外内之辭言之？言自近者始也。」《穀梁傳》：「會又會，外之也。」程子曰：「吴益强大，求會于諸侯。諸侯之衆往而從之，故書諸國往與之會，以見夷狄盛而中國衰也。時中國病楚，故與吴親。襄十年相之會，十四年向之會，與此同。」杜氏曰：「鍾離，楚邑，淮南縣。」

吴以號舉，夷之也。汪氏曰：「實吴子也。比之淮夷、姜戎、白狄之類，故不書爵。」**會而殊會，外之也。殊會有二義：會王世子于首止，意在尊王室，不敢與世子抗也；**汪氏曰：「會王世子，以卑會尊，故稱及以會；會吳，以中國會夷狄，故稱會以會，文相似而實不同。」**會吳于鍾離、于柤、于向，意在賤夷狄，而罪諸侯不能與之敵也。**杜氏曰：「吳夷未嘗與中國會，今始來通，晉帥諸侯大夫而會之，故殊會。」陳氏曰：「晉初與諸侯之大夫會吳也。傳曰『始通吳也』，於是大夫自爲會矣。殊會，齊桓公所以尊王世子也。齊桓公以殊會會王世子，厲公以殊會會吳，吳之爲蠻久矣，而與王世子同文，甚矣厲公之爲中國患。」孫氏曰：「諸侯大夫不敢致吳子也。吳子在鍾離，故相與會吳子于鍾離爾。」**夫以太伯至德，是始有吳。以族言之，則周之伯父也。至其後世，遂以號舉者，以其僭竊稱王，不能居中國之爵號耳。**家氏曰：「吳固姬姓，太伯之後，而僭王稱，用夷禮，《春秋》雖欲同之中國，有不可得也。」**成、襄之間，中國無霸。齊、晉大國，亦皆俛首東向而親吳。聖人蓋傷之，故特殊會，可謂深切著明矣。**高氏曰：「外會書卿，蓋始於此。」永嘉呂氏曰：「向也爲中國患者，楚而已。與中國盟會者，亦楚而已，未有吳也。自成之七年，吳伐郯始見於經，於是吳爲中國患矣。此年會吳于鍾離，於是吳與中國盟會矣。然所與同會者，猶曰諸侯之大夫也。戚之會、柤之會，則諸侯實與爲會矣。馴致黃池之會，遂與晉爭長，而奄然主中國之會盟。開門延盜，以來斷髮文身之夷，非晉之咎而誰哉？」王氏曰：「一會鍾離而合七國，再會于柤而合十二國，三會于向而合十三國，天下諸侯，無一不聽於吳，幾何而不胥爲夷乎？《春秋》特殊會，所以抑强夷而存中國也。」廬陵李氏曰：「晉之會吳六：鍾離、柤、向，善道，諸侯往與之會而主吳，故以殊會書而稱國，外之也。于戚，吳人來與中國之會而不爲主，故以列會書而稱人，進之也。黃池，則吳、晉兩霸，而晉反爲吳後矣，故亦以殊及書而稱子，順內外之常，著盟會之實也。然殊會之説，如《公》、《穀》、胡氏，則以爲《春秋》外吴之筆，如陳氏，則以爲晉厲尊吴之文，二意稍不同，恐皆可用。蓋惟諸國尊之爲主，所以《春秋》外之爲夷也，語亦互通。至如王世子之書，則桓公實能尊異之，《春秋》順其事而書以美之耳。然首止書公及，見義事在所當欲。鍾離書僑如會，見非義之事非所當與謀也。又曰吴之見經，始於郯之伐，盛於州來之入。晉之通吴，始於于蒲之欲會，成於鍾離之往會。始也，以夷狄攻夷狄，中國若未甚憂。繼也，資一夷狄以治一夷狄，中國之本體虧矣。」

許遷于葉。葉，舒涉反。《左傳》：「許靈公畏偪于鄭，請遷于楚。辛丑，楚公子申遷許于葉。」《穀梁傳》：「遷者，猶得其國家以往者也。其地，許復見也。」高氏曰：「許，微弱之國，鄰於鄭，鄭亟加兵，今遂遷焉，蓋畏鄭而南依楚，故以自遷爲文。」陳氏曰：「許從夷狄，雖遷之，猶自遷也。故遷于夷，以公子棄疾；遷于白羽，以王子勝，皆以自遷書之。」張氏曰：「葉，汝州葉縣，葉近楚，而楚遷許以自近。中國盟主不能安小國，而使之昵蠻夷以求安。《春秋》深以著小國之失所也。」廬陵李氏曰：「許以此年遷葉，昭九年遷夷，十八年遷白羽，定四年遷容城，皆避鄭也。又二年而滅於鄭游速矣。觀其所主，而成敗見。許之逃中國而主楚，其亦不善擇所從哉！」

丙戌簡王十一年。**十有六年**晉厲六。齊靈七。衛獻二。蔡景十七。鄭成十。曹成三。陳成二十四。杞桓六十二。宋平公成元年。秦景二。楚共十六。吴壽夢十一。**春，王正月，雨木冰。**《公羊傳》：「雨木冰者何？雨而木冰也。何以書？記異也。」《穀梁傳》：「雨而木冰也。志異也。傳曰：『根枝折。』」

雨木冰者，雨而木冰也。孔氏曰：「正月，今之仲冬，時猶有雨。未是盛寒，雨下即著樹爲冰。記寒甚之過其節度。」王氏曰：「陰陽和則雨。雨者，融陰陽之和氣以潤澤於草木者也。今乃封著於木，則陰勝而陽不足甚矣。」**何休曰：「木者少陽，幼君大臣之象。冰者凝陰，兵之類也。冰脅木者，君臣將執於兵之徵。未幾而有沙隨、苕丘之事。天人之際，休咎之應，焉可誣也！」**范氏曰：「木介，甲胄之象。」高氏曰：「雨著木而成冰，上温而下寒也。與隕霜不殺菽相反。劉向謂木者少陽，貴臣、卿大夫之象，後世雨木冰，多應在大臣。天人之應，或可推也，漢儒之學，豈無所受？但不當每事求合爾。」**而欲盡廢《五行傳》，亦過矣。**《前漢書·劉向傳》：「向見《尚書·洪範》箕子爲武王陳五行、陰陽、休咎之應，乃集上古以來春秋、六國至秦、漢符瑞、災異之記，推迹行事，比類相從，各有條目，號曰《洪範五行傳》。」王安石曰：「劉向明災異爲蔽，自著《洪範傳》，以若訓如，言人君之五事，如天之雨、暘、寒、燠、風。夫天人不相干，豈可强合也。」程子曰：「《春秋》所書災異，皆天人響應。但人以淺狹之見，以爲無應，其實皆應之。然漢儒言災異，皆牽合不足信。儒者見此，因盡廢之。」

附録《左傳》：「春，楚子自武城使公子成以汝陰之田求成于鄭。鄭叛晉，子駟從楚子盟于武城。」

夏，四月辛未，滕子卒。《左傳》：「滕文公卒。」汪氏曰：「在位十年，成公原立。」高氏曰：「滕入《春秋》，至今三書卒，皆不名。至是日之矣。」○**鄭公子喜帥師侵宋。**《左傳》：「鄭子罕伐宋，宋將鉏、樂懼敗諸汋陂。退舍於夫渠，不儆，鄭人覆之，敗諸汋陵，獲將鉏、樂懼。宋恃勝也。」高氏曰：「鄭服中國五年矣。至是附楚，爲楚加兵于宋，故書侵。自是與楚同病中國，諸侯之兵無寧歲矣。」

附録《左傳》：「衛侯伐鄭，至于鳴鴈，爲晉故也。」

六月丙寅朔，日有食之。〇晉侯使欒黶來乞師。黶，於斬反。《左傳》：「晉侯將伐鄭，范文子曰：『若逞吾願，諸侯皆叛，晉可以逞。若唯鄭叛，晉國之憂，可立俟也。』欒武子曰：『不可以當吾世而失諸侯，必伐鄭。』乃興師。欒書將中軍，士燮佐之；郤錡將上軍，荀偃佐之；韓厥將下軍，郤至佐新軍。荀罃居守。郤犨如衛，遂如齊，皆乞師焉。欒黶來乞師，孟獻子曰：『有勝矣。』」程子曰：「時以穆姜、叔孫僑如將作難，故師出後時。」高氏曰：「晉失霸主之義，不足以令諸侯。恐諸侯厭惡伐鄭之役，特使卿來乞師，實欲公親行爾。」**甲午晦，晉侯及楚子、鄭伯戰于鄢陵，楚子、鄭師敗績。**鄢音偃。《左傳》：「戊寅，晉師起。鄭人聞有晉師，使告于楚，姚句耳與往。楚子救鄭，司馬將中軍，令尹將左，右尹子辛將右。過申，子反入見申叔時，曰：『師其何如？』對曰：『德、刑、詳、義、禮、信，戰之器也。德以施惠，刑以正邪，詳以事神，義以建利，禮以順時，信以守物。民生厚而德正，用利而事節，時順而物成。上下和睦，周旋不逆，求無不具，各知其極。故《詩》曰：「立我烝民，莫匪爾極。」是以神降之福，時無災害，民生敦厖，和同以聽，莫不盡力以從上命，致死以補其闕。此戰之所由克也。今楚內棄其民而外絕其好，瀆齊盟而食話言，奸時以動而疲民以逞。民不知信，進退罪也。人恤所底，其誰致死？子其勉之！吾不復見子矣。』姚句耳先歸，子駟問焉，對曰：『其行速，過險而不整。速則失志，不整喪列。志失列喪，將何以戰？楚懼不可用也。』五月，晉師濟河。聞楚師將至，范文子欲反，曰：『我僞逃楚，可以紓憂。夫合諸侯，非吾所能也，以遺能者。我若群臣輯睦以事君，多矣。』武子曰：『不可。』六月，晉、楚遇於鄢陵。范文子不欲戰，郤至曰：『韓之戰，惠公不振旅。箕之役，先軫不反命。邲之師，荀伯不復從。皆晉之恥也。子亦見先君之事矣。今我辟楚，又益恥也。』文子曰：『吾先君之亟戰也，有故。秦、狄、齊、楚皆强，不盡力，子孫將弱。今三彊服矣，敵楚而已。惟聖人能外内無患，自非聖人，外寧必有内憂，盍釋楚以爲外懼乎？』甲午晦，楚晨壓晉軍而陳。軍吏患之，范匄趨進，曰：『塞井夷竈，陳於軍中，而疏行首。晉、楚唯天所授，何患焉？』文子執戈逐之，曰：『國之存亡，天也。童子何知焉？』欒書曰：『楚師輕窕，固壘而待之，三日必退。退而擊之，必獲勝焉。』郤至曰：『楚有六間，不可失也。其二卿相惡，王卒以舊，鄭陳而不整，蠻軍而不陳，陳不違晦，在陳而囂，合而加囂。各顧其後，莫有鬭心。舊不必良，以犯天忌，我必克之。』楚子登巢車，以望晉軍。子重使大宰伯州犂侍于王後。王曰：『騁而左右，何也？』曰：『召軍吏也。』『皆聚於中軍矣。』曰：『合謀也。』『張幕矣。』曰：『虔卜於先君也。』『徹幕矣。』曰：『將發命也。』『甚囂且塵上矣。』曰：『將塞井夷竈而爲行也。』『皆乘矣，左右執兵而下矣。』曰：『聽誓也。』『戰乎？』曰：『未可知也。』『乘而左右皆下矣。』曰：『戰禱也。』伯州犂以公卒告王。苗賁皇在晉侯之側，亦以王卒告。皆曰：『國士在，且厚，不可當也。』苗賁皇言於晉侯曰：『楚之良，在其中軍王族而已。請分良以擊其左右，而三軍萃於王卒，必大敗之。』公筮之。史曰：『吉，其卦遇復䷗，曰：「南國蹙，射其元王中厥目。」國蹙、王傷，不敗何待？』公從之。有淖於前，乃皆左右相違於淖。步毅御晉厲公，欒鍼爲右。彭名御楚共王，潘黨爲右。石首御鄭成公，唐苟爲右。欒、范以其族夾公行。陷於淖。欒書將載晉侯。鍼曰：『書退！國有大任，焉得專之？且侵官，冒也；失官，慢也；離局，姦也。有三罪焉，不可犯也。』乃掀公以出於淖。癸巳潘尪之黨與養由基蹲甲而射之，徹七札焉。以示王，曰：『君有二臣如此，何憂於戰？』王怒曰：『大辱國！詰朝爾射，死藝。』呂錡夢射月，中之，退入於泥。占之，曰：『姬姓，日也；異姓，月也，必楚王也。射而中之，退入於泥，亦必死矣。』及戰，射共王中目。王召養由基，與之兩矢，使射吕錡，中項，伏弢。以一矢復命。郤至三遇楚子之卒，見楚子必下，免胄而趨風。楚子使工尹襄問之以弓，曰：『方事之殷也，有韎韋之跗注，君子也。識見不穀而趨，無乃傷乎？』郤至見客，免胄承命，曰：『君之外臣至從寡君之戎事，以君之靈，間蒙甲胄，不敢拜命。敢告不寧，君命之辱。爲事之故，敢肅使者。』三肅使者而退。晉韓厥從鄭伯，其御杜溷羅曰：『速從之？其御屢顧，不在馬，可及也。』韓厥曰：『不可以再辱國君。』乃止。郤至從鄭伯，其右茀翰胡曰：『諜輅之，余從之乘，而俘以下。』郤至曰：『傷國君有刑。』亦止。石首曰：『衛懿公唯不去其旗，是以敗於熒。』乃内旌於弢中。唐苟謂石首曰：『子在君側，❶敗者壹大。我不如子，子以君免，我請止。』乃死。楚師薄於險，叔山冉謂養由基曰：『雖君有命，爲國故，子必射。』乃射，再發盡殪。叔山冉搏人以投，中車，折軾。晉師乃止。囚楚公子茷。欒鍼見子重之旌，請曰：『楚人謂夫旌，子重之麾也，彼其子重也。日臣之使於楚也，子重問晉國之勇，臣對曰：「好以衆整。」曰：「又何如？」臣對曰：「好以暇。」今兩國治戎，行人不使，不可謂整；臨事而食言，不可謂暇。請攝飲焉。』公許之。使行人執榼承飲，造于子重，曰：『寡君乏使，使鍼御持矛，是以不得犒從者，使某攝飲。』子重曰：『夫子嘗與吾言於楚，必是故也。不亦識乎？』受而飲之，免使者而復鼓。旦而戰，見星未已。子反命軍吏察夷傷，補卒乘，繕甲兵，展車馬，雞鳴而食，唯命是聽。晉人患之。苗賁皇徇曰：『蒐乘、補卒，秣馬、利兵，脩陳、固列，蓐食、申禱，明日復

---

❶「君」，原作「公」，今據四庫本改。

戰！』乃逸楚囚。王聞之，召子反謀。穀陽豎獻飲於子反，子反醉而不能見。王曰：『天敗楚也夫！余不可以待。』乃宵遁。晉入楚軍，三日穀。范文子立於戎馬之前，曰：『君幼，諸臣不佞，何以及此？君其戒之！《周書》曰：「惟命不于常。」有德之謂。』」《公羊傳》：「晦者何？冥也。何以書？記異也。敗者稱師，楚何以不稱師？王痍也。王痍者何？傷乎矢也。然則何以不言師敗績？末言爾。」《穀梁傳》：「日事，遇晦曰晦。四體偏斷曰敗，此其敗則目也。楚不言師，君重於師也。」杜氏曰：「鄢陵，鄭地。」張氏曰：「《後漢書·郡國志》：潁川，鄢陵，晉敗楚之地。」

不書師敗績，以其君親集矢於目，而身傷爲重也。何氏曰：「凡舉師敗績爲重衆，今親傷人君，當舉傷君爲重。」高郵孫氏曰：「韓之戰實獲晉侯，不言晉師之敗，君獲則師敗矣。鄢陵之戰，楚子傷焉，不曰楚師敗，君傷則師敗也。」**當是時，兩軍相抗，未有勝負之形。晉之捷也，亦幸焉爾。幸非持勝之道。**《國語》：「范文子曰：『吾刑外乎大人，❶而忍於小民，將誰行武？武不行而勝，幸也。幸以爲政，必有内憂。』」高氏曰：「晉將伐鄭，鄭告于楚。楚子遽引師而來。於是晉不暇俟諸侯之兵，先與之合戰而敗之。我既未致伐於彼，彼志非來伐於我，故直言戰而已。」**范文子所以立於軍門，有聖人能内外無患。盍釋楚以爲外懼之戒乎？楚師雖敗，其勢益張，晉遂怠矣。卒有欒氏之譖而誅三郤，國内大亂。聖人備書，以見行事之深切著明也。**劉氏曰：「戰而言及者，主是戰者也。

❶「刑外」，原倒文，今據四庫本《國語·晉語六》乙正。

猶曰晉侯爲志乎此戰也云爾。」汪氏曰：「春秋二百四十二年，中國勝楚者，惟城濮、鄢陵而已。自宋襄泓之敗，楚頵衡行諸夏，至城濮而沮其志。自荀林父邲之敗，楚之陵駕尤甚。嬰齊盟蜀，諸侯之大夫從之者十有一國，至鄢陵而挫其鋒。前此未有中國諸侯助楚以戰中國者，惟鄢陵之役，鄭伯佐楚共以敵晉，使無呂錡射月之勝，則楚將倚鄭爲援，長驅中原，其害可勝言耶？所可惜者，厲公始無制勝之大計，不能堅忍持重，從欒書固壘之謀以困楚，終乏持勝之實德，不能脩政于内，而徒務求逞於外，是以三假王命以伐鄭。而鄭終不服，聽讒譖之言，而刀鋸日弊，卒及於難。迹其所爲，去楚虔無幾耳！由是論之，鄢陵之戰，固不可不勝，而厲公無取勝之道，所以不遂霸也。」○廬陵李氏曰：「《公羊》以晦爲晝冥，記異也。以上文丙寅朔考之，則甲午正二十九日，《穀梁》是也。」

楚殺其大夫公子側。《左傳》：「楚師還及瑕，王使謂子反曰：『先大夫之覆師徒者，君不在。子無以爲過，不穀之罪也。』子反再拜稽首曰：『君賜臣死，死且不朽。臣之卒實奔，臣之罪也。』子重使謂子反曰：『初隕師徒者，而亦聞之矣！盍圖之？』對曰：『雖微先大夫有之，大夫命側，側敢不義？側亡君師，敢忘其死？』王使止之，弗及而卒。」汪氏曰：「楚審躬臨戰陳，以罷卒致敗，而集矢於其目，乃歸咎於司馬側而殺之，亦異於秦穆之不替孟明者矣。傳稱『王使止之，弗及而死』，亦猶頵之止得臣曰『無死』，蓋亦僞耳。嬰齊身爲令尹以將左軍，與側相惡，使敵國謀臣知其莫有鬭心，而委罪於側，何耶？《春秋》稱國以殺，不去其官，著楚君大臣之失也。書法與殺得臣同。」高氏曰：「凡楚師之敗，必行兵法於主將而死之。春秋之世，楚實强於天下。其所以能强者，兵强也。兵所以能强者，將帥之力也。將帥之所以力者，賞罰行也。二百四十二年之間，敗績者凡十有六，而楚居三焉。城濮之敗，殺得臣。鄢陵之敗，殺公子側。栢舉之敗，囊瓦逃刑而奔鄭。至于中國之敗績，凡十有三，不聞加兵法於一主將者，國勢浸弱，遂成姑息。漢、魏而下，率皆踵之，端可爲鑑。」〇**秋，公會晉侯、齊侯、衛侯、宋華元、邾人于沙隨，不見公。**《左傳》：「戰之日，齊國佐、高無咎至于師。衛侯出于衛，公出于壞隤。宣伯通於穆姜，欲去季、孟，而取其室。將行，穆姜送公而使逐二子。公以晉難告，曰：『請反而聽命。』姜怒，公子偃、公子鉏趨過，指之曰：『女不可，是皆君也。』公待於壞隤，申宫儆備，設守而後行，是以後。使孟獻子守于公宫。秋，會于沙隨，謀伐鄭也。宣伯使告郤犨曰：『魯侯待于壞隤以待勝者。』郤犨將新軍，且爲公族大夫，以主東諸侯。取貨於宣伯，而訴公于晉侯，晉侯不見公。」《穀梁傳》：「不見公者，可以見公也。可以見公而不見公，譏在諸侯也。」程子曰：「晉怒公之後期，故不見公。君子正己而無恤乎人。魯之後期，國難故也。晉不見爲非矣。彼曲我直，故不足耻也。」杜氏曰：「沙隨，宋地。梁國寧陵縣北有沙隨亭。」

臣子之於君父，揚其美不揚其惡。爲尊者諱，爲親者諱，禮也。聖人假魯史以示王法，其於魯事有君臣之義，故君弒則書薨，易地則書假，滅國則書取，出奔則書孫，屈己而與强國之大夫盟則書及，叛盟失信而莫適守則没公而書會。汪氏曰：「君弒：翬弒隱公，慶父弒閔公，皆書薨，不地。易地：桓公易許田而書曰假。滅國：成公滅鄟，襄公滅邿，昭公滅鄫，皆書取。出奔：昭公及文姜奔齊，哀姜奔邾，皆稱孫。與彊國大夫盟：及齊高傒盟防，晉處父盟皆稱及。叛盟失信：莊十六年同盟于幽，没公而書會是也。」**凡此類，雖不没其實，示天下之公，必隱避其辭以存臣子**

之禮。然則沙隨之會，晉不見公，是魯侯之大辱，深可耻焉者矣，曷爲直書其事而不諱乎？曰：《春秋》伸道不伸邪，榮義不榮勢，正己而無恤乎人，以仁禮存心，而不憂橫逆之至者也。沙隨之會，魯有内難，師出後期，所當恤者。晉人聽叔孫僑如之譖，怒公而不見，曲在晉矣。魯侯自反，非有背仁棄禮不忠之咎也。昔曾子嘗聞大勇於夫子，曰：「自反而縮，雖千萬人吾往矣。」孟子言：「浩然之氣，至大至剛，以直養而無害，則塞乎天地之間。」沙隨之不見，於公何歉乎？直書而不諱者，示天下後世，使知大勇浩然之氣，所以守身應物如此，其垂訓之義大矣。唐陳氏曰：「公不及鄢陵之戰，且誣於宣伯。晉侯不察其實而信其誣，是罪不在公，故書以彰晉侯之信誣，明我公之無罪。」常山劉氏曰：「夫子於魯事，有可耻者，必爲之諱，君臣之禮也。若我無失道而橫逆所加，則不諱。今晉怙强而不見公，我何罪？故直書以罪諸侯也。」汪氏曰：「聖人嘗言譖愬不行，可謂明也已矣。晉厲聽叔孫僑如之譖而不見公于沙隨，晉昭聽邾、莒之愬而不使昭公與盟于平丘，自晉人觀之，皆曰所以討魯之貳也。然沙隨之後，又執季孫行父，而從楚之鄭三伐不服，平丘之後，執季孫意如以歸，魯昭如晉，又止之。而諸侯之貳於晉者自若也。蓋以晉之責魯非義，故不足以令諸侯也。晉厲之所以不克終，而晉昭遂失霸業。考諸沙隨、平丘之事而見之矣。」廬陵李氏曰：「此與昭十三年平丘之盟公不與盟同一書法。蓋晉曲魯直，故不爲諱。若曲在魯則諱之，黑壤是也。此不書公不與會者，上書公會已著魯之志矣。故此直見諸侯之罪也。」

公至自會。《公羊傳》：「不見公者何？公不見見也。公不見見，大夫執，何以致會？不耻也。曷爲不恥？公幼也。」石氏曰：「公之此行，内有僑如之患，外不見於伯主，故危而致之。」○劉氏曰：「《公羊》云『曷爲不恥，公幼也』，非也。公即位今十六年，豈得云幼哉？」

附録《左傳》：「曹人請于晉曰：『自我先君宣公即世，國人曰：「若之何？憂猶未弭。」而又討我寡君，以亡曹國社稷之鎮公子，是大泯曹也。先君無乃有罪乎？若有罪，則君列諸會矣。君唯不遺德、刑，以伯諸侯，豈獨遺諸敝邑？敢私布之。』」

公會尹子、晉侯、齊國佐、邾人伐鄭。王臣始會伐。《左傳》：「七月，公會尹武公及諸侯伐鄭。將行，姜又命公如初。公又申守而行。諸侯之師次于鄭西，我師次于督揚，不敢過鄭。子叔聲伯使叔孫豹請逆于晉師，爲食於鄭郊。師逆以至。聲伯四日不食以待之，食使者而後食。諸侯遷于制田，知武子佐下軍，以諸侯之師侵陳，至于鳴鹿。遂侵蔡。未反，諸侯遷于潁上。戊午，鄭子罕宵軍之，宋、齊、衛皆失軍。」杜氏曰：「尹子，王卿士，子爵。」高氏曰：「楚師既敗而鄭猶不服，見晉政之斁於人矣。晉爲曹伯請于天子，因假王命以再伐鄭，故以尹子主會也。宋、衛以後至不書。是役也，晉尚以僑如之譖，不使公與其事。」王氏曰：「《春秋》於尹氏之卒，與立子朝，以朝奔楚，皆書氏者，著世卿之禍也。於盟會侵伐稱尹子，則指其人而正其爵也。」陳氏曰：「會伐未有書王人者，此其書尹子何？初以王卿士與伐也。《春秋》不以諸侯用王師，陽處父之救江，王叔桓公不書。前年伐秦之役，劉子、成子猶不書也，於是厲公恣矣。初以尹子與齊國佐、邾人序，甚矣，厲公之無道也！」汪氏曰：「前此未有以王臣與伐者，桓、文之大征伐，雖不請命而專行，然猶以尊周安夏爲心，未嘗瀆王臣以臨師旅。比於假天子之命而威諸侯者，尚爲彼善於此也。厲公嗣霸，以私怨伐秦，則挾劉康公、成肅公以偕行，以携貳而争鄭，則要尹武公、單襄公而屢往，於是王臣奔走道塗，轍不及息，而爲霸者之用矣。《春秋》於伐秦不書劉、成者，所以削其請王師，而著因行朝王之慢也。於伐鄭洊書尹、單，所以彰其瀆王臣之失也。夫苟伐秦書劉、成，則爲朝王請命而伐秦爲善矣。伐鄭不書尹、單，則無挾王臣之罪，而討貳抑楚不爲過矣。聖人筆削，豈不深切著明也哉！」○廬陵李氏曰：「經書王臣會伐者，此年尹子，十一年尹、單，其冬單子，皆伐鄭也。定元年劉子，則侵楚也。皆假天子之威而服人者也。如《左氏》説，則王官會伐自單伯始，然與例不合。」○**曹伯歸自京師。**《左傳》：「曹人復請于晉，晉侯謂子臧：『反，吾歸而君。』子臧反，曹伯歸。子臧盡致其邑與卿而不出。」《公羊傳》：「執而歸者名，曹伯何以不名？而不言復歸于曹何？易也。其易奈何？公子喜時在内也。公子喜時在内，則何以易？公子喜時者，仁人也，内平其國而待之，外治諸京師而免之。其言自京師何？言甚易也，舍是無難矣。」《穀梁傳》：「不言所歸，歸之善者也。出入不名，以爲不失其國也。歸爲善，自某歸次之。」程子曰：「曹伯不名，不稱復歸，王未嘗絶其位也。自京師，王命也。」

曹伯不名，其位未嘗絶也。不絶其位，所以累乎天王也。其言自京師，王命也。言天王之釋有罪也。善不蒙賞，惡不即刑，以堯爲君、舜爲臣，雖得天下，不能一朝居也。《前漢書・宣帝紀》：「詔曰：『蓋聞有功不賞，有罪不誅，雖唐、虞不能以化天下。』」**負芻殺世子而自立，不能因晉之執，寘諸刑典，而使復國，則無以爲天下之共主矣。**陸氏曰：「曹伯之簒，罪莫大焉。晉侯討而執之，其事當矣。王不能定其罪，失政刑也。書曰歸自京師而不名曹伯，以深譏王也。」啖氏曰：「諸侯在他國，則是失地之君，故反國則名之。今曹伯在京師而王不黜之，是不失國，故不名也。」孫氏曰：「書歸自京師，天子赦之之辭也。」唐陳氏曰：「不曰自京師歸于曹，而曰歸自京師，若平常之歸，如書公至自某也。」高氏曰：「不書復，不與其復也。篡逆之人，殺君之嗣子而自立，既列於諸侯之會，又赦於天子之庭，是率天下而入于亂耳。」汪氏曰：「前書同盟于戚，晉侯執曹伯歸于京師，此書公會尹子、晉侯伐鄭，曹伯歸自京師，而晉厲之操縱由己，刑政無常，其罪亦不可揜矣。」廬陵李氏曰：「晉文執衛侯歸京師，與晉厲執曹伯歸京師，一也。然晉文書人而晉厲得書侯者，文公以私怨討衛，厲公以公罪討曹也。衛侯之歸，與曹伯之歸，一也。然衛不書自京師，而曹伯自京師者，釋衛主於責晉，而釋曹則主於責王室也。書法精矣。詳見僖二十八年執衛侯下。」○劉氏曰：「《穀梁》云『不言所歸，歸之善者也』，非也。曹伯之惡，學者知之，穀梁子不知耳。又云『歸爲善，自某歸次之』，亦非也。衛元咺、衛侯何善之有？且自某者，明某有奉焉爾。明不爲善不善設也。」

九月，晉人執季孫行父，舍之于苕丘。舍如字，苕音條，《公》作「招」，章遥、上饒二反。《左傳》：「宣伯使告郤犫曰：『魯之有季、孟，猶晉之有欒、范也，政令於是乎成。今其謀曰：「晉政多門，不可從也。寧事齊、楚，有亡而已，蔑從晉矣。」若欲得志於魯，請止行父而殺之，我斃蔑也而事晉，蔑有貳矣。魯不貳，小國必睦。不然，歸必叛矣。』九月，晉人執季文子于苕丘。公還，待于鄆。使子叔聲伯請季孫于晉，郤犫曰：『苟去仲孫蔑而止季孫行父，吾與子國，親於公室。』對曰：『僑如之情，子必聞之矣。若去蔑與行父，是大棄魯國而罪寡君也。若猶不棄，而惠徼周公之福，使寡君得事晉君，則夫二人者，魯國社稷之臣也。若朝亡之，魯必夕亡。以魯之密邇仇讎，亡而爲讎，治之何及？』郤犨曰：『吾爲子請邑。』對曰：『嬰齊，魯之常隸也，敢介大國以求厚焉？承寡君之命以請，若得所請，吾子之賜多矣，又何求？』范文子謂欒武子曰：『季孫於魯，相二君矣。妾不衣帛，馬不食粟，可不謂忠乎？信讒慝而棄忠良，若諸侯何？子叔嬰齊奉君命無私，謀國家不貳，圖其身不忘其君。若虛其請，是棄善人也。子其圖之！』乃許魯平，赦季孫。」《公羊傳》：「執未有言舍之者，此其言舍之何？仁之也，曰在招丘，悕矣。執未有言仁之者，此其言仁之何？代公執也。其代公執奈何？前此者，晉人來乞師而不與。公會晉侯，將執公。季孫行父曰：『此臣之罪也。』於是執季孫行父。成公將會厲公，會不當期，將執公。季孫行父曰：『臣有罪，執其君；子有罪，執其父，此聽失之大者也，今此臣之罪也，舍臣之身而執臣之君，吾恐聽失之爲宗廟羞也。』於是執季孫行父。」《穀梁傳》：「執者不舍，而舍，公所也。執者致，而不致，公在也。何其執而辭也？猶存公也。存意公亦存也？公存也。」杜氏曰：「苕丘，晉地。不稱行人非使人，舍之于苕丘，明不以歸。」程子曰：「寘之于苕丘也。」劉氏曰：「稱人以執，非伯討也，此其爲非伯討奈何？晉侯用叔孫僑如之譖，不見公，執季孫行父。執之者，以歸也。執而未至，故不可言以歸。而著舍之于苕丘焉。此《春秋》別嫌明微，慎用獄之意也。」張氏曰：「舍，去聲。或作捨，非也。下書行父盟郤犨，則著其釋行父矣。」汪氏曰：「晉人舍季孫行父于苕丘，如秦穆公獲晉惠公舍諸靈臺。」廬陵李氏曰：「晉執魯卿三：此年行父，及昭十三年執季孫意如，二十三年執叔孫舍也。皆稱人者，罪晉之私也。然就三子論，則意如之惡，又非二子比。故《春秋》雖稱人以罪晉，而於其至則貶族以罪意如，獨與二子異焉。此輕重之權衡也。」○劉氏曰：「《公羊》云代公執，故仁之。夫國有罪而執其正卿，禮也。《春秋》何故仁之乎？」**冬，十月乙亥，叔孫僑如出奔齊。**《左傳》：「冬十月，出叔孫僑如而盟之，僑如奔齊。」高氏曰：「季孫得釋，將與公皆歸，故僑如懼罪而出奔。魯人立其弟豹以爲叔孫後，是謂穆叔。」**十有二月乙丑，季孫行父及晉郤犨盟于扈。**《左傳》：「十二月，季孫及郤犨盟于扈。歸，刺公子偃。召叔孫豹于齊而立之。」高氏曰：「晉釋行父，行父自苕丘與郤犨爲此盟也。」高郵孫氏曰：「不書釋而書晉大夫與之盟，則釋之可知矣。」汪氏曰：「晉不見公而盟季孫，晉人下比之端兆於此矣。」**公至自會。**鄭康成曰：「伐而致會，於伐事不成。」啖氏曰：「有不致本事者，蓋本事非功也。」高氏曰：「大夫執則致，行父不致者，公待行父偕歸焉。舉公爲重也。然公未嘗爲會，而曰至自會者，有託焉爾。夫沙隨之會既不見公，伐鄭之會又不得與，而國之宗卿於是見執。公彷徨於外，以求自明於晉，僅能使僑如見逐，季孫受盟，而公免於難焉。方秋而出，盡冬而歸。始以伐鄭出會，而不得與乎其事，君辱臣執，亦國之深耻也。及公之歸，不可以伐鄭致，故託曰至自會，以見公之不與於伐鄭也。」張氏曰：「君臣同出，以君致也。伐鄭不致而致以會，著公之危，不在於伐而在於會也。」廬陵李氏曰：「《春秋》不以本事致者，惟此年伐鄭至會，襄十八年圍齊至伐。」

附録《左傳》：「齊聲孟子通僑如，使立於高、國之間。僑如曰：『不可以再罪。』奔衛，亦間於卿。」〇「晉侯使郤至獻楚捷于周，與單襄公語，驟稱其伐。單子語諸大夫曰：『温季其亡乎！位於七人之下，而求掩其上。怨之所聚，亂之本也。多怨而階亂，何以在位？《夏書》曰：「怨豈在明，不見是圖。」將慎其細也。今而明之，其可乎？』」

乙酉，刺公子偃。《穀梁傳》：「大夫日卒，正也。先刺後名，殺無罪也。」

按《左氏》：「宣伯通於穆姜，欲去季、孟而取其室。戰於鄢陵之日，公將行，穆姜送公，而使逐二子。公以晉難告，曰：『請反而聽命。』姜怒，公子偃、公子鉏趨過，指之曰：『女不可，是皆君也。』公待於壞隤，申宮儆備，設守而後行，是以後。使孟獻子守于公宮。宣伯使告郤犨曰：『魯侯待于壞隤，以待勝者。』郤犨取貨于宣伯，而訴公于晉侯。晉侯不見公。公會諸侯伐鄭。將行，姜又命公如初。公又申守而行。宣伯使告郤犨曰：『魯之有季、孟，猶晉之有欒、范也。政令於是乎成。今其謀曰：「晉政多門，不可從也。寧事齊、楚，有亡而已，蔑從晉矣。」若欲得志於魯，請止行父而殺之，我斃蔑也，不然，歸必叛。』晉人執季文子于苕丘。公還，待於鄆，使子叔聲伯請季孫于晉。郤犨曰：『苟去仲孫蔑，而止季孫行父，吾與子國，親於公室。』對曰：『僑如之情，子必聞之矣。若去蔑與行父，是大棄魯國，而罪寡君也。若猶不棄，使寡君得事晉君，則夫二人者，魯國社稷之臣也。若朝亡之，魯必夕亡。』范文子謂欒武子曰：『季孫於魯，相二君矣。妾不衣帛，馬不食粟，可不謂忠乎？信讒慝而棄忠良，若諸侯何？』乃許魯平，赦季孫。出叔孫僑如而盟之。季孫及郤犨盟于扈。歸，刺公子偃。」杜氏曰：「偃、鉏二公子，公庶弟。」高氏曰：「公之將行，穆姜指偃與鉏曰：『皆君也。』鉏尚幼，則姜之意在偃也，公以是歸而刺之。然公子買戍衛，不卒戍刺之，明言其罪。此直云刺者，言其罪者，著其事實以明非其罪也。不言其罪者，刺得其罪也。是以謹而日之。」臨川吳氏曰：「象謀殺舜，及舜爲天子，則封之。舜豈不知象之謀殺己哉？故孟子以爲仁人之於弟也，不藏怒焉，不宿怨焉，親愛之而富貴之。此舜所以盡爲兄之道，而爲人倫之至也。偃雖爲穆姜所指，然不過脅公使從己爾，未見姜真有廢立之謀，而偃實有今將之心也。今僑如既逐，成公當脩身齊家以感化其母，威權在己則偃雖真有邪謀，亦焉所施？乃不能制其母而怒其弟，竟殺之，其視舜之所以處象者爲何如也？公子者，非氏也，屬也，言先公之子也，而可殺乎？」〇劉氏曰：「《穀梁》以謂殺無罪，非也。先刺後名，是得其罪；先名後刺，是不得其罪。」

丁亥簡王十二年。**十有七年**晉厲七。齊靈八。衛獻三。蔡景十八。鄭成十一。曹成四。陳成二十五。杞桓六十三。宋平二。秦景三。楚共十七。吴壽夢十二。**春，衛北宫括帥師侵鄭。**括，《公》作「結」。《左傳》：「春，王正月，鄭子駟侵晉虛、滑。衛北宫括救晉侵鄭，至于高氏。」〇高氏曰：「晉命也。凡爲他人興師者，皆書侵以譏之。據《左氏》，鄭侵晉，衛救晉侵鄭。夫鄭雖背晉，猶畏晉之强，豈敢興師自與晉抗乎？此必不然。雖楚來入中國，亦不過侵伐宋、衛而已。觀經之所書，事實可見。」**夏，公會尹子、單子、晉侯、齊侯、宋公、衛侯、曹伯、邾人伐鄭。**《左傳》：「夏五月，鄭大子髡頑侯獳爲質於楚，楚公子成、公子寅戍鄭。公會尹武公、單襄公及諸侯伐鄭，自戲童至于曲洧。」杜氏曰：「單襄公，王卿士。晉未能服鄭，故假天子威，周使二卿會之。」汪氏曰：「成王少子臻食邑于單，至襄公，世爲王卿士。」高氏曰：「晉假王命討鄭，重以王之二卿士。晉主兵先尹、單，以王命爲重也。夫晉厲之失道，而能數合諸侯，力捍强楚者，由假王靈扶義以令天下也。」陳氏曰：「王人未有書二卿者，書二卿，皆與伐也。」

附録《左傳》：「晉范文子反自鄢陵，使其祝宗祈死，曰：『君驕侈而克敵，是天益其疾也。難將作矣！愛我者惟祝我，使我速死，無及於難，范氏之福也。』六月戊辰，士燮卒。」

六月乙酉，同盟于柯陵。《左傳》：「尋戚之盟也。」《穀梁傳》：「柯陵之盟，謀復伐鄭也。」程子曰：「諸侯同病楚也。」陸氏曰：「不重言諸侯，譏尹、單與盟。」蘇氏曰：「齊、晉之盛，天子之大夫會而不盟，尊周也。柯陵之會，尹、單始與諸侯之盟，自是習以爲常，非禮也。」薛氏曰：「前此征伐，未嘗出王官也，未嘗盟卿士也。去年王官出，今年卿士盟，三伐鄭而鄭不服，無益於事，徒以爲亂而已。」陳氏曰：「狄泉之盟，諱王子虎，於是不諱，曷爲不諱？會伐未有書王人者。唯厲公特書之，會盟不足諱焉爾？」廬陵李氏曰：「王臣與盟而書同者三：柯陵尹、單，雞澤單子，平丘劉子也。諸侯要言，以不信加王官，失正甚矣！《春秋》不重言諸侯，所以見二子之與盟也。至於書同，則同外楚而已，不爲尹、單、劉子而書同也。胡氏説詳見雞澤下。」**秋，公至自會。**《左傳》：「楚子重救鄭，師于首止。諸侯還。」《穀梁傳》：「不曰至自伐鄭者，公不周乎伐鄭也。何以知公之不周乎伐鄭？以其以會致也。何以知其盟復伐鄭也？以其後會之人盡盟者也。不周乎伐鄭，則何爲日也？言公之不背柯陵之盟也。」臨川吴氏曰：「方欲聲鄭之罪以致伐，而楚救已至，諸侯畏楚而還，未嘗得致伐也。故不以伐致而以會致。」張氏曰：「公得罪於晉未久，而晉侯自是益驕，則公之危不在於伐而在於會。則致必以會録也。」〇廬陵李氏曰：「此條伐後而盟，故以會至，此即《穀梁》二事偶則以後事致之例也。與襄十一年伐鄭會蕭魚至會、定四年侵楚盟臯鼬至會，書法同。而《穀梁》於此乃曰：『不至自伐鄭者，公不周乎伐鄭也。』解者曰：『周，信也。公逼諸侯爲此盟爾。』意不欲更伐鄭，是自違前例，爲此無據之言矣！張氏又曰：『公之危不在伐而在會，以得免於伯主爲幸，故致必以會録也。』亦似穿鑿。」〇**齊高無咎出奔莒。**《左傳》：「齊慶克通于聲孟子，與婦人蒙衣乘輦而入于閎。鮑牽見之，以告國武子，武子召慶克而謂之。慶克久不出，而告夫人曰：『國子謫我。』夫人怒。國子相靈公以會，高、鮑處守。及還，將至，閉門而索客。孟子訴之曰：『高、鮑將不納君，而立公子角。國子知之。』秋七月壬寅，刖鮑牽而逐高無咎。無咎奔莒，高弱以盧叛。齊人來召鮑國而立之。初，鮑國去鮑氏而來，爲施孝叔臣。施氏卜宰，匡句須吉。施氏之宰，有百室之邑。與匡句須邑，使爲宰，以讓鮑國而致邑焉。施孝叔曰：『子實吉。』對曰：『能與忠良，吉孰大焉！』鮑國相施氏忠，故齊人取以爲鮑氏後。仲尼曰：『鮑莊子之知不如葵，葵猶能衛其足。』」襄陵許氏曰：「靈公不公其聽，自沈帷墻，奔其世臣以長禍亂。悲夫！唯巧言能使閉門索客者爲將不納君也。」王氏曰：「無咎身爲卿佐，而不能謀國正君以致疑間，至於見逐，亦不爲無罪矣！故書奔，無異文。」〇

九月辛丑，用郊。《公羊傳》：「用者何？用者不宜用也。九月，非所用郊也。然則郊曷用？郊用正月上辛。或曰用然後郊。」《穀梁傳》：「夏之始可以承春。以秋之末承春之始，蓋不可矣。九月用郊，用者，不宜用也。宫室不設，不可以祭。衣服不備，不可以祭。車馬器械不備，不可以祭。有司一人不備其職，不可以祭。祭者，薦其時也，薦其敬也，薦其美也，非享味也。」

郊之不時，未有甚於此者也，故特曰用郊，用者，不宜用也。何氏曰：「九月郊，尤悖禮，故言用。」范氏曰：「郊，春祀也。」高郵孫氏曰：「春秋卜牛於正月，三月在滌，則春秋之正月，夏時之十一月也。十一月而養牛，二月可以郊矣。春秋之九月，夏時之七月，瀆亂尤甚，故特書用以譏之。」臨川吴氏

曰：「九月乃夏時孟秋建申之月，豈郊之時乎？不卜日，不卜牲，而强用其禮焉，故曰用，非時之甚，不敬之大也。」**或曰，蓋以人饗，叩其鼻血以薦也。古者六畜不相爲用，況敢用人乎？**問：「劉原父謂用人於郊？按《左氏》昭公十年，季平子伐莒，取郠。獻俘，始用人於亳社。臧武仲曰：『周公其不饗魯祭乎？周公饗義，魯無義。』《左氏》言始用人於亳社者，謂此年初以人祭社也。竊疑成公以九月祭天，所謂用者，不宜用也。若以此年用人於郊，則昭十年不應言始用人於亳社矣。又《左氏》素好誇誕，若成公果用人於郊，豈不張大其事而記之乎？如邾文公用鄫子于次睢之社，楚師執蔡世子有用之岡山，當時子魚、申无宇皆有言矣。若成公果用人以祭，豈舉魯國之人無一言乎？按邾、楚、季氏皆是執獲仇敵之人，快意於山川之社，成公之時，未聞執獲仇敵之人，又無背叛之賊，豈至殺一無罪祭上帝哉？於理有必不然矣。但書九月用郊，其失時失禮，自顯然可見，何必以爲用人乎？《權衡》曰：《公羊》謂九月非所用郊也，五月郊何以不加用乎？五月豈所宜郊乎？且如《公羊》之言，但譏郊失時耳。直曰九月郊，理豈不明，而加用乎？按定十五年、哀元年，上文皆言鼷鼠食郊牛，改卜牛事，故下文直云五月辛亥郊，此上下皆無連文，直書九月辛丑郊，則文勢不備。故特書用字耳。若以何必加用，則禘于太廟用致，夫人又何以加用乎？」茅堂胡氏曰：「郊之非時，莫甚於此，故特書用。古者六畜不相爲用，況敢用人乎？」廬陵李氏曰：「《春秋》書用，有用幣、用牲、用田賦、用鄫子、用致夫人，皆不宜用之文。杜氏從史文之説，無義理，不可從。」

晉侯使荀罃來乞師。罃，乙耕反。師氏曰：「請王命以討有罪，宜糾合諸侯以尊王命，奉辭以往，無敢或後可也。乃使大夫乞師於魯耶？以盟主而乞師，已爲卑辱，況以王之卿士主兵，乃言乞師，其卑王室以誤寵諸侯也甚矣！夫欲仗天子之威，以討叛伐貳，而乃先爲此卑辱，欲望鄭畏威，得乎哉？」薛氏曰：「伐秦之役，公如京師，故以郤錡乞師起事之端。伐鄭三出卿士，而起之以欒黶、荀罃之使，明諸侯之不以王命會，且書王師之重，猶役於諸侯也。」**冬，公會單子、晉侯、宋公、衛侯、曹伯、齊人、邾人伐鄭。**《左傳》：「冬，諸侯伐鄭。十月庚午，圍鄭。」《穀梁傳》：「言公不背柯陵之盟也。」孫氏曰：「鄭與楚比周，晉厲三假王命合諸侯以伐之而不能服，中國不振可知也。」**十有一月，公至自伐鄭。**《左傳》：「楚公子申救鄭，師于汝上。十一月，諸侯還。」杜氏曰：「不書圍，畏楚救，不成圍而還。」汪氏曰：「王官下臨，諸侯景從，以却已敗之楚，服懷貳之鄭，宜若振槁。然夏伐鄭，楚師至而諸侯還；冬伐鄭，楚師至而諸侯還，望風却走，何哉？蓋厲公既勝鄢陵，驕佚放恣，黷於用武，慢於尊王，是以諸侯無同心戮力之誠。鄭不畏而楚復肆，非中國之力有不足，蓋厲公之德有歉爾。有嗣霸之資，而以無道行之，惜哉！」廬陵李氏曰：「晉自鄢陵以後，兵威非不振，伯事非不舉，而鄭卒不服者，以厲公無服人之德也。」〇**壬申，公孫嬰齊卒于貍脤。**貍，力之反。脤，市軫反。《公》作「軫」，《穀》作「蜃」。《左傳》：「初，聲伯夢涉洹，或與己瓊瑰食之，泣而爲瓊瑰盈其懷，從而歌之曰：『濟洹之水，贈我以瓊瑰。歸乎歸乎，瓊瑰盈吾懷乎！』懼不敢占也。還自鄭，壬申，至于貍脤而占之，曰：『余恐死，故不敢占也。今衆繁而從余三年矣，無傷也。』言之，之莫而卒。」《公羊傳》：「非此月日也，曷爲以此月日卒之？待君命然後卒大夫。曷爲待君命然後卒大夫？前此者，嬰齊走之晉。公會晉侯，將執公。嬰齊爲公請，公許之反爲大夫。歸至于貍軫而卒。無君命，不敢卒大夫。公至，曰：『吾固許之反爲大夫。』然後卒之。」《穀梁傳》：「十一月無壬申，乃十月也。致公而後録，臣子之義也。其地，未踰竟也。」蘇氏曰：「大夫卒不地其地，在外也。」○劉氏曰：「《春秋》，故史也。有所不革。子曰：『其事則齊桓、晉文，其文則史，其義則丘竊取之矣。』《公羊》謂『待君命然後卒大夫』，非也。公孫敖卒于齊，彼不待公何爲卒之哉？《穀梁》云『壬申乃十月，致公而後録臣子』，亦非也。昭公在外，叔孫婼卒，則何不待致公而後録之乎？」陸氏曰：「二傳不達文，有謬誤之理。」廬陵李氏曰：「以下文十二月丁巳朔推之，則壬申爲十月十五日，故《穀梁》曰『致公而後録其卒，臣子之義也』，《公羊》曰『待君命而後卒大夫也』，二説雖小異，而大意則同。獨杜氏以爲誤，恐杜氏是。《左氏》紀夢瓊瑰事，怪不足取。」

附録《左傳》：「齊侯使崔杼爲大夫，使慶克佐之，帥師圍盧。國佐從諸侯圍鄭，以難請而歸。遂如盧師，殺慶克，以穀叛。齊侯與之盟于徐關而復之。十二月，盧降。使國勝告難于晉，待命于清。」

十有二月丁巳朔，日有食之。○邾子貜且卒。貜，俱縛反。且，子餘反。汪氏曰：「定公也，在位四十年，子牼嗣，是爲宣公。」**○晉殺其大夫郤錡、郤犨、郤至。**《左傳》：「晉厲公侈，多外嬖。反自鄢陵，欲盡去群大夫，而立其左右。胥童以胥克之廢也，怨郤氏，而嬖於厲公。郤錡奪夷陽五田，五亦嬖於厲公。郤犨與長魚矯争田，執而梏之，與其父母妻子同一轅。既，矯亦嬖於厲公。欒書怨郤至，以其不從己而敗楚師也，欲廢之。使楚公子茷告公曰：『此戰也，郤至實召寡君，以東師之未至也，與軍帥之不具也，❶曰：「此

---

❶「帥」，原作「師」，今據四庫本及阮刻本《春秋左傳正義》改。

必敗，吾因奉孫周以事君。」』公告欒書。書曰：『其有焉。不然，豈其死之不恤，而受敵使乎？君盍嘗使諸周而察之？』郤至聘于周，欒書使孫周見之。公使覘之，信。遂怨郤至。厲公田。與婦人先殺而飲酒，後使大夫殺。郤至奉豕，寺人孟張奪之，郤至射而殺之。公曰：『季子欺余！』厲公將作難，胥童曰：『必先三郤。族大，多怨。去大族，不偪；敵多怨，有庸。』公曰：『然。』郤氏聞之，郤錡欲攻公，曰：『雖死，君必危。』郤至曰：『人所以立，信、知、勇也。信不叛君，知不害民，勇不作亂。失兹三者，其誰與我？死而多怨，將安用之？君實有臣而殺之，其謂君何？我之有罪，吾死後矣。若殺不辜，將失其民，欲安，得乎？待命而已。受君之禄，是以聚黨。有黨而争命，罪孰大焉？』壬午，胥童、夷羊五帥甲八百將攻郤氏，長魚矯請無用衆，公使清沸魋助之。抽戈結衽，而僞訟者。三郤將謀於榭，矯以戈殺駒伯、苦成叔於其位。温季曰：『逃威也。』遂趨。矯及諸其車，以戈殺之。皆尸諸朝。胥童以甲劫欒書、中行偃於朝。矯曰：『不殺二子，憂必及君。』公曰：『一朝而尸三卿，余不忍益也。』對曰：『人將忍君。臣聞，亂在外爲姦，在内爲軌。御姦以德，御軌以刑。不施而殺，不可謂德；臣偪而不討，不可謂刑。德、刑不立，姦、軌並至，臣請行。』遂出奔狄。公使辭於二子曰：『寡人有討於郤氏，郤氏既伏其辜矣，大夫無辱，其復職位！』皆再拜稽首曰：『君討有罪，而免臣於死，君之惠也。二臣雖死，敢忘君德？』乃皆歸。公使胥童爲卿。公遊于匠麗氏，欒書、中行偃遂執公焉。召士匄，士匄辭。召韓厥，韓厥辭，曰：『昔吾畜於趙氏，孟姬之讒，吾能違兵。古人有言曰「殺老牛莫之敢尸」，而況君乎？二三子不能事君，焉用厥也？』」《穀梁傳》：「自禍於是起矣。」張氏曰：「郤氏雖多怨，既爲大夫，則君之股肱也。厲公不正其有罪無罪，而用嬖幸胥童、長魚矯之計，一朝殺三卿，又劫欒書、中行偃，能無及乎？　此《春秋》所以列書而深罪之也。」○**楚人滅舒庸。**《左傳》：「舒庸人以楚師之敗也，道吴人圍巢，伐駕，圍釐、虺，遂恃吴而不設備。楚公子橐師襲舒庸，滅之。」任公輔曰：「舒庸，東夷偃姓之國，《地譜》：『廬州城下舒城。』」薛氏曰：「舒庸，舒之别種也。詩曰『荆舒是懲』，則荆舒之國，皆非一種也。春秋之始，荆舒皆以名見，舒庸、舒蓼、舒鳩之滅，荆舒一於楚矣。」高氏曰：「楚既摧敗，而其餘烈猶足以滅國於要荒，使其得志於鄢陵，則毒被華夏，豈勝道哉？　晉敗於邲之後，書楚子滅蕭是也。此書滅舒庸，著中國能折其鋒，使不得爲我患者。晉厲之成勞也。蓋厲公有宏才而無令德，是以威震於外而亂生於内，身雖不終，功亦足録。」

附録《左傳》：「閏月乙卯晦，欒書、中行偃殺胥童。民不與郤氏，胥童道君爲亂，故皆書曰『晉殺其大夫』。」

戊子簡王十三年。**十有八年**晉厲八，弒。齊靈九。衛獻四。蔡景十九。鄭成十二。曹成五。陳成二十六。杞桓六十四。宋平三。秦景四。楚共十八。吴壽夢十三。**春，王正月，晉殺其大夫胥童。**家氏曰：「三郤之死，晉厲殺之也。胥童之死，書、偃殺之也。《春秋》一以國殺爲文，著胥童導君作難，而其君由是以殞，童亦晉國之罪人也。人臣與君俱死於難，是之謂死節。胥童與厲公先後死，《春秋》繫之國殺，爲其有當誅之罪也。使童大節可録，則必用孔父、牧息之例，繼其君而書死矣。」高氏曰：「宋督殺孔父而弒殤公，《春秋》書及其大夫，書、偃殺胥童而弒厲公，而書晉殺其大夫，蓋孔父忠於殤公者也，胥童嬖於厲公者也。嬖臣導君爲不道，亡其身以及其君，故《春秋》兩治之，以爲萬世戒。」臨川吴氏曰：「《左傳》所載殺胥童者，書、偃也，而書國殺，蓋二子當國而以國法殺之。」〇**庚申，晉弒其君州蒲。**《左傳》：「春，王正月庚申，晉欒書、中行偃使程滑弒厲公，葬之於翼東門之外，以車一乘。使荀罃、士魴逆周子于京師而立之，生十四年矣。大夫逆於清原，周子曰：『孤始願不及此。雖及此，豈非天乎？抑人之求君，使出命也，立而不從，將安用君？二三子用我今日，否亦今日，共而從君，神之所福也。』對曰：『群臣之願也，敢不唯命是聽？』庚午，盟而入，館于伯子同氏。辛巳，朝于武宮，逐不臣者七人。周子有兄而無慧，不能辨菽麥，故不可立。」《穀梁傳》：「稱國以弒其君，君惡甚矣。」汪氏曰：「晉人立襄公少子捷之孫周，是爲悼公。」

弒君，天下之大罪；討賊，天下之大刑。《春秋》合於人心而定罪，聖人順於天理而用刑，固不以大霈釋當誅之賊，亦不以大刑加不弒之人。然趙盾以不越境而書弒，許世子止以不嘗藥而書弒，鄭歸生以憚老懼讒而書弒，楚公子比以不能效死不立而書弒，齊陳乞以廢長立幼而書弒。晉欒書身爲元帥，親執厲公於匠麗氏，使程滑弒公，而以車一乘葬之於翼東門之外，而《春秋》稱國以弒其君，而不著欒書之名氏，何哉？仲尼無私，與天爲一，奚獨於趙盾、許止、歸生、楚比、陳乞則責之甚備，討之甚嚴，而於欒武子闊略如此乎？學者深求其旨，知聖人之誅亂臣、討賊子之大要也，而後可與言《春秋》矣。問：「胡氏傳欒書弒晉厲公事，其意若許欒書之弒，何也？」朱子曰：「文定之意，蓋以爲欒書執國之政，而厲公無道如此，亦不得坐視。爲書之計，厲公可廢而不可弒也。張洽言傳中全不見此意，曰：『文定既以爲當如此，作傳雖不可明言，豈不可微示其意乎？ 今累數百言，而其意絕不可曉，不知何謂也。』」王氏曰：「經不罪欒書、中行偃，而稱國以弑者，以厲公之惡有以取之。 孟子曰：『聞誅一夫紂矣，未聞弑君也。』知此，然後知聖人之於天道。」張氏曰：「聞之師曰：『稱國以弑者，衆弑其君之辭也。 孟子論貴戚之卿曰：「君有大過則諫，反覆之而不聽則易位。」厲公之過大矣。 既用小人，殺戮無辜，舉朝諸卿不保首領。 書、偃，晉之世臣，以社稷爲心，可以行易位之權，而程滑遽弑之，故稱國以弑而不言二臣，分其惡於衆也。 悼公逐不臣者七人，而不誅書、偃，非里克、甯喜之比故也。』」臨川吴氏曰：「《春秋》之作，正爲誅亂臣賊子也。趙穿弑靈公，傳不言盾使，而經書趙盾弑君。 程滑弑厲公，傳以爲欒書、中行偃使之，而經止書國弑，何也？ 曰：『此《春秋》之所以別嫌明微也。 蓋靈公之不君，其惡未加於一國。 欲殺趙盾，而趙穿爲盾弑之，實盾之所欲弑也，故《春秋》誅盾爲首惡。 厲公之無道，剛暴不仁，徧得罪於一國。 欒書、中行偃執公，而殺其輔君爲惡之嬖臣，蓋將以匡晉國而未有弑君之心也。 程滑因國人之所共怒而弑公，蓋非書、偃之專謀也，故書國弑。 若獨書書、偃，則罪歸於二卿，而一國之人得免於弑君之惡矣。』曰：『二卿執公可乎？』曰：『孟子云：「諸侯危社稷則變置。」欒書當國之卿，厲公既誅三卿矣，不可諫也，必將大亂晉國，坐視社稷之隕，則亦何以爲國卿乎？ 故將廢置而更立焉。 國人遽弑其君，聖人不以首惡加二子，非縱之也，蓋辨是非、定邪正，以示萬世。 《左氏》使程滑之言，非經意也。』」陳氏曰：「弑不言故，弑而言故，有自來者矣。 晉殺其大夫郤錡、郤犨、郤至，晉殺其大夫胥童，晉弑其君州蒲，蔡殺其大夫公子駟，蔡放其大夫公孫獵，盜殺蔡侯申。 《春秋》書弑，未有詳於此者也。」廬陵李氏曰：「晉伯在靈、成、景、厲之世，其權卑於列國矣。楚莊乘晉之衰，其事進乎方伯矣。然《春秋》書伯在晉不在楚者，存中國也。自文六年盡成十八年，凡四十九年，爲靈、成、景、厲之繼伯。李氏曰：『靈公政墮柄分，無抗伯業之志；成公力弱事淺，無伯諸侯之權；景公心勞謀舛，無制中夏之略；厲公外强中乾，無服人心之道。四君雖執夏盟，非復文、襄之舊矣。靈公以少主莅强卿，上驕下肆，楚始爭鄭，蓋將嘗試晉政，於是有狼淵之師，此非細故也。而救鄭之役，止書晉人，衛、鄭欲介魯以求通，蓋未忘晉德，於是爲沓棐之會，此關大勢也。而新城之盟晉侯不出，扈之盟曰「討齊難」，扈之會曰「平宋難」。蓋君臣之大倫，人道之不可廢，此豈常變也？或求賂以免，或無功而還。』范山曰：『晉君少，不在諸侯，北方可圖也。』夷狄謀取其伯，方且沈溺宴安，厚斂以雕墻，輕殺以愎諫，欲不亡，得乎？故曰無抗伯業之志也。成公若有其志矣，内難甫靖，履國未長。四年而後始出偏師以侵陳，黑壤與扈二會，僅能再合列國而已。黑壤以服鄭，扈以服陳，亦庶幾改物也。然始之不能有爲者凡數年，外而楚人三歲三伐鄭，晉無攘却之謀，内而鄭子家弑君，晉無討賊之刑，諸侯何所觀焉？故曰無主諸侯之權也。景公若能收其權矣，規模失序，徒勤諸侯，不能首合與國，大脩同盟以治即異之黨，使楚人得號令于辰陵，乃且亟會攢函，求山後戎狄以爲先務，是孰緩孰急也？不能謀少西氏之逆，以誅陳之惡，使楚得行方伯之事，方且脩房帷一笑之憾，興大師以伐齊，得已不已，是孰重孰輕也？不能統一六師，蒐繕卒乘，以一矢遺楚，使邲不振旅，爲中國羞，乃伐廧咎如，滅赤狄，哆然言功，是孰害孰利也？蟲牢、馬陵、于蒲，晚年三會，竟莫駕楚，故曰無制中夏之略也。厲公若有其略矣，德薄而多大功，慮淺而數得志，觀厲公不特純以汰心行之，亦假義飾譽者也。歸于京師而後正曹負芻之罪，請于王官而後進駕鄭之威，此類可欺世自掩矣。晉之所忌，曰楚、曰吴、曰秦、曰狄，厲公自交剛敗狄而狄服，會京師伐秦而秦恐，戰鄢陵勝楚而楚弱，會鍾離通吴則吴成，四鄰無釁，而諸侯反貳，是以沙隨辱魯，猶未快也，而求多季孫。柯陵伐鄭，猶未已也，而再厘單子。諸侯無患而蕭墻反危，是以三郤之誅成，而匠麗之難萌，故曰無服人心之道也。」

齊殺其大夫國佐。《左傳》：「齊爲慶氏之難故，甲申晦，齊侯使士華免以戈殺國佐于内宫之朝。師逃于夫人之宫。書曰『齊殺其大夫國佐』，棄命、專殺、以穀叛故也。使清人殺國勝。國弱來奔。王湫奔萊。慶封爲大夫，慶佐爲司寇。既，齊侯反國弱，使嗣國氏，禮也。」張氏曰：「無咎奔於去年之秋，而鮑牽刖，齊靈可以省母之言是非矣。國佐叛而後復之意，靈公非不知國佐之直，與慶克之内亂宫闈也。卒殺國佐，則靈公之知，又下魯成數等矣。保姦如此，因慶克以成慶封黨賊之禍，慶封逐而政歸於陳氏，皆靈公蔽塞聰明、惟婦言是用所致也。國佐不能見幾而去，以邑叛君，又仕危亂之朝，身死宫闈，非不幸矣。」襄陵許氏曰：「慶克作慝，濁亂中閫，譖害大臣，不誅不詰，使國佐無所發其忠憤。起而殺之，顧爲俱靡而已，於是因以爲國佐罪。」廬陵李氏曰：「此爲齊崔慶專國之始事也。」

附録《左傳》：「二月乙酉朔，晉悼公即位于朝。始命百官，施舍已責，逮鰥寡，振廢滯，匡乏困，救災患，禁淫慝，薄賦斂，宥罪戾，節器用，時用民，欲無犯時。使魏相、士魴、魏頡、趙武爲卿。❶荀蒙、荀會、欒

❶「魏頡」，原脱，今據四庫本及阮刻本《春秋左傳正義》補。

欒、韓無忌爲公族大夫，使訓卿之子弟共儉孝弟。使士渥濁爲大傅，使脩范武子之法。右行辛爲司空，使脩士蔿之法。弁糾御戎，校正屬焉，使訓諸御知義。荀賓爲右，司士屬焉，使訓勇力之士時使。卿無共御，立軍尉以攝之。祁奚爲中軍尉，羊舌職佐之。魏絳爲司馬。張老爲候奄。鐸遏寇爲上軍尉，籍偃爲之司馬，使訓卒乘，親以聽命。程鄭爲乘馬御，六騶屬焉，使訓群騶知禮。凡六官之長，皆民譽也。舉不失職，官不易方，爵不踰德，師不陵正，旅不偪師，民無謗言，所以復霸也。」朱子曰：「晉悼公甚次第，他才大段高，觀當初人去周迎他時只十四歲。他説幾句話便乖，便有操有縱，纔歸晉，做得便别。當時厲公恁地弄得狼當，被人擩掇胡亂殺了，晉室大段費力。及悼公歸來，不知如何便被他做得恁地好。恰如久雨積陰，忽遇天晴，光景便别，赫然爲之一新。問：『勝桓、文否？』曰：『儘勝。但桓、文是白地做起來，悼公是見成基址。某嘗謂晉悼公、宇文周武帝、周世宗三人之才一般，都做得事，都是一做便成，及纔成又便死了，不知怎生地。』」

公如晉。《左傳》：「朝嗣君也。」○**夏，楚子、鄭伯伐宋。宋魚石復入于彭城。**《左傳》：「夏六月，鄭伯侵宋，及曹門外。遂會楚子伐宋，取朝郟。楚子辛、鄭皇辰侵城郜，取幽丘，同伐彭城，納宋魚石、向爲人、鱗朱、向帶、魚府焉。以三百乘戍之而還。書曰『復入』。凡去其國，國逆而立之曰『入』，復其位曰『復』，歸諸侯納之曰『歸』，以惡曰『復入』。宋人患之。西鉏吾曰：『何也？若楚人與吾同惡，以德於我，吾固事之也，不敢貳矣。大國無厭，鄙我猶憾。不然，而收吾憎，使贊其政，以間吾釁，亦吾患也。今將崇諸侯之姦而披其地，以塞夷庚。逞姦而攜服，毒諸侯而懼吴、晉，吾庸多矣，非吾憂也。且事晉何爲？晉必恤之。』」杜氏曰：「彭城，宋邑。」

此伐宋以納魚石，其不曰「納宋魚石于彭城」，何也？ 劉敞曰：「不與納也。諸侯失國，諸侯納之，正也，諸侯世也；大夫失位，諸侯納之，非正也，大夫不世也。諸侯託於諸侯，禮也；大夫託於諸侯，非禮也。」汪氏曰：「諸侯失國而諸侯納之，《春秋》皆不書，惟書納頓子、納北燕伯，譏納者之非正也。況納大夫乎？ 楚莊納寧行父于陳，使之復爲大夫，《春秋》猶譏之，況納叛臣而據地以逼其君乎？ 書伐書復入而不言納，見魚石之復入，由楚、鄭之伐也。」**其言復入者，已絶而復入，惡之甚者。宋魚石、晉欒盈是矣。** 茅堂胡氏曰：「孫林父、宋辰、趙鞅、荀寅，皆據外邑以自保，故書叛。魚石、欒盈將以亂國，故書復入。」孫氏曰：「此楚、鄭間晉之變，伐宋取彭城，與魚石守之以逼宋也。其曰宋魚石復入于彭城者，不與楚、鄭伐宋取邑，以與宋叛臣也。故以魚石自入犯君爲文。」蘇氏曰：「魚石之書復入，而先言楚、鄭之伐，以著其納亂臣也，故不言自楚而曰復入，不言叛者，將以亂國，非直叛君而已。故魚石、欒盈之罪，重於趙鞅、宋辰也。」王氏曰：「彭城不係之宋者，宋非魚石所可入故也。」陳氏曰：「奔大夫復不書。莊、閔以上有書歸若入者矣，則皆不書奔者也。奔而言歸，自衛元咺始，咺，訟其君者也。雖然，歸猶言自也。若宋魚石、晉欒盈，是賊而已矣。故魚石不言自楚，欒盈不言自齊。」廬陵李氏曰：「經書復入者，止魚石、欒盈。大夫無繼世，故稱復者，已絶之詞；稱入者，甚逆之詞。」○劉氏曰：「《左氏》云：『凡去其國，國逆之曰入，復其位曰復，歸諸侯納之曰歸，以惡曰復入。』今按事與例合者少，與例違者多，注者或託之從赴，不復可信也。」

公至自晉。晉侯使士匄來聘。《左傳》：「公至自晉。晉范宣子來聘，且拜朝也。君子謂晉於是乎有禮。」襄陵許氏曰：「公朝始至而聘使繼至，晉悼之下諸侯肅矣，此列國之所以睦，而叛國之所以服也。」○**秋，杞伯來朝。**《左傳》：「秋，杞桓公來朝，勞公，且問晉故。公以晉君語之。杞伯於是驟朝于晉而請爲昏。」

附録《左傳》：「七月，宋老佐、華喜圍彭城，老佐卒焉。」

八月，邾子來朝。《左傳》：「八月，邾宣公來朝，即位而來見也。」汪氏曰：「成公末年杞、邾相繼來朝，蓋皆謀從晉耳。」○**築鹿囿。**《左傳》：「書不時也。」《公羊傳》：「何以書？譏。何譏爾？有囿矣，又爲也。」《穀梁傳》：「築不志，此其志何也？山林藪澤之利，所以與民共也，虞之，非正也。」何氏曰：「刺奢泰妨民。天子囿方百里，公侯十里，伯七里，子男五里。」高郵孫氏曰：「《春秋》興作皆書，雖城池之固，門厩之急，無遺焉，重民力也。況耳目之翫，一身之娛哉！」高氏曰：「前此未有書築囿者，是後昭九年築郎囿，定十三年築蛇淵囿，人君之示子孫也，可不謹哉？」汪氏曰：「古之聖王，臺池園囿與民同樂。今築墻爲囿，爲阱於國中以厲民，此豈君人者之心乎？」襄陵許氏曰：「大夫擅國，威權日去，而公務自娛於鳥獸草木，是謂冥豫在上，何可長也？」張氏曰：「孟子謂齊宣王曰：『臣聞郊關之内，有囿方四十里，殺其麋鹿者，如殺人之罪。則是方四十里爲穽於國中。』成公之鹿囿，雖未至此，然後日之築郎囿、蛇淵囿，亦師師非度，至戰國而極耳。勞民以獨樂，此《春秋》所謹也。」廬陵李氏曰：「築囿三，始於此年。成公自朝晉而歸，士匄來聘，杞、邾交朝，蓋晉悼之初，欲親魯以成伯業，故致此耳。而成公遽自以爲安，肆意於苑囿之樂，所謂國家閒暇，及是時般樂怠敖者也。」〇**己丑，公薨于路寢。**《左傳》：「言道也。」《穀梁傳》：「路寢，正也。男子不絶婦人之手，以齊終也。」廬陵李氏曰：「成公在位十有八年，自鞍戰以後，汶陽未歸之前，魯事晉甚謹。自汶陽歸齊之後，魯之於晉嫌隙已生。然方其事晉也，東饑於齊，南屈於楚，丘甲作而兵政變，四卿將而公室弱，魯已無一事之可取矣。及其得罪於晉也，會葬而見止，來聘而及盟，沙隨困，苕丘執，而辱於外；僑如讒，夫人失德，而亂於內。魯自隱公以來，未有如是者也。及其末年，幸悼公之興，國家無事，而又一時諸臣如季文子、孟獻子、子叔聲伯、臧宣叔、臧武仲，皆賢智之資，故能維持協贊以綏內難，不然，魯蓋不可爲矣。李氏曰：『四卿得志于齊，僅能免二鄙之侵。而十年三朝三聘于晉，不能免沙隨、苕丘之辱，如京師似可求尊周之名，而會盟于蜀，莫掩背華之耻。成公得不救失，而不悟其非也。』斯言信哉！」〇**冬，楚人、鄭人侵宋。**《左傳》：「冬十一月，楚子重救彭城，伐宋，宋華元如晉告急。韓獻子爲政，曰：『欲求得人，必先勤之，成霸安疆，自宋始矣。』晉侯師于台谷以救宋，遇楚師于靡角之谷。楚師還。」汪氏曰：「前書楚、鄭伐宋，魚石入彭城。此書楚、鄭侵宋，而不曰救彭城，彭城不可救也。比事考之，黨叛臣之迹見矣。荆楚蠻夷不足責也，鄭附夷而崇姦，何至若是之甚乎？故特貶而人之，序鄭於楚下，以著其惡。然晉悼公一出師而楚師還，異於楚師至而諸侯亟還者矣。」廬陵李氏曰：「齊桓霸業始於平宋亂，晉文霸業始於釋宋圍，悼公伯業又始於彭城之救宋，故曰成伯安疆，自宋始矣。前則楚、鄭皆稱爵而書伐，今則楚、鄭皆稱人而書侵，晉之勢漸盛而楚之勢漸衰矣。」**晉侯使士魴來乞師。**魴音房，《公》作「彭」。經書乞師止此。《左傳》：「晉士魴來乞師。季文子問師數於臧武仲，對曰：『伐鄭之役，知伯實來，下軍之佐也。今彘季亦佐下軍，如伐鄭可也。事大國，無失班爵而加敬焉，禮也。』從之。」襄陵許氏曰：「悼公復興霸業，而乞師以救宋，猶遵厲公故事。元年而後，遂無乞師，則召兵而已矣。」**十有二月，仲孫蔑會晉侯、宋公、衛侯、邾子、齊崔杼同盟于虚朾。**杼，直吕反。虚，起居反。朾，他丁反。《左傳》：「十二月，孟獻子會于虚朾，謀救宋也。宋人辭諸侯而請師以圍彭城。孟獻子請于諸侯而先歸會葬。」杜氏曰：「虚朾，宋地。」高氏曰：「諸侯師至，而楚、鄭之師已退，故宋人辭諸侯而請其師以圍彭城，而先爲此盟也。」汪氏曰：「諸侯同心懼楚而謀救宋，故書同盟。」陳氏曰：「崔杼嘗奔衛不言歸，其再見何？齊納以爲大夫也。何也？曰：崔氏，今曰崔杼，則已爲大夫也。前年逐高無咎，今年殺國佐，而杼當國。已而殺高厚，齊無世臣矣。於是伐莒、伐魯，皆杼帥師焉。而後弑齊之禍，靈公爲之也。」襄陵許氏曰：「襄公不會，在喪故也。悼公所以仁諸侯也。」廬陵李氏曰：「晉悼公同盟四：虚朾、雞澤、戲、亳城北。」○**丁未，葬我君成公。**《左傳》：「書順也。」杜氏曰：「薨于路寢，五月而葬，國家安靖，世適承嗣，故曰『書順』。」